Zimmermann • Ulrich de Maizière

John Zimmermann

Ulrich de Maizière

General der Bonner Republik
1912 bis 2006

Oldenbourg Verlag München 2012

– Für Elisabeth Sophie –

Umschlagabbildungen:
Vorderseite: Ulrich de Maizière nach seiner Ernennung zum Brigadegeneral 1956
Rückseite: Besuch im Hauptquartier des U.S. Army Test 6 Evaluation Commands in Aberdeen Proving Ground, MD, 8./9. März 1965 (BArch, N 673)

Die Deutsche Nationalbibliothek verzeichnet diese Publikation in der Deutschen Nationalbibliografie; detaillierte bibliografische Daten sind im Internet über www.dnb.de abrufbar.

© 2012 Oldenbourg Wissenschaftsverlag GmbH, München
Rosenheimer Str. 145, D-81671 München
Internet: oldenbourg.de

Redaktion und Projektkoordination:
Militärgeschichtliches Forschungsamt, Potsdam
Koordination: Wilfried Rädisch
Lektorat: Roland G. Foerster, Kenzingen
Bildredaktion: Knud Neuhoff, Berlin
Satz: Antje Lorenz, Christine Mauersberger
Umschlag- und Bildseitengestaltung: Knud Neuhoff, Berlin, Maurice Woynoski
Druck: Memminger MedienCentrum, Memmingen

ISBN: 978-3-486-71300-8

Inhalt

Vorwort.. VII

Danksagung... IX

I.   Einleitung 1

II.   Prolog – Kindheit, Jugend und Schulzeit in Kaiserreich und Republik ... 11

III.   Reichswehr und Wehrmacht –
       Die erste militärische Karriere (1930-1947).............................. 25
1.   Der junge Offizier im Garnisonsdienst der Reichswehr 25
       a) Ausbildung zum Offizier (1930-1933)................................ 25
       b) Als Leutnant in der Truppe (1933-1935)............................ 35
       c) Der Adjutant (1935-1939) 40
2.   Der Zweite Weltkrieg 52
       a) Der Angriff auf Polen (1939) 52
       b) Kriegsakademie Dresden – Ausbildung zum
          Generalstabsoffizier (1940) 58
       c) Der Angriff auf die Sowjetunion (1941)............................ 62
       d) Im Generalstab des Heeres (1942/43)............................... 70
       e) Ostfront (1943/44).. 79
       f) Im Angesicht des Untergangs (1945) 91
3.   Kriegsgefangenschaft (1945-1947).. 99

IV.   Intermezzo – Der Buchhandelslehrling (1947-1950)................... 123

V.   Im Amt Blank – Der Militärberater (1951-1956)........................ 135
1.   Auf dem Weg in die westliche Sicherheitsgemeinschaft......................... 135
2.   Auf dem Weg zu einer westdeutschen Armee.. 146

VI.   Bundeswehr – Die zweite militärische Karriere (1956-1972) 167
1.   Der Offizier als Politiker (1956-1958) 167
2.   Truppenverwendungen (1958-1964)..................................... 181
       a) Kampfgruppen-Kommandeur (1958-1960) 181
       b) Kommandeur der Schule für Innere Führung (1960-1962) 203
       c) Kommandeur der Führungsakademie (1962-1964)............. 219
          Von alten Tugenden und neuen Werten 219
          Die Weichenstellung zur Spitzenverwendung.................. 237

3.   Der politische Offizier (1964–1972) 266
         a) Inspekteur des Heeres (1964–1966) 266
             An der Spitze des Heeres 266
             Im Machtkampf zwischen militärischer und ziviler Säule 295
             Die »Generalskrise« als Chance 308
         b) Generalinspekteur der Bundeswehr (1966–1972) 326
             An der Schnittstelle zwischen militärischer und
             politischer Führung 326
             Der innere Zustand der Bundeswehr 362
             Der Generalangriff auf die Innere Führung 382
             Der Regierungswechsel 1969 und die Reform der Bundeswehr 400

VII.   Ruheloser Ruhestand (1972–1994) 429
1.   Im pensionierten Dienst 429
2.   Die letzte große Aufgabe: Die »De-Maizière-Kommission« 461

VIII.   Epilog – Die letzten Lebensjahre 479

IX.   Schlussbetrachtung 485

Abkürzungen 497
Quellen und Literatur 501
Personenregister 527

Vorwort

Ulrich de Maizière war einer der herausragenden Generale der Bonner Republik. Er prägte die Bundeswehr über viele Jahre entscheidend und weit über seine aktive Dienstzeit hinaus. Zusammen mit Wolf Graf von Baudissin und Johann Adolf Graf von Kielmansegg gilt er als einer der »Väter der Inneren Führung«. Nicht zuletzt seinem jahrzehntelangen Wirken hat das Konzept um den »Staatsbürger in Uniform« die Verankerung in den bundesdeutschen Streitkräften zu verdanken; vor allem, weil er es vorzuleben verstand, erwarb er sich innerhalb wie außerhalb der Bundeswehr großes Ansehen. Im In- und Ausland schätzte man seinen Rat und zog ihn gerne als Berater hinzu. Zeitgenossen geraten noch heute geradezu ins Schwärmen, wenn sie davon berichten, dass er selbst nach kontroversen und hitzigen Diskussionen in der Lage war, ruhig, sachlich und präzise die Meinungen zu bündeln und die Ergebnisse zu formulieren. Es gibt also viel mehr Gründe, seiner Person eine Forschungsarbeit zu widmen, als die Tatsache, dass Ulrich de Maizière am 24. Februar 2012 einhundert Jahre alt geworden wäre.

Die Aufbaugeneration der Bundeswehr, zu der auch Ulrich de Maizière gehörte, beschäftigt seit geraumer Zeit die wissenschaftliche Arbeit in unserem Hause. Damit wendet sich das MGFA neben der Geschichte der Institution Bundeswehr – über die es in den letzten Jahren verschiedene Arbeiten vorgelegt hat – nun den Menschen zu, die diese Organisation aufbauten, sie prägten oder aber umgekehrt von ihr geprägt wurden. Ulrich de Maizière hat selbst immer wieder angemahnt, bei aller Notwendigkeit von Technik und Material den Menschen nicht zu vergessen. Der einzelne Angehörige ist es, der den Streitkräften erst Berechtigung verleiht und Leben gibt, ihren Wert auf diese Weise letzten Endes definiert.

Dabei spielte sicherlich die eigene Lebenserfahrung eine zentrale Rolle. Sie führte Ulrich de Maizière aus Kaiserreich und Weimarer Republik in die nationalsozialistische Diktatur und den Zweiten Weltkrieg. Er erlebte den Untergang einer Demokratie ebenso wie den Weg in ein Unrechtsregime. Auch ihm selbst ist nach eigenem Bekunden viel zu spät bewusst geworden, welchen Herren er diente. Dennoch fühlte er sich in der Pflicht, seinen Dienst mit Hingabe und Sorgfalt zu leisten. So erscheint er in seinem ersten Lebensdrittel geradezu prototypisch für Millionen andere Deutsche, welche die Republik nicht wollten, sich in der Diktatur einrichteten und trotz des Erlebnisses von Verbrechen, Not und Tod auch im Kriege nicht von ihren Prinzipien lassen mochten. Ulrich de Maizière zählte aber zu jenen, die sich selbst, vor allem ihr Tun wie ihr Lassen

nach Kriegsende ernsthaft hinterfragten, Sichtweisen änderten und sie im täglichen Leben umzusetzen gewillt waren. Sie halfen, loyale Streitkräfte in einer
neuen, demokratischen Gesellschaft zu verankern.

Aus historischer Perspektive ist es spannend, dem Individuum auf seinem
persönlichen Lebensweg zu folgen. Damit verbunden ist jedoch die Herausforderung, dem Einzelnen auch in menschlicher Hinsicht gerecht zu werden. Der
vorliegende Band möchte seinen Beitrag dazu leisten, Vergangenheit erfahrbar
zu machen. Er zeigt die Höhen und Tiefen eines Soldatenlebens ebenso wie die
Brüche, von denen wohl kein Mensch verschont bleibt. Zugleich erzählt er die
Geschichte eines Menschen, der von sich selbst behauptete, immer Soldat gewesen zu sein. Insofern ist das Leben von Ulrich de Maizière ein Beispiel für viele
deutsche Lebensläufe im 20. Jahrhundert.

Dr. Hans-Hubertus Mack
Oberst und Amtschef des Militärgeschichtlichen Forschungsamtes

Danksagung

Ohne die mannigfache Unterstützung einer Vielzahl von Menschen konnte auch dieses Buch nicht entstehen. Es ist mir deswegen ein tiefes Bedürfnis, ihnen an dieser Stelle ein herzliches Dankeschön zu sagen. Möge es mir vergönnt sein, mich für ihre Hilfe revanchieren zu können. Zuvorderst habe ich freilich der Familie de Maizière zu danken. Sie hat mit großer und ermutigender Offenheit den uneingeschränkten Zugang zum Nachlass ihres Vaters und von sich aus Einsicht in alle Unterlagen gewährt, die sich bislang noch in ihrem privaten Besitz befinden. Andreas de Maizière und seine Schwestern Barbara Pieper und Cornelia von Ilsemann haben sich darüber hinaus persönlich als Gesprächspartner zur Verfügung gestellt. Sie gaben mir viele wertvolle Hinweise und halfen, manche Lücke einzugrenzen.

Zu danken habe ich insbesondere den Mitarbeiterinnen und Mitarbeitern der Archive, deren Bestände ich nutzen durfte. Hier möchte ich Heike Lemke, die Leiterin des Privatarchives von Helmut Schmidt, besonders hervorheben. Sie schenkte mir etliche Tipps und manches nette Gespräch. Ebenso verpflichtet bin ich der Schriftleitung des MGFA um Dr. Arnim Lang, die das Projekt in gewohnter Professionalität technisch umgesetzt hat. Wilfried Rädisch, Antje Lorenz und Christine Mauersberger sorgten sich um den Text, Knud Neuhoff und Maurice Woynoski um die Bebilderung. Einen ganz besonderen Dank verdient in diesem Zusammenhang mein Lektor, Oberst a.D. Dr. Roland G. Foerster, der den Text als profunder Kenner der Materie trotz des großen Zeitdrucks mit kollegialer Souveränität zu verbessern verstand. Einen exzellenteren Ratgeber kann sich kein Autor wünschen.

Meine Vorgesetzten am MGFA, vom Amtschef Oberst Dr. Hans-Hubertus Mack über den Abteilungsleiter Forschung Prof. Dr. Michael Epkenhans bis zum Forschungsbereichsleiter III Oberst Dr. Burkhard Köster, haben meine Arbeiten in jeder Hinsicht unterstützt und mir absoluten Freiraum zugestanden. Besonders Oberst Dr. Köster engagierte sich intensiv für dieses Projekt, diskutierte mit mir viel und lange mögliche Sichtweisen oder Interpretationen. Ebenso standen mir darüber hinaus meine Kameraden und Kollegen am MGFA jederzeit mit Rat und Tat zur Seite; erwähnt seien Wissenschaftlicher Rat Dr. Markus Pöhlmann, Fregattenkapitän Dr. Frank Nägler, Oberstleutnant Dr. Heiner Möllers und Hauptmann Ines Schöbel M.A. sowie Oberst Dr. Wolfgang Schmidt von der Führungsakademie der Bundeswehr. Detlef Bald habe ich außerdem für manchen klugen Hinweis zu danken. Elke Wagenitz hat mir mit ihrem Blick für textliche Feinheiten und durch zahllose Gespräche weitergeholfen. Sehr verbunden bin ich meinem Freund Oberstleutnant Dr. Rudolf J. Schlaffer, der sich immer Zeit nahm, mit mir Ansätze, Probleme, Quellen und die entstehenden Texte zu diskutieren. Er hat über seine fachliche Expertise hinaus einen großen Anteil am Entstehen dieses Werkes.

Am Ende aber wäre alles vergebens gewesen ohne das Verständnis meiner Frau, Privatdozentin Dr. Kerstin S. Jobst, und meiner Tochter Elisabeth Sophie, die über so viele Monate hinter diesem Projekt zurückstehen mussten. Sie haben es mit Souveränität und großer Empathie getragen. Meine Frau hat es neben ihren eigenen Forschungen einmal mehr verstanden, mir nicht nur den Rücken freizuhalten, sondern erneut kluge Ratgeberin, kritische Begleiterin und brillante Kommentatorin meiner jeweiligen Fort- und Rückschritte zu sein. Meine Tochter hat den viel zu oft am Schreibtisch sitzenden Vater mit Nachsicht hingenommen und ihm trotzdem immer wieder ein Lächeln ins Gesicht zu zaubern vermocht. Ihr sei diese Arbeit gewidmet.

I. Einleitung

»Verhalten, aber prägnant im Ausdruck, übersichtlich und überzeugend in der Gedankenführung«, so der damalige bundesdeutsche Verteidigungsminister Helmut Schmidt, »verkörpert General de Maizière den Typ des modernen Soldaten als Partner des Politikers. Als Person und als Fachmann hat er in- und außerhalb der Bundeswehr auf deutschem Boden und in den internationalen Gremien der NATO Gewicht[1].« Derart lobende Worte des verantwortlichen Ministers, noch dazu für die Öffentlichkeit bestimmt, sind für einen amtierenden Generalinspekteur eher selten zu vernehmen. Schmidt behielt seine hohe Meinung über Ulrich de Maizière stets bei[2]. Als der so Gepriesene 1930 in die Reichswehr eintrat, war eine solche Karriere nicht abzusehen. Dass damals »ein brillentragender Offizieranwärter mit einer Eins in Griechisch« als Rarität galt, hinter der »wohl kaum der künftige erste Soldat deutscher Streitkräfte vermutet« worden wäre, daran erinnerte über sechs Jahrzehnte später Bundesverteidigungsminister Dr. Gerhard Stoltenberg anlässlich des 80. Geburtstages de Maizières[3]. Gleichwohl verweist die hier angedeutete Spannung in der Persönlichkeit des 1912 Geborenen auf einen Zeitabschnitt, der mitunter als »das kurze 20. Jahrhundert« klassifiziert wird[4]. Eingegrenzt durch den Ersten Weltkrieg und das Ende des Kalten Krieges versank das Deutschland, dessen Uniform de Maizière angelegt hatte, in Krieg und Gewalt, entstand in doppelter Staatlichkeit wieder und vereinigte sich am Ende friedlich. Nahezu zeitgleich beendete de Maizière seine vielfältigen Tätigkeiten im öffentlichen Bereich. Als er 2006 mit 94 Jahren starb, hatte er ein Leben hinter sich, das in weiten Teilen die deutsche Geschichte in diesem 20. Jahrhundert widerspiegelt.

Hineingeboren ins Deutsche Kaiserreich Wilhelms II. und in der Weimarer Republik Soldat geworden, erlebte er als junger Reichswehroffizier die Machtübergabe an die Nationalsozialisten und die rasche Errichtung ihrer Diktatur. Mit seinen Kameraden nahm er an den Eroberungsfeldzügen der Wehrmacht ebenso teil wie an den folgenden Rückzügen vor den anstürmenden Truppen der Anti-Hitler-Koalition. Als Oberstleutnant des Generalstabes 1945 mit der

---

[1] Geleitwort Bundesminister der Verteidigung zu de Maizière, Bekenntnis zum Soldaten.
[2] Siehe etwa Schmidt, Außer Dienst, S. 30 f., sowie Schmidt an Brandt, 10.1.1970, zit. nach Soell, Helmut Schmidt. 1969 bis heute, S. 36.
[3] Ansprache Bundesminister der Verteidigung, Gerhard Stoltenberg, anlässlich des 80. Geburtstags des ehemaligen GenInsp, General a.D. Ulrich de Maizière, am 26.2.1992 in Bonn, BArch, N 673/158.
[4] Hobsbawm, Das Zeitalter der Extreme.

letzten Reichsregierung unter Großadmiral Karl Dönitz verhaftet, ging er in britische Kriegsgefangenschaft, aus der er 1947 entlassen wurde, um dann 35-jährig als Lehrling im Buchhandel beruflich neu anzufangen. Knapp drei Jahre später stellte er sich der gerade gegründeten Bundesrepublik zur Verfügung und arbeitete beinahe seit der ersten Stunde an der Aufstellung westdeutscher Streitkräfte mit, deren Uniform er 1956 anlegte. Innerhalb eines Jahrzehnts führte ihn sein Weg vom Oberst bis zum General, 1966 wurde er zum Generalinspekteur ernannt. Annähernd sieben Jahre, so lange wie keiner seiner Vorgänger und nur wenig kürzer als der bis heute am längsten in diesem Amt wirkende Nachfolger, General Wolfgang Schneiderhan (2002-2009), war er der höchste Soldat der Bundeswehr. Bei seinem Ausscheiden aus dem aktiven Dienst blickte er auf über vier Jahrzehnte als Soldat und zwischenzeitlich ziviler Angestellter im Verteidigungsressort beziehungsweise dessen Vorgängerorganisation im Amt Blank zurück. In seiner letzten Ansprache als Generalinspekteur bilanzierte er 1972, er habe sich »immer zuallererst als Soldat verstanden und zum Soldaten bekannt«[5].

Schon der kurze Einblick in die Zeitläufte unterstreicht die Spannung, welche sich mit dieser Aussage verbindet. Konnte er sich in so unterschiedlichen Armeen wie der Reichswehr, dann Wehrmacht und anschließend in der Bundeswehr wirklich immer als Soldat verstehen? Was bedeutet es, sich derart grundsätzlich zum Soldatentum zu bekennen, eingedenk der Dinge, die von Deutschen – nicht zuletzt jenen in Uniform – und in deutschem Namen während der Zeit des Nationalsozialismus begangen und unterlassen wurden? Welcher Parameter bedarf einer Definierung des Soldaten an sich, die hinter einer solchen Äußerung steht? Oder handelt es sich hierbei um das »Statement« eines scheidenden Soldaten, der als Generalinspekteur an der Schnittstelle zwischen militärischem und politischem Raum die eigene Lebensleistung richtig eingeordnet wissen will? Sollen hier eigene Fehler und Irrtümer im Laufe eines langen Dienstes zwischen Diktatur und Demokratie relativiert werden? Dreht es sich vielleicht um das Argument des »Nur-Soldaten«, das zumal von den Veteranengenerationen der Wehrmacht gerne genutzt wurde, um den fast bruchlosen Übergang zu den Aufbaugenerationen der Bundeswehr sich selbst wie der Umwelt zu erklären?[6]

Bis in die Gegenwart hinein sind diese Fragen an die Kriegsgenerationen noch nicht hinreichend beantwortet worden. Als vergleichsweise gut erforscht kann dagegen in diesem Zusammenhang der Bereich der Erinnerungskultur im Zuge des »memory boom« in den 1990er-Jahren gelten[7]. Gerade die Memoirenliteratur ehemaliger Wehrmachtssoldaten wurde dabei untersucht. Wegen der

---

[5]   Siehe de Maizière, In der Pflicht, S. 11.
[6]   Siehe zu Einordnung und Zusammenhang z.B. Frei, 1945 und wir, sowie zum entsprechenden Diskurs zuletzt Die Schuldfrage.
[7]   Erinnerungskulturen; Frei, Vergangenheitspolitik; Echternkamp, Von Opfern, Helden und Verbrechern; Kühne, Die Viktimisierungsfalle; Gellately, Hingeschaut und weggesehen; Kühne, Zwischen Vernichtungskrieg und Freizeitgesellschaft. Zur thematischen Weiterung auf die deutsch-deutsche Entwicklung siehe Sabrow, Die NS-Vergangenheit.

naheliegenden Überlieferungsprobleme ist hier der Schwerpunkt bislang bei den höheren und höchsten Dienstgraden auszumachen, doch auch dem soge-nannten Kleinen Mann wurde ansatzweise Rechnung getragen. Bis auf wenige, allerdings richtungsweisende Ausnahmen brach liegt dagegen das Feld der Aufbaugenerationen der Bundeswehr[8]. Dabei haben Einzelstudien bereits den immensen Einfluss aufgezeigt, welchen vormalige Heerführer Hitlers indirekt auf die Ausprägung des vermeintlich neuen deutschen Soldatentums ausgeübt haben; sei es durch öffentlichkeitswirksame Auftritte, sei es in beratenden Funktionen oder informell mittels persönlicher Verbindungen zu ihren quasi-Nachfolgern in den neu aufgestellten deutschen Streitkräften[9]. Denn wie zum Beweis dieses Befundes sind ähnliche Auswirkungen in beiden deutschen Ar-meen diesseits wie jenseits der Elbe festzustellen[10]. Besonders erfolgverspre-chend sind in diesem Zusammenhang neuere Ansätze, die im Kontext der Ge-nerationenforschung sozial- und psychohistorische Methoden interdisziplinär verknüpfen und so eine nach Millionen zählende Großorganisation wie die Bundeswehr institutionell wie individuell erfahrbar zu machen vermögen[11]. Die nicht geringe Schnittmenge mit der Wehrmachtforschung wurde bereits ein-deutig aufgezeigt[12].

Wesentliche Grundlage für eine solche methodische Weiterung bilden frei-lich aufgearbeitete Lebensläufe. Gerade biografische Zugänge bieten dabei die Chance, Wechselwirkungs- und Entscheidungsprozesse zumal in Massengesell-schaften transparenter zu gestalten und zu weiteren Diskussionen anzuregen[13]. Zunächst den militärischen Werdegang eines Soldaten nachzuzeichnen, liegt also vor allem dann nahe, wenn dieser – wie im vorliegenden Fall – weite und entscheidende Teile seines Lebens und damit seiner Sozialisierung im gesell-schaftlichen Subsystem des Militärs verbracht hat. Bei Ulrich de Maizière ge-winnt dieses Vorhaben nicht zuletzt dadurch an Bedeutung, dass er innerhalb dieses Systems bis in die Spitzenposition aufstieg und sich dabei allgemein großes Ansehen erwarb. Weit über das Ende seiner Dienstzeit hinaus wurde er im nationalen wie internationalen Rahmen als militärischer Ratgeber geachtet. Bis ins hohe Alter haben ihn wechselnde Verteidigungsminister und die jewei-lige Bundeswehrführung auf eine Weise geehrt, die das gegenüber ehemaligen Spitzenmilitärs übliche Maß deutlich übertrifft. Dadurch drängt sich die Frage

8   Naumann, Generale in der Demokratie.
9   Siehe grundsätzlich Manig, Die Politik der Ehre; Molt, Von der Wehrmacht zur Bundes-wehr; Searle, Wehrmacht Generals; Wrochem, Erich von Manstein; Lingen, Kesselrings letzte Schlacht.
10 Siehe grundsätzlich Wenzke, Das unliebsame Erbe, sowie als Einzelstudien Diedrich, Paulus, oder Lapp, General bei Hitler und Ulbricht.
11 Militärische Aufbaugenerationen.
12 Hürter, Hitlers Heerführer.
13 Was ist Militärgeschichte?, S. 13, und Quadflieg/Hoppe, Die militärhistorische Biogra-phie. Zur methodischen Abgrenzung des Lebenslaufes zur Biografie siehe Soziologie des Lebenslaufs; Biographie und soziale Wirklichkeit; Rosenthal, Erlebte und erzählte Le-bensgeschichte, sowie Fuchs-Heinritz, Biographische Forschung.

auf, worin diese besondere Wertschätzung bestanden hat und wie sie überhaupt zu erklären ist.

Darüber hinaus öffnet diese Herangehensweise den Übergang zu einer Geschichte der Bundesrepublik, die bislang größtenteils ohne Berücksichtigung
ihres Militärs geschrieben wurde, obwohl ihre Entstehung militärischen beziehungsweise militär- und sicherheitspolitischen Entwicklungen zuzuordnen ist[14].
Fast könnte man meinen, das vom ehemaligen Bundespräsidenten Horst Köhler
monierte wohlwollende Desinteresse der Deutschen an ihren Streitkräften habe
sich auch auf die historische Forschung niedergeschlagen. Seit dem Jubiläums-
jahr 2005 ist wenigstens hinsichtlich der spezifischen Bundeswehrforschung
eine vorsichtige Tendenzwende zu konzedieren. Inzwischen sind einige Arbeiten erschienen, die sich mit der Geschichte der westdeutschen Streitkräfte auf
vielfältige Weise auseinandersetzen[15]. Dennoch stehen die Forschungen in den
Anfängen und zu den Protagonisten der westdeutschen Streitkräfte liegen erst
vereinzelte Studien vor[16].

Der personalisierte Zugang zur bundesrepublikanischen Geschichte ver-
spricht eine besondere Spannung. Dass das Werden und Wachsen der Bundesrepublik Deutschland eine »Erfolgsgeschichte« ist, sei »nach simplen Kriterien
nicht zu leugnen«, schrieb 2006 Edgar Wolfrum, und forderte ein, diese Ausgangsbasis für eine historische Interpretation zu berücksichtigen und keinesfalls
relativierend herabzuwürdigen[17]. Abgesehen von einer Antwort auf die Frage,
woran sich Erfolg in der Geschichte messen lassen müsste, ist an diesem Ver-
dikt durchaus bedenkenswert, wie und ob sich eine solche Entwicklung individuell ergründen lässt. Reichte bei den in der wiedergewonnenen Staatlichkeit
erneut aktiven Soldaten eine Anpassung an die demokratischen Grundregeln
aus, wie sie größtenteils für die ehemaligen Kameraden der Wehrmacht festzustellen ist, die sich nicht wieder zur Verfügung stellten? War in diesem Kontext
nicht eine weitergehende Identifizierung mit der neuen Staats- und Gesellschaftsordnung notwendig, um ausgerechnet innerhalb der bewaffneten Macht
(erneut) zu reüssieren? Oder bestand eine ausreichend große Schnittmenge
zwischen dem Soldatentum der Wehrmacht mit dem der Bundeswehr? Bisherige Forschungen bestätigen, dass es sich bei der frühen Bundeswehr größtenteils
um die Restauration der Wehrmacht handelte[18]. Nichts unterstreicht dies deutlicher als die andauernden Konflikte um die Implementierung des Konzeptes

---

[14] Wolfrum, Die geglückte Demokratie; Stöver, Die Bundesrepublik Deutschland; Recker,
      Geschichte der Bundesrepublik Deutschland; Görtemaker, Geschichte der Bundesre-
      publik Deutschland; Morsey, Die Bundesrepublik Deutschland.
[15] Siehe zur Gesamtgeschichte Die Bundeswehr 1955 bis 2005; Entschieden für Frieden und
      Bald, Die Bundeswehr. Zur Geschichte der Teilstreitkräfte Lemke [u.a.], Die Luftwaffe;
      Hammerich [u.a.], Das Heer, und Sander-Nagashima, Die Bundesmarine, sowie als Ein-
      zelstudien Schmidt, Integration und Wandel; Schlaffer, Der Wehrbeauftragte; Loch, Das
      Gesicht der Bundeswehr, oder zuletzt Nägler, Der gewollte Soldat.
[16] Feldmeyer/Meyer, Johann Adolf Graf von Kielmansegg; Wolf Graf von Baudissin; Meyer,
      Adolf Heusinger.
[17] Wolfrum, Die geglückte Demokratie, S. 13.
[18] Schlaffer, Der Aufbau der Bundeswehr.

der Inneren Führung mit ihrem Ziel, dem Staatsbürger in Uniform. Dass diese Führungsphilosophie wiederholt infrage gestellt wurde und wird, liegt einerseits in der Flexibilität der Grundidee selbst begründet. Dass es aber stets aufs Neue grundsätzlich angezweifelt worden ist, verweist andererseits auf die Nachhaltigkeit überkommenen Gedankenguts.

Dieser Zusammenhang ist deswegen von Belang, weil Ulrich de Maizière zu denjenigen Soldaten gehörte, die sich von Anfang an rückhaltlos zum Prinzip der Inneren Führung bekannt haben. Mehr noch war er ihr erster Vertreter, der in eine militärische Spitzenstellung der Bundesrepublik gelangte. Weder dem Denker Graf Baudissin noch dem Praktiker Graf Kielmansegg mit ihren ähnlichen Lebensläufen sollte dies gelingen. Sie mussten mit, allerdings höchsten, internationalen Verwendungen vorliebnehmen[19]. Möglicherweise bahnten sie dem einige Jahre Jüngeren den Weg, und vielleicht ist die berufliche Erfolgsgeschichte Ulrich de Maizières mit all ihren Brüchen letzten Endes die Geschichte der Inneren Führung, die lange brauchte, ehe sie in den Streitkräften Westdeutschlands angekommen ist. Der bei de Maizières Tod amtierende Generalinspekteur Wolfgang Schneiderhan sprach in seiner Trauerrede am 1. September 2006 jedenfalls von »seinem Konzept«[20]. Interpretierbar blieb dabei, ob er ihn damit als den eigentlichen Begründer der Inneren Führung bezeichnen wollte oder eine besonders verstandene Innere Führung meinte. Damit schließt sich der Kreis zu den Fragen, die durch de Maizières Bekenntnis zum Soldaten aufgeworfen worden sind. In jedem Fall ist der militärische Lebensweg dieses Mannes einer genaueren Untersuchung wert.

Dafür steht ein umfangreicher Nachlass zur Verfügung, den er selbst noch zu seinen Lebzeiten und größtenteils dem Bundesarchiv-Militärarchiv übergeben hat[21]. Er beinhaltet von ihm selbst wohl- und nach Sachgebieten geordnet einen immensen Fundus an Dokumenten und Aufzeichnungen seit seinem Eintritt ins Amt Blank 1951, inklusive seiner von Anfang an geführten Tagebücher. Zentraler Bestandteil der Überlieferung bildet dabei seine alphabetisch nach Adressaten sortierte Korrespondenz dienstlicher wie privater Art. Ein kleinerer, gleichwohl nicht unerheblicher Teil seiner Hinterlassenschaft befindet sich darüber hinaus noch im Besitz der Familie und umfasst Dokumente, Aufzeichnungen und Korrespondenzen außerhalb seines Dienstes für die Bundesrepublik, also aus der Zeit vor 1951 und nach 1972. Er dürfte sich bewusst gewesen sein, dass sein Nachlass von entscheidender Bedeutung werden würde, sollte die Geschichte der Bundeswehr oder seines eigenen Lebens Bearbeiter

---

[19] Baudissin wurde Generalleutnant, Kielmansegg erreichte als CINCENT noch den »vierten Stern«. Siehe dazu Wolf Graf von Baudissin und Feldmeyer/Meyer, Johann Adolf Graf von Kielmansegg.

[20] Rede General Wolfgang Schneiderhans anlässlich der Trauerfeier für Gen. a.D. Ulrich de Maizière, URL: <http://www.bmvg.de/portal/a/bmvg/kcxml/04_Sj9SPykssy0xPLMnMz 0vM0Y_QjzKLd4k38TIHSYGZbkAmTCwoJVXf1yM_N1XfWz9AvyA3otzRUVERAEQ5aL 0!/delta/base64xml/L2dJQSEvUUt3QS80SVVFLzZfRF80OSjc!?yw_contentURL=%2FC1256F 1200 608B1B%2FW26TCFMA217INFODE%2Fcontent.jsp> (29.12.2009).

[21] Seitens des MGFA bemühte man sich bereits 1966 um den Nachlass de Maizières. Siehe Amtschef MGFA, O i.G. Dr. von Groote, an de Maizière, 20.9.1966, BArch, N 673/41b.

finden. Schon 1967, anlässlich seiner Glückwünsche zum 80. Geburtstag Erich von Mansteins, gab er eine Überlegung preis, die nicht alleine auf den Gratulanten gemünzt war:

> »Je größer der Verantwortungsbereich ist, den ein Mann zu tragen hat, umso strenger, ja unerbittlicher sind die Maßstäbe, die der rückschauende Betrachter an den Handelnden zu legen versucht ist. Aber jeder, der selbst Verantwortung zu tragen und Entscheidungen zu fällen hat, weiß, wie schwer das Beurteilen ist und wieviel [sic!] weniger zuverlässige Informationen der Entscheidende für seinen Entschluss zur Verfügung hat, als der wertende Historiker der nächsten Generation. Je älter ich werde, umso bewusster wird mir, dass es überhaupt keine Entscheidung von historischer Bedeutung gibt, die nicht einer Kritik unterzogen wird, abhängig jeweils von dem Blickwinkel aus, von dem man sich der Beurteilung nähert[22].«

Er war sich damals bereits gewiss, dass der Geschichtswissenschaft einst weitere Informationsquellen zur Verfügung stehen würden, um auch sein Handeln retrospektiv zu interpretieren und zu werten. Hier sind in erster Linie die Nachlässe derer zu nennen, die um de Maizière herum die Rahmenbedingungen für die westdeutsche Verteidigungspolitik und ihre Streitkräfte entscheidend mitgeprägt haben, zuvorderst also die Minister Kai-Uwe von Hassel, Gerhard Schröder und Helmut Schmidt. Darüber hinaus wurden die Nachlässe Ernst Wirmers und Karl Gumbels in die Betrachtung mit einbezogen, weil beide in den ersten Jahrzehnten des Bestehens der Bundeswehr in mancherlei Hinsicht als einflussreiche Persönlichkeiten innerhalb des Verteidigungsressorts angesehen werden müssen. Angesichts des deutlichen Übergewichts von Materialien aus der Zentrale oder dem Umfeld der Regierungsparteien CDU/CSU galt es ein Korrelativ zu schaffen, wofür der Nachlass Friedrich »Fritz« Erlers ausgewählt wurde. Er war bis zu seinem frühen Tod 1967 nicht nur der herausragende Verteidigungsexperte der lange Jahre allein aus der Opposition heraus agierenden SPD, sondern auch für die grundsätzlich programmatische Wendung der Sozialdemokraten in Bezug auf die Bundeswehr Ende der 1950er-Jahre verantwortlich.

Insgesamt stand für die Bearbeitung auf diese Weise eine Materialfülle zur Verfügung, welche es ermöglichte, den militärischen Lebensweg Ulrich de Maizières in all seinen Brüchen und Kontinuitäten nachzuzeichnen und ihn gleichzeitig innerhalb der Zeitläufte zu verorten. Aus diesem Grund gliedert sich die vorliegende Arbeit auch chronologisch. Leitgedanke bleibt, dabei nachzuvollziehen, womit de Maizière selbst quasi als Lebensmotto seine Memoiren überschrieb, nämlich »in der Pflicht« zu stehen. Wem oder was gegenüber fühlte er sich verpflichtet, wie formulierte er diese Pflicht aus und wie schlug sich das in seinem Handeln nieder? – Dies sind die Leitgedanken, die im Folgenden die Darstellung seiner Vita begleiten. Als Ausgangsfrage stand dabei im Raum, inwieweit Ulrich de Maizière das Produkt einer generationell bedingten militärspezifischen Sozialisierung gewesen ist. Christian Hartmann präsentierte in

---

22 Ulrich de Maizière, Ansprache GenInsp anlässlich des 80. Geburtstages von GFM von Manstein, undat. Dokument (November 1967), BArch, N 673/59.

seiner Biografie zu Franz Halder für diesen Kontext zwei bemerkenswerte Ergebnisse: Dessen »ausschließliche Fixierung auf den militärischen Beruf resultierte zum Teil aus den Bedingungen des Krieges und der Struktur seines Amtes«, sei aber zugleich Ausdruck eines Pflichtbewusstseins und Arbeitsethos, »wie es für Halders Generation nicht selten« gewesen sei. Dazu verwies er auf den älteren Moltke, der die Ansicht vertreten habe, nur durch völlige Konzentration auf seinen Beruf dessen steigenden Ansprüchen gerecht werden zu können[23].

Zum einen war Moltke ausdrücklich auch de Maizières Vorbild, zum anderen hat letzterer unter Halder im Generalstab des Heeres während des Zweiten Weltkrieges gedient. Für seine eigenen Aufzeichnungen ließ sich de Maizière außerdem insbesondere von den Halder-Tagebüchern inspirieren[24]. Dies liegt eingedenk der weiteren Charakterisierung Halders durch Hartmann durchaus nahe. Demnach habe Halder »in mancher Hinsicht den klassischen Typus des Generalstäblers« verkörpert und in seiner äußeren Erscheinung eher einem Wissenschaftler als einem General geähnelt. Er sei immer wieder mit einem Vertreter aus dem Lehrfach verglichen worden. Nicht der Dienst in der Truppe, sondern der im Generalstab habe ihn grundlegend geprägt und zeit seines Lebens sei er »von jener Synthese zwischen Armee und Wissenschaft, wie sie seit Beginn des 19. Jahrhunderts in ihrer entschiedensten Form vom preußischen Generalstab verkörpert wurde«, fasziniert geblieben[25]. Ähnliches wurde von de Maizière behauptet: »Für die Öffentlichkeit verbindet sich mit dem Namen de Maizière«, so schrieb anlässlich seiner Verabschiedung als Generalinspekteur Hans-Anton Papendieck in der »Hannoverschen Allgemeinen Zeitung« vom 21. März 1972, »das Bild des musizierenden Generals, des Intellektuellen, dessen Äußeres so wenig in Einklang zu bringen war mit dem, was man sich landläufig unter einem General vorstellte«[26]. Obwohl ihn selbst dieser Eindruck auf andere mitunter störte – in den 1950er-Jahren sah sich de Maizière vom »Spiegel« beispielsweise nur als »musischer Militärdiplomat Adenauers« wahrgenommen[27] –, unterstützte er diese Wirkung durch eine Vielzahl von öffentlichen Vorträgen und schriftlichen Arbeiten; allein bis zu seinem Ausscheiden aus dem aktiven Dienst wies seine Veröffentlichungsliste über 60 Titel aus. Außerdem trat er im Mai 1965 als erster Inspekteur einer Teilstreitkraft überhaupt, aber nicht zum letzten Mal im Fernsehen auf[28]. Damit trug er seine Sicht der

---

[23] Hartmann, Halder, S. 70.
[24] De Maizière an Martin Gareis, 28.8.1968, BArch, N 673/41a.
[25] Hartmann, Halder, S. 69.
[26] Hans-Anton Papendieck, Hinter dem Büchertisch eine neue Welt entdeckt. Generalinspekteur de Maizière war nicht nur Soldat – Öffentliche Abschiedsparade in Wunstorf, Hannoversche Allgemeine Zeitung, 21.3.1972, BArch, BH 28-2/557.
[27] De Maizière, In der Pflicht, S. 212.
[28] Er stellte sich in einem einstündigen Interview in der Fernsehreihe »Zur Person« dem renommierten politischen Journalisten Günter Gaus. Siehe de Maizière an Gaus, 11.6.1965, BArch, N 673/41a. Den Interviewtext hat er anschließend selbst veröffentlicht. Siehe de Maizière, Bekenntnis zum Soldaten, S. 191–206. Die erste Auflage erschien unter de Maizière, Soldatische Führung.

Dinge in den öffentlichen Raum und präsentierte durchaus die junge Bundeswehr, erhöhte damit aber freilich gleichzeitig sein eigenes Renommee. Geleitworte populärer Zeitgenossen wie das oben genannte Zitat Helmut Schmidts beförderten dies zusätzlich. Der Textentwurf dazu stammte übrigens von Brigadegeneral Carl-Gero von Ilsemann, damals Leiter IPZ und drei Monate später der Schwiegervater von de Maizières Tochter Cornelia[29].

Am Ende seiner Dienstzeit galt Ulrich de Maizières Platz in der Geschichte der Bundeswehr nicht wenigen Zeitgenossen als gesichert. Zu ihnen gehörte auch Hans-Adolf Jacobsen, der de Maizière bereits in dessen Zeit als Kommandeur der Schule für Innere Führung (1960-1962) kennengelernt hatte. Seinen wohlwollenden, wenngleich nicht unkritischen Beitrag im zu Ehren des scheidenden Generalinspekteurs 1972 zusammengestellten Sammelband schloss er mit den Worten, dass de Maizière, wie immer das historisch-politische Urteil über ihn als Generalinspekteur in Zukunft ausfallen möge, bereits »zu jenen herausragenden soldatischen Persönlichkeiten« aus der Geschichte der Bundeswehr zähle,

»die durch ihre Pflichtauffassung, menschliche Überzeugungskraft, charakterliche Integrität und staatsbürgerliche Gesinnung das Vertrauen der Öffentlichkeit in die Verfassungstreue ihrer Streitkräfte und das Ansehen der militärischen Führung der Bundesrepublik Deutschland im Ausland wesentlich gestärkt und dadurch ein überzeugendes Beispiel für das Leitbild des ›Staatsbürgers in Uniform‹ gegeben haben«[30].

Diesem Urteil schloss sich auch Hans-Jürgen Rautenberg grundsätzlich an, der neben Clemens Range bislang die einzige biografische Studie zu de Maizière vorgelegt hat. Er verwies darauf, Bundeswehr und Politiker aller demokratischen Parteien hätten in de Maizière »einen der ›Männer der ersten Stunde‹ geehrt, der sein ›Bekenntnis zum Soldaten‹ als Patriot und Demokrat vorgelebt hat«[31].

Beide Aufsätze konnten freilich nicht de Maizières gesamtes Leben bewerten; Rautenbergs Urteil überlebte de Maizière noch über drei, Range beinahe zwei Jahrzehnte. In dieser Zeit nach seinem Ausscheiden aus dem aktiven Dienst war de Maizière aber alles andere als im Ruhestand. Im Gegenteil wurde er in vielen Fällen als militärischer Sachverständiger bemüht, sowohl im nationalen wie internationalen Kontext. Auch die Verteidigungsminister Georg Leber, Hans Apel und Manfred Wörner suchten hin und wieder seinen Rat. Der Vorsitz in der nach ihm benannten De Maizière-Kommission Ende der 1970er-Jahre ist dabei das wahrscheinlich bekannteste Beispiel. Mittels Zeitungsartikeln oder Interviews brachte er sich darüber hinaus selbst immer wieder in die sicherheits- und militärpolitische Diskussionen der Zeit ein, blieb als Vorsitzender der Clausewitz-Gesellschaft sowie als Förderer der Universität der Bun-

---

29 Siehe Entwurf für ein Vorwort des Bundesministers der Verteidigung zu dem in Vorbereitung befindlichen Buch von de Maizières, Anlage zu Adjutant GenInsp, OTL i.G. Glitsch, an den Adjutanten des Bundesministers der Verteidigung, 7.5.1971, AdsD, 1/HSA A005666.

30 Jacobsen, Vom Leitbild des »Staatsbürgers in Uniform«, S. 119.

31 Rautenberg, Ulrich de Maizière, S. 215. Siehe dazu auch Ulrich de Maizière in Range, Die Generale und Admirale der Bundeswehr, S. 78-89.

deswehr Hamburg mit den Streitkräften in Verbindung. Als er 1989 seine Memoiren veröffentlichte, waren sie binnen Kurzem vergriffen[32].

Bei all dem scheint sich de Maizière tatsächlich an Leitlinien orientiert zu haben, die er lange zuvor für sich festgelegt hatte. In einem Interview mit Günter Gaus 1972 formulierte er dazu, seine Vorstellung von Tätigkeit sei »immer die gewesen, dass das, was man denkt, was man glaubt, erkennen zu können, sich umsetzen muss in Tätigkeit«. Dies habe er im Soldatenberuf in erster Linie gefunden[33]. Und einem jungen Fähnrich, dessen Einladung an die Offizierschule des Heeres in Dresden er im Rahmen einer Politischen Bildung 1996 gefolgt war, schrieb er:

»Ratschlag für einen jungen Offizier: Schon vor dem 1. Weltkrieg lernte der Leutnant: ›Beim Waschen der Erste, beim Essen der Letzte‹. Das heißt nichts anderes als in Haltung und Auftreten ein Beispiel zu geben und bei der Erfüllung des Auftrages stets an die Fürsorge für den Untergebenen zu denken (siehe auch § 10 Soldatengesetz)[34].«

De Maizière selbst hat diesen Ansatz, Vorbild zu sein, offenbar ausgefüllt. Oberstleutnant i.G. Gerhard Beenders, der ihm persönlich zugeordnete Stabsoffizier für die Arbeit in der »De Maizière-Kommission«, schrieb ihm beispielsweise noch 1989 nach der Veröffentlichung der Memoiren, er habe in seinen 30 Dienstjahren viele Vorgesetzte erlebt, »Leitbildfunktion« hätte für ihn jedoch nur de Maizière gehabt:

»Ihre selbstverständliche Souveränität und Autorität brauchte weder das Amt noch die Hierarchie. Im Titel Ihres Buches drücken Sie für mich zwei wesentliche Eigenschaften aus, einerseits Ihre selbstsichere, entwaffnende Bescheidenheit und andererseits die ruhige, innere Distanz zur Emotion – ohne aber abzuweisen[35]!«

Insofern mag man de Maizières eigener Einschätzung, immer Soldat gewesen zu sein, einerseits zustimmen. Andererseits regt so viel Lob beinahe selbstverständlich zum Hinterfragen an, zumal Beenders' Einschätzung keine Einzelmeinung ist. Was davon der Machtposition geschuldet war, die der Vielgelobte in seiner zweiten militärischen Karriere spätestens ab Mitte der 1960er-Jahre einnahm, was sich demgegenüber wirklich als tragfähig und nachhaltig erwies, wird im Folgenden geprüft werden. Eine erste Untersuchung auf der Basis von de Maizières Veröffentlichungen und seiner Personalakte im Bundesarchiv-Militärarchiv in Freiburg hat dabei ergeben, dass er tatsächlich in vielerlei Hinsicht ein Vorbild für die Bundeswehr gewesen zu sein scheint, vor allem hinsichtlich eines »Typs des modernen Soldaten«, wie von Schmidt oben angesprochen[36]. Ob sich diese These mittels seines militärischen Lebenslaufes erhärten lässt, wird die vorliegende Darstellung aufzeigen.

---

[32] De Maizière, In der Pflicht.
[33] Sendung DFS »Zu Protokoll«, Gespräch Günter Gaus mit General a.D. de Maizière (Tonbandabschrift), 9.4.1972, AdsD, 1/HSA A005947.
[34] De Maizière an FR Klaus Storkmann, 3.12.1996. Für die Überlassung dieses Dokumentes danke ich meinem Kollegen Klaus Storkmann.
[35] Gerhard Beenders an de Maizière, 19.2.1989, BArch, N 673/180.
[36] Zimmermann, Der Prototyp.

II. Prolog – Kindheit, Jugend und Schulzeit in Kaiserreich und Republik

Karl Ernst Ulrich de Maizière entstammte einer Juristenfamilie mit hugenottischen Wurzeln. Seine Vorfahren waren 1685 aus dem lothringischen Dorf Maizières-lès-Metz im Département Moselle, nördlich von Metz, vor der Hugenottenverfolgung in Frankreich ins Kurfürstentum Brandenburg geflohen[1]. Dass sie ursprünglich aus der Normandie stammten, ist nicht zu belegen, sicher aber ist, dass Angehörige spätestens seit der Bartholomäus-Nacht 1572 in Paris gelebt haben, einer von ihnen sogar als Leibarzt König Heinrichs IV. diente. Das Familienwappen trägt einen schwarzen springenden Löwen auf silbernem Grund[2]. Ulrich de Maizières Großvater, ebenfalls Karl Ernst Ulrich mit Vornamen, ließ, nachdem er eine direkte Abstammungslinie bis 1570 zu belegen vermochte, im August 1896 den Familiennamen von »Maizier« in »de Maizière« ändern[3]. Möglicherweise sind Familienangehörige irgendwann auch in die Vereinigten Staaten ausgewandert[4].

Die Welt, in die Ulrich, so sein Rufname, am 24. Februar 1912 im niedersächsischen Provinzstädtchen Stade hineingeboren wurde, war politisch wie familiär eine äußerst bewegte[5]. Sein Vater, bis dahin Regierungsrat und Dezernent bei der Stader Bezirksregierung, folgte im August 1912 seinem väterlichen Freund Kurd Graf von Berg-Schönfeld zur preußischen Provinzregierung in Hannover, damals schon eine Großstadt mit über 300 000 Einwohnern[6]. Der Umzug aus

---

[1] Siehe zu diesem Kontext Niggemann, Immigrationspolitik. Ulrich de Maizières Neffe Lothar erhielt bei seinem Paris-Besuch im Juni 1990 von der Bürgermeisterin von Metz Kopien der entsprechenden Kirchenbücher. Siehe de Maizière, Ich will, dass meine Kinder nicht mehr lügen müssen, S. 228.

[2] De Maizière an Léon de Mazière, Apotheker in Lendelede, 20.10.1967, BArch, N 673/46b. De Maizière selbst wies später auf die Glaubensgründe hin, welche seinerzeit offenbar zur Emigration geführt hätten. Ulrich de Maizière, Ansprache aus Anlass des Ökumenischen Soldatentreffens zum 450. Reformationsjubiläum in Landau/Pfalz am 31.10.1967, BArch, N 673/59.

[3] Regierungspräsident in Magdeburg, »Genehmigung zur Annahme und Führung des Familiennamens ›de Maizière‹« (Abschrift), 20.8.1886, PA AdM, Akte Persönliche Unterlagen.

[4] De Maizière ist auf einer seiner USA-Reisen auf eine Erinnerungstafel und ein entsprechendes Büchlein über einen »Maiziere in Texas« aufmerksam gemacht worden. De Maizière an Lichtenauer, 3.5.1967, BArch, N 673/45b.

[5] Siehe hierzu auch die Geburtsurkunde Nr. 39 der Stadt Stade vom 24.2.1912, PA AdM, Akte Persönliche Unterlagen.

[6] De Maizière, In der Pflicht, S. 11. Mit Stand 31.12.1913 zählte Hannover 322 000 Einwohner. Durch den Ersten Weltkrieg auf 287 000 gesunken (5.12.1917), stieg die Zahl rasch

einer der ältesten, gleichwohl an der Peripherie gelegenen Städte Norddeutsch-
lands in die preußische Provinzhauptstadt kam zwar einem Karrieresprung
gleich, doch nur wenige Jahre später sollte der Erste Weltkrieg, die »Urkatast-
rophe des 20. Jahrhunderts«[7], alles grundsätzlich verändern. Unter den
17 Millionen Toten, die er forderte, befanden sich auch Ulrich de Maizières
Vater und sein Patenonkel[8].

Dr. jur. Walter de Maizière fiel am 24. Oktober 1915 im serbischen Palanca
als Hauptmann der Reserve und Kompaniechef der 10. Kompanie im
4. Brandenburgischen Infanterieregiment Nr. 24. Der Sohn kannte den Vater
nur von einem einzigen Bild, das ihn zusammen mit seinem Stader Kameraden
Günther Kehrl[9] in seiner Hauptmannsuniform zeigte und das Wohnzimmer des
Elternhauses schmückte. Abzüge davon konnten die de Maizières auch durch
den nächsten Krieg retten[10]. Alles, was Ulrich de Maizière von ihm wusste,
stammte aus den Erzählungen seiner Mutter oder von Freunden[11]. Jeder, der
den Senior gekannt hatte, so bekannte Ulrich später, »hat mir so lebendig und
so verehrungsvoll von ihm erzählt, dass ich mir eine gute Vorstellung machen
kann«[12]. Die emotionalen Berichte ehemaliger Kameraden über seinen »so
hochgeschätzten Vater«[13], der »bei Palanca den Heldentod fand« und von seinen Untergebenen nur »Papa Mezièr«[14] oder »Onkel Maizière«[15] genannt worden sein soll, verfehlten ihre Wirkung nicht: Ehe Ulrich de Maizière selbst als
Hauptmann 1939 in den Zweiten Weltkrieg zog, ließ er sich das Tragen des
vom Vater geerbten Infanterie-Degens genehmigen[16].

---

wieder an und steigerte sich bis zum 31.12.1930 auf 445 000, bis der Zweite Weltkrieg die
Zahl wieder halbierte (30.4.1945: 217 000). Anschließend boomte Hannover erneut. Der
Höchststand kletterte am 31.12.1962 auf 574 754, eine Zahl, welche die Stadt bis heute
nicht mehr erreichte. Zahlen nach Stadt Hannover, Einwohnerentwicklung von Hannover. Zu Hannover siehe Geschichte der Stadt Hannover sowie zuletzt Falkenberg/Sund-
maeker, Hannover – Ein Porträt.

[7]   Kennan, Bismarcks europäisches System, S. 12.

[8]   De Maizière an Gen. a.D. Adolf Heusinger, 1.6.1965, BArch, N 673/42.

[9]   Günther Kehrl war seinerzeit Leutnant, Walter de Maizière dessen Kompanieführer;
       Kehrl überlebte zwar den Krieg, fiel jedoch 1919 im Baltikum. Siehe OVGR Konrad Kehrl
       an de Maizière, 11.1.1965, BArch, N 673/44a.

[10]   De Maizière, In der Pflicht, S. 21, sowie de Maizière an Kehrl, 13.1.1965, BArch,
       N 673/44a; Dr. Wilhelm Kohlhaas an de Maizière, 29.9.1965, BArch, N 673/44b, und de
       Maizière an Franz Elsholz, 12.9.1967, BArch, N 673/39b. Geboren wurde sein Vater aller-
       dings als Walter Maizier am 22.10.1876 in Dortmund. Siehe dazu die Geburtsurkunde PA
       AdM, Akte Persönliche Unterlagen. Die Schreibweise des Vornamens mit und ohne »h«
       variiert auch in den amtlichen Unterlagen.

[11]   De Maizière an Elsholz, 12.9.1967, BArch, N 673/39b.

[12]   De Maizière an Hanns Jaene, 1.3.1967, BArch, N 673/43b.

[13]   ORR a.D. Gunther Demuth, Kgl.Pr. Hauptmann a.D. des Inf.Rgts Großherzog Friedrich
       Franz II. von Mecklenburg-Schwerin (4. Brand.) Nr. 24, an de Maizière, 25.8.1966, BArch,
       N 673/84.

[14]   Hanns Jaene an de Maizière, 19.2.1967, BArch, N 673/43b.

[15]   Kehrl an de Maizière, 11.1.1965, BArch, N 673/44a.

[16]   Inf.Regt 50/Der RegtsKdr, Genehmigung, 30.6.1939, PA AdM, Akte Persönliche Unterla-
       gen.

◀ Abb. 1:
Die Mutter Elsbeth de Maizière, geb.
Dückers, im Alter von 23 Jahren
PA AdM

◀ Abb. 2:
Der Vater Walter de Maizière als
Hauptmann d.R. im Ersten Welt-
krieg, 1915
PA AdM

▶ Abb. 3:
Ulrich de Maizière im Alter von zwölf Jahren.
PA AdM

▼ Abb. 4:
Die Altstadt von Hannover zu Ulrich de Maizières Kindheit:
Markthalle, Ratsapotheke, Marktkirche
St. Georgii et Jacobi und Altes Rathaus (v.l.)
BArch, N 1435, Bild 162-014, Skladanowsky

Erst ein halbes Jahrhundert nach dem Tod seines Vaters, als der Sohn mit der Ernennung zum Generalinspekteur endgültig in die Öffentlichkeit getreten war, erreichten ihn noch weitere Informationen über den Vater. Dabei handelte es sich vor allem um Fotografien, denn über den Krieg hatte die zwischenzeitlich ausgebombte Familie nur wenig retten können[17]. Allerdings dürften Zeugnisse wie die Kriegsberichte des Corps Rhenania aus dem Ersten Weltkrieg[18] oder das Bild von der Paradeaufstellung der Kompanie seines Vaters vor dem Chef des Regimentes, dem Großherzog von Mecklenburg-Schwerin, in Douai kurz vor dem Einsatz im Jahre 1915 an der Arras-Front[19] das bis dahin gewonnene Bild verstärkt haben. Dass der jüngere und einzige Bruder seines Vaters, Helmut de Maizière, Ulrich de Maizières Patenonkel, ebenfalls schon in den ersten Augusttagen des Jahres 1914 als Leutnant vor Reims gefallen war, vervollständigte das emotionale Szenario[20]. Auch an ihn hatte Ulrich keine persönliche Erinnerung, besaß aber »ein sehr schönes Ölbild« von ihm, das wohl kurz vor seinem Tod gemalt worden war, und das er aus der Erbschaft seiner Großmutter übernommen hatte[21].

Die ersten Lebensmonate in seiner Geburtsstadt Stade blieben für de Maizière eine freilich kaum erinnerte Episode. Über ein halbes Jahrhundert später musste der Stader Bürgermeister darauf aufmerksam gemacht werden, dass der amtierende Inspekteur des Heeres hier das Licht der Welt erblickte. Das Stadtoberhaupt wollte daraufhin umgehend eine persönliche Verbindung zu de Maizière herstellen[22]. Doch erst nach dessen Tod ehrte die Stadt ihren inzwischen berühmten Sohn, indem sie am 1. September 2009 an seinem Geburtshaus in der

---

[17] De Maizière an Dr. Wilhelm Kohlhaas, 14.10.1965, BArch, N 673/44b; Karla Göhring an de Maizière, 12.1.1969, BArch, N 673/41a; Kurt Donalies an de Maizière, 5.8.1969, und dessen Antwort, 25.8.1969, beide BArch, N 673/39a.

[18] Kohlhaas an de Maizière, 29.9.1965, BArch, N 673/44b. Kohlhaas war der Gedenkredner bei der Benennung der bisherigen Fliegerhorst-Kaserne in Böblingen, die 1965 nach einem entsprechenden Vorschlag aus der Truppe in Wildermuth-Kaserne umbenannt wurde. Siehe dazu BMVg/InspH an Kohlhaas, 31.10.1965, BArch, N 673/44b. Die Rede von Kohlhaas über seinen ehemaligen Kompanieführer Eberhard Wildermuth vom 30.9.1965 findet sich im selben Bestand. De Maizière nahm das Angebot, Kopien dieser Berichte zu erhalten, dankbar an. Siehe de Maizière an Kohlhaas, 14.10.1965, sowie die Zusendung durch Kohlhaas an den »Befehlshaber des Heeres«, GL de Maizière, 18.10.1965, beide BArch, N 673/44b.

[19] Hanns Jaene an de Maizière, 19.2.1967 und 1.3.1967, beide BArch, N 673/43b.

[20] O a.D. Walther Bruckmann an de Maizière, 22.11.1966, BArch, N 673/38. Bruckmann vertat sich wohl im Monat – so jedenfalls die Antwort de Maizières an Bruckmann, 26.10.1966, BArch, N 673/38. Bruckmann wollte »1909/10 [...] auf [sic!] der Kriegsschule Metz im Hörsaal A neben dem Fähnrich de Maizière vom Inf.Rgt 92 (Braunschweig)« gesessen haben: »Wir wurden Leutnants am 22. August 1910.« Siehe hierzu auch O a.D. Albrecht Franke an de Maizière, 2.4.1967 und 21.7.1970, sowie dessen Antwort, 6.4.1967, alle BArch, N 673/40.

[21] De Maizière an Bruckmann, 26.10.1966, BArch, N 673/38.

[22] Anlässlich der Umbenennung des in den 1930er-Jahren errichteten Fliegerhorstes in Vonder-Goeben-Kaserne 1966 wurde der Bürgermeister vom verantwortlichen Kommandeur daran erinnert. Siehe Kdr PzGrenBrig 7, O i.G. [sic!] Rolf Jürgens, an de Maizière, 21.6.1966, BArch, N 673/43b.

Gartenstraße 1 im Beisein eines der Söhne, des damaligen Bundesinnenministers Dr. Thomas de Maizière, eine Erinnerungstafel anbringen ließ[23].

Seine Kindheit verbrachte Ulrich de Maizière zusammen mit seinem sechs
Jahre älteren Bruder Clemens Sebastian und den beiden Schwestern Suzanne
und Irene in einem für die (Zwischen)Kriegszeit nicht untypischen Frauenhaushalt in der Alleestraße 5 in Hannover-Herrenhausen, ganz in der Nähe des
barocken Großen Gartens[24]. Zum drei Jahre jüngeren Nesthäkchen Irene hatte
de Maizière dabei zeitlebens eine besonders enge Verbindung. Sie war es, die
den ledigen Offizier und begeisterten Tänzer später während der Friedensjahre
oft auf Bälle begleiten durfte[25]. Wie ihre Schwester Suzanne, die später nach
Nürnberg zog, ließ sie sich zur Bibliothekarin ausbilden und arbeitete bis zu
ihrer Hochzeit in diesem Beruf[26]. Am 15. Juli 1943 heiratete sie in Hannover
Gottfried Lüdicke, im November 1951 nahm sie ihre im Krieg ausgebombte und
aus Göttingen zurückkehrte Mutter Elsbeth de Maizière bei sich auf, die dort
bis zu ihrem Tod 1966 den Mittelpunkt der Großfamilie de Maizière darstellte[27].

Elsbeth de Maizière, geborene Dückers, entstammte einer preußischen Beam-
tenfamilie. Ihr Vater, Dr. jur. Johann Heinrich Hubert Dückers, war als Wirklicher Geheimer Oberregierungsrat bereits mit 53 Jahren verstorben und damit
teilte sie das Schicksal der frühen Halbwaisenschaft mit ihrem späteren Mann[28].
Nach dem Tod des Familienvaters blieb das Geld stets knapp, die Lebensum-
stände mit der Witwenpension der Mutter entsprechend bescheiden. Zusammen mit der Unterstützung durch einen Freundeskreis aus ehemaligen »Angehörigen der Regierung Hannover« schaffte sie es, die »bürgerliche Umwelt« für
ihre Kinder zu erhalten[29]. Für die »nüchterne, illusionslose, praktisch denkende

---

23 In der Meldekartei des Stader Stadtarchivs befindet sich als einziges Dokument neben den
    Einträgen ins Geburtenbuch die Familienkarte des Vaters, RegAss Walther de Maizière.
    Mitteilung des Stadtarchivs Stade, Dr. Jürgen Bohmbach, 7.1.2010. Eine Kopie der Ge-
    burtsurkunde aus dem Standesamt Stade findet sich in PA AdM, Akte Persönliche Unter-
    lagen.
24 Genau genommen wurde der Schloss- und Gartenbezirk Herrenhausen erst 1928 in die
    Stadt Hannover eingemeindet. Während Clemens Sebastian am 30.7.1906 in Hohensalza
    geboren wurde, kamen Suzanne (23.3.1910) in Stade und Irene (5.5.1915) in Hannover zur
    Welt. Clemens wurde Jurist, später Synodaler der Berlin-Brandenburgischen Kirche und
    Mitglied der Ost-CDU in Berlin-Treptow. Er war der Vater des letzten Ministerpräsiden-
    ten der DDR, Lothar de Maizière. Siehe Zusatz zum Personalbogen Ulrich de Maizières,
    28.1.1954, Personalakte Ulrich de Maizière, BArch, Pers 1/27800.
25 De Maizière, In der Pflicht, S. 20, 43.
26 De Maizière an Bibliotheksoberamtsrat Alfred Godau, 2.1.1973, BArch, N 673/146, sowie
    an Hans-Henning von Christen, 23.1.1967, BArch, N 673/38.
27 Siehe z.B. Schriftwechsel zwischen de Maizière und Pastor Gottfried Lüdicke, 5.5. und
    21.6.1967, BArch, N 673/46a, sowie de Maizière an von Christen, 23.1.1967, BArch,
    N 673/38, an OVGR Kehrl, 13.1.1965, BArch, N 673/44a, und an Ernst Weber, 12.8.1964,
    BArch, N 673/83.
28 De Maizières Mutter Elsbeth, geb. Dückers (20.6.1881 in Berlin) starb am 23.11.1966 mit
    85 Jahren. Siehe hierzu de Maizière, In der Pflicht, S. 12 f., sowie die Heiratsurkunde der
    Eltern de Maizières vom 19.11.1903, PA AdM, Akte Persönliche Unterlagen.
29 De Maizière an von Christen, 23.1.1967, BArch, N 673/38. So war de Maizière am 6.6.1912
    als Familiant des Salig'schen, Mesekau'schen und Willkühn'schen Stipendiums aner-
    kannt« worden und wurde wohl auch durch das »Hoomannsche Familien-Stipendium«

Berlinerin«, wie er sie in seinen Memoiren beschrieb, empfand Ulrich de Maizière zeitlebens tiefe Verehrung; sie war ihm gleichzeitig Vater und Mutter, ihr fühlte er sich eng verbunden[30]. Das mag auch daraus resultieren, dass er früh der »Mann im Haus« war, denn sein älterer Bruder, mit dem er ein Zimmer teilen musste, bestand bereits mit 17 Jahren das Abitur und war anschließend wegen seines Jura-Studiums nur in den Semesterferien und an hohen Feiertagen zu Hause[31]. Vielleicht hat dies Ulrich besonders zur Leistung motiviert. Sowohl in der Volksschule, die er von 1918 bis 1921 besuchte, als auch anschließend auf dem Humanistischen Ratsgymnasium zeigte er sich geradezu als Musterschüler[32]. Sein Abitur legte er 1930 mit »gut« ab, die »Schulfeier zur Entlassung der Reifeprüflinge« fand am 28. März 1930 statt[33]. Von den ehemaligen Klassenkameraden blieben nur einige Kontakte ein Leben lang bestehen, wie die zu Alf Pflüger[34], Adalbert Sendker[35] und vor allem Helmut Coing[36]. Die meisten Mitschüler sahen sich erst nach dem Krieg wieder und von da an nur mehr sporadisch[37]. Fotos aus seiner Schulzeit zeigen de Maizière als einen typischen Gymnasiasten seiner Zeit[38].

Eine lebenslange Prägung erfuhr er durch Studienrat Karl Meyer. Er war mit Ausnahme des Schuljahres 1926/27 sein Klassenlehrer und stellte für ihn »eine

---

unterstützt. Siehe dazu Der Magistrat der Stadt Burg/M.J.No. 6050 an RegAss Dr. de Maizière, 6.6.1912, sowie Hoffmannsches Familien-Stipendium an Dr. Walter de Maizière, 11.5.1912, beide PA AdM, Akte Persönliche Unterlagen.

[30] De Maizière, In der Pflicht, S. 12, und de Maizière an O Franz Heuer, 2.1.1967, BArch, N 673/42.

[31] De Maizière, In der Pflicht, S. 13.

[32] Personalbogen Ulrich de Maizières anlässlich seiner Einstellung in die Bundeswehr, 20.6.1955, sowie Lebenslauf als Anlage zum Personalbogen Ulrich de Maizières anlässlich seiner Einstellung in die Bundeswehr, 20.6.1955, Personalakte Ulrich de Maizière, beide in Personalakte Ulrich de Maizière, BArch, Pers 1/27800.

[33] An der Gestaltung der Schulfeier beteiligte sich de Maizière mit seinem Klavierspiel. Programm und Reifezeugnis sowie auch alle anderen Schulzeugnisse finden sich in PA AdM, Akte Persönliche Unterlagen.

[34] Alf Pflügler hatte den Krieg als Bauingenieur bei der Focke-Wulf GmbH in Bremen überlebt, habilitierte sich (1941) nach seiner Promotion (1935) in Mechanik und lehrte nach dem Krieg an der Technischen Hochschule Hannover, von der er 1951 zum Professor berufen und 1968/69 zu deren Rektor gewählt worden ist. Festschrift Alf Pflüger, sowie Stiglat, Bauingenieure und ihr Werk, S. 306.

[35] Siehe z.B. Generalvikar Adalbert Sendker an de Maizière, 3.10.1964, BArch, N 673/83. Zum späteren katholischen Bischöflichen Generalvikar in Hildesheim siehe dessen Nachlass im Bistumsarchiv Hildesheim, URL: <http://www.kirchliche-archive.de/Di%C3%B6 zesanarchive/Hildesheim/HildesheimBestands%C3%BCbersicht/tabid/127/Default.aspx> (17.2.2011).

[36] Siehe z.B. Coing an de Maizière, 28.11.1967, BArch, N 673/38, oder 3.7.1970, BArch, N 673/86, sowie de Maizière an Coing, 28.2.1972, BArch, N 673/38.

[37] »Verband ehemaliger Ratsgymnasiasten«, Kühne, an de Maizière, im April 1967 und 28.6.1967, BArch, N 673/53. Das Treffen fand vom 22.-24.9.1967 in Hannover statt. Siehe außerdem Ernst Weber an de Maizière (undat.), sowie dessen Antwort, 12.8.1964, beide BArch, N 673/83.

[38] Siehe dazu die Passfotos, PA AdM, Karton Ratsgymnasium, Neuruppin, Landsberg/ Warthe, Sudetenland.

Art Vaterersatz« dar[39]. Schwer verwundet aus dem Weltkrieg zurückgekehrt, pflegte Meyer einen freizügigen und beinahe fortschrittlichen Lehrstil. Seine Schüler durften sich im Gegensatz zum ansonsten streng reglementierten Schulalltag der Zeit frei im Klassenraum bewegen und freuten sich über das Verständnis, das er ihnen entgegenbrachte. Als de Maizière über ein halbes Jahrhundert später zum Generalinspekteur ernannt worden ist, war sich der ehemalige Mitschüler Heinz »Heinzeken« Salomon sicher, »unser alter ›Pise‹ Meyer (würde) ungeheuer stolz mit Dir sein« [sic!][40]. De Maizières Freude über die Kopie einer Fotografie seiner Klasse mit Meyer im Ratsgymnasium von 1922/23, die ihm sein damaliger Mitschüler und späterer Schwager Klaus Werner zu seinem 80. Geburtstag schenkte, belegt, wie langlebig de Maizières Verehrung für Meyer gewesen ist[41]. Seinerzeit nahm Meyers Einfluss in der Oberstufe jedoch drastisch ab, weil dieser »dem geistigen Anspruch, den wir an den Griechischlehrer der Unter- und Oberprima glaubten stellen zu müssen, [...] nicht mehr gerecht wurde, wie wir in unserem jugendlichen Selbstbewusstsein meinten«[42].

Dass dies mit dem Studienrat Bernhard Rust (1883–1945) zu tun gehabt haben könnte, der die Klasse zwischenzeitlich zwei Jahre lang in Griechisch unterrichtet hat, bestritt de Maizière in seinen Memoiren[43]. Rust war nach dem Ersten Weltkrieg dem »Deutschvölkischen Schutz- und Trutzbund« beigetreten und bereits 1922 der NSDAP. Von 1925 bis 1940 war er Gauleiter in Hannover, hatte seit 1930 einen Sitz im Reichstag und wurde nach der Machtübernahme der Nationalsozialisten Reichsminister für Wissenschaft, Erziehung und Volksbildung. Er nahm sich am 8. Mai 1945 das Leben[44]. Gleichwohl wollten seine Schüler Ende der 1920er-Jahre von Rusts »schon damals bekannten nationalsozialistischen Bindungen [...] im Unterricht nichts bemerkt [haben]«, wie de Maizière seinen Memoiren anvertraute[45]. Doch die für die Gesellschaft der Weimarer Republik allgemein festzustellende Abneigung gegenüber der Demokratie zeigte sich auch im Ratsgymnasium. So hatte die dortige Schulleitung zum Beispiel

---

[39] De Maizière, In der Pflicht, S. 15. Siehe dazu auch das Zeugnisbuch Ulrich de Maizières des Ratsgymnasiums Hannover 1921–1930, PA AdM, Akte Persönliche Unterlagen. Siehe zu ihm auch das Klassenfoto von 1925 »Das Ratsgymnasium hat stets humanistisches Profil bewahrt«, Hannoversche Allgemeine Zeitung, 22.8.1992, PA AdM, Karton Ratsgymnasium, Neuruppin, Landsberg/Warthe, Sudetenland.

[40] Heinz Salomon an de Maizière, 28.8.1966, BArch, N 673/85.

[41] Die Fotografie von de Maizières Klasse im Ratsgymnasium von 1922/23 ist in PA AdM, Karton Ratsgymnasium, Neuruppin, Landsberg/Warthe, Sudetenland erhalten geblieben.

[42] De Maizière, In der Pflicht, S. 15.

[43] Ebd., S. 16; Carl-Gero von Ilsemann an de Maizière, 12.3.1989, BArch, N 673/180.

[44] Siehe Rusts Kurzbiografie in Enzyklopädie des Nationalsozialismus, S. 876, sowie Lohalm, Völkischer Radikalismus, S. 325; Klee, Das Personenlexikon zum Dritten Reich, S. 516; Sandfuchs, Universitäre Lehrerausbildung, S. 360, und grundsätzlich Keim, Erziehung. Rust wurde am 6.4.1933 auch Ehrenbürger der Stadt Hannover und blieb dies bis zum 9.11.1978.

[45] De Maizière, In der Pflicht, S. 16.

Mühe, zur jährlichen Feier des Verfassungstages am 11. August einen Lehrer zu finden, der sich zur obligatorischen Festrede bereitfand[46].

Der Oberprimaner de Maizière war aber durchaus nicht unkritisch. Als vier in ihren schulischen Leistungen schwächere Mitschüler nicht zur Abiturprüfung zugelassen wurden, damit sie den Gesamtschnitt der Klasse nicht senkten, obwohl er diesen zusammen mit Helmut Coing monatelang nachmittags Nachhilfe gegeben hatte, lehnte sich der Schüler mit anderen zusammen dagegen auf. Damit erreichte er jedoch nur, bei der Abschlussfeier nicht als Solist am Klavier auftreten zu dürfen[47].

In einem bildungsbürgerlichen Umfeld aufgewachsen, waren seine Tage durchgeplant und kreisten um Elternhaus, Schule, Freunde, Musik, Theater und Literatur; anderes blieb ihm »weniger wichtig«[48]. So bewegte er sich in Hannover im immer gleichen gesellschaftlichen Umfeld[49]: Die Familie äußerst konservativ, der Bekanntenkreis größtenteils deutschnational, und darüber hinaus bestanden über die Großmutter familiäre Bande nach Ostelbien, den urpreußischen, monarchistischen östlichen Gebieten des Deutschen Reiches[50]. Einer ihrer Schwiegersöhne, Ferdinand von Schwartz, besaß ein großes Gut südlich des damaligen Bromberg (heute Bydgoszcz), hatte sich allerdings nach der Wiederentstehung des polnischen Staates 1918/19 einen großen Bauernhof, den Katharinenhof, in der Nähe des holsteinischen Neumünster zugelegt und ihn verpachtet. Dort wohnte de Maizières Großmutter zeitweise auch, sodass die Familie hier meist die kürzeren Schulferien verlebte[51].

Den größten Teil der Sommerferien verbrachte man dagegen auf dem Gut Barkow im Kreis Greifenwald an der Rega, das der Familie von Normann, einem alten pommersch-rügischen Adelsgeschlecht, gehörte. Gutsbesitzer war der Rittmeister a.D. Philipp von Normann, ein ehemaliger Studienfreund des Vaters. Durch ihn und Besuche auf den Nachbargütern der Thaddens in Trieglaff in Hinterpommern, nördlich Stettins, oder der Blanckenburgs in Zimmerhausen im Kreis Regenwalde im Regierungsbezirk Stettin[52], kam de Maizière früh in Verbindung mit dem »konservative[n], oft auch national-liberale[n] Denken preußischer Gutsbesitzer«[53]. Bei den Thaddens, einer alteingesessenen pommerschen Adelsfamilie, lernte er nicht nur Elisabeth von Thadden (1890-1944) kennen, die 1944 als Widerstandskämpferin gegen den Nationalsozialismus hingerichtet werden sollte, sondern auch deren Bruder Reinold

---

[46] Ebd.
[47] Ebd., S. 17.
[48] Ebd., S. 18-20, Zitat S. 20.
[49] De Maizière an Ernst Weber, 12.8.1964, BArch, N 673/83, sowie Karl Werner Rabe an de Maizière, 26.8.1966, und Dr. Karl Joachim Warnecke an de Maizière, 26.8.1966, beide BArch, N 673/85.
[50] Wagner, Bauern, Junker und Beamte.
[51] De Maizière, In der Pflicht, S. 14.
[52] Großvater Moritz von Blanckenburg (1815-1888) war ein Jugendfreund Otto von Bismarcks, mit dessen Freundin Marie von Thadden-Trieglaff verheiratet, und außerdem der Neffe Albrecht von Roons; Schoeps, Blanckenburg.
[53] De Maizière, In der Pflicht, S. 13.

▲ Abb. 5:
Das Ratsgymnasium in Hannover
(undatierte Postkarte)
BArch, N 673

◄ Abb. 6:
Der musizierende Schüler
BArch, N 673

▼ Abb. 7:
Der Abiturjahrgang 1930 nach der
Reifeprüfung (l.) und 25 Jahre danach
PA AdM

1930

1955

(1891 - 1976) und Halbbruder Adolf (1921 - 1996). Letzterer führte in den 1960er-Jahren als Vorsitzender die NPD (1967 - 1971), als diese gerade ihren politischen Höhepunkt erlebte. Reinold von Thadden wiederum war Theologe, promovierter Jurist und Begründer des Deutschen Evangelischen Kirchentages. Nach seiner Entlassung aus sowjetischer Kriegsgefangenschaft arbeitete er für den Weltkirchenrat und besuchte in dieser Eigenschaft 1947 deutsche Kriegsgefangene in Belgien, wahrscheinlich also auch Ulrich de Maizière im Lager Zedelgem[54].

Ein weiteres und sehr beliebtes Ferienziel bildete das Domizil der seiner Mutter nahestehenden Cousine Agnes Girmes, genannt »Tante Nissa«. Deren Haus in Lobberich am Niederrhein war nur wenige Kilometer von der deutsch-niederländischen Grenze entfernt und Heimat seines Großvaters. Sie war die Witwe des 1912 verstorbenen Patenonkels de Maizières, des Kommerzienrates Johannes Girmes. Dieser hatte das Textilunternehmen Girmes gegründet, was ihm inzwischen einen großbürgerlichen Lebensstil ermöglichte[55]. Auch von dieser Seite wurde die Familie materiell unterstützt. Beim Tod von Johannes Girmes am 18. September 1912 erbte Ulrich de Maizière sogar 10 000,- Mark, eine für damalige Verhältnisse erhebliche Summe, die Walter de Maizière für seinen Sohn verwaltete[56]. Es müssen besonders unbeschwerte Zeiten gewesen sein. Für Johannes Girmes, den Sohn von Tante Nissa, der inzwischen nach Raleigh, N.C. in die USA ausgewandert war, bildete noch Ende der 1980er-Jahre »diese liebenswürdige Dame, die [...] in meinem Elternhaus am Niederrhein zu Besuch war und mir abends am Bett Geschichten vorlas, [...] eine meiner schönsten Kindheitserinnerungen«[57]. Umso bewegter zeigte sich de Maizière, als Tante Nissa noch in ihrem letzten Lebensdrittel wegen des Konkurses der Firma aus ihrem Familienstammsitz in Lobberich aus- und nach Krefeld umziehen musste[58]. In seiner Jugend hatte er dort noch das Leben in einer begüterten rheinischen Industriellenfamilie kennengelernt. Im Winterhalbjahr 1919/20 siedelte er sogar für mehrere Monate dorthin über und besuchte in dieser Zeit das Lyzeum der »Schwestern unserer lieben Frau« in Mühlhausen[59]. Wie de Maizière in seinen Memoiren schrieb, erhielt er durch diese ganz unterschiedlichen Feriendomizile

> »Zugang zu sehr verschiedenen Gruppen der damaligen Gesellschaft: die protestantischen konservativen, traditionsbewussten, den preußischen Tugenden verpflichteten ost-elbischen Gutsbesitzer, die großzügigen, fleißigen und doch lebensfrohen Aufsteigerfamilien der niederrheinischen Industrie

---

54 Siehe dazu Hühne, Thadden-Trieglaff, und Schröter-Wittke, Thadden-Trieglaff, sowie die dort angeführte Literatur.
55 Zu Girmes (1854 - 1912) siehe Lipp, Kommerzienrat Johannes Girmes (Sonderdruck in PA AdM, Akte Persönliche Unterlagen).
56 Siehe hierzu die Quittung vom 10.10.1913 in PA AdM, Akte Persönliche Unterlagen.
57 Johannes Girmes an Dr. Theo Sommer, Chefredakteur »Die Zeit«, und an de Maizière, 20.8.1989, BArch, N 673/178. Sommer hatte in der »Zeit« Ende Juli 1989 de Maizières Memoiren »In der Pflicht« besprochen.
58 De Maizière an Johannes Girmes, 22.9.1989, BArch, N 673/178.
59 De Maizière, In der Pflicht, S. 13 f.

in einer katholisch geprägten Umwelt und schließlich das urwüchsige, bescheidene bäuerliche Leben in der kargen holsteinischen Geest«[60].
Die Lust zu reisen und die Neugier auf Neues sollten ihn darüber hinaus sein Leben lang begleiten.

Im evangelischen Glauben traditionell erzogen, prägte ihn in Kindheit und Jugend aber vor allem die Musik[61]. Seine Großmutter spielte selbst Klavier und förderte ihren Enkel entsprechend früh[62]. Ab seinem 10. Lebensjahr wurde er über private Stunden hinaus im städtischen Konservatorium im Klavierspiel und der Musiktheorie ausgebildet[63]. Er spielte regelmäßig auf Schulkonzerten und absolvierte am 5. Dezember 1929 schließlich in der Aula der Pädagogischen Akademie seine Abschlussprüfung mit Franz Schuberts »Phantasie oder Sonate op. 78, Satz 1«[64]. Mit seiner damaligen Klavierlehrerin, Frau Höhn, hielt de Maizière noch lange Kontakt; sie verstarb Anfang der 1960er-Jahre[65]. Umso mehr überraschte alle seine Entscheidung gegen die Musik als Beruf, mit dem er gegen Ende seiner Schulzeit geliebäugelt hatte[66]. Seinen Memoiren nach hielt er sich für eine Laufbahn als Solist am Flügel für nicht talentiert genug und »[a]ndere Möglichkeiten einer beruflichen Betätigung in dem weiten Gebiet der Musik, z.B. als Musikwissenschaftler, waren mir nicht bekannt; es hat mich auch niemand darüber informiert. [...] Durchschnittlich zu sein, reichte mir nicht«[67]. Immerhin blieb er der geliebten Musik treu. Der Vater seines Mitschülers Klaus, der Bankier Hermann Werner, der viele Jahre dem Vorstand des Hannoverschen Künstlervereins angehörte, lud den jungen Konservatoriumsabsolventen ab 1929 zu seinen Hausmusikabenden ein, an denen noch der junge Fähnrich bis 1932 teilweise selbst mitwirkte[68]. Obwohl er spätestens dort Klaus' jüngere Schwester Eva getroffen haben dürfte, sollten noch fast 15 Jahre vergehen, bis sie einander verliebt schrieben. Sechs Jahrzehnte später erinnerte Eva Werners damaliger Kommilitone Dietrich Runge de Maizière daran, wie sie ihm

[60]   Ebd., S. 14.
[61]   Ebd., S. 19. Am 28.3.1926 wurde de Maizière in der Hannoveraner Schlosskirche konfirmiert. Sein »Denkspruch« dazu lautete: »Sei getreu bis in den Tod, so will ich dir die Krone des Lebens geben.« Siehe Konfirmationsurkunde Ulrich de Maizière, 28.3.1926, PA AdM, Akte Persönliche Unterlagen.
[62]   Siehe dazu die Fotografie des jungen de Maizière am Klavier aus dieser Zeit in PA AdM, Karton Ratsgymnasium, Neuruppin, Landsberg/Warthe, Sudetenland.
[63]   Lebenslauf als Anlage zum Personalbogen Ulrich de Maizières anlässlich seiner Einstellung in die Bundeswehr, 20.6.1955, Personalakte Ulrich de Maizière, BArch, Pers 1/27800. Im Konservatorium erhielt er einen Freiplatz.
[64]   Programm des Prüfungskonzertes des Städtischen Konservatoriums am 5.12.1929, PA AdM, Karton Ratsgymnasium, Neuruppin, Landsberg/Warthe, Sudetenland.
[65]   De Maizière an Ernst Weber, 12.8.1964, BArch, N 673/83.
[66]   De Maizière, In der Pflicht, S. 11.
[67]   Ebd., S. 21.
[68]   Siehe dazu de Maizière an Prof. Reimar Dahlgrün, 20.1.1969, BArch, N 673/39a, sowie de Maizières handschr. Notizen in PA AdM, Karton Ratsgymnasium, Neuruppin, Landsberg/Warthe, Sudetenland.

ihren Ulrich »brieflich vorgestellt« hatte[69]. Dieser wiederum las den Brief »mit großer Freude«[70].

An diesen Abenden dürfte allerdings auch die am 24. Oktober 1929 durch den Zusammenbruch der New Yorker Börse völlig überraschend ausgelöste Weltwirtschaftskrise ein Thema gewesen sein. Die bis zum Jahresbeginn 1930 rapide steigenden Arbeitslosenzahlen wirkten sich gerade in einer Großstadt wie Hannover sichtbar aus. Für einen jungen Abiturienten, in dessen Familie schon immer das Geld zusammengehalten werden musste, war dies ein bedenkenswerter Gesichtspunkt für die anstehende Berufswahl. Zumal die galoppierende Inflation die letzten Vermögensteile der de Maizières vernichtet und sie bereits dazu gezwungen hatte, die Großmutter zu sich zu holen. Die herzkranke, an das Haus gefesselte Frau vermochte so mit ihrer Pension zum Lebensunterhalt beizutragen[71]. In den wirtschaftlich sicheren Staatsdienst einzutreten, schien also aus verschiedenen Gründen naheliegend. Der ältere Bruder Clemens studierte schon Jura und auch die ältere Schwester Suzanne befand sich in der Ausbildung, vielleicht also wollte de Maizière der Familie keine Kosten verursachen oder auch nur rasch sein eigener Herr werden. Damit war der Eintritt in die Reichswehr eine Option, mit der er zudem eine Familientradition fortsetzte. Das in der Familie stets präsente Vorbild des Vaters, der ihm deswegen »mehr als Offizier denn als Regierungsrat«[72] erschienen ist, die Erfahrungen auf ostelbischen Rittergütern, die »nüchterne, illusionslose« Erziehung der Mutter, der schwer verwundete Kriegsteilnehmer »Piese-Meyer«, all das wird dazu beigetragen haben, diesen Weg zu wählen, obwohl »es nicht der lang ersehnte ›Traumberuf‹« gewesen ist, wie er selbst später bekannte[73]. Gleichwohl schien er eine gewisse Affinität zum militärischen Handwerk gehabt zu haben. Denn wie so viele andere las de Maizière nach eigenem Bekunden Ernst Jüngers »In Stahlgewittern«, Walter Beumelburgs »Sperrfeuer um Deutschland« – allerdings auch Erich Maria Remarques »Im Westen nichts Neues« –, war begeisterter Zuschauer militärischer öffentlicher Zeremonielle, an denen es in der großen Garnisonsstadt Hannover nicht mangelte, bewunderte den schmucken Major aus der Nachbarschaft und mitunter auch die jungen Offiziere, die als Tanzpartner der älteren Schwester zu Gast waren[74]. Entscheidend war letztlich wohl der Einfluss von Martin Gareis[75], ehemaliger Regimentskamerad seines Vaters und damals als Hauptmann Regimentsadjutant beim 5. (Preußischen) Infanterieregiment in Stettin. Dieser riet ihm, sich vorab beim Heerespersonalamt zu

---

[69] Dr. Dietrich Runge an de Maizière, 31.5.1989, BArch, N 673/180. Der Brief von Eva de Maizière, resp. Werner, selbst ist nicht überliefert.
[70] De Maizière an Runge, 13.6.1989, BArch, N 673/180.
[71] De Maizière, In der Pflicht, S. 12 f.
[72] Ebd., S. 21. Siehe hierzu auch die beispielhafte Schilderung des Vaters, die de Maizière von dessen Freund und Regimentskameraden Hermann Kreusler erhielt. Ebd., S. 12.
[73] Ebd., S. 11 f.
[74] Ebd., S. 19, 21.
[75] Gareis wurde später Generalmajor und Divisionskommandeur. Siehe de Maizière an Gen. a.D. Martin Gareis, 29.7.1964, BArch, N 673/82, sowie Jürgen Wittmann an de Maizière, 19.4.1989, BArch, N 673/180.

informieren, ob seine Kurzsichtigkeit – er trug seit seinem 10. Lebensjahr eine Brille – einer militärischen Karriere im Weg stehen würde. Als ihm Anfang März 1929 mitgeteilt wurde, dass dies dann kein Hinderungsgrund darstellte, »wenn Sie von einem Truppenteil hierfür in Vorschlag gebracht werden, Ihre Sehschärfe sich bis zu Ihrer Einstellung nicht weiter verschlechtert und Sie den übrigen Voraussetzungen für die Einstellung als Offizieranwärter entsprechen«, waren die Würfel gefallen[76]. Für den Vorschlag seines Regimentes sorgte »Onkel Martin«[77] Gareis, und im Dezember 1929 erhielt de Maizière die Mitteilung über seine Einstellung als Offizieranwärter zum April 1930[78]. Am 27. Januar 1930 unterschrieb er in Stettin seinen Verpflichtungsschein auf zwölf Jahre[79]. Drei Tage nach seiner offiziellen Schulentlassung meldete er sich in Greifswald und trat am 1. April 1930 als Offizieranwärter in das 5. (Preußische) Infanterieregiment in Stettin ein[80].

Es spricht für das Selbstbewusstsein des frischgebackenen Abiturienten, zu glauben, sein persönliches Vorsprechen beim Regimentskommandeur, Oberst Curt Liebmann, habe den Ausschlag dafür gegeben, als einer von drei Bewerbern unter 60 ausgewählt worden zu sein. Erst im Nachhinein erfuhr er, dass das Urteil der neu eingerichteten psychologischen Prüfstelle wesentlich gewesen war[81]. Viele Jahre später, er war gerade zum Generalleutnant und Inspekteur des Heeres ernannt worden, sah er die Dinge klarer. An »Onkel Martin« schrieb er:

»In diesen Wochen denke ich oft daran, dass ich es im Wesentlichen Deiner Hilfe verdanke, dass ich vor mehr als 34 Jahren als Offiziersanwärter [sic!] in der Reichswehr eingestellt wurde. Ich wollte Dir sagen, dass ich mir dieser Hilfe immer bewusst war, und dass ich Dir nochmals aufrichtig danke, dass Du mir den Weg in einen so befriedigenden Beruf geöffnet hast[82].«

Umgekehrt genoss Gareis »den Stolz, Dir einmal zu dem Berufe des Soldaten geraten zu haben«, nachdem sein ehemaliger Schützling 1966 zum General-

[76] Reichswehrministerium/Heerespersonalamt Nr. 658.2.29 PA.(1) an de Maizière, 8.3.1929, PA AdM, Akte Persönliche Unterlagen.
[77] Siehe dazu die Korrespondenz zwischen beiden in BArch, N 673/41a.
[78] 5. (pr.) Inf.Rgt/Abt. IIa, Nr. 8921, Betr.: Ihre Einstellung als Offz.Anw. in das 5. (pr.) Inf.Rgt, an de Maizière, 21.12.1929, PA AdM, Akte Persönliche Unterlagen.
[79] Verpflichtungsschein Ulrich de Maizière, 27.1.1930, PA AdM, Akte Persönliche Unterlagen.
[80] Lebenslauf als Anlage zum Personalbogen Ulrich de Maizières anlässlich seiner Einstellung in die Bundeswehr, 20.6.1955, Personalakte Ulrich de Maizière, BArch, Pers 1/27800. Sein erster Kommandeur war O Max Noack, seit 1.2.1930 in dessen letztem Dienstjahr. Am 31.1.1931 in den Ruhestand verabschiedet, wurde er bei der Mobilmachung zum Zweiten Weltkrieg reaktiviert, noch zum Generalmajor und Generalleutnant befördert, ehe er am 30.9.1942 endgültig verabschiedet worden ist. Dessen Nachfolger ab 1.2.1931 waren O Curt von Einem, ab 1.10.1932 O Max von Viebahn. Alle drei Kommandeure waren im Ersten Weltkrieg mit beiden Eisernen Kreuzen und weiteren Orden ausgezeichnet worden.
[81] De Maizière, In der Pflicht, S. 22.
[82] De Maizière an Gen. a.D. Gareis, 29.7.1964, BArch, N 673/82.

inspekteur ernannt worden war[83]. Als de Maizière nach seinem Ausscheiden aus dem aktiven Dienst von dem Journalisten Günter Gauss in einem Interview im April 1972 befragt wurde, ob er »am Ende doch lieber Pianist als General gewesen« wäre, antwortete er: »Nein. Diese Entscheidung habe ich schon 1930 getroffen, als ich das erstemal [sic!] Soldat wurde.« Er habe sie nie bereut. Ausschlaggebend sei für ihn letzten Endes gewesen, dass er in einer Familie von Staatsdienern groß geworden sei und zum damaligen Zeitpunkt die Vorstellung, Staatsdiener zu werden, dominierte[84].

Tatsächlich zweifelte der frisch gebackene Offizieranwärter noch lange, gerade nachdem er den rüden Umgangston in der Reichswehr und die strapaziöse Ausbildung kennengelernt hatte. Darüber hinweggeholfen hat ihm wohl nicht zuletzt sein »Fähnrichsvater«, Oberleutnant Dietrich Beelitz, »ein vielseitig gebildeter Mann, übrigens auch Brillenträger«, wie de Maizière noch in seinen Memoiren hervorhob: »Das Beispiel eines engagierten Offiziers mit geistigem und musischem Hintergrund hat mir über manche Stunde des Zweifels hinweggeholfen. Ich verdanke ihm viel[85].« Letztendlich will er sich erst in der Stunde der Auszeichnung als einer der besten Absolventen seines Offizierlehrganges am 6. August 1932 aus der Hand des damaligen Reichswehrministers General Kurt von Schleicher gewiss geworden sein, den richtigen Beruf gewählt zu haben[86]. Später verspürt man sogar eine gewisse Koketterie, betonte de Maizière doch gerne seine Intellektualität. In seinen Memoiren berichtete er, Generalleutnant August Schmidt, unter dem er im Zweiten Weltkrieg als Erster Generalstabsoffizier (Ia) der 10. Panzergrenadierdivision gedient hatte, habe ihn gelegentlich »scherzhaft seinen ›feinen Ia‹« genannt[87]. Doch bis zum Ia einer Division war der Weg noch weit. Wie wenig er 1930 vorhersehbar und wie schwierig der Anfang gewesen ist, daran erinnerte der Bundesverteidigungsminister Rupert Scholz in seinem Grußwort anlässlich der Buchpräsentation von de Maizières Memoiren »In der Pflicht« 1989 retrospektiv:

»In der Tat entsprach der spätere Generalinspekteur der Bundeswehr als 18-Jähriger ja kaum dem Bild des idealen Offizieranwärters des kleinen, aber feinen Reichsheeres. Wie Sie selbst schreiben: ›Knapp mittelgroß und überschlank, sportlich wenig trainiert, an körperliche Arbeit nicht gewöhnt, Brillenträger‹ – da war der Kommentar eines Stabsarztes: ›Na, Jungchen, Sie hätte ich aber nicht eingestellt‹ wohl kaum verwunderlich[88].«

---

[83] Gareis an de Maizière, 30.8.1966, BArch, N 673/41a. De Maizière dankte es ihm auch dadurch, dass er dessen Sohn Hansjörg Gareis unterstützte, der sich in den 1960er-Jahren sehr in der kurzlebigen »Sing-out-Deutschland«-Bewegung engagierte. Siehe Hansjörg Gareis an de Maizière, 31.8.1966, BArch, N 673/84.

[84] Sendung DFS »Zu Protokoll«, Gespräch Günter Gaus mit General a.D. de Maizière (Tonbandabschrift), 9.4.1972, AdsD, 1/HSA A005947.

[85] De Maizière, In der Pflicht, S. 25.

[86] Ebd., S. 29.

[87] Ebd., S. 85.

[88] Grußwort Bundesminister der Verteidigung Rupert Scholz bei der Vorstellung des Buches von de Maizière »In der Pflicht« am 1.3.1989 in Bonn, BArch, N 673/145.

III. Reichswehr und Wehrmacht –
Die erste militärische Karriere (1930 – 1947)

1. Der junge Offizier im Garnisonsdienst der Reichswehr

a) Ausbildung zum Offizier (1930 – 1933)

Als der Kommandeur der Führungsakademie der Bundeswehr, Generalmajor
Ulrich de Maizière, in seiner Schlussbetrachtung zu einem Planspiel am 5. Mai
1962 aus Franz Grillparzers »König Ottokars Glück und Ende« zitierte: »Das
Schwerste im Leben ist nicht die Tat, sondern der Entschluss'«, mag er an seine
schwierige Kadettenzeit in der Reichswehr gedacht haben[1]. Dem Ausbildungs-
alltag dort hat Hans Hellmut Kirst Anfang der 1950er-Jahre mit seiner Roman-
trilogie »08/15« ein schriftstellerisches Denkmal gesetzt[2]. Dass »damals ein brillentragender Offizieranwärter mit einer Eins in Griechisch offensichtlich als
ausgesprochene Rarität [galt], hinter der damals wohl kaum der künftige erste
Soldat deutscher Streitkräfte vermutet wurde«, daran erinnerte über sechs Jahrzehnte später auch Bundesverteidigungsminister Dr. Gerhard Stoltenberg anlässlich des 80. Geburtstages des vormaligen Generalinspekteurs[3]. De Maizière
hätte daran seinerzeit wahrscheinlich selbst am wenigsten geglaubt. Die ersten
fünf Monate Rekrutenausbildung im Ausbildungsbataillon des IR 5 in Greifswald forderten dem schmächtigen Abiturienten physisch wie psychisch alles
ab. Schon damals hat ihn Sport »weniger gereizt«, wie er später kritisch einge-
stand[4]. Zwar legte er alljährlich die Leistungen für das »Reichsjugendabzei-
chen« ab, meist im Hannoveraner Eilenriede-Stadion[5]. Doch nachdem ein kurzes Intermezzo im Turnklub Hannover prompt mit einem gebrochenen Arm
geendet hatte[6], entwickelte er zum Sport ein eher funktionales Verhältnis, wie

---

[1] Schlussbetrachtung Kdr FüAkBw, GM de Maizière, zum Planspiel Landesverteidigung,
4./5.12.1962, BArch, N 673/57b.
[2] Der 1. Band: 08/15 in der Kaserne und der 2.: 08/15 im Krieg von Hans Hellmut Kirst
erschienen 1954, der 3.: 08/15 bis zum Ende folgte im Jahr darauf.
[3] Ansprache Bundesminister der Verteidigung Gerhard Stoltenberg anlässlich des 80. Geburtstags des ehemaligen Generalinspekteurs der Bundeswehr, General a.D. Ulrich de
Maizière, am 26.2.1992 in Bonn, BArch, N 673/158.
[4] De Maizière, In der Pflicht, S. 20.
[5] Leistungsbuch des Deutschen Reichsausschuss für Leibesübungen, PA AdM, Akte Persönliche Unterlagen.
[6] De Maizière, In der Pflicht, S. 20.

er es als einer der ranghöchsten Soldaten der Bundeswehr formulieren sollte: »Aber wir sind und bleiben Soldaten. Unsere militärische Führungsaufgabe können wir nur bei geistiger und nervlicher fitnes [sic!] durchführen. Diese körperliche Leistungsfähigkeit gilt es zu erhalten, vielleicht sogar zu fördern. [...] Es schadet [...] nichts, wenn beim Sport in gesunden Grenzen der Antrieb vorhanden ist, zu zeigen, was man kann, was man noch kann[7].« Damals schien ihm dies jedoch existenzieller. Aus dem selbstbewussten, zielstrebigen und erfolgsverwöhnten Abiturienten hatte die oftmals menschenunfreundliche militärische Umgebung einen unter vielen gemacht, der unter der strengen Kasernierung ebenso litt wie an den bis dahin unbekannten Selbstzweifeln. Auf den Fotos aus dieser Zeit wird diese Wandlung sichtbar[8]. Noch nach seiner Beförderung zum Fahnenjunker am 1. Juli 1931 rechnete er damit, man würde ihm »zum nächstmöglichen Termin den Stuhl vor die Tür setzen«[9]. Drei Dinge halfen ihm über diese schwierige Zeit hinweg: Ein »Fähnrichsvater«, dem er sich verbunden fühlte, ein Offizier im Stab seines Ausbildungsbataillons, der schützend die Hand über ihn hielt, und der kameradschaftliche Zusammenhalt, der sich in seinem Jahrgang rasch ausbildete und ein Leben lang halten sollte.

Der bereits erwähnte »Fähnrichsvater« war Oberleutnant Dietrich Beelitz. Sechs Jahre älter als de Maizière, verband die beiden vieles. Auch Beelitz verlor seinen Vater 1915 als Hauptmann im Ersten Weltkrieg, hatte drei Geschwister und wurde von seiner Mutter »im Geist unserer alten Soldatenfamilie sehr streng, bescheiden und einfach« erzogen. Im Nachhinein vermutete Beelitz selbst, es habe von Elternhaus und Erziehung her zwischen beiden »unbewusst ein Gleichklang« bestanden, wodurch seine Hilfestellung wie selbstverständlich »aus einer übereinstimmenden, wenn auch unausgesprochenen Lebensauffassung« entstanden sei[10]. Die Aufgabe eines »Fähnrichsvaters« war es, den jungen Offizieranwärtern alles beizubringen, was jenseits des Kompaniedienstes von einem Offizier erwartet wurde. In dieser Funktion entwickelte sich Beelitz zum ersten soldatischen Vorbild für de Maizière – und das durchaus im Wortsinn: Er stellte quasi den lebenden Beweis dafür dar, dass aus einem eher musisch veranlagten Musterabiturienten mit körperlichen Unzulänglichkeiten ein brauchbarer Offizier werden kann. Beelitz blieb darauf zeitlebens stolz[11].

Mit dem Oberleutnant, dann Hauptmann Max Ulich im Stab des Ausbildungsbataillons, der es noch bis zum Generalmajor bringen sollte, besaß de Maizière darüber hinaus einen starken Fürsprecher. Er hatte unter de Maizières Vater im Ersten Weltkrieg als Leutnant gedient und seinen ehemaligen Kompa-

---

7   De Maizière, Ansprache 7. Sportfest FüAkBw, 4.9.1964, BArch, N 673/58. Siehe als weiteres Beispiel Ansprache GenInsp, Gen. Ulrich de Maizière, anlässlich des Sportfestes der Offizierschulen der Bundeswehr am 12.–13.9.1970 in Hannover, BArch, N 673/61a.
8   Siehe dazu besonders eine Fotografie aus dem Sommer 1930, die den schmächtigen Kadetten de Maizière inmitten seiner Kameraden und Ausbilder zeigt, sowie die gesamte Bilderserie zur Kadettenzeit, PA AdM, Karton Ratsgymnasium, Neuruppin, Landsberg/Warthe, Sudetenland.
9   De Maizière, In der Pflicht, S. 26.
10   Beelitz an de Maizière, 20.5.1989, BArch, N 673/180.
11   Beelitz an de Maizière, 7.9.1966, BArch, N 673/84.

niechef sehr verehrt. In einer späteren Veröffentlichung schilderte er auch die Situation, in der es zum Tod Walter de Maizières kam. Bezeichnend für das damalige Verhältnis zwischen Ulich und de Maizière junior schloss er mit den Worten: »Fünfzehn Jahre später habe ich als Kompaniechef die große Freude gehabt, den Sohn dieses Mannes als Zugführer unter meinem Kommando zu haben, und es war mir möglich, viel von meiner Dankesschuld an seinen Sohn abtragen zu können[12].« Tatsächlich wurde Ulich später de Maizières Kompaniechef in Landsberg/Warthe[13], aber bereits in den Jahren zuvor verbrachte dieser in dessen Familie einen Großteil seiner spärlichen Freizeit[14]. Wie familiär die Verbindung sich entwickelte, lässt sich daran ablesen, dass de Maizière später die Patenschaft für den Sohn von Max Ulich übernahm, der ihn noch als Professor Dr. Klaus Ulich stets mit »Onkel Ulrich« anschrieb. Die familiäre Verbindung hielt so über den Tod des Vaters 1965 hinaus[15].

Mit beider Unterstützung überstand de Maizière also die ersten 18 Monate. Und er blieb Soldat, was ihm zunehmend leichter fiel, nachdem es für die Offizieranwärter Ende September 1931 zum zehnmonatigen Fahnenjunkerlehrgang an die Infanterieschule nach Dresden ging. Auf dem Gelände der ehemaligen Königlich-Sächsischen Kadettenanstalt erwartete sie nach der harten, vor allem körperlichen Betätigung nun eine eher geistige Ausbildung. Obwohl er sich daran erst wieder gewöhnen musste, kam ihm diese Entwicklung doch sehr entgegen. Nach den Regelbeförderungen zum Fahnenjunker-Gefreiten (1. Juli 1931) und zum Fahnenjunker-Unteroffizier (1. Oktober 1931) teilte sich der Lehrgang in zwei Teile auf, die er vom 2. Oktober 1931 bis 6. August 1932 und vom 5. Oktober 1932 bis 10. Juni 1933 absolvierte. Dass er sich nun wieder auf sicherem Terrain bewegte, bewiesen auch seine Noten. Schloss er den ersten Teil noch mit »gut« ab, folgte der zweite mit »sehr gut«[16]. Zu dieser Steigerung hatte sicher beigetragen, dass er, zwischenzeitlich zum Fähnrich (1. Juni 1932) und Oberfähnrich (1. August 1932) ernannt[17], mit seiner Berufsentscheidung ins

---

[12]   Ulich, Untergebene, Vorgesetzte, Kameraden, S. 34 f., Zitat S. 35.

[13]   De Maizière, In der Pflicht, S. 34.

[14]   Ebd., S. 24.

[15]   De Maizière an Frau Ulich, 25.4.1966, und an Klaus Ulich, 19.12.1968, sowie dessen Antwort, 22.12.1969, alle BArch, N 673/181, sowie Prof. Dr. Klaus Ulich an de Maizière, 28.12.1989, BArch, N 673/180. Zur Todesanzeige Max Ulichs siehe Rundschreiben der Offizier-Kameradschaft 5. (pr.) Inf.Rgt., 17.9.1965, BArch, N 673/39b.

[16]   Abgangszeugnis des Ia-Lehrgangs der Infanterieschule, 6.8.1932, und Abgangszeugnis II. Lehrgang der Infanterieschule, 10.6.1933, PA AdM, Akte Persönliche Unterlagen. Im ersten Lehrgang hatte er sich wegen eines »genügend« im Reiten eine bessere Gesamtnote verbaut. Gleichwohl will de Maizière damals gerne geritten sein. De Maizière, In der Pflicht, S. 39.

[17]   Personalbogen Ulrich de Maizières anlässlich seiner Einstellung in die Bundeswehr, 20.6.1955, Personalakte Ulrich de Maizière, BArch, Pers 1/27800. Dort sind die Beförderungsdaten zum Fähnrich bzw. Oberfähnrich vertauscht. Alle Beförderungen nach der eidesstattlichen Versicherung Ulrich de Maizières, 3.11.1955, Personalakte Ulrich de Maizière, BArch, Pers 1/27800. Dagegen finden sich in seiner früheren Personalakte die Beförderungsdaten 1.4.1932 (Fähnrich) bzw. 1.8.1932 (Oberfähnrich) sowie 1.8.1933 (Leutnant). Siehe Reichswehrministerium/Heeresleitung/Personalamt, Personalakten für de Maizière, Ulrich, PA AdM.

Reine gekommen war, nachdem er am 6. August 1932 die schon erwähnte Auszeichnung aus der Hand des damaligen Reichswehrministers General Kurt von
Schleicher (1882-1934)[18] erhalten hatte[19]. Wie sehr er sich in dieser Zeit auch in
der Außenwirkung veränderte, darauf verweist ein spätes Zeugnis seines damaligen Kameraden Ernst Prager. Dieser erinnerte seinen lebenslangen Freund
de Maizière anlässlich der Ernennung zum Inspekteur des Heeres 1964 daran,
schon damals geweissagt zu haben: »Maize ist der General im Reichsheer schon
als Fahnenjunker sicher – wenn er keine silbernen Löffel stiehlt – und dass er
das nie tun wird, weiß ich genau[20].«

So wurde dieser Lebensabschnitt der eigentliche Startschuss für die erste militärische Karriere Ulrich de Maizières. Zeit seines Lebens erinnerte er sich »der
schönen Dresdener Zeit«[21] und verehrte den damaligen Schulkommandeur und
späteren Generalfeldmarschall Wilhelm List[22]. Noch 1965 war es ihm »eine besondere Freude, einen verehrten Lehrer und Kommandeur wiederzusehen,
unter dem ich als Fahnenjunker und Fähnrich meine Ausbildung zum Offizier
erhalten durfte«[23]. Eine seiner ersten Reisen nach der deutschen Wiedervereinigung führte de Maizière vom 3. bis 10. Oktober 1991 an seine alte Ausbildungs-
stätte[24]. Diese positive Erinnerung hatte viel mit seinem Offizierjahrgang zu tun,
dem später fast schon legendären »Jahrgang 1930«, für dessen engen Zusammenhalt Dresden den Ausgangspunkt gebildet hatte[25]. Er hielt zeitlebens Kontakt. Etwas mehr als ein Drittel der rund 180 Angehörigen fiel im Zweiten
Weltkrieg, 49 der Überlebenden sind später in die Bundeswehr eingetreten, 20
von ihnen erreichten Generalsdienstgrade, darunter die Generale Ulrich de
Maizière und Jürgen Bennecke sowie die vier Generalleutnante Albert Schnez,
Karl Wilhelm Thilo, Anton Detlev von Plato und Otto Uechtritz[26]. Nach der
Dresdner Zeit zerstreute sich der Jahrgang rasch über die Armee und die nach
der Einführung der allgemeinen Wehrpflicht am 16. März 1935 immer schneller
wachsende Wehrmacht. Mit Beginn des Zweiten Weltkrieges brach der Kontakt
fast ganz ab und kam erst wieder 1955 in Schwung. Richard Monshausen, »von

---

[18] Strenge, Kurt von Schleicher.
[19] De Maizière, In der Pflicht, S. 29.
[20] Ernst Prager an de Maizière, 25.6.1964, BArch, N 673/83.
[21] Siehe z.B. de Maizière an O a.D. Klaus Stange, 11.4.1967, BArch, N 673/52a, oder an Gen.
      d. Inf. a.D. Horst Großmann, 17.11.1971, BArch, N 673/41b. Stange war in Dresden de
      Maizières Hörsaalleiter, Großmann sein Inspektionschef.
[22] Zu List siehe Stahl, Generalfeldmarschall Wilhelm List.
[23] De Maizière an GFM a.D. Wilhelm List, 8.2.1965, BArch, N 673/45b.
[24] Siehe dazu die Fotografie in PA AdM, Karton Ratsgymnasium, Neuruppin, Landsberg/
      Warthe, Sudetenland.
[25] So de Maizières eigene Einschätzung gegenüber Stange, 11.4.1967, BArch, N 673/52a.
[26] Die komplette namentliche Liste des Jahrgangs 1930 findet sich als Auszug aus der
      Dienstaltersliste zur Stellenbesetzung vom 1.8.1934 in PA AdM, Karton Ratsgymnasium,
      Neuruppin, Landsberg/Warthe, Sudetenland. Zum Jahrgang 1930 siehe 10. Offizier-
      Ergänzungsjahrgang des Reichsheeres. Dort finden sich auch die Listen zu den Überle-
      benden des Zweiten Weltkrieges sowie der in der Verwendung in der Bundeswehr inklu-
      sive der späteren Generale der Bundeswehr.

Anfang an der Mentor unseres Jahrgangs«[27], übernahm es, die Verbindung zwischen allen wieder herzustellen und zu verstetigen, zunächst in der Bonner Umgebung, dann in der ganzen Bundesrepublik[28]. 88 Kameraden fanden sich wieder und hielten den stetig schrumpfenden Kreis fast ein weiteres halbes Jahrhundert zusammen[29]. Als Albert Schnez zu Weihnachten 2004 den letzten Rundbrief des Jahrgangs versendete, konnte er daran erinnern, dass »kein anderer Jahrgang [...] kameradschaftlich so eng verknüpft [war], wie der unsere [...]. In der Bundeswehr besetzte kein anderer Jahrgang soviel führende Stellen, wie der Jahrgang 30. Man nannte ihn ›den regierenden Jahrgang‹«[30]. Diesem Netzwerk gehörte Ulrich de Maizière an, und es sollte nicht das einzige bleiben.

Zwei weitere Bekanntschaften aus der Zeit an der Infanterieschule prägten den jungen Offizieranwärter, obwohl er deren Tragweite damals noch nicht bewerten konnte. Beide galten im deutschen Heer als Träger des »Pour le Mérite« aus dem Ersten Weltkrieg bereits als »Helden«; doch während sich der eine zur fast tragischen Gestalt entwickelte, galt der andere bald als Nazi-Offizier par excellence – Erwin Rommel[31] (1891-1944), damals Major und Infanterie-, sowie Ferdinand Schörner[32] als Hauptmann und Taktiklehrer (1892-1973). Beide starteten unter den gerade an die Macht drängenden Nationalsozialisten rasante Karrieren bis zum Generalfeldmarschall. Rommel stellte sich im Zuge seines fulminanten Aufstiegs erst überzeugt zur Verfügung und ließ sich willfährig zu propagandistischen Zwecken einspannen, um danach zwar vom Regime, nicht aber von Adolf Hitler und seinem Krieg abzurücken. Daraus Konsequenzen zu ziehen und sich dem Widerstand anzuschließen, vermochte er nicht. Zu seiner Selbsttötung im Zuge des Rachefeldzugs Hitlers gegen tatsächliche oder vermeintliche Gegner des 20. Juli 1944 sah sich der Generalfeldmarschall allein zum Schutz seiner Familie gezwungen. Die jungen Dresdner Fähnriche überzeugte er »als beispielhafter Truppenführer; ihm brachten wir Achtung und Verehrung entgegen, viele bewunderten ihn«[33]. Dazu gehörte

---

27 De Maizière, Ansprache anlässlich des Treffens des »Jahrgang 30« in Bonn, Hotel »President« am 29.5.1994, PA AdM, Akte Jahrgang 1930.

28 Siehe dazu den ersten und letzten Rundbrief des Jahrgangs nach dem Krieg mit Richard Monshausen, Rundbrief an die Jahrgangskameraden, 1.12.1955, und Kameradenkreis (KK) Bonn des Jahrgang (Jg.) 30/Albert Schnez, Rundbrief an die Jahrgangskameraden, Dezember 2004, beide PA AdM, Akte Jahrgang 1930.

29 Namentliche Liste der noch lebenden Angehörigen des Jg. 30 bzw. der Witwen bereits verstorbener Angehöriger, März 1988 und Januar 1997, beide PA AdM, Akte Jahrgang 1930.

30 KK Bonn Jg. 30/Albert Schnez, Rundbrief, Dezember 2004, PA AdM, Akte Jahrgang 1930.

31 In seinem Buch Rommel, Infanterie greift an, übernahm es Rommel selbst, seinen eigenen »Mythos« zu begründen, der nach dem Zweiten Weltkrieg auf Initiative seiner Witwe mit dem Werk Rommel, Krieg ohne Hass, weiter transportiert und auch von der historischen Wissenschaft aufgegriffen wurde, ehe sich nach Jahrzehnten kritische Forschungen durchsetzten. Siehe zum Forschungstand Reuth, Erwin Rommel.

32 Zur Person Schörners steht eine umfassende Biografie noch aus. Siehe zu ihm Schönherr, Ferdinand Schörner, und Steinkamp, Generalfeldmarschall Ferdinand Schörner.

33 De Maizière, In der Pflicht, S. 30.

auch de Maizière, der von Rommel damals auch zu sich nach Hause eingeladen worden ist[34].

Den »entscheidenden Einfluss« auf den Hörsaal in der Dresdner Zeit übte jedoch Schörner aus. Trotz seiner »seit 1933 opportunistisch zur Schau getragenen nationalsozialistischen Gesinnung« und obwohl man sich an seinem »bis zur Unkameradschaftlichkeit reichenden, ausgeprägten Ehrgeiz und Geltungsdrang« sowie an seiner Eitelkeit störte, will de Maizière dennoch so »viel bei ihm gelernt« haben, dass er »von der ›eingedrillten‹ Befehlstechnik [...] bis zum Ende meiner Laufbahn zehren [konnte]«[35]. Zusammen mit Rommel habe ihm Schörner »das geistige Rüstzeug für den Offizierberuf mitgegeben«[36]. Dass einer der linientreuen und gegen eigene Truppe wie Gegner skrupellosen Heerführer Hitlers noch mit dem Abstand von fast 50 Jahren von de Maizière selbst derart prägend bewertet wird, bedarf der Klärung, zumal de Maizière Schörner am Ende des Jahrhunderts in einem Namenszug mit Keitel, Göring und Dönitz zu denen zählte, die sich aus der Wehrmacht persönlich am weitesten mit dem NS-Regime eingelassen hatten[37].

Obwohl er in einem konservativen Elternhaus und einer deutschnationalen Umgebung aufgewachsen war, seine Mutter selbst »meist deutschnational« wählte, man sich »keineswegs damit abgefunden [hatte], dass die Monarchie [...] zu Ende gegangen war« und »zur Weimarer Republik [...] Distanz [hielt]«, meinte er noch beim Abfassen seiner Memoiren, Politik sei »kein bestimmendes Element« seiner Jugend gewesen, weil »über Politik [...] zu Hause kaum gesprochen [wurde]«[38]. Folgerichtig konstatierte er retrospektiv für die 1930er-Jahre:

> »Die politische Entwicklung jener Zeit ging an uns vorbei. Zeitungen lasen wir kaum. Im Offizierheim wurde über Politik nicht gesprochen. [...] Generaloberst Hans von Seeckt hatte die Armee bewusst zur politischen Abstinenz erzogen. Zwar band der Eid die Soldaten an die Reichsverfassung von 1919, aber ihr Dienst galt dem Begriff des ›Reiches‹, repräsentiert in erster Linie durch den Reichspräsidenten, den greisen Generalfeldmarschall von Hindenburg, der ja auch Oberster Befehlshaber war. Die Parteien und ihre Ziele interessierten uns nicht[39].«

Gleichwohl »hofften [wir] auf eine Belebung des nationalen Denkens und auf eine Überwindung der diskriminierenden Kriegsfolgen. Aber wir empfanden den 30. Januar zunächst nicht als tiefgreifende, revolutionäre Wandlung, und erst recht nicht konnten wir ahnen, welcher verhängnisvolle Weg für das deutsche Volk an diesem Tag begann[40].« Diese Einschätzungen scheinen ebenso glaubwürdig wie sie zeit- und vor allem soldatentypisch sind. Der Soldat der Reichswehr diente nicht der Republik, sondern dem Reich, man glaubte nicht

---

[34]   De Maizière an MinDir Manfred Erwin Rommel, 20.12.1971, BArch, N 673/50a.
[35]   De Maizière, In der Pflicht, S. 28.
[36]   Ebd., S. 30.
[37]   De Maizière, Die Bundeswehr, S. 1179.
[38]   De Maizière, In der Pflicht, S. 14.
[39]   Ebd., S. 26.
[40]   Ebd., S. 31.

▶ Abb. 8:
Der Offizieranwärter Ulrich de
Maizière (stehend 4.v.l.) im
Kreise von Kameraden und
Ausbildern, 1930
PA AdM

▶ Abb. 9:
Badevergnügen während des
Dresdener Offizierlehrgangs,
Frühsommer 1932
PA AdM

▶ Abb. 10:
Festbankett in der Neuruppiner
Garnison, 1934
PA AdM

▶ Abb. 11:
Leutnant de Maizière als
Führer des 2. Zuges 7./IR 5
auf dem Truppenübungsplatz
in Döberitz, 25. Juni 1934
PA AdM

an pluralistische Meinungsbildung durch die politische Auseinandersetzung, sondern an Ordnung durch den ominösen starken Mann und blieb in der Konsequenz eine »Demokratie ohne Demokraten«, selbst gefangen in den sogenannten Fesseln von Versailles und scheinbar gedemütigt durch das Diktat der Siegermächte des Ersten Weltkrieges. Diese Saat brachten die Nationalsozialisten zum Blühen und verwoben geschickt die »Teilidentität der Ziele« (Manfred Messerschmidt) mit ihrem ideologischen Programm. Auf diese Weise wurde Hitler von der absoluten Mehrheit der Deutschen tatsächlich nie gewählt, wohl aber wählte die absolute Mehrheit der Deutschen die Republik ab. Mit am willfährigsten zeigten sich dabei Reichswehr beziehungsweise Wehrmacht. Gegen Aufstände von links schritt man jederzeit skrupellos ein, bei solchen von rechts hielt man sich abseits und der Machtübernahme der Nationalsozialisten unterwarf man sich selbst[41].

Man mag einem damals lebenden jungen Menschen – zumal einem mit de Maizières Sozialisierung – abnehmen, dies alles nicht rechtzeitig erkannt zu haben. Persönlich will er erst viel später gelernt haben, »dass jedes militärische Handeln auch politische Komponenten enthält und dass der militärische Führer daher sein Tun und Handeln in einen gesamtpolitischen Zusammenhang einordnen muss«[42]. Dennoch ist auch diese Deutung problematisch, weil sie den Menschen nicht vom Beruf trennt, ihn das eigene Handeln, wie in diesem Falle, nur dienstlich, »in der Pflicht«, beurteilen lässt. Eine solche Überzeugung lässt sich bei de Maizière noch über ein halbes Jahrhundert später in seiner Ansprache anlässlich des 65. Jahrestages des Dienstantritts seines Jahrgangs nachvollziehen: »Vor 60 Jahren – 1935 – warf das Deutsche Reich die letzte Fessel des Versailler Vertrages ab und erlangte durch Einführung der allgemeinen Wehrpflicht seine Wehrhoheit zurück. Der Diktator missbrauchte die nun entstandene Wehrmacht und führte das Reich in fast 6 Jahren Krieg in die Katastrophe[43].« Während das idealisierte »Reich« die »Fessel« abschüttelte, war es »der Diktator«, also Hitler, der es »missbrauchte«. Zu beidem schien das Individuum in seiner Zeit kaum etwas beigetragen zu haben – ein geradezu prototypischer Beleg für die Forschungsergebnisse der historischen Wissenschaft zur Gesellschaft dieser Zeit, mit welchen sich de Maizière spätestens nach seiner aktiven Zeit auch intensiv beschäftigte[44].

Außerdem hatte er schon in den 1930er-Jahren die Willkür des neuen Regimes in der eigenen Umgebung hautnah erlebt. Gleich mehrere Kameraden seines Jahrgangs mussten die Armee wegen ihrer »nicht-arischen Abstammung« nach den Bestimmungen des Gesetzes zur Wiederherstellung des Be-

---

[41] Siehe hierzu bereits die frühen Arbeiten von Messerschmidt, Die Wehrmacht im NS-Staat, und Müller, Das Heer und Hitler, sowie grundsätzlich Die Wehrmacht. Mythos und Realität, und Das Jahr 1933.

[42] De Maizière, In der Pflicht, S. 32.

[43] De Maizière, Ansprache anlässlich des Treffens des »Jahrgangs 30« im Parksaal der Stadthalle Bad Godesberg am 7.10.1995, PA AdM, Akte Jahrgang 1930.

[44] De Maizière an Amtschef MGFA, K z.S. Dr. Forstmeier, 14.12.1973, BArch, N 673/99.

rufsbeamtentums vom 7. April 1933 verlassen[45]. Mit einem von ihnen, Klaus von Schmeling, der »im zweiten Lehrgang in der Infanterieschule in Dresden mein Hörsaalkamerad« gewesen war, hatte er sich damals eng befreundet. Umso mehr bewegte ihn dessen und seines Bruders Schicksal[46]. Mit einem anderen, Ernst Prager, verband ihn eine lebenslange Freundschaft. In seiner Ansprache anlässlich des Treffens des Jahrgangs 1930 in Bonn 1994 war es ihm ein besonderes Bedürfnis, dieses bereits zehn Jahre zuvor verstorbenen Kameraden zu gedenken, weil er ihn für »das warme, für jeden offene Herz des Jahrgangs« hielt[47]. Auch das Beispiel seines Freundes und Regiments- wie Jahrgangskameraden Erich Rose war bezeichnend. Rose, 1934 ebenfalls Opfer des sogenannten Arierparagraphen[48], »suchte und fand 1943 den Soldatentod vor Leningrad als Hauptmann in der spanischen Blauen Division, nachdem Eltern und Anverwandte deportiert worden waren«. Sein an Albert Schnez geschicktes »Testament« schloss er mit den Worten: »Wenn ich falle, so trauert nicht, sondern seht darin die Bestimmung meines Lebens, das ich immer im grauen Rock beschließen wollte – allen Gewalten zum Trotz.« Und Schnez fügte hinzu: »Aber ich trauere um einen Freund, der trotz schwerer Verfolgung Patriot blieb, weil er, wie er mir sagte, nicht anders konnte[49].« Damit reagierte Schnez ähnlich wie de Maizière, der Pragers Entschluss, trotz der Demütigung, »als Mischling 1. Grades«[50] aus der Armee ausscheiden zu müssen, per Sondergenehmigung als Offizier während des Krieges zurückzukehren, noch in seinen Memoiren damit rechtfertigte, dass dieser »das Vaterland in Gefahr [glaubte] [...]. Er wollte für sein Vaterland, für Deutschland kämpfen, trotz Adolf Hitler, nicht etwa für Adolf Hitler«[51]. Andererseits bestätigte Prager während der Kriegsgefangenschaft de Maizières gegenüber der britischen Gewahrsamsmacht, dass sein Kamerad »als ich im Frühjahr 1934 aufgrund meiner Abstammung aus dem Reichsheer ausscheiden musste«, nicht von ihm abgerückt sei: »Durch Briefwechsel sowie durch Besuche bei ihm in Neu-Ruppin [sic!] bzw. bei mir in Berlin-Tegel bemühte er sich durch Kameradentreue und Takt mir zu helfen und die mir auferlegten Demütigungen zu erleichtern.« Solches Verhalten bewertete Prager als »nicht etwa nur aus kameradschaftlichen Verpflichtungen, sondern vor allem aus seiner Lebenseinstellung, die stets jeglicher politischer Gehässig-

---

[45] Förster, Wehrmacht, Krieg und Holocaust, S. 950.

[46] De Maizière an GM a.D. Beelitz, 30.5.1989, BArch, N 673/180.

[47] De Maizière, Ansprache anlässlich des Treffens des »Jahrgang 30« in Bonn, Hotel »President« am 29.5.1994, PA AdM, Akte Jahrgang 1930.

[48] § 3, Gesetz zur Wiederherstellung des Berufsbeamtentums vom 7.4.1933; Förster, Wehrmacht, Krieg und Holocaust, S. 950.

[49] KK Bonn Jg. 30/Albert Schnez, Rundbrief, Dezember 2002, PA AdM, Akte Jahrgang 1930.

[50] Ernst Prager, Affidavit für Ulrich de Maizière, 30.11.1946, PA AdM, Akte Entnazifizierung/Einstufung.

[51] De Maizière, In der Pflicht, S. 31. Prager hatte zum 31.5.1934 den aktiven Dienst verlassen müssen, war in seiner Wiederverwendung im Krieg zum Hauptmann befördert und schwer verwundet worden. Siehe Rautenberg, Ulrich de Maizière, S. 134.

keiten und Hetze abgeneigt war«[52]. Andere Schulkameraden hatten schon 1933 emigrieren müssen, wie Heinz »Heinzeken« Salomon oder E.P. Gumbert – ins damalige Rhodesien der eine, nach Australien der andere[53].

Berufliches und Privates weitestmöglich zu trennen, war ein grundsätzlicher Charakterzug de Maizières. Dies verdeutlicht eine Episode um einen weiteren Jahrgangskameraden. Mit Fritz W. Bader hatte de Maizière schon in Dresden eine Stube geteilt und blieb mit ihm zeitlebens in Kontakt, obwohl sich ihre Wege nach den Nürnberger Gesetzen 1935 zwischenzeitlich trennten[54]. Mitte der 1950er-Jahre konnte er Bader dann noch behilflich sein, als es um die Bestätigung dessen dienstlichen Werdegangs ging[55]. Dem Oberstleutnant a.D. Fritz Bader vermochte er dann knappe zehn Jahre später allerdings nicht mehr zu helfen, als dieser als Verfolgter des Nazi-Regimes seine Wiedereinstellung als Soldat in die Bundeswehr anstrebte. Dem späteren Wehrbeauftragten und damaligen FDP-Wehrexperten Fritz-Rudolf Schultz, an den sich Bader nach seiner Ablehnung gewendet hatte, und der nun seinerseits bei de Maizière vorstellig wurde, antwortete er, dass Bader, »so wie wir Kameraden ihn alle beurteilen, [...] in der Bundeswehr mit dem Dienstgrad Oberstleutnant seine höchste Verwendung erreicht« habe; seine »geistige Veranlagung [...] macht eine Beförderung zum Oberst nicht sehr wahrscheinlich«[56]. Bei aller Kameradschaft und persönlichen Zuneigung mochte er also keinen Mann für Verwendungen empfehlen, für welche er diesen persönlich als ungeeignet hielt.

Ähnlich getrennt mag er damals auch den eigenen Beruf und das politische Geschehen um ihn herum betrachtet haben. Seiner eigenen Einschätzung nach hatte ihm die Ausbildung in der Reichswehr zwar eine breite und solide Basis für sein Soldatenhandwerk vermittelt, allerdings »nichts von dem, was man heute ›politische Bildung‹ nennt«[57]. Ob das so selbstkritisch gemeint war, wie man zu unterstellen geneigt ist, muss fraglich bleiben. Nicht nur die Verfügung von Kriegsminister Werner von Blomberg vom 15. Juli 1935, in der die Soldaten der Wehrmacht angehalten worden sind, nicht mehr in jüdischen Geschäften zu kaufen, wurde jedenfalls auf dem Dienstweg verbreitet[58]. Auch die Themen »Rassenkunde« und »Erbgesundheitslehre« fanden ab Februar 1936 Eingang in den Dienstunterricht der Armee[59]. Doch nachhaltig beeindruckt hat den auf-

---

[52] Ernst Prager, Affidavit für Ulrich de Maizière, 30.11.1946, PA AdM, Akte Entnazifizierung/Einstufung.

[53] Heinz Salomon an de Maizière, 28.8.1966, sowie dessen Antwort, 9.9.1966, beide BArch, N 673/85, und de Maizière an Lutz Bankert, Verlag E.S. Mittler & Sohn, 21.3.1989, BArch, N 673/145.

[54] Siehe dazu die Korrespondenz zwischen Bader und de Maizière in BArch, N 673/82, sowie de Maizière an O Hans Günter Rohrbeck, 26.3.1968, BArch, N 673/50a.

[55] Finanzamt Bonn-Stadt, Verhandlungsniederschrift, 30.3.1954, PA AdM, Akte Entnazifizierung/Einstufung. De Maizière war hier als Zeuge zum dienstlichen Werdegang Fritz Baders befragt worden.

[56] De Maizière an Fritz-Rudolf Schultz, MdB, 13.1.1965, BArch, N 673/51b. Siehe dazu auch Fritz-Rudolf Schultz an de Maizière, 18.12.1964, ebd.

[57] De Maizière, In der Pflicht, S. 32.

[58] Förster, Wehrmacht, Krieg und Holocaust, S. 950.

[59] Förster, Geistige Kriegführung, sowie Förster, Wolf Graf von Baudissin, S. 27.

strebenden jungen Offizier[anwärter] während dieser Zeit des dauernden Rechtsbruchs in Deutschland wie die meisten seiner Alterskohorte augenscheinlich wenig. Unter den wenigen Beispielen, die sich dokumentieren lassen, sticht der Tod des Reichspräsidenten Paul von Hindenburg (1847-1934) hervor. Das dürfte nicht alleine der Tatsache zuzuschreiben sein, dass der greise Feldmarschall per Verfassung der Weimarer Republik gleichzeitig Oberbefehlshaber der Reichswehr gewesen ist[60]. De Maizière hatte Hindenburg bereits als Kind in Hannover erlebt, oft auf Spaziergängen im Stadtwald Eilenriede[61]. Nach seinem Rücktritt vom Posten als Chef des Generalstabes 1919 hatte Hindenburg die preußische Provinzhauptstadt als Alterssitz gewählt, von der ihm im August 1915 bereits die Ehrenbürgerwürde verliehen und damit verbunden eine Villa im sogenannten Zooviertel geschenkt worden war, nur wenige 100 Meter vom Ratsgymnasium entfernt, wo de Maizière zur Schule ging[62]. Wie den meisten anderen, und bei Weitem nicht nur in de Maizières deutschnationalem Umfeld, dürfte ihm der 1925 mit 77 Jahren zum Reichspräsidenten gewählte Ostpreuße als »Ersatzkaiser« erschienen sein, der sich trotz seines Alters scheinbar aus reiner Pflichterfüllung dem Reich erneut zur Verfügung stellte.

Sein Tod bedeutete 1934 gleichzeitig eine neue Eidesleistung. Im entscheidenden Unterschied zum vorherigen schwor man nun nicht mehr auf die Verfassung, sondern einen persönlichen Treueeid auf Hitler. Dieser war bekanntlich durch die Vereinigung der Ämter des Reichskanzlers und -präsidenten auch Oberbefehlshaber der Streitkräfte geworden. Kaum jemand sah darin ein Problem, schon gar nicht in der Reichswehr. De Maizières späterer Mentor und Freund Johann Adolf Graf von Kielmansegg will seinerzeit allerdings »als Ausdruck eines inneren Widerstrebens« den Eid »mit den nach unten gestreckten beiden Fingern der linken Hand« abgelegt haben[63]. De Maizière hat Derartiges von sich nicht behauptet. Er stand zu dieser Zeit bereits in seiner ersten Truppenverwendung. Vom 11. Juni 1933 bis zum Ende des Jahres 1934 führte er den 2. Zug der 7. Kompanie des II. Bataillons des IR 5, ab dem 1. August 1933 als Leutnant[64].

b) Als Leutnant in der Truppe (1933-1935)

De Maizières Einheit war in Neuruppin stationiert, damals Kreisstadt des Kreises Ruppin mit knapp 22 000 Einwohnern und seit 1713 durchgehend Garni-

---

[60] Siehe dazu die zahlreichen Zeitungsausschnitte in PA AdM, Karton Ratsgymnasium, Neuruppin, Landsberg/Warthe, Sudetenland.
[61] De Maizière, In der Pflicht, S. 14.
[62] Ueberschär/Vogel, Dienen und Verdienen, S. 57. An dieser Villa in der Bristoler Straße 6 ist heute eine Gedenktafel angebracht.
[63] Feldmeyer/Meyer, Johann Adolf Graf von Kielmansegg, S. 7.
[64] Personalbogen Ulrich de Maizière anlässlich seiner Einstellung in die Bundeswehr, 20.6.1955, Personalakte Ulrich de Maizière, BArch, Pers 1/27800, sowie Reichswehrministerium/Heeresleitung/Personalamt, Personalakten für de Maizière, PA AdM, und Biografische Daten Ulrich de Maizière in PA AdM, Akte Persönliche Unterlagen.

sonsstadt. In den relativ neuen Kasernengebäuden lebte es sich ganz komfortabel, zumal wenn man wie de Maizière eine eigene dienstliche Wohnung erhielt; es war die erste seines Lebens. Für ihn war es gewissermaßen auch eine Rückkehr. Denn in Neuruppin war sein Großvater väterlicherseits und gleichen Namens Landgerichtspräsident gewesen und dort auch verstorben[65]. Ulrich de Maizières Vater hatte hier bereits im Sommer 1911 eine Reserveübung absolviert, in derselben Kompanie, der man auch den Junior zugeteilt hatte[66]. Der Name de Maizière war also bekannt und sorgte rasch für gesellschaftlichen Anschluss, nicht zuletzt unterstützt durch die Liebe zur Musik, die der junge Offizier weiter pflegte. Schon in der Ausbildungszeit begleitete er die Geige spielende Ehefrau seines »Fähnrichsvaters«, Oberleutnant Dietrich Beelitz, am Klavier, besuchte auf dem Offizierlehrgang sonnabends den Kreuzchor in Dresden, mietete zunächst und erstand für seine erste eigene Wohnung sogleich ein Grotrian-Steinweg-Klavier. Erstmals nahm er auch wieder Unterricht und begleitete erneut die Ehefrau eines vorgesetzten Offiziers, nämlich die ausgebildete Sängerin Hildegard Falley[67]. Diese erinnerte sich später an die Neuruppiner Monate als »einer Zeit voll Musik und Beschwingtheit«[68]. Auch de Maizières Mutter besuchte ihn einige Male dort[69]. Nebenbei nutzte er ein besonderes Weiterbildungsprogramm, bei dem die Reichswehr ihren Angehörigen in den abgelegenen Standorten Geld für Weiterbildungsmaßnahmen zur Verfügung stellte. Von einem pensionierten Studienrat ließ er sich über Monate sein Schul-Französisch so weit aufbessern, dass er im Februar 1935 mit Erfolg die Hilfsdolmetscherprüfung in Berlin bestand[70].

Freilich war es dennoch eine arbeitsreiche Zeit für den jungen Leutnant. Zwar führte mit Hauptmann Max Ulich sein alter Mentor die Kompanie. Weil dieser aber wegen eines chronischen Leidens oft nicht dienstfähig war, ging diese Aufgabe dann an den jungen Leutnant über. Selbst gerade erst volljährig geworden, erlebte er die Herausforderung aller jungen Offiziere beinahe jeder Armee, nämlich sehr früh Verantwortung für Führung, Ausbildung und Erziehung älterer Kameraden übernehmen zu müssen. Dass er dieser Herausforderung gewachsen war, führte er rückblickend auf die Praxis in der Reichswehr zurück, jeden Soldaten für eine Führungsfunktion auszubilden, die wenigstens eine Stufe über der eigenen Führungsebene lag[71]. Darin hatte er sich auch bald zu bewähren, als die Reichswehrführung die Truppe im Zusammenhang mit

---

[65]   Siehe hierzu die Angaben auf der Heiratsurkunde der Eltern de Maizières vom 19.11.1903, PA AdM, Akte Persönliche Unterlagen.

[66]   ORR a.D. Gunther Demuth, Kgl.Pr. Hauptmann a.D. des Inf.Regts Großherzog Friedrich Franz II. von Mecklenburg-Schwerin (4. Brand.) Nr. 24, an de Maizière, 25.8.1966, BArch, N 673/84.

[67]   De Maizière, In der Pflicht, S. 25, 28, 30, 35, 58.

[68]   Hildegard Falley an de Maizière, 29.3.1972, BArch, N 673/87.

[69]   Dr. med. Ernst Grossmann an de Maizière, 4.5.1967, BArch, N 673/41b.

[70]   De Maizière, In der Pflicht, S. 39. Französisch hatte de Maizière seit 1923/24 bereits in der Schule gelernt. Siehe dazu das Zeugnisbuch Ulrich de Maizière, Ratsgymnasium Hannover 1921-1930, PA AdM, Akte Persönliche Unterlagen.

[71]   De Maizière, In der Pflicht, S. 34.

dem sogenannten Röhm-Putsch am 30. Juni 1934 in den Alarmzustand versetzte. Während der Ermordung der SA-Spitze durch SS-Kommandos auf Hitlers Geheiß unterstützte die Reichswehr im Hintergrund vielfältig, ohne dass die unteren Ränge eindeutig informiert worden waren[72]. Ohne genauer informiert zu sein, wurde auch de Maizière von seinem Bataillonskommandeur, Oberstleutnant Paul von Hase, am 30. Juni vom Truppenübungsplatz Döbberitz, auf dem der Verband gerade übte, mit einem Zug bewaffneter Soldaten in die heimatliche Kaserne zurückgeschickt. Dort sollte er notfalls mit Waffengewalt Übergriffe auf die militärische Anlage verhindern, die er, der damaligen Propaganda aufsitzend, aus den Reihen der SA vermutete. Zwar ereignete sich in seinem Bereich weiter nichts, doch diese »schwierigen Stunden« wollen ihn nach eigener Aussage in der Auffassung bestärkt haben, dass der Einsatz der Armee im Innern nur die »ultima ratio« sein dürfe, »wenn der Staat und seine verfassungsmäßige Ordnung in ihrem Bestand ernstlich bedroht sind und alle anderen Mittel zu ihrem Schutz nicht ausreichen«[73]. Diese Formulierung in seinen Memoiren ist zweifellos der bundesrepublikanischen Prägung de Maizières bis Ende der 1980er-Jahre zuzuschreiben, der sich auch wegen seiner Erfahrungen in der Diktatur dem Grundgesetz besonders verpflichtet fühlte. Der damalige junge Reichswehroffizier, für den das Reich an erster Stelle stand, begrüßte indes wie viele andere, »dass dem ungesetzlichen [...] Treiben der SA ein Ende gesetzt war«. Dass Mord ein Mittel der Politik geworden und unter den Opfern unter anderem General Kurt von Schleicher samt seiner Ehefrau gewesen war, aus dessen Händen de Maizière keine zwei Jahre zuvor seinen Bestpreis auf dem Fahnenjunkerlehrgang empfangen hatte, erschreckte ihn wohl. Doch erst Jahrzehnte später konnte er »das Verhalten der Öffentlichkeit als ein Versagen« bezeichnen, zumal »zu einer Zeit, in der eine von breiten Kreisen getragene Empörung noch Aussicht auf Wirkung gehabt hätte«[74].

Dabei hatte er in seinem Kommandeur von Hase, dessen Adjutant er 1937 noch werden sollte, schon damals ein Vorbild gefunden. Am ehemaligen Gardeleutnant imponierte ihm vor allem dessen Integrität und soldatische Haltung[75]. In Hannover geboren und wie de Maizière dort aufgewachsen, stand er dem Nationalsozialismus und seinen Zielen von Anfang an ablehnend gegenüber. Schon in die Verschwörungspläne der Gruppe um Canaris, Oster, Erwin von Witzleben und anderen 1938 eingeweiht, sollte er am 20. Juli 1944 als Stadtkommandant von Berlin im Auftrag der Verschwörer das Regierungsviertel abriegeln. Nach der Niederschlagung des Putschversuches gehörte er zu denen, die Hitler in der Haftanstalt Berlin-Plötzensee ermorden ließ[76]. Diesem Weg folgte de Maizière bekanntlich nicht. Ob und gegebenenfalls was de Maizière von der Verstrickung seines Vorgesetzten in die Staatstreichpläne des Herbstes

---

[72] Zum Röhm-Putsch siehe noch immer Falois, Kalkül und Illusionen.
[73] De Maizière, In der Pflicht, S. 36 f., hier S. 37.
[74] Ebd.
[75] Siehe dazu die umfassende Sammlung an Fotografien von Hases in PA AdM, Karton Ratsgymnasium, Neuruppin, Landsberg/Warthe, Sudetenland.
[76] Siehe hierzu Ueberschär, Stauffenberg, sowie grundsätzlich Kopp, Paul von Hase.

1938 wusste, ist nicht bekannt[77]. Später erinnerte er jedoch oft an den Widerständler von Hase[78]. Zum Tod von dessen Witwe 1968 kondolierte er Alexander von Hase in dankbarer Erinnerung »der Jahre in Neu-Ruppin [sic!] und Landsberg an der Warthe, in denen ich Adjutant Ihres verehrten Herrn Vaters sein durfte. In dieser Zeit habe ich zugleich mit Verehrung das Wirken Ihrer Frau Mutter erleben dürfen. Mit Bewunderung gedenke ich auch der Haltung der Verstorbenen in den Jahren nach dem 20. Juli 1944«[79]. Als der Neffe von Hases, Karl-Günther von Hase, später Staatssekretär im Bundesverteidigungsministerium und anschließend Botschafter wurde, ergab sich erneut eine anhaltende Verbindung[80].

Etliche damalige Untergebene äußerten sich in der Rückschau sehr zufrieden mit ihrem Leutnant, manche schienen ihn gar bewundert zu haben[81]. Einige frischten die Verbindung indes erst auf, als de Maizière Generalinspekteur geworden war; meist erhofften sie sich von ihm dann irgendeine Hilfestellung[82]. Sein ehemaliger Rekrut Hans Laaß schrieb de Maizière 1972 allerdings folgende, seiner Ansicht nach bezeichnende Anekdote aus der Neuruppiner Zeit 1934: Bei der Formalausbildung des 2. Zuges erteilte der junge Leutnant de Maizière Laaß bei der Formalausbildung vor allen anderen einen »Anpfiff« wegen dessen scheinbar schlampig eingestellten Gewehrriemens. Als Laaß sich anschließend verteidigen konnte, er habe das Gewehr eben zum ersten Mal empfangen, der Riemen ließe sich nicht besser einstellen, er habe dies auch auf der Waffenkammer gemeldet, sei aber vom dortigen Unteroffizier »rausgeschmissen« worden, prüfte de Maizière den Riemen selbst. Nachdem er feststellen musste, dass Laaß recht hatte, sagte er: »Sie haben recht, es geht nicht straffer. Geben Sie das Gewehr nachher sofort wieder auf Kammer. Und ich nehme alles zurück und behaupte das Gegenteil! Sie haben in Zukunft ›einen Anschiss gut‹! Aber dass Sie das auch ja beim nächsten Mal melden – verstanden?« Laaß fuhr fort: »Für mich als jungem Soldaten [war das] aber doch nicht ohne Bedeutung: Ein

77 Zu von Hases Beteiligung siehe z.B. Hartmann, Halder, S. 107.
78 So z.B. in der Ansprache GenInsp de Maizière zum 20.7.1969 in der Bonner Beethoven-Halle, BArch, N 673/60.
79 De Maizière an Dr. Alexander von Hase, 17.12.1968, BArch, N 673/43a.
80 De Maizière an Erich Lehmann, 7.2.1967, BArch, N 673/45b. Lehmann war in de Maizières Landsberger Zeit dort in der Heeresstandortverwaltung tätig gewesen. Zum Kontakt mit Karl-Günther von Hase siehe deren Korrespondenz in BArch, N 673/43a.
81 Sie dazu bspw. Walter Hellmann an de Maizière, 24.2.1972, BArch, N 673/88; Werner Metscher an de Maizière, 20.10.1970, BArch, N 673/47a, und de Maizière an Hugo Erich Mathews, 31.1.1969, BArch, N 673/46b. Hellmann war ein ehemaliger Rekrut der 7. Kompanie und schickte de Maizière ein Glückwunschtelegramm zu dessen 60. Geburtstag 1972, Metscher war 1934/35 als Freiwilliger Soldat in Neuruppin und dann auch in Landsberg/Warthe gewesen. Letzterer hatte de Maizière an der Brille erkannt: »Irrtum ist m.E. ausgeschlossen, Sie trugen s.Zt. bereits die gleiche Brillenfassung wie heute.« Im Falle von Mathews war er dessen Rekrutenoffizier gewesen.
82 So z.B. 1967 Ernst Grossmann, inzwischen praktischer Arzt in Bargfeld bei Bad Oldesloe, der de Maizière daran erinnerte, in Neuruppin »der Kamerad und Freund« (Hervorhebung im Original) gewesen zu sein. Tatsächlich ging es Grossmann um de Maizières Unterstützung, weil sein Sohn Pilot bei der Luftwaffe werden wollte. Siehe Grossmann an de Maizière, 4.5.1967, BArch, N 673/41b.

geachteter und auch von uns verehrter Vorgesetzter hatte mit selbstverständlicher Noblesse einen Vorwurf zurückgenommen und den Mut gehabt, einen Irrtum zuzugeben! Für mich blieb dieses Erlebnis beispielhaft, und ich habe später als Gruppen- und Zugführer stetes genauso gehandelt[83].« »Ganz reizend« fand de Maizière die beschriebene Anekdote: »Sie fiel mir wieder ein, nachdem ich Ihren Bericht gelesen hatte. Wie gerne denke ich noch an meine Leutnants-Zeit in Neuruppin zurück[84].« Und er gab postwendend das Kompliment zurück: »Nie wieder habe ich die Gelegenheit gehabt, eine so große Gruppe junger qualifizierter und innerlich dem Soldatentum aufgeschlossener Männer ausbilden zu dürfen[85].« Eine Fotografie aus dieser Zeit zeigt den sichtbar stolzen jungen Offizier inmitten seines Zuges in Döbberitz am 25. Juni 1934[86]. Manche Kameraden traf er später in der Bundeswehr wieder wie Heinz Nicklaus, den er als Oberstleutnant zum 1. April 1970 aus der Bundeswehr verabschiedete und dabei an die Zeit erinnerte, »als wir gemeinsam als junge Soldaten in Neuruppin Dienst taten und die Tradition der Gardefüsiliere [...] weiterführen durften«[87].

Doch die zunehmend unverhohlene Kriegsvorbereitungspolitik mit ihrem rasanten Ausbau der Armee, die seit dem Gesetz zum Aufbau der Wehrmacht vom 16. März 1935 nun auch offiziell nicht mehr Reichswehr hieß, beendete de Maizières Zeit in Neuruppin, eröffnete ihm wie Tausenden anderer auch ganz neue Karrierechancen. Zunächst war er zum 1. Januar 1935 noch als Bataillonsnachrichtenoffizier nach Frankfurt/Oder versetzt worden, wanderte jedoch bald weiter zum Infanterieregiment 50[88]. Dabei handelte es sich um eines der Regimenter, die nach der Enttarnung der verdeckten deutschen Aufrüstung am 15. Oktober 1935 im Wehrkreis III aus Teilen der IR 5 und 8 aufgestellt worden sind. Dessen Ausbildungsbataillon stand in Landsberg an der Warthe (heute: Gorzów Wielkopolski/Westpolen). De Maizière war von Anfang an dabei und wurde am 1. Oktober 1935 zum Oberleutnant befördert, bevor er bereits zwei Wochen später zum Bataillonsadjutanten avancierte, einen Posten, den er vertretungsweise schon seit Sommer 1935 ausgefüllt hatte[89]. Eine solche Verwendung galt seinerzeit als Ritterschlag; sie versprach eine glänzende Karriere, und das hatte seinen Grund. De Maizière eroberte nämlich zum 1. Oktober 1935 den Spitzenplatz in der Offizierrangliste von seinem späteren Förderer Johann Adolf Graf von Kielmansegg, der selbst auf den 34. Platz abrutschte. Wolf Ste-

---

83   Polizeiobermeister Hans Laaß an de Maizière, 27.2.1972, BArch, N 673/45b.
84   De Maizière an Laaß, 9.3.1972, ebd. Auch gegenüber Grossmann erinnerte sich de Maizière »oft und gerne der Leutnant-Jahre«. Siehe de Maizière an Dr. med. Ernst Grossmann, 22.5.1967, BArch, N 673/41b.
85   De Maizière an Laaß, 15.2.1972, BArch, N 673/45b.
86   Fotografie in PA AdM, Karton Ratsgymnasium, Neuruppin, Landsberg/Warthe, Sudetenland.
87   De Maizière an OTL Heinz Nicklaus, 31.3.1970, BArch, N 673/48a.
88   Biografische Daten Ulrich de Maizière, PA AdM, Akte Persönliche Unterlagen.
89   Personalbogen Ulrich de Maizières anlässlich seiner Einstellung in die Bundeswehr, 20.6.1955, Personalakte Ulrich de Maizière, BArch, Pers 1/27800. Siehe dazu auch O Konrad Lyhme an de Maizière, 9.9.1968, BArch, N 673/46b.

fan Traugott Graf von Baudissin war übrigens der andere Aufsteiger und arbeitete sich auf den 4. Platz vor; zum 1. April 1933 hatte er noch den 72. Platz belegt[90]. Innerhalb der Rangliste seines Jahrgangs hatte de Maizière bereits am 1. August 1934 die Spitze erobert, gefolgt von Albert Schnez auf dem zweiten und Karl Wilhelm Thilo auf dem vierten Platz[91]. Der ältere Baudissin, mit dem de Maizière später so viel verbinden sollte, wurde folgerichtig Regimentsadjutant im selben Verband. Inwieweit beide in der gemeinsamen Adjutantenzeit tatsächlich engeren Kontakt hatten, ist nicht belegt. Baudissin galt in dieser Zeit selbst Freunden »als typischer Eliteoffizier [...], etwas hochgestochen und eitel, aber sehr intelligent«[92]. Auf einem Karrieresprungbrett standen jedenfalls beide und profitierten so wie viele andere vom NS-Regime, was manche zum Wegsehen motiviert hat[93]. De Maizière war sich jedenfalls bewusst, dass diese Verwendung »den ersten Schritt zu einer bevorzugten Laufbahn bedeutete«[94].

c)   Der Adjutant (1935–1939)

Sein neuer Kommandeur in der General von Strantz-Kaserne in Landsberg war Major Gustav Enke, ein aus dem Unteroffizierkorps aufgestiegener Praktiker, mit dem de Maizière persönlich wenig anfangen konnte[95]. Faktisch überließ dieser seinem Adjutanten den gesamten Innendienst, womit sich sein Arbeitsbereich auf alle organisatorischen Arbeiten erstreckte. Dass er mit seinen Alarm- und Mobilmachungsmaßnahmen, die er seinerzeit ausarbeitete, glaubte, die kaum 40 Kilometer entfernte deutsch-polnische Grenze zu sichern, und letztlich doch Aufmarschszenarien entwarf, in denen er selbst wenige Jahre später den Überfall auf Polen erleben sollte, hat der fleißige Adjutant damals wohl nicht vermutet. Noch im Sommer 1937 besuchte er Verwandte in Polen[96].

---

[90]   Zit. nach Förster, Wolf Graf von Baudissin, S. 22–25.
[91]   Siehe dazu den Auszug zum Jg. 1930 aus der Dienstalterliste zur Stellenbesetzung vom 1.8.1934, PA AdM, Karton Ratsgymnasium, Neuruppin, Landsberg/Warthe, Sudetenland. Schnez und Thilo erreichten in der Bundeswehr ebenso noch Generalsränge wie Jürgen Bennecke, Otto Uechtritz und Anton Detlev von Plato; diese waren allerdings auf den Plätzen 47, 58 und 98 damals vergleichsweise abgeschlagen notiert.
[92]   Zit. nach Förster, Wolf Graf von Baudissin, S. 22.
[93]   Zit. nach Weinberg, Rollen- und Selbstverständnis des Offizierkorps.
[94]   Abschiedsrede für Generalleutnant Wessel, gehalten von GenInsp de Maizière in Braunschweig am 26.6.1968 (nach ausführlichen Stichworten nachformuliert), BArch, N 673/59. Freilich ging es hier um Wessel, der bei Kriegsbeginn 1939 allerdings ebenfalls Regimentsadjutant gewesen war.
[95]   Erich Lehmann an de Maizière, 20.3.1972, BArch, N 673/45b. Zur General von Strantz-Kaserne siehe auch die zeitgenössischen Bildaufnahmen in PA AdM, Karton Ratsgymnasium, Neuruppin, Landsberg/Warthe, Sudetenland.
[96]   Nach seinen eigenen Angaben besuchte er Verwandte auf deren großem Besitz im Kreis Inowrocław (Hohensalza). Siehe Personalbogen Ulrich de Maizières anlässlich seiner Einstellung in die Bundeswehr, 20.6.1955, Personalakte von Maizière, BArch, Pers 1/27800. Die Angabe dort lautet: »1937 oder 1938 für 2–3 Wochen«. Nach den zeitgenössischen Unterlagen besuchte er vom 4.–22.7.1937 ein Gut in Liszkowo. Siehe dazu Inf.Rgt 50 an die 3. Division, Antrag auf Auslandsurlaub, 31.5.1937, sowie die Weitergabe der Division an

Kurz zuvor hatte er eine weitere Sprosse auf der Karriereleiter genommen, als ihn sein ehemaliger Bataillons- und aktueller Regimentskommandeur Oberst Paul von Hase zum 1. Juni 1937 auch offiziell zu seinem Adjutanten machte[97]. Tatsächlich hatte dieser de Maizière bereits im Februar 1937 an seine Seite geholt. Er war von Anfang an von dessen Fähigkeiten überzeugt[98]. Dass sich damit kein Standortwechsel verband und er die Adjutantenarbeit schon kannte, die er nun auf einer höheren Führungsebene ausüben durfte, machte ihm die Sache einfacher. Wie zuvor sein Bataillonskommandeur, ließ ihm auch von Hase viele Freiheiten, vor allem hinsichtlich der taktischen Führung und der Mobilmachungsmaßnahmen. Das selbstständige Arbeiten kam ihm sehr entgegen und begründete eine hohe Berufszufriedenheit.

Dazu trug das kameradschaftliche Verhältnis zwischen den Offizieren des Verbandes ebenso bei wie das gesellschaftliche Umfeld, in welches diese integriert waren. Eine besondere Freundschaft verband ihn in dieser Zeit mit Leutnant Hans Conrad Stahlberg, die ein Leben lang halten sollte und die Familien mit einbezog. Mit ihm und anderen Kameraden fuhr er manches Wochenende nach Berlin, wo seine inzwischen verheirateten Geschwister Clemens und Suzanne wohnten[99]. Überhaupt genoss der junge Oberleutnant nun das Leben. Er setzte den Klavierunterricht fort, musizierte zusammen mit Regimentskameraden und trat sogar wiederholt als Solist am Klavier auf[100]. Über die Musik fand er dort Zugang zur Familie Honig, Edmund und Eve, geb. Stech, sie eine begabte Geigerin, die er gleichfalls am Klavier begleitete, und deren vier fast gleichaltrige Adoptivkinder. Die so entstandene »Freundschaft überdauerte den Krieg und übertrug sich 30 Jahre später auch auf die nächsten Generationen beider

---

das GenKdo III. AK, 2.6.1937, und von dort an das OKH, 4.6.1937. Die Bewilligung von dort erfolgte mit Fernschreiben Der Oberbefehlshaber des Heeres/Heerespersonalamt an GenKdo III. AK, 8.6.1937, alle PA AdM.

[97] Reichswehrministerium/Heeresleitung/Personalamt, Personalakten für de Maizière, Ulrich, PA AdM.

[98] Telegramm Alexander von Hase an de Maizière, 29.8.1966, BArch, N 673/84. Anlässlich de Maizières Ernennung zum GenInsp schrieb er darin: »Wie hätte sich mein Vater gefreut, der wie kaum ein anderer vom Beginn Ihrer militärischen Laufbahn an Ihre Zukunft glaubte.«

[99] De Maizière, In der Pflicht, S. 43 f.

[100] Im Landsberger General-Anzeiger vom 2.2.1938 wurde de Maizière für sein Klavierkonzert in c-Moll von Bach gelobt, das er am 31.1.1938 im Landsberger Stadttheater anlässlich eines Bach-Bruckner-Abends gegeben hatte. Für den Berichterstatter Otto Bohnsack war es »ein wunderschöner Mittelpunkt des Abends«, de Maizière habe »hervorragende technische und musikalische Qualitäten« und einen schon früher gemachten guten Eindruck »eines von ernster und tiefer Musikliebe durchdrungenen Menschen« verstärkt: »Oberleutnant de Maizière hat gezeigt, wie man Bach spielen muss [...].« Siehe Otto Bohnsack, Ein Bach-Bruckner-Abend. Sinfoniekonzert im Stadttheater, Landsberger General-Anzeiger, 2.2.1938, PA AdM, Karton Ratsgymnasium, Neuruppin, Landsberg/Warthe, Sudetenland. In diesem Bestand finden sich noch weitere Zeitungsausschnitte aus der Zeit zwischen 1934 und 1939 mit entsprechenden Konzertbeteiligungen de Maizières.

Familien«[101]. Weil sie mit seinem Jahrgangskameraden Jürgen Bennecke verwandt waren, mit dessen Weg sich der de Maizières bis zum Ende seiner Dienstzeit noch wiederholt kreuzen sollte, entwickelte sich zwischen der Familie Honig und den Offizieren des IR 50 ein reger Austausch[102]. Eine der Töchter Honig heiratete hernach einen Sohn Mansteins[103], während Eve Honig die Schwiegermutter von Professor Dr. jur. Karl Michaelis in Göttingen wurde, der wiederum mit dem Grafen Baudissin gut bekannt war[104]. Es ist also nicht ohne Belang, wenn das Familienoberhaupt Edmund Honig prophezeite, man werde de Maizière einmal auf einem verantwortungsvollen Posten sehen[105]. Die »vielen eindrucksvollen Tage und Abende, die ich in Gralow verleben durfte«, mochten den jungen Offizier an seine früheren Schulferien auf den ostelbischen Rittergütern erinnert haben, an ein »Leben auf den ostelbischen Gütern im besten Sinne des Wortes«[106]. Dass seine Mutter ihn oft besuchte und seine Schwester Irene ihn auf manchen Regimentsball begleitete, dürfte die positiven Erinnerungen weiter genährt haben[107].

Innerhalb dieser gesellschaftlichen Verbindungen, vor allem aber in seiner Funktion als Regimentsadjutant, blieb es für de Maizière nicht aus, mit den Würdenträger des Regimes zusammenzutreffen, zumal denen in der örtlichen Umgebung. Eine ganze Reihe von Fotografien aus dieser Zeit zeigt ihn in dieser Funktion zusammen mit regionalen NS-Größen bei öffentlichen Feiern[108]. Darüber hinaus nahm er mit seinem Regiment an Paraden vor dem »Führer« teil; so am 25. August 1938 in Berlin zu Ehren des ungarischen Reichsverwesers Admiral Miklós Horthy und am 3. Juni 1939 ebenda zu Ehren des jugoslawischen Prinzen Paul[109]. Wie er dazu persönlich stand, ist nur durch einen ehemaligen Angehörigen des IR 50 in Landsberg/Warthe, Wilhelm Zinn, überliefert. Dieser stellte de Maizière 1971 im Zuge der medialen Berichterstattung in der Auseinandersetzung mit den »Hauptleuten von Unna« in einem Leserbrief an die »Spiegel«-Redaktion diesbezüglich ein tadelloses Zeugnis aus: Er habe sich

---

[101]   De Maizière, In der Pflicht, S. 43 f. Siehe dazu auch beispielhaft de Maizière an Konrad Honig, 14.4.1965, BArch, N 673/43d, sowie an Freifrau Rose-Marie von Nolcken, 18.12.1967, BArch, N 673/48a.

[102]   De Maizière an Freifrau von Nolcken, 18.12.1967, BArch, N 673/48a.

[103]   LOVR Konrad Honig an de Maizière, 30.9.1964, BArch, N 673/82.

[104]   Prof. Dr. jur. Michaelis an de Maizière, 8.12.1965, BArch, N 673/47a. Michaelis (1900–2001) war seinerzeit Lehrstuhlinhaber für Bürgerliches Recht und Neuzeitliche Rechtsgeschichte sowie Kirchenrecht an der Universität Göttingen.

[105]   Gräfin Hedwig Rantzau an de Maizière, 11.5.1965, BArch, N 673/49b.

[106]   De Maizière an Konrad Honig, 2.5.1967, BArch, N 673/43d. Honig hatte ihm im März 1967 »die von meiner Mutter Eve Honig aufgezeichneten Erinnerungen an ihre Jugend und an Gralow, ebenso die Erinnerungen von Werner Honig an seine früheste Kindheit in Gralow« übersandt. Siehe Honig an de Maizière, 23.3.1967, BArch, N 673/43d. Honig war inzwischen LOVR und stellvertretender CDU-Vorsitzender in Münster. Siehe Honig an de Maizière, 1.7.1965, BArch, N 673/43d.

[107]   De Maizière, In der Pflicht, S. 43.

[108]   Siehe dazu diverse Zeitungsausschnitte in PA AdM, Karton Ratsgymnasium, Neuruppin, Landsberg/Warthe, Sudetenland, die teilweise de Maizière im Bild zeigen.

[109]   Siehe dazu die entsprechenden Fotografien in PA AdM, Karton Ratsgymnasium, Neuruppin, Landsberg/Warthe, Sudetenland.

»den Anforderungen in der Nazizeit« absolut »gewachsen« gezeigt. Sich »dem rücksichtslosen (1937/38) offenen Widerstandskämpfer v.H. anzupassen und gleichzeitig aber auch korrekt gegen Verfechter des Hitlersystems verantwortungsbewusst zu verhalten, um das ›Betriebsklima‹ im Regiment nicht zu gefährden, verlangte vom Adjutanten [sic!] und hier wirklichen rechten Hand des Kommandeurs eine ganz besondere Qualifikation«[110].

De Maizière selbst will wie viele Offiziere in jener Zeit besonders durch die Blomberg-Fritsch-Krise Anfang Februar 1938 geschockt worden sein[111]. Dabei bewertete er die Heirat des verwitweten Generalfeldmarschalls Werner von Blomberg (1878–1946) mit der über drei Jahrzehnte jüngeren ehemaligen Prostituierten Erna Gruhn gleichwohl als einen Rücktrittsgrund. Dass der seit 1933 amtierende Kriegsminister mit dieser zweiten Heirat gegen die eben erlassene Heiratsgesetzgebung für Soldaten verstieß und deswegen Hitler und Göring um ihre Trauzeugenschaft gebeten hatte, bezeichnete de Maizière als »Geschmacklosigkeit«[112]. Offiziell schied Blomberg allerdings aus gesundheitlichen Gründen aus dem Amt, was ihm darüber hinaus von Hitler mit 50 000 Reichsmark versüßt worden ist[113]. Die tatsächliche Motivation waren freilich die Bedenken Blombergs gegenüber den Kriegsabsichten gewesen, welche der »Führer« seiner Wehrmachtführung im Herbst 1937 umfassend mitgeteilt hatte. Trotzdem schlug Blomberg, der bereits aus eigenem Antrieb die Reichswehr 1934 auf Hitler hatte vereidigen lassen, vor seinem Abgang Hitler selbst als seinen Nachfolger vor[114].

Anders verhielt es sich für de Maizière im Falle des Oberbefehlshabers des Heeres, Generaloberst Werner Freiherr von Fritsch (1880–1939). Auch dieser hatte gegen Hitlers Pläne Einwände angemeldet. Eine daraufhin inszenierte Intrige um seine angebliche Homosexualität kostete ihn ebenfalls im Februar 1938 den Posten, welchen er trotz seiner Rehabilitierung wenige Monate später nicht zurückerhielt. Er suchte und fand in den ersten Wochen nach dem Überfall auf Polen den Tod vor den Stellungen seines Artillerieregimentes 12[115]. Den Anschuldigungen ihm gegenüber glaubte de Maizière vor allem deswegen nicht, weil sein Kommandeur von Hase Fritsch gut kannte und seine Offiziere aus erster Hand informieren konnte. Dass die Entlassungen der beiden führenden Militärs von Hitler dazu benutzt wurden, die Spitzengliederung der Wehrmacht durch ein nur ihm verpflichtetes Oberkommando der Wehrmacht unter dessen willfährigem Chef Generaloberst Wilhelm Keitel grundsätzlich zu verändern, wollte de Maizière in seiner weitreichenden Bedeutung damals

---

[110] Leserbrief Wilhelm Zinn an die Redaktion des »Spiegel«, 15.4.1971, BArch, N 673/54c.
[111] Siehe zur ähnlichen Einschätzung durch Kielmansegg Feldmeyer/Meyer, Johann Adolf Graf von Kielmansegg, S. 38 f. Zum Sachverhalt ausführlich Janßen/Tobias, Der Sturz der Generäle.
[112] De Maizière, In der Pflicht, S. 45.
[113] Kershaw, Hitler 1889–1936 (dt.), Bd 2, S. 96.
[114] Siehe zu Blomberg jetzt umfassend Schäfer, Werner von Blomberg.
[115] Mühleisen, Generaloberst Werner Freiherr von Fritsch.

trotzdem »nicht erfasst« haben: »Niemand hatte uns je über militärische Spitzengliederung unterrichtet[116].«

Zum Nachdenken brauchte er sich auch wenig Zeit nehmen, denn in den
folgenden Monaten überschlugen sich die politischen Ereignisse. Von Deutschen wie Österreichern größtenteils bejubelt, marschierte die Wehrmacht am
12. März 1938, also nur wenige Wochen nach der Blomberg-Fritsch-Krise, in
Österreich ein. Wie schon bei der Wiedereinführung der Wehrpflicht 1935 und
dem Einmarsch deutscher Truppen ins entmilitarisierte Rheinland 1936 blieben
ernst zu nehmende Proteste des Auslandes aus; einmal mehr war Hitlers Va-
banque-Politik aufgegangen[117]. War de Maizières Regiment am sogenannten
Anschluss Österreichs noch unbeteiligt, so marschierte es beim Schlag gegen die
Tschechoslowakei mit in das Sudetenland. Dessen Schicksal hatten die Regie-
rungschefs des jetzt Großdeutschen Reiches, Italiens, Großbritanniens und
Frankreichs im Münchner Abkommen am 29./30. September 1938 am Verhand-
lungstisch besiegelt. Weil die tschechoslowakische Regierung an dieser Konferenz nicht beteiligt worden war, ließ Hitler die Wehrmacht vorsichtshalber
kriegsmäßig einrücken[118].

De Maizière nahm als Regimentsadjutant des IR 50 an diesem Einmarsch
teil. Mit insgesamt 24 Divisionen besetzte die Wehrmacht ab dem 1. Oktober
1938 die der Tschechoslowakei weggenommenen Gebiete. Das verstärkte IR 50
marschierte dazu im Rahmen der 3. Infanteriedivision beginnend mit dem
8. Oktober, 12.00 Uhr, über die deutsch-tschechoslowakische Grenze auf der
Straße Liebau, Buchwald, Tschöpsdorf, Auroragrube und Schatzlar ein; etwaiger Widerstand war »zu brechen«. Das Regiment hatte Trautenbach, Brett-
grund, Wernsdorf, Lampersdorf, Schatzlar, Bober, Glasendorf und Klinge zu
besetzen und sich dabei jederzeit einsatzbereit zu halten. Der Regimentsstab
bezog in Schatzlar Quartier. Schwerpunkte der Besetzung waren die militärischen Liegenschaften, größere Kraftwerke, Nachrichten- und Bahnanlagen sowie »wichtige Kunstbauten«[119]. Nach der Besetzung dieses ersten Abschnittes,
der ohne besondere Zwischenfälle durchgeführt worden war, rückte die Division am 9. Oktober in den zweiten Besetzungsabschnitt vor. Dabei hatte das verstärkte IR 50 ab 09.00 Uhr »von Trübenwasser antretend über Trautenau nach
Weigelsdorf« binnen drei Stunden entlang der Divisionsgrenze zur
18. Infanteriedivision auf dem linken Flügel vorzurücken. Für den Abend des
9. Oktober 1938 um 21.00 Uhr wurde de Maizière mit den anderen Adjutanten
zur Befehlsausgabe im Divisionsgefechtsstand in der Deutschen Handelsschule

---

[116] De Maizière, In der Pflicht, S. 46.
[117] Zu den Hintergründen siehe zuletzt Berger Waldenegg, Hitler, Göring, Mussolini.
[118] Siehe zu den Hintergründen Gebel, »Heim ins Reich!«.
[119] 3. Division/Ia Nr. 16, Divisionsbefehl für den Einmarsch am 8.10.1938 in das sudetendeut-
       sche Gebiet, 7.10.1938, sowie IR 50/Ia, Rgt.Befehl für den Einmarsch in das sudetendeut-
       sche Gebiet am 8.10.38, 8.10.1938, beide PA AdM, Karton Ratsgymnasium, Neuruppin,
       Landsberg/Warthe, Sudetenland. In diesem Bestand finden sich auch eine Karte mit den
       entsprechenden handschr. Eintragungen sowie eine Fotografie des Einmarsches mit de
       Maizière.

in Trautenau befohlen[120]. Dort wurde ihm mitgeteilt, dass das IR 50 am 12. Oktober 1938 Teile des bisherigen Verantwortungsbereiches des IR 8, das aus dem Besetzungsgebiet abgezogen wurde, zu übernehmen hatte[121]. Damit war der »Feldzug« abgeschlossen und de Maizière vergaß mit der Mehrheit der Deutschen rasch, unter welchen politischen Voraussetzungen dieser Einmarsch erzwungen worden war. In der Rückschau will er gehofft haben, »dass die Zeit der risikoreichen Überraschungsaktionen zu Ende sei«[122]. Doch bevor es nach Landsberg und in den friedlichen Garnisonsdienst zurückging, dürfte er noch an dem einen oder anderen »Befreiungsball« teilgenommen haben. Deren Durchführung »in der Art von Manöverbällen« begrüßte sein Kommandeur von Hase nämlich ausdrücklich. Auch der Regimentsadjutant hatte dabei darauf zu achten, dass die örtliche Bevölkerung »vom deutschen Soldaten das denkbar günstigste Bild« erhielt[123].

Die »auch menschlich sehr berührenden Erlebnisse des Sudeteneinmarsches«, womit er freilich die jubelnden Sudentendeutschen meinte, beschäftigten ihn nur kurze Zeit. In der Nacht vom 9. auf den 10. November 1938 brannten überall im Großdeutschen Reich die Synagogen, wurden Einrichtungen, Geschäfte und Wohnungen jüdischer Deutscher zerstört, Zehntausende von ihnen in Konzentrationslager deportiert. Das NS-Regime nutzte dabei das Attentat des 17-jährigen Studenten Herschel Grynszpan auf den deutschen Botschaftsrat Ernst vom Rath in Paris eine Woche zuvor, um die ohnehin schon entrechteten jüdischen Mitbürger nun systematisch zu verfolgen. Zwar hauptsächlich von SA und SS durchgeführt, beteiligten sich mancherorts auch andere NS-Organisationen bis hin zur Hitlerjugend (HJ); darüber hinaus nutzten Schaulustige die Situation zum Plündern[124]. Retrospektiv verschreckte dieser Gewaltausbruch de Maizière, denn selbst in seinem beschaulichen Landsberg hatte er »Übergriffe« erleben müssen. Offenbar stellte diese Mord- und Brandaktion im Nachhinein für ihn einen solchen Einschnitt dar, dass er ihn dazu nutzte, so etwas wie eine Bilanz der politischen Ereignisse zu ziehen: Auf der einen Seite standen für ihn »die als positiv empfundenen Aktionen des nationalsozialistischen Regimes« wie »die Beseitigung der Arbeitslosigkeit, wirtschaftlicher Aufschwung, Sprengung der Fesseln des Versailler Vertrages, das

---

[120] 3. Division/Ia Nr. 18, Divisionsbefehl für den Einmarsch am 9.10.1938 in den 2. Abschnitt des sudetendeutschen Gebietes, 8.10.1938, sowie IR 50/Ia, Regimentsbefehl für die Versammlung am 9.10. zum Einmarsch in den 2. Abschnitt des sudetendeutschen Gebietes, 9.10.1938, beide PA AdM, Karton Ratsgymnasium, Neuruppin, Landsberg/Warthe, Sudetenland.

[121] IR 50/Ia, Regimentsbefehl, 12.10.1938, PA AdM, Karton Ratsgymnasium, Neuruppin, Landsberg/Warthe, Sudetenland.

[122] De Maizière, In der Pflicht, S. 47.

[123] IR 50/Ia, Regimentsbefehl, 11.10.1938, PA AdM, Karton Ratsgymnasium, Neuruppin, Landsberg/Warthe, Sudetenland. Von Hase befahl dazu außerdem: »Ich erwarte unter allen Umständen, dass ein Nachlassen der Disziplin mit allen Mitteln verhindert wird. Insbesondere ist zu achten auf: Straßendisziplin, Ehrenbezeigungen [sic!], Anzug, bescheidenes, wohlerzogenes und hilfsbereites Auftreten der Bevölkerung gegenüber, Mäßigkeit im Alkoholgenuss.«

[124] Siehe grundsätzlich Döscher, »Reichskristallnacht«.

eindrucksvolle Schauspiel der Olympischen Spiele, die Eingliederung Österreichs und der deutschsprachigen Gebiete Böhmens, der Aufbau der Streitkräfte«. Dem stellte er die »Vorgänge gegenüber, die jeder rechtlich denkende
Deutsche ablehnen musste: die ständige Verletzung der Weimarer Verfassung
[...], die unverhohlene Verachtung der Grundsätze des Rechtsstaates, der
30. Juni 1934, der Druck auf die Richter, die Errichtung von Konzentrationslagern, die Entrechtung der Juden, der ideologische Druck auf Wissenschaft, Literatur, Kunst«[125].

Schon diese Aufzählungen, wiewohl mit den Erkenntnissen der folgenden
50 Jahre zusammengestellt, verdeutlichen, dass de Maizière nach den Maßstäben der aktuellen wissenschaftlichen Forschung zu dieser Zeit als ein beinahe
typischer Vertreter seiner Generation zu bewerten ist. Dies belegt auch der
Wechsel von der Ich-Form zum anonymen »man« oder »wir« in den entsprechenden Passagen seiner Memoiren, eine Feststellung, die im Übrigen für die
gesamte Darstellung gilt. Denn selbst die von ihm unter den Positiva verbuch-
ten Entwicklungen wurden keineswegs als das eingeordnet, was sie waren,
nämlich Vorbereitungen auf den Großen Krieg. Folgerichtig schloss de Maizière
die Bilanzierung mit dem Hinweis, es sei damals für den »einzelnen schwer zu
erkennen und zu beurteilen« gewesen, »was tatsächlich geschah«. Auch er habe
sich gefragt, »ob es sich bei den bedrückenden Übergriffen um Kinderkrankheiten eines ›revolutionären‹ Umbruchs handelte, der bald in ein ruhigeres Fahr-
wasser einmünden würde, ober [sic!] um den Anfang einer Entwicklung, die in
gänzlicher Rechtlosigkeit, zu Verbrechen, ja in die Katastrophe führen müsste«[126]. Dass Rechtlosigkeit und Verbrechen zentrale Bestandteile des NS-
Regimes seit dessen Machtübernahme 1933 bildeten, zu diesem Eingeständnis
mochte er sich nicht durchringen. Mit der Begründung, man habe »zu lange« an
die »Kinderkrankheiten« geglaubt und dann »auch nur zu Opposition ohne
persönliche Gefährdung oder zumindest erhebliche berufliche Nachteile« keine
Möglichkeiten gefunden, beschließt er seine Überlegungen[127].

Durch seinen Beruf notfalls zum Einsatz seines Lebens bereit, drängt sich in
diesem Kontext die Frage auf, ob es die so verstandene Loyalität des Staatsdieners gewesen ist oder etwa eine Form der Gleichgültigkeit des sich dafür nicht
zuständig Fühlenden, die eine Bereitschaft zur Opposition verhinderte. Diese
Frage stellte sich de Maizière damals noch nicht, später aber durchaus, worauf
noch zurückzukommen sein wird. Eine Antwort darauf gab beispielsweise der
vormalige Kriegsminister Generalfeldmarschall Werner von Blomberg vor dem
Nürnberger Militärtribunal Ende 1945: »Bis Hitler in die Periode der aggressiven Politik eintrat – mag man das ab 1938 oder 1939 rechnen –, hatte das deutsche Volk keinen entscheidenden Grund zu einer Gegnerschaft [...], am wenigsten wir Soldaten[128].« Sofern man nicht zu den Ausgegrenzten der sogenannten

---

[125] De Maizière, In der Pflicht, S. 48.
[126] Ebd., S. 49.
[127] Ebd.
[128] Zit. nach Volkmann, Von Blomberg zu Keitel, S. 47.

◀ Abb. 12:
Als Oberleutnant und Bataillonsadjutant während einer Übungs-
pause, 1936 *PA AdM*

▼ Abb. 13:
Major Gustav Enke, Oberstleutnant Paul von Hase und Oberleutnant
Ulrich de Maizière (v.l.) während eines Manövers des IR 50 in
Landsberg an der Warthe, 1937 *PA AdM*

▲ ▼ Abb. 14/15:
Auf Urlaubsreise in Tirol, Mai 1939 *PA AdM*

▲ Abb. 16:
Der stolze Besitzer eines
DKW-Reichsklasse, 1939
PA AdM

Volksgemeinschaft gehörte, mochte die Mehrheit trotz vielleicht vorhandener Bedenken diese Ansicht geteilt haben. Auch Kielmansegg rechtfertigte sich rückschauend ähnlich. Angesichts der »Kristallnacht« gestand er »ganz ehrlich« ein, er habe »es ein bisschen weggesteckt«, es »nicht unbedingt wahrnehmen«, »nicht weiterdenken« wollen, »weil einem im Grunde klar war, dass es etwas bedeuten könnte für die Zukunft«. Beschämt räumte er ein, »damals wirklich zu wenig empfunden« zu haben[129]. Damit bestätigte er einmal mehr die Feststellung Hans Mommsens auf dem Historikertag 1998, »der Nationalsozialismus verdanke seine Existenz und seine Erfolge nicht in erster Linie seinen hundertprozentigen Anhängern, sondern seinen die Mehrheit bildenden 50-25-prozentigen«[130].

So mag auch de Maizière die Abgründe des NS-Regimes ausgeblendet haben. Jung und ungebunden wie er war, nutzte er die Chancen, die ihm Einkommen und Status boten. So kaufte er sich im Herbst 1938 beispielsweise sein erstes eigenes Auto, einen DKW-Reichsklasse Zweisitzer, und unternahm mit ihm sowie einigen Kameraden im Frühjahr 1939 eine längere Reise nach München, in die Alpen, an den Bodensee und in den Schwarzwald. Verschiedene Fotografien aus dieser Zeit zeigen den stolzen Besitzer in seinem Fahrzeug und im unbeschwerten Urlaub[131]. Ohnehin war das Reisen neben der Musik zeitlebens eine weitere Passion de Maizières. Bereits 1932 hatte er sich Sommerurlaubsabstecher nach Südschweden und Kopenhagen gegönnt, 1933 gar eine Schiffsreise von Hamburg nach London. Dabei kam er in der Rückschau zur Einsicht, es sei »sicherlich ein Mangel gewesen, dass nur wenige deutsche Offiziere das Reich von außen her haben betrachten können. Auch nur eine kleine Zahl von Offizieren beherrschte sicher fremde Sprachen. Man dachte und lebte in nationalen Kategorien«[132]. Nüchtern betrachtet gilt es allerdings festzuhalten, dass sich de Maizières Verhalten grundsätzlich wenig von demjenigen der hier Angesprochenen unterschied. Auch während des Krieges nutzte er beispielsweise die Chance, 1940 eine halbdienstliche Frankreich-Rundreise zu unternehmen und sich Paris anzuschauen[133]. Das mag persönlich seinen Horizont erweitert und ihn für später geprägt haben. Vorerst jedoch »funktionierte« er wie die meisten anderen.

Seine dienstlichen Aufgaben erfüllte er so professionell, dass er nicht nur mit Wirkung vom 1. April 1939 zum Hauptmann ernannt, sondern sogar für die Generalstabsausbildung ausgewählt wurde[134]. Das muss zu dieser Zeit noch als Auszeichnung gelten, denn die Auswahl erfolgte sowohl durch eine Prüfung als auch durch eine damit in Verbindung stehende Beurteilung. Darin hatte der jeweils zuständige Kommandeur den betreffenden Offizier über seine Leistun-

---

[129] Zit. nach Feldmeyer/Meyer, Johann Adolf Graf von Kielmansegg, S. 9.
[130] Zit nach Volkmann, Zur Verantwortlichkeit der Wehrmacht, S. 1198.
[131] Die Fotografien finden sich in PA AdM, Karton Ratsgymnasium, Neuruppin, Landsberg/ Warthe, Sudetenland.
[132] De Maizière, In der Pflicht, S. 49.
[133] Ebd., S. 62 f.
[134] Biografische Daten Ulrich de Maizière, PA AdM, Akte Persönliche Unterlagen.

gen im Truppendienst hinaus auf seine charakterliche Eignung hin zu bewerten. De Maizières späterer Förderer Adolf Heusinger nannte die Auswahl rückblickend eine »tolle Sieberei«[135]. Ihr erster Schritt bestand in der alljährlichen »Kriegsakademieprüfung«, der sich alle Offiziere des infrage kommenden Dienstalters zu unterziehen hatten. Sie wurden besonders auf diese Prüfung vorbereitet, die nach einem Decknummernsystem anonym durchgeführt worden ist. Der Oberleutnant Ulrich de Maizière stand ab Herbst 1938 dafür heran und legte im März 1939 beim Wehrkreiskommando III in Berlin die Kriegsakademieprüfung erfolgreich ab. Da auch seine Beurteilung offenbar entsprechend ausfiel, sollte er für den Oktober 1939 zur Kriegsakademie versetzt werden. Der Überfall auf Polen Anfang September 1939 verhinderte dies zwar, seine Bestimmung für den Generalstabsdienst blieb indes aufrechterhalten[136]. In diesen Krieg zog der Regimentsadjutant de Maizière mit einem neuen Kommandeur, Oberst Theodor Kretschmer. Der von ihm hochverehrte Paul von Hase war bereits im Frühsommer 1938 zum Generalmajor befördert worden und hatte am 10. November 1938 sein neues Kommando übernommen[137].

Die Landsberger Zeit blieb de Maizière in seiner Erinnerung lebendiger als manches spätere Jahr[138]. Mit etlichen Kameraden von damals hielt er Verbindung oder nahm sie wenigstens nach dem Krieg wieder auf, während andere sich bemühten, mit ihm in Kontakt zu bleiben und ihn zum Teil auch mit Fotografien versorgten[139]. Es spricht für de Maizière, dass sich darunter ehemalige Soldaten aller Dienstgrade ebenso befanden wie zivile Angestellte und Beamte, die allesamt nur lobende Worte für ihn fanden[140]. Manche Kameraden sah er in

---

[135] Zit. nach Meyer, Adolf Heusinger, S. 103.
[136] Schriftliche Erklärung General der Artillerie Curt Gallenkamp im POW-Camp 2226, 12.5.1946, PA AdM, Akte Entnazifizierung/Einstufung. Gallenkamp war in seiner Eigenschaft als Chef des Generalstabes des III. AK und des Wehrkreiskommandos III vom 1.4.1938 bis zum Kriegsbeginn für die Vorbereitung der infrage kommenden Offiziere seines Bereiches auf die Kriegsakademieprüfung verantwortlich und bei ihrer Beurteilung mitbeteiligt. Zu Inhalt und Umfang der Prüfung siehe Rautenberg, Ulrich de Maizière, S. 137 f.
[137] Eine Fotografie aus dem Herbst 1938 zeigt den zur Verabschiedung des Regimentskommandeurs Generalmajor Paul von Hase versammelten Stab und die Stabskompanie des IR 50. Dazu die Fotografie in PA AdM, Karton Ratsgymnasium, Neuruppin, Landsberg/Warthe, Sudetenland.
[138] De Maizière an Heinz Strieter, 28.12.1966, BArch, N 673/52a. Strieter hatte de Maizière eine Fotografie geschickt, in dem dieser in Pilnkau aufgenommen worden war. Heinz Strieter an de Maizière, 23.12.1966, BArch, N 673/52a.
[139] Obwohl er alle seine Erinnerungsstücke aus der Vorkriegszeit während des Krieges verloren hatte, fand sich auf diese Weise mit der Zeit eine ganze »Sammlung von Erinnerungen« zusammen. Siehe O a.D. Wilhelm Huhs an de Maizière, 8.5.1968, sowie dessen Antwort, 15.5.1968, beide BArch, N 673/43d.
[140] So gratulierte ihm der Gefreite im Stabe des IR 50 in Landsberg/Warthe von 1936 bis 1938, Kurt Sonnenberg, 1964 »zu Ihrer Beförderung zum Generalleutnant, zu Ihrer Ernennung zum Inspekteur des Heeres sowie zur Verleihung des Freiherr-vom-Stein-Preises«. Siehe Sonnenberg an de Maizière, 5.10.1964, BArch, N 673/83. Weitere Beispiele sind der Beamte des Standortes Landsberg/Warthe Otto Heilig, mit Schreiben an de Maizière, 27.1.1970, sowie Boris Bernhard Hennicke an de Maizière, 9.3.1970, oder Walter Hellemann an de Maizière, 12.11.1966, alle BArch, N 673/42.

der Nachkriegszeit wieder, zum Teil dienstlich, teilweise aber auch privat. So empfing er beispielsweise den ehemaligen Unteroffizier Gerhard Jesse in Bonn[141] oder traf den früheren Feldwebel Max Schmidt in Hannover[142]. Dass es vielen durchaus ein Anliegen war und es ihnen nicht allein darum ging, sich etwa durch die Bekanntschaft mit einem der höchsten Soldaten des neuen Staatswesens schmücken zu können, darauf verweist ein Schreiben Olga van Ophuysens. Diese lebte zufällig mit Herrn Bohm, de Maizières altem Uniformschneider aus Landsberg, zusammen in einem Seniorenheim im ostfriesischen Leer. Bohm, selbst dazu nicht mehr in der Lage, hatte sie darum gebeten, de Maizière anlässlich dessen Ausscheidens aus dem aktiven Dienst 1972 die besten Glückwünsche für das weitere Leben zu senden. Zunächst hatte sie sich zwar nicht getraut, doch »in Ihrem Antlitz, Herr de Maizière, liegt so viel Freundlichkeit und Güte, die es mich wagen lässt, Ihnen zu schreiben und Erinnerungen an Landsberg in Ihnen wachzurufen«. Bohm hatte ihr erzählt, dass de Maizière ihm damals immer auf dem Klavier vorgespielt hatte[143].

Freilich wusste auch de Maizière früh um die Bedeutung von Netzwerken. Schon am 10. April 1937 war er dabei, als sich 46 ehemalige Offiziere des IR 5 im Kasino der Wachtruppe in Berlin trafen. Die Teilnehmerschar reichte vom Oberleutnant de Maizière bis zum Generalleutnant a.D. Freiherr von Hammerstein-Equord; darunter de Maizières Mentoren Hauptmann Beelitz und Major Ulich neben dem späteren Widerständler und damaligen Hauptmann Ritter Mertz von Quirnheim[144]. Sofern sie NS-Zeit und Krieg überlebten, aber auch schon währenddessen, kreuzten sich ihre Wege immer wieder[145]. Nach dem Krieg schloss man sich zur Traditionsgemeinschaft der »Fünfer« zusammen und lud auch de Maizière zu den Treffen ein[146]. Zwar konnte er bei Weitem nicht an allen Veranstaltungen teilnehmen, wurde aber regelmäßig informiert[147]. Da de Maizière beim ersten Treffen der jüngste Teilnehmer war, dürfen diese Kontakte nicht unterschätzt werden. 1970 war er im »Kameradenkreis

---

[141] Erich Lehmann an de Maizière, 20.3.1972, BArch, N 673/45b. Als Zeitraum des Treffens gab Lehmann »vor Jahren« an.

[142] De Maizière an Erich Grabe, 16.2.1968, in Antwort auf Grabe an de Maizière, 8.2.1968, beide BArch, N 673/41b.

[143] Olga van Ophuysen an de Maizière, 22.2.1972, sowie dessen Antwort, 20.3.1972, beide BArch, N 673/48b.

[144] Siehe dazu das beschriftete Gruppenfoto der Teilnehmer in PA AdM, Karton Ratsgymnasium, Neuruppin, Landsberg/Warthe, Sudetenland.

[145] Siehe z.B. die Glückwünsche zu de Maizières Ernennung zum InspH von GL a.D. Gerhard Engel an de Maizière, 1.10.1964, BArch, N 673/82; GL a.D. Adolf Raegener, 15.7.1964, BArch, N 673/83; M Heinz Nicklaus, 7.10.1964, BArch, N 673/83; oder Theo Jonas, Geschäftsführer des »Kameradenkreis ehemaliger ›Fünfer‹«, 10.3.1972, BArch, N 673/87.

[146] Siehe z.B. Kameradenkreis ehem. »Fünfer«, Gerhard Lubs, an de Maizière, 11.6.1966, BArch, N 673/46a, und ROI Georg Röhl, Schule der Technischen Truppe II, an de Maizière, 29.8.1966, BArch, N 673/85. 1966 fand das Treffen am Starnberger See statt, 1970 in Bad Nauheim und 1971 in Heidelberg. Mindestens an den Treffen 1962 in Hamburg und 1968 in Bad Ems hat de Maizière teilgenommen. Siehe dazu Rundschreiben Offizier-Kameradschaft 5. (pr.) Inf.Rgt., 11.10.1968, BArch, N 673/39b.

[147] Siehe die entsprechende Korrespondenz, ebd.

ehem. ›Fünfer‹« schließlich selbst der »›prominenteste‹ Kamerad«[148]. Zu diesem Zeitpunkt gehörten dem Kreis immerhin noch 30 Offiziere des ehemaligen IR 5 respektive deren Witwen an, darunter beispielsweise Manstein und Liebmann[149]. Zwischenzeitlich hatte es wohl Friktionen zwischen de Maizière und der Vereinigung gegeben, die allerdings bald ausgeräumt werden konnten[150].

Ebenso verhielt es sich mit »Treffen Ehemaliger IR 50«. Trotz regelmäßiger Einladung nahm er nicht immer teil[151]. Meist übersandte er aber ein schriftliches Grußwort[152]. Oft wurde ihm hernach von Dabeigewesenen von den Treffen berichtet[153]. Einen allzu engen Zusammenhalt scheint es dort jedoch nicht gegeben zu haben, was wahrscheinlich auf die immense Fluktuation in der rasanten Aufstellungsphase der Wehrmacht zurückzuführen ist[154]. Aus diesem Kreis gratulierten viele immerhin regelmäßig zu den Beförderungen[155]. In persönlicher Verbindung stand de Maizière mit nur wenigen von ihnen, wie mit dem später nach Kanada ausgewanderten Rolf Stölting sowie Konrad Lyhme und Bruno von Knobelsdorff, die beide selbst auch wieder in die Bundeswehr eintraten, und ganz besonders Hans Stahlberg[156]. Freilich wurde er auch zu ande-

---

[148] Kameradenkreis ehem. »Fünfer«, Gerhard Lubs, an de Maizière, 27.6.1970, BArch, N 673/46a.

[149] Offizier-Kameradschaft 5. (pr.) Inf.Rgt. an de Maizière, 26.4.1971, BArch, N 673/39b. Dabei findet sich eine Anschriftenliste der 30 zugehörigen Offiziere und Witwen. 1966 hatte die Liste noch 68 Namen geführt. Siehe dazu Rundschreiben Offizier-Kameradschaft 5. (pr.) Inf.Rgt., 21.3.1966, ebd.

[150] De Maizière an GL a.D. Engel, 16.5.1966, ebd. Seine Teilnahme am »Fünfer«-Treffen am Starnberger See am 4./5.6.1966 hatte de Maizière zwar absagen müssen, fügte jedoch hinzu: »Ich darf Ihnen aber versichern, dass meine persönlichen ›Hemmungen‹, die ich Ihnen einmal vorgetragen habe, von Ihnen vollkommen ausgeräumt worden sind und daher bei dieser Absage wirklich keine Rolle gespielt haben.«

[151] Siehe z.B. G. Pritsching an de Maizière, 7.11.1971, BArch, N 673/49a. Pritsching war der »Sprecher der Kameradschaft des ehemaligen Inf.Rgt. 50« und lud de Maizière zum Treffen am 13.11.1971 an die HOS I Hamburg ein.

[152] Siehe z.B. de Maizière an das Treffen Ehemaliger IR 50, 6.10.1967, BArch N 673/45b, an O Lyhme, 50er-Treffen, Gilde-Brauerei-Haus, Hannover, 5.10.1968, BArch, N 673/46b, oder über HOS I Hamburg, 11.11.1971, BArch, N 673/49a: »Es tut mir aufrichtig leid, dass ich an dem Kameradschaftstreffen [...] nicht teilnehmen kann. Ich sende auf diesem Wege meine herzlichen und kameradschaftlichen Grüße. Meine Gedanken sind an diesem Abend in besonderer Weise bei den Kameraden des IR 50, dem ich so viele Jahre angehören durfte. Ich fühle mich Ihnen Allen [sic!] nach wie vor herzlich verbunden.«

[153] De Maizière an O Lyhme, Kdr VBK 11, 16.10.1968, BArch, N 673/46b.

[154] De Maizière an Erich Grabe, 16.2.1968, in Antwort auf Erich Grabe an de Maizière, 8.2.1968, beide BArch, N 673/41b. Ab 1967 wurde in Gemeinschaftsarbeit eine Adressenliste erstellt. Siehe de Maizière an Karl Hagemann, 8.2.1967, in Antwort auf dessen Schreiben vom 18.1.1967, beide BArch, N 673/43a. Dort findet sich auch die Anschriftenliste.

[155] Siehe z.B. RA Gerhard Ott an de Maizière, 15.6.1964, sowie dessen Antwort, 31.7.1964, beide BArch, N 673/83, oder Kurt Pahnke an de Maizière, 19.10.1966, BArch, N 673/48c, und OSA Dr. Gerhard Prange, Bundeswehrlazarett Zwischenahn, an de Maizière, 26.8.1966, BArch, N 673/85.

[156] Rolf Stölting an de Maizière, 1.9.1966, BArch, N 673/85, sowie de Maizière an Heinz Strieter, 28.12.1966, BArch, N 673/52a. Strieter hatte de Maizière eine Fotografie geschickt, auf der dieser in Pilnkau aufgenommen worden war. Strieter an de Maizière, 23.12.1966, BArch, N 673/52a.

ren Nachkriegstreffen eingeladen, wie beispielsweise zu dem der »Traditions-gemeinschaft der alten 18. Panzergrenadierdivision« 1967 in Kassel, zum »Kameradschaftstreffen der alten 3. Division« 1968 in Hannover oder zum Treffen der »8er Gemeinschaft« 1972 in Essen[157]. Diese Verbindungen können gerade mittel- und langfristig gar nicht überschätzt werden. De Maizière wandte während seines Lebens viel Zeit dafür auf, sie zu pflegen. Am wichtigsten war dabei zweifellos die Verbindung innerhalb des bereits erwähnten Jahrgangs 1930, von der an anderer Stelle erneut zu sprechen sein wird.

2.   Der Zweite Weltkrieg

a)   Der Angriff auf Polen (1939)

Dass das nationalsozialistische Deutsche Reich unter Hitler entgegen allen öffentlichen Bekundungen einen Kriegskurs steuerte, will de Maizière erst bei der Zerschlagung der sogenannten Rest-Tschechei im März 1939 klar geworden sein. Die Aufkündigung eines gerade erst unterschriebenen und als Erfolg gefeierten Vertrages mochte er in der Rückschau weder verstanden noch gebilligt haben[158]. Spätestens mit dem Abschluss des deutsch-sowjetischen Nichtangriffspakts am 23. August 1939 konnte freilich niemand mehr an den Plänen des »Führers« zweifeln. Allerdings war die Entscheidung zum großen Lebensraumkrieg im Osten, den Krieg, um den es Hitler von Anfang an gegangen ist, lange zuvor bereits gefallen[159]. Nachdem der Angriffstermin mehrmals verschoben worden war, griff die Wehrmacht am 1. September 1939 Polen ohne vorherige Kriegserklärung an. Als Frankreich und Großbritannien daraufhin ihrer Garantieverpflichtung nachkamen und dem Deutschen Reich den Krieg erklärten, löste dies zwar Entsetzen beim deutschen Diktator aus. Der schon in der Reichswehr der 1920er-Jahre ausgearbeitete Angriffsplan wurde dennoch weiter ausgeführt, der Zweite Weltkrieg war endgültig entfesselt[160].

Den Aufmarsch zum Überfall auf Polen erlebte de Maizière in Landsberg. Das IR 50 war bereits ab dem 1. August 1939 in den Raum nordostwärts Schneidemühl, bei der Ortschaft Flatow, in die Nähe der polnischen Grenze verlegt worden, doch de Maizière musste wegen einer leichten Gehirnerschüt-

---

[157] In den ersten beiden Fällen sagte de Maizière »aus terminlichen Gründen« ab, im letzten ohne Angabe von Gründen. Siehe de Maizière an GL a.D. Engel, 31.7.1967, und an O a.D. G. Engelhardt, 22.5.1967, beide BArch, N 673/39b, sowie Heinz Walter Toop an de Maizière, 25.1.1972, und dessen Antwort, 17.2.1972, beide BArch, N 673/52b.

[158] De Maizière, In der Pflicht, S. 49.

[159] Das Deutsche Reich und der Zweite Weltkrieg, Bd 4.

[160] Siehe zuletzt Böhler, Der Überfall.

terung nach einem Reitunfall bis Mitte August zurückbleiben[161]. Sein Regiment kämpfte im Verbund der 3. Infanteriedivision (Generalmajor Walter Lichel)[162] unter dem II. Armeekorps (General der Infanterie Adolf Strauß) in der 4. Armee (General der Artillerie Günther von Kluge), die unter Führung der Heeresgruppe Nord (Generaloberst Fedor von Bock) in den sogenannten Polnischen Korridor vorstieß[163]. Als am 31. August der Einsatzbefehl eintraf, war der Adjutant bereits wieder bei seiner Truppe und griff mit ihr am 1. September 1939 über die polnische Grenze bei Vandsburg an. Kriegsbegeisterung will er retrospektiv nicht bemerkt haben. Wohl sei man überzeugt gewesen, »die uns gestellte Aufgabe gegenüber Polen erfüllen zu können«, aber »nicht glücklich, dass Hitler sich entschlossen hatte, [...] militärische Gewalt anzuwenden«, und fragte sich, »ob es möglich sein würde, den Konflikt begrenzt zu halten«. Nichtsdestoweniger »hofften [wir] auf die Rückkehr Danzigs in das Reich und einen auf einen freien, von Polen nicht kontrollierten Zugang zur Provinz Ostpreußen«[164]. Noch glaubte de Maizière wie viele seiner Kameraden offenbar, es handele sich um einen bloßen Waffenkrieg. Dass er einen Weltanschauungskrieg nach außen trug, der im Innern Deutschlands seit Jahren herrschte, erkannte er nicht[165].

In der See-Enge bei Lansk kam es tags darauf zum ersten Gefecht mit den polnischen Verteidigern. Im Gegensatz zu den Nachbarverbänden gelang dem Regiment der Durchbruch auf Crone und die Einnahme der Stadt. De Maizière meldete den Erfolg per Krad auf dem Divisionsgefechtsstand und brachte von dort den Befehl mit, sofort weiter durch die Tucheler Heide Richtung Weichsel vorzustoßen. In den heftigen Gefechten beim Flussübergang erlitt das Regiment die ersten größeren Verluste[166]. Dem Gegner attestierte de Maizière in einem Brief an seine Mutter, er kämpfe »nicht schlecht, bloß Artilleriefeuer verträgt er nicht«; gleichzeitig beschwerte er sich, »der Pole« verhalte sich »nicht fair: Gestern beim Angriff des 3. Batl. auf eine recht ausgebaute poln. Stellung zeigte er die weiße Fahne, und als unsere Männer aufstanden, schoss er dazwischen«[167]. Ob de Maizière dabei war, als sein Kommandeur nahe der Weichsel überra-

---

[161]   De Maizière, In der Pflicht, S. 51. Siehe hierzu wie auch zum folgenden Weg des Regimentes das Kartenmaterial in PA AdM, Karton Polen 1939, Frankreich 1940.

[162]   Tessin, Verbände und Truppen, Bd 2, sowie Schematische Kriegsgliederungen 1939-1945 in BArch, RH 2/348 bis RH 2/355, RH 2/356K, RI I 2/769.

[163]   Tessin, Verbände und Truppen, Bd 2, sowie Schematische Kriegsgliederungen 1939-1945 in BArch, RH 2/348 bis RH 2/355, RH 2/356K, RH 2/769.

[164]   De Maizière, In der Pflicht, S. 52.

[165]   Dass de Maizière dabei mitnichten alleine stand, zeigt auch die ähnliche Einstellung seines späteren Mentors und Freundes Adolf Graf Kielmansegg zum Feldzug gegen Polen. Skrupel empfand dieser jedenfalls keine. Feldmeyer/Meyer, Johann Adolf Graf von Kielmansegg, S. 9 f.

[166]   Das I.R. 50 im polnischen Feldzug 1939. Ein umfassender Bericht von Oberst Kretschmer (Abschrift), S. 1-6, PA AdM, Karton Polen 1939, Frankreich 1940. Der Bericht wurde nach dem Feldzug vom »General-Anzeiger« in Landsberg/Warthe abgedruckt. Das kleine Heftchen ist in diesem Bestand ebenso überliefert wie ein Foto von Kretschmer.

[167]   De Maizière an seine Mutter, 4.9.1939, PA AdM, Akte »Kriegsbriefe an meine Mutter Juli 1939-Ende 1940«.

schend auf Adolf Hitler traf, ist ungewiss. Oberst Theodor Kretschmer schwärmte hinterher in einer zeitgenössischen Schrift »von der Frische, dem faszinierenden Blick und der großen Klarheit unseres Führers«[168].

Bis zum 10. September erreichte das Regiment ohne weitere Gefechte Płock, eine Kleinstadt von damals etwa 35 000 Einwohnern mit einem Anteil von fast 70 Prozent jüdischer Bevölkerung. In den Berichten des Regimentskommandeurs sowie eines nicht näher benannten Angehörigen des Stabes spiegelt sich in diesem Zusammenhang der zeitgenössische Antisemitismus und Rassismus: »Plock [...] ist eine typisch polnische Stadt: Prunkvolle Fassaden und erbärmliche Katen in buntem Wechsel, Dreck überall[169].« Und: »Die Stadt war dreckig und stark verjudet[170].« Derartiges ist von de Maizière nicht überliefert. Gleichwohl spricht aus den Schilderungen in seinen Memoiren durchaus ein Gefühl der grundsätzlichen Überlegenheit gegenüber dem östlichen Nachbarn, wenn er davon berichtet, dass man auf dem Vormarsch die früheren und die gegenwärtigen politischen Grenzen ohne einen Blick auf die Karte hätte erkennen können: »Der fast übergangslos sich verschlechternde Straßenzustand, der Eindruck ungepflegter Ortschaften und eine nachlässig betriebene Landwirtschaft markierten sowohl die deutsch-polnische Grenze von 1939 als auch die Grenze zwischen den ehemaligen Provinzen Posen und Westpreußen zu Kongresspolen.« Der Zusatz in seinen Memoiren an dieser Stelle, zwei Jahre später habe man »die gleiche Beobachtung an der alten polnisch-russischen Grenze« gemacht, verweist auf grundsätzliche und weit verbreitete Ressentiments[171]. Auch an seine Mutter schrieb er bereits nach wenigen Tagen des Feldzugs, die Dörfer, die sie zu Gesicht bekamen, seien »schmierig«[172].

Zwei Tage bereitete das Regiment den erneuten Weichselübergang vor, um an der großen Einkreisungsbewegung gen Süden, der Schlacht an der Bzura, teilzunehmen. Derweil lebte der Stab nicht schlecht: Der Kommandeur bezog als »Kommandant von Plock« Quartier im Hotel »Englischer Hof«, wo nach der Schilderung eines Angehörigen des Regimentsstabes sofort der große Weinkeller und die Vorratskammern geplündert worden sind[173]. Anschließend gelangen der Truppe Übergang und Bildung eines jenseitigen Brückenkopfes nur unter verlustreichen Gefechten. Gleich mehrmals wurde de Maizière zusammen mit seinem Kommandeur von jeglicher Verbindung zur Truppe abgeschnitten. Dabei kam es in den frühen Morgenstunden des 15. September zu einem polni-

---

[168] Das I.R. 50 im polnischen Feldzug 1939, S. 6, PA AdM, Karton Polen 1939, Frankreich 1940.
[169] Ebd., S. 6 f., Zitat S. 7.
[170] N.N., Gefechtsunterstab I.R. 50 im Feldzug der 18 Tage, undat., Zitat S. 4, ebd. Der Verf. bezeichnete sich im Text selbst als »der große Pressezeichner Schlüter«, ebd., S. 1.
[171] De Maizière, In der Pflicht, S. 52. Siehe dazu auch seine Feststellung, als er 1944 nach dem Rückzug aus der Sowjetunion das rumänische Bessarabien erreichte, dieses »vermittelte uns endlich wieder den Eindruck eines europäischen Landes«, ebd., S. 89.
[172] De Maizière an seine Mutter, 4.9.1939, PA AdM, Akte »Kriegsbriefe an meine Mutter Juli 1939-Ende 1940«.
[173] Das I.R. 50 im polnischen Feldzug 1939, S. 7, PA AdM, Karton Polen 1939, Frankreich 1940; N.N., Gefechtsunterstab I.R. 50, S. 4, ebd.

schen Angriff auf die kleine versprengte Gruppe des Regimentsstabes beim Dorf Ciechomice auf dem linken Weichselufer[174]. Da Stabsangehörige nur mit 15 Patronen je Mann ausgestattet waren, hatten die Soldaten ihre Munition rasch verschossen. Darüber berichtet Leutnant Mulack vom Regimentsstab sehr anschaulich:

»Da höre ich es hinter mir klappern, ich drehe mich um, der Rgt.Adjutant kommt herangesprungen und wirft mir zwei Hände voll Patronen ins Schützenloch. Wo hat der bloß die Munition her, denke ich. Nachher erfahre ich es. Gerade in der höchsten Not rast ein durchgegangenes Pferd, hinter sich einen polnischen Munitionskarren, auf unseren Hof und hilft uns so aus unserer unangenehmen Situation. Wir sind alle glücklich, nun kann es weitergehen[175].«

In einem anderen Bericht des nicht näher genannten »Pressezeichner Schlüter« kam den Angegriffenen hingegen sehr viel weniger kurios die Maschinengewehrkompanie des IR 29 zu Hilfe[176]. Und nach den Memoiren de Maizières sollen es ein »versprengter Maschinengewehrhalbzug und vier schwere Granatwerfer« gewesen sein[177].

Jedenfalls schaffte es die kleine Gruppe um den Kommandeur schließlich, wieder Fühlung zum Regiment aufzunehmen. Nachdem die Lage dort geordnet werden konnte, stieß das Regiment, stellenweise mit den ausweichenden polnischen Verbänden kämpfend, weiter auf die Bzura vor. Bis zum 19. September 1939 war die Schlacht im Weichselbogen dann geschlagen und das Regiment vornehmlich mit den mehreren Tausend polnischen Kriegsgefangenen beschäftigt. In einem Brief an seine Mutter schrieb de Maizière nicht ohne Stolz:

»Der Pole ging fluchtartig zurück und von Kilometer zu Kilometer konnte man die zunehmende Auflösung der polnischen Armee beobachten. Schließlich machten wir am 18.9. etwa 15 000 Gefangene und eine nicht zu übersehende Beute von Waffen und Material. Selbst Kriegsteilnehmer 14 - 18 hatten so etwas nicht gesehen. Kilometerlange geschlossene Marschkolonnen von Polen kommen uns mit weißer Fahne entgegen, um sich zu ergeben, da sie nach keiner Seite mehr wegkonnten[178].«

Zwei Tage später erreichte das Regiment die Bzura beim Dorf Kamion, wo der Befehl zum Rückmarsch Richtung Bromberg eintraf; bis dahin hatte das Regiment 61 Gefallene, 157 Verwundete und zehn Vermisste zu beklagen[179]. Obwohl die letzten polnischen Verbände erst am 6. Oktober 1939 kapitulierten, war der Feldzug entschieden; bereits am 18. September hatte sich die polnische

---

174 Das I.R. 50 im polnischen Feldzug 1939, S. 8-14, PA AdM, Karton Polen 1939, Frankreich 1940.

175 Leutnant Mulack, Chiechomice, 23.10.1939 (Abschrift), ebd. Gemeint ist das Dorf Ciechomice, das seit 1997 in die Stadt Płock eingemeindet ist.

176 N.N., Gefechtsunterstab I.R. 50, Zitat S. 6, ebd.

177 De Maizière, In der Pflicht, S. 53.

178 De Maizière an seine Mutter, 18.9.1939, PA AdM, Akte »Kriegsbriefe an meine Mutter Juli 1939 - Ende 1940«.

179 Das I.R. 50 im polnischen Feldzug 1939, S. 14-17, PA AdM, Karton Polen 1939, Frankreich 1940. Siehe dazu auch Maizière an den Amtschef MGFA, K z.S. Dr. Friedrich Forstmeier, 17.3.1975, BArch, N 673/100.

Regierung nach Rumänien abgesetzt. De Maizières Regiment wurde deswegen im Verbund der 3. Infanteriedivision nach Westen in den Raum Leidenborn-Dasburg in der Eifel verlegt. Dort erhielt er am 7. Oktober 1939 das Eiserne Kreuz II. Klasse[180]. In der Rückschau beeindruckten ihn zwar die ersten Erfahrungen mit Tod und Verwundung, an seinem Ende will er aber vor allem ein »Gefühl der Dankbarkeit und des Stolzes auf unseren Anteil am Feldzug« empfunden haben[181]. Der Tagesbefehl des Generalstabchefs des Heeres, Generaloberst Franz Halder, vom 2. Oktober 1939 dürfte der Überzeugung der meisten – und nicht nur der Soldaten – entsprochen haben: »Der erste Abschnitt des Krieges ist abgeschlossen. In ihm hat der Generalstab des Heeres beweisen dürfen, dass ein artgleicher Nachfolger entstanden ist für den Generalstab, den Hass und Furcht unserer Feinde vor 20 Jahren für immer zerschlagen zu können glaubte[182].«

Den historischen Vergleich mit dem Ersten Weltkrieg zog de Maizière ebenfalls. An seine Mutter schrieb er:

>»All die Erlebnisse ernster, sehr ernster und lustiger Art der letzten 3 Wochen werde ich nie vergessen, Arbeit und Vorwärtskommen überschatten täglich traurige Eindrücke. Der große Erfolg, der Tannenberg übertrifft, und an dem wir alle teilhaben durften, macht uns stolz, glücklich und froh. Gebe der Himmel ein gleich glückliches Endergebnis dieses hoffentlich nur kurzen Krieges. Ich bin fest überzeugt davon[183]!«

Was de Maizière davon wusste, wie verbrecherisch dieser Krieg von Anfang an geführt wurde, ist nicht festzustellen. Das Wüten der berüchtigten Einsatzgruppen fand zwar hinter den vorrückenden Truppen statt, bedurfte aber der Absprache mit deren Stäben. Zudem waren Wehrmachtverbände von Anfang an in die Verbrechen verstrickt, die den Auftakt zum großen Raub- und Vernichtungskrieg im Osten bildeten[184]. Der »Sündenfall der Wehrmachtführung« hatte lange vor dem eigentlichen Angriff auf Polen stattgefunden[185]. Dass er in seinen Briefen an seine Mutter aus dieser Zeit lediglich über von Polen ermordete Deutsche schrieb, ist kein hinreichender Beleg für eine etwaige Unkenntnis. Er wusste sehr wohl, dass seine Mutter nicht die einzige sein könnte, die den Briefinhalt zu Gesicht bekommen würde. Immerhin teilte er mit, dass örtliche polnische Honoratioren »verhaftet u. der Gestapo zugeführt« worden seien[186]. In einem späteren Schreiben, schon während seiner Verwendung im Westen, berichtete er, er habe in einem Gespräch zwischen dem Wehrmachtad-

---

[180] Eintrag im Soldbuch Ulrich de Maizière, PA AdM, Akte Persönliche Unterlagen.
[181] De Maizière, In der Pflicht, S. 54.
[182] Tagesbefehl Generalstabchef des Heeres, GO Halder, 2.10.1939, BArch, RH 2/773.
[183] De Maizière an seine Mutter, 20.9.1939, PA AdM, Akte »Kriegsbriefe an meine Mutter Juli 1939-Ende 1940«.
[184] Umbreit, Auf dem Weg zur Kontinentalherrschaft, S. 42, sowie zuletzt Böhler, Auftakt zum Vernichtungskrieg.
[185] Volkmann, Zur Verantwortlichkeit der Wehrmacht, S. 1202-1207.
[186] Siehe z.B. de Maizière an seine Mutter, 27.9.1939, PA AdM, Akte »Kriegsbriefe an meine Mutter Juli 1939-Ende 1940«. Hier sprach er davon, dass »Sperling (Argenau) vor den Augen seiner Mutter erschossen« und »in Rojewo 26 Deutsche ermordet« worden seien.

jutanten des »Führers«, des Ia seiner Heeresgruppe und des Chefs des VI. Armeekorps »eine Menge neuer und interessanter Dinge« mitgehört, »vor allem über die Verhältnisse im Osten, von denen wir hier gar nichts wussten«[187]. Ob er mit diesen »Verhältnissen« gemeint haben könnte, dass die Heeresspitze spätestens Mitte Oktober 1939 vom vollen Umfang des Mordprogrammes der Einsatzgruppen in Polen erfuhr[188], liegt schon angesichts des Zeitpunktes nahe, bleibt objektiv indes Spekulation.

Zeit zum Nachdenken blieb de Maizière ohnedies kaum. Den französischen und britischen Kriegserklärungen waren bislang keine Taten gefolgt. Zwar marschierten starke Verbände an der deutsch-französischen Grenze auf, wurden aber nicht offensiv. In die Geschichte ging diese Phase deswegen als »Sitzkrieg«, »phoney war« oder »drôle de guerre« ein. Ihnen gegenüber verstärkten sich die dort vergleichsweise schwachen deutschen Truppen nach dem raschen Sieg über Polen durch die von dort abgezogenen Divisionen von Tag zu Tag[189]. Zu diesen gehörte auch de Maizières Regiment. Für ihn selbst sollte der Krieg nun eine Pause einlegen. Nach der Verlegung in den Westen und einem einwöchigen Heimaturlaub bei seiner Mutter in Hannover Ende Oktober begann für ihn die Vorbereitung auf die zuvor aufgeschobene Generalstabsausbildung. Der Abschied von seinem Regiment fiel ihm zwar »recht schwer«, aber die Karriere lockte. Da das Heer bei Kriegsbeginn lediglich über etwas mehr als 700 Generalstabsoffiziere verfügte, schien eine solche aussichtsreich[190]. Am 4. November 1939 meldete er sich beim Generalkommando des III. Armeekorps in der Eifel als 1. Ordonnanzoffizier (O1), schon zwei Wochen später vertrat er den Adjutanten (IIa)[191]. Seine ersten Kriegsweihnachten durfte er noch zu Hause verbringen[192], dann schloss eine weitere Verwendung bei der 6. Batterie des Artillerieregimentes 3, mit der er bereits zusammen in Polen gewesen war, im März 1940 die Vorbereitung auf den Generalstabslehrgang ab.

---

[187] De Maizière an seine Mutter, 31.1.1940, PA AdM, Akte »Kriegsbriefe an meine Mutter Juli 1939 – Ende 1940«.

[188] Förster, Wehrmacht, Krieg und Holocaust, S. 952.

[189] Zum Westfeldzug insgesamt siehe noch immer Frieser, Blitzkrieg-Legende.

[190] Hartmann, Halder, S. 119.

[191] De Maizière an Amtschef MGFA, O i.G. Dr. Othmar Hackl, 23.2.1977, BArch, N 673/103. Siehe dazu auch die kleine Fotoserie mit de Maizière in der Eifel 1940 in PA AdM, Karton Ratsgymnasium, Neuruppin, Landsberg/Warthe, Sudetenland. Biografische Daten Ulrich de Maizière, PA AdM, Akte Persönliche Unterlagen. Dessen Kommandeur war damals GO Curt Haase, Chef des Generalstabes OTL i.G. Nikolaus von Vormann, Ia OTL i.G. Ernst-Felix von Faeckenstedt. Ab November war das Korps als Teil der 6. Armee (GFM Walter von Reichenau, Chef des Generalstabes GM Friedrich Paulus) der Heeresgruppe A (26.10.1939 in der Eifel aufgestellt, OB: GFM Gerd von Rundstedt, Chef des Generalstabes GL Erich von Manstein, ab Februar 1940 GO Erich von Sodenstern), ab Dezember dann als Teil der 12. Armee der eben (12.10.1939) aufgestellten Heeresgruppe B (GFM Fedor von Bock) jeweils in der Eifel, ab Januar 1940 als Teil der 12. Armee wieder bei der Heeresgruppe A in Belgien, Aisne, zugeordnet. Siehe Kriegsgliederung und Stellenbesetzung, S. 32.

[192] Nämlich vom 18.–28.12.1939. Siehe Eintrag im Soldbuch Ulrich de Maizière, PA AdM, Akte Persönliche Unterlagen.

b)   Kriegsakademie Dresden –
Ausbildung zum Generalstabsoffizier (1940)

Am 4. April 1940 begann de Maizière schließlich mit 15 Kameraden aus dem
Jahrgang 30 den zehnwöchigen (2.) Generalstabslehrgang an der Kriegsakademie in Dresden[193]. Sie waren die jüngsten der 45 teilnehmenden Hauptleute und
zwei Offiziere der Waffen-SS, die sich auf drei Ausbildungsgruppen (Hörsäle)
verteilten. Schwerpunkt der Unterrichte bildete das, »was ein junger Generalstabsoffizier im Rahmen seiner Erstverwendung unter Kriegsverhältnissen können musste«; im Zentrum stand die Taktik auf der Divisionsebene, also Lagebeurteilung, Entschlussfassung und Befehlserteilung[194]. Dabei wurde bereits
nach den neuen Regularien ausgebildet, nämlich einer auf drei Monate drastisch verkürzten Lehrgangsdauer und einer neuen Vorschrift[195]. Mit dem
»Handbuch für den Generalstabdienst im Kriege« (HDV g.92) übernahm man
das im nationalsozialistischen Staat allgemein vertretene Prinzip ungeteilter
Verantwortlichkeit endgültig in die höhere Führerausbildung. Formal schloss
man auf diese Weise die Generalstabsoffiziere von jeder Mitverantwortung aus
und hob den »Generalstabsdienstweg« auf. Mittels diesem konnten sich Generalstabsoffiziere bis dahin ohne Einhaltung des Dienstweges direkt an höhere
Stellen wenden[196]. Ob sich vor allem Letzteres im täglichen Dienstbetrieb tatsächlich durchsetzen ließ und sich »für die Praxis noch am folgenreichsten«
auswirkte, bliebe zu belegen[197].

Sport und gelegentliche Nachmittags- oder Abendvorträge ergänzten den
fachlichen Unterricht, ließen aber reichlich Freiraum. De Maizière nutzte das
Wiedersehen mit der Infanterieschule und Dresden, das vom Krieg noch kaum
berührt war, zur Belebung alter Gewohnheiten. Wie schon auf seinem Offizierlehrgang besuchte er den Kreuzchor und die Oper, genoss Konzerte und Thea-
tervorstellungen, sogar auf »seinem« Flügel im Fahnensaal des Lehrgangsge-
bäudes übte er wieder[198]. Als die Lehrgangsangehörigen am Ende den bis heute
üblichen humorigen Lehrgangsbericht verfassten, in dem sie sich gegenseitig,
die Ausbilder und die Lehrinhalte auf die Schippe nahmen, schlugen sich de
Maizières musische Interessen entsprechend nieder[199]. Unter der Rubrik »Das

---

[193]   An anderer Stelle ist der 7.4.1940 angegeben. Biografische Daten Ulrich de Maizière, PA
        AdM, Akte Persönliche Unterlagen.
[194]   De Maizière, In der Pflicht, S. 57 f.
[195]   Das ›Handbuch für den Generalstabsdienst im Kriege‹ (HDV g.92, 2 Teile, Berlin 1939)
        wurde ab August 1939 ausgegeben. Hartmann, Halder, S. 118, Anm. 16. Das Handbuch
        selbst findet sich in BArch, RHD 5/92.
[196]   Hartmann, Halder, S. 118; Scherzer, Formationsgeschichte des Heeres, S. 714 f.
[197]   Hartmann, Halder, S. 119.
[198]   De Maizière, In der Pflicht, S. 25, 28, 30, 35, 58.
[199]   Heft »Generalstabslehrgang 4.4.-13.6. Dresden«, PA AdM, Karton 1940-1951. Siehe dort
        auch die Namen der anderen Angehörigen seines Hörsaals.

gute Buch« tauchte sein Name mit dem ihm zugewiesenen Titel »Der Rundfunk und die richtige Musik. Betrachtung« auf[200]; unter »Annoncen« stand zu lesen: »Herzenswunsch! Wer hilft einsamem, sehr seriösem Endzwanziger innerhalb seiner Musikinteressen ein behagliches Heim zu gründen? Unverdorbene, heitere Frohnatur bis 24 Jahre, Wagneranhängerin ausgeschlossen, wird gebeten, nur ernstgemeinte Bildofferte, Diskretion zugesichert, zu senden an die Redaktion dieses Blattes. Vermittler unerwünscht. Kennwort Meizier[201].«

Aus diesem Bericht sprach insgesamt eine bei Generalstabsoffizieren häufig anzutreffende Überzeugung, zu einer Elite zu gehören[202]. Als solche empfanden die Lehrgangsteilnehmer zu de Maizières Zeiten erhebliche Ungeduld, weil sie meinten, derweil an der Front Wesentliches zu versäumen. Als eigentliche Belastung der zehn Dresdner Wochen empfanden die aufstrebenden Offiziere, dass sie sich in unnötiger Theorie übten, während ihre Kameraden bereits an den nächsten Fronten kämpften[203]. In der Zwischenzeit hatte die Wehrmacht nicht nur Dänemark und Norwegen besetzt, sondern vor allem den vermeintlichen Erzfeind Frankreich überrannt[204]. Die Niederlande, Belgien und Luxemburg waren bereits besiegt und zwei Tage nachdem man die Teilnehmer mit einem schlichten Schlussappell am 12. Juni 1940 aus Dresden verabschiedete, fiel mit der Einnahme von Paris die endgültige Entscheidung im Westfeldzug. Es zeugt von der Kriegsbegeisterung der angehenden Generalstabsoffiziere, dass sie für den weitsichtigen Hinweis des Lehrgangskommandeurs, Oberst i.G. Hermann von Witzleben, sie hätten noch nichts versäumt, ebenso wenig Verständnis aufzubringen vermochten wie für die Versetzung in die Führerreserve des OKH anstatt in die erhofften Frontverwendungen[205].

Dabei war sich de Maizière der Mängel seiner verkürzten Ausbildung durchaus bewusst. Er bezweifelte, den künftigen Anforderungen gewachsen zu sein. Ganz besonders wenig konnte er mit dem Bereich der Versorgung anfangen. Die beinahe schon traditionelle Stiefmütterlichkeit, mit der sich deutsche Offiziere der Logistik annahmen, schlug sich bei ihm in dem Wunsch nieder, »in diesem Generalstabszweig niemals Verwendung zu finden«[206]. Wie groß seine Ablehnung war, ist im »Goldenen Hörsaal-Alphabet« nachzulesen. Wo zu jedem Angehörigen ein bezeichnender Zweizeiler gereimt worden ist, stand über ihn zu lesen: »Was ›Masse‹ in der Taktik war – Maizière war es nicht immer klar[207].« Ausgerechnet in diesem Bereich sollte er in den folgenden Jahren

[200] Rubrik »Das gute Buch« in Heft »Generalstabslehrgang 4.4.-13.6. Dresden«, S. 16, PA AdM, Karton 1940-1951.
[201] Rubrik »Annoncen« in Heft »Generalstabslehrgang 4.4.-13.6. Dresden«, S. 14, ebd.
[202] Siehe hierzu besonders den »Leitartikel« im Heft »Generalstabslehrgang 4.4.-13.6. Dresden«, S. 1-5, ebd.
[203] De Maizière, In der Pflicht, S. 58 f.
[204] Frieser, Blitzkrieg-Legende.
[205] De Maizière, In der Pflicht, S. 59.
[206] Ebd., S. 58.
[207] Rubrik »Goldenes Hörsaal-Alphabet« in Heft »Generalstabslehrgang 4.4.-13.6. Dresden«, S. 9 f., hier S. 9, PA AdM, Karton 1940-1951.

seine Erfahrungen machen und es spricht für ihn, dass er in seinen späteren Verwendungen in der Bundeswehr wiederholt die gängige Unterschätzung der Logistik in Vergangenheit und Gegenwart bemängelte. 1965, bereits Inspekteur des Heeres, regte er in einem Brief an den Amtschef des MGFA sogar an, diesen Komplex doch einmal aus historischer Perspektive aufzubereiten[208]. Damals aber wurden die jungen Generalstabsoffiziere nach absolviertem Lehrgang auf die Wehrmacht verteilt. Zwischen denjenigen, die nicht dem Jahrgang 1930 angehörten, entstand kein weiterer Zusammenhalt. Lediglich seinen damaligen Hörsaalleiter, Oberstleutnant i.G. Paul Herrmann, sollte er noch während des Krieges, vor allem aber später in der Kriegsgefangenschaft und dann auch in der Bundeswehr wiedertreffen[209]; ihn gab er bei der Einstellung in die bundesdeutschen Streitkräfte als eine seiner Referenzpersonen an[210]. Der Kontakt zwischen beiden hielt das ganze Leben[211]. Das ist auch deswegen von Belang, weil Herrmann als enger Vertrauter des langjährigen hessischen SPD-Ministerpräsidenten (1950-1969) Georg August Zinn galt[212].

De Maizière fand sich vom 13. Juni 1940 bis zum 4. August 1940 in der Führerreserve OKH wieder. Für ihn beinhaltete dies ein »Vagabundieren« zwischen verschiedenen Stäben ohne rechte Aufgabe[213]. Erst mit dem 5. August 1940 nahm er seinen Dienst als O1 bei der Heeresgruppe C unter Generalfeldmarschall Wilhelm Ritter von Leeb in Dijon auf[214]. Diesen hat de Maizière »sowohl

---

208 De Maizière an Amtschef MGFA, O i.G. Dr. von Groote, 15.9.1965, BArch, N 673/41b. Dabei griff de Maizière eine entsprechende Initiative seines Amtsvorgängers, GL Zerbel, auf. Er verfolgte allerdings keine historisch-wissenschaftliche, sondern applikatorische Zielsetzung:»Ich glaube zur Untermauerung der Bedeutung der Logistik für unser modernes und technisches Heer sollte man nicht auf die Erfahrungen des letzten Krieges – auf Freund- und Feindseite – verzichten [...] Ich wäre Ihnen sehr zu Dank verbunden, wenn Sie im Rahmen Ihrer Möglichkeiten diesem Fragenkomplex Ihr Augenmerk widmen könnten, wobei auch schon die Befragung der noch lebenden Oberquartiermeister wertvolles Material sichern würde.« Groote sagte eine umgehende Erörterung zu. Siehe Amtschef MGFA, von Groote, an de Maizière, 20.9.1965, BArch, N 673/41b.

209 De Maizière, In der Pflicht, S. 58.

210 Personalbogen Ulrich de Maizières anlässlich seiner Einstellung in die Bundeswehr, 20.6.1955, Personalakte Ulrich de Maizière, BArch, Pers 1/27800. Weitere Personen waren die Generale der Panzertruppe a.D. Adolf-Friedrich Kuntzen, der später noch Stellvertreter des Generalinspekteurs wurde, und Ludwig Crüwell sowie der Vize-Admiral a.D. Hellmuth Heye und OTL i.G. a.D. Detlev von Plato. Zumindest die Verbindung zu Kuntzen scheint nicht allzu eng gewesen zu sein, denn noch 1964 fühlte sich de Maizière nicht dazu berufen, etwas zu christlichem Glauben sagen zu können. Siehe de Maizière an den Evangelischen Militärbischof Dr. Kunst, 17.7.1964, BArch, N 673/82. De Maizière empfahl Kuntzen lediglich als militärischen Fachmann.

211 GM a.D. Paul Herrmann an de Maizière, 26.8.1966, BArch, N 673/84, sowie die weitere Korrespondenz zwischen beiden in BArch, N 673/42.

212 De Maizière an Herrmann, 17.4.1968, BArch, N 673/42. Zinn war in der Regierungsmannschaft Willy Brandts 1961 als Justizminister vorgesehen.

213 So zum Beispiel beim AOK 4 in Rennes, der 5. Pz.Div. in Brest, dem Generalkommando des XI. AK. De Maizière, In der Pflicht, S. 59 f.

214 Im Januar 1972 bat de Maizière den WOR Dr. Georg Meyer, dem er während seines Urlaubes im Haus Dümling in Braunlage im Harz einen Gesprächstermin gewährte – dabei ging es um de Maizières Eindrücke im Umkreis von GFM Ritter von Leeb –, um Kopien von Fotografien der Abteilung Ia der Heeresgruppe C aus dem Freiburger Militärarchiv.

in seinen menschlichen Qualitäten wie in seinen Fähigkeiten als hohen Truppenführer« zeitlebens »ganz besonders verehrt«[215]. Auch sonst traf er dort bemerkenswerte Kameraden: Sein Ia war Oberst i.G. Vincenz Müller, der nach Kriegsende eine entscheidende Rolle beim Aufbau der ostdeutschen Streitkräfte spielen sollte[216], sein Chef des Generalstabes ab November 1940 Generalleutnant Kurt Brennecke, von dem er, inzwischen zum Wehrexperten der FDP avanciert, in den 1950er-Jahren einen Wetteinsatz aus der damaligen Zeit einfordern konnte. Dieser hatte um eine Flasche Sekt gewettet, die deutsche Luftwaffe würde England alleine in die Knie zwingen[217]. Außerdem nutzte de Maizière die Chance, an diversen Reisen durch das Verantwortungsgebiet teilnehmen zu dürfen, um Frankreich kennenzulernen: Paris, die Bretagne und die Normandie, sogar ein Abstecher von Hendaye aus in die spanischen Städte San Sebastian und Loyola waren dabei die Stationen[218]. Als dann die Heeresgruppe mit einem verkleinerten Stab Ende Oktober 1940 das Kommando über alle im Reichsgebiet stationierten Verbände des Feldheeres von Dresden aus übernahm, bot sich für de Maizière die Möglichkeit zu einem längeren Urlaub[219]. Obwohl er keinen persönlichen Anteil am Feldzug gegen Frankreich vorzuweisen vermochte, empfand er noch rückblickend »Stolz auf die militärischen Leistungen der eigenen Führung und der Truppe«[220].

Inzwischen ließ Hitler, für den Generaloberst Wilhelm Keitel, Chef des Oberkommandos der Wehrmacht (OKW), nach all den »Blitzsiegen« den Beinamen »Größter Feldherr aller Zeiten« geprägt hatte, seine Generale die militärischen Grundlagen für den großen Raub- und Vernichtungsfeldzug gegen die Sowjetunion ausarbeiten[221]. Derweil führte das Deutsche Reich den Krieg gegen Großbritannien weiter, das dem nationalsozialistischen Regime nach der französischen Kapitulation alleine die Stirn bot. Da es nicht möglich war, die Royal Navy zu besiegen, startete Hitler die sogenannte Luftschlacht um England[222]. Zwar erwies sich das vollmundige Versprechen von Reichsmar-

---

Meyer sandte sie ihm im Februar 1972 zu. Siehe Meyer an de Maizière, 8.1. und 10.2.1972, sowie die Dankantwort de Maizières, 15.2.1972, alle BArch, N 673/47a.

[215] De Maizière an Amtschef MGFA, K z.S. Dr. Friedrich Forstmeier, 9.4.1976, BArch, N 673/100.

[216] Lapp, General bei Hitler und Ulbricht; Müller, Ich fand das wahre Vaterland.

[217] De Maizière, In der Pflicht, S. 60 f. Siehe dazu auch die Fotografien mit GFM Ritter von Leeb zwischen dessen Chef des Generalstabes, General der Infanterie Hans Felber, und seinem Ia, O i.G. Vincenz Müller, sowie Ritter von Leeb mit seinem Stab, beide aus dem Sommer 1940. PA AdM, Karton Ratsgymnasium, Neuruppin, Landsberg/Warthe, Sudetenland.

[218] De Maizière, In der Pflicht, S. 62 f.

[219] De Maizière war vom 12.11.–2.12.1940 auf Heimaturlaub in Hannover, Berlin und Landsberg, drei Tage davon in Hannover bei seiner Mutter. Siehe dazu Eintrag im Soldbuch Ulrich de Maizière, PA AdM, Akte Persönliche Unterlagen, sowie Telegramm de Maizière an seine Mutter, 15.11.1940, PA AdM, Akte »Kriegsbriefe an meine Mutter Juli 1939 – Ende 1940«.

[220] De Maizière, In der Pflicht, S. 60.

[221] Megargee, Inside Hitler's High Command (in deutscher Übersetzung erschienen als »Hitler und die Generäle. Das Ringen um die Führung der Wehrmacht 1933–1945«).

[222] Siehe zuletzt Bungay, The Most Dangerous Enemy.

schall Hermann Göring, die britische Insel sturmreif zu bomben, rasch als Wunschdenken. Doch führte das nur zur Aussetzung der Invasionspläne, die unter dem Decknamen Unternehmen »Seelöwe« erdacht worden waren. Die Luftwaffe flog ihre völkerrechtswidrigen Bombardierungen englischer Städte, zu deren Inbegriff die Industriestadt Coventry wurde, nach dem Beispiel früherer Terrorangriffe auf Rotterdam oder Warschau weiter. Von all dem spürte de Maizière im bis auf die Lebensmittelrationierung vom Krieg weiterhin unbehelligten Dresden wenig, verfolgte das Geschehen lediglich aus der militärischen Perspektive. Zur Versenkung britischer Handelsschiffe durch eigene Bomber meinte er in einem Brief an seine Mutter beispielsweise, dies sei »ein schöner Erfolg«[223]. Weil die tägliche Stabsarbeit keine hohen Anforderungen an ihn stellte, verschaffte er sich wieder mit Konzert-, Theater- und Opernbesuchen Abwechslung. Den Jahreswechsel verbrachte er bei seiner Mutter in Hannover und blieb mit seiner Situation unzufrieden: »Es drängte mich zu einer Arbeit, die mich stärker forderte und mir mehr Selbstständigkeit bot[224].« Damit war er nicht alleine: Auch der sechs Jahre jüngere, zu dieser Zeit im Reichsluftfahrtministerium in Berlin eingesetzte Leutnant Helmut Schmidt fühlte sich »unzufrieden mit dem ruhmlosen Papierkrieg«. Er will sich retrospektiv sogar geschämt haben, »an meiner Uniform keinerlei Tapferkeits-Orden tragen zu können, weil ich ja an keinem Feldzug teilgenommen hatte«. Ab dem Frühjahr 1941 bemühte sich Schmidt deswegen hartnäckig um eine Truppenverwendung[225]. Und auch de Maizières Hoffnung sollte in Erfüllung gehen.

c)   Der Angriff auf die Sowjetunion (1941)

Als de Maizière am 6. Januar 1941 aus seinem Urlaub zurückkehrte, fand er bereits die ersehnte Versetzungsverfügung vor. Schon tags darauf trat er in Liegnitz seinen neuen Posten als Zweiter Generalstabsoffizier (Ib) der 18. Infanteriedivision (mot) an, die seit November 1940 unter Generalleutnant Friedrich-Carl Cranz in der Heimat motorisiert worden war[226] Hier fand der junge Generalstabsoffizier die gesuchte Herausforderung: Die mangelhafte Kraftfahrzeuglage erforderte den Rückgriff auf die französische Produktion, und um die Überführung von mehr als 2000 fabrikneuen Fahrzeugen zu koordinieren, reiste er im April 1941 für zwei Wochen nach Paris[227]. Mit den handelsüblichen »Renaults, Citroëns, Peugeots und Simcas« sollte er später unter Gefechtsbedingungen und den desaströsen Straßenbedingungen in der Sowjet-

---

[223] De Maizière an seine Mutter, 31.1.1940, PA AdM, Akte »Kriegsbriefe an meine Mutter Juli 1939 – Ende 1940«.

[224] De Maizière, In der Pflicht, S. 63.

[225] Soell, Helmut Schmidt. 1918 – 1969, S. 101 f., Zitat S. 102.

[226] In seinem Personalbogen gibt er als Versetzungszeitraum 1.1. – 31.12.1940 an. Personalbogen Ulrich de Maizières anlässlich seiner Einstellung in die Bundeswehr, 20.6.1955, Personalakte Ulrich de Maizière, BArch, Pers 1/27800. Siehe ergänzend Engelmann, Die 18. Infanterie- und Panzergrenadier-Division.

[227] De Maizière, In der Pflicht, S. 65 f.

◂ Abb. 17:
Vor dem Regimentsgefechtstand im Weichselbogen bei Kutno (v.l.): Gefreiter Tlustet (Melder), Gefreiter Weber (Schreiber), Leutnant Lyhme (Führer Nachrichtenzug), Oberleutnant de Maizière, Gefreiter Schwandt (Schreiber)
PA AdM

▸ Abb. 18:
Hauptmann de Maizière hört eine Sondermeldung ab (1939)
PA AdM

▴ Abb. 19:
Im Oberkommando der Heeresgruppe in Dijon: Hauptmann de Maizière, Oberst i.G. Müller, Oberleutnant Freiherr von Villiez und Hauptmann i.G. von Kleist (v.l.), Sommer 1940 *PA AdM*

▾ Abb. 20:
Das Oberkommando der Heeresgruppe C um Generalfeldmarschall Wilhelm Ritter von Leeb, Oktober 1940 *PA AdM*

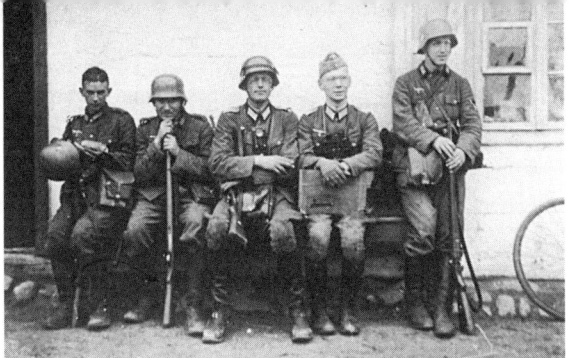

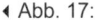

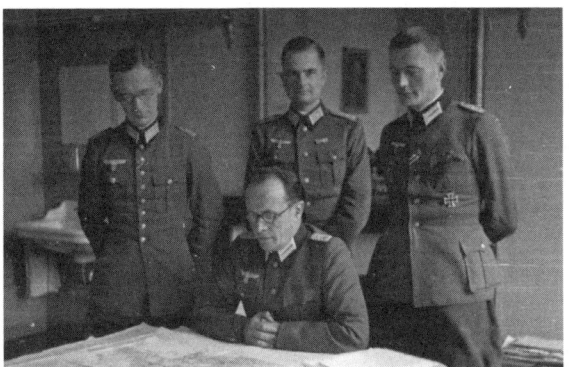

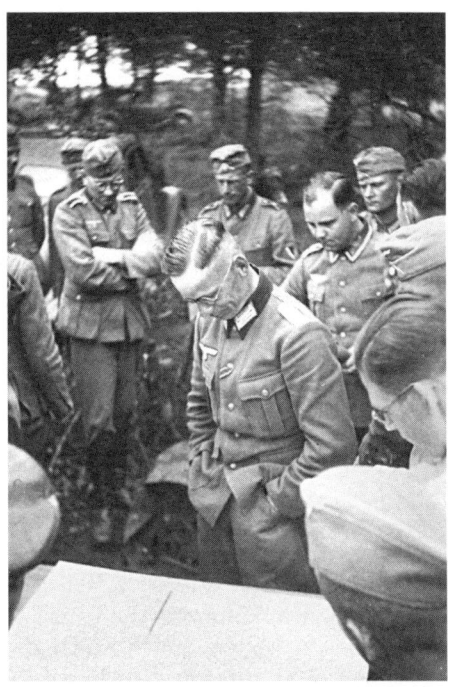

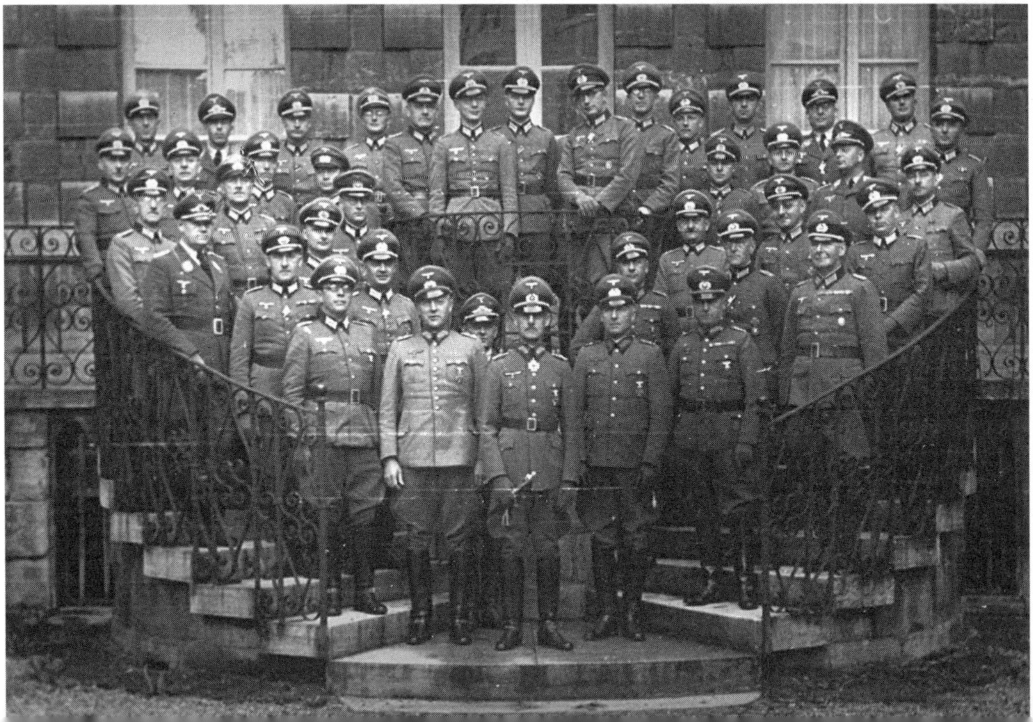

union allerdings erhebliche Probleme bekommen[228]. Außerdem mangelte es der Division an Maschinenpistolen, leichten Maschinengewehren sowie leichten Feldgeschützen. Weil darunter wiederum die Verbandsausbildung litt, versuchte man sich zu behelfen, indem man schadhafte Fahrzeuge ausschlachtete und nebenbei Planspiele betrieb. Dennoch war die Feldverwendungsfähigkeit der Division »infrage gestellt«, als sie Anfang Juni 1941 in ihr Aufmarschgebiet in den Raum um Neidenburg als Reserve der 11. Armee verlegte. Dass zwischenzeitlich noch der Divisionskommandeur einem Schießunfall auf dem Truppenübungsplatz Neuhammer zum Opfer gefallen war und die Division ab dem 24. März 1941 von Generalmajor Friedrich Herrlein geführt wurde, erschwerte die Situation zusätzlich[229].

Tatsächlich will de Maizière in der Rückschau die Arbeit als Divisions-Ib, in der er für die gesamte Versorgung und Instandhaltung zuständig war, »als eine sehr selbstständige und befriedigende Tätigkeit empfunden« haben[230]. Dies schlug sich in der Beurteilung seines Divisionskommandeurs bereits Mitte Februar 1941 nieder. Er habe sich in seine neue Verwendung »sehr gut eingearbeitet«, sei »vorm Feinde bewährt« und ein »sehr anständiger Charakter. Bedächtig, sehr gewissenhaft, strebsam, gründlich. Guter Kamerad«[231]. Der so Gelobte musste es als Herausforderung gewertet haben, dass die Ausstattung seiner Division mit Lebensmitteln nur für eine Woche sichergestellt war und die Versorgung mit Betriebsstoff von Anfang an schwierig gewesen ist, Zweifel am Einsatz eines derart miserabel ausgestatteten Großverbandes sind jedenfalls keine überliefert[232]. Vielleicht gab er sich auch einem gewissen Fatalismus hin, wie er wenigstens aus der Schilderung eines damaligen Kameraden spricht, als er den Vorabend des Überfalls auf die Sowjetunion an der Seite de Maizières in Ostpreußen erlebte: »Zwischen Deutschland und Russland bestand ein Wirtschaftsabkommen; die Getreidezüge rollten über die Grenze. Sie konnten beim besten Willen keinen Zusammenhang finden zwischen diesem Abkommen und unseren militärischen Vorbereitungen. Als dann am Abend vor dem denkwürdigen Beginn der Einsatzbefehl kam, sagten Sie nur: ›Befehl ist Befehl‹[233].« Dabei sei de Maizière in der Rückschau spätestens im Frühjahr 1941 klar gewesen, »dass sich die Division auf einen Einsatz im Osten vorzubereiten hatte«. Er will sich in der Erinnerung durchaus unwohl bei diesem Gedanken gefühlt und das Unternehmen für ein »Abenteuer« gehalten haben. Beim Befehl zum Überfall

---

[228] 18. Inf.Div. (mot), Kriegstagebuch (KTB) Ib u. Qu.Abt., 25.5.-31.12.1941, Einträge vom 9. und ab dem 18.10.1941, PA AdM, Karton 1940-1951.

[229] Ebd., Einträge vom 25.5.-22.6.1941. Die Unterlagen hatte ihm Gernot Goepel Anfang 1969 geschickt. Siehe Goepel an de Maizière, 8.1.1969, BArch, N 673/41a. De Maizière dankte: »Sie haben mir mit diesem Auszug eine große Freude gemacht. Ich habe nämlich sämtliche persönlichen Aufzeichnungen und Unterlagen aus dem Kriege verloren.« Siehe de Maizière an Goepel, 23.1.1969, ebd.

[230] Siehe de Maizière an Goepel, 23.1.1969, ebd.

[231] Stab 18. Inf.Div. (mot)/Der DivKdr, Beurteilung für Offiziere in GenStStellen, 15.2.1941, PA AdM.

[232] 18. Inf.Div. (mot), KTB Ib, S. 69 f., PA AdM, Karton 1940-1951.

[233] Wilhelm Scheibel an de Maizière, 29.9.1964, BArch, N 673/83.

auf die Sowjetunion sei seine »Beklommenheit [...] noch größer als im September 1939« gewesen. Zwar habe ihm und seinen Kameraden das »Schicksal von Napoleon I.« vor Augen gestanden, doch »hatten [wir] keinen Zweifel an der Pflicht zum Gehorsam und waren bereit, unser Bestes zu geben«[234].

Die größten Schwierigkeiten zu Beginn des Feldzuges bereiteten »ein wildes Durcheinander von Divisionen« bei der Heeresgruppe Mitte sowie der rapide zunehmende Betriebsstoffmangel. Angesichts der rasch länger werdenden Nachschubwege mussten die eigenen Versorgungskolonnen teilweise bis zu 100 km nach hinten fahren[235]. Später kamen schlechter werdende Straßen, steigende Verluste an Mensch und Material sowie ab Oktober 1941 der Dauerfrost hinzu[236]. Hauptproblem blieb allerdings der Nachschub, vor allem an Betriebsstoff und Munition[237]. Unter diesen widrigen Voraussetzungen kämpfte sich die Division als Teil des LVII. Armeekorps im Rahmen der Panzergruppe 3 am Nordflügel der Heeresgruppe Mitte von Sułwaki aus auf Polack vor, überwand die Düna und erreichte nach vier Wochen den Raum Jarzewo/Bjeloj. Bereits Anfang August 1941 hatten die fechtenden Truppenteile der Division rund 4000 Kilometer zurückgelegt, die Versorgungseinheiten gar bis zu 10 000[238]. Nach einer kurzen zwischenzeitlichen Auffrischung wurde die Division Mitte August herausgelöst und der Heeresgruppe Nord unterstellt. De Maizière schrieb enthusiastisch an seine Mutter: »Bis Anfang September ist das russische Heer zerschlagen[239].«

Als sich seine Division ab dem 15. August 1941 über Nevel' auf den Marsch nach Norden machte, sollte er rasch eines Besseren belehrt werden, denn schon auf ihrer Vormarschstraße war sie dauernden gegnerischen Angriffen ausgesetzt[240]. Zehn Tage später übernahm die Division die Sicherung im Volchov-Abschnitt Grusino-Owzmitschki. Von dort aus griff sie in nördlicher Richtung an, wurde aber weiterhin bei jeder Bewegung durch die Witterung, vor allem starken Regen, und dadurch katastrophale Wegebedingungen behindert. Erst als sich Anfang September Wetter und Wege besserten, ging es für die Division wieder voran. Mitte des Monats geriet sie bei Szalti allerdings unter erheblichen gegnerischen Druck. Nur durch die Verstärkung mit einem Regiment aus Novgorod konnten die gegnerischen Übersetzversuche über den Volchov abgewiesen werden[241]. Dass zeitgleich der Oberbefehlshaber der 11. Armee, Generaloberst Eugen Ritter von Schobert, fiel – er wurde durch General der Infanterie

---

[234] De Maizière, In der Pflicht, S. 65 f.
[235] 18. Inf.Div. (mot), KTB Ib, Einträge vom 25.6. bis 8.7.1941, PA AdM, Karton 1940–1951. Das Zitat findet sich unter dem 29.6.1941. Dagegen schreibt de Maizière in seinen Memoiren von Strecken »bis zu 250 Kilometern«. De Maizière, In der Pflicht, S. 67.
[236] 18. Inf.Div. (mot), KTB Ib, Einträge ab dem 9.7.1941, PA AdM, Karton 1940–1951.
[237] Ebd., passim.
[238] Ebd., Eintrag vom 8.8.1941.
[239] De Maizière an seine Mutter, 5.8.1941, PA AdM, Akte »Kriegsbriefe an meine Mutter 1941«.
[240] 18. Inf.Div. (mot), KTB Ib, Einträge ab dem 15.8.1941, PA AdM, Karton 1940–1951.
[241] Ebd., Einträge ab dem 25.8.1941.

Erich von Manstein ersetzt –, behinderte zudem die eigene Operationsführung[242].

Auch de Maizière hatte sich derweil abmelden müssen. Eine Blinddarmoperation zwang ihn aufs Krankenlager des Feldlazaretts (mot) 18, an das sich einige Tage Heimaturlaub und ein Besuch beim Hauptquartier des Generalstabs des Heeres in Ostpreußen anschlossen[243]. In der Zentrale der Heeresführung versuchte er erfolglos Hilfe zu organisieren, um die desolate materielle Situation seiner Division zu verbessern. Beim Mittagessen im dortigen Kasino traf er den in Moskau geborenen und dort bis zum Vorabend des Überfalls als Militärattaché eingesetzten General der Kavallerie Ernst-August Köstring. Dessen Aussage, alle würden sich ob der Widerstandskraft der Sowjetunion »noch wundern«, ließen in de Maizière Zweifel aufkommen[244]. Knapp eine Woche, nachdem er am 5. Oktober zur Truppe zurückgekehrt war, schrieb er seiner Mutter warnend: »Der Feldzug ist noch nicht zu Ende[245].« Seine Division steckte zu diesem Zeitpunkt gerade mitten in Vorbereitungen zum Angriff mit dem XXXIX. Armeekorps unter General der Panzertruppe Rudolf Schmidt ab dem 16. Oktober über den Volchov. Im Verbund mit dem I. Armeekorps unter General der Infanterie Kuno-Hans von Both sollte der Gegner südlich des Ladogasees vernichtet werden, um sich anschließend mit den von Norden vorstoßenden finnischen Verbänden zu vereinigen. Dazu übergab die Division am 17. Oktober 1941 ihren bisherigen Zuständigkeitsbereich an die 250. (spanische) Division, deren erste Teile am 10. Oktober 1941 eintrafen[246].

Die División Azul bestand aus spanischen Freiwilligen unter dem Kommando von Generalleutnant Augustín Muñoz Grandes. Im Juli 1941 in Spanien für den »Kreuzzug Europas gegen den Bolschewismus« aufgestellt, war dies ihr erster Einsatz[247]. Während der Übergabe des Frontabschnittes an sie erreichte de Maizière am 24. Oktober seine Versetzung in den Generalstab, allerdings unter

---

[242] Ebd., Eintrag vom 13.9.1941. Schobert war bei der Landung seines »Storch« in ein sowjetisches Minenfeld geraten.

[243] Personalbogen Ulrich de Maizières anlässlich seiner Einstellung in die Bundeswehr, 20.6.1955, Personalakte Ulrich de Maizière, BArch, Pers 1/27800. Nach dem Eintrag in seinem Soldbuch wurde er am 18.9. im Feldlazarett (mot) 18 aufgenommen und am 19.9.1941 wieder entlassen. Der Erholungsurlaub bei seiner Mutter in Hannover schloss sich an. Siehe Telegramm de Maizière an seine Mutter, 20.9.1941, PA AdM, Akte »Kriegsbriefe an meine Mutter 1941«. Anschließend kehrte er über den Umweg Ostpreußen am 5.10.1941 zu seiner Division zurück. Siehe 18. Inf.Div. (mot), KTB Ib, Einträge vom 8.9. und 5.10.1941, PA AdM, Karton 1940-1951. In seinen Memoiren gab er den 4.10.1941 als Rückkehrdatum an. De Maizière, In der Pflicht, S. 70.

[244] De Maizière, In der Pflicht, S. 70.

[245] De Maizière an seine Mutter, 10.10.1941, PA AdM, Akte »Kriegsbriefe an meine Mutter 1941«.

[246] 18. Inf.Div. (mot), KTB Ib, Einträge vom 10., 15. und 17.10.1941, PA AdM, Karton 1940-1951.

[247] Förster/Ueberschär, Freiwillige, bes. S. 911-915. Zu Muñoz Grandes, der von 1962-1967 noch Stellvertretender Ministerpräsident seines Landes werden sollte, siehe auch Scherzer, Die Ritterkreuzträger, S. 560.

Beibehaltung der bisherigen Verwendung[248]. Jetzt auch die äußeren Insignien des Generalstäblers anlegen zu dürfen, erfüllte de Maizière mit Stolz; seiner Mutter telegrafierte er umgehend:

»Am 24.10. rote Hosen erhalten – Ulrich[249].« 1964 erinnerte ihn Wilhelm Scheibel »an jenen Abend im Lager der ›Spanischen Blauen Division‹ vor dem Übergang über den Wolchow bei Kusino [...], als der Schneider der Ia-Staffel mit den Hosen kam und Sie zum ersten Mal stolz die roten Streifen trugen. Sie spendierten eine Flasche Sekt und zusammen mit Oberleutnant Franke tranken wir dann nur kurz auf Ihr Wohl, denn die Zeiten waren ernst[250].«

Noch 1969 gestand de Maizière vor dem Generalstabsnachwuchs der Bundeswehr, er »war seinerzeit in gleicher Lage stolz darauf, nun Generalstabsoffizier zu sein. [...] Es war auch Stolz dabei, zu einer Gruppe zu gehören, die äußerlich erkennbar war«[251].

Die folgenden Wochen entwickelten sich für de Maizières Division katastrophal. Gegen die Witterung, die zwischen strengem Nachtfrost und Tauwetter tagsüber pendelte, sowie heftigen gegnerischen Widerstand ging es nur zäh voran. Am 8. November gelang noch die Einnahme von Tichvin, wo man sich zur Verteidigung einrichtete. Dort hatte man sich dauernd gegen heftige Angriffe der Roten Armee zu Land und aus der Luft zu wehren. Dazu kam die desolate Ausrüstungs-, Verpflegungs- und Nachschublage[252]. Bereits am 10. November stellte der junge Ib in seinem Kriegstagebuch fest, »dass unsere Winterausrüstung bei Weitem *nicht* ausreicht, um einen Winter-Bewegungskrieg durchzuführen«[253]. Mangelte es bis dahin schon an praktisch allem, musste Mitte November der »Einsatz der Munitionskolonnen und der Lkw der Schützenregimenter zum Munitionstransport *ohne Rücksicht* auf *Menschen* und *Material*« befohlen werden[254]. Der Betriebsstoff wurde so knapp, dass es keine Möglichkeit mehr zu größerer taktischer Bewegung gab[255]. Damit war Tichvin nicht mehr zu halten. Die Stadt, deren Einnahme vier Wochen zuvor noch als »eine der glänzendsten Waffentaten Schneller Truppen« gefeiert worden war[256],

---

[248] Der Oberbefehlshaber des Heeres/Az. 21 c PA/GenStdH (Gz I 1) Nr. 4189/41 geh., Versetzung in den Generalstab, 17.10.1941 (Abschrift), PA AdM, Akte Persönliche Unterlagen. Die Versetzung erfolgte zum 24.10.1941 und wurde de Maizière vom Ia seiner Division am 26.10.1941 aktenkundig eröffnet.

[249] Telegramm de Maizière an seine Mutter, 27.10.1941, PA AdM Akte »Kriegsbriefe an meine Mutter 1941«. Auf dem Telegrafenamt war man sich hinsichtlich des Textes wohl unsicher, jedenfalls findet sich auf dem Telegramm der Zusatz: »Rote Hosen sind richtig.«

[250] Wilhelm Scheibel an de Maizière, 29.9.1964, BArch, N 673/83. Scheibel war inzwischen Inhaber der Firma G. Scheibel Textil- und Kurzwaren in Obernjesa.

[251] De Maizière, Ansprache GenInsp am 24.9.1969 bei FüAkBw, BArch, N 673/60.

[252] 18. Inf.Div. (mot), KTB Ib, Einträge ab dem 16.10.1941, PA AdM, Karton 1940-1951.

[253] Ebd., Eintrag vom 10.11.1941 (Hervorhebung im Original).

[254] Ebd., Eintrag vom 18.11.1941 (Hervorhebungen im Original).

[255] Ebd., Eintrag vom 12.12.1941.

[256] 18. Inf.Div. (mot)/Kommandeur, »Soldaten meiner Division«, 9.11.1941, PA AdM, Karton 1940-1951. Siehe dazu in diesem Bestand auch die entsprechenden Glückwünsche vom selben Tag durch den KG des vorgesetzten XXXIX. AK und des OB der 16. Armee, General der Panzertruppen Schmidt sowie GO Ernst Busch.

musste am 8. Dezember geräumt und eine Ausweichstellung bei Krapivno »mit ganz behelfsmäßigen Mitteln« errichtet werden[257]. Zu diesem Zeitpunkt besaß die Division »kein zuverlässiges Kfz. mehr«[258], die Soldaten waren außerdem so abgekämpft, dass der Divisionsarzt Alarm schlug: »Die übermäßige Erschöpfung der Männer führt zu Gleichgültigkeit und Apathie«, sie seien total verlaust, fast jeder Mann sei »frostgeschädigt«, leide an »Erkältung, Luftröhren- und/oder Darm-Katarrh, Blasenstörungen oder rheumatischen Beschwerden«. Entsprechend vernichtend geriet die Prognose: »Es ist deswegen nicht ausgeschlossen, dass die Truppe, die bisher ihre Ausdauer und Zähigkeit bei allen Einsätzen unter Beweis gestellt hat, selbst einfache Abwehrkämpfe nicht aushalten kann[259].« Wie als Beleg dafür fielen in der Folge zahlreiche Generalstabsoffiziere »durch Erschöpfung und Krankheit« aus. Selbst der Divisionskommandeur erkrankte am 14. Dezember so ernstlich, dass für Generalmajor Friedrich Herrlein der Kommandeur des IR 30 (mot), Oberst Werner von Erdmannsdorff, das Kommando übernehmen musste[260]. Bereits zwei Tage zuvor hatte die Divisionsführung melden müssen, es sei ihr unter diesen Bedingungen »nicht möglich«, die »derzeitigen Aufträge« durchzuführen[261]. Daraufhin schlug der OB der Heeresgruppe Nord, Generalfeldmarschall Wilhelm Ritter von Leeb, bei dessen anderen Großverbänden es kaum besser aussah, Hitler vor, seine gesamte Heeresgruppe auf den Volchov zurückzunehmen[262]. Nach der Genehmigung durch den »Führer« liefen die Unternehmen »Wandervogel« und »Weihnachten« ab dem 17. Dezember ruhig und planmäßig. Zu Heiligabend 1941 war auch die 18. Infanteriedivision (mot) geordnet hinter den Fluss zurückgegangen[263]. Anstatt der noch immer fehlenden 60 Prozent der Übermäntel und der besonders dringend benötigten Filz- und Pelzstiefel erreichten die Verbände dort »reichliche Mengen« an Marketenderwaren zum Weihnachtsfest[264].

Umso verheerender geriet die Bilanz: Zu diesem Zeitpunkt fehlten der Division trotz ihres Rückgriffs auf sowjetische Beutefahrzeuge bis hin zu Panjewagen 21,7 Prozent der Fahrzeug-Soll-Ausstattung; ihr Fuhrpark bestand außerdem aus etwa 270 verschiedenen Kfz-Typen[265]. Der Bekleidungszustand der Soldaten war »nicht ausreichend«, vor allem fehlten immer noch fast die Hälfte der Winterausstattung und ein Viertel der Handwaffen. Auch in der Geschützausstattung war die Lage »sehr ernst«[266], und beim Personal sah es noch schlimmer aus: Die Artillerie verfügte noch über 70, Infanterie und Pioniere nur

---

[257]   18. Inf.Div. (mot), KTB Ib, Einträge ab dem 6.12.1941, Zitat vom 11.12.1941, PA AdM, Karton 1940-1951.

[258]   Ebd., Eintrag vom 12.12.1941. Als ein Beispiel siehe im selben Bestand 18. Inf.Div. (mot)/Ib, Besondere Anordnungen für die Versorgung Nr. 46, 31.8.1941.

[259]   18. Inf.Div. (mot), KTB Ib, Eintrag vom 12.12.1941, PA AdM, Karton 1940-1951.

[260]   Ebd., Einträge vom 14. und 15.12.1941.

[261]   Ebd., Eintrag vom 13.12.1941.

[262]   Ebd., Einträge vom 16. und 23.12.1941.

[263]   Ebd., Einträge vom 16. bis 24.12.1941, Zitat vom 11.12.1941.

[264]   Ebd., Einträge vom 20. und 22.12.1941.

[265]   Ebd., Eintrag vom 16.7.1941.

[266]   Ebd., Eintrag vom 31.12.1941.

mehr über 30 Prozent ihres Kampfwertes, alle anderen über 40 Prozent. Marsch-fähig waren lediglich 20 Prozent der Division, bedingt marschfähig 60 Prozent[267]. Und Besserung zeichnete sich kaum ab: Die am 24. Dezember eintreffenden Genesenen aus dem Wehrkreis VIII »hatten nur 1 Kopfschützer und 1 Paar Fingerhandschuhe mit, sie hatten keine Übermäntel, nur eine Woll-decke, keine Gewehre, keine Patronentaschen und kein Schanzzeug«. Damit waren sie noch schlechter dran als das tags zuvor eingetroffene Marschbatail-lon. Dessen Männer hatte man außer den Kopfschützern und Fingerhandschu-hen wenigstens noch je zwei Decken und ihre Klappspaten mitgegeben. Neun Maschinenpistolen und 150 Gewehre stellten die einzige Bewaffnung dar[268]. Für die Unzulänglichkeiten in Ausrüstung und Versorgung der Truppe, die er in den Monaten in der Sowjetunion mit ansehen musste, machte de Maizière wie fast alle anderen alleine die oberste Führung verantwortlich[269].

Zumindest in deren Nähe führte ihn nun seine nächste Verwendung als Re-ferent in der Organisationsabteilung des Generalstabs des Heeres, die ihm am 28. Dezember 1941 eröffnet worden ist[270]. Zwar schied er »nur ungern« aus sei-ner Division, fand aber seinen Weggang durch die Überzeugung erleichtert, »dass meinem Nachfolger Versorgungstruppen zur Seite stehen werden, die auch weiterhin wie bisher ihr Bestes für das Wohl der Truppe einsetzen wer-den«[271]. Wie lange dieses »weiterhin« gehen sollte, darauf hatte er sich in einem Brief an seine Mutter bereits am 12. Dezember 1941 festgelegt: »Durch den Krieg gegen Amerika« werde es »vor drei Jahren [...] keinen Frieden« geben[272]. Seinen Memoiren vertraute er rückblickend an, ihn habe, als er die Division am 9. Januar 1942 endgültig verließ, »das bedrückende Gefühl [begleitet], ich ließe meine Kameraden in schwerer Lage im Stich«[273].

Ungewiss ist, wie de Maizière den von Anfang an als Vernichtungskrieg ge-planten und durchgeführten Feldzug zu diesem Zeitpunkt bewertet hat. Er selbst will von den Verbrechen erst in seiner nächsten Verwendung im General-stab des Heeres erfahren haben. Tatsächlich ist jedoch in »seinem« Ib-Kriegstagebuch unter dem 29. September 1941 unmissverständlich vermerkt: »Der Kampf gegen den Bolschewismus verlangt ein rücksichtsloses und energi-sches Durchgreifen vor allem auch gegen die *Juden*, die Hauptträger des Bol-

---

[267] Ebd., Eintrag vom 26.12.1941.
[268] Ebd., Eintrag vom 24.12.1941.
[269] De Maizière, In der Pflicht, S. 67-73, bes. S. 73.
[270] In seinem Personalbogen gibt er als Versetzungszeitraum 1.1.-30.4.1942 an. Personalbo-gen Ulrich de Maizières anlässlich seiner Einstellung in die Bundeswehr, 20.6.1955, Per-sonalakte Ulrich de Maizière, BArch, Pers 1/27800. Siehe dazu auch die Mitteilung der Versetzung vom Generalstab 18. Inf.Div. (mot) zum OKH mit Fernschreiben OKH/ GenStdH (Gz) Nr. 7395/41, 28.12.1941 (Abschrift), PA AdM, Akte Persönliche Unterlagen.
[271] 18. Inf.Div. (mot)/Der Zweite Generalstabsoffizier an die Einheitsführer der Versorgungs-truppen, 31.12.1941, PA AdM, Karton 1940-1951.
[272] De Maizière an seine Mutter, 12.12.1941, PA AdM, Akte »Kriegsbriefe an meine Mutter 1941«.
[273] De Maizière, In der Pflicht, S. 73.

schewismus[274].« Ob der Einwand, dass er zum Zeitpunkt dieses Eintrages nicht vor Ort war, hinreichend ist, muss fraglich bleiben. Fest steht, dass auch nach seiner Rückkehr in den Dienst »auf die Belange der Zivilbevölkerung [...] *keine Rücksicht* mehr zu nehmen« war und »wegen Fleckfiebergefahr [...] Häuser mit deutscher Belegung von den Zivilisten zu räumen« waren[275]. Fest steht ebenfalls, dass die einschlägigen verbrecherischen Befehle in der Truppe bekannt gemacht wurden und sie in der breiten Masse auch tatsächlich umgesetzt worden sind[276]. Entgegen der langlebigen Behauptung, der berüchtigte »Kommissarbefehl« beispielsweise sei vielerorts noch nicht einmal weitergegeben worden, ist inzwischen nachgewiesen, dass »die weit überwiegende Mehrheit der deutschen Frontverbände die Kommissarrichtlinien bereitwillig umgesetzt hat«, dass Exekutionen bei über 80 Prozent der eingesetzten Divisionen durchgeführt wurden und dies »in beträchtlichen Teilen des Ostheeres auch profunde Zustimmung« gefunden hat[277]. Als Hans Adolf Jacobsen Mitte der 1960er-Jahre de Maizière seinen Aufsatz »Kommissar-Befehle und Massenexekutionen sowjetischer Kriegsgefangener« schickte, antwortete dieser ihm: »Man ist immer wieder erschrocken, was seinerzeit befohlen und verlangt worden ist[278].« Sein späteres »Alter ego« Kielmansegg, damals als Oberst i.G. Ia der 6. Panzerdivision im selben Frontabschnitt wie de Maizière, wollte jedenfalls erfahren haben, »dass da schlimme Sachen passiert« sind, allerdings nichts Genaues. »[A]ngesichts der hierzulande verbreiteten These, die Wehrmacht habe freudig und willig all diese Dinge aktiv mitgemacht«, meinte er retrospektiv: »Das ist zu einem gewissen Grade richtig, für ganz oben. Die haben das gewusst. Wir da unten, wir haben das alles nie gewusst, bis wir es erfahren haben – sozusagen[279].« Es ist jedoch schwer vorstellbar, dass Offiziere in den Stäben von den Vorgängen um sie herum nichts mitbekommen haben – so sie sich dafür interessieren wollten.

d)   Im Generalstab des Heeres (1942/43)

Das Oberkommando des Heeres (OKH), in dessen Generalstab de Maizière zum Jahreswechsel 1941/42 versetzt worden war, unterstand zunächst dem Oberbefehlshaber des Heeres, Generalfeldmarschall Walther von Brauchitsch, ab dem 19. Dezember 1941 dann Hitler persönlich. Letzterer war die personifizierte Verbindung zum OKW. Die Arbeitsteilung der deutschen Führungsstäbe sah dabei vor, dass der jeweilige Hauptkriegsschauplatz vom OKH, alle anderen Kriegsschauplätze demgegenüber vom OKW geführt wurden. Damit kam de

---

274   18. Inf.Div. (mot), KTB Ib, Eintrag vom 29.9.1941, PA AdM, Karton 1940–1951 (Hervorhebung im Original).

275   Ebd., Einträge vom 17. und 22.12.1941 (Hervorhebung im Original).

276   Siehe hierzu grundlegend Streit, Keine Kameraden, sowie zuletzt weiterführend Römer, Der Kommissarbefehl.

277   Römer, Der Kommissarbefehl, S. 551, 565 f., Zitat S. 566.

278   De Maizière an Dr. Hans Adolf Jacobsen, 25.6.1965, BArch, N 673/43b.

279   Zit. nach Feldmeyer/Meyer, Johann Adolf Graf von Kielmansegg, S. 17.

Maizière 1941 in die Schaltstelle für die Ostfront mit ihrem Herz im Generalstab des Heeres. Dort stand man gerade vor immensen Problemen. Während die operativen Fähigkeiten der deutschen Heeresführung sich zu Beginn des Zweiten Weltkrieges denen der gegnerischen Armeen überlegen gezeigt hatten, bewies man in strategischer Hinsicht mindestens ebenso traditionell eklatante Schwächen[280]. Das musste sich umso bemerkbarer machen, je drastischer die deutschen Ressourcen zusammenschmolzen. Im Feldzug gegen die Sowjetunion stieß man rasch an diese Grenzen. Trotz aller noch so großen Anfangserfolge scheiterte das Unternehmen »Barbarossa« noch 1941 operativ. Als im Jahr darauf die deutschen Offensiven Richtung Stalingrad und in den Kaukasus genauso wenig eine Entscheidung herbeiführten, fand sich die Wehrmacht 1943 nicht nur im Osten Europas endgültig in der strategischen Defensive wieder. Im Zusammenhang mit der Kriegserklärung an die USA vom Dezember 1941, dem Engagement auf dem Balkan, im Mittelmeer und auf dem nordafrikanischen Kriegsschauplatz hatte man die eigenen Kräfte hoffnungslos überdehnt[281].

Diese Entwicklung sollte de Maizière hautnah miterleben, als er nach seinem Heimaturlaub am 29. Januar 1942 seine neue Verwendung mit großen Erwartungen antrat[282]. Dort war er zunächst unter Major, später Oberstleutnant i.G. Albrecht Ritter Mertz von Quirnheim, dem späteren Widerstandskämpfer des 20. Juli 1944, ab Herbst 1942 unter Major i.G. Alfred-Oskar Berger, für Gliederung, Aufstellung und Auffrischung der Feldheerdivisionen zuständig. Sein Abteilungsleiter war Oberstleutnant i.G. Burkhart Müller-Hillebrand, der schon damals in enger Beziehung zum Chef des Generalstabes, Generaloberst Franz Halder, stand und zeitweise dessen Adjutant gewesen war[283]. Obwohl am 1. April 1942 zum Major befördert, sank de Maizière in seiner nächsten Beurteilung, der ersten als etatisierter Generalstabsoffizier, auf das Gesamturteil »Gut«. Allerdings wurde er als »sehr guter Kamerad« eingestuft und ihm eine »ernste, gefestigte Persönlichkeit, strebsam und zielbewusst« attestiert. Er habe sich

---

[280] Eine umfassende, tiefschürfende Analyse des hier angesprochenen Problems liefert neuerdings Gerhard P. Groß, Von Moltke bis Heusinger. Die Entwicklung des operativen Denkens im deutschen Heer (erscheint Paderborn [u.a.] 2012). Siehe auch Hartmann, Halder.

[281] Siehe im Gesamtüberblick zuletzt Müller, Der Zweite Weltkrieg.

[282] De Maizière, In der Pflicht, S. 74. Der Erholungsurlaub in Hannover fand vom 13.-28.1.1942 statt. Siehe Eintrag im Soldbuch Ulrich de Maizière, PA AdM, Akte Persönliche Unterlagen.

[283] Hartmann, Halder, S. 304. 1969 konnte de Maizière über seine damalige Tätigkeit nachlesen, als ihm sein ehemaliger Abteilungsleiter den Band 3 seiner Arbeit Müller-Hillebrand, Das Heer, schickte. De Maizière bedankte sich bei ihm besonders, »weil er [Band 3] auch die Zeit enthält, in der ich in der Org-Abteilung die Divisionsverbände des Feldheeres bearbeitet habe«. Siehe de Maizière an GL a.D. Müller-Hillebrand, 29.10.1969, BArch, N 673/47b. Überhaupt interessierte er sich für die historische Aufarbeitung der Zeit, an der er selbst beteiligt war; 1969 bestellte er das just erschienene Werk von Baring, Außenpolitik in Adenauers Kanzlerdemokratie. Siehe die schriftliche Bestellung de Maizières durch seinen Luftwaffenadjutanten, M i.G. Glitsch, »zu dem für Mitglieder üblichen Rabatt« bei der Deutschen Gesellschaft für Auswärtige Politik e.V., 22.10.1969, BArch, N 673/39a.

»mit klarem Blick für alles Wesentliche [...] rasch in seine neuen Aufgaben eingearbeitet«, arbeite »rasch, sehr gründlich und überlegt« und »im Vortrag klar
und knapp, weiß er seine Auffassung mit Takt und Bestimmtheit zu vertreten«[284]. In dieser Verwendung kam er auch zum ersten Mal in Kontakt mit seinen späteren Mentoren in der Bundeswehr, dem Chef der Operationsabteilung,
Generalmajor Adolf Heusinger, und dessen Gehilfen, Major i.G. Johann Adolf
Graf von Kielmansegg[285]. Weil die Generalstabsoffiziere reihum zu Besprechungen und Informationsreisen zu Frontstäben entsandt worden sind, lernte
de Maizière im Juli 1942 dazu noch den Chef des Generalstabes des
V. Armeekorps in Rostov am Don, Oberst i.G. Dr. Hans Speidel, kennen. Auch
ihn sollte er später nicht nur an der Ostfront, sondern vor allem in der Bundeswehr wiedertreffen[286]. Anlässlich de Maizières Verabschiedung aus den Streitkräften erinnerte sich Speidel an diese erste Begegnung am 30. Juli 1942 in Ak-
saiskaja. Man habe »unverblümt« miteinander »von der Sorge über die
exzentrische Operation Hitlers nach Stalingrad und in den Kaukasus« gesprochen, »wie auch über den ›Kommissarbefehl‹«[287]. Spätestens jetzt erfuhr er also
aus erster Hand, welcher Art dieser Krieg war.

Darüber informierte ihn außerdem der Major, dann Oberstleutnant i.G.
Claus Schenk Graf von Stauffenberg, mit dem de Maizière im Generalstab des
Heeres ebenfalls zusammenarbeitete, und von dem er seinerzeit besonders beeindruckt gewesen sein will[288]. In seinen Memoiren beschrieb er begeistert, wie
»lebendig [...] mir dieser mit einer jugendlichen Ausstrahlungskraft begnadete
Offizier noch heute vor Augen [steht]«: »Nie wieder habe ich erlebt, dass ein
junger Generalstabsoffizier – er war gerade 35 Jahre alt – eine derartige Ver-
trauensstellung im ganzen Generalstab innehatte wie er [...] Wir Jüngeren waren damals überzeugt, dass er zu höchsten Stellungen in der Armee prädestiniert war[289].« Dies war die nahezu wörtliche Wiedergabe seiner Rede als
Kommandeur der Führungsakademie der Bundeswehr 1964 anlässlich der Umbenennung der Pikartenstraße in Graf-Stauffenberg-Straße, die er wiederum
zwei Jahre später in seiner Rede als Inspekteur des Heeres bei einer Gedenkver-
anstaltung zum 20. Juli wiederholte[290]. Mitte der 1960er-Jahre stellte sich de
Maizière darüber hinaus dem Stauffenberg-Biografen Joachim Kramarz für »ein

---

[284] Organisationsabteilung im Generalstab des Heeres, Beurteilung für Offiziere in
       GenStStellen, Datum unleserlich (frühestens April 1942), PA AdM.
[285] De Maizière, In der Pflicht, S. 75 f. Siehe dazu auch de Maizière an Amtschef MGFA,
       K z.S. Dr. Forstmeier, 24.3.1976, BArch, N 673/103.
[286] De Maizière, In der Pflicht, S. 77.
[287] Speidel, Begegnungen mit Ulrich de Maizière, S. 32.
[288] Siehe dazu auch de Maizière an Amtschef MGFA, K z.S. Dr. Forstmeier, 24.3.1976, BArch,
       N 673/103.
[289] De Maizière, In der Pflicht, S. 76.
[290] Ulrich de Maizière, Ansprache anlässlich der Umbenennung der Pikartenstr. in Graf-
       Stauffenberg-Str., 31.1.1964, BArch, N 673/58 sowie Rede InspH, GL de Maizière, zum
       20. Juli 1966 anlässlich der Veranstaltung des Zentralverbandes deutscher Widerstands-
       kämpfer und Verfolgtenorganisationen in der Beethovenhalle zu Bonn, BArch, N 673/59.

ausführliches Gespräch« zur Verfügung und beriet diesen auch weiterhin. Entsprechend zeigte er sich »über das Ergebnis sehr erfreut«:

> »Soweit ich aus eigenem Erleben sagen kann, ist Stauffenberg als Persönlichkeit ebenso gut und lebendig gezeichnet und geschildert, wie es dem Verfasser gelungen ist, das Denken und das Fluidum im Generalstab des Heeres und im Allgemeinen Heeresamt in Berlin richtig wiederzugeben. Ich habe das Buch während der Weihnachtszeit mit großer Freude und starker innerer Anteilnahme gelesen. Diese Anteilnahme ist umso verständlicher, als ich die überwiegende Zahl der in dem Buch genannten Männer persönlich gekannt habe[291].«

Die Preisträger der Winterarbeiten 1966/67 erhielten aus de Maizières Hand diese Biografie als Präsent[292]. Und im selben Jahr 1967 schrieb de Maizière zum 60. Geburtstag von Stauffenberg an dessen Witwe Nina:

> »Oberst i.G. Graf von Stauffenberg ist in die Geschichte unseres Volkes und des deutschen Soldatentums eingegangen. Seine in dunkelster Zeit bewiesene Vaterlandsliebe, sein opferbereites, kompromissloses Aufstehen gegen die Missachtung von Recht und Menschenwürde sichern ihm die Verehrung seiner überlebenden Freunde und Schicksalsgefährten. Die Lauterkeit der Beweggründe seines Denkens und Handelns hat auch die Achtung derer, die einst seinen Weg nicht glaubten mitgehen zu können. Wie schon meine Amtsvorgänger, bemühe ich mich aus innerer Verpflichtung und Überzeugung, Sinn und Wert seiner Tat unseren jungen Kameraden nahezubringen. Alle, die wie ich, Ihren Gatten gekannt und erlebt haben, wissen, welch bedeutende Persönlichkeit so früh von unserer Seite gerissen wurde. [...] Sie haben mit Ihren Kindern den größten Verlust erlitten. Sie tragen in besonderer Weise das Erbe des Opfers, das Ihr Gatte vor der Geschichte für Deutschland gebracht hat[293].«

Solche Äußerungen führten zu Nachfragen: »Vieles – oder besser: Manches wusste ich ja – aber Deine Nähe in der Dienststelle zu Stauffenberg war mir neu«, schrieb ihm Carl-Heinrich Büscher anschließend[294]. Andere unterstellten gar Absicht: »Diesen Teylabschnitt [sic!] [über de Maizières Bekanntschaft mit Stauffenberg] finden wir [...] beschämend. Soll die Beschreibung der räumlichen Nähe zu Stauffenberg aktiven Widerstand suggerieren? Ich werfe Ihnen nicht vor, dass Sie sich passiv verhalten haben. Aber man sollte auch nicht den Anschein erwecken, eigentlich doch zu den 20. Juli-Leuten gehört zu haben[295].« Im engen thematischen Zusammenhang damit wurde de Maizière nach der Veröffentlichung seiner Memoiren wegen seiner dort geäußerten ungenauen Kenntnis hinsichtlich der Verbrechen der Wehrmacht während des Zweiten Weltkrieges angefeindet. In einer Reaktion auf den Vorabdruck in der »Welt«

---

[291] De Maizière an Dr. Wolfgang Metzner, 10.1.1966, BArch, N 673/47a. Metzner hatte de Maizière die Stauffenberg-Biografie von Joachim Kramarz Mitte Dezember 1965 geschickt. Siehe Metzner an de Maizière, 15.12.1965, BArch, N 673/47a.

[292] FK Wiese, Adjutant GenInsp, an Generalsekretär der Union der Widerstandskämpfer für ein vereinigtes Europa, O a.D. Wolfgang Müller, 19.8.1967, BArch, N 673/47b.

[293] De Maizière an Nina Gräfin von Stauffenberg, 15.11.1967, BArch, N 673/52a.

[294] Carl-Heinrich Büscher an de Maizière, 14.2.1989, BArch, N 673/180.

[295] K.-N. Kehl an de Maizière, 16.2.1989, ebd.

echauffierte sich der Leser K.-N. Kehl: »Schlimm ist ferner die Verschleierungs-taktik bei der Frage: ›Waren die Verbrechen bekannt?‹ Glauben Sie wirklich, dass die Leser Ihnen abnehmen, [...] etwas ›gehört‹, aber nichts gewusst zu haben? Sie [...] müssten [...] ja schlechter als die Geschwister Scholl (u. die Luftwaffenhelfer) informiert gewesen sein[296].«

Durch den damaligen Major i.G. Stauffenberg will de Maizière 1942 tatsächlich zum ersten Mal von den Verbrechen an und hinter der Ostfront erfahren haben, vor allen Dingen, dass Teile der Armee daran beteiligt waren. Allerdings gab er dies in seinen Memoiren so wieder, wie es die Erinnerungsliteratur der ehemaligen Soldaten vorgegeben hatte. Demnach seien »rückwärtige Einheiten der Wehrmacht in derartige Vorfälle hineingezogen worden«. Was die Konzentrationslager anging, will er gleichwohl gar nichts gewusst haben: »Über die Vernichtungslager im Generalgouvernement Polen wurde uns nichts bekannt, wie überhaupt nicht alles zu uns drang, was damals schon geschah[297].« Gerade seine Verwendung im Generalstab des Heeres, seine engen persönlichen Beziehungen zu einigen ostelbischen Familien und die von ihm ebenfalls in seinen Memoiren beschriebene »Offenheit in den Gesprächen, die zuweilen bis an die Grenze des Hochverrats führten«[298], dürften hier den Zusammenhang zwischen »nicht wissen« und »nicht wissen wollen« illustrieren. Bekanntlich hielt es de Maizières damaliger Chef des Generalstabs des Heeres, Halder, nach dem Krieg mit seiner eigenen Verantwortlichkeit und seinem Wissen mit der Wahrheit eher weniger genau[299].

Was den 20. Juli 1944 selbst betraf, erfuhr de Maizière – dann schon wieder an der (Ost)Front – davon im Rahmen eines geselligen Beisammenseins mit Offizieren des Grenadierregimentes 20 in einer Gefechtspause in Bessarabien. Während die meisten Frontoffiziere um ihn herum »kein Verständnis für die Attentäter auf[brachten]«, will ihn das Ereignis selbst sprachlos gemacht haben. Obwohl er seit seiner Versetzung an die Front keine Verbindung zu seinen ehemaligen Kameraden aus dem Generalstab des Heeres gehabt hatte, fürchtete er wegen seiner damaligen freundschaftlichen Verbindungen, »in die polizeilichen Ermittlungen [...] verwickelt zu werden«, was allerdings nicht geschah[300]. An seine Mutter schrieb er am 25. Juli dazu: »So fest ich überzeugt bin, dass die beiden [gemeint sind Stauffenberg und Mertz] nie aus Ehrgeiz, sondern aus heiligster Überzeugung gehandelt haben, so unverständlich ist mir, wie so emi-

---

[296] Ebd.

[297] De Maizière, In der Pflicht, S. 82. Tatsächlich will de Maizière erst in der Kriegsgefangen-schaft davon erfahren haben. Ebd., S. 122 f. Noch 1999 sprach er davon, die Wehrmacht sei ein von Hitler »politisch missbrauchtes Instrument« gewesen. De Maizière, Die Bundeswehr, S. 1180. Siehe dagegen den Forschungsstand im selben Sammelband bei Volkmann, Von Blomberg zu Keitel; Volkmann, Zur Verantwortlichkeit der Wehrmacht; Weinberg, Rollen- und Selbstverständnis des Offizierkorps; Janßen, Politische und militärische Zielvorstellungen.

[298] De Maizière, In der Pflicht, S. 83.

[299] Siehe dazu Hartmann, Halder, S. 292.

[300] De Maizière, In der Pflicht, S. 90. Siehe dazu auch de Maizière an Prof. Dr. Peter Hoffmann, 23.8.1971, BArch N 673/43e.

nent kluge Leute u. untadelige Charaktere glauben konnten, durch einen solchen Schritt unsere angespannte mil. Lage günstig oder entscheidend beeinflussen zu können. [...] Mehr kann ich mich schriftlich dazu nicht äußern[301].« Zum 20. Jahrestag des Attentates erinnerte er sich an diese Zeit in einer Ansprache vor den Angehörigen der Führungsakademie dementsprechend:

»In dem Kreis, in dem wir hier versammelt sind, nähern wir uns der Beurteilung [der Soldaten des 20. Juli] von verschiedenen Aspekten. Die einen waren 1944 schon Soldat, sie sind Miterlebende. Sie mussten handeln, so oder so; und seien Sie überzeugt, meine jüngeren Kameraden, sie ringen auch heute noch um die Richtigkeit ihrer damaligen Handlungsweise. Die anderen, die jüngeren, sehen den 20. Juli als ein geschichtliches Ereignis ohne Eigenerlebnis, mit mehr Abstand und vielleicht auch Objektivität. Ihnen aber ist es dafür umso schwerer, sich hineinzudenken in die Gegebenheiten, die Verantwortung, das Wissen und Nichtwissen um die Vorgänge und in die Motive derjenigen, die damals Uniform trugen. Wir alle sollten uns nicht berufen fühlen, Urteile zu fällen, Noten zu erteilen, Lob oder Verdammnis auszusprechen. Aber wir haben zu fragen, was bedeutet der 20. Juli heute für uns Soldaten der Bundeswehr[302].«

Ob de Maizière selbst und gegebenenfalls wie lange er mit seinem eigenen Verhalten in diesem Punkt gerungen hat, ist nicht bekannt, zumal keine zeitgenössischen Einschätzungen überliefert sind. Seine Überlegungen zum militärischen Widerstand werden deswegen später wieder aufgegriffen. Seinerzeit will der 20. Juli 1944 für de Maizière in der Rückschau vor allem »einen tiefen Einschnitt in das innere Gefüge der Truppe« bedeutet haben:

»Bisher hatte man im Heer offen sprechen, Kritik üben oder sogar Zweifel an dem vielbeschworenen Endsieg äußern können, ohne fürchten zu müssen, denunziert zu werden. [...] Die Kameradschaft und das gemeinsame Fronterlebnis waren stärker als politische und ideologische Meinungsverschiedenheiten. Dies änderte sich nach dem 20. Juli. [...] Von jetzt an gab es Grenzen des Vertrauens[303].«

Selbst wenn man annehmen mag, dies habe tatsächlich de Maizières damaliger Wahrnehmung entsprochen, so deckt sich diese Aussage doch auffällig mit der Argumentation in der Erinnerungsliteratur ehemaliger Soldaten. Dieser folgte er ebenfalls in seiner Feststellung, die schwerwiegende Lageentwicklung im Sommer 1944 hätte den 20. Juli bald »überschattet«[304]. Vermutlich konzentrierten sich die Soldaten auch deswegen exklusiv auf das Frontgeschehen, um sich nicht darum kümmern zu müssen, was andernorts geschah. Dabei will de Maizière zu diesem Zeitpunkt gerade in militärischer Hinsicht bereits gründlich desillusioniert gewesen sein. Seinen nicht unerheblichen Beitrag dazu hatte

---

[301] De Maizière an seine Mutter, 25.7.1944, PA AdM, Akte »Kriegsbriefe an meine Mutter 1941«.

[302] De Maizière, Ansprache Kdr FüAkBw am 15.7.1964 vor allen Stammoffizieren, Beamten, Hörern und Uffz (Tonbandaufnahme, redigiert), sowie zum Abgleich das Redemanuskript de Maizières, Ansprache vor der Führungsakademie und dem Brigadekommandeur-Lehrgang vor der Sommerpause 1964, 15.7.1964, beide BArch, N 673/58.

[303] De Maizière, In der Pflicht, S. 90.

[304] Ebd., S. 91.

Adolf Heusinger geleistet. Dem späteren ersten Generalinspekteur der Bundeswehr trug de Maizière Ende 1942 in dessen Eigenschaft als Chef der Operationsabteilung zur Personallage vor. Dabei eröffnete ihm Heusinger, der Krieg sei aus seiner Sicht allenfalls noch politisch zu beenden, keinesfalls jedoch mehr militärisch zu gewinnen[305]. Damit bestätigte er die eigenen Zweifel des Generalstabsoffiziers de Maizière, der schon in der Einkesselung Stalingrads einen Wendepunkt erahnte und im Mai 1943 wegen der Kapitulation von Rommels Afrika-Korps in Tunis sich dieses Wandels gewiss gewesen sein wollte. Freilich hatte aus seiner Sicht »Hitler [...] den Bogen überspannt«[306].

In dieser Argumentation folgerichtig bewertete er die personellen Umbesetzungen im OKH im Zuge des Kommandowechsels von Generaloberst Franz Halder zu Generalmajor Kurt Zeitzler am 24. September 1942 als Entmachtung der klassischen Generalstabsarbeit, als »Systemwechsel«: »Der Typ des intellektuellen, abwägenden, auch die unbequemen Realitäten in Rechnung stellenden ›Stäblers‹ lagen ihm [Hitler] weniger«, resümierte er in seinen Memoiren, »wir liefen Gefahr, in der Hektik die Sorgfalt zu vernachlässigen«[307]. Einerseits präsentierte er damit seine eigene Vorstellung vom Generalstabsoffizier, andererseits scheint hier der Vorwurf durch, dass Hitler der deutschen militärischen Führung immer wieder in den Arm gefallen sei. Tatsächlich war schon mit der Entlassung Generalfeldmarschalls Walther von Brauchitsch am 19. Dezember 1941 und der Übernahme des Oberbefehls nun auch über das Heer durch Hitler persönlich »der Heeresgeneralstab endgültig auf die Aufgabe eines operativen Arbeitsstabs für die Ostfront reduziert« worden[308]. Niemand aus der militärischen Führungsschicht, schon gar nicht im OKH, wagte eine offene Konfrontation mit dem Diktator. Die zunehmenden Spannungen zwischen Hitler und Halder resultierten ohnehin weniger aus den unrealistischen Zielsetzungen des »Führers« als vielmehr aus dessen demonstrativem Führungsanspruch[309]. Obwohl die Militärs in Hitlers Umgebung dessen aus ihrer Sicht dilettantischem Treiben spätestens seit den direkten Eingriffen in die Operationsführung im Sommer 1942 mit Bestürzung gegenübergestanden haben wollen[310], mochten sie das bereits strapazierte Verhältnis zu ihm nicht noch mehr belasten[311]. Das hatte insbesondere mit dem schleichenden Entprofessionalisierungsprozess in der deutschen militärischen Führung zu tun[312]. Am Ende ließ sich Halder lieber austauschen als – wie sein Vorgänger Generaloberst Ludwig Beck – mit einem Rücktritt wenigstens nach innen ein Signal zu setzen. Dabei darf indes nicht vergessen werden, wie sehr sich Halder bereits zum Komplizen im rassenideo-

---

[305] Ebd., S. 80. Siehe dazu auch Heusinger, Befehl im Widerstreit, S. 247; Meyer, Adolf Heusinger, S. 222 f.
[306] De Maizière, In der Pflicht, S. 77.
[307] Ebd., S. 79.
[308] Hartmann, Halder, S. 305.
[309] Ebd., S. 318.
[310] Ebd., S. 327, am genauen Beispiel der Weisung Nr. 41, S. 183-188.
[311] Siehe grundsätzlich dazu ebd., passim, sowie zum Zitat S. 285.
[312] Wegner, Die Aporie des Krieges, S. 220-231.

logischen Vernichtungskrieg hatte machen lassen. Bereits am 15. Juni 1941 hatte Ulrich von Hassell seinem Tagebuch anvertraut: »Brauchitsch und Halder haben sich nun bereits auf das Hitlersche Manöver eingelassen, das Odium der Mordbrennerei von der bisher allein belasteten SS auf das Heer zu übertragen; sie haben die Verantwortung übernommen[313].« 14 Monate später und noch immer unter Halders Regie schrieb Oberst i.G. Helmuth Groscurth, damals Chef des Generalstabs des XI. Armeekorps, im August 1942 an Beck: »Der Generalstab geht seinem völligen Ruin entgegen. Es ist keine Ehre mehr, ihm anzugehören[314].«

Mit dem Nachfolger Halders, General der Infanterie Kurt Zeitzler, wurde es hingegen noch schlimmer. Bereits bei seinem Amtsantritt am 24. September 1942 postulierte er: »Er [der Generalstabsoffizier] muss an den Führer und seine Führung glauben. Er muss diesen Glauben an seine Untergebenen und seine Umgebung ausstrahlen bei jeder Gelegenheit. Wer diesen Forderungen nicht entspricht, den kann ich nicht brauchen im Generalstab[315].« Unter diesen Vorzeichen scheint es erstaunlich, wenn de Maizière davon berichtete, er habe sich seinerzeit ein Zitat aus einem Kinofilm in seinem Dienstzimmer an die Wand plakatieren lassen: »Entschuldigen Sie, es ist nicht meine Aufgabe, über die Sinnlosigkeit der mir erteilten Aufträge nachzudenken.« Die Aussage »traf genau unsere Situation«, sollte ihn aber ständig daran erinnern, »dass wir natürlich doch über die ›Sinnlosigkeit der uns erteilten Aufträge‹ nachzudenken hatten«[316]. Vielleicht bat er auch deshalb dringend um eine Frontverwendung, um sich dem zu entziehen. Jedenfalls will er »erleichtert« gewesen sein, als seiner Bitte im Frühjahr 1943 entsprochen wurde; er »freute« sich auf die »Truppe mit ihren überschaubaren, geordneten und auf Disziplin gegründeten Verhältnissen«. Aus der Rückschau bewertete er dies selbstkritisch als »eine Flucht nach vorne«[317]. Erst jetzt sei ihm die »für uns zunehmend erkennbare Amoralität der Führung« klar geworden. Gleichwohl bezog er dies einmal mehr auf den »Führer« allein: »Enttäuschung und tiefe Zweifel erfüllten mich gegenüber der fachlichen Kompetenz und der Moral Adolf Hitlers. Mir war bewusst geworden, dass der Krieg militärisch nicht mehr zu gewinnen war, sondern nur noch durch sicherlich schmerzhafte politische Entscheidungen beendet werden konnte, die aber vorerst nicht zu erwarten waren[318].«

Dass sich Soldaten damals vor der Alternative, entweder Widerstand zu leisten oder weiterzumachen, in der übergroßen Mehrheit für das Weitermachen entschieden, mag menschlich nachvollziehbar sein. Sich »im Bewusstsein, den Verlauf des Krieges im Großen ohnehin nicht beeinflussen zu können, [...] auf den Kernbereich des eigenen dienstlichen Aufgabenfeldes zurück[zuziehen]

---

[313] Zit. nach Hassell, Die Hassell-Tagebücher, S. 257, Eintrag vom 15.6.1941.

[314] Zit. nach Hartmann, Halder, S. 337.

[315] Zit. nach ebd., S. 339.

[316] De Maizière, In der Pflicht, S. 81. Demnach handelte es sich um ein Zitat aus dem Spielfilm »Brigitte«.

[317] Ebd., S. 83.

[318] Ebd., S. 82 f.

und [...] sich darauf [zu beschränken], dort unter wachsenden Schwierigkeiten zu tun, was man für seine Pflicht hielt«, ist keine geringe Voraussetzung dafür gewesen, dass dieser Krieg noch weitere Jahre fortgeführt werden konnte[319]. Freilich drückten sich die damaligen Soldaten mit diesem Verhalten vor der Übernahme ihrer nicht zuletzt an den Dienstgrad gebundenen Verantwortung. Mit dem Verweis auf die »Pflichttreue« rechtfertigte auch de Maizière sein damaliges Verhalten und dies nicht zum letzten Mal[320]. Noch 1999 führte er die hier aufgezeigte Argumentationslinie fort:

> »Für viele deutsche Männer ist das Heer ein Hort innerer Emigration geworden, wo sie bis zum Sommer 1944 dem Zugriff der Partei und der Gestapo entzogen waren. [...] Sie haben damals geglaubt, für den Schutz und die Verteidigung des Vaterlandes zu kämpfen – manchmal mit bedrängtem Gewissen –, und dafür haben sie auch ihr Leben eingesetzt. Erst später haben sie erkennen können und müssen, dass ihr Einsatz für eine schlechte Sache missbraucht worden ist[321].«

Wann für ihn persönlich dieser Punkt gekommen war, bleibt ungewiss. Tatsächlich herrschte spätestens ab dem Frühjahr 1943 die schiere »strategische Ratlosigkeit« in den deutschen Führungsstäben; waren die vorherigen Konzepte schon fragwürdig, fehlten jetzt selbst solche[322]. Dass es in der Truppe, an der Front, ebenso aussichtslos war, musste de Maizière allein wegen des Verhältnisses der Verluste zu den zur Verfügung stehenden Ressourcen eigentlich klar vor Augen stehen[323].

Vielleicht lockte aber auch weiterhin die Karriere. In seiner Beurteilung vom 15. März 1943 hatte sein Abteilungschef Oberst i.G. Stieff ihn nämlich für eine Verwendung als Ia einer Division vorgeschlagen. Der Major i.G. de Maizière besitze eine »über sein Alter heraus gereifte, feste Persönlichkeit«, sei »gründlich und zuverlässig in seiner Arbeit, leistete [...] als Sachbearbeiter für Personal- und Ersatzwesen in der Org.Abt. Vorzügliches. Klug, geistig viel interessiert, musikalisch begabt. In Auftreten und Vortrag knapp, klar, bestimmt und taktvoll. Beliebter Kamerad. Brillenträger.« Den Zusatz »Einwandfrei in seiner nationalsozialistischen Haltung« darf man in diesem Zusammenhang als notwendige Floskel werten, falls man einen Soldaten für eine förderliche Verwendung vorschlagen wollte. Insgesamt lag de Maizière jedenfalls »über Durchschnitt« und als seine besondere Stärke wurde »Zuverlässigkeit« hervorgehoben[324]. Sein unmittelbares Fronterlebnis im Februar 1943 hatte ihn allerdings zunächst »betroffen und ernüchtert« in den Generalstab des Heeres zurückkehren lassen. Damals waren angesichts der schweren Kämpfe im Raum Charkiv zusätzliche Generalstabsoffiziere des OKH als Verbindungsoffiziere zu den Divisionen der

---

[319] Wegner, Die Aporie des Krieges, S. 221 f.
[320] De Maizière, In der Pflicht, S. 83. Zu den Konsequenzen dieses Verhaltens siehe grundsätzlich Zimmermann, Pflicht zum Untergang.
[321] De Maizière, Die Bundeswehr, S. 1180.
[322] Siehe dazu ausführlich Wegner, Von Stalingrad nach Kursk, S. 35.
[323] Zu den Grundproblemen der deutschen Kriegführung nach Stalingrad siehe Wegner, Von Stalingrad nach Kursk, S. 3–41.
[324] OrgAbt im GenStdH/Abt Chef, Beurteilung zum 1.3.1943, 15.3.1943, PA AdM.

Waffen-SS entsandt worden. De Maizière wurde der Leibstandarte Adolf Hitler unter dem berüchtigten SS-Gruppenführer Josef »Sepp« Dietrich zugewiesen und die Abneigung war durchaus gegenseitig: De Maizière empfand sich als »Aufpasser« und musste feststellen, dass dort »der Glaube an den Führer [...] wichtiger [war] als professionelles Können«[325]. Seinen Dienstposten im OKH übergab er an Major i.G. Ernst Ferber. Diesen traf er nach dem Krieg im Amt Blank und anschließend in der Bundeswehr wieder, in der Ferber noch Inspekteur des Heeres werden sollte[326]. Seine so heiß gewünschte Truppenverwendung als Ia der 10. Panzergrenadierdivision trat de Maizière zum 1. Mai 1943 nach einem fast vierwöchigen Heimaturlaub an[327]. Während dieser Zeit lernte er seine spätere Frau Eva Werner lieben, mit der er sich fortan schrieb und die er im Jahr darauf heiratete[328].

e)   Ostfront (1943/44)

Die 10. Panzergrenadierdivision war gerade erst nach Zuführung neuer Waffen und Unterstellung einer Sturmgeschützabteilung aus der 10. Infanteriedivision (mot) entstanden[329]. Bereits im August 1944 wurde sie von der Roten Armee zerschlagen, aber nicht aufgelöst, und stand unter dem Kommando von Generalleutnant August Schmidt[330]. Eben vor Ort, nahm de Maizière mit der Division von Mitte Mai bis Anfang Juni 1943 am Unternehmen »Zigeunerbaron« teil. Nach seinen eigenen Worten handelte es sich dabei um eine große Operation

---

[325] De Maizière, In der Pflicht, S. 77 f. Zu Dietrich siehe Allbritton/Mitcham Jr., SS-Obergruppenführer und Generaloberst der Waffen-SS Joseph (Sepp) Dietrich. Dietrich wurde nach dem Krieg als Mitverantwortlicher für das Massaker in der belgischen Stadt Malmedy 1944 verurteilt. Siehe dazu weiterführend Das »Massaker von Malmedy«.

[326] Zum ersten Mal trafen sich beide in Paris, als der OTL a.D. Ferber als Teil der militärischen Delegation für die EVG von 1951-1954 die Gruppe für Grundsatzfragen des militärischen Personalwesens und der Inneren Führung leitete. Anschließend wurde Ferber mit der Planung des militärischen Spitzenpersonals im Verteidigungsministerium betraut. Nach internationalen und Truppenverwendungen folgte er als GM 1970 zunächst dem wegen seiner Äußerungen an der FüAkBw in Hamburg abgelösten StellvInspH, Helmuth Grashey, und am 1.10.1971 schließlich als GL Albert Schnez als InspH. Siehe dazu de Maizière, In der Pflicht, S. 82, 157, 178, 283, 324.

[327] Vom 2.-23.4.1943, Eintrag im Soldbuch Ulrich de Maizière, PA AdM, Akte Persönliche Unterlagen.

[328] De Maizière, In der Pflicht, S. 83 f., 87.

[329] Der Einsatz des Inf.Rgts. 20, des Inf.Rgts. 20 (mot) und des Panzergren.Rgts. 20 im 2. Weltkrieg 1939-1945, bearbeitet von Generalleutnant a.D. August Schmidt unter freundlicher Mitarbeit der Kameraden Walther, Haderecker, Häring und anderer Regts.-Kameraden, undat. Broschüre, S. 11, PA AdM, Karton 1940-1951.

[330] Schmidt, Geschichte der 10. Division. 1965 lobte de Maizière das Werk als »mit viel Liebe und Erfolg zusammengestellte Geschichte der 10. Division«. Siehe de Maizière an Johann-Georg Sauer, Bürgermeister Bermaringen, 30.6.1965, BArch, N 673/50b. Schmidt betrieb in den 1960er-Jahren die Gründung eines entsprechenden Traditionsverbandes und suchte die Bindung zur Bundeswehr, vor allem zur Kampftruppenschule I in Munster. Siehe dazu den entsprechenden Briefwechsel mit de Maizière in BArch, N 673/51a.

»zur Säuberung des gr. Waldgebietes südostw. v. Brjansk von Partisanen-
banden [...]. Das Unternehmen war eine vom OKH befohlene planmäßige
Kampfhandlung u. stand unter dem Oberbefehl der 2. Pz.Armee, Oberbefehlshaber Gen.Lt. Schmidt, zu dieser Zeit, soweit ich mich erinnere, vertreten durch Gen.d.Inf. Clößner. Zu dem Unternehmen waren 6-7 Div. unter
dem Befehl des Gen.d.Pz.Truppen Lemelsen als Kommandierendem General
eingesetzt. Ich kann bestätigen, dass seitens der Div. keinerlei Befehle zum
Abbrennen v. Dörfern u. Erschießen von Personen ohne Verfahren gegeben
worden sind. Es war lediglich angeordnet, die im Walde vorgefundenen Un-
terschlupfe der Partisanen (Laub-Erdhütten u. ähnl.) zu zerstören[331].«

In der ansonsten sehr genauen Aufzählung der Stationen seines militärischen
Lebens in seinen Memoiren lässt de Maizière diese Phase seines Dienstes aus.
Für ihn begann die neuerliche Zeit in der Truppe dort mit den Vorbereitungen
auf das Unternehmen »Zitadelle«, der letzten deutschen Großoffensive an der
Ostfront auf den sowjetischen Frontbogen um die Stadt Kursk. Zu diesen Voraussetzungen gehörte aber in der Realität auch das »Säubern« des Operations-
gebietes von Partisanen. Diese waren nämlich im Verlauf des Ostfeldzuges zu
einem erheblichen Problem für die deutsche Kriegführung geworden[332]. Weil
man erkannt hatte, durch die bisherige Praxis der Massenliquidierungen ganz
wesentlich zu dessen Verschärfung beigetragen zu haben, vor allem aber, weil
es der eigenen Rüstungswirtschaft zunehmend an Arbeitskräften mangelte,
änderte sich im Frühjahr 1943 das Verhalten. Von nun an sollte zwar die Infrastruktur der Partisanen weiterhin vernichtet, die Menschen aber als Arbeits-
sklaven für die Wirtschaft deportiert werden. Dass dies unverändert einem
Todesurteil gleichkam, ist vielerorts bereits belegt worden[333]. Die Unterschei-
dung ist an dieser Stelle jedoch insofern von Belang, als sie Aufschluss über den
Grad der Beteiligung der Fronttruppen zu diesem Zeitpunkt gibt. Bekannte
Beispiele aus dieser Phase beweisen, dass die Bewohner der betreffenden Gebiete tatsächlich verschleppt wurden, während man Haus und Hof zuerst plün-
derte und dann niederbrannte[334]. Der Partisanengefahr ist man dadurch nicht
Herr geworden[335]. Im Zuge der sowjetischen Offensiven ab dem Herbst 1943
ging die Partisanenbekämpfung deswegen in eine Art Mischform zwischen
Kampfhandlungen und Mordaktionen an der Zivilbevölkerung über[336]. Alle
von deutschen Soldaten begangenen Verbrechen inklusive der Massenerschie-

---

[331] Ulrich de Maizière, Eidesstattliche Erklärung (Durchschlag, handschr.), 16.1.1949, PA
AdM, Akte Entnazifizierung/Einstufung. Gemeint sind General der Infanterie Erich-
Heinrich Clößner, damals Kdr des LIII. AK und vorübergehend OB der 2. Panzerarmee,
sowie General der Panzertruppen Joachim Lemelsen, damals Kdr des XXXXVII. Panzerkorps in der 2. Panzerarmee.
[332] Musial, Sowjetische Partisanen.
[333] Siehe hierzu bspw. Wrochem, Erich von Manstein, S. 88 f.
[334] Klein, Die Erlaubnis zum grenzenlosen Massenmord, bes. S. 941 f.
[335] KTB OKW, Bd 3, S. 775, Eintrag vom 13.7.1943.
[336] Klinkhammer, Der Partisanenkrieg; Klein, Die Erlaubnis zum grenzenlosen Massenmord;
Richter, Die Wehrmacht und der Partisanenkrieg, sowie ausführlich Richter, »Herrenmensch« und »Bandit«; Musial, Sowjetische Partisanen, und Wegner, Die Aporie des
Krieges.

ßungen wurden dabei durch den vom Chef des OKW, Generalfeldmarschall Wilhelm Keitel, bereits am 14. Mai 1941 unterzeichneten sogenannten Kriegsgerichtsbarkeitserlass sanktioniert[337]. Dass dieser Befehl nichts anderes war als eine willkürlich anwendbare Erlaubnis zum Morden, die vielerorts Anwendung fand und spätestens dadurch breite Teile der Wehrmacht in die Vernichtungspolitik einbezog, wurde von der Forschung eindeutig herausgearbeitet[338]. Als Ia einer der beteiligten Divisionen dürfte de Maizières Wissen um diese Praxis unstrittig sein. Ob er sie seinerzeit als verbrecherisch erkannt und eingestuft hat, ist ungewiss. Für seinen damaligen Kommandeur stand jedenfalls noch nach dem Krieg die »heimtückische Kampfweise der Partisanen« im Vordergrund der Betrachtung dieser Kriegsphase[339].

Ab dem 6. Juni 1943 war die 10. Panzergrenadierdivision wieder zurück im Raum nördlich Orel und de Maizière seit dem 1. Juni 1943 zum Oberstleutnant befördert[340]. Jetzt widmete er sich den operativen Vorbereitungen für die Teilnahme am Unternehmen »Zitadelle« (5.–13. Juli 1943)[341]. Dafür war die Division dem XXXXVII. Armeekorps unter General der Artillerie Joachim Lemelsen im Verbund der 2. Panzerarmee zugeteilt, die seit dem 11. April 1943 unter dem Kommando von General der Infanterie Heinrich Clößner stand. Zunächst als Reserve hinter dem XXXI. Panzerkorps (Generalleutnant Josef Harpe) im Rahmen der Heeresgruppe Mitte (Generalfeldmarschall Günther von Kluge) eingesetzt, kämpfte die Division ab dem 11. Juli 1943 in vorderster Linie, zunächst noch im Angriff, dann in der Verteidigung. Nach dem Abbruch von »Zitadelle« gelang ihr bis zum 11. August 1943 in schweren Kämpfen das planmäßige Absetzen in Richtung Karačev. Von dort aus wurde sie schließlich zu neuer Verwendung in den Raum nördlich Poltava transportiert und dem XXIV. Panzerkorps (General der Panzertruppe Walter Nehring) unterstellt[342]. Damit gehörte sie nun zur 4. Panzerarmee (Generaloberst Hermann Hoth) der Heeresgruppe Süd (Generalfeldmarschall Erich von Manstein). Sie war am 12. Februar 1943 durch Umbenennung der Heeresgruppe Don entstanden und verteidigte seither den Südabschnitt der von der sowjetischen Winteroffensive bei Stalingrad und am Don-Knie durchbrochenen Heeresgruppe B[343]. Nach hartnäckigen Rückzugsgefechten kamen die Truppen erst im Dezember 1943 hinter dem Dnjepr zwischenzeitlich zur Ruhe, was de Maizière einen kurzen Heimaturlaub ermög-

---

337 Römer, »Im alten Deutschland wäre solcher Befehl nicht möglich gewesen.«
338 Förster, Das Unternehmen »Barbarossa«, S. 430–433; Graml, Massenmord und Militäropposition, S. 16; Streit, Keine Kameraden, S. 34; Römer, »Im alten Deutschland wäre solcher Befehl nicht möglich gewesen.«, S. 63 f., 72, und Richter, Die Wehrmacht und der Partisanenkrieg, S. 840.
339 Der Einsatz des Inf.Rgts. 20, S. 11, PA AdM, Karton 1940–1951.
340 Reichswehrministerium/Heeresleitung/Personalamt, Personalakten für de Maizière, Ulrich, PA AdM.
341 Zu »Zitadelle« siehe grundsätzlich Gezeitenwechsel, sowie zuletzt, wenn auch alleine unter operationsgeschichtlichen Aspekten relevant, Frieser, Die Schlacht am Kursker Bogen, bes. S. 148–172.
342 Der Einsatz des Inf.Rgts. 20, S. 11 f., PA AdM, Karton 1940–1951.
343 Wrochem, Erich von Manstein, S. 89–91.

lichte[344]. Auf dem Weg nach Hause erhielt er am 15. Januar 1944 im Hauptquartier des OKH aus der Hand des Chefs des Generalstabes des Heeres, Generaloberst Kurt Zeitzler, das Eiserne Kreuz I. Klasse[345].

Bei seiner Rückkehr fand de Maizière die Division schwer angeschlagen und mit den Resten der 14. Panzer-, der 376. Infanterie- und der SS-Totenkopf-Division zur »Gruppe Schmidt« im Rahmen der 8. Armee vereinigt vor[346]. De Maizières Aufgabe als Ia dieser Kampfgruppe bestand darin, im Rahmen des XXXXVII. Panzerkorps (Generalleutnant Nikolaus von Vormann) eine Abwehrfront nordwestlich von Kirowograd aufzubauen, um die durch den gegnerischen Durchbruch dort gerissene Lücke zu schließen. Einen Halt hatten die Wehrmachtverbände nämlich auch am Dnjepr nicht gefunden. Sie wurden sukzessive von der vorstoßenden Roten Armee unter enormen beiderseitigen Verlusten zurückgedrängt. Mit dem Chef des Generalstabes der vorgesetzten 8. Armee stand de Maizière deswegen fast täglich in telefonischer Verbindung. Bei diesem handelte es sich um den »verständnisvollen und immer zugänglichen« Generalmajor Dr. Hans Speidel, mit dem er in der Bundeswehr später noch viel enger zusammenarbeiten sollte[347].

Erst Mitte April 1944, hinter dem Dnjestr, also bereits auf rumänischem Boden, vermochte de Maizières Division wieder in einen vergleichsweise ruhigen Stellungskrieg überzugehen[348]. Bis dahin stand die eigene Gefechtsführung im Zeichen rascher Bildung von »Abwehrschwerpunkten durch jeweiliges rechtzeitiges Verschieben der Abschnittsgrenzen« unter kaum mehr zur Verfügung stehenden Reserven. Zwischenzeitlich dem XXXX. Panzerkorps (General der Panzertruppe Otto von Knobelsdorff) unterstellt, sollte nach dem Rückzug hinter den Bug der generische Vorstoß von Nordwesten her aufgehalten werden. Erschwert wurde de Maizière die Arbeit durch den zeitweisen Ausfall des Divisionskommandeurs, die katastrophalen Wegeverhältnisse sowie das Fehlen sämtlicher Führungs- und Nachrichtenmittel. Ständige »Improvisation und Aushilfe auf allen Gebieten« waren gefordert, wobei sich der Divisions-Gefechtsstand meist in vorderster Line befinden musste, um überhaupt einigermaßen handlungsfähig zu sein. Gleich mehrfach sah sich de Maizière im allgemeinen Durcheinander dazu gezwungen, persönlich den Ansatz der Angriffsgruppen vorzunehmen. Doch auch die Stellung am Bug war nicht zu halten. Durch die ständigen Absetzbewegungen zeigten sich die deutschen Trup-

---

[344] Frieser, Die Rückzugsoperationen, bes. S. 339–394. 1971 konnte de Maizière die Geschehnisse in der Arbeit von Kissel, Vom Dnjepr zum Dnjestr, nachlesen, die ihm vom damaligen Amtschef des MGFA übersandt worden ist. De Maizière fügte seinem Dank hinzu: »Ich werde es mit Interesse lesen, zumal mir das Geschehen dieses Buches zum Teil noch in lebhafter Erinnerung ist.« Siehe de Maizière an Amtschef MGFA, O i.G. Dr. Herbert Schottelius, 25.1.1971, BArch, N 673/51b.

[345] De Maizière, In der Pflicht, S. 87 f., und Eintrag im Soldbuch Ulrich de Maizière, PA AdM, Akte Persönliche Unterlagen.

[346] Siehe zu den schweren Kämpfen am Jahreswechsel 1943/44 Der Einsatz des Inf Rgts. 20, S. 13–15, PA AdM, Karton 1940–1951.

[347] De Maizière, In der Pflicht, S. 88.

[348] Frieser, Die Rückzugsoperationen.

pen derart demoralisiert, dass es zu dramatischen Auflösungserscheinungen kam. De Maizière selbst beschrieb eine solche Situation aus dem März 1944, vermutlich beim Kampf um den Bahnhof Šerebkovo, in welcher er zusammen mit seinem Divisionskommandeur und anderen Offizieren »aufrecht stehend, mit der Waffe in der Hand [...] eine in Panik zurückflutende Truppe zum Halten und zum Umkehren zwingen« musste[349]. Letztlich gelang die Errichtung einer festen Abwehrfront erst hinter dem Raut[350]. Dafür lobte ein ehemaliger Oberschirrmeister der Quartiermeisterstaffel der 10. Panzergrenadierdivision, Johann Georg Sauer, inzwischen Bürgermeister in Bermaringen, Kreis Ulm-Donau, de Maizière noch 1965:

> »Nach kurzer Zeit haben Sie damals bei uns Dienstgraden und Landsern sowohl als Mensch wie auch als taktischer Führer und Vorgesetzter hohes Ansehen genossen und ich glaube nicht zu übertreiben, wenn ich behaupte, dass wir Divisionsangehörige Ihnen damals sehr viel zu verdanken hatten. Sie haben es immer verstanden, unter dem Druck von oben der menschlichen Verpflichtung nach unten und den gegebenen Möglichkeiten den für den Zweck der Sache und für unsere Division günstigsten Kompromiss zu schließen[351].«

Was genau Sauer mit diesen Kompromissen gemeint haben könnte, ist unklar. Grundsätzlich hinterfragte de Maizière die eigene Kriegführung jedenfalls nicht nachweislich. Obwohl die kurze Auffrischung seiner Division in Bessarabien die Möglichkeit dazu geboten hätte, zumal Attentat und Putschversuch des 20. Juli 1944 in diese Phase fielen, entzog er sich solchen Erwägungen – wie bereits dargestellt – mit dem Hinweis auf die sich bald wieder verschlechternde »große Lage« an der Front[352].

Sowohl sein Divisionskommandeur als auch dessen Vorgesetzter, General der Artillerie Ernst-Eberhard Hell, damals Kommandierender General des VII. Armeekorps, schätzten de Maizières operative Fähigkeiten ganz besonders[353]. Beide sprachen ihm in einer Beurteilung vom Sommer 1944 die Eigenschaft als

---

[349] De Maizière, In der Pflicht, S. 88. Eine Fotografie aus dem Februar 1944 zeigt einen desillusioniert scheinenden Stabsoffizier de Maizière. Siehe dazu die Fotografie in PA AdM, Karton Ratsgymnasium, Neuruppin, Landsberg/Warthe, Sudetenland.

[350] OTL i.G. de Maizière, Tätigkeit als Ia der 10. Pz.Gren.Div. seit 15.1.1944, PA AdM, Karton 1940-1951. Siehe dazu wie zum Folgenden auch Der Einsatz des Inf.Rgts. 20, S. 16-18, PA AdM, Karton 1940-1951.

[351] Johann Georg Sauer an de Maizière, 14.6.1965, BArch, N 673/50b. Zu weiteren ähnlich positiven Urteilen ehemaliger Divisionsangehöriger siehe bspw. Otto Wieghardt an de Maizière, 7.6.1971, BArch, N 673/54b; Hermann Stahlberg, MdB, an de Maizière, 20.4.1971, BArch, N 673/54a; oder August Bauer an de Maizière, 26.8.1966, BArch, N 673/84. Bauer, inzwischen Polizeimeister in Aschaffenburg, schrieb de Maizière anlässlich dessen Ernennung zum Generalinspekteur: »Wir alle wissen, dass Sie im Krieg nicht nur ein umsichtiger Offizier, sondern uns auch ein menschlich-kameradschaftlicher Vorgesetzter waren.«

[352] De Maizière, In der Pflicht, S. 91.

[353] Eine Fotografie aus dem Sommer 1944 zeigt den OTL de Maizière mit General der Artillerie Ernst-Eberhard Hell. Siehe dazu die Fotografie in PA AdM, Karton Ratsgymnasium, Neuruppin, Landsberg/Warthe, Sudetenland. Hell sollte bald nach dieser Aufnahme in sowjetische Gefangenschaft geraten, aus der er erst im Oktober 1955 entlassen wurde.

Regimentskommandeur zu. Schmidt bat aber, ihn »aus truppendienstlichen Gründen« in seiner derzeitigen Stellung zu belassen[354]. Schon in seiner Beurteilung vom März 1944 war de Maizière für eine Kommandeurverwendung vorgeschlagen worden. Demnach besitze er eine »ausgesprochene Führerpersönlichkeit mit hervorragenden Charaktereigenschaften. Geistig und körperlich sehr gut veranlagt, von gesundem Ehrgeiz und besonders taktvollem Wesen«. Zudem verfüge er über eine »rasche Auffassungsgabe, Blick für das Wesentliche, sehr gutes taktisches Können und militärisches Wissen. Ausgesprochene Organisationsgabe. Klar und gewandt im Vortrag und Schrift. Ein besonders wertvoller Ia auch in schwierigen und kritischen Lagen«. Er fülle seine Stellung »sehr gut« aus und zeige »Selbständigkeit, Verantwortungsfreude, Organisationsgabe« als besondere Stärken[355]. Auch die nächsthöheren Vorgesetzten schlossen sich dieser herausragenden Bewertung an, sahen de Maizière gar als »Armee-Ia und Korpschef eines mot.-Korps geeignet«: »Ausgezeichneter, vielfach bewährter Generalstabsoffizier. Klar und bestimmt. Taktisch sehr gut. Kennt keine Schwierigkeiten. Besondere Organisationsgabe[356].«

Der Zusammenbruch der deutschen Division unter dem sowjetischen Großangriff ab dem 20. August 1944 war freilich nicht zu verhindern[357]. Die Situation wurde den deutschen Truppen dadurch zusätzlich erschwert, dass Rumänien die Seiten wechselte, was de Maizière als »Verrat des rumänischen Königs« bewertete[358]. Derweil im Rahmen der 6. Armee unter wechselnden Generalkommandos fechtend, wurde die eigene mühsam errichtete Verteidigungslinie südwestlich von Jassy durchstoßen[359]. Binnen weniger Tage war die gesamte Division aufgerieben[360]. Jede Verbindung zu den vorgesetzten Dienststellen brach ab, Munition und Betriebsstoff wurden so knapp, dass nicht einmal alle Fahrzeuge, die zurückgelassen werden mussten, gesprengt werden konnten. Man ließ sie einfach stehen und bewegte sich in der Masse zu Fuß, Tag und

---

[354] 10. Pz.Gren.Division, Eignungsliste für Regts.-Kommandeure, 1.8.1944, PA AdM.
[355] 10. Pz.Gren.Division/Der Divisionskommandeur, Beurteilung zum 1. März 1944, 10.3.1944, PA AdM.
[356] Beitrag Chef des Generalstabes der vorgesetzten Kommandobehörde, 19.4.1944, sowie Zusätze vorgesetzter Dienststellen, 21.4.1944, zu 10. Pz.Gren.Division/Der Divisionskommandeur, Beurteilung zum 1.3.1944, 10.3.1944, PA AdM.
[357] Zur Einordnung in die Gesamtkriegführung an diesem Frontabschnitt siehe Schönherr, Die Rückzugskämpfe.
[358] Eva Werner, Beschreibung der Kampftage in Rumänien und der Odyssee durch Bulgarien. Wiedererzählt nach mündlichen Berichten des Herrn Oberstleutnants i.G. Ulrich de Maizière, Oktober 1944, PA AdM, Karton 1940-1951. Da beide zu diesem Zeitpunkt offensichtlich noch nicht verheiratet waren, kann der Bericht nur zwischen dem 24.9. und 17.10.1944 verfasst worden sein. Zu den Hintergründen und den politischen Wirren in Rumänien siehe Schönherr, Die Rückzugskämpfe, S. 773-777.
[359] OTL i.G. Maizière, Tätigkeit als Ia der 10. Pz.Gren.Div. seit 15.1.1944, PA AdM, Karton 1940-1951.
[360] Siehe zum Folgenden detailliert GL August Schmidt, Bericht an die Armee über die Kämpfe der 10. Pz.Gren.Div. vom 20.8. bis 1.9.1944, undat., PA AdM, Karton 1940-1951.

Nacht in Bewegung[361]. Gerade eben noch erreichten Teile der Division den Übergang über den Sereth bei Piscul, westlich von Galatz, wo man kurzfristig einen Brückenkopf zu bilden vermochte. Nur weil de Maizière mit den noch motorisierten Teilen vorausfuhr und die rumänische Bewachung eines Betriebsstofflagers beim Bahnhof Cilibia überrumpelte, schaffte es der Verband, sich überhaupt noch fortzubewegen. Bei einem Gefecht am Ortsrand von Pogoanele, etwa 80 Kilometer ostwärts Ploesti, wurde de Maizière jedoch am 29. August auf seinem Schützenpanzerwagen (SPW) von den Splittern einer Panzerabwehrgranate am rechten Fuß und Oberschenkel verletzt, abgeschossen von rumänischen Soldaten mit einer deutschen Pak[362]. Durch diese Verwundung verlor er den Anschluss an die Division, deren Einzelteile sich nun ebenfalls auflösten[363].

Mit letzter Kraft erreichte de Maizière zusammen mit anderen Divisionsangehörigen tags darauf schließlich die Donau. Da niemand wusste, was am jenseitigen, dem bulgarischen, Ufer auf sie wartete, löste sich auch dieser Rest in weitere kleine Gruppen auf, die sich selbstständig durchzuschlagen suchten. Von einem rumänischen Kanonenboot beschossen, glückte den meisten der Übergang. De Maizière selbst, der sein rechtes Bein nicht mehr bewegen konnte, wurde von Kameraden in einem der letzten beiden »Volksschwimmwagen« unter großen Schwierigkeiten übergesetzt und erreichte schließlich ein Krankenhaus in Silistra. Nach der Erstversorgung transportierten ihn die Bulgaren bereits am 1. September 1944 zusammen mit weiteren versprengten deutschen Soldaten zunächst auf Lkw, dann Panjewagen in ein Krankenhaus nach Ysperich. Von dort aus ging es für ihn einen Tag später mit dem schwerer verwundeten Oberleutnant Stockmann weiter. Über ein kleines Krankenhaus in Pleven erreichten beide am 4. September 1944 ein gerade eingerichtetes Lazarett in Sofia-Banki. Dass der dort leitende Arzt, Professor Dawidoff, 16 Jahre in Deutschland gelebt und eine Hamburgerin geheiratet hatte, erwies sich für ihn als Glücksfall: Fast zwei Tage wurden die beiden Verwundeten nach ihrer fast 400 Kilometer langen Fahrt seit Silistra bestens versorgt. Am 6. September brachte sie daraufhin ein deutscher Stabsarzt mit dem letzten Transport aus Bulgarien heraus, dem zwischenzeitlich von der Sowjetunion der Krieg erklärt worden war. Durch die aufmarschierenden bulgarischen Truppen hindurch erreichte man Niš, wo es mit einem Lastensegler weiter nach Belgrad ging. Wenige Minuten vor dessen Landung war dort gerade ein anderer Lastensegler

---

361 Eva Werner, Beschreibung der Kampftage in Rumänien und der Odyssee durch Bulgarien. Wiedererzählt nach mündlichen Berichten des Herrn Oberstleutnants i.G. Ulrich de Maizière, Oktober 1944, PA AdM, Karton 1940-1951.

362 Siegfried Wegner an de Maizière, 6.5.1971, BArch, N 673/54a. Wegner will damals einer der aufgesessenen Funker gewesen sein.

363 OTL i.G. Maizière, Tätigkeit als Ia der 10. Pz.Gren.Div. seit 15.1.1944, PA AdM, Karton 1940-1951. Zum weiteren Fortgang der Geschehnisse um die Restteile der Division bis zum 9.11.1944 sowie ihr weiteres Schicksal bis zum Kriegsende siehe detailliert GL August Schmidt, Bericht an die Armee über die Kämpfe der 10. Pz.Gren.Div. vom 20.8. bis 1.9.1944, undat., sowie GL August Schmidt, Aus meinen Tagebuchnotizen, Einträge vom 30.8.-11.9.1944, und Der Einsatz des Inf.Rgts. 20, alle PA AdM, Karton 1940-1951.

von britischen Jägern abgeschossen worden. Im völlig überfüllten Lazarett von Belgrad-Semlin traf de Maizière zufällig auf den eben genesenen Hauptmann Stephan aus seiner alten Division, mit dem zusammen er die Weiterreise nach Wien per Bahn, das man am 11. September erreichte, und von dort nach weiteren vier Tagen ins Lazarett nach Göttingen schaffte. Eva Werner, die de Maizières Bericht nach seiner Entlassung aus dem Lazarett zu Papier brachte, schloss diesen mit den Worten:

> »Nach 7 Tagen ärztlicher Betreuung und Ruhe wurde er als Ambulant entlassen und hielt seinen Einzug im Rohnsweg. Sehnsüchtig erwartet von seiner Mutter, die lange Wochen in banger Sorge auf Nachricht gewartet hatte und nach einigen Tagen auf das Freudigste von mir begrüßt, fand die Odyssee durch Bulgarien, Serbien und [...] Ungarn ihren Abschluss und wurde abgelöst durch wohlverdiente Tage und Wochen der Ruhe, Freude und Erholung[364].«

Am 18. September 1944 wurde de Maizière mit dem »Verwundetenabzeichen Schwarz« ausgezeichnet und zehn Tage später zu seiner inzwischen vom Bombenkrieg nach Göttingen zu einer Freundin, Maria Lüdicke, geflohenen Mutter entlassen. Als dort auch Eva Werner eintraf, konnte man zusammen den anschließenden Genesungsurlaub in Göttingen und Landsberg vom 26. Oktober bis zum 10. November 1944 verbringen[365]. De Maizière nutzte ihn, um der drei Jahre jüngeren Landwirtschafts- und Hauswirtschaftslehrerin einen Antrag zu machen; sie nahm an und am 18. November 1944 fand die Hochzeit statt[366].

---

[364] Eva Werner, Beschreibung der Kampftage in Rumänien und der Odyssee durch Bulgarien. Wiedererzählt nach mündlichen Berichten des Herrn Oberstleutnants i.G. Ulrich de Maizière, Oktober 1944, PA AdM, Karton 1940-1951.

[365] Einträge im Soldbuch Ulrich de Maizière, PA AdM, Akte Persönliche Unterlagen, sowie de Maizière, In der Pflicht, S. 91-96. Bei seiner Einstellung in die Bundeswehr gab er für diese Zeit lediglich an, wegen einer Verwundung in Knie und Leistengegend vom 11.9. bis 25.10.1944 im Reservelazarett XXIII Wien und im Res.Laz. Göttingen gelegen zu haben, Personalbogen Ulrich de Maizières anlässlich seiner Einstellung in die Bundeswehr, 20.6.1955, Personalakte Ulrich de Maizière, BArch, Pers 1/27800. Den Einträgen in seinem Soldbuch nach wurde de Maizière am 11.9.1944 im Wiener Res.Laz. und am 15.9.1944 im Res.Laz. Göttingen aufgenommen sowie am 25.10.1944 von dort entlassen. Siehe Soldbuch Ulrich de Maizière, PA AdM, Akte Persönliche Unterlagen.

[366] Siehe dazu den Antrag des OTL i.G. Ulrich de Maizière, Führerreserve OKH, auf Erteilung der Heiratserlaubnis, nebst entsprechenden Anlagen, mit Eva Werner, der am 27.3.1915 in Hannover geborenen Tochter des Hannoveraner Bankiers Hermann Werner und dessen Ehefrau Nora Werner, geb. Lemmermann, 4.11.1944, PA AdM, sowie Standesamt Göttingen, Heiratsurkunde, 18.11.1944, PA AdM, Akte Persönliche Unterlagen, und Personalbogen Ulrich de Maizières anlässlich seiner Einstellung in die Bundeswehr, 20.6.1955, Personalakte Ulrich de Maizière, BArch, Pers 1/27800. In seinem dazugehörigen Lebenslauf gab er den 19.11.1944 an. Lebenslauf als Anlage zum Personalbogen Ulrich de Maizières anlässlich seiner Einstellung in die Bundeswehr, 20.6.1955, ebd. Dabei blieb er auch in seinen Memoiren. De Maizière, In der Pflicht, S. 97. Die Verlobungsanzeige vom Oktober 1944 findet sich in PA AdM, Akte Persönliche Unterlagen. Womöglich ist sein Irrtum darauf zurückzuführen, dass der 19.11. der Hochzeitstag seiner Eltern war. Siehe dazu die Heiratsurkunde der Eltern de Maizières vom 19.11.1903 in PA AdM, Akte Persönliche Unterlagen.

Die versprengten Reste seiner ehemaligen Division hatten derweil gegenüber rumänischen Verbänden kapituliert, was ein Ermittlungsverfahren gegen den zu diesem Zeitpunkt verantwortlichen Oberst Scheffel nach sich zog. Obwohl er selbst seinerzeit gar nicht mehr bei der Division gewesen ist, sagte de Maizière im Januar 1945 gegen Oberst Scheffel aus:

»Ich befand mich in der Nacht vom 30. zum 31.8.1944 als Verwundeter bei den Spitzenfahrzeugen der mot. Teile der 10. Pz.Gren.Div. Bei der Anfahrt zur Donau wurden wir in der letzten Ortschaft nördlich der Donau (vermutlich Ciucanesti) durch Gewehr- und Maschinenpistolen-Feuer beschossen, ohne eigene Verluste zu erleiden. An der Donau angekommen wurde festgestellt, dass nach etwa 20 Fahrzeugen die Verbindung zu den folgenden Teilen abgerissen war. Major Kast, der im Spw. des Div.-Kdeurs. und einigen schweren Waffen unter Führung des Lt. Schmitz zur Verbindungsaufnahme zurückfuhr, kehrte nach einiger Zeit zurück und machte mir die in seinem Bericht vom 30.10.1944 niedergelegten Angaben. Diese meldete ich nach Übersetzen über die Donau meinem Div.Kommandeur, Generalleutnant Schmidt. Nach meiner Kenntnis der Lage wäre eine Übergabe der restlichen mot. Teile der Division durch Oberst Scheffel nicht notwendig gewesen, zumal die Rumänen in den Tagen vorher bereits mehrfach bewiesen hatten, dass sie einen ernsthaften Widerstand zu leisten nicht gewillt waren[367].«

Was de Maizière zu dieser Aussage veranlasst hat, ist nicht bekannt. Angesichts der eigenen Verwundung, der dafür verantwortlichen Gefechte mit den rumänischen Truppen und den damit verbundenen Schwierigkeiten, das rettende bulgarische Ufer zu erreichen, sind die Feststellungen wenigstens erstaunlich. Seine Division war bereits in vollständiger Auflösung, als er sie verlassen hatte.

Vielleicht sind sie auf das weiterhin enge Verhältnis mit seinem vormaligen Divisionskommandeur Generalleutnant August Schmidt zurückzuführen, mit dem er bis zu dessen Tod am 17. Januar 1972 in München in Kontakt blieb. Zeit seines Lebens identifizierte sich Schmidt zutiefst mit seiner ehemaligen Division. Zu de Maizières Ernennung zum Generalinspekteur gratulierte sein alter Kommandeur wie zum Beleg mit den Worten: »Die 10. Pz.Gren.Div. ist stolz darauf, dass einer ihrer Angehörigen auf diese Stellung berufen wurde.« Insbesondere lobte er de Maizière dafür, dass er »in schwerster Zeit 2½ Jahre mein engster, bewährter Mitarbeiter, Berater und darüber hinaus ein mir sehr nahestehender Kamerad« geblieben sei. Daher sei er »überzeugt, dass Sie mit Ihrem überragenden Können auf allen Gebieten und mit Ihrer Klugheit und Ihrem Takt die Lage meistern und der militärischen Führung jenen Platz sichern werden, der ihr gebührt«[368]. Schmidt hatte schon seinerzeit de Maizières Nachfolger auf dem Ia-Posten an diesem gemessen. Einer davon, der spätere Bundeswehr-Oberst i.G. Carl-Albert Keerl, erinnerte Schmidt daran, als er 1966 unter de Maizière als Generalinspekteur diente:

---

[367] OTL i.G. de Maizière, Betr.: Ermittlungsverfahren gegen Oberst Scheffel, 8.1.1945, PA AdM, Akte Entnazifizierung/Einstufung.

[368] GL a.D. August Schmidt an de Maizière, 6.9.1966, BArch, N 673/83.

»Dabei hat sich ihr sicherer Blick und ihre klare Beurteilung bewährt, mit denen Sie mir schon 1945 bei der Erledigung meiner Aufgaben in Ihrem Stabe sagten, dass meine Arbeit zwar ganz gut, aber bei Weitem nicht so vollkommen und genau wie die Arbeit des damaligen Major de Maiziére [sic!] sei[369].«

De Maizière selbst gedachte später »mit großer Dankbarkeit der 1½ Jahre, in denen ich Ihr unmittelbarer Berater sein durfte. Sicherlich ist es nicht zuviel gesagt, wenn ich meine, dass sich in dieser Zeit fast ein bisschen ›Vatersein‹ entwickelt hat«[370]. Mit anderen ehemaligen Kameraden aus der 10. Panzergrenadierdivision hielt sich die Verbindung über die Jahrzehnte eher sporadisch[371]. Ihnen bestätigte de Maizière, er gedenke der »Zeit in der 10. Panzergrenadierdivision [...] mit ganz besonderer Dankbarkeit und Genugtuung zurück«[372]. Vor allem »die schwere gemeinsame Zeit in Rumänien im Spätsommer 1944« gehöre dabei »zu meinen wichtigsten Kriegserlebnissen. Diejenigen, die diesen Zusammenbruch überlebt haben [...], tragen nur um so [sic!] größere Verpflichtung für ihr Wirken in den späteren Jahrzehnten. Ich meine, wir beide sind uns dieser Verpflichtung bewusst gewesen und haben sie auch unter Beweis gestellt[373].«

Möglicherweise müssen die Aussagen hinsichtlich der Kapitulation seiner ehemaligen Division aber auch in einen anderen Zusammenhang eingeordnet werden, denn de Maizière kümmerte sich spätestens seit dem Jahreswechsel 1944/45 intensiv um eine förderliche Verwendung. Nach der Wiederherstellung seiner Felddienstfähigkeit war er Ende November 1944 zunächst der Führerreserve des OKH beim OB West (Generalfeldmarschall Gerd von Rundstedt) zugeteilt worden. Obwohl eigentlich als Armee-Ia vorgesehen, musste er sich für die Heeresgruppe B im Kontext der Ardennenoffensive um die Verkehrsüberwachung und -regelung kümmern[374]. In dieser Verwendung als, wie er es selbst nannte, »Oberfeldgendarm« traf er zwar im Heeresgruppen-Hauptquartier immerhin allabendlich »mit dem Oberbefehlshaber und anderen Persönlichkeiten« zusammen, empfand diese Phase aber dennoch als »Leidenszeit«[375]. Nach einem kurzen Zwischenspiel über den Jahreswechsel hinweg beim Stab des

[369] O i.G. Carl-Albert Keerl an Schmidt, 22.12.1966, BArch, N 673/51a.

[370] De Maizière an Schmidt, 1.11.1967, ebd. Auf dieses für de Maizière erstaunlich persönliche Schreiben ist eine Antwort nicht überliefert. Zum sonstigen regen Briefwechsel zwischen beiden siehe ebd.

[371] Siehe z.B. de Maizière an Sauer, 30.6.1965, BArch, N 673/50b; Karl Theodor Uhrig an de Maizière, 17.6.1989, BArch, N 673/180, oder Werner Kulbe an de Maizière, 26.1.1965, BArch, N 673/45a. Dem seinerzeit als ROI bei BMVg/U I 5 tätigen Kulbe antwortete de Maizière, er »habe noch manche Beziehung zu früheren Divisionsangehörigen«. Siehe de Maizière an Kulbe, 2.2.1965, BArch, N 673/45a.

[372] De Maizière an Sauer, 30.6.1965, BArch, N 673/50b. Ähnlich bspw. auch in de Maizière an Siegfried Wegner, 26.4.1971, BArch, N 673/54a.

[373] De Maizière an Karl Theodor Uhrig, 23.6.1989, BArch, N 673/180. Uhrig war später Mitglied des Landtags von Baden-Württemberg.

[374] Zunächst ab dem 30.11.1944 auf eine z.b.V.-Stelle beim Generalstab des OB West kommandiert, wurde er mit Verfügung vom 7.12.1944 als Armee-Ia versetzt. Siehe Reichswehrministerium/Heeresleitung/Personalamt, Personalakten für de Maizière, Ulrich, PA AdM.

[375] De Maizière, In der Pflicht, S. 97 f.

◀ Abb. 21/22:
Das frisch vermählte Paar auf Hochzeits-
reise in Dresden, November 1944
PA AdM

▼ Abb. 23:
Oberstleutnant de Maizière mit General der
Artillerie Ernst-Eberhard Hell, Sommer 1944
PA AdM

▲ Abb. 24:
Vorführung eines Schützenpanzers für rumänische Offiziere im
Südabschnitt der Ostfront im Sommer 1944
BArch, Bild 101I-243-2261-14, Waidelich

▶ Abb. 25:
Generalleutnant August Schmidt, Kommandeur der 10. Panzer-
grenadierdivision, im Gespräch mit seinem Ia, Sommer 1944
PA AdM

▼ Abb. 26:
Verhaftung der letzten Reichsregierung um Großadmiral Karl
Dönitz, Generaloberst Alfred Jodl und Albert Speer in Flensburg-
Mürwik am 23. Mai 1945 durch britische Soldaten
BArch, Bild 146-1985-079-31

Generals der Panzertruppen West, General der Panzertruppe Horst Stumpff, veranlasste er selbst seine Beurlaubung zu seiner Frau, die noch immer in Göttingen war, und versuchte anschließend durch persönliche telefonische Intervention beim Heerespersonalamt seine Versetzung zu erreichen. Im Heerespersonalamt saß seit dem Herbst 1944 sein alter Jahrgangskamerad Karl Heinrich Fricke, der nach mehreren Verwundungen und notwendigen Lazarettaufenthalten seit 1942 nicht mehr fronttauglich gewesen ist. Wie de Maizière selbst in seinem Nachruf auf Fricke 1996 feststellte, hatte dieser damals vielen Kameraden helfen können, auch dabei, »für sie gerade in der Schlussphase des Krieges den geeigneten und angemessenen Platz zu finden«[376]. Am 4. Februar 1945 wurde de Maizière jedenfalls ins Hauptquartier des OKH nach Zossen bestellt. Dort bot man ihm den Posten des Ia der Operationsabteilung des Generalstabes des Heeres an[377].

Angesichts seiner Bemühungen wäre es für de Maizière also wenig ratsam gewesen, aus welchen Gründen auch immer Anfang 1945 eine Kapitulation als Handlungsalternative zu unterstützen. Dazu kam, dass Hitler persönlich kurz zuvor die Weisung ausgegeben hatte, jeder Truppenführer, so er den Kampf aufgeben wollte, habe zunächst alle ihm unterstellten Soldaten – vom Offizier bis hinunter zu den Mannschaften – zu befragen, ob irgendwer willens sei, weiterzukämpfen. Gab es einen solchen, musste der bisherige Befehlshaber »diesem ohne Rücksicht auf den Dienstgrad die Befehlsgewalt [übergeben] und [selbst] mit ein[treten]«; der neue Führende übernahm daraufhin »das Kommando mit allen Rechten und Pflichten«[378]. Es wäre also auch ohne den besonderen Hintergrund de Maizières nicht ungefährlich gewesen, einer Kapitulation das Wort zu reden. Doch davon war dieser ohnehin weit entfernt. Anstatt wie so viele der im Westen eingesetzten Soldaten relativ sicher dem Kriegsende entgegensehen zu wollen, kümmerte sich der gerade dem Tod, wenigstens aber der Gefangennahme entronnene und nun auch verheiratete Stabsoffizier intensiv um eine aktivere Verwendung[379].

---

[376]   Ulrich de Maizière, Nachruf für O a.D. Karl Heinrich Fricke anlässlich der Trauerfeier am 19.4.1996 in der Pauluskirche, Bad Godesberg/Friesdorf, PA AdM, Akte Jahrgang 1930.

[377]   De Maizière, In der Pflicht, S. 98–101. Siehe dazu auch die Mitteilung der Versetzung vom Generalstab OB West z.b.V. zum OKH mit HPA/P3 ohne Nr. an Op.Abt., 16.2.1945 (Abschrift), PA AdM, Akte Persönliche Unterlagen.

[378]   Weitergabe des Befehls durch Gen.Kdo. LIII. AK/Ia Br.B. Nr. 85/44 geh., Betr.: Befehlsführung bei abgeschnittenen Truppenteilen, 8.12.1944, BArch, RH 26-79/98. Dass es je zu einem solchen Szenario gekommen wäre, ist bis heute nicht bekannt. Da es vor allem die Offiziere waren, die in der Regel eben nicht aufgeben wollten, kann dies kaum verwundern.

[379]   Zimmermann, Die deutsche militärische Kriegführung.

f)   Im Angesicht des Untergangs (1945)

Bei dem Posten des Ia der Operationsabteilung des Generalstabes des Heeres handelte es sich um eine prestigeträchtige, in der turbulenten Endphase des Krieges gleichwohl riskante Aufgabe[380]. De Maizière will ihn nur widerwillig übernommen haben; einerseits wusste er um die aussichtslose Kriegslage, andererseits sorgte er sich um seine eigene Zukunft, sollte er diesen Auftrag ablehnen. Mitte Februar 1945 trat er den neuen Dienstposten an und behielt ihn bis zum Ende des Krieges[381]. In der Rückschau erklärte er diesen Entschluss mit der Alternativlosigkeit, die er seinerzeit empfunden haben wollte:

> »Kämpften nicht Millionen von Kameraden an der Front und setzten täglich ihr Leben aufs Spiel? [...] Gab es vielleicht noch Möglichkeiten, etwas zu mildern oder Schlimmstes zu verhüten? [...] Ich habe mich zu der mir anerzogenen und überlieferten Pflichterfüllung entschieden. Viele Ältere und Jüngere – auch Gegner des Regimes – haben das Gleiche getan. Geprägt von Begriffen der Vaterlandsliebe und des Dienstes am Gemeinwohl, glaubten wir, inmitten des Krieges, auch wenn er sich dem Ende zuneigte, nicht ›aussteigen‹ zu dürfen, uns der Pflichterfüllung nicht entziehen zu können[382].«

Inwieweit er das damals tatsächlich so empfand, muss offen bleiben. Immerhin stand er nach seiner Verwundung längst wieder bei der Truppe, erfüllte also bereits die von ihm angesprochene Pflicht. Sein Drängen nach einer verantwortlicheren Position ist damit nicht ausreichend zu begründen, zumal sich de Maizière hinsichtlich der drakonischen Praxis der deutschen Kriegführung bis hin zum Terror gegen die eigenen Soldaten nicht im Ungewissen befinden konnte. Als Ia der Organisationsabteilung zeichnete er selbst etliche Befehle »für die Richtigkeit« mit, die inhaltlich an Deutlichkeit nichts vermissen ließen[383]. An dieser Stelle seien zwei entsprechende Beispiele angeführt. Am 10. April 1945 gab er per Fernschreiben den »Führerbefehl zur Kampfführung im Westen und für die zu erwartenden Abwehrschlachten im Osten« weiter. Darin stand zu lesen:

> »Wer ein ganzer Kerl ist, lässt sich nicht unterkriegen. Oberbefehlshaber und Kommandeure aller Dienstgrade müssen den Schwerpunkt ihrer Führungsaufgabe darin sehen, durch Vorbild und persönliche Einwirkung auf der einen, rücksichtslose Härte auf der anderen Seite das Gift der Tatenlosigkeit

---

[380] De Maizière, In der Pflicht, S. 98-101. Siehe dazu auch die Mitteilung der Versetzung vom Generalstab OB West z.b.V. zum OKH mit HPA/P3 ohne Nr. an Op.Abt., 16.2.1945 (Abschrift), PA AdM, Akte Persönliche Unterlagen.

[381] Nach seinen Angaben bei der Einstellung in die Bundeswehr will er den Posten ab dem 15.2.1945 übernommen haben, Personalbogen Ulrich de Maizières anlässlich seiner Einstellung in die Bundeswehr, 20.6.1955, Personalakte Ulrich de Maizière, BArch, Pers 1/27800. In seinen Memoiren nennt er dagegen den 17.2., weil er zuvor noch einmal für einige Tage zu seiner Familie nach Göttingen durfte. De Maizière, In der Pflicht, S. 101.

[382] De Maizière, In der Pflicht, S. 101.

[383] Zum Beleg seiner umfassenden Kenntnis um Lage und verbrecherische Art der eigenen Kriegführung siehe auch die Bestände BArch, RH 2/2118 und RH 2/1930.

unermüdlich zu bekämpfen und schwächliche, untätige oder gar defaitisti-
sche Persönlichkeiten sofort auszumerzen[384].«

Falls de Maizière – was angesichts seiner Erfahrungen unmöglich scheint –
nicht klar gewesen sein sollte, was genau unter »ausmerzen« zu verstehen war,
wurde der ebenfalls über seinen Tisch gehende »Führerbefehl an den SS-
Obergruppenführer Steiner« vom 21. April 1945 unmissverständlich:»Offiziere,
die sich dieser Anordnung nicht bedingungslos fügen, sind festzunehmen und
augenblicklich zu erschießen. Sie selbst mache ich mit Ihrem Kopf für die
Durchführung dieses Befehls verantwortlich[385].« Nicht nur die katastrophale
und ausweglose Kriegslage war ihm also bewusst, auch dass er einem zunehmend unzurechnungsfähigen Diktator diente, der – allerdings nicht erst jetzt –
Mordbefehle gegen die eigenen Soldaten erließ, war ihm klar. Schließlich trug
er Hitler wiederholt persönlich vor[386].

De Maizières Ausweg aus diesem offensichtlichen Dilemma mag typisch
sein für seine Generation und verdeutlicht das problematische Verständnis
einer Pflichterfüllung als Wert an sich, wie er sie für sich selbst und für andere
stets einforderte. Noch in einer Ansprache als Kommandeur der Führungsakademie führte er vor deren Angehörigen im Juli 1964 aus:

»Ist mit der Verehrung der Männer des 20. Juli nun zugleich ein negatives
Urteil gefällt über alle die, die nicht am 20. Juli beteiligt waren? Sicherlich
nicht, sonst stände die Mehrzahl der Anwesenden hier heute nicht unter
uns. Tausende, ja Millionen deutscher Soldaten waren überzeugt, in ge-
wissenhaftem Gehorsam und aus der Sicht ihres Verantwortungsbereiches
heraus ihre soldatische Pflicht zu erfüllen. Die Motive ihres Handelns waren, von Ausnahmen abgesehen, ehrenhaft. Meist wussten sie ja auch nicht,
was sich hinter der äußeren Fassade des Nationalsozialismus wirklich
verbarg, und so sie es ahnten, glaubten sie, der Abwehr des äußeren Feindes,
dem Schutz der Familie und Heimat, dem soldatischen Gehorsam den Vor-
rang geben zu müssen. Oft entschieden sie sich auch hierzu nur unter Gewissensnot[387].«

Folgerichtig lag es de Maizière »am Herzen, zusammen mit meinem eindeutigen Bekenntnis zum 20. Juli 1944 zugleich den Soldaten gerecht zu werden, die
in jenen Kriegsjahren glaubten, wie Generationen von deutschen Soldaten vor
ihnen, ihre Pflicht im Kampf an der Front treu zu erfüllen. Schuld und Ver-

---

[384] OKH/GenStdH/OpAbt Ia Nr. 4350/45 gKdos., KR-Fernschreiben, Führerbefehl zur Kampfführung im Westen und für die zu erwartenden Abwehrschlachten im Osten, 10.4.1945,
BArch, RH 2/1914.
[385] OKH/GenStdH/OpAbt Ia Nr. 3 4887/45 gKdos., FRR-Fernschreiben, Führerbefehl an den
SS-Obergruppenführer Steiner, 21.4.1945, BArch, RH 2/1914.
[386] De Maizière, In der Pflicht, S. 103-106.
[387] De Maizière, Ansprache Kdr FüAkBw am 15.7.1964 vor allen Stammoffizieren, Beamten,
Hörern und Uffz (Tonbandaufnahme, redigiert), sowie zum Abgleich das Redemanuskript de Maizières, Ansprache vor der Führungsakademie und dem Brigadekommandeur-Lehrgang vor der Sommerpause 1964, 15.7.1964, beide BArch, N 673/58. Siehe zu
seiner auch im Weiteren unveränderten Bewertung des 20. Juli 1944 z.B. Ansprache GenInsp, Gen. de Maizière, zum 20. Juli 1969 in der Bonner Beethovenhalle, BArch,
N 673/60.

hängnis sind hier eng verwoben[388].« Für solches Handeln machte er nicht zuletzt den geleisteten Eid verantwortlich, an die Person Hitlers und unbedingten Gehorsam gebunden. »Zwar«, so gestand er kritisch zu, »galt auch für diesen Eid die Erkenntnis, dass in der Geschichte des Abendlandes der Eid immer eine zweiseitige Verpflichtung gewesen ist. Er bindet den, der ihn entgegennimmt, nicht weniger, als den, der ihn leistet. Der Wille zum rechtmäßigen Handeln ist selbstverständliche Voraussetzung für Eidgeber und Eidnehmer«. Doch der »Wortlaut des Soldateneides des dritten Reiches [sic!]« habe »das Erkennen dieser Zusammenhänge schwierig« gemacht und »viele tapfere und ehrenwerte Soldaten in schwere Gewissensnot« gebracht[389]. Gleichwohl kann heute als erwiesen gelten, dass die Eidproblematik ein zumindest von der überwältigenden Mehrheit vorgeschobenes Argument gewesen ist[390]. Vielleicht war das de Maizière bewusst. Er forderte zwei Jahrzehnte nach Kriegsende jedenfalls einen anderen Maßstab und eine individuelle Auseinandersetzung in seinem Fazit:

>»Wenn wir also in die Zukunft schauen und eine tragfähige Formel der Lehren aus dem 20. Juli für unser heutiges Verhalten suchen wollen, so sollten wir weniger fragen: Wo bist Du gewesen, hier oder dort? Wir sollten vielmehr prüfen: Welches waren Deine sittlichen Motive? Und jeder sollte sich selbst erforschen: Hast Du, nach dem, was Du wusstest und beurteilen konntest, ›anständig‹ gehandelt, ohne Rücksicht auf die eigene Person, selbst wenn die Erfolgsaussichten gering waren? Und wenn wir bei dieser Prüfung an uns auch nur etwas auszusetzen haben, so sollte das unser Gewissen schärfen und eine Mahnung für künftiges Handeln sein[391].«

Freilich ließ der alleinige Bezug auf die moralischen Größen »Sittlichkeit« und »Anstand« die Grenzen zwischen dem Wissen um Verbrechen und der Teilhabe an ihnen vollständig verschwimmen. Ganz pragmatisch sollte der Einzelne daraus seine Lehren ziehen und – vereinfacht gesprochen – ein besserer Mensch werden. Anlässlich seines Ausscheidens aus dem aktiven Dienst hat Hans-Adolf Jacobsen 1972 bei de Maizière dazu eine »tiefe religiöse Überzeugung« ausgemacht, »die im Protestantismus wurzelte und die zuerst vom ›Guten‹ im Menschen ausging«. Dem habe sein Charakterzug entsprochen, »Konflikte mit anderen Persönlichkeiten gewissermaßen zu dimensionieren«, Unstimmigkeiten nicht zu eskalieren, sondern stets den Ausgleich zu suchen, um »mit dem Betreffenden küftig doch wieder zusammenarbeiten zu können«[392].

Anfang 1945 traf de Maizière im Generalstab des Heeres etliche Kameraden, die sich ebenso fatalistisch verhielten wie er selbst. Darunter waren einige Bekannte, teilweise aus seinem Jahrgang wie Karl Wilhelm Thilo; andere wiederum

---

[388] Rede InspH, GL de Maizière, zum 20. Juli 1966 anlässlich der Veranstaltung des Zentralverbandes deutscher Widerstandskämpfer und Verfolgtenorganisationen in der Beethovenhalle zu Bonn, BArch, N 673/59.

[389] Ebd.

[390] Die Wehrmacht. Mythos und Realität.

[391] Rede InspH, GL de Maizière, zum 20. Juli 1966 anlässlich der Veranstaltung des Zentralverbandes deutscher Widerstandskämpfer und Verfolgtenorganisationen in der Beethovenhalle zu Bonn, BArch, N 673/59.

[392] Jacobsen, Vom Leitbild des »Staatsbürgers in Uniform«, S. 119.

lernte er neu kennen wie Oberst i.G. Wilhelm Meyer-Detring, der in der Bundeswehr ebenfalls Generalsrang und eine gewisse Berühmtheit als »NATO-Knigge« erlangte[393]. Zahlreiche Kontakte hielten sich seither über die gesamte militärische Dienstzeit hinweg, so beispielsweise mit dem damaligen Generalmajor Erich Dethleffsen. Dieser schrieb de Maizière im August 1969, als er aus dem aktiven Dienst ausschied, jedenfalls:

> »Erlauben Sie mir, dass ich diese Gelegenheit nutze, um Ihnen noch einmal von ganzem Herzen für die stets bewährte gute Zusammenarbeit und in besonderem Maße für das Vertrauen zu danken, das Sie mir entgegengebracht haben. Ich denke dabei nicht nur an die letzten Jahre, sondern auch an die bitteren, harten Wochen 1945, als wir zum ersten Mal mit einander in dienstlicher Verbindung standen. Es wird Ihnen vielleicht ähnlich wie mir ergangen sein: dass wir immer dann, wenn wir uns zu einem Lagevortrag beim Herrn Bundeskanzler trafen, uns etwas zwiespältig daran erinnerten, schon einmal zu Lagebesprechungen bei der Führungsspitze gemeinsam gefahren zu sein[394].«

Der Angeschriebene antwortete ihm umgehend »mit einem ebenso herzlichen Dank«:

> »So oft wir miteinander zu tun hatten, habe ich mich über die Offenheit und das Vertrauen ebenso wie über den grundsätzlichen Gleichklang der Auffassungen gefreut. Sie haben völlig recht: Auch ich habe mich oft der letzten harten Wochen des Jahres 1945 erinnert. Dabei kann man den Unterschied der Lagebesprechungen von Damals und Heute nur mit Befriedigung konstatieren. Ich bin mir sicher, dass wir auch nach dem 1. September 1969 uns gelegentlich wiedersehen werden. Ich jedenfalls werde mich immer freuen, wenn ich Ihnen die Hand drücken kann[395].«

Überhaupt bildeten die »Angehörigen der alten Operationsabteilung des Oberkommandos des Heeres« rasch ein enges Netzwerk aus, dessen Wirkung auf die Bundeswehr bis heute noch nicht ausgelotet ist und keinesfalls überschätzt werden kann. In unregelmäßigen Abständen fanden größere, allgemeine Treffen statt[396]. Darüber hinaus trafen sich regelmäßig kleinere Zirkel. Hinzu

---

[393] Nach der Zweiteilung des Reichsgebietes und dem damit verbundenen Split der Führungsstäbe im April 1945 wurde Meyer-Detring de Maizières Abteilungsleiter. Gegen Ende seiner Dienstzeit traf er ihn als General im Ruhestand wieder: Meyer-Detring war 1971 Angehöriger der Wehrstrukturkommission. De Maizière, In der Pflicht, S. 107, 319 f. In seiner Bundeswehrzeit war Meyer-Detring von 1956 bis 1957 der Leiter des deutschen Verbindungsstabes beim Oberbefehlshaber der US-Streitkräfte in Europa in Heidelberg und anschließend bis 1959 Abteilungsleiter beim NATO-Oberkommando in Fontainebleau. In einem Buch stellte er nicht nur die Organisationsweise der NATO im Detail vor, sondern gab auch Hinweise zum sozialen und gesellschaftlichen Umgang mit den NATO-Kameraden, daher der Spitzname. Meyer-Detring, Als Deutscher bei der NATO.

[394] Erich Dethleffsen an de Maizière, 22.8.1969, BArch, N 673/39a.

[395] De Maizière an GM Erich Dethleffsen, 26.8.1969, ebd. Dethleffsen schied mit Ablauf des 31.8.1969 aus dem aktiven Dienst aus.

[396] So z.B. am 19./20.5.1967. Siehe de Maizière an Hans-Henning von Christen, 23.1.1967, BArch, N 673/38. De Maizière hatte sich diesen Termin schon mal vorgemerkt. Siehe de Maizière an GM a.D. Ernst Merk, 8.11.1966, BArch, N 673/47a. Dabei handelte es sich bereits um das 4. Treffen, in Bad Godesberg. Auf dem 3. Treffen 1964 auf der Godesburg hatte man beschlossen, sich 1967 wiederzusehen. Für weniger begüterte Kameraden gab

kommt, dass die jeweiligen Angehörigen noch über weitere Kameradschafts-netze zu ihrer alten Einheiten, Verbänden und Jahrgängen verfügten. Bei der Übernahme in die Bundeswehr erfüllten diese Netzwerke ebenso ihre Funktion wie bei der Beeinflussung der öffentlichen Diskussion in der sogenannten Wie-derbewaffnungsdebatte[397]. Sie hielten in der Regel ein Leben lang.

1945 vermisste de Maizière in seiner täglichen Arbeit vor allen Dingen »Selbstständigkeit und die Möglichkeit, sich unmittelbar auswirken zu kön-nen«, zumal im »Wissen um das bevorstehende katastrophale Ende des Krie-ges«[398]. Dennoch versah er seinen Dienst monatelang gewissenhaft in einer Pha-se in der die Wehrmacht in jedem dieser Monate mehr eigene Soldaten verlor als in der so wirkungsmächtigen Schlacht um Stalingrad. Im letzten Jahr des Krieges, in dem dieser sich in Europa zunehmend auf das Territorium des Reichsgebietes konzentrierte, fanden ungefähr genauso viele deutsche Soldaten den Tod wie in den Kriegsjahren zuvor zusammengerechnet[399]. Nicht nur aus der Luft, auch am Boden hielt der Krieg nun Einzug in die Heimat der Soldaten; Hunderttausende Zivilisten starben im Luftkrieg, um die acht Millionen wur-den obdachlos[400]. Dazu fielen noch Abertausende einer blindwütigen Mordma-schinerie zum Opfer. Nicht zu vergessen sind die toten Soldaten der Anti-Hitler-Koalition[401]. Das Töten von sich aus zu beenden, dazu konnten sich die Wenigsten in der militärischen Führung des Deutschen Reiches durchringen. Solche, wie beispielhaft Generaloberst Heinrich von Vietinghoff-Scheel in Ita-lien, bildeten die sprichwörtliche Ausnahme von der Regel; und selbst dieser musste vom eigentlichen Initiator, SS-Obergruppenführer Karl Wolff, dazu getrieben werden[402]. Dass auch er, so wenigstens in einer schriftlichen Aussage nach der Rückkehr aus der Gefangenschaft 1948, seine Entscheidung mit der »Pflicht« begründete, mag die Widersprüchlichkeit dieses Rechtfertigungsan-satzes ein weiteres Mal belegen. Er will Ende Januar 1945, also fast zeitgleich mit de Maizière, zur Überzeugung gelangt sein, Hitler werde »den Krieg bis zum ›letzten Deutschen‹ fortsetzen und keine der maßgeblichen Persönlichkei-ten um ihn herum dies verhindern«. Daher sei es »die Pflicht« für jeden »an verantwortlicher Stelle stehenden Deutschen, der die Möglichkeit dafür besaß«, gewesen, wenigstens mit dem Gegner um eine Beendigung des Krieges zu ver-

---

es für diese Treffen eigens einen »Reisekostenfonds«, der seinerzeit von BG Dr.-Ing. Schönefeld betreut worden ist. Siehe Gen. a.D. Heusinger an die »Kameraden der ehema-ligen Operationsabteilung des Generalstabes des Heeres«, 30.1.1967, BArch, N 673/42. Zu weiteren Teilnehmern siehe GL a.D. Karl-Wilhelm Thilo an de Maizière, 3.4.1988; Kiel-mansegg an de Maizière, 2.6.1988, beide BArch, N 673/177; und de Maizière an GL a.D. Schmidt, 2.5.1967, BArch, N 673/51a.

[397] Siehe dazu Kapitel 5 dieses Bandes.
[398] De Maizière, In der Pflicht, S. 102.
[399] Overmans, Deutsche militärische Verluste, S. 228, 241-249, 271. Das letzte Jahr des Zwei-ten Weltkrieges hat ungefähr 2,6 Millionen Mann das Leben gekostet, davon fielen ab De-zember 1944 circa 300 000 Mann monatlich.
[400] Wette, Zwischen Untergangspathos und Überlebenswillen, S. 9 f.
[401] Siehe hierzu ausführlich Zimmermann, Pflicht zum Untergang, und Bessel, Germany 1945.
[402] Lingen, SS und Secret Service.

handeln. Aus seinem Pflichtverständnis heraus existierte eine höher stehende »Treue gegenüber dem Volk und den anvertrauten Soldaten«[403]. Ähnlich argumentierte der SS-Mann Wolff retrospektiv mit der Aussichtslosigkeit der Kriegslage und seiner Verpflichtung gegenüber Deutschland[404].

Derweil beschäftigten de Maizière in den letzten Tagen des Krieges diverse Sonderaufträge, die ihn nach Berchtesgaden und zweimal zur zwischenzeitlich eingeschlossenen Heeresgruppe Kurland unter Generaloberst Carl Hilpert führten[405]. Letzterer sollte er den Befehl zur Kapitulation überbringen. Der dortige Chef des Generalstabes war Generalleutnant Friedrich Foertsch, von 1961 bis 1963 zweiter Generalinspekteur der Bundeswehr[406]. De Maizière selbst empfand diesen Auftrag in der Rückschau »als den menschlich schwersten« seines Lebens[407]. 1966 erinnerte ihn Generalmajor a.D. Ernst Merk, inzwischen Direktionsbeauftragter der Allianz Lebensversicherungs-AG, an die damalige Situation: »Es ist lange her, dass wir uns gesehen haben. Es war in Kurland, als Sie uns die ›frohe‹ Botschaft brachten, Großadmiral v. Dönitz [sic!] wolle uns mit seinen Schiffleins abholen[408]!« Dabei muss de Maizière seinerzeit klar gewesen sein, dass die Heeresgruppe Kurland nicht gerettet, sondern im Gegenteil geopfert werden sollte[409]. Für seinen Vortrag bei der Heersgruppe hatte er sich am 3. Mai 1945 notiert, Dönitz' Hauptziel bliebe »die Fortführung des Krieges, um so viel wie möglich deutsches Blut zu retten«[410]. Noch in seinen Memoiren hielt er Dönitz und Jodl für »starke Persönlichkeiten mit Initiative und Tatkraft«, deren »politisches und militärisches Ziel [...] eine rasche Beendigung des Krieges« gewesen sei, die versuchen wollten, bis dahin »so viele Menschen wie

---

[403] GO Heinrich von Vietinghoff-Scheel 1948 nach Rückkehr aus der Gefangenschaft, Kriegsende in Italien – Aufzeichnungen des letzten deutschen Oberbefehlshabers Heinrich v. Vietinghoff, BArch, RH 19 X/84, fol. 32, 45 f.

[404] Zu den persönlichen Motiven Wolffs siehe Lingen, SS und Secret Service, S. 77-80, hier S. 78.

[405] Nach Berchtesgaden überbrachte de Maizière u.a. ein Schreiben des GO Alfred Jodl an seine Frau. Luise K. Jodl an GenInsp, Herrn Gen.d.Inf. de Maizières [sic!], 30.1.1972, BArch, N 673/43b.

[406] De Maizière, In der Pflicht, S. 107-110. Siehe dazu auch OKW/WFSt/Op. (H)/B, FRR-Funkspruch an Heeresgruppe Kurland, 7.5.1945, BArch, RW 44 I/34.

[407] De Maizière, In der Pflicht, S. 109.

[408] GM a.D. Ernst Merk an de Maizière, 22.10.1966, BArch, N 673/47a. Der eigentliche Grund des Schreibens war allerdings die Bitte an de Maizière, sich für »einen Großneffen des Herrn Generaloberst Halder, den Leutnant d.R. Peter Knote« zu verwenden, der Berufsoffizier werden wollte. De Maizière fragte auch tatsächlich bei der Personalabteilung nach. Entgegen Merks Loblied über Knote, dieser sei »ein uranständiger Mensch, ein begeisterter Sportler, ein herrlicher Idealist [...], dabei sehr gebildet mit großem kulturellem Verständnis« und deswegen in der Summe »mit Sicherheit ein Gewinn für die Bundeswehr«, war man dort ganz anderer Auffassung: Er sei »sprunghaft im Wesen und nicht zielstrebig genug, auch sein altes Btl. möchte ihn nicht wieder als Offizier in seinen Reihen sehen«. Siehe FüS Pers, Vermerk für GenInsp, Betr.: Sachstand zum Schreiben des Generalmajor a.D. Merk vom 22.10.1966, 2.11.1966, BArch, N 673/47a.

[409] Schwendemann, »Deutsche Menschen vor der Vernichtung durch den Bolschewismus zu retten«.

[410] OTL i.G. de Maizière, Punkte für den mündlichen Vortrag bei den OB und Chefs der H.Gr. Kurland und des AOK Ostpreußen, 3.5.1945, BArch, RW 44I/33, fol. 33.

möglich [...] aus dem Osten des Reiches dem Zugriff der Sowjets zu entziehen«[411].

In der Konsequenz gehörte Maizière nach der Kapitulation dem militärischen Stab der von Hitler eingesetzten Reichsregierung unter Großadmiral Karl Dönitz an[412]. Mit ihr ging er am 23. Mai 1945 schließlich in britische Gefangenschaft, die über zwei Jahre währen sollte[413]. Zuvor führte ihn sein allerletzter Auftrag am 12. Mai 1945 in einer britischen Militärmaschine nach Berlin, wo er im Hauptquartier der Roten Armee alle operativen und organisatorischen Unterlagen der gegenüber den Sowjets kapitulierenden Reste der Wehrmacht überbrachte. In den diesen Vorgang beschreibenden Passagen seiner Memoiren kommt seine kaum verhohlene Abscheu gegenüber der Sowjetunion und ihren Menschen zum Ausdruck, die ebenso typisch für seine Generation ist wie sie sich zeit seines Lebens nicht mehr geändert hat[414]. Damals fürchtete de Maizière sogar um sein Leben. Seine Rettung glaubte er einer persönlichen Nachfrage des Stabschefs General Dwight D. Eisenhowers, General Walter Bedell-Smith, beim Hauptquartier der Roten Armee zu verdanken. Davon ließ er sich auch nicht abbringen, als ihm der seinerzeitige Dolmetscher in Berlin bei einem Wiedersehen auf einer Veranstaltung der Deutschen Gesellschaft für Auswärtige Politik 1973 in Bonn das Gegenteil versicherte; es war der inzwischen als Journalist und Historiker tätige Lev A. Bezymenskij (1920-2007)[415].

Diese Episode weist bereits über das Kriegsende hinaus. 1973 hatte de Maizière seine zweite militärische Karriere beendet und war zu einer national wie international geachteten Persönlichkeit avanciert. In einem Interview nur wenige Monate vor dem Treffen mit dem ehemaligen Gegner Bezymenskij beinahe drei Jahrzehnte nach dem Ende des Zweiten Weltkrieges fragte der Journalist Günter Gaus de Maizière, ob »es nicht einfacher [war], Soldat zu sein der schlichter strukturierten Armee von früher?« Er glaube ja, meinte sein Gegenüber: »Es war sicher einfacher früher. Ob es richtiger war, ist eine andere Frage.« Gaus bohrte weiter: »War es nicht auch angenehmer für den, der davon betroffen war? War es nicht leichter für den Offizier und insofern auch angenehmer?« De Maizière antwortete: »Leichter mit Sicherheit, angenehmer zunehmend nicht, weil in der Zeit nach 33 von Jahr zu Jahr sich steigernd das Unbehagen dessen, was von der Staatsführung des Nationalsozialismus ausging, immer größer wurde, bis zu der Erkenntnis, dass es ein Unglück sei[416].«

---

[411]   De Maizière, In der Pflicht, S. 107.

[412]   GM a.D. Bernhard Pamberg an de Maizière, 16.9.1965, sowie Antwort de Maizière an Pamberg nebst Bestätigung, 28.9.1965, alle BArch, N 673/48c. Bei diesem Vorgang bescheinigte de Maizière Pamberg die gemeinsame Zeit bei der Reichsregierung, weil dieser die 12 Tage für die Berechnung seiner Pensionsansprüche benötigte.

[413]   Lebenslauf als Anlage zum Personalbogen Ulrich de Maizières anlässlich seiner Einstellung in die Bundeswehr, 20.6.1955, Personalakte Ulrich de Maizière, BArch, Pers 1/27800.

[414]   De Maizière, In der Pflicht, S. 111-114, sowie zu späteren Äußerungen siehe z.B. S. 117, 203 und S. 300.

[415]   Ebd., S. 114.

[416]   Sendung DFS »Zu Protokoll«, Gespräch Günter Gaus mit General a.D. de Maizière (Tonbandabschrift), 9.4.1972, AdsD, 1/HSA A005947.

Wann er zu dieser Erkenntnis gekommen sei, verriet der Befragte indes
ebenso wenig wie ob es für ihn zumindest gedanklich Alternativen zum seinerzeitigen Verhalten gegeben habe. In einer Ansprache als Kommandeur der
Schule für Innere Führung der Bundeswehr zum Volkstrauertag 1960 gedachte
de Maizière am 12. November 1960

> »der vielen, deren Gräber wir in den Jahren, da sich unsere Niederlage ab-
> zuzeichnen begann, im verzweifelten Abwehrkampf gegen einen übermäch-
> tigen Gegner, zurücklassen mussten [...]. Das Wort von den ›Helden‹ will
> uns dabei nicht recht über die Lippen kommen, jedenfalls wenn man den
> Begriff ›Held‹ in der Vorstellung vergangener Jahrhunderte sieht. [...] Die
> Helden des 20. Jahrhunderts haben ein anderes Gesicht. Es waren harte
> Männer, geprägt durch die Unerbittlichkeit des Kampfes, bewährt in Kame-
> radschaft und stiller Tapferkeit, treu in Dienst und Entsagung, nüchtern und
> doch erfüllt von Liebe zu Familie und Heimat, wissend, dass sie jederzeit
> zum Sterben bereit sein müssen. [...] Diese Bereitschaft zum höchsten Opfer
> im Handeln hat in unserem Eid durch die Worte ›tapfer zu verteidigen‹ auch
> für uns heute ihren gültigen Ausdruck gefunden. Sie ist das eigentliche Kri-
> terium soldatischer Haltung. In dieser Haltung treffen wir uns mit all den
> Kameraden, die als Träger des Widerstandes gegen ein verbrecherisches Re-
> gime an einer anderen Front dieses Krieges gefallen sind. Auch sie sind –
> genau wie jene an der Front – Soldaten im eigentlichen Sinne des Wortes
> gewesen, weil ihr Handeln von Gewissen, Verantwortung und Bereitschaft
> zum persönlichen Opfer bestimmt war. [...] Wir Soldaten bekennen uns zu
> unseren Gefallenen und zu den letzten Konsequenzen soldatischen Han-
> delns. Damit schlägt die Kriegsgeneration zugleich die Brücke zu ihren jun-
> gen Kameraden. Denn indem die Älteren die in den bitteren Jahren des
> Krieges gewonnenen fachlischen [sic!] und ethischen Erkenntnisse und un-
> sere heutige Ausbildung und Erziehung hineintragen, und indem die Jünge-
> ren aus Achtung vor dem Kämpfen und Sterben der Soldatengeneration vor
> ihnen dabei zu folgen sich bemühen, werden wir alle gemeinsam unseren
> Gefallenen und ihrem soldatischen Vorbild in unserer neuen schweren, von
> Regierung und Volk gestellten Aufgabe gerecht[417].«

Rückblickend war er zu der Einsicht gelangt, dass es sich dabei um einen Krieg
gehandelt hat, »der uns bereits an die Grenzen einer Perversion des Krieges und
oft sogar über diese Grenzen hinaus geführt hat«. Allerdings sprach er in diesem Zusammenhang nicht die deutschen Verbrechen an, sondern diejenigen,
»die ihr Leben bei Luftangriffen in der Heimat, durch Flucht und Verschlep-
pung, in politischen oder Kriegsgefangenenlagern verloren haben und damit in
gleicher Weise zu den Gefallenen dieses Krieges rechnen«[418]. Gerade weil diese
Rede schon deutlich von den Nachkriegsrealitäten gekennzeichnet ist, wird
augenscheinlich, wie frühere Argumentationsmuster prolongiert und in die
bundesrepublikanische Gesellschaft sowie in deren Bundeswehr hineingetragen

---

[417] Volkstrauertag 1960. Ansprache Kdr Schule für Innere Führung, BG de Maizière,
12.11.1960, BArch, N 673/55.
[418] Ebd.

wurden – und dies gerade durch die personifizierte Verbindung beider Armeen[419].

3.   Kriegsgefangenschaft (1945–1947)

Am 9. Mai 1945 wurde zwar der Zweite Weltkrieg in Europa mit der Kapitulation des deutschen Aggressors offiziell beendet. In allen erdenklichen Bereichen wirkte er aber noch lange und prägend fort[420]. Für die einen »besiegt«, für andere »befreit«, in jedem Fall aber besetzt, existierte ein deutscher Staat zunächst nicht mehr. Die Siegermächte der Anti-Hitler-Koalition regierten das Land bald über den Alliierten Kontrollrat. Er konstituierte sich am 30. Juli 1945 und setzte sich aus den Militärgouverneuren der jeweiligen Besatzungszonen, respektive deren Vertretern, zusammen, die wiederum innerhalb ihres Verantwortungsbereiches relativ selbstständig agieren konnten. Angesichts der chaotischen Zustände auf dem ehemaligen Reichsgebiet war dies auch ein Gebot der Stunde. Bomben- wie Bodenkrieg hatten Infrastruktur, Industrieanlagen und Wohnungen zerstört, Millionen obdachloser Deutsche und noch mehr sogenannte Displaced Persons, also ihrer Heimat entrissene Zwangsarbeiterinnen und Zwangsarbeiter, ausländische Kriegsgefangene und aus den Lagern Befreite wollten überleben, versuchten nach Hause zurückzukehren, ihre Angehörigen zu finden, sich irgendwie durchzuschlagen. Das ehemalige Deutsche Reich war ein Land der Opfer, tatsächlicher und solcher, die sich selbst in dieser Rolle sahen oder gesehen werden wollten. Zu den unter dem NS-Regime Verfolgten traten nun die Ausgebombten, zu den in ihre Heimat drängenden Displaced Persons die Flüchtlinge vor allem aus den Ostgebieten[421].

Die übergroße Mehrheit des Volkes, aus dem die Täter kamen, wollte jetzt auch zu den Opfern des Krieges gerechnet werden, sah sich getäuscht und missbraucht, zu Unrecht kollektiv für schuldig befunden oder doch wenigstens unter Generalverdacht gestellt. Von den sechs Millionen ermordeter Juden habe man nichts gewusst, von Konzentrationslagern höchstens etwas geahnt und von Verbrechen nur gerüchteweise gehört, so gab eine Mehrheit an[422]. Ansonsten hätte man versucht, in der Diktatur zurechtzukommen, nicht aufzufallen und den Krieg zu überleben. Nachdem die Macht im Staat von Hitler und seinen

---

[419]   Militärische Aufbaugenerationen; Naumann, Generale in der Demokratie.

[420]   Zu einem Überblick siehe Nachkrieg in Deutschland; Der Krieg in der Nachkriegszeit. Zu den Nachkriegszuständen in ihren europäischen Dimensionen und zum Vergleich im Überblick Judt, Die Geschichte Europas, S. 29–58.

[421]   Siehe zur Schilderung der Zustände in Deutschland nach dem Kriegsende zuletzt Bessel, Germany 1945, S. 169–384; Müller, Der Zusammenbruch des Wirtschaftslebens, S. 130–198, und Echternkamp, Im Schlagschatten des Krieges.

[422]   Longerich, »Davon haben wir nichts gewußt!«; Heer, Vom Verschwinden der Täter; Schuld und Sühne?

Helfershelfern 1933 »ergriffen« worden war, sei sie von diesen genutzt worden, um einige zu korrumpieren, viele zu blenden, die meisten jedoch zu unterdrücken. Alternativen zur Anpassung seien lebensgefährlich gewesen, nicht nur für einen selbst, sondern die gesamte individuelle Umgebung. Obwohl diese Positionen von der Forschung größtenteils als Selbstbetrug entlarvt wurden, waren sie in menschlicher Hinsicht nachvollziehbar und entwickelten eine enorme Strahlkraft[423]. Wie sehr sie vor allem die bald bundesrepublikanische Gesellschaft prägen sollten, lässt sich bis heute feststellen[424].

Die Armeen der Anti-Hitler-Koalition waren nicht angetreten, um Deutschland zu befreien, sondern die Wehrmacht, die fast ganz Europa mit Krieg überzogen hatte, zu besiegen. Anschließend sollte das Land besetzt und entmilitarisiert, Kriegsverbrecher bestraft werden. Von seinem Boden aus durfte keine Gefahr mehr für seine Nachbarn ausgehen. Darin waren sich die Alliierten einig, doch abseits davon unterschieden sich die Ansichten zwischen den Partnern, der UdSSR, den USA, Großbritannien und Frankreich, teilweise erheblich. Schon in der Endphase des Krieges zeichnete sich dieser Konflikt ab. Herrschte während der letzten Kriegskonferenz im sowjetischen Badeort Jalta auf der Krim vom 4. bis 11. Februar 1945 insgesamt noch Einigkeit, zeigten sich auf der ersten Nachkriegskonferenz in Potsdam vom 17. Juli bis 2. August 1945 bereits deutliche Meinungsunterschiede[425]. Innerhalb des folgenden Jahres drifteten der östliche und die westlichen Partner immer deutlicher auseinander. Die beiden einzig verbliebenen Mächte von globaler Bedeutung, die USA auf der einen und die UdSSR auf der anderen Seite, hatten mit den Siegen über das nationalsozialistische Deutschland und das kaiserliche Japan die Klammer verloren, die sie bislang beieinander hielt. Seitdem kehrten die Machtpolitiker beider Staaten zu ihren nationalen Zielsetzungen zurück. Während man in der Sowjetunion auf die Sicherung der neuen Einflusssphäre und den äußeren Schutz des riesigen Reiches aus war, um die enormen Kriegsschäden im eigenen Land beseitigen zu können, drängte man in Washington hauptsächlich deswegen auf eine dauerhaft Frieden versprechende Lösung, um die eigene wirtschaftliche Prosperität sicherzustellen. Auf völlig verschiedenen staats-, gesellschafts- und wirtschaftspolitischen Säulen ruhend, vermutete man im jeweiligen Gegenüber den potenziellen Aggressor. Gefangen in der unterschiedlichen ideologischen Ausrichtung, zementierte man sowohl von Washington als auch von Moskau aus die Demarkationslinie des gerade beendeten Krieges mitten durch Europa.

Neben der territorialen entstand eine ideologische Grenze zwischen den beiden Macht- und Einflusssphären, an deren Nahtstelle Mitteleuropa zum potenziellen Schlachtfeld eines neuen großen Konfliktes avancierte[426]. Dass die-

---

[423] Echternkamp, Von Opfern, Helden und Verbrechern; Kühne, Die Viktimisierungsfalle; Gellately, Hingeschaut und weggesehen. Zur thematischen Weiterung auf die deutsch-deutsche Entwicklung siehe Sabrow, Die NS-Vergangenheit.
[424] Siehe z.B. Ein Volk von Opfern?
[425] Loth, Die deutsche Frage; AWS, Bd 1 (Beitrag Wiggershaus).
[426] Stöver, Der Kalte Krieg, S. 28–88; AWS, Bd 1 (Beitrag Wiggershaus), S. 1–44; Europa von der Spaltung zur Einigung.

ser ein Kalter Krieg blieb und kein heißer werden sollte, hatte viele Gründe, die an dieser Stelle nicht diskutiert werden können[427]. Allerdings soll daran erinnert werden, dass es die Staaten an der Peripherie der politischen Weltbühne waren, vor allem diejenigen aus der Konkursmasse der zerfallenden Kolonialreiche, die den Preis für den Frieden in Europa zu zahlen hatten[428]. Denn obwohl das politische Europa entscheidend an Bedeutung verloren hatte, profitierte es zumindest auf der kapitalistischen Seite des Eisernen Vorhangs in wirtschaftlicher Hinsicht nachhaltig von der neuen bipolaren Weltordnung[429].

Diese hatte sich schon vor dem eigentlichen Ende des Zweiten Weltkrieges ausgebildet. Vor allem die Sowjetunion setzte auf ihrem Siegeszug im östlichen Europa sukzessive willfährige Regierungen ein[430]. Damit schuf Moskau ein Glacis abhängiger Staaten im eigenen Vorfeld, das gleichzeitig als Puffer in einer Verteidigung und als Aufmarschgebiet bei einem Angriff genutzt werden konnte. Die enormen Truppenverbände, die man dort stationierte, sollten den eigenen Herrschaftsanspruch innerhalb dieser Räume ebenso garantieren wie den Schutz nach außen. Dass die Rote Armee nach dem Kriegsende nicht reduziert wurde, schürte im Westen alte Ängste, ließ sich aber auch hervorragend instrumentalisieren, um die innere Einigung unter äußerer Bedrohung zu beschleunigen[431]. Auf diese Weise blieben die Deutschen zwar weiterhin eher Objekt der großen Politik, die anderswo gestaltet wurde, vermochten jedoch aus ihrer besonderen geografischen Position direkt an der Kontinentaldrift der beiden entstehenden Blöcke Kapital zu schlagen. Zumindest die unter westlicher Besatzung stehenden profitierten davon. Im Gegensatz zur sowjetischen Vorgehensweise, die von der eigenen Armee besetzten Staaten zur Gefolgschaft zu zwingen, musste die US-amerikanische Führungsmacht die westeuropäischen Demokratien durchaus umwerben. Großbritannien und noch viel weniger Frankreich waren bereit, sich ohne Weiteres dem neuen Hegemon von der anderen Seite des Atlantiks zu unterstellen. Schon die Einführung des Begriffs »Supermacht« für die USA verweist auf die Bereitschaft Washingtons, britischer wie französischer Empfindsamkeit Rechnung zu tragen[432]. Obwohl nur mehr Juniorpartner in der neuen Konstellation, mussten sich beide so nicht offiziell in ihrem Weltmachtstatus abgelöst sehen. Wie wenig sich sowohl Großbritannien als auch Frankreich damit abgefunden hätten, dafür spricht die Umwandlung der vormals britischen Kolonien in ein Commonwealth of Nations ebenso wie der Versuch Frankreichs, die seinen mit militärischer Gewalt zurückzuerobern.

---

[427] Loth, Die Teilung der Welt; Steininger, Der Kalte Krieg; Stöver, Der Kalte Krieg.
[428] Heiße Kriege im Kalten Krieg.
[429] Steiner, Zwischen Wirtschaftswundern; AWS, Bd 4 (Beitrag Abelshauser); Krüger, Sicherheit durch Integration?
[430] Zum sowjetischen Vorgehen siehe zuletzt Zeidler, Die Rote Armee auf deutschem Boden, S. 741-775; zur internationalen Perspektive, Judt, Die Geschichte Europas, S. 196-229.
[431] Mastny/Schmidt, Konfrontationsmuster; Judt, Die Geschichte Europas, S. 124-195.
[432] Zu den Schwierigkeiten in Frankreich und Großbritannien bei der Anerkennung und geistigen Bewältigung des Faktes, 1945 als Weltmächte abgetreten zu sein, siehe Martin, Die deutsche Kapitulation, S. 63-66.

Es bedurfte also einigen Geschicks in Washington, die mitunter stark divergierenden Interessen im westlichen Lager auf einen Nenner zu bringen.

Einen nicht geringen Anteil daran hatte der Umgang mit dem gerade besiegten Deutschland. Dessen Besetzung kostete Geld und Ressourcen, die weder London noch Paris besaßen, beziehungsweise für sich selbst brauchten. Zudem schien lange völlig ungewiss, ob Moskau auf Dauer die Elbe als westliche Begrenzung anerkennen würde. Nicht von ungefähr rang sich Frankreich erst im Frühjahr 1948 dazu durch, die zu Jahresbeginn 1947 geschaffene britisch-amerikanische Bi- durch Beitritt der eigenen zur Trizone zu erweitern und damit den geografischen Umfang der Bundesrepublik zu schaffen, die wenige Monate später gegründet werden sollte[433].

Kaum mehr als vier Jahre nach dem totalen Zusammenbruch wieder in einem eigenen Staat zu leben, wenn auch territorial deutlich geschrumpft und in Ost und West getrennt, das vermochte sich im Sommer 1945 wohl niemand vorzustellen. Die Katastrophe, in die sich die Deutschen selbst manövriert hatten, war zu umfassend, die im deutschen Namen begangenen Verbrechen zu abgründig. Sechs Millionen ermordete europäische Juden, ein zwölf Jahre während Rechtsbruch und ein sechsjähriger Krieg, der weite Teile Europas verwüstet und beinahe die ganze Welt herausgefordert hatte, dazu die Besetzung durch fremde Truppen – all dies konnte nichts anderes erwarten lassen als »finis Germaniae«, das Ende Deutschlands. Auf das Verständnis der Sieger zu hoffen, schien aussichtslos, von Politik meinten viele Deutsche nach der Diktaturerfahrung genug haben zu dürfen und der alltägliche Überlebenskampf, besonders in der ersten Nachkriegszeit, absorbierte ohnehin den Großteil der eigenen Energie[434]. Zusammen mit der Umerziehungs- und Entnazifizierungspolitik der alliierten Siegermächte bildete dies die Basis für die bereits dargestellte Empfindung Opfer zu sein[435]. Dass man nicht nur den Krieg überlebt hatte, sondern auch tatsächlich eine Chance auf ein Leben unter freiheitlichen Rahmenbedingungen bekam – zumindest diesseits der Elbe –, diese Einsicht erschloss sich nicht sofort.

In emotionaler Hinsicht begann diese allmähliche Entwicklung mit der Berliner Luftbrücke (24. Juni 1948-12. Mai 1949). Drei Jahre nach Kriegsende kreisten erneut alliierte Flugzeuge über Berlin. Doch dieses Mal riskierten ihre Piloten nicht ihr Leben, um die Stadt zu bombardieren. Jetzt flogen sie, um den Einwohnern der Millionenstadt Tag für Tag das zum Überleben Notwendige zu bringen, nachdem die Rote Armee die Zufahrtswege zu Lande blockiert hatte. Zu diesem Zeitpunkt hatte der Wiederaufbau Deutschlands und Europas im Westen unter dem Zeichen des US-amerikanischen Marshall-Planes bereits begonnen, eine Währungsreform die Kaufsituation schlagartig verbessert. Die massiven Wirtschaftshilfen der USA für Westeuropa waren freilich der eigenen

---

[433] Wolfrum, Die geglückte Demokratie; Stöver, Die Bundesrepublik Deutschland; Recker, Geschichte der Bundesrepublik Deutschland; Görtemaker, Geschichte der Bundesrepublik Deutschland; Morsey, Die Bundesrepublik Deutschland.

[434] Stöver, Deutschland im frühen Kalten Krieg, S. 29.

[435] Echternkamp, Nach dem Krieg.

politischen Zielsetzung geschuldet und markierten den Übergang von der Blockkonfrontation in den Kalten Krieg.

In den ersten Nachkriegsjahren war das Leben der Deutschen, die nach wie vor unter alliiertem Kriegsrecht standen, vor allem durch die Beseitigung der Kriegsschäden, der Suche nach Nahrungsmitteln, Obdach und vermissten Familienangehörigen gekennzeichnet. Lebensmittel, Brenn- und Heizmaterial gab es kaum oder nur zu immer höheren Preisen. Eine galoppierende Inflation machte die Reichsmark wertlos, dafür blühte der Schwarzhandel, wo sich vor allen Dingen Zigaretten als Ersatzwährung durchsetzten. Wer konnte, ging auf dem Land »hamstern« oder »organisierte« das Lebensnotwendige anderweitig. Hunger und Not waren an der Tagesordnung, Politik dagegen kaum[436]. Wie schon in den Kriegsjahren zuvor, lastete dieser Alltag vor allem auf den Frauen. Während die Männer in der Gefangenschaft waren, mussten sie für das Überleben sorgen. Im Krieg waren überdies Verpflichtungen in Rüstungswirtschaft, Luftverteidigung und für die Wehrmacht hinzugekommen, nach der Kapitulation der Wiederaufbau[437]. Das Bild der sogenannten Trümmerfrau steht bis heute hierzu ebenso beispielhaft wie es geschlechterpolitische Hintergründe aufweist[438]. Die Erfahrungen mit dem Konzept des Totalen Krieges und die damit verbundenen erweiterten Handlungsspielräume für Frauen im Alltag hatten zwischenzeitlich zu einer »Krise« der Geschlechterordnung geführt[439]. Vorher wie nachher wurde der Alltag jedenfalls durch Männer bestimmt. Frauen bildeten zwar am Kriegsende den Hauptteil der Zivilbevölkerung, in der Gruppe der zwischen 20- und 35-Jährigen hatte sich das Verhältnis zwischen Männern und Frauen sogar auf 1:2 gewandelt[440]. Sie erbrachten auch die wesentliche Leistung zum Wiederaufbau der ersten Jahre. Trotzdem übernahm die westdeutsche Verfassung, das Grundgesetz, die vom Alliierten Kontrollrat früh getroffene Maßnahme der prinzipiellen Gleichstellung der Frau im Arbeitsprozess nicht[441]. War man schon während des Krieges bemüht, das tradierte Rollenverständnis aufrechtzuerhalten, stellten die Kriegsfolgengesellschaften den Status quo ante in der Geschlechterhierarchie endgültig wieder her[442].

---

[436] Siehe im Überblick Görtemaker, Geschichte der Bundesrepublik Deutschland, S. 24–31, sowie ausführlich Echternkamp, Im Schlagschatten des Krieges.

[437] Siehe Kundrus, Nur die halbe Geschichte; Kundrus, Widerstreitende Geschichte; zu Beispielen »Wer die Zeit nicht miterlebt hat ...«, Bd 3.

[438] Echternkamp, Im Schlagschatten des Krieges, S. 669–674; Bandhauer-Schöffmann/Hornung, Trümmerfrauen.

[439] Hagemann, Heimat – Front, S. 15; sowie grundsätzlich Nieden, »Ich muß des Soldaten würdig sein.«

[440] Overmans, Deutsche militärische Verluste, S. 319.

[441] Martin, Die deutsche Kapitulation, S. 67.

[442] Zur Dimension des »Kampfes der Geschlechter« in der Nachkriegszeit siehe zuletzt im Überblick Echternkamp, Nach dem Krieg, S. 176–192; Echternkamp, Im Schlagschatten des Krieges, S. 674–681. Bestes Beispiel ist hierfür die weitestgehend von Männern kolportierte Legende der »Kapitulation« der deutschen Frau vor den Besatzungssoldaten, obwohl die meisten Frauen jegliche Anbiederung an die Sieger des Krieges ablehnten. Siehe Nieden, Erotische Fraternisierung. Zu den Erfahrungen mit der Besatzung siehe grundsätzlich Dörr, Durchkommen und Überleben, S. 375–447.

Unter den Tausenden abwesenden Männern war auch Ulrich de Maizière. Er lebte in den ersten beiden Nachkriegsjahren nach wie vor in einer militärischen Welt. Es ist nicht bekannt, wieviel er von diesen Entwicklungen seinerzeit erfuhr. Nach seiner Verhaftung durch britische Truppen zusammen mit der letzten Reichsregierung am 23. Mai 1945 in Flensburg-Mürwik wurde er zunächst im Schloss Glücksburg arretiert. Am 4. Juni 1945 transportierte ihn die britische Gewahrsamsmacht dann in ein behelfsmäßiges Lager bei Lüneburg, zehn Tage später weiter nach Munsterlager. Dort sortierten die Briten die Generalstabsoffiziere aus und überführten sie Mitte Juli 1945 ins Kriegsgefangenenlager 2226 bei Zedelgem in Belgien, acht Kilometer südwestlich von Brügge[443]. Zwar hatte man sich aufseiten der Anti-Hitler-Koalition schon während des Zweiten Weltkrieges darauf verständigen können, deutsche Kriegsverbrecher vor Gericht zu stellen, einheitliche Bestimmungen zur Umsetzung existierten jedoch nicht[444]. Was die britische Haltung in dieser Frage anging, blieb sie bis zum Ende widersprüchlich. Grundsätzlich rangierte sie in der Prioritätenreihenfolge stets hinter politischen und strategischen Überlegungen. Waren in diesem Bereich Vorteile zu erwarten, blieben Kompromisse immer möglich. Dabei verringerte sich die Bereitschaft, NS-Verbrechen zu verfolgen, mit den Jahren zunehmend[445]. Von den insgesamt an die 60 000 Kriegsverbrechern, die man seitens der Alliierten nach Kriegsende anklagen wollte, blieben am Ende 4864 Anklagefälle in den Westzonen, davon 1085 durch die Briten; seitens der sowjetischen Besatzungsmacht kam es dagegen zu circa 37 000 Verurteilungen[446]. Die Basis dafür bildete das Kontrollratsgesetz Nr. 10 vom 20. Dezember 1945, das jedem der vier Militärgouverneure erlaubte, eigene Militärgerichte einzusetzen. In der britischen Zone legte ein königlicher Erlass vom 14. Juni 1945 dazu die Verfahrensregeln fest. Allerdings befürchtete man aufgrund der fehlenden eindeutigen juristischen Grundlagen langandauernde Verfahren mit entsprechend ungewissem Ausgang, was aus der Sicht Londons vor allen Dingen den notwendigen Friedensprozess gefährden würde. Die intensive Verwobenheit der Prozessplanung mit den besatzungspolitischen Konzepten, die gleichwohl den globalpolitischen Entwicklungen angepasst wurden, lassen letztlich drei Prozess-Phasen erkennen. Mit dem Bergen-Belsen-Prozess ab dem 17. September begann die erste, während der die westalliierten Militärgerichte vor allem gegenüber KZ-Wachmannschaften sowie wegen Verbrechen gegenüber eigenen Soldaten zu schnellen und harten Urteilen kamen. Der Nürnberger Prozess eröffnete dann die zweite Phase, die außerdem durch eine Reihe von Verfahren gegen promi-

---

[443] De Maizière, In der Pflicht, S. 120. Siehe zur britischen Kriegsgefangenenpolitik nach Kriegsende grundsätzlich Overmans, Das Schicksal der deutschen Kriegsgefangenen, S. 444-454; zum besonderen Umgang mit Generalen und Generalstabsoffizieren AWS, Bd 1 (Beitrag Meyer), S. 602-609.

[444] Zu einem Überblick über die alliierte Kriegsverbrecherpolitik siehe Lingen, SS und Secret Service, S. 81-135; Lingen, Kesselrings letzte Schlacht, S. 92-101, sowie die dort jeweils angeführte Literatur.

[445] Lingen, SS und Secret Service, S. 134 f., 245-250.

[446] Lingen, Kesselrings letzte Schlacht, S. 97; Brochhagen, Nach Nürnberg, S. 24 f. Vor US-Gerichten wurden demnach in 1672, vor französischen in 2107 Fällen angeklagt.

nente Einzelpersonen gekennzeichnet war. Darunter gelten diejenigen gegen die Generalfeldmarschälle Kesselring und Manstein als die bedeutendsten, weil sie am meisten Beachtung fanden und grundlegende Probleme ansprachen. Mansteins Prozess dauerte noch bis in die dritte Phase hinein. Er war gleichzeitig der letzte britische Kriegsverbrecherprozess, während die Phase selbst erst mit dem Abschluss des Deutschlandvertrages (26. Mai 1952) endete[447].

Vor allem an den Verfahren gegen Kesselring und Manstein lässt sich ablesen, wie sehr der Umgang mit NS-Verbrechen seitens der Alliierten von den politischen Entwicklungen der Zeit abhängig gewesen ist. Vereinfacht ausgedrückt, überwog die Furcht vor dem Kommunismus der Sowjetunion die vor dem deutschen Militarismus recht bald. Bereits am 6. September 1946 hatte US-Außenminister James F. Byrnes in seiner berühmten »Rede der Hoffnung« in Stuttgart den Deutschen öffentlich nicht nur wirtschaftliche Unterstützung und politische Mitverantwortung in Aussicht gestellt, sondern auch verkündet, die USA würden eher ein geteiltes Deutschland als eines unter sowjetischer Vormacht akzeptieren. Kurz zuvor war auch vom britischen Oppositionsführer Winston S. Churchill in seiner Fultoner Rede am 5. März 1946 Ähnliches zu vernehmen gewesen; dieser sprach sogar von einem »Eisernen Vorhang«, der sich auf Europa herabgesenkt habe. Damit startete öffentlich eine Entwicklung, die als Formierungsphase der beiden Blöcke gilt. Sie mündete mit der Verkündung der Truman-Doktrin auf der einen und der »Zwei-Lager-Rede« Andrej Ždanovs, des Gründungsvorsitzenden des Kommunistischen Informationsbüros (Kominform), am 30. September 1947 auf der anderen in den Kalten Krieg[448]. In seiner Rede vor dem US-amerikanischen Kongress stellte Präsident Harry S. Truman sein neues außenpolitisches Programm mit dem Kernstück, der Eindämmungspolitik (Containment Policy), vor, von der auch die westlichen Besatzungszonen Deutschlands in der Folge profitierten[449].

Diese grundsätzliche Wendung der westalliierten Politik markierte nämlich einen veränderten Umgang mit den Westdeutschen und mit deren inhaftierten Kriegsgefangenen. Unter denen, die 1947 in die Freiheit entlassen wurden, war auch de Maizière. Am 27. Juni 1947 verließ er das Kriegsgefangenenlager 2233 in Munsterlager. »[A]ls Militarist in CAT. III eingestufte Person« hatte er die Auflage erhalten, sich spätestens nach 72 Stunden bei einer örtlichen Polizeidienststelle zu melden, dort jegliche Anschriftenänderung anzuzeigen und sich ansonsten an die Bestimmungen für Personen der Kategorie III zu halten[450].

---

[447] Lingen, Kesselrings letzte Schlacht, S. 98-101; Brochhagen, Nach Nürnberg, S. 24-26.

[448] Stöver, Deutschland im frühen Kalten Krieg, S. 23 f.; Lingen, Kesselrings letzte Schlacht, S. 101.

[449] Görtemaker, Geschichte der Bundesrepublik Deutschland; S. 37-74; Wolfrum, Die geglückte Demokratie, S. 20-41.

[450] Regierungsvizepräsident Hermann von Lüpke an Elsbeth de Maizière, 17.5.1947, PA AdM, Akte Entnazifizierung/Einstufung. Trotz de Maizières schriftlichen Einspruches vom 13.6.1948 wurde diese Einstufung aufrecht erhalten. Siehe Polizei – Landkreis Burgdorf/Abteilung Ic/Polizeioberinspektor Harmsen an de Maizière, 8.7.1948, ebd. Bis in den Sommer 1948 musste de Maizière seiner Meldepflicht nachkommen. Siehe Rautenberg, Ulrich de Maizière, S. 160.

Obwohl er damit »keinen politischen, finanziellen und beruflichen Beschränkungen unterworfen« war, wurden seine als Kriegsgefangenen gesperrten Konten erst auf seine schriftliche Beschwerde vom 17. April 1948 hin freigegeben[451]. Er zog zur Familie Werner, seinen Schwiegereltern, in der Bilmer Landstraße in Ilten bei Hannover und meldete sich am 30. Juni 1947 bei der Polizeidienststelle des Landkreises Burgdorf[452]. Formal abgeschlossen wurde das Entnazifizierungsverfahren gegen de Maizière am 14. Januar 1949 mit dem Bescheid, dass er »von dem Entnazifizierungs-Recht nicht betroffen« sei[453].

Bis dahin lag eine zweijährige Gefangenschaft hinter ihm, deren Verlauf anfangs völlig ungewiss war, aber nur wenig Gutes verhieß. Schon nach seiner Verhaftung hatte man ihm nicht nur alle Wertsachen, sondern auch die mitgeführten Gebrauchsgegenstände abgenommen[454]. So besaß er nichts mehr als die Kleidung, die er trug, als er im Kriegsgefangenenlager im belgischen Zedelgem eintraf. Dort hausten die Gefangenen in sogenannten Cages, ungefähr 80 auf 120 Meter großen Arealen, auf denen ehemalige Munitionsschuppen mit Ziegelwänden, Blechdach und Steinfußboden als Unterkünfte dienten, dabei eine Küchenbaracke, ein Waschraum und eine Latrine für 50 bis 80 Mann. Die Behandlung war kühl und unpersönlich, aber korrekt, die Verpflegung qualitativ gut, aber knapp bemessen. Zum ersten Mal in seinem Leben hungerte de Maizière. Schlimmer wog für ihn jedoch, bis zum Spätherbst des Jahres ohne Nachricht von der Familie bleiben zu müssen. Erst Ende November 1945 erfuhr er von der Geburt seiner ersten Tochter, Barbara, am 20. Oktober 1945. Anfang Dezember 1945 durften die Gefangenen dann einmal pro Woche selbst Briefe verschicken. Zu diesem Zeitpunkt hatte bereits der Nürnberger Prozess gegen die Hauptkriegsverbrecher begonnen[455].

In der ihnen zugänglichen Presse konnten die Inhaftierten verfolgen, dass dort unter anderem der Generalstab als verbrecherische Organisation angeklagt werden sollte, was für erhebliche Unruhe sorgte. Mangels Alternativen versuchte man sich gegenseitig zu helfen. In nahezu wortgleichen schriftlichen Erklärungen – und in bis auf die jeweilige Unterschrift derselben Handschrift – bescheinigten die Mitgefangenen Oberst i.G. Peter von Butler, Oberstleutnant i.G. Hubertus Freiherr von Humboldt und Oberstleutnant i.G. Konrad Benze de Maizière dessen Tätigkeit in der Operationsabteilung des Generalstabes des

---

[451] Niedersächsisches Landesamt für die Beaufsichtigung gesperrten Vermögens/Bezirksamt Lüneburg an de Maizière, 23.4.1948, PA AdM, Akte Entnazifizierung/Einstufung.

[452] Personalbogen Ulrich de Maizières anlässlich seiner Einstellung in die Bundeswehr, 20.6.1955, Personalakte Ulrich de Maizière, BArch, Pers 1/27800. Siehe die Bestätigung durch Polizei – Landkreis Burgdorf/Der Chef der Polizei für Landkreis Burgdorf, 14.7.1947, PA AdM, Akte Entnazifizierung/Einstufung.

[453] Der Öffentliche Kläger bei dem Entnazifizierungs-Hauptausschuss im Kreis Burgdorf, Register Nr. VE/Bdf/1067/48, Bescheid, 14.1.1949, ebd.

[454] Hierzu wie zur folgenden Schilderung der Kriegsgefangenschaft siehe de Maizière, In der Pflicht, S. 120-130. In Zedelgem existierten damals vier Lager mit ca. 62 000 Insassen. Generale und Generalstabsoffizieren wurden in eigenen »Cages« isoliert. Siehe Rautenberg, Ulrich de Maizière, S. 158.

[455] Lingen, SS und Secret Service, S. 92-94, sowie die dort angeführte Literatur.

Heeres. Schwerpunkt war dabei de Maizières Handeln auf Befehl sowie die Feststellungen, dass »politische Arbeiten und solche auf dem Gebiet der Militärverwaltung« mit seiner Tätigkeit ebenso wenig verbunden waren wie »Kommandogewalt und Unterschriftsberechtigung«. Außerdem legten alle drei Schreiben besonderen Wert darauf, die Versetzung in den Generalstab des Heeres sei »nicht nach politischen Gesichtspunkten, sondern ausschließlich nach Eignung und Bewährung im Truppen-Generalstab« erfolgt[456]. Dies bestätigte de Maizière auch sein ehemaliger Lehrgangsleiter während des 2. Generalstabs-Lehrgangs in Dresden 1940, der zwischenzeitlich zum Generalmajor beförderte Paul Herrmann. Er habe de Maizière seinerzeit

»als einen besonders fleißigen, umsichtigen und klugen Menschen kennengelernt. Seine Hauptstärke lag auf organisatorischem Gebiet. Die ihm zugewiesenen Aufgaben erfüllte er bei schneller Auffassungsgabe mit Gewissenhaftigkeit und Geschick. Seine einwandfreien Umgangsformen, seine Wohlerzogenheit und sein ausgeglichener künstlerischer Sinn machten ihn bei Vorgesetzen und im Kameradenkreise beliebt und angesehen«[457].

Offensichtlich orientierten sich die Verfasser dabei an den Anklagevorwürfen in Nürnberg, die ihnen aus der Berichterstattung bekannt gewesen sind.

Als sie im Mai 1946 vom Verteidiger der Organisation »OKW und Generalstab«, Rechtsanwalt Dr. Hans Laternser, erfuhren, dass sie nicht zu der im Nürnberger Kontext definierten Personengruppe gehörten, schöpften sie Hoffnung. Im Namen der Gefangenen erhob General der Infanterie Gerhard Matzky umgehend Einspruch gegen die weitere Einsperrung, vor allem gegen die Begründung, nämlich die Einstufung in die Kategorie »Ehemalige Soldaten, gegen die irgendwelche Verdachtsgründe vorliegen«. Die hier Inhaftierten gehörten erstens »nicht zu der in Nürnberg angeklagten Gruppe Generalstab im OKW«, fühlten sich zweitens »als Berufssoldaten weder militärischer noch politischer Vergehen schuldig« und wären »solcher Vergehen bisher auch nicht verdächtigt worden«. Andernfalls bat er um die Bekanntgabe etwaiger »Verdachtsgründe« und zugleich um die Möglichkeit, sich deswegen vor einem ordentlichen Gericht zu rechtfertigen. Eine schon 13 Monate andauernde »Gefangenhaltung ›auf Verdacht‹ in einer politischen Situation, deren – nicht allein von Deutschland herbeigeführten – Eigenart ein Warten auf den ›Friedensschluss‹ vielleicht einer lange währenden Freiheitsstrafe gleichkommen lassen würde«, widerspräche »nach unserer Auffassung dem Sinn jeden Völkerrechts und ohne Zweifel jedem menschlichen Rechtsempfinden«[458].

Eine Antwort hierauf ist nicht überliefert, wohl aber, dass die Gefangenen weiterhin in Haft blieben und sich die Spannungen zwischen den Generalstabs-

---

[456] Siehe die handschr. Erklärungen O i.G. Peter von Butler, 10.5.1946, OTL i.G. Hubertus Freiherr von Humboldt, 10.5.1946, sowie OTL i.G. Konrad Benze, 13.5.1946, PA AdM, Akte Entnazifizierung/Einstufung.

[457] GM Paul Herrmann, Beurteilung im POW-Camp 2226, 14.5.1946, PA AdM, Akte Persönliche Unterlagen.

[458] General der Infanterie Matzky an das British War-Office, London, über Kommandant Lager 2226 (Abschrift), 15.6.1946, PA AdM, Akte Entnazifizierung/Einstufung.

offizieren und Generalen erhöhten. Neben »großartige[n] Beispiele[n] innerer Haltung« erlebte de Maizière auch »Fälle von menschlichem Versagen«, die »wiederum unabhängig von Alter und Rang« waren, wie er betonte: »Es fing mit Unkameradschaftlichkeit an, steigerte sich über Unbeherrschtheit und Unehrlichkeit bis hin zum Lebensmitteldiebstahl. Der Halt, den der Beruf und sein Ehrenkodex dem Schwachen zu geben vermocht hatten, war verloren. [...] [S]o fiel der Firnis ab, und der wahre Kern wurde sichtbar[459].« Möglicherweise haben diese Erfahrungen mit Generalen und Generalstabsoffizieren bei de Maizière die Einsicht verstärkt, dass Charakter nicht abhängig von der gesellschaftlichen oder beruflichen Stellung ist. Sollte es nicht schon während des Krieges zu merklichen Rissen in seinem hergebrachten Menschenbild gekommen sein, sind sie spätestens jetzt nicht mehr zu übersehen. Jedenfalls ist die schon zuvor spürbare Menschenfreundlichkeit in de Maizières späterer Karriere in der Bundeswehr ein Wesenszug, der besonders hervorsticht. Gerade gegenüber persönlichen Untergebenen, wie Fahrern oder Sekretärinnen[460], aber auch gegenüber den vielen anderen namenlosen Helfern war er von einer liebenswürdigen Aufmerksamkeit, die über ein zeittypisches patriarchalisches Verhaltensmuster deutlich hinausweist[461].

Er selbst habe sich in der Gefangenschaft nicht gehen lassen, weil er in einem von festen Wertvorstellungen und Traditionen geprägten Elternhaus aufgewachsen sei und »in christlichem Glauben gebunden war«[462]. Mit Unterstützung durch die Gefangenenhilfe des YMCA, der die Lagerinsassen mit Literatur, Lehrmaterial, Schreibutensilien, Sportgerät und diversen Karten- und Brettspielen versorgte, unterrichteten sich die Inhaftierten gegenseitig. So nahm de Maizière im Sommer 1946 »an einem Lehrgang für doppelte Buchführung mit Erfolg teil«[463], erbrachte außerdem den Nachweis, »die deutsche Einheitskurzschrift

---

[459] De Maizière, In der Pflicht, S. 123.

[460] Bei seinem »langjährigen zuverlässigen und vertrauenswürdigen Kraftfahrer«, HF Petrek, bedankte sich de Maizière bspw. nicht nur in seiner eigenen Abschiedsrede. Er nahm ihn zum Dank auch auf seine letzte Reise nach Washington zum Abschiedsbesuch bei Admiral Moorer mit. Siehe BMVg/Informations- und Pressestab, Rede GenInsp, Gen. de Maizière, anlässlich des Abschlussempfangs am 23.3.1972, BArch, N 673/62; Adjutant GenInsp an Marineattaché bei der Botschaft der Bundesrepublik Deutschland, Washington, K z.S. Andreas Wiese, 3.2.1972; sowie de Maizière an Marineattaché Wiese, 15.3.1972, beide BArch, N 673/54b.

[461] Nach jeder Übung, jedem Planspiel oder ähnlichem vergaß er nicht, »nicht zuletzt die vielen hier nicht in Erscheinung getretenen Helfer der Akademie und Mitarbeiter bis hinunter zu den Zeichnern und den anderen vielen Helfern, die diese Mengen Papier geschrieben, zusammengeheftet und geordnet haben«, in Erinnerung zu rufen und ihnen zu danken. Siehe de Maizière, Schlussbesprechung Planspiel 4. Einweisung Landesverteidigung am 24.4.1964, BArch, N 673/58. Weitere Beispiele finden sich u.a. bei de Maizière, Ansprache 7. Sportfest FüAkBw, 4.9.1964, BArch, N 673/58, oder GM de Maizière, Kdr FüAkBw, Entwurf Ansprache zum Betriebsfest am 14.6.1963, BArch, N 673/57a.

[462] De Maizière, In der Pflicht, S. 123.

[463] Bescheinigung des ehem. Revisionsbeamten und Buchprüfers im Revisionsverband des Reichslandbundes e.V. (Name unleserlich), 16.8.1946, PA AdM, Akte Persönliche Unterlagen.

mit einem Tempo von 120 Silben in der Minute zu beherrschen«[464] und verwaltete von Ende Februar bis Anfang September 1946 die Lagerbücherei des POW-Camp 2226, bestehend aus über 750 Büchern in deutscher, englischer, französischer und russischer Sprache[465]. Letzteres führte dazu, dass er in dieser Zeit viel las, vor allem auch solche Bücher, »die nach 1933 in Deutschland nicht mehr erscheinen durften oder für die es an Zeit zum Lesen gefehlt hatte«[466]. Vielleicht weckte diese Tätigkeit sein Interesse, später eine Buchhandelslehre zu beginnen oder er bereitete sich damit gar schon darauf vor. Sein im Lager ausgestelltes Zeugnis dürfte ihn in jedem Fall bestärkt haben: »Er hat hierbei stets besonderes Interesse, Verständnis, Übersicht und Eingehen auf die Wünsche der Leser bewiesen und sich sogleich Allgemeinkenntnisse im Bücherwesen erworben[467].« Dass de Maizière darüber hinaus nicht nur sein Englisch auffrischte, sondern zeitweilig sogar Russisch lernte, spricht einerseits für seine Selbstdisziplin und Bildungsbereitschaft, ist andererseits aber auch ein Indiz, sich auf verschiedene Eventualitäten eingestellt zu haben[468].

Besonders wichtig war ihm, dass er ab Juni 1946 wieder Musik machen konnte, nachdem ein Mitarbeiter des YMCA, Karl Edward Ydén, den Gefangenen Noten und sogar ein Klavier beschaffen konnte. Für de Maizière begann damit »ein neuer Abschnitt meines Lagerlebens«. Ende der 1980er-Jahre machte er Ydén mit Hilfe der Zentrale des YMCA und eines schwedischen Freundes ausfindig, um ihm noch einmal herzlich für seine damalige Hilfe zu danken[469]. Bald gab er sogar zusammen mit dem Mitgefangenen Franz Kelch, der später eine Karriere in der bundesrepublikanischen Musikszene machen sollte, Konzerte und Liederabende[470]. Daraus entstand eine lebenslange Freundschaft, in die später die Ehefrauen »wie selbstverständlich mit hineingewachsen sind«. Musikalisch eröffnete ihm Kelch den Bereich der Lied-Musik, der ihm »bis dahin fast verschlossen war«. Seine »Liebe zur Lied-Begleitung«, schrieb ihm de Maizière 1989, habe ihn seither nicht mehr verlassen[471]. Die Verbindung führte zu manchen Konzerten in der Bundeswehr und Liederabenden in der Wohnung de Maizières[472]. Dieser wiederum hatte zwischenzeitlich eine solchen Eindruck

---

[464]   Siehe hierzu das vom deutschen Lagerältesten, General der Infanterie Gerhard Matzky, bestätigte Zeugnis, 10.5.1946, ebd.
[465]   Bescheinigung des Lagerführers (Name unleserlich) im POW-Camp Zedelgem, 5.9.1946, ebd.
[466]   De Maizière, In der Pflicht, S. 123.
[467]   Bescheinigung des Lagerführers (Name unleserlich) im POW-Camp Zedelgem, 5.9.1946, PA AdM, Akte Persönliche Unterlagen.
[468]   De Maizière, In der Pflicht, S. 123.
[469]   De Maizière an Franz Kelch, 16.11.1989, BArch, N 673/180. Es handelte sich um den 1915 geborenen Karl Edward Ydén aus Göteborg, der nach dem Krieg als Lehrer arbeitete.
[470]   Zu Franz Kelch siehe URL: <http://resources.emartin.net/krm/doc/vita-franz-kelch.pdf> (27.12.2009).
[471]   De Maizière an Franz Kelch, 16.11.1989, BArch, N 673/180.
[472]   Der erste Liederabend in der Bundeswehr fand 1961 vor Angehörigen der Schule für Innere Führung und geladenen Gästen statt; zu hören bekamen die Zuhörenden Franz Schuberts »Winterreise«, die sich de Maizière und Kelch im Kriegsgefangenenlager erarbeitet hatten. Siehe de Maizière, In der Pflicht, S. 237, sowie Kelch an de Maizière,

bei Kelch hinterlassen, dass er, als er im August 1966 »lebhaft die Entwicklungen der letzten Tage« verfolgte, sofort zu seiner Frau gesagt haben will: »Du wirst sehen, jetzt naht die Stunde für de Maizière. Er ist der einzige, der die ständige Balance zwischen politischer und militärischer Führung zustande bringen, der mit abwägender Klugheit, Weitblick und Charakterfestigkeit die militärischen Belange überzeugend gegenüber den Verwirrungen in der Politik vertreten wird[473].«

In der Kriegsgefangenschaft entstanden viele Kontakte, andere wurden aufgefrischt oder gar vertieft, die nicht nur für de Maizières weiteren Werdegang von Bedeutung waren. Unter den Härten und Entbehrungen über die lange Zeit lernte man sich intensiv kennen und das hatte Folgen:

> »Als wir 1947 auseinander gingen, tauschten wir unsere Adressen aus. Jeder wusste, wo der andere bleiben würde und was er zu tun beabsichtigte. Dieser Teil des Generalstabes wurde nicht zerstreut, sondern zusammengeführt. Die Personalabteilung der Dienststelle Blank hat Jahre später davon profitiert, denn auch die Praxis der amerikanischen Gewahrsamsmacht hatte ähnliche Folgen[474].«

De Maizière hatte in der Gefangenschaft offenbar nicht nur bei Franz Kelch große Sympathie erworben. Als das Lager in Zedelgem aufgelöst und ein Teil der Inhaftierten am 7. September 1946 wieder zurück nach Munsterlager in der Lüneburger Heide transportiert worden ist, wurde er von den über 100 Mitgefangenen trotz seines vergleichsweise niedrigen Dienstgrades zum Blockältesten gewählt[475]. Zu seinen Aufgaben gehörte es insbesondere, die Interessen seiner Mitgefangenen gegenüber dem Lagerältesten zu vertreten, der seinerseits mit der britischen Lagerleitung kommunizierte.

De Maizières deutsche Lagerältesten waren beides Ritterkreuzträger und spielten beim Aufbau westdeutscher Streitkräfte wesentliche Rollen. General der Infanterie a.D. Gerhard Matzky war ab 1951 als Ministerialdirigent, ein Jahr später als Kommandeur Grenzschutzkommando West entscheidend am Aufbau des Bundesgrenzschutzes (BGS) beteiligt. 1956 wechselte er als Generalleutnant in die Bundeswehr und übernahm bis zu seinem Ruhestand 1960 das I. Korps in Münster. 1962 wurde er als Nachfolger des Generalobersten a.D. Hans von Salmuth zum Vorsitzenden des Verbandes Deutscher Soldaten gewählt[476]. Dabei blieb Matzky umstritten. Als es Mitte der 1950er-Jahre um die Übernahme von Angehörigen des BGS in die Bundeswehr ging, gehörte er vor allem für die SPD zu den »Persönlichkeiten, die im Sinne der Streitkräfte und des Amtes Blank nicht erste Qualität sind«. Nach deren Erkenntnissen galt Matzky intern als »truppenfremd« und verfügte daher »über wenig Einfluss und Resonanz bei

---

25.6.1989, BArch, N 673/180. Der erste Liederabend vor Gästen in der Privatwohnung de Maizières fand am 19.1.1970 statt. Siehe de Maizière an Kelch, 14.6.1969, BArch, N 673/44a.

[473] Kelch an de Maizière, 28.8.1966, BArch, N 673/44a.
[474] De Maizière, In der Pflicht, S. 129.
[475] Ebd., S. 125.
[476] Tönsgerlemann, Gerhard Matzky.

der Truppe. Seinem militärischen Werdegang entsprechend würde Herr Matzky bei den Streitkräften im Attaché- oder höheren Verbindungsdienst besser verwandt werden können, als in seiner jetzigen Stellung als Truppenkommandeur«[477]. Immerhin verweist dies auf ein gewisses diplomatisches Geschick, das ihm auch von de Maizière gegenüber der britischen Lagerleitung attestiert wurde. Er habe sich seinerzeit »durch Beherrschtheit und kühle Distanz« ausgezeichnet und die Interessen der Lagergemeinschaft »in großer Würde, mit Festigkeit und innerer Unabhängigkeit« vertreten; letzteres sprach de Maizière auch Matzkys Nachfolger als Lagerältestem, Vizeadmiral a.D. Hellmuth Heye, zu, der »temperamentvoller und eigenwilliger, aber nicht weniger erfolgreich« agiert habe[478].

Mit Heyes Temperament und Eigenwilligkeit sollte de Maizière einige Zeit später tatsächlich in besonderem Maße konfrontiert werden, als der Wehrbeauftragte des Deutschen Bundestages Hellmuth Heye mit seiner Artikelserie »In Sorge um die Bundeswehr« in der Zeitschrift »Quick« Missstände in der Bundeswehr öffentlich anprangerte[479]. Nach seiner Entlassung war Heye zunächst der von Fritz Küster gegründeten »Historischen Forschungsgemeinschaft ›Das andere Deutschland‹« beigetreten und hatte sich als Gutachter beim Aufbau der Bundeswehr und für militärpolitische Fragen einen Namen gemacht. Von 1953 bis 1961 vertrat er als CDU-Abgeordneter den Wahlkreis Wilhelmshaven-Friesland im Bundestag, ehe er 1961 als Nachfolger Helmuth von Grolmans zum zweiten Wehrbeauftragten des Parlaments gewählt wurde[480]. Während in der späteren Korrespondenz zwischen den beiden für Heye »unsere gemeinsame Zeit als Gäste des Königs von England in Belgien«[481] von Bedeutung war, erinnerte sich de Maizière umgekehrt an ihn mehr als den Wehrbeauftragten[482].

De Maizières eigenes Verhalten in der Gefangenschaft ist jedenfalls von vielen Mitinhaftierten als positiv, von einigen gar als beispielhaft bewertet worden. Noch 1965 lobte ihn Oberst Werner von Seeler, inzwischen Kommandeur des Verteidigungsbezirkskommandos 12: »Ich kann es auch heute nicht vergessen,

---

[477] Gerhard Graf von Schwerin an Fritz Erler, 22.12.1954, AdsD, NL Erler, Mappe 139 B.
[478] De Maizière, In der Pflicht, S. 125. Mit Matzky blieb de Maizière auch nach dessen Pensionierung in Kontakt. Das kann nur zum Teil auf dessen Engagement im VdS zurückzuführen sein. Zu Matzkys 75. Geburtstag 1969 erschien der Generalinspekteur de Maizière nicht nur persönlich, sondern befahl auch die Gestellung der Musik. Matzky dankte ihm dafür, »dass Sie meinem Geburtstag durch Ihr Kommen den vertrauten soldatisch-kameradschaftlichen Rahmen gegeben haben, in dem sich meine persönlichen Empfindungen und Anschauungen auch heute noch immer zuhause fühlen.« Siehe Matzky an de Maizière, 22.3.1969, BArch, N 673/46b. Zu weiteren Kontakten siehe de Maizière an Matzky, 5.3.1965, und undat. (1967), beide BArch, N 673/46b.
[479] Schlaffer, Der Wehrbeauftragte, S. 246-256.
[480] Ebd., S. 347.
[481] Hellmuth Heye, Wehrbeauftragter des Deutschen Bundestages, an de Maizière, 15.5.1964, BArch, N 673/82.
[482] Kondolenzschreiben nach Heyes Tod von de Maizière an Luise Heye, 10.11.1970, BArch, N 673/42: »Ich habe Ihren verstorbenen Herrn Gemahl [...] in seiner Amtszeit als Wehrbeauftragter, in der er sich um das innere Gefüge der Bundeswehr besonders verdient gemacht hat, persönlich näher kennen und schätzen gelernt.«

dass Sie uns in schwerer Zeit in Munster Lager [sic!] ein Vorbild gegeben haben, wie man als standfester Offizier seine Kriegsgefangenschaft durchstehen soll[483].« Solches Ansehen kann angesichts der Gesellschaft, in der sich de Maizière im Gefangenenlager befand, mit Blick auf seine spätere Karriere kaum überschätzt werden. So fanden sich etliche hernach in der Bundeswehr wieder, stiegen dort gar zu Generalen auf, wie Jürgen Bennecke oder Peter von Butler, und trafen sich in wehrpolitischen Zirkeln[484]. Andere reüssierten in der Wirtschaft, wenige in der Amtskirche, wie der zwischenzeitliche Pater Schmitz von Radio Vatikan[485]. Dieser ermöglichte es de Maizière anlässlich eines Besuches in Rom 1965, die Ausgrabungen unter dem Peters-Dom zu besuchen, und führte ihn durch den Vatikan-Staat[486].

Von besonderer Bedeutung für de Maizière sollte der Mitgefangene Major i.G. Adelbert Weinstein werden. Weinstein hatte in der Wehrmacht die Generalstabsausbildung durchlaufen, war zuletzt Ia einer Infanteriedivision und sollte nach der Gründung der Bundeswehr Reserveoffizier werden; als Oberst d.R. wurde er mit der Gründung des Verbandes der Reservisten der Deutschen Bundeswehr (VdRBw) im Januar 1960 sogar zu dessen erstem Präsidenten gewählt[487]. Nach seiner Entlassung aus der Kriegsgefangenschaft war er 1948 Redaktionsmitglied der FAZ geworden und avancierte rasch zu deren Sicherheitsexperten. In dieser Tätigkeit verfolgte Weinstein über die nächsten Jahrzehnte den Aufbau der Bundeswehr journalistisch rege; Anfang der 1950er-Jahre prägte er bereits das Schlagwort von der »Armee ohne Pathos«[488]. Mit de Maizière, der ihn damals für dessen sprachliche Brillanz, sein »elegante[s] Französisch und seine Liebe zur Kultur unserer westlichen Nachbarnation« bewunderte, verband ihn seit dieser Zeit eine oft hilfreiche, aber nicht immer spannungsfreie Bekanntschaft[489].

Diese und alle anderen in Reichswehr und Wehrmacht geknüpften kameradschaftlichen Beziehungen halfen in der Tat weiter, als nur wenige Jahre später die weltpolitische Entwicklung die Wiederbewaffnung der Deutschen Realität werden ließ. Gerade wegen der kurzen Zeitspanne schlugen dann »die

---

483 O von Seeler, Kdr VBK 12, an de Maizière, 27.9.1965, BArch, N 673/50b.

484 O i.G. a.D. Oertzen an de Maizière, 1.10.1964, und Gesellschaft für Wehrkunde, der Landesbeauftragte im Wehrbereich 1, Lungershausen, an de Maizière, 12.9.1964, beide BArch, N 673/83.

485 Hanskarl Pressler an de Maizière, 26.10.1964, BArch, N 673/83; Hans-J. Hirche an de Maizière, 28.8.1966, BArch, N 673/84. Pressler war inzwischen Filialdirektor der Bayerischen Versicherungsbank AG in München, Hirche »in einer leitenden Tätigkeit bei den Farbwerken Hoechst AG«.

486 De Maizière an Pater Schmitz, 22.1.1965, BArch, N 673/51a.

487 Nach seiner Entlassung aus der Gefangenschaft hatte Weinstein zunächst in Mainz Geschichte, Romanistik und Volkswirtschaftslehre studiert, ehe ihn einer der Gründungsherausgeber der FAZ, Erich Welter, 1949 zur FAZ holte. Zu seiner Person und seiner kritischen Begleitung des Aufbaus der Bundeswehr siehe Molt, Von der Wehrmacht zur Bundeswehr, S. 33, 124, 132, 172, 218, 267, 293, 464.

488 Weinstein, Armee ohne Pathos.

489 De Maizière, In der Pflicht, S. 123. Weinstein selbst machte sich auch bald einen Namen als Bewunderer Charles de Gaulles. Weinstein, Das ist de Gaulle.

wirtschaftliche Konjunktur und die demografische Katastrophe des Krieges [...] zugunsten der Überlebenden aus«[490]. Bereits im Januar 1946 hatte die Historical Division der U.S. Army eine »Operational History (German) Section« etabliert, die bis Juni 1946 bereits 328 deutsche Offiziere, vor allem ehemalige Generale, beschäftigte. Dass diese zunächst im selben Camp King in Oberursel (20 km von Frankfurt/Main) disloziert waren wie die Organisation Gehlen, die erst im Dezember 1947 nach Pullach bei München verlegt wurde, dürfte kein Nachteil gewesen sein[491]. Genau genommen zeitigte das alliierte Unterfangen, die Generalstabsoffiziere zu separieren, um dem diesen vor allem zugeschriebenen deutschen Militarismus den Garaus zu machen, den gegenteiligen Effekt. Die lange Gefangenschaft erwies sich als Grundlage für ein lebenslanges und engmaschiges Netzwerk.

Wie entscheidend diese Verbindung mitunter werden konnte, lässt sich im Falle de Maizières bereits anhand der »Geburtsstunde« der westdeutschen Streitkräfte nachvollziehen, der »Himmeroder Tagung« (5.-9. Oktober 1950), an der er selbst gar nicht teilnahm. In der Zisterzienserabtei Himmerod in der Eifel beriet eine von Bundeskanzler Dr. Konrad Adenauer in aller Stille einberufene Expertenkommission ehemaliger hoher Wehrmachtsoffiziere über mögliche westdeutsche Streitkräfte. Die dort ausgearbeitete »Himmeroder Denkschrift« sollte später etwas hochtrabend als »Magna Charta der Bundeswehr« in deren Geschichte eingehen[492]. Aus diesem Grund und weil aus diesem Kreis sieben Teilnehmer bei der Aufstellung der Bundeswehr Generalsränge erreichten sowie zwei weitere Aufnahme in den Bundesnachrichtendienst (BND) fanden, ist diese Tagung von herausragender Bedeutung. Von den insgesamt 15 Teilnehmern war de Maizière jedenfalls der Hälfte persönlich bekannt. Zieht man davon die entweder in der Bundeswehr nicht verwendeten vier Teilnehmer sowie die drei vor der Aufstellung Verstorbenen ab und dazu noch in Betracht, dass es vor allem die wesentlichen Persönlichkeiten waren, mit denen er in engerem Kontakt gestanden hatte, wird deutlich, warum man de Maizière früh die Mitarbeit anbot: Von den Vorsitzenden der vier in Himmerod gebildeten Ausschüsse kannten ihn zwei persönlich – Hans Speidel im Militärpolitischen Ausschuss, Adolf Heusinger[493] im Organisationsausschuss –, die anderen beiden immerhin möglicherweise. Dazu kamen die Bekanntschaften mit Johann Adolf Graf Kielmansegg als Sekretär der Tagung und maßgeblicher Verfasser der entsprechenden Denkschrift, Wolf Graf Baudissin, den er, wie geschildert, schon in der Adjutantenzeit in den 1930er-Jahren kennengelernt und in der

490 Manig, Die Politik der Ehre, S. 83.
491 Searle, Wehrmacht Generals, S. 30. Siehe dazu auch weiterführend Hackl, Generalstab.
492 Zur Himmeroder Tagung und Denkschrift siehe grundsätzlich Rautenberg/Wiggershaus, Die »Himmeroder Denkschrift« (1985). Die originale Dokumentation befindet sich im BArch Freiburg unter der Signatur BW 9/3119.
493 Heusingers Mutter Charlotte entstammte außerdem dem niedersächsischen Adelsgeschlecht von Alten, dessen Stammsitz zum Amt Ilten gehörten, dem zeitweiligen Wohnsitz der de Maizières/Werners. Meyer, Adolf Heusinger.

Kriegsgefangenschaft in Munsterlager wiedergetroffen hatte[494]. Erwähnt werden muß auch Friedrich Ruge, an dessen Englischunterricht im Kriegsgefangenenlager Zedelgem er teilgenommen hatte. Außerdem war Rudolf Meister von 1931 bis 1933 immerhin Kompaniechef in de Maizières Infanterieregiment gewesen[495].

Obwohl selbst in Himmerod nicht dabei, konnte seine Auswahl nur wenige Monate später kaum überraschen. Dass er seine neuerliche Chance für eine militärische Karriere durch Protegierung erhalten hatte, war de Maizière durchaus bewusst. Aus der Rückschau schob er es den Umständen zu, die »eine andere Lösung kaum zu[ließen]«, und hielt die Entscheidung, was seine Person anging, nicht ganz uneitel für richtig: »Die [militärischen Mitarbeiter Blanks] wiederum übernahmen mit ihren Personalvorschlägen eine große Verantwortung in fachlicher und politischer Hinsicht. Sie konnten und wollten daher nur gute Kameraden präsentieren, für die sie aus persönlicher Kenntnis heraus guten Gewissens bürgen konnten[496].« Mitte der 1970er-Jahre hat er im Nachhinein bei einer MGFA-Tagung zugestanden, dass die Personalergänzung der Dienststelle Blank in der ersten Zeit weitgehend auf Vorschlägen der engeren Mitarbeiter und deren persönlicher Personalkenntnis basierte, es damals aber keine andere Möglichkeit gegeben habe. Die Dienststelle Blank habe über keinerlei Personalübersichten, geschweige denn Personalpapiere früherer Offiziere der Wehrmacht verfügt, und öffentliche Ausschreibungen die damalige Lage verboten, weil sie »von den Alliierten (Franzosen!)« nicht zugelassen worden wären[497]. Auch dass es sich bei der Auswahl überwiegend um ehemalige Generalstabsoffiziere handelte, hielt er noch ex post »für eine Selbstverständlichkeit«: »Die von der Dienststelle Blank zu leistende Arbeit auf den Gebieten der Militärpolitik, Organisation, Ausbildung und Logistik ist zu allen Zeiten – so auch in der Gegenwart – und in allen Armeen überwiegend von Offizieren geleistet worden, die generalstabsmäßig ausgebildet waren[498].«

In der politischen Opposition erkannte man diese Tatsache übrigens vergleichsweise spät und stand ihr dann auch skeptisch gegenüber. Selbstkritisch musste man Ende der 1950er-Jahre eingestehen, man habe »bereits beim Aufbau der Bundeswehr [...] die soziologischen Verkettungen des Offizierkorps immer wieder unterbewertet«[499]. Dass dieses Fazit alles andere als unbegründet war, sollte sich bald zeigen. An dieser Stelle mag der Hinweis genügen, dass ein damaliger Mitgefangener de Maizières und späterer Oberst in der Bundeswehr, Werner von Seeler, anlässlich seiner Pensionierung seinem Inspekteur noch

---

[494]　De Maizière, In der Pflicht, S. 174; vgl. den ausführlichen Briefwechsel zwischen beiden in BArch, N 673.
[495]　Zu Meister siehe Hildebrand, Die Generale der deutschen Luftwaffe, Bd 2, S. 374–376.
[496]　De Maizière, In der Pflicht, S. 193.
[497]　Ulrich de Maizière, Bemerkungen zum Vortrag von Prof. Dr. Paul Noack auf der Tagung des MGFA in Kirchzarten am 9.5.1974, Anlage zu de Maizière an O i.G. Fischer, MGFA, 31.7.1974, BArch, N 673/100.
[498]　Ebd.
[499]　Dr. Friedrich Beermann an Fritz Erler, 26.1.1959, AdsD NL Erler, Box 139 A+B.

1965 den Wunsch mitgab: »Möge es uns allen beschieden sein, dass unser Bundesheer einmal das wird, was unsere alten Regimenter im deutschen Osten waren[500].«

Doch zur Zeit seiner Kriegsgefangenschaft war de Maizière weit davon entfernt, an eine militärische Zukunft Deutschlands zu denken[501]. Und damit stand er nicht alleine. »Damals hätte wohl keiner vorausgesagt, in was für einflussreiche Stellungen viele unserer Generalstabskameraden in Uniform und Zivil gelangen würden«, schrieb ihm der Oberst i.G. a.D. Oertzen 1964[502]. Ob dies wirklich »ein steiniger Weg« gewesen ist, wie es ein anderer ehemaliger Mitgefangener im selben Jahr beurteilte, wird noch zu prüfen sein[503]. Erstaunlich scheint indes die Aussage von Hermann Wündrich: »Ihr Gespräch mit unserem ehemaligen Mit-POW Adelbert Weinstein in der FAZ vom 5.10.1964 hat mich durch Ihre dargebrachten Ansichten und Meinungen so erfreut, dass ich nicht umhin kann anzunehmen, dass Sie trotz der veränderten Situation sich selbst treu geblieben sind[504].« Das Problem, was sein ehemaliger Mitgefangener damit gemeint haben könnte, beantwortete de Maizière selbst in seinen Memoiren. Gleich anderen stellte sich für ihn in der Gefangenschaft nämlich die Frage nach der eigenen Verantwortlichkeit. Spätestens mit dem Nürnberger Prozess mussten sich auch diejenigen damit auseinandersetzen, die es aus eigenem Antrieb bis dahin nicht getan hatten. In der Rückschau will er selbst gründlich und mit äußerster Selbstkritik Bilanz gezogen haben: »Wer es ehrlich mit sich meinte, fand zu Besinnung und Selbstkritik; und wer sich nicht verschloss, empfand Scham, den wahren Kern der Ideologie und des Regimes nicht rechtzeitig durchschaut zu haben[505].« Wie die meisten Deutschen will de Maizière erst jetzt von den Vernichtungslagern erfahren haben. Zwar habe »jeder wissen müssen, dass es Konzentrationslager gab, und dass Menschen ohne richterliche Entscheidung in reiner Willkür dorthin verbracht wurden und schweres Unrecht erlitten«. Doch erst durch die britische Aufklärungspolitik, vor allem Filmvorführungen, »in denen die Greuel dokumentiert waren«, habe jeder erkennen müssen, »welche Verbrechen in deutschem Namen geschehen waren«. Insbesondere »die Nachrichten über Auschwitz verschlugen uns doch den Atem«[506].

Im Ergebnis kam er daraufhin zu einer Bewertung, die mit den neuen Leitlinien der westdeutschen Demokratie erstaunlich übereinstimmten. Immerhin war er sich selbst bewusst, dass »die Lehren [...], die wir nach 12 Jahren nationalsozialistischer Herrschaft ziehen mussten, [...] mich persönlich dann auch in meinem späteren Dienst für die neukonstituierte Bundesrepublik Deutschland

---

[500] O von Seeler, Kdr VBK 12, an de Maizière, 27.9.1965, BArch, N 673/50b.
[501] Franz Kelch an de Maizière, 25.6.1989, BArch, N 673/180.
[502] O i.G. a.D. Oertzen an de Maizière, 1.10.1964, BArch, N 673/83.
[503] Fritz Wetzlar an de Maizière, 2.10.1964, ebd.
[504] Hermann Wündrich an de Maizière, 5.10.1964, ebd.
[505] De Maizière, In der Pflicht, S. 117.
[506] Ebd., S. 122. Auch Helmut Schmidt will erst nach dem Krieg davon erfahren haben. Soell, Helmut Schmidt. 1918-1969, S. 107.

geleitet haben«[507]. Insofern scheint die Besinnung de Maizières tatsächlich eine grundsätzliche gewesen zu sein, anders als bei der Mehrheit der Deutschen, wo »privat [...] an der Gesinnung festgehalten, offiziell [...] die gesicherte Existenz gewählt [wurde]«[508]. Anfang 1964 stellte er jedenfalls fest, dass

>da, wo eine Staatsführung moralische Maßstäbe verlässt, wo sie Recht, Menschenwürde und Freiheit mit Füßen tritt, da steht auch der Soldat vor ernsten Gewissensentscheidungen. Die Gebundenheit an eine höhere Ordnung [...] ist [...] nach Julius Stahl, dem großen preußischen Staatsrechtler des vorigen Jahrhunderts, der einzige Damm gegen den Absolutismus des Staates. Diese Bindung [...] drückt sich aus in einem hingebungsvollen Dienst an die Allgemeinheit wie auch im ›Gott mehr Gehorchenwollen als den Menschen‹«[509].

Ob er diesen religiösen Bezug bereits in der Kriegsgefangenschaft hergestellt hatte, muss offen bleiben. Zwar besuchte de Maizière auch als Soldat seit seiner Stettiner Zeit 1930 den Gottesdienst[510]. Aber erst durch die Bekanntschaft mit dem evangelischen Militärpfarrer in Hamburg, Otto von Huhn, wollen sich seine bis dato eher »traditionellen Bindungen zur Kirche« geweitet, ihm »den Weg zum Glauben wieder geöffnet und den Kern der biblischen Aussagen bewusst gemacht« haben[511]. Seine Kinder jedenfalls haben er und seine Frau ebenso bewusst im protestantischen Glauben erzogen wie beiden der Kontakt zur jeweils örtlichen Kirchengemeinde wichtig gewesen ist[512]. 1965 fühlte sich de Maizière in einer öffentlichen Auseinandersetzung expressis verbis »als dienstältester Heeresgeneral evangelischer Konfession«[513]. Das scheint bemerkenswert, denn für die Evangelische Amtskirche war zuvor der »bekannte Graf Baudissin von der Dienststelle Blank unser trefflicher Verbindungsmann in diesem Amt«[514]. Weitere zwei Jahre später aber stellte de Maizière, jetzt schon Generalinspekteur, in seiner Ansprache aus Anlass des Ökumenischen Soldatentreffens zum 450. Reformationsjubiläum in Landau/Pfalz durchaus den Bezug zur Gefangenschaft her:

---

[507] De Maizière, In der Pflicht, S. 118. Dort auch im Folgenden zu seinen »Lehren« im Einzelnen, ebd., S. 118 f.

[508] Manig, Die Politik der Ehre, S. 14 f.

[509] Ulrich de Maizière, Ansprache anlässlich der Umbenennung der Pikartenstr. in Graf-Stauffenberg-Str., 31.1.1964, BArch, N 673/58.

[510] Beileidschreiben de Maizières an Ella Dohrmann, 2.5.1969, BArch, N 673/39a. Über den Tod des ehemaligen Feldbischofs der Wehrmacht, Dr. Franz Dohrmann, am 19.4.1969 wurde de Maizière telefonisch vier Tage später unterrichtet. Vermerk über Anruf von Dekan Wollschläger vom Evangelischen Kirchenamt der Bundeswehr im Auftrag von Militärbischof Dr. Kunst, 23.4.1969, BArch, N 673/39a.

[511] De Maizière, In der Pflicht, S. 253.

[512] Siehe z.B. de Maizière an Pfarrer Martin Preuß, Bonn, 21.7.1969, BArch, N 673/49a. Darin bedankte er sich bei dem Bonner Pfarrer Preuß (Auferstehungskirchengemeinde Bonn-Venusberg) 1969 »für vieles Gute, das Sie den Meinen und mir seit vielen, vielen Jahren haben zuteil werden lassen«.

[513] De Maizière, In der Pflicht, S. 265.

[514] So der damalige Beauftragte der Evangelischen Kirche bei der Bundesregierung und spätere erste bundesdeutsche Militärbischof, Prälat Hermann Kunst, im März 1952, zit. nach Dörfler-Dierken, Baudissins Konzeption, S. 58.

»Ich gestehe, dass ich für mich nach dem 2. Weltkrieg jahrelang um die Frage gerungen habe, ob Christsein und Soldatsein mit den Forderungen des
neuen Testamens überhaupt zu vereinen seien. Ich habe damals für mich eine klare Antwort bei Luther gefunden. Und deshalb spreche ich gerade heute davon. In seinem 1523 an den Herzog Johann von Sachsen gerichteten
Brief ›Von weltlicher Obrigkeit und wie weit man ihr Gehorsam schuldig
sei‹ erläutert Luther, Christus habe das Amt des Schwertes nicht aufgeho-
ben, sondern für das Reich dieser Welt bestätigt. Der Christ solle für sich
selbst Unrecht leiden und Übel erdulden. Aber für andere soll er Recht,
Schutz und Hilfe bieten und zur Abkehr des Bösen alles leisten, dessen er
fähig ist. – Mir hat das Luther-Wort sehr geholfen, das Evangelium zu verstehen, und als Christ und Soldat zugleich den rechten Gehorsam zu leisten.
[...] Ich meine, nicht die Gewalt als solche ist böse, nur der unrechte
Gebrauch der Gewalt ist böse. Nicht die Gewaltlosigkeit als solche ist gut,
wohl aber ihre recht verstandene Anwendung ist gut[515].«

Sicherlich ist diese eindeutige Stellungnahme auch im Kontext der seinerzeitigen Auseinandersetzung um Wehrpflicht und Militär sowie insgesamt im Zusammenhang mit der »1968er-« und der Friedensbewegung zu sehen[516]. Schon
1964 hatte er angeprangert, es fänden sich

»[b]esondere Zentren, in denen Zweifel am Verteidigungsgedanken lebendig sind, ja, in denen Verteidigung oft abgelehnt wird, [...] vor allem im Bereich der Intelligenz, nämlich in großen Bereichen der Universitäten und
Hochschule, in gewissen Bereichen der Lehrerschaft, in kleinen Kreisen der
ev. Pfarrerschaft. Hier glaubt man oft, mit intellektuellen, häufig illusionären
Spekulationen Lösungen finden zu können, die an der harten politischen und
militärischen Wirklichkeit vorbeigehen[517].«

Insofern pflegte de Maizière also durchaus einen pragmatischen Ansatz im
Umgang mit Glauben und Religion. Dafür spricht auch die folgende Episode, in
der Generaldekan von Mutius vorsichtig intervenierte, als bei der Planung der
Kommandeur-Tagung 1968 in Kassel kein Gottesdienst mehr vorgesehen war.
Was de Maizière letzten Endes überzeugte, war der Hinweis:

»Wie Sie wissen, ist seit dem Studnitzbuch mit dem bösen Stichwort von den
›trojanischen Pferden‹ und infolge mancher Erscheinung in unserer Kirche
in der Truppe hier und da eine spürbar reservierte Haltung uns gegenüber
zu finden. Es wäre bedauerlich, wenn gerade in dieser Lage ausgerechnet bei
der Kommandeur-Tagung eine Änderung der Gepflogenheit einträte.«

---

[515] Ulrich de Maizière, Ansprache aus Anlass des Ökumenischen Soldatentreffens zum 450.
Reformationsjubiläum in Landau/Pfalz am 31.10.1967, BArch, N 673/59. Seine Ansprache
in Landau schickte er auch Superintendent Sass, allerdings mit dem Hinweis: »Es lohnt
sich erst mit dem Lesen auf Seite 3 (letzter Absatz) zu beginnen.« Siehe de Maizière an
Sass, 4.1.1968, BArch, N 673/50b.

[516] Zu »1968« im Überblick siehe Wolfrum, Die geglückte Demokratie, S. 261-271; Görtemaker, Geschichte der Bundesrepublik Deutschland, S. 485-491.

[517] »Geistige Grundlagen der Verteidigung«, Vortrag des Kdr FüAkBw, GM de Maizière, vor
der 4. Einweisung Landesverteidigung und Gästen am 25.4.1964, BArch, N 673/58.

Handschriftlich schrieb er hier an den Rand des Briefes: »Das ist ein überzeugender Grund[518].« Entschieden wehrte sich de Maizière vor allem immer wieder gegen Meinungen, Soldat-Sein und Christ-Sein würden im Widerspruch stehen. Deswegen pflegte er über seine gesamte Dienstzeit in der Bundeswehr die Verbindung mit kirchlichen Würdenträgern beiderlei Konfession und verfolgte die einschlägigen Diskussionen sehr genau[519]. Entsprechend positiv stimmte ihn, als 1970 »[a]uch nach Auffassung der katholischen Kirche [...] sich der Soldat als Diener der Sicherheit und der Freiheit der Völker betrachten [kann] und [...] somit zur Festigung des Friedens bei[trägt][520].«

In der Frage des Glaubens vermischten sich bei de Maizière in der Summe sehr deutlich persönliche Überzeugungen mit pragmatischen Überlegungen. Mitte 1966 waren alleine von den Offizieren vom Leutnant bis zum Hauptmann 68,1 Prozent evangelisch, 28,0 Prozent katholisch und lediglich 3,9 Prozent entweder konfessionslos oder machten keine Angabe. 96 Prozent der Bundeswehroffiziere waren damit also kirchlich gebunden[521]. An den befreundeten Pastor Georg von Oppen schrieb de Maizière dazu in aller Offenheit:

»Ich stimme mit Dir überein. Die Militärseelsorge muss bleiben sowohl vom Anspruch der Kirche wie vom Anspruch des einzelnen Soldaten her. Ich weiß, dass es ein Militärseelsorger immer schwer haben wird; in der heutigen Zeit vielleicht noch schwerer als in früheren Zeiten. Die Stellung zur Kirche zwischen älteren Offizieren und jungen Wehrpflichtigen ist sicherlich weiter auseinander als in meiner Jugend. Ihr habt die schwere Aufgabe, beiden die Notwendigkeit und Richtigkeit des Glaubens zu beweisen, wie Du so schön sagst[522].«

Wo de Maizière diese »Notwendigkeit und Richtigkeit« verortete, machte er vor allem seit seiner Zeit an der Führungsakademie immer wieder klar. So er-

---

[518] Generaldekan von Mutius vom Evangelischen Kirchenamt für die Bundeswehr an de Maizière, 4.4.1968, BArch, N 673/47b.

[519] Vor allem mit den beiden Militärbischöfen Hermann Kunst und Franz Hengsbach kommunizierte er häufig und intensiv. Mit Kunst verband de Maizière über die Jahre hinweg eine persönliche Freundschaft. Siehe Ansprache von Gerhard Bollmann, Verleger im Hause E.S. Mittler & Sohn, aus Anlass der Präsentation des Buches »In der Pflicht« von de Maizière am 1.3.1989 in der Vertretung des Landes Baden-Württemberg beim Bund, BArch, N 673/145. Und zwischen dem katholischen Bischof Hengsbach und de Maizière entwickelte sich über die Jahre »ein offene[s] und vertrauensvolle[s] Verhältnis«. Siehe dazu de Maizière an Hengsbach, 26.8.1971, BArch, N 673/42. Im selben Bestand finden sich auch ein Lebenslauf von Hengsbach sowie die weitere Korrespondenz zwischen beiden.

[520] Ansprache GenInsp, Gen. de Maizière, anlässlich des 60. Geburtstages des Katholischen Militärbischofs Dr. Franz Hengsbach am 10.9.1970 in Hamburg, BArch, N 673/61a.

[521] Konfessionszugehörigkeit der jungen Offiziere der Bundeswehr, Stand Sommer 1966, Notiz in BArch, N 673/47a. Auf dieser Notiz ist die Konfessionszugehörigkeit in Prozent wie in genauen Zahlen nach den jeweiligen Dienstgraden geteilt aufgeschlüsselt. Dabei handelt es sich um eine von der Abt. P erstellte Statistik, die de Maizière an Meyer-Detring schickte. Siehe de Maizière an GL Meyer-Detring, KG I. Korps, 8.7.1966, BArch, N 673/47a.

[522] De Maizière an Militärpfarrer Georg von Oppen, Munster, 4.11.1969, BArch, N 673/48b.

klärte er dort bei der Verabschiedung des 4. Generalstabslehrgangs Heer und 3. Admiralstabslehrgangs 1963:

>Es ist kein Zufall, dass wir den morgigen letzten Tag mit einem Gottesdienst beginnen werden. Wehe eine Armee, deren Führung keine ethischen Gesetze anerkennt und die nicht an Gott glaubt. Wie soll man Menschen schützen und Menschen führen, wie soll man Befehle erteilen zum Kämpfen, ja sogar zum Töten, wenn man nicht sittlichen Maßstäben verpflichtet ist und sich gebunden und getragen weiß von einer höheren, außerhalb und oberhalb des Menschen liegenden Kraft und Verantwortung[523]?«

Wenige Wochen zuvor hatte er an gleichem Ort den Katholischen Militärbischof Hengsbach mit den Worten vorgestellt:

>Wenn Sie heute zu uns über soldatisches Ethos, über das Leitbild des Soldaten in der demokratischen Staatsordnung der freien Völker sprechen wollen, so geben Sie uns einen wichtigen Beitrag und eine Hilfe in einer geistigen Auseinandersetzung, der sich kein Soldat in verantwortlicher Stellung entziehen darf und will, in einer geistigen Auseinandersetzung, der wir uns in einer uns allen gemeinsamen christlichen Gesinnung stellen sollten[524].«

Insgesamt bildete de Maizières Glaubensverständnis die Schnittmenge seiner wesentlichen persönlichen Überzeugungen. Es spiegelt seine Erfahrungen mit dem Totalitarismus der NS-Herrschaft ebenso wie seine damit eng verknüpfte Furcht vor einer vermeintlichen kommunistischen Bedrohung wider. Nicht zuletzt schuf es ihm eine Kontinuitätslinie und damit eine Brücke zwischen seinem ersten und zweiten (militärischen) Leben. Das belegt auch seine Zustimmung zum Eisernen Kreuz als Hoheitszeichen der Bundeswehr: »In späteren Kriegen erneuert, wuchs es zu einem Symbole deutschen Soldatentums heran als ein Zeichen der Tapferkeit in christlicher Bindung und militärischer Kameradschaft[525].«

So verwundert es nicht, wenn sich der Militärgeneralvikar des Katholischen Bischofsamtes, Dr. Martin Gritz, am Ende von de Maizières Laufbahn bei ihm dafür bedankte, dass er »für notwendige Entwicklungen gesorgt und unnötige Veränderungen zu vermeiden gesucht« habe[526]. Insofern mag de Maizières dezidiertes Eintreten für Glaubensfragen durchaus an Ursprungsüberlegungen aus der Zeit der Gefangenschaft angeknüpft haben. Gerade in der direkten Nachkriegszeit verzeichneten die christlichen Kirchen in Deutschland einen derartigen Zulauf, dass mancher dort bereits die »Re-Christianisierung Europas« heranbrechen sah; oder, wie de Maizières späterer Vorgesetzter Theodor Blank, doch wenigstens eine soziale Ära mit ausgeprägtem christlichen Charakter[527].

---

[523] GM de Maizière, Kdr FüAkBw, Stichworte für Verabschiedung 4. Generalstabslehrgang Heer und 3. Admiralstabslehrgang, 26.9.1963, BArch, N 673/57a.

[524] GM de Maizière, Kdr FüAkBw, Begrüßung des Katholischen Militärbischofs Hengsbach, 5.7.1963, ebd.

[525] GM de Maizière, Kdr FüAkBw, Begrüßungsansprache für den Oberbefehlshaber der US-Landstreitkräfte in Europa, General Paul L. Freeman, Jr., 7.3.1963, ebd.

[526] Dr. Martin Gritz, Militärgeneralvikar/Katholisches Bischofsamt, an de Maizière, 31.3.1972, BArch, N 673/87.

[527] Bessel, Germany 1945, S. 312–319, hier S. 314, 317, sowie grundsätzlich Greschat, Die evangelische Christenheit, sowie Greschat, Protestantismus im Kalten Krieg.

De Maizières Verbindung zum Protestantismus erwies sich in der Gefangenschaft allerdings auch ganz praktisch als durchaus vorteilhaft. Zum Jahreswechsel 1946/47 begannen sich nämlich die weltpolitischen Entwicklungen allmählich auf die Kriegsgefangenen direkt mittels diverser Erleichterungen auszuwirken[528]. Konkret schlug sich das darin nieder, dass de Maizière am 30. Januar 1947 nach mehr als 20 Monaten seine Ehefrau wieder sehen durfte. Weitere Besuche folgten und nährten die Hoffnung, nun vielleicht doch bald entlassen zu werden. Einige seiner Mitgefangenen erlangten schon ab November 1946 ihre Freiheit wieder. Deswegen stellte Ernst Prager, sein alter Kamerad seit der gemeinsamen Zeit als Offizieranwärter in der Reichswehr, de Maizière eine eidesstattliche Erklärung aus. Darin bescheinigte er ihm ein tadeloses freundschaftliches und kameradschaftliches Verhalten als er als »Mischling 1. Grades« diskriminiert und zeitweise aus der Armee ausgeschlossen worden war. Er habe den Kontakt zu ihm gehalten und man habe sich gegenseitig besucht. Solches Benehmen bewertete Prager als »nicht etwa nur aus kameradschaftlichen Verpflichtungen, sondern vor allem aus seiner Lebenseinstellung, die stets jeglicher politischer Gehässigkeiten und Hetze abgeneigt war«[529].

Offenbar half das fürs Erste nicht weiter, denn erst am 23. April 1947 begannen die Vernehmungen, auf deren Grundlage über de Maizières weitere Inhaftierung entschieden werden sollte. Weil er sich des Ergebnisses unsicher war, wendete er sich Anfang Mai schriftlich an den Vorsitzenden des für ihn zuständigen 14. British Review Board und führte dort aus:

»National-Socialism lead the German people into the greatest catastrophe of its history. N.S. ideology and authoritarian state can not become reconciled to the maxim of an education and conception based on rightful thinking, toleration, and Christianity. I deeply detest the NS crimes against humanity. Reformation of Germany's difficult conditions brought about by her own guilt, and restoration of the world's confidence to Germany can be achieved only by a lasting, peaceful, and undisturbed evolution under democratic rule. [...] My personal future task I conceive as follows: I intend to train for a bookseller or publisher making use of my strong literary and musical tendency and ability cultivated from childhood. Doing so I imagine to secure the living of my family as well as to bear my share of the reconstruction of a peaceful, healthy, and respected democratic Germany. I think myself the better fit for this because as a regular soldier already during peace and war I was not familiar with one-sided military ideas. I always endeavoured to come into close and vived [vivid] touch with the manyfold beauties [blessings] of all peoples' civilization.«

Seine Aussagen unterstrich er mit einer Erklärung des Landesbischofs August Marahrens der Evangelisch-Lutherischen Landeskirche Hannover[530].

Tatsächlich legte Marahrens, dessen Rolle in der Zeit des Nationalsozialismus bis heute umstritten ist und dessen Sohn zu diesem Zeitpunkt selbst noch

---

[528] Overmans, Das Schicksal der deutschen Kriegsgefangenen, S. 453 f.
[529] Ernst Prager, Affidavit für Ulrich de Maizière, 30.11.1946, PA AdM, Akte Entnazifizierung/Einstufung.
[530] De Maizière an den Chairman of No. 14 British Review Board, 5.5.1947, ebd.

in französischer Kriegsgefangenschaft war, Zeugnis für de Maizière ab[531]. Darin teilte er mit, de Maizière sei ihm »seit langen Jahren bekannt«, entstamme »einer alten Juristenfamilie« und zeichne sich »durch ein starkes Rechtsbewusstsein« aus:

> »Von trefflichen Eltern ist er, ohne Ansprüche an das Leben zu stellen, ehrenhaft und christlich erzogen. Die Politik lag ihm fern. An politischer Betätigung hat er niemals Interesse gefunden. Seit 1930 Berufssoldat, hat er auch nach der Machtübernahme durch den Nationalsozialismus und während des Krieges die besonnene Nüchternheit seines Elternhauses immer wieder bezeigt [sic!] und sich jeder politischen Gehässigkeit und Hetze enthalten. Seine feste Verbindung mit der evangelischen Kirche hat er stets aufrecht erhalten. Seine Schwester, die mit einem evang. Pfarrer der hannoverschen Landeskirche verheiratet ist, zeigt die gleiche völlig unpolitische Gesinnung. In britischer Kriegsgefangenschaft in Belgien hat er sich an den kulturellen Veranstaltungen des CVJM rege beteiligt. Er ist als Charakter ein hochachtbarer Mensch, der seinem Volke noch gute Dienste leisten kann[532].«

Zusätzlich nutzte de Maizière seine familiären Kontakte zu den alten Hannoveraner Regierungskreisen. Den Regierungsvizepräsidenten Hermann von Lüpke bat er »um eine Hilfsaktion in seiner Entlassungsfrage«. Dieser versicherte am 17. Mai 1947 der Legal Division in Herford schriftlich, dass er nicht nur de Maizière persönlich bereits seit dessen Kindheit kannte, sondern auch mit dessen Familie in enger Verbindung stehe. Diese sei

> »closely bound to the spirit of German culture and strictly adverse to militarism as ›Weltanschauung‹ or way of life. Ulrich de Maizière with his very good talents and close connection with German culture particularly with musics and other spheres would certainly have founded a productive and substantial life if he had turned to another profession. He was a soldier of profession but no militarist as man.«

Dass von Lüpke darauf verweisen konnte, dass er 1933 als Regierungsvizepräsident abgesetzt worden war und erst 1945 in sein Amt hatte zurückkehren können, dürfte für de Maizière von großem Wert gewesen sein[533].

Die Formulierungen in den jeweiligen Schreiben bezeugen, dass man seinerzeit gelernt hatte, was man wie zu formulieren hatte. Entsprechende Erfahrungen wurden allgemein weitergegeben – auch in de Maizières Gefangenengemeinschaft[534]. Dafür bürgen zudem gewisse Übereinstimmungen insbesondere in den Schreiben von Prager und Lüpke. Hilfreich war außerdem, dass sich de Maizière längst darüber klar war, wie er künftig seinen Lebensunterhalt verdienen wollte. Darüber hatte er sich mit seiner Frau brieflich ausgetauscht. Sie

---

[531] Landesbischof D. Marahrens an de Maizière, 31.1.1947, PA AdM, Akte Persönliche Unterlagen. Zu Marahrens und seiner Rolle im Nationalsozialismus siehe Otte, Ein Bischof im Zwielicht, sowie Mager, August Marahrens, und grundsätzlich zum Sachverhalt zuletzt Grosse, Niemand kann zwei Herren dienen.

[532] Landesbischof D. Marahrens, Abt zu Loccum/Nr. 344, 30.1.1947, PA AdM, Akte Entnazifizierung/Einstufung.

[533] Regierungsvizepräsident Hermann von Lüpke an das HQ Legal Division Herford, 16.5.1947, ebd.

[534] De Maizière, In der Pflicht, S. 127 f.

hatte daraufhin mit Fritz Schmorl Verbindung aufgenommen. Der war nicht nur der Bruder einer Schulfreundin, ihm gehörte auch die größte Buchhandlung in Hannover[535]. Die Firma Schmorl & von Seefeld Nachf. bestätigte de Maizière bereits Ende Januar 1947 ihre Bereitschaft, »ihn sofort als Lehrling einzustellen«, und im April wurde pro forma ein Lehrvertrag unterzeichnet[536]. Deswegen stand in seinem Entlassungsschein als Beschäftigung »Kaufmann« eingetragen[537]. De Maizière wurde »als Militarist in CAT. III eingestufte Person« am 27. Juni 1947 freigelassen; damit war er »keinen politischen, finanziellen und beruflichen Beschränkungen unterworfen«[538]. »Nie wieder in meinem Leben habe ich ein so beglückendes Gefühl gehabt und mit solcher Intensität bewusst erlebt«, beschrieb er in seinen Memoiren den Moment der Entlassung[539]. Die Schwierigkeiten, die nun auf ihn zukommen sollten, hat Helmut Schmidt, der übrigens das Lager in Zedelgem ebenfalls kennengelernt hatte, aber bereits am 23. August 1945 entlassen worden war[540], später wie folgt zusammengefasst:
> »Binnen weniger Jahre wandelten sich nicht nur die ökonomischen Umstände, sondern vor allem das gesellschaftliche Wertesystem. Mit einem Mal kamen geistige und moralische Maßstäbe zur Geltung, die vorher nicht formuliert und propagiert worden waren. Das Zusammentreffen der ungewohnten Freiheiten und der aufgestauten Neugier mit dem Tatendrang, es besser zu machen, hat die Kriegsgeneration angetrieben. Wir hatten mit Glück überlebt. Nun endlich wollten wir unser Leben selbst in die Hand nehmen. Aber dazu mussten wir sehr vieles erst noch lernen[541].«

---

[535] Ebd., S. 132.
[536] Bestätigung der Buchhandlung Schmorl & von Seefeld Nachf., 30.1.1947, PA AdM, Akte Entnazifizierung/Einstufung.
[537] Certificate of Discharge/Entlassungsschein, 26.6.1947, ebd.
[538] Public Safety (SB)/117 Mil.Gov.Det., 9/RIS/ARMY/PF G 118, Release from Civilian Internment Camp, 27.6.1947, PA AdM, Akte Entnazifizierung/Einstufung.
[539] De Maizière, In der Pflicht, S. 130.
[540] Soell, Helmut Schmidt. 1918-1969, S. 165.
[541] Schmidt, Außer Dienst, S. 22.

IV. Intermezzo – Der Buchhandelslehrling (1947 – 1950)

Nach seiner Entlassung aus der Kriegsgefangenschaft zog de Maizière zu seiner Familie nach Ilten bei Hannover[1]. Zusammen mit Frau und Tochter, seiner Schwiegermutter, seiner Schwägerin und deren dreijähriger Tochter bewohnte er dort fünf kleine Räume ohne Kanalisation und mit mehr schlechter als rechter Stromversorgung. Wie Millionen anderer Deutscher nach dem Kriege musste sich die Familie in dieser Behelfsunterkunft für Ausgebombte arrangieren[2]. Dafür konnte er nun zum ersten Mal seine beinahe zweijährige Tochter Barbara in die Arme schließen. Stolz erzählte er in seinen Memoiren, dass sie ihn zwar als »Ockel« begrüßt habe, er aber rasch zum »Ockel Papa« aufgestiegen sei, bis sie ihn schließlich als ihren »Papa« anerkannte[3]. Nachdem er seine notwendigen Meldeformalitäten erledigt hatte, folgte er mit seiner Frau der Einladung einer Freundin nach Harsefeld bei Stade[4]. Obwohl sie schon zweieinhalb Jahre verheiratet waren, begann nun erst ihr Eheleben. Zukunftspläne wurden geschmiedet und der Alltag besprochen. In dieser Zeit sei sich de Maizière sicher gewesen, dass er »nie wieder Uniform tragen würde« und »das militärische Kapitel« seines Lebens für ihn abgeschlossen war[5]. Zugleich habe er sich »stoisch in den zunächst unvermeidlich erscheinenden sozialen Abstieg« gefügt. Schon bei seinem Heiratsantrag im Herbst 1944 will er seiner Braut erklärt haben, »sie heirate keinen Oberstleutnant im Generalstab, sondern einen ungelernten Arbeiter«[6].

Dies sollte sich jetzt bewahrheiten. Nach einigen Querelen mit dem zuständigen Arbeitsamt trat der Oberstleutnant a.D. Ulrich de Maizière mit 35 Jahren seine Lehrstelle als Buchhändler bei der Firma Schmorl & von Seefeld Nachf. an[7]. Der am 1. April 1947 unterschriebene Lehrvertrag ließ kaum finanziellen

---

[1] Personalbogen Ulrich de Maizières anlässlich seiner Einstellung in die Bundeswehr, 20.6.1955, Personalakte Ulrich de Maizière, BArch, Pers 1/27800.
[2] De Maizière, In der Pflicht, S. 131 f. Die Familie Werner war wie de Maizières Mutter bereits im Oktober 1943 ausgebombt worden. Ebd., S. 87.
[3] Ebd., S. 131.
[4] Personalbogen Ulrich de Maizières anlässlich seiner Einstellung in die Bundeswehr, 20.6.1955, Personalakte Ulrich de Maizière, BArch, Pers 1/27800. Siehe die Bestätigung durch Polizei – Landkreis Burgdorf/Der Chef der Polizei für Landkreis Burgdorf, 14.7.1947, PA AdM, Akte Entnazifizierung/Einstufung.
[5] De Maizière, In der Pflicht, S. 132.
[6] Ebd., S. 96.
[7] Arbeitsamt Celle/Außenstelle Lehrte, Arbeitspass Ulrich de Maizière, 21.8.1947, PA AdM, Akte Persönliche Unterlagen.

Spielraum: Für die zweijährige Lehre erhielt er im ersten Jahr 50,-, im zweiten 60,- Reichsmark pro Monat[8]. Da außerdem seine Konten wie bei allen vormaligen Generalstabsoffizieren bis auf 300,- Mark, die er pro Monat abheben durfte, gesperrt waren, reihte sich auch die Familie de Maizière in den Überlebenskampf von Millionen im Deutschland und Europa der Nachkriegszeit ein[9]. Dass diesen vor allem die Frauen zu führen hatten, gestand de Maizière später zu. Neben dem eigenen Haushalt blieben das Aushelfen bei den Bauern der Umgebung, Hamsterfahrten, Brennstoff sammeln, um wenigstens die einfachsten Bedürfnisse des täglichen Lebens zu befriedigen, an ihnen hängen[10]. Wie knapp der Etat gewesen ist, mit dem die Familie auskommen musste, belegt das über die ersten Jahre hinweg penibel geführte Ausgabenbuch der Familie[11].

Derweil lief es in seiner Lehre ausgezeichnet. Sein Arbeitgeber war vom neuen Lehrling rasch überzeugt. Insbesondere lobte man »seine humanistische gründliche Bildung und sein stets gleichbleibend freundliches und zuvorkommendes Wesen sowie sein Taktgefühl verbunden mit geschliffenen Umgangsformen«[12]. Handwerklich dürften ihm freilich auch seine organisatorischen Fähigkeiten zupass gekommen sein, und so ließ man ihm freie Hand. Aus eigenem Antrieb heraus baute er die Musikalienabteilung der Firma »praktisch aus dem Nichts« auf und machte sie »zu einer [...], die als führend auf dem Gebiet der klassischen und guten Musik anerkannt ist«[13]. Dafür absolvierte de Maizière vom 1. Juni bis 31. August 1948 im Hermann Moek Verlag in Celle eigens ein Volontariat, bei dem er »in die verschiedenen Arbeitsgebiete eines Musikverlages und Musikalienversandsortimentes eingeführt« wurde. Dabei erwies er sich als »besonders talentiert für dieses Gebiet« und »in jeder Weise als ein angenehmer Mitarbeiter«[14]. Und auch in seiner Freizeit setzte de Maizière die alte Liebe zur Musik fort und engagierte sich im örtlichen Männergesangsverein (MGV) Ilten, erst recht als das »Klavier meiner Leutnantsjahre« auf Umwegen wieder zu ihm gelangte[15].

---

[8]   Lehrvertrag des Landesverbandes der Buchhändler Hannover-Braunschweig-Oldenburg e.V., 1.4.1947, ebd.
[9]   Erst auf seine schriftliche Beschwerde vom 17.4.1948 wurden seine Konten freigegeben. Siehe dazu Niedersächsisches Landesamt für die Beaufsichtigung gesperrten Vermögens/Bezirksamt Lüneburg, an de Maizière, 23.4.1948, PA AdM, Akte Entnazifizierung/Einstufung. Dass die Generalstabsoffiziere höchstens 300,– Mark pro Monat abheben durften, ging auf die Gesetze Nr. 52 und 53 der US-amerikanischen Militärregierung zurück, deren Regularien von den Briten übernommen worden sind. Manig, Die Politik der Ehre, S. 51, Anm. 13.
[10] De Maizière, In der Pflicht, S. 133.
[11] Ausgabenbuch der Familie de Maizière, 11/1947-11/1950, PA AdM, Karton 1940-1951.
[12] Schmorl & von Seefeld Nachf., Hannover, Buchhandlung und Antiquariat, Zeugnis, 20.1.1951, PA AdM, Akte Persönliche Unterlagen.
[13] Ebd.
[14] Hermann Moek Verlag, Zeugnis, 27.8.1948, ebd.
[15] De Maizière, In der Pflicht, S. 139. Siehe auch Männergesangverein Ilten an de Maizière, 28.9.1970, BArch, N 673/45b. Am 16.9.1950 »machten Sie uns die Freude, bei dem Festkonzert anlässlich des 65-jährigen Bestehens des MGV Ilten mitzuwirken und so den Abend zu verschönern. Als letzten Chor sangen und spielten wir damals den Walzer ›An der schönen blauen Donau‹«. Siehe dazu auch den entsprechenden Bericht im »Burgdor-

Insofern überraschte die erfolgreiche schriftliche und mündliche Prüfung zum Gehilfen im Musikalienhandel am 9. April 1949 in Detmold nicht, die er mit »gut« abschloss[16]. Für das Äquivalent im Buchhandel rechnete sein Arbeitgeber sogar »mit einer hervorragenden Prüfung«[17]. De Maizière rechtfertigte das Vertrauen und bestand die buchhändlerische Prüfung am 28. September 1949 vor dem Prüfungsausschuss des Landesverbandes der Buchhändler und Verleger in Niedersachsen »mit Auszeichnung«[18]. Bemerkenswert war dabei die Themenwahl für seine schriftliche Prüfungsarbeit. Diese verfasste de Maizière nämlich unter der Fragestellung: »Welche russischen Dichter haben Weltruf erlangt[19]?« Wie er dazu kam, ist ungewiss, offenbar flossen in die Arbeit seine Erfahrungen in der Sowjetunion während des Krieges ein:

> »Im Sommer wie im Winter hat das Erlebnis der russischen Landschaft mir stets ein erregendes und zugleich bedrückendes Gefühl der Weite und Unendlichkeit, der Abhängigkeit von der Realität der Umwelt und des damit verbundenen Zwanges zum Leiden hervorgerufen, jenen schwermütigen Pessimismus, wie ihn das vorstehende Bild anzudeuten versucht.«

Eben das, so vermutete er, würde »den Reiz dieser Dichtung auf die Welt außerhalb der Grenzen Russlands, insbesondere auf europäische Leser« ausüben[20]. Zusammen mit der offenbar selbstverständlichen Einordnung Russlands als nicht-europäisches Land schwangen hier altbekannte Ressentiments de Maizières mit. Der abschließende Hinweis in der Arbeit, es sei zu hoffen, »dass mit einem Wiedererwachen wirklicher geistiger Freiheit auch in Russland erneut Dichter erwachsen mögen, die über die Landesgrenzen hinaus der ganzen Welt

---

fer Kreisblatt/Lehrter Stadtblatt« Nr. 218, 18.9.1950, PA AdM, Karton Ratsgymnasium, Neuruppin, Landsberg/Warthe, Sudetenland. Unter der Überschrift »›Singen ist eine Sache des Herzens‹. Festliche Tage für die Sänger von Ilten« findet sich ein Loblied auf den Pianisten Ulrich de Maizière: »Der 2. und 3. Satz aus Beethovens Sonate pathetique, Schumanns Kinderszenen mit der ›Träumerei‹ und zwei Stücke von Grieg gaben dem Pianisten Gelegenheit, instrumentale Meisterschaft mit gefühlssicherem Einfühlungsvermögen zu verknüpfen.«

16 Zeugnis-Urkunde des Deutschen Musikalienwirtschaftsverbandes, 9.4.1949, PA AdM, Akte Persönliche Unterlagen.
17 Fa. Schmorl & von Seefeld Nachf., Vorläufiges Zeugnis, 26.7.1949, PA AdM, Akte Buchhändler-Gehilfen-Prüfung Herbst 1949.
18 Landesverband der Buchhändler Hannover-Braunschweig-Oldenburg e.V., Zeugnis, 28.9.1949, PA AdM, Akte Persönliche Unterlagen. Das von ihm zur Prüfung ausgewählte Thema lautete: »Was verstehst Du unter Romantik in der Literatur und welche Autoren sind hier geläufig?«, die beiden anderen: »Wie wird der Buchhandel heute durch die ausländische Literatur beeinflusst?« und »Bezugsmöglichkeiten des Sortimenters und Abrechnungsarbeiten mit den Lieferanten«. Siehe die Unterlagen zur Buchhändlergehilfen-Prüfung Ulrich de Maizière, undat. (Herbst 1949), PA AdM, Karton 1940-1951.
19 Ulrich de Maizière, Prüfungsarbeit anlässlich der Herbstprüfung 1949 des Landesverbandes der Buchhändler und Verleger in Niedersachsen, 12.9.1949, PA AdM, Karton 1940-1951.
20 Ulrich de Maizière, Prüfungsarbeit anlässlich der Herbstprüfung 1949 des Landesverbandes der Buchhändler und Verleger in Niedersachsen, Thema: »Welche russischen Dichter haben Weltruf erlangt?«, S. 3, 12.9.1949, PA AdM, Akte Buchhändler-Gehilfen-Prüfung Herbst 1949.

etwas Gültiges zu sagen vermögen«, ist die Verbindung zum antisowjetischen Diskurs in der jungen Bundesrepublik[21].

Denn de Maizière hat seine in der Kriegsgefangenschaft gepflegte Lektüre in der wiedergewonnenen Freiheit durchaus fortgesetzt. Da bestimmte Bücher spätestens in der Vorbereitung zur Prüfung zu lesen waren, hatte dies freilich auch berufliche Gründe. Insofern lässt sich nicht beurteilen, welche der in seiner entsprechenden Leseliste aufgeführten Werke von ihm gelesen werden mussten und welche er aus eigenem Interesse gelesen hat. Auffällig ist aber, dass sich unter der zeitgenössischen Literatur fast ausschließlich Arbeiten finden, die sich mit der unmittelbaren Vergangenheit beschäftigen wie Carl Zuckmayers »Des Teufels General«, Anna Seghers »Das siebte Kreuz« oder die Arbeiten Eugen Kogons[22]. Zumindest was den Letzteren angeht, sind zudem Übereinstimmungen mit späteren Aussagen de Maizières festzustellen. Beispielsweise finden sich in der Erklärung seiner Unkenntnis hinsichtlich der Vernichtungslager in seinen Memoiren Anklänge an Kogons Antwort auf die Frage »Was hat der Deutsche von den Konzentrationslagern gewusst?« aus seinem 1946 erschienenen Werk »Der SS-Staat«[23].

Zwischenzeitlich spielte de Maizière notgedrungen mit dem Gedanken, seine Lehre abzubrechen, um mehr Geld verdienen zu können. Nach der Währungsreform vom 20. Juni 1948 konnte er mit dem Lehrlingsgehalt seine Familie, die inzwischen um die am 21. März 1948 geborene zweite Tochter Cornelia gewachsen war, nicht mehr unterhalten. Sein Arbeitgeber Franz Schmorl zeigte sich jedoch derart angetan von seinem Lehrling, dass er ihm bereits jetzt das Anfangsgehalt eines Buchhandelsgehilfen von 300,- Mark zu zahlen bereit gewesen ist. Zusammen mit Nachhilfestunden für zwei Oberschüler, Söhne aus seinem Bekanntenkreis, und vor allen Dingen dem Deutschunterricht für den britischen Lieutenant Colonel W.K.R. Murray reichte das Einkommen dann für eine bescheidene Lebensführung[24]. Als de Maizière 1965 mit dem Schotten wieder zu einem kurzzeitigen Kontakt fand, erinnerte er sich »gern an unsere gemeinsame Arbeit zurück«[25]. In den damaligen 80 Unterrichtsstunden hatte man sich zwar vornehmlich auf die Einübung deutscher Konversation beschränkt, es liegt aber nahe, dass man dabei auch über aktuelle Angelegenheiten gesprochen hat, vielleicht sogar über die politischen Entwicklungen. Diese wiederum waren aber sicher ein Thema, als sich in Ilten »ein größerer Kreis gebildeter Menschen« zusammenfand, dem auch die de Maizières angehörten. De Maizière selbst sprach davon, dass mit dem nach der Währungsreform rasch steigenden

---

[21] Ebd., S. 7.
[22] Zur vollständigen Aufzählung siehe Ulrich de Maizière, Liste der während der Lehrzeit 1947-1949 gelesenen Bücher, 23.7.1949, PA AdM, Akte Buchhändler-Gehilfen-Prüfung Herbst 1949.
[23] Kogon, Der SS-Staat; sowie Kogon, Recht und Gewissen.
[24] De Maizière, In der Pflicht, S. 135.
[25] De Maizière an LtCol W.K.R. Murray, 3.11.1965, BArch N 673/47b. Murray lebte damals in Holm House, Inverness, in Schottland.

Lebensstandard »das Bedürfnis nach geistiger Nahrung« gewachsen sei[26]. Gleichwohl will er an der Politik nur als Wähler teilgenommen haben und ansonsten passiv als Zeitungsleser. Interessiert verfolgte er insbesondere die Folgeprozesse zum Nürnberger Militärtribunal. Weil er sie »nicht als korrekte, von unabhängigen Richtern geleitete Verfahren erkennen [konnte] [...], bedrückten« sie ihn. Dennoch will er rückblickend »eine erstrebenswerte Zukunft für uns [...] schon damals nur an der Seite der drei Westmächte« gesehen haben. Mehr beschäftigte ihn allerdings seine eigene berufliche Zukunft, die er nach wie vor im Buch- und Musikalienhandel sah, allerdings deutlich weiter oben auf der Karriereleiter; selbst über eine Selbstständigkeit dachte er nach. Dass er aber »von der Existenz mancher Zirkel ehemaliger Offiziere [...] erst später erfahren« haben will, überrascht[27]. Als intensiver Zeitungsleser konnte ihm das im Kontext der alliierten Kriegsverbrecherprozesse kaum entgangen sein[28].

Der OKW-Prozess von Februar bis Oktober 1948, in dem sich drei Feldmarschälle, zehn Generale und ein Generaladmiral wegen Verbrechen gegen den Frieden, Kriegsverbrechen und Verbrechen gegen die Menschlichkeit zu verantworten hatten, darunter der von de Maizière verehrte Generalfeldmarschall a.D. Wilhelm Ritter von Leeb, vor allem aber die Einzelverfahren gegen die ehemaligen Generalfeldmarschälle Albert Kesselring und Erich von Manstein, zeitigten ein erhebliches mediales Interesse. Kesselring war bereits am 6. Mai 1947 wegen Kenntnis und Duldung von Geiselerschießungen in Süditalien zum Tode verurteilt, zwei Monate später zu lebenslanger Haft begnadigt worden, die 1948 auf 21 Jahre verkürzt wurde; aufgrund seines schlechten Gesundheitszustandes entließ man ihn dann aber schon 1952[29]. Das Verfahren gegen Manstein wegen Verletzung der Kriegsgesetze und -gebräuche in insgesamt 17 Punkten begann erst am 23. August 1949 in Hamburg. Am 19. Dezember 1949 sprach ihn ein britisches Militärgericht in acht Anklagepunkten frei, befand ihn in den neun weiteren jedoch für schuldig. Die 18 Jahre Haft, zu denen er zunächst verurteilt wurde, reduzierte schon der Befehlshaber der britischen Rheinarmee zwei Monate später bei ihrer Bestätigung auf zwölf Jahre. 1952 rechnete man ihm außerdem die vierjährige Gefangenschaft an und gewährte ihm wegen eines Augenleidens Haftverschonung. Schon im Jahr darauf kam er endgültig frei, nachdem man ihm aufgrund guter Führung ein Drittel der Strafe erlassen hatte[30]. Und auch von den zwölf im OKW-Prozess zu Haftstrafen zwischen drei und 20 Jahren Verurteilten wurde mit dem vormaligen General der Infanterie Hermann Reinecke im Oktober 1954 der letzte entlassen[31].

---

[26] De Maizière, In der Pflicht, S. 138.
[27] Ebd., S. 140.
[28] Weinke, Die Nürnberger Prozesse; Der Nationalsozialismus vor Gericht; Segesser, Recht statt Rache.
[29] Lingen, Kesselrings letzte Schlacht.
[30] Wrochem, Erich von Manstein.
[31] Streit, General der Infanterie Hermann Reinecke; Klee, Das Personenlexikon zum Dritten Reich, S. 487.

Gleichwohl war der Umgang mit den ehemaligen deutschen Soldaten eine enorme Hypothek für die Nachkriegszeit. Nachdem der Zweite Weltkrieg 1945 mit der totalen Niederlage des Deutschen Reiches geendet hatte, stand eine Wiederbewaffnung der Deutschen zunächst völlig außer Frage. Während in anderen Bereichen die Funktionseliten gerade zum Aufbau einer funktionierenden Demokratie gebraucht zu werden schienen, gleich in ihren Positionen verbleiben durften oder doch ab 1947 wenigstens dorthin zurückkehrten, hatte man für die ehemaligen Berufssoldaten keine Verwendung[32]. Angesichts der Demilitarisierung als eines der erklärten Ziele der Besatzungsmächte mussten sie sich mit dem Sturz in die berufliche und damit auch die gesellschaftliche Bedeutungslosigkeit abfinden. Weil selbst hoch belastete NS-Funktionäre juristisch vergleichsweise unbehelligt blieben, glaubten sie sich zum Sündenbock für die nationalsozialistische Barbarei gemacht[33]. Den Älteren versagte man ihre Pensionsansprüche, den Jüngeren ab einem bestimmten Dienstgrad ein Hochschulstudium, und allen sperrte man zeitweilig die Konten[34]. Davon leiteten manche die Berechtigung ab, sich der neuen Ordnung zu verweigern; sie zogen sich ganz zurück oder organisierten sich untereinander[35]. Die schwierige materielle Situation bildete dabei den kleinsten gemeinsamen Nenner. Darüber hinaus unterschieden sich die jeweiligen Lebenslagen wie die Zukunftsaussichten erheblich, was nicht zuletzt auch vom erreichten Dienstgrad abhängig war[36]. Freilich mussten sich etliche, wie eben de Maizière, als Berufsanfänger eine neue Existenz aufbauen. Nicht wenige starteten privatwirtschaftliche Karrieren. Von den 68 Generalen und Admiralen der Bundeswehr um 1960 beispielsweise wollen sich nach 1945 nur zehn zunächst als Hilfsarbeiter oder Verkäufer verdingt haben, alle anderen begannen ihre zweite Karriere mit durchaus angesehenen Tätigkeiten oder gar gehobenen Stellungen, einige in der Selbstständigkeit[37].

---

[32] Manig, Die Politik der Ehre, S. 10 f. Vgl. dazu auch Regionale Eliten zwischen Diktatur und Demokratie; Döscher, Verschworene Gesellschaft; Ruck, Korpsgeist und Staatsbewußtsein.

[33] Zu einem Beispiel der Rückkehr eines wesentlichen Mitglieds des nationalsozialistischen Machtapparates in die bürgerliche Normalität der 1950er-Jahre siehe Herbert, Best. Biographische Studien.

[34] Nur Dienstgrade bis einschließlich Oberleutnant in der US-amerikanischen, beziehungsweise Hauptmann in der britischen Besatzungszone wurden an Universitäten zugelassen. Manig, Die Politik der Ehre, S. 59, sowie zu den deutschen Reaktionen auf das alliierte Pensionsverbot ebd., S. 87-109.

[35] Nach Schätzung von Kühne, Zwischen Vernichtungskrieg und Freizeitgesellschaft, hier S. 93-95, waren etwa 35 % der ehemaligen Kriegsteilnehmer in ungefähr 2000 Verbänden, Traditionsvereinen und informellen Zirkeln organisiert.

[36] Manig, Die Politik der Ehre, S. 77 f., hat darauf hingewiesen, dass die Gruppen der ehemaligen Berufssoldaten hinsichtlich ihrer Lebenssituationen untereinander und selbst innerhalb der Gruppen so verschieden sind, dass »es sich [verbietet], von den Berufssoldaten nach 1945 als *einer* sozialen Gruppe zu sprechen«.

[37] 15 von ihnen starteten mit einer Tätigkeit mittleren sozialen Ansehens (kaufmännische Angestellte u.ä.) in den Zivilberuf. Immerhin 21 begannen ihre zweite Karriere auf der gehobenen Stufe von Leitungs- und repräsentativen Funktionen in Industrie und Verwaltung oder gingen selbstständigen Tätigkeiten nach. Baur, Deutsche Generale, S. 133 f. Die

Spätestens nach der Gründung der Bundesrepublik und durch den wirt-
schaftlichen Aufschwung im Gefolge des »Korea-Booms« nach dem »Korea-
Schock« profitierten vor allem die jüngeren der ehemaligen Berufsoffiziere[38].
Mit der Demilitarisierung war also kein dauerhafter sozialer Abstieg verbun-
den. Vielmehr erreichten etliche von ihnen leitende Funktionen in der Industrie
und prägten dort einen neuen Managertyp, nämlich den des Generalstäblers[39].
Der zwischenzeitlich aus der Bundeswehr ausgeschiedene Generalmajor a.D.
Peter Karpinski schrieb 1971 an de Maizière:

»Ich habe eine glückliche Zeit bei der Bundeswehr gehabt und ich habe meinen Beruf sehr geliebt. Als es zu Ende war, [...] war ich lange sehr unglück-
lich. [...] Ich war herzlich froh, dass sich mir bei Daimler-Benz eine Aufgabe
bot. Der Übergang ist nicht einfach, aber ich habe es gut angetroffen. Gene-
ralstäbler und Generale haben hier hohes Ansehen. Das mag wohl auch mit
daran liegen, dass ein großer Teil der leitenden Herren ehemalige Offiziere
sind. [...] Dem ehemaligen Soldaten wird Respekt und viel ehrliche Kameradschaft entgegengebracht[40].«

Diese Entwicklung war in nicht unerheblicher Weise den Interessenvertretungen der ehemaligen Soldaten geschuldet, die rasch nach Kriegsende die gesellschaftliche Realität und Politik mitzugestalten begannen. Möglich wurde das
durch zwei Voraussetzungen: Zum einen kollidierte die in den ersten Jahren
rigide alliierte Entnazifizierungspolitik mit der bereits dargestellten Selbstvik-
timisierung (Thomas Kühne) der Deutschen; zum anderen ist schon die Zahl
der ungefähr 18 Millionen Männer und Frauen, die Wehrmachtuniform getragen hatten, ein zusätzlicher Beleg dafür, wie sehr die jetzt zu bewältigende Vergangenheit aus der Mitte der Gesellschaft heraus getragen worden war. Deren
Bezugspunkt war das Kriegserlebnis, nicht etwa der Holocaust oder andere von
Deutschen begangene Verbrechen. Sie wurden ebenso grundsätzlich verdrängt
wie die Mär von der verführten Nation gepflegt. Die Larmoyanz gegenüber
einer vermeintlichen Siegerjustiz ist dabei nicht unwesentlich von den beiden
christlichen Kirchen in Deutschland gestützt worden. Sie hatten Krieg und Nationalsozialismus als vergleichsweise intakte Institutionen überstanden und

---

Angaben beruhen auf den Aussagen der Generale selbst. Manig, Die Politik der Ehre,
S. 73, Anm. 24, vermutet, dass die Zahl derer, die untergeordnete Tätigkeiten ausgeübt
haben, höher liegen dürfte, da er annimmt, die Generale hätten dies aus Scham verschwiegen.

38 Ebd., S. 79-81. Zur Wirkung des »Korea-Booms« siehe AWS, Bd 4 (Beitrag Abelshauser),
hier S. 3-19, und Kollmer, Rüstungsgüterbeschaffung, S. 68 f., 78 f., 100-114, zur Wirkung
des »Korea-Schocks« auch Meyer, Adolf Heusinger, S. 399-403, zu den Konsequenzen für
die »Wiederbewaffnung« Görtemaker, Geschichte der Bundesrepublik Deutschland,
S. 294-300, sowie grundsätzlich Bremm, Wehrhaft wider Willen?

39 Nach unternehmenssoziologischen Untersuchungen der 1960er-Jahre waren 10 % der
Manager von 13 großen westdeutschen Aktiengesellschaften frühere aktive Offiziere.
Manig, Die Politik der Ehre, S. 83 f. Als prominente Beispiele führt er Manager wie Kurt
Lotz (BBC) oder Egon Overbeck (Mannesmann) an. Siehe hierzu Lotz, Lebenserinnerun-
gen, und Overbeck, Mut zur Verantwortung, sowie grundsätzlich Lesch, Die Rolle der Of-
fiziere.

40 GM a.D. Peter Karpinski an de Maizière, 18.11.1971, BArch, N 673/44a.

waren für die meisten Deutschen nun die einzigen nationalen Instanzen[41]. In der Summe fühlten sich breite Bevölkerungsschichten von den Prozessen gegen die höhere Generalität herausgefordert. Die Generale saßen in diesem Kontext stellvertretend auf der Anklagebank, im Grunde ging es dabei um die eine vollständige Rehabilitierung »des« deutschen Soldaten und damit um die Relativierung der individuellen Schuld[42].

Sich zum Motor dieser Entwicklung gemacht zu haben, ist das eigentliche Vermächtnis der Soldatenverbände. Indem sie die Frage der Wiederbewaffnung der Deutschen im Zuge der Eigenstaatlichkeit instrumentalisierten, stilisierten sie die Kriegsverbrecherproblematik zur Gretchenfrage eines westdeutschen Verteidigungsbeitrages[43]. Damit trugen sie nicht nur dem Verdrängungsprozess in der deutschen Gesellschaft Rechnung, sie verhinderten auch die Chance zu einer grundsätzlichen Hinterfragung angeblich immerwährender soldatischer Tugenden. Die in bedeutender Zahl erscheinenden Memoiren ehemaliger Generale taten ihr Übriges. Nicht Hitler oder einer Weltanschauung wollte man gedient haben, sondern dem Vaterland. »Soldat unter Soldaten« sei man gewesen, und dieser »Soldat bis zum letzten Tag« habe einen »Krieg ohne Hass« geführt, nicht einmal freiwillig, sondern per »Befehl im Widerstreit«. Man habe »Verlorene Siege« erringen und wegen »Pflicht und Gewissen« letztlich »Soldat im Untergang« sein müssen[44].

»Erinnerungen eines Soldaten«[45] wollten diese Memoiren sein und dienten doch vor allem der Apologetik[46]. Sie entsprachen dem Zeitgeist, der bereits den »Tatsachen«- und Kriegsroman hatte aufblühen lassen. Hier wurde »den« Deutschen von Dabeigewesenen erzählt, wie es denn »wirklich« gewesen sei im Krieg. Die inhaltliche Zusammenfassung dieser Werke ist einfach, weil stereo-

---

[41] Sabrow, Die NS-Vergangenheit, S. 132-135; Bessel, Germany 1945, S. 312-318; Lingen, Kesselrings letzte Schlacht, S. 204-210; Frei, Vergangenheitspolitik, S. 21; sowie grundsätzlich Vollnhals, Evangelische Kirche und Entnazifizierung; Siegerin in Trümmern, und Die Zeit nach 1945.

[42] Zum Kontext der Rehabilitierung der Wehrmachtelite im Zuge von Kriegsverbrecherdebatte und Wiederbewaffnung siehe Wrochem, Erich von Manstein, S. 212-281.

[43] Frühere Arbeiten haben die Forschung zwar entscheidend vorangebracht, folgten jedoch allzu eng den von den Soldatenverbänden selbst verbreiten Legitimierungsargumenten, es sei ihnen alleine um die materielle Absicherung, die Kameradschaft untereinander und die Sorge um der sicherheitspolitischen Zukunft Deutschlands gegangen. Vgl. dazu AWS, Bd 1 (Beitrag Rautenberg); AWS, Bd 3 (Beitrag Meyer), oder Brill, Das Problem einer wehrpolitischen Alternative. Obwohl zeitnahe Studien diese Legende widerlegten – vgl. dazu Jenke, Verschwörung von rechts?; Tauber, Beyond Eagle and Swastika, sowie Dudek/Jaschke, Entstehung und Entwicklung des Rechtsextremismus –, arbeiteten erst jüngere Untersuchungen die eigenständige Agitation der Soldatenverbände im Zusammenhang heraus. Vgl. dazu vor allem Manig, Die Politik der Ehre, sowie in Ergänzung zueinander Diehl, The Thanks of the Fatherland; Lockenour, Soldiers as Citizens, sowie Kühne, Kameradschaft.

[44] Choltitz, Soldat unter Soldaten; Kesselring, Soldat; Rommel, Krieg ohne Hass; Heusinger, Befehl im Widerstreit; Manstein, Verlorene Siege; Röhricht, Pflicht und Gewissen; Gersdorff, Soldat im Untergang.

[45] Guderian, Erinnerungen eines Soldaten.

[46] Zimmermann, Pflicht zum Untergang, S. 442-461.

typ: Die Perspektive war zumeist die des »Obergefreiten«, also des einfachen Soldaten. Der habe den Krieg nicht gewollt, sei unideologisch und unpolitisch gewesen. Er tat seine Pflicht, weil es dazu keine Alternative gegeben habe, solange er eben musste, und dies tapfer und charakterfest – und sehr »deutsch«. Für den Krieg seien alleine die Politiker und höheren Offiziere, oft überzeugte Nazis, verantwortlich gewesen. Von Verbrechen wusste »der Obergefreite« nichts und falls doch, dann nur über Gerüchte, nicht durch eigenen Augenschein. Sein Ziel sei es gewesen zu überleben, nicht zu siegen[47]. Genau das wollte die breite Mehrheit der (west)deutschen Bevölkerung lesen. Die erreichten Auflagenzahlen der einschlägigen Zeitschriften wie »Stern« und »Quick«, die diese und ähnliche Berichte meist als Fortsetzungsartikel brachten, sprechen eine eindeutige Sprache. Nach einschlägigen Schätzungen wurden sie Woche für Woche von bis zu 20 Millionen Menschen gelesen[48].

Von entscheidender Bedeutung für diese Art und Weise der Beschäftigung mit der Vergangenheit war die 1949 erfolgte Gründung der Bundesrepublik Deutschland und insbesondere die von ihrem ersten Regierungschef Konrad Adenauer verfolgte außenpolitische Linie. Auf einen vereinfachten Nenner gebracht, lautete dessen Maxime: Sicherheit für Souveränität. Mit anderen Worten bot der Kanzler einen westdeutschen militärischen Beitrag zur supranationalen Verteidigung Westeuropas an, um die volle Eigenständigkeit zu erreichen[49]. Zwischenzeitlich hatte sich der gerade begonnene Kalte Krieg bereits zugespitzt. Die quasi-Niederlage der UdSSR, die mit der Aufhebung der Berliner Blockade am 12. April 1949 verbunden gewesen war, war von ihr mit der erfolgreichen Zündung ihrer ersten Atombombe am 29. August 1949 gekontert worden. Fortan standen sich die beiden Blöcke in einer nuklearen Pattsituation in Europa gegenüber. Allerdings verfügte die Sowjetunion zusammen mit ihren Satellitenstaaten über eine deutlich überlegene konventionelle Streitmacht. Hatte bereits die Berlin-Krise mit der Gründung der NATO am 4. April 1949 zur vertraglichen Fixierung eines kollektiven westlichen Verteidigungsbündnisses geführt, so verschaffte der am 25. Juni 1950 beginnende Koreakrieg Adenauer eine gewissen Spielraum. Sowohl Berlin als auch Korea schienen diejenigen zu bestätigen, die vor dem aggressiven Charakter der sowjetischen Außenpolitik warnten[50]. Immer deutlicher wurde in diesem Zusammenhang ein westdeutscher Verteidigungsbeitrag diskutiert, und der bundesdeutsche Kanzler nutzte dieses Thema als »Vehikel zur möglichst frühzeitigen Erlangung der vollen Souveränität der Bundesrepublik«; diesem Ziel räumte er absolute Priorität ein,

---

47 Siehe Wrochem, Erich von Manstein, S. 289-291; Düsterberg, Soldat und Kriegserlebnis, S. 47-49; grundsätzlich Knittel, Der Roman; Schornstheimer, Bombenstimmung und Katzenjammer; sowie die wissenschaftlichen Ansprüchen nicht immer genügende, aber interessante Details beleuchtende Arbeit von Fix, Zum Bild der Wehrmacht.

48 Schornstheimer, »Harmlose Idealisten und draufgängerische Soldaten«, S. 634, zu Auflagen und -zahlen siehe Wrochem, Erich von Manstein, S. 289 f.

49 Anfänge westdeutscher Sicherheitspolitik, Bd 4 (Beitrag Schwengler); Anfänge westdeutscher Sicherheitspolitik, Bd 1 (Beitrag Wiggershaus).

50 Stöver, Der Kalte Krieg, S. 89-92, 98-100.

es rangierte vor einer möglichen deutschen Wiedervereinigung[51]. Wie dieser
Beitrag aussehen sollte, darüber ließ Adenauer verschiedene militärische Fachleute sich den Kopf zerbrechen, was streng genommen noch nicht legal war[52].
Daher leitete sein erster sicherheitspolitischer Berater, der ehemalige General
der Panzertruppe Gerhard Graf Schwerin, seine Dienststelle unter der Tarnbe-
zeichnung Zentrale für Heimatdienst[53]. Als dieser am 26. Oktober 1950 durch
Theodor Blank ersetzt wurde, lautete dessen offizielle Stellung nun »Beauftragter des Bundeskanzlers für die mit der Vermehrung der alliierten Truppen zusammenhängenden Fragen«; für seine Dienststelle fand sich wegen dieses sper-
rigen Titels bald die Bezeichnung »Amt Blank«[54]. Die Mitarbeiter Schwerins wie
Blanks rekrutierten sich aus Empfehlungen. Auf diese Weise war auch Kielmansegg auf Wunsch seines alten Vorgesetzten aus OKH-Zeiten, Adolf Heusinger, zur Himmeroder Tagung eingeladen worden. Da er dort reüssierte, erwarb er sich rasch eine zentrale Position[55].

All diese Entwicklungen hatte de Maizière zwar »mit Interesse verfolgt, soweit sie den Zeitungen zu entnehmen war[en]«, will daraus jedoch keine persönlichen Konsequenzen gezogen, geschweige denn erwartet haben. Umso größer war seine Überraschung, als ihn zu Heiligabend 1950 ein Schreiben
Kielmanseggs erreichte, dem de Maizière nach eigener Schilderung »1942/43
gelegentlich im Generalstab des Heeres begegnet« war[56]. Darin fragte dieser um
seine Bereitschaft nach, als Referent für Fragen der militärischen Organisation
in das Amt Blank einzutreten. Kielmansegg hatte nach eigener Aussage Blank
um einen Mitarbeiter gebeten, »der besonders auf dem Gebiete der militärischen Organisation Erfahrung hat«, und dafür de Maizière vorgeschlagen. Zwar
schenkte ihm Kielmansegg reinen Wein ein, was die möglichen Risiken dieses
beruflichen Schrittes anging, und versprach ihm nichts. Er meinte aber »mit
ziemlicher Wahrscheinlichkeit annehmen« zu können, »dass es zu irgendeiner
Aufstellung von deutschen Truppen kommt«. Auf diese Weise »ergäbe sich
dann automatisch eine entsprechende Überleitung«. Fast schon verschwörerisch
verabredete man sich für den 2. Januar 1951, 20.00 Uhr, auf dem Hannoveraner
Bahnhof »bei Schulzes Buchhandlung«, um sich genauer zu besprechen[57].

De Maizière hatte sich derweil der Frage gestellt, ob es »nach all dem, was
wir seit 1933 erlebt hatten [...], eine überzeugende politische und ethische Legitimation« gab, sich »überhaupt wieder mit militärischen Fragen [zu] beschäftigen«. Was die ethische Seite anging, fand er mit Hilfe seines Schwagers, Pastor
Gottfried Lüdicke, und Martin Luthers Lehren eine Lösung. Demnach sei einem

---

[51] Anfänge westdeutscher Sicherheitspolitik, Bd 1 (Beitrag Foerster), S. 572 f.
[52] Ebd., S. 443 f.
[53] Rass/Rohrkamp/Quadflieg, General Graf von Schwerin.
[54] Zum Amt Blank siehe grundsätzlich Krüger, Das Amt Blank, zur Vorgeschichte bes.
      S. 17–33.
[55] Feldmeyer/Meyer, Johann Adolf Graf von Kielmansegg, S. 42–47.
[56] De Maizière, In der Pflicht, S. 142.
[57] Kielmansegg an de Maizière, 22.12.1950, PA AdM, Akte Persönliche Unterlagen. Kiel-
      mansegg war an diesem Tag in Hannover auf der Durchreise von Wolfsburg nach Bonn.

Christen der »Notkrieg« erlaubt, also der Kampf aus der Notwehr zum Schutz anderer. Und da ein geplanter militärischer Beitrag dem de Maizière nach eigenem Bekunden »damals so wichtig erscheinenden Ziel, den Teil Deutschlands, der nicht kommunistischer Herrschaft unterlag, weiterhin frei zu erhalten« diente, hatte er damit zugleich die politische Frage für sich befriedigend gelöst[58]. Lukrativ schien ihm die neue Stelle von Anfang an, allerdings auch nicht risikolos angesichts des gerade geglückten zivilen Berufseinstieges. Vorsichtshalber vereinbarte er mit seinem bisherigen Arbeitgeber Fritz Schmorl eine dreimonatige Karenz[59]. Bereits am 9. Januar 1951 stellte er sich erfolgreich bei Blank, Heusinger, Speidel und dem Leiter der Verwaltung der Dienststelle, Ernst Wirmer, vor. Am 19. Januar folgte dann das Telegramm mit der Aufforderung zum Dienstantritt zum 23. des Monats. Schon drei Wochen später wurde de Maizière mit seiner ersten Aufgabe betraut, nämlich als militärischer Berater zur westdeutschen Delegation in Paris unter Walter Hallstein zu treten. Dieser stand kurz vor dem Vertragsabschluss zur Europäischen Gemeinschaft für Kohle und Stahl und sollte nun die Verhandlungen zu einer Europaarmee angehen[60]. Nicht zu Unrecht führte de Maizière seine rasche Entsendung auch auf seinen ehemals relativ niedrigen Dienstgrad in der Wehrmacht, verbunden mit seinem französischen Nachnamen inklusive der entsprechenden Sprachkenntnisse zurück[61].

Vom Ladentisch einer Hannoverschen Buchhandlung in die erste Reihe einer hochbrisanten diplomatischen Konferenz, quasi aus dem Stand, das war eine selbst für die damalige Zeit einmalige Chance – und de Maizière wollte sie unbedingt nutzen. Dass er diese durch Protegierung erhalten hatte, war ihm bewusst. Er schob das auf Umstände, die »eine andere Lösung kaum zu[ließen]«, und hielt die Entscheidung, was seine Person anging, selbstbewusst für richtig[62]. Dass man seinerzeit nicht nur im Amt Blank von de Maizière überzeugt war, belegen die Ausführungen seines Lehrherrn im endgültigen Abschlusszeugnis vom Mai 1951: »Insbesondere haben wir aber die charakterliche und geistige Haltung des Herrn de Maizière geschätzt, die ihn für große und größte Aufgaben geeignet machen. Die Kollegen und der Unterzeichnete [sic!]

---

[58] Auch Jahrzehnte später bezog sich de Maizière noch auf das Prinzip der Notwehr als Lösung des Dilemmas Soldat und Christ, indem er argumentierte, Verteidigung sei »als Ausfluss staatlicher Notwehr zu sehen«. Siehe de Maizière, Wehrdienst mit gutem Gewissen, S. 215.
[59] De Maizière, In der Pflicht, S. 142 f.
[60] Zur Gesamtproblematik siehe Krüger, Sicherheit durch Integration?
[61] De Maizière, In der Pflicht, S. 142 f. De Maizière hatte schon in den 1930er-Jahren sein Französisch geschult (ebd., S. 39) und sich aufbauend auf seinen Schulkenntnissen im Englischen und Französischen in der Wehrmacht zum Militärischen Hilfsdolmetscher weiterbilden lassen. Personalbogen Ulrich de Maizières anlässlich seiner Einstellung in die Bundeswehr, 20.6.1955, Personalakte Ulrich de Maizière, BArch, Pers 1/27800.
[62] De Maizière, In der Pflicht, S. 193.

sehen Herrn de Maizière ungern scheiden, beugen sich aber den Verhältnissen[63].«

De Maizières Ausflug in die Privatwirtschaft war nur eine kurze Episode in seinem Leben. Anlässlich seiner Ernennung zum Generalinspekteur 1966 erinnerte sich der Deutsche Musikalienwirtschafts-Verband e.V. in persona von Dr. Wittgen und Erna Weiss an die Zeit: »Wir [...] verhehlen hierbei auch nicht unseren Stolz, dass der höchste Soldat der Bundesrepublik – wenn auch in den schweren Jahren der Nachkriegszeit – einmal unseren Reihen entstammte[64].« Und bei der Präsentation von de Maizières Memoiren wies sein Verleger Gerhard Bollmann die anwesenden Damen und Herren aus dem Buchhandel darauf hin, in de Maizière »einen ›gelernten‹ Kollegen« zu finden[65]. Umgekehrt fühlte sich auch de Maizière seinem ehemaligen Arbeitgeber verbunden[66]. Mit seinen Memoiren wollte er beispielsweise über eine bereits fest verabredete Lesung in der Bonner Buchhandlung Röhrscheid am 30. März 1989 hinaus »nicht zu sehr mit Lesungen hervortreten«. Davon eine Ausnahme zu machen, konnte er sich alleine für Schmorl & von Seefeld vorstellen[67]. Als ihm der Geschäftsführer des Landesverbandes der Buchhändler und Verleger in Niedersachsen e.V., Wolfgang Grimpe, am 18. Januar 1972 die Exemplare seiner ehemaligen Prüfungsarbeiten schickte, vergaß de Maizière in seinem Dank nicht, »besonders [zu] unterstreichen, dass ich an meine Buchhändler-Zeit sehr gerne zurückdenke. Ich habe den Beruf des Buchhändlers als sehr angenehm und außerordentlich anregend empfunden. Ich möchte jedenfalls diese Zeit nicht missen«[68].

---

[63] Schmorl & von Seefeld Nachf., Hannover, Buchhandlung und Antiquariat, Zeugnis, 4.5.1951, PA AdM, Akte Persönliche Unterlagen.

[64] Deutsche Musikalienwirtschafts-Verband e.V., Dr. Wittgen und Erna Weiss, an de Maizière, 29.8.1966, BArch, N 673/39a.

[65] Ansprache von Gerhard Bollmann, Verleger im Hause E.S. Mittler & Sohn, aus Anlass der Präsentation des Buches »In der Pflicht« von de Maizière am 1.3.1989 in der Vertretung des Landes Baden-Württemberg beim Bund, BArch, N 673/145. Siehe zum selben Anlass auch das Grußwort des Bundesministers der Verteidigung, Prof. Dr. Rupert Scholz, bei der Vorstellung des Buches, BArch, N 673/145: »Die Zeit zwischen britischer Kriegsgefangenschaft und Ihrem Eintritt in die Dienststelle Blank 1951 haben Sie nicht einfach nur überbrückt, sondern dem Bereich gewidmet, dem seit jeher und bis heute auch Ihr Interesse gilt: der Literatur und der Musik.«

[66] Siehe hierzu z.b. den Zeitungsausschnitt aus der »Hannoverschen Allgemeinen Zeitung«, Sonderbeilage zu »150 Jahre Schmorl & von Seefeld«, 1.2.2002, PA AdM, Karton 1940-1951.

[67] De Maizière an Lutz Bankert, Verlag E.S. Mittler & Sohn, 21.3.1989, BArch, N 673/145.

[68] De Maizière an Geschäftsführer des Landesverbandes der Buchhändler und Verleger in Niedersachsen e.V., Wolfgang Grimpe, 24.1.1972. Grimpe hatte die Unterlagen anlässlich des Umzugs der Geschäftsstelle gefunden. Grimpe an de Maizière, 18.1.1972. Beide Schreiben in PA AdM, Akte Buchhändler-Gehilfen-Prüfung Herbst 1949.

V. Im Amt Blank – Der Militärberater (1951–1956)

1. Auf dem Weg in die westliche Sicherheitsgemeinschaft

Als der mittlerweile dreifache Familienvater de Maizière zum 23. Januar 1951[1] als Referent in der Dienststelle Blank antrat, befand sich diese in einem bescheidenen kleinen Gebäude in der Bonner Ermekeilstraße[2]. Ihre ungefähr 30 Mitarbeiter sollten sich bald als »Männer der ersten Stunde« selbst zu legendisieren beginnen. Schon fünf Jahre später würdigte sie Theodor Blank auf einer Versammlung des Verbandes Deutscher Soldaten (VDS)[3] öffentlich:

»Es wird immer ein Ruhmesblatt in der Geschichte deutschen Soldatentums sein und bleiben, dass eine so geringe Anzahl deutscher Offiziere ohne Rücksicht auf persönliche Vorteile, sie lösten sich aus weit besseren Stellungen, bei völliger Ungewissheit [...], ob denn jemals sich diese Pläne realisieren ließen, zu uns gekommen sind, das Wagnis auf sich genommen haben und mit heißem Herzen, aber kühlem, klaren Kopf dieser Arbeit in 5 Jahren geleistet haben[4].«

Dabei betonte Blank,

»welche Unsumme von Arbeit notwendig gewesen ist, in diesen Jahren etwas aufzubauen, durchzuplanen, zu entwickeln, und dann nach einigen Jahren als unrealisierbar aus diesen politischen Gründen wieder beiseite zu legen. Diese Arbeit, soweit sie eine militärische war, ist geleistet worden von insgesamt zweihundert fünfzig [sic!] deutschen Offizieren und zwar nicht von Anfang an von zweihundertfünfzig Offizieren, sondern zunächst von drei, vier, bis sich das auf 250 auswuchs[5].«

---

[1] In den ersten Dienstvertrag vom 1.2.1951 wurde dieses Datum übernommen. Siehe Bundeskanzleramt/Der Beauftragte des Bundeskanzlers für die mit der Vermehrung der alliierten Truppen zusammenhängenden Fragen, Dienstvertrag, 1.2.1951, PA AdM, Akte Persönliche Unterlagen.

[2] Den Töchtern Barbara (1945) und Cornelia (1948) war gerade der erste Sohn, Andreas (1950), gefolgt; fast vier Jahre später wurde mit Thomas (1954) ihr letztes Kind geboren. Personalbogen Ulrich de Maizière anlässlich seiner Einstellung in die Bundeswehr, 20.6.1955, Personalakte Ulrich de Maizière, BArch, Pers 1/27800.

[3] Zu den Hintergründen um die Gründung des VDS und die Richtlinien der Politik siehe Manig, Die Politik der Ehre, S. 358–400; Lingen, SS und Secret Service, S. 244–247, 322; Kühne, Zwischen Vernichtungskrieg und Freizeitgesellschaft, S. 95.

[4] Rede Bundesminister für Verteidigung Blank am 22.3.1956 auf der Vertreterversammlung des VDS, BArch, Bw 2/20173.

[5] Ebd.

Wiewohl das Pathos seinem Publikum aus vornehmlich ehemaligen Soldaten geschuldet gewesen sein mag, versuchte Blank damit zweierlei zu überspielen. Zum einen waren Anfang der 1950er-Jahre die Würfel für einen westdeutschen Verteidigungsbeitrag längst gefallen; als entscheidende Frage verblieb, in welchem Kontext er entstehen und wie genau er aussehen sollte. Zum anderen kamen die Offiziere nicht aus dem Nichts und, wie das Beispiel de Maizière zeigt, aus sehr unterschiedlichen Gründen[6]. Gerade die personelle Zusammensetzung der Dienststelle Blank profitierte nicht unerheblich von den persönlichen Beziehungen der ehemaligen deutschen Offiziere aus der gemeinsamen Kriegsgefangenschaft in alliierten Lagern, wo sich viele überhaupt erst miteinander vernetzt hatten[7]. Insofern waren die Männer der ersten auch die der letzten Stunde. Genau genommen sind sie noch nicht einmal die ersten gewesen. Bald nach Kriegsende hatten die Besatzungsmächte bereits Hunderttausende deutsche Kriegsgefangene zur Unterstützung der Demobilisierungsaufgaben rekrutiert. Ihre Zahl wurde von den Regierungen der Westmächte nach sowjetischen Protestnoten Mitte 1947 zwar deutlich reduziert, ihre Organisationen aber nur offiziell aufgelöst. Faktisch arbeiteten etliche unter anderer Etikettierung weiter; noch 1952 dürfte es sich um eine Größenordnung von 80 000 Mann gehandelt haben. Nach der endgültigen Auflösung dieser sogenannten Dienstgruppen 1955 stellten nicht allein ihr Personal, sondern vor allem dessen Sprachkompetenz und Kenntnisse alliierter Waffen, Ausrüstung und Ausbildung wichtige Ressourcen für die aufzubauenden westdeutschen Streitkräfte dar. Generalleutnant a.D. Gerhard Matzky, zuerst Leiter der Dienstgruppen im US-Hauptquartier in Heidelberg, später dann Inspekteur des Bundesgrenzschutzes und anschließend Korpskommandeur in der Bundeswehr, ist ein Beispiel für die entsprechende personelle Verflechtung. Überhaupt haben sich gerade die vormals höheren Offiziere recht rasch nach Kriegsende in die Dienste des ehemaligen Kriegsgegners nehmen lassen[8]. Die einen folgten dabei entsprechenden Angeboten der Sieger, die von Anfang an vom militärischen Knowhow der Wehrmacht profitieren wollten, andere brachten sich selbst ins Spiel. Herausragende Beispiele waren im westlichen Lager die »Historical Division« der US-Amerikaner und die »Organisation Gehlen«[9].

Schon im Januar 1946 etablierte die Historical Division der U.S. Army eine »Operational History (German) Section«, die bis Juni 1946 bereits 328 deutsche Offiziere, vor allem ehemalige Generale unter der Führung von Generaloberst a.D. Franz Halder beschäftigte. Zunächst als Unterstützung für die Nürnberger Prozesse geplant, entwickelte sie sich zum »›think tank‹ für den Kampf gegen

---

6 Manig, Die Politik der Ehre, S. 197-233.
7 Searle, Wehrmacht Generals, S. 25 f.; Manig, Die Politik der Ehre, S. 52 f.
8 So diente z.B. auch der spätere GenInsp und Chairman MC/NATO, Wolfgang Altenburg vor seinem Eintritt in die Bundeswehr als Kanonier (OA) am 1.10.1956 als Captain im Labor Service der US-Streitkräfte in Bremerhaven. Für diesen Hinweis danke ich Dr. Roland G. Foerster.
9 Hammerich, Kommiss kommt von Kompromiss, S. 56-66.

die Rote Armee«[10]. Dass sie in räumlicher Nähe zur »Organisation Gehlen« im Camp King in Oberursel, nahe Frankfurt/Main, disloziert war, bis diese im Dezember 1947 nach Pullach bei München verlegt wurde, dürfte aus verschiedenen Gründen von Vorteil gewesen sein, dabei nicht zuletzt aufgrund der personellen Verflechtungen[11]. Reinhard Gehlen war 1940 Halders Adjutant gewesen, seit Oktober des Jahres in der Gruppe Ost der Operationsabteilung des OKH, die Heusinger seinerzeit führte, und nach dem Überfall auf die Sowjetunion zum Chef der Abteilung Fremde Heere Ost ernannt worden. Bereits ab Herbst 1944 hatte er sich gezielt auf das Ende des Krieges vorbereitet und dazu seine Unterlagen über die deutsche nachrichtendienstliche Aufklärung in Osteuropa mikroverfilmt. Mit diesen Informationen bot er sich direkt bei Kriegsende den US-Truppen an und wurde mit offenen Armen aufgenommen. Seit Anfang 1946 baute er seine »Org«, wie sie bald genannt werden sollte, aus ehemaligen Geheimdienstleuten, aber eben auch mit ehemaligen Generalstabsoffizieren und Generalen auf und aus; 1949 offiziell in die CIA übernommen, entstand 1956 daraus der Bundesnachrichtendienst (BND). Zu Gehlens Mitarbeitern gehörte neben Dr. Hans Speidel auch sein alter Chef Adolf Heusinger, der ab 1947 Stellvertreter von Franz Halder in der »Historical Division« wurde[12].

Die Auswirkungen dieser frühen Zusammenarbeit zwischen ehemaligen Wehrmachtoffizieren und alliierten Stellen können nicht überschätzt werden[13]. Einerseits baute man gegenseitiges Vertrauen auf, andererseits verbanden sich alte mit neuen Netzwerken. Wie sehr diese die junge Bundesrepublik und deren bald entstehenden Streitkräfte prägen sollten, kann bislang nicht abschließend bewertet werden. Schon die personellen Verflechtungen weisen jedoch darauf hin, dass sie nicht wenige Karrieren begründeten[14]. Die gemeinsame Vergangenheit und der tradierte Antikommunismus bildeten dabei die Schnittmenge, welche die ehemaligen deutschen Offiziere mit den neuen Auftraggebern verband[15]. Genau genommen hatten sie mit der Sowjetunion den Gegner behalten, gegen den sie nun auf andere Weise den gerade verlorenen Krieg fortsetzten[16]. Mit diesem Argument rechtfertigten sie sich nicht nur vor sich selbst, sondern auch gegenüber etlichen Kameraden. Viele warfen ihnen nämlich angesichts der alliierten Kriegsverbrecherprozesse und wegen der deutlich besseren Lebensbedingungen Anbiederung an die Sieger vor[17]. Dass ihre Legitimationsversuche später in die Begründung des westdeutschen Ver-

---

[10] Ebd., S. 62, sowie grundsätzlich Wegner, Erschriebene Siege; Burdick, Vom Schwert zur Feder.

[11] Searle, Wehrmacht Generals, S. 30. Siehe dazu auch weiterführend Hackl, Generalstab.

[12] Hammerich, Kommiss kommt von Kompromiss, S. 64–66; Anfänge westdeutscher Sicherheitspolitik, Bd 1 (Beitrag Meyer), S. 684–689; sowie Meyer, Adolf Heusinger, S. 328–334, 347–402; Krüger, Das Amt Blank, S. 71–77.

[13] Naumann, Der Beginn einer wunderbaren Freundschaft, S. 138–180.

[14] Stumpf, Die Wiederverwendung von Generalen.

[15] Wrochem, Erich von Manstein; S. 284 f., Lingen, Kesselrings letzte Schlacht, S. 202.

[16] Siehe dazu auch Wegner, Erschriebene Siege, S. 294.

[17] Hammerich, Kommiss kommt von Kompromiss, S. 63; Anfänge westdeutscher Sicherheitspolitik, Bd 1 (Beitrag Meyer), S. 682 f.

teidigungsbeitrages ebenso mündeten wie sie zur Anwerbung neuer alter Soldaten dienten, ist zweifellos der Kontinuität der handelnden Personen geschuldet. Gleichzeitig beweist die Tragfähigkeit dieser Leitlinie einen Konsens über
breite westdeutsche Bevölkerungsschichten hinweg. Gründung und Westbindung der Bundesrepublik sowie die Aufstellung eigener Streitkräfte im Rahmen
des westlichen Bündnisses zum Schutz der Freiheit vor dem vermeintlich aggressiven Osten entwickelte sich zum zentralen Gründungsmythos des westdeutschen Staates – wenn auch freilich nicht gegen erheblichen innenpolitischen
Widerstand[18]. So stellte der erste Bundespräsident Theodor Heuss eindeutig
klar, man benötige zwar die ehemaligen Soldaten, doch das Traditionsver-
ständnis der neuen Streitkräfte müsse sich aus Zivilcourage und Widerstand
speisen, keinesfalls aus dem »Verbluten einer überforderten Armee«[19].

In der Konsequenz verwundert es kaum, dass sich im sicherheitspolitisch-
militärischen Bereich der Kreis um Heusinger, Speidel und Gehlen durchsetzte.
Von Heusinger wurde beispielsweise Kielmansegg angeworben, der wiederum
de Maizière warb[20]. Gerade diese Verbindung darf aus zwei Gründen nicht
unterschätzt werden: Zum einen entwickelte sich zwischen diesen beiden Männern spätestens jetzt eine enge und lebenslange Freundschaft, zum anderen war
Kielmansegg wegen seiner Nähe zu den Männern und Frauen des 20. Juli 1944
wichtig. Nur »selten«, so bekannte de Maizière in seinen Memoiren, habe er
»mit einem Vorgesetzten auf der Grundlage übereinstimmender Auffassungen
so eng und so offen zusammengearbeitet [...]. Er [Kielmansegg] bezeichnete
mich gern als sein ›alter ego‹«[21]. Zusammen mit Heusinger, Speidel, Baudissin
und Steinhoff gehörte Kielmansegg für ihn zu den »führenden Generalen aus
der Anfangszeit der Bundeswehr«[22]. Dabei bedauerte de Maizière die mangelnde Wertschätzung, die sein alter Weggefährte während seiner Bundeswehrzeit
erfuhr. Er war sich aber sicher, dass »[d]iejenigen, die über die ersten 20 Jahre
der Bundeswehr ab 1950 einmal zu berichten haben werden, [...] aber deutlich
machen [...], was die Bundeswehr Ihnen bei der Vorbereitung, bei der Aufstellung und bei der Einfügung in das Bündnis verdankt«[23].

Zu danken hatte ihm de Maizière aber zunächst vor allem persönlich für die
Chance, die ihm eröffnet worden war. Anfang 1951 trat die Frage des westdeutschen Verteidigungsbeitrages in ihre entscheidende Phase. Als Frontstaat in der
Blockkonfrontation kam der Bundesrepublik angesichts des Krieges in Korea
eine veränderte Bedeutung zu. Der Kalte Krieg war nun heiß geworden, wenn
auch an der weltpolitischen Peripherie, und Westdeutschland bildete die vor-
derste Verteidigungslinie im Zentrum Europas. Folglich sollten sich auch westdeutsche Soldaten an der Verteidigung Westeuropas beteiligen. Nur wenige

---

18   Zum Handlungsspielraum westdeutscher Politik siehe Wolfrum, Die geglückte Demokra-
     tie, S. 96 - 103, sowie Alternativen zur Wiederbewaffnung.
19   Zit. nach Lingen, Kesselrings letzte Schlacht, S. 323.
20   Feldmeyer/Meyer, Johann Adolf Graf von Kielmansegg, S. 41 f.
21   De Maizière, In der Pflicht, S. 156.
22   De Maizière an Kielmansegg, 29.3.1971, BArch, N 673/44b.
23   De Maizière an Kielmansegg anlässlich dessen 65. Geburtstag, 28.12.1971, ebd.

◄ Abb. 27:
Die westdeutsche Delegation bei der
Eröffnung der Konferenz zur Europa-
Armee in Paris am 15. Februar 1951:
Ulrich de Maizière, Walter Hallstein,
Albrecht Kessel (1. Reihe v.r.), Carl-
Friedrich Ophüls (halb verdeckt), Franz
Krapf, Hans-Ulrich von Marchthaler
(2. Reihe v.r.)   *Bundesregierung*

▲ Abb. 28:
An seinem Schreibtisch im Amt Blank
Bundesregierung, Unterberg

▲ Abb. 29:
Gespräch mit einem französischen Journalisten im Amt Blank, März
1955: Ulrich de Maizière, Adolf Heusinger, Theodor Blank, Henri-
Jean Duteil, Kurt Fett und Wolf Graf von Baudissin (v.r.)
Bundesregierung, Teubner

▼ Abb. 30:
Flaggenhissung vor der Ermekeil-
Kaserne anlässlich des Inkrafttretens
der Pariser Verträge, 5. Mai 1955
BArch, Bild 146-1968-013-06

▼ Abb. 31:
Mitarbeiter des Amtes Blank am 5. Mai 1955 vor dem Gebäude der
Ermekeil-Kaserne: Gerhard Loosch, Ernst Wirmer, Theodor Blank,
Wolfgang Holtz, Adolf Heusinger und Hans-Georg von Tempelhoff
(vordere Reihe v.l.)
BArch, Bild 146-1968-013-07

Jahre nach dem Ende des Zweiten Weltkrieges verbanden sich damit erhebliche Probleme, die zudem von den Siegermächten unterschiedlich gewertet wurden. Aus der Sicht Washingtons hatten sicherheitspolitische Überlegungen absolute Priorität. Für die US-amerikanische Politik ging von der Sowjetunion und ihren Satellitenstaaten eine strategische Bedrohung für den Frieden und damit die wirtschaftliche Prosperität aus. Dieser auch mit westdeutschen Soldaten entgegenzuwirken, schien naheliegend, solange sie unter eigener Kontrolle standen, also am besten in die NATO-Streitkräfte integriert waren. Demgegenüber verfolgten London und Paris den Plan einer Europaarmee, um das eigene internationale Gewicht zu stärken und damit die außenpolitischen Optionen als vormalige Weltmächte zu erhöhen. Vor allem in Frankreich, das in den vorhergehenden vier Jahrzehnten zweimal von seinem Nachbarn angegriffen worden war, spielte der Schutz vor den Deutschen eine mindestens ebenso große Rolle wie vor den Sowjets[24]. Nicht von ungefähr war es deswegen der französische Ministerpräsident René Pleven, der am 24. Oktober 1950 den bald nach ihm benannten Plan vorstellte, eine supranationale europäische Armee aufzustellen, in der die deutschen Soldaten aufgehen sollten[25]. Wie bereits in den Verhandlungen zur Europäischen Gemeinschaft für Kohle und Stahl (EGKS) verfolgte er damit die Absicht, das westdeutsche Potenzial durch die europäische Integration risikolos nutzbar zu machen. Gleichzeitig unterstrich Paris hierdurch seine Führungsrolle für den langfristig angelegten westeuropäischen Einigungsprozess[26].

Als am 25. Januar 1951 die französische Einladung zu einer Konferenz in Paris zur Bildung der Europaarmee in Bonn eintraf, lag es nahe, dass Adenauer damit Walter Hallstein beauftragte, der sich bereits in Paris und kurz vor Abschluss zur EGKS befand[27]. Als dessen »militär-technischer Berater« wurde nun de Maizière in die Hauptstadt Frankreichs geschickt. Blank eröffnete ihm am 13. Februar 1951 im Auftrage des Bundeskanzlers, sein Auftrag sei es, Hallstein zu unterstützen. Dabei hatte er »ausdrücklich die gleiche Linie zu vertreten, wie sie durch die Dienststelle Blank bei den Verhandlungen auf dem Petersberg und in ihrer sonstigen Arbeit festgelegt sei«, und in allen wichtigen Entscheidungen Rücksprache zu halten[28]. So groß diese Chance auch war, so handfest waren die praktischen Probleme, denen sich de Maizière angesichts der schon zwei Tage später beginnenden Konferenz gegenübersah. Weder besaß er diplomatische Erfahrung noch eine angemessene Garderobe und gleich gar nicht die Mittel dazu. Letzteres ließ sich am einfachsten lösen. Von Blank erhielt er

---

24   Wolfrum, Die geglückte Demokratie, S. 96–113.
25   Zum Pleven-Plan und der Reaktion der Bundesregierung siehe Anfänge westdeutscher Sicherheitspolitik, Bd 4 (Beitrag Schwengler), S. 394–406. Die eigentliche Initiative ging allerdings wie bereits beim Schuman-Plan von Jean Monnet aus. Monnet, Erinnerungen eines Europäers, S. 429 f., und grundsätzlich Roth, L'invention de l'Europe.
26   Zur Gesamtproblematik siehe Krüger, Sicherheit durch Integration?; Anfänge und Auswirkungen der Montanunion; Anfänge westdeutscher Sicherheitspolitik, Bd 2.
27   Zu Hallstein siehe Loth, Walter Hallstein.
28   Ulrich de Maizière, Aktennotiz, 13.2.1951, PA AdM, Akte Persönliche Unterlagen.

aus der »Schatulle« des Bundeskanzlers eine Zuwendung von 500,- DM, mit der ihn seine rasch herbeitelegraphierte Frau einkleiden musste[29]. Auf dem diplomatischen Parkett führten ihn Walter Hallstein und vor allem dessen politischer Berater, Legationsrat Albrecht von Kessel, ein[30].

Mit »Teddy« von Kessel, einem Diplomaten alter Schule, der als Gesandtschaftsrat im Vatikanstaat während des Krieges dem Widerstand angehört hatte, verband de Maizière bald eine enge Freundschaft. Sie verstärkte sich noch durch die Nachbarschaft, in der beide in Bonn wohnten, und hielt über den Rückzug Kessels aus dem diplomatischen Dienst aus Protest gegen die »Hallstein-Doktrin« hinaus an[31]. Kessel sollte sich später als einer der wichtigen Wegbereiter von Willy Brandts Ostpolitik verdient machen[32]. Zunächst jedoch vermittelte er de Maizière eine entscheidende Erkenntnis, welche dieser »später in der ministeriellen Arbeit immer wieder bestätigt gefunden und meinen Mitarbeitern gerne weitergegeben« hat, nämlich, dass in der Politik im Gegensatz zur Truppenführung Entscheidungen nur selten zu treffen seien[33]. Das kam dem überzeugten Generalstabsoffizier, der gelernt hatte zuzuarbeiten, sehr zugute. Auf der Konferenz selbst hielt er sich zurück und sah seine Aufgabe vor allen Dingen darin, »da zu sein«, damit »die anderen Delegationen an die Gegenwart eines deutschen Offiziers« zu gewöhnen und Vertrauen zu gewinnen[34]. Er selbst will sich dabei aber sicher geworden sein, sich fürderhin nicht der Diplomatie zuzuwenden: »›Politischer Soldat‹ zu sein oder zu werden, war nicht mein Ziel[35].«

Das mag daran gelegen haben, dass sich die Pariser Verhandlungen als überaus schwierig erwiesen. Blank wollte bei den internationalen Konsultationen von Anfang an die nationale Befehlsgewalt für deutsche Soldaten als Conditio sine qua non, »weil wir zeigen mussten, dass dieser deutsche Soldat kein Landsknecht ist kein Risläufer [sic!], sondern ein deutscher Mann, der bereit ist, nicht nur sein Vaterland, sondern auch die Freiheit verbündeter Nationen mit zu verteidigen, wie die Männer der anderen Nationen«[36]. Das war von Anfang die Leitlinie, die auch de Maizière vertrat: »Die Frage einer Europa-Armee steht und fällt mit der Frage der nationalen Divisionen«; dies sei ebenso ein Problem »der tatsächlichen Gleichberechtigung« wie »der praktischen Realisierbar-

---

29 De Maizière, In der Pflicht, S. 146.
30 De Maizière an Prof. Dr. Walter Hallstein, 15.11.1971, BArch, N 673/43a. De Maizière schätzte Hallstein seinerzeit nicht nur für dessen Hilfe, vor allem habe er »dabei immer ein starkes Interesse und ein warmes Herz für die im Aufbau befindlichen deutschen Streitkräfte bewiesen. Es war dies in der damaligen Zeit garnicht [sic!] so selbstverständlich.«
31 De Maizière an den Gesandten a.D. Albrecht von Kessel, 13.11.1967, BArch, N 673/44b. De Maizière sprach ihn hier mit »Lieber Teddy« an.
32 Vocke, Albrecht von Kessel; Albrecht von Kessel.
33 De Maizière, In der Pflicht, S. 147.
34 Ebd., S. 146 f.
35 Ebd., S. 157.
36 Rede Bundesminister für Verteidigung Blank am 22.3.1956 bei der Vertreterversammlung des VdS, BArch, Bw 2/20173.

keit«[37]. Gerade den deutschen Soldaten in nationaler Verantwortung aber wollte die französische Konferenzleitung verhindern. Mit viel Fleiß und unter Rückgriff auf seine Erfahrung als ehemaliger Generalstabsoffizier erwarb sich de Maizière bald einen guten Namen. Dabei kam ihm zugute, dass zwischen Blank und seinen militärischen Beratern »eine ungewöhnlich offene und klare Sprache gesprochen wurde. Die militärischen Auffassungen und Notwendigkeiten wurden unmissverständlich vorgetragen, ohne dass das immer in den Akten einen schriftlichen Niederschlag gefunden hat«[38]. So waren sich alle in den wesentlichen Gesichtspunkten einig, an denen sich Verhandlungen und Entscheidungen zu orientieren hatten: Die Aufstellung einer ausschließlich der Verteidigung dienenden, als Gesamtstreitkraft konzipierten Bündnisarmee, die innenpolitisch vor allem mittels der Wehrpflicht in den jungen demokratischen parlamentarischen Rechtsstaat integriert und militärisch so präsent und schnell reaktionsfähig werden sollte, wie es die geografische Lage und die Kräfteverteilung in Europa erforderten[39]. Dass dieses Ziel seinerzeit in Paris nicht durchsetzbar war, sollte sich rasch zeigen; es vermittelt aber einen Eindruck, wie intensiv verhandelt werden musste[40].

Damit überstrapazierte de Maizière allerdings auch seine Gesundheit. »Vegetative Herzstörungen« zwangen ihn bereits im April 1951 zunächst ins Krankenhaus, anschließend zu einer mehrwöchigen Kur in Bad Königstein im Taunus. Die schmächtige körperliche Konstitution, die ihm schon zu Beginn seiner Reichswehrzeit attestiert worden war, sollte ihn in der Folge wiederholt zu solchen Auszeiten zwingen[41]. Während seiner zweiten Kur 1954 ließ er sich durch Dr. Heinz Mosebach in das »Autogene Training« einweisen, mit dessen Hilfe es ihm gelang, diese Probleme in den Griff zu bekommen[42]. Außerdem

---

[37] Ulrich de Maizière, Stellungnahme zu dem militär-technischen Teil des frz. Memorandums, o.D. (Februar 1951), BArch, Bw 9/2107 und Bw 9/3064. Diese Einschätzung wurde von seinen Vorgesetzten in Bonn geteilt. Siehe dazu Niederschrift über die Besprechung über den Pleven-Plan am 20.2.1951 im Haus Schaumburg (Vorsitz Sts Hallstein), 23.2.1951, BArch, Bw 9/2107.

[38] Ulrich de Maizière, Bemerkungen zu dem Vortrag von Prof. Dr. Paul Noack auf der Tagung des MGFA in Kirchzarten am 9.5.1974, Anlage zu de Maizière an O i.G. Fischer, 31.7.1974, BArch, N 673/100.

[39] Ulrich de Maizière, Die Bundeswehr. Ein Rückblick – Folgerungen für die Zukunft. Aus der Ansprache des GenInsp zum Abschluss der 17. Kommandeurstagung in Bad Nenndorf, o.D., BArch, N 673/62.

[40] Zur Frühphase des europäischen Einigungsprozesses siehe zuletzt Vanke, Europeanism and European Union. Seine hier vertretene These von einem »emotive europeanism« ist neu, aber nicht unumstritten. Zu den Verhandlungen aus de Maizières Sicht siehe seine Schilderung de Maizière, Zur Planung und Vorbereitung, S. 81-86, sowie Rautenberg, Ulrich de Maizière, S. 167-171.

[41] Diesen Kuraufenthalt verbrachte er im Mai 1951 im »Haus Augusta« in Königstein, einen weiteren im Februar 1954 im »Sanatorium Amelung« ebenfalls in Königstein. Personalbogen Ulrich de Maizière anlässlich seiner Einstellung in die Bundeswehr, 20.6.1955, Personalakte Ulrich de Maizière, BArch, Pers 1/27800.

[42] De Maizière, In der Pflicht, S. 151. Noch nach seiner aktiven Zeit erinnerte de Maizière wiederholt daran, dass körperliche Leistungsfähigkeit und »gesunde Nerven« wichtige

verbrachte er jedes Jahr mehrere Wochen in Kur, am liebsten um seinen Geburtstag herum, den er offenbar grundsätzlich ungern zu Hause oder an seinem Arbeitsplatz und in anderer Gesellschaft als der seiner Familie verbrachte. Trotz Krankheit hatte er in wenigen Wochen so zu überzeugen vermocht, dass ihm noch vor Ablauf seiner eigentlichen Probezeit ein unbefristeter Anstellungsvertrag angeboten worden ist. Er nahm an und zog mit seiner Familie im September 1951 nach Bonn[43]. Er war nun Angestellter im Öffentlichen Dienst und erhielt gleichzeitig eine Gehaltsaufbesserung[44]. Jetzt schloss er seine Zeit in der freien Wirtschaft auch innerlich ab, wertete sie gleichwohl als »wichtige[n], ernst genommene[n] und lehrreiche[n] Abschnitt meines Lebens«[45].

Nach seiner Genesung hatte sich die Dienststelle Blank deutlich erweitert, als de Maizière am 4. Juni 1951 seinen Dienst wieder aufnahm und seine Tätigkeit im Kontext der EVG-Verhandlungen, jetzt aber größtenteils als Betreuer und Beobachter von Bonn aus, fortsetzte[46]. Die Pariser Delegation leitete Blank inzwischen selbst und das mit Erfolg. Im Zwischenbericht, den die Konferenz zum 24. Juli 1951 vorlegte, war trotz diverser offener Fragen die grundsätzliche Gleichberechtigung erreicht. Zwar kehrte de Maizière anschließend nach Paris zurück, aber im Oktober 1951, als es in die Endphase ging, schlug er selbst einen höherrangigen Vertreter vor. Am 10. Oktober ersetzte ihn Speidel, während de Maizière in Bonn das Leitreferat für die internationalen Verhandlungen führte[47]. Mehrmals begleitete er, alleine oder zusammen mit Kielmansegg, auch in der Folge noch Blank in die französische Hauptstadt, war aber eher das Bindeglied zwischen Paris und Bonn. Die Unterzeichnung des EVG-Vertrages am 26. Mai 1952 beendete zusammen mit dem tags zuvor abgeschlossenen Deutschlandvertrag schließlich die Besatzungszeit für die Bundesrepublik offiziell[48]. Die kurz zuvor noch von der Sowjetunion mit den sogenannten Stalin-Noten (10. März und 9. April 1952) angebotene deutsche Wiedervereinigung unter der Bedingung einer politischen Neutralität wurden von den Westmächten ebenso rasch abgelehnt (25. März und 13. Mai 1952) wie sie von Adenauer als reiner

---

Voraussetzungen für den Beruf des Offiziers seien, sie müssten erworben und erhalten werden. Siehe de Maizière, Das Bild des Offiziers, S. 280.

[43] Personalbogen Ulrich de Maizières anlässlich seiner Einstellung in die Bundeswehr, 20.6.1955, Personalakte Ulrich de Maizière, BArch, Pers 1/27800. Die Familie wohnte zunächst in der Hindenburgallee 1, ab 6.11.1953 dann in der Garréstraße 19.

[44] Zum 1.4.1951 wurde de Maizière von der Tarifgruppe TOA III nach TOA II höhergruppiert, mit Wirkung zum 1.11.1951 von TOA II nach TOA I. Siehe dazu Bundeskanzleramt/Der Beauftragte des Bundeskanzlers für die mit der Vermehrung der alliierten Truppen zusammenhängenden Fragen/V 2/903-03/Pers. an de Maizière, 6.6.1951, sowie Bundeskanzleramt/Der Beauftragte des Bundeskanzlers für die mit der Vermehrung der alliierten Truppen zusammenhängenden Fragen/IOZ 5b an de Maizière, 19.12.1951, beide PA AdM, Akte Persönliche Unterlagen.

[45] De Maizière, In der Pflicht, S. 151.

[46] Ebd., S. 151 f.; Der Bundestagsausschuss für Verteidigung, Bd 2, S. 1258.

[47] 11. Sitzung des Gremiums, 7.5.1954, ebd., S. 971 - 1019, hier S. 1003.

[48] De Maizière, In der Pflicht, S. 152 - 159, sowie grundsätzlich Loth, Der Weg nach Europa.

Propagandacoup gegen die Westintegration der Bundesrepublik betrachtet worden sind[49].

Virulent wurde damit die Frage, woher nun die Soldaten für den westdeutschen Verteidigungsbeitrag kommen sollten. De Maizière machte aus seiner Meinung bezüglich der damit verbundenen Probleme keinen Hehl. In einem Gespräch mit Eisenhowers Chef des Stabes, General Alfred Gruenther, erklärte er offen, »die Mehrzahl der Wehrmacht-Offiziere« würde einer Europaarmee zwar zustimmen, allerdings nur unter zwei Voraussetzungen: Erstens bei voller Gleichberechtigung und zweitens bei Lösung des Problems »der wegen vermeintlicher Kriegsverbrechen Verurteilten«[50]. Darin sah er sich grundsätzlich einig mit den führenden Vertretern im Amt Blank wie Heusinger und Speidel sowie der Bundesregierung. In einer Rede vor dem Verband deutscher Soldaten fasste Blank die Problematik rückblickend zusammen: »So sehr wir den Standpunkt vertreten haben, dass die Deutschen und die deutschen Männer bereit sein müssten, für ihr Vaterland, für ihre Heimat und für ihr Volk einzutreten, um dessen Sicherheit zu gewährleisten, so sehr mussten wir darauf pochen, dass das nur geschehen kann in voller Würde, die einem deutschen Manne und einem deutschen Soldaten zukommt[51].«

Auch insgesamt zeigte sich de Maizière in dieser Zeit vollständig auf der politischen Linie der Adenauer-Ära: Freiheit und Wohlstand durch eindeutige Westbindung, deren politische Wurzeln in Europa mit der deutsch-französischen Verständigung als Herzstück, ihre militärischen in der transatlantischen Verbindung verankert sein sollten. Damit stieg auch sein persönliches Gewicht innerhalb des Amtes Blank. Im April 1953 begleitete er Bundeskanzler Konrad Adenauer auf dessen erster USA-Reise als militärischer Berater[52]. Damals musste noch »ein – wenn auch einigermaßen durchsichtiger – Mantel über Ihre Existenz« gebreitet werden, wie sich der mitreisende Dr. Günther Harkort später erinnerte[53]. Auch Harkort, der seinerzeit gerade in den diplomatischen Dienst eingetreten war und 1969 noch Staatssekretär im Auswärtigen Amt werden sollte, war einer der Nachbarn de Maizières in Bonn, zu denen er nicht nur wegen der räumlichen Nähe steten Kontakt hielt[54]. Und obwohl sich die politi-

---

[49]   Wolfrum, Die geglückte Demokratie, S. 113-118.

[50]   De Maizière, In der Pflicht, S. 153.

[51]   Rede Bundesminister für Verteidigung Blank am 22.3.1956 bei der Vertreterversammlung des VDS, BArch, Bw 2/20173.

[52]   De Maizière verweigerte sich, als ihn 1965 Walter Henkels nach Beiträgen für sein anlässlich Adenauers 90. Geburtstages vorgesehenes »Anekdotenbuch« bat: »Ich habe den Bundeskanzler Adenauer nur verhältnismäßig selten gesehen und dabei keine erzählenswerten Anekdoten unmittelbar erlebt. Die Geschichten, die ich kenne, stammen sozusagen aus zweiter Hand.« Siehe de Maizière an Henkels, 3.5.1965, auf dessen Anfrage, 31.3.1965, beide BArch, N 673/42.

[53]   Staatssekretär a.D. Dr. Günther Harkort an de Maizière, 9.6.1970, BArch, N 673/43a.

[54]   »Ich erinnere mich lebhaft der frühen 50er-Jahre, als unsere beiden Familien in Bad Godesberg so dicht zusammenwohnten und sich die ersten Beziehungen knüpften. Ich möchte Ihnen danken für die Aufrechterhaltung dieser offenen und vertrauensvollen Beziehungen, von denen ich überzeugt bin, dass sie auch der von uns vertretenen Sache genutzt haben.« Siehe de Maizière an Harkort, 5.6.1970, BArch, N 673/43a. Zu Harkorts Ab-

schen Ergebnisse der Reise eher bescheiden ausnahmen, bestätigten sie ihn in seiner neuen Weltsicht. Die Vereinigten Staaten, von denen er allerdings nur Washington und New York rudimentär kennenlernte, hatten ihn »tief beeindruckt« und überzeugt, »dass Europa gegenüber der Sowjetunion ohne die USA schutzlos sei«[55]. Folglich erschütterte ihn das Scheitern des EVG-Vertrages mit der Ablehnung durch die französische Nationalversammlung am 30. August 1954 nicht derart nachhaltig wie andere. Noch im Nachhinein vertrat er die Meinung, zum damaligen Zeitpunkt hätte »die Europa-Armee [...] wohl einen zu großen Sprung und diesen zu früh verlangt«[56].

Um aus dieser Niederlage nicht nur der westdeutschen, sondern auch der euro-atlantischen Politik kein Desaster werden zu lassen, beeilte man sich in den westlichen Hauptstädten, die Bundesrepublik jetzt in die NATO zu integrieren. Vor allem London und Washington erwiesen sich als Motor dieser Entwicklung. Bereits Ende September 1954 stellten die Außenminister der beteiligten Staaten auf der Londoner Neunmächtekonferenz die Weichen. Der Brüsseler Pakt wurde zur Westeuropäischen Union (WEU) erweitert, die Bundesrepublik sollte souverän sowie Mitglied der NATO werden und dieser ihre noch aufzustellenden Kampfverbände assignieren. Anschließend wurden die Ergebnisse auf Botschafterebene in verschiedenen Fachausschüssen ausgearbeitet, um sie einer erneuten Ministerkonferenz am 20. Oktober 1954 in Paris vorzulegen[57]. Als deutscher Sprecher einer dieser Fachausschüsse, der NATO Working Group, war de Maizière ab dem 5. Oktober an der Ausarbeitung der Präliminarien für den bundesrepublikanischen NATO-Beitritt beteiligt[58]. Die raschen und erfolgreichen Verhandlungen gehörten für ihn vor allem wegen der freundschaftlichen Verbundenheit mit den deutschen Sprechern der beiden anderen Gruppen, neben Kielmansegg Oberst a.D. Kurt Fett, den er ebenfalls aus seiner Zeit in der Organisationsabteilung des OKH kannte, und der daraus resultierenden Effizienz zu seinen »schönsten Erinnerungen«[59].

Mit der Unterzeichnung der Pariser Verträge am 23. Oktober 1954 trat die Bundesrepublik der WEU und NATO bei[60]. Dem Nachteil, die europäische Einigung auf unbestimmte Zeit verschoben zu haben, gewann de Maizière den Vorteil ab, jetzt deutsche Streitkräfte weitgehend unter nationalem Kommando

---

schiedsempfang in der Stadthalle in Bad Godesberg tags zuvor hatte de Maizère selbst aus dienstlichen Gründen nicht erscheinen können. Seine Frau und sein ältester Sohn Andreas vertraten ihn.

[55] De Maizière, In der Pflicht, S. 162.

[56] Ulrich de Maizière, Die Bundeswehr. Ein Rückblick – Folgerungen für die Zukunft. Aus der Ansprache des GenInsp zum Abschluss der 17. Kommandeurstagung in Bad Nenndorf, o.D., BArch, N 673/62.

[57] Anfänge westdeutscher Sicherheitspolitik, Bd 4 (Beitrag Schwengler), S. 481-503.

[58] Der Bundestagsausschuss für Verteidigung, Bd 2, S. 1258.

[59] De Maizière, In der Pflicht, S. 168. Mit Fett blieb er zeitlebens in Kontakt. Siehe z.B. Fett an de Maizière, 29.6.1970, BArch N 673/86.

[60] Zur Stellung der Bundesrepublik in der WEU und im atlantischen Bündnis sowie den Folgen für den Aufbau westdeutscher Streitkräfte siehe Anfänge westdeutscher Sicherheitspolitik, Bd 4 (Beitrag Schwengler), S. 504-560.

aufbauen zu können[61]. Folgerichtig hielt er die Zuerkennung von Souveränität und voller Gleichberechtigung für die Einbindung in das Bündnis erreicht zu haben, für »einen der großen Verdienste von Theodor Blank«[62]. In der Rückschau will er in diesem Erfolg den Beweis gesehen haben, wie richtig es gewesen sei, sich dem neuen Staat zur Verfügung zu stellen. Gerade was die ihm wesentliche Frage der vollständigen Rehabilitierung »des« deutschen Soldaten anging, war er im Gegensatz zu vielen anderen jetzt erst recht »überzeugt, dass unsere Mitwirkung die Lösung der uns und die Kameraden bewegenden Fragen eher erleichtern und beschleunigen würde als missmutiges Beiseitestehen«[63]. Retrospektiv will de Maizière besonders von der »europäischen Zielsetzung« ergriffen gewesen sein. Die europäische Zukunft schien ihm damals von so großer Anziehungskraft, dass sie auch den Weg zur deutschen Wiedervereinigung erleichtern würde[64].

2. Auf dem Weg zu einer westdeutschen Armee

Von »Beiseitestehen« konnte bei de Maizière tatsächlich keine Rede sein. Unermüdlich warb er auch in der Öffentlichkeit für die neuen Streitkräfte. Dabei legte er allerdings Wert auf die Feststellung, dass das »Ob« des deutschen Verteidigungsbeitrages eine Frage sei, die von der Politik zu beantworten wäre, während sich die ehemaligen und bald wieder Soldaten auf das »Wie« eines solchen Beschlusses zu beschränken hätten[65]. Allein zwischen Sommer 1954 und Ende 1957 will de Maizière an etwa 70 solchen Vortragsveranstaltungen teilgenommen haben. Darüber hinaus verfasste er seit Jahresbeginn 1955 militärpolitische Artikel, die auf Anregung Blanks ein- bis zweimal monatlich unter dem Pseudonym »Cornelius« von der »Kölnischen Rundschau« (»Bonner Rundschau«) veröffentlicht worden sind. Das Blatt hatte sich unter ihrem Gründer Dr. Reinhold Heinen zu einer CDU-nahen, aber parteiunabhängigen Zeitung entwickelt, die gerade aus ihrem zeitweiligen Dissens mit Adenauer gewisses Renommee bezog[66]. Insbesondere die Remilitarisierungsbestrebungen boten dazu mehr als ausreichend Angriffsfläche. Die »Ohne mich«-Bewegung in der

---

[61] De Maizière, In der Pflicht, S. 178; Ulrich de Maizière, Die Bundeswehr. Ein Rückblick – Folgerungen für die Zukunft. Aus der Ansprache des GenInsp zum Abschluss der 17. Kommandeurtagung in Bad Nenndorf, o.D., BArch, N 673/62, sowie de Maizière, Erinnerungen eines Zeitzeugen, S. 604.

[62] Ulrich de Maizière, Die Bundeswehr. Ein Rückblick – Folgerungen für die Zukunft. Aus der Ansprache des GenInsp zum Abschluss der 17. Kommandeurstagung in Bad Nenndorf, o.D., BArch, N 673/62.

[63] De Maizière, In der Pflicht, S. 173.

[64] De Maizière, Erinnerungen eines Zeitzeugen, S. 599.

[65] De Maizière, In der Pflicht, S. 180.

[66] Rautenberg, Ulrich de Maizière, S. 174, zählte dagegen 57 Vortragsveranstaltungen. Zu Heinen siehe Moltmann, Reinhold Heinen.

ersten und die Kampagne »Kampf dem Atomtod« in der zweiten Hälfte der 1950er-Jahre waren zwar größtenteils unorganisiert, verfügten aber über eine Massenbasis[67].

Als sich Heinen jetzt an Blank wandte und ihn um Vermittlung eines Experten bat, der für seine Zeitung militärpolitische Artikel schreiben könnte, rannte er bei diesem offene Türen ein. Blank selbst hatte schon geraume Zeit zuvor den Staatssekretär des Bundeskanzleramtes, Dr. Hans Globke, davon zu überzeugen versucht, dass »die Chance, die in dem großen Interesse der Öffentlichkeit liegt, [...] jetzt beschleunigt genutzt werden [sollte]«. Seine Erfahrungen belegten ein erhebliches und stetig steigendes öffentliches Bedürfnis nach einer Aufklärung über Fragen nach Voraussetzungen, Auswirkung und Durchführung des Wehrbeitrages. Weil seine Dienststelle den »täglich von den verschiedenen Organisationen, den allgemeinen Publikationsmitteln und Einzelpersonen« herangetragenen Wünschen »aus personellen und finanziellen Gründen nur in geringem Maße nachkommen« könne, regte Blank »eine systematische Planung und Arbeit [...] auf dem Gebiet der Wehraufklärung« an[68]. Insofern kam ihm Heinens Anfrage wie gerufen, vielleicht hatte er sie sogar lanciert. Jedenfalls sprach er de Maizière darauf an und dieser stimmte nach der Zusage eines Pseudonyms sofort zu. Das Pseudonym und dessen Geheimhaltung waren für ihn eine Grundvoraussetzung, »weil nur dann die Möglichkeit besteht, offen zu schreiben und auch einmal etwas Kritisches im Sinne der Soldaten zu sagen«[69].

Dass dies tatsächlich notwendig war, monierte ein Jahr später noch die FDP-Fraktion des Deutschen Bundestages gegenüber Kanzler Adenauer. Hier führte man das schlechte Verhältnis zwischen Bundesverteidigungsministerium und Presse vor allen Dingen auf die dürftige Informationspolitik seitens der Regierung zurück. Dagegen schien den Freidemokraten »die Herstellung eines guten, publizistischen Klimas bei der Aufstellung der deutschen Wehrmacht« von besonderer Bedeutung: »Gerade wenn der deutsche Soldat sich weder überbewertet noch deklassiert fühlen soll, wenn er kein Fremdkörper im Staat, sondern als ›Soldat im Volk‹ und ›Bürger in Uniform‹ empfunden werden soll, muss die Pressepolitik des Bundesministers für Verteidigung klüger gehandhabt werden, als dies bisher geschehen ist[70].« Dem versuchten nun die »Cornelius«-Artikel Rechnung zu tragen; sie prägten für die nächsten zehn Jahre die sicherheitspolitische Berichterstattung der »Rundschau«. Außer den jeweiligen Ministern, Staatssekretären, Generalinspekteuren sowie den entsprechenden Pressesprechern soll angeblich niemand über dessen wahre Identität Bescheid gewusst haben[71]. Hier sind allerdings Zweifel angebracht. Kielmansegg und

---

67   Werner, Die »Ohne mich«-Bewegung; Friedensinitiativen; Rupp, Außerparlamentarische Opposition.

68   Blank an Staatssekretär Bundeskanzleramt, Dr. Hans Globke, 12.4.1954, BArch, B 136-6824.

69   »Cornelius« an Standortkommandant Köln, OTL Schwarz, 19.10.1959, BArch, N 673/91.

70   FDP-Fraktion des Deutschen Bundestages an Bundeskanzler Dr. Konrad Adenauer, 31.1.1956, BArch, B 136-6811.

71   De Maizière, In der Pflicht, S. 181 f., und einführend zu seiner »Zusammenstellung der ›Cornelius-Artikel‹ vom März 1955 bis Dezember 1956«, BArch, N 673/91.

Baudissin mussten de Maizière daran erinnern, dass er selbst sie eingeweiht hatte, und kluge Köpfe im internationalen Bereich, wie General Lyman L. Lemnitzer, von 1963 bis 1969 SACEUR, ahnten wenigstens etwas[72]. Zudem brachte ihn der »Rundschau«-Chefredakteur Edmund Pesch bereits Mitte der 1950er-Jahre mit seinem Bundeshaus-Korrespondenten in Verbindung. Unklar ist, ob diesem de Maizières Funktion als »Cornelius« dabei bekannt wurde[73]. Denn selbst in der Redaktion bemühte man sich um Geheimhaltung. Ein »laufendes Konto bei der Honorarbuchhaltung« existierte nicht und de Maizières Antworten auf Leserbriefe wurden stets von dort aus verschickt, damit der Poststempel keine Anhaltspunkte liefern konnte[74].

Was aber den eigenen Leuten nicht aufgefallen sein will, hatten die »Kollegen« jenseits der Elbe zumindest teilweise entdeckt: Bereits im Juli 1959 unterrichtete Heinen de Maizière über einen Artikel im Ostberliner Blatt »Neues Deutschland«, der »recht deutlich auf Sie hin[zielt]«. Heinen meinte daraus schließen zu können, »dass dort bei den Bonner Journalisten hinsichtlich der Person des Herrn Cornelius man etwas wittert«[75]. Der mitgeschickte Artikeltext dazu lautete: »Ein enger Mitarbeiter des Generalinspekteurs der Bonner NATO-Armee, des Nazi-Generals Heusinger, weist in dem CDU-Blatt ›Kölnische Rundschau‹ auf diese Pläne hin. [...] Er schreibt unter dem Pseudonym ›Cornelius‹.« Offiziell soll jedoch erst kurz vor de Maizières Ernennung zum Generalinspekteur dem »Spiegel« die Enttarnung gelungen sein, allerdings nicht durch eine Indiskretion, sondern durch Stilvergleich:

»Nach meiner Rückkehr ins Verteidigungsministerium als Inspekteur des Heeres im Herbst 1964 hatte ich den Fehler gemacht, in Cornelius-Artikeln Formulierungen zu benutzen, die ich in ähnlicher Weise auch in offiziellen Äußerungen gebraucht hatte. Als die Identität von Cornelius und de Maiziè-

---

[72] Kielmansegg teilte de Maizière bei seiner Durchsicht des Manuskripts »In der Pflicht« mit: »S. 15, Zeile 27: Von Cornelius wusste ich durch Sie auch.« Siehe Graf Kielmansegg, Anm. zu Kap. 3 (des Manuskripts von »In der Pflicht«) »Innenpolitische Arbeit und interne Probleme der Dienststelle Blank«, Juni 1988, BArch, N 673/177. Baudissin schrieb de Maizière Ende August 1966, dass sich »Lemnitzer [...] seinerzeit über einen Cornelius-Artikel, den die ›Stars and Stripes‹ im Auszug brachten, erheblich gesorgt [hat].« Er habe sich zu Lemnitzers Beruhigung von General Moll »eine Erklärung für die US-Botschaft, Bonn« fernmündlich vorlesen lassen, »nach der der Inspekteur des Heeres diesen Artikel nicht geschrieben habe«. Baudissin stellte de Maizière in diesem Zusammenhang »einen freundlichen, klärenden Brief anheim, der sich auf meinen Hinweis bezieht«. Anfang September 1966 antwortete ihm de Maizière: »Ich möchte ungern General Lemnitzer von mir aus auf den CORNELIUS-Artikel ansprechen. Es bleibt bei der Auskunft: Es ist Sache der Redaktion der Kölnischen Rundschau und daher dem Hause nicht bekannt, wen sie unter dem Namen CORNELIUS schreiben lassen will. Man sollte einen einzelnen Artikel in einer einzelnen Zeitung nicht zu ernst nehmen.« Siehe Baudissin an de Maizière, 30.8.1966, und dessen Antwort an Baudissin, 8.9.1966, beide BArch, N 673/84.
[73] De Maizière an Chefredakteur Kölnische Rundschau, Edmund Pesch, 7.9.1956, BArch, N 673/92.
[74] Pesch an de Maizière, 30.7.1958, und de Maizière an Pesch, 6.4.1960, beide BArch, N 673/91.
[75] Dr. Reinhold Heinen, Herausgeber Kölnische Rundschau, an de Maizière, 18.7.1959, BArch, N 673/91. In der Anlage findet sich eine Kopie des Artikels aus »Neues Deutschland« vom 11.7.1959.

re nicht mehr zu leugnen war, beendete ich meine Mitarbeit [...] in vollem Einverständnis mit dem Herausgeber[76].«

Dies mag ein Grund gewesen sein, aber nicht der einzige. Denn sofort nach seiner Ernennung zum Generalinspekteur teilte de Maizière Heinen mit, dass er jetzt »das regelmäßige Schreiben unter dem Namen Cornelius zurückstellen sollte«, weil nun ohnehin jede seiner Äußerungen mit besonderer Aufmerksamkeit verfolgt werde und er wohl auch keine Zeit mehr finde. Zwar fiele ihm dieser Vorschlag »sehr schwer« nach »immerhin 11½ Jahre[n], in denen Sie mir monatlich 1-2 mal Platz in Ihren Spalten zur Verfügung gestellt haben«. Trotzdem schlug er vor, »dass wir zunächst einmal die Arbeit von Cornelius einschlafen lassen, und dass Sie dementsprechend mit Wirkung vom 1.9. oder 1.10. [...] auch die entsprechenden finanziellen Anordnungen widerrufen«. Ohnedies hielt es de Maizière für »ein Wunder, wenn man die Bonner Verhältnisse kennt, dass das Pseudonym so lange geheim geblieben ist«, obwohl es »in den letzten Wochen [...] doch so stark decouvriert worden [ist] – ohne dass Ministerium oder Redaktion je einmal die Kombination Cornelius-Maizière zugegeben hätten«. Er schloss allerdings eine Fortführung nicht für alle Zeiten aus: »Wenn ich zu einem späteren Zeitpunkt glaube, dass es gut wäre, wenn ich unter meinem oder einem anderen Namen der Öffentlichkeit etwas sagen sollte, würde ich gerne wieder auf Sie zurückkommen und Sie um Ihre Hilfe bitten. Dass darüber hinaus die persönlich geknüpften Beziehungen erhalten bleiben sollten, brauche ich wohl nicht besonders zu betonen[77].« So erschien der letzte der insgesamt 229 Artikel am 1. Juni 1966.

Den ersten Artikel als »Cornelius« übersandte de Maizière bereits am 1. März 1955[78]. Er erschien unter dem Titel »Militäraufgaben – auf drei Ebenen. Die militärischen Folgen aus dem Pariser Vertragswerk – WEU und die NATO« in der »Kölnischen« beziehungsweise »Bonner Rundschau« am 5. März 1955. Vorab erklärte die Zeitungsredaktion, die große Bedeutung, die »nunmehr militärische Fragen für die Bundesrepublik gewonnen haben«, ließen es als notwendig erscheinen, »einen ständigen Mitarbeiter für unsere Zeitung zu gewinnen. Unsere Leser werden Gelegenheit haben, sich ein Urteil über seine Vertrautheit mit den einschlägigen Fragen zu bilden«[79]. Herausgeber Reinhold Heinen war von Anfang an sehr angetan von de Maizières »Cornelius«-Artikeln. Bis auf kleine stilistische Änderungen wurden sie nahezu wörtlich übernommen. Heinen hatte lediglich darum gebeten, »die militärischen Fremdwörter durch deutsche zu ersetzen«[80].

---

76 De Maizière, In der Pflicht, S. 182. Siehe auch de Maizières Erklärung in diesem Tenor einführend zu seiner »Zusammenstellung der ›Cornelius-Artikel‹ vom März 1955 bis Dezember 1956«, BArch, N 673/91.
77 De Maizière an Heinen, 2.9.1966, BArch, N 673/84.
78 De Maizière an Heinen, 1.3.1955, BArch, N 673/92.
79 Kopie der Kölnischen Rundschau bzw. Bonner Rundschau Nr. 54 vom 5.3.1955, ebd.
80 Heinen an de Maizière, 20.10.1955, ebd. Dafür hatte de Maizière »volles Verständnis«. Siehe de Maizière an Heinen, 25.10.1955, ebd.

Rasch einigten sich beide auf eine Fortführung der zunächst für drei Monate vereinbarten Zusammenarbeit[81]. Im April 1956 schlug Heinen de Maizière sogar vor, fortan jede Woche einen Beitrag zu liefern. Er lobte dabei vor allem dessen Schreibstil, mit dem er in seiner klaren und allgemein verständlichen Art auch dem Laien einen guten Überblick über die Probleme gebe, um die es sich dabei handelte[82]. De Maizière ging trotz Bedenken wegen der Arbeitsbelastung darauf ein[83]. In der ersten Zeit dienten seine Artikel vor allem »der Einführung der Leser in die Grundfragen der Bündnis-, Sicherheits- und Verteidigungspolitik (etwa im Sinne eines ›Elementarunterrichts‹)«; meist waren sie an aktuelle Anlässe angelehnt[84].

Mit seinen Artikeln warb de Maizière für die politischen Entscheidungen der Bundesregierungen im Rahmen der Sicherheits- und Verteidigungspolitik, indem er die Hintergründe aus seiner Sicht erläuterte. Dabei befasste er sich nicht ausschließlich mit außenpolitischen Themen und dem organisatorischen Aufbau; auch die innere Struktur der Bundeswehr, die Wehrgesetzgebung sowie die Probleme mit und um die Innere Führung wurde von ihm immer wieder aufgegriffen. Manchmal geschah dies auf Anregung der Zeitungsredaktion, meist entsprangen die Artikel aber seinem eigenen Befinden. Inhaltlich blieb er argumentativ auf derselben Linie, die er auch in seinen öffentlichen Vorträgen vertrat, teilweise bis hin zu identischen Formulierungen. Selten besprach er dagegen politische Bücher[85]. Er selbst wollte die Artikel insgesamt »durchaus als Kommentierung der damaligen Auffassungen des Verteidigungsministeriums und der militärischen Führung« verstanden wissen, behauptete, die jeweiligen Entwürfe nicht vorher vorgelegt und die alleinige Verantwortung für sie getragen zu haben[86]. Mindestens in einem Fall, nämlich der Glosse »Zum Fall Bonin«, erschienen am 25. März 1955, hatte er jedoch Heusinger »um Billigung« gebeten[87].

---

[81]   De Maizière an Heinen, 25.5.1955, ebd.

[82]   Heinen an de Maizière, 23.3.1956, ebd.

[83]   De Maizière an Heinen, 4.4.1956, ebd.

[84]   So de Maizière einführend zu seiner »Zusammenstellung der ›Cornelius-Artikel‹ vom März 1955 bis Dezember 1956«, BArch, N 673/91. Das änderte sich auch in der Folge nicht. Siehe dazu beispielhaft de Maizière an Pesch, 4.4.1957, BArch, N 673/92.

[85]   Eine Ausnahme war die Besprechung eines Buches des Rundschau-Redakteurs und Adenauer-Intimus Robert Ingrim, Macht und Freiheit. Wie man den Feind aus dem Land bringt. Siehe dazu das »Cornelius«-Manuskript »Macht und Freiheit. Ein neues Buch von Robert Ingrim«, BArch, N 673/92.

[86]   So de Maizière einführend zu seiner »Zusammenstellung der ›Cornelius-Artikel‹ vom März 1955 bis Dezember 1956«, BArch, N 673/91.

[87]   De Maizière an Gen. a.D. Heusinger, 24.3.1955, BArch, N 673/92. Den »Fall Bonin« schilderte Kielmansegg de Maizière 1988 noch einmal aus seiner Sicht anlässlich der Durchsicht des Manuskripts »In der Pflicht« detailliert. Kielmansegg war der Hinweis wichtig, »dass Bonins Uneinsichtigkeit und Ablehnung, etwas zu ändern, der Grund für seine Ablösung war, nicht die französische inoffiziell gebliebene Intervention [...] Heusinger weigerte sich, Bonin meinem Vorschlag entsprechend zu entlassen – Blank war geneigt, es zu tun, wollte es aber nicht gegen Heusinger verfügen.« Siehe Kielmansegg, Anm. zu Kap. 3 (des Manuskripts von »In der Pflicht«) »Innenpolitische Arbeit und interne Probleme der Dienststelle Blank«, Juni 1988, BArch, N 673/177.

De Maizière nutzte seine journalistischen Möglichkeiten aber auch, um auf politische Entscheidungen persönlich Einfluss zu nehmen. So schaltete er sich in die laufende Diskussion um die Verkürzung der Wehrdienstzeit von 18 auf 12 Monate ein. Mit seinem Artikel »12 Monate Dienstzeit. Eine militärische Bilanz« stellte er die seiner Ansicht nach negativen Konsequenzen der möglichen Reduzierung in den Vordergrund. Dafür rechtfertigte er sich in seinem Schlusssatz damit, dass »der Soldat« verpflichtet sei, »den politisch entscheidenden Männern ihre Verantwortung für die Sicherheit der Bundesrepublik sehr deutlich zu machen«[88]. Denn, so in einem weiteren Artikel dazu, »[d]ie Verantwortung, die mit der Entscheidung über die Dauer des Grundwehrdienstes verbunden ist, ist groß«[89]. Solche direkten Einflussversuche blieben eher die Ausnahmen, wurden von ihm dann aber sehr gezielt eingesetzt. In der Vorbereitung der Wehrpflichtgesetze äußerte er beispielsweise im Artikel »Wehrpflicht der Abiturienten 1956«, »[a]n den Verteidigungsminister [...] zwei Wünsche« – unter Umgehung des Dienstweges sozusagen – und auch in anderen Artikeln forderte er »die Politiker« dezidiert zum Handeln auf[90]. Dass er über die öffentliche Meinung die politischen Debatten beeinflusste, war de Maizière freilich klar. Als er der Zeitung seine »Gedanken zur Atomrüstung« anbot und darin argumentierte, der Westen müsste weiterhin atomar bewaffnet bleiben und gleichwohl am politischen Ziel der atomaren Abrüstung festhalten, schrieb er diesen Beitrag ausdrücklich »für die Atomdebatte« und im Wissen, »dass das, was ich geschrieben habe, nicht allzu gut in den Ohren der Wähler klingen mag«. Wichtig war es ihm dennoch, weil »es realistisch ist«[91].

Für seine Artikel nutzte er durchaus interne Informationen, die anderen nicht zugänglich waren, bis hin zu eigenen Vorträgen vor dem Verteidigungsausschuss des Bundestages[92]. Da ihn Blank am 1. Juni 1955 endgültig mit der bereits kommissarisch geführten Unterabteilung »Allgemeine Verteidigungsfragen« beziehungsweise ab Ende 1955 »Führung«, der im Laufe der Jahre eine zentrale Rolle zugewachsen war, betraut hatte, saß er praktisch an der Quelle[93]. In dieser Funktion nahm er an über zwei Dutzend Sitzungen des parlamentarischen Ausschusses für Fragen der europäischen Sicherheit, ab Jahresbeginn 1956 Verteidigungsausschuss, teil, dem das Hauptgewicht bei der parlamentari-

---

[88] »Cornelius«-Manuskript »12 Monate Dienstzeit. Eine militärische Bilanz«, BArch, N 673/92.

[89] »Cornelius«-Manuskript »12 oder 18 Monate Grundwehrdienst«, ebd.

[90] »Cornelius«-Manuskript »Militärische Integration in der NATO« (04/1959), BArch, N 673/91: »Die militärische Struktur der NATO ist auf dem Wege der Integration ein gutes Stück vorwärts gekommen. Der Soldat kann nur wünschen, dass ihm die Politiker auf diesem Wege rasch nachkommen, ja ihn überholen mögen.« Siehe in diesem Zusammenhang auch z.B. »Cornelius«-Manuskript »Wehrpflicht der Abiturienten 1956«, BArch, N 673/92.

[91] De Maizière an Pesch, 7.5.1957, BArch, N 673/92. Der Beitrag erschien in der Ausgabe vom 10.5.1957 unter dem Titel »Vor der ›Atom-Schlacht‹. Verzicht auf Nuklearwaffen ist kein Heilmittel«.

[92] Siehe als Beispiel hierfür de Maizière an Pesch, 10.8.1959, BArch, N 673/91.

[93] Zur Struktur des Bundesministeriums für Verteidigung (ab 30.12.1961 »der Verteidigung«) nach seiner Gründung am 7.10.1955 siehe Molt, Von der Wehrmacht zur Bundeswehr, S. 653-656, 667.

schen Beratung zum militärischen Komplex zufiel[94]. Das Gremium setzte sich aus namhaften Vertreterinnen und Vertretern aller Bundestagsfraktionen zusammen. Hier traf er unter anderem zum ersten Mal auf Helmut Schmidt, unter dem de Maizière später Generalinspekteur der Bundeswehr bleiben sollte[95].

Heinen hatte die Verbindung zwar inzwischen an seinen Chefredakteur Edmund Pesch delegiert, doch auch dieser harmonierte mit de Maizière »ausgezeichnet«[96]. Pesch hegte sogar die Hoffnung, »dass in Zukunft Ihre Mitarbeit noch häufiger in Anspruch genommen werden kann, als in der Vergangenheit«[97]. Selbst die folgende Versetzung de Maizières als Brigadekommandeur nach Hannover sorgte nur für eine kurze Unterbrechung. Nachdem er sich am neuen Standort eingelebt hatte, lieferte er bereits Anfang März 1958 wieder einen »Cornelius«-Artikel[98]. Umgekehrt versorgte ihn Heinen mit Interna aus dem Bonner militärpolitischen Umfeld:

> »Übrigens war es mir bei einer Besprechung mit Herrn General Heusinger eine besondere Freude, festzustellen, in wie unverändert großen Ehren sich dort unser Mitarbeiter Cornelius befindet (den auch Herr Dr. Bachmann, der neue persönliche Referent des Bundeskanzlers, inhaltlich wie stilistisch als einen der besten Artikel-Autoren der ›R‹ bezeichnete; ich habe natürlich das Geheimnis *nicht* gelüftet). Heusinger nannte ihn ausdrücklich unter den Brigadegeneralen, die geeignet seien, die allmählich ausscheidende Spitzengruppe der bisherigen militärischen Führer abzulösen. [...] Es gebe aber in der mittleren Generation nur wenige zum Aufrücken geeignete Kräfte. Es gebe sehr tüchtige Leute unter den ›Obristen‹, wo er [Heusinger] auch Herrn de Maizière erwähnte[99].«

Seine journalistische Betätigung war offenbar förderlich für seine weitere Karriere. Auch aus der Bundeswehr erreichten die Zeitung positive Zuschriften, welche die »sehr sachlichen Darstellungen der Belange der Bundeswehr [...] erläuternden und von guter Sachkenntnis getragenen Berichte« lobten, weil sie »die schwierigen Belange der Bundeswehr durch weitgehendste [sic!] objektive Darstellung der Öffentlichkeit näherbringen«[100]. In diesem Fall antwortete »Cornelius« sogar direkt. Dabei gestand er zu, dass die Wirkung seiner Artikel »genau die ist, die ich mir erhofft hatte, nämlich eine sachliche, positive Information, ohne den Eindruck einer propagandistischen Beeinflussung zu machen«[101].

---

[94] Siehe zu de Maizières belegten Teilnahmen Der Bundestagsausschuss für Verteidigung, Bd 2, S. 44 f., 368–370, 372, 374, 869 f., 872 f., 880, 897.
[95] De Maizière, In der Pflicht, S. 189.
[96] De Maizière an Heinen, 13.7.1957, und Pesch, 7.10.1957, beide BArch N 673/91.
[97] Pesch an de Maizière, 25.9.1957, ebd.
[98] De Maizière an Pesch, 4.3.1958, ebd. De Maizière hatte schon angesichts seiner Versetzungsankündigung nach Hannover bei Heinen nachgefragt, »ob und gegebenenfalls unter welchen Bedingungen Sie weiterhin auf unsere Zusammenarbeit Wert legen wollen«. Siehe de Maizière an Heinen, 19.11.1957, ebd.
[99] Heinen an de Maizière, 21.7.1958, ebd.
[100] Siehe z.B. OTL Schwarz, Standortkommandatur Köln, an die »Kölnische Rundschau«, zu Hdn. Herrn Cornelius, 5.10.1959, ebd.
[101] »Cornelius« an Standortkommandant Köln, OTL Schwarz, 19.10.1959, ebd.

Abgesehen davon zahlte es sich für de Maizière auch finanziell aus: Pro Artikel erhielt er 200,- DM[102]. Das war angesichts eines monatlichen Einkommens von rund 1600,- DM brutto zu Beginn seiner journalistischen Tätigkeit kein schlechtes Argument für die zusätzliche Arbeit[103]. Selbst seine Ehefrau scheint zwischenzeitlich Artikel verfasst zu haben[104]. Vielleicht war de Maizière als »Cornelius« auch Vorbild für seinen späteren Adjutanten Jörg Bahnemann. Jedenfalls stellte dieser sich als Kommandeur des Flugabwehrraketen-Regimentes 2 im hessischen Lich (1975-1977), gleichfalls inkognito – 1977 als »Unser militärpolitischer Mitarbeiter« –, einer Gießener Tageszeitung mit sicherheitspolitischen Kommentaren zur Verfügung[105]. Mit Heinen blieb de Maizière übrigens auch nach seinem Ausscheiden aus der Redaktion in Verbindung; man traf sich zum Gespräch und lud sich wechselseitig zu Feiern ein[106]. Dabei beklagte er schon während seiner Zeit als »Cornelius«, nämlich Anfang 1964 in einem Vortrag vor dem Rotary-Club Hannover-Ballhof, die mangelnde Expertise der bundesdeutschen Medien in dieser Frage. Dabei könnten »wir doch erwarten, dass die Öffentlichkeit auch auf diesem so wichtigen Gebiet sachverständig informiert wird«[107].

Dass es ihm allerdings nicht allein um Informationsvermittlung ging, sondern er mitunter auch Klientelpolitik betrieb, beweist spätestens sein Engagement in der sogenannten Kriegsverurteiltenfrage, und zwar bereits mit einem seiner ersten »Cornelius«-Artikel. Seinem Herausgeber Heinen gegenüber be-

---

[102] Heinen an de Maizière, 4.12.1958, ebd. Alle Honorar-Überweisungen erbat sich de Maizière auf sein Konto auf der Bonner Rhein-Ruhr-Bank. Siehe de Maizière an Heinen, 10.3.1955, BArch, N 673/92.

[103] Bundesminister der Verteidigung an de Maizière, 23.6.1955, PA AdM, Akte Persönliche Unterlagen. Im Juni 1955 verdiente de Maizière demnach in der Vergütungsgruppe ADO S 1646,– DM brutto. Siehe hierzu auch Dienstvertrag Ulrich de Maizière, 11.6.1955, ebd. Zu diesem Kontext siehe auch de Maizière an Heinen, 26.7.1958, BArch, N 673/91: De Maizière bat den Herausgeber der »Kölnischen Rundschau« im Juli 1958: »Für meine Herbstreise [Urlaub mit seiner Frau in Meran] wäre ich außerordentlich dankbar, wenn Sie veranlassen könnten, die Abrechnung der bisher in diesem Jahr erschienen Artikel [...] in den nächsten Wochen durchführen zu lassen. Ich bitte Sie herzlich, das nicht etwa als irgend eine Mahnung auffassen zu wollen, ich wollte nur gern die Gelegenheit dieses Briefwechsels benutzen, um meine Brieftasche für den Oktober etwas zu füllen.« Heinens Chefredakteur Pesch antwortete ihm umgehend, er habe »in diesen Tagen das Honorar für Ihre Beiträge aus dem ersten Halbjahr 1958 angewiesen«. Siehe Pesch an de Maizière, 30.7.1958, ebd.

[104] De Maizière an Pesch, 25.6.1957, BArch, N 673/92: »Schließlich lege ich Ihnen einige Ausführungen meiner Frau bei, die sich auf die Frage des Wirtschaftsgeldes in der Frauenbeilage der R beziehen. Sollten Sie Lust haben, diesen kleinen Beitrag zu bringen, so bitte ich herzlich darum, es nicht unter dem Namen meiner Frau zu tun, sondern unter dem Motto ›eine Bonner Hausfrau‹. Sollte das Thema bereits erledigt sein, so schmeißen Sie es in den Papierkorb.«

[105] Bahnemann, Parlamentsarmee?, S. 189.

[106] Siehe z.B. Heinen an de Maizière, 4.1.1966, oder 23.12.1968, beide BArch, N 673/42. Heinen lud den Generalinspekteur zu seinem 75. Geburtstag am 7.1.1969 im Kreise »seine[r] engsten Freunde und Mitarbeiter« ins Hotel »Der Seehof« nach Schwammenauel ein.

[107] Ulrich de Maizière. Vortrag »Die nationale Verteidigungsverantwortung« vor dem RC Hannover-Ballhof, 28.1.1964, BArch, N 673/55.

tonte er, »dass uns dieses Thema sehr am Herzen liegt; wenn es auch vielleicht weniger Interesse für den normalen Zeitungsleser haben wird, würden Sie mir einen Gefallen tun, wenn Sie diesen Beitrag abdrucken lassen könnten, damit vor allen Dingen die Alliierten immer wieder auf diese Frage gestoßen werden«[108]. Im Artikel selbst schrieb de Maizière, »das Problem der Kriegsverurteilten« sei unter den zahlreichen politischen und psychologischen Voraussetzungen, die bis zu diesem Tage gegeben sein mussten, ein wesentliches, das »noch nicht in ausreichendem Maße erfüllt« sei. Zwar seien in den letzten Jahren beachtliche Fortschritte gemacht worden, indem sich die Zahl von 3650 Inhaftierten zum 1. April 1950 auf 207 verringert habe, aber diese Männer seien noch immer »ihrer Freiheit beraubt«. Sie gehörten überwiegend »Organisationen an, deren Leiter oder Führer unbestritten ein großes Maß an Schuld auf sich geladen haben«. Dabei handelte es sich gar »nicht um eine Klärung der Schuldfrage, sondern um die Gewährung von Gnadenerweisen«. Es sei auch noch nicht an der Zeit, in diesem Zusammenhang die Schuldfrage aufzuwerfen. Entscheidend sei, in welch tragische Konflikte diese Soldaten durch die nationalsozialistische Gewaltherrschaft gekommen seien. Deswegen dürften nur noch diejenigen in Haft bleiben, die eindeutig verbrecherische Handlungen begangen haben. Für die Übrigen aber sollte »rasch ein Schlussstrich gezogen werden«. Geschehe dies nicht, würde sich in dem Augenblick, in dem die Bundesrepublik sich anschickt, wieder Soldaten zu schaffen, jeder ehemalige Soldat in einen ernsten Gewissenskonflikt gedrängt sehen, ob er dem Ruf der Regierung in Anbetracht der politischen Lage folgen sollte. Viele qualifizierte ehemalige Soldaten hätten Bedenken, wieder Uniform anzuziehen, solange nicht eine befriedigende Lösung des Problems der Kriegsverurteilten in Aussicht stehe. Das zukünftige Offizierkorps dürfe nicht mit der Problematik einer unzureichenden Regelung dieser Frage belastet werden[109].

Damit lag er genau auf der Argumentationslinie des Amtes Blank in dieser Thematik, wo es wiederholt zu langen Besprechungen in dieser Frage kam. Kanzler Adenauer sollte gar für eine »Ehrenerklärung gegenüber den Soldaten u. in der Kriegsverurteiltenfrage« gewonnen werden[110]. Obwohl zu diesem Zeitpunkt nur noch 27 Soldaten und Waffen-SS-Angehörige im Westen arretiert und seit 1950 ungefähr 95 Prozent aller Inhaftierten entlassen worden waren, sah man hier ein erhebliches Problem, was die Rekrutierung für die Streitkräfte anging[111]. Innerhalb der Dienststelle gehörte die Frage zum Arbeitsgebiet von Oberst i.G. Werner Drews. 1957 schrieb dieser ganz offen an Generalmajor a.D.

---

[108] De Maizière an Heinen, 19.7.1955, BArch, N 673/92.
[109] »Cornelius«-Manuskript »Zur Frage der Kriegsverurteilten« (07/1955), ebd.
[110] Ulrich de Maizière, Dienstliche Tagebuchaufzeichnungen 7.3.1955-22.10.1955, Eintrag vom 29.4.1955, BArch, N 673/20.
[111] So jedenfalls die Stellungnahme Heusingers zur Kriegsverurteiltenfrage in Ulrich de Maizière, Dienstliche Tagebuchaufzeichnungen 24.10.1955-30.6.1956, Eintrag vom 9.11.1955, BArch, N 673/21.

Hans Korte, der »sich die Betreuung der in Landsberg einsitzenden Kriegsverurteilten und deren baldige Entlassung zur Lebensaufgabe gesetzt« hatte[112],
»dass für die Kriegsverurteilten mehr getan wurde, als in der Öffentlichkeit
bekannt werden darf. Von den einflussreichen Persönlichkeiten der Bundesrepublik und der Bundesregierung wird jede Gelegenheit bei offiziellen und
inoffiziellen Anlässen im Ausland zu einer klärenden Aussprache genutzt.
Die Erfahrungen und auch die Erfolge der Bemühungen haben gelehrt, dass
nur Geduld und behutsame Behandlung jedes einzelnen Falles durch alle beteiligten Stellen zum Erfolg führen.«
Zwar sei zu bedauern, dass diese Frage zwölf Jahre nach Kriegsende überhaupt
noch existent sei, doch wies Drews darauf hin, der Minister lasse sich laufend
über den Stand der Kriegsverurteiltenfrage berichten[113]. Blank wiederum betonte stets, sich dieser Sache »nicht nur aus menschlicher Anteilnahme, sondern
besonders wegen der psychologischen Belastung für die Aufstellung der Streitkräfte« anzunehmen[114].

Auch Blanks Nachfolger Franz Josef Strauß wurde schon bei den ersten Vorträgen im Ministerium auf »die durch die Kriegsverurteiltenfrage ausgelösten
psychologischen Rückwirkungen für die Bundeswehr« aufmerksam gemacht.
Dabei riet man ihm zu »verstärkte[n] Bemühungen für die Freilassung der noch
in Haft befindlichen 11 Angehörigen der ehemaligen Wehrmacht und Waffen-
SS«[115]. So sah sich Strauß seit seiner Amtsübernahme gerade in dieser Frage,
beileibe nicht nur aus den eigenen politischen Reihen, einem enormen Druck
ausgesetzt. Er bat den Bundesminister des Auswärtigen, Heinrich von Brentano, »mit allem Nachdruck bei den Gewahrsamsmächten vorstellig zu werden
und auf eine umgehende Bereinigung dieses unseligen Kapitels der deutschen
Nachkriegsgeschichte zu drängen«. Hierzu fühlte er sich »umso mehr verpflichtet, als diese Frage [...] in die Bundeswehr übergreift und die Soldaten nicht nur
einem ständigen Gewissenskonflikt unterwirft, sondern auch einer sehr scharfen Kritik durch die Öffentlichkeit aussetzt«[116]. Die argumentative Stoßrichtung
des Bundesverteidigungsministeriums blieb dabei unverändert – und deckte

---

[112] Referent IV C 6, O i.G. Werner Drews, an Abteilungsleiter IV, Betr.: Kriegsverurteiltenfrage, 17.4.1957, BArch, Bw 2/1254.
[113] O i.G. Werner Drews an GM a.D. Hans Korte, 1.8.1957, ebd.
[114] Blank an OB der Stadt Landsberg am Lech, Thoma, 3.2.1956, ebd.
[115] Referent IV C – Inland an Minister, Betr.: Deutsche Kriegsverurteilte in westlichem Ge-
wahrsam, 28.1.1957, ebd. Dort findet sich auch eine namentliche Auflistung der
16 Inhaftierten in den Niederlanden (2), Frankreich (11) und Werl (USA – 3). Sieben von
ihnen hatten bereits einen Strafnachlass erhalten. Das Auswärtige Amt zählte stattdessen
fünf Inhaftierte in westdeutschen US-Gefängnissen, 31 in den Niederlanden sowie außerdem drei in Luxemburg, zwei in Belgien und einen in Italien. Bundesminister des Auswärtigen an Bundesminister für Verteidigung, Dr. Franz Josef Strauß, 7.12.1956, ebd.
[116] Bundesminister für Verteidigung, Strauß, an Bundesminister des Auswärtigen, Dr. von
Brentano, 30.11.1956, ebd. Brentano unterstützte seinen Ministerkollegen umgehend mit
einer Zusammenstellung der einzelnen Fälle. Siehe Bundesminister des Auswärtigen an
Bundesminister für Verteidigung, 7.12.1956, ebd.

sich fast wortgleich mit de Maizières »Cornelius«-Artikel[117]. In diesem Zusammenhang zeigte sich, wie zentral die Unterstützung aus dem Amt Blank und später im Verteidigungsministerium für die Inhaftierten gewesen ist. Insbesondere Heusinger, Speidel und Gehlen hatten sich bereits in den Nachkriegsprozessen in dieser Frage exponiert und mit ihrem Engagement ganz wesentlich zur seinerzeitigen Ablösung Schwerins beigetragen, weil dieser sich hier nicht eindeutig positioniert hatte. Die Ehrenerklärungen Adenauers und Eisenhowers für »den« deutschen Soldaten waren in diesem Kontext die äußerlich sichtbaren Erfolge einer Politik, die sich ansonsten hinter verschlossenen Türen abspielte[118]. Vor allem die Hartnäckigkeit, die hierbei an den Tag gelegt wurde, verweist auf den erheblichen Einfluss, den die soldatischen Netzwerke insgeheim auf die Ausformung des Nachkriegsgedächtnisses genommen haben. Die schon erwähnte Erinnerungsliteratur bezeugt jedoch, dass sie in Übereinstimmung mit breiten Bevölkerungsschichten handelten. Insofern war das Verquicken der so verstandenen Vergangenheitsbewältigung mit der Wiederbewaffnungsdebatte ein gezieltes Unterfangen. Schon die Begrifflichkeit deutet in diese Richtung: Diejenigen wieder bewaffnen zu wollen, die im letzten Krieg gekämpft hatten, sollte gleichsam der Beweis ihrer Schuldlosigkeit sein[119]. Damit verbunden war insbesondere die Übernahme der Deutungsmuster des geführten Vernichtungskrieges, wie sie von den Generalen in den Kriegsverbrecherprozessen und der Gefangenschaft formuliert worden waren, bis weit in die bundesrepublikanische Gesellschaft hinein. Dass sie über Jahrzehnte Bestand haben sollten, ist ein weiteres »indirektes Eingeständnis der gesamtgesellschaftlichen Verstrickung in den Nationalsozialismus«[120].

Wie in allen anderen Bereichen auch geschehen, gelang es der künftigen militärischen Führung der Bundesrepublik, der großen Mehrheit der ehemaligen Soldaten den Weg in die neue Staatlichkeit zu erleichtern[121]. Gleichzeitig warf man allerdings die Frage nach den Wertmaßstäben auf, nach denen die Soldaten der westdeutschen Demokratie nun dienen sollten. Stellvertretend machte sich dieser Komplex in der Auseinandersetzung um die Bedeutung des Widerstandes gegen Hitler und das »Dritte Reich« fest, und dort wiederum konzentriert auf den Attentats- und Putschversuch des 20. Juli 1944. Wohl hatte sich das

---

[117] Referent IV C 6 an Referent IV B 3, Betr.: Beantwortung von Fragen aus der Truppe, hier: »Kriegsverurteilte«, 6.12.1956, BArch, Bw 2/1254. Dort findet sich auch eine Chronologie der deutschen Bemühungen seit 1950.

[118] Wrochem, Erich von Manstein, S. 219-221, 255; Manig, Die Politik der Ehre, S. 221-233, 451-487; Krüger, Das Amt Blank, S. 23-28; Lingen, Kesselrings letzte Schlacht, S. 236 f.; Searle, A Very Special Relationship, S. 342; Anfänge westdeutscher Sicherheitspolitik, Bd 1 (Beitrag Meyer), S. 641.

[119] Kühne, Zwischen Vernichtungskrieg und Freizeitgesellschaft; Wengeler, Die Sprache der Aufrüstung.

[120] Frei, Vergangenheitspolitik, S. 399, zur Kriegsverbrecherdebatte dort ausführlich S. 133-306, zu ihrem Zusammenhang mit der Rehabilitierung der Wehrmachtelite siehe Wrochem, Erich von Manstein, S. 212-281, sowie zu den Deutungen des Vernichtungskrieges ebd., S. 107-211.

[121] Frei, Karrieren im Zwielicht.

erste Staatsoberhaupt der jungen Republik, Theodor Heuss, eindeutig zu den Widerständlern bekannt, doch kam das zu diesem Zeitpunkt eher einer politischen Willenserklärung gleich denn einem gesellschaftlichen Konsens. Im Juni 1951 äußerten sich in einer Umfrage 59 Prozent negativ über die »Männer des 20. Juli«; besonders »im Kreise der Berufssoldaten« war diese Einschätzung »ungewöhnlich stark«[122]. Erst im Gefolge des Prozesses gegen Ernst Otto Remer, ehemaliger Generalmajor und als Mitbegründer stellvertretender Vorsitzender der offen nationalsozialistisch ausgerichteten Sozialistischen Reichspartei (SRP), im März 1952, begann sich allmählich die Meinung zu wandeln[123]. Nicht ohne Grund wurde die Frage des individuellen Verhältnisses zum Komplex »20. Juli« zum »Lackmustest«, als der Personalgutachterausschuss die Wiederverwendung ehemaliger Wehrmachtsoffiziere vom Oberst an in der Bundeswehr prüfte[124]. Bezeichnenderweise war es Kielmansegg mit seinem ganz persönlichen Widerstandshintergrund gewesen, der bereits im Dezember 1950 zu Blank gesagt haben will, »dass wir zu gegebener Zeit einen derartigen Ausschuss haben müssten«, wie er 1988 de Maizière mitteilte. Im selben Schreiben kennzeichnete er jedoch auch klar die damalige Sichtweise. Blank habe nämlich sofort zugestimmt, meinte aber »richtigerweise, dass man wieder darüber reden müsste, wenn Art, Form und Umfang des deutschen Verteidigungsbeitrags feststünden. Ich erwähne dies deshalb, weil auch dies genau wie die ›Innere Führung‹ allein von der Dienststelle Blank ausging und nicht etwa von Regierung oder Parlament«[125].

Wie zwiespältig seinerzeit das Verhältnis gegenüber den Offizieren des 20. Juli 1944 gewesen ist, zeigte sich daran, dass Heusinger in seinem Aufruf an die Kommandeure der Bundeswehr im Jahre 1959 betonte, »Ihr Geist und ihre Haltung sind uns Vorbild«[126]. Nur wenige Wochen vorher wollte Dr. Friedrich Beermann von der SPD-Bundestagsfraktion »aus absolut sicherer Quelle« erfahren haben, dass »Heusinger gegen Schlabrendorf [sic!] als Wehrbeauftragter allein deswegen agiert hat, weil er Teilnehmer am 20. Juli sei und dieses Problem durch Schlabrendorf [sic!] wieder in die Truppe getragen werden könne, was nicht wünschenswert sei«[127]. Und wie wenig dies ein Problem der Militärs alleine war, belegte Fabian von Schlabrendorff selbst, als er einem der Freunde von Bundestagspräsident Eugen Gerstenmaier in dieser Sache schrieb, er habe hinsichtlich seiner Wahl zum Wehrbeauftragten durch den Bundestag durchaus Bedenken: »Ich bin in politischer Richtung so eindeutig profiliert, dass wahr-

---

[122] Neumann/Noelle, Antworten, S. 33 f.

[123] Für Frei, Erinnerungskampf, S. 673, wurde der Remer-Prozess »zu einem öffentlichen Lehrstück [...], ja zu einem normativen Akt, der entscheidende Grundlagen für die Verankerung des 20. Juli 1944 im Geschichtsbewusstsein der Bundesrepublik schuf«.

[124] Nägler, Der gewollte Soldat, S. 71-74, Zitat S. 72.

[125] Kielmansegg, Anm. zu Kap. 3 (des Manuskripts von »In der Pflicht«) »Innenpolitische Arbeit und interne Probleme der Dienststelle Blank«, Juni 1988, BArch, N 673/177.

[126] Ulrich de Maizière, Ansprache anlässlich der Umbenennung der Pikartenstr. in Graf-Stauffenberg-Str., 31.1.1964, BArch, N 673/58; Meyer, Adolf Heusinger, S. 519 f.

[127] Beermann an Fritz Erler, Carlo Schmid und Herbert Wehner, 29.10.1958, AdsD, NL Erler, Box 139.

scheinlich viele Abgeordnete, die so denken wie etwa die ehemaligen Feldmarschälle Kesselring und Manstein, ein Hakenkreuz schlagen, wenn sie nur meinen Namen hören[128].«

Tatsächlich entpuppte sich die Frage nach der persönlichen Haltung zum
Widerstand von Anfang an als eine entscheidende im Verhältnis zur Inneren
Führung der Bundeswehr[129]. Auf diese Führungskonzeption hatte sich Blank
1952 persönlich und für seine Mitarbeiterauswahl festgelegt und de Maizière
sich von Anfang an als dezidierter Verfechter des freilich von Baudissin entwickelten und maßgeblich vorangetriebenen Konzeptes der »Inneren Führung«
mit seinem Kern, dem »Staatsbürger in Uniform«, präsentiert[130]. Er gehörte
bereits 1953 dem Ausschuss Innere Führung im Amt Blank als Stellvertreter des
Vorsitzenden Heusinger an[131]. Aufgabe dieses Ausschusses war es, auf möglichst breiter personeller und ideeller Grundlage die Ausformung des Konzeptes zu erarbeiten. Dabei trug schon die Zusammensetzung

>»dem Gedanken Rechnung, dass die Fragen der Inneren Führung so neu
und so umgreifend sind, dass sie nicht von einer Stelle allein – nicht nur von
den Soldaten –, sondern dass sie nur von dem ganzen Hause betrachtet und
auch entschieden werden können. Gerade in dem jetzigen gedanklichen Sta-
dium ist es günstig, dass diese Dinge von möglichst vielen Seiten gesehen
werden, damit sie plastisch werden. Außerdem wirken ja die gefundenen
Lösungsvorschläge dieses Ausschusses in alle möglichen Teile des Hauses
hinein[132].«

Außerdem nahm de Maizière auf Vorschlag Kielmanseggs zusammen mit dem
SPD-Bundestagsabgeordneten Ernst Paul, dem CDU-Bundestagsabgeordneten
Karlfranz Schmidt-Wittmack und dem Assistenten des Ausschusses für europäische Sicherheit, Regierungsrat Karl-Heinz Maus, Anfang 1954 an einer Reise
nach Schweden teil, um sich über die Umsetzung der Inneren Führung in den

---

[128] Zit. nach Eugen Gerstenmaier an Fritz Erler, 11.4.1958, AdsD, NL Erler, Box 147, Teil I.
[129] Nägler, Der gewollte Soldat, S. 13.
[130] Weiterführend hierzu Dörfler-Dierken, Ethische Fundamente; Nägler, Der gewollte Sol-
       dat und sein Wandel.
[131] Dem Ausschuss gehörten außerdem an: Hans-Georg Tempelhoff (O i.G. a.D., seit 1952
       Angestellter im Amt Blank, 1953 II/4/Gruppe Heer, 1954 II/Pl./H Leiter Referat Ausbil-
       dung), Richard Heuser (O i.G. a.D., Dienststelle Blank, 1953 Leiter II/Pl./Gruppe Luftwaf-
       fe), Wolfgang Kähler (K z.S. a.D., Dienststelle Blank, 1953 Leiter Referat II/4/Gruppe Ma-
       rine – Personalwesen), Heinz Neudeck von der juristischen Abteilung (ORR, ehemaliger
       Wehrmachtrichter, Dienststelle Blank, 1953 Referat III/1/7 Militärstrafrecht, 1954 Leiter
       Referat III/7 Strafrechtsverfahren), Alfred Wenzel (ORR in der Dienststelle Blank, 1954
       Leiter der »Paris-Referate«, in denen die im Referat »Organisation und Aufbau der euro-
       päischen Verteidigungsverwaltung in Deutschland« erarbeiteten Fragen in Paris vertreten
       werden) und Josef Pfister vom Studienbüro (1952-1968 Gutachter, dann Angestellter der
       Dienststelle Blank und des BMVg). Zum Studienbüro vgl. Krüger, Das Amt Blank, S. 57 f.
[132] Major a.D. Graf von Baudissin (Dienststelle Blank), Zur Erläuterung der Aufgaben der
       Teilgebiete der Inneren Führung, 39. Sitzung des Gremiums, 14.7.1953, Der Bundes-
       tagsausschuss für Verteidigung, Bd 2, S. 567-572, hier S. 571. Neudeck und Wenzel wur-
       den noch 1974 von de Maizière dem MGFA als mögliche einzuladende Fachleute aus dem
       Bereich der Bundeswehrverwaltung und des Rechtes für dessen Tagung »Aspekte der
       Aufrüstung« genannt. Siehe de Maizière an OTL i.G. Fischer, MGFA, 19.2.1974, BArch,
       N 673/103.

dortigen Streitkräften zu informieren[133]. Als Paul ihn im Herbst 1953 über das Vorhaben informierte, habe Kielmansegg diesem geraten, »als Vertreter der Dienststelle Blank einen *Soldaten* mitzunehmen, trug dies Blank vor und schlug Sie vor«[134]. 20 Jahre später durfte sich de Maizière über »die Ablichtung der Vorgänge um die Schwedenreise aus dem Jahre 1954« freuen, die ihm Oberstleutnant i.G. Johannes Fischer vom MGFA zusandte[135]. Bereits als Kommandeur der Führungsakademie hatte er 1964 daran erinnert, dass er seinerzeit »die Ehre gehabt [habe], die Reise von Bundestagsabgeordneten nach Schweden zur Prüfung dieser Institution in Schweden mitzumachen. Ich bejahe die Institution des Wehrbeauftragten [...], muss [...] allerdings zugeben, dass sie einen Schönheitsfehler hat«, nämlich den, ausschließlich für den militärischen und nicht auch den zivilen Bereich der Streitkräfte zuständig zu sein[136].

Damit sprach de Maizière einen weiteren, seit der Planungsphase höchst umstrittenen Bereich der westdeutschen Streitkräfte an, nämlich die Trennung in eine militärische und eine zivile Säule. Diese Zweiteilung wurde, und wird teilweise bis heute, in der Diskussion um die Innere Führung als zivile Kontrolle des Soldaten gedeutet. Im Amt Blank war diese Auseinandersetzung von Anfang an virulent. Den Beamten wurde unterstellt, sie wollten alles Militärische im Grundsatz kleinhalten, umgekehrt wachten diese wiederum über die durchaus zunehmend selbstbewussteren Autarkiebestrebungen der Militärs. Gerade angesichts der tatsächlichen schwächeren Stellung der Soldaten in der Dienststelle hatte sich unter ihnen vergleichsweise rasch ein Korpsgeist entwickelt, was wiederum das Misstrauen der Beamten verstärkte. Vor allem Ernst Wirmer fühlte sich »dafür verantwortlich, dass die Generale nicht, wie schon so oft in der deutschen Geschichte, über die Hecken fressen«[137]. Wirmer war Jurist und der Bruder des zum Umfeld des 20. Juli gehörenden und deswegen hingerichteten Josef Wirmer, der im Falle eines gelungenen Umsturzes Justizminister hätte werden sollen. Im Zuge der Verhaftung seines Bruders 1944 ebenfalls inhaftiert, trat Ernst Wirmer nach Ende des Krieges erneut in die öffentliche Verwaltung ein und startete eine steile Karriere. 1948 mit 38 Jahren durch den Niedersächsischen Landtag als jüngstes Mitglied in den Parlamentarischen Rat gewählt, bestellte ihn Bundeskanzler Adenauer zwei Jahre später zu seinem

---

[133] Auf Beschluss des Ausschusses in der 4. Sitzung vom 11.12.1953. Siehe Der Bundestagsausschuss für Verteidigung, Bd 2, S. 754, Anm. 12, sowie Bericht der Studienkommission des Ausschusses für Fragen der europäischen Sicherheit über die Gestaltung der Inneren Führung in der schwedischen Wehrmacht, 11.2.1954, BArch, Bw 9/33, und ausführlich zum Ergebnis Schlaffer, Der Wehrbeauftragte, S. 48-61.

[134] Kielmansegg, Anm. zu Kap. 3 (des Manuskripts von »In der Pflicht«) »Innenpolitische Arbeit und interne Probleme der Dienststelle Blank«, Juni 1988, BArch, N 673/177 (Hervorhebung im Original).

[135] De Maizière an OTL i.G. Fischer, MGFA, 1.4.1974, BArch, N 673/103.

[136] Ulrich de Maizière, Ansprache des Kdr FüAkBw am 15.7.1964 vor allen Stammoffizieren, Beamten, Hörern und Uffz (Tonbandaufnahme, redigiert), sowie zum Abgleich das Redemanuskript de Maizières Ansprache vor der Führungsakademie und dem Brigadekommandeur-Lehrgang vor der Sommerpause 1964, 15.7.1964, beide BArch, N 673/58.

[137] Krüger, Das Amt Blank, passim, bes. S. 84 f., Zitat S. 85.

Persönlichen Referenten und betraute ihn mit dem Aufbau der Dienststelle
Blank. Ab 1955 leitete er die Abteilung Verwaltung und Recht im Bundesverteidigungsministerium, dem er nach weiteren Beförderungen bis zum Januar
1975 angehörte[138]. Vor allem während der Anfangszeit der Dienststelle Blank
wurde er von einigen als »Aufpasser des Bundeskanzlers« empfunden[139]. Bei
seiner Verabschiedung 1975 pries ihn Verteidigungsminister Georg Leber als
»Vater der Bundeswehrverwaltung«, dessen Verhältnis zu den Soldaten vielen
jedoch als »gespannt« galt[140]. De Maizière will seinerzeit dagegen zwar ebenfalls »[z]unehmende Spannung in Truppe zwischen Soldat u. Verw.« ausgemacht haben, gestand aber »[o]ft unberechtigte Vorwürfe auch in der Öffentlichkeit« zu[141].

Tatsächlich stieß das aus dem angelsächsischen Politikverständnis importier-
te Prinzip der civil control, also die grundsätzliche Ausrichtung auch der bewaffneten Kräfte des Staates am freiheitlichen demokratischen Grundverständ-
nis, auf vehemente Kritik insbesondere der Militärs. Erzogen und geprägt in
einer anti-, wenigstens aber undemokratischen Grundhaltung, vermochte die
Mehrheit mit dem nun geforderten »Staatsbürger in Uniform«, der auch während seiner Militärzeit zivile Rechte für sich beanspruchen durfte, kaum etwas
anzufangen[142]. Das schwierige und unbewältigte Erbe des Nationalsozialismus
forderte einen Gründungskompromiss, der immer wieder zu Grundsatzdiskus-
sionen Anlass geben sollte. Im Kern ging es dabei stets um die Frage, ob der
Soldat zuvorderst »Kämpfer« oder »Staatsbürger« sein müsse[143]. Der Ursprung
dieser Problematik ist sowohl im zeitlichen wie politischen Kontext der Aufstellung westdeutscher Streitkräfte zu verorten, die aufgrund des politischen Willens entstanden, möglichst rasch einen souveränen Staat zu schaffen, nicht wegen einer realen Bedrohung. Die Gesellschaft, in die hinein diese Armee
entwickelt wurde, war insgesamt noch alles andere als dem jungen Staatswesen
zugetan und mit dessen Grundprinzipien keineswegs vertraut. Dazu trug nicht
unerheblich bei, dass die westlichen Alliierten ihre erzieherisch-moralischen
Ziele, die sie mit der Demilitarisierung, der Entnazifizierung und der Reeducation hin zu einer Demokratisierung verbunden hatten, dem machtpoliti-
schen Interessenkonflikt des Kalten Krieges opferten, ehe sie erkennbar griffen[144]. Übrig blieb eine Bevölkerung, die größtenteils politisch uninteressiert
war, sich desillusioniert gab und sich über Altersgrenzen hinweg in der Summe
wie bisher führen ließ. Bedroht sah man sich vor allen Dingen in der Sicherung

---

[138] Siehe zu Ernst Wirmer dessen Nachlass in ACDP, 01-292, sowie BArch, N 560.
[139] So jedenfalls Carl Schopen, Ernst Wirmer – pflichtbewusst und loyal. Zum Tode eines der
       Väter des Grundgesetzes, Das Parlament Nr. 37 vom 12.9.1981, ACDP, 01-292-001/3.
[140] BMVg/Informations- und Pressestab, Material für die Presse: Rede des Bundesministers
       der Verteidigung Georg Leber anlässlich der Verabschiedung von Ministerialdirektor
       Ernst Wirmer am 22.1.1975, 22.1.1975, ACDP, 01-292-001/3.
[141] Ulrich de Maizière, Dienstliche Tagebuchaufzeichnungen 11.3.1957–5.10.1957, Eintrag
       vom 10.9.1957, BArch, N 673/23.
[142] Horn, Die militärischen Aufbaugenerationen, S. 440 f.
[143] Kutz, Die verspätete Armee; Opitz, »Kämpfer« oder »Denker«?
[144] Horn, Die militärischen Aufbaugenerationen, S. 447.

der materiellen Lebensbedingungen. Nicht zufällig setzten die anti-sowje-
tischen Kampagnen der Zeit genau dort an und griffen damit propagandistische
Inhalte auf, die in diesem Kontext aus der NS-Zeit bekannt waren[145]. Dass damit
wiederum ein Bedrohungsszenario untermauert worden ist, das zentraler Bestandteil der Wiederbewaffnungsforderung war, bestätigte scheinbar die überdauerte Weltsicht. Wie vordem bedurfte es offenbar deutscher Soldaten, um
Europa vor dem Bolschewismus, der nun als Kommunismus betitelt wurde, zu
schützen[146]. Dafür sind die Umfrageergebnisse der 1950er-Jahre signifikant, die
den Nationalsozialismus als eine im Grunde gute Idee beurteilten oder von den
vermeintlich »guten Jahren« des »Dritten Reiches« fabulierten[147].

In letzter Konsequenz konstituierte sich die Kriegsfolgengesellschaft der
Bundesrepublik daher um das Motto »So viel Altes wie möglich, so viel Neues
wie nötig«. Just diese Einschätzung kennzeichnete auch die Differenzen der
ehemaligen und bald wieder Militärs um die innere Ausformung der westdeutschen Armee, zugespitzt in der Auseinandersetzung zwischen »Traditionalisten« und »Reformern«[148]. Auf der einen Seite standen diejenigen, welche die
Mythen vom unpolitischen Soldaten und der sauberen, hochprofessionellen
Wehrmacht pflegten, »die nur durch die Eingriffe Hitlers zuschanden kam«; für
sie bedeuteten »Geist und Inhalt des Konzeptes der Inneren Führung« schlicht-
weg den »Generalangriff auf diese Haltung«[149]. Ihnen gegenüber befand sich die
Gruppe um Baudissin deutlich in der Minderheit[150]. Allerdings hatten sie den
politischen Willen im Rücken, wenigstens offiziell keine Fortsetzung der
Wehrmacht dulden zu wollen, sondern eine Neuschöpfung zu präsentieren.
Letzteres war personell jedoch schon wegen der kurzen Zeitspanne seit Kriegsende unmöglich. Adenauers Bonmot auf der Pressekonferenz nach der Unterzeichnung der Pariser Verträge im Oktober 1954, die NATO würde ihm wohl
keine 18-jährigen Generale abnehmen[151], ist der sprichwörtliche Beleg für dieses
strukturelle Defizit. Es bedurfte kaum besonderer Weitsichtigkeit vorherzuse-

---

[145] Siehe z.B. »Nein – Darum CDU«, Wahlplakat 1949, URL: <http://ais.badische-zeitung.de/
piece/01/20/b7/86/18921350.jpg> (13.3.2011); »So darf es nicht kommen!«, Wahlplakat der
FDP, URL: <http://www.dhm.de/~roehrig/ws9596/texte/kk/dhm/pics/b146.jpg> (13.3.2011);
»Wo Ollenhauer pflügt, sät Moskau! – darum wählt die FDP«, Wahlplakat zur Bundestagswahl 1953; »Alle Wege des Marxismus führen nach Moskau! Darum CSU«, Wahlplakat zu den Bundestagswahlen 1953, beide URL: <http://www.bing.com/images/search?q
=Wahlplakat+CDU+1949&view=detail&id=074663D0DD9CC4E44BA65147D5C00BE3B3D
1E0E9&first=1&FORM=IDFRIR> (13.3.2011); sowie grundsätzlich Mergel, Propaganda
nach Hitler.

[146] Kutz, Die verspätete Armee, S. 70 f.; Naumann, Integration und Eigensinn, S. 214; Bald,
Alte Kameraden, S. 61; sowie Wolfrum, Geschichtspolitik, S. 69-85, bes. S. 71-77, 108.

[147] Winkler, Der lange Weg nach Westen, Bd 2, S. 169.

[148] Görtemaker, Geschichte der Bundesrepublik Deutschland, S. 338-347; Winkler, Der lange
Weg nach Westen, Bd 2, S. 146-182; Abenheim, Bundeswehr und Tradition, S. 58-66.

[149] Kutz, Die verspätete Armee, S. 79.

[150] Zu Gegnern und Verbündeten Baudissins siehe Nägler, Der gewollte Soldat, S. 101-125.

[151] Unter den ersten 152 000 Freiwilligenmeldungen, die bis zum 1.8.1955 vorlagen, befanden
sich alleine über 120 000 ehemalige Offiziere und Unteroffiziere der Wehrmacht (40 613
Offiziere, 87 089 Unteroffiziere). Görtemaker, Geschichte der Bundesrepublik Deutschland, S. 341.

hen, dass »im Wesentlichen diejenigen wieder Soldat werden müssen, die 1945 den Uniformrock für immer ausziehen sollten«[152]. Bis Ende 1957 waren schließlich 44 ehemalige Generale und Admirale der Wehrmacht für die Bundeswehr reaktiviert[153]. Während für das Spitzenpersonal wenigstens noch die Prüfung durch den Personalgutachterausschuss und somit eine gewisse Auswahl stattfand, gab es für alle unterhalb des Dienstgrades Oberst eingestellten Soldaten keine vergleichbaren Schranken; gleichwohl waren gerade diese Jahrgänge in Nationalsozialismus und Wehrmacht sozialisiert worden[154].

So war die immer wieder erhobene Forderung nach dem Schlussstrich unter die Vergangenheit menschlich verständlich[155], erwies sich für die innere Konstituierung der Streitkräfte jedoch als schwere Hypothek. Dass später führende Soldaten der Bundeswehr schon vor deren Aufstellung die Losung ausgaben, »Nicht daran rühren – eigene Traditionen wachsen lassen«, wie Heusinger 1954 formuliert hatte[156], spielte dabei denjenigen in die Karten, die an ihrer persönlichen militärischen Vergangenheit im Zweiten Weltkrieg keinen Makel erkennen wollten – und diese befanden sich in der bundesdeutschen Gesellschaft wie in den entstehenden Streitkräften bei Weitem in der Mehrheit. Dieser gesamtgesellschaftliche Konsens zeitigte mittel- und langfristige Konsequenzen, die erst ab der »Umgründung der Bundesrepublik«[157] in den 1960er-Jahren allmählich verändert werden konnten und mussten. Die zeitgleich beginnende Entwicklung hin zu einer Durchsetzung der Inneren Führung innerhalb der Bundeswehr erst in diesem Zusammenhang ist deswegen kein Zufall[158]. Da es sich dabei offensichtlich um einen evolutionären Prozess handelte, der eingebettet in die Ausformung einer westdeutschen Zivilgesellschaft aus der totalitären Sozialisierung heraus verlaufen ist, kommt der Frage nach den Akteuren in diesem Komplex entscheidende Bedeutung zu[159].

De Maizière selbst sah von Anfang an die Trennlinie zwischen den sogenannten Reformern und Traditionalisten nicht als derart scharf[160]. Vielleicht mochte er sie auch nicht sehen, denn das Thema barg Sprengkraft. Sowohl innerhalb wie auch außerhalb der Armee war die neue Führungskonzeption höchst umstritten und die Diskussion von Anfang an emotional unterlegt. Im Kern konzentrierte sich jegliche Kritik seit damals auf zwei Vorwürfe: Zum

---

[152] Weinstein, Armee ohne Pathos, S. 61.
[153] Stumpf, Die Wiederverwendung von Generalen, S. 82 f.
[154] Zu einer vorsichtigen Typisierung der Soldaten in der Anfangsphase siehe Schlaffer, »Schleifer« a.D.?, S. 635–642.
[155] »Schlusstrich drunter!«, Wahlplakat der FDP 1949, URL: <http://www.hdg.de/lemo/objekte/pict/Nachkriegsjahre_plakatFDPSchlussMitEntnazifizierung/index.html> (13.3.2011).
[156] So Heusinger auf der Tagung in Bad Tönisstein am 16./17.9.1954, zit. nach Rautenberg, Aspekte zur Entwicklung der Traditionsfrage, S. 143.
[157] Görtemaker, Geschichte der Bundesrepublik Deutschland, S. 475.
[158] Zimmermann, Vom Umgang mit der Vergangenheit.
[159] Militärische Aufbaugenerationen.
[160] Ulrich de Maizière, Persönliche Gedanken zu der Auseinandersetzung zwischen »Reformern« und »Reaktionären«, 8.11.1952, BArch, N 673/75 und BArch, Bw 9/81, sowie aus retrospektiver Sicht dazu de Maizière, In der Pflicht, S. 174–179.

◀ Abb. 32:
Theodor Blank bei der Ansprache anlässlich der Verleihung der Ernennungsurkunden für die ersten 101 Freiwilligen der Bundeswehr, 12. November 1955
BArch, Bild 146-1995-057-16

▶ Abb. 33:
Der Bundesminister für Verteidigung mit den ranghöchsten Offizieren der neuen westdeutschen Streitkräfte, Generalleutnant Adolf Heusinger (l.) und Generalleutnant Hans Speidel, 12. November 1955
Bundesregierung, Unterberg

◀ Abb. 34:
Besuch von Staatssekretär Josef Rust (r.) mit Kurt Fett (l.) und Ulrich de Maizière bei der Firma Friedrich Krupp in Essen am 5. November 1956
BArch, N 673

▶ Abb. 35:
Bundeskanzler Konrad Adenauer besichtigt am 20. Januar 1956 die neu aufgestellte Bundeswehr in Andernach
BArch, Bild 146-1998-006-34, Wolf

einen wurde der Inneren Führung vorgeworfen, sie orientiere sich zu sehr am zivilen, demokratisch-rechtsstaatlich verfassten Bürgermodell und vernachlässige oder negiere gar damit die Besonderheiten des Soldatischen. Zum anderen sei die Übernahme des Konzeptes lediglich der nationalsozialistischen Vergangenheit geschuldet, also ideologisch motiviert. Zwar variierte die Ausprägung beider Anschuldigungen nach Intensität und Verve, doch immer zielte die Argumentation auf die Schlagkraft der Truppe. Für die einen wie die anderen blieb die Innere Führung letzten Endes der berüchtigte alte Wein in neuen Schläuchen. Dass mit dem Konzept gerade der Versuch unternommen werden sollte, die Streitkräfte in das demokratische Staatswesen zu integrieren und dadurch die Kampfkraft der Armee zu optimieren, wurde oftmals ausgeblendet. Von einem Soldaten, der zuvor als Staatsbürger das Verteidigungswerte des Staatswesens, in dem er aufgewachsen war, erlebt hatte, versprach man sich einen hochmotivierten Kämpfer. Ein solcher Staatsbürger musste freilich vorhanden sein, was wenigstens bei der Aufstellung der Bundeswehr längst nicht immer der Fall gewesen ist. Insofern überforderte das Konzept damals sowohl den wehrdienstleistenden Rekruten als auch dessen Vorgesetzten. Die integrative Wirkung, die sich Baudissin und seine Mitstreiter erhofft hatten, erwies sich in der Praxis als zu revolutionär, um sich auf Anhieb durchzusetzen[161].

Allerdings bewährte sich das Konzept in der Praxis regelmäßig dort, wo seine Prinzipien angewendet wurden. Baudissin selbst und auch de Maizière, wie noch gezeigt werden wird, führten ihre Truppen durchaus mit Erfolg. Der breiten Masse ihrer Kameraden aber fehlte es an Verständnis und Willen, die neuen Prinzipien umzusetzen. Weil »das Konzept der Inneren Führung zwar auf alle Soldaten ausgelegt« war, »in Aneignung, Vermittlung und Umsetzung aber erklärtermaßen in erster Linie den militärischen Vorgesetzten an[ging]«, waren die Schwierigkeiten programmiert. Der Vorgesetzte sollte »als ›Menschenführer‹ ein Beispiel geben, die zu verteidigenden Werte ›vorleben‹ und durch ›Standhaftigkeit, Überzeugungstreue, Urteilskraft und Tatsachenkenntnis‹ wirken«[162]. Weil es solche Vorgesetzte noch zu selten gab, weil es ohnehin bald an Bewerbern mangelte, die Bundesrepublik sich aber auf eine Aufstellung ihrer Bundeswehr binnen weniger Jahre vertraglich festgelegt hatte, blieb kaum Zeit zur entsprechenden Ausbildung. So traten zum fehlenden Willen noch sachliche Zwänge hinzu, die sich umgekehrt bestens als Ausrede nutzen ließen. Dies wurde zu einem Kernproblem der Bundeswehr und sollte auch de Maizière in all seinen folgenden Verwendungen begleiten. Auf diese Weise verkümmerte die Innere Führung in der Aufbauphase zum »Placebo in der Truppe« und zum »Antibiotikum für die Gesellschaft«[163].

Welch katastrophale Folgen dies für die Truppe zeitigte, darüber gibt der 1958 als Offizieranwärter in die Bundeswehr eingetretene spätere Adjutant de

---

[161] Zur grundsätzlichen Diskussion und den unterschiedlichen Standpunkten siehe Nägler, Der gewollte Soldat, S. 15–25, sowie Schlaffer, Die Innere Führung.

[162] Baudissin, Situation und Leitbild, S. 25 f.; Naumann, Ein staatsbürgerlicher Aristokrat, S. 44.

[163] Schlaffer, Die Innere Führung, S. 147.

Maizières als Generalinspekteur Jörg A. Bahnemann Auskunft. Er erlebte »in vielen Einheiten jahrelang passiven Widerstand gegen den Unterricht ›Politische Tagesfragen‹ [...]. Dass die Einheitsführer andere Aufgaben (meistens am Schreibtisch) vorschützten, war die mildeste Form, die Delegierung an Zugführer oder gar Unteroffiziere fast die Regel. Ich nenne das Nichtausführen eines Befehls«[164]. Eben das hatte Baudissin schon am Jahreswechsel 1956/57 vorhergesagt. In seinem Tagebuch beklagte er, »die wichtigste *erste Aufbauphase* nicht hinreichend genutzt« zu haben, »um Offiziere, die für Fragen der Inneren Führung ansprechbar sind, zu überzeugen und genügend auf die Praxis vorzubereiten«, sowie »die weniger Bereiten vor vollendete Tatsachen zu stellen«. Als schlimmste Belastung befürchtete er »die Erfahrung mancher Offiziere [...], dass man nicht nur ungestraft gegen Vorschriften der Inneren Führung verstossen [sic!] kann, sondern dass die offene Ablehnung der Konzeption wie bestimmter Einzelregelungen ganz opportun, ja teilweise zum Stil wird«[165]. Sechs Jahre später, und angesichts seiner Kaltstellung in NATO-Verwendungen vielleicht noch verstärkt, bewertete Baudissin die Entwicklung seither noch düsterer:
»Mir ist es nie so deutlich geworden, wie bei meinem Bonnbesuch, wie sehr sich die Entwicklung in der Bundeswehr zuspitzt. Die Gestrigen haben mit ihrem hierarchischen Übergewicht, der größeren Einfachheit und Vordergründigkeit dessen, was sie anbieten, unter der schützenden Hand von Strauß und bis zum gewissen Grad auch Lübkes, mit dem deutlichen Consensus der politischen Provinz und bei erlahmender Wachsamkeit von Opposition und Öffentlichkeit erheblich Boden gewonnen, sie fühlen sich jedenfalls deutlich im Kommen und wirken entsprechend stark auf die Attentisten und – sagen wir – die Freiheitlichen[166].«
Bahnemann stellte Anfangs der 1960er-Jahre ebenfalls diese besondere »Spannweite des Kräftefeldes« fest, »in dem sich die neuen Streitkräfte formierten: Hier eine Mischung aus Gestrigkeit [sic!], autoritärem Verhalten und Bürokratie, da ein Vorgesetzter, der fürsorglich für seine Männer denkt und gegebenenfalls unkonventionell handelt. In der ›Friedensarmee‹ waren Teile der Führung der Bw ständig versucht, die Ausbildung mehr in Richtung auf vorsichtige Rückversicherung und weniger auf mutiges Handeln zu orientieren. ›Wer nichts macht, macht auch keine Fehler!‹ wurde für viele wichtigste Verhaltensmaxime[167].«
Diese Einstellung schlug offenbar stark auf die Truppenführer der unteren Ebenen durch und kulminierte zwischenzeitlich in der Überforderung unerfahrener Unterführer in den Wirren rund um die »68er«[168]. Während Erwin Horn, sozialdemokratisches Mitglied des Bundestages und dessen Verteidigungsausschusses, in seiner Wehrübung 1970 erfahren musste, dass »[d]er Kompaniechef

---

[164] Bahnemann, Parlamentsarmee?, S. 58.
[165] Zit. nach Schlaffer, Die Innere Führung, S. 143 f. Originalzitat: Tagebuch Wolf Graf von Baudissin, Einträge vom 16.12.1956-10.1.1957, BArch, N 717/8 (Hervorhebung im Original).
[166] Baudissin an Erler, 18.2.1963, AdsD, Nachlass Erler, Mappennummer 143 (A).
[167] Bahnemann, Parlamentsarmee?, S. 71.
[168] Ebd., S. 104.

[...] mit der Erteilung des politischen Unterrichts oft wissensmäßig und meist auch zeitlich überfordert [ist]«[169], bestätigte Bahnemann noch als Regimentskommandeur in den Jahren 1975 bis 1977 im hessischen Lich, es gebe »keinen Zweifel, bei der Truppe mangelte es an politischer Bildung an allen Ecken und Enden«[170]. Die in der Folge mit steter Regelmäßigkeit aufflammenden Diskussionen um die Gültigkeit der Inneren Führung beweisen, wie sensibel dieser Bereich über die Jahrzehnte geblieben ist[171].

---

169 Erwin Horn, MdB, an Verlag und Verlagsgesellschaft ›Die Reserve loyal‹, z.Hd. Joachim Latka, Oktober 1970, Sehen, wo den Soldaten der Schuh drückt, BArch, N 673/43d. Dieses Schreiben war auch an de Maizière gegangen, der es zur Kenntnis genommen hat.
170 Bahnemann, Parlamentsarmee?, S. 190.
171 Für einen historischen Abriss ihrer Entwicklung und zur neueren Diskussion um die Innere Führung siehe z.B. Ehrhardt, Innere Führung, sowie für Überblick und Bandbreite Zurückgestutzt, sinnentleert, unverstanden, oder Biehl/Bulmahn/Leonhard, Die Bundeswehr als Armee der Einheit.

VI. Bundeswehr – Die zweite militärische Karriere (1956–1972)

1. Der Offizier als Politiker (1956–1958)

De Maizière spürte diese negative Entwicklung seinerzeit durchaus. Insbesondere störte nicht nur er sich am spürbaren Misstrauen seitens Politik und Öffentlichkeit gegenüber den ehemaligen Soldaten. Fast scheint es, als hätten sich mit der Umbenennung des Amtes Blank, das inzwischen auf über 1300 Mitarbeiter angewachsen war, am 7. Juni 1955 in Bundesministerium für Verteidigung – am 30. Dezember 1961 schließlich in Bundesministerium der Verteidigung geändert – und erst recht mit der Aufstellung der Bundeswehr ab dem 12. November 1955 die Zeiten geändert. Bezeichnenderweise sprach Blank auf der Vertreterversammlung des VDS am 22. März 1956 vom Ende eines »Leidensweges«[1]. Schon an diesem 12. November 1955 zeigte sich jedoch, dass offenbar auch innerhalb des Verteidigungsministeriums einiges im Argen lag. Zwar fand de Maizière, Blank habe eine treffliche Rede gehalten und vor allem gut daran getan, die Rollen von Heusinger und Speidel eindeutig zu klären, als er Heusinger zum ersten militärischen Berater der Bundesregierung deklarierte. Dass unter den ersten 100 Ernennungen nur etwa 20 aus dem eigenen Haus waren, begeisterte ihn begreiflicherweise weniger. Außerdem sei die gesamte Presse vor Ort gewesen, dafür »leider kein sonstiger Angehöriger des Hauses«, worüber »rechte Verstimmung« geherrscht haben soll[2]. Das hatte freilich auch damit zu tun, dass man im Verteidigungsministerium unterstellte, Blank habe »das Ganze als politischen Akt, als Schaunummer für die Presse angesehen«[3]. Selbst um das Eiserne Kreuz als Symbol der neuen Streitkräfte wurde zu diesem Zeitpunkt intern noch gestritten[4].

Manch einer wollte damals noch immer eine öffentliche »Diffamierungswelle« gegen die ehemaligen Soldaten erkennen. De Maizière und Speidel waren

---

[1] Rede Bundesminister für Verteidigung Blank am 22.3.1956 bei der Vertreterversammlung des VDS, BArch, Bw 2/20173.

[2] Ulrich de Maizière, Dienstliche Tagebuchaufzeichnungen 24.10.1955–30.6.1956, Eintrag vom 12.11.1955, BArch, N 673/21.

[3] Meyer, Adolf Heusinger, S. 540; Rautenberg, Ulrich de Maizière, S. 177.

[4] Ulrich de Maizière, Dienstliche Tagebuchaufzeichnungen 24.10.1955–30.6.1956, Eintrag vom 29.11.1955, BArch, N 673/21: »Eisernes Kreuz aber bleibt soldatisches Sinnbild. Blank will E.K. zur neuen Ernennungsfeier, die f. 1.12. vorgesehen ist.«

sich einig, dass »der Soldat [...] nicht mehr, aber auch nicht weniger als andere [ist]«, und erwogen nicht näher genannte »[e]vtl. Maßnahmen der Generale«[5]. Da zu diesem Zeitpunkt noch gar keine Generale ernannt worden waren, können damit Heusinger und Speidel gemeint gewesen sein oder auch solche, die nicht oder noch nicht in Diensten der Bundesrepublik standen. In einer internen Denkschrift verschaffte sich der Stellvertreter von Baudissin, Hauptmann a.D. Heinz Karst, schließlich Luft und meldete »Bedenken über die innenpolitische Entwicklung der Vorbereitungen für den Aufbau der Streitkräfte« an. Darin wetterte er über das Verhalten der meisten Politiker in den Beratungen zur Wehrgesetzgebung und sah die Gesamtkonzeption in Gefahr. Als der »Spiegel« darüber berichtete und hinzufügte, »[s]tramme Offiziere alter Schule« hätten »die vertrauliche Denkschrift Karsts als ›notwendige Drohung‹ bezeichnet«, war die Aufregung groß[6]. Tatsächlich hatte Karst seine Denkschrift mit Zustimmung de Maizières an Dr. Hans Edgar Jahn, den Presseberater von Kanzler Adenauer und Leiter der Arbeitsgemeinschaft Demokratischer Kreise (ADK), weitergeleitet[7]. Ministerialdirektor Dr. Wolfgang Holtz, zunächst stellvertretender Dienststellenleiter im Amt Blank, dann Leiter der Wehrwirtschaftlichen Abteilung im Verteidigungsministerium, schlug deswegen sogar die Bestrafung de Maizières vor, was Blank jedoch ablehnte[8]. Mitte September 1955 beriet immerhin der Sicherheitsausschuss des Bundestages den »Fall Karst«. Dort fand man »sehr scharfe Worte gegen Karst u. das ›Klima‹ in der mil. Abt. des Ministeriums«. Die »[u]nerfreuliche Sitzung« brachte Blank selbst in eine »[s]chwierige Lage«, weil dieser »sich weitgehend vor seine Herren stellt«, wie de Maizière seinem Tagebuch anvertraute[9].

In den folgenden Monaten scheint de Maizière allerdings ähnliches Unbehagen verspürt zu haben. Das machte sich zum Beispiel an den Uniformfragen fest. Anfang 1956 notierte er in sein Tagebuch: »Die Restauration marschiert. Blank erwägt die Wiedereinführung der alten Schulterstücke. Speidel unterstützt. Vorführung hierzu bei Speidel in Anwesenheit Matzky! Blank will befehlen, dass im Ministerium zum Dienst Uniform getragen wird! Erhebliche Ein-

5   Ulrich de Maizière, Dienstliche Tagebuchaufzeichnungen 7.3.1955-22.10.1955, Eintrag vom 3.8.1955, BArch, N 673/20.
6   Innere Führung/Streitkräfte: Soldat im Ghetto, Der Spiegel Nr. 35/1955, 24.8.1955.
7   Ulrich de Maizière, Dienstliche Tagebuchaufzeichnungen 7.3.1955-22.10.1955, Eintrag vom 5.9.1955, BArch, N 673/20. Die ADK war eine von der Bundesregierung 1951 gegründete und finanzierte Institution zur staatsbürgerlichen Bildungsarbeit, die offiziell unabhängig war, faktisch jedoch die Politik Adenauers propagieren sollte. Siehe dazu Kunczik, Verdeckte Öffentlichkeitsarbeit, sowie zur ADK als »parastaatliche Integrationsagentur« Manig, Die Politik der Ehre, S. 488-516. Jahn hatte die ADK mitbegründet, hat sie bis 1957 geleitet und war dann bis zu ihrer Auflösung 1969 ihr Präsident. Siehe Jahn, An Adenauers Seite.
8   Ulrich de Maizière, Dienstliche Tagebuchaufzeichnungen 7.3.1955-22.10.1955, Eintrag vom 5.9.1955, BArch, N 673/20. Zu Holtz siehe Krüger, Das Amt Blank, S. 190.
9   Ulrich de Maizière, Dienstliche Tagebuchaufzeichnungen 7.3.1955-22.10.1955, Eintrag vom 14.9.1955, BArch, N 673/20.

wände von IV/B [das ist Baudissin] u. mir[10].« Damit setzten sich beide zunächst durch. Am 24. Januar 1956 lehnte der Minister sowohl die Schulterstücke als auch die einreihige (Ausgeh)Uniform ab[11]. Doch am Jahresende stimmte er der Uniformänderung dann doch zu, was de Maizière weiterhin für einen »Fehler!« hielt[12]. Das war indes nicht der einzige Misston, der sich in das Verhältnis zwischen de Maizière und seinen Minister einschlich. Dass Blank am 6. März 1956 Soldaten in Uniform aus dem Bundestag entfernen ließ, hielt de Maizière ebenso »für falsch«[13]. Erst nach vehementen Reaktionen in der Öffentlichkeit schwenkte er zudem Mitte März 1956 in der Frage der Grußpflicht sowie der soldatischen Grundstellung auf den Vorschlag Baudissins und de Maizières zurück – seiner Ansicht nach wäre auch diese »Panne [...] vermeidbar« gewesen[14].

Für ihn waren solche Fragen inzwischen nicht mehr nur von theoretischem Belang. Kurz vor Weihnachten 1955 hatte er selbst als Oberst wieder die Uniform angezogen. Dass er nicht, wie von Blank dem Bundeskanzler vorgeschlagen, unter Überspringen eines Dienstgrades direkt als Brigadegeneral eingestellt worden ist, verhinderte wie bei allen anderen ähnlichen Fällen der Bundesbeamtenpersonalausschuss, der einen solchen Schritt aus grundsätzlichen Erwägungen nicht zuließ. De Maizière blieb allerdings zuversichtlich. Immerhin sei es »ein Anfang«, schrieb er an Heinen, »dem auch weitere Schritte folgen können«[15]. Im Gegensatz zu anderen, auch langjährigen Mitarbeitern des Amtes Blank wie Hellmut Bergengruen[16], Eberhard Kaulbach[17] oder Kurt Fett, allesamt gute Freunde de Maizières, hatte der Personalgutachterausschuss (PGA) gegen ihn keine Einwände. Dieses Gremium hatte nach seiner Bestellung am 23. Juli 1955 per Gesetz als unabhängiger Ausschuss zum 27. Juli 1955 in Bonn seine Arbeit aufgenommen. Schon im Oktober 1955 beschwerte es sich

---

10   Ulrich de Maizière, Dienstliche Tagebuchaufzeichnungen 24.10.1955-30.6.1956, Eintrag vom 6.1.1956, BArch, N 673/21.

11   Ebd., Eintrag vom 24.1.1956.

12   Ulrich de Maizière, Dienstliche Tagebuchaufzeichnungen 1.7.1956-9.3.1957, Eintrag vom 20.12.1956, BArch, N 673/22.

13   Ulrich de Maizière, Dienstliche Tagebuchaufzeichnungen 24.10.1955-30.6.1956, Eintrag vom 8.3.1956, BArch, N 673/21.

14   Ebd., vom 13.3.1956. Siehe hierzu bereits die 32. Sitzung des Gremiums, 21.5.1953, Der Bundestagsausschuss für Verteidigung, Bd 2, S. 343-378, hier S. 368-374.

15   De Maizière an Heinen, 29.12.1955, BArch, N 673/92. Die Übernahme und Einweisung in den Dienstrad erfolgte rückwirkend zum 23.12.1955. Siehe Der Bundesminister der Verteidigung/P/M an de Maizière, 27.10.1955, PA AdM, Akte Persönliche Unterlagen.

16   O a.D. Hellmut Bergengruen war seit seiner US-amerikanischen Kriegsgefangenschaft (1945-1947) Mitarbeiter der Historical Division und seit 1952 im Amt Blank gewesen. Nach seiner Ablehnung wechselte er in die Textilindustrie. Siehe Krüger, Das Amt Blank, S. 184.

17   O i.G. a.D. Eberhard Kaulbach hatte von 1952 an im Amt Blank mitgearbeitet. Er wurde vom PGA zwar abgelehnt, unterrichtete aber ab 1957 als ziviler Lehrer für Kriegsgeschichte an der Führungsakademie der Bundeswehr. Dort sollte de Maizière später sein Kommandeur werden. Siehe Krüger, Das Amt Blank, S. 191. Mit Kaulbach hatte er auch über seine Dienstzeit hinaus Kontakt. Siehe de Maizière an Amtschef MGFA, K z.S. Dr. Forstmeier, 1.3.1974, BArch, N 673/99.

über die schlechte Personalauswahl und die mangelhaften Unterlagen[18]. Umgekehrt beklagte sich mancher im Verteidigungsministerium, das Übernahmeverfahren sei zu unpersönlich und zu »geschäftsmäßig«. Aus de Maizières Sicht arbeiteten die Prüfgruppen »jetzt ausreichend«. Für die »Schwierigkeiten bei Bearbeitung zur Einberufung« sah er »zu wenig Personal« bei einem sehr strengen Maßstab verantwortlich[19]. Tatsächlich überprüfte der PGA bis zum Ende seiner Tätigkeit im November 1957 553 Bewerbungen ehemaliger Wehrmachtoffiziere, darunter 83 vormalige Generale und Admirale. Lediglich 51 wurden abgelehnt, davon sogar nur acht der Generale/Admirale, 32 zogen ihre Bewerbung zurück, alle anderen hat man angenommen[20]. Sehr viele ehemalige Generale und Admirale der Wehrmacht hatten sich also entweder gar nicht erst beworben oder ihre Bewerbung zwischenzeitlich zurückgezogen.

Insbesondere durch die Ablehnung Fetts entstand eine »sehr ernste Lage« im Ministerium. Blank soll sogar über einen Rücktritt nachgedacht haben. Vorerst legte man sich deswegen »strengste Geheimhaltung« auf[21]. Doch als der Fall zwei Tage später an die Presse gelangte, mochte der Minister von einer Demission nichts mehr wissen[22]. Für de Maizière sah dies so aus, als ob der Minister unbedingt im Amt bleiben wolle und deshalb alles hinnehme[23]. Am 11. Dezember vertraute er seinem Tagebuch an, Blank »muss stärker auftreten u. zurücktreten«, weil er ansonsten »binnen ½ Jahr zum Rücktritt gezwungen wird«[24]. Allerdings rechnete de Maizière damit schon länger. Blanks Stellung war selbst in seiner eigenen CDU »sehr stark umstritten«. Als seine Gegner hatte de Maizière »vor allem Strauß, Schäffer und Schröder« ausgemacht, »auch Erhard soll von ihm abrücken«. Bereits Anfang November 1955 hatte er deswegen »Überraschungen nicht ausgeschlossen«[25]. In der Tat konnte sich Blank nicht mehr allzu lange halten. Im Zuge der ersten Aufstellungskrise und der damit ver-

---

[18]   Das Gesetz zur Einrichtung des Personalgutachterausschusses sowie eine Liste seiner Mitglieder bietet Molt, Von der Wehrmacht zur Bundeswehr, S. 657-659. Dem Ausschuss gehörten u.a. die de Maizière persönlich verbundenen Fridolin von Senger und Etterlin, Helmut von Grolmann und Adolf Kuntzen an. Grolmann wurde von der SPD vorgeschlagen und sagte ihr eine Mitwirkung nur unter der Voraussetzung »ohne eine[r] parteipolitische[n] Bindung« zu. Siehe dazu Fritz Erler an MinDir Helmut von Grolmann, 10.2.1954, sowie dessen Antwort, 16.2.1954, beide AdsD, NL Erler, Mappe 138 B. Unterlagen zum PGA finden sich in BArch, Bw 27, eine vergleichsweise umfangreiche Überlieferung inklusive der Vorschlagslisten, der Auswahl der Mitglieder, Besetzung der verschiedenen Ausschüsse und der Auswahlkriterien außerdem neben anderem in AdsD, NL Erler, Mappe 138 B und 140.
[19]   Ulrich de Maizière, Dienstliche Tagebuchaufzeichnungen 24.10.1955-30.6.1956, Eintrag vom 27.10.1955, BArch, N 673/21. Zu den Richtlinien des PGA siehe Nägler, Der gewollte Soldat, S. 71-74.
[20]   Bald/Klotz/Wette, Mythos Wehrmacht, S. 72; Stumpf, Die Wiederverwendung von Generalen, S. 82 f.
[21]   Ulrich de Maizière, Dienstliche Tagebuchaufzeichnungen 24.10.1955-30.6.1956, Einträge vom 4. und 5.12.1955, BArch, N 673/21.
[22]   Ebd., Eintrag vom 6.12.1955.
[23]   Ebd., Eintrag vom 7.12.1955: »Ich werde nunmehr irre an der Haltung des Ministers.«
[24]   Ebd., Eintrag vom 11.12.1955.
[25]   Ebd., Eintrag vom 5.11.1955.

bundenen Kabinettsreform trat er am 16. Oktober 1956 von seinem Amt zurück. Franz Josef Strauß, bis dahin Bundesminister für Atomfragen und einer der stärksten Widersacher Blanks, ersetzte ihn[26]. Ob de Maizière in den Fall seines alten Kameraden Fett hinter den Kulissen eingegriffen hat, ist fraglich. Jedenfalls ergab sich die Chance dazu, als sein Herausgeber Heinen ihm Anfang 1956 andeutete, er sei »seit 35 Jahren mit Dr. Rombach befreundet« und habe auf ihn »einen gewissen Einfluss«[27]. Rombach, von den Nationalsozialisten 1933 ab- und von den Amerikanern später wieder eingesetzter Oberbürgermeister von Aachen, war nach dem Krieg zeitweilig Staatssekretär im nordrhein-westfälischen Innenministerium sowie Vorsitzender des PGA[28]. De Maizière wollte sich daraufhin »gern einmal« mit ihm »[ü]ber das Thema ›Personalgutachterausschuss‹« unterhalten, denn dies ginge »nur mündlich«[29]. Immerhin verlangte das Bundeskanzleramt kurz darauf die Wiederaufnahme des Falles Fett, wenn auch erfolglos: Fett wurde anschließend Direktor bei der Krupp AG[30].

De Maizière selbst arbeitete, nun freilich in Uniform, in seiner bisherigen Funktion weiter. Innerhalb der etwas unglücklichen anfänglichen Doppelspitze der Bundeswehr mit den Generalen Heusinger und Speidel tendierten seine Sympathien deutlich zu Heusinger. In der Beschreibung des ersten Generalinspekteurs in seinem Memoiren mag man beinahe eine Spiegelung erkennen, wie man sie auch den späteren Nachrufen zu seiner eigenen Person entnehmen kann:

»Seine [Heusingers] auf analytischem Verstand beruhenden Beurteilungen und sein militärischer Rat waren geprägt von ruhiger Sachlichkeit und nüchterner, jede Übertreibung vermeidender Sprache. Sie wirkten gerade dadurch überzeugend. [...] Sein bescheidenes und zurückhaltendes Auftreten war frei von Pathos. [...] Immer war er beherrscht. [...] Er verabscheute es, ›mit der Faust auf den Tisch zu schlagen‹, was robuste und dynamische Truppenführer oft vermisst und kritisiert haben[31].«

Angesichts der Ähnlichkeit der beiden Charaktere mochte die Sympathie gegenseitig gewesen sein, jedenfalls förderte Heusinger den Jüngeren spürbar, aber nicht willkürlich. Anlässlich de Maizières 60. Geburtstag 1972 erinnerte sich Ministerialdirektor Hansgeorg Schiffers, inzwischen Hauptabteilungsleiter II im BMVg, an seine ersten Sitzungen im Verteidigungsministerium 1956: »Bei aller Verwirrung und mancher – für den Außenstehenden mindestens als solche erscheinenden – Planlosigkeit waren die ersten bemerkenswerten Lichtstrahlen im Dunkel Ihre regelmäßigen Ausführungen zum Stand der Planung im Ver-

---

[26] Meyer, Adolf Heusinger, S. 539–545.
[27] Heinen an de Maizière, 2.1.1956, BArch, N 673/92.
[28] Siemons, Zwischen den Schlagbäumen.
[29] De Maizière an Heinen, 9.1.1956, BArch, N 673/92.
[30] Ulrich de Maizière, Dienstliche Tagebuchaufzeichnungen 24.10.1955–30.6.1956, Eintrag vom 19.1.1956, BArch, N 673/21; Krüger, Das Amt Blank, S. 187.
[31] De Maizière, In der Pflicht, S. 196 f.

hältnis zu den NATO-Forderungen und den von uns gegebenen Zusagen[32].« So verwundert es nicht, dass de Maizière im April 1956 als einer der ersten westdeutschen Offiziere – neben Heusinger noch Oberst i.G. Werner Panitzki und Kapitän zur See Karl-Adolf Zenker als Vertreter von Luftwaffe und Marine – an der »Command Post Exercise« (CPX), dem alljährlichen Treffen der militärischen Führungsspitze der NATO beim SACEUR teilnehmen durfte. Im Sommer desselben Jahres begleitete er Heusinger außerdem nach Washington und im November leitete er persönlich die 20-köpfige Delegation beim zweitägigen CINCENT-Planspiel »Hostage Vert«, in dem die Zusammenarbeit der NATO-Kommandobehörden mit den territorialen Organisationen untersucht werden sollte[33]. Zwischen 1956 und 1957 führten ihn insgesamt 28 Reisen in Begleitung Heusingers, Speidels und des Ministers, teilweise aber auch in eigener Verantwortung ins Ausland[34]. Zeit seines Lebens fühlte sich de Maizière ausdrücklich als »Schüler« Heusingers und mit diesem »eng verbunden«. Seiner Persönlichkeit sei es weitgehend zu verdanken, dass der Soldat der Bundeswehr in der Bundesrepublik wie in der Allianz Vertrauen gefunden habe. Heusingers Tätigkeit habe daher »historischen Rang«, sei eine »in der deutschen Militärgeschichte nicht mehr wegzudenkende militärische Leistung«[35]. Vor allem die ihm zugeordnete »auf menschliche[r] Bescheidenheit und Selbstlosigkeit beruhende Glaubwürdigkeit und Ihre auf Klarheit, Nüchternheit und Sachkenntnis basierende Überzeugungskraft« werden es gewesen sein, die de Maizière sich zum Vorbild genommen hatte[36]. Zumindest handelte es sich dabei durchweg um Eigenschaften, die man ihm zwischenzeitlich selbst zuordnete.

Ähnlich verhielt es sich mit den positiven Charakterzügen, die de Maizière an Speidel schätzte. Da waren dessen »weltaufgeschlossene und ›unkommissige‹ Art aufzutreten, zu handeln und zu sprechen«[37], vor allem aber seine internationale Tätigkeit, »die dazu geführt hat, dass die deutsche militärische Führung im In- und Ausland wieder einen angesehenen Ruf genießt«. Auch von ihm will er ausdrücklich viel gelernt haben. Besonders bewunderte er an Speidel »das politisch/diplomatische Geschick« und »die Verbindung von Soldatentum und Bildung«; gerade letzteres sah er als beispielgebend für die Offiziere der Bundeswehr an[38]. Doch in welcher Situation de Maizière auch immer Spei-

---

[32]   MinDir Hansgeorg Schiffers, Hauptabteilungsleiter II im BMVg, an de Maizière, 23.2.1972, BArch, N 673/88.
[33]   De Maizière, In der Pflicht, S. 199, 202 f.; Meyer, Adolf Heusinger, S. 502 f.
[34]   De Maizière, In der Pflicht, S. 207.
[35]   Siehe z.B. Geburtstagsansprache für Gen. a.D. Adolf Heusinger, gehalten am 4.8.1967 von de Maizière, BArch, N 673/59; Ulrich de Maizière, Ansprache GenInsp am 24.9.1969 bei FüAkBw, BArch, N 673/60; Ansprache des GenInsp de Maizière anlässlich der Verabschiedung von Lehrgangsteilnehmern der FüAkBw am 22.9.1970 in Hamburg, BArch, N 673/61a, oder Ansprache GenInsp de Maizière zur Verabschiedung der Lehrgänge an der FüAkBw am 23.9.1971, BArch, N 673/61b.
[36]   Geburtstagsansprache für Gen. a.D. Adolf Heusinger, gehalten am 4.8.1967 von de Maizière, BArch, N 673/59.
[37]   De Maizière an Heinen, 23.11.1955, BArch, N 673/92.
[38]   Ansprache de Maizière anlässlich des Empfanges zum 70. Geburtstag Gen. a.D. Dr. Speidel, undat. Manuskript (30.10.1967), BArch, N 673/59.

del ansprach, er vergaß nie, stets Heusinger zu erwähnen; kein Speidel ohne Heusinger sozusagen[39]. Im Nachhinein erklärte er es zum »seltene[n] Glück« der jungen Bundesrepublik, beim Aufbau der Streitkräfte

»zwei militärische Berater zu finden, die für eine so schwere Aufgabe unter politisch so diffizilen Umständen alle notwendigen Voraussetzungen in idealer Weise mitbrachten. [...] Aus der gleichen geistigen Schule stammend, im Alter fast gleich, eng miteinander befreundet, ist es kein Wunder, dass man sie unter uns Jüngeren oft ›die Zwillinge‹ nannte. Aber, so darf ich vielleicht ein wenig respektlos sagen, es sind sicherlich zwei-eiige Zwillinge. Denn es ist ein weiteres großes Glück für uns alle gewesen, dass diese beiden Männer – bei aller Gleichheit des geistigen Bodens, aus dem sie im Beruflichen erwuchsen – wiederum so verschiedenartig sind, dass sie sich in idealer Weise ergänzten und gerade dadurch erst zur letzten Auswirkung zugunsten der Bundeswehr und der europäischen Verteidigung gelangen konnten[40].«

Allerdings sind all diese Zuordnungen in ihrem öffentlichen und offiziellen Kontext zu bewerten. De Maizière ging es früh darum, die Leistungen der Aufbaugenerationen positiv in Erinnerung zu rufen. Angefangenen bei seinen »Cornelius«-Artikeln über seine Reden bis hin zu Vorträgen innerhalb wie außerhalb der Bundeswehr. Schon in seinen »Cornelius«-Artikeln zum fünfjährigen Bestehen der Bundeswehr 1960 stellte er fest, »dass alle an diesem Aufbauwerk beteiligten Kräfte, ob Politiker, Abgeordnete, Soldaten, Beamte, Angestellte oder Arbeiter ihr Bestes zu tun bereit waren und oft bis an die Grenze ihrer körperlichen Leistungsfähigkeit gearbeitet haben«[41]. In der Praxis scheinen für de Maizière sowohl Speidel als auch Heusinger Vorbilder gewesen zu sein. Zählt man die von ihm selbst bei beiden herausgehobenen positiven Eigenschaften auf, so meint man in ihm beinahe die personifizierte Verbindung zwischen Heusinger und Speidel zu erkennen. Solche Synthese war fraglos nützlich. Beide galten innerhalb wie außerhalb der Streitkräfte als unumstrittene »Väter« der Bundeswehr. Sich an ihrer Seite, wenigstens als deren quasi legitimen Erben zu positionieren, half dabei, auch die eigene Stellung festigen. Beide haben ihn über ihre Dienstzeit hinaus unterstützt, was für seinen weiteren Werdegang gar nicht hoch genug eingeschätzt werden kann[42]. Dabei war de

---

[39] Siehe hierzu z.B. Redemanuskript de Maizière zur Begrüßung Gen. Speidels an der Führungsakademie, 30.11.1963, BArch, N 673/57a.

[40] Ansprache de Maizière anlässlich des Empfanges zum 70. Geburtstag Gen. a.D. Dr. Speidel, undat. Manuskript (30.10.1967), BArch, N 673/59.

[41] »Cornelius«-Manuskript »Fünf Jahre Bundeswehr« (11/1960), erschienen in der »Rundschau« vom 12.11.1960 unter dem Titel »Fünf Jahre danach ... Bundeswehr ein beachtlicher Verteidigungsfaktor«, beide BArch, N 673/91. Siehe zu diesem Zusammenhang auch Ulrich de Maizière, Gedenkansprache für BG Dr. Karl Christian Trentzsch, undat. (November 1970), BArch, N 673/52b. Im selben Bestand findet sich auch die Traueranzeige für den am 31.10.1970 im Alter von 51 Jahren Verstorbenen und das Kondolenzschreiben de Maizières an dessen Witwe: »Die Bundeswehr hat Brigadegeneral Dr. Trentzsch Dank zu sagen. Mit ihm ist wieder einer der Soldaten der Generation des Aufbaues viel zu früh dahingegangen, verzehrt von der selbstgestellten Aufgabe.«

[42] Siehe stellvertretend de Maizières Gratulationsschreiben zu Speidels Geburtstag 1965, 22.10.1965, und 1970, 27.10.1970, beide BArch, N 673/50b. De Maizière beteiligte sich außerdem 1967 an der Festschrift zu Speidels 70. Geburtstag, die vom Ullstein Verlag he-

Maizière sehr wohl in der Lage, die »Zwillinge« differenzierter zu sehen. Als er die Passagen zu beiden in seinem Memoiren vorab zur Durchsicht an Kielmansegg schickte, fügte er hinzu: »Diese Seiten zu formulieren waren [sic!] besonders schwierig. Man kann nicht nur ›Helden‹ darstellen, aber ich wollte doch die Grenzen der Persönlichkeit in zurückhaltender Form aufzeigen[43].«

Ähnlich pragmatisch ging er mit seinen historischen Vorbildern um. Dazu gehörten vor allem Helmuth von Moltke (der Ältere), Hans von Seeckt, Erwin Rommel und in gewissem Sinn auch Ferdinand Schörner. Sein Verhältnis zu letzteren beiden wurde bereits thematisiert; hervorzuheben bleibt dabei, dass er selbst bei einem skrupellosen Menschenverächter wie Schörner noch Überliefernswertes auszumachen vermochte. Gegenüber Erwin Rommel empfand er hingegen sowohl »persönliche und menschliche Hochachtung« als auch »fachliche Wertschätzung«[44] 1971 verteidigte er die Benennung mehrerer Kasernen und eines der größten und modernsten Schiffe der Bundeswehr nach Rommel und bezeichnete ihn »als Vorbild auch für unsere jungen Soldaten«[45]. Dass sein alter Weggefährte Baudissin sich kritisch über den »Wüstenfuchs« äußerte, bedauerte de Maizière ausdrücklich[46]. Dagegen betrachtete er Hans von Seeckt wohl nie als persönliches Vorbild, verspürte aber höchsten Respekt vor dessen Leistung, vor allem im Generalstabsdienst[47]. Wie er dies meinte, zeigte sich bei der Verabschiedung von Eberhard Kaulbach, Oberst a.D. und bis dato Lehrer für Kriegsgeschichte an der Führungsakademie, 1968 in Hamburg. Ihn bezeichnete de Maizière als »einen der letzten Offiziere Seecktscher Prägung – im positiven Sinn«, der nun die Bundeswehr verlasse. Dies sei Kaulbachs »Klammer und verbindendes Element über 4 Abschnitte der deutschen Militärgeschichte« gewesen, aus denen er »Erfahrungen ausgewertet, das Gültige, Zukunftsweisende, Überzeitliche abstrahiert, in Lehre umgesetzt und an die nachfolgende Generation vermittelt« habe. In diesem Sinne sei er »ein persönliches Beispiel für Generalstabsoffiziere«[48].

Für wie gefährlich de Maizière hingegen Seeckts Verständnis vom vermeintlich unpolitischen Soldaten hielt, hatte er an gleichem Ort bereits vier Jahre

---

rausgegeben wurde. Siehe dazu die Korrespondenz zwischen de Maizière und dem Verlag Ullstein in BArch, N 673/43d.

[43] De Maizière an Kielmansegg, 21.6.1988, BArch, N 673/177.

[44] De Maizière an MinDir Manfred Erwin Rommel, 20.12.1971, BArch, N 673/50a.

[45] GenInsp an Arleigh R. Kerr jr., Sherman Oaks, CA, 22.12.1971, auf dessen Anschreiben vom 1.12.1971, beide BArch, N 673/44b.

[46] De Maizière an Speidel, 29.12.1971. Speidel war seinerseits zwar für die Sendung interviewt, das Material dann aber nicht gesendet worden. Siehe Speidel an de Maizière, 19.12.1971, beide BArch, N 673/50b.

[47] Bischof Dr. Hermann Kunst an de Maizière, 25.6.1970, BArch, N 673/86; Ulrich de Maizière, Stichworte Begrüßung Luftwaffen-Lehrgang an der FüAkBw, September 1962, BArch, N 673/57b.

[48] Ulrich de Maizière, Stichworte für Kurzansprache GenInsp anlässlich der Verabschiedung von O a.D. Kaulbach am 28.6.1968, BArch, N 673/44a. Kurz zuvor hatte de Maizière die Biografie von Hans Meier-Welcker, Seeckt, Frankfurt a.M. 1967, gelesen. Er fand sie »sehr interessant« und empfahl sie seinem Nennonkel Martin Gareis. Siehe de Maizière an Gareis, 12.8.1968, BArch, N 673/41a.

zuvor in seinem Vortrag »Geistige Grundlagen der Verteidigung« als Kommandeur der Führungsakademie verdeutlicht:

>»Der Soldat darf [...] nicht unpolitisch sein. Selbstverständlich wollen wir nicht den politisch aktiv handelnden oder parteipolitisch ausgerichteten Soldaten, aber den staatsbürgerlich politisch bewussten Soldaten, d.h. den Soldaten, der einen klaren geistigen Standort hat, der um die Grundlagen unserer freiheitlichen, rechtsstaatlichen, parlamentarischen Demokratie weiß und der die politisch tragenden und die Verfassung bejahenden Kräfte der Bundesrepublik kennt und sich mit ihnen eins fühlt. Also unter keinen Umständen einen vom geistigen, politischen und kulturellen Leben des Volkes isolierten Soldaten[49].«

Gerade mit Seeckt wurde de Maizière von anderen allerdings gerne verglichen, wie beispielsweise von Generaloberst a.D. Eberhard von Mackensen und dem Obersten i.G. a.D. Hermann Teske durchaus im positiven[50], von Ernst Wirmer dagegen im negativen Kontext[51]. Darüber hinaus polemisierte die DDR-Propaganda gegen die Bundeswehr wiederholt mit dem Bild Seeckts ebenso wie bundesdeutsche linksradikale Gruppen[52]. Als de Maizière 1966 seinen Sammelband »Reden eines Soldaten – Zur Aufgabe und Situation der Bundeswehr« veröffentlichte, folgte er bei der Benennung des Werkes dem Vorschlag Kielmanseggs. Dieser hielt die Überschrift »in Anlehnung an den Titel eines Buches, das seinerzeit Generaloberst von Seeckt geschrieben hat«, für eine gute Idee[53]. Augenzwinkernd fügte er hinzu: »Die Anlehnung an Seeckt sollte Sie ja nicht stören[54].«

---

[49]   »Geistige Grundlagen der Verteidigung«, Vortrag Kdr FüAkBw, GM de Maizière, vor der 4. Einweisung Landesverteidigung und Gästen am 25.4.1964, BArch, N 673/58.

[50]   GO a.D. Eberhard von Mackensen an de Maizière, 4.10.1964, BArch, N 673/83. Mackensen schrieb de Maizière jedenfalls anlässlich dessen Ernennung zum Inspekteur des Heeres: »Vielleicht erinnern Sie sich meiner Dankesrede s.Zt. in Koblenz, als ich ein Analogon mit dem jüngeren Seeckt bemühte und Sie – durch die Blume – schon damals an die nun erreichte Stelle stellte.« Teske erinnerte de Maizière anlässlich seiner Ernennung zum Generalinspekteur daran, dass »das Schicksal Sie im gleichen Lebensalter wie s.Z. Seeckt und in einer ähnlich schwierigen Situation in die höchste und wichtigste soldatische Stellung unserer militärischen Exekutive gerufen [hat].« Siehe O i.G. a.D. Hermann Teske an de Maizière, 9.9.1966, BArch, N 673/85. Dieser Vergleich drängte sich auch anderen auf. So gratulierte der Offizierverein des ehemals Kgl. Preußischen 4. Garde-Regiments zu Fuß in persona des O a.D. von Gaertner de Maizière aus demselben Anlass und erinnerte in diesem Zusammenhang daran, »dass Seeckt, als er den Auftrag übernahm, aus den Trümmern der kgl. Armee ein neues Verteidigungsinstrument aufzubauen, 54 Jahre alt wurde, ein gutes Omen, denn niemand wird die soldatischen Qualitäten des 100 000-Mann-Heeres bezweifeln.« Siehe von Gaertner an de Maizière, 28.8.1966, BArch, N 673/84.

[51]   De Maizière, In der Pflicht, S. 329, berichtete selbst, er sei im Zusammenhang mit den ministeriellen Erlassen zur Neuregelung der Anredeform und zur Haar- und Barttracht, die beide gegen seinen Widerspruch umgesetzt worden sind, von Wirmer »schon als neuer Seeckt« gesehen worden.

[52]   Soell, Helmut Schmidt. 1969 bis heute, S. 36 f., 74.

[53]   Kielmansegg an Schenck, 14.3.1966, BArch, N 673/44b. Gemeint war wohl Hans von Seeckt, Gedanken eines Soldaten, Berlin 1929, das bis in den Zweiten Weltkrieg hinein in mehrtausendfacher Ausgabe wiederholt aufgelegt worden ist.

[54]   Kielmansegg an de Maizière, 14.3.1966, ebd.

Die Verehrung de Maizières für Moltke (den Älteren) war dagegen eine grundsätzliche. An ihm, dessen Bildnis sein Dienstzimmer in der Führungsakademie zierte[55] und den er gerne zitierte[56], faszinierte ihn offenbar die Einsicht, dass

»soldatische Taten [...] nicht immer der Intuition [entspringen]. Vielmehr gründet sich soldatisches Handeln auch auf ein breites Wissen. Die Verbindung von Zwang zu rascher Entscheidung mit der Notwendigkeit von soliden Wissensgrundlagen treffen wir auch in anderen Berufen [de Maizière führt hier den Chirurgen an]. [...] Der Soldat bedarf [...] nicht nur eines modernen wirksamen Instrumentariums, sondern zunächst einer gründlichen und umfassenden Ausbildung[57].«

Hier kam das Moltke-Wort »Genie ist Fleiß« zum Ausdruck, das jüngere deutsche Feldherrn wie Erich von Manstein allzu gerne belächelten. Dieser hatte über Halder geschrieben: »Das Wort Moltkes ›Genie ist Fleiß‹ war ihm wohl Wegweiser. Das heilige Feuer, das den wahren Feldherrn beseelen soll, dürfte jedoch kaum in ihm geglüht haben[58].« Doch es war Manstein, der neben Guderian, Schlieffen, Seeckt, Hindenburg, Ludendorff, Falkenhayn und Beck zur bestenfalls illustren Gesellschaft gehörte, die Verteidigungsminister Franz Josef Strauß als vorbildlich aufzählte, als er die Führungsakademie der Bundeswehr

---

[55] OTL F. Seering, Presseoffizier im Standortkommando Hamburg, an de Maizière, 13.3.1972, BArch, N 673/87. Seering hatte diesen Dienstposten schon Anfang der 1960er-Jahre inne, als de Maizière Kommandeur der Führungsakademie war, damals als Major. Siehe z.B. FüAkBw, Information für die Presse aus Anlass des Staatsbesuches am 7.9.1962, BArch, N 673/57b. Die Ernennung de Maizières zum Inspekteur des Heeres löste in Seering dann auch den »bekannten ›Adjutantenstolz‹« aus. Siehe M Seering an de Maizière, 1.10.1964, BArch, N 673/83.

[56] Siehe z.B. Ulrich de Maizière, Ansprache bei der Tagung verabschiedeter Bundeswehr-Generale am 25.10.1967, sowie Ulrich de Maizière, Vortrag GenInsp aus Anlass des Besuches des 1. Lehrganges an der Stabsakademie der Bundeswehr am 17.10.1967, beide BArch, N 673/59. Auch nach seinem aktiven Dienst bediente er sich gerne Moltkes. So schrieb er 1973 in seinen Geburtstagswünschen für seinen letzten Verteidigungsminister Schmidt: »Moltkes Definition der Taktik als eines ›Systems der Aushilfen‹ scheint mir weitgehend auch für die Politik zuzutreffen, so sehr man sich eine kontinuierliche Planung wünscht.« Siehe de Maizière an Schmidt, 19.12.1973, AdsD, 1/HSA A006113.

[57] Ulrich de Maizière, Vortrag GenInsp aus Anlass des Besuches des 1. Lehrganges an der Stabsakademie der Bundeswehr am 17.10.1967, BArch, N 673/59. Entsprechend lobte er 1970 das MGFA für die Herausgabe der Bände »Entscheidung 1866« und »Entscheidung 1870«. Letzterem wünschte er, »dass dieser Band mit seinen wohl abgewogenen Leistungen seinen Platz nicht nur in der Fachkritik behaupten, sondern – wie sein ›Vorgänger‹ – auch zu einem überzeugenden Verkaufserfolg werden möge. Ich begrüße sehr, dass bei der Planung darauf geachtet wurde, neben den politisch-historischen sowie militärhistorischen Aspekten die finanzgeschichtlichen und sozialpsychologischen Gesichtspunkte zu berücksichtigen, was das Gewicht der Darstellung ohne Zweifel verstärkt hat.« Siehe de Maizière an Amtschef MGFA, O i.G. Dr. Schottelius, 8.5.1970, BArch, N 673/51b. Neuerdings wird der Moltke-Mythos im Zusammenhang mit seiner Rolle auf die Ausprägung der angeblichen Auftragstaktik in einem Dissertationsprojekt untersucht. Das Dissertationsprojekt von Marco Sigg, Die Auftragstaktik im deutschen Heer 1935-1945. Realität, Mythos oder Ideal (Arbeitstitel), wird von Prof. Dr. Stig Förster (Universität Bern) und Prof Dr. Rudolf Jaun (Universität Zürich/Militärakademie an der ETH Zürich) betreut. Siehe dazu auch die knappe Projektskizze in AKM-Newsletter 1/2010, S. 21-23.

[58] Manstein, Verlorene Siege, S. 76.

1957 in Bad Ems in Dienst stellte; Moltke fehlte dabei. So musste nicht nur der sozialdemokratische Wehrexperte Dr. Friedrich Beermann feststellen, dass sich unter der Regie des neuen Ministers »überall in der Bundeswehr [...] die restaurativen Tendenzen [mehren]«[59]. Ob der Wunsch de Maizières nach einem baldigen Truppenkommando mit der Ersetzung Blanks durch Strauß zusammenhing, kann nur gemutmaßt werden. Zumindest sollte Strauß der einzige der fünf Verteidigungsminister sein, zu dem er keinen weiteren Kontakt pflegte[60].

Mit Blank, der als Bundesminister für Arbeit und Sozialordnung ab dem 27. Oktober 1957 noch bis zur Bundestagswahl 1965 Teil des Kabinetts blieb, hielt er indes Verbindung. Kurz vor dem Ausscheiden aus dem aktiven Dienst stattete ihm de Maizière am 21. Februar 1972 noch seinen Abschiedsbesuch ab, keine drei Monate vor dessen Tod[61]. Schon 1965 hatte er an Heusinger geschrieben, ihm täte »Theodor Blank oft leid«; vor allem sei es schmerzlich, dass die Erinnerung an seine Leistung auch innerhalb der Bundeswehr so gar nicht wachgehalten würde. So geriete allzu schnell in Vergessenheit, wie sehr gerade er den Kopf hingehalten habe, als noch um die Grundfragen einer geplanten Truppenaufstellung gerungen worden sei[62]. Prompt begann Heusinger mit geradezu hymnischen Bewertungen Blanks in der Öffentlichkeit[63]. Immerhin trafen sich die »alten Blankianer« weiterhin, wenn auch unregelmäßig[64]. Anlässlich einer MGFA-Tagung »Aspekte der deutschen Wiederbewaffnung bis 1955« 1974 in Kirchzarten nahm de Maizière zu dem dort von Professor Dr. Paul Noack gehaltenen Vortrag »Primat militärischen oder Primat politischen Denkens? Militärpolitische Entscheidungen nach dem Scheitern der EVG« Stellung[65]. Im Nachhinein schrieb er an Oberst i.G. Fischer vom MGFA, es sei »das erste Mal, dass ich es erlebe, dass den engeren Mitarbeitern der Dienststelle Blank der Vorwurf einer zu großen Loyalität oder gar ›Unterwerfung‹ gegenüber dem politischen Willen gemacht wird. Bisher ist die Besorgnis immer umgekehrt gewesen, nämlich dass die Soldaten nicht genügend bereit seien, den Primat der Politik voll anzuerkennen«[66].

Doch die »Blankianer« waren nicht das einzige wirksame Netzwerk, dem de Maizière angehörte. Auch seine Jahrgangskameraden von 1930 nahmen Mitte der 1950er-Jahre wieder Kontakt zueinander auf. Richard Monshausen, »von

59 Beermann an Erler, 26.1.1959, AdsD, NL Erler, Box 139.
60 Siehe dazu die Korrespondenz zwischen de Maizière und Franz Josef Strauß in BArch, N 673/52a. De Maizière genügte lediglich als Generalinspekteur der Form und gratulierte zu den Geburtstagen.
61 De Maizière an OTL i.G. Fischer, MGFA, 21.2.1972, BArch, N 673/40.
62 Heusinger an de Maizière, 22.2.1965, BArch, N 673/42.
63 Meyer, Adolf Heusinger, S. 817 f.
64 So z.B. am 6.1.1965 auf Einladung von GM Hükelheim auf Schloss Oranienstein bei Diez an der Lahn, de Maizière hielt es in diesem Zusammenhang »nach nochmaligem Überlegen« für »sicher richtig [...], wenn der Abend in Zivil stattfindet«. Siehe de Maizière an Hükelheim, Kdr 5. PzDiv, 6.12.1965, BArch, N 673/43d, sowie die vorausgehende Einladung Hükelheims an de Maizière, 26.11.1965, ebd.
65 MGFA, Programm der Tagung, o.D., BArch, N 673/100.
66 De Maizière an O i.G. Fischer, MGFA, 31.7.1974, BArch, N 673/100.

Anfang an der Mentor unseres Jahrgangs«[67], hatte es übernommen, die Verbindung zwischen allen Erreichbaren herzustellen und zu verstetigen, zunächst in der Bonner Umgebung[68]. Das erste Treffen fand am 11. Januar 1956 mit 14 Ehemaligen im »Weinhaus Maternus« statt und bildete den Anfang der »Jahrgangs-Nachkriegsgeschichte«[69]. Fortan traf man sich regelmäßig am zweiten Mittwoch eines jeden Monats bei »Ria«; fast immer war außer den Bonner Kameraden auch Heinz Cramer vom Hamburger Kreis anwesend[70]. In Hamburg hatte sich nämlich rasch eine weitere Gruppe gebildet und Cramer wurde zwischen beiden zum »Scharnier«[71]. Ging es zunächst hauptsächlich darum, sich gegenseitig über Verbleib und Fortkommen der Kameraden zu unterrichten, nahm der Zusammenhalt mehr und mehr den Charakter eines sozialen Netzwerkes an[72]. Friedrich Doepner war es außerdem, der sich nach Rückkehr aus der Kriegsgefangenschaft an die Klärung der Schicksale vor allem der gefallenen Kameraden machte und »damit auch die Grundlage für die lesenswerte Denkschrift ›Der Jahrgang 30‹ schuf«[73].

Mit den meisten Jahrgangskameraden hielt de Maizière über die monatlichen Treffen und die Zusammenkünfte des gesamten Jahrgangs in unregelmäßigen Abständen hinaus[74] nur sporadischen Kontakt, mit einigen hatte er frei-

---

[67] Ulrich de Maizière, Ansprache anlässlich des Treffens des »Jahrgang 30« in Bonn, Hotel »President« am 29.5.1994, PA AdM, Akte Jahrgang 1930.

[68] Siehe dazu den ersten und letzten Rundbrief des Jahrgangs nach dem Krieg mit Richard Monshausen, Rundbrief an die Jahrgangskameraden, 1.12.1955, und KK Bonn Jg 30/ Albert Schnez, Rundbrief, Dezember 2004, beide PA AdM, Akte Jahrgang 1930.

[69] Monshausen, Rundbrief an die Jahrgangskameraden, 1.12.1955, und KK Bonn Jg 30/ Albert Schnez, Rundbrief, Mai 2000, beide PA AdM, Akte Jahrgang 1930.

[70] KK Bonn Jg 30/Albert Schnez, Rundbrief, Juli 1997, PA AdM, Akte Jahrgang 1930.

[71] Ulrich de Maizière, Ansprache anlässlich des festlichen Abendessens zum 70-jährigen Dienstjubiläum des »Jahrgang 30« im Restaurant »Maternus« in Bad Godesberg, 5.4.2000, PA AdM, Akte Jahrgang 1930.

[72] Beispielsweise bot de Maizière 1965, als er der Witwe seines Jahrgangskameraden Spangenberg kondolierte, Hilfe an, »wenn Sie in Schwierigkeiten kommen sollten hinsichtlich der finanziellen Regelungen, die sich aus dem Tode Ihres Herrn Gemahls ergeben«. Siehe de Maizière an Maria Elvira Spangenberg, 3.2.1965, BArch, N 673/50b.

[73] KK Bonn Jg 30/Albert Schnez, Rundbrief, Dezember 2004, und besondere Würdigung der Leistung Doepners für den Jahrgang durch Ulrich de Maizière, Ansprache anlässlich des festlichen Abendessens zum 70-jährigen Dienstjubiläum des »Jahrgang 30« im Restaurant »Maternus« in Bad Godesberg, 5.4.2000, beide PA AdM, Akte Jahrgang 1930. Doepner verstarb am 10.12.1996. Siehe KK Bonn Jg 30/Albert Schnez, Rundbrief, Januar 1997, PA AdM, Akte Jahrgang 1930.

[74] Zumindest an den Jahrgangstreffen 1966, 1968 und 1970 hat de Maizière während seiner Dienstzeit teilgenommen. Siehe dazu de Maizière an Pfarrer Otto von Huhn, 31.5.1966, BArch, N 673/43d; Monshausen an de Maizière, 22.3.1968, BArch, N 673/47b; O a.D. Walther Schroeder an de Maizière, 28.10.1968, BArch, N 673/51b; und de Maizière an Monshausen, 21.5.1970, BArch, N 673/47b. Um am »40. Jahrgangstreffen meines Offizier-Jahrgangs« am 19.5.1970 teilnehmen zu können, sagte de Maizière sogar eine »Einladung zum Lawn Barbecue« bei Major General Fillmore K. Mearns, Chief of the Military Assistance Advisory Group in Bonn, ab. Siehe de Maizière an Mearns, 28.4.1970, BArch, N 673/47a. 1968 fand das Treffen am 25.5. im Hotel »Bergischer Hof« in Bonn statt.

lich regelmäßig dienstlich zu tun[75]. Anlässlich seiner Ernennung zum Inspekteur des Heeres schrieb ihm Hermann Miltzow, von 1961 bis 1964 Kommandeur der Panzergrenadierbrigade 18 und inzwischen Chef des Stabes der 1. Panzergrenadierdivision: »Es ist erstaunlich, wie sich unser Jahrgang entwickelt hat. Möge sich der jahrgangsmäßige Zusammenhalt auch in der Zusammenarbeit günstig auswirken[76].« Zum selben Anlass gratulierte auch Monshausen im Namen aller Kameraden: »Dass einige unserer Jahrgangskameraden in hohen Kommandeurstellungen [sic!] stehen und so mit Dir unmittelbar in engstem Kontakt sind, wird Dir sicherlich auch manchmal eine Erleichterung in der Erfüllung dieser Aufgabe sein[77].« Das war jedoch nicht immer der Fall. Der Kommandierende General des I. Korps, Otto Uechtritz, wandte sich beispielsweise gerne unter Umgehung des Inspekteurs des Heeres, mit Generalleutnant Albert Schnez ebenfalls ein Jahrgangskamerad, direkt an den Generalinspekteur de Maizière, bis Schnez dem Einhalt gebot[78]. Für die Mehrheit aber versicherte Thilo de Maizière Anfang 1966: »Du weißt, dass Deine Jahrgangskameraden auf Dich besonders schauen und zu Dir halten[79].«

Nicht alle Jahrgangskameraden teilten dabei die Ansichten und Einstellungen de Maizières. Oberst Friedrich Doepner schrieb ihm anlässlich seines Ausscheidens aus dem aktiven Dienst:

»Es wäre unehrlich zu verschweigen, dass wir nicht in allen Fragen der Inneren Führung moderner Streitkräfte übereingestimmt haben. Ich weiß das und akzeptiere auch, dass Du Deinerseits manche Kritik an meiner Amtsführung und an meinen Entscheidungen anzumelden hattest. Das aber sollte die kameradschaftliche Verbundenheit, die der gemeinsame Jahrgang, die gleiche Uniform und der gleiche Auftrag bedeuteten, nicht beeinträchtigen[80].«

Tatsächlich folgten »erstaunlich viele Kameraden« de Maizières Einladung zu seinem 40-jährigen Dienstjubiläum im Mai 1970, das auf diese Weise »ein schönes Zusammentreffen des Jahrganges« wurde[81]. Nach de Maizières Verabschie-

---

[75] So stand de Maizière mit Fricke in Liberia in Verbindung. Siehe die Korrespondenz zwischen beiden in BArch, N 673/40. Spätestens 1968 traf er auch »Bonzo« Bernstorff wieder. Siehe de Maizière an Ernst Prager, 1.4.1968, BArch, N 673/49a. Mit »Bonzo« Bernstorff war Douglas Graf von Bernstorff gemeint, der am 2.9.1996 verstarb. Siehe dazu KK Bonn Jg 30/Albert Schnez, Rundbrief, Dezember 1996, PA AdM, Akte Jahrgang 1930. Zu einem weiteren Kontakt siehe Telegramm Bernd Sauvant an de Maizière, 25.8.1966, BArch, N 673/50b. Über andere hielt ihn Prager auf dem Laufenden. So z.B. auch über den Herzinfarkt-Tod des »vielleicht allgemein beliebtesten und selbstlosesten Kameraden unseres Jahrganges«, »Wurzel« Hartmann. Siehe Prager an de Maizière, 1.3.1970, BArch, N 673/49a.

[76] O Hermann Miltzow an de Maizière, 16.10.1964, BArch, N 673/83. Ein anderer Jahrgangskamerad de Maizières war Herbert Reidel, zuletzt als Generalmajor Kommandeur der 7. Panzergrenadierdivision. Siehe dazu den Schriftwechsel zwischen de Maizière und Reidel in BArch, N 673/49b.

[77] Monshausen an de Maizière, 1.10.1964, BArch, N 673/83.

[78] InspH, GL Albert Schnez, an den KG I. Korps, GL Otto Uechtritz, 13.5.1968, BArch, N 673/181: »Ich würde es begrüßen, wenn wir ›älteren Kommandeure‹ in der Einhaltung des Dienstweges unseren Untergebenen ein Vorbild wären.«

[79] GM Karl Wilhelm Thilo, Kdr 1. GebDiv, an de Maizière, 22.2.1966, BArch, N 673/52b.

[80] De Maizière an O Friedrich Doepner, 31.3.1970, BArch, N 673/39a.

[81] De Maizière an Karl Heinrich Fricke, 20.6.1970, BArch, N 673/40.

dung 1972 war Bennecke dann der Letzte des Jahrganges im Dienst, ehe auch er im Jahr darauf als General und CINCENT in den Ruhestand ging[82]. Die Verbindung untereinander blieb allerdings noch jahrzehntelang erhalten und wird an anderer Stelle geschildert.

Mitte der 1950er-Jahre aber stand de Maizière erst am Anfang seiner zweiten militärischen Karriere. Für ihn ging es, wie für andere, die noch weitere Sprossen auf der Karriereleiter erklimmen wollten, beispielsweise auch für Baudissin, nach den Regeln der Personalführung nun um die Bewährung in der Truppe. Folgerichtig übergab de Maizière seine Unterabteilung im August 1957 an seinen Nachfolger, Oberst i.G. Cord von Hobe, erhielt aber erst zum Jahreswechsel 1958 das ersehnte Kommando als Kommandeur der Kampfgruppe 1 in Hannover. Bis dahin vertrat er noch mehrere Wochen den Chef des Stabes im Führungsstab der Bundeswehr (FüB), war aber schon mit Wirkung zum 1. Oktober 1956 im selbst für Generalstabsoffiziere extrem frühen Alter von 44 Jahren zum Brigadegeneral ernannt worden[83]. Seine sieben Bonner Jahre von 1951 bis 1957 betrachtete er in der Rückschau »als die interessanteste und fruchtbarste Periode meines Lebens«[84]. Jetzt wollte er »mir und meinen Kameraden [...] beweisen, dass ich nicht nur [...] der ›musische Militärdiplomat Adenauers‹ [als solchen hatte ihn »Der Spiegel« bezeichnet] war, sondern dass ich auch eine Truppe ausbilden und führen konnte und die von mir mitentwickelten Grundsätze der Inneren Führung im Truppenalltag anzuwenden verstand«[85]. Damit blieb er seinen »Besonderen Interessengebiete[n]« treu, wie er sie im Einstellungsbogen für die Bundeswehr 1955 benannt hatte, nämlich »Organisation und Führung«[86]. Dem Herausgeber der »Kölnischen Rundschau«, Dr. Reinhold Heinen, schrieb er zu seiner anstehenden Versetzung:

> »Sie können sich vorstellen, dass ich mich nach fast siebenjähriger ministerieller Tätigkeit freue, endlich einmal wieder die Praxis kennenzulernen und die Atmosphäre der neuen Truppe persönlich zu erleben. Gerade für den Soldaten, der den Wunsch hat, in Führungsaufgaben tätig zu sein, ist das eine unerlässliche Erfahrung. Wie lange man mir die Möglichkeit lässt, Kommandeur zu sein, [...] und [w]as man dann mit mir vorhat, lässt sich heute natürlich noch nicht übersehen[87].«

---

[82] De Maizière an BG a.D. Frithjof Heyse, 4.11.1970, BArch, N 673/42; an O a.D. Doepner, 13.12.1971, BArch, N 673/39a; sowie zuvor schon an GL Uechtritz, 8.9.1971, BArch, N 673/181.

[83] Die Ernennung erfolgte rückwirkend mit Der Bundesminister der Verteidigung/III C 17 (8) 226, 17.12.1956, PA AdM, Akte Persönliche Unterlagen.

[84] De Maizière, In der Pflicht, S. 210.

[85] Ebd., S. 212.

[86] Personalbogen Ulrich de Maizières anlässlich seiner Einstellung in die Bundeswehr, 20.6.1955, Personalakte Ulrich de Maizière, BArch, Pers 1/27800.

[87] De Maizière an Heinen, 19.11.1957, BArch, N 673/91.

2.   Truppenverwendungen (1958 – 1964)

a)   Kampfgruppen-Kommandeur (1958 – 1960)

Am Jahresbeginn 1958 kehrte de Maizière als General in die Stadt zurück, in der er aufgewachsen war, die er als Offizieranwärter der Reichswehr verlassen und die ihm nach seiner Entlassung aus der Kriegsgefangenschaft als Lehrling im Erwachsenenalter Aufnahme geboten hatte[88]. Wieder war seine Unterkunft eher bescheiden. Im »Hindenburg-Viertel« bezog er ein möbliertes Pensionszimmer in der Nähe der Stadthalle. Eigentlich wollte die Familie mit umziehen, aber es fand sich kein geeigneter Wohnraum für die inzwischen sechsköpfige Familie. Seit einigen Jahren bereits gehörten nämlich regelmäßig Kinderpflegeschülerinnen dazu, die bei den de Maizières ihr jeweiliges Praxisjahr absolvierten. Ganz ohne Familienanschluss blieb er indes nicht, denn seine Mutter wohnte noch immer im Stadtteil Bothfeld bei seiner Schwester Irene und deren Mann Gottfried Lüdicke, der Pastor in einer Vorortgemeinde war[89]. Wohl auch deswegen empfand de Maizière Hannover noch 1967 »nach wie vor als meine Heimatstadt«[90].

Nun aber hatte de Maizière mit all den Wirrnissen und Unzulänglichkeiten zu kämpfen, welche die Aufbauphase der Bundeswehr im Alltag kennzeichneten: Seine Truppe übernahm er von seinem Vorgänger Oberst Christian Schaeder zwar »in gutem Zustand«, aber »fest und straff am kurzen Zügel geführt«, ohne Spur von den Prinzipien der Inneren Führung. Selbst die Bataillonskommandeure und sein Stab brauchten geraume Zeit, ehe sie sich zu einem ungezwungenen Umgangston, »ja auch zum Widerspruch ermutigt fühlten«[91]. Ähnliche Erfahrungen schildert auch de Maizières späterer Adjutant als Generalinspekteur, der damalige Offizieranwärter Jörg A. Bahnemann während seiner Ausbildung 1958:

»Neben der waffenbezogenen wurde auch die allgemeine Offizierausbildung fortgesetzt. Das hieß, dass [...] Wehrmachtoffiziere zu vermitteln suchten, was sie aus der Einweisung in Innere Führung mitgenommen hatten. Die Unsicherheit der Lehrstabsoffiziere trat bald so offen zutage, dass die Disziplin im Lehrgang ins Wanken geriet. Uns wurde vorgelebt, dass Misstrauen gegenüber Untergebenen die Grundhaltung war; wir bemerkten, dass

---

88   Bereits am 22.10.1957 wurde de Maizière mit Wirkung zum 1.1.1958 kommandiert, die Versetzung erfolgte aber erst mit Verfügung vom 31.10.1958 rückwirkend zum 1.7.1958. Tatsächlich hatte er sich also zum 2.1.1958 zum Dienstantritt in Hannover im Stab der 1. Grenadierdivision zu melden. Siehe Bundesminister der Verteidigung/III C 8, Kommandierung, 22.10.1957, sowie BMVg/P IV 1/G, Versetzungsverfügung Nr. 32/58, 31.10.1958, beide PA AdM, Akte Persönliche Unterlagen.

89   Zunächst wohnte er in der Geibelstr. 99, er war aber schon sicher, dass sich diese Anschrift »Anfang Februar ändern (wird)«. Siehe de Maizière an Pesch, 2.1.1958, BArch, N 673/91.

90   De Maizière an Dr. Bernhard Sprengel, 6.3.1967, BArch, N 673/50b.

91   De Maizière, In der Pflicht, S. 213.

die Herren nach oben dienerten und sich vor Angst fast in die Hosen machten, wenn Höhere auf den Plan traten. Die mangelnde Befähigung zur Menschenführung machte sich besonders bemerkbar, wenn der Hörsaal auf dem Schießplatz oder im Gelände war. Alles war formalistisch, wir erwachsenen Männer und Familienväter wurden behandelt, wie man es Rekruten nicht zumuten mochte. Es herrschte ein gestriger Geist, aber wir sahen keine Möglichkeit uns zu wehren. Trotzdem lieferten wir eine Besichtigung ab, an der sogar der in der kaiserlichen Kadettenanstalt geprägte Schulkommandeur Freude hatte[92].«

In der Konsequenz herrschte Unsicherheit ob der Richtigkeit der Entscheidung für den Soldatenberuf: »War es die Fortsetzung der Wehrmacht mit anderen Mitteln oder das Gegenteil? Wir blieben skeptisch[93].«

De Maizière hatte also einiges zu tun und brachte sich sofort persönlich ein, indem er sich von seinen jungen Unteroffizieren in der praktischen Handhabung der Handwaffen, von Funkgeräten und Mörsern unterweisen ließ. Selbst den Militärführerschein erwarb er, was den »Respekt bei meinen Söhnen erhöhte«[94]. Unablässig warb er für die neuen Gesetze und Vorschriften, versuchte die Hintergründe zu erklären und so gegen die allseits festzustellende mangelhafte Vorschriftentreue vorzugehen. Das rasche Aufstellungstempo hatte allzu große Lücken hinsichtlich Ausbildung und Ausrüstung, Infrastruktur, vor allem in der Menschenführung verursacht[95]. Improvisieren war gefragt und wurde gerade in den Bereichen gerne ausgereizt, denen man sich gemeinhin ungern widmete, der Führer- und Unterführerausbildung. Hier setzte de Maizière an: Er versuchte das heterogene Offizierkorps aus kriegserfahrenen Offizieren, aber ohne Friedensausbildung, aus dem Bundesgrenzschutz übernommenen und jungen Leutnanten mit sehr kurzer Ausbildungszeit mittels zahlreicher Planspiele und Stabsübungen in ein professionelles Führerkorps zu verwandeln. In vielem fühlte er sich dabei an die Zeit der Aufstellung der Wehrmacht erinnert und knüpfte in mancher Hinsicht »an alte Erfahrungen« an[96].

Das merkte man besonders seinem ersten »Cornelius«-Artikel nach seiner Versetzung an, den er Anfang März 1958 an die »Rundschau« verschickte[97]. Dieser hatte nicht nur erstmals Praxisbezug, sondern orientierte sich auch inhaltlich an der Verbindung zwischen Althergebrachtem und Neuem: Gute und warme Verpflegung »bis in die vordersten Widerstandsnester« hinein, ausreichend heißen Kaffee sowie »ein hohes Maß an Härte [...], an Härte aber, die sinnvoll und auf die Verteidigungsaufgabe ausgerichtet ist und sich nicht im

---

[92] Bahnemann, Parlamentsarmee?, S. 29.
[93] Ebd., S. 32. Siehe zu dieser Alterskohorte auch Wiesendahl, Jugend und Bundeswehr, S. 133-137.
[94] De Maizière, In der Pflicht, S. 213 f.; Rautenberg, Ulrich de Maizière, S. 181 f.
[95] Kollmer, »Klotzen, nicht kleckern!«; Schmidt, Integration und Wandel; Militärische Aufbaugenerationen.
[96] De Maizière, In der Pflicht, S. 215; Rautenberg, Ulrich de Maizière, S. 181 f., zählte für die 17-monatige Kommandeurzeit insgesamt 19 Truppenbesuche und zehn Übungen vornehmlich im Bataillonsrahmen.
[97] De Maizière an Pesch, 4.3.1958, BArch, N 673/91.

formalen Exerzieren auf dem Kasernenhof erschöpft«, schrieb er dort[98]. Bis Ende des Jahres schaffte er noch neun weitere Artikel[99]. Sehr genau erkannte er, dass insbesondere die »Menschenführung neue methodische und erzieherische Ansätze [verlangte]«. Gerade »die jungen Männer in der zweiten Hälfte der 50er-Jahre waren formlos, nüchtern, kritisch, misstrauisch gegen allzu tönende Worte. Autorität leiteten sie nicht allein vom Rang und Alter her ab, aber sie fügten sich bereitwillig jeder Autorität fachlicher und menschlicher Kompetenz. [...] Gelang es, ihnen den Sinn ihrer Tätigkeit einsehbar zu machen, waren sie leistungswillig, ja häufig leistungsbegierig. Mit einer solchen Mannschaft ließ es sich gut arbeiten[100].«

Allzu viel Zeit für diese Kärrnerarbeit blieb ihm freilich nicht. Die Umstellung auf die Brigadestruktur erforderte bereits im September 1958 eine Lehr- und Versuchsübung mit je einer Panzer- und Grenadierbrigade[101]. De Maizière führte die Grenadiere in den drei eintägigen und einer zweitägigen Übung inklusive der Vorübungen[102]. In Brigadegeneral Burkhart Müller-Hillebrand, inzwischen stellvertretender Kommandeur der 1. Panzergrenadierdivision, der den Leitungsstab führte, traf er seinen alten Vorgesetzten aus seiner ersten Zeit beim Generalstab des Heeres wieder. Zwei Übungen wurden anschließend für Zuschauer wiederholt, unter denen sich nicht nur Bundeskanzler Adenauer, sondern auch andere Persönlichkeiten des öffentlichen Lebens, nationale wie internationale Gäste aus der Politik, der NATO und dem Militärattachédienst befanden. Zum ersten Mal stellte sich die Bundeswehr der Öffentlichkeit in einem größeren Manöver und errang nach den Worten ihres Ministers einen »politischen Erfolg«[103].

De Maizière selbst zeigte sich ob dieser Chance, die er durchaus als Herausforderung wahrnahm, im Nachhinein »dankbar« und empfand sie als »Erfrischung«[104]. Ihm war schon vorab klar, dass diese Übung sowohl einen »praktischen als auch pol. Zweck« verfolgte[105]. Entsprechend hatte er seine Kräfte gesammelt und sich dafür Ende Juni/Anfang Juli einige Tage freigenommen, ehe die Vorübungen begannen[106]. Erst im Anschluss verbrachte er im Oktober

[98]   »Cornelius«-Manuskript »Mit den Grenadieren in den Winter« (03/1958), BArch, N 673/91.

[99]   Heinen an de Maizière, 4.12.1958, BArch, N 673/91. In der Anlage findet sich eine Auflistung der Artikel-Titel des Jahres 1958.

[100] De Maizière, In der Pflicht, S. 215.

[101] Zur »Lehr- und Versuchsübung 1958 (LV 58)« vom 15.–26.9.1958 auf dem Truppenübungsplatz Bergen-Hohne siehe Rink, »Strukturen brausen um die Wette«, S. 446–455.

[102] Die Lehr- und Versuchsübung, in der de Maizière mit seiner Kampfgruppe A vorgesehen war, wurde in Bonn vom 24.–26.6.1958 intensiv vorbesprochen. Siehe Ulrich de Maizière, Dienstliche Tagebuchaufzeichnungen 7.10.1957–27.10.1958, Eintrag vom 26.6.1958, BArch, N 673/24.

[103] Ebd., Eintrag vom 26.9.1958. Siehe dazu auch Gästestab/Abt. Gästebetreuung LV 58, Fahrzeugeinteilung für die Übung »Moritz«, 23.9.1958, BArch, BH 1/10932.

[104] De Maizière, In der Pflicht, S. 218, 224.

[105] Ulrich de Maizière, Dienstliche Tagebuchaufzeichnungen 7.10.1957–27.10.1958, Eintrag vom 23./26.6.1958, BArch, N 673/24.

[106] De Maizière an Pesch, 10.7.1958, BArch, N 673/91.

mit seiner Frau »einen verdienten Urlaub in Meran«[107]. Mit sichtlichem Stolz nahm er dort die »überall positive[n] Berichte im In- und Ausland über [die] Lehr- und Versuchsübung 1958« entgegen. Vor allem begeisterte ihn, dass durchgehend »die besondere Hingabe unserer jungen Soldaten bei gelockerter und unbefangener äußerer Form« hervorgehoben wurde. Beinahe euphorisch fügte er nach seiner Rückkehr am 28. Oktober 1958 in seinem Tagebuch hinzu: »Unsere Jugend ist zum Einsatz bereit bei sinnvollen Aufgaben. Unsere Erziehung ist auf dem rechten Weg[108].« Kurioserweise trug er zu der guten Presse selbst bei. Unter seinem Pseudonym »Cornelius« kommentierte de Maizière höchstpersönlich diese Übung. Seiner größtenteils sachlichen Darstellung bei der Vorberichterstattung fehlte nicht der Hinweis, die beiden Übungsbrigaden seien »in die Hand bewährter Offiziere gegeben worden«[109]. Und hinterher formulierte er im Rahmen einer Erfolgsmeldung seine wesentliche Erkenntnis:

»Zur Führung der Brigade aber gehören Kommandeure, die geistig wendig, rasch in der Beurteilung und Entschlussfassung, klar in der Befehlsgebung, aber auch körperlich spannkräftig und leistungsfähig sind. Sie müssen modern denken und technisches Verständnis haben, ohne sich von der Technik beherrschen zu lassen. Solche Führer auszuwählen und auszubilden, wird eine wichtige Aufgabe des Verteidigungsministers sein[110].«

Damit griff er gleich zwei Hauptprobleme der Aufbauphase auf: Zum einen die bis dato vernachlässigte Ausbildung vor allem der Vorgesetzten und zum anderen die Überbewertung der Technik, die seinerzeit in der Gesellschaft überall anzutreffen war. Dass er sich selbst dabei nicht zu loben vergaß, mag seinem Selbstbewusstsein ebenso wie seinem Ehrgeiz geschuldet gewesen sein.

Doch auch eine andere Entwicklung hatte de Maizière während seines Urlaubs aufmerksam verfolgt. In sein Tagebuch hatte er kurz notiert: »SPD Bundestagsfraktion beschließt, Kontakte mit Bundeswehr aufzunehmen u. empfiehlt den Parteimitgliedern in die Bundeswehr einzutreten[111].« Dahinter verbarg sich eine grundlegende Wendung in der bundesdeutschen Innenpolitik bezüglich der Auseinandersetzung um den westdeutschen Verteidigungsbeitrag. Im Laufe der 1950er-Jahre hatte die SPD eine Entwicklung durchgemacht, deren Wandel von einer sozialistischen Arbeiterpartei hin zur Volkspartei in ihrem Godesberger Programm (1959) zum Ausdruck kam. Nach zwei deutlich verlorenen Bundestagswahlen 1953 und 1957 wich sie damit von ihrem bisherigen

---

[107]   De Maizière an Heinen, 26.7.1958, BArch, N 673/91.

[108]   Ulrich de Maizière, Dienstliche Tagebuchaufzeichnungen 28.10.1958–12.9.1959, Eintrag vom 28.10.1958, BArch, N 673/25.

[109]   »Cornelius«-Manuskript »Die Lehr- und Versuchsübung des Bundesheeres« (07/1958), erschienen in der »Rundschau« Nr. 211 unter dem Titel »80 000 Mann, die zogen ins Manöver. Die ersten Lehr- und Versuchsübungen des Bundesheeres haben begonnen«, beide BArch, N 673/91.

[110]   »Cornelius«-Manuskript »Brigade hat sich bewährt! Ergebnisse der Lehr- und Versuchsübung des Heeres« (10/1958), erschienen in der »Rundschau« vom 3.10.1958 unter dem Titel »Brigade bewährte sich. Ergebnisse der Lehr- und Versuchsübung des Heeres«, beide ebd.

[111]   Ulrich de Maizière, Dienstliche Tagebuchaufzeichnungen 28.10.1958–12.9.1959, Eintrag vom 28.10.1958, BArch, N 673/25.

◀ Abb. 36:
Bundeskanzler Konrad Adenauer besucht die Lehr- und Versuchsübung des Heeres in der Lüneburger Heide am 25. September 1958

Bundesregierung, Müller

▼ Abb. 37:
Brigadegeneral de Maizière als Stellvertretender Kommandeur der 1. Panzergrenadierdivision

BArch, N 673

▲ Abb. 38:
Ulrich de Maizière am Flügel bei einem Konzert des Musikkorps 1 am 27. Januar 1960 in Hannover

BArch, N 673

▼ Abb. 39:
Besuch des französischen Staatspräsidenten General Charles de Gaulle mit Verteidigungsminister Franz Josef Strauß an der Führungsakademie der Bundeswehr in Hamburg am 7. September 1962

Bundesregierung

Kurs ab, in dem sie sich für die Wiedervereinigung und zugleich gegen die allzu enge Anbindung an die Westmächte, vor allem die USA, sowie strikt gegen eine Wiederbewaffnung ausgesprochen hatte. Der außerordentliche Parteitag in der Godesberger Stadthalle (13.-15. November 1959), nach dem das Programm benannt wurde, ist von der Öffentlichkeit – und mithin von de Maizière – vor allem dadurch wahrgenommen worden, dass sich seine Delegierten jetzt für die soziale Marktwirtschaft, die Westintegration und letztlich für die Landesverteidigung aussprachen. Freilich hatte sich dieser Schwenk allmählich vollzogen und in der Realpolitik längst niedergeschlagen, wie beispielsweise in der Mitarbeit bei der Wehrgesetzgebung. Eine neue, jüngere Führungsgeneration schrieb ihn nun grundsätzlich fest[112].

Im Zuge dieser Entwicklung setzten sich im Verhältnis zwischen SPD und Bundeswehr gegen Ende der 1950er-Jahre diejenigen durch, die ein aktives Verhältnis seitens der Partei bevorzugten. Bereits mit dem Beschluss des SPD-Parteitages vom 20. Mai 1958 in Stuttgart wurde die Wendung offiziell vollzogen. Die treibende Kraft hinter dieser Annäherung war Dr. Friedrich »Fritz« Erler (1913-1967)[113]. Fast gleichaltrig mit de Maizière, galt er als die große Zukunftshoffnung der SPD und hatte sich unter anderem als stellvertretender Vorsitzender des Verteidigungsausschusses des Bundestages von 1952 bis 1957 den Ruf des sozialdemokratischen Verteidigungsexperten schlechthin erworben. De Maizière hatte ihn oft erlebt. Er schätzte an ihm, dass er sich »durch intensive eigene Arbeit eine Sachkenntnis in wehrpolitischen, strategischen und auch militärfachlichen Fragen angeeignet [hat], wie sie wohl nur sehr wenige andere Abgeordnete des Bundestages aufzuweisen haben«. Ganz besonders imponierte ihm dessen »kritisches, nüchternes und abgewogenes Urteil«, sein »politischer Überblick und eine Kunst der Formulierung, die jeden Leser und Hörer seiner zahlreichen Reden und Veröffentlichungen Hochachtung abfordert, auch dem, der glaubt, seinen politischen Schlussfolgerungen nicht immer zustimmen zu können«[114].

Erler brachte das Stuttgarter Ergebnis über die Bundeswehr auf den Punkt, als er formulierte, »die bewaffneten Kräfte müssen ein Bestandteil unserer demokratischen Ordnung sein. Deshalb muss ein Vertrauensverhältnis zwischen den Soldaten und allen demokratischen Kräften des Volkes bestehen«[115]. Für ihn war dies freilich mit der Frage nach dem »Weg zur politischen Macht« ver-

---

[112] Zum Godesberger Programm und seinen Hintergründen siehe Görtemaker, Geschichte der Bundesrepublik Deutschland, S. 371-387, sowie grundsätzlich Stuby, Die SPD während der Phase des kalten Krieges; Soell, Helmut Schmidt. 1918-1969, S. 280-358.

[113] Soell, Fritz Erler.

[114] Ulrich de Maizière, Begrüßung Bundestagsabgeordneter Fritz Erler, Thema: »Wehrkonzeption der SPD«, 13.2.1964, BArch, N 673/58.

[115] Zit. nach Fritz Erler, MdB, SPD und Bundeswehr, undat. Dokument in AdsD, NL Erler, Box 14. Inhaltlich gleichlautend, aber ausführlicher SPD-Pressedienst/P/XIII/237, Sozialdemokratie und Bundeswehr, von Fritz Erler, MdB, 17.10.1958, im selben Bestand. Die Protokolle der SPD-Parteitage in Stuttgart (1958), Bad Godesberg (1959), Hannover (1960) und Karlsruhe (1964), welche die Wandlung der SPD bestätigen, finden sich in AdsD, NL Erler, Box 29.

knüpft. Dieser sei verbaut, »wenn es der Bundesregierung gelingt, die Bundeswehr mit ihren Erziehungs- und Beeinflussungsmöglichkeiten und ihrem großen Haushalt organisatorisch und propagandistisch zur Erhaltung der Macht der CDU und zur Bekämpfung der Sozialdemokratie einzusetzen«[116]. Auch nach dem Godesberger Parteitag warb er unablässig für seine Position: In der Frage des Verhältnisses zur Bundeswehr sei insbesondere zu hinterfragen, ob die Gefahren, die von der Bundeswehr drohen, verringert werden können, wenn die Bundeswehr ausschließlich Vorgesetzte aus der CDU und Rekruten aus der SPD hat. Falls man beabsichtige, »die politischen Kräfteverhältnisse zu Ungunsten der Adenauer-Clique zu verändern«, müsse die SPD ein größerer gestaltender Faktor werden, was gerade hinsichtlich der Bundeswehr gelte. Hier sah er »schwarz, wenn wir die Bundeswehr gegen uns aufbringen, wenn wir sie selbst an Strauß heranprügeln [sic!]«[117].

Die Folgen dieser Entwicklung spürte auch de Maizière. Als er Anfang Dezember 1958 in Köln bei einem wehrpolitischen Seminar des sozialdemokratischen Studentenverbandes vortrug, erlebte er eine »[s]achliche, ruhige, aber harte Diskussion«[118]. Neun Monate später übernahm die Bundeswehr den Standort Stadtoldendorf. Nach dem Einzug der ersten Truppenteile nicht nur unter großer Anteilnahme der Bevölkerung, sondern auch im Beisein von SPD-Bürgermeister und -Landrat sowie -Bundestagsabgeordnetem trug de Maizière begeistert in sein Tagebuch ein: »Das Eis scheint gebrochen[119].« Und daran hatte er durchaus seinen Anteil. Spätestens seit er 1957 vor dem Sicherheitsausschuss beim Vorstand der SPD zum Thema »Heimatverteidigung« vorgetragen hatte, kannte er deren Referenten für Sicherheitsfragen, Dr. Friedrich Beermann (1912-1975)[120]. 1934 als Offizieranwärter in die Reichswehr eingetreten und in der Wehrmacht ebenfalls bis zum Oberstleutnant aufgestiegen, war der nur wenige Monate Jüngere 1947 der SPD beigetreten. Als deren wehrpolitischer Berater prägte er bereits 1952 den Begriff »Staatsbürger in Uniform«, der im Jahr darauf von Baudissin aufgegriffen worden ist. 1959 bewarb er sich persönlich für den Dienst in den Streitkräften und wurde als Oberst eingestellt. Die für ihn obligatorische Eignungsübung vorab absolvierte Beermann bei de Maizière. 1968 avancierte er schließlich mit seiner Beförderung zum Brigadegeneral zum ersten »SPD-General«, ehe er ein Jahr später endgültig in die Politik zurückwechselte[121]. Für die SPD wurde »der weitere Weg dieses Mannes« zum ent-

---

[116] Fritz Erler, Notizen für ein Gespräch mit Adolf Arndt, 14.12.1958, AdsD, NL Erler, Mappe 138 A.
[117] Anlage zu dem Beschlussprotokoll der Sitzung des vereinigten Innen- und Sicherheitsausschusses beim PV [Parteivorstand] am 30.11.1959, AdsD, NL Erler, Box 138.
[118] Ulrich de Maizière, Dienstliche Tagebuchaufzeichnungen 28.10.1958-12.9.1959, Eintrag vom 3.12.1958, BArch, N 673/25.
[119] Ebd., Eintrag vom 2.8.1959.
[120] Kurzprotokoll über die Sitzung des Sicherheitsausschusses beim Parteivorstand mit den Mitgliedern des Arbeitskreises Sicherheitsfragen und den ordentlichen Mitgliedern des Ausschusses Innenpolitik des Bundestages am 18.11.1957, AdsD, NL Erler, Box 138.
[121] Beermann an Erler, 9.3.1959, AdsD, NL Erler, Box 139, sowie SPD/Der Parteivorstand an die Mitglieder und Freunde der SPD in der Bundeswehr, 22.4.1960, AdsD, LG 3WP 159.

scheidenden Kriterium, »ob ein Mann durch sein klares Bekenntnis zur Sozialdemokratischen Partei in der Bundeswehr von der sonst verdienten Beförderung ausgeschlossen sei«[122].

Bereits zwei Jahre zuvor hatte Erler dem DGB-Vorstand gegenüber erklärt,
die Bundeswehr müsse »offen sein, und das muss auf Gegenseitigkeit beruhen«.
Armee wie Soldaten müssten »genau so behandelt werden wie alle anderen
Einrichtungen unseres öffentlichen Lebens auch. Kritische Prüfung, wo Kritik
am Platze ist, und wohlwollende Auseinandersetzung, wo Wohlwollen am
Platze ist«[123]. Darin wurde er auch von wehrübenden Parteiangehörigen bestärkt, wie vom saarländischen Landtagsmitglied Karl-Heinz Schneider. Dieser
hatte nach zwei je vierwöchigen Wehrübungen beim Heer 1961 und bei der
Luftwaffe 1962 an den SPD-Vorsitzenden Erich Ollenhauer geschrieben. Dabei
mahnte er, die Partei dürfe ihre Verteidigungsbereitschaft nicht nur proklamie-
ren, ihre Mitglieder müssten auch »in die Bundeswehr hineingehen«. Wenn die
Armee das Gefühl habe, »in gewisser Beziehung nur geduldet zu sein«, bestehe
vor allem die Gefahr, dass diese sich politisch eng an diejenigen anlehnt, die
sich um die Bundeswehr kümmerten. Das Offizierkorps bestehe zum überwiegenden Teil aus aufgeschlossenen Menschen und vor allem vonseiten der Schulen der Bundeswehr und der mittleren Führung bemühe man sich sehr, die
Vorstellungen vom »Staatsbürger in Uniform« umzusetzen[124].

Allerdings erreichten den Parteivorstand auch anderslautende Meldungen.
Auf seiner Tagung am 10./11. September 1960 in der Heimvolkshochschule der
Friedrich-Ebert-Stiftung in Bergneustadt sprachen die 48 anwesenden Partei-
mitglieder aus der Bundeswehr eine teilweise sehr deutliche Sprache: »Die Offiziere sind politisch steril«, war da von einem Major M. zu hören, und ein Major H. meinte, die Bundeswehr sei »zusammengesetzt wie das ganze Volk –
90 % sind weder für noch gegen Demokratie«. Dies ergänzte Hauptmann K.
damit, dass »[v]iele Offiziere meinen, die Grundsätze der Inneren Führung
waren für den Anfang gut, um überhaupt beginnen zu können. Nun wird es
aber Zeit, sie wieder abzubauen«. Vor allem »den jungen Offizieren«, stellte ein

---

[122] Notiz Erler nach einem Gespräch mit Verteidigungsminister von Hassel am 16.1.1964,
20.1.1964, AdsD, NL Erler, Box 136. Tatsächlich hatten den Parteivorstand Meldungen erreicht, »gerade die Stabsoffiziere« seien »mit der Personalpolitik des Verteidigungsministeriums nicht einverstanden«, weil man »den Eindruck haben müsste, dass bei Beförderungen in hohe und höchste Stellen die Partei- und das Gesangbuch eine nicht
unerhebliche Rolle gespielt hätten und noch spielen«. Siehe z.B. Karl-Heinz Schneider an
Erich Ollenhauer, 30.7.1962, AdsD, NL Erler, Box 147, Teil I. Und ein Major M. teilte mit:
»Die Genossen in der Bundeswehr haben keine erkennbaren Nachteile. Aber eines Tages
sieht man sich nach Fontainebleau versetzt und kaltgestellt.« Zit. aus Anlage zum Bericht
über die Tagung des Parteivorstandes der SPD am 10./11.9.1960 in der Heimvolkshochschule der Friedrich-Ebert-Stiftung in Bergneustadt, 16.9.1960, AdsD, NL Erler, Box 138.

[123] Referat des Kollegen Fritz Erler, MdB, über ›Wehrpolitische Fragen‹ vor dem Bundesvorstand des DGB am 3.4.1962 in Bonn, AdsD, NL Erler, Box 18.

[124] Schneider an Ollenhauer, 30.7.1962, ebd., Mappe 147. Schneider hatte vom 25.10.–25.11.1961
eine Wehrübung als Hauptmann bei der Fernmeldehauptkommandatur in Traben-
Trarbach und vom 21.6.–20.7.1962 den Stabsoffizierlehrgang für Reserveoffiziere an der
Offizierschule der Luftwaffe in München-Neubiberg absolviert.

Unteroffizier W. fest, »fehlen die politischen Kenntnisse, die sie befähigen, den staatsbürgerlichen Unterricht zu halten«. Als er selbst sich deswegen für einen Vortrag angeboten habe, sei er von einem seiner Offiziere gefragt worden: »Sagen Sie, woher wissen Sie denn das? Sind Sie etwa Kommunist[125]?«

Die Entwicklung der SPD wurde vom politischen Gegner freilich sehr genau verfolgt und analysiert[126]. Daraufhin beschloss auch die CDU wieder eine engere Fühlung zur Bundeswehr aufzunehmen und richtete am 1. Oktober 1963 ein »Wehrpolitisches Referat« bei ihrer Bundesgeschäftsstelle ein, das Kontakte zu Truppe wie Ministerium herstellen und pflegen sollte. Sein Büro machte den Verteidigungsminister darauf aufmerksam, annähernd alle Berichte wiesen inzwischen auf eine intensive und erfolgreiche »Propaganda und Aktivität« der SPD in der Bundeswehr hin. Daraus müsse »unbedingt eine Konsequenz gezogen werden«[127]. Insofern hat die Wende der SPD auch in der Verteidigungspolitik mittelbar das gesamte politische Spektrum wieder mehr für den militärischen Bereich sensibilisiert.

In seinen Memoiren erwähnte de Maizière die Episode mit Beermann nicht. Vermutlich ist das Verhältnis zwischen beiden eher distanziert gewesen. Im Nachhinein hatte Beermann zwar den Eindruck, dass es »in den Jahren 55-59 [...] doch unser sehr gemeinsames Anliegen war, die Sozialdemokratische Partei mit als Basis dieser Streitkräfte zu gewinnen«. De Maizières Einstellung hatte er damals als die »eines preußischen Offiziers, der seine politische Heimat dort gesucht und gefunden hat, wo gewisse preußische Traditionen vielleicht auch heute noch am lebendigsten erhalten sind«, empfunden[128]. Diese Heimat dürfte jedenfalls nicht die SPD gewesen sein. Im Vorlauf zur Bundestagwahl 1957 hatte de Maizière an Edmund Pesch, der als Vertrauter Adenauers galt, geschrieben, er hoffe »mit Ihnen, dass das Ergebnis der Wahl so wird, wie wir es erwarten«[129]. Und im Juli 1958 gratulierte er diesem »zu dem guten Wahlergebnis in Nordrhein-Westfalen, zu dem die »Rundschau« ihren wesentlichen Beitrag geleistet hat«[130]. Öffentlich hat sich de Maizière jedoch nie parteipolitisch eindeutig geäußert und bewusst den Kontakt zu allen Parteien gepflegt[131]. In

---

[125] Bericht über die Tagung des Parteivorstandes der SPD am 10./11.9.1960 in Bergneustadt, 16.9.1960, AdsD, NL Erler, Box 138. Zitate aus der Anlage dazu.

[126] Siehe dazu beispielhaft den umfangreichen Bericht der CDU/Bundesgeschäftsstelle/ Wehrpolitisches Referat, Die Stellung der SPD zur Wehrpolitik auf Grund des Parteitages in Hannover, 18.1.1961, ACDP, I-142-016/6.

[127] Ministerbüro an Minister, Die Aufgaben des neuerrichteten ›Wehrpolitischen Referats‹ der CDU-Bundesgeschäftsstelle, 23.10.1963, ACDP, NL von Hassel, I-157-011/1.

[128] Friedrich Beermann an de Maizière, 26.3.1972, BArch, N 673/87.

[129] De Maizière an Pesch, 9.9.1957, BArch, N 673/91.

[130] De Maizière an Pesch, 10.7.1958, ebd. Nachdem Dr. Konrad Kraske zum Generalsekretär der CDU gewählt worden war, sandte ihm de Maizière seine Glückwünsche. Dabei meinte er, »viele Menschen« würden »große Hoffnung auf die Arbeit und die Wirkung des neuen team [sic!]« setzen. Siehe de Maizière an Kraske, 7.10.1971, und dessen Antwort, 21.10.1971, beide BArch, N 673/45a.

[131] Siehe dazu Rolf Stölting an de Maizière, 1.9.1966, BArch, N 673/85: »Soviel ich weiß, hast Du immer bewusst Kontakt zu allen Parteien gepflegt [...] Etwa so, dass es kaum eine Aufgabe gibt, die Du nicht lösen könntest, und dabei *ohne* ›überzuschnappen‹!«

seinen politischen Ansichten stand er nach eigener Aussage »der Union näher als einer anderen Partei«[132]. Das dürfte sich nicht zuletzt mit seiner Definition von Konservatismus erklären, wie de Maizière sie 1964 bei der Begrüßung des Bundesministers a.D. Hans-Joachim von Merkatz an der Führungsakademie formulierte, nämlich »dass konservativ im Merkatz'schen Sinne – wenn ich Sie richtig auslege – nichts mit Begriffen wie rückständig, erstarrt oder gar reaktionär zu tun hat, sondern dass vielmehr ein Hinüberführen bewährter sozialer Ordnungen und moralischer Wertmaßstäbe in die veränderten Verhältnisse der Gegenwart gemeint ist«[133].

Von der Parteipolitik versuchte er sich darüber hinaus fernzuhalten. Entsprechende Einladungen schlug er seine gesamte aktive Zeit über aus[134] und auch über sein Wahlverhalten gab er keine Auskunft. Als der Burda-Verlag 1969 eine neue Zeitschrift, »M, die Zeitschrift für den Mann«, in einer Auflagenhöhe von immerhin 400 000 Stück auf den Markt bringen wollte, versuchte ihn deren Chefredakteur Horst Vetten damit zu ködern, es handele sich um eine »Zeitschrift für die ›Opinionleaders‹«. In der ersten Ausgabe zum 27. August 1969 sollte eine Prominentenumfrage erscheinen, »welcher Partei Sie am 28. September Ihre Stimme geben?« De Maizière schrieb handschriftlich an den Rand: »Nein. Ich achte das Wahlgeheimnis für meine Soldaten wie für mich selbst.« Eine offizielle Antwort erfolgte dazu nicht[135]. Auch bei anderen persönlichen Anfragen verweigerte er sich »aus grundsätzlichen Erwägungen [...] solange er sein jetziges Amt innehat«, wie er dazu einen seiner Adjutanten antworten ließ; dies sei auch in anderen, ähnlich gelagerten Fällen so gehandhabt worden[136].

Wie empfindlich mancher Soldat gegenüber seinem Generalinspekteur reagieren konnte, zeigte sich noch Anfang der 1970er-Jahre. Plötzlich sah sich de Maizière dem Vorwurf eines Hauptmann Otto Kersten von der Ausbildungskompanie 1/5 in Hannover ausgesetzt, er habe gegen § 15 (1) des Soldatengesetzes verstoßen, weil er sich mit der Veröffentlichung seines Glückwunschschreibens an Bundeskanzler Willy Brandt anlässlich dessen Auszeichnung mit dem

---

[132] De Maizière, In der Pflicht, S. 316.

[133] Ulrich de Maizière, Begrüßung des Bundesministers a.D. von Merkatz (an der FüAkBw), Thema: Der Bundesrat in Verfassungstheorie und Wirklichkeit, 6.2.1964, BArch, N 673/58.

[134] Siehe als Beispiel zur Einladung zum Deutschlandtag der Jungen Union in Würzburg de Maizière an das Bundessekretariat der Jungen Union Deutschlands, 9.11.1966, BArch, N 673/44b, und zur »Veranstaltung des Landesvorsitzenden der Sozialdemokratischen Partei Hamburg« an Willi Berkhan, MdB, 16.4.1968, AdsD, 1/HSA A005364.

[135] Horst Vetten, Burda-Verlag, an de Maizière, 2.7.1969, BArch, N 673/38.

[136] Adjutant GenInsp, M i.G. Glitsch, an Heinz Bürger-Büsing, 15.12.1970. Bürger-Büsing hatte an de Maizière am 6.11.1970 geschrieben, er besitze ein Gästebuch, »welches auf der ersten Seite mit folgender Frage beginnt: ›War es richtig, dass Konrad Adenauer, der sich um das Vaterland sehr verdient gemacht hat, 1956 mit demokratischen Mitteln den Aufbau der Bundeswehr durchsetzte?‹« Dazu hätten sich bereits »Bundespräsidenten, Bundeskanzler und viele Minister [...] schriftlich geäußert«. Nun wolle er »drei Generale ebenfalls zu Wort kommen« lassen, wobei er an de Maizière, Heusinger und Baudissin denke. Bürger-Büsing war freilich vorher überprüft worden. Siehe FüS II 7/Az. 06-17-00-05/06 an Luftwaffenadjutant GenInsp, M i.G. Glitsch, 11.12.1970, alle BArch, N 673/38.

Friedensnobelpreis 1971 in der »Information für die Truppe« Nr. 12/1971 zugunsten einer politischen Richtung betätigt habe. Dies habe »mit Loyalität gegenüber der Regierung nichts zu tun«. Kersten missfiel vor allem die Ostpolitik der sozialliberalen Regierung, die er »keinesfalls für friedenssichernd« hielt, weil die politisch relevanten Kräfte in der Sowjetunion bisher nicht von ihrem Ziel der Unterwerfung aller Staaten unter den Kommunismus abgegangen seien[137]. De Maizière hat seinen Adjutanten antworten lassen, er betrachte Kerstens Äußerungen als »durchaus ernst«, habe allerdings »allein das Bemühen eines Mannes« anerkannt, eine Tatsache, die »wohl niemand bestreiten wollen und können [wird]«. Außerdem verwies er in diesem Zusammenhang darauf, dass der Vorsitzende der CDU/CSU-Fraktion der erste Gratulant Brandts gewesen sei[138].

Wenn sich einzelne Soldaten ihrerseits parteipolitisch engagieren wollten, stellte sich de Maizière diesem Ansinnen nicht grundsätzlich in den Weg. So wünschte er dem Befehlshaber im Wehrbereich II, Generalmajor Wilcke, der ihn zuvor über die ihm angetragene Kandidatur für die niedersächsischen Landtagswahlen 1967 informiert hatte, für dessen »persönliche Pläne hinsichtlich Wahlkampf und Einordnung auf einen günstigen Listenplatz [...] alles Gute«[139]. Im Falle des damaligen Kommandeurs der 1. Luftlandedivision, Generalmajor Franz Pöschl, SPD-Mitglied und als Vertrauter Helmut Schmidts geltend, verhielt es sich allerdings anders. Bei diesem ging es nicht darum, sich um ein politisches Mandat zu bemühen. Ihn wollte der Vorstand der SPD in seinen Sicherheitspolitischen Ausschuss berufen, Pöschl mochte aber »aus prinzipiellen Erwägungen [...] nicht annehmen«[140]. Dafür hatte de Maizière »sehr großes Verständnis«; er selbst würde sich »wahrscheinlich [...] ähnlich entscheiden«. Als Generalinspekteur erkannte er jedoch auch die Möglichkeiten einer solchen Mitarbeit »im Interesse und Nutzen der Bundeswehr«. Deshalb schlug er Pöschl eine Antwort vor, die es diesem ermögliche, »von Zeit zu Zeit als Gast an den Beratungen des Ausschusses teilzunehmen, wenn ein Thema von besonderer Bedeutung beraten wird«. Darunter verstand de Maizière insbesondere »Themen der inneren Ordnung der Bundeswehr, bei denen die Stimme eines erfahrenen Truppenkommandeurs gebraucht wird«[141]. Pöschl folgte diesem Rat und hielt daraufhin am 13. Juni 1971, inzwischen zum Stellvertretenden Kommandierenden General des II. Korps avanciert, bei der Wehrpolitischen Informationstagung der SPD in Bremen einen Vortrag zum Thema »Schwierigkeiten und Nöte im militärischen Alltag«[142].

---

[137] H Otto Kersten an GenInsp, 23.12.1971, BArch, N 673/44b.
[138] GenInsp/Adjutant, FK Niemann, an H Kersten, 10.1.1972, ebd.
[139] GM Wilcke, Befehlshaber WB II, an de Maizière, 19.12.1966, sowie dessen Antwort, 11.2.1967, beide BArch, N 673/54b.
[140] GM Franz Pöschl, Kdr 1. LuftlandeDiv, an de Maizière, 2.9.1970, BArch, N 673/49a.
[141] De Maizière an Pöschl, 8.9.1970, ebd.
[142] GM Pöschl, Stellv. KG II. Korps, an de Maizière, 9.6.1971, BArch, N 673/49a. Dort findet sich auch ein Manuskript dieses Vortrages.

Schon im Jahr zuvor ließ de Maizière auch den Studenten Martin Kempe von seinem Adjutanten unterstützen. Kempe war von 1964 bis 1966 selbst Soldat gewesen, dann Leutnant der Reserve, und studierte am Otto-Suhr-Institut der FU Berlin. Er hatte sich mit einem Fragebogen für seine Diplomarbeit mit dem Arbeitstitel »Das Verhältnis der SPD zur Bundeswehr und der Bundeswehr zur SPD seit 1960« an de Maizière gewandt. Der beauftragte umgehend seinen Adjutanten Hellmuth Kampe damit: »Wir sollten ihm bei der Arbeit helfen, auch wenn diese ›kritisch‹ wird. Was haben wir an Material oder ›Tips‹ [sic!] für ihn[143]?« Entweder hatte bei de Maizière in diesem Kontext also der Pragmatismus einmal mehr gesiegt oder die inzwischen fast zweijährige Zusammenarbeit mit einem sozialdemokratischen Verteidigungsminister bislang vorhandene Ressentiments abgebaut. 1965 hatte sich de Maizière nach einem Vortrag in Bielefeld noch gewundert, dass das örtliche SPD-Organ seinen Beitrag »am sachlichsten und zutreffendsten – so erstaunlich es ist – [...] wiedergegeben« hat[144]. Wohl entspannte sich sein Verhältnis zur SPD bereits seit 1960, vor allem nachdem sich Herbert Wehner im Bundestag zur Westintegration und sämtlichen damit verbundenen militärpolitischen Verpflichtungen bekannt hatte[145]. Erleichtert notierte er in sein Tagebuch zwar: »SPD hat sich zu NATO + Wehrpflicht bekannt. Sie wird Bundeswehr nicht auflösen oder verkleinern. [...] Im Übrigen hat ›rechter Flügel‹ der SPD gesiegt, man stellt keine politische, sondern eine personelle Alternative.« Im gleichen Atemzug fügte er jedoch kritisch hinzu: »Haltung in Atomfrage bleibt undurchsichtig, man will sich freie Hand behalten[146].« Fast drei Jahre vorher hatte er seinem Tagebuch noch anvertraut: »Baudissin gefährdet seine Stellung zunehmend selbst, spielt mit SPD, entfernt sich vom soldatischen Denken[147].« De Maizière dagegen fühlte sich nun durch seine Erfahrung mit der Brigade auf seinem Weg bestätigt: »Grundsätze der Inneren Führung haben sich bewährt. Finden in der Truppe zunehmend Verständnis[148].«

Zu einem deutlich weniger schmeichelhaften Ergebnis kam der Wehrbeauftragte des Deutschen Bundestages, Helmuth von Grolman, als dieser für das Berichtsjahr 1959 feststellte, hier

»zeigten sich deutlich alle zwangsläufig nachteiligen Folgen des zu schnellen Aufbaus der Bundeswehr. Die Überforderung der Truppenführer, der

---

[143] Handschr. Notiz de Maizières auf Martin Kempe an de Maizière, 21.7.1970, BArch, N 673/44a. Sein Adjutant FK Kampe sollte seine Vorschläge dazu bis zum 26.8.1970 vorlegen.

[144] De Maizière an Ernst-August Delius, 30.11.1965. Delius hatte de Maizière die mediale Berichterstattung übersendet und ihm dabei mitgeteilt, welches Blatt welcher Partei nahestehe. Siehe Delius an de Maizière, 26.11.1965, beide BArch, N 673/39a.

[145] Görtemaker, Geschichte der Bundesrepublik Deutschland, S. 377.

[146] Ulrich de Maizière, Dienstliche Tagebuchaufzeichnungen 30.5.1960-25.3.1961, Eintrag vom 3.12.1960, BArch, N 673/27.

[147] Ulrich de Maizière, Dienstliche Tagebuchaufzeichnungen 1.7.1956-9.3.1957, Eintrag vom 5.2.1957, BArch, N 673/22.

[148] So de Maizières Fazit in Dienstliche Tagebuchaufzeichnungen 28.10.1958-12.9.1959, undat. Eintrag (zwischen 27.5. und 1.8.1959), BArch, N 673/25.

Mangel an erfahrenen Offizieren (Kompaniechefs), die zu geringe Zahl junger Offiziere und Unteroffiziere, das Auseinanderreißen von Verbänden, hohe Abgaben zu Neuaufstellungen, verwaltungsmäßige Schwierigkeiten, unzulängliche Ausrüstung, ungenügende Ausbildungsmöglichkeiten (Standortübungsplätze usw.) wirkten sich teilweise fühlbar auf das innere Gefüge, auf Stimmung und Geist der besonders betroffenen Truppenteile aus. Missmut und Resignation waren noch Einzelerscheinungen[149].«

Die unterschiedliche Einschätzung mag auch daran gelegen haben, dass de Maizière bereits auf eine neue Verwendung wartete. Am 8. Mai 1959 erhielt er die Versetzungsverfügung zum Stellvertretenden Kommandeur der 1. Panzergrenadierdivision mit Wirkung zum 1. Juni 1959[150]. Er hatte reüssiert und vor diesem Erfolgserlebnis erschien ihm seine Truppenzeit so hell, dass er nicht nur den Kommandeurstander seiner Brigade von nun an in jedem neuen Dienstzimmer mitführte[151]. Bei keinem seiner Glückwünsche an Kameraden, die ihm die Übernahme einer Brigade meldeten, vergaß er die »schöne Stellung eines Brigadekommandeurs« hervorzuheben[152]. Dabei kam sicher zum Tragen, dass die Bewährung in der Truppe die Voraussetzung für höhere Weihen war und blieb. Doch seine Begeisterung ging darüber weit hinaus. Selbst beim Glückwunsch zur Übernahme einer Kompanie wies er darauf hin, die Kompaniechefzeit sei »eine der schönsten, die man haben kann. Sie ist erst wieder vergleichbar mit der eines Brigadekommandeurs«[153]. Noch am Ende seiner Karriere kannte er nur eine Steigerung, nämlich die Verwendungsreihe »Brigadekommandeur, Divisionskommandeur, Kommandierender General – wem ist das geschenkt«[154]?

Seinen Posten als Stellvertretender Kommandeur betrachtete de Maizière wie auch sein jetzt neuer alter Vorgesetzter Müller-Hillebrand deswegen lediglich als Zwischenlösung[155]. Zwar konnte eine zunächst in Aussicht gestellte

---

149 Bericht Wehrbeauftragter des Deutschen Bundestages für das Berichtsjahr 1959, 8.4.1960, S. 10, zit. nach Schlaffer, Die Innere Führung, S. 144 f.

150 BMVg/P IV 1/G, Versetzungsverfügung Nr. 178/59, 8.5.1959, PA AdM, Akte Persönliche Unterlagen.

151 Abschiedsrede für GL Wessel, gehalten vom GenInsp de Maizière in Braunschweig, 26.6.1968 (nach ausführlichen Stichworten nachformuliert), BArch, N 673/59: »Sie waren Kommandeur einer Brigade, meiner Brigade, hier in Braunschweig, deren Stander noch heute in meinem Arbeitszimmer steht.«

152 Siehe z.B. de Maizière an Kdr PzGrenBrig 4, BG Hinrichs, 5.3.1965, BArch, N 673/43c; an Kdr PzGrenBrig 7, O Rolf Jürgens, 11.6.1965, BArch, N 673/43b; O Dr. Eberhard Wagemann, Kdr PzGrenBrig 4, 9.4.1969, BArch, N 673/54a; BG Rudolf Reichenberger, Kdr PzGrenBrig 11, 4.11.1970, BArch, N 673/49b; BG von Eichel-Schreiber, Kdr PzGrenBrig 5, 4.11.1970, BArch, N 673/39b; BG Fabian, Kdr PzGrenBrig 8, 4.11.1970, BArch, N 673/40; O Graf von Treuberg, Kdr JgBrig 11, 2.8.1971, BArch, N 673/52b; oder O Fürus, Kdr PzBrig 6, 17.9.1979, BArch, N 673/109.

153 De Maizière an H Reinhard Maetzel, 19.3.1969, BArch, N 673/46b.

154 Ansprache GenInsp de Maizière anlässlich der Verabschiedung der KG I. Korps, GL Uechtritz, und der Luftwaffengruppe Nord, GL Mahlke, am 24.9.1970 in Münster, BArch, N 673/61a.

155 Zwischen beiden entstand eine fast freundschaftliche Beziehung, in die im Laufe der Zeit auch die Familien einbezogen worden sind. Siehe den Briefwechsel zwischen beiden in BArch, N 673/47b. Müller-Hillebrand war es auch, den de Maizière noch 1974 dem MGFA

Verwendung in den USA angeblich wegen US-amerikanischer Zurückhaltung angesichts seiner Verwandten in der DDR nicht realisiert werden, doch der Inspekteur des Heeres, Generalleutnant Hans Röttiger, hatte signalisiert, ihm die Ausbildung des Generalstabsnachwuchses des Heeres in Hamburg anzuvertrauen[156]. So fuhr de Maizière im Juli ganz hoffnungsvoll mit seiner Familie in den Urlaub nach Holland und verbrachte »eine wunderschöne Zeit auf der Insel Walcheren«[157]. Ob er tatsächlich Karriereprobleme wegen seiner »Ost-Verwandtschaft« hatte, konnte nie ganz geklärt werden, scheint aber nicht unwahrscheinlich für die Zeit. Fest steht, dass Kurt Neubauer, sozialdemokratisches Mitglied des Bundestages seit 1952 und der einzige Parlamentsabgeordnete, der bis zum Mauerbau in Ost-Berlin wohnte[158], im Februar 1957 vom damaligen Geschäftsführer und stellvertretenden Vorsitzenden des Berliner SPD-Landesverbandes Josef Braun auf einen Vorfall aufmerksam gemacht wurde, über den er wiederum von einem Dr. Rahr informiert worden war. Neubauer jedenfalls schrieb umgehend an Fritz Erler, der sich mit Rahr am 7./8. März 1957 persönlich getroffen haben und am 11. März den Verteidigungsminister unterrichtet haben will. Strauß soll eine Untersuchung zugesagt haben und wollte »auf jeden Fall wegen der Einkäufe in Ostberlin, auch wenn sie zurückliegen, ein ernsthaftes Gespräch führen«; Erler fertigte dazu tags darauf eine Notiz an, in der er den gesamten Vorgang schilderte[159]:

Clemens de Maizière, inzwischen Anwalt in Ost-Berlin und Mitglied der Ost-CDU, habe sich in seiner früheren Dienststelle »den Ruf eines besonders linientreuen SED-Freundes erworben«, weil er einmal jährlich nach Westdeutschland reiste, um dort in Zusammenkünften »die Gedanken der Nationalen Front zu vertreten«. Anschließend erstattete er »schriftlich den verschiedenen Stellen der SED und des ostberliner [sic!] Staates Bericht«. Rahr wollte einen solchen Bericht selbst gelesen haben. Darin seien zwar »keine militärischen Informationen, sondern ausschließlich politische Schilderungen« enthalten gewesen, jedoch habe er »darauf aufmerksam gemacht, dass de Maizière in Bad Godesberg in der Wohnung seines Bruders mit mehreren Mitarbeitern des Verteidigungsministeriums zusammengetroffen sei und dort interessante Gespräche gehabt habe«. Darüber hinaus habe Ulrich de Maizière über seinen Bruder in Ost-Berlin eingekauft und über Rahr, der in Westberlin lebte, die Rechnung beglichen. Auf diese Weise sei beispielsweise für »Graf Kielman-

---

als möglich einzuladender Fachmann aus dem militärischen Bereich für dessen Tagung »Aspekte der Aufrüstung« nannte. Siehe de Maizière an OTL i.G. Fischer, MGFA, 19.2.1974, BArch, N 673/13.

156 De Maizière, In der Pflicht, S. 221.
157 Pesch an de Maizière, 29.6.1959, und de Maizière an Pesch, 10.8.1959, beide BArch, N 673/91.
158 Meyer, Kurt Neubauer.
159 Vermerk Erlers, 12.3.1957, AdsD, NL Erler, Mappe 135 B. Hiernach war Erler von Kurt Neubauer am 25.2.1957 über den Sachverhalt informiert worden. Dieser wiederum hatte darüber am 15.2.1957 eine Notiz von Josef Braun erhalten. Braun hatte sie am 14.2.1957 angelegt und Neubauer sie für Erler abgeschrieben. Sie befindet sich als Abschrift in Kurt Neubauer, MdB, an Erler, 25.2.1957, ebd.

segg« in Ost-Berlin »eine Flöte zum Preise von 500,- Mark« erworben worden. Beide westdeutschen Militärs hätten ihren Dank dafür »mit kleineren Geschenksendungen [...] zum Ausdruck gebracht«. Das Verhalten »der beiden Offiziere« sei zwar nicht strafbar, aber »[i]m Hinblick darauf, dass einem westberliner [sic!] Arbeitslosen die Unterstützung gesperrt wird, wenn er in Ost-Berlin einkauft«, doch »mindestens zu rügen«. Vorzuschlagen wäre deswegen eine Überprüfung, »bis wann sie diese Einkäufe fortgesetzt haben« und ob die Vorgesetzten über die Besuche des Bruders informiert gewesen seien. Schließlich müssten in Zeiten, in denen »man Bewerbern den Zutritt zur Bundeswehr verweigert, weil sie Angehörige in der Sowjetzone haben«, vor allem »für die Generalität scharfe Sicherheitsvorschriften gelten«. Entsprechende Kontakte könnten nur »dann nicht beanstandet werden, wenn sie vom Westen her nachrichtendienstlich genutzt wurden«.

Neubauer hatte Erler dazu geschrieben, er vermöge nicht zu beurteilen, »[i]nwieweit die Dinge von Wert sind«, halte sich aber für verpflichtet, »Dir diese Dinge mitzuteilen [...]. Wenn an den gemeldeten Dingen wirklich Ernsthaftes sein sollte, würden wir uns sicher Vorwürfe machen, nichts unternommen zu haben«[160]. Nachdem Erler dann tatsächlich etwas unternommen hatte, dürfte es ihn nicht überrascht haben, als ihm Helmut Schmidt Anfang Januar 1960 die Aktennotiz zugekommen ließ: »Vertraulich: de M. hat angeblich persönlich erhebliche Schwierigkeiten wegen des für höhere Stäbe notwendigen Persilscheins durch den MAD wegen naher Verwandtschaft in der DDR[161].« Angesichts des zeitlichen Zusammenhangs kann dieser Vorfall freilich dafür verantwortlich sein, dass de Maizières Karriere fast zeitgleich stockte[162].

Wie intensiv der Kontakt zwischen den beiden Brüdern tatsächlich gewesen ist, ist nicht zweifelsfrei zu klären. Man wusste zumindest über die beiderseitige familiäre Situation Bescheid[163]. Auch deswegen dürfte de Maizière an den deutsch-deutschen Ereignissen stets besonderen Anteil genommen haben. Zum Ausdruck brachte er es jedoch nur ein einziges Mal. In einer Ansprache als Kommandeur der Führungsakademie, in der er auch den Mauerbau erwähnte, gestand er zu, es fehle der Abstand, dadurch sei das unmittelbare Miterleben »sehr stark«. Vor allen Dingen spreche »viel Emotionales [...] mit«, insbesondere »für die, die selbst Jahre ihres Lebens in Mitteldeutschland verbracht haben

[160] Kurt Neubauer, MdB, an Erler, 25.2.1957, AdsD, NL Erler, Mappe 135 B.
[161] Helmut Schmidt, Aktennotiz über heutiges Gespräch mit O a.D. von Gaertner, für Fritz Erler, 4.1.1960, ebd. Schmidt bat Erler auf der Notiz »um vertrauliche Kenntnisnahme«.
[162] Josef »Jupp« Braun wurde übrigens 2009 von »Welt«-Autor Sven Felix Kellerhoff als Stasi-Spitzel »IM Freddy« bezeichnet. Siehe Sven Felix Kellerhoff, Die eifrigen Kollegen des Stasi-Spitzels Kurras, Welt-online, 25.5.2009, besucht am 20.3.2011.
[163] 1965 wusste de Maizière, dass sein Bruder, Rechtsanwalt Clemens de Maizière, in Berlin-Treptow, Herkomerstr. 12, Parterre, wohnte, und dass er, dessen Frau Christine und seine vier Kinder wohlauf seien. 1967: »Mein Bruder sitzt nach wie vor in Ostberlin als Rechtsanwalt. Seine vier Kinder sind nun schon erwachsen und er ist inzwischen bereits 7-facher Großvater.« Siehe de Maizière an Cläre Ritter, 14.7.1965, BArch, N 673/50a, und an Hans-Henning von Christen, 23.1.1967, BArch, N 673/38.

oder dort Verwandte und Freunde besitzen«[164]. Ansonsten hielt er sich mit Äußerungen vermutlich schon deshalb sehr zurück, weil der Kontext immer wieder medial benutzt worden ist, so beispielsweise im Herbst 1968 im Zusammenhang mit den Spionagevorwürfen um Flottillenadmiral Hermann Lüdke. De Maizière reagierte auch in diesem Fall souverän: »Dass in diesem Zusammenhang mein Bruder wieder ins Spiel gebracht wird, ist nicht überraschend. Die famose Illustrierte »Stern« hat damit begonnen. Ich bedanke mich für Ihr Angebot auf Hilfe und ich glaube, es ist nicht nötig, davon Gebrauch zu machen; das Haus hat sich in einer sehr klaren und eindeutigen Weise vor mich gestellt[165].«

Von persönlichen Treffen mit seinem Bruder und dessen Familie nahm er offenbar Abstand. Um wenigstens seinen Kindern den Onkel nicht vorenthalten zu müssen, wich man auf Verwandte aus wie 1971 die Familie Girmes in Lobberich. Nach diesem Treffen hörte er von dort, dass auch die Kinder und Enkel seiner Schwester Suzanne, die inzwischen in Nürnberg lebte, daran teilgenommen hatten[166]. Er selbst bedankte sich anschließend »für die große Gastfreundschaft, die Du und Deine Frau den verschiedenen Mitgliedern der Familie Maizière gewährt haben. Meine Kinder kamen sehr angetan von ihrem Besuch in Lobberich zurück«. Gleichwohl hoffte er auf Verständnis für sein Fernbleiben und darauf, dass sich »[w]enn ich erst ab 1972 mehr Zeit haben werde«, vielleicht »ein Treffen etwas leichter arrangieren« ließe[167]. Offenbar hat er tatsächlich erst ab 1983 an den Familentreffen teilgenommen, als seine Geheimhaltungssperrfrist abgelaufen war[168].

Zumindest was die US-amerikanischen Vorbehalte anging, will de Maizière selbst erst als Inspekteur des Heeres ein Abgehen von der entsprechenden Zurückhaltung ihm gegenüber empfunden haben[169]. Bereits anlässlich der Glückwünsche zu seiner Ernennung bedankte er sich jedenfalls beim seinerzeitigen Präsidenten des BND, Ministerialdirektor Reinhard Gehlen: »Ich weiß, welchen großen Anteil Sie daran haben, dass gegenüber unseren amerikanischen Freunden die Voraussetzungen für meine jetzige Verwendung geschaffen worden sind. Auch hierfür darf ich ihnen noch einmal ganz besonders danken[170].« Beide Männer kannten sich schon aus Kriegszeiten und der gemeinsamen Arbeit im Generalstab des Heeres. De Maizière vergaß bei den wenigen überlieferten Kontakten kaum einmal, sich »dankbar« zu erinnern, »[d]ass ich für meine Person

---

164   Ansprache Kdr FüAkBw, GM de Maizière, 17.6.1963, BArch, N 673/55.
165   De Maizière an BG Achim Oster, 7.11.1968, BArch, N 673/48b.
166   Ditt Girmes an de Maizière, 12.9.1971, BArch, N 673/41a.
167   De Maizière an Ditt Girmes, 17.9.1971, ebd.
168   De Maizière, Ich will, dass meine Kinder nicht mehr lügen müssen, S. 74.
169   De Maizière, In der Pflicht, S. 274.
170   De Maizière an Präsidenten BND, MinDir Gehlen, 8.10.1964, sowie dessen vorangegangenes Glückwunschschreiben vom 6.10.1964, beide BArch, N 673/82. Gehlen hatte seine Hoffnung ausgedrückt, »dass Sie auch weiterhin in guter Verbindung mit dem BND bleiben werden«.

Ihrem Einfluss und Ihrer Hilfe einiges verdanke«[171]. Zu Gehlens Verabschiedung aus dem aktiven Dienst am 30. April 1968 war de Maizière zwar dienstlich verhindert, bedauerte die Absage jedoch »umso mehr, als ich bei Ihnen immer großes Verständnis nicht nur für die Sache, sondern auch für meine Person gefunden habe«[172].

Mit Gehlens Nachfolger als BND-Präsident, Gerhard Wessel, verstand sich de Maizière aber insgesamt besser. Beide kannten sich seit gemeinsamen OKH-Zeiten[173]. De Maizière hatte als Inspekteur des Heeres wieder Kontakt zu Wessel aufgenommen, als er diesem zur Beförderung zum Generalleutnant gratulierte[174]. Wessel war seit 1962 Deutscher Militärischer Vertreter im Military Committee der NATO und freute sich über die »anerkennenden Worte«. Er empfand sie »in gewissem Sinne auch als Bestätigung der Richtigkeit der von mir in Washington vertretenen Line und zugleich als Verpflichtung [...], in dieser Richtung unverzagt weiterzuarbeiten«. Nach dem Zweiten Weltkrieg hatte Wessel in der »Organisation Gehlen« mitgearbeitet, war seit 1952 im Amt Blank und ab 1955 dann Oberst in der Bundeswehr[175]. Nach Wessels Übernahme des BND am 1. Mai 1968 nahm de Maizière seine Geburtstagswünsche an ihn im selben Jahr zum Anlass, seine Hoffnung auszudrücken, »dass die Zusammenarbeit zwischen unseren beiden Dienststellen sich etwas reibungsloser einspielen wird«. Von der beiderseitigen Bereitschaft dazu zeigte er sich überzeugt[176]. Tatsächlich konnten nach dem bald folgenden Besuch de Maizières in Pullach am 11./12. Februar 1969 etwaige Spannungen abgebaut werden[177]. Man informierte sich gegenseitig und traf sich regelmäßig zum Gedankenaustausch[178]. Ende 1970 zeigten sich beide davon überzeugt, »dass es gut und hilfreich ist voneinander zu wissen, welche Probleme uns bewegen«[179]. Bei seiner Pensionierung dankte de Maizière Wessel nicht nur für dessen Abschiedsgeschenk, das ihm »wirklich eine besondere Erinnerung an einen Dienst [sei], dem die Bundeswehr so viel verdankt und mit dessen gegenwärtigem Präsidenten mich so viel Gemeinsames verbindet«. Er hoffe darüber hinaus, man würde sich auch

---

[171] De Maizière an Präsidenten BND, GL d.R. Gehlen, 31.3.1967, BArch, N 673/41a. Zu weiteren Beispielen siehe de Maizière an Gehlen, 1.4.1968, oder Gehlen an de Maizière, 15.4.1969, beide ebd.

[172] De Maizière an Gehlen, 23.4.1968, ebd. De Maizière begründete sein Fernbleiben mit dem »lange zuvor angekündigten offiziellen Antrittsbesuch« von General Bennecke bei ihm.

[173] De Maizières Widmung in seinem Buch »In der Pflicht« im Exemplar für Gerhard Wessel lautete handschr. am 25.4.1989: »Für Generalleutnant a.D. Gerhard Wessel in alter kameradschaftlicher und freundschaftlicher Verbundenheit.« Für diesen Hinweis danke ich meinem Kollegen Magnus Pahl, in dessen Besitz diese Ausgabe gelandet ist.

[174] De Maizière an Deutschen Militärischen Vertreter im MC/NATO, GL Wessel; Wessel an de Maizière, 28.4.1965, BArch, N 673/54b.

[175] Wessel an de Maizière, 4.5.1965, BArch, N 673/54b. Siehe zu Wessel auch Krüger, Das Amt Blank, S. 198.

[176] De Maizière an Präsidenten des BND, GL a.D. Wessel, 19.12.1968, BArch, N 673/54a.

[177] Wessel an de Maizière, 13.2.1969, ebd.

[178] Wessel an de Maizière, 1.7.1969, de Maizière an Wessel, 25.3. und 27.12.1970, alle ebd.

[179] De Maizière an Wessel, 22.12.1970, sowie dessen Antwort, 30.12.1970, beide ebd.

»in Zukunft von Zeit zu Zeit sehen [...]«[180]. Dass de Maizière »[b]eim Aufräumen meines Panzerschrankes« einen »Packen von Unterlagen, die Sie mir im Sommer 1970 einmal zur Einsicht persönlich übergeben haben«, fand, dürfte ihm Wessel verziehen haben. Immerhin versicherte ihm der scheidende Generalinspekteur, »[d]ie Sachen« hätten bis dahin »sicher in meinem Panzerschrank gelagert«[181]. Darüber hinaus verfügte de Maizière noch über seinen Jahrgangskameraden Adolf Wicht, der nach seinem Ausscheiden als Oberst der Bundeswehr zum BND gewechselt war[182], und den langjährigen Vizepräsidenten des BND, Brigadegeneral der Reserve a.D. Hans-Heinrich Worgitzky, den er gleichfalls »schon aus der Vorkriegszeit« kannte[183], über Kontakte zum »Dienst«.

Im Sommer 1959 mag es also tatsächlich gewisse Bedenken aus Geheimdienstkreisen gegenüber de Maizière gegeben haben. Und so war die gute Stimmung nach der Rückkehr aus den Ferien rasch dahin. Denn als ihm die Standortverwaltung nach den Sommerferien endlich eine bundeswehreigene Sechs-Zimmer-Wohnung in der Hannoveraner Südstadt anbot, teilte ihm die Personalabteilung auf seine Nachfrage hin mit, er müsse mit einer längeren Stehzeit in Hannover rechnen. Davon war de Maizière alles andere als begeistert. Vier Jahre später, de Maizière war gerade zum Inspekteur des Heeres ernannt worden, erinnerte ihn sein alter Kamerad Konrad Benze an die »Hannover-Zeit, wo wir beide wohl den Tiefpunkt unserer Laufbahnen erlebten«[184]. Wie sehr sich de Maizières Perspektive zwischenzeitlich veränderte, zeigte sich in seinem Dankschreiben an den Vorsitzenden der Kameradschaft des ›Hannoverschen Regimentes 73‹, Dr. Georg Winckelmann, Anfang 1968. Seinerzeit hatte er eine Verbindung zwischen der Bundeswehr und dessen Organisation hergestellt[185], jetzt bedankte sich dieser mit der gerade erarbeiteten Regimentsgeschichte. Mit ihr fühlte sich de Maizière nun »an die schönen Jahre« erinnert, »die ich als Kommandeur in Hannover in der Scharnhorst- und Prinz-Albrecht-Kaserne habe verbringen dürfen«[186].

---

[180] De Maizière an Wessel, 29.3.1972, ebd. Es handelte sich um eine Münze mit dem Symbol des BND und eingraviertem Datum.

[181] De Maizière an Wessel, 27.3.1972, ebd. Dabei handelte es sich um Dokumente »um die Frage der Meldungen des BND mit politischem Inhalt«.

[182] Wicht schied Ende März 1968 aus der Bundeswehr aus und wechselte gleichzeitig zum BND. Siehe de Maizière an O Adolf Wicht, 26.3. und 28.11.1968; Wicht an de Maizière, 21.4. und 7.12.1968 sowie 2.2.1970, alle BArch, N 673/54b.

[183] Kondolenzschreiben de Maizières an Anna-Maria Worgitzky, 15.12.1969. Auf den Tag von de Maizières Schreiben exakt zwei Jahre zuvor hatte sich Worgitzky nach 42 Jahren im Staatsdienst bei de Maizière abgemeldet. Siehe Vizepräsident a.D. Hans-Heinrich Worgitzky an de Maizière, 15.12.1967, sowie dessen Antwort, 19.12.1969, alle ebd. Worgitzky (1907-1969) war seit dem 24.5.1957 Vizepräsident des BND gewesen.

[184] Konrad Benze an de Maizière, 1.10.1964, BArch, N 673/82.

[185] Dr. Georg Winckelmann, 1. Vorsitzender Regiments-Kameradschaft 73, an de Maizière 28.12.1967. Winckelmann hat ihn auch zur 100-Jahrfeier des Regimentes am 14./15.10.1967 eingeladen. De Maizière musste aus terminlichen Gründen absagen, erinnerte sich aber »mit großer Freude und Dankbarkeit« der Gespräche aus seiner hannoverschen Zeit. Siehe de Maizière an Winckelmann, 26.9.1967, alle BArch, N 673/54b.

[186] De Maizière an Winckelmann, 4.1.1968, ebd.

Immerhin konnte de Maizière seine Familie nachholen. Die erste lange Trennung seit der Rückkehr aus der Kriegsgefangenschaft war weder ihm noch der Familie leichtgefallen; schon im August 1958 hatte Eva de Maizière mit den Kindern den ganzen Monat über eine Ferienwohnung in der Nähe von Hannover bezogen, um »die Zeit der Trennung der Familie um einen Monat« zu verkürzen[187]. Seine Sehnsucht war so groß, dass er sich vom Chefredakteur der »Rundschau« nach einer Weile gar die Bonner Ausgabe statt der Kölnischen nachsenden ließ, »damit ich ein wenig auch mit den örtlichen Fragen der Stadt in Berührung bleibe, in der ich fast 7 Jahre gelebt habe«[188]. Inzwischen aber waren seine Frau und er »die Trennung der Familie so leid«, dass sie sich entschlossen, nach Hannover umzuziehen[189]. Am 17. November 1959 zog die Familie in der Geibelstr. 93 ein[190].

Vier Wochen später vermeldete de Maizière, die Familie habe sich schon gut eingelebt, nur die Kinder hätten Umschulungsschwierigkeiten, »aber das geht ja den Kindern vieler Kameraden so«. Dass er dabei auch seiner Hoffnung Ausdruck verlieh, sie würden »nun nicht sofort wieder auseinandergerissen«, war zu diesem Zeitpunkt schon eine zweideutige[191]. Denn nur zwei Wochen nach dem Einzug hatte ihm der damalige Unterabteilungsleiter Heer in der Personalabteilung, Brigadegeneral Werner Haag, eröffnet, der Minister habe sich entschieden, ihn zum Kommandeur der Schule für Innere Führung in Koblenz zu ernennen. De Maizières Versuch, diese plötzliche Wendung zunächst vor der Familie geheim zu halten, scheiterte kläglich: Seine Frau enttarnte ihn bereits am ersten Abend und die Kinder erfuhren davon weitere zwei Wochen später durch Nachbarn. Freilich war davon niemand angetan, am allerwenigsten er selbst, hatte er doch »im Stillen auf eine Division gehofft«. Immerhin gelang es ihm mit Haag auszuhandeln, dass die Kinder das Schuljahr in Hannover zu Ende bringen konnten[192]. Ganz abwegig war die Hoffnung auf eine Division nicht gewesen, denn gerade zu dieser Zeit hatte man Kielmansegg, seit Oktober 1958 ebenfalls stellvertretender Divisionskommandeur, zugesagt, seine 5. Panzerdivision zum 1. Dezember 1959 übernehmen zu dürfen[193]. Möglicherweise waren de Maizière sein dezidiertes Eintreten für die Innere Führung und sein damit verbundener Ruf, zu den »Reformern« zu gehören, zum Verhängnis geworden. Beides stand unter der Regie von Franz Josef Strauß als Verteidigungsminister nicht eben hoch im Kurs, dem die Diskussion um de Maizières »Ost-Kontakte« womöglich zur rechten Zeit gekommen war.

Warum de Maizière dann doch nicht in Hannover bleiben musste, ist nicht eindeutig zu klären. Kurz vor dem Umzug hatte er nach eigener Aussage noch beim neuen Staatssekretär Volkmar Hopf vorgesprochen. Beide kannten sich

[187] De Maizière an Heinen, 26.7.1958, BArch, N 673/91.
[188] De Maizière an Pesch, 22.12.1958, ebd.
[189] De Maizière an Heinen, 19.10.1959, ebd.
[190] De Maizière an Pesch, 2.11.1959, ebd.
[191] De Maizière an Heinen, 18.12.1959, ebd.
[192] De Maizière, In der Pflicht, S. 223 f.
[193] Feldmeyer/Meyer, Johann Adolf Graf von Kielmansegg, S. 228.

spätestens seit der gemeinsamen Zeit im Verteidigungsministerium, dessen Haushaltsabteilung Hopf seit 1955 als Ministerialdirigent geleitet hatte[194]. Über das Gespräch ist aber weiter nichts bekannt. Möglich ist auch, dass sein Mentor Heusinger eingriff. Dieser galt wegen seiner Nähe zu Adenauer beispielsweise der SPD-Führung noch 1963 als »ein großer Königsmacher«, obwohl er bereits seit 1961 als Vorsitzender des NATO-Militärausschusses (Military Committee) in Washington Dienst tat[195]. Ihm lag damals vor allem die Ausbildung des Führungsnachwuchses am Herzen und er hielt sehr viel von de Maizière[196]. Zudem hatte er 1959 gerade die regelmäßigen Treffen der ehemaligen Angehörigen der Operationsabteilung des Generalstabes des Heeres eingeführt; ein weiteres Netzwerk de Maizières war damit institutionalisiert, aus dem etliche Karrieren hervorgingen[197].

Vielleicht waren auch de Maizières andere Beziehungen im Spiel. Diese hatten sich während seiner Zeit in Hannover zumindest nicht verschlechtert. Schon 1958 war er dem Vorschlag Alexander Stahlbergs gefolgt, »neben der Uniform der jungen Bundeswehr das Rotary-Abzeichen zu tragen« und dem im Jahr zuvor gegründeten Rotary-Club (RC) Hannover-Ballhof beizutreten[198]. Dort erfüllte er die »Klassifikation Bundeswehr« und fühlte sich »besonders wohl«[199]. Er sollte ein Leben lang Rotarier bleiben und hinterließ einen nachhaltigen Eindruck[200]. Mit seinen späteren Verwendungen wurde er zunächst Mitglied im RC Hamburg-Altona[201], später im RC Bonn-Süd–Bad Godesberg[202].

---

[194] Krüger, Das Amt Blank, S. 190. Zu einer Kurzbiografie Volkmar Hopfs siehe Kollmer, Rüstungsgüterbeschaffung, S. 285 f.

[195] Notiz Erler, 11.2.1963, AdsD, NL Erler, Box 135.

[196] Meyer, Adolf Heusinger, S. 616–628, bes. S. 624 f.

[197] Feldmeyer/Meyer, Johann Adolf Graf von Kielmansegg, S. 71, nennt hier neben den beiden Generalinspekteuren Heusinger und de Maizière noch Kielmansegg, Bernd Freiherr Freytag von Loringhoven, Heinrich Gaedcke, Peter von Butler, Johann Condé, Karl-Christian Kleyser, Wolfgang Köstlin, Christian Schaeder, Wolfgang Schall, Helmut Schönefeld, Karl-Wilhelm Thilo und Wilhelm Thomas, die allesamt Generalsränge erreichen sollten. Nach dem Tod des Initiators 1982 wurde der »Heusinger-Kreis« von Kielmansegg weitergeführt.

[198] Stahlberg an de Maizière, 23.7.1964, BArch, N 673/83, erinnerte ihn 1964 daran.

[199] De Maizière an Heinrich Reimers, 27.1.1967, BArch, N 673/49b. De Maizière war von Reimers, damals Präsident des RC Hannover-Ballhof, neben anderen ehemaligen Mitgliedern zum »Fest seiner 10-jährigen Charterfeier« eingeladen worden, musste aus Termingründen aber absagen. Siehe Reimers an de Maizière, 23.1.1967, ebd.

[200] Siehe z.B. anlässlich seiner Ernennung zum Generalinspekteur Walther Kniep, Vorsitzender der Unternehmensleitung Maizena Gruppe, an de Maizière, 26.8.1966, BArch, N 673/44b: »Wir alle heute in Ihrem alten Rotarier-Kreis bei ›Jacob‹ waren der einstimmigen Überzeugung, dass die Übertragung dieser großen Aufgabe Bestätigung Ihres großen Fachwissens und Ihrer maßgeblichen Beteiligung am Aufbau der Bundeswehr ist.«

[201] Siehe z.B. Gertrud Hartmann, Commerzbank AG Hamburg, an de Maizière, 22.10.1965, BArch, N 673/43a. Der RC Hamburg-Altona nahm seinen Jahrgangskameraden und Nachfolger als Kommandeur der Führungsakademie, GM Jürgen Bennecke, auch in den Club als Nachfolger auf. Siehe Dr. Carl Sieveking, Präsident des RC Hamburg-Altona, an de Maizière, 1.11.1964 und 11.11.1964, sowie dessen Antwort, 17.11.1964, alle BArch, N 673/50b.

Dort traf er auf Männer in »leitenden Stellungen unterschiedlicher Berufe«, die ihm »das Einleben in neuen Umgebungen erleichtert und den Blick für die Welt außerhalb des Militärs offengehalten haben«[203]. In Bonn änderte sich seine Klassifikation in »Bundeswehr/Heer«; Mitglied dort war nämlich bereits Bernd Freytag von Loringhoven – damals noch im Führungsstab der Bundeswehr –, den er schon aus der ehemaligen Operationsabteilung des Generalstabes des Heeres kannte, mit dem er deswegen im »Heusinger-Kreis« zusammen war und der später sein Stellvertreter als Generalinspekteur werden sollte[204]. Immer wieder wurde er von dessen Clubs zu Treffen und Vorträgen eingeladen sowie um Rat gefragt[205]. Erst mit seiner Ernennung zum Generalinspekteur wurde es für ihn zunehmend schwieriger, seine Aufgaben dort zu erfüllen. Er bat deswegen den Präsidenten seines Clubs um Nachsicht, versicherte ihm jedoch, wie wohl er sich dort fühle und wie sehr er bemüht sei, seinen rotarischen Pflichten nachzukommen[206]. Folgerichtig empfand es de Maizière »in der Tat als etwas Besonderes«, als 1967 mit Oberst i.G. Josef Moll zum ersten Mal ein aktiver Offizier zum Präsidenten eines Rotary-Clubs, nämlich des RC Heidelberg, gewählt worden ist[207]. Moll hatte ihm dies indes nicht in de Maizières Funktion als Generalinspekteur, sondern »in dessen Eigenschaft als Rotarier« gemeldet[208].

Auch sonst hinterließ de Maizière offenbar bleibenden Eindruck auf unterschiedlichen Ebenen. Als er 1966 zum Generalinspekteur berufen wurde, gratulierte ihm beispielsweise Regierungsinspektor Karl-Heinz Kamm. Für diesen habe es schon damals »kaum Zweifel« gegeben, »dass Sie dieses Amt in naher Zukunft bekleiden würden«. Außerdem wisse er genau, wie viele sich noch über die Ernennung freuten, »insbesondere wohl auch Ihre ehemaligen Mitar-

---

[202] De Maizière an Sekretär RC Bonn Süd-Bad Godesberg, Gerd Hebermehl, 7.12.1964, BArch, N 673/42.

[203] De Maizière, In der Pflicht, S. 220.

[204] Dass der RC Bonn Süd-Bad Godesberg ihn »bereits nach so kurzer Zeit bittet, als Mitglied beizutreten«, empfand de Maizière seinerzeit »als eine Auszeichnung«, in seinem entsprechenden Aufnahmegesuch schlug de Maizière als Klassifikation »Bundeswehr/Heer« vor. Siehe de Maizière an Hebermehl, 7.12.1964, BArch, N 673/42.

[205] 1964 empfahl er auf Anfrage des Club-Präsidenten Lüth den Befehlshaber im Wehrkreis Hannover, BG Wilcke, den er »seit vielen Jahren« kannte, als seinen Nachfolger in der »Klassifikation ›Bundeswehr‹«. Siehe de Maizière an Lüth, 7.10.1964, BArch, N 673/83. 1968 bat ihn »Freund Polke« um Unterstützung, um Baudissin, der an der Uni Hamburg den Lehrauftrag für moderne Strategie übernehmen sollte, zum Beitritt zu bewegen. Siehe Dr. Heinrich Polke, Mitglied des Vorstandes der Commerzbank AG, an de Maizière, 30.8.1968, und dessen Antwort, 17.9.1968, beide BArch, N 673/49a. 1971 setzte sich de Maizière auf Bitten Stahlbergs im Falle des von Berlin nach Bonn versetzten Rotariers Dr. Dettmar Cramer, früher Berlin-Korrespondent der FAZ, ein, damit dieser in den RC Bonn-Bad Godesberg aufgenommen werden konnte. Siehe Alexander Stahlberg an de Maizière, 11.3.1971, sowie dessen Antwort, 14.4.1971, beide BArch, N 673/52a. Zu weiteren Beispielen siehe Reimers an de Maizière, 23.1.1967, BArch, N 673/49b, oder de Maizière an Prof. Dr. Gerhard Wietek, 26.9.1967, BArch, N 673/54b.

[206] De Maizière an Dr. Mayer-Aull, 28.9.1966, BArch, N 673/46b.

[207] De Maizière an O i.G. Josef Moll, 11.7.1967, BArch, N 673/47b.

[208] Moll an de Maizière, 4.7.1967, ebd.

beiter vom Stab der Kampfgruppe A in Hannover-Bothfeld«[209]. Sogar de Maizières Fahrer aus der Hannoveraner Zeit, Herbert Schuch, bot sich ihm umgehend wieder an. De Maizière fand das »sehr freundlich und nett«, musste aber
mitteilen, dass er von seinem Vorgänger einen fest zugeteilten Feldwebel als
Fahrer übernommen habe[210]. Doch mit einem der damaligen Untergebenen sollte sich tatsächlich eine enge Bindung entwickeln. Dem späteren Oberst Franz
Heuer, seinerzeit als Oberstleutnant sein Stellvertreter als Brigadekommandeur,
versicherte er noch bei dessen Abmeldung aus dem aktiven Dienst 1969, »wie
gerne ich mit Ihnen zusammengearbeitet habe, wieviel praktische Truppenführung ich auch von Ihnen gelernt habe. Ich glaube, wir beide waren zusammen
eine gute Ergänzung in der Führung der Brigade«[211]. Man hielt sich gegenseitig
auf dem Laufenden[212] und lud sich zu Familienfeierlichkeiten ein; bei letzteren
tat sich Heuer besonders als Hobbyfilmer hervor[213]. Außerdem stand wohl vor
der Tür zu de Maizières Arbeitszimmer zuhause »ein schwerer Messingritter«,
um »meine Ruhe [zu] bewachen«; er war ein Geschenk Heuers zu Weihnachten
1966[214].

Als de Maizière am 2. Mai 1960 schließlich die Versetzungsverfügung auf
den Posten des Kommandeurs der Schule für Innere Führung mit Wirkung vom
1. Juni 1960 erhielt, kehrte er gerade aus einem Kurzurlaub zurück[215]. Zehn Tage
lang wollte er sich in der Weserberglandklinik in Höxter »noch mit einer Kur
für die neue Aufgabe auffrischen«[216]. Bei seinem Abschied aus Hannover
schrieb de Maizière an Heinen, die neue Aufgabe sei einerseits »sicherlich reizvoll und auch für die Schlagkraft und die Stellung der Bundeswehr im Staate
sehr wichtig«, andererseits aber eine »sicher nicht leicht zu lösende Aufgabe,
wenn man seine Verantwortung ernst nimmt«[217]. Als dieser sechs Wochen später antwortete, konnte er de Maizière auf eine Meldung des gewöhnlich gut
unterrichteten Platow-Dienstes[218] aufmerksam machen, »die Sie interessieren

---

[209] RI Karl-Heinz Kamm an de Maizière, 26.8.1966, BArch, N 673/84.
[210] De Maizière an Herbert Schuch, 21.9.1966, auf dessen undat. schriftliche Anfrage (Anfang
       September 1966), beide BArch, N 673/85.
[211] De Maizière an O Franz Heuer, 8.4.1969, BArch, N 673/42. Heuer hatte sich zuvor mit
       Ablauf des 31.3.1969 bei de Maizière aus dem aktiven Dienst abgemeldet.
[212] Siehe die Korrespondenz zwischen beiden ebd.
[213] So z.B. die Konfirmationen der Kinder Barbara, Cornelia und Thomas sowie die Hochzeit
       von Barbara 1971. Siehe de Maizière an Heuer, 17.3., 7. und 15.11.1971, alle ebd.
[214] De Maizière an Heuer, 2.1.1967, ebd.
[215] BMVg/P IV 1 ANr. 226, Versetzungsverfügung Nr. 49/60, 2.5.1960, PA AdM, Akte Persön-
       liche Unterlagen. Als Reisetag war der 31. Mai festgesetzt.
[216] De Maizière an Pesch, 15.1. und 19.4.1960, beide BArch, N 673/91.
[217] De Maizière an Heinen, 6.4.1960, ebd.
[218] Die Zeit, 6.5.1960: »Neues vom Platow-Dienst: Eine Nachricht, die ausnahmsweise einmal
       nicht im Informationsbrief Dr. Platows gestanden hat und stehen wird, soll unseren Le-
       sern nicht vorenthalten werden: Dr. Robert Platow wird am 7. Mai 60 Jahre alt. In Ham-
       burg geboren, hat Dr. Platow, nach dem Studium in Kiel bei Prof. Bernhard Harms, seine
       journalistische Tätigkeit in Magdeburg begonnen, ist dann bald nach Berlin gegangen und
       hat dort sein Informationsbüro aufgebaut. Nach dem Kriege ist er in seine Heimatstadt
       zurückgekehrt, und hier hat er seine Informationsdienste – voran den in einem sehr per-
       sönlichen Stil gehaltenen »täglichen Brief« – zu einem unentbehrlichen Handwerkszeug

dürfte. Herzlichen Glückwunsch!« Dem beiliegenden Auszug konnte er entnehmen, dass der Bundeswehr »[e]ine große Verjüngungskur« bevorstehe. 20 Generale gingen »demnächst« in Pension, unter ihnen »Heusinger, Speidel sowie sämtliche sechs Befehlshaber der Wehrmachtsbereiche [sic!]«: »Für höchste Führungsaufgaben kommen infrage die jungen Generale De Maizière und Pannitzki [sic!][219].« De Maizière entgegnete Heinen, er »glaube, dass alle Prognosen den Möglichkeiten um viele Jahre vorauseilen«[220]. Außerdem verfasste er – nach eigener Aussage auf Anregung des Chefs vom Dienst der »Rundschau«[221] – einen »Cornelius«-Artikel unter dem Titel »Verjüngung in der Spitze. Die Altersgrenze bei der Bundeswehr«[222]. In ihm mahnte er zur Vorsicht bei »der Spekulation mit Namen«. Es sei »nichts [...] für die Kontinuität der Truppe und die Qualität der Führungsspitze gefährlicher als ein plötzliches Auswechseln aller führenden Generale zum gleichen Zeitpunkt«. Bei den Nachbesetzungen sei es außerdem wichtiger, allmählich wieder ein ausgewogenes Altersverhältnis in den höheren und höchsten Rängen des Offizierkorps herzustellen, das die Bundeswehr später vor tiefgreifenden, auf verhältnismäßig kurzem Zeitraum zusammengedrängten Personalveränderungen bewahre. Wahrscheinlich spielte er auch auf die Spekulationen mit seinem Namen an, als er hinzufügte:
»Ein guter Brigadegeneral braucht keineswegs auch ein guter Inspekteur zu sein. Er muss vorher Gelegenheit haben, sich in verschiedenen Positionen, vor allem als Truppenführer, möglichst auch in internationaler Arbeit zu bewähren und zu reifen und sich so das Vertrauen der Streitkräfte, der politischen Führung und der in- und ausländischen Öffentlichkeit zu erwerben.«

b) Kommandeur der Schule für Innere Führung (1960-1962)

Seinen neuen Dienstposten trat de Maizière mit gemischten Gefühlen an. Positiv vermerkte er, dass er erneut Kommandeur werden durfte und ohne Verzug mit der Familie umziehen konnte. In einem großen freistehenden Einfamilienhaus in einer eigentlich für französische Familien gebauten Wohnsiedlung auf der Pfaffendorfer Höhe in Koblenz fühlten sie sich alle wohl[223]. Auch die Stadt gefiel ihnen recht gut[224]. Sie war zwar nicht mit Hannover zu vergleichen, doch die alte Römerstadt am Zusammenfluss von Mosel und Rhein hatte Charme

---

der Unternehmenspraxis entwickelt. Wie jedermann wünscht, gut und schnell (und möglichst auch richtig) informiert zu sein, so ist es der Wunsch Dr. Platows, mit der rechten Mischung aus Sachlichkeit und Phantasie, mit ausgeprägtem Spürsinn für die Dinge von morgen, seinen Klienten einen Wegweiser für deren Entschlüsse und Dispositionen zu geben. G.K.«

[219] Heinen an de Maizière, 27.5.1960, BArch, N 673/91. Der Auszug findet sich als Anlage.
[220] De Maizière an Heinen, 7.6.1960, ebd.
[221] De Maizière an Pesch, 7.6.1960, ebd.
[222] »Cornelius«-Artikel »Verjüngung in der Spitze. Die Altersgrenze bei der Bundeswehr« in der »Rundschau«, 18.6.1960, ebd.
[223] De Maizière an Hans Condné, 27.12.1966, BArch, N 673/38.
[224] De Maizière an den OBü der Stadt Koblenz, Willi Werner Macke, 16.9.1966, BArch, N 673/46b.

und war inzwischen zum größten Garnisonsort der Bundeswehr geworden[225]. Die gesellschaftlichen Verpflichtungen hielten sich in Grenzen, für das Familienleben blieb ausreichend Zeit und auch musikalisch wurde de Maizière wieder aktiver[226]. Nicht nur mit dem Oberbürgermeister der Stadt, Willi Werner Macke, entwickelte sich in der Folge eine lange andauernde freundschaftliche Beziehung, die auch die Ehefrauen mit einschloss[227].

Seine berufliche Zukunft sah zwischenzeitlich wieder heller aus. In einem Gespräch mit dem Minister wollte er einerseits den Eindruck gewonnen haben, dass »eigentlich besten Falls [sic!] ein Korps das höchst-denkbare Ziel sein könne«[228]. Andererseits hatte ihn noch vor seiner Amtsübernahme Heinz Michaels in der »Zeit« unter der Überschrift »Nachkriegsgeneräle rücken vor« zum »Hüter und Künder der Ideen des Grafen von Baudissin« ernannt. Zwar würden »alte Troupiers« über die Innere Führung »gern mit einem geringschätzigen Achselzucken oder einem mokanten Lächeln sprechen«, aber »gerade auf diesem Gebiet, auf der Überwindung des alten Kommissgeistes« liege »die Bewährungsprobe der Bundeswehr«[229]. So mag der offensichtliche Knick in seiner Karriere de Maizière wohl bewusst gewesen sein, doch augenscheinlich begriff er dies auch als Chance. Nach seinen zweieinhalb Jahren bei den Grenadieren bewertete er die Truppenverwendung nun als Conditio sine qua non. Man müsse »[d]as Klima in der Truppe [...] persönlich ›erlebt‹ haben«, um »die im Aufbau begriffene Bundeswehr in ihrem Wesen verstehen« zu können. Dabei war in ihm die Überzeugung gereift, dass sich diese Armee »von der Wehrmacht am auffallendsten durch die Menschen [unterschied], die in ihr dienten, gleich ob Wehrpflichtige oder Berufssoldaten«. Angesichts der ebenfalls in der Praxis erfahrenen Mängel in der Umsetzung der Inneren Führung konnte er sich dieser Aufgabe nun verstärkt widmen[230].

Die Schule der Bundeswehr für Innere Führung, bereits am 1. Oktober 1956 in Köln aufgestellt, 1957 dann nach Koblenz verlegt, war in deutschen wie ausländischen Armeen ohne Beispiel. Konzipiert als Lehr- und Forschungsstätte

---

[225] Geschichte der Stadt Koblenz. Erst 1962 überschritt die Einwohnerzahl die Grenze von 100 000.

[226] De Maizière, In der Pflicht, S. 236 f.

[227] De Maizière an Macke, 7.10.1964, BArch, N 673/83.

[228] Dr. Eberhard Barth an de Maizière, 28.8.1966, BArch, N 673/84. Anlässlich seiner Ernennung zum Generalinspekteur erinnerte Barth de Maizière an eine Begegnung »in Ihrem Amtszimmer in Koblenz. Da sagten Sie, frisch und gar nicht resigniert, dass Sie mit dem Minister über Ihre berufliche Zukunft gesprochen hätten«.

[229] Michaels, Nachkriegsgeneräle rücken vor. Eine neue Generation in der Führung der Bundeswehr, Die Zeit, 20.5.1960. Die gesamte Passage lautete: »Zwei andere Umbesetzungen betreffen die Innere Führung, über die alte Troupiers gern mit einem geringschätzigen Achselzucken oder einem mokanten Lächeln sprechen. Und doch liegt gerade auf diesem Gebiet, auf der Überwindung des alten Kommissgeistes, die Bewährungsprobe der Bundeswehr. Hüter und Künder der Ideen des Grafen von Baudissin – der heute als Brigadekommandeur seine Theorien in die Praxis umsetzt, für den aber auch bald eine neue Verwendung fällig sein dürfte – ist jetzt der Brigadegeneral Ulrich de Maizière geworden, der die Schule für Innere Führung in Koblenz übernimmt.«

[230] De Maizière, In der Pflicht, S. 224.

der Bundeswehr, sollte sie den soldatischen Führern gesicherte geistige und praktische Grundlagen für deren erzieherische Arbeit vermitteln. Ihr erster Kommandeur, Brigadegeneral Artur Weber, hatte die Schule aufgebaut, ihr Struktur und Aussehen verliehen. Jetzt galt es, ihr auch inhaltlich ein Gesicht zu geben und sie dabei auf eine streitkraftgemeinsame Ausrichtung zu trimmen[231]. Für de Maizière bestanden vor allem in der Bewertung und Anwendung der Inneren Führung erhebliche Unterschiede zwischen den Teilstreitkräften. Gleich am ersten Tag erklärte er seinem Stab, was er von ihm erwartete[232], und schon Ende August 1960 machte er sich zu einer zweiwöchigen Reise zur Marine auf; einige Monate später besuchte er die Luftwaffe. In einem vertraulichen Gespräch unter vier Augen schilderte ihm der Befehlshaber der Flotte, Konteradmiral Rolf Johannesson, die innere Situation der Marine. Seinem Tagebuch vertraute de Maizière anschließend an:

»Positiv: geschlossenes Corps, fast wie ein Orden, hohes Maß an Kameradschaft u. Zusammenhalt. Negativ: Vergangenheit ist nicht bewältigt. Mit wenigen Ausnahmen stammen die führenden Männer der Marine aus dem Stabe Dönitz. Fühlen Treueverpflichtung zu Dönitz u. Raeder. Glauben nichts falsch gemacht zu haben, haben keinerlei Schuldgefühl, lehnen Männer des 20.7. ab. Die innere Situation kann nur schrittweise – wenn überhaupt – abgebaut werden[233].«

Drei Tage später ergänzte er nach seinem Besuch an der Marineschule Mürwik, vor allem nach einer Diskussion mit einem halben Dutzend Offizieren: »Gewisse Bestätigung der Sorgen von Johannesson. Einsicht in Fehler der Vergangenheit gering. Verständnis für notwendige politische Bildung ungenügend[234].« Auf einer anschließenden Fahrt auf einem Zerstörer bis vor die schwedische Küste begeisterte ihn, dass »[a]n Bord eine überzeugende Verbindung von freiem Ton u. ungezwungener Haltung mit genauester und rascher Befehlstreue [herrscht]«. Doch eine Diskussion mit Offizieren über die Innere Führung bestätigte ihm auch hier, wie sehr dort das »Gefühl für Notwendigkeit der geistigpsychologischen Rüstung u. die Bereitschaft, sich mit der Zeit von 1933-1945 auseinanderzusetzen, [fehlt]«[235].

Seine Besuche bei der Luftwaffe brachten im Ergebnis ähnliches sowie eine noch stärkere Konzentration auf die technische Komponente, und so zog de Maizière daraus rasch die Konsequenzen. Wieder zurück an der Schule imple-

---

[231] Mit Weber, einem Schwager Gerhard Wessels, blieb de Maizière über dessen Pensionierung hinaus in Kontakt. Siehe dazu den Schriftwechsel zwischen de Maizière und GM a.D. Artur Weber in BArch, N 673/54a.

[232] Daran erinnerte der inzwischen zum Brigadegeneral aufgestiegene, damalige G3 der Schule, Helmut Bapistella, de Maizière anlässlich dessen Ausscheidens aus dem aktiven Dienst 1972. Gleichzeitig bedankte er sich »für all das, was ich bei Ihnen und von Ihnen lernen durfte«. Siehe BG Bapistella, Deutscher Militärischer Vertreter bei SHAPE, an de Maizière, 24.2.1972, BArch, N 673/88.

[233] Ulrich de Maizière, Dienstliche Tagebuchaufzeichnungen 30.5.1960-25.3.1961, Eintrag vom 22.8.1960, BArch, N 673/27.

[234] Ebd., Eintrag vom 25.8.1960.

[235] Ebd., Eintrag vom 31.8.1960. Siehe zu dieser treffenden damaligen Analyse de Maizières jetzt vor allem Sander-Nagashima, Die Bundesmarine, S. 25-29.

mentierte er bis 1961 eine dritte Lehrgruppe, in der neben dem bisherigen Schwerpunkt, nämlich die Kommandeure auf der Bataillonsebene in sechswöchigen Lehrgängen zu schulen, nun auch die Einheitsführer und Kompaniefeldwebel erfasst werden sollten. Außerdem führte er umgehend die Zusammenhänge von »Technik und soldatischer Menschenführung« neu in die Lehrpläne ein[236]. Die erste Maßnahme entsprach dabei durchaus auch den Erfahrungen in der Truppe. Fast zeitgleich ist von Kielmansegg als Divisionskommandeur in Sigmaringen die Einschätzung überliefert, dass hinsichtlich der »Verwirklichung der Inneren Führung« und der inneren »Befindlichkeit der heterogenen Offizierkorps« am Jahresende 1961 »unsere Stützen die Kommandeure« und »unsere Hoffnungen die Leutnante [sind]«[237]. Die zweite Neuerung basierte auch auf de Maizières Erkenntnissen, die er auf einem einwöchigen Lehrgang an der NATO Special Weapons School in Oberammergau im Oktober 1959 gewonnen hatte. Hier waren Generale und Oberste aus zehn NATO-Ländern von amerikanischen Offizieren »in die Atomkriegführung auf Gesamtstreitkräfteebene eingeführt« worden[238].

Während die NATO seit ihrer Gründung zunehmend auf den Einsatz von Nuklearwaffen setzte, dominierten die westdeutschen Militärs noch Vorstellungen einer konventionellen Landkriegführung[239]. Schon die Himmeroder Denkschriftschrift vom Oktober 1950 basierte auf dem beweglich geführten Gefecht mit mechanisierten Verbänden. Das hatte freilich mit der Heeresdominanz der militärischen Fachleute ebenso zu tun wie mit den im Zweiten Weltkrieg gemachten Erfahrungen, zumal im Krieg gegen die Sowjetunion. Trotz der Niederlage gegen die Rote Armee glaubten deutsche Generale sich immer noch in der beweglichen Kampfführung weit überlegen. Erst im Verlauf der 1950er-Jahre und angesichts des eigenen strategischen Dilemmas, nämlich Frontstaat im Kalten Krieg ohne nachhaltige eigene Abwehrkraft zu sein, schwenkten sie auf die US-amerikanische Linie der Nuklearisierung der Bündnisstrategie ein[240]. Diese gipfelte zwischenzeitlich in der NATO-Strategie der Massiven Vergeltung, also der Beantwortung jeder Aggression des gegnerischen Blocks mit atomaren Mitteln. Dadurch geriet man deutscherseits in ein neuerliches Dilemma. Da die Bundesrepublik selbst über Nuklearwaffen nicht verfügte, blieb sie einerseits wie bisher vollständig auf den Schutz durch die USA angewiesen und andererseits potenzielles Schlachtfeld eines nuklearen Schlagabtausches[241].

Diese Einsichten schufen sowohl Probleme hinsichtlich der Motivation als auch der Ausrüstung der gerade aufzustellenden eigenen Streitkräfte. Wie soll-

---

[236] De Maizière, In der Pflicht, S. 226 f.
[237] Zit. nach Feldmeyer/Meyer, Johann Adolf Graf von Kielmansegg, S. 59.
[238] De Maizière, In der Pflicht, S. 222. Der »NATO Senior Officers Orientation Course No 60« dauerte vom 12.-14.10.1956. Siehe Rautenberg, Ulrich de Maizière, S. 184.
[239] Thoß, NATO-Strategie, S. 17-108.
[240] Anfänge westdeutscher Sicherheitspolitik, Bd 3 (Beitrag Greiner), S. 622; Thoß, NATO-Strategie, S. 123-126.
[241] Maier, Die politische Kontrolle; Lemke, Vorwärtsverteidigung, S. 17-28.

te man die eigenen Soldaten davon überzeugen, ein Land verteidigen zu wollen, das im Zentrum eines Atomkrieges liegen würde? Und wie sollte man ohne eigene nukleare Bewaffnung einen solchen Krieg führen können[242]? Breite Bevölkerungsschichten dachten nicht anders, und so war man im Amt Blank sowie hernach im Verteidigungsministerium nachhaltig daran interessiert, die öffentliche Meinung auf seine Seite zu ziehen und um Vertrauen zu werben[243]. Unermüdlich hielten schon die Amtsangehörigen Vorträge vor einschlägigen Zirkeln und solchen, von denen man sich Multiplikatorenwirkung erhoffte. Kielmansegg und de Maizière waren hierbei nicht die einzigen, aber mit die fleißigsten Redner landauf und landab. Ihr Ziel war es, die unbedingte Notwendigkeit der umfassenden Westbindung zu verdeutlichen und den Zweck der atomaren Bewaffnung zu erklären[244].

Dabei war damals in der NATO und selbst innerhalb der westdeutschen militärischen Führung die Nuklearisierung der Kriegführung nicht unumstritten. Während innerhalb des Verteidigungsministeriums ein Generationenkonflikt konstruiert worden ist, der angeblich zwischen alten »Ostkriegskämpfern« und jungen fortschrittlichen Generalstabsoffizieren verlaufen würde, lagen die Bedenken de Maizières und weiterer Gleichgesinnter woanders. Sie dachten über Möglichkeiten nach, Deutschland vor der atomaren Vernichtung zu bewahren. De Maizière vertrat bereits 1956 die Meinung, die Atomwaffen brächten »keine Revolution, sondern nur eine Evolution«[245]. Sie waren aus seiner Sicht notwendig, weil sie die eigenen Optionen vermehrten und angesichts der NATO-Einbindung auch gar nicht ignoriert werden konnten. Eine allein auf konventionellen Krieg abgestellte Planung bewertete er als »zu eng«[246]. Langfristig bedürfe es dazu der Stärkung der konventionellen Komponente und der Zurückdrängung der Atomwaffen aus dem militärischen in den politischen Bereich. Der Einsatz von Atomwaffen sollte die letzte Antwort sein, die Kriegführung zuvor in ihrer ganzen Breite ausgeschöpft werden. Doch bis dahin war es noch ein weiter Weg, obwohl die katastrophalen Auswirkungen einer atomaren Auseinandersetzung bekannt waren und auch in den anderen westlichen Ländern allmählich zu einem Umdenken führten[247]. Wie naiv allerdings noch Mitte der 1960er-Jahre auch unter Militärs die Gefahren von Atomwaffen eingeschätzt worden sind, beweist der Hinweis des Generalmajors a.D. Vollrath von Hellermann, Mitbegründer und seit 1954 Geschäftsführer der Gesellschaft für

---

[242] Thoß, NATO-Strategie, S. 132 f.; Nägler, Zur Ambivalenz der Atomwaffe; Nägler, Der gewollte Soldat, S. 269-290.
[243] Zur innenpolitischen Auseinandersetzung siehe Thoß, NATO-Strategie, S. 331-370.
[244] Siehe hierzu z.B. die Rede Kielmanseggs »Die Verteidigungskonzeption der NATO«, gehalten an der Heeresakademie in Bad Ems, 6.7.1957, abgedr. in Feldmeyer/Meyer, Johann Adolf Graf von Kielmansegg, S. 199-208.
[245] Tagebucheintrag Baudissins am 16.8.1956 nach einem Gespräch mit de Maizière, zit. nach Nägler, Der gewollte Soldat, S. 269.
[246] Ulrich de Maizière, Dienstliche Tagebuchaufzeichnungen 1.7.1956-9.3.1957, Eintrag vom 16.8.1956, BArch, N 673/22.
[247] Thoß, NATO-Strategie, S. 199-245, sowie zu einem einordnenden Überblick Heuser, Die Strategie der NATO, und Krüger, Der Strategiewechsel.

Wehrkunde e.V. in München, an de Maizière, »dass selbst gegen die Atombombe ein Schutz in gewissem Umfang möglich ist«[248].

Insofern musste schon der Aufbau der Bundeswehr unter der sich modifizierenden atomaren Abwehrplanung der NATO stattfinden und sich dieser immer wieder anpassen[249]. Grundsätzlich richteten sich die Militärs in dieser Entwicklung ebenso ein wie die Gesellschaften im Kalten Krieg insgesamt[250]. Die latente Kriegsgefahr wurde hingenommen, zumal im westdeutschen »Wirtschaftswunderland«, wo sie vielen offenbar als Preis für uneingeschränkte Konsummöglichkeiten erschien[251]. Dabei haben am 12. April 1957 18 Atomforscher um Otto Hahn, Werner Heisenberg und Carl-Friedrich von Weizsäcker in ihrer sogenannten Göttinger Erklärung eindringlich auf die Gefahren der Nutzung der Atomkraft aufmerksam gemacht und vor einer entsprechenden Bewaffnung der Bundeswehr gewarnt[252]. Die daraufhin vor allem von der SPD initiierte Gegenbewegung in der Kampagne »Kampf dem Atomtod« fand im Anschluss allerdings nur kurzfristig eine Massenbasis[253].

De Maizière fasste bereits 1957 die damalige Entwicklung vor dem Arbeitskreis für Wehrforschung in einem Vortrag mit dem Titel »Der Einfluss der modernen Waffen auf die Kriegführung – Gedanken und Anregungen« zusammen. Er basierte auf der Feststellung, »dass es zu einem Krieg in unserem Raum nur dann kommen [wird], wenn ein anderer angreift«, also die Sowjetunion. Sie habe »eine weite Skala an Möglichkeiten für kriegerische Auseinandersetzungen« und nicht allein die Option »eines großen Krieges«. So oder so gebe es angesichts der modernen Waffenwirkung keine nationalen Lösungen mehr, Sicherheit sei nur noch in internationalen Gemeinschaften und gemeinsamen Verteidigungsanstrengungen zu finden. Im Falle eines großen Krieges seien die zu treffenden Maßnahmen umfassend, zeitkritisch und bedürften deswegen besonderer Befugnisse. Hier sah er den Bundestag in der Pflicht, »eine Notstandsregelung zu schaffen, die als die gesetzliche Ausgangsbasis für alle Vor-

---

[248] GM a.D. Vollrath von Hellermann, Geschäftsführer der Gesellschaft für Wehrkunde e.V., an de Maizière, 11.5.1966, BArch, N 673/42. Als »Beweis« führte von Hellermann ein Buch an, das er de Maizière als Geschenk für dessen Vortrag in München übersandte, in dem »die Schicksale von neun Japanern geschildert [sind], die sowohl Hiroshima als auch Nagasaki nicht nur miterlebt sondern auch durchlebt haben«, daraus ginge dies »einwandfrei hervor«.

[249] Siehe dazu ausführlich Thoß, NATO-Strategie, S. 247-721, zu Möglichkeiten und Grenzen westdeutscher atomarer Rüstung und Mitbestimmung bes. S. 371-511, sowie Larres, Sicherheit mit und vor Deutschland.

[250] Zu den Gesellschaften im Dauerkonflikt des Kalten Krieges siehe Stöver, Der Kalte Krieg, S. 188-246, zu den Mentalitäten im Atomzeitalter bes. S. 200-217.

[251] Görtemaker, Geschichte der Bundesrepublik Deutschland, S. 119-182; zum europäischen Kontext Judt, Die Geschichte Europas, S. 362-391.

[252] Lorenz, Die »Göttinger Erklärung«. Die weiteren Unterzeichner waren Fritz Bopp, Max Born, Rudolf Fleischmann, Walther Gerlach, Otto Haxel, Hans Kopfermann, Max von Laue, Heinz Maier-Leibnitz, Josef Mattauch, Friedrich Adolf Paneth, Wolfgang Paul, Wolfgang Riezler, Fritz Straßmann, Wilhelm Walcher und Karl Wirtz.

[253] Görtemaker, Geschichte der Bundesrepublik Deutschland, S. 189-193; Rupp, Außerparlamentarische Opposition.

bereitungen der Verteidigung und des Überlebens dienen kann«. Sie müsste für den militärischen und für den zivilen Bereich gelten, denn allein auf diese Weise sei »eine Kriegsorganisation« zu schaffen, die den Erfordernissen moderner Kriegführung gerecht werde. In diesem Zusammenhang schien ihm »die Atomwaffe mehr [...] als eine Verstärkung der konventionellen Waffen«. Man komme nur dann zu realistischen Konsequenzen, wenn man sie in den Mittelpunkt aller strategischen und taktischen Überlegungen rücke. Die Streitkräfte müssten sich deswegen »eindeutig« auf die Atomkriegführung einstellen. Letzten Endes legte er sich auf vier »wesentliche Erkenntnisse« fest: Erstens erfordere die aktuelle Situation eine »hohe praktische und psychische Abwehrbereitschaft der Truppe und des zivilen Bereiches«; die psychische Überlebenskraft der Heimatfront sei in einem zukünftigen Krieg »vielleicht« entscheidender als die militärischen Maßnahmen. Zweitens sei die »Zusammenfassung aller militärischen Mittel unter einer klaren Wehrmachtführung [sic!]« eine »unumgängliche Forderung«. Drittens habe die »Kunst der Führung« eine »neue und wichtige Rolle« erhalten: Die militärischen Führer aller Ebenen müssten nicht nur fachlich hochgebildet und geistig beweglich sein, sondern auch »in besonderem Maße über die Gabe der Menschenführung verfügen«. Und viertens könnten technische Entwicklung und Fortschritt nur wirksam und sinnvoll sein, wenn sie »vom menschlichen Geist« bewältigt und gelenkt würden[254].

Es war also mehr als das sprichwörtliche Rufen im Wald, wenn de Maizière noch in seiner Schlussansprache als Kommandeur der Führungsakademie im September 1964 daran erinnerte, die Atomwaffen seien »mehr als eine ›verstärkte Artillerie‹«. Gleichgültig, ob sie eingesetzt würden oder nicht, seien sie der Ausgangspunkt aller taktischen und operativen Überlegungen. Gleichwohl warnte er erneut vor der Vorstellung, »dass es nur die A-Waffen sind, von denen der Ausgang eines Krieges abhängig ist«. Seiner Meinung nach hätte es noch nie Waffen gegeben, die Kriege entschieden und beendeten. Dazu sei immer »das Zusammenwirken verschiedener Waffen, das Gefecht der verbundenen Waffen, nötig«[255].

Das waren klare Forderungen vom Standpunkt des Militärs aus. Die damit zusammenhängenden innenpolitischen Friktionen flossen nicht in die Betrachtung ein. Seine damalige Bewertung entwickelte de Maizière aus seiner Beurteilung der geopolitischen Lage, die er bereits in einem Vortrag »Die strategische Lage in der Bundesrepublik« auf der ADK-Tagung am 24. März 1956 im Stegerwald-Haus in Königswinter ausgebreitet hatte. Sie entsprachen seinerzeit durchaus dem Konsens in der westdeutschen militärischen Führung[256]. Dabei ordnete er die Bundesrepublik in das einschlägige bipolare Paktsystem ein und sprach sich dezidiert gegen eine mögliche Neutralisierung der Bundesrepublik

---

254 »Der Einfluss der modernen Waffen auf die Kriegführung – Gedanken und Anregungen«, Vortrag BG de Maizière vor dem Arbeitskreis für Wehrforschung, 25.10.1957, BArch, N 673/55.
255 Schlussansprache Kdr FüAkBw, GM de Maizière, am 5.9.1964 anlässlich seiner Versetzung in das BMVg, BArch, N 673/58.
256 Thoß, NATO-Strategie, S. 249‒331.

aus. Angesichts der Tatsache, »dass wir nur eine kleine Rolle in dieser Welt spielen«, gebe es keine Alternative; »wir [müssen] unsere Sicherheit einpassen [...] in die Sicherheit unserer Partner«. Folglich sei die Aufstellung der Bundeswehr nicht isoliert zu betrachten und daraus Schlussfolgerungen zu ziehen, »wie es in Deutschland so oft gemacht wird«[257].

Seine Sicht der Dinge brachte er vor der Deutschen Gesellschaft für Auswärtige Politik Anfang November 1961 auf den Punkt: »Der Osten« denke kontinental, »[d]er Westen [...] maritim«. Die Sowjetunion sei bereit, ihre »Menschenmassen rücksichtslos einzusetzen« und verfolge dabei eine offensive politische Konzeption, nämlich »die Ausdehnung der kommunistischen Ideologie und Herrschaft auf die ganze Welt«. Im Westen wolle man dagegen nur verteidigen, »den kommunistischen Herrschaftsbereich an der Ausdehnung hindern, mit dem Ziel, die Freiheit zu bewahren«. Dazu würden souveräne Staaten kooperieren, wobei die USA freilich ein überwältigendes Übergewicht besäßen. Weder sei die Bundeswehr in der Lage noch dazu konzipiert, eine Verteidigung in einem größeren Krieg aus eigener Kraft sicherzustellen. Infolgedessen seien die westdeutschen Streitkräfte »der« Beitrag zur gemeinsamen Verteidigung, »der zu ihrer Ergänzung und vollen Wirksamkeit zwischen Alpen und Nordsee nötig ist«. Allein aus dieser Aufgabenstellung heraus habe man die Organisation der Bundeswehr entwickelt. Deswegen besitze sie rasch einsatzbereite und entsprechend ihren Aufträgen dislozierte, starke, vollbewegliche, gepanzerte, wenigstens mechanisierte Landstreitkräfte als Schwerpunkt der eigenen Gefechtsführung. Ihre »Ausstattung mit A-Waffenträgern« müsse mit der Ausrüstung der Truppen vergleichbar sein, die im gleichen Raum mit gleichen Aufgaben zu kämpfen hätten. Taktische Luftstreitkräfte müssten in der Lage sein, vor allem hinsichtlich der Aufklärung und der Erdkampfunterstützung dem Heer zu helfen und zugleich ihren Beitrag zur gemeinsamen Luftverteidigung in Mitteleuropa zu leisten. Aufgabe der Marine sei es darüber hinaus, »im Verein mit unseren nördlichen Nachbarn« die Ostseeausgänge gegen einen Durchbruch sowjetischer Streitkräfte aus der Ostsee zu sperren und die Sicherung des Geleitverkehrs in der Nordsee zu gewährleisten. Dafür reichten »[m]oderne raketentragende Zerstörer« aus, größere Schiffstypen brauche man nicht. Zur Bündelung aller nationalen Verteidigungsmaßnahmen und als gleichzeitiges Bindeglied zwischen den operativ beweglichen NATO-Truppen aller Nationen und den nationalen zivilen Behörden existiere die Territoriale Verteidigung.

Aus all dem leitete er letztendlich – »[s]olange es keine kontrollierte Abrüstung in einer Form gibt, die das militärische Gleichgewicht nicht einseitig zuungunsten des Westens verschiebt« – sechs Vorschläge an die politische Führung ab, die, wohlgemerkt nicht er selbst, sondern »der Soldat« allgemein »glaub machen zu müssen, wenn er den ihm gestellten Auftrag erfüllen soll«:

---

[257] »Die strategische Lage in der Bundesrepublik«. Vortrag O de Maizière auf der ADK-Tagung im Stegerwald-Haus in Königswinter, 24.3.1956, BArch, N 673/55.

»1. Eine ausreichende amerikanische militärische Präsenz in Europa und in der Bundesrepublik; denn es gibt keine Sicherheit in Europa ohne Amerika. 2. Die Einbettung der militärischen Kräfte der Bundesrepublik in den Rahmen der NATO mit einer gewissen operativen Planung und in einer engen militärischen Integration; denn es gibt keine Verteidigung allein aus nationaler Kraft. 3. Enge europäische Zusammenarbeit vor allem mit Frankreich und England; denn das Operationsgebiet in Mitteleuropa von der Elbe bis zum Atlantik ist unteilbar. 4. Fortführung des Aufbaus der Bundeswehr entsprechend den Forderungen der NATO; denn nur bei einem mit unseren Partnern vergleichbaren militärischen Beitrag kann gefordert werden, dass die Verteidigung an der Elbe beginnt. 5. Eine Bewaffnung und Ausrüstung der Bundeswehr, die ihrem Auftrag innerhalb der NATO entspricht und nicht schlechter ist als die derjenigen Truppen, die auf gleichem Raum mit gleicher Aufgabe kämpfen und 6. Die Organisation einer konsequenten zivilen Verteidigung, die das Überleben derjenigen ermöglicht, deren Erhaltung die Verteidigung gilt.«

Daraus folgerte de Maizière, es könne keine Ideallösungen geben. Vielmehr müssten Lösungen gefunden werden, »die unseren nationalen Interessen noch entsprechen und zugleich für die Interessen auch unserer Partner noch akzeptabel sind; denn diese Lösungen sind die einzigen, die politisch realisiert werden können«[258].

Obwohl er konsequent auf Vorträgen innerhalb wie außerhalb der Bundeswehr für solche Einsichten warb, lag sein Schwerpunkt in dieser Phase seiner Karriere freilich auf der zunehmend breiteren Vermittlung des Konzeptes der Inneren Führung. Er ließ dafür an der Schule Informationstagungen für ehemalige Generale der Wehrmacht ebenso durchführen wie im Februar 1961 erstmalig einen Lehrgang für Gewerkschaftsfunktionäre[259]. Außerdem sorgte er für ein Mitspracherecht der Schule bei der Auswahl der Lehrgruppenkommandeure und Lehroffiziere[260]. Einige von ihnen hatten wohl des Öfteren Anlass zur Klage gegeben, weil sie die Lehrinhalte durch ihr Auftreten selbst infrage stellten. Nach dem Besuch eines Lehrgangs schrieb der SPD-Bundestagsabgeordnete Wolfgang Schult an Herbert Wehner dazu beispielsweise, »[d]er moderne Geist, der von der Schule für Innere Führung ausgehen soll«, sei zwar von den Teilnehmern gut verstanden worden, der Lehrgangsleiter Oberstleutnant Karbe allerdings »ein schlechter Mittler dieses Geistes« gewesen. Vor allem seine Art der Diskussion und sein Auftreten hätten »Zweifel an der Wahrhaftigkeit dieses Geistes« erregt. Von »seinen Kollegen« und vom Kommandeur der Schule würde dies »gleichermaßen beurteilt«[261].

---

258 »Die Bundesrepublik in der strategischen Weltlage«, Vortrag BG de Maizière vor der Deutschen Gesellschaft für Auswärtige Politik, 2.11.1961, ebd.

259 Ulrich de Maizière, Dienstliche Tagebuchaufzeichnungen 30.5.1960-25.3.1961, Eintrag vom 6.2.1961, BArch, N 673/27.

260 De Maizière, In der Pflicht, S. 232 f.

261 Wolfgang Schult, Fraktion der SPD im Bundestag/Arbeitskreis VIII, Sicherheitsfragen, an Herbert Wehner, MdB, Betr.: Seminar der Schule für Innere Führung der Bundeswehr in Koblenz-Pfaffendorf für Betriebsratsmitglieder in der Zeit vom 24.-28.4.1962, 8.5.1962, AdsD, NL Erler, Mappe 139 A.

Ganz der Generalstabsoffizier, der er war und den es deswegen stets zur klaren Begrifflichkeit zog, unternahm de Maizière darüber hinaus keine geringe Anstrengung, um »eine griffige, allgemeinverständliche Antwort auf die immer wieder von Soldaten und der Öffentlichkeit gestellte Frage vorzulegen«, was denn eigentlich die Innere Führung sei[262]. Wie dringend notwendig eindeutige Positionen waren, bewies der FDP-Vorsitzende Erich Mende in der Diskussion mit dem XV. Kommandeurlehrgang im Juni 1960, als er »von den Streitkräften als ›4. Säule‹ des Staates« sprach. De Maizière stellte dies umgehend richtig und bezeichnete es hinterher in seinem Tagebuch als »Panne«[263]. Auf der Suche nach einer treffenden Definition für den Begriff der Inneren Führung ließ er einen Wettbewerb ausschreiben, in dem für die besten, anonym eingereichten Vorschläge Preise ausgelobt worden waren. Zwar gewann Major i.G. Carl-Gero von Ilsemann, damals Hörsaalleiter, vorher G3-Stabsoffizier der Schule, gleich vier dieser (Buch-)Preise mit vier seiner sechs verschiedenen Einsendungen[264]. Weil jedoch keine Formulierung für sich alleine den Anspruch auf eine allgemeingültige Definition erfüllte, bastelte man an der Schule weiter daran herum. Dabei kam schließlich die letztliche Fassung heraus: »›Innere Führung‹ ist moderne, zeitgemäße, militärische Menschenführung von den Grundlagen unserer rechtlichen und sozialen Ordnung her auf die Verteidigung hin«. Mit dieser Feststellung hat die Schule dann auch einige Jahre lang gearbeitet und noch in seinen Memoiren hielt sie de Maizière für »die beste Definition«[265]. Sie sollte vor allem die eigenen Soldaten von der Richtigkeit des eingeschlagenen Weges überzeugen, ihn aber gleichzeitig auch für die Öffentlichkeit transparenter machen.

Inzwischen war das Interesse an den Lehrgängen insgesamt so gewachsen, dass bereits über die Einrichtung einer vierten Lehrgruppe nachgedacht wurde. Das persönliche Beispiel de Maizières wirkte sich dabei besonders positiv aus, sowohl auf die jüngeren Lehrgangsteilnehmer, die oft »das durch sie geprägte neue Erscheinungsbild der Bundeswehr« mit zurück in ihre Einheiten nahmen[266], als auch auf die ehemaligen Wehrmachtoffiziere, wie Hans Klaus Fingerle in seinem Schreiben an de Maizière betonte. Dieser war damals Teilnehmer an einem Lehrgang für Kommandeure gewesen und wurde später Flottillenadmiral und Inspizient für Marineversorgung im Marineamt in Wilhelmshaven[267].

---

[262]   De Maizière, In der Pflicht, S. 228.

[263]   Ulrich de Maizière, Dienstliche Tagebuchaufzeichnungen 30.5.1960–25.3.1961, Eintrag vom 22.6.1960, BArch, N 673/27.

[264]   Bahnemann, Parlamentsarmee?, S. 99; de Maizière, In der Pflicht, S. 228.

[265]   Interview Ulrich de Maizière, Generalinspekteur zum Problem der ›Inneren Führung‹ mit Bernd C. Hesslein und Karl H. Harenberg im NDR vom 13.3.1972, gesendet um 21.10 Uhr, Dauer 20 min, Interviewniederschrift durch BPA/Abt. Nachrichten/Referat II/4, Deutsche Gruppe, 14.3.1972, BArch, N 673/62. De Maizière schrieb diese Fassung dem Vorschlag von Dr. Hermann zu.

[266]   Harry Wirth an de Maizière, 2.10.1964, BArch, N 673/83. Wirth hatte seinerzeit an einem Seminar »Junge Industrie« teilgenommen.

[267]   FA Hans Klaus Fingerle an de Maizière, 22.7.1968, BArch, N 673/40.

Gerade bei den Tagungen für die ehemaligen Generale aus der Wehrmacht, die keine Wiederverwendung gefunden oder diese nicht angestrebt hatten, wollte de Maizière eine gewissen Erfolg ausgemacht haben, unter anderem bei seinem ehemaligen Divisionskommandeur an der Ostfront, August Schmidt[268]. Anfangs notierte de Maizière noch in sein Tagebuch:

»Gesamteindruck der Tagung: Erfolg. Große Dankbarkeit der Teilnehmer, viele schon zu alt. Es gelang, die geänderten Voraussetzungen beim Aufbau der Bundeswehr zu erläutern u. verständlich zu machen u. damit auch Verständnis für eine moderne Innere Führung zu erwecken. Es besteht Aussicht, dass die Herren in unserem Sinne draußen wirken[269].«

Im Jahr darauf zeigte er sich an gleicher Stelle deutlich skeptischer: »Das alte Bild: die alten Herren sind ungeduldig u. teilweise arg nationalistisch[270].« Letzten Endes blieb es hier eher bei kleineren Erfolgen. So fragte beispielsweise 1965 der Ehrenvorsitzende vom »Familienverband ehemaliger Angehöriger der Windhund-Division (116. Pz.-Div.) e.V.«, General der Panzertruppe a.D. Gerhard Graf von Schwerin, bei de Maizière an, ob er den von ihm auf einer dieser Tagungen im August 1961 gehaltenen Vortrag mit dem Thema »Staatsbürger in Uniform – Illusion oder Möglichkeit?« im vereinseigenen Mitteilungsblatt »Der Windhund« abdrucken dürfe[271]. De Maizière hielt den Vortrag von 1961 für »zwar inhaltlich noch voll gültig, aber vielleicht doch schon ein wenig veraltet« und legte stattdessen seinen Vortrag von 1964, »Geistige Grundlage der Verteidigung«, bei, was Graf von Schwerin akzeptierte[272]. Auch mit anderen ehemaligen Wehrmachtgeneralen pflegte de Maizière den Kontakt. Er erinnerte sich später beispielsweise gerne an den Besuch von Generaloberst a.D. Eberhard von Mackensen und insbesondere an »die reizende Ansprache, die Sie seinerzeit auf mich gehalten haben. Sie ist mir unvergessen«[273]. Der informelle Nutzen solcher Verbindungen kann angesichts der politisch-militärischen Netzwerke hinter den Kulissen gar nicht hoch genug eingeschätzt werden. Nach dem Tod Mackensens kondolierte de Maizière dessen Witwe:

»Jeder, der den Generaloberst gekannt hat, hat unter dem Eindruck einer starken militärischen Persönlichkeit und eines vornehmen und ritterlichen Offiziers gestanden. Auch nach dem Kriege habe ich seine aufrechte Haltung bewundert und sein immerwährendes Interesse an den Problemen der jungen Bundeswehr dankbar empfunden. Der Verstorbene, der in der deut-

---

268 Zu entsprechenden Beispielen siehe de Maizière, In der Pflicht, S. 234 f.
269 Ulrich de Maizière, Dienstliche Tagebuchaufzeichnungen 30.5.1960–25.3.1961, Eintrag vom 26.11.1960, BArch, N 673/27.
270 Ulrich de Maizière, Dienstliche Tagebuchaufzeichnungen 27.3.1961–13.2.1962, Eintrag vom 18.11.1961, BArch, N 673/28.
271 General der Panzertruppe a.D. Gerhard Graf von Schwerin, Ehrenvorsitzender »Familienverband ehemaliger Angehöriger der Windhund-Division (116. Pz.-Div.) e.V.«, an de Maizière, 18.8.1965, BArch, N 673/51b. Das Blatt erschien seinerzeit in einer Auflage von ca. 3000 Stück vierteljährlich.
272 De Maizière an Graf von Schwerin, 30.8.1965, sowie dessen Antwort, 23.9.1965, beide ebd.
273 De Maizière an GO a.D. Eberhard von Mackensen, 8.10.1964, BArch, N 673/83.

schen Militärgeschichte einen Rang hat, wird bei uns nicht vergessen werden[274].«

Schwieriger gestaltete sich die Zusammenarbeit mit dem zivilen Bereich, dem »Wissenschaftlichen Forschungs- und Lehrstab«. Offiziell kein organischer Teil der Schule, legte er unter seinem Leiter seit 1958, Professor Dr. Gerhard Möbus, selbst nur unwesentlich jünger als de Maizière, größten Wert auf seine Selbstständigkeit. Damit setzte er sich innerhalb der Schule und ihres Lehrstabes erheblicher Kritik aus; noch lange über die damalige Dienstzeit hinaus diskutierten die Beteiligten die damaligen Positionen[275]. Zudem war er politisch umstritten: Schon 1959 hatte Baudissin davor gewarnt, dass Möbus »eindeutige ideologische Tendenzen zur CDU hin entwickelt«[276]. Drei Jahre später erklärte der SPD-Bundestagsabgeordnete Wolfgang Schult Möbus in einem Gespräch am 25. Mai 1962, dass er »nach Ausscheiden von Graf Baudissin aus der Inneren Führung die Kraft in der geistigen Bewegung zur Weiterentwicklung in den Gedanken der Inneren Führung vermisse«. Es gebe im gesamten Bereich des Bundesverteidigungsministeriums »heute keine geistig zündende zentrale Stelle mehr, die diese Arbeit leisten könne«. Am Ende forderte Schult dazu auf, es würde »der Schule für Innere Führung und insbesondere Herrn Prof. Möbus selbst gut anstehen, diese Aufgabe zu übernehmen«[277]. Die nicht spannungsfreie Zusammenarbeit mit ihm beeinträchtigte angeblich zwar die Routinearbeit der Schule kaum, dennoch forderte und erwirkte de Maizière im März 1962 eine ministerielle Klarstellung. Mittels einer Dienstanweisung bestätigte der Verteidigungsminister die ungeteilte Führungsverantwortlichkeit des Schulkommandeurs.

Obwohl de Maizières alter Freund und Streiter für die Innere Führung Baudissin für die Missstände allein Möbus verantwortlich machte, regte er erst nach de Maizières Versetzung, nämlich Anfang 1963, über Friedrich Beermann an, der SPD-Verteidigungsexperte Erler möge sich mit Dr. Hans-Adolf Jacobsen über die Nachfolge Möbus' ins Benehmen setzen[278]. Kurz darauf schrieb der Graf persönlich an Erler und meinte, man müsste Möbus jedenfalls »keine Träne nachweinen«. Er habe »wenig anderes getan, als einen – ganz im Gegensatz zur Konzeption – weitgehend beamteten, vorwiegend katholischen (14 zu 2 ungefähr) Stab aufzubauen, dessen Mitglieder zumeist Mittelschulformat und häufig kein Verhältnis zum Soldaten haben«[279]. Tatsächlich wandte sich Erler anschließend an Minister von Hassel. Auf seine Erkundigung »nach dem Stand

274 De Maizière an Margarete von Mackensen, 22.5.1969, BArch, N 673/46b.
275 O Günther M. Schönnenbeck an de Maizière, 23.2.1966, BArch, N 673/51b. Er berichtete de Maizière von entsprechenden Diskussionen am Stammtisch der ehemaligen Angehörigen der Schule für Innere Führung.
276 Fritz Erler, Aktennotiz über ein Gespräch mit O Graf von Baudissin am 17.12.1959 in Göttingen, 17.12.1959, AdsD, NL Erler, Box 145.
277 Wolfgang Schult, Fraktion der SPD im Bundestag/Arbeitskreis VIII, Sicherheitsfragen, Vermerk, Betr.: Innere Führung, 25.5.1962, AdsD, NL Erler, Mappe 139 A.
278 Notiz Fritz Erler, 11.2.1963, AdsD, NL Erler, Box 135.
279 GM von Baudissin an Fritz Erler, 18.2.1963, AdsD, NL Erler, Box 143.

der Besetzung in Koblenz« erhielt er von diesem immerhin die Zusage, er werde sich »in absehbarer Zeit um eine Nachfolge des Leiters bemühe[n]«[280].

Allerdings geschah nichts, und so eskalierte die Auseinandersetzung erneut, als die FAZ im August 1965 unter der Überschrift »Streit in der Schule für Innere Führung. Gegensätze zwischen General Hinkelbein und Professor Möbus« über einen erneuten Vorstoß von Möbus berichtete. Jetzt schaltete sich der SPD-Verteidigungsexperte Helmut Schmidt dazu schriftlich an Verteidigungsminister von Hassel ein. Dieser brauchte wegen des plötzlichen Todes von Möbus jedoch keine Klärung mehr vorzunehmen[281]. Eigentlich aber hatte der Minister handeln wollen, denn schon vorher war er vom CDU-Wehrexperten Dr. Richard Jaeger »auf Gerüchte« angesprochen worden, »die von einer Änderung des Status in Koblenz wissen wollen«. Ihm hatte der Minister daraufhin erklärt, an der Schule existiere tatsächlich eine »unbefriedigende Situation«. Diese sei allerdings nicht nur auf die Personen zurückzuführen, sondern auf »die Konstruktion der Schule«. Er habe deswegen »den früheren Leiter der Schule GenLt de Maizière beauftragt, mir einmal seine Auffassungen darzulegen«. Dessen Äußerungen »gingen auf eine Änderung der Struktur hin«[282]. De Maizière scheint mit Möbus selbst also deutlich weniger Probleme gehabt zu haben als Baudissin oder die SPD-Führung. Als ihn zehn Jahre nach Möbus' unerwartetem Ableben dessen Schüler, Dr. Lothar Bossle, daran erinnerte, dass Möbus »sich mit Ihnen, auch bei vorhandenen sachlichen Verschiedenheiten, innerlich immer gut verstanden hat«[283], bestätigte de Maizière dies: Er sei seinerzeit froh gewesen, dass er mit Möbus »immer einen dienstlich und persönlich fruchtbaren und angenehmen Kontakt hatte«[284]. Auch sein Verhältnis zum Forschungs- und Lehrstab insgesamt litt unter der Auseinandersetzung offenbar nicht[285]. Manche Verbindung aus dieser Zeit, wie die zu Dr. Martin Gritz, hielt lange über de Maizières Versetzung hinaus[286].

De Maizière sorgte in seiner Koblenzer Verwendung also für einige Bewegung. Er schien sich die eingangs angesprochenen medialen Vorschusslorbeeren tatsächlich verdienen zu wollen. In Bonn war er jedenfalls nicht vergessen. Während seiner knapp zwei Jahre besuchten die Generalinspekteure Heusinger

[280] Minister-Vermerk, 23.7.1963, NL von Hassel, ACDP, I-157-012/2.
[281] Telegramm Helmut Schmidt an von Hassel, 19.8.1965, sowie dessen Antwort, 3.11.1965, beide AdsD, 1/HSA A 005864. In diesem Bestand findet sich sowohl der genannte Ausschnitt aus der FAZ vom 17.8.1965 als auch ein Ausschnitt mit ähnlichem Tenor aus der »Stuttgarter Zeitung« vom selben Tag.
[282] Minister-Vermerk, 5.7.1965, NL von Hassel, ACDP, I-157-011/1.
[283] Dr. Lothar Bossle an de Maizière, 5.9.1966, BArch, N 673/84.
[284] De Maizière an Bossle, 16.9.1966, ebd.
[285] Wissenschaftlicher Forschungs- und Lehrstab bei der Schule der Bundeswehr für Innere Führung an de Maizière, 30.8.1966, BArch, N 673/85.
[286] Militärgeneralvikar Dr. Martin Gritz an de Maizière, 11.9.1965, BArch, N 673/41b. Gritz bedankte sich bei de Maizière »für die Ehre« dessen »persönlichen Teilnahme an der Feier des 25. Jahrestages meiner Priesterweihe« und dachte auch im Nachhinein »mit besonderer Dankbarkeit an die Jahre, die ich an der Schule Innere Führung unter Ihrer Führung verbrachte. Für mich waren es entscheidende Jahre, die mich Ihnen in besonderer Weise verpflichten«.

und Foertsch die Schule vier Mal und unterstrichen damit ihre Wertschätzung der Inneren Führung ebenso wie der Person des Kommandeurs. Ähnlich gute Beziehungen pflegte de Maizière zum Leiter der Unterabteilung Innere Führung im Führungsstab der Bundeswehr, Brigadegeneral Werner Drews, mit dem er bereits im Amt Blank eng zusammengearbeitet hatte. Mit dessen für die Schule zuständigen Referatsleiter Oberst Heinz Karst gestaltete sich die Zusammenarbeit indes schwierig. Über die Rolle der soldatischen Ordnung und der formalen Disziplin waren sie absolut unterschiedlicher Auffassung. Während Karst sie hinsichtlich Einsatz- und Kampfbereitschaft für ein unverzichtbares Erziehungsmittel hielt, bewertete de Maizière sie im Gesamtkonzept der Inneren Führung als weniger wichtig. Dies mag nicht zuletzt ein Grund dafür gewesen sein, weswegen er später als Generalinspekteur seine Zustimmung verweigerte, als man ihm Karst als Leiter der Unterabteilung Innere Führung anbot[287]. Noch an den Memoiren de Maizières zeigte sich die Unvereinbarkeit beider Poisitionen. De Maizière hatte Karst, wie anderen Personen, mit denen er sich dort ausführlicher beschäftigte, vorab im März 1988 die entsprechenden Passagen zugeschickt. Er wollte diesen »nicht vor Überraschungen stellen« und wäre daher »dankbar, wenn Sie diese Absätze einmal kritisch lesen würden und mich wissen ließen, ob ich unsere Gemeinsamkeiten und unsere Auffassungsunterschiede aus der Sicht der Jahre 1960 bis 1962 einigermaßen richtig getroffen habe, ohne dabei das kameradschaftlich gebotene Maß der Fairness verletzt zu haben«[288]. Bereits zwei Tage später antworte Karst, er finde »es prima, dass Sie derart fair Ihr Urteil abgeben und mir es vorher zuleiten«. Das unterschiede »den von mir stets anerkannten und verehrten General de Maizière wohltuend von Schmückle, der mir in seinem ›Ohne Pauken und Trompeten‹ Worte in den Mund legt, die ich nie gesagt habe«. Mit de Maizières Darstellungen zeigte er sich »weitgehend einverstanden«. Allerdings wundere er sich über »zwei Momente«: Zum einen hätten ihn weder die Konfession eines Soldaten interessiert noch dessen Parteizugehörigkeit. Zum anderen wüsste er »nicht so recht, wo der Legende [sic!] herstammt, dass ich derart versessen auf Formalausbildung gewesen sei«[289]? Im ersten Punkt gestand de Maizière sofort zu, er wisse, dass die Konfessionsfrage in den 1950er-Jahren »unter uns Soldaten« keine Rolle gespielt habe. Hinsichtlich der Formalia blieb er jedoch unbeeindruckt: »Es mag eine ›Legende‹ sein, dass Sie besonderen Wert auf Formalausbildung gelegt haben. In meiner Erinnerung allerdings unterscheiden wir uns tatsächlich im Urteil über die Bedeutung formaler Elemente für die Disziplin. So jedenfalls habe ich es subjektiv empfunden und in meinen Tagebuchaufzeichnungen bestätigt gefunden[290].« Bereits 1970 hatte Karst sich in einem Brief an de Maizière darüber beklagt, »dass mein Name im Pro und Contra immer wieder in der Presse erscheint und dabei auf Sätze, die ich angeblich gesagt, Artikel, die ich

---

[287] De Maizière, In der Pflicht, S. 236.
[288] De Maizière an BG a.D. Heinz Karst, 11.3.1988, BArch, N 673/177.
[289] Karst an de Maizière, 13.3.1988, ebd.
[290] De Maizière an Karst, 23.3.1988, ebd.

geschrieben haben soll, Bezug genommen wird. Aber das wird sich langsam legen. [...] Manche Legende muss man eben mit sich herumschleppen«[291]. Zu diesem Zeitpunkt war Karst gerade auf eigenen Wunsch in den Ruhestand verabschiedet worden.

Aus Bonn wurde de Maizière auch während seiner Zeit in Koblenz laufend mit Informationen zu aktuellen politischen Ereignissen versorgt. Im Zusammenhang mit dem Mauerbau orientierte ihn beispielsweise Drews über die Lage[292]. Dort schätzte man die Berlin-Krise als »sehr ernst« ein und rechnete mit einer weiteren Verschärfung. Weil die USA »ihre Rechte in Berlin verteidigen [werden], die Bundesrepublik gleichzeitig »nicht verteidigungsbereit« sei, wäre eine »Zurückhaltung politisch nötig«. Derweil sollte die eigene Verteidigungsbereitschaft durch »das Zurückhalten der am 30.9. planmäßig zu entlassenden Soldaten auf Zeit u. Wehrpflichtigen auf ein Vierteljahr sowie die Einberufung von 5000 Reservisten« gestärkt werden. De Maiziere sah hierbei »[s]chwierige verwaltungsmäßige, organisatorische u. psychologische Probleme [...] zu lösen«. Vor allen Dingen müsse sich die Innere Führung »jetzt bewähren«[293]. Denn die DDR war für ihn nichts anderes als der »Außenposten des Weltkommunismus in Mitteldeutschland«[294]. Eine Existenzberechtigung gestand er ihr nicht zu. Zeittypisch sprach er, egal ob persönlich oder als »Cornelius«, vom zweiten deutschen Staat nur als von »der sogenannten DDR«[295], »der sowjetisch besetzten Zone Deutschlands« beziehungsweise »der Zone«[296] oder der SBZ[297]. In der Bundeswehr existierte bis Anfang der 1970er-Jahre dazu keine klare Sprachregelung[298].

---

[291] Karst an de Maizière, 8.11.1970, BArch, N 673/44a.

[292] Zum Mauerbau und den Hintergründen siehe im Überblick Görtemaker, Geschichte der Bundesrepublik Deutschland, S. 355–365, und Mastny, NATO from the Soviet and East European Perspectives, S. 64–68, sowie zuletzt Taylor, Die Mauer, und Wolfrum, Die Mauer.

[293] Ulrich de Maizière, Dienstliche Tagebuchaufzeichnungen 27.3.1961–13.2.1962, Eintrag vom 6.9.1961, BArch, N 673/28.

[294] »Cornelius«-Artikel »Moskaus Lügen und die Tatsachen. Die unwiderruflichen freiwilligen Rüstungsverzichte der Bundesrepublik, Rundschau, 21.4.1960, BArch, N 673/91.

[295] Siehe z.B. »Cornelius«-Manuskript »Gneisenaus Lehren an die Gegenwart« (10/1960), erschienen in der »Rundschau« vom 27.10.1960 unter dem Titel »Der Mann, der Napoleon überwand. Zum 200. Geburtstag Neidhardt von Gneisenaus«, beide ebd., sowie Ulrich de Maizière, Ansprache Kdr FüAkBw (freier Vortrag, Tonbandaufnahme), 13.8.1962, BArch, N 673/57b.

[296] Ulrich de Maizière, Schlussbesprechung Planspiel 4. Einweisung Landesverteidigung am 24.4.1964, BArch, N 673/58; GM de Maizière, Kdr FüAkBw, Aufgabe und Gliederung der Bundeswehr, Abschlussvortrag beim Generalstabs-Kurzlehrgang (Ausländer) Heer, 29.6.1963, BArch, N 673/57a.

[297] Ulrich de Maizière, Schlussbesprechung Kdr FüAkBw zu dem Planspiel anlässlich der 2. Einweisung Landesverteidigung (freier Vortrag), 15.5.1962, BArch, N 673/57b; BMVg/ Informations- und Pressezentrum, Rede GenInsp, Gen de Maizière vor der Staatspolitischen Gesellschaft zum Thema »Die Bundeswehr heute und in den 70er-Jahren« in Hamburg am 10.3.1969, BArch, N 673/60. Sie wurde auch als Anlage von GenInsp/FüS I 6, Az.: 35-20-17-02, 30.3.1969, Information für die Kommandeure Nr. 1/69, BArch, Bw 1/160924, an die Truppe verteilt. Der Vortrag erschien in der Wehrkunde 4/April 1969, ein Sonderdruck findet sich in BArch, N 673/60.

[298] Kollegium im BMVg, Eintrag 20.2.1970, PAHS, Privat PZ, Kollegium im BMVg, Bd 1.

Schon bald nach dem Ende der Krise konnte de Maizière zwar »einige positive Folgen« des Mauerbaus erkennen, vor allem »das klare Bekenntnis der Vereinigten Staaten zu Berlin und die Dekuvrierung des Ulbricht-Systems vor der Welt«. Doch die negativen Folgen blieben für ihn bedeutender. Sie hätten zu einer Verschärfung der Spannungen in Mitteleuropa geführt und darüber hinaus die Hoffnung auf eine Wiedervereinigung in Frieden und Freiheit auf unübersehbare Zeit verschoben. Die durch Europa laufende Demarkationslinie entspreche nun »einer Macht- und Interessengrenze zwischen Ost und West«. Niemand würde also »erwarten können, dass unsere Freunde eingreifen, wenn ostwärts dieser Grenze etwas passiert«, weil das Überschreiten dieser Machtgrenze durch den Westen nach Osten nichts anderes bedeuten würde als »den großen Krieg«. Daraus gelte es die entsprechenden Konsequenzen zu ziehen, nämlich vor allem »frei zu halten, was uns bisher frei geblieben ist« und diesen Teil »stabil und anziehungskräftig zu machen oder zu erhalten«. Dazu ganz wesentlich beizutragen, sei die Aufgabe einer »intakte[n], gut organisierte[n], einsatzbereite[n] Bundeswehr«. Was den anderen Teil Deutschlands angehe, müsse man »Verbindung halten mit den Menschen drüben, die menschlichen Beziehungen nicht abreißen, sondern pflegen und vertiefen«, vor allem aber »den Wunsch zur Wiedervereinigung als eine politisch tragende Kraft des ganzen Volkes wachhalten und unseren Freunden im Ausland überzeugend darlegen«[299]. Auch in dieser Frage befand sich de Maizière in Übereinstimmung mit der großen Mehrheit der bundesrepublikanischen Bevölkerung. »Ostangst« und die durch sie katalysierte »Westbegeisterung« erwiesen sich als »durchgängigste Konstante bundesdeutscher Mentalität«[300].

Zu diesem Zeitpunkt war er allerdings bereits in seiner neuen Verwendung. Im Spätherbst 1961 hatte man ihm seine Versetzung nach Hamburg angekündigt und am 11. Februar 1962 schriftlich bestätigt: Mit Wirkung zum 1. April 1962 wurde de Maizière Kommandeur der Führungsakademie der Bundeswehr[301]. Dort sollte sich fortsetzen, was er bereits an der Schule für Innere Führung festgestellt hatte, nämlich dass »knapp die Hälfte der Arbeit des Kdr. [...] politisch [ist]«, weil »[d]ie politische Ausstrahlungskraft sowohl im innenpolitischen Raum wie in das Ausland [...] sehr groß« sei. Seinem Nachfolger gab er mit auf den Weg, die Stärke der Einrichtung sei, »dass die Grundsätze der I.F. bei allen politischen Parteien unumstritten sind, und dass es keine ›Geheim‹-Arbeit der Schule gibt. Die Türen sind immer offen. Auch das sollte erhalten bleiben«[302]. Er selbst gehörte inzwischen zum Kreis der Kommandoinhaber der drei Teilstreitkräfte bis zur Divisionsebene hinab, die im Februar 1962 auf Einladung von Generalinspekteur Foertsch an der Führungsakademie an einem

---

[299] Ulrich de Maizière, Ansprache Kdr FüAkBw (freier Vortrag, Tonbandaufnahme), 13.8.1962, BArch, N 673/57b.

[300] Wolfrum, Die geglückte Demokratie, S. 183, sowie Wolfrum, Geschichtspolitik, S. 239.

[301] BMVg/P IV 1 ANr. 226, Versetzungsverfügung 7/62, 11.2.1962, PA AdM, Akte Persönliche Unterlagen.

[302] Ulrich de Maizière, Dienstliche Tagebuchaufzeichnungen 14.2.1962–10.11.1962, undat. Eintrag (zwischen 31.3.1962 und 24.4.1962), BArch, N 673/29.

operativen Planspiel im Gesamtstreitkräfterahmen teilnahmen. Bereits die Versetzungsankündigung zum Kommandeur dieser Akademie in der Tasche, erlebte er dort die verheerende Sturmflut mit ihren katastrophalen Folgen, aber auch »die souveräne Führung« des Hamburger Innensenators Helmut Schmidt. Besonders bewunderte er dessen »Mut, trotz unzureichender Gesetzesgrundlagen Verantwortung zu übernehmen und zu handeln«[303]. Aus de Maizières Sicht waren dies geradezu klassische Führungsfähigkeiten, die ihm imponierten. Die beiden Männer verband in dieser Zeit aber mehr als das. Schmidt hatte sich seit Langem schon mit Fragen der Verteidigung und atomaren Abschreckung auseinandergesetzt und seine Gedanken dazu 1961 unter dem Titel »Verteidigung oder Vergeltung« veröffentlicht[304]. Darin äußerte er, ähnlich wie de Maizière, Skepsis, ob die USA tatsächlich mit Atomwaffen antworteten, würde es zu einem gezielten Angriff auf die Bundesrepublik kommen. Aus Schmidts Sicht sollte man deswegen von westdeutscher Seite »eine Strategie des militärischen Gleichgewichts verfolgen«. Zumal er »ganz unsicher« gewesen sein will, »ob in einer solchen Situation die deutsche öffentliche Meinung und die dann im Amt befindliche deutsche Regierung dem sowjetischen Druck würde standhalten können«[305]. Auch de Maizière dachte über all dies weiterhin und verstärkt nach. Dabei ist bemerkenswert, wie parallel sich die Überlegungen der beiden in der Folge entwickeln sollten. Bereits als Hamburger Innensenator besuchte Schmidt öfter die Führungsakademie während der Kommandeurzeit de Maizières[306].

Im Nachhinein sollte de Maizière, gerade zum Generalinspekteur ernannt, den vermeintlichen Karriereknick als großen Vorteil erkennen. Die Jahre als Kommandeur der Schule für Innere Führung und der Führungsakademie hätten ihm Gelegenheit geboten, die Aufgabenstellung in aller Breite und Tiefe zu durchdenken und er sei »sehr glücklich, dass mir durch so günstige Kommandos nunmehr dieses Gedankengut hier für die große Aufgabe zur Verfügung steht«[307]. Tatsächlich konnte sich de Maizière in seiner folgenden Verwendung in Hamburg noch deutlicher profilieren als er das bereits in Koblenz getan hatte.

c) Kommandeur der Führungsakademie (1962–1964)

Von alten Tugenden und neuen Werten

Aus der rheinland-pfälzischen Provinz führte de Maizières Weg also nun in die Weltstadt Hamburg. Nachdem die erste General- und Admiralstabsausbildung noch in Bad Ems durchgeführt worden war, zog die Führungsakademie bereits 1958 in den Gebäudekomplex des ehemaligen Luftgaukommandos in der Man-

---

[303] De Maizière, In der Pflicht, S. 238.
[304] Schmidt, Verteidigung oder Vergeltung.
[305] Schmidt, Außer Dienst, S. 164.
[306] Siehe dazu den entsprechenden Hinweis auf wiederholte Besuche bei Ulrich de Maizière, Begrüßungsansprache Herrenabend 27.5.1964, BArch, N 673/58.
[307] De Maizière an Bundesminister der Justiz, Dr. Richard Jaeger, 9.9.1966, BArch, N 673/84.

teuffelstraße nach Hamburg-Blankenese um[308]. Dort folgte de Maizière am 2. April 1962 Generalmajor Hellmuth Laegeler nach, den er seit vielen Jahren kannte und mit dem er auch in Kontakt geblieben ist[309]. Das erleichterte womöglich die Übernahme des Kommandos angesichts der Tatsache, dass alle seine drei Abteilungskommandeure mehrere Jahre älter als er und im Rang gleich waren. Erst Ende Juli erhielt er seine Beförderung zum Generalmajor. Mit Brigadegeneral Wilhelm Willemer und Flottillenadmiral Heinrich Gerlach hatte er immerhin schon zu tun gehabt, mit Brigadegeneral Sigismund Freiherr von Falckenstein, der bereits 1945 Generalsuniform getragen hatte, dagegen nicht. Die laufenden Lehrgänge bestanden wie in Koblenz zu großen Teilen noch aus ehemaligen Wehrmachtoffizieren. Im Herbst 1962 kamen die ersten Teilnehmer, die ihre militärische Laufbahn in der Bundeswehr begonnen hatten, und ein Jahr später waren es nur mehr Bundeswehrsozialisierte[310].

In den Hamburger Lehrgängen unterrichtete man die kommende Führungselite der Bundeswehr. Aus de Maizières Zeit sind aus ihnen beispielsweise die späteren Generalinspekteure Harald Wust (1976-1978), Jürgen Brandt (1978-1983) und Wolfgang Altenburg (1983-1986), die Generale Leopold Chalupa (1983-1987 CINCENT), Dr. Günther Kießling (1982-1983 DSACEUR), Hans Joachim Mack (1984-1987 DSACEUR) und Eberhard Eimler (1987-1990 DSACEUR) sowie die Inspekteure des Heeres Generalleutnant Meinhard Glanz (1981-1984) und der Marine Vizeadmiral Ansgar Bethge (1980-1985) hervorgegangen. Die Einwirkungsmöglichkeiten des Akademiekommandeurs waren indes begrenzt, denn die Abteilungskommandeure erhielten ihre Ausbildungsweisungen von ihren jeweiligen Inspekteuren. De Maizières direktes Wirken beschränkte sich also auf regelmäßige Anlässe wie Verabschiedungen, Begrüßungen und die Jahresbilanz. Von Anfang an kam es ihm besonders darauf an, zwischen den Teilstreitkräften »nicht das Trennende, sondern das Gemeinsame« zu suchen[311]. »Denken im Gesamtrahmen« war für ihn eine entscheidende Voraussetzung für die Ausbildung des militärischen Führers[312]. Zu seinem Schwerpunkt und seiner ureigenen Domäne machte er folgerichtig die bundeswehrgemeinsame Ausbildung dieser kommenden Generation. Sein erklärtes Ziel war die Heranbildung »einer geistig offene[n], in großen Zusammenhän-

---

[308] Siehe dazu die Schilderung seiner Auswahl und Ausbildung dort von 1962-1964 bei Bahnemann, Parlamentsarmee?, S. 76-83. Bahnemann gehörte dabei dem ersten Lehrgang an, der in seiner Mehrheit nicht mehr durch Kriegsgediente gestellt wurde.

[309] Siehe die Korrespondenz zwischen de Maizière und Laegeler in BArch, N 673/45b. Zu einer Kurzbiografie Laegelers siehe Kollmer, Rüstungsgüterbeschaffung, S. 285 f.

[310] De Maizière, In der Pflicht, S. 246.

[311] Ulrich de Maizière, Begrüßung 5. Generalstabslehrgang Heer und 4. Admiralstabslehrgang zum Beginn der Ausbildung an der FüAkBw, 3.10.1962, BArch, N 673/57b. Siehe stellvertretend auch Redemanuskript de Maizière, Kdr FüAkBw, zur Begrüßung 6. Generalstabslehrgang Heer, 5. Admiralstabslehrgang und Generalstabslehrgang für die Mittlere Führungsebene 1963/64, 2.10.1963, BArch, N 673/57a.

[312] Kurzvortrag Kdr FüAkBw, GM de Maizière, anlässlich des Besuches S.E. des Präsidenten der Französischen Republik, General de Gaulle, an der FüAkBw, 7.9.1962, BArch, N 673/57b.

gen und in gleichen Kategorien denkende[n] Gruppe von Führergehilfen, die unabhängig von ihrer jeweiligen Waffengattung in allen Führungsgebieten, in den verschiedenen Führungsebenen, national und international eingesetzt werden kann«[313]. Da schon 1960 28 Prozent der Generalstabsstellen der Bundeswehr auf internationale gemeinsame und 37 Prozent auf nationale gemeinsame Führungsstellen entfielen, also nur ein Drittel auf nationaler teilstreitkraftgebundener Ebene eingesetzt war, hielt er den Ausbau zu einer Akademie der Gesamtstreitkräfte für konsequent[314]. So freute sich der neue Kommandeur stets über ein an Uniformen buntes Bild im Auditorium, denn gerade dies sei charakteristisch für die Akademie[315]. Und bunt war sie tatsächlich in jeglicher Hinsicht. Schon bei de Maizières Amtsübernahme nahmen Gasthörer aus Argentinien, Belgien, Dänemark, Frankreich, Griechenland, Großbritannien, den Niederlanden, Italien, Japan, Pakistan, der Schweiz, der Türkei und den USA an den Generalstabslehrgängen teil[316]. Das dürfte nicht unerheblich dazu beigetragen haben, die seinerzeit nicht ganz unkomplizierten Beziehungen zu den Offizieren anderer Nationen allmählich zu bessern[317]. Ganz bewusst stellte er sich und seine Akademie in die Tradition eines deutschen militärischen Führungsdenkens seit Scharnhorst, demzufolge man »die einzelnen Gegenstände nicht ohne das Ganze sehen [darf]«. Jeder »Truppenführer und sein Gehilfe« wurde von ihm ermahnt, über seine Waffengattung, das jeweilige Fachgebiet und die eigene Ebene, ja sogar über seine Teilstreitkraft und den militärischen Rahmen insgesamt hinaus zu sehen. Er müsse die politischen, verwaltungsmäßigen, finanziellen und psychologischen Verflochtenheit [sic!] *aller* Fragen des öffentlichen Bereichs erkennen«[318].

Um in diesem Kontext nicht missverstanden zu werden, hatte de Maizière bereits in einer seiner ersten Ansprachen vor der Akademie die Frage der Tradition thematisiert. Seiner Ansicht nach habe es gute Gründe gegeben, diesen Bereich bislang noch nicht zu regeln, doch sah er es an der »Zeit, dass etwas

---

[313] De Maizière, In der Pflicht, S. 242, 246.

[314] Ebd., S. 255. So argumentierte er seit seiner Antrittsrede. Siehe Ulrich de Maizière, Begrüßung der Hörer der FüAkBw am 3.4.1962. Zu diesem Tenor siehe auch z.B. Kurzvortrag Kdr FüAkBw de Maizière anläßlich des Besuches General de Gaulle an der FüAkBw, 7.9.1962, oder Ulrich de Maizière, Ansprache Kdr FüAkBw (freier Vortrag, Tonbandaufnahme), 13.8.1962, alle BArch, N 673/57b.

[315] Redemanuskript de Maizière, Kdr FüAkBw, zur Begrüßung 6. Generalstabslehrgang Heer, 5. Admiralstabslehrgang und Generalstabslehrgang für die Mittlere Führungsebene 1963/64, 2.10.1963, BArch, N 673/57a.

[316] FüAkBw, Information für die Presse aus Anlass des Staatsbesuches am 7.9.1962, BArch, N 673/57b.

[317] Bahnemann, Parlamentsarmee?, S. 39, berichtet von diesen mitunter komplizierten Beziehungen bei seiner Ausbildung 1959 in El Paso: »Belgier und Niederländer, selbst Norweger machten anfangs einen großen Bogen um die Deutschen [...] Belgische Mannschaften und Unteroffiziere weigerten sich, deutsche Offiziere zu grüßen. Beim gemeinsamen Dienst in der NATO spielte sich später alles ein.«

[318] Redemanuskript de Maizière, Kdr FüAkBw, zur Begrüßung 6. Generalstabslehrgang Heer, 5. Admiralstabslehrgang und Generalstabslehrgang für die Mittlere Führungsebene 1963/64, 2.10.1963, BArch, N 673/57a (Hervorhebung im Original).

geschieht«. Von vorneherein ließ er keinen Zweifel daran, dass »die Bundeswehr [...] sich zu Leistung und Schuld in der deutschen Geschichte [bekennt]«.
»Geachtet« werde »der Soldat, der aus der Sicht seines Verantwortungsbereiches in gewissenhafter, sittlicher Überzeugung gehandelt [...] und damit soldatische Pflichterfüllung unter Beweis gestellt hat«. Als dafür entscheidend bewertete er »das sittliche Verantwortungsgefühl«[319]. Damit setzte er auf die
Argumentation, die im maßgeblich von Baudissin verantworteten Handbuch
Innere Führung zu lesen war: Dienen, Gehorchen und Befehlen dürften ausschließlich »aus sittlicher Verantwortung und in Gewissenstreue« und »mit
gemeinsamen sittlichen Maßstäben« geschehen[320]. Im Unterschied zu Baudissin
schloss de Maizière »[d]ie tragenden soldatischen Kräfte der Vergangenheit«
ausdrücklich mit ein. Unveräußerliche Grundlagen auch des heutigen Soldatentums seien insbesondere »Treue im Dienen, Tapferkeit, Gehorsam, Kameradschaft, Verschwiegenheit, Wahrhaftigkeit und Fürsorge«[321]. Dass er hier die
vermeintlichen immerwährenden Tugenden deutschen Soldatentums beschwor,
mag ihm als taktische Weiterung der Baudissinschen Neuerungen notwendig
erschienen sein, um all jene einzubinden, die ihre »Lebensleistung« nicht geschmälert sehen wollten. So begründete de Maizière beispielsweise das Verbot
der Übernahme von Traditionen einzelner Verbände der Wehrmacht durch
Truppenteile der Bundeswehr nicht etwa mit deren möglicher Verstrickung in
den deutschen Angriffs- und Vernichtungskrieg. Stattdessen hob er hervor, eine
gerechte Auswahl sei erstens unmöglich und zweitens würden alle Soldaten
unberücksichtigt bleiben, die keiner Traditionsgemeinschaft angehörten. Einmal
mehr orientierte er sich also am Verbindenden zwischen den »Alten« (Welt-
kriegern) und den »Jungen« (bundesrepublikanisch Sozialisierten).
Über solch taktische Überlegungen hinaus ist es de Maizière offenbar auch
persönlich ein Anliegen gewesen, an das preußisch-deutsche Generalstabsden-
ken vergangener Zeiten anzuknüpfen. Zum 21. Dezember 1962 ordnete er eine
Gedenkstunde anlässlich des 50. Todestages Alfred Graf von Schlieffens
(4. Januar) an, »eines großen Soldaten und eines bedeutenden militärischen
Denkers«. Mit der eigentlichen Würdigung beauftragte er zwar Oberst a.D.
Kaulbach, doch in seinen Schlussworten hielt er das Beispiel, das er in Schlieffen sehen wollte, öffentlich fest:
    »1. Militärische Führung bedarf der Beweglichkeit des Geistes und einer um-
    fassenden Gesamtschau. Militärische Führung ist nun einmal nicht nur Be-
    herrschung des fachlichen Wissens, sondern sie ist eine allgemeine vielseiti-
    ge geistige Aufgabe, die vielleicht als das Suchen nach den Grundlagen und
    Zusammenhängen gekennzeichnet werden kann. Militärische Führung be-
    darf breiter, die Gegenwart erkennender Bildung. 2. Richtig verstandene mi-
    litärische Führung manifestiert sich in einem engen Zusammenspiel des Mi-

---

[319] Ulrich de Maizière, Gedanken zur Tradition, 13.10.1962, BArch, N 673/57b.
[320] Zit. nach Dörfler-Dierken, Baudissins Konzeption, S. 61 f.
[321] Ulrich de Maizière, Gedanken zur Tradition, 13.10.1962, BArch, N 673/57b. So auch in
       »Geistige Grundlagen der Verteidigung«, Vortrag Kdr FüAkBw, GM de Maizière, vor der
       4. Einweisung Landesverteidigung und Gästen am 25.4.1964, BArch, N 673/58.

litärischen mit dem Politischen. Die Gefahr, dass der Soldat in seinem ›Fach‹ aufgeht und es als ›absolut‹ empfindet, ist latent gegeben. Deswegen werde ich nicht müde werden, vor Ihnen immer zu wiederholen, dass es keine militärische Entscheidung ohne Berücksichtigung der politischen Verhältnisse gibt, dass das allerdings auch umgekehrt gilt.«
Daraus folgerte er als Auftrag an die Führungsakademie, militärische Führung sollte »im internationalen Rahmen«, »im Rahmen der Zusammenarbeit der Teilstreitkräfte« und »mit Blick auf die modernen technischen Entwicklungen« gelehrt werden. Vor allen Dingen dürfe man dabei »die Wahrnehmung der nationalen Interessen« nicht vergessen. Alle müssten sich vor Augen halten, welche Qualitäten an Wissen, Geist und Charakter nötig sind, um solcher Zielsetzung entsprechen zu können. Man sollte sich »dabei ausrichten an dem, was in dieser Hinsicht früher, wenn auch unter den damaligen Bedingungen, gefordert und geleistet wurde«. Dies »scheint mir die Nährung des Feuers Schlieffenschen Geistes mit den Erkenntnissen und Gegebenheiten der Gegenwart zu bedeuten«[322].

Dieser preußisch-deutsche Ansatz stand bereits bei der Gründung der Führungsakademie der Bundeswehr Pate und fand nicht nur in der SPD Kritiker. Seinerzeit hatte Verteidigungsminister Franz Josef Strauß neben Schlieffen noch andere ehemalige Spitzenmilitärs von Hindenburg über Seeckt und Beck bis zu Manstein zu Vorbildern erhoben[323]. Dagegen bewertete der sozialdemokratische Wehrexperte Dr. Friedrich Beermann »insbesondere die preußische Militärtradition aufgrund ihrer eindeutig antidemokratischen Tendenz [als] ungeeignet für die Übernahme der Bundeswehr«. Aus seiner Sicht sollte man den Streitkräften »Repräsentanten aus dem politischen Raum als Traditionsträger geben« wie August Bebel, Noske oder Julius Leber[324]. Ihm schien dies schon Ende der 1950er-Jahre zu belegen, dass sich »überall in der Bundeswehr [...] die restaurativen Tendenzen [mehren]«[325]. Auch de Maizière war sich des problematischen Umgangs mit solchen Namen bewusst. In seinem Vortrag »Nationale Verteidigungsverantwortung« auf der 15. Arbeitstagung des Arbeitskreises für Wehrforschung und der Arbeitsgemeinschaft für Wehrtechnik in Bad Godesberg am 17. Oktober 1963 betonte er ausdrücklich, »[d]ie deutsche militärische Führungskunst« könne sich »auf alte, bewährte, ja verpflichtende Erfahrungen und Bekenntnisse stützen«. Männer wie Scharnhorst, Gneisenau, Clausewitz, Molt-

---

[322] Ulrich de Maizière, Schlussworte zum Schlieffen-Vortrag, 21.12.1962, BArch, N 673/57b. De Maizière hatte mindestens einmal Kontakt mit einer Gräfin von Schlieffen, im Sommer 1968 in Freudenstadt, die Art der Erwähnung lässt aber auf eine nähere Bekanntschaft schließen. Siehe de Maizière an Amaly von Loesch, 19.11.1968, BArch, N 673/46a.

[323] Beermann an Fritz Erler, Carlo Schmid und Herbert Wehner, 6.11.1958, AdsD, NL Erler, Box 139. Außer den Genannten zählte Strauß seinerzeit noch Ludendorff, Falkenhain und Kuhl namentlich auf.

[324] Beermann an Fritz Erler, Carlo Schmid und Herbert Wehner, 29.10.1958, ebd.

[325] Beermann an Erler, 26.1.1959. »Die Spitze der Reaktion« sah er dabei »im Truppenamt versammelt. Sie wird dargestellt durch den Inspekteur, Generalmajor Münzel, der von den Generalen Pape, Kommandeur des 5. Korps [sic!], Gaedke, Kommandeur des 3. Korps, und Trettner, Kommandeur des 1. Korps, assistiert wird.« Siehe Vermerk Beermann für Erler, 14.2.1962, beide ebd.

ke, Schlieffen, Seeckt und Beck« hätten »die Grundlagen für eine in der ganzen Welt anerkannte Tradition gelegt«[326]. Vier Monate zuvor hatte er diesen Vortrag auf der 8. Kommandeurtagung in Dortmund (6. Juni 1963) gehalten. In der Einleitung der ansonsten identischen Rede fehlte die Passage mitsamt den Namen jedoch vollständig[327]. Das entspricht auch der Ursprungsfassung, einer Vortragsskizze nämlich, die de Maizière schon 1957 für einen Vortrag vor dem Sicherheitsausschuss der SPD im Bonner Parteihaus entworfen hatte[328]. Freilich wusste er, wie genau man in der SPD hinsichtlich der Willfährigkeit Guderians und Mansteins gegenüber dem NS-Regime im Bilde gewesen ist[329]. Beim Vortrag vor der Gesellschaft für Wehrkunde in Bonn am 8. November 1963 zählte er die Namen dagegen ebenso wieder auf wie vor dem RC Hannover-Ballhof am 28. Januar 1964[330].

Er wusste also um die Befindlichkeiten und passte seine Argumentation entsprechend an. Zumal er selbst in der »Rundschau« vom 1. August 1957 diese Traditionslinie öffentlich vertreten hatte. Die neu erschaffene Führungsakademie bezeichnete er dort als eine Bildungsstätte der Bundeswehr, die »auf eine alte Tradition zurückblicken kann und die für das geistige Gesicht der zukünftigen militärischen Führer und ihrer Gehilfen von entscheidender Bedeutung sein wird«. Ausdrücklich stellte er sie in die Nachfolge der preußischen »Kriegsschule für Offiziere«. Diese habe bis zum Ersten Weltkrieg »unter dem Einfluss Moltkes und des Grafen Schlieffen ihren weltweiten Ruf« gewonnen. Folgerichtig würden die westdeutschen Streitkräfte nun »an die alte Entwicklung« anknüpfen und ganz »bewusst mit der alten Zielsetzung«. Die neue Führungsakademie sollte zwar ihren Schwerpunkt darin sehen, das Fachwissen zu lehren, das der Gehilfe des höheren Truppenführers im modernen Gefecht besitzen müsse. Darüber hinaus habe sie ihm aber die Bildung und den Weitblick zu vermitteln, die dieser zum Erkennen der großen politischen, wirtschaftlichen und sozialen Zusammenhänge benötige. Dann werde aus ihr eine militärische Bildungsstätte, die »dem Ruf ihrer großen Vorgängerinnen nicht nachsteht«[331]. Die Wehrmachtzeit wurde dabei institutionell weitestgehend ausgeblendet. In der »Information für die Presse aus Anlass des Staatsbesuches am 7.9.1962« war zu lesen, dass die Führungsakademie der Bundeswehr »die Tradition der 1810

---

[326] Ulrich de Maizière, Vortrag »Nationale Verteidigungsverantwortung« bei der 15. Arbeitstagung des Arbeitskreises für Wehrforschung und der Arbeitsgemeinschaft für Wehrtechnik in Bad Godesberg, 17.10.1963, BArch, N 673/55.

[327] Ulrich de Maizière, Vortrag »Nationale Verteidigungsverantwortung« auf der 8. Kommandeurtagung in Dortmund, 6.6.1963, ebd.

[328] Ulrich de Maizière, Vortragsentwurf »Territoriale Verteidigung« für den Sicherheitsausschuss der SPD, 18.11.1957, ebd.

[329] Beermann an Erler, Schmid und Wehner, 29.10.1958, AdsD, NL Erler, Mappe 139 B. Hier weist Beermann eindeutig auf die Verfehlungen Guderians und vor allem Mansteins hin. Siehe zu Manstein grundsätzlich Wrochem, Erich von Manstein.

[330] Ulrich de Maizière, Vortrag »Die nationale Verteidigungsverantwortung« bei der Gesellschaft für Wehrkunde, Sektion Bonn, 8.11.1963, sowie vor dem RC Hannover-Ballhof, 28.1.1964, beide BArch, N 673/55.

[331] »Kölnische Rundschau«, 1.8.1957, BArch, N 673/91.

von Scharnhorst begründeten ›Allgemeinen Kriegsschule für Offiziere‹, der 1872 gegründeten Marineakademie und der später aufgestellten Luftkriegsakademie fort[setzt]«[332]. Ausgerechnet das Gründungsjahr 1936 für die erste Luftkriegsakademie fehlte also. Beim Besuch des französischen Staatspräsidenten Charles de Gaulle an der Führungsakademie Anfang September 1962 formulierte de Maizière nämlich sehr viel vorsichtiger, die Führungsakademie werde sich in der Erfüllung ihres Auftrages »nicht nur auf gute und bewährte Erfahrungen der Akademien vergangener Zeiten« verlassen. Es sei »vielmehr unser ernstes Bemühen, überkommene Grundlagen zugleich mit dem modernen Geist zu verbinden, den eine gewandelte Gegenwart mit ihren veränderten politischen, wirtschaftlichen, soziologischen und technischen Voraussetzungen von einer militärischen Führung erfordert«[333]. Und als ihm im Jahr darauf seine Abteilung Luftwaffe vorschlug, Gedenktafeln für alle Generalstabschefs der Luftwaffe in ihrem Ausbildungsgebäude anzubringen, äußerte de Maizière entsprechende »Bedenken, wegen nat.soz. Zeit, vor allem aber wegen Kesselring«[334]. Mit dem Bezug auf die Reichsidee und den Rückgriff auf Preußen versuchte man jedoch, gerade in Zeiten der Teilung nationale Einheit zu konstruieren, um auf diese Weise eine Art Nationalbewusstsein zu schaffen[335].

Insbesondere de Maizière machte dabei keine Ausnahme. Anlässlich der Begrüßung von Professor Dr. Dr. Friedrich Lütge im Moltke-Saal der Führungsakademie verwies er auf die sieben umstehenden Fahnen ehemaliger ost- und westpreußischer, posenscher sowie pommerscher Regimenter. Diese waren auf dem Rückzug vor der Roten Armee zusammen mit den Särgen Paul von Hindenburgs und dessen Frau aus dem Tannenberg-Denkmal mitgeführt worden. Nach mehr als zweijährigen Verhandlungen wurden sie 1963 der Bundeswehr zur Verfügung gestellt. Generalinspekteur Foertsch ordnete an, sie auf die Schulen der Bundeswehr zu verteilen. De Maizière war seinem Generalinspekteur »für diese Auszeichnung besonders dankbar«. Seiner Meinung nach bestehe der Wert der Fahnen darin, dass sie mit »die letzten geretteten Stücke militärischen Traditions- und Kulturgutes aus dem ostdeutschen Raum« darstellten. Er selbst habe für die Aufhängung den Moltke-Saal[336] gewählt, weil dieser »der würdigste Raum« sei, in dem sich die gesamte Akademie regelmäßig versam-

---

[332] FüAkBw, Information für die Presse aus Anlass des Staatsbesuches am 7.9.1962, BArch, N 673/57b.

[333] Kurzvortrag Kdr FüAkBw, GM de Maizière, anlässlich des Besuches General de Gaulle an der FüAkBw, 7.9.1962, ebd. Auch in seiner Begrüßung des US-Botschafters in Bonn, George C. McGhee, Anfang 1964 bezog sich de Maizière auf die »150-jährige Geschichte der deutschen Militärakademien«, Ulrich de Maizière, Begrüßung von US-Botschafter McGhee, 28.1.1964, BArch, N 673/58.

[334] Ulrich de Maizière, Dienstliche Tagebuchaufzeichnungen 12.11.1962-14.9.1963, Eintrag vom 8.3.1963, BArch, N 673/30. Am 22.8.1962 war bereits eine Büste GL Walther Wevers, als erster Generalstabschef der Luftwaffe 1936 abgestürzt, aufgestellt worden. Siehe Rautenberg, Ulrich de Maizière, S. 190.

[335] Wolfrum, Geschichtspolitik, S. 164-185.

[336] Am 7.12.1962 war dort ein Moltke-Bild Lenbachs aufgehängt worden. Siehe Rautenberg, Ulrich de Maizière, S. 190.

mele. Damit vereinigte sich moderne Architektur und Raumgestaltung »mit traditionsreichen Symbolen, unter denen große Taten und Leistungen preußisch-deutschen Soldatentums vollbracht worden« seien. Zugleich erinnerten diese Fahnen »an die besondere Lage unseres zwei- und dreigeteilten Deutschlands« und an »unser wichtigstes politisches Ziel, die Wiedervereinigung in Frieden und Freiheit nicht aus dem Auge zu verlieren«[337].

Im Zuge der Werbung um die ehemaligen Soldaten sowie deren Integration in den jungen Staat und dessen Streitkräfte beschworen die Aufbaugenerationen auf diese und andere Weise Geister, die äußerst problematisch waren. Theodor Blank forderte beispielsweise auf einer Versammlung des VDS 1956 ausdrücklich:

> »Aber wir wollen echte Tradition erhalten und weiterleben, wo sie wahrhaft Tradition ist. Wir wollen von uns aus zu Ihnen [...] ein Band, um die neuen und die alten Soldaten eins werden zu lassen, in dem Empfinden, dass wir eins sind im Wesen, im Denken, eins sind im Empfinden, im Glauben und im Handeln nämlich, echtes deutsches Soldatentum zu werden, wie wir es immer gewesen sind. Für Volk, Vaterland, Freiheit und unsere Kinder einzutreten. [...] *Ein* Soldatentum, die alten aus den beiden vergangenen Kriegen und die neuen, die wir heute aufbauen, ein Soldatentum, in einer gemeinsamen Wesensart, von wahrhaft guten Soldaten-Kameraden.«

Blank erntete mit diesem Schlusssatz »heftigen Beifall!«[338]. Dabei ging es jedoch um weit mehr als die Einsicht, die Veteranen erneut zu brauchen. Zuvor hatte er ausdrücklich deren Vorbildcharakter angesprochen: »Ohne die erprobte und unter Beweis gestellte Einsatzbereitschaft des ehemaligen Soldaten und seinen Willen, der Heimat zu dienen«, könne die Aufstellung der Bundeswehr »nicht bewältigt werden«. Allein »der ehemalige Soldat kann der Jugend ein wahres Bild des deutschen Soldatentums vermitteln und sie in die neue Aufgabe hineinführen«[339]. Mit noch mehr Pathos gegenüber den ehemaligen Soldaten argumentierten Blanks erste Soldaten, die Generale Heusinger und Speidel, in ihren Reden vor ehemaligen Soldaten[340].

So verwunderte es nicht, dass der VDS[341] Oberwasser verspürte und im Sommer 1959 gegenüber dem BMVg gar »eine von berufener Feder verfasste Jugendaufklärungsschrift und deren Verteilung an Schulen (zugleich für Lehr-

---

[337] Kdr FüAkBw, GM de Maizière, Begrüßung von Prof. Dr. Dr. Friedrich Lütge, 26.2.1963, BArch, N 673/57a. Lütge war damals Ordinarius an der Uni München für Sozial- und Wirtschaftsgeschichte sowie Mitglied der Bayerischen Akademie der Wissenschaften.

[338] Rede Bundesminister für Verteidigung Blank am 22.3.1956 auf der Vertreterversammlung des VDS, BArch, Bw 2/20173 (Hervorhebung im Original).

[339] Theodor Blank, Stichworte für Rede des Ministers vor dem VDS-Landesverband Schleswig-Holstein in Flensburg am 11.7.1956, ebd.

[340] Siehe z.B. GenInsp Heusinger, Ansprache vor dem VDS am 18.3.1960, BArch, Bw 2/1800.

[341] Der VDS zählte damals etwa 80 000 Einzelmitglieder. Zum VDS und dessen Einschätzung durch das BMVg siehe BMVg/B VII 1, Az. 01-52-01-01, Vermerk, Betr.: Orientierung über den Verband deutscher Soldaten (VDS), 18.2.1960, BArch, Bw 2/2005. In einer anderen ministeriellen Stellungnahme wurden seine Ziele, Methoden und Vernetzung umfänglicher beschrieben. Siehe BMVg/B VII 7, Az. 01-52-01-01, Aktennotiz, Betr.: Verband deutscher Soldaten e.V., 2.11.1961, ebd.

kräfte)« anregte, um »die in der Nachkriegszeit in der jungen Generation entstandene falsche innere Einstellung zum Soldatenberuf zu bekämpfen«[342]. Das
Ministerium reagierte darauf zurückhaltend und gab eine Reihe von grundsätzlichen, haushaltsrechtlichen und formellen Schwierigkeiten zu bedenken[343].
Ähnlich lavierte man dort hinsichtlich einer Ende Juli 1960 vom VDS vorge-
schlagenen »Broschüre über das deutsche Soldatentum«. Man beabsichtige
nicht, »die Federführung bei einer derartigen Broschüre zu übernehmen«, teilte
das BMVg mit. Vor allem die Auswahl der Autoren Jünger und Beumelburg
bewertete man als »wenig glücklich«. Finanzielle Zusagen oder Versprechungen mochte man daher keine machen, eine Unterstützung könne erst geprüft
werden, wenn ein fertiges Manuskript vorliege[344]. Dennoch war man sich im
Ministerium des Nutzens des VDS schon angesichts seiner Mitgliederstärke
bewusst. Gemeinsam mit dem ohne Zutun der Bundeswehr gegründeten Re-
servistenverband, welchen der VDS als Konkurrenz empfand, wünschte man
sich eine sachliche Zusammenarbeit; zumal jeder der beiden »seine speziellen
Aufgaben« zu erfüllen habe[345].

Auch de Maizière suchte seine persönlichen Verbindungen zum VDS zu
nutzen. Sein Kontakt zu dessen Vorsitzenden Matzky, seinem ehemaligen Lagerältesten aus der Kriegsgefangenschaft, half dabei[346]. Dieser sah die Aufgabe
seines Verbandes noch Ende der 1960er-Jahre allerdings nicht nur in »der leider
immer noch unbefriedigenden sozialrechtlichen Fürsorge für die alten Soldaten«, sondern »von Anfang an« auch darin, »an die Stelle der *wehrtechnischen*
vielleicht berechtigten, *wehrethisch* aber m.E. verfehlten Nullpunktidee eine feste
und vertrauensvolle Brücke zwischen altem und neuem Soldatentum zu setzen«. Dezidiert verwies Matzky darauf, »[w]ie wichtig ein positiver Einsatz der
doch immer noch nach Hunderttausenden zählenden ›Veteranengeneration‹ im
Sinne der Wehrbereitschaft unseres Volkes sein kann«. Entsprechend begrüße
er es, dass »seitens der Bundeswehr die dargebotene Hand ergriffen wird, so
wie dies erfreulicherweise schon vielerorts der Fall ist, [...] dass man – wie in
meinem Fall – auch den alten Soldaten die kameradschaftliche Treue hält«[347]. Es
war indes ein alter Vorwurf vieler Ehemaliger, es sei »der Fehler gemacht worden, dass man beim Aufbau der Bundeswehr 1956 gesprochen hat von ›Anfang
bei 0‹«. Man habe

---

[342] Hauptgeschäftsführer des VDS, Linde, an BMVg, 26.8.1959, ebd.
[343] BMVg/B VII 1, Az. 01-52-01-01 an Verband deutscher Soldaten e.V., z.Hd. Gen a.D. Linde,
       31.10.1959, ebd.
[344] BMVg/B VII 4, OTL Pfeil, Aktennotiz, Betr.: »Broschüre über das deutsche Soldatentum«,
       29.7.1960, ebd.
[345] BMVg/B VII 1, Az. 01-52-01-01, Vermerk, Betr.: Orientierung über den Verband deutscher
       Soldaten (VdS), 18.2.1960, ebd.
[346] De Maizière an GL Matzky, 8.10.1964, BArch, N 673/83. In Beantwortung der Glückwün-
       sche Matzkys zu de Maizières Ernennung zum Inspekteur des Heeres schrieb dieser:
       »Dass Sie im Namen der im Verband Deutscher Soldaten zusammengefassten alten Sol-
       daten uns bei der Erfüllung unserer Aufgaben schon immer unterstützt haben und auch
       weiterhin unterstützen werden, dessen bin ich mir sicher.«
[347] Matzky an de Maizière, 22.3.1969, BArch, N 673/46b (Hervorhebung im Original).

»zwar nie gesagt, dass damit die in der Reichswehr und in der NS-Wehrmacht im Frieden und Krieg erprobten Grundsätze der Ausbildung, der Fürsorge und der geistigen Führung über Bord zu werfen seien, jedoch hat der krampfhafte Versuch, auf keinen Fall die wie auch immer gelagerten Praktiken der Wehrmacht zu übernehmen, viel renitentes Blut gemacht; *heißt das doch nichts weniger als: alles das, was bisher in gutem Glauben und mit Hingabe an die Sache gemacht wurde, ist falsch gewesen*«[348].

An den Rand dieser Textpassage schrieb de Maizière handschriftlich »nein«. Auch für ihn überwogen die Gemeinsamkeiten mit den ehemaligen Soldaten, zu denen er selbst gehörte. Matzkys hier formuliertes Fazit, die »ansich [sic!] hundertprozentig richtigen, neuformulierten Gedanken des Grafen Baudissin« seien letztlich »modern gefasste Gedanken der 1812-Reformer Scharnhorst und Gneisenau«, markieren jedoch die fatale Wirkung dieser stets propagierten Übereinstimmung. Die auf diese Weise hergestellte Verbindung sollte integrativ wirken und spielte doch zugleich denen in die Karten, die sich mit der jüngeren Vergangenheit unkritisch, am besten gar nicht auseinandersetzen wollten. Indem die damalige militärische Führung – und eben nicht zuletzt de Maizière – scheinbare Kontinuitäten der deutschen Militärgeschichte hervorhob, sahen sich diese (ehemaligen) Militärs bestätigt und störten sich daran, dass »niemand sich findet, dies in öffentlicher Diskussion zu besprechen«[349]. Ihre Einschätzung, nur gedient zu haben, im »Dritten Reich« politisch instrumentalisiert und in der Bundesrepublik dafür diffamiert worden zu sein, schwang dabei kontinuierlich mit.

Die Ambivalenz dieser Thematik lässt sich nicht zuletzt an de Maizières Haltung zum 20. Juli ablesen. In seiner Ansprache anlässlich der Umbenennung der Pikartenstraße in Graf-Stauffenberg-Straße am 31. Januar 1964 führte er die unterschiedlichen Positionen zusammen, und dies auch bildlich. Dass »zwei in unmittelbarer Nähe der FüAk verlaufende Straßen die Namen deutscher Soldaten tragen«, nämlich die Manteuffel- und die Graf-Stauffenberg-Straße, und dabei »die eine [...] die Akademie parallel an ihrer Längsseite [begleitet], die andere [...] frontal auf den Haupteingang zu[läuft]« schien ihm »fast symbolhaft zu sein« und veranlasste ihn, »den Versuch einer Deutung [zu] wagen«. Manteuffel verkörpere für ihn

> »soldatische Tradition und alte überzeitliche Soldatentugenden, die auch heute noch gültig sind und im Soldatengesetz für die Soldaten der Bundeswehr als gesetzliche Pflichten festgelegt sind, ich meine Gehorsam, Tapferkeit, Treue im Dienen, Kameradschaft, Verschwiegenheit und nicht zuletzt Fürsorge für den Untergebenen. Aber die soldatischen Tugenden, vor allem der Gehorsam, werden oft konfrontiert mit moralischen Forderungen, die aus Bereichen außerhalb und oberhalb der soldatischen Ordnung stammen. Hierfür steht der Name Stauffenberg[350].«

---

348 Ebd. (Hervorhebung im Original).
349 M i.G. Ulrich Zürn an de Maizière, 7.10.1964, BArch, N 673/83.
350 Ulrich de Maizière, Ansprache anlässlich der Umbenennung der Pikartenstr. in Graf-Stauffenberg-Str., 31.1.1964. Diese Tugenden beschwor er auch in »Geistige Grundlagen

Die Moral stellte er dazu in einen christlichen Kontext – die »Männer des 20. Juli« hätten »uns das ›Gott mehr Gehorchenwollen als den Menschen‹ vorgemacht« – und alles in die Tradition historischen deutschen Soldatentums: Stauffenberg habe »ein Beispiel für Geist, Haltung und Charakter gegeben, wie es im Sinne Scharnhorstscher Gedanken Erziehungsziel einer Ausbildungsinstitution für Generalstabsoffiziere sein soll«. Als Träger solcher Ideale identifizierte de Maizière ausdrücklich die Generalstabsoffiziere: Nicht Stauffenberg allein, auch andere, die »mit und um ihn [standen]«, seien »durch die Schule des Generalstabes gegangen«[351].

In seiner Rede vor der Akademie-Sommerpause 1964 wurde de Maizière noch konkreter: Unter den Soldaten im Widerstand habe »der Generalstab eine besondere Stellung eingenommen und besondere Blutopfer gebracht«. Als Begründung dafür wollte er »den besseren Überblick und den tieferen Einblick« der Generalstabsoffiziere verstanden wissen. Dabei vergaß er nicht zu erwähnen, wie fast nie in diesem Kontext[352], dass »darunter gute Freunde von mir« gewesen seien, und leitete daraus eine Verpflichtung ab für »uns heutige und zukünftige Generalstabsoffiziere in besonderem Maße zu verantwortungsvollem Denken«[353]. In diesem Zusammenhang suchte er nicht nur die Verbindung zu Heusingers Rede von 1959, indem er an dessen Worte »Ihr Geist und ihre Haltung sind uns Vorbild« erinnerte. Er integrierte auch die Widerständler in die Gesamtbevölkerung: »Die Ehrlichkeit und die geschichtliche Wahrheit«

---

der Verteidigung«, Vortrag des Kdr FüAkBw, GM de Maizière, vor der 4. Einweisung Landesverteidigung und Gästen am 25.4.1964, beide BArch, N 673/58.

[351] Ulrich de Maizière, Ansprache anlässlich der Umbenennung der Pikartenstr. in Graf-Stauffenberg-Str., 31.1.1964, ebd. Hier nannte er »Beck, von Witzleben, von Stülpnagel, Hoepner, von Tresckow, Canaris, Olbricht, Merz [sic!] von Quirnheim […] An die 40 Generale und Generalstabsoffiziere brachten ihr Leben als Mitglieder des Widerstandes zum Opfer.«

[352] Siehe z.B. auch Rede InspH, GL de Maizière, zum 20. Juli 1966 anlässlich der Veranstaltung des Zentralverbandes deutscher Widerstandskämpfer und Verfolgtenorganisationen in der Beethovenhalle zu Bonn, BArch, N 673/59.

[353] Ulrich de Maizière, Ansprache Kdr FüAkBw am 15.7.1964 vor allen Stammoffizieren, Beamten, Hörern und Uffz (Tonbandaufnahme, redigiert), sowie zum Abgleich das Redemanuskript de Maizières, Ansprache vor der Führungsakademie und dem Brigadekommandeur-Lehrgang vor der Sommerpause 1964, 15.7.1964: »Soweit ich bisher habe feststellen können, sind 16 Generale und 18 Generalstabsoffiziere vom Major bis zum Oberst im Zusammenhang mit dem 20. Juli umgebracht worden.« Eine besondere Verpflichtung hatte er bereits schon vorher festgestellt: »Wir fühlen, welche Verpflichtung uns auferlegt ist, Offiziere in der Tradition des deutschen Generalstabes zu sein, weil es Generalstabsoffiziere wie einen Oberst Graf Stauffenberg gegeben hat. Siehe Ulrich de Maizière, Ansprache anlässlich der Umbenennung der Pikartenstr. in Graf-Stauffenberg-Str., 31.1.1964, alle BArch, N 673/58. Zwei Jahre später nannte er noch genauere Zahlen: »158 Männer« hätten im Zusammenhang mit dem 20. Juli 1944 »ihr Leben gegeben, sei es dass [sic!] sie ermordet und hingerichtet wurden, selbst ihrem Leben ein Ende gesetzt haben, oder auf andere Weise umgekommen sind«. 78 von ihnen hätten die Uniform der Wehrmacht getragen, »allein 20 waren Generale«. Siehe Rede InspH, GL de Maizière, zum 20. Juli 1966 anlässlich der Veranstaltung des Zentralverbandes deutscher Widerstandskämpfer und Verfolgtenorganisationen in der Beethovenhalle zu Bonn, BArch, N 673/59.

würden gebieten festzustellen, »dass die Gruppe der Offiziere nur ein Teil der im Widerstand kämpfenden Kräfte war. Alle Schichten unseres Volkes haben ihren Anteil gestellt«. Mit welch bewusstem Bezug zur Gegenwart er dies anfügte, zeigte sich, als er am Ende seiner Ansprache den Bogen zu den »Soldaten der Bundesrepublik« schlug; auch sie »wollen sich nur als ein Teil ihres Volkes fühlen, mit dem sie eng verbunden sind und dem zu dienen sie bereit sind«[354].

Und für einen kurzen Moment geriet er auch persönlich wieder in Kontakt mit dem Tod, als auf dem Truppenübungsplatz in Bergen-Hohne am 9. April 1964 ein Schießunfall passierte. Dort waren Lehrgangsteilnehmer der Führungsakademie bei einem Artillerieschießen auf Lkw postiert und versehentlich getroffen worden[355]. Dabei verloren vier Offiziere ihr Leben, ein fünfter erlag wenig später seinen Verletzungen und mehrere wurden darüber hinaus verletzt. In seiner Trauerrede erinnerte de Maizière daran, dass sein Beruf den Soldaten »in eine engere Berührung mit dem Tode [bringt] als die meisten anderen Berufe«. Daraus erwachse dem Soldatenberuf »Würde und Achtung«, dadurch »werden Denken, Stil und Ethos seines Dienstes geprägt«[356].

Es war aber de Maizière nicht nur in seiner Zeit als Kommandeur der Führungsakademie alljährlich am 20. Juli »ein Bedürfnis [...], zu diesem Tag etwas zu sagen«[357]. Auch später folgte er seinen Ausführungen von 1964[358]. Sie wurden in der Öffentlichkeit sehr genau wahrgenommen, vor allem seit er als Generalinspekteur auftrat. Der stellvertretende Vorsitzende und Geschäftsführer des Bundes der Verfolgten des Naziregimes (BVN) Berlin e.V., Max Köhler, bezeichnete de Maizières Rede zum 20. Juli 1966 beispielsweise als eine »ausgezeichnete«. Vor allem war sie aus seiner Sicht zukunftsweisend und deswegen ermutigend. »Wäre dieser Geist, den Sie in Ihrer Rede zum Ausdruck brachten, in der gesamten Führung der Bundeswehr vorhanden, so wäre es wohl nicht zu einer so offensichtlich zum Ausdruck gekommenen Führungskrise gekommen«, vermutete Köhler und schöpfte Hoffnung: Zwar sei dieser Geist in der Bundeswehrführung vor allem durch die Versetzung von Kielmanseggs und von Baudissins zur NATO »sehr zurückgedrängt worden«, aber umso mehr sollte

---

354 Ulrich de Maizière, Ansprache anlässlich der Umbenennung der Pikartenstr. in Graf-Stauffenberg-Str., 31.1.1964, BArch, N 673/58.
355 Bahnemann, Parlamentsarmee?, S. 142.
356 Ansprache Kdr FüAkBw, GM de Maizière, auf der militärischen Trauerfeier in Munster-Lager für die tödlich Verunglückten des Schießunglücks am 9.4.1964, 13.4.1964, sowie zur Beisetzung KptLt Siehl, 21.4.1964, beide BArch, N 673/58. Bei den Getöteten handelte es sich um den indonesischen Oberstleutnant Edwin A. Claproth, den niederländischen Major Lambertus van der Spek, die deutschen Kapitänleutnante Hans-Oluf Burtz und Jürgen-Dietrich Siehl sowie den Hauptmann Alfred Wiesner.
357 Ulrich de Maizière, Ansprache Kdr FüAkBw am 15.7.1964 vor allen Stammoffizieren, Beamten, Hörern und Uffz (Tonbandaufnahme, redigiert), sowie zum Abgleich das Redemanuskript de Maizières, Ansprache vor der Führungsakademie und dem Brigadekommandeur-Lehrgang vor der Sommerpause 1964, 15.7.1964, beide ebd.
358 Vgl. dazu Rede InspH, GL de Maizière, zum 20. Juli 1966 anlässlich der Veranstaltung des Zentralverbandes deutscher Widerstandskämpfer und Verfolgtenorganisationen in der Beethovenhalle zu Bonn, BArch, N 673/59, sowie Ansprache GenInsp de Maizière zum 20. Juli 1969 in der Bonner Beethovenhalle, BArch, N 673/60.

de Maizière versichert sein, »dass wir Ihr Wirken zu würdigen wissen«[359]. Beinahe im selben Tenor wurde de Maizières Rede drei Jahre später, am 20. Juli 1969, vom Vorsitzenden des Zentralverbandes Demokratischer Widerstandskämpfer und Verfolgtenorganisationen e.V. (ZDWV), Ministerialrat a.D. Hans-Joachim Unger, als »sachliche und wegweisende Rede zum 20. Juli« gewürdigt[360]. De Maizière war es offenbar gelungen, den Konsens zum Widerstand um den 20. Juli 1944 innerhalb der Streitkräfte ebenso wie gesellschaftlich tragfähig zu formulieren.

Wie brüchig und mancherorts aufgesetzt dieser Konsens allerdings gewesen ist, wusste er gleichwohl, und das zeigte sich bald. Im Vorlauf zum vielbeachteten 25. Jahrestag des Attentats- und Putschversuchs am 20. Juli 1969 hatte de Maizière deswegen Brigadegeneral Achim Oster vorab um dessen Redemanuskript gebeten. Oster war vom Münchener Oberbürgermeister Dr. Hans-Jochen Vogel als Redner in die Münchener Residenz eingeladen worden und wegen der Rolle seines Vaters im Widerstand ohnedies nicht unumstritten. Im Jahr zuvor hatte Oster »nach Rücksprache mit dem Bundesverteidigungsministerium« noch abgesagt[361]. De Maizière mochte ihn nun davon überzeugen, dass seine Rede »der Öffentlichkeit wie vor allem unseren jungen Offizieren eine Hilfe sein sollte, eine Brücke vom 20. Juli 1944 in unsere Gegenwart und Zukunft zu schlagen«[362]. Weil er einsah, »dass erneuter Zündstoff gerade um dieses Thema jetzt unerwünscht ist«, schickte Oster de Maizière Mitte Juni seine »Gedankenführung«[363]. An ihr störte de Maizière besonders die dort vorgesehene Erwähnung von Hans Oster: »Sie tuen [sic!] der Bundeswehr und mir einen Gefallen, wenn Sie das Thema ›Vater Oster – Mai 1940‹ möglichst ganz ausklammern oder jedenfalls nur sehr am Rande behandeln würden«, schrieb ihm de Maizière[364]. Stattdessen sollte jeder »an der Stelle, wo er spricht«, dazu beitragen »diesen Tag dazu [zu] benutzen, über mögliche verschiedene Beurteilungen der Menschen und Vorgänge zu einer in die Zukunft weisenden, gemeinsamen, tragenden Auffassung zu kommen«. Oster sollte unbedingt »die Wirkung für und in der Gesamtinstitution – sprich Bundeswehr – im Auge [...]

---

[359] Max Köhler, Stellv. Vorsitzender und Geschäftsführer des Bundes der Verfolgten des Naziregimes (BVN) Berlin e.V., an de Maizière, 25.8.1966, BArch, N 673/38.

[360] Vorsitzender des Zentralverbandes Demokratischer Widerstandskämpfer und Verfolgtenorganisationen e.V. (ZDWV), Ministerialrat a.D. Hans-Joachim Unger, an de Maizière, 30.8.1969, BArch, N 673/54c.

[361] Anlage 1 zu BG Achim Oster an de Maizière, 20.3.1969, BArch, N 673/48b. Die Rede hielt Oster am 21.7.1969.

[362] De Maizière an Oster, 1.4.1969, ebd. Er bot Oster darin an: »Sofern Sie es wünschen, stehe ich Ihnen dabei gern mit meinem Rat zur Verfügung.«

[363] Oster an de Maizière, 16.6.1969, ebd. Osters »Gedanken zum 25. Jahrestag« finden sich als Anlage.

[364] De Maizière an Oster, 27.6.1969, ebd. Der Grundgedanke seiner eigenen Ansprache würde sich nämlich »mit dem Gedanken einer ›Inflationierung‹ des Widerstandes beschäftigen«. Er wolle sich dagegen wehren, »dass heutzutage Menschen glauben, von Widerstand sprechen zu können, obwohl sie nur eine sachliche Meinungsverschiedenheit zur derzeitigen Regierungspolitik meinen, ihre Meinung frei sagen können und dabei kein Risiko eingehen«.

behalten«. Hier würde die überwiegende Mehrzahl der Soldaten, »insbesondere aber alle Russland-Gefangenen« nicht verstehen, »wenn Sie den General [Walther] von Seydlitz im Zusammenhang Ihrer Rede als Widerstandskämpfer erwähnen«. Zwar wollte er sich »kein Urteil über Seydlitz *vor* Stalingrad an[maßen]«, doch dessen Verhalten »*nach* Stalingrad« stehe – und wie er hinzufügte »zu Recht« – unter »einer starken Kritik«. Oster würde also »dem Widerstand mit Sicherheit keinen Gefallen tun«, ebenso wenig wie mit der Erwähnung von Otto John. Man könne »das Leben eines Menschen, wenn man ihn als ein Beispiel für andere hinstellt, nicht in mehrere Teile teilen«. Aus diesem Grund sei im Traditionserlass formuliert, dass »Nur Soldaten, die auch als Menschen ihrer Verantwortung genügt haben, [...] Vorbilder [sind], die Bestand haben«. Oster habe diesen Maßstab an Manstein gelegt, de Maizière selbst »bisher die Benennung einer Kaserne nach Guderian verhindert«; gemeinsam sollte man entsprechend »konsequent bleiben«.

Im diesem Kontext distanzierte sich de Maizière selbst von Osters Vater. Wohl sei er »weit davon entfernt, den General Oster als einen ›Landesverräter‹ zu bezeichnen« und glaube »annehmen zu können, in welch ernster Gewissensnot er gewesen ist«. Dennoch wäre er persönlich, »selbst wenn ich aktives Mitglied des Widerstandes gewesen wäre, nicht so weit gegangen wie er«. Falls Oster unbedingt über seinen Vater sprechen wolle, »so wäre es schon eine Hilfe, wenn Sie zum Ausdruck bringen könnten, dass Sie Verständnis auch dafür haben, dass andere seine Handlungsweise kritisch betrachten«. Insgesamt lag ihm besonders daran, »in die Diskussion um den 20. Juli – soweit es die Bundeswehr angeht – keine neuen Kontroversen zu bringen, sondern zu einer ausgewogenen Beurteilung zu kommen«. Nur so könne man gemeinsam eine Basis schaffen, um am »20. Juli als eine der Traditionsgrundlagen für die Bundeswehr festhalten können«[365]. De Maizière bewies hier einmal mehr ein feines Gespür dafür, was einerseits die Truppe so eben noch zu akzeptieren bereit war und was andererseits die veröffentlichte Meinung von ihr forderte. Dass es sich hier wie dort oft um Lippenbekenntnisse handelte, ist inzwischen hinlänglich erforscht. Das Lavieren zwischen den Positionen passte allerdings in den Kontext der Kompromissarmee Bundeswehr. Dabei darf nicht vergessen werden, dass auch de Maizière zu denen gehören wollte, die seinerzeit »den 20. Juli an der Front erlebt habe[n], wo die Tagessorgen des Kampfes überwogen«[366].

Im Alltag der Führungsakademie musste für de Maizière am Ende der Ausbildung stehen, »dass ein ausgebildeter Generalstabsoffizier kein Spezialist ist, sondern eben generell und sich in allen Generalstabsgebieten zurechtfinden muss, dass das Ziel der Ausbildung hier nicht die Vorbereitung auf eine bestimmte Anfangsverwendung, sondern auf die volle Breite des Generalstabs-

---

[365] De Maizière an Oster, 4.7.1969, ebd.
[366] De Maizière an Dietrich Heling, 3.5.1989, BArch, N 673/180: »In der Tat habe ich zum 20. Juli 1944 nur eine relativ kurze Anmerkung gemacht [in »In der Pflicht«]. Es mag daran gelegen haben, dass ich den 20. Juli an der Front erlebt habe, wo die Tagessorgen des Kampfes überwogen.«

dienstes ist«[367]. Schon wenige Monate vorher hatte er bei der Begrüßung des neuen Luftwaffen-Lehrgangs die Teilnehmer gemahnt, der Generalstab würde in Zukunft auf eine schöpferische Tätigkeit bei dem schnellen Fortschreiten der Entwicklung nicht verzichten können. Die Lehrgangsteilnehmer müssten deswegen versuchen, sich hier eine umfassende Bildung anzueignen, die aber nicht mit der militärischen Ausbildung zu verwechseln sei[368]. Darüber hinaus sollten sie »zu einer engen Gemeinschaft des künftigen Führerkorps zusammenwachsen«[369]. Zum Verstand »hinzu« kamen dabei für ihn

> »die Kräfte des Charakters: sich entscheiden können und in die Tat umsetzen – handeln, eine Entscheidung durchsetzen können – Wille, aber zugleich bescheiden bleiben und sich einordnen. Kritik offen, nicht verletzend, nicht vorschnell, konstruktiv, unermüdliche Arbeitskraft, uneigennützig, Kampf gegen Überheblichkeit und den geistigen Hochmut«[370].

Stil und Form, das waren zweifellos die beiden Begriffe, ohne die für de Maizière jede Kritik wie jeglicher Umgang zwischen Menschen nicht denkbar schien. Zu kritisieren gehörte für ihn zum Wesen des Generalstabsdienstes; der Generalstabsoffizier müsse dabei aber »der intellektuellen Versuchung [widerstehen], alles und jedes mit der Salzsäure zersetzender Kritik übergießen zu wollen. Man muss wissen, wo haltzumachen ist. Toleranz und Verständnis muss Kritik begleiten«[371]. In der Summe gipfelte das in seiner Aussage: »Können ohne Charakter ist gefährlicher als Charakter ohne Können[372].« Generalstabsarbeit sollte in de Maizières Verständnis keinem Selbstzweck dienen, sondern der Truppe. »Toleranz, Verständnis für den Menschen und unermüdliche warme Fürsorge. Beispiel geben, d.h.: mitleiden und sich mitfreuen, gleiche Lasten tragen« – dies stelle für ihn die Leitlinie der Generalstabsausbildung dar, zusammengefasst im Dreisatz »Ratio – Charakter – Herz«[373]. Was jetzt noch zum Ideal des Generalstabsoffiziers de Maizièrescher Prägung fehlte, war die Bindung des Soldaten. Sie verdeutlichte er an anderer Stelle: »Ausbildung und Erziehung unseres militärischen Führernachwuchses«, so referierte de Maizière dort, »bauen daher auf der Anerkennung des Primats der Politik auf«[374]. Hierzu

---

[367] Redemanuskript de Maizière, Kdr FüAkBw, zur Verabschiedung 6. Generalstabslehrgang Luftwaffe, 13.10.1963, BArch, N 673/57a.

[368] Schlussbetrachtung Kdr FüAkBw, GM de Maizière, zum Planspiel Landesverteidigung vom 4./5.12.1962, BArch, N 673/57b. In ähnlichem Tenor auch Ulrich de Maizière, Begrüßung 5. Generalstabslehrgang Heer und 4. Admiralstabslehrgang zum Beginn der Ausbildung an der FüAkBw, 3.10.1962, ebd.

[369] Schlussbetrachtung Kdr FüAkBw, GM de Maizière, zum Planspiel Landesverteidigung vom 4./5.12.1962, ebd.

[370] Ulrich de Maizière, Begrüßung 5. Generalstabslehrgang Heer und 4. Admiralstabslehrgang zum Beginn der Ausbildung an der FüAkBw, 3.10.1962, ebd.

[371] Redemanuskript de Maizière, Kdr FüAkBw, zur Begrüßung 6. Generalstabslehrgang Heer, 5. Admiralstabslehrgang und Generalstabslehrgang für die Mittlere Führungsebene 1963/64, 2.10.1963, BArch, N 673/57a.

[372] Ulrich de Maizière, Begrüßung 5. Generalstabslehrgang Heer und 4. Admiralstabslehrgang zum Beginn der Ausbildung an der FüAkBw, 3.10.1962, BArch, N 673/57b.

[373] Ebd.

[374] Kurzvortrag Kdr FüAkBw, GM de Maizière, anlässlich des Besuches General de Gaulle an der FüAkBw, 7.9.1962, ebd.

bedürfe der Soldat der Bundeswehr unbedingt »einer historisch-politisch-staatsbürgerlichen Bildung, die ihm die Werte unserer freiheitlichen Lebens-ordnung bewusst und verteidigungswürdig macht«[375].

Konsequent öffnete er die Hörsäle der Führungsakademie den Erkenntnis-sen aus Politik, Wissenschaft, Wirtschaft und Kunst in mehreren Vortragsrei-hen[376]. Seinen Schwerpunkt legte er dabei auf Themen der Außen- und Vertei-digungspolitik. Nach de Gaulle (1962) besuchte nicht nur der britische Feldmarschall Harold Alexander die Akademie, sondern auch der US-General Paul L. Freeman Jr. (1963), der höchste Repräsentant der U.S. Army in Europa, den de Maizière als »einen hervorragenden Soldaten des größten, stärksten und entschlossensten Verbündeten aller freier Völker, der Vereinigten Staaten von Amerika« vorstellte[377]. Die Lehrgangsteilnehmer sollten sich »der reichen Erfahrungen unserer großen Verbündeten« bedienen, um »unser Urteil an ihren Auffassungen zu orientieren«. US-Botschafter George C. McGhee machte in diesem Kontext am 28. Januar 1964 den Anfang[378]. Der britische Botschafter Sir Frank Richards setzte am 20. April die Vorträge fort[379]. Und am 5. Juni 1964 beschloss der eben erst pensionierte französische Général d'armée Paul Stehlin, bis Oktober 1963 Chef des Generalstabes der französischen Luftwaffe und de Maizières alter Bekannter seit den Pariser Verhandlungen 1951, die Runde[380]. Darüber hinaus lud er je einen »hervorragenden Vertreter der drei im Bundes-tag vertretenen Fraktionen« ein, um »die Wehrkonzeption der von ihnen vertre-tenen Parteien vorzustellen«[381]. Auf Dr. Richard Jaeger für die CDU/CSU am 25. November 1963 folgten Fritz Erler für die SPD am 13. Februar und Fritz-Rudolf Schultz für die FDP am 19. März 1964[382]. Seine eigenen parteipolitischen Präferenzen verbarg de Maizière wenigstens nicht vor seinem Tagebuch. Erler beispielsweise habe »nicht immer überzeugend« die »frühere Opposition der SPD« begründet. Inzwischen existierte hingegen »sehr viel Gemeinsames in außen- und sicherheitspolitischen Fragen«[383]. Immerhin fand er für Erler sehr viel freundlichere Worte bei dessen Vorstellung als bei Schultz, der ebenfalls

---

375 Ebd.
376 Ulrich de Maizière, Begrüßung von US-Botschafter George C. McGhee, 28.1.1964, BArch,
     N 673/58. Rautenberg, Ulrich de Maizière, S. 189, zählte in de Maizières Kommandeurzeit
     insgesamt 41 größere Vortragsveranstaltungen.
377 Kdr FüAkBw, GM de Maizière, Begrüßungsansprache für Oberbefehlshaber der US-
     Landstreitkräfte in Europa, General Paul L. Freeman Jr., 7.3.1963, BArch, N 673/57a.
378 Ulrich de Maizière, Begrüßung von US-Botschafter George C. McGhee, 28.1.1964, BArch,
     N 673/58.
379 Ulrich de Maizière, Begrüßung des britischen Botschafters in Bonn, Sir Frank Roberts,
     20.4.1964, ebd.
380 Ulrich de Maizière, Begrüßung General Paul Stehlin, 5.6.1964, ebd.
381 Ulrich de Maizière, Begrüßung Bundestagsabgeordneter Fritz Erler, Thema. »Wehrkon-
     zeption der SPD«, 13.2.1964, ebd.
382 Ebd., ergänzend dazu Schriftwechsel zwischen de Maizière und Fritz Erler, AdsD, NL
     Erler, Mappe 145 B, sowie Ulrich de Maizière, Begrüßung Abgeordneter Fritz-Rudolf
     Schultz, 19.3.1964, BArch, N 673/58.
383 Ulrich de Maizière, Dienstliche Tagebuchaufzeichnungen 15.9.1963–5.6.1964, Eintrag
     vom 13.2.1964, BArch, N 673/31.

Angehöriger des Verteidigungsausschusses und stellvertretender Vorsitzender der Bundestagsfraktion seiner Partei gewesen ist[384].

Andere Vortragsreihen wie eine dreitägige unter der Gesamtüberschrift »Geschichte – Gesellschaft – Politik« im September 1964 erweiterten das Themenspektrum zusätzlich[385]. Gerne holte de Maizière Bekannte als Vortragende an die Akademie. Ihm lag daran, dass »die Lehrer und Hörer dieser Institution die Männer, die im politischen, militärischen oder geistigen Leben unseres Volkes und unserer Verbündeten eine entscheidende Rolle spielen, persönlich kennenlernen und ihre Ansichten hören dürfen«[386]. In seinem Bestreben, »den zukünftigen Generalstabsoffizieren während ihrer Akademiezeit möglichst viele eindrucksvolle Persönlichkeiten zu zeigen, die sie sich als Beispiel nehmen können«, gewann er beispielsweise Kielmansegg für einen Vortrag[387]. In diesem Kontext erwähnte de Maizière gerne, welch großen Wert die eigene Generalstabsausbildung in den Anfangsjahren der Bundeswehr gehabt hatte: Zwar habe es »überhaupt keine Vorgänge« gegeben, »[w]ohl aber [...] Erkenntnisse und Regeln, wie man sich den zu lösenden Problemen nähern muss«. Entsprechend ermahnte er den Generalstabsnachwuchs: »Lernen Sie aus dem Erfahrungsschatz in der Praxis der Älteren[388].«

Wenn, wie de Maizière stets betonte, an der Führungsakademie eine »Elite« ausgebildet wurde[389], lag es nahe, diese entsprechend personell und institutionell zu vernetzen. Dazu gehörte auch, dass er innerhalb der Hansestadt beispielsweise »einen engen Kontakt mit der Wirtschaft und der Handelskammer« herstellte, »der zum weiteren Verständnis für die beiderseitigen Probleme beigetragen hat«[390]. Daraus folgten, wie in diesem Fall, vielfältige Möglichkeiten der Zusammenarbeit, die vor allem im Austausch von Vortragenden und der

---

[384] Ulrich de Maizière, Begrüßung Abgeordneter Fritz-Rudolf Schultz, 19.3.1964, BArch, N 673/58. Schultz (1917–2002), Teilnehmer am Zweiten Weltkrieg, am Ende im Dienstgrad Major, war Träger des Ritterkreuzes mit Eichenlaub (1944) und wurde am 11.3.1970 als Nachfolger von Matthias Hoogen zum 4. Wehrbeauftragten des Bundestages gewählt.

[385] U.a. trug Prof. Dr. Conze zum Thema »Zum Begriff der deutschen Nation« vor. De Maizière meinte dazu einleitend: »Das Wort ›deutsche Nation‹ ist seit fast zwei Jahrzehnten einer starken Belastung unterworfen gewesen. Manche haben nicht mehr gewagt, davon zu sprechen.« Siehe Ulrich de Maizière, Begrüßung Prof. Dr. Conze (als Vortragender an der FüAkBw), 15.9.1964, BArch, N 673/58. De Maizière hatte ihn schon im Jahr zuvor eingeladen. Damals begrüßte er Conze als »einen guten alten Bekannten, fast möchte ich sagen Freund«. Siehe Kdr FüAkBw, GM de Maizière, Begrüßung von Prof. Dr. Conze, 7.1.1963, BArch, N 673/57a. Conze war seinerzeit Ordinarius für Neuere Geschichte an der Uni Heidelberg und Direktor des Institutes für Sozial- und Wirtschaftsgeschichte.

[386] Ulrich de Maizière, Begrüßung Gen. Graf Kielmansegg, 2.6.1964, BArch, N 673/58.

[387] De Maizière an Kielmansegg, Kdr 10. PzGrenDiv, 12.9.1963, BArch, N 673/176.

[388] GM de Maizière, Kdr FüAkBw, Stichworte für Verabschiedung 4. Generalstabslehrgang Heer und 3. Admiralstabslehrgang, 26.9.1963, BArch, N 673/57a.

[389] Siehe z.B. Ulrich de Maizière, Begrüßung von US-Botschafter George C. McGhee, 28.1.1964, BArch, N 673/58. Zur Problematik des Elite-Begriffes siehe in diesem Kontext Reitmayer, Elite.

[390] Prof. Rolf Stödter, Präses Handelskammer Hamburg, an de Maizière, 28.9.1964, BArch, N 673/83.

wechselseitigen Teilnahme an entsprechenden Veranstaltungen bestanden[391].
Hier entwickelten sich wiederum neue persönliche Verbindungen, die er zu
nutzen wusste. Wiederholt folgte de Maizière Einladungen zu Vorträgen quer
durch die Republik. Während Ort, Publikum und Honorar dabei variierten,
waren seine Ansprachen meist identisch. Im Grunde handelte es sich um drei
Vorträge, in denen er sein Verständnis von Streitkräften in der Demokratie in
die Öffentlichkeit transportierte. In den Vorträgen »Geistige Grundlagen der
Verteidigung«[392], »Die Bundesrepublik Deutschland in der strategischen Weltlage«[393] und »Die nationale Verteidigungsverantwortung«[394] fasste er seine bisherigen militär- und sicherheitspolitischen Überlegungen zusammen und präsentierte sie einer interessierten Öffentlichkeit. Sie wurden 1966 zur Grundlage
seines Buches »Soldatische Führung – heute«, das 1971 in zwei erweiterten

---

[391] Kdr FüAkBw, GM de Maizière, Begrüßung von Prof. Dr. Dr. Friedrich Lütge, 26.2.1963,
        BArch, N 673/57a.

[392] Diesen Vortrag hielt er vor dem RC Hamburg-Altona ebenso wie am 5.12.1963 vor dem
        RC zu Bremen, am 5.3.1964 auf Vermittlung seines Jahrgangskameraden und zwischen-
        zeitlichen Oberst Miltzow vor der Vereinigung »Der Kieler Kaufmann e.V.« und am
        25.4.1964 an der Führungsakademie. Siehe »Geistige Grundlagen der Verteidigung«, Vor-
        trag Kdr FüAkBw, GM de Maizière, vor der 4. Einweisung Landesverteidigung und Gäs-
        ten am 25.4.1964, BArch, N 673/58. Zu Vereinbarungen und Honorar siehe de Maizière
        an C.C. Merkel, 12.6.1963, den Briefwechsel zwischen de Maizière und dem Geschäftsfüh-
        rer des Vereins »Der Kieler Kaufmann e.V.«, Oldenburg, zwischen dem 9.1. und 17.3.1964,
        und Magdalene Auf der Heyde, Geschäftsführung des RC zu Bremen, an de Maizière,
        26.6.1963, sowie dessen Antwort, 17.8.1963. Alle Dokumente sowie die weitere Korres-
        pondenz finden sich in BArch, N 673/56.

[393] Den Vortrag »Die Bundesrepublik Deutschland in der strategischen Weltlage« hielt er am
        10.12.1963 vor dem renommierten Hamburger Übersee-Club. Siehe Prof. Dr. Rolf Stödter,
        Präsident des Übersee-Clubs Hamburg, an de Maizière, 10. und 22.10.1963, und dessen
        Antworten, 14.10. und 18.12.1963. Am 16.4.1964 wiederholte er ihn im Seehof Schwam-
        menauel vor der »Vereinigten Industrieverbänden von Düren, Jülich, Euskirchen und
        Umgebung e.V.« Zu Vereinbarungen und Honorar siehe Adjutant Kdr FüAkBw, KL
        Villmow, an Vereinigte Industrieverbände von Düren, Jülich, Euskirchen und Umgebung
        e.V., z.Hd. Herrn Schröder, 3.4.1964, sowie dessen Antwort zuvor, 6.2.1964, alle BArch,
        N 673/56. Erstmals hatte de Maizière diesen Vortrag am 2.11.1961 vor der Deutschen Ge-
        sellschaft für Auswärtige Politik gehalten. Siehe »Die Bundesrepublik in der strategischen
        Weltlage«, Vortrag BG de Maizière vor der Deutschen Gesellschaft für Auswärtige Poli-
        tik, 2.11.1961, BArch, N 673/55.

[394] Nachdem Dr. Edward Hay vom Bundesverband der Deutschen Industrie e.V. de Maizière
        auf der 15. Arbeitstagung des Arbeitskreises für Wehrforschung am 17.10.1963 in Godes-
        berg dazu gehört hatte, überredete er ihn zu einer Neuauflage im Rahmen der vom Deut-
        schen Institut zur Förderung des industriellen Führungsnachwuchses veranstalteten Ba-
        den-Badener Unternehmergespräche vor der dortigen Industrie- und Handelskammer am
        30.4.1964. Zu Honorar, Reise- und Aufenthaltskosten sowie der Teilnehmerliste siehe Hay
        an de Maizière, 20.12.1963 und 6.5.1964, sowie dessen Antwort, 12.5.1964, alle BArch,
        N 673/56. Zwischenzeitlich hatte de Maizière auf Einladung seines Kameraden aus
        Wehrmachtszeiten, General der Infanterie a.D. Kurt Brennecke, vor der Bonner Sektion
        der Gesellschaft für Wehrkunde, anschließend vor dem Hansaklub Hamburg e.V. am
        13.11.1963 im Atlantic Hotel Hamburg und seinem RC Hannover-Ballhof am 28.1.1964
        dazu vorgetragen. Zu Vereinbarungen und Honoraren siehe Brennecke an de Maizière,
        17.7. und 28.10.1963, sowie dessen Antwort, 22.8.1963, und Dr. Werner Poelchau, Vorsit-
        zender des Hansaklub Hamburg e.V., an de Maizière, 25.9. und 1.11.1963, alle BArch,
        N 673/56.

Ausgaben unter dem Titel »Bekenntnis zum Soldaten« erschienen ist. Beide Werke sammelten die wesentlichen Reden, Vorträge und Interviews de Maizières in seiner aktiven Zeit und machten sie öffentlich zugänglich[395]. Damit trug er in vielfacher Weise zu einem besseren Verständnis für die Bundeswehr in der Gesellschaft bei, während er gleichzeitig sein eigenes Renommee erheblich steigerte.

Die Weichenstellung zur Spitzenverwendung

Von besonderer Bedeutung für ihn persönlich war dabei sein Vortrag über die »Nationale Verteidigungsverantwortung«. Ursprünglich entstanden war der Text für die 8. Kommandeurtagung in Dortmund am 6. Juni 1963[396]. Diese war von den damals Anwesenden angesichts der vortragenden Generale, neben Generalmajor Graf Kielmansegg auch Generalleutnant Heinz Trettner und Flottillenadmiral Heinrich Gerlach, die alle für höchste Verwendungen im Gespräch waren, als »Kronprinzenschau« bezeichnet worden. De Maizière trug als letzter vor und widmete sich einem Bereich, mit dem er sich seit den Tagen im Amt Blank intensiv beschäftigt hatte. In verschiedenen Lehrgängen nahm er sich diesem auch an der Führungsakademie an, wodurch sich sein Verständnis deutlich veränderte[397]. Stellte er sich anfangs unter der Verteidigung »im Wesentlichen die operative Planung und Führung in der oberen Ebene vor«, habe er »sehr bald erkennen müssen, dass diese nur ein Teil, wenn auch ein dominierender, der Gesamtführung ist, dass auf der anderen Seite in unserer Lage all das, was wir unter dem Begriff der ›Landesverteidigung‹ verstehen, einen unerlässlichen, ergänzenden, ja integrierenden Teil der militärischen Führung ausmacht«. Daraufhin hatte er an der Führungsakademie angeordnet, den gesamten Themenbereich der Landesverteidigung zu durchdenken, zu methodisieren und ihr »den Platz in unserem Führungsdenken einzuräumen, der ihr in der Bundesrepublik, die ja als Ganzes Kampfgebiet ist, zukommen muss«. Im Ergebnis dieses Prozesses appellierte er nun daran, »bei allem Primat der operativen Führung die Belange der Landesverteidigung nicht zu vergessen«, denn diese würden, »genauso wie die Technik und die Logistik, die Planung und Entschlüsse der operativen Führung wesentlich mitbestimmen«[398]. Sein ständig

---

[395] Die zweite und dritte, jeweils erw. Aufl. von Ulrich de Maizière, Soldatische Führung – heute. Vorträge und Reden zur Aufgabe und Situation der Bundeswehr, Hamburg 1966, erschien unter dem Titel Bekenntnis zum Soldaten. Militärische Führung in unserer Zeit, Hamburg 1971. Nach seinem Ausscheiden aus dem aktiven Dienst folgte noch Führen im Frieden. 20 Jahre Dienst für Bundeswehr und Staat, München 1974.

[396] Zum Redemanuskript siehe Ulrich de Maizière, Vortrag »Nationale Verteidigungsverantwortung« zur 8. Kommandeurtagung in Dortmund, 6.6.1963, BArch, N 673/55.

[397] Am Ende dieses Erkenntnisprozesses, im April 1964, führte de Maizière zu diesem Thema an der Führungsakademie »einen 4-wöchigen Lehrgang mit höheren Offizieren und Beamten aller Ressorts« durch, »dessen Ergebnis abzuwarten« ihm »zweckmäßig und notwendig« schien. Siehe de Maizière an die Verlagsleitung des R. v. Decker's Verlages, 4.1.1964, sowie an Kielmansegg, 4.1.1964, beide BArch, N 673/176.

[398] Schlussansprache Kdr FüAkBw, GM de Maizière, am 5.9.1964 anlässlich seiner Versetzung in das BMVg, BArch, N 673/58.

wiederholtes Credo in dieser Frage blieb die Einsicht, »dass die Aufgaben der militärischen Landesverteidigung nur zu bewältigen sind in einer engen koordinierten Zusammenarbeit militärischer, verwaltungsmäßiger und politischer Stellen«, aber auch unter gegenseitiger Rücksichtnahme. Dazu gab er die Losung aus: »Zentral planen, dezentral führen.« Unabdingbar sei »eine innere geistige Vorbereitung« der bundesrepublikanischen Bevölkerung auf das, was sie »an Lasten und Spannungen« zu ertragen haben würde[399].

Um nicht missverstanden zu werden, warnte er vor dem seinerzeit beliebten Argument, es brauche neben dem »Staatsbürger in Uniform« auch den »Soldaten in Zivil«. So weit mochte er nicht gehen, »jedenfalls nicht im Frieden«. Allzu leicht könne man damit »der Militarisierung des gesamten öffentlichen Lebens den Weg ebnen«. Trotzdem sollte »der Begriff der Verteidigungspflicht, der Erkenntnis, dass die Erhaltung unserer Lebensordnung ohne Pflichten und Opfer nicht möglich ist«, jedem Staatsbürger von allen, die in irgendeiner Weise im öffentlichen Dienst oder im Dienst der Publizistik stehen, nahegebracht werden[400]. Militärische Führung könne nur noch im Zusammenhang mit den Problemen der Gesamtlandesverteidigung gesehen werden, die eine enge Zusammenarbeit zwischen militärischer und ziviler Verteidigung voraussetzten[401]. Die Bundeswehr sei dazu alleine weder »in der Lage« noch »gewillt«. Man dürfe die Landesverteidigung nicht einmal den beamteten Vertretern der Exekutive oder den zur Gesetzgebung und Kontrolle der Exekutive berufenen Vertretern der Legislative allein überlassen. Weil »die Wirtschaft, die Wissenschaft [...], Presse und Rundfunk, ja jeder einzelne Staatsbürger [...] betroffen [ist]«, sollte auch jeder »ernstlich interessiert sein und sich angesprochen fühlen«. Daher gehe man an der Führungsakademie unter seiner Führung von der Erkenntnis aus, dass eine durchdachte und gut vorbereitete militärische Landesverteidigung eine entscheidende und notwendige Ergänzung der Abschreckung neben der Bereitstellung modern ausgerüsteter und gut ausgebildeter Streitkräfte darstelle, dass – falls die Abschreckung versagen sollte – jede nur denkbare Kampfhandlung, in welche die Bundeswehr ganz oder mit Teilen verwickelt werden könnte, auf dem Boden des eigenen Landes mit seiner großen Bevölkerungsdichte und empfindlichen Struktur stattfinden würde, und schließlich, dass Landesverteidigung auf alle denkbaren Erscheinungsformen moderner Auseinandersetzungen vorbereitet sein müsse, vom subversiven Kampf über Konflikte, die zeitlich, räumlich und hinsichtlich ihres Waffeneinsatzes begrenzt sind, bis hin zum »großen, alles zerstörenden A-Krieg«[402].

---

[399] Schlussbetrachtung Kdr FüAkBw, GM de Maizière, zum Planspiel Landesverteidigung vom 4./5.12.1962, BArch, N 673/57b. In identischem Tenor auch z.B. Ulrich de Maizière, Schlussbesprechung Kdr FüAkBw zu dem Planspiel anlässlich der 2. Einweisung Landesverteidigung (freier Vortrag), 15.5.1962, ebd.

[400] Ulrich de Maizière, Schlussbesprechung Kdr FüAkBw zu dem Planspiel anlässlich der 2. Einweisung Landesverteidigung (freier Vortrag), 15.5.1962, ebd.

[401] Kurzvortrag Kdr FüAkBw, GM de Maizière, anlässlich des Besuches General de Gaulle an der FüAkBw, 7.9.1962, ebd.

[402] Ulrich de Maizière, Begrüßungsansprache Herrenabend, 27.5.1964, BArch, N 673/58.

Diese Linie vertrat de Maizière derart überzeugend, dass er nach seinem Vortrag in Dortmund zunächst von Dr. Wilhelm Casper, dem Präsidenten des Bundesverwaltungsamtes, dann von Kielmansegg, damals noch Kommandeur der 10. Panzergrenadierdivision, und beide zusammen Herausgeber der Buchreihe »Truppe und Verwaltung« darauf angesprochen wurde, ob er dort nicht einen Band zum Thema »Landesverteidigung« veröffentlichen wolle[403]. De Maizière erklärte sich zusammen mit Oberst i.G. Juergens, »dem eigentlichen Fachmann für Landesverteidigung«, grundsätzlich dazu bereit, wollte aber warten, bis die Notstandsverfassung verabschiedet worden sei[404]. Tatsächlich lieferte er bereits Ende August sein Manuskript ab, denn Casper sah den Band gerade für deren Beratung »von großem Wert«. Seiner Meinung nach sollte die Studie rechtzeitig in die Hände der Mitglieder der zuständigen Bundestagsausschüsse und Ministerien des Bundes wie der Länder gelangen[405]. Dort war dafür durchaus Interesse vorhanden. Sowohl Helmut Schmidt für »Die Zeit« als auch Weinstein für die FAZ hatten bereits Buchbesprechungen zugesagt[406]. Und im November 1964 konnte der Verlag de Maizière mitteilen, das Presse- und Informationsamt der Bundesregierung habe 15 000 Exemplare des Bandes bestellt[407]. Der wesentliche Anteil davon ging in die Truppe, sodass de Maizière auch in die Streitkräfte hinein wirken konnte[408]. Im zivilen wie militärischen Bereich wurde er für sein Engagement ausdrücklich gelobt. Anfang 1965 bedankte sich einer der Teilnehmer bei ihm »für die so überzeugenden und klaren Gedanken, die Sie uns ›Bürger in Zivil‹ in den Einweisungslehrgängen Ihrer Führungsakademie übermittelten«. Vor allem betonte er, »mit welcher Freude die Festhaltung Ihrer Gedankengänge in der ausgezeichneten Schrift ›Die Lan-

---

[403] Kielmansegg, Kdr 10. PzGrenDiv, an de Maizière, 2.7.1963, BArch, N 673/176.
[404] De Maizière an Kielmansegg, 9.7.1963, ebd. Obwohl »das Heft […] sozusagen ein Nebenprodukt einer sowieso von mir befohlenen dienstlichen Arbeit« ist und »eines der Ergebnisse meiner Tätigkeit an der Führungsakademie darstellt«, wurde der Beitrag vertraglich mit den »üblichen 10%« des Verkaufserlöses vergütet. Siehe de Maizière an Kielmansegg, 19.8.1963, Kielmansegg an de Maizière, 15. und 29.8.1963, sowie de Maizière an die Verlagsleitung des R. v. Decker's Verlages, 28.8.1964, alle ebd. In diesem Bestand findet sich der entsprechende Verlagsvertrag ebenso wie die Kommunikation zwischen de Maizière und der Leitung des Verlages R. v. Decker's insgesamt.
[405] Dr. Wilhelm Casper an Peter-H. Schenck vom R. v. Decker's Verlag, 9.9.1964. Dazu wollte Casper »mit Herrn Oberst i.G. Dr. Trentzsch und gegebenenfalls mit Herrn General Trettner Fühlung nehmen«. Siehe dazu auch de Maizière an Kielmansegg, 28.8.1964, und an die Verlagsleitung des R. v. Decker's Verlages, 28.8.1964, alle ebd.
[406] Casper an Schenck, 9.9.1964, ebd.
[407] Schenck an de Maizière, 20.11.1964. Weil der Verlag bei dieser hohen Bestellung den Preis auf »DM 1,46 je Exemplar« senkte, schrieb de Maizière seinem Mit-Autor Juergens: »Aber wir haben dieses Werk ja nicht geschrieben, um Geld zu verdienen, sondern um der Sache zu dienen.« Siehe de Maizière an O i.G. Juergens, 23.11.1964. Juergens wiederum freute sich »über die geplante Streuung des Heftes sehr« und meinte, »dass schon andere das Schicksal des erfolgreichen aber verarmten Dichters mit Anstand getragen haben«. Siehe Juergens an de Maizière, 29.11.1964, alle ebd.
[408] Jedes WBK sowie das Kommando Territoriale Verteidigung erhielten je 1000 Exemplare, 3000 gingen an das Bundeswehramt, 4800 an das Bundespresse- und Informationsamt sowie 200 an FüB VII. Siehe de Maizière an O Juergens, 7.12.1964, nach Information durch den Verlag. Siehe Schenck an de Maizière, 3.12.1964, beide ebd.

desverteidigung im Rahmen der Gesamtverteidigung‹ zur Kenntnis genommen wird«[409]. An der Akademie selbst ermahnte de Maizière die Lehrgangsteilnehmer immer wieder, »nicht einseitig [zu] werden, weder nur totale [sic!] Krieg noch nur konventionelle [sic!] Krieg als einzige Lösung« zu sehen. In Wirklichkeit seien viele Erscheinungsformen denkbar[410]. Die derzeitige Auffassung, die darauf hinauslaufe, dass jede kriegerische Auseinandersetzung im mitteleuropäischen Raum gleich oder nach einer gewissen Anlaufzeit in einen großen Atomkrieg münden müsse, sei keineswegs unumstritten, »nicht einmal im NATO-Bereich«[411].

Dafür hatte er selbst mit gesorgt. Bereits als er 1957 in der Abschlussbesprechung der Übung »Lion Noir« in Fontainebleau die Erklärung für das BMVg abgab, bat de Maizière darum »Atomwaffen nur einzusetzen, wo andere Mittel nicht ausreichen«[412]. Bei der Übung »Fallex 62« (21.-27. September 1962), der bis dahin größten Übung dieser Art, hatte er in puncto Zusammenarbeit zwar insgesamt deutliche Fortschritte, aber anonsten noch etliche Mängel feststellen müssen. Vor allem das Zusammenspiel zwischen der NATO-Verteidigung und der nationalen Verantwortung auf der mittleren Führungsebene bewertete er als »noch sehr schlecht«. Absolut vordringlich wäre jedoch die Unterrichtung der politischen Führung über Tragweite ihrer Entscheidungen, zumal die Kriegsspitzengliederung noch ungelöst sei und daher der Bundeskanzler im Verteidigungsfall die Befehls- und Kommandogewalt übernähme. Ihr müsste man vermitteln, wie undurchführbar die geplante Evakuierung großer Bevölkerungskreise sei. Bestenfalls hielt er eine »Auflockerung der größten Ballungsgebiete« für möglich[413]. Dass de Maizière in diesem Tenor auch einen »Cornelius«-Artikel veröffentlichte, brachte ihm umgehend einigen Ärger ein, weil er just »in Recherchen gegen den ›Spiegel‹ hinein[platzte]«. Da seine Aussagen »[v]om Sicherheitsstandpunkt« her allerdings »keine Bedenken« auslösten, legte sich die Aufregung bald wieder[414]. Zumal der »Fallex«-Bericht von Ministerialdirektor Karl Gumbel, der im Oktober 1962 seine Erkenntnisse während der Übung als Leiter der Staffel A niederschrieb, gleichfalls alles andere als positiv war. Im Großen und Ganzen bestätigte er de Maizières Eindrücke[415]. Dass Letzterer zwei Jahre später nach »Fallex 64« (21.-25. September 1964) in seinem Tagebuch eingestehen musste, man sei bis auf exekutive Einzelvorbereitungen seither kaum

---

[409] Ministerialrat F.C. Opalka an de Maizière, 22.2.1965, BArch, N 673/48b. Siehe z.B. auch Karl-Heinz Kamm an de Maizière, 31.1.1965, BArch, N 673/44a.
[410] Ulrich de Maizière, Abschluss der Gemeinsamen Ausbildung 1962 (Stichworte), 7.9.1962, BArch, N 673/57b.
[411] Ulrich de Maizière, Schlussbesprechung Planspiel 4. Einweisung Landesverteidigung am 24.4.1964, BArch, N 673/58.
[412] Ulrich de Maizière, Dienstliche Tagebuchaufzeichnungen 11.3.1957-5.10.1957, Eintrag vom 12.4.1957, BArch, N 673/23.
[413] Ulrich de Maizière, Dienstliche Tagebuchaufzeichnungen 14.2.1962-10.11.1962, Eintrag vom 27.9.1962, BArch, N 673/29.
[414] Ebd., Eintrag vom 15.10.1962.
[415] MinDir Gumbel, Leiter Staffel A, Erfahrungen bei Fallex 62, 10.10.1962, ACDP, I-142-004/3.

weitergekommen, skizzierte in diesem Bereich die Aufgaben, die in seinen folgenden Verwendungen auf ihn zukommen sollten. Als Schwerpunkt notierte er darin: »Notstandsgesetzgebung ist dringend[416].«

Dass eine neue Verwendung für ihn anstand, erfuhr er beim abschließenden Abendessen der Dortmunder Kommandeurtagung von Karl Gumbel, dem seinerzeitigen Leiter der Personalabteilung. De Maizière selbst wollte sich »damals noch nicht« für höhere Weihen vorgesehen haben[417]. Gumbel, 1955 von Adenauer im Amt Blank als Personalchef installiert, galt als Strippenzieher im Personalkarussell des Verteidigungsressorts[418]. Unter dem neuen Verteidigungsminister Kai-Uwe von Hassel avancierte er 1964 zum Beamteten Staatssekretär (bis 1966) und de Maizière zur Überraschung vieler zum Inspekteur des Heeres – angeblich nicht zuletzt zu seiner eigenen. Er selbst behauptete, am 12. Juni 1964 von Gumbel offiziell gefragt worden zu sein[419]. Wenigstens geahnt haben aber muss er schon vorher etwas, immerhin war der Kreis der Kandidaten überschaubar. An Baudissin schrieb er jedenfalls, er sei dessen Einladung im Frühjahr nach Paris nicht gefolgt, weil es ihm »besser zu sein [schien], mich nicht zu präsentieren, ehe die Würfel gefallen waren«[420].

Tatsächlich hatte es einige Zeit gedauert, bis eine Entscheidung fiel. Zu Jahresbeginn 1963 hatte Baudissin die Situation der Bundeswehr Erler gegenüber äußerst düster beschrieben:

»Mir ist aber nie so deutlich geworden wie bei und seit meinem Bonnbesuch, wie sehr sich die Entwicklung in der Bundeswehr zuspitzt. Die Gestrigen haben mit ihrem hierarchischen Übergewicht, der größeren Einfachheit und Vordergründigkeit dessen, was sie anbieten, unter der schützenden Hand von Strauß und bis zum gewissen Grad auch Lübkes, mit dem deutlichen Consensus der politischen Provinz und bei erlahmender Wachsamkeit von Opposition und Öffentlichkeit erheblich Boden gewonnen; sie fühlen sich jedenfalls eindeutig im Kommen und wirken entsprechend stark auf Attentisten und – sagen wir – die Freiheitlichen. [...] Wir fühlen uns immer stärker als missglückter Appendix – als uneheliches Kind – von Reichswehr und Wehrmacht, in denen alles herrlich war und deren bewährten Inhalt nebst Methoden zu folgen nur reeducation, sachwidrige politische Gesichtspunkte und einige Intellektuelle verbieten. Diese Haltung lässt die jungen Offiziere an sich selbst, ihren Vorgesetzten und ihrem Staate verzweifeln, da es ihnen offensichtlich nicht gelingt, trotz erheblich größerer Anspannung die Ideal-

---

[416] Ulrich de Maizière, Dienstliche Tagebuchaufzeichnungen 8.6.1964-16.1.1965, Eintrag vom 25.9.1964, BArch, N 673/32.
[417] De Maizière, In der Pflicht, S. 247-249.
[418] Siehe dazu »Bundeswehr-Personalchef: Auch ganz anständig«, Der Spiegel, 15.7.1964, sowie »Gumbel: Alle gefördert«, Der Spiegel, 12.9.1966.
[419] So seine Aussage in de Maizière an Beelitz, 13.6.1964, und an GL Heinz Gaedcke, KG III. Korps, 12.6.1964, beide BArch, N 673/82, sowie an KG I. Korps, GL Wilhelm Meyer-Detring, 13.6.1964, BArch, N 673/83. In de Maizière an Baudissin, 13.6.1964, BArch, N 673/82, behauptete er, die Entscheidung sei »erst vor wenigen Tagen getroffen worden«. Siehe dazu auch Fritz W. Bader an de Maizière, 25.6.1964, sowie dessen Antwort, 31.7.1964, beide BArch, N 673/82.
[420] De Maizière an Baudissin, 13.6.1964, BArch, N 673/82.

zustände von früher zu erreichen. [...] Kaum glaublich erscheint mir, dass, wie Schmückle mich gestern anrief, auch im Parlament eine ernst zu nehmende Neigung bestehen soll, den geteilten Oberbefehl alter Art wieder einzuführen. [...] Der Glaube ist einfach kindlich, dass alle Präsidenten und Generale Engel und alle Minister Teufel sein müssen. Jedenfalls ist eines sicher, dass der Generalinspekteur – oder wie man ihn vielleicht nennen will – entweder zwischen Minister und Präsidenten zerrieben wird, oder aber seine eigene Politik macht, indem er sie gegeneinander ausspielt. Sollte er noch gar die Militärpolitik vor dem Parlament vertreten, haben wir endgültig südamerikanische Zustände[421].«

Vermutlich hat Baudissin zu diesem Zeitpunkt insgeheim noch auf seine Ernennung gehofft. Jedenfalls mahnte er fast zeitgleich Oswald Hirschfeld vom Süddeutschen Rundfunk, es hätte »sich unter dem schwachen Müller-Lankow ein Team mit Karst und Schall an der Spitze zusammengefunden, das den Spätheimkehrer Foertsch vor seinen Wagen spannt«. Ihm sei dadurch

> »klar geworden, wie sehr sich in der Bundeswehr die Gegensätze zuspitzen und wie entscheidend der im Herbst 1963 bzw. Frühjahr 1964 stattfindende Wechsel Generalinspekteur, Inspekteur des Heeres, wissenschaftlicher Direktor Schule Innere Führung bzw. Speidel und Heusinger für die innere Entwicklung auf absehbare Zeit sein wird«.

Mit der Besetzung dieser Posten werde entschieden, »ob wir ganz in den deutsch-nationalen Provinzialismus zurückfallen oder etwas sui generis bilden«. Die derzeitige Führergeneration werde noch als zufällig hingenommen und habe daher nur bedingten Einfluss, »die kommende setzt Ziele, ohne es erst im Einzelnen aussprechen zu müssen«[422].

Ähnlich dramatisch bewertete Erlers Vertrauter im Ministerium, Oberstleutnant Helmut Hülsmann, die Lage. Fast drei Monate vor Baudissin hatte er den sozialdemokratischen Fraktionschef gewarnt, »dass die Baudissinsche Konzeption immer mehr verschwindet und offen bekämpft wird«; ihre Anhänger stünden »vereinzelt in einer fast hoffnungslosen Lage«[423]. Darüber hinaus informierte Beermann Erler, selbst Heusinger sei der Meinung, dass sich unter Foertsch ein sehr reaktionärer Trend in der Bundeswehr breitgemacht habe, obwohl dieser selbst »mit dafür verantwortlich ist, dass F. an dieser Stelle sitzt«. Derzeit präferiere Heusinger Panitzki, der für Beermann »zwar ein handfester Bursche, aber als Generalinspekteur nicht der Richtige« war. Stattdessen brauche die Bundeswehr jetzt einen Generalinspekteur, der in der Lage ist, »eine sittliche Ausstrahlungskraft zu haben, der den Offizieren auch politisch klare Richtlinien gibt und mit der Autorität eines hohen Offiziers sozusagen Richtschnur ist«. Für ihn komme deswegen nur Baudissin infrage[424].

Tatsächlich startete Erler im Sommer 1963 noch einmal einen Versuch bei von Hassel. Dem Minister gegenüber äußerte er »schwerste Bedenken gegen

---

[421] Baudissin an Erler, 18.2.1963, AdsD, NL Erler, Box 143.
[422] Baudissin an Oswald Hirschfeld, 14.2.1963, ebd.
[423] Hülsmann an Erler, 24.4.1963, AdsD, NL Erler, Box 136.
[424] Erler, Notiz zur Sitzung mit Hassel am 11.2.1963, AdsD, NL Erler, Box 135 A.

den vorgesehenen Nachfolger für General Foertsch«. Vor allen Dingen befürchte er, »dass die geistige Grundlage der Bundeswehr unter ihm leiden könnte, da er keinerlei Verständnis für die politischen Fragen der Vergangenheit, des 3. Reiches usw. habe«. Von Hassel gewann allerdings den Eindruck, es schiene »kein Ziel Erlers zu sein, Graf B. als Nachfolger Foertsch zu erwirken«. Vielmehr halte er »folgende Lösung für richtig: Graf K. als Nachfolger für den Generalinspekteur, den vorgesehenen Nachfolger stattdessen dann nach Fontainebleau«[425]. Innerhalb der SPD galt der zur Debatte stehende Heinz Trettner demgegenüber »als Reaktionär«[426]. Nach Erlers Aufzeichnungen vom 22. Juli 1963 habe ihm der Minister hingegen erklärt, »dass ihm von allen von ihm befragten Angehörigen des Ministeriums für den Posten des Generalinspekteurs nur zwei Namen genannt worden seien: Trettner und Kielmansegg«. Weil sich Letzterer selbst »ausdrücklich für Fontainebleau interessiert erklärt habe«, glaube von Hassel, »diesem Wunsch entsprechen zu sollen«. Damit bliebe dann Trettner als Generalinspekteur übrig. Dagegen habe Erler sehr wohl Baudissin ins Spiel gebracht, den der Minister aber »in seinem Haus für kaum durchsetzbar« hielt[427].

Der Graf selbst hatte zu diesem Zeitpunkt bereits resigniert. Dass er selbst nicht Inspekteur werden würde, war mit seiner Versetzung zum NATO Defense College entschieden. Frustriert hatte er daraufhin vier Wochen vor dem Gespräch mit dem Minister an Erler geschrieben, da »die Verschickung nach Paris« nicht mehr verhindert werden könne, sei nun wichtig, »dass Hassel und Gefolge die Problematik erkennen und beim nächsten Mal, [...] etwas vorsichtiger umgehen [sic!]«[428].

Auch de Maizière wollte Kielmansegg in dieser Zeit »lieber in Bonn statt in Fontainebleau« sehen[429]. Umso brisanter war es, dass die Öffentlichkeit von der Absicht, de Maizière zum Inspekteur des Heeres zu ernennen, am 29. Februar 1964 aus der Presse erfuhr, genauer aus der Wochenendausgabe der FAZ[430]. Der dafür verantwortliche Redakteur war mit Adelbert Weinstein der alte Bekannte

---

[425] Minister-Vermerk, 23.7.1963, ACDP, NL von Hassel, I-157-012/2. Demnach hatte ihm Erler vorgeschlagen, »dass ich mich z.B. mit dem Mitarbeiter der Gesellschaft für Auswärtige Politik, Dr. Jacobson [sic!], unterhalten sollte, er kenne den Nachfolger genau«. Gemeint war Dr. Hans-Adolf Jacobsen, von 1956 bis 1961 Dozent an der Schule der Bundeswehr für Innere Führung in Koblenz, anschließend bis 1964 Direktor des Forschungsinstituts der Deutschen Gesellschaft für Auswärtige Politik in Bonn.

[426] Wolfgang Schult, Vermerk, Betr.: General Trettner, Kommandeur des 1. Corps [sic!] in Münster, an Fritz Erler und Hans Merten, 7.5.1962. Außerdem lag Erler auch eine Aufzeichnung über eine Unterhaltung zwischen Trettner und Hans-Adolf Jacobsen am 6.4.1962 in Münster vor, in der Jacobsen seine Auffassung belegte, »dass ein Kommandierender General mit einer solchen geistigen Haltung weder als Vorbild noch als einer der höchsten Vorgesetzten für die Bundeswehr tragbar erscheine«. Siehe Dr. Hans-Adolf Jacobsen, Aufzeichnung über eine Unterhaltung mit dem KG I. Korps, GL Trettner, am 6.4.1962 in Münster, 12.7.1963, beide AdsD, NL Erler, Box 136.

[427] Notiz Friedrich Erler, 22.7.1963, ebd.

[428] Baudissin an Erler, 24.6.1963, AdsD, NL Erler, Box 143.

[429] De Maizière an Kielmansegg, Kdr 10. PzGrenDiv, 12.9.1963, BArch, N 673/176.

[430] De Maizière, In der Pflicht, S. 254 f.

de Maizières aus der Kriegsgefangenschaft[431]. Inwieweit dies auf die Ernennung wirklich Einfluss nahm, muss hier dahingestellt bleiben. In der Tat zählte de Maizière längst zu den aussichtsreichen Kandidaten für höchste Verwendungen. Kaum ein anderer war öffentlich so präsent und über Parteigrenzen hinweg akzeptiert. Zusammen mit Werner Drews, Werner Panitzki und Alfred Zerbel rechnete man ihn auch in den Medien zu einer »neuen Generation« von Offizieren in Führungspositionen der Bundeswehr, »die das Kriegsende vor 15 Jahren als junge Oberstleutnante und Oberste erlebten und sich in den letzten Jahren beim Aufbau der Bundeswehr ihre Sporen verdienten«[432]. Die hier Genannten machten allesamt Karriere: Zerbel wurde Inspekteur des Heeres (1960-1964), ihm folgten de Maizière (1964-1966) sowie Schnez (1968-1971), Panitzki avancierte zum Inspekteur der Luftwaffe (1962-1966) und Werner Drews immerhin noch zum Generalmajor und Befehlshaber des Territorialkommandos Süd (1969-1972). Gerade Letzterer galt dabei nicht wenigen seiner Zeitgenossen hinsichtlich seiner konzeptionellen Bedeutung für die Etablierung und Verteidigung der Inneren Führung als ebenso geschätzt wie Baudissin[433].

De Maizière hatte sich wohl kaum in seiner Laufbahn derartig exponiert wie hinsichtlich seiner Unterstützung für das Konzept der Inneren Führung. Gleichwohl war er nie als Hardliner in dieser Frage aufgetreten, sondern immer konsensorientiert am augenblicklich Realisierbaren. Er stand für absolute Loyalität und immensen Fleiß, gepaart mit einem scharfen Verstand und bescheidenem Auftreten. In der sich gerade für die Akzeptanz der Bundeswehr zunehmend schwieriger gestaltenden innenpolitischen Lage Mitte der 1960er-Jahre lagen damit gewichtige Argumente für sein Avancement vor. Förderer besaß er jedenfalls einige. Dazu gehörte unter anderem Friedrich Foertsch, dem de Maizière anschließend versicherte, er wisse wohl, »welch wichtigen Anteil Sie daran tragen, dass die bekannten Hemmungen gegenüber meiner Person beseitigt worden sind und damit die Voraussetzungen für meine jetzige Berufung geschaffen wurden«[434]. Allerdings benutzte er dabei genau die Worte, die ihm Foertsch ein paar Tage vorher selbst geschrieben hatte[435]. Doch de Maizière dankte am selben Tag auch Ministerialdirektor Reinhard Gehlen, dem Präsidenten des Bundesnachrichtendienstes, in ähnlichem Tenor: »Ich weiß, welch großen Anteil Sie daran haben, dass gegenüber unseren amerikanischen Freunden die Voraussetzungen für meine jetzige Verwendung geschaffen worden

---

[431] Ebd., S. 123.
[432] Heinz Michaels, Nachkriegsgeneräle rücken vor. Eine neue Generation in der Führung der Bundeswehr, Die Zeit, 20.5.1960.
[433] So jedenfalls die Bewertung von Wildenmann, Bürger in Uniform?, S. 9. Auch de Maizière, In der Pflicht, S. 235, bestätigte die »gemeinsamen Auffassungen über Theorie und Praxis der Inneren Führung«. Siehe zum Gesamtkontext auch Loch, Das Gesicht der Bundeswehr, S. 135 f.
[434] De Maizière an Gen. a.D. Friedrich Foertsch, 8.10.1964, BArch, N 673/82.
[435] Foertsch an de Maizière, 2.10.1964, ebd.: »Ich bin froh darüber, dass nun alle Verantwortlichen über die bekannten Hemmungen hinweggekommen sind und Sie wissen ja, dass ich immer wieder das meinige dazu tun durfte.«

sind[436].« Gehlen hatte ihn zuvor beglückwünscht und seiner Hoffnung Ausdruck verliehen, »dass Sie auch weiterhin in guter Verbindung mit dem BND bleiben werden«[437].

Wann die Entscheidung letztlich endgültig fiel, ist ungewiss. Sicher ist, dass von Hassel am 10. Juni 1964 Erler zum Gespräch bat, um ihn »über die beabsichtigten Personalveränderungen zu unterrichten«. Erler habe dabei den Absichten »hinsichtlich Sts Gumbel, Stv Dr. Knieper und Nachfolge Zerbel (de Maiziére [sic!]) uneingeschränkt zu[gestimmt]«[438]. Das war auch nicht weiter verwunderlich. Mancher in der SPD hatte de Maizière bereits 1960 dem rigiden Baudissin vorgezogen. Zu Jahresbeginn 1960 unterrichtete Helmut Schmidt Erler über ein Gespräch mit Oberst a.D. von Gaertner:

> »Der von mir geäußerten Ansicht, dass – trotz seines jungen Rangdienstalters – de Maiziere [sic!] spätestens nach 1-2 Jahren der geeignete Mann für die Stellung des Inspekteurs des Heeres sei, stimmte G. zu; seines Erachtens würden die Fähigkeiten de Maiziere [sic!] von vielen Bundeswehroffizieren ebenfalls hoch eingeschätzt, andere wiederum verwiesen auf sein geringes Rangdienstalter[439].«

Vielleicht ist diese Entwicklung zumindest mit ein Grund gewesen, warum sich die Verbindung zwischen de Maizière und Baudissin allmählich abkühlte. 1957 hatte ihn de Maizière immerhin noch als seinen »Freund« bezeichnet[440]. Was beide miteinander verband, war möglicherweise ihre Gläubigkeit[441], fraglos aber ein tief empfundener Respekt voreinander. Noch Ende der 1980er-Jahre äußerte de Maizière gegenüber Karst, der sich früh vom engen Vertrauten zum scharfzüngigen Gegner Baudissins entwickelt hatte, »dass Baudissin, den ich schon aus der Vorkriegszeit kenne, immer ein bißchen damit kokettierte, bewusst ›anders‹ zu sein als seine Umwelt«. Gleichwohl habe er dies »mit Zivilcourage« durchgehalten[442]. Als »anders« im Sinne von intellektuell zu gelten, damit hatte de Maizière selbst seine Erfahrungen gemacht. Insofern dürfte er Baudissins Rigorosität und Ungeduld, mit denen er viele Zeitgenossen überforderte, deutlich nachsichtiger betrachtet haben[443]. Dennoch blieb ihr Verhältnis stets von einer äußeren Distanz gekennzeichnet. Trotz vertraulicher Anrede

---

[436] De Maizière an MinDir Gehlen, Präsident des BND, 8.10.1964, ebd.

[437] Gehlen an de Maizière, 6.10.1964, ebd.

[438] Minister, Vertraulicher Vermerk, Gespräch mit MdB Erler am 10.6.1964, 10.6.1964, ACDP, I-142-005/1.

[439] Helmut Schmidt, Aktennotiz über heutiges Gespräch mit O a.D. von Gaertner, für Fritz Erler, 4.1.1960, AdsD, NL Erler, Mappe 135 B. Schmidt bat Erler »um vertrauliche Kenntnisnahme«.

[440] De Maizière an Pesch, 11.11.1957, BArch, N 673/91.

[441] Jedenfalls hatte Baudissin selbst die Frage nach seiner Antriebskraft noch in seiner Zeit als Direktor des Instituts für Friedensforschung und Sicherheitspolitik damit beantwortet: »Ich habe immer nur versucht, ein guter Christ zu sein!« Siehe dazu Dörfler-Dierken, Baudissins Konzeption, S. 58. Zum Zitat siehe Rosen, Wolf Graf von Baudissin, S. 36.

[442] De Maizière an BG a.D. Karst, 23.3.1988, BArch, N 673/177.

[443] Schlaffer, Die Innere Führung, S. 148.

siezten sie sich beispielsweise zeitlebens[444]. Im Unterschied zu de Maizière war Baudissin ohnedies »im privaten Kontakt sehr zurückhaltend«; sein »beträchtliches militärisches und außermilitärisches Netzwerk«, das er entwickelte, konzentrierte sich »auf Arbeitskontakte, Konsultationen und fachlichen Austausch«[445]. Doch freilich gratulierte ihm der Weggefährte Mitte Mai 1964 zur Ernennung und begrüßte die Wahl ausdrücklich, »die Sie und damit endlich einen der Unsrigen an eine Schaltstelle bringt«. Besonders freute ihn, »[d]ass damit den Übelbolden das Handwerk gelegt wurde, die Sie mit fadenscheinigen Gründen verdächtig machten«. Insgeheim befürchtete er jedoch, »dass man Sie in meine alte Feigenblattrolle drücken möchte«, und war sich sicher, er werde es »nicht leicht haben, sich oder besser unsere Vorstellungen in ›Bonn‹ durchzusetzen«[446]. De Maizière reagierte beinahe kühl auf diesen unmissverständlichen Hinweis, wem oder was seine Sympathien gelten sollten. Zurückhaltend antwortete er Baudissin, er sei sich der Schwierigkeiten, die er mit dem neuen Amt übernehme, »voll bewusst«. Zwar dankte er ihm, »dass Sie mich bei dieser Gelegenheit Ihrer freundschaftlichen Zuneigung versichern«. Gleichwohl ging er etwas auf Abstand, als er mitteilte, er nehme »gern Ihr Angebot an, dass wir in Verbindung bleiben und uns von Zeit zu Zeit aussprechen«[447].

Während der polarisierende Baudissin nicht ganz in die Führungsspitze der westdeutschen Streitkräfte vorzudringen vermochte, gelang dies de Maizière. Heusinger befürchtete schon früh, der Graf würde »von Neuem eine tiefe Unruhe in die Bundeswehr« bringen[448]. Dabei lassen sich einige der Zielvorstellungen Baudissins auch bei de Maizière nachvollziehen. Auch dieser wollte beispielsweise eine militärische Elite, »die in staatsbürgerlicher Bodenhaftung verbleibt, durch ihre Fähigkeit zur ›Menschenführung‹ hervortritt und mit ihren militärisch-politischen Kompetenzen überzeugen kann«[449]. Insofern war es eine richtungsändernde Entscheidung, als der neue Staatssekretär Karl Gumbel de Maizière am 12. Juni 1964 seine beabsichtigte Ernennung eröffnete. Das zeigte sich schon daran, dass er damit die teilweise seit Jahren amtierenden, deutlich lebensälteren Kommandierenden Generale aller drei Heereskorps übersprang. De Maizière erkannte dieses Problem, denn freilich benötigte er deren Unterstützung für seine Aufgabe. Verkompliziert wurde diese Tatsache erneut durch einen Weinstein-Artikel in der FAZ, der bereits am 9. Mai 1964 die Neuigkeiten verbreitet hatte. Generalleutnant Meyer-Detring, Kommandierender General des I. Korps, schrieb drei Tage später an de Maizière und teilte ihm mit, auch er sei angesprochen worden, müsste nun aber aus der Presse erfahren, dass die Würfel anders gefallen seien. Er habe allerdings noch einige Tage mit diesem Brief gewartet, »weil ich annahm, dass sich irgendjemand in Bonn auf-

---

[444] Baudissin wurde von de Maizière stets mit »Lieber Bau« angeschrieben, siehe dazu die umfassende Korrespondenz zwischen beiden.

[445] Naumann, Ein staatsbürgerlicher Aristokrat, S. 50.

[446] Baudissin an de Maizière, 13.5.1964, BArch, N 673/82.

[447] De Maizière an Baudissin, 13.6.1964, ebd.

[448] Bischof Kunst an Baudissin (1963), abgedr. in: Graf von Baudissin, S. 72 f.

[449] Naumann, Ein staatsbürgerlicher Aristokrat, S. 51.

raffen würde, mir offiziell oder privat mitzuteilen, dass ich nicht mehr im Gespräch bin. Offenbar habe ich jedoch irrige Vorstellungen von Höflichkeit«. Dies lastete er zwar nicht de Maizière an, von dem er meinte, »dass Sie von dem Artikel am peinlichsten berührt sein werden, der den Stempel einer gezielten Indiskretion trägt und beweist, dass die Verbindungen des Autors besser sind als die Qualität seiner Artikel«. Aber seine Enttäuschung verbarg er nicht: Offensichtlich habe Weinstein »noch nicht bemerkt, dass es mehr als vier Offiziere gibt, die die Innere Führung begriffen haben«[450].

Diese Spitze verstand de Maizière sehr wohl. Nach dem Gespräch mit Gumbel informierte er umgehend die Korpskommandeure handschriftlich über die Ministerentscheidung und »erbat ihre Unterstützung für den so viel jüngeren Kameraden«[451]. Diese akzeptierten dessen Ansinnen ausdrücklich »als einen Akt kameradschaftlicher Gesinnung« und eine gute Grundlage für eine gedeihliche und vertrauensvolle künftige Zusammenarbeit[452]. Generalleutnant Heinz Gaedcke hielt diese Form »für ein typisches Zeichen Ihrer Wesensart«. Gleichzeitig machte er ihm Mut: »Sie haben das Zeug zu dieser Aufgabe, und es wird der Bundeswehr guttun, einen anderen Typ an der Spitze des Heeres zu sehen, als es bisher in ihr verkörpert war, womit über diesen anderen nichts Nachteiliges gesagt ist[453].« Und auch Generalleutnant Meyer-Detring hatte de Maizière schon vorab zugesichert, »dass zwischen uns menschlich alles so bleibt wie bisher«[454]. Gerade darüber zeigte sich de Maizière »außerordentlich berührt«, dankte ihm »aufrichtig für Ihre kameradschaftliche Haltung« und bat darum, »mir Ihren Rat als den eines älteren und truppenerfahreneren Kameraden nicht zu versagen«[455].

Dafür, dass Weinstein recht hatte und de Maizière spätestens Anfang Mai informiert war, spricht de Maizières Rückzug aus der Studiengruppe für Rüstungskontrolle, Rüstungsbeschränkung und internationale Sicherheit der Deutschen Gesellschaft für Auswärtige Politik. Diese hatte sich zum Ziel gesetzt, »einige unter Mitwirkung der verschiedenen politischen Kräfte und zahlreicher Wissenschaftler erarbeitete deutsche Beiträge zu den internationalen, nichtamtlichen Diskussionen über Sicherheitsfragen zu präsentieren« und stand unter dem Vorsitz von Fritz Erler[456]. De Maizière war ihr auf Anregung Erlers und Hans-Adolf Jacobsens, der unter ihm als Kommandeur bereits an der Schule in Koblenz gewesen war, beigetreten[457]. Zwar will er nach eigener Aussage auch

---

[450] GL Meyer-Detring an de Maizière, 12.5.1964, BArch, N 673/83.
[451] De Maizière, In der Pflicht, S. 255. Im Nachlass de Maizière finden sich indes nur maschinenschr. Durchschläge der Schreiben de Maizières an GL Heinz Gaedcke, KG III. Korps, 12.6.1964, und an den KG II. Korps, GL Leo Hepp, 13.6.1964, beide BArch, N 673/82.
[452] Hepp an de Maizière, 16.6.1964, ebd.
[453] Gaedcke an de Maizière, 15.6.1964, ebd.
[454] Meyer-Detring an de Maizière, 12.5.1964, BArch, N 673/83.
[455] De Maizière an Meyer-Detring, 13.6.1964, ebd.
[456] Ulrich de Maizière, Begrüßung Bundestagsabgeordneter Fritz Erler, Thema. »Wehrkonzeption der SPD«, 13.2.1964, BArch, N 673/58. Die hier zit. Passage wurde von de Maizière aus dem Redemanuskript gestrichen.
[457] De Maizière an Erler, 23.11.1965, BArch, N 673/39b.

zuvor kein allzu aktives Mitglied gewesen sein[458]. Jetzt aber bat er Erler, mit Oberst i.G. Hellmuth Roth, dem Leiter der Studiengruppe Bundeswehr an der Führungsakademie, einen dauernden Vertreter entsenden zu dürfen[459]. Dem wurde auch stattgegeben und fürderhin gehörte de Maizière der Gruppe nur mehr als Gast an. Denn wichtig war ihm auch weiterhin der persönliche Kontakt zu Erler, dem er auch sonst »jederzeit zur Verfügung [stehe], wenn Sie den Wunsch haben sollten«[460].

Jedenfalls schaffte es de Maizière, die Wogen zu glätten, und konnte die Zeit bis zur Amtsübernahme zu Besuchen bei den drei Korpsstäben, dem Truppenamt und zahlreichen Schulen nutzen. Gleichzeitig beschäftigte das Ministerium de Maizière schon im Voraus mit manchen Arbeiten[461]. Am 16. September 1964 übergab er die Führungsakademie an seinen Jahrgangskameraden Generalmajor Jürgen Bennecke, dessen Wahl er für »eine glückliche Lösung« hielt[462]. Persönlich befürchtete er trotzdem, er würde »nie wieder [...] eine so selbstständige, in sich geschlossene und menschlich befriedigende Stellung innehaben wie diese«[463]. Konsequent begleitete de Maizière die Führungsakademie in seiner weiteren Karriere und darüber hinaus interessiert. Wohl wegen seiner eigenen Erfahrungen als Kommandeur hielt er sich als Inspekteur des Heeres aber aus deren inneren Angelegenheiten heraus. 1965 schrieb er an den Chef des Stabes der Führungsakademie, Oberst i.G. Hornig, seine Gedanken seien zwar »noch oft bei der Akademie«, doch hielte er sich »bewusst zurück, um nicht ›in fremden Teichen‹ zu fischen«[464]. Dennoch wurde er von Hornig und anderen über die Neuerungen, Fortschritte und Probleme informiert[465]. Eingegriffen hat er in

---

[458] Ulrich de Maizière, Begrüßung Prof. Dr. jur. Ulrich Scheuner, 23.1.1964, BArch, N 673/58.

[459] Zwar wollte sich de Maizière bemühen, soweit es seine Arbeit zuließe, möglichst oft an den Sitzungen teilzunehmen, schied aber Ende 1965 endgültig aus der Studiengruppe aus. Siehe de Maizière an Erler, 4.5.1964, in Beantwortung Erler an de Maizière, 27.4.1964, beide AdsD, NL Erler, Box 105 B. Zum endgültigen Ausscheiden de Maizières siehe sein Schreiben an Erler, 25.11.1965, sowie dessen Antwort, 7.12.1965, beide AdsD, NL Erler, Box 105 A. Mitglieder der Studiengruppe waren u.a. Jacobsen, Mende, Schmidt, Carl-Friedrich von Weizsäcker, zu Guttenberg, Speidel und Trebesch. Siehe hierzu die Sitzungsprotokolle in den hier genannten Beständen.

[460] De Maizière an Erler, 16.12.1965, sowie vorab Erler an de Maizière, 7.12.1965, beide BArch, N 673/39b.

[461] De Maizière an Kdr 2. PzGrenDiv, GM Müller, 12.8.1964, BArch, N 673/83.

[462] De Maizière an GM a.D. Laegeler, 23.7.1964, beide ebd.

[463] De Maizière, In der Pflicht, S. 256. So auch wörtlich in Schlussansprache Kdr FüAkBw, GM de Maizière, am 5.9.1964 anlässlich seiner Versetzung in das BMVtdg [sic!], BArch, N 673/58.

[464] De Maizière an Chef des Stabes FüAkBw, O i.G. Hornig, 7.5.1965, BArch, N 673/43d. De Maizière fühlte sich auch später »den alten Mitarbeitern der Akademie noch immer eng verbunden«. Siehe de Maizière an Kdr FüAkBw, GM Hans Hinrichs, 12.8.1968, BArch, N 673/43e. Hinrichs hatte de Maizière über den plötzlichen Tod von OTL Winfried Martini informiert.

[465] Chef des Stabes FüAkBw, O i.G. Hornig, an de Maizière, 21.5.1965, BArch, N 673/43d: »In der Zwischenzeit haben wir einige Fortschritte zu verzeichnen, vor allen Dingen darin, dass die fachlichen und stabstechnischen Dinge kleiner geschrieben werden und die operativ-strategischen größer. Die in der Gesamtstrategie notwendigen angrenzenden Wissenschaften werden ab 1966 in der Akzentuierung eine Verstärkung erfahren, ohne dass

das Geschehen an der Akademie indes nur mittelbar, indem er ihm wichtige Überlegungen an die zuständigen Referenten im Ministerium weiterleitete[466].

Wie weit jedoch die Themen reichten, die über diesen direkten Draht kommuniziert wurden, zeigte beispielsweise die Bitte des Kommandeurs der Führungsakademie, Generalmajor Hans Hinrichs, im Frühjahr 1968 »um Gehör für zwei Sorgen der Führungsakademie und einen Vorschlag«. Bei seinen Sorgen handelte es sich zum einen um das »Gerücht«, sein Nachfolger solle ein General der Luftwaffe werden. Weil die übergroße Mehrheit der Lehrgangsteilnehmer aber dem Heer entstammte, wollte er de Maizière dafür gewinnen, seine Stelle »aus sachlichen Erwägungen« weiterhin mit einem Heeresgeneral zu besetzen. Zum anderen – und das dürfte de Maizière durchaus beunruhigt haben – beklagte Hinrichs das kontinuierliche Absinken der Qualität seiner Lehrstabsoffiziere. Man habe das Gefühl, so schrieb er seinem Generalinspekteur, die Lehrbefähigung würde bei deren Auswahl zu wenig berücksichtigt. Scheinbar gelte die Akademie »als eine grüne Wiese, auf der Abgearbeitete in Ruhe weiden und wieder zu Kräften kommen können«. Von »Herzkranken und Ruhebedürftigen« seien aber »keine Studien mit zündenden neuen Ideen« zu erwarten. Hinrichs bat daher inständig, de Maizière möge »bei den Inspekteuren und dem Leiter der Abt. P [...] auf die Wichtigkeit der Aufgaben der Akademie insgesamt« hinweisen. Abschließend schlug er vor, einen Führungslehrgang »ähnlich dem Defense Management Course in Monterey« einzurichten. In ihm sollten »Erkennen und Umsetzen von Begriffen des Managements, Erkennen der Auswirkungen des Verteidigungshaushalts auf die Volkswirtschaft, langfristige Rüstungsplanung, aber auch richtige Nutzung der Planungs- und Entscheidungshilfen gelehrt werden«[467].

Damit stieß Hinrichs bei de Maizière auf offene Ohren. Dieser hatte bereits in einem Vortrag vor dem Industrie-Club Düsseldorf auf die hohe Bedeutung der Planung in den Streitkräften hingewiesen: Planung sei eine der Voraussetzungen zur Lösung moderner Staatsaufgaben geworden, was in besonderem Maße für die Verteidigung gelte. Die schnelle wehrtechnische Entwicklung und die damit verbundene Steigerung des Aufwands für die Verteidigung verlangten aus seiner Sicht nach langfristiger Planung und entsprechenden organisatorischen Vorkehrungen und Dispositionen von langer Hand. Eine nur intuitive Lenkung und Kontrolle des Verteidigungsapparates ohne exakte Entschei-

---

dabei die notwendige Routine vernachlässigt wird. Auch in der naturwissenschaftlich-technischen Ausbildung sind Wege eingeleitet worden, die – soweit ich es übersehe – einen Fortschritt darstellen.« Zu anderen, die de Maizière abseits des Dienstweges hinsichtlich der FüAkBw auf dem Laufenden hielten, siehe z.B. OTL i.G. Bernhard Klemz, Ausbilder an der FüAkBw, an de Maizière, 20.12.1965, BArch, N 673/44b; O Jürg von Kalckreuth an de Maizière, 20.2.1965 und 20.2.1966, beide BArch, N 673/44a; OTL i.G. Günter Ohme an de Maizière, 28.11.1966, sowie dessen Antwort, 2.12.1966, beide BArch, N 673/48b, oder K z.S. Otto-Friedrich Werner an de Maizière, 22.2.1966, BArch, N 673/54a, sowie deren weiteren Schriftwechsel in diesem Bestand.

[466] Siehe z.B. de Maizière an Chef des Stabes FüAkBw, O i.G. Hornig, 19.7.1965, BArch, N 673/43d. Dabei ging es um die Optimierung der Bildung an der Akademie.

[467] Kdr FüAkBw, GM Hinrichs, an de Maizière, 17.8.1968, BArch, N 673/43e.

dungsunterlagen sei inzwischen nicht mehr möglich. Als Ziel jeglicher militärischen Planung gab er aus,

> »für den gegebenen Auftrag unter den beeinflussenden Umweltbedingungen in überschaubaren Zeiträumen verschiedene mögliche Verhaltensweisen mit dem jeweils notwendigen und möglichen Aufwand zuverlässig untersuchen und übersichtlich darstellen zu können, um zwischen verschiedenen Alternativen unter dem Gesichtspunkt der Aufwandswirksamkeit fundierte Entscheidungen zu ermöglichen«.

Die Bundeswehr habe dazu die modernen Planungssysteme verschiedener Staaten studiert und sich durch Wissenschaft und Industrie beraten lassen. Daraufhin sei bereits vor über zwei Jahren mit dem Aufbau eines eigenen Planungssystems begonnen worden. Dieses lehne sich in vielen Punkten an das US-amerikanische Vorbild an, sei jedoch den andersgelagerten Verantwortlichkeiten in der Bundesrepublik sowie der unterschiedlichen Aufgabenstellung der Bundeswehr angepasst. Es basiere vor allem auf der Erkenntnis, dass Staaten europäischer Größenordnung nicht mehr über das personelle, finanzielle und wirtschaftliche Potenzial verfügen, ihre Sicherheit mit nationalen Kräften allein zu gewährleisten. Eine Verteidigung Mitteleuropas werde »also immer im Rahmen von Bündnissen, in unserem Fall der NATO, zu sehen sein«[468]. Dabei musste de Maizière die anwesenden Wirtschaftskapitäne überzeugt haben. Ohnedies war die zweite formative Phase der Bundesrepublik geradezu durch eine Planungsbegeisterung gekennzeichnet, deren Höhepunkt in der Zeit der Großen Koalition lag. Dieses Phänomen galt indes für alle westlichen Industriegesellschaften als »Prädikat moderner Regierungstechnik«[469]. In der anschließenden Diskussion stellte einer der Zuhörenden jedenfalls fest, der Vortrag hätte »genauso gut von einem Generaldirektor eines Konzerns« gehalten werden können, wenn man »nur einige Vokabeln ausgetauscht hätte«[470].

So weit mochte de Maizière selbst nicht gehen: Statt der Passage »[d]er Offizier im Generalstabsdienst wird zu einer Art Manager« im Weißbuch 1970 habe er beispielsweise die Formulierung bevorzugt: »zu einem Führungsgehilfen«[471]. Zwar wurde in der Folge für 1971 ein Lehrgang »Moderne Führungsverfahren« an der Führungsakademie vorbereitet[472]. Gleichzeitig warnte de Maizière aber davor, die Bundeswehr »zu verallgemeinernd [...] mit einer industriellen Firma« zu vergleichen: Wohl gebe es Bereiche der Technik und der Betriebsfüh-

---

[468] Ulrich de Maizière, Probleme der militärischen Planung und die Rolle der Bundeswehr bei der Verteidigung Europas, Vortragsveranstaltung beim Industrie-Club e.V., Düsseldorf am 14.5.1968, BArch, N 673/59.

[469] Wolfrum, Die geglückte Demokratie, S. 230 f., Zitat S. 230.

[470] Diskussionsbeitrag »Herr Zimmermann« im Anschluss an Ulrich de Maizière, Probleme der militärischen Planung und die Rolle der Bundeswehr bei der Verteidigung Europas, Vortragsveranstaltung beim Industrie-Club e.V., Düsseldorf am 14.5.1968, BArch, N 673/59.

[471] Ansprache GenInsp, Gen. de Maizière, zur Verabschiedung der Lehrgänge an der FüAkBw am 23.9.1971, BArch, N 673/61b.

[472] Ansprache GenInsp, Gen. de Maizière, anlässlich der Verabschiedung von Lehrgangsteilnehmern der FüAkBw am 22.9.1970 in Hamburg, BArch, N 673/61a.

rung, in denen solche Vergleiche »nützlich und hilfreich« seien, wo die Streitkräfte deswegen von der Industrie lernen könnten. Trotz aller notwendigen
Wirtschaftlichkeit sei aber in der Armee nicht der wirtschaftliche Erfolg des
Gesamtunternehmens das Ziel, sondern der Dienst für den Staat, für die Allge-
meinheit: »Nutzen sind Sicherheit und Frieden[473].«

Derartige begriffliche Feinheiten waren de Maizière wichtig, wesentlich
blieb für ihn jedoch die inhaltliche Umsetzung. Schon 1967 hatte er bei einem
seiner ersten Vorträge als Generalinspekteur vor der Führungsakademie daran
erinnert, bereits mit der Entscheidung in der Dienststelle Blank und dann im
Parlament, »die ›Grundsätze der Inneren Führung‹, den ›Staatsbürger in Uniform‹ zur geistigen Grundlage des Aufbaus der Bundeswehr zu machen«, sei
»der erste Schritt der Einfügung der Bundeswehr in die Verhältnisse der modernen Industriegesellschaft getan« worden. Die Einführung eines zeitgemäßen
Planungssystems, »das etwa dem ›Management‹ der Industrie entspricht«, wäre
folglich nur ein weiterer Schritt. Dass er den Ausbildern und Lehrgangsteilnehmern dabei auseinandersetzte, was »militärische Planung« bedeute, wie
»das Planungsverfahren im BMVtdg« aussehe, welche »verfügbaren wissenschaftlichen Planungshilfen« es dazu gebe und wo er die »Hauptprobleme der
Planung« verorte, hatte dabei einen besonderen Hintergrund[474]. Denn mit einer
seiner ersten Entscheidungen als neuer Generalinspekteur hatte er eine Vorlage
von Brigadegeneral Bernd Freytag von Loringhoven, damals Unterabteilungsleiter III im Führungsstab der Streitkräfte und 1971 Nachfolger von Generalleutnant Walter Büchs als Stellvertreter de Maizières, aufgegriffen. Fortan sollten »[s]ehr gut qualifizierte Offiziere«, die mittel- oder langfristig für eine
Verwendung im Bereich Militärpolitik, Führung und Planung infrage kämen,
»möglichst frühzeitig einmal im Ministerium arbeiten (z.B. unmittelbar im Anschluss an die Führungsakademie)«. Damit gäbe man ihnen nämlich die Gelegenheit, sich in die ministerielle Arbeitsweise und in »das Denken im großen
Rahmen« hineinzufinden. Nach etwa zwei Jahren könnte man sie dann in der
Truppe und anschließend wieder in zentralen Dienststellen einsetzen[475]. Auf
diese Weise wollte de Maizière einerseits seiner Grundüberzeugung Rechnung
tragen, dass Streitkräfte »ein lebender Organismus« seien, »in den man nicht
plötzlich eingreifen soll«, sondern deren Entwicklung »immer evolutionär zu
steuern« sei[476]. Andererseits sprach daraus auch die eigene Erfahrung. Was die
Planung selbst anging, so ermöglichte ihm zwar sein Gespür für künftige Ge-
staltungsmöglichkeiten und seine Fähigkeit zur strategischen Analyse, die großen Linien im militärischen Bereich festzulegen. Die Feinarbeit war jedoch
»nicht das natürliche Metier General de Maizières«, weil sie »in ihrem techno-

---

[473] BMVg/Informations- und Pressezentrum, Rede GenInsp, Gen. de Maizière beim Gäste-
       abend des WBK III, Düsseldorf, am 16.4.1970, ebd.
[474] Ulrich de Maizière, Planung, Vortrag GenInsp, gehalten an der FüAkBw am 21.9.1967,
       BArch, N 673/59.
[475] De Maizière an GL Werner Haag, 8.12.1966, BArch, N 673/43a.
[476] Siehe z.B. Ulrich de Maizière, Der Beitrag der Bundeswehr zur Sicherung des Friedens,
       Beitrag GenInsp zur WDR-Sendung am 4.11.1967, BArch, N 673/59.

kratischen Modus in seiner Laufbahn nicht vorgekommen [ist], bevor er InspH«
wurde, wie sein Adjutant Bahnemann meinte. Angesichts der zunehmenden
Zahlenmengen, die ohne EDV nicht mehr zu nutzen waren, ließ er sich lieber
von seinem Stellvertreter, Generalleutnant Büchs, der sich auf solche Fragen
spezialisiert hatte, gezielt zuarbeiten. Als Generalinspekteur habe de Maizière
erkannt, dass in der »Vorlage eines abgestimmten, in sich schlüssigen Bw-Plans
beim Minister« seine »Kernkompetenz« lag, die ihn »unverwechselbar über die
beiden anderen HAL heraus[hob]«[477].

Aus de Maizières Perspektive kam es darauf an, die kommenden Spitzenmilitärs frühzeitig mit den entsprechenden Verfahren vertraut zu machen.
Gleichwohl wollte er diesen nachhaltigen Eingriff in die Ausbildung und Verwendung der Generalstabsoffiziere als Weiterentwicklung traditioneller Generalstabsarbeit verstanden wissen. Wie er sich diese Verbindung zwischen Tradition und Moderne vorstellte, brachte er in seiner zentralen Rede vor der
Führungsakademie 1969 auf den Punkt[478]. In seiner Ansprache anlässlich der
Verabschiedung des General-/Admiralstabs-Lehrgangs am 24. September machte er dies an den anwesenden Ehrengästen fest, nämlich dem inzwischen 85-
jährigen Generaloberst a.D. Franz Halder, General a.D. Adolf Heusinger und
dem 30 Jahre jüngeren General Andrew J. Goodpaster. Während Halder »für
alle, die ihn kannten, der letzte große ›Chef‹ des Generalstabs des Heeres
Schlieffenscher und Seecktscher Prägung, im nationalen Denken geprägt, ein
integrer, umfassend gebildeter Offizier, ein operativer Denker, der Handwerk
und Kunst militärischer Führung souverän beherrschte, Typus und Exponent
des ›Korps‹, aus dem er hervorwuchs«, sei, sei Goodpaster, gerade zum
SACEUR ernannt, »ebenfalls im Stabsdienst groß geworden, ein politisch den-
kender, fachlich und technisch ausgebildeter Koordinator, Typus und Exponent
einer weltweit und übernational geschulten, alle Teilstreitkräfte zusammenfassenden, in die Zukunft planenden Führungsschicht einer großen Allianz freier
Völker«. Den »Übergang zwischen den durch diese beiden Persönlichkeiten
gekennzeichneten Epochen« finde man – »im Alter fast genau zwischen ihnen
stehend« – in der Bundesrepublik in Heusinger. Dieser habe »die Basis für die
unserer Zeit und der Bundeswehr gemäße Form des heutigen Generalstabsdienstes« geschaffen, »ohne die Grundlage, nämlich Haltung und Verpflichtung
der in ihm tätigen Offiziere zu verändern«. Die gemeinsame Aufgabe sei es
nun, »diese Entwicklung in eine rasch fortschreitende und sich wandelnde Zukunft weiterzuführen«[479].

---

[477] Bahnemann, Parlamentsarmee?, S. 110.
[478] Ulrich de Maizière, Ansprache GenInsp am 24.9.1969 bei FüAkBw, BArch, N 673/60. Siehe
       dazu in Gliederung und Argumentation schon de Maizières erste Ansprachen als Kdr
       FüAkBw, wie Redemanuskript de Maizière zur Begrüßung 6. Generalstabslehrgang Heer,
       5. Admiralstabslehrgang und Generalstabslehrgang für die Mittlere Führungsebene
       1963/64, 2.10.1963, BArch, N 673/57a, sowie Redemanuskript de Maizière zur Verabschie-
       dung 6. Generalstabslehrgang Luftwaffe, 13.10.1963, BArch, N 673/57a.
[479] Ulrich de Maizière, Ansprache GenInsp am 24.9.1969 bei FüAkBw, BArch, N 673/60.

Vor diesem Hintergrund entwickelte de Maizière Forderungen an die Anwesenden, wie sie aus seinen früheren Äußerungen aus seiner Zeit als Akademiekommandeur bekannt gewesen sind. Mit ihrer Wiederholung wollte er ausdrücklich Kontinuität beweisen. Sie waren ihm umso wichtiger, als diese Gedanken für ihn »zu den bleibenden Werten« gehörten, »die schon den alten Generalstab geprägt haben und die auch in Zukunft unverändert bestehen werden«. Von »den Wandlungen, den Anpassungen an unsere veränderte Gegenwart« sprach er erst anschließend und verdeutlichte sie im Folgenden an den drei bekannten Themenkreisen: »1. Das Atlantische Bündnis, 2. Die Struktur der Bundeswehr, 3. Unser demokratischer Staat«[480]. Zu diesen Bereichen haben sich seine grundlegenden Einschätzungen über die Jahre kaum verändert. Sie bildeten die Basis für alle seine Überlegungen[481]: Die moderne Welt sei klein geworden, die Räume geschrumpft, die Waffen schneller, weitreichender, wirksamer und teurer. Für die Staaten europäischer Größenordnung gebe es keine Verteidigung allein aus nationaler Kraft mehr und sogar die USA und die Sowjetunion »stützen sich auf Verbündete bzw. Satelliten ab«[482]. Daher sei die bundesdeutsche Sicherheits- und Verteidigungspolitik »unlöslich« mit der Nordatlantischen Allianz verbunden, ihr »strategische[s] Konzept« kongruent mit dem strategischen Konzept der Allianz und die Bundeswehr eine Bündnisarmee[483]. In der Konsequenz gebe es keinen Kampferfolg ohne Beteiligung anderer Teilstreitkräfte und keinen Kriegserfolg ohne Beteiligung anderer Nationen. Weil »jeder Kampf [...] im eigenen Land statt[findet]« dürfe er ausschließlich in Zusammenarbeit mit der Territorialverteidigung und der zivilen Landesverteidigung gesehen werden[484].

Für den Generalstabsoffizier existierten in diesem Kontext »geistige und moralische Anforderungen neuer Art«: Er dürfe den Krieg nicht wünschen und müsse doch Vorsorge zum Bestehen in einer kriegerischen Auseinandersetzung treffen. Er habe das Bestreben der Politik zu unterstützen, Konflikte zu begrenzen, zugleich aber dürfe er seine Augen vor den Möglichkeiten nuklearer Kriegführung nicht verschließen. Wegen dieser »scheinbaren Widersprüche« brauche er politisches Verständnis, geistige Disziplin und moralische Kraft. Darüber hinaus solle er das »Bild des militärischen Führers, dessen Intuition das Wesentliche einer militärischen Lage erfasst, dessen Persönlichkeit die Truppe in schwierigen Lagen vorwärts reißt oder ihr Standfestigkeit gibt«, keinesfalls

---

[480] Ebd.
[481] Siehe dazu beispielhaft BMVg/GenInsp, TgbNr. FüS 2391/70, Rede GenInsp zum Abschluss der 16. Kommandeurtagung der Bundeswehr am 2.7.1970, 29.7.1970, BArch, N 673/61a.
[482] Ulrich de Maizière, Begrüßung 5. Generalstabslehrgang Heer und 4. Admiralstabslehrgang zum Beginn der Ausbildung an der FüAkBw, 3.10.1962, BArch, N 673/57b.
[483] Ulrich de Maizière, Ansprache GenInsp vor dem ausländischen Militärattachékorps am 15.12.1970. Zur »Bundeswehr im Bündnis« siehe auch Vortrag GenInsp, Gen. de Maizière, bei der internationalen Tagung für Presseoffiziere am 2./3.10.1970 in München (gehalten am 3.10.1970), beide BArch, N 673/61a.
[484] Ulrich de Maizière, Ansprache Kdr FüAkBw (freier Vortrag, Tonbandaufnahme), 13.8.1962, BArch, N 673/57b.

verblassen lassen, sondern müsse es im Gegenteil erweitern. Denn es komme nicht darauf an, populäre Konzepte zu entwerfen oder unerfüllbare Forderungen zu stellen. Vielmehr habe er das sachlich Notwendige zu bestimmen, zu begründen und zu vertreten, zugleich aber die Möglichkeiten zu seiner Realisierung aufzuzeigen. Das Ziel müsse stets die Erfüllung der Aufgabe bleiben, allerdings immer im Hinblick »auf die als richtig erkannten langfristigen Ziele«. Abschließend warnte de Maizière vor jeder Art von Überheblichkeit, »vor allem vor dem intellektuellen Hochmut und einem verhängnisvolle Karrieredenken«. Generalstabsoffizier zu sein, heiße Verpflichtungen zu übernehmen, ihn berechtige »nichts«, etwa »Abstand zu den Kameraden zu halten, die diese Lehrgänge nicht durchlaufen. Sie kennen den Truppendienst und seine Last. Die Arbeit des Generalstabsoffiziers dient der Erleichterung dieser Last«[485].

Insgesamt blieb de Maizière also auch langfristig auf der Linie des von Baudissin entworfenen Leitbildes des Offiziers, besonders des Generalstabsoffiziers, schaffte aber gewissermaßen die mitunter problematische Verbindung zur deutschen Vergangenheit. Während der Graf mit seinen Positionen immer wieder in die Defensive geraten war, verknüpfte de Maizière dessen postheroisches Leitbild des militärischen Vorgesetzten mit den tradierten Führerpersönlichkeiten der jüngeren deutschen Militärgeschichte[486]. Als Vorbild stellte de Maizière dazu gerne Heusinger heraus. Entsprechend verwundert reagierte er, als anlässlich der Feierlichkeiten zum zehnjährigen Bestehen der Führungsakademie am 12. Januar 1967 Speidel die Festrede halten sollte. Dabei sei Heusinger »doch wirklich für uns alle der eigentliche Schöpfer und Vater der Akademie«[487]. Dieser verkörperte für de Maizière »den Typ des Generalstabsoffiziers im besten Sinne, der zugleich befähigt ist, nicht nur Berater zu sein, sondern selbst höchste Verantwortung zu tragen«[488]. So entsprach es wenigstens seinen Vorstellungen, womöglich gar mit initiiert, dass Heusinger 1967 anlässlich seines 70. Geburtstages einen (Buch-)Preis für den besten Absolventen der Akademie stiftete[489]. Mit dem »General-Heusinger-Preis« sollte nach den Worten de Maizières Heusingers »geistiges Erbe für den Generalstab symbolisiert« werden, weil dieser »die lange Reihe geistiger Soldaten der letzten eineinhalb Jahrhunderte würdig fortgesetzt hat«, es geschafft habe, »immergültige [sic!] militärische Führungserfahrungen und Erkenntnisse mit den Konsequenzen moderner, technischer Waffensysteme und veränderter politischer Verhältnisse zu verbinden und der durch menschliche Integrität Vertrauen und Zuneigung für den

---

[485] Ulrich de Maizière, Ansprache GenInsp am 24.9.1969 bei FüAkBw, BArch, N 673/60.

[486] Zu den Baudissinschen Entwürfen siehe Naumann, Ein staatsbürgerlicher Aristokrat, S. 44–49.

[487] GM a.D. Laegeler an de Maizière, 6.11.1966, BArch, N 673/45b.

[488] Ulrich de Maizière, Planung. Vortrag GenInsp, gehalten an der FüAkBw am 21.9.1967, BArch, N 673/59.

[489] Um einen »gerechten Vergleichsmaßstab« sicherzustellen, entschied der Militärische Führungsrat, »den Preisträger im Wechsel der Streitkräfte […] zu bestimmen. Dabei sollte die große Zahl der Herren des Heeres nicht ganz unberücksichtigt bleiben.« Siehe Ulrich de Maizière, Planung. Vortrag GenInsp, gehalten an der FüAkBw am 21.9.1967, ebd.

deutschen Soldaten im In- und Ausland zu erwerben verstand«[490]. De Maizière übertrug dem Kommandeur der Führungsakademie die Verwaltung der Stiftung, die am 4. August 1967 öffentlich vorgestellt werden sollte, mit dem Hinweis, der Preis habe mit einem Preisträger jährlich mindestens zehn Jahre verliehen zu werden[491].

Im Ergebnis war es deswegen nicht übertrieben, als der dann amtierende Kommandeur der Führungsakademie, Generalmajor Rudolf Jenett, de Maizière anlässlich dessen letztem Geburtstag im aktiven Dienst 1972 schrieb, die Führungsakademie habe ihm »unendlich viel zu verdanken an unmittelbarem geistigen Beitrag, an Förderung und nicht zuletzt auch an Schutz. Wir sind uns dessen jetzt umso mehr bewusst, als der Generalstabsdienst und die Erziehung für diesen Dienst zu jenen Dingen zählen, die öffentlich infrage gestellt sind[492].« In der Tat hatte de Maizière kurz zuvor sein ganzes Gewicht einsetzen müssen, um Verteidigungsminister Helmut Schmidt davon abzuhalten, die Generalstabsausbildung einzustellen. Wohlweislich hat dieser später die Frage einer besonderen Kennzeichnung von Generalstabsoffizieren in seinem Kollegium auf die Zeit nach der Pensionierung de Maizières verschoben[493]. Dieser zeigte sich nämlich »gelegentlich besorgt über Emotionen, von denen die Vorbehalte begleitet werden«. Persönlich blieb er von der Notwendigkeit überzeugt, dass die militärische Führung »Gehilfen« brauche, »die eine vielgestaltige Organisation mit sehr unterschiedlichen Aufgaben ihrer Teile zu höchstmöglicher Leistungsfähigkeit führen können«. Denn »[m]it gutem Willen und Charisma allein ist militärischer Erfolg schon lange nicht mehr zu erreichen«. Die theoretische und wissenschaftliche Ausbildung von Generalstabsoffizieren sei inzwischen unerlässlich für die Auftragserfüllung der Bundeswehr. Daher sei die Schulung des Offiziers im Umgang mit den Wissenschaften »kein Zeitvertreib, sondern Notwendigkeit«[494]. »Mit Freude« nahm er deswegen zur Kenntnis, dass Anfang der 1970er-Jahre die in den Generalstabslehrgängen verfassten Jahresarbeiten

---

[490] Geburtstagsansprache für Gen. a.D. Heusinger, gehalten am 4.8.1967 von Gen. de Maizière, ebd. De Maizière dankte Heusinger auch persönlich mit beinahe identischen Worten für »dieses besondere Zeichen Ihrer steten Verbundenheit mit der Bundeswehr« und meinte, »der ›General-Heusinger-Preis‹ wird für unsere jungen Generalstabsanwärter ein Ansporn zu hoher menschlicher und dienstlicher Leistung sein«. Siehe de Maizière an Heusinger, 27.7.1967, BArch, N 673/42.

[491] De Maizière an Kdr FüAkBw, 25.7.1967, BArch, N 673/42. De Maizière hatte den entsprechenden Barscheck über 2000,– DM mit Schreiben vom 20.7.1967 von Heusinger erhalten. Damit sollte ein jährlicher Buchpreis für den besten Absolventen der Führungsakademie gestiftet werden. Siehe Heusinger an de Maizière, 20.7.1967, ebd. Erster Preisträger war H Wilhelm Jakobi. Siehe Ulrich de Maizière, Planung. Vortrag GenInsp, gehalten an der FüAkBw am 21.9.1967, BArch, N 673/59. Ab 1968 wurde zusätzlich die Clausewitz-Medaille für die beste Jahresarbeit verliehen. Siehe Ulrich de Maizière, Ansprache GenInsp am 24.9.1969 an FüAkBw, BArch, N 673/60.

[492] GM Rudolf Jenett, Kdr FüAkBw, an de Maizière, 23.2.1972, BArch, N 673/88.

[493] Kollegium im BMVg vom 18.1.-29.6.1972, Eintrag 9.2.1972, PAHS, Privat PZ, Kollegium im BMVg, »Generalstabskennzeichen: Gespräch auf April/Mai verschoben.«

[494] Ansprache GenInsp, Gen. de Maizière, zur Verabschiedung der Lehrgänge an der FüAkBw am 23.9.1971, BArch, N 673/61b.

vom MGFA veröffentlicht worden sind. Sie bedeuteten für ihn den »Nachweis gegenüber der Öffentlichkeit, dass an der Führungsakademie wissenschaftlich vernünftige Winterarbeiten geschrieben worden sind«[495].

In seiner Rede anlässlich des Betriebsfestes der Führungsakademie 1964 zog de Maizière ein erstes erfolgreiches Resümee seiner Kommandeurzeit. Sowohl die Zahl der Akademieangehörigen als auch diejenige der Lehrgangsteilnehmer hätten sich erhöht und im organisatorischen Bereich habe man die Abteilung Bundeswehr und Studiengruppe Bundeswehr aus kleinen Anfängen heraus zum bedeutsamen Bestandteil der Führungsakademie entwickelt[496]. Für seine offizielle Schlussansprache eine gute Woche später will er sich zu seiner eigenen Kontrolle noch einmal die Begrüßungsworte von 1962 vorgenommen haben. Zu seiner Befriedigung durfte er dabei feststellen, dass er seine damals vorgetragenen Anschauungen nicht zu korrigieren oder zu revidieren brauchte; wohl aber seien sie zu ergänzen und zu erweitern[497].

Doch nicht nur seine Aufgabe, die »ungeheuer reizvoll« sei, weil sie ihm »ein qualifiziertes Offizierkorps« an die Seite gestellt und ihn »in einer modernen und weltaufgeschlossenen Stadt« habe leben lassen, verließ er ungern[498]. Dienstlich wie privat hatte er sich in der Hansestadt wohlgefühlt und »sehr glückliche Zeiten« erlebt, vor allem »weil ich so viele warmherzige und interessante persönliche Beziehungen knüpfen konnte«[499]. All das überzeugte ihn, die Hamburger Jahre würden »zu den schönsten meines Lebens gehören«[500]. Das galt auch für die Familie. Besonders »die Großzügigkeit und der Reiz dieser weltoffenen Stadt« hatte »alle sehr gepackt«. Dagegen waren de Maizière und seine Frau beim Besuch in Bonn »über den doch arg provinziellen Charakter dieser Stadt ein wenig erschrocken«. Die neue Wohnung lockte zudem nicht. Sie war »mit der hiesigen nicht zu vergleichen«[501] und lag, da eine adäquate in Bonn nicht zu finden war, außerdem in Bad Godesberg[502]. Frau und Kinder

---

[495] De Maizière an Amtschef MGFA, K z.S. Dr. Forstmeier, 14.12.1973, BArch, N 673/99.
[496] Ulrich de Maizière, Ausführungen Kdr FüAkBw anlässl. Betriebsfest 1964, 27.8.1964, BArch, N 673/58. Demnach hatte sich die Zahl der Soldaten an der FüAk von 110 auf 153 und die der Beamten von acht auf 24 erhöht, während die Zahl der Angestellten und Arbeiter fast gleich geblieben war. Die Zahl der Lehrgangsteilnehmer stieg derweil von 122 (1.4.1962) auf 197 (1.10.1964).
[497] Schlussansprache Kdr FüAkBw, GM de Maizière, am 5.9.1964 anlässlich seiner Versetzung in das BMVg, BArch, N 673/58.
[498] De Maizière an KG I. Korps, GL Meyer-Detring, 13.6.1964, und beinahe identisch in de Maizière an GM a.D. Laegeler, 23.7.1964, beide BArch, N 673/83.
[499] De Maizière an Prof. Dr. Rudolf Sieverts, 29.7.1964. Ähnlich äußerte er sich auch an Inge Liebmann, 28.7.1964, beide ebd.: »Sie haben recht, wenn Sie meinen, dass ich die Akademie nur ungern verlasse. Dienstlich und persönlich hatten meine Familie und ich hier besonders glückliche Verhältnisse.«
[500] De Maizière an Dr. Heinrich Polke, 22.10.1964, ebd.
[501] De Maizière an Schmidt-Dahlenburg, 13.8.1964, ebd. Die Wohnung lag in der »Paracelsus-Str. 4 zwischen Godesberg und Lannesdorf«.
[502] De Maizière an Herrn Six und Gemahlin, 23.7.1964, ebd.

wollten deswegen »gar nicht nach Bonn zurück«[503]. Eva de Maizière gewöhnte sich tatsächlich »nur langsam an Godesberg und das veränderte Leben hier. Sie trauert dem Abschied von Hamburg noch immer nach«[504]. Das musste wenigstens die älteste Tochter Barbara nicht. Weil sie gerade Abitur machte, durfte sie in Hamburg und im Kommandeurhaus bleiben und wohnte bei der Familie Bennecke. Alle anderen drei Kinder mussten aber wieder einmal umgeschult werden[505].

Doch auch de Maizière selbst fiel der Abschied schwer. Erst im Frühjahr 1965 trat er aus dem »Verein der Freunde des Christianeums zu Hamburg-Altona« wieder aus, in dem sein Sohn Thomas »leider nur ½ Jahr« Schüler gewesen war[506]. Dieser hatte sich in der als modern und sehr fortschrittlich geltenden Schule »großartig [entwickelt]. Er macht allen Freude, ist immer vergnügt und munter; man muss nur aufpassen, dass er nicht zu übermütig wird«[507]. Immerhin winkte binnen Jahresfrist hinsichtlich der Wohnung in Bonn »etwas Besseres, was der Lage nach durchaus mit dem Venusberg zu vergleichen ist«[508]. Zumindest trafen die de Maizières in Bad Godesberg auf alte Bekannte wie die Familie des Ministerialdirigenten Dr. Karl Friedrich Scheidemann aus dem Bundesministerium für Wissenschaftliche Forschung[509]. Trotzdem bekannte sich de Maizière zeit seines Lebens zu seiner besonderen Anhänglichkeit an Hamburg, wo er weiterhin viele Freunde und Bekannte wusste[510]. Noch lange nach seiner Pensionierung hielt er an der Elbe Vorträge »in größerem privaten Kreis«[511], der aus »Hamburger Persönlichkeiten«[512] bestand. Als dauerhafte Erinnerung an die Hansestadt sammelte das Ehepaar de Maizière fürderhin Alt-Hamburger Drucke, die sie von Carl-Wolfgang Dingwort, einem rotarischen Freund aus der Hansestadt, geschenkt bekamen[513].

Während der Übergangsphase vom Kommandeur der Führungsakademie zum Inspekteur des Heeres wurde die Bundeswehr von kritischen Äußerungen des Wehrbeauftragten erschüttert. Gegen Ende seiner Sommerkur im Sanatorium Amelung in Königstein veröffentlichte Hellmuth Heye drei Artikel in der

---

[503] De Maizière an KG I. Korps, GL Meyer-Detring, 13.6.1964, ebd. Ähnlich auch in de Maizière an Staatssekretär a.D. Dr. Paul Hüchting, Westfalenbank AG Bochum, 13.6.1964, sowie an OTL Condné, Kdr PzBtl 364, 31.7.1964, beide ebd.

[504] De Maizière an O Heuer, 7.4.1965, BArch, N 673/42.

[505] De Maizière an GL a.D. August Schmidt, 21.7.1964, BArch, N 673/83.

[506] De Maizière an den ›Verein der Freunde des Christianeums zu Hamburg-Altona‹, z.Hd. Dr. Nissen, 28.4.1965, BArch, N 673/48a.

[507] De Maizière an Schmidt-Dahlenburg, 13.8.1964, BArch, N 673/83. Zur Schule selbst siehe Andersen, 250 Jahre Christianeum.

[508] De Maizière an O a.D. Kaulbach, 31.3.1965, BArch, N 673/44a.

[509] Dr. Karl Friedrich Scheidemann an de Maizière, 25.6.1964, und dessen Antwort, 29.7.1964, beide BArch, N 673/83.

[510] De Maizière an MdB Carl Damm, 6.11.1967, BArch, N 673/39a, und an Telford Taylor, 24.3.1966, BArch, N 673/52b.

[511] Hier z.B. am 2.10.1987, siehe de Maizière an Prof. Dr. Klaus Ritter, 12.8.1987, BArch, N 673/107.

[512] De Maizière an Dr. h.c. Hans L. Merkle, 13.8.1987, BArch, N 673/107.

[513] De Maizière an Carl-Wolfgang Dingwort, 4.1.1971, BArch, N 673/39a.

Illustrierten »Quick«[514]. De Maizière notierte in sein Tagebuch dazu, Heye würde »fast sensationell über seine Erfahrungen in der Bundeswehr« berichten, einen »Stilwandel« fordern und behaupten, »eine Truppe mit modernen Waffen würde im altmodischen Stil ausgebildet u. erzogen«. Außerdem gebe es einen »Trend zum ›Staat im Staate‹«. Diese Artikelserie empfand er als »Affront gegenüber dem Parlament, dem Heye 1 Woche vorher seinen offiziellen Jahresbericht in weniger dringlicher Form vorgelegt hatte«[515]. Wieder zurück in Bonn, band Verteidigungsminister von Hassel de Maizière sofort in die Prüfung der Vorwürfe ein[516]. Gleich am ersten Diensttag nach seinem Urlaub wurde er am frühen Abend zusammen mit Staatssekretär Gumbel, Generalmajor Weber und Brigadegeneral Hinkelbein zum Ministergespräch gebeten. Dabei erhielt Weber im »Fall Heye« den Auftrag, eine »Arbeitsgruppe zur Untersuchung u. Prüfung der Materie [...] u. Erarbeitung von Vorschlägen [zu] leiten«. Persönlich ärgerte sich de Maizière darüber, dass er öffentlich »stark als ›Reformer‹ herausgestellt« wurde. Damit würde seine Ernennung in Zusammenhang mit dem Fall Heye gebracht – »was objektiv nicht stimmt«[517]. Als Heinen ihn Ende Juni 1964 fragte, ob er nicht »Lust« hätte, sich zur ›Heye-Affäre‹ zu äußern, kommentierte dies de Maizière deswegen handschriftlich am Rand des Briefes mit »z.Zt. nicht«[518].

Noch als Kommandeur hatte er nur wenige Tage nach der Veröffentlichung der Artikel in einer Ansprache vor seiner Führungsakademie kritisiert, der Wehrbeauftragte dürfe »nicht eigene Vorstellungen durchsetzen wollen, die nicht vom Verteidigungsministerium auf dem hierarchischen Wege befohlen sind und vom Parlament, soweit es dafür zuständig ist, gebilligt sind«. Damit »liege ein Missverständnis in der Auffassung des Wehrbeauftragten vor«, und er scheue sich nicht, »das offen anzusprechen«. Illustrierte für »so wichtige Anliegen« zu nutzen, war für ihn »eine Frage des Stils«; das aber sei »eine Angelegenheit, die das Parlament mit dem Wehrbeauftragten zu regeln hat, und die nicht unsere Angelegenheit ist«. Gegen die Kritik an sich hatte er nichts einzuwenden. Die Bundeswehr müsse sich daran gewöhnen, kritisiert zu werden, wie jede andere öffentliche Institution auch. Allerdings dürfe man erwarten, dass diese Kritik sachlich und wahrheitsgemäß sei; diejenige des Wehrbeauftragten schien ihm »darüber hinauszugehen«. Inhaltlich ärgerte er sich besonders über den Vorwurf des Trends zum Staat im Staate. Dieser sei unberechtigt, denn »wohl keine deutsche Truppe« hätte sich »je so um die Öffentlichkeit bemüht« wie die Bundeswehr. Falls also »eine Gefahr der Isolation

---

[514] Prager an de Maizière, 25.6.1964; O i.G. Heinz Joachim Müller-Lankow, Amtschef Bundeswehramt, an de Maizière, 15.7.1964, beide BArch, N 673/83, sowie de Maizière an Kielmansegg, 4.1.1964, BArch, N 673/176, und an VA Heinrich Gerlach, Befehlshaber Flotte, 5.4.1965, BArch, N 673/41a. De Maizière hatte sich vom 14.6.-11.7.1964 »bei Professor Amelung [...] sehr wohlgefühlt und gut erholt«.

[515] Ulrich de Maizière, Dienstliche Tagebuchaufzeichnungen 8.6.1964-16.1.1965, Eintrag vom 11.7.1964, BArch, N 673/32.

[516] De Maizière an GL a.D. Adolf Raegener, 24.7.1964, BArch, N 673/83.

[517] Ulrich de Maizière, Dienstliche Tagebuchaufzeichnungen 8.6.1964-16.1.1965, Eintrag vom 11.7.1964, BArch, N 673/32.

[518] Heinen an de Maizière, 25.6.1964, BArch, N 673/82.

gegeben sein sollte, so eher deshalb, weil die Öffentlichkeit die Bundeswehr oft zurückgestoßen hat«. Die Armee aber könne erwarten, dass sie nicht als »notwendiges Übel«, sondern als eine legitime Institution dieses Staates, zu dessen Schutz sie berufen sei, angesehen werde. Gleichwohl gestand er zu, es sei »in der Tat innerhalb der Bundeswehr viel Unerfreuliches auf dem Gebiet der Menschenführung vorgekommen«. Dies sei »nicht so viel, dass man es sensationieren [sic!] oder verallgemeinern [...], aber doch mehr, als dass man es auf einzelne seltene Ausnahmefälle beschränkt sehen sollte«[519]. Sein damaliges Fazit zum Fall Heye lautete, er sollte »uns – unabhängig von dem, was wir glauben kritisieren zu dürfen, wie Stil, unzulässige Verallgemeinerungen, Sensationierung [sic!] – zur Prüfung und zum Nachdenken bewegen«. Dazu habe der Bundesverteidigungsminister einen Arbeitsausschuss unter dem Generalmajor Weber eingesetzt. An dieser Stelle löste sich de Maizière von seinem Redemanuskript. Wie die Tonbandmitschrift verrät, ergänzte er hier seine Hoffnung, die Vorschläge würden auch zu konkreten Maßnahmen führen. Viele der Vorschläge, die der Wehrbeauftragte gemacht habe und »die heute die Opposition im Bundestag aufgreift«, seien nämlich »seit Langem im Verteidigungsministerium geplant und bearbeitet gewesen, meist aber an den anderen Ressorts oder an der Bewilligung der entsprechenden Geldmittel durch das Parlament gescheitert«. Abschließend forderte er seine Untergebenen dazu auf, sich weder in Verbitterung noch in Resignation und erst recht nicht in eine Isolierung treiben zu lassen. Gemeinsam sollten alle »aufrecht und unbeirrt unseren Auftrag« erfüllen, aber auch nicht die Augen vor Fehlern verschließen, die zweifellos gemacht worden seien, sondern aus ihnen lernen[520]. Dass de Maizière in seiner Bewertung zwischen Inhalt und Form des Heye-Berichtes unterschied, brachte ihm ausdrücklich Lob ein[521].

In der dreitägigen Sondersitzung des Verteidigungsausschusses zum Fall Heye vom 4. bis 6. August 1964 zeigte sich für de Maizière die »Tendenz« ab, dass der offizielle Bericht allgemein gebilligt werde, während die »Quick«-Berichte ebenso umstritten seien; dabei trete die SPD offen für Heye ein, Jaeger von der CDU »sehr scharf gegen Heye«. De Maizière selbst forderte konkrete Maßnahmen personeller, fürsorglicher und ideeller Art zur Verwirklichung der Grundsätze auf der Kompanieebene. Auch der Minister präsentierte »eine Anzahl Wünsche, für die Unterstützung zugesagt wird«. Dass man sich schließlich über eine Fortsetzung der Debatte im Oktober im Beisein von Heye einigte, ließ de Maizière befürchten, »dass der Impuls, der BW zu helfen, bis dahin verrauscht ist«[522]. Immerhin wurde Heyes offizieller Jahresbericht vom Verteidi-

---

[519] Ulrich de Maizière, Ansprache Kdr FüAkBw am 15.7.1964 vor allen Stammoffizieren, Beamten, Hörern und Uffz (Tonbandaufnahme, redigiert), sowie zum Abgleich das Redemanuskript de Maizières, Ansprache vor der FüAkBw und dem Brigadekommandeur-Lehrgang vor der Sommerpause 1964, 15.7.1964, beide BArch, N 673/58.
[520] Ebd.
[521] M i.G. Ulrich Zürn an de Maizière, 7.10.1964, BArch, N 673/83.
[522] Ulrich de Maizière, Dienstliche Tagebuchaufzeichnungen 8.6.1964-16.1.1965, Eintrag vom 6.8.1964, BArch, N 673/32.

gungsausschuss »als zutreffend bezeichnet«, doch sah man dort keinen Anlass, »die Lage in der Bundeswehr zu dramatisieren«. Die Grundsätze der Inneren Führung würden im Offizierkorps nicht mehr bestritten, seien jedoch »zum Teil noch nicht völlig verarbeitet«, wodurch die praktische Durchführung manchmal auf Schwierigkeiten stoße. Dies führte man vor allem auf den schnellen und noch nicht abgeschlossenen Aufbau sowie den Personalmangel zurück. Gleichwohl »stellte der Verteidigungsausschuss bereits jetzt Erwägungen an, welche Maßnahmen zur Verbesserung des inneren Gefüges der Bundeswehr getroffen werden könnten«. Zur Debatte standen dabei insbesondere eine großzügigere Behandlung von Haushaltsfragen, die Bewilligung zusätzlicher Stellen, eine Überprüfung des Besoldungssystems, die Schaffung besserer Wohnverhältnisse, die Errichtung einer Wehrakademie für junge Offiziere sowie die Gründung weiterer Unteroffizier- und Fachschulen der Bundeswehr. Konkret wurde man indes nicht[523].

Heye selbst aber sorgte dafür, dass die Debatte nicht verstummte, als er zwischenzeitlich noch vorschlug, die Bundeswehr in eine Berufsarmee mit 250 000 Mann umzugliedern, was von Bundestagspräsident Eugen Gerstenmaier umgehend als Kompetenzüberschreitung gerügt wurde. Auf de Maizière, der Heye in Sonthofen bei der Eröffnung der Heeresunteroffizierschule I erlebte, wirkte dieser »matt, passiv, fast senil«[524]. Anfang November bedauerte dann der Verteidigungsausschuss offiziell »gegen die Stimmen der SPD Form u. z.T. auch Inhalt der Quick-Serie«. Zwar gab Heye noch am selben Tag dem »Spiegel« ein Interview, mit dem er sich nach de Maizières Einschätzung »die letzte Schonung der CDU verscherzt[e]«, doch für den Verteidigungsausschuss war der Fall Heye damit abgeschlossen. Trotzdem erwartete de Maizière noch eine Diskussion über die Grenzen des Amtes des Wehrbeauftragten. Seiner Ansicht nach mochte die CDU diese »gemäß Gesetz enger«, die SPD dagegen »extensiver ausgelegt sehen«[525]. Tatsächlich legte Heye am 10. November 1964 mit einer neuerlichen Veröffentlichung in der »Quick« nach. Der Minister protestierte dagegen noch am selben Tag bei Gerstenmaier, bei dem der Wehrbeauftragte seine sofortige Entlassung erbat und erhielt[526].

In der Realität war die Heye-Affäre nichts weniger als der erste öffentliche Kulminationspunkt in der Auseinandersetzung um die Bedeutung der Inneren Führung. Baudissin schrieb bereits im April 1964 an Erler: »Fällt jetzt Heye als Person, bzw. versandet seine Aktion, halte ich die letzte Chance für vertan, das Rad vorwärts zu drehen. Die Reaktionäre fühlen sich als endgültige Sieger, die

---

[523] BMVg/Referat 10, Dem Minister vorzulegender Bericht über die Sondersitzung des Bundestagsausschusses für Verteidigung in der Zeit vom 4.-6.8.1964 über den Jahresbericht des Wehrbeauftragten und seine Artikelserie über die innere Verfassung der Bundeswehr, 7.8.1964, BArch, 136/6883.

[524] Ulrich de Maizière, Dienstliche Tagebuchaufzeichnungen 8.6.1964-16.1.1965, Eintrag vom 30.10.1964, BArch, N 673/32.

[525] Ebd., Eintrag vom 5.11.1964.

[526] Tagebuch BMVg Kai-Uwe von Hassel, Bd 1 (1.10.-31.12.1964) für Bw-Innenpolitik, Eintrag vom 10.11.1964, BArch, N 609/1, sowie Ulrich de Maizière, Dienstliche Tagebuchaufzeichnungen 8.6.1964-16.1.1965, Eintrag vom 10.11.1964, BArch, N 673/32.

Reformer als Geschlagene.« In der Sache gab er Heye absolut recht. Die »›Reformisten‹« fühlten »sich im Stich gelassen und vereinzelt«. Gleich mehrere hätten ihm gegenüber »verzweifelt« angedeutet, »dass für sie die Alternative Karriere oder Innere Führung laute«. Dabei bestehe das Offizierkorps gar »nicht nur aus ›Traditionalisten‹; im Gegenteil, die Zahl der Gutwilligen und derjenigen, die nur geführt werden wollen, ist groß«. Allerdings habe »die oberste politische und militärische Führung eine derartige Diskrepanz zwischen Deklamation und Wirklichkeit an den Tag gelegt, dass niemand mehr weiß, was eigentlich gewünscht wird«[527].

Die Kommandierenden Generale bewerteten dies freilich ganz anders. Generalleutnant Leo Hepp, Kommandierender General des II. Korps, meldete am 19. Juni 1964 dem Minister telefonisch, er fühle sich verpflichtet, ihn über seine Auffassungen zu den Veröffentlichungen des Wehrbeauftragten in der »Quick« zu unterrichten. Er spreche im Namen von etwa 4000 Offizieren, die sich gegen eine pauschale Feststellung wehrten, dass sich die Bundeswehr als Staat im Staate entwickele. Die Behauptung Heyes, ein Teil der Offiziere würde die Grundsätze der Inneren Führung ablehnen, sei für den weit überwiegenden Teil von Offizieren und Unteroffizieren »absolut falsch«. Es gebe »sicher noch einige Köpfe, die zu träge wären und gedankenfaul seien und bei denen es Schwierigkeiten gebe, die Gedanken der Inneren Führung mit der Praxis in Übereinstimmung zu bringen«, aber das treffe für seinen Befehlsbereich nicht zu. Ob es in diesem Zusammenhang eine fehlerhafte Aufzeichnung des Gespräches durch von Hassel gewesen ist oder ob Hepp wirklich sich selbst meinte, als er erklärte, er sei »überzeugt, dass es ihm gelingen werde, dass in der Phase der Festigung in den nächsten 2–3 Jahren das, was noch fehlt, in alle Glieder der Armee hereingebracht werden würde«, muss offen bleiben[528]. Möglicherweise wusste Hepp noch nicht um die bereits gefallene Entscheidung für de Maizière als nächsten Inspekteur.

Fast identisch äußerte sich Generalleutnant Heinz Gaedcke, Kommandierender General des III. Korps, am 20. Juni 1964 gegenüber dem persönlichen Referenten des Ministers, Ministerialrat Dr. Hans Siebe: Es herrsche im Offizierkorps, ebenso bei den Unteroffizieren und Mannschaften »grenzenlose Empörung, Enttäuschung, Erbitterung über das ungerechtfertigte Allgemeinurteil

---

[527] Baudissin an Erler, 24.4.1964, AdsD, NL Erler, Box 143. Ähnlich äußerte sich Hülsmann gegenüber Erler. Siehe z.B. OTL Helmut Hülsmann, BMVg, an Erler, 7.4.1964. Erst auf Fürsprache Erlers bei Hassel wurde Hülsmann, allerdings über zwei Jahre später, weiter gefördert. Siehe Hülsmann an Erler, 18.12.1966, beide AdsD, NL Erler, Box 144. Das entsprechende Gespräch zwischen von Hassel und Erler fand am 20.4.1966 statt. Siehe Notiz Erler, Besprechung mit von Hassel am 20.4.1966. Die Verwendung als Lehrgruppenkommandeur an einer Unteroffizierschule hatte Erler dabei unter anderen Möglichkeiten selbst vorgeschlagen: »Auf Hülsmann habe ich hingewiesen. Seine Verwendung als Kommandeur eines VKK scheint mir seinen Erfahrungen nicht zu entsprechen. Ich regte an, ihn entweder als Lehrgruppenkommandeur einer Schule (Uffz) oder als Kommandeur eines VBK einzusetzen, – eventuell, als Zwischenstadium, zum stellvertretenden Brigadekommandeur zu machen.«

[528] Minister-Vermerk, 20.6.1964, NL von Hassel, ACDP, I-157-012/2.

des Wehrbeauftragten« über die Bundeswehr. Seine Soldaten fühlten sich enttäuscht und falsch behandelt, weil sie sich Jahr für Jahr nach bestem Wissen und Gewissen bemüht hätten. Jeder wisse, dass »im Einzelfall Pannen passieren können«. Immerhin werde die Art und Weise, wie der Minister sich vor die Truppe stelle, als »wohltuend, gerecht« empfunden; er habe das Vertrauen der Truppe. Den Hinweis des persönlichen Referenten von Hassels, »dass bei dem Bundestagspräsidenten laufend Stellungnahmen pro Heye eingehen und dass es ganz gut wäre, wenn der Präsident auch anderslautende Schreiben, Telegramme usw. erhalten würde«, dass er dabei aber »nicht an Gen G. dachte«, hat Gaedcke dann »verstanden«[529].

Bundestagspräsident Gerstenmaier selbst musste allerdings nicht überzeugt werden. Er hatte seit Anfang des Jahres intensiv mit Heye kommuniziert, vermochte aber weder dessen Argumente noch Vorgehensweise zu verstehen. Heye offenbarte ihm gegenüber zum absehbaren Ende seiner Amtszeit ein düsteres Fazit. Besonders klagte er über die mangelnde Akzeptanz und daraus folgende unzureichende Unterstützung seines Amtes. Gerstenmaier persönlich warf er vor, er würde die Aufgabe der Institution des Wehrbeauftragten nicht nur verkennen, sondern sie im Grunde sogar für überflüssig halten. In steigendem Maße müsse er deswegen seine Energie darauf verwenden, »Reibungen zu überwinden«, sei es gegenüber dem Bundesrechnungshof, der Truppe und vor allen Dingen gegenüber dem Ministerium[530]. Unrecht hatte Heye damit nicht. Die Bundeswehr war in den Jahren 1962 und 1963 mit einer ganzen Reihe von Prozessen konfrontiert, die Gehorsamsverweigerungen und Untergebenenmisshandlung zum Inhalt hatten, wie de Maizière Ende 1963 in sein Tagebuch notierte[531]. Trotzdem unterschätzte auch er mitunter die Hintergründe, wie etwa bei der Nagold-Affäre, in der ein junger Gefreiter zu Tode gekommen war[532]. Seiner Meinung nach handelte es sich »um höchst unschöne Praktiken von Uffz. u. Gefreiten, die darauf zurückzuführen sind, dass a) die Fallschirmjäger ein falsches Elitebewusstsein pflegen u. glauben, für sie gelten andere Regeln u. Gesetze als für normale Truppe, b) die Dienstaufsicht versagte, c) sich keiner der Betroffenen (darunter 26 Abiturienten) beschwerte«. Die Vorfälle würden der Bundeswehr in der Öffentlichkeit schaden, seien aber »hoffentlich nicht symptomatisch u. wirken hoffentlich als Abschreckung für andere Uffze«. Zudem befürchtete er, dass sie »als Rückschlag für die Uffz.Werbung wirken [mögen]«[533].

---

[529] Persönlicher Referent, Vermerk für Minister, 20.6.1964, ebd. Gaedcke hatte den Minister telefonisch nicht erreicht, und deswegen ihm »Folgendes« gesagt.
[530] Wehrbeauftragter des Deutschen Bundestages, Heye, an Präsidenten des Deutschen Bundestages, Dr. Gerstenmaier, 17.3.1964, NL Heye, ACDP, I-589-003/1.
[531] Ulrich de Maizière, Dienstliche Tagebuchaufzeichnungen 15.9.1963-5.6.1964, Eintrag vom 14.12.1963, BArch, N 673/31.
[532] Siehe hierzu ausführlich Schlaffer, Der Wehrbeauftragte, S. 160-180.
[533] Ulrich de Maizière, Dienstliche Tagebuchaufzeichnungen 15.9.1963-5.6.1964, Eintrag vom 14.12.1963, BArch, N 673/31.

Heye bewertete die »Vorfälle« dagegen als alarmierende Auswüchse des Zustandes der Armee und verortete sie auch im gesellschaftlichen Umfeld. Er hatte nämlich »den Eindruck, dass die Nachwirkungen der Hitlerzeit erstaunlicherweise vor allen Dingen bei Jüngeren, zumal wenn sie – wie viele junge Menschen auch in der Bundeswehr – zum Pessimismus, zum Zynismus sowie zur Überheblichkeit neigen, immer noch vorhanden sind«. Hinzu kämen »mangelnde persönliche Verantwortungsfreude« und »das um sich greifende Wohlstandsdenken«. In der Summe wolle »[d]ie Masse unserer Mitbürger [...] gar keine Verantwortung tragen« und sei »froh, wenn ein anderer ihnen Befehle oder Weisungen gibt«. Der Charakter der Eingaben habe sich von den bislang vorherrschenden Fürsorgeproblemen hin zu »mehr Klagen über Menschenbehandlung« verändert. Da nutze es nichts, »dass man mit dem weißen Pinsel alle dunklen Stellen übermalt«. Die Bundeswehr »mag in ihrem jetzigen Zustand allmählich rein äußerlich ein gutes Bild abgeben; innerlich ist sie porös« – er sehe »ja, wieviel Schrott in der Bundeswehr noch vorhanden ist«. In diesem Zusammenhang kündigte er auch seinen Gang an die Öffentlichkeit an, denn allmählich beschleiche ihn »das bedrückende Gefühl, dass vielleicht nur die öffentliche Meinung mir ihre Unterstützung leiht«[534].

Wie zur Bestätigung für Heyes Lamento tat Gerstenmaier die drastischen Ausführungen ab. Er befürchtete vielmehr, »dass Ihre große Erfahrung und Ihre profilierte eigene Meinung in Fragen der Armeeführung und der inneren Führung [sic!] Sie auch immer wieder zu einem persönlichen Engagement veranlassen, das über das hinausgeht, was das Amt des Wehrbeauftragten von Ihnen fordert«. Ganz ungeniert schlug er Heye vor, doch darüber nachzudenken, ob es nicht »richtiger [wäre], wenn Ihre militärische Erfahrung und Ihre Einsicht in die Grundstruktur einer modernen Armee von einem freieren Platz aus verwertet würden«. Beinahe väterlich machte Gerstenmaier ihm den Vorschlag, fürs Erste nicht zu verzweifeln und dabei zu überlegen, ob er seine Anliegen »nicht freier und vielleicht auch produktiver« von einem parlamentarischen Mandat aus verfechten könnte[535]. Das kam einem Zurückschicken ins Glied gleich, denn Heye war bereits seit 1953 Mitglied des Bundestages für die CDU. Die veröffentlichte Meinung indes verlange nachgerade im Gefolge des berüchtigten »Quick«-Interviews des Wehrbeauftragten nach grundsätzlichen Änderungen hin zu einer »zeitgemäßen Menschenführung«, der sich nach Heye auch Kreise innerhalb der Bundeswehr widersetzten[536]. Heye beklagte sich beim Staatssekretär im Bundeskanzleramt, Dr. Ludger Westrick, er sei mit seinen Vorschlägen bei Bundeskanzler Erhard nicht durchgedrungen; auf seine schriftlichen Einga-

---

[534] Wehrbeauftragter des Deutschen Bundestages, Heye, an Präsidenten des Deutschen Bundestages, Dr. Gerstenmaier, 17.3.1964, NL Heye, ACDP, I-589-003/1.
[535] Präsident des Deutschen Bundestages, Dr. Gerstenmaier, an Wehrbeauftragten des Deutschen Bundestages, Heye, 24.3.1964, ebd.
[536] Heye, Wehrbeauftragter des Deutschen Bundestages, an Staatssekretär im Bundeskanzleramt Dr. Westrick, 8.6.1964, BArch, 136/6883.

ben habe er »keine Antwort, ja nicht einmal die Bestätigung ihres Eingangs erhalten«[537].

Er setzte noch einmal nach, er könne auf Anhieb eine erhebliche Anzahl von »Nagold-Fällen« ans Licht der Öffentlichkeit bringen, denn dabei handele es sich um keine »Ausnahmen in geringer Zahl«. Erneut machte er darauf aufmerksam, »dass unsere jungen Leute, die Soldat werden, um keinen Preis mehr einen ›Kommiß‹ haben wollen«. Würde das junge Offizierkorps dies außer Acht lassen, sage er voraus, dass es in messbarer Frist die Ablehnung der Jugend und der ganzen Gesellschaft erfahren und in eine politische Isolierung geraten werde, »die wir um unseres Staates willen vermeiden müssen«. Daher führe kein Weg daran vorbei, jetzt zu handeln. Die Auseinandersetzung im jungen Offizierkorps sei dadurch gekennzeichnet, »dass die kleinere Elite – die eine zeitgemäße Menschenführung und die Erziehung zu staatsbürgerlicher Verantwortlichkeit als zwingende Voraussetzung für die Schlagkraft der Truppe sieht – einem geistig trägeren Durchschnitt gegenübersteht, dem nicht nur die innere Führung [sic!], sondern das demokratische Prinzip schlechthin als zu schwierig, umständlich und zu schwer verständlich erscheint«. Noch sei der Ausgang der Auseinandersetzung offen. Falls man jetzt »die guten Kräfte unterstützt und die Gegenkräfte gestutzt werden«, könne sie »zum guten Ende führen«. Darunter verstand er ausdrücklich, »dass sich auch der durchschnittliche Vorgesetzte in der Praxis an die Spielregeln gewöhnt, die einen besseren Geist der Truppe ermöglichen als primitiver Druck«[538].

Vielleicht waren es ähnliche Überlegungen, die hinter den Kulissen im Verteidigungsministerium zeitgleich den Ausschlag für de Maizières Ernennung zum Inspekteur des Heeres gaben. Wenn man die Zeichen der Zeit erkannt hatte, gleichwohl Baudissin nicht an der Spitze haben mochte, wäre der Kommandeur der Führungsakademie ein naheliegender Kandidat gewesen; zumal als der öffentliche Druck durch die »Quick«-Serie Heyes zunahm. Dieser war nämlich inzwischen wegen der »Gefahr der gegenwärtigen Situation« zur Einsicht gelangt, es müsse ein besonderer Weg eingeschlagen werden, damit tatsächlich weite Kreise erreicht würden[539]. Baudissin hatte Heye dafür spontan gedankt und konnte nach den ersten medialen Reaktionen zu seiner »großen Freude und Genugtuung« feststellen, dass »die deutsche Presse allmählich den Ernst Ihrer Warnung begriffen und anerkannt [hat]«. Er könne ihm »nur Satz für Satz zustimmen«, vor allem, »dass es fünf Minuten vor 12 ist«. Laufe sich »der ungute, alte Stil noch fester ein, fühlen sich die Unverbesserlichen noch länger als die Sanktionierten, dann wird es kein Zurück, bzw. kein Vorwärts mehr geben«. Zwar seien genügend tüchtige Offiziere in allen Dienstgraden vorhanden, doch müsse »von oben entsprechend geführt« werden. Genau da aber liege »der Hase im Pfeffer«. Dass Ungehorsam und Indifferenz sich lohnen

---

[537] Heye an Bundeskanzler der Bundesrepublik Deutschland, Dr. Ludwig Erhard, 30.9.1964, ebd.
[538] Heye an Präsidenten des Deutschen Bundestages, Dr. Gerstenmaier, 21.4.1964, NL Heye, ACDP, I-589-003/1.
[539] Heye an Präsidenten des Deutschen Bundestages, Dr. Gerstenmaier, 16.6.1964, ebd.

würden, beziehungsweise keine negativen Folgen hätten, sei das, was an den
Wurzeln der Bundeswehr nage und die Empfindung verbreite, »als redeten die
höchsten Vorgesetzten doppelzüngig über die Innere Führung«. Dies sei ausschließlich »mit personalpolitischen Hilfen« zu verändern. Am Ende machte
der Graf dem Wehrbeauftragten noch Mut:

> »Soweit ich die Bundeswehr übersehe, [...] haben Sie die Reformfreudigen
> ganz auf Ihrer Seite, die Reaktionäre selbstverständlich gegen sich; was aber
> interessanter ist: die nicht festgelegte Mitte horcht auf und wird sich dem
> ›Sieger‹ anschließen. Das sollte alle diejenigen alarmieren, die das Neue an-
> geblich auch wollen, Sie jedoch auf dem Altar des ›Ansehens im Ausland‹,
> der ›Staatsraison‹, des ›Selbstgefühls der Bundeswehr‹ pp opfern möchten,
> um damit auch die Reform endgültig preiszugeben[540].«

Ganz allein stand der Graf mit seinen Ansichten indes nicht. Die SPD-Fraktion
im Bundestag nahm die Veröffentlichung ebenfalls grundsätzlich positiv auf.
Von der Wahl »der Form und des Ortes« der Ausführungen des Wehrbeauftragten dürfe man sich »nicht davon ablenken lassen, seinen Feststellungen zur
Sache die notwendige Beachtung zu schenken und für Abhilfe festgestellter
Unzulänglichkeiten zu sorgen«[541]. Abgesehen von der fortgesetzten Debatte um
die Zuständigkeiten und Rechte des Wehrbeauftragten, wie sie in den folgenden Jahren geführt wurde[542], konnte sich die politische und militärische Führung dem Argument Baudissins, es könne »nicht gut um eine Bundeswehr bestellt sein, die sich durch drei Quickartikel [sic!] aus der Bahn werfen lässt«,
schwerlich entziehen[543]. Dass der Graf dabei selbst noch immer auf mehr hoffte,
gab er gegenüber Erler indirekt zu. Als dieser offen darüber nachgedacht hatte,
ihn im Falle von Heyes Rücktritts als Wehrbeauftragten vorzuschlagen, reagierte er zurückhaltend: »Der Warteposten in der Bundeswehr – selbst in Paris –
scheint für mich vielversprechender und dokumentiert überdies, dass ›man‹
noch mit mir als Vorgesetztem rechnen muss. So unbequem ich Hassel und
Umgebung als Wehrbeauftragter ohne Zweifel wäre, so ist das doch nur ein
sekundäres Argument«. Ganz ausschließen mochte er die Überlegung allerdings nicht: Wenn man nach den Wahlen klarer sehe, ließe sich noch immer
darüber reden[544].

Möglicherweise spekulierte Baudissin jetzt darauf, noch der nächste Generalinspekteur zu werden, denn zu diesem Zeitpunkt waren die Würfel für de
Maizière als nächster Inspekteur des Heeres bereits gefallen. Dabei hatte sich
der Graf schon dabei vertan. 1963 war er sich mit Beermann darin einig gewesen, dass de Maizière zwar »klug und tüchtig«, jedoch »nicht an die erste Stelle
zu setzen, sondern ein hervorragender zweiter Mann, z.B. geborener Chef des
Stabes« sei. Beide dachten für ihn beispielsweise an »die Stelle, die Schnez vor-

[540] Baudissin an Heye, 24.6.1964, ebd.
[541] SPD-Bundestagsfraktion, Erklärung der SPD-Fraktion in der Bundestagssitzung vom
       25.6.1964 durch den Fraktionsvorsitzenden Erler, AdsD, NL Erler, Box 21.
[542] Siehe dazu grundsätzlich Schlaffer, Der Wehrbeauftragte.
[543] Baudissin an Erler, 6.7.1964, AdsD, NL Erler, Box 143.
[544] Ebd.

her hatte«; diese »könnte man ja zu einer Drei-Sterne-Generalsstelle machen«[545]. Ein gutes Jahr später war der »zweite Mann« zur ersten Wahl geworden. Sein feines Gespür für Probleme hatte der neue Inspekteur bereits im Dezember 1961 nach einer Diskussion mit Heye unter Beweis gestellt, als dieser gerade zum Wehrbeauftragten gewählt worden war. In sein Tagebuch notierte er: »Mäßiger Eindruck, unklar, schwankend in seinen Meinungen. Heye will nicht nur kontrollieren (wie das Gesetz sagt), sondern auch I.F. gestalten, weiterentwickeln. Er will BW erziehen. Ich sage Krach mit BMVtdg in spätestens ½ Jahr voraus[546].« Zwar dauerte es etwas länger, aber der von ihm vorhergesehene Zwist kam doch. Heye seinerseits freute sich über de Maizières Ernennung, weil damit den jüngeren Führungskräften der Bundeswehr der Durchbruch in die obersten Stellen gelungen sei[547]. Als de Maizière zwei Jahre später zum Generalinspekteur ernannt worden war, erinnerte ihn Dr. Eberhard Barth an eine Situation, »[a]ls wir nach der schrecklichen Heye-Affäre im Verteidigungsausschuss nebeneinandersaßen«. Damals habe de Maizière vorhergesagt, »dass jetzt eine schwere Zeit für Sie kommen werde«[548]. Auch mit dieser Prognose sollte de Maizière Recht behalten.

3.   Der politische Offizier (1964–1972)

a)   Inspekteur des Heeres (1964–1966)

An der Spitze des Heeres

Ulrich de Maizières Rückkehr nach Bonn als neuer Inspekteur des Heeres wurde allgemein begrüßt, besonders aber von der Presse positiv begleitet. Das setzte ihn einerseits unter einen nicht unerheblichen öffentlichen Druck, stärkte andererseits jedoch seine Position im Ministerium. So setzte er gegen den vermeintlich allmächtigen Staatssekretär Gumbel wichtige personelle Entscheidungen durch. Vor allem widerstand er der von diesem geforderten Verkleinerung der Unterabteilung Innere Führung im Führungsstab des Heeres (FüH) und holte sich als seinen neuen Stellvertreter den bisherigen Kommandeur der 10. Panzerdivision, Generalmajor Josef Moll[549]. Die Zusammenarbeit mit Moll

---

[545] Notiz Erler, 11.2.1963, AdsD, NL Erler, Box 135.
[546] Ulrich de Maizière, Dienstliche Tagebuchaufzeichnungen 27.3.1961–13.2.1962, Eintrag vom 11.12.1961, BArch, N 673/28.
[547] Heye an de Maizière, 15.5.1964, BArch, N 673/82. Bei dieser Gelegenheit erinnerte er ihn an »unsere gemeinsame Zeit als Gäste des Königs von England in Belgien«.
[548] Dr. Eberhard Barth an de Maizière, 28.8.1966, BArch, N 673/84.
[549] Tönsgerlemann, Generalleutnant Josef Moll. Auch andere bestätigten de Maizière darin, »[d]ass Sie in General Moll nach meinem Urteil einen hervorragenden Mitarbeiter erhalten.« Siehe GM Peter von Butler an de Maizière, 2.10.1964, BArch, N 673/82. Ob er dafür seinen Jahrgangskameraden Karl Wilhelm Thilo, als Generalmajor bisheriger Stellvertreter des Inspekteurs und damit gleichzeitig Chef des Stabes FüH opferte, muss Spekulation

entwickelte sich tatsächlich »vorbildlich«, weil sie in beide Richtungen offen, kameradschaftlich und loyal verlief[550]. Moll sollte de Maizière zwei Jahre später als Inspekteur folgen und erinnerte sich noch nach seinem Ausscheiden aus dem Dienst gerne an die »so harmonische ›Ehe‹ zurück«[551].

Wie umfassend die Erwartungen an den neuen Heeresinspekteur waren, lässt sich aus den Glückwunschschreiben herauslesen, die de Maizière in großer Zahl erreichten. Sie kamen aus allen Bereichen der Bundeswehr – von der Truppe über die Ämterebene bis hin zur Verwaltung –, aber auch des öffentlichen Lebens[552]. Das Spektrum reichte von alten Regimentskameraden des Vaters über die eigenen Kriegskameraden bis hin zu Freunden und Bekannten. Selbst wenn man diejenigen herausfiltert, die sich beim neuen starken Mann des Heeres wohl eher selbst in Erinnerung rufen wollten, bleiben die Vorschusslorbeeren doch enorm. Alle waren sich darin einig, dass de Maizière kraft seiner Persönlichkeit und Fähigkeiten »der Geeignetste für den hohen Posten innerhalb der Bundeswehr« sei[553]. Seine Ernennung verstand mancher gar als »ein Programm« in einer schwierigen psychologischen Situation der Bundeswehr, damit »dem Heere endlich die Ruhe zuteil wird, die es für seine Konsolidierung braucht«[554]. Erstaunlich differenziert waren allerdings die Richtungen, in welche diese Erwartungen an ihn tendierten. Mancher glaubte, in ihm vereinigte sich »guter aller Preußengeist mit neuen, fortschrittlichen Gedanken«, und hielt ihn deswegen dafür prädestiniert, »den ›Bürger in Uniform‹ nun an der hervorragendsten und einflussreichsten Stelle zu formen« – und zwar im Sinne der »Begriffe Pflicht, Vaterland, Deutschland«[555]. Für General der Panzertruppe a.D. Walther Wenck war die Ernennung eine Bestätigung für »diejenigen, die

---

bleiben. Für de Maizières Darstellung »unser beider Zusammenwirken als Inspekteur und Stellvertreter« in seinen Memoiren war ihm Thilo jedenfalls »dankbar«. Siehe Thilo an de Maizière, 25.6.1989, BArch, N 673/180. Thilo erhielt im Anschluss das gewünschte Korps für einen späteren Zeitpunkt fest in Aussicht gestellt, zunächst aber lediglich das Kommando über die 1. Gebirgsdivision. Siehe de Maizière, In der Pflicht, S. 257 f.

[550] Siehe z.B. de Maizière an GM Moll, 1.9.1965, sowie GM Moll, Stellv. InspH, an de Maizière, 22.2.1966, beide BArch, N 673/47b.

[551] GL a.D. Josef Moll an de Maizière, 22.2.1972, BArch, N 673/88. Schon 1969 hatte er sich über de Maizières Geburtstagsgrüße nach seinem Ausscheiden gefreut: »Ihr Gedenken war mir eine große Freude und ein Beweis dafür, dass Sie auch in Zukunft die Verbindung zu den Ehemaligen aufrechterhalten werden, so wie bisher auch.« Siehe Moll an de Maizière, 23.9.1969, BArch, N 673/47b.

[552] Siehe dazu die Glückwunschschreiben an de Maizière in alphabetischer Ordnung in BArch, N 673/82.

[553] Siehe z.B. Dr. Alfred Malotki, Oberpostdirektor im Bundesministerium für das Post- und Fernmeldewesen, an de Maizière, 1.10.1964, BArch, N 673/83.

[554] Siehe z.B. GM a.D. Alexander Ratcliffe, Landesbeauftragter VI der Gesellschaft für Wehrkunde, an de Maizière, 5.10.1964, und Botschaftsrat Dr. Ulrich Sahm an de Maizière, 27.6.1964, beide ebd. Sahm war damals deutscher Botschaftsrat in Frankreich.

[555] Wilhelm Scheibel an de Maizière, 29.9.1964. Scheibel war ein ehemaliger Regimentskamerad, den de Maizière 1958 in Göttingen wiedergetroffen hatte. Andere Veteranen wie Generaloberst a.D. von Mackensen wollten gar »im Interesse unseres Vaterlandes hoffen [...], dass auch mit dieser Stelle Ihre militärische Laufbahn noch lange nicht abgeschlossen ist«. Siehe GO a.D. von Mackensen an de Maizière, 4.10.1964, beide ebd.

damals schon mit besonderer Auszeichnung ihres Könnens in die Operationsabteilung des Heeres geholt worden sind«[556]. Und auch de Maizières alter Weggefährte Ferber stellte einen ähnlichen historischen Bezug her, indem er ihn
darauf hinwies, er sei »gerade im klassischen Alter«: Mit 52 Jahren seien Fritsch
und Raeder Chef der Heeres- oder Marineleitung, Halder Chef des Generalstabes geworden[557]. Dagegen wollten andere in seiner Ernennung gerade eine zukunftsweisende Entscheidung erkennen, weil mit ihm die Führung des Heeres
verjüngt und gleichzeitig wirklich modernisiert worden sei[558]. Einig waren sich
die Gratulanten im Vertrauen und der Hochachtung, die sie für den neuen Inspekteur empfanden[559]. Das galt insbesondere für den politischen Raum. Oberst
i.G. Dr. Friedrich Beermann, inzwischen Militärattaché an der bundesdeutschen
Botschaft in Neu-Delhi und später erster General mit sozialdemokratischem
Parteibuch, war sich »gewiss, dass Ihnen nicht nur das Vertrauen des Heeres-
Offizierkorps, sondern auch das der politischen Parteien, nicht zuletzt das der
SPD geschenkt wird«[560]. Davon konnte sich de Maizière bei seinen Antrittsbesu-
chen bei Fritz Erler (SPD) am 11. November 1964 und Dr. Rainer Barzel (CDU)
einen Monat später bald selbst überzeugen[561].

Wie sehr er eine möglichst breite Unterstützung gebrauchen konnte, wusste
de Maizière genau. Den Gratulanten zu seiner Ernennung gestand er ein, »ein
schweres Amt in einer schwierigen Situation« zu übernehmen und daher dankbar für jede Hilfe zu sein[562]. Die allgemeine Zustimmung zu seiner Ernennung
sah er keineswegs nur als Hilfe, sondern mehr noch als »große Last«[563]. Er

---

[556] Walther Wenck, General der Panzertruppe a.D. und Generaldirektor in der Firma Diehl,
an de Maizière, 26.6.1964, ebd.

[557] BG Ernst Ferber an de Maizière, 15.6.1964, BArch, N 673/82.

[558] GM von Butler an de Maizière, 2.10.1964, ebd.

[559] Siehe z.B. O i.G. Müller-Lankow, Amtschef Bundeswehramt, 15.7.1964, und Oberst i.G. J.
Lenz, 1.10.1964, beide ebd., oder Karl-Heinz Kamm an de Maizière, 31.1.1965, BArch,
N 673/44a. Kamm berichtete dabei von seinen Erfahrungen aus Gesprächen am Standort
Bückeburg.

[560] O i.G. Dr. Beermann an de Maizière, 25.9.1964, BArch, N 673/82.

[561] Ulrich de Maizière, Dienstliche Tagebuchaufzeichnungen 8.6.1964-16.1.1965, Einträge
vom 11.11. und 10.12.1964, BArch, N 673/32: Nach seinem Besuch bei Barzel notierte de
Maizière: »Er will helfen, das große Ja-aber der CDU gegenüber der Bundeswehr zu überwinden, bietet dazu Gespräch an.« Schon kurz nach seinem Amtsantritt hatte de Maizière
in seinem Dankschreiben an Josef Hermann Dufhues, den Geschäftsführenden Vorsitzenden des CDU, mitgeteilt, dass es für ihn »eine große Erleichterung [ist] zu wissen, dass
die CDU auch weiterhin die Belange der Bundeswehr nach Kräften unterstützen will«.
Siehe de Maizière an Dufhues, 5.10.1964, BArch, N 673/82.

[562] De Maizière an GM a.D. Laegeler, 23.7.1964. In ähnlichem Tenor z.B. auch de Maizière an
Inge Liebmann, 28.7.1964; GM Albert Schnez, Kdr 5. PzDiv, 12.8.1964; Ekkard von Maltzahn,
Geschäftsleiter Krupp-Dolberg, 4.9.1964; den Stellvertreter Bundeskanzlers und Bundes-
minister für Gesamtdeutsche Fragen, Dr. Erich Mende, 6.10.1964, oder an O i.G. Lüller-
Lankow [sic!], Amtschef Bundeswehramt, 20.7.1964, alle BArch, N 673/83.

[563] So jedenfalls zitierte ihn der Militärdekan von Mutius aus dem Evangelischen Kirchenamt
für die Bundeswehr in seinem Glückwunschschreiben. Siehe von Mutius an de Maizière,
29.9.1964, ebd.

◄ Abb. 40: Erster dienstlicher Besuch in Italien: Ulrich de Maizière mit den Oberstleutnanten Justus von Schütz und Lothar Domröse in Polignano di Vetan-Aosto   *BArch, N 673*

▾ Abb. 41:
Beim Barbecue während des Besuchs des John F. Kennedy Center for Special Warfare in Fort Bragg, NC, am 11. März 1965   *BArch, N 673*

▴ Abb. 42:
Auszeichnung mit dem Commander Degree of the Legion of Merit Medal durch Lieutenant General James L. Richardson, Acting Vice Chief of Staff U.S. Army, in Fort Myer, VA, am 9. März 1965   *BArch, N 673*

▾ Abb. 43:
Feierliches Bankett beim Stabschef der japanischen Lufstreitkräfte, General Hirokuni Muta, während der Ostasienreise 1968   *BArch, N 673*

▾ Abb. 44:
Im Gespräch mit dem türkischen Generalmajor Kemalettin Eken, Kommandeur der 57. Ausbildungs-Division K., in Manisa am 27. Oktober 1965   *BArch, N 673*

fürchtete, solche Vorschusslorbeeren könne man eigentlich nur enttäuschen[564]. Eines seiner Geschwister, so schrieb de Maizière an Schmidt-Dahlenburg, habe daher lediglich einen »gequälten Glückwunsch« formulieren wollen[565]. Zumindest was die Familie anging, sollte sich letzteres durchaus bestätigen, denn für private Dinge ließ der Dienst de Maizière nun kaum noch Zeit[566]. Dass sich der neue Inspekteur in einem der vielen Glückwunschschreiben zwei der dort zitierten Ratschläge markierte, kann in der Retrospektive durchaus programmatisch verstanden werden. Sie lauteten: »Der Truppenführer, welcher mehr auf den Verstand wie auf das Gedächtnis seiner Unterführer baut, ist relativ sicherer gestellt«, und »die Pflicht [ist] vor das Recht zu stellen [...], die Fürsorge für die Untergebenen vor den eigenen Anspruch und das Vorbild vor die Forderung an die Männer«[567].

Als Inspekteur besaß de Maizière weder Disziplinargewalt noch ist er truppendienstlicher Vorgesetzter gewesen. Beides sollte sich erst mit dem sogenannten Blankeneser Erlass 1970 ändern, von dem noch zu berichten sein wird. Er war »der politischen Leitung für die Herstellung und Erhaltung der Einsatzbereitschaft der Verbände seiner Teilstreitkraft verantwortlich«[568]. Folgerichtig legte der neue Inspekteur den Schwerpunkt seiner Aktivitäten darauf, seine Teilstreitkraft zu führen, auszubilden und zu erziehen, gleichzeitig aber die Heeresinteressen gegenüber dem Generalinspekteur und der politischen Leitung zu wahren. An der Spitze des Verteidigungsministeriums stand nach dem Rücktritt von Strauß als Konsequenz aus der »Spiegel-Affäre« seit dem 9. Januar 1963 Kai-Uwe von Hassel[569]. Diese Wahl hatte de Maizière damals für »die beste denkbare Lösung« gehalten[570]. An dem ein Jahr jüngeren, in Tansania geborenen, seit 1919 in Glücksburg aufgewachsenen Minister schätzte er besonders seine persönliche Integrität und sein Verständnis »für die Soldaten und ihr Denken«[571]. Als ihm Hassel im Dezember 1966 zum Abschied ein Bild von sich

---

[564] De Maizière an Gen. a.D. Foertsch, 8.10.1964, BArch, N 673/82, und an GM von Plato, Kdr 1. PzGrenDiv, 12.8.1964, BArch, N 673/83.

[565] De Maizière an Schmidt-Dahlenburg, 13.8.1964, ebd.

[566] De Maizière an OTL Konrad Lyhme, 24.3.1965, BArch, N 673/46b.

[567] K.-H. von Barsewisch, Geschäftsführer Bankhaus Lücke & Lemmermann KG Hannover, an de Maizière, 3.7.1964, BArch, N 673/82.

[568] De Maizière, Führen im Frieden, S. 12. Siehe dazu auch Rautenberg, Ulrich de Maizière, S. 192-196.

[569] Von Hassels Vater Theodor war als Hauptmann der Deutschen Schutztruppe in Deutsch-Ostafrika und nach seinem Ausscheiden aus der Armee Plantagenbesitzer dort. Nach dem Ersten Weltkrieg wurde die Familie von der britischen Mandatsverwaltung nach Glücksburg übersiedelt, wo der Sohn von 1947-1963 im Stadtrat seine politische Karriere begann, die ihn über den Posten des Ministerpräsidenten von Schleswig-Holstein (seit 1954) in die Bundespolitik brachte. 1963 Verteidigungsminister, übernahm er in der Großen Koalition das Ressort für Flüchtlinge, Vertriebene und Kriegsgeschädigte, anschließend wurde er bis 1972 zum Präsidenten des Deutschen Bundestages gewählt und gehörte dem Parlament noch bis 1980 als Abgeordneter an. Siehe dazu Speich, Kai-Uwe von Hassel, sowie Koop, Kai-Uwe von Hassel.

[570] Ulrich de Maizière, Dienstliche Tagebuchaufzeichnungen 12.11.1962-14.9.1963, Eintrag vom 15.12.1962, BArch, N 673/30.

[571] De Maizière, In der Pflicht, S. 285.

mit Widmung schickte, antwortete de Maizière, dass ihn das Geschenk stets daran erinnern werde, »wie eng Sie sich uns Soldaten verbunden gefühlt haben und wie oft Sie unsere Belange zu den Ihren gemacht und mutig vertreten haben«. Freilich hatte er auch dafür zu danken, dass ihn von Hassel zunächst zum Inspekteur des Heeres und 1966 zum Generalinspekteur ernannte[572]. Zwar beteiligte er sich später an der Festschrift anlässlich von Hassels 70. Geburtstag, doch die Verbindung zwischen beiden sollte nie eine tiefe werden[573]. Mit Sicherheit hätte de Maizière Erlers Einschätzung des neuen Ministers nicht unterschrieben. Dennoch umreisst sie die Einschätzung von Hassels seitens des politischen Gegners recht genau: »Der neue Verteidigungsminister ist schwarz-weiss-rot und wird uns sicher aus einer anderen Ecke her einigen Kummer machen. Ich fürchte z.B. für die Innere Führung der Bundeswehr. Dagegen möchte ich Herrn von Hassel [...] zutrauen, dass er sich der besonderen Problematik seines neuen Amtes bewusst ist und anders als Strauß vielleicht doch versucht, die Bundeswehr aus parteipolitischen Stellungnahmen herauszuhalten[574].«

Die Kernpunkte seiner Amtszeit verdeutlichte von Hassel sehr anschaulich in seiner Rede auf der 1. Tagung der Bataillonskommandeure am 6. Juli 1965 in Bad Godesberg[575]. Dort informierte der Minister zum ersten Mal einen Kreis ausgewählter Kommandeure der unteren Führungsebene »über die große Lage, über die Probleme der Bundeswehr und über die Absichten des Ministers und seiner nächsten Mitarbeiter unmittelbar«. Gleichzeitig wollte er damit »die natürliche anonyme Kluft zwischen den verschiedenen Führungsebenen im hierarchischen Gefüge der Bundeswehr [...] überwinden« und »erfahren, wo die Armee der Schuh drückt«. Als erstes griff der Minister die im Jahr zuvor erschienenen Artikel Heyes in der »Quick« auf. Ähnlich wie de Maizière vor der Führungsakademie bilanzierte er, die Bundeswehr habe die vergangenen Monate, in welchen die Soldaten »im Kreuzfeuer einer schließlich nur noch um des öffentlichen Aufhebens willen wenig sachkundigen Kritik gestanden« habe, ohne sichtbare Auswirkungen auf ihre soldatische Ordnung und ihr inneres Gefüge überwunden. Zu Recht kritisierte Missstände seien inzwischen korrigiert worden. Zudem habe er immer wieder versucht, »der Öffentlichkeit klar-

---

[572] De Maizière an von Hassel, 7.12.1966, BArch, N 673/43a.

[573] De Maizière/Trebesch, Sicherheit und Bundeswehr. Ein von Trebesch an Helmut Schmidt übersandter und gewidmeter Sonderdruck findet sich in AdsD, HSA A00803.

[574] Erler an Beermann, 19.12.1962, AdsD, NL Erler, Box 143. Umgekehrt war die Bewertung weniger sachlich. In einem Pressegespräch mit Redakteuren der FAZ im November 1964 befürchtete von Hassel, »dass für den Fall, dass die SPD einmal die Verteidigungspolitik bestimmen würde, das die Gesamtkonzeption der freien Welt in Gefahr bringen würde«. Dabei wies er »auf die innerpolitische [sic!] Situation in Norwegen, Dänemark, England, Italien, Griechenland, Türkei, Belgien und Holland hin«. Siehe Tagebuch BMVg Kai-Uwe von Hassel, Bd 1 (1.10.-31.12.1964) für BW-Innenpolitik, Eintrag vom 25.11.1964, BArch, N 609/1.

[575] Rede Bundesminister der Verteidigung Kai-Uwe von Hassel auf der 1. Tagung der Bataillonskommandeure in Bad Godesberg am 6.7.1965, ACDP, I-142-006/2. Auch zum Folgenden.

zumachen, dass die Bundeswehr wie jede Armee nur das Spiegelbild der Gesellschaft ist und nicht mit anderen Maßstäben gemessen werden kann«. In
diesem Zusammenhang nannte er den Vorwurf, die Bundeswehr strebe danach,
ein »›Staat im Staate‹ zu werden«, eine »törichte Behauptung«. Niemand guten
Willens bezweifele mehr die beträchtlichen Fortschritte bei der Integration der
Armee in Staat und Gesellschaft. Allerdings gestand der Minister »Schwierigkeiten im täglichen Dienstbetrieb« ein. Ihre Ursache erkannte er »in der immer
noch mangelhaften staatsbürgerlich-politischen Bewusstseinsbildung der jungen Männer, die zu uns kommen«. Einschlägige Untersuchungen hätten »gezeigt, dass die nur auf Vernunft zielende politische Bildung wirkungslos bleibt,
weil sie eben die menschliche Existenz nicht berührt«. Deswegen wolle er vor
allem »den Vaterlandsbegriff« wiederbeleben. Man habe »wohl vergessen, dass
die Vaterlandsliebe etwas sehr Natürliches ist«. Für die »allgemeine erzieherische Aufgabe«, die von Hassel hieraus ableitete, zitierte er Bundestagspräsident
Gerstenmaier, der drei Monate zuvor gefordert hatte, die »Bildung eines neuen
Nationalbewusstseins der Deutschen« müsse »gewissenhaft gepflegt« werden,
»Deutschland« habe »einen Anspruch auf unsere Liebe«. Vernunft alleine reiche
also »für unsere politische Bildungsarbeit« nicht aus, »die tieferen Regungen
der Gefühle« sollten unbedingt berücksichtigt werden. Nur auf diese Weise
könne die »geistig-moralische Schwäche, auf die wir überall in der freien Welt
stoßen«, überwunden werden.

Hinsichtlich der weltpolitischen Lage sah er nämlich keinen Anlass, dass
»die Bedrohung durch den Kommunismus« abgenommen habe. Im Gegenteil
warnte er vor »Illusionen« durch »falsche Beurteilung von Entspannungsten-
denzen, militärischen Verdünnungsvorschlägen einseitiger Natur oder Koexis-
tenzparolen«. Europa könne allein in einem fortschreitenden Zusammenschluss
auf der Basis der Partnerschaft in der NATO gesichert werden. Nur sie verbür-
ge »die Freiheit und die Chance, unser nationales Ziel zu erreichen«, nämlich
»[d]ie Wiedervereinigung unseres Vaterlandes auf friedlichem Wege in einer
gemeinsamen freiheitlichen Lebensordnung«. Insofern sei auch der Auftrag der
Bundeswehr unverändert. Wegen der offenkundigen Mängel in der westdeutschen Armee – fehlende Ausbilder, schlechte Bildungsvoraussetzungen, dauernder Zwang zur Improvisation, Zeitdruck – habe er im März 1963 eine Phase
der Konsolidierung angeordnet, die inzwischen erste Erfolge gezeitigt habe.
Hier hob er besonders verschiedene Neuerungen im Führungsbereich hervor
sowie diverse materielle Verbesserungen und den »Ausbau fürsorgerischer
Betreuung«[576]. Deren Bedeutung relativierte der Minister allerdings gleichzeitig:
Die Bundeswehr sei »eine Organisation, in der Männer zusammenstehen zur

---

[576] Ebd. Dazu zählte er u.a.: »Abbau des Wohnungsfehls, Verbesserung der Unterkünfte, der
Bau fehlender Kasernenanlagen mit Sporteinrichtungen, Soldaten-, Unteroffizier- und
Offizierheime und Bau von Ledigen-Wohnblocks für kasernenpflichtige Offiziere und
Unteroffiziere, Aufbau eines großzügigeren, bundeswehreigenen Sozialwerkes, Umwandlung des derzeitigen Kantinenpächtersystems in eine zentrale Kantinenbetreuungsorgani-
sation, Ausbau der Familienfürsorge, der Darlehensgewährung«, allesamt Themen, welche die Bundeswehr auch noch in den folgenden Jahrzehnten beschäftigen sollten.

Verteidigung unseres Vaterlandes«. Dies sei kein materielles, sondern in hohem Maße ein ethisches Thema, um »der Herausforderung aus dem Osten« wirksam begegnen zu können. Zwar habe man die Konsolidierungsphase zur wirksamen Ergänzung und Modernisierung von Bewaffnung und Ausrüstung genutzt. Entscheidend aber sei, dass die Bundeswehr »auch innerlich so modern bleibt, wie wir sie äußerlich gestalten«. Trotz aller Probleme blieben die Streitkräfte unter seiner Führung deswegen an den Grundsätzen der Inneren Führung »orientiert«. Hier verlangte von Hassel von seinen Kommandeuren, immer wieder zu verdeutlichen, dass die Innere Führung aus einem »unserer Staatsordnung entsprechenden Inhalt« und »den in jeder Epoche jeweils gemäßen Grundsätzen der Menschenführung« bestehe – »Grundsätze, die auch heute sehr vieles enthalten, was früher nicht anders war«. Dann würde es »nicht schwerfallen, die törichten Missverständnisse aus der Welt zu schaffen«, wie beispielsweise »das Märchen von der ›weichen Welle‹, den angeblichen Widerspruch von Innerer Führung und harter militärischer Ausbildung, oder auch die verbreitete Gleichsetzung von Innerer Führung und Unpünktlichkeit, laxem Auftreten und ›Großzügigkeit‹ – sprich Schlamperei – in den kleinen Dingen des Gehorsams«. Im Gegenteil seien die Soldaten der Bundeswehr »keine Porzellanfiguren, sondern Männer, die gefordert sind, in harter Schule getreu ihrem Eid dienen zu können, Soldaten zu werden, die nicht weniger als ihre Väter in diesem Stande leisten«.

Alles in allem zeigte sich in dieser Rede eine bemerkenswerte Schnittmenge mit den Einstellungen de Maizières, wie dieser sie beispielsweise bereits im Frühjahr 1964 in seinem Vortrag »Geistige Grundlagen der Verteidigung« geäußert hatte[577]. Auch seiner Ansicht nach fehle es in Teilen der Bevölkerung »an einem klaren Staatsbewusstsein«. Die »Einstellung zum Verteidigungsgedanken sei zwar im vergangenen Jahrzehnt »meist positiver geworden«, doch interessiere im Allgemeinen nur das, was einen unmittelbar angehe. Einig sei man sich immerhin in der »Ablehnung des Kommunismus« und der daraus folgenden Notwendigkeit eines eigenen Verteidigungsbeitrages. Die »Segnungen der Freiheit« würden größtenteils anerkannt, aber die Wenigsten besäßen »ein Gefühl dafür, dass damit ›Pflichten‹ verbunden« seien. Vor allem »im Bereich der Intelligenz«, die er in den Universitäten und Hochschulen, in gewissen Bereichen der Lehrer- und Teilen der evangelischen Pfarrerschaft verortete, glaube man hingegen oft »mit intellektuellen, häufig illusionären Spekulationen« Lösungen finden zu können, die an der politischen und militärischen Wirklichkeit vorbeigingen. Vor diesem Hintergrund würden die jungen Wehrpflichtigen aufwachsen. Diese seien »anders, aber darum nicht schlechter als früher«. Sie seien »formlos, nüchtern und kritisch, misstrauisch gegen allzu tönende Worte«, würden keine Autorität allein vom Rang oder vom Alter her anerkennen, fügten sich aber bereitwillig »jeder Autorität fachlicher und menschlicher Über-

---

[577] »Geistige Grundlagen der Verteidigung«, Vortrag Kdr FüAkBw, GM de Maizière, vor der 4. Einweisung Landesverteidigung und Gästen am 25.4.1964, BArch, N 673/58. Auch zum Folgenden.

legenheit«. Ihr allgemeines Bildungsniveau sei »oft erstaunlich niedrig«, dafür besäßen sie gegenüber früher großes Interesse und Verständnis für technische Vorgänge und technisches Gerät jeder Art. Letztendlich kämen sie ohne Enthusiasmus, aber durchaus einsichtig für die Notwendigkeit der Verteidigung. Sie wollten aber »Nutzen davon haben und etwas erleben«. Wenn es gelänge, ihnen das Sinnvolle ihrer Tätigkeit klarzumachen, seien sie leistungswillig, »ja häufig leistungsbegierig«.

Entscheidend sei folglich eine zeitgemäße soldatische Menschenführung, in deren Zentrum der staatsbürgerliche Bereich, der »dienstlich-ausbildungs-mäßige Bereich« sowie Technik und Menschenführung stehe. Der Soldat dürfe außer Dienst nicht vergessen, dass er Soldat ist, sein Vorgesetzter nicht, »dass der Soldat auch im Dienst ein freier Mann mit staatsbürgerlichen Rechten bleibt«. In der Ausbildung müsse man sich weiterhin an den »kämpferischen Aufgaben« orientieren, also »Disziplin, Einsatzbereitschaft, körperliche Härte und drillmäßige Beherrschung der Waffen und des Gerätes« fordern. »Formale Dinge« könnten demgegenüber auf das Notwendige beschränkt werden. Zeitgemäße Menschenführung bedeute deswegen kein opportunistisches Nachgeben gegenüber Zeitströmungen, sondern die Anpassung der soldatischen Ordnung an die Entwicklungen und Gegebenheiten der Gegenwart. »Härte und Strenge« seien weiterhin erforderlich, müssten aber »sinnvoll« sein. Weil ein zukünftiger Krieg nicht nur mit Waffen geführt werde, sei mit Menschenführung allein »der Begriffsinhalt des ›Staatsbürgers in Uniform‹ noch nicht erschöpft«. Zu rechnen sei »auch mit einem geistigen Krieg«, mit »einem Kampf um den Geist und die Seelen«. Der Hauptangreifer sei dabei »der Kommunismus«, dessen Kampfmittel »vielfältig und einfallsreich«, sein Ziel jedoch »immer das gleiche: zu spalten, zu trennen, zu isolieren«.

Wie schon in früheren Verwendungen blieben damit Ausbildung und Erziehung auch als Inspekteur des Heeres die Hauptanliegen de Maizières. Von den 22 Monaten seiner Amtszeit widmete er fast ein Drittel Truppenbesuchen. Darüber hinaus absolvierte er etliche Reisen zu verbündeten Streitkräften. Mehr als 150 Arbeitstage verbrachte er auf diese Weise außerhalb Bonns[578]. Basierend auf den eigenen Erfahrungen als Brigadekommandeur stärkte er die Eigenständigkeit dieser Führungsebene gegenüber der Division und stellte Übungen im größeren Rahmen vorerst zurück, um den Verbänden Zeit für die eigene Ausbildung zu verschaffen. Nur im Bereich Sport und Innere Führung durften die Brigadeführungen selbstständig keine Änderungen vornehmen[579]. Im Februar 1965 genehmigte Generalinspekteur Trettner die daraus entstandene Konzeption des Heeres grundsätzlich[580]. Als hauptsächliche Problembereiche der Bundeswehr und mithin deren umfangreichster Teilstreitkraft identifizierte de Mai-

---

[578] Rautenberg, Ulrich de Maizière, S. 193. Dort auch zu den genau aufgeschlüsselten Zahlen.
[579] De Maizière, In der Pflicht, S. 258-260.
[580] GM Moll, Stellv. InspH, Vermerk für Insp, 4.2.1965, BArch, N 673/47b.

zière die Finanzmittel und die Personallage, hier vor allem der Mangel an Längerdienenden und Unteroffizieren sowie die Infrastruktur[581].

Mit einem ganzen Bündel von Maßnahmen sollte hier Abhilfe geschaffen werden. In Übereinstimmung mit der politischen Leitung wollte man mit der Laufbahn des Fachdienstoffiziers attraktive Aufstiegsperspektiven schaffen, die Verpflichtungsmöglichkeit auf 15 Jahre ausgedehnen, mit der Einrichtung von eigenen Schulen die Ausbildungsqualität verbessern und durch die Chance auf den Erwerb eines dem Abitur vergleichbaren Bildungsabschlusses die Möglichkeit zum Wechsel in die Offizierlaufbahn eröffnen[582]. Innerhalb des Heeres gab es, typisch für Großorganisationen, erheblichen Widerstand gegen diese Neuerungen. Vieles verzögerte sich dadurch, für anderes mussten erst die finanziellen Mittel bereitgestellt werden. Vor allem die Einführung des Offiziers des militärischen Fachdienstes stand anfänglich vor allem beim Heer unter erheblicher Kritik[583]. Angesichts des zunehmenden Mangels an Offizieren verwendete de Maizière auch später als Generalinspekteur viel Energie und persönliches Gewicht, um diese Maßnahme durchzusetzen. Am 31. Juli 1969 durfte er schließlich den ersten 120 Fachdienstoffizieren aus Heer und Luftwaffe in Neubiberg ihre Ernennungsurkunden überreichen. In einem anschließenden Interview mit dem »Westfalen-Blatt« verdeutlichte er, der Fachdienstoffizier solle fortan eine neue militärische Führungsschicht mit gehobener Bildung erschließen, die in einer technisierten Armee dringend benötigt würde. Das Offizierkorps erhielte damit einen Zuwachs in solchen Funktionen, in denen der junge Truppenoffizier schon aus Zeitgründen die erforderliche Erfahrung nicht sammeln könne. Davon erhoffe er sich eine Stabilität in wichtigen Funktionsbereichen, die sich mit häufig versetzten Truppenoffizieren nicht erreichen lasse[584]. Doch auch für Letztere nahm er nun Maßnahmen in Angriff. Vor allem wurde der schon in der Dienststelle Blank entwickelte Plan zur Ergänzung der militärischen Offizierausbildung um eine wissenschaftliche Komponente zur Attraktivitätssteigerung wieder aufgenommen. Er konnte allerdings erst im Zuge der

---

581 Siehe z.B. GM de Maizière, Kdr FüAkBw, Aufgabe und Gliederung der Bundeswehr. Abschlussvortrag beim Generalstabs-Kurzlehrgang (Ausländer) Heer, 29.6.1963, BArch, N 673/57a. Zum Dauerproblem Personal siehe Armonat, Personalplanung der Bundeswehr, sowie Chrobok, Das System der Bundeswehrplanung.

582 Die ersten Offiziere des militärfachlichen Dienstes von Heer und Luftwaffe erhielten schließlich am 31.7.1969 ihre Ernennungsurkunden überreicht. Siehe dazu GenInsp/ FüS I 6, Az. 35-20-17-02, 1.8.1969, Information für die Kommandeure Nr. 4/69, BArch, BM 1/8143. Am 1.4.1970 waren bereits 1700 ernannt worden. Siehe BMVg/GenInsp, TgbNr. FüS 2391/70, Rede GenInsp zum Abschluss der 16. Kommandeurtagung der Bundeswehr am 2.7.1970, 29.7.1970, BArch, N 673/61a.

583 Bahnemann, Parlamentsarmee?, S. 131.

584 Interview GenInsp mit Westfalen-Blatt, undat., BArch, N 673/59. Die von de Maizière wohl nachträgliche handschr. Datierung auf dem Dokument lautet »1968«. Dabei handelt es sich um einen Irrtum, denn die Ernennung fand erst am 31.7.1969 statt. Siehe Gen Insp/FüS I 6, Az. 35-20-17-02, 1.8.1969, Information für die Kommandeure Nr. 4/69, BArch, BM 1/8143. Insgesamt benötigte die Bundeswehr demnach 8000 bis 10 000 Fachoffiziere.

bundesrepublikanischen Bildungsreform zu Beginn der 1970er-Jahre unter gänzlich veränderten Vorzeichen realisiert werden[585].

Zunächst aber galt es 1964 das Heer zu konsolidieren. Die Phase der Aufstellung war abgeschlossen, ein weiteres Wachstum weder finanzierbar noch sicherheitspolitisch notwendig. Nun ging es darum, die vorhandenen Mittel zweckmäßig zu verteilen und den vielen Begehrlichkeiten der einzelnen Waffengattungen zu widerstehen. Lediglich hinsichtlich der Mobilität der Truppe rückte de Maizière von dieser auch von Minister von Hassel ausgegebenen Losung ab. Anlässlich eines Besuches bei der Heeresflieger-Waffenschule bekannte er sich 1964 zur Luftbeweglichkeit des Heeres und forderte den Aufbau einer Heeresfliegertruppe. Obwohl die Truppe neben Transport- insbesondere Kampfhubschrauber verlangte, beschränkte sich de Maizière wie stets auf das politisch durchsetz-, weil finanzierbare. Wohl wissend, dass die künftige Entwicklung Kampf- und Aufklärungshubschrauber erzwingen würde, verbot er, auch nur den Begriff des »Kampfhubschraubers« zu benutzen. Erst nach weiteren Untersuchungen im Auftrag des Generalinspekteurs genehmigte der Minister schließlich im Juni 1966 immerhin die Beschaffung der ersten 135 mittleren Transporthubschrauber für das Heer[586]. Dafür hatte de Maizière in öffentlichen Vorträgen ebenso geworben wie bei den einschlägigen Interessenvertretungen und der Industrie[587]. Noch als Generalinspekteur folgte er den alljährlichen Einladungen zu den westdeutschen Luftfahrtschauen[588].

Als er nach seinem ersten halben Jahr vor sich selbst eine Art Zwischenbilanz zog, war er mit sich und seiner Arbeit durchaus zufrieden. Persönlich gehe es ihm recht gut, die ersten Monate seines neuen Amtes habe er besser überstanden als befürchtet, und er glaube, seinen Verantwortungsbereich »allmählich zu übersehen«[589]. In ähnlicher Weise bescheinigte ihm Heusinger, er sei in seiner neuen Stellung »nach dem altbewährten Motto angetreten: ›Zurückhaltung, Bescheidenheit, aber doch festes Zugreifen, wenn es nötig ist‹« und hätte

---

[585]　De Maizière, In der Pflicht, S. 260 f.

[586]　Ebd., S. 262 f.; Bahnemann, Parlamentsarmee?, S. 142.

[587]　Nach eigener Darstellung hatte de Maizière bei einem Vortrag am 30.4.1965 vor der Arbeitsgemeinschaft für Wehrtechnik in Bad Godesberg »erstmalig von offizieller Stelle einige grundsätzliche Ausführungen zum Thema der Heeresrüstung« gemacht. Siehe de Maizière an OAR Hermann Teske, 4.10.1965, BArch, N 673/52b. Über die Fragen im Zusammenhang mit Einsatz und Verwendung von Hubschraubern kommunizierte de Maizière seit dieser Zeit auch mit GM a.D. Erich Hampe, dem Vorsitzenden der Deutschen Gesellschaft für Hubschrauber-Verwendung und Luftrettungsdienst e.V. Siehe dazu die Korrespondenz zwischen de Maizière und Hampe zwischen 1965 und 1969 in BArch, N 673/43a.

[588]　So besuchte de Maizière 1968 z.B. die Deutsche Luftfahrtschau in Hannover, 1970 folgte er einer Einladung der Europavia-Deutschland GmbH bei der Luftfahrtschau ebenfalls in Hannover zu einer Vorführung der Turbinen-Hubschraubermodelle der Firma S.N.I.A.S. (ehemals Sud-Aviation). Siehe Vereinigte Flugtechnische Werke GmbH an de Maizière, 10.6.1968, BArch, N 673/53, und Einladungsschreiben der Europavia-Deutschland GmbH an de Maizière, 10.4.1970, sowie Zusage durch den Luftwaffenadjutanten des GenInsp, Glitsch, 21.4.1970, beide BArch, N 673/39b.

[589]　De Maizière an O Heuer, 7.4.1965, BArch, N 673/42.

daher rasch Boden gewonnen. Dabei verwies er auf die Kontinuität im Handeln, die er für diesen Erfolg verantwortlich machte: Es seien »die alten Regeln, nach denen wir unsere Arbeit vor 15 Jahren begannen, und die sich im internationalen Rahmen wie auch auf innerpolitischen [sic!] Gebiet so sehr bewährt haben«[590]. De Maizière bediente sich gerne des Rates des Älteren[591]. Insbesondere hinsichtlich seiner Position gegenüber einer veränderten NATO-Konzeption weg von der »Massiven Vergeltung« unterstützte ihn Heusinger nachdrücklich[592]. Für beide stand dabei die Frage im Vordergrund, wie das Heer in der Zukunft seine Aufgabe erfüllen könne, wenn der Atomeinsatz immer unwahrscheinlicher werde[593]. Noch als Generalinspekteur griff de Maizière gerne auf die Hilfe Heusingers zurück, besonders wenn es um die Beeinflussung der veröffentlichen Meinung ging[594]. Dafür versorgten de Maizières Adjutanten Heusinger fortlaufend mit Informationen[595]. Auch ansonsten pflegte er als Inspekteur einen überaus kommunikativen Führungsstil. Vor allem mit seinen Kommandierenden Generalen traf er sich immer wieder persönlich, gerne auch zwanglos bei ihm zu Hause, »zu einem Glas Wein« und »ganz informell«[596].

In der Öffentlichkeit trat de Maizière während seiner Zeit als Heeresinspekteur vor allem mit seinem Engagement für die Umsetzung einer zeitgemäßen Menschenführung in Erscheinung. In diesem Kontext stellte er sich nicht nur der allgemeinen Tendenz zur Larmoyanz und daraus folgenden Rückwärtsgewandtheit entgegen. Er ließ auch eine ganze Reihe von Vorschlägen zur Lockerung von Reglementierungen hinsichtlich der Ausgangsbeschränkungen und Umgangsformen erproben, die in vielen Fällen zu einigen großzügigeren Umsetzungen führten. Von der Truppe wurden sie ebenso viel kritisiert wie in der Öffentlichkeit beachtet, denn schon in seiner Zeit im Amt Blank hatte er sich gegen unnötige Erschwernisse gewandt[597]. Wie ernst es ihm mit diesem Anlie-

---

[590] Heusinger an de Maizière, 22.2.1965, ebd.
[591] Wiederholt versicherte er Heusinger, »dass ich für jeden Rat, den Sie aus Ihrer größeren Übersicht und aus der unbefangenen Beobachtung von außen zu geben in der Lage sind, nur dankbar sein werde«. Siehe de Maizière an Heusinger, 12.8.1966, BArch, N 673/42. De Maizière war »sehr glücklich«, Heusinger, der nach seiner Pensionierung in Köln wohnte, »so häufig sehen [zu] dürfen«.
[592] Siehe z.B. Heusinger an de Maizière, 22.2.und 12.8.1966, beide ebd.: »Möchten Sie weiter so erfolgreich wirken wie bisher in einer Zeit, in der die Landstreitkräfte wieder im Kommen sind und wir vielleicht einer Renaissance der konventionellen Mittel entgegengehen.«
[593] Heusinger an de Maizière, 12.8.1966, ebd. Freilich vergaß Heusinger dabei nicht darauf hinzuweisen, wie sehr er selbst stets »den konventionellen Waffen das Wort geredet habe«.
[594] De Maizière an Heusinger, 7.2.1969, ebd.
[595] Siehe dazu den Schriftwechsel zwischen de Maizière und Heusinger, ebd.
[596] De Maizière an GL Meyer-Detring, KG I. Korps, 11.1.1966, BArch, N 673/47a. Auf dem Schreiben sind die Zusagen bzw. Absage handschr. notiert. Siehe zu weiteren Treffen stellvertretend de Maizière an GL Gaedcke, KG III. Korps, 13.1.1965, BArch, N 673/41a.
[597] So z.B. als er sich im Verteidigungsausschuss persönlich dagegen aussprach, dass die kommenden Rekruten in den ersten vier Dienstwochen nicht die Kaserne verlassen dürften, und hinsichtlich Sinn und Zweck einer Disziplinarbuße. Siehe 32. Sitzung des Gremi-

gen war, führte er schon zu Beginn seiner Amtszeit allen nachdrücklich vor Augen. Als eine Untersuchungskommission im Dezember 1964 bestätigte, dass in der Ausbildungskompanie 6/11 des Fallschirmjägerbataillons 313 in Wildeshausen »einige erhebliche Dinge passiert sind (Alarm mit Tränengas auf Stube, Befehle an Untergebene, Kameraden zu treten u. zu schlagen, Verleitung zu übermäßigem Alkoholgenuss, negative Beeinflussung zum Beschwerderecht, Brennesseln essen, Liegstütze u.a.m.)«, die an Ausbildungsmethoden wie zuvor in der »Nagold-Affäre« erinnerten, schaltete sich de Maizière persönlich ein. Er flog umgehend nach Wildeshausen, ermahnte den Kommandeur vor dessen versammelten Kompaniechefs und Hauptfeldwebeln, löste Ausbilder ab und leitete erste Disziplinarmaßnahmen ein. Vier Fälle wurden daraufhin an die Staatsanwaltschaft abgegeben, gegen vier weitere Vorgesetzte disziplinargerichtliche Verfahren eröffnet. Noch am selben Tag stellte er sich einer Pressekonferenz im benachbarten Oldenburg und teilte »alles mit ohne jede Beschönigung, schon um Sensationsberichten in Illustrierten (›Stern‹) zuvorzukommen«[598]. Bereits als Kommandeur der Führungsakademie hatte er im April 1964 erklärt, dass »Härte und Strenge [...] ihre Grenzen in der Achtung vor der Ehre und Menschenwürde des Einzelnen [finden], in der gesundheitlichen Leistungsfähigkeit und in den friedensmäßigen Sicherheitsbestimmungen beim Umgang mit Waffen und Munition«[599]. Jetzt hatte er unmissverständlich den Beweis angetreten, dass er diese Grenzen in der Praxis durchzusetzen gewillt war.

Dieses Image unterstrich er mit seiner dezidierten Unterstützung bei der Einführung der Truppenfahnen zum Jahresbeginn 1965 und der Implementierung des ersten »Traditionserlasses« durch Minister von Hassel am 1. Juli 1965[600]. An dessen Entstehung hatte de Maizière schon in seiner Zeit als Kommandeur in Koblenz mitgearbeitet. Militärische Tradition fand in der Bundeswehrführung tatsächlich erst ab 1958 größere Beachtung, als mit der Einsetzung des »Beirats für Fragen der Inneren Führung« ein zivil und militärisch besetztes Gremium installiert wurde, das sich zunehmend intensiver mit diesem Thema befasste[601]. Während auf der Tagung in Himmerod 1950 von einem namentlich nicht genannten ehemaligen Luftwaffenoffizier die Aussage überliefert ist, das Wort Tradition würde keinen Platz im Vokabular des zukünftigen deutschen

---

ums am 21.5.1953. Siehe dazu Der Bundestagsausschuss für Verteidigung, Bd 2, S. 343–378, hier S. 368, 369 f.

[598] Ulrich de Maizière, Dienstliche Tagebuchaufzeichnungen 8.6.1964–16.1.1965, Eintrag vom 22.12.1964, BArch, N 673/32.

[599] »Geistige Grundlagen der Verteidigung«, Vortrag Kdr FüAkBw, GM de Maizière, vor der 4. Einweisung Landesverteidigung und Gästen am 25.4.1964, BArch, N 673/58.

[600] De Maizière, In der Pflicht, S. 267–269.

[601] Barth, Wie steht die Bundeswehr zur deutschen soldatischen Tradition?; Wiggershaus, Zur Debatte um die Tradition künftiger Streitkräfte; Abenheim, Bundeswehr und Tradition, S. 57–59.

▲ Abb. 45:
Vorführung im U.S. Army Combat Development Command Experimental Center, Fort Ord, CA, 18./19. März 1965
BArch, N 673

▾ Abb. 47:
Besuch des John F. Kennedy Center for Special Warfare in Fort Bragg, NC, 11. März 1965
BArch, N 673

▸ Abb. 46:
Ulrich de Maizière bestaunt eine mit seinem Dienstgrad und Namen verzierte Torte in Fort Bragg
BArch, N 673

▸ Abb. 48:
Im Hauptquartier des U.S. Army Test 6 Evaluation Command in Aberdeen Proving Ground, MD, 8./9. März 1965
BArch, N 673

◂ Abb. 49:
Beim Einkauf während der USA/Kanada-Rundreise des NATO Military Committee im Oktober 1966
BArch, N 673

Soldaten haben[602], gab Heusingers 1954 die Losung aus: »Nicht daran rühren – eigene Traditionen wachsen lassen[603].« Erst die Einsicht, dass es ein Bedürfnis nach Tradition in den Streitkräften gab und dieses sich mangels klarer politischer und miliärischer Richtlinien eigenständig entwickelte, führte ab 1959 zu Überlegungen, an denen auch de Maizière beteiligt gewesen ist[604].

Als er sich Anfang 1961 mit Schnez und Drews in Bensberg zur Endredaktion des Traditionserlasses traf, lautete ihre Leitlinie, ausgehend vom Auftrag der Bundeswehr und ausdrücklich auch der damaligen Situation »eine Tradition zu entwickeln, die die neuartigen Tatsachen mit den alten unvergänglichen Soldatentugenden verbindet«[605]. Ihr Ergebnis gefiel jedoch keineswegs. Mitte Mai 1961 verlangte Verteidigungsminister Strauß eine Überarbeitung des Entwurfes und beauftragte damit Oberst i.G. Dr. Hans Meier-Welcker, den damaligen Amtschef des MGFA. Dieser sollte »ein für die Truppe verständliches Geschichtsbild (Vaterland – Europa – Atlantische Gemeinschaft) erarbeiten«, Möbus und de Maizière anschließend dem Erlass den letzten Schliff geben. De Maizière vermutete hinter dieser Maßnahme mit einiger Berechtigung, dass der Minister die Herausgabe bis nach der Wahl verzögern wollte[606]. Weil sich die Historiker am MGFA einem solchen Auftrag verweigerten, stand de Maizière zunächst alleine da, musste den Wissenschaftlern aber schließlich beipflichten: »Ein ›Geschichtsbild‹ ist nicht lieferbar«, notierte er dazu in sein Tagebuch, »die Wissenschaftler lehnen das ab«. Er sei sich im Grundsätzlichen mit ihnen »einig«[607]. Damit lag das Projekt wieder auf Eis und wurde im Herbst 1962 endgültig gekippt. Nach Gesprächen in Bonn, unter anderem mit dem dort für den Bereich Innere Führung zuständigen Oberst Heinz Joachim Müller-Lankow, vertraute de Maizière seinem Tagebuch an: »Traditionserlass muss umgearbeitet werden. CDU wünscht ›schwungvollere‹, d.h. pathetischere Fassung[608].« Insofern war es mehr als eine schwierige Geburt, ehe der Erlass im Juli 1965 veröffentlicht werden konnte[609]. Dessen Inhalte und Aussagen waren Beleg für

---

[602] Rautenberg, Aspekte zur Entwicklung der Traditionsfrage, S. 137. Zu Himmerod siehe auch die Schilderung bei Meyer, Adolf Heusinger, S. 413–426, sowie zu dessen Verhältnis zur Inneren Führung, ebd., S. 510–522.

[603] So Heusinger auf der Tagung in Bad Tönisstein am 16./17.9.1954, zit. nach Rautenberg, Aspekte zur Entwicklung der Traditionsfrage, S. 143. Zu Heusinger selbst siehe die sich ihrem Gegenstand mit unverkennbarer Sympathie nähernde Biografie von Meyer, Adolf Heusinger.

[604] Siehe hierzu Zimmermann, Vom Umgang mit der Vergangenheit, sowie grundsätzlich Libero, Tradition in Zeiten der Transformation.

[605] Ulrich de Maizière, Dienstliche Tagebuchaufzeichnungen 30.5.1960–25.3.1961, Eintrag vom 18.1.1961, BArch, N 673/27.

[606] Ulrich de Maizière, Dienstliche Tagebuchaufzeichnungen 27.3.1961–13.2.1962, Eintrag vom 16.5.1961, BArch, N 673/28.

[607] Ebd., Eintrag vom 21.1.1962. Bereits im Herbst 1964 war ihm seitens des MGFA signalisiert worden, dass »aus Freiburg keine große Hilfe zu erwarten ist«. Siehe ebd., Eintrag vom 14.11.1961.

[608] Ulrich de Maizière, Dienstliche Tagebuchaufzeichnungen 14.2.1962–10.11.1962, Eintrag vom 24.10.1962, BArch, N 673/29.

[609] Abenheim, Bundeswehr und Tradition, S. 34–36. Der Erlass findet sich im Abdruck ebd., S. 225–229.

die reale Entwicklung der neuen westdeutschen Armee, in der sich auf der gesamten Breite von der Organisation über die Operationsführung bis hin zur inneren Ordnung neben vielem Neuen noch mehr Altes fand. Traditionalistische und reformistische Strömungen waren hier eine Verbindung eingegangen, die sich mitnichten an der Trennlinie zwischen militärischen und zivilen Aufbauarbeitern scheiden ließ[610].

Die Problematik dieser Verbindung hatte sich spätestens mit der Generalstagung im November 1959 in Altenstadt erwiesen. Auf ihr war es zu einer Grundsatzdiskussion über die Innere Führung gekommen, in der auch organisatorische und formale Hilfen für die Hebung der Disziplin gefordert worden sind. Zur Debatte standen beispielsweise die allgemeine Grußpflicht, das ständige Vorgesetztenverhältnis, eine Heiratserlaubnis erst mit über 24 Jahren oder die Einschränkung des Tragens ziviler Kleidung. Obwohl dabei nach de Maizières Einschätzung »eine starke ›Anti-Baudissin-Stimmung‹« zu spüren war, fand er sich auch in dieser Frage zur Einebnung der Grenzen bereit[611]. Wie geschickt er dabei agierte, zeigte sich in einer Ansprache noch als Kommandeur vor seiner Führungsakademie, aber bereits als designierter Inspekteur des Heeres Ende Juli 1964. Vergleicht man hier sein Redemanuskript mit der Tonbandmitschrift, wird deutlich, welche Nachricht er wie zu transportieren gedachte; in Klammern finden sich deswegen die Passagen, die im Manuskript nicht vorkamen, wohl aber ausgesprochen worden sind:

»Man behauptet (in der Öffentlichkeit), es gäbe Reformer und (es gäbe) Traditionalisten (und restaurative Elemente in der Bundeswehr. Man behauptet damit, das Offizierkorps der Bundeswehr teile sich in zwei Teile.) Ich wehre mich dagegen (diese Behauptung und bestreite sie). (Von 1951 an war) in der Dienststelle Blank ein kleiner Kreis von Offizieren (unter den Generalen Heusinger und Speidel berufen, sich mit der Vorbereitung eines deutschen Verteidigungsbeitrages zu beschäftigen.) Die einen waren beauftragt, mitzuhelfen, die politischen Voraussetzungen zu erarbeiten, andere waren beauftragt, die geistigen Voraussetzungen für eine innere Struktur zu ermitteln, wieder andere waren mit organisatorischen, personellen und materiellen Fragen beschäftigt. (Der Kreis war sehr klein und die heute so viel zitierten Reformer), Graf Baudissin, Graf Kielmansegg – (auch mein Name wird in diesem Zusammenhang gelegentlich genannt) – gehörten zu diesem kleinen Kreis. Sie waren aber nicht die einzigen; auch andere haben damals mitgearbeitet; (es war ein Team, das gemeinsam tätig war.) Graf Baudissin (war seinerzeit für die Fragen der geistigen Struktur der Streitkräfte verantwortlich. Er) hat sich mit seinem Namen dafür eingesetzt. Ich darf daran erinnern, dass es in den frühen 50iger [sic!] Jahren, im Zeitalter des Ohne-mich, höchst unpopulär war, mit seinem Namen für militärische Fragen einzutreten. Es gehörte Mut und Überzeugungskraft dazu, (in einer solchen Zeit des Ohnemich in der Öffentlichkeit aufzutreten und die Notwendigkeit eines deutschen Verteidigungsbeitrages mit einer neuen geistigen inneren Struktur

---

[610] Ebd., S. 38 f.
[611] Ulrich de Maizière, Dienstliche Tagebuchaufzeichnungen 14.9.1959–28.5.1960, Eintrag vom 11.11.1959, BArch, N 673/26. Die Tagung fand am 10./11.11.1959 statt.

darzustellen und zu begründen. Das sollte einmal sehr deutlich in Erinnerung gerufen werden. Aus dieser Zeit her haben sich die Namen einiger Mitarbeiter der Dienststelle Blank der Öffentlichkeit als sogenannte Reformer eingeprägt. Ich wehre mich aber dagegen, nun den sogenannten Reformern eine Gruppe der Opposition entgegenzustellen, die als Traditionalisten angesehen werden und die gegen diese Vorarbeiten der Dienststelle Blank grundsätzlich ablehnende Stellung eingenommen hätten.) Nach der Zeit der Planung kam die Zeit der Praxis. Die Planungen, die Ideen wurden überprüft. Alle sogenannten Reformer haben anschließend eine Truppe geführt, und durchaus mit Erfolg. Aber auch andere haben Truppe geführt, und auch mit Erfolg. Es gibt kein zweigeteiltes Offizierkorps. Wohl gibt es Nuancen-Unterschiede der Auffassungen, und es wäre traurig, wenn es die nicht gäbe, denn ein konformistisches Offizierkorps wollen wir doch wohl nicht haben[612].«

Im gesprochenen Wort nivellierte de Maizière im Vergleich zu seinem Manuskript also das Wirken der Reformer. Gleichzeitig hob er das Gemeinsame und die Gemeinschaftsleistung hervor. So betrachtet gab es in der Konsequenz nur mehr Reformer, manche eher theoretisch orientiert, andere eher praktisch. Die Theoretiker hätten in der Folge und Praxis ihr Können unter Beweis gestellt, damit seiner Argumentation folgend den Beweis für die Richtigkeit der Theorie erbracht. Bei den Zuhörenden erweckte er auf diese Weise den Eindruck, das Konzept der Inneren Führung sei erstens ebenso richtig wie erprobt und zweitens hätten alle Beteiligten das ihre zum Gelingen beigetragen; ein jeder konnte sich also – falls er das mochte – entsprechend gewürdigt wissen. Dass für diesen Konsens ein Bedarf existierte, belegte der Wunsch von Generalmajor Günther Pape, ehemals mit 37 Jahren einer der jüngsten Generale der Wehrmacht als Kommandeur der Panzerdivision »Feldherrnhalle« und nun Befehlshaber im Wehrbereich III[613]. Seiner Gratulation zu de Maizières Ernennung zum Inspekteur des Heeres fügte er hinzu: »Möge es Ihnen gelingen, gegenüber dem in der Öffentlichkeit überstrapazieren Begriff der ›Reformer‹ einer geläuterten soldatischen Tradition verbunden mit modernem Denken zum Durchbruch zu verhelfen[614].« Genau das war de Maizières Intention. Entsprechend wies er Pape darauf hin, er habe sich gerade »auch im Verteidigungsausschuss des Bundestages am 6.8. gegen die Zweiteilung des Offizierkorps in Reformer und Traditionalisten gewandt. Leider hat darüber natürlich keine Zeitung berichtet«[615].

---

[612] Ulrich de Maizière, Ansprache Kdr FüAkBw am 15.7.1964 vor allen Stammoffizieren, Beamten, Hörern und Uffz (Tonbandaufnahme, redigiert), sowie zum Abgleich das Redemanuskript de Maizières, Ansprache vor der FüAkBw und dem Brigadekommandeur-Lehrgang vor der Sommerpause 1964, 15.7.1964, beide BArch, N 673/58. Alle Aussagen in Klammern finden sich nur in der Tonbandmitschrift, nicht im Redemanuskript.

[613] Scherzer, Die Ritterkreuzträger, S. 583.

[614] Pape an de Maizière, 31.7.1964, BArch, N 673/83. Pape wurde in den verteidigungspolitischen Kreisen der SPD damals »zu den reaktionären Offizieren« gezählt. Siehe Vermerk Beermann für Erler und Hans Merten, 4.5.1962, AdsD, NL Erler, Box 139. Dabei wurde er zusammen mit Munzel und Trettner genannt.

[615] De Maizière an Pape, 12.8.1964, BArch, N 673/83.

Ähnlich ging de Maizière in der mit der Frage der Inneren Führung eng verbundenen Problematik um die Tradition der Bundeswehr vor, als sich beim alljährlichen Traditionstreffen von Abordnungen aller Panzer- und Panzergrenadierdivisionen der Wehrmacht anlässlich des Volkstrauertages in Munster-Lager Mitte November 1965 die Chance bot, dazu vorzutragen. Beim Abendessen stellte er seine grundsätzlichen Gedanken zum Traditionserlass vor. Dabei erläuterte er sowohl die Möglichkeiten als auch die Grenzen der Traditionspflege und verwies besonders auf die eigene Tradition der Bundeswehr. Seiner Einschätzung nach fand er damit größtenteils Zustimmung. Weil unter anderem die ehemaligen Generalobersten Hoth und Harpe, die Generale a.D. Wenck, Thomale, Westphal, Müller-Hillebrand, von Trotha, von Lüttwitz, von Wiersheim, und Nehring neben den aktiven Generalen Pape, Drews, Reichel, von Plato, von Tempelhoff, Meyer-Detring, Krantz, Jordan, Karst und Carganico anwesend gewesen sind, wäre dies keine geringe Leistung gewesen[616]. Seine Rede war jedenfalls so überzeugend, dass sein Jahrgangskamerad Schnez sie anschließend in seinem Korpsbereich verteilen ließ[617]. De Maizière selbst empfand das Treffen als »würdige, ernste, soldatische u. unpathetische Feier« und entsprechend als ein gelungenes Beispiel für Traditionspflege[618]. Dass am »Sonntag heimlich noch ein SS-Kranz am Ehrenhain niedergelegt« worden ist, ließ in ihm keine ernsthaften Zweifel an dieser Einschätzung aufkommen[619]. Er sah darin lediglich »einen kleinen Schatten«, das Treffen blieb für ihn »ein großer Erfolg«. Obwohl er unsicher war, »ob alle alten Kameraden mit meiner Kommentierung des Traditionserlasses voll einverstanden gewesen sind«, könnten jetzt immerhin »alle klar sehen, welche Möglichkeiten wir haben und wo uns Grenzen gesetzt sind«[620]. Er ordnete sich damit also persönlich in diese Gemeinschaft ein, für die offenbar von außen Grenzen gesetzt worden waren.

Seine Gratwanderung zeigte sich am Beispiel des üblichen Großen Zapfenstreiches zu Ehren der »alten Kameraden«, der dem dienstältesten Offizier der Bundeswehr, in diesem Fall also de Maizière als Inspekteur des Heeres, gemeldet wurde. Wie jedes Jahr trat dazu der anwesende dienstälteste Offizier der Wehrmacht zur Ehrung der alten Panzer- und Panzergrenadierdivisionen neben ihn. Dabei handelte es sich mit dem Generalobersten a.D. Hoth immerhin um einen verurteilten Kriegsverbrecher[621]. Gleichwohl schätzte ihn de Maizière persönlich sehr. Wenige Monate zuvor hatte er ihm zu dessen 80. Geburtstag

[616] Ulrich de Maizière, Dienstliche Tagebuchaufzeichnungen 1.9.1965-11.4.1966, Eintrag vom 13.11.1965, BArch, N 673/34.
[617] GL Schnez, KG III. Korps, an de Maizière, 4.1.1966, BArch, N 673/51b.
[618] Ulrich de Maizière, Dienstliche Tagebuchaufzeichnungen 1.9.1965-11.4.1966, Eintrag vom 14.11.1965, BArch, N 673/34. Außer de Maizières Ansprache waren ein Gottesdienst, eine anschließende Feierstunde im Ehrenhain der Schule inklusive einer von ihm als »ausgezeichnet!« bewerteten Rede von Lüttwitz, eine Kranzniederlegung sowie ein Großer Zapfenstreich die weiteren Programmpunkte.
[619] Ebd., Eintrag vom 16.11.1965.
[620] De Maizière an Pape, 18.11.1965, BArch, N 673/48c.
[621] De Maizière an Alexander Stahlberg, 8.12.1967, BArch, N 673/52a. Zu Hoth siehe Förster, Die Wehrmacht im NS-Staat, S. 63 f., und Hürter, Hitlers Heerführer.

mit den Worten gratuliert, dass »[u]ns allen [...] Ihre geschichtlichen Leistungen während des 2. Weltkrieges noch in sehr lebendiger Erinnerung [sind]«. Er wünschte ihm »noch viele Jahre der Frische und der Gesundheit«, in denen er beobachten dürfe, »dass die bewährten soldatischen Tugenden und Erfahrungen auch in einer gewandelten Gegenwart noch Gültigkeit haben«[622]. Nach dessen Tod versprach er in seinem Kondolenzschreiben der Witwe, Lola Hoth, die »großen Führungsleistungen und die vornehme menschliche Haltung von Generaloberst Hoth« würden auch in Zukunft »die gebührende Anerkennung und Würdigung finden«[623]. Ab 1965 hatten sich Hoth und de Maizière, von Foertsch vermittelt, auch persönlich getroffen[624]. Hoth, der wie Foertsch in Goslar lebte, schätzte de Maizière »ungemein«[625]. Dieser freute sich, ihn wiederzusehen. Hoth sei »nicht nur ein verehrter Vorgesetzter aus dem Kriege«, sondern de Maizière wisse auch, mit welcher inneren Anteilnahme er die Probleme der Bundeswehr verfolge. In seiner hannoverschen Kommandeurzeit hatte er ihn schon mehrfach getroffen[626].

Ohnehin intensivierten sich die direkten Kontakte zu ehemaligen Wehrmachtgeneralen seit seiner Ernennung zum Inspekteur des Heeres, vor allem aber nach dem Auftreten auf dem »Panzertreffen« 1965 spürbar. Dabei handelte es sich um protokollarisch geforderte Aufmerksamkeiten des Inspekteurs beispielsweise zu den Geburtstagen[627], in vielen Fällen reichten sie jedoch darüber hinaus. Auch der General der Kavallerie a.D. Siegfried Westphal gehörte zu denen, die sich seit 1965 verstärkt an de Maizière wandten[628]. Dieser würdigte ihn wiederholt für seine »unermüdliche Tätigkeit im Interesse der alten Soldaten [...] mit einem so engen Kontakt zur jungen Bundeswehr«[629]. Anlässlich Westphals 70. Geburtstag lobte er dazu noch dessen Einfluss, »den Sie auf die von Ihnen betreuten Verbände in Richtung auf eine verfassungstreue und loyale Haltung gegenüber diesem unserem Staat ausgeübt haben«. Er erhoffte sich

---

[622] De Maizière an GO a.D. Hermann Hoth, 10.4.1965. Zu seinem 85. Geburtstag versicherte ihm de Maizière, »[d]ie Soldaten der Bundeswehr gedenken an diesem Tage Ihrer großen militärischen Leistungen in Frieden und Krieg«. Siehe de Maizière an Hoth, 8.4.1970, beide BArch, N 673/43d.

[623] De Maizière an Lola Hoth, 26.1.1971, ebd.

[624] Das erste Treffen zwischen beiden war 1965 auf Bitten Foertschs zustande gekommen, der de Maizière geschrieben hatte, Hoth würde ihn gerne einmal sehen. Siehe de Maizière an Hoth, 30.8. und 29.9.1965, beide ebd.

[625] Gen. a.D. Foertsch an de Maizière, 16.8.1965, BArch, N 673/40.

[626] De Maizière an Foertsch, 30.8.1965, ebd.

[627] Siehe z.B. de Maizière an GO a.D. Walter Weiß, 31.8.1965, BArch, N 673/54a, sowie an General der Panzertruppe a.D. Dietrich von Saucken, 6.5.1965, oder an General der Infanterie a.D. Freiherr von Seutter-Lötzen, 15.10.1965, beide BArch, N 673/50b.

[628] Zum ersten Mal mit General der Kavallerie a.D. Siegfried Westphal, Direktor Rheinische Stahlwerke, an de Maizière, 30.4.1965, BArch, N 673/54b. Darin lobte er de Maizière: »Heute wohnte ich Ihrem Vortrag über die Konzeption des Heeres bei. Ich habe selten so ausgewogene, von hoher Warte gesehene und in der klassischen Sprache unseres alten Generalstabes vorgetragene Ausführungen gehört. Hierzu darf ich Sie aufrichtig beglückwünschen.«

[629] De Maizière an Westphal, 26.8.1971, ebd.

auch eine Verbindung über seine Pensionierung hinaus[630]. Dafür genehmigte ihm de Maizière als Generalinspekteur jeweils einen Großen Zapfenstreich zu Ehren der Bundestreffen des Verbandes Deutsches Afrika-Korps 1967 und 1969. Westphal bedankte sich als dessen Vorsitzender bei de Maizière und versicherte ihm im Gegenzug,»dass die früheren deutschen Afrikakämpfer sich mit den heute aktiven Soldaten seit jeher eng verbunden fühlen und jede Gelegenheit wahrnehmen, dieser Verbundenheit Ausdruck zu verleihen«[631]. Westphals Einladungen »zum Cocktail« an de Maizière schlug dieser jedoch »aus terminlichen Gründen« regelmäßig ebenso aus[632] wie die zum Bundestreffen selbst[633]. Darüber kühlte das Verhältnis zwischen beiden bald wieder ab[634]. Allzu weit ausdehnen wollte de Maizière die Beziehungen also offenbar nicht. Unterstützung sagte er fast immer zu, wählte jedoch sehr genau aus, auf welchen Ehemaligen-Treffen er persönlich erschien. So wollte ihn beispielsweise Walther Wenck im April 1965 »für das Divisionstreffen der alten 1. Panzerdivision und der Denkmalseinweihung« gewinnen. Er versicherte ihm, dieses Treffen habe »keinerlei politische Zielsetzung«, sondern sei »ganz allein des kameradschaftlichen Zusammenhalts und dem Gedenken unserer Gefallen gewidmet«[635]. De Maizière sagte zwar die Gestellung von Musikern der Bundeswehr zu, persönlich jedoch aus Termingründen ab und ließ sich durch von Plato, damals Kommandeur der 1. Panzergrenadierdivision, vertreten[636]. Wenck wünschte er »ein erfolgreiches, von Kameradschaft getragenes Wiedersehen der stolzen 1. Panzerdivision«[637]. Wie in anderen Bereichen bevorzugte de Maizière gegenüber den ehemaligen Generalen ein teilweise virtuos ausbalanciertes Verhältnis zwi-

---

[630] De Maizière an General der Kavallerie a.D. Siegfried Westphal, Vorsitzender des Verbandes Deutsches Afrika-Korps e.V., 15.3.1972, BArch, N 673/54b.

[631] Westphal an de Maizière, 31.10.1966. Mit beinahe identischen Worten bedankte sich Westphal für den Großen Zapfenstreich durch das Heeresmusikkorps 7 und das Wachbataillon der Bundeswehr anlässlich des 11. Bundestreffens am 31.8.1969. Siehe Westphal an de Maizière, 2.1. und 1.9.1969, alle ebd.

[632] De Maizière an Westphal, 11.10.1965 und 17.9.1968, beide ebd.

[633] De Maizière an Westphal, 15.9.1965, ebd.

[634] Als Dank für die Glückwünsche zum 70. Geburtstag erhielt de Maizière jedenfalls lediglich eine vorgedruckte Karte. Siehe Westphal an de Maizière, März 1972. 1971 hatte ihm Westphal noch handschr. dankend geantwortet:»Für mich wird es immer selbstverständlich bleiben, meinen Teil zu einem guten und engen Verhältnis zwischen ehemaligen und jetzigen Soldaten beizutragen.« Siehe Westphal an de Maizière, 5.9.1971, beide ebd.

[635] Einladungsschreiben Walther Wenck, Generaldirektor in der Firma Diehl, General der Panzertruppe a.D., an de Maizière, InspH, 2.4.1965, BArch, N 673/54a. Wenck wollte ihm wohl damit imponieren, dass er dem damaligen Generalinspekteur gleichfalls eine Einladung geschickt hatte,»weil ich der Ansicht bin, dass sich doch eine sehr große Zahl der heutigen Generale und andere Dienstgrade innerhalb der Bundeswehr aus der alten 1. Panzerdivision befinden. Ich darf Ihnen hier nur kurz einige Namen angeben: Graf v. Kielmannsegg [sic!], v. Butler, v. Plato, Philipp, Carganico, Baron Freytag von Loringhoven, Keilig, Guderian, Krantz, Prilipp, Wätjen und Wendland [...] Auch Herr Feldmarschall v. Manstein wird an diesem Treffen teilnehmen.«

[636] De Maizière an GM von Plato, Kdr 1. PzGrenDiv, 15.4.1965, sowie handschr. Notiz de Maizières, 13.4.1965, beide BArch, N 673/54a.

[637] De Maizière an Wenck, 15.4.1965, ebd.

schen Nähe und Distanz, das freilich nicht unproblematisch war[638]. Sie sollten ihn als einen der ihren wahrnehmen, ohne dass er dadurch vereinnahmt oder gar instrumentalisiert werden konnte. Zusammen mit seiner öffentlichen Wahrnehmung als Reformer sicherte er auf diese Weise seine Position nach allen Seiten ab.

Denn inzwischen war sein Engagement für die innere Ausgestaltung der Bundeswehr auch in der zivilen Öffentlichkeit gewürdigt worden. Am 10. Februar 1965 wurde de Maizière zusammen mit den Grafen Baudissin und Kielmansegg für die Entwicklung des Konzeptes der Inneren Führung mit dem »Freiherr-vom-Stein-Preis« an der Universität Hamburg ausgezeichnet[639]. Stifter des »Stein-Preises« war die Firma Alfred C. Töpfer in Hamburg[640]. Allen Beteiligten war bewusst, wie positiv diese erstmalige Auszeichnung von hohen Offizieren für die Bundeswehr in der Öffentlichkeit wirken musste[641]. Auch innerhalb der Armee wurde die Verleihung dieses Preises »mit Genugtuung und Freude aufgenommen«[642]. Damit war die Innere Führung weiter aufgewertet worden und die Preisträger fanden sich verewigt. Darauf verwies der Präsident von de Maizières ehemaligem Rotary-Club Hannover-Ballhof; zumal »diese

---

[638] Selbst gegenüber seinem alten »Fähnrichsvater« Beelitz reagierte de Maizière zurückhaltend, als er von jenem zum Treffen der Ehemaligen des IR 5 eingeladen wurde, das im Frühjahr 1966 in Starnberg/Oberbayern stattfand. Dort sollte er »ganz zwanglos ½ Stündchen etwas über Ihre derzeitige Tätigkeit, bzw. Fragen, die allgemeinen interessieren, berichten«. Siehe GM a.D. Dietrich Beelitz an de Maizière, 4.11.1965. De Maizière erklärte sich zu beidem grundsätzlich bereit, konnte aber nicht zusagen, weil er seine Termine bis dahin freilich noch nicht übersehen könne. Siehe de Maizière an Beelitz, 24.11.1965, beide BArch, N 673/37.

[639] De Maizière, In der Pflicht, S. 261, 264–267, 279.

[640] Alfred Carl Toepfer (1894–1993) war ein erfolgreicher Hamburger Geschäftsmann. Bereits 1931 gründete er die Stiftung F.V.S., heute Alfred Toepfer Stiftung F.V.S. Sie vergibt jährlich Preise und Stipendien zur Förderung der europäischen Einheit. Toepfers Rolle in der Zeit des Nationalsozialismus wurde seit 1997 von einer Historikerkommission unter Leitung von Hans Mommsen kritisch untersucht. Seither gilt er als von einschlägigen Vorwürfen entlastet. Siehe dazu Alfred Toepfer; Zimmermann, Alfred Toepfer. Toepfer und de Maizière dürften sich bereits während dessen Hamburger Zeit kennengelernt haben, später lud er die de Maizières wiederholt in sein »Landrat-Eckert-Haus« in Wilsede ein. Zum Monatswechsel August/September 1967 war de Maizière zusammen mit seiner Frau auch für einige Tage dort und schwärmte hinterher: »Die Ruhe und Abgeschiedenheit des Hauses, die schöne Landschaft und die anregende Zusammensetzung der Gäste haben uns sehr wohlgetan.« Beide wollten auch »einmal dorthin wiederkommen«. Siehe Maizière an Toepfer, F.V.S. Stiftung, 5.9.1967 und 18.1.1968. Das taten sie dann im August 1969 für einige Tage. Siehe de Maizière an Toepfer, 14.7.1969, alle BArch, N 673/52b.

[641] Der Vorsitzende des ZDWV (Zentralverband demokratischer Widerstandskämpfer und Verfolgten-Organisationen e.V.) und Präsident der FILDIR (Fédération internationale libre des Déportés et Internés de la Résistance), Ministerialrat a.D. Hans-Joachim Unger, erinnerte die drei Preisträger an »[d]en Unverstand, den Stein und seine drei soldatischen Komparenten in der damaligen Führungsschicht vorfanden«, dies möge »Ihnen die Zeitlosigkeit Ihres Tuns bewusst werden lassen«. Siehe Unger an Baudissin, Kielmansegg und de Maizière, 2.3.1965, BArch, N 673/181.

[642] Siehe z.B. Stellv. Befehlshaber Flotte, FA Kuhnke, an de Maizière, 13.2.1965, BArch, N 673/45a; Jenett, FüAkBw, an de Maizière, 21.2.1965, BArch, N 673/43b; und GM a.D. Laegeler an de Maizière, 21.2.1965, BArch, N 673/45b.

◀ Abb. 50:
Bundeskanzler Ludwig Erhard (r.) besucht mit Verteidigungsminister Kai-Uwe von Hassel die Heeresunteroffizierschule,
25. Mai 1965   *Bundesregierung, Steiner*

▼ Abb. 51:
Verleihung des Freiherr-vom-Stein-Preises an Generalleutnant
Ulrich de Maizière, Generalleutnant Wolf Graf von Baudissin
und General Johann Adolf Graf von Kielmansegg (v.l.) am
10. Februar 1965 in der Universität Hamburg
Baudissin Dokumentation Zentrum

◀ Abb. 52:
Das aus dem Flugzeug herausgerissene Triebwerk des am
5. November 1965 kurz nach dem Start vom Fliegerhorst Memmingen abgestürzten Starfighters F-104, dessen Pilot Dieter
Thormeyer dabei ums Leben kam.   *picture alliance/dpa*

▼ Abb. 53:
Unter den Augen Ulrich de Maizières und Kai-Uwe von Hassels
rollt der erste Kampfpanzer Leopard in München vom Band
SKA/IMZBw

Ehrung zugleich den Blick der Öffentlichkeit einmal auf die guten Kräfte in unserer Bundeswehr lenkt[e]«[643].

Von diesen »guten Kräften« stand offenbar nur de Maizière im Mittelpunkt der Aufmerksamkeit. Nicht nur Verteidigungsminister von Hassel erkannte in der Preisverleihung eine Anerkennung seiner »Verdienste um den Aufbau der Bundeswehr«[644], auch andere, wie beispielsweise der Präsident der ADK, Dr. Hans Edgar Jahn, oder der Wehrbeauftragte Matthias Hoogen schlossen sich diesem Urteil an[645]. In den beiden letzten Fällen wies de Maizière jeweils bescheiden darauf hin, es handele sich um drei Preisträger, die zudem alle »sehr froh« über die Hilfe seien, »die der Bundeswehr als Ganzes durch diese Preisverleihung zuteil geworden ist«[646]. Allerdings mischten sich auch solche unter die Gratulanten, die, wie beispielsweise Konteradmiral a.D. Siegfried Sorge, ebenfalls von der ADK, glaubten, diese Preisverleihung »als einen sehr wertvollen Beweis dafür betrachten« zu dürfen, »dass sich in unserem Volk nach der Verwirrung des furchtbaren Niederbruches eine gerechte Wertung des Soldatentums wieder durchsetzt«[647]. De Maizière selbst war sich der Chance wie der Gefahr im Kontext dieser Preisverleihung durchaus gewiss. Vorab hegte er deswegen Bedenken hinsichtlich der Dankesrede Baudissins, die er übrigens mit Kielmansegg teilte. Freilich dachte er nicht an eine »formelle ›Mitprüfung‹«, fand es aber »doch wichtig, dass wir vorher lesen, was er sagen wird, damit wir nicht vor Überraschungen gestellt werden«[648]. Über die Verteilung des stattlichen Preisgeldes über 25 000 DM hatte man sich ebenfalls zuvor verständigt. Vorgesehen war die Vergabe »eines kleineren Teils des Stein-Preises« an den Kommandeur der Schule für Innere Führung für »eine zweckmäßige und längerwirkende [sic!] Anschaffung«. Falls dieser »hierzu keinen brauchbaren Vorschlag machen« könne, bevorzugte de Maizière »eine Stiftung an das Soldaten-Hilfswerk«[649].

Der so gewürdigte Inspekteur des Heeres blieb in der Folge im Zentrum des veröffentlichten Interesses. Bereits im Mai 1965 trat er – als erster Inspekteur einer Teilstreitkraft überhaupt – in einem einstündigen Interview in der Fernsehreihe »Zur Person« dem renommierten politischen Journalisten Günter Gaus

---

[643] Präsident des RC Hannover-Ballhof, Lüth, an de Maizière, 3.10.1964, BArch, N 673/83.

[644] Bundesminister der Verteidigung an de Maizière, 13.10.1964, PA AdM, Akte Persönliche Unterlagen.

[645] Dr. Hans Edgar Jahn, Präsident der ADK, an de Maizière, 12.2.1965, BArch, N 673/43b; Matthias Hoogen, Wehrbeauftragter des Deutschen Bundestages, an de Maizière, 16.2.1965, BArch, N 673/43d.

[646] De Maizière an Präsidenten ADK, Dr. Jahn, 2.3.1965, und in beinahe identischer Formulierung auch an den Wehrbeauftragten Hoogen, 2.3.1965, beide BArch, N 673/43d, sowie an KA a.D. Sorge, ADK, 2.3.1965, BArch, N 673/50b.

[647] Sorge an de Maizière, 12.2.1965, BArch, N 673/50b.

[648] De Maizière an Gen. von Kielmansegg, Oberbefehlshaber Verbündete Landstreitkräfte Europa-Mitte, 20.1.1965, BArch, N 673/44b.

[649] Ebd. Tatsächlich bedankte sich der 1. Vorsitzende des Soldatenhilfswerks der Bundeswehr e.V., Generalinspekteur Heinz Trettner, im April 1965 bei seinem Heeresinspekteur de Maizière für dessen »großzügige Spende […], die in dieser Höhe wohl als beispielhaft bezeichnet werden kann«. Siehe Trettner an de Maizière, 27.4.1965, BArch, N 673/52b.

gegenüber. Mit den 1 370 000 Zuschauern, die sich für die Sendung interessierten, und dem inhaltlichen Verlauf waren sowohl Sender als auch de Maizière selbst hochzufrieden. Der Intendant des ZDF, Professor Dr. Karl Holzamer, versicherte ihm, »dass es für uns alle eine große Genugtuung war, den von Ihnen vertretenen klaren und überzeugenden verteidigungspolitischen Grundsätzen durch unser Medium eine entsprechende wirkungsvolle Verbreitung gegeben zu haben«[650]. De Maizière dankte in seiner Antwort für die Chance, im Fernsehen »für unsere verteidigungspolitischen Grundsätze einzutreten«[651]. Bereits im Anschluss an die Ausstrahlung hatte er Gaus »für die Art Ihrer Fragestellung, die sehr fair, wenn natürlich auch sehr ›direkt‹ war«, gelobt[652]. Womöglich war der Anstoß zu diesem Interview von de Maizière selbst ausgegangen. Wenige Monate zuvor hatte er den Sender angeschrieben und den Titel einer Sendung »Zwischen Dienst und Zapfenstreich – die Freiheit des Bürgers in Uniform« kritisiert. »Wir Soldaten«, mahnte de Maizière, »darunter auch die, die von Anfang an an den Gedanken um die neue Innere Führung mitgearbeitet haben« – also auch er selbst –, »haben immer Wert darauf gelegt, vom ›Staatsbürger in Uniform‹ zu sprechen«. Er glaube, es bedürfe keiner Erläuterung, worin der Unterschied der Formulierung liege[653]. Seinen Ruf als herausragender Vertreter der Inneren Führung untermauerte er mit diesem Interview nachhaltig – innerhalb wie außerhalb der Bundeswehr, wie die Reaktionen darauf zeigen[654].

Entsprechend besorgt reagierte de Maizière auf die von Professor Dr. Georg Picht, Lehrstuhlinhaber an der Theologischen Fakultät der Universität Heidelberg, 1965 herausgegebenen »Studien zur politischen und gesellschaftlichen Situation der Bundeswehr«[655]. Schon in seiner Einführung betonte Picht darin

---

[650] Rautenberg, Ulrich de Maizière, S. 195. Mitte Juni 1966 sandte Holzamer de Maizière die Tonbandabschrift des Interviews und teilte ihm dabei mit: »Wir konnten feststellen, dass das Publikum für die von Herrn Gaus gestaltete Sendereihe keine zufällige Besetzung aufwies, sondern dass es zumeist aus besonders interessierten Zuschauern bestand. Siehe Prof. Dr. Karl Holzamer, Intendant ZDF, an de Maizière, 20.6.1966, BArch, N 673/43d.

[651] De Maizière an Holzamer, Intendant ZDF, 27.6.1966, ebd.

[652] De Maizière an Günter Gaus, 11.6.1965, BArch, N 673/41a.

[653] De Maizière an das ZDF, Hauptabteilungsleiter Woller, 9.2.1965, BArch, N 673/40.

[654] Zu einem Beispiel aus dem militärischen Bereich siehe O i.G. Rolf Jürgens, Kdr PzGrenBrig 7, an de Maizière, 18.6.1965, BArch, N 673/43b. Jürgens hatte die Sendung zusammen mit einem großen Teil seiner Offiziere im Offizierheim verfolgt. Alle Anwesenden hätten »anschließend zum Ausdruck gebracht, dass es wohltuend war, dieses Interview anzusehen, wenn man bedenkt, wie wenig instruktiv und unsicher im Allgemeinen Politiker bei solchen Gelegenheiten sind«. Kritik hätten nur »einige nicht sonderlich taktvolle Fragen des Herrn Gaus« ausgelöst. Zu einem Beispiel aus dem zivilen Bereich siehe Waltraud Buchholtz an de Maizière, 25.8.1966, BArch, N 673/84. Sie schrieb: »Auch die Sendung des ZDF ›Zur Person‹ trug dazu bei, dass viele meiner Mitbürger und ich heute mit großen Hoffnungen auf Sie schauen.«

[655] Studien zur politischen und gesellschaftlichen Situation, Bd 1. Picht (1913-1982) war Philosoph, Theologe und Pädagoge. Er gehörte zum engeren Freundeskreis um Carl Friedrich von Weizsäcker und machte 1964 auf sich aufmerksam, als er für den Zustand des bundesrepublikanischen Bildungswesens den Begriff der »Bildungskatastrophe« prägte und damit eine breite Debatte auslöste. Von 1964 bis 1978 war er ordentlicher Pro-

die »Paradoxie des Soldatentums« und die »totale Irrationalität jedes möglichen Krieges«. Damit, so notierte de Maizière Ende November 1965 in sein Tagebuch, wäre »uns die Erziehungsgrundlage ›tapfer zu verteidigen‹ entzogen«[656]. Insofern kam ihm eine Vortragsanfrage der Universität Göttingen mehr als gelegen. Von Anfang an nutzte er öffentliche Reden gezielt, um grundsätzliche Gedanken in die weitere Öffentlichkeit zu tragen[657]. Der Direktor des Pädagogischen Seminars, Professor Dr. Hartmut von Hentig, lud ihn ein, dort am 15. Dezember 1965 zum Thema »Erziehung zum Staatsbürger in Uniform – eine Aufgabe der Bundeswehr« zu sprechen[658]. Darin bezog er eindeutig Stellung zu den Pichtschen Thesen und überzeugte nicht nur die vollbesetzte Aula; auch in die Streitkräfte sendete er damit klare Signale. Seine Jahrgangskameraden Thilo, Uechtritz, Schnez und Kielmansegg waren unter den ersten Gratulanten und freuten sich »über den ausgezeichneten Widerhall Deiner Rede in besten Kreisen der Öffentlichkeit«; jetzt habe »die Erziehung des Soldaten zum Kämpfen endlich wieder eine zweifelsfreie Grundlage«[659]. Uechtritz, inzwischen Kommandeur der 11. Panzergrenadierdivision, äußerte ausdrücklich »Respekt vor dem Göttinger Vortrag!«. Sogleich schlug er vor, »diesen Vortrag allen Kommandeuren bis zum Bataillonskommandeur einschließlich zur Verfügung [zu] stellen«[660].

Einer dieser Kommandeure, Hans-Heinrich Klein, als Generalmajor hernach einer der Nachfolger von Uechtritz, gestand de Maizière viele Jahre später, die Göttinger Rede sei für ihn und andere, die damals an der Führungsakademie lehrten und den Vortrag lasen, »die entscheidende Hilfe bei der Überwindung der unheilvollen Pichtschen Thesen von ›der totalen Irrationalität jedes möglichen Krieges‹ [gewesen], die besonders unter den jüngeren Offizieren beträchtliche Unsicherheit verbreitet« habe[661]. Dafür hatte auch de Maizières Jahrgangskamerad Schnez gesorgt, der Auszüge aus der Rede in seinem Korpsbereich bis zu den Kompaniechefs verteilen ließ. Denn gerade diese müssten zur Frage der »totalen Irrationalität jedes möglichen Krieges« Stellung beziehen und in den Diskussionen darüber bestehen können. Darüber hinaus fand er, dass de Maizières Antwort auf Pichts Gedanken es »wert« sei, »in breitestem Umfang be-

---

fessor für Religionssoziologie an der Universität Heidelberg und leitete außerdem mehr als zwei Jahrzehnte die Forschungsstätte der Evangelischen Studiengemeinschaft (FEST) in Heidelberg. Siehe Picht, Die deutsche Bildungskatastrophe.

[656] Ulrich de Maizière, Dienstliche Tagebuchaufzeichnungen 1.9.1965-11.4.1966, Eintrag vom 30.11.1965, BArch, N 673/34. De Maizière vermutete, das Buch sei »auf Anregung des Mil. Bischofs Kunst« entstanden. Daher unterrichtete er umgehend Dekan von Mutius und dachte über eine »[e]vtl. Rücksprache mit Kunst« nach.

[657] Oberbefehlshaber Verbündete Landstreitkräfte Europa-Mitte, Gen. Kielmansegg, an de Maizière, 31.12.1965, und an Befehlshaber im WB IV, GM Schaeder, 29.12.1965, beide BArch, N 673/44b.

[658] De Maizière an Gen. a.D. Ratcliffe, Landesbeauftragter VI der Gesellschaft für Wehrkunde, 16.12.1965, BArch, N 673/49b.

[659] GM Thilo, Kdr 1. GebDiv, an de Maizière, 31.12.1965, BArch, N 673/52b. Er nahm an, »auch der Minister weiß Dir Dank dafür«.

[660] GM Otto Uechtritz, Kdr 11. PzGrenDiv, an de Maizière, 30.12.1965, BArch, N 673/181.

[661] GM H.H. Klein, Kdr 11. PzGrenDiv, an de Maizière, 10.3.1972, BArch, N 673/87.

kannt zu werden«. »Vielleicht«, so die Hoffnung von Schnez, bekomme »sie auch Albert [sic!] Weinstein zu lesen und Herr Schmückle«[662]. Kielmansegg zeigte sich ebenfalls von dem Vortrag derart angetan, dass er um die Erlaubnis bat, ihn »den hiesigen deutschen Heeresoffizieren zugänglich zu machen, die von diesen Dingen ja selten etwas hören«; noch besser wäre, gleich selbst zu den »etwa 60 Heeresoffiziere[n]« zu sprechen, »die sich sehr freuen würden, ihren Inspekteur einmal sehen und hören zu können«[663].

Für eine weitere Streuung seines Göttinger Vortrages, dies wurde von ihm wiederholt praktiziert, sorgte de Maizière selbst. Unter anderem schickte er eine Kopie an den Kommandeur der 6. Panzergrenadierdivision, Generalmajor Gerd Niepold, der sich davon für seinen Vortrag vor dem Ring Christlich-Demokratischer Studenten in Kiel im Februar »inspirieren lassen« wollte[664]. Gewissermaßen für die Nachwelt erhielt auch der Leiter des Militärarchivs, Oberarchivrat und Oberst a.D. Teske, eine Ausfertigung »für die von Ihnen freundlicherweise in Gang gebrachte Sammlung«[665]. An Silvester 1965 suchte de Maizière dann das persönliche Gespräch mit Bischof Kunst zu diesem Thema[666]. Dabei trug er seine »Besorgnisse über die Einleitung von Georg Picht« vor. Kunst stimmte nicht nur de Maizières »Auffassung über Möglichkeit des begrenzten Krieges u. Pflicht des Soldaten zu tapferer Verteidigung« zu, er bejahte »sogar den A-Einsatz als Gegenschlag und unter der ›Verhältnismäßigkeit‹ der Mittel«. Als Fazit trug de Maizière in sein Tagebuch ein: »Ein gutes Gespräch[667].« Anfang Februar 1966 teilte dann das Evangelische Kirchenamt in einem Rundschreiben mit, es billige »nicht alle Thesen Pichts«[668].

In der Zwischenzeit hatte sich de Maizière auch bei Baudissin Rat geholt. Dieser bewertete die Aussagen Pichts indes deutlich entspannter. Zwar kritisierte auch er, dass Picht »neben dem Extremfall« nicht auch »die begrenzte militärische Aktion« erwogen habe. Diese wäre unter den derzeitigen strategischen Bedingungen die für die NATO wahrscheinlichste Kriegsform, die eigentliche Aufgabe der Bundeswehr und außerdem »pädagogisch der beste Zugang zur Erkenntnis der soldatischen Problematik von heute«. Doch da sich Picht »auf 20 Seiten mit außerordentlicher Schärfe« mit Kirche und Gesellschaft auseinandersetze, müssten es auch die Soldaten aushalten, dass er »in einigen

---

[662]   GL Schnez, KG III. Korps, an de Maizière, 4.1.1966, BArch, N 673/51b.
[663]   Oberbefehlshaber Verbündete Landstreitkräfte Europa-Mitte, Gen. Kielmansegg, an de Maizière, 17.1.1966, BArch, N 673/44b.
[664]   GM Gerd Niepold, Kdr 6. PzGrenDiv, an de Maizière, 3.1.1966, BArch, N 673/48a.
[665]   De Maizière an OAR Teske, Leiter Bundesarchiv-Militärarchiv, 11.1.1966. Teske hatte wohl schon 1965 angefangen, die Vorträge de Maizières zu sammeln. Siehe de Maizière an Teske, 4.10.1965, sowie dessen Antwort, 11.10.1965, alle BArch, N 673/52b.
[666]   Manchem in der Kirche ging Kunsts politische Aktivität mitunter zu weit. Zu einer Ansprache von Kunst an der Führungsakademie 1965 schrieb Pfarrer Otto von Huhn an de Maizière, sie sei, »entgegen sonstiger Gepflogenheiten, zum Glück unpolitisch, und stellte wirklich ein Stück evangelischer Verkündigung dar«. Siehe Oberpfarrer Otto von Huhn an de Maizière, 23.2.1965, BArch, N 673/43d.
[667]   Ulrich de Maizière, Dienstliche Tagebuchaufzeichnungen 1.9.1965–11.4.1966, Eintrag vom 31.12.1965, BArch, N 673/34.
[668]   Ebd., Eintrag vom 9.2.1966.

Zeilen etwas zu uns sagt, was zunächst ärgerlich klingt«. Außerdem verdiene
Pichts These es, »als challenge zum Weitergedenken« angenommen zu werden.
Darüber hinaus hielt es Baudissin »für menschlich wie politisch gefährlich,
nicht dankbar anzuerkennen, was der Militärbischof und die Nichtsoldaten der
Kommission mit dieser Arbeit auf sich nahmen, vor der die Bundeswehr bisher
zurückscheute«. Damit legte er den Finger in eine offene Wunde. Man könnte
»natürlich«, so fuhr er fort, »der Picht-These vom geistigen Beruf heutigen Soldatentums, die ich voll unterschreibe, die Wirklichkeit unseres Offizierkorps
entgegenstellen«. Freilich sei es weder möglich, dass »die Offiziere plötzlich
vergeistigen, noch die hoffnungslos ungeistigen hinaus[zu]werfen«. Aber – und
damit griff er eine Forderung auf, die de Maizière selbst stets gestellt hatte –
ihm schien doch »der fundamentale Unterschied zwischen einem Offizierkorps
zu liegen, in dem es Stil wird, auch unangenehme Tatbestände objektiv zu analysieren, offen für andere Meinungen zu sein und sich infragestellen [sic!] zu
lassen, und einem anderen, in dem derjenige den Ton angibt, der spontan, emotional und subjektiv reagiert«. Nur »Offiziere der ersten Richtung« würden
unter den vorhandenen Bedingungen »ihre eigentliche Aufgabe klarer sehen
und besser erfüllen«. Hier liege seiner Meinung nach der »Angelpunkt« für die
weitere Entwicklung der Bundeswehr. Dafür spreche nicht zuletzt die Tatsache,
dass sich gerade »die Besten, d.h. Intelligentesten und Tüchtigsten« aus der
jüngeren und mittleren Generation »so verloren vorkommen und mit dem Gedanken ans Ausscheiden herumplagen – ja, wie Sie wissen, bereits abwan-
dern«[669].

Deutlich verschnupft zeigte sich de Maizière in seiner Antwort lediglich
»besonders dankbar, dass Sie mir noch einmal bestätigen, dass auch Sie unter
den derzeitigen strategischen Bedingungen die begrenzte militärische Aktion
als die wahrscheinlichste Kriegsform für die NATO ansehen«. Er stimme mit
Baudissin überein, dennoch über andere Auffassungen nachdenken zu müssen
und »uns von kritischen Männern infrage stellen zu lassen«. Gleichwohl stellte
er ihm gegenüber klar, »dass ich als der für die Erziehung des Heeres verantwortliche Kommandeur« – und eben nicht Baudissin – »doch zu der Pichtschen
These Stellung nehmen musste«. Dies habe er in Göttingen getan und versucht,
die Dinge »zugleich maßvoll zu formulieren«[670]. Auf die grundsätzliche Kritik
Baudissins, die darauf abzielte, nicht nur vom »geistigen Soldatenberuf« zu
reden, sondern auch inhaltlich in der Ausbildung und Personalauswahl entsprechende Taten folgen zu lassen, ging er nicht ein[671]. Dabei hatte de Maizière
diese Thematik in Göttingen gleichwohl angesprochen. Brigadegeneral Werner
Drews äußerte sich beispielsweise »sehr beruhigt« darüber, dort »über Erzie-
hungsfragen hinaus auch das Problem der Erzieher angeschnitten zu finden«.
Nach dessen »häufigen Eindrücken in den Bataillonen« seien nämlich trotz

---

[669]   Baudissin an de Maizière, 15.12.1965, BArch, N 673/37.
[670]   De Maizière an Baudissin, 22.12.1965, ebd.
[671]   Siehe zum Kontext vor allem Naumann, Ein staatsbürgerlicher Aristokrat, S. 37-54, bes.
        S. 43.

ansteigender Tendenz Qualität und Quantität der Unteroffiziere wie Offiziere lange noch nicht ausreichend. Erstere kämen mit dem hohen Anspruch der jungen Rekruten nicht zurecht, und bei den Offizieren forderte er dringend eine Erweiterung der Bildungsgrundlagen. Nur auf diesem Wege würde man an qualifizierte Abiturienten herankommen, denen unsere bisherige Ausbildung nicht genüge. Damit könnte »die derzeitige Unterwanderung« des aktiven Offizierkorps der Armee durch aktivierte Reserveoffiziere mit mittlerer Reife, die keine wesentliche weitere Bildungsförderung erführen, gestoppt werden[672]. Obwohl de Maizière sich der Problematik bewusst gewesen ist und persönlich seit Jahren eine verbesserte (Aus)Bildung der Vorgesetzten gefordert hatte, war ihm die Konsolidierung der Institution Bundeswehr nicht nur in diesem Moment wichtiger als die offene Konfrontation. Diese wäre zweifellos auf die bekannte Diskussion hinausgelaufen, ob der Soldat nun zuvorderst Denker oder Kämpfer zu sein habe. Hier zeigte sich einmal mehr der entscheidende Unterschied in der Kernüberzeugung der beiden: Während es Baudissin darum ging, den individuellen Staatsbürger ins Militärische zu integrieren, stand bei de Maizière im Vordergrund, die Institution Bundeswehr im Staat zu verankern – »Staatsbürger in Uniform« versus »uniformierter Staatsbürger« sozusagen.

In de Maizières Sinne ließ sich der Dissens mit Picht letzten Endes kommunikativ auflösen. Er folgte einer Bitte Pichts um eine Unterredung am 31. Januar 1966, dem er bereits am 22. Dezember 1965 ein Exemplar seines Vortragsmanuskripts zugeschickt hatte[673]. Das Problem wurde ausdiskutiert und anschließend berichtete de Maizière darüber seinem Generalinspekteur. Bei seiner Stellungnahme habe er vor allem verhindern wollen, dass die Kommandeure der Bundeswehr über die Militärseelsorge oder aus der Öffentlichkeit mit den Pichtschen Thesen konfrontiert werden könnten. Inhaltlich seien die von Picht geäußerten Ansichten »in der jetzigen Form geeignet, Verwirrung anzurichten und Konflikte zwischen Truppe und Militärseelsorge heraufzubeschwören«. Hier nannte er vor allem die Behauptungen, den Soldaten würden falsche Tatsachen vorgespiegelt, wenn man ihnen sagte, es könnte der Fall eintreten, dass sie zum Schutz des Staates und seiner Verfassung verpflichtet sein würden, zu den Waffen zu greifen, sowie, dass ein »bisher ungelöste[r] Widerspruch zwischen der totalen Rationalität moderner Technik und der totalen Irrationalität jedes möglichen Krieges« bestehe. Er, de Maizière, habe Picht deswegen darüber aufgeklärt, die strategischen Auffassungen des BMVg wie die unserer Alliierten hielten eine kriegerische Auseinandersetzung unterhalb der Atomschwelle sehr wohl für möglich, »ja für wahrscheinlich«. Dies gelte zumindest für die Anfangsphase eines Krieges und daher sei eine Paradoxie des soldatischen Erziehungsauftrages bestenfalls darin zu erkennen, »dass die Soldaten

---

[672] BG Werner Drews, Kdr 2. PzGrenDiv, an de Maizière, 7.1.1966, BArch, N 673/39a.
[673] De Maizière an Picht, 22.12.1965, sowie schriftliche Bestätigung des Gesprächstermins durch Picht an de Maizière, 25.1.1966, beide BArch, N 673/49a.

zwar zum Kämpfen ausgebildet würden, aber gleichzeitig zur Friedensliebe erzogen werden müssten«[674].

Weil Picht umgehend alles zum Missverständnis und sich selbst »zur Richtigstellung« bereit erklärte, nutzte de Maizière die Möglichkeit zu einem Statement[675]. Da er seine entsprechende Meldung an den Generalinspekteur gleichzeitig als Informationsschreiben an die Kommandierenden Generale der drei Korps sowie den Amtschef des Truppenamtes verschickte, war dieses wohl eher für jene formuliert[676]. Demnach machte das im Laufe der Jahre ständig veränderte Kriegsbild sowohl für die Gegenwart als auch die absehbare Zukunft einen Überraschungsangriff mit Einsatz atomarer Waffen unwahrscheinlich. Gegenüber den US-amerikanischen Interessen, die eine Abkehr von der Drohung mit dem sofortigen großen Atomschlag bedingten, verlangte »das nationale Interesse der Bundesrepublik« einerseits, die Atomschwelle nicht zu hoch anzusetzen, damit der Gegner »nicht zu einem Spaziergang auf unser Gebiet« eingeladen würde; andererseits könnten »wir auch kein Interesse daran haben, die Atomschwelle so niedrig zu halten, dass unser Territorium auf jeden Fall Schauplatz eines Infernos« würde. Auf keinen Fall dürfe »die Höhe der Atomschwelle« vorher dem möglichen Gegner definiert werden. Das Risiko des Angreifers müsse »unkalkulierbar sein«[677].

Stellt man dieser Aussage eine Feststellung Heusingers aus dem Jahre 1959 in einem Interview für die »Kölnische Rundschau« gegenüber, wird deutlich, welch eine Entwicklung die westdeutsche militärische Führung inzwischen vollzogen hatte. Heusinger hatte es seinerzeit noch als »eine bedauerliche Tatsache« bezeichnet, »dass die modernen Waffen unsere Existenz gefährden«. Dennoch sei es »die erste Aufgabe des Soldaten, durch seine Bereitschaft den Krieg zu verhindern«. Sein »Dienst«, also schlicht sein Vorhandensein, sei »Schutzdienst im Frieden« und damit »Dienst zur Sicherung und Erhaltung des Friedens in Freiheit«. Dazu müsse er »im Notwehrfall« bereit sein, sein Leben einzusetzen. »Wenn der Soldat dadurch, dass er ständig einsatzbereit ist«, so das Fazit des damaligen Generalinspekteurs, »nichts anderes erreicht, als dass

---

[674] InspH, Aktennotiz, Betr.: Bericht über die Besprechung mit Prof. Dr. Georg Picht, Heidelberg, am 31.1.1966, 7.2.1966, BArch, N 673/49a.

[675] Ulrich de Maizière, Dienstliche Tagebuchaufzeichnungen 1.9.1965-11.4.1966, Eintrag vom 31.1.1966, BArch, N 673/34. Für de Maizière handelte es sich um ein »[o]ffenes, verständnisvolles Gespräch«. Das Missverständnis habe darin bestanden, dass für Picht die »[n]ichtatomare oder selektiv atomare Phase eines Kriegsbeginns [...] noch unter ›Abschreckung‹« gehört und »noch nicht Krieg im Pichtschen Sinne« sei. Auch Pichts Meinung nach müsse der Soldat »[a]ber auch im atomaren Krieg [...] noch tapfer kämpfen«. Er dürfe dabei »nur nicht glauben, die Heimat dann noch zu ›schützen‹«. De Maizière wies demgegenüber »auf die pädagogische Aufgabe der mil. Führung gegenüber allen Soldaten hin, gleich welcher Konfession. Ich sage ihm, wir nehmen unsere Verantwortung ernst«.

[676] Die jeweiligen Schreiben de Maizières an Gen. Trettner, 2.2.1966; an GL Meyer-Detring, I. Korps, 4.2.1966; Hepp, II. Korps, 4.2.1966, und Schnez, III. Korps, 7.2.1966, sowie GM Mäder, Truppenamt, 7.2.1966, finden sich alle in BArch, N 673/49a.

[677] InspH, Aktennotiz, Betr.: Bericht über die Besprechung mit Prof. Dr. Georg Picht, Heidelberg, am 31.1.1966, 7.2.1966, ebd.

der Krieg verhindert wird und der Frieden erhalten bleibt, ist sein Dienst sinnvoll und produktiv genug und rechtfertigt die persönlichen und materiellen Opfer«[678]. De Maizière trug dieser Weiterentwicklung in seinen »Führungsrichtlinien für den Einsatz von Atomwaffen« vom 18. Juli 1966 Rechnung. Sie war eine seiner letzten Weisungen als Inspekteur des Heeres, die er im Nachhinein als »seine wohl bedeutungsvollste und weitreichendste« ansah[679].

Im Machtkampf zwischen militärischer und ziviler Säule

Doch nicht nur in die strategischen und operativen Grundlagen der Bundeswehr war Anfang der 1960er-Jahre Bewegung gekommen. Hinter den Kulissen eskalierte die schon im Amt Blank spürbare Auseinandersetzung um die Abgrenzung zwischen der zivilen und der militärischen Macht in den westdeutschen Streitkräften. Über Jahre gelang es deswegen nicht, ein entsprechendes Organisationsgesetz zu verabschieden, mit dem auch die Spitzengliederung eindeutig fixiert worden wäre[680]. Dabei sahen sich vor allen Dingen die führenden Militärs stets benachteiligt. Wiederholt unternahmen sie Vorstöße, die wenigstens in Einzelfragen Änderungen herbeiführen sollten. Unter Strauß als Minister hatte man dazu die Frage instrumentalisiert, wer den Minister während seiner Abwesenheit verantwortlich zu vertreten habe. Im Herbst 1960 machte dieser damit allerdings kurzen Prozess. Das Thema war schon Anfang Oktober 1960 in der Presse aufgetaucht und dort vor allem deswegen heftig diskutiert worden, weil der Pressesprecher des Verteidigungsministeriums, Oberst Gerd Schmückle, in einer Pressekonferenz am 25. Oktober 1960 die Vertreter-Problematik als ungeklärt bezeichnet hatte. Die FAZ behauptete daraufhin, die Diskussion sei nur Ausdruck der seit längerer Zeit bestehenden Spannungen zwischen dem zivilen und militärischen Sektor des Verteidigungsministeriums. Auch die Opposition griff nun ein. Der SPD-Verteidigungsexperte Fritz Erler warnte explizit vor einem »militärischen Oberbefehlshaber«[681]. Dadurch sah sich Strauß zum Handeln gezwungen. Nach einer Aussprache mit Bundeskanzler Adenauer im Beisein des Bundesinnenministers Dr. Gerhard Schröder (CDU) wie des Außenministers Heinrich von Brentano (CDU) stellte er auf einer Pressekonferenz am 3. November 1960 klar, es bestehe »kein Zweifel, dass

---

[678] GenInsp, Gen. Heusinger, »Jugend und Bundeswehr«, Interview mit der »Kölnischen Rundschau« im Januar 1959, BArch, Bw 2/1800.

[679] Hammerich, Kommiss, S. 110–121, bes. S. 119. De Maizières »Führungsrichtlinien für den Einsatz von Atomwaffen« finden sich in BArch, BH 2/160.

[680] Siehe dazu Rautenberg, Streitkräfte und Spitzengliederung, sowie das aktuelle Forschungsprojekt von Rudolf J. Schlaffer am MGFA.

[681] Die Angelegenheit wurde später so von Wirmer für den Minister zusammengefasst. Siehe Hauptabteilungsleiter III, Ernst Wirmer, an Minister über Staatssekretär, Betr.: Die Vertretung des Bundesministers der Verteidigung unter Darstellung der Diskussion vom Oktober/November 1960, 14.9.1966, ACDP, I-142-005/4. Demnach habe ein Artikel unter der Überschrift »Der Stellvertreter des Ministers« in der »Deutschen Zeitung« Nr. 135 vom 8.10.1960 eine Glosse in der FAZ vom 12.10.1960 herausgefordert, in welcher der Verfasser die Sichtweise, der Staatssekretär sei der Vertreter des Ministers, als »ein Missverständnis« bezeichnete, tatsächlich vertrete ein anderer Minister bei längerer Abwesenheit des Ressortchefs.

der Staatssekretär in der Leitung der Dienstgeschäfte der Vertreter des Ministers ist, selbstverständlich innerhalb der vom Minister betriebenen allgemeinen Politik und nach den besonderen Weisungen und Richtlinien des Ministers«. Dabei unterstrich Strauß, es brauche weder eine Neuregelung noch eine Klärung; das bestehende System habe »mit all den darin enthaltenen Problemen reibungslos funktioniert«. Zwar existiere über die geltende Regelung keine schriftliche Fassung, aber es sei seit Jahren Praxis, dass der Generalinspekteur und die Inspekteure dem Minister unmittelbar vortrügen. Wären Minister und Staatssekretär verhindert, gelte, dass in allen militärischen Fragen der Generalinspekteur, in allen nichtmilitärischen der rangälteste Ministerialdirektor, zu der Zeit Ministerialdirektor Karl Gumbel, die Vertretung ausübten. Einer klaren Antwort auf die Nachfrage zum Organisationsgesetz entzog sich Strauß allerdings mit dem Hinweis, dies sei »ein altes Thema«, das zudem dem Parlament vorbehalten sei. Persönlich sei er allerdings der Meinung, man solle ein Organisationsgesetz erst dann erlassen, wenn die Erfahrungen im Aufbau der Bundeswehr und die Notwendigkeiten, die sich aus der zunehmenden Integration in der NATO ergeben, so überschaubar seien, dass dieses Gesetz keine »Eintagsfliege« sei[682]. Abgesehen davon habe der Generalinspekteur »eine Stellung sui generis«. Er sei in der Besoldungsgruppe eines Unterstaatssekretärs und gegenüber den Inspekteuren der Teilstreitkräfte auf den Gebieten Führung, Organisation, Ausbildung, Versorgung und Ausrüstung im Auftrag des Ministers weisungsbefugt. Außerdem sei er der höchste Soldat der Bundeswehr und Leiter des Führungsstabes der Bundeswehr. In Presse und Rundfunk wurde diese Erklärung überwiegend zustimmend kommentiert und im politischen Raum herrschte über alle Fraktionsgrenzen hinweg Einigkeit, dass der Staatssekretär »über dem Generalinspekteur der Bundeswehr stehe«, wie der Hauptabteilungsleiter III im Verteidigungsministerium, Ernst Wirmer, in seinem zusammenfassenden Bericht an den Minister meinte. Noch 1966 blieb er der Auffasung, »die ausführliche öffentliche Diskussion des Jahres 1960« habe »alle rechtlichen und politischen Seiten des Problems ziemlich erschöpfend angesprochen« und das Ergebnis dieser Diskussion gelte noch immer[683].

Daraufhin verlagerte sich der Streit zwischen zivilen und militärischen Zuständigkeiten auf den Bereich der Kriegsgliederung, als im Frühjahr 1962 ein zwischen den Präsidenten der Wehrbereichsverwaltungen (WBV) abgestimmter detaillierter 22-seitiger Vermerk zu einer Anregung des Generalinspekteurs zur Einführung einer Kriegsgliederung der Bundeswehrverwaltung vom 1. März

---

[682] Pressekonferenz am Donnerstag, 3.11.1960, im Bundeshaus CDU-Fraktions-Saal, Thema: Klarstellung zur Frage Minister – Ministerstellvertretung im BMVtdg (unkorr. Manuskript), ACDP, I-142-006/1. Außer Strauß waren noch GenInsp Heusinger sowie Staatssekretär Hopf »und die Herren des BMVtdg« zugegen.

[683] HAL III, Wirmer, an Minister über Staatssekretär, Betr.: Die Vertretung des Bundesministers der Verteidigung unter Darstellung der Diskussion vom Oktober/ November 1960, 14.9.1966, ACDP I-142-005/4.

1962 Stellung bezog[684]. General Foertsch hatte durchsetzen wollen, dass im Verteidigungsfall die Verwaltungseinheiten unter die jeweils verantwortlichen militärischen Führungsstellen träten, und dies mit der »Aufrechterhaltung der Operationsfreiheit der Truppe« begründet. Dagegen argumentierten die Präsidenten der WBV, solche Vorstellungen stünden in klarem Gegensatz zum Grundgesetz und zu den übereinstimmend damit im Wehrpflichtgesetz und anderen Gesetzen festgelegten Zuständigkeiten der Bundeswehrverwaltung. In sachlicher Hinsicht verwiesen sie auf die fehlende Expertise der Militärs in diesem Bereich: Kein Offizier könne beurteilen, ob der Verwaltungschef seine Aufgabe richtig anfasse, sondern erst am Ergebnis erkennen, ob seine Anliegen ›bedient‹ worden beziehungsweise ob andernfalls »die entgegenstehenden Gründe« schlüssig seien[685]. In einer als »persönliche Bemerkung« gekennzeichneten Anlage zu diesem Schreiben äußerte der Verfasser zudem sein Befremden über diese Debatte. Seit seinem Amtsantritt am 1. Dezember 1959 sei die Zusammenarbeit zwischen seiner Wehrkreisverwaltung und dem Befehlshaber im Wehrbereich »im Ganzen sehr gut und kameradschaftlich« gewesen; aus seinen Erfahrungen heraus hätte er also keinen Grund zu diesen Ausführungen gehabt[686]. Wie de Maizière seinerseits dazu stand, ist nicht bekannt. Ohnehin hielt er sich mit der Kommentierung der Amtszeit von Strauß so sehr zurück, dass er sich noch nach der Veröffentlichung seiner Memoiren von seinem Jahrgangskameraden Adolf Wicht deswegen Vorwürfe gefallen lassen musste. Er begründete dies damit, dass er sich vorgenommen hatte, nur das zu beschreiben, was er selbst erlebt habe[687]. Bei den nächsten beiden Vorstößen der militärischen Führung befand sich de Maizière allerdings im Zentrum des Geschehens, beim ersten als Kandidat, beim zweiten bereits als handelnder Inspekteur des Heeres.

Der erste Vorgang ergab sich aus der Tatsache, dass der bisherige Leiter der Personalabteilung, Karl Gumbel, durch von Hassel zum beamteten Staatssekretär berufen worden war. Dessen Nachbesetzung entwickelte sich nun zum Politikum, weil insbesondere Generalinspekteur Trettner diese Stelle nun für einen Soldaten forderte und beim Minister ein offenes Ohr dafür fand[688]. Wie emotional aufgeladen die Diskussion war, belegt ein Brief von Ewald-Felix Jacobi am 10. Juni 1964 an den CSU-Vorsitzenden Franz Josef Strauß. Für ihn war die Auseinandersetzung schon deswegen »vorherzusehen«, weil Gumbel »einer der wenigen leitenden Herren des Ministeriums aus unseren Reihen« sei. Ein CDU-Mann und Katholik als Leiter der Personalabteilung, »dazu Zivilist«, dies sei »für die andere Seite jetzt beim Wechsel der Mühe wert, Abhilfe zu schaffen!«. SPD und »insbesondere die sogenannten ›Freien‹ Demokraten«, so Jacobi wei-

---

684 Präsident WBV IV, Dr. Wagner, Tgb.Nr. 1512/62 VS-Vertraulich, Vermerk, Betr.: Kriegsgliederung der Bundeswehrverwaltung, 10.5.1962, ACDP, I-142-005/2.
685 Ebd.
686 Anlage zu ebd.
687 De Maizière an Wicht, 10.5.1989, sowie Wicht an de Maizière, 8.5.1989, beide BArch, N 673/180.
688 So die Aussage von Hassels gegenüber Erhard in Bundesminister der Verteidigung an Bundeskanzler Ludwig Erhard, 23.8.1966, BArch, 136/6835.

ter, wollten »in diesem Fall einen Hebel für bedeutsame Einflussnahme ansetzen«. Sie würden nach dem Motto verfahren: »Wenn es schon ihr eigener Parteigänger nicht sein sollte, dann wenigstens ein Offizier.« Seit geraumer Zeit meinte er die Tendenz erkannt zu haben, dass leitende Posten vorrangig mit Leuten besetzt würden, denen die CDU/CSU »ein stechender Dorn im Auge« sei. Darunter verstand er »Nichtkatholiken, Nicht-CDU/CSU-Leute und 131-er[689] dunkeler [sic!] Provenienz«; es sei »geradezu märchenhaft!«. Daher forderte er Strauß auf, seinen »ganzen Einfluss geltend zu machen«, damit dieser Posten »nicht nur mit einem Zivilisten, sondern auch mit einem CDU/CSU-Mann besetzt wird. Andernfalls ist mit Sicherheit vorauszusehen, dass die Personalpolitik zu unserem größten Schaden ins Uferlose gerät«. Wie sehr Jacobi indes Verschwörung witterte, verrät sein Zusatz: »Ich würde Herrn Präsidenten Jäger [sic!] direkt einen Abdruck [dieses Briefes] zuschicken, wenn ich wüsste, ob er katholisch ist[690].«

Öl war aber bereits zuvor ins Feuer gegossen worden, und zwar ausgerechnet in der von Kielmansegg mitherausgegebenen Buchreihe »Truppe und Verwaltung«, in der auch de Maizière veröffentlichte[691]. Der dritte Band der Reihe, »Die rechtliche Stellung der Bundeswehrverwaltung«, verfasst vom Leiter des Kreiswehrersatzamtes I in Köln, Regierungsrat Franz-Werner Witte, und 1963 erschienen, stieß umgehend auf massive Proteste aus der Armee[692]. Der Befehlshaber im Wehrbereich III, Generalmajor Günther Pape, beschwerte sich bei de Maizière, dass der darin vertretene »Geist [...], wenn er zur Marschrichtung der Bundeswehrverwaltung werden sollte«, zu ernsthaften Bedenken Anlass gebe. In diesem Buch wimmele es geradezu »von herabsetzenden Diktionen und pseudogeschichtlichen Betrachtungen über den deutschen Soldaten«. Er könne sich des Eindrucks nicht erwehren, dass unterschwellig versucht werde, den Soldaten zum reinen Handwerker, »wenn nicht zum bissigen Kettenhund« zu stempeln, dessen Gefährlichkeit durch die Bundeswehrverwaltung gemildert werden solle[693]. De Maizière ließ sich daraufhin von Oberst i.G. Juergens eine Stellungnahme zu diesem Werk vorlegen. Dieser teilte grundsätzlich die Bedenken Papes, schlug jedoch vor, der Schrift keine Gelegenheit zu geben, »das Verhältnis Soldat – Beamter in der Bundeswehr zu verschärfen«, und stattdessen das Gespräch mit führenden Beamten der Bundeswehrverwaltung zu suchen. Außerhalb der Bundeswehr, so befürchtete Juergens, könnte der

---

689 Mit dieser Bezeichnung verballhornte man alle jene Beamten und Professoren, die wegen ihre Tätigkeit in der NS-Zeit zunächst ihrer Posten enthoben, aufgrund des § 131 GG in der Bundesrepublik aber wieder in Dienst genommen worden sind.

690 Ewald-Felix Jacobi an Minister a.D. Franz Josef Strauß, MdB, 10.6.1964, ACDP, I-142-005/1.

691 Ulrich de Maizière, Die Landesverteidigung, und de Maizière, Soldatische Führung. Neben Kielmansegg fungierte Dr. Wilhelm Casper, Präsident des Bundesverwaltungsamtes, als Herausgeber.

692 Witte, Die rechtliche Stellung.

693 Befehlshaber im WB III, GM Pape, an de Maizière, 19.8.1963, BArch, N 673/176.

»Schaden dieser Schrift« durchaus »schwerwiegender sein«[694]. De Maizière beklagte sich daraufhin umgehend bei Kielmansegg über die Tendenz des Heftes, vor allem über die wiederholte Aussage, die Bundeswehrverwaltung habe eine regulierende beziehungsweise kontrollierende Stellung gegenüber den Streitkräften[695]. Pape aber beruhigte er: »Wenn einmal die Notstandsgesetze erlassen sein werden, sehe ich die Entwicklung so kommen, dass die Bundeswehrverwaltung Anlehnung an die Truppe suchen wird, um ihre Existenz zu erhalten[696].« Damals hoffte de Maizière noch auf eine Verabschiedung der Notstandsgesetzgebung in der laufenden Legislaturperiode, was nicht geschehen sollte[697]. Dagegen spielte Wittes Buch im September 1966 eine gewisse Rolle vor dem Verteidigungsausschuss. Der zwischenzeitlich zurückgetretene Generalinspekteur Trettner führte es als Beweis dafür an, dass die Bundeswehrverwaltung »zur Kontrolle des militärischen Teils des Ressorts eingerichtet« worden sei. Dagegen wiederum bezog der Hauptabteilungsleiter III, Ernst Wirmer, gegenüber dem Minister Stellung[698]. Er stellte klar, dass Truppe und Verwaltung sich »selbstverständlich« gegenseitig kontrollierten, und verwies unbescheiden auf seinen eigenen, beinahe zehn Jahre alten »grundlegenden Aufsatz über die Bundeswehrverwaltung«[699].

In die ohnehin emotional überladene Debatte mischten sich ungefragt freilich noch ehemalige Soldaten. Die hier mitunter vertretene Argumentation gibt einerseits einen Einblick in die Stimmungslage der vormaligen Generale, andererseits verdeutlicht sie, unter welchem Druck die handelnden Militärs auch von dieser Seite standen. Franz Halder beispielsweise meinte, es handele sich hier um einen Machtkampf zwischen ziviler Ministerialbürokratie und Soldatentum, bei dem die Erstere sich »in der Atmosphäre des Zusammenbruchs von 1945« eine sehr starke Ausgangsposition zu sichern verstanden habe. »Mit wehmütigem Lächeln«, so Halder weiter, gedenke er der »bitteren Vorwürfe« an die führenden Militärs in der Nachkriegszeit, dass sie sich »im Machtkampf gegen einen Diktator« nicht hätten durchsetzen können. Diejenigen, die seinerzeit »diesen Vorwurf nicht laut genug« hätten erheben können, würden nun »aus ihrer Machtposition heraus die Erfüllung berechtigter Ansprüche des Sol-

---

[694] O i.G. Juergens, Notiz, Betr.: Stellungnahme zu Schrift von Regierungsrat Witte, Leiter KWEA I Köln, »Die rechtliche Stellung der Bundeswehrverwaltung«, 5.9.1963, BArch, N 673/176.

[695] De Maizière an Kielmansegg, 12.9.1963, ebd.

[696] De Maizière an GM Pape, 12.9.1963. Zwar überlegte man in der Folge Möglichkeiten, Passagen zu streichen oder gar noch vorhandene Bestände einzuziehen, meinte aber letzten Endes, »die Zeit arbeitet für die tragbare Lösung«, es sei aber zu empfehlen, »dem Herrn Generalinspekteur gelegentlich über die Existenz des Heftes vorzutragen«. Siehe O i.G. Juergens an de Maizière, Betr.: Schrift »Die rechtliche Stellung der Bundeswehrverwaltung«, 15.10.1963, beide ebd.

[697] Ulrich de Maizière, Schlussbesprechung Planspiel 4. Einweisung Landesverteidigung am 24.4.1964, BArch, N 673/58.

[698] HAL III an Minister, Betr.: Vorbereitung der Verteidigungsausschuss-Sitzung am 5.9.1966, hier: Kritik des Generals a.D. Trettner an dem Buch des Oberregierungsrates Witte, 2.9.1966, ACDP, I-142-005/2.

[699] Ebd. Seinen Aufsatz Wirmer, Die Bundeswehrverwaltung, legte er als Anlage bei.

datentums mit feinen und unfeinen Mitteln verhindern«. Dramatisierend
schloss er daraus, ebenso »wie gegen Hitler nur eine revolutionäre Aktion des
Soldatentums hätte zur Wirkung kommen können [...], so könne wohl auch jetzt
nur eine umstürzende Veränderung der internen Machtpositionen einen grundlegenden Wandel schaffen«. Damals wie heute sei aber der Soldat wegen seiner
»moralischen und gesetzlichen Bindungen« dazu nicht in der Lage. Deshalb
hoffe er, »dass Widerstandskraft und Kampfeslust des noch tief im deutschen
Volke steckenden alten Soldatentums noch rechtzeitig aktiviert werden können,
[...] ohne das es keine deutsche Zukunft gibt«[700].

Solch krude Gedankengänge waren nicht nur angesichts des enormen Einflusses, den Halder auf die Militärgeschichtsschreibung der jungen Bundesrepublik genommen hat, äußerst bedenklich, sie zeitigten seinerzeit auch Wir-
kungen in die aktuelle Politik hinein. Der so von Halder angeschriebene
Generalleutnant a.D. Erich Schneider verfügte gleichfalls über beste Verbindungen dorthin. Schneider teilte dem Vorsitzenden des Bundesausschusses für
Verteidigung der FDP und Mitglied des Deutschen Bundestages, Major d.R.
Fritz-Rudolf Schultz, wenige Wochen später mit, er habe für Anfang April 1965
ein Gespräch mit Bundesminister a.D. Dr. Barzel vereinbart, in dem es um die
»innere Krise der Bundeswehr«, die »unbefriedigende Situation im Rüstungs-
wesen« und die »Auswirkungen auf die Wahlen« gehen solle. Seiner Meinung
nach herrschten in der Bundeswehr inzwischen »nicht nur Resignation, sondern
auch Verbitterung und Enttäuschung über die intransigente Haltung der Regierung und der Regierungsparteien gegenüber den Nöten der Bundeswehr«. Man
wolle in den Streitkräften keine »deklamatorischen Vertrauenserklärungen«
mehr hören, habe das Vertrauen zur Regierung verloren und tendiere dazu, der
Opposition eine Chance zu geben. Die Regierungsparteien könnten dies verhindern, indem sie der Bundeswehr an Kompetenzen, Rechten und tragender
Mitverantwortung gäben, »was sie längst hätte haben sollen«. Der angeschriebene Schultz – »in Erinnerung an unsere gemeinsamen Erlebnisse in Russland«
– sowie dessen Parteivorsitzender Dr. Erich Mende seien »als im Kriege vorbildlich bewährte Soldaten eigentlich dazu berufen, dieses Eisen für die Bundeswehr aus dem Feuer zu reißen«[701]. Schultz schob in seiner Entgegnung die
Verantwortung an den Unions-Koalitionspartner weiter. Minister von Hassel
sei keinen Vorschlägen mehr zugängig und »die Soldaten« seien »nicht in der

---

[700] GO a.D. Franz Halder an GL a.D. Dipl. Ing. Erich Schneider, 26.1.1965, BArch, N 673/43a.
       Auch gegenüber de Maizière beschwerte sich sein ehemaliger »Fähnrichsvater« Beelitz:
       »Da hinein spielt auch für uns Ehemalige die Frage, was denn die Bundeswehr tut, um
       das Ansehen des Offiziers in der breiten Volksmasse wieder zu heben. Denn – leider – be-
       steht doch kein Zweifel, dass der Beruf des Offiziers heute ziemlich am Schluss aller Be-
       rufssparten marschiert, und vor allen Dingen hierdurch der Offiziersnachwuchs [sic!]
       zahlenmäßig so ungenügend ist. Kein Ressentiment spielt hier bei mir mit, aber es ist
       doch traurig, dass sich jeder Skribifax [sic!] ungehemmt in abfälliger Art über den Offizier
       auslassen darf.« Siehe GM a.D. Beelitz an de Maizière, 4.11.1965, BArch, N 673/37.
[701] GL a.D. Schneider an den Vorsitzenden des Bundesausschusses für Verteidigung der
       FDP, M d.R. Fritz-Rudolf Schultz, MdB, 15.3.1965, BArch, N 673/43a. Schneider hatte 1956
       die Arbeitsgemeinschaft für Wehrtechnik gegründet.

Lage [...] zu unterscheiden, wer ihnen von den Regierungsparteien in der Tat helfen will und wer nicht«[702].

Die Fronten waren also längst verhärtet und die Frage der Nachbesetzung Gumbels ist nur ein Gefechtsfeld unter anderen gewesen, wenn auch ein besonders hart umkämpftes. Die Auseinandersetzung war jedoch eine sehr viel grundsätzlichere. Bedenken kamen deswegen nicht nur aus den Reihen der Politik oder gar ausschließlich aus dem zivilen Bereich[703]. Als beispielsweise Baudissin im Mai 1964 davon hörte, dass der Minister einen Soldaten zum Leiter der Personalabteilung zu ernennen gedachte, reagierte er entsetzt. Derartige »Wunschträume« seien ihm zwar »gelegentlich zu Ohren« gekommen, doch halte er sie für politisch undurchführbar. Seiner Meinung nach »wäre sicher manches über Gumbels Ablösung, aber alles gegen seine Ersetzung durch einen Soldaten zu sagen«, denn dieser schalte »praktisch den Minister aus der Personalpolitik aus«. Das gehe weit über ein auch für ihn notwendiges Mitspracherecht des Generalinspekteurs und der Inspekteure hinaus. Ein Soldat als Leiter der Personalabteilung würde in aller Regel weit mehr vom Generalinspekteur und den anderen Inspekteuren abhängen, denn diese bestimmten die Stellenbesetzung und damit auch dessen zukünftige Karriere: »Minister gehen, die Cliquen bleiben.« Vor allem fürchte er in diesem Zusammenhang um die Innere Führung. Diese in die Praxis umzusetzen, sei Aufgabe der verantwortlichen Vorgesetzten. Entsprechend Qualifizierte auszuwählen und genügend vorzubereiten, also entscheidend. Hätte man bei der Aufstellung der Bundeswehr, so Baudissin, »konsequent mit der Brigadekommandeur-Ebene begonnen, wären wir heute aus dem Schneider heraus«; die Masse der Soldaten »hätte sich schon gefügt«. Stattdessen sei »sogar oft mit negativem Vorzeichen« ausgewählt worden, wofür er neben den bisherigen Ministern auch Gumbel verantworlich mache. Dieser habe »nicht gerade reformerische Personalpolitik« betrieben. Auch dass man in diesem Kontext offenbar kurzzeitig über de Maizière als Leiter der Personalabteilung nachgedacht hatte, beruhigte Baudissin keineswegs[704]. Dieser sei zwar »einer der Unseren«, aber »sicher kein großer Menschenkenner und Kämpfer«. Er würde einer solchen Lösung nur zustimmen, weil er »erhebliche Bedenken gegenüber den personalpolitischen Intentionen von Hassel und Gumbel« hege. Grundsätzlich aber drehe sich ihm »die Seele leicht im Leibe«, zumal angesichts »der unschwer zu beantwortenden Frage, wer dem Konzessionsschulzen Maizière einmal folgen« werde[705]. Baudissins Misstrauen hinsichtlich der Absichten der militärischen Führung war so groß, dass er in diesem

---

[702] Schultz an Schneider, 25.3.1965, ebd.

[703] Zur veröffentlichten Diskussion um die Besetzung des Leiters der Personalabteilung mit einem Soldaten siehe die Presseausschnittsammlung im NL Gumbel in ACDP, I-142-005/1.

[704] Im Gespräch zwischen von Hassel und Erler war demnach vom Minister auch GM Moll vorgeschlagen worden, während Erler GL Müller-Hillebrand nannte, »von dem er [Erler] allerdings glaube, dass er recht kantig und eckig sei«. Siehe vertrauliches Gesprächsprotokoll des Verteidigungsministers, Gespräch mit MdB Erler, 10.6.1964, ebd.

[705] Baudissin an Erler, 25.5.1964, AdsD, NL Erler, Box 143.

Vorgang nichts weniger als »die militärische Machtergreifung in P« sah. Damit bezog er auch zu den alten Weggefährten Kielmansegg und Zerbel Gegenposition. Letzterer habe ihm den Posten angeblich sogar selbst angeboten. Beinahe belustigt habe ihm Baudissin geantwortet: »Aber nur als Ministerialdirektor« – und augenzwinkernd fügte er für Erler hinzu: »Aber Sie sehen, was man sich diesen Plan in Bonn kosten lassen würde[706].«

Trotz Baudissins Einwürfen teilte Erler dem CSU-Abgeordneten Richard Jaeger mit, die SPD würde einer entsprechenden Änderung bei Einigkeit im Regierungslager zustimmen[707]. Dort war man sich der Tragweite der Entscheidung offenbar nicht ausreichend bewusst. Bundeskanzler Erhard, von seinem Verteidigungsminister von Hassel anlässlich eines Truppenbesuches am 25. Juni 1965 darauf angesprochen, hatte sich mit der Berufung eines Generals nicht nur sofort einverstanden erklärt, sondern von Hassel auch ermächtigt, sie noch vor der anstehenden Bundestagswahl zu vollziehen[708]. Eine solche Entscheidung quasi im Vorübergehen zu fällen, zeigt, wie sehr das Thema vonseiten der Regierungsparteien zunächst unterschätzt worden ist. Jaeger gestand im Sommer 1965 gegenüber Erhard ein, die Frage zwar als »wichtig, aber nicht sehr dringlich« bewertet zu haben. Weil sie aber die Richtlinien der Politik betreffe, müsse sich ihrer der Bundeskanzler nun persönlich annehmen. Aus Sicht Jaegers sei die Ernennung eines aktiven Generals »an die Spitze der zur Bundeswehrverwaltung gehörenden Personalabteilung des Verteidigungsministeriums glatter Verfassungsbruch«. Zudem gebe es »ernsthaft psychologische Gründe«, die dagegen sprächen. Vor allem im »Wirbel« um die »unsachlichen Veröffentlichungen« Heyes habe sich deutlich »eine antimilitärische Grundhaltung noch in erheblichen Teilen des Volkes« gezeigt. Die zur Debatte stehende Berufung eines Generals könne von Illustrierten aufgegriffen und zum Ausgangspunkt einer neuen Kampagne gegen die Bundeswehr gemacht werden. Um Bundeswehr und Bundesregierung davor zu bewahren, zumal unmittelbar vor den Bundestagswahlen, solle Erhard doch anordnen, die Frage durch ein unbeteiligtes Bundesministerium auf ihren verfassungsrechtlichen Charakter prüfen zu lassen. Dies sei »nicht nur sachlich erforderlich, sondern auch die beste Begründung, um die ganze Frage bis nach den Bundestagswahlen zu vertagen«[709].

Tatsächlich ließ sich der Bundeskanzler daraufhin noch einmal von seinem Verteidigungsminister vortragen. Von Hassel zeigte sich indes unbeeindruckt. Die weit überwiegende Zahl personeller Entscheidungen in seinem Ressort betreffe Soldaten. Zudem fragten sich diese zu Recht, »ob denn ein Soldat weniger vertrauenswürdig ist als ein Beamter«, und fühlten sich »diskriminiert«. Abgesehen davon sei ein Generalmajor bereits ständiger Vertreter des Abteilungsleiters, darüber hinaus würden vier der fünf Unterabteilungen von Briga-

---

[706] Baudissin an Erler, 18.6.1964, ebd.
[707] Notiz Erler für Karl Wienand, 10.6.1964, AdsD, NL Erler, Box 136.
[708] Minister-Vermerk, 5.7.1965, NL von Hassel, ACDP, I-157-011/1.
[709] Vizepräsident des Deutschen Bundestages, Dr. Richard Jäger, an Bundeskanzler Erhard,
       5.7.1965, BArch, 136/6835.

degeneralen respektive Obersten geführt sowie 32 der 34 Referate von Obersten beziehungsweise Kapitänen. Die Soldaten dürften »nicht daran zweifeln müssen, dass sie Vertrauen genießen«[710]. Dennoch beauftragte Erhard zwei Tage später den Staatssekretär im Bundesministerium der Justiz, Professor Dr. Arthur Bülow, am 14. Juli 1965 mit der Prüfung des Sachverhalts. Bülow kam in seiner in den Grundzügen mit dem Justizminister Dr. Karl Weber abgesprochenen Stellungnahme zwar zu dem Schluss, es gebe im Grundgesetz keine ausdrückliche Bestimmung, weshalb es auf die Auslegung des Artikels 87 b GG ankomme, warnte den Bundeskanzler jedoch vor einer Zustimmung. Diese könne der Beginn einer grundsätzlichen Verschiebung des Kräfteverhältnisses zwischen der militärischen und der zivilen Säule innerhalb der Bundeswehr sein. Es sei nicht auszuschließen, dass künftig angestrebt werden würde, auch weitere leitende Stellen in den Wehrverwaltungsbehörden mit Soldaten zu besetzen[711]. Aus ähnlichen Gründen plagten auch den Bundesinnenminister Heinrich Höcherl (CSU) »verfassungspolitische Bedenken«. Er vermochte »keine hinreichenden sachlichen Gründe« für die Berufung eines Soldaten zu erkennen und schlug eine Kompromisslösung vor[712]. Doch entgegen aller Bedenken informierte Erhard am 12. August 1965 sein Kabinett, er stimme der Berufung von Generalmajor Werner Haag zum Abteilungsleiter P unter der Bedingung zu, dass diese Position eine Wechselstelle bleibe, also durch einen Soldaten besetzt werden könne, aber nicht müsse[713].

De Maizière hat von dieser Entwicklung in seinem Urlaub im Bayrischen Wald erfahren, den er mit Besuchen in den Standorten Regen, Waldmünchen und Regensburg verband. Vor seiner Abreise war er noch von Jaeger über des-

---

[710] Bundesminister der Verteidigung von Hassel an Bundeskanzler Erhard, 12.7.1965, BArch, 136/6835. Auch gegenüber dem Chef des Bundeskanzleramtes, Bundesminister Dr. Ludger Westrick, betonte von Hassel, »die Berufung eines Soldaten auf diesen Posten [sei] politisch […] ein dringend notwendiger Vertrauensbeweis gegenüber unseren Soldaten«. Siehe von Hassel an Westrick, 23.7.1965, ebd.

[711] Staatssekretär im Bundesministerium der Justiz, Prof. Dr. Bülow, an Westrick, Betr.: Besetzung der Stelle des Leiters der Abteilung »Personal« im Bundesministerium der Verteidigung, 23.7.1965, ebd. Weber war durch von Hassel am 8.7.1965 auf die Bedeutung dieser Maßnahme für die Bundeswehr und die allgemeine politische Bedeutung persönlich hingewiesen worden. Siehe Tagebuch BMVg Kai-Uwe von Hassel, Bd 3 (20.4.-19.9.1965) für BW-Innenpolitik, Eintrag vom 9.7.1965, BArch, N 609/3.

[712] Ihm schwebte dabei vor, dem Leiter der Unterabteilung »Ziviles Personal« ein besonderes Vortragsrecht beim Minister und Staatssekretär einzuräumen sowie zusätzlich zeitlich alternierend die Stelle durch einen Soldaten und einen Beamten zu besetzen. Siehe Bundesminister des Innern, Gesch.Z. I, A 1 – 111 902 – Vg/3 an Bundeskanzler Erhard, Betr.: Besetzung der Stelle des Leiters der Personalabteilung im Bundesministerium der Verteidigung mit einem Soldaten, 23.7.1965, BArch, 136/6835. Auch Höcherl war durch von Hassel am 8.7.1965 auf die Bedeutung dieser Maßnahme für die Bundeswehr und die allgemeine politische Bedeutung persönlich hingewiesen worden. Siehe Tagebuch BMVg Kai-Uwe von Hassel, Bd 3 (20.4.-19.9.1965) für BW-Innenpolitik, Eintrag vom 9.7.1965, BArch, N 609/3. Offenbar sollte er ebenfalls im Auftrag von Erhard ein Gutachten erstellen. Siehe ebd., Eintrag vom 23.7.1965.

[713] Siehe Tagebuch BMVg Kai-Uwe von Hassel, Bd 3 (20.4.-19.9.1965) für BW-Innenpolitik, Eintrag vom 12.8.1965, BArch, N 609/3.

sen diesbezügliche Bedenken informiert worden[714]. Daher wusste er, dass die
ministeriellen Entscheidungen, neben der Ernennung Haags noch die Umgliederung des Verteidigungsministeriums in drei Hauptabteilungen, durch von
Hassel gegen den Widerstand von Teilen der eigenen Partei durchgesetzt worden waren. Dafür schulde man dem Minister Dank, vermerkte er in seinem
Tagebuch. Umso mehr hielt er es für einen Fehler, dass Generalinspekteur
Trettner sofort nachsetzte und forderte, den Generalinspekteur auf die Staats-
sekretärebene zu heben. Persönlich vertrat er ohnehin die Ansicht, der Generalinspekteur solle keine politische Stellung erhalten und sein Rang von der Einordnung unter dem Minister und dessen politischen Vertretern getrennt
werden. Aus dem Vorgehen Trettners las er eine »Entfremdung« vom Minister
und spekulierte sogar über etwaige Rücktrittsabsichten nach der Bundestagswahl[715].

Dabei war de Maizière spätestens seit 1957 dezidiert »für einen starken Generalinspekteur in einer starken Wehrmachtlösung«, also die Einziehung einer
Stabsebene oberhalb der Teilstreitkräfte[716]. Den Schwerpunkt der Inspekteure
der Teilstreitkräfte sah er demgegenüber in der Ausbildung, der Einzelorgani-
sation und in der truppendienstlichen Beaufsichtigung, einschließlich der Disziplin[717]. Im Gegensatz zu Trettner gab er sich aber mit dem Erfolg der Stunde
zufrieden, zumal sein Minister dafür in den eigenen Reihen hatte Federn lassen
müssen. Außerdem hatte von Hassel mit Generalmajor Werner Haag, der zu
den »Reformern« gerechnet wurde, nicht gerade seinen Wunschkandidaten
akzeptiert. Haag war bereits als Oberst im Personalamt Stellvertreter des Unter-
abteilungsleiters für Personalien Heer, Brigadegeneral Hansen, gewesen. Nach
Hansens Ausscheiden hatte er vorübergehend sogar dessen Aufgaben wahrgenommen. Dennoch orakelte man in der Opposition, er scheine dem Minister
»gleichfalls nicht zu liegen«. Willi Berkhan und Helmut Schmidt kannten Haag
persönlich; auf sie hatte er »einen ausgezeichneten Eindruck« gemacht[718]. Anders als Trettner dankte de Maizière seinem Minister deswegen ausdrücklich;
mündlich sogar schon am 16. Juli 1965[719] – also zu einem Zeitpunkt, als das
letzte Wort noch gar nicht gesprochen war –, schriftlich dann Ende August
1965: Es liege ihm »besonders am Herzen«, ihm für diesen Entschluss den Dank

---

714 Ulrich de Maizière, Dienstliche Tagebuchaufzeichnungen 18.1.1965-1.9.1965, Eintrag
     vom 16.7.1965, BArch, N 673/33.
715 Ebd., Eintrag vom 22.8.1965. Jaeger und Kliesing waren auch nach Meinung von Hassels
     seine Hauptgegner in dieser Angelegenheit innerhalb der CDU/CSU-Fraktion. Siehe Ta-
     gebuch BMVg Kai-Uwe von Hassel, Bd 3 (20.4.-19.9.1965) für BW-Innenpolitik, Eintrag
     vom 9.7.1965, BArch, N 609/3.
716 Siehe dazu Schlaffer, Der Aufbau, S. 334 f.
717 So jedenfalls seine Gesamtbewertung nach seiner ersten Verwendung im Ministerium.
     Siehe Ulrich de Maizière, Dienstliche Tagebuchaufzeichnungen 7.10.1957-27.10.1958, Ein-
     trag vom 21.12.1957, BArch, N 673/24.
718 Helmut Schmidt, Aktennotiz über heutiges Gespräch mit O a.D. von Gaertner, für Erler,
     4.1.1960, AdsD, NL Erler, Mappe 135 B. Schmidt bat Erler auf der Notiz »um vertrauliche
     Kenntnisnahme«.
719 Ulrich de Maizière, Dienstliche Tagebuchaufzeichnungen 18.1.1965-1.9.1965, Eintrag
     vom 16.7.1965, BArch, N 673/33.

des Heeres zu übermitteln, schrieb de Maiziére, zumal er wisse, »mit welchen großen politischen Schwierigkeiten, zum Teil innerhalb Ihrer eigenen Partei, Sie kämpfen mussten, um an Ihrem einmal gefassten Entschluss festhalten zu können«. Abschließend versicherte er ihm, mit dieser Entscheidung sei ein Anliegen vieler Soldaten erfüllt worden[720].

Wie recht er damit hatte, unterstrich Generalleutnant Meyer-Detring, Kommandierender General des I. Korps, als er Generalmajor Haag als Kommandeur der 6. Panzergrenadierdivision verabschiedete: Das »Besondere des Tages« liege nämlich in der künftigen Verwendung des von seiner Division scheidenden Generals. Erstmalig in der Bundeswehr würden »die Soldaten im Personalwesen für mündig erklärt, endlich wird ihnen das in aller Welt selbstverständliche Recht eingeräumt, ihre Personalangelegenheiten selbst bei ihrem Minister zu vertreten«. Diese »für den Abbau des Misstrauens gegen den Soldaten so wichtige Veränderung« habe in erster Linie der Bundesminister der Verteidigung »in zäher Verhandlung für uns erreicht«. Dafür möchte er ihm öffentlich danken[721]. De Maizière hatte seinerseits Haag bereits einige Tage vor seiner offiziellen Amtsübernahme zum 1. September 1965 gratuliert. Dabei gestand er zu, dass Haag »ein schweres Amt unter schwierigen Voraussetzungen« übernehme und die Truppe große Hoffnungen auf ihn setze, die »zum Teil auch auf ungenauen Vorstellungen« beruhten[722].

Eng verknüpft mit dieser Frage war der oben angesprochene zweite Fall, in dem die führenden Militärs versuchten, die Machtverhältnisse in den Streitkräften zu ihren Gunsten zu verschieben. Bereits am 23. November 1964 hatte der Militärische Führungsrat (MFR) nämlich beschlossen, »da SPD mit soldatenfreundlichen Vorschlägen um Wahlstimmen bei der BW wirbt«, die so bewertete Gunst der Stunde für eigene Vorschläge zur neuen Spitzengliederung zu nutzen. Ziele waren dabei die Ausgliederung der Kommandos der Teilstreitkräfte aus dem Ministerium unter Zugehörigkeit der Inspekteure zum MFR sowie die Einrichtung eines »Spezialstab Heer« bei FüB, der seine Weisungen jedoch vom Inspekteur erhalten müsste. Sollte das nicht durchsetzbar sein, wollte man auf eine schrittweise Verbesserung des bestehenden Zustandes setzen. Damit meinte man vor allem »die Lösung der militärischen Teile des Ministeriums von der GGO [Gemeinsame Geschäftsordnung] und Disziplinarbefugnisse für die Inspekteure«[723]. Demgegenüber wies Ministerialdirektor

---

[720] De Maizière an Bundesminister der Verteidigung, Kai-Uwe von Hassel, 26.8.1965, BArch, N 673/43a.

[721] Ansprache KG I. Korps, GL Meyer-Detring, zur Verabschiedung von GM Werner Haag als Kdr 6. PzGrenDiv, 31.8.1965, ACDP, NL Gumbel, I-142-005/1. Auch Minister von Hassel wollte in vielen Gesprächen »unter vier Augen mit Soldaten« die Einsicht gewonnen haben, dass deren »Auffassung [...] übereinstimmend dahin [geht], dass dieser Punkt der letzte noch nicht geregelte in der Bundeswehr ist. Eine derartige Entscheidung würde viele Diskussionen beenden.« Minister-Vermerk, 5.7.1965, ACDP, NL von Hassel, I-157-011/1.

[722] De Maizière an GM Haag, Kdr 6. PzGrenDiv, 26.8.1965, BArch, N 673/43a.

[723] Ulrich de Maizière, Dienstliche Tagebuchaufzeichnungen 8.6.1964–16.1.1965, Eintrag vom 23.11.1964, BArch, N 673/32.

Wirmer »juristisch nach«, die Inspekteure könnten keine Disziplinarbefugnisse erhalten, solange sie Teil des Ministeriums seien. Deswegen schlug er die volle Ausgliederung »als echte Befehlshaber« zwischen Ministerium und Korps vor. Darin wiederum erkannte de Maizière die Gefahr, dass der militärische Einfluss im Ministerium geschmälert würde[724].

Die damalige Opposition zeigte sich den Vorschlägen der Spitzenmilitärs hingegen aufgeschlossener. Schon Ende März 1965 hatte Kielmansegg Helmut Schmidt über die Vorstellungen hinsichtlich »einer Spitzengliederung in Grundsätzen« orientiert[725]. Denn in jedem Fall sollte das zu schaffende Organisationsgesetz über die Spitzengliederung der Bundeswehr lediglich Grundsätze enthalten, keine detaillierten organisatorische Festlegungen. Die Erfahrung habe gelehrt, so Kielmansegg, dass ohnehin keine Ideallösung zu finden sei, stattdessen immer wieder Anpassungen und Änderungen vorgenommen werden müssten. Seine Grundsätze sahen zentral die Einrichtung eines kleinen Führungsgremiums vor, damit der Minister »nur mit höchstens drei oder vier Persönlichkeiten Entscheidungen zu beraten und zu treffen« brauche. Dazu präferierte er eine Dreigliederung in die Bereiche der militärischen Führung, der Rüstung und der Verteidigungsverwaltung. Hinzu würden die dem Minister unmittelbar zu unterstellenden Bereiche Haushalt und Programm sowie Presse und Protokoll treten. Der Generalinspekteur müsse dabei »auf derselben Ebene mit dem oder den höchsten Beamten des Ministeriums stehen«. Was die daraus abzuleitende Friedensspitzengliederung betreffe, sollte sie angesichts der Erfahrungen der »Fallex«-Übungen von 1962 und 1964 so angelegt werden, dass die Kriegsspitzengliederung »durch einfaches ›Abstreifen‹ der nicht benötigten Teile« entstünde. Generalinspekteur und Inspekteure müssten zwingend »in dem Sinne echte Vorgesetzte werden, dass ihnen die entsprechende Disziplinargewalt übertragen und eindeutige Unterstellungsverhältnisse geschaffen« würden. Die Personalbewirtschaftung sollte darüber hinaus aufgeteilt werden: Der Generalinspekteur übernehme die personelle militärische Führung für die gesamte Bundeswehr, der beamtete Staatssekretär diejenige für den zivilen Bereich[726].

Damit nahm Kielmansegg direkten Einfluss auf die Gestaltung des verteidigungspolitischen Konzeptes der SPD. Darüber machte man sich zu diesem Zeitpunkt rund um Helmut Schmidt, der im Falle eines Wahlsieges als erster sozialdemokratischer Verteidigungsminister vorgesehen war, intensiv Gedanken. Am 13. September 1965, sechs Tage vor der Bundestagswahl, gab Schmidt bei einer Pressekonferenz in Bonn bekannt, wie »Erste Maßnahmen des Verteidigungsministers einer sozialdemokratischen Bundesregierung« aussehen

---

[724] Ebd., Eintrag vom 8.12.1964.
[725] General Graf Kielmansegg, Überlegungen zur Spitzengliederung, 30.3.1965, AdsD, 1HSA A008010. Die »Überlegungen« enthalten insgesamt neun Punkte nebst einer grafischen Darstellung der »Gedanken zur Spitzengliederung/Bundeswehr« vom 21.2.1965 und »Erläuterungen zur Organisationsskizze Spitzengliederung/Bundeswehr«.
[726] Ebd.

würden[727]. Dabei identifizierte Schmidt »die heute erkennbaren Schwächen unserer Streitkräfte« vornehmlich auf drei Gebieten, nämlich »in der Organisation an der Spitze, im inneren Gefüge der Bundeswehr, in der Auswahl und Beschaffung der Waffensysteme«. Eine sozialdemokratisch geführte Bundesregierung würde daher umgehend einen Entwurf des Organisationsgesetzes vorlegen, der in den Grundzügen der »Karlsruher Entschließung« entspräche. Davor wäre zunächst eine Bestandsaufnahme durchzuführen, für die man sofort nach Amtsantritt eine Reihe von Kommissionen einsetzen wolle. Diese hätten die Lage zu analysieren, eine Prognose und gegebenenfalls eine Zielsetzung zu erarbeiten. Als gegenwärtig größtes Problem definierte Schmidt den »Unterführermangel«. Hier wolle er Abhilfe mithilfe eines Sofortprogrammes zur Lösung des »Unterbringungsproblems« schaffen, das er als wichtigsten Schlüssel für die Beseitigung des Unterführermangels ausgemacht hatte. Die finanziellen Mittel dafür gedachte er durch wesentliche Verlagerungen innerhalb des Verteidigungshaushaltes zu gewinnen, insbesondere durch Rationalisierung bei der Beschaffung von Waffen und Gerät[728].

Dieses Sofortprogramm hatten Helmut Schmidt, Karl Wienand, Willi Berkhan, Hellmuth Roth und Hartmut Soell bereits am 10. Juni 1965 in einer internen Besprechung zusammengestellt, die »Bestandsaufnahme in der Truppe« dabei als »besonders vordringlich« bewertet. Den verschiedenen Arbeitsgruppen, die man hierfür installieren wollte, und denen sowohl aktive als auch pensionierte Soldaten sowie Experten aus Wirtschaft, Forschung und dem Bereich des Journalismus angehören sollten, waren sogar schon Personen zugeordnet worden. Zu ihnen gehörte auch de Maizière; er fand sich in der Kommission »Gesamtkonzept der Landesverteidigung – Koordinierung militär. und zivil. Verteidigungsplanung« wieder. Hinsichtlich der Besetzung der Spitzenstellen im Ministerium wollten die Sozialdemokraten de Maizière ebenso im Amt behalten wie die Inspekteure von Luftwaffe und Marine. Als Generalinspekteur mochte man Trettner dagegen höchstens als »Notlösung« noch für ein Jahr akzeptieren, seinen Stellvertreter, Generalleutnant Gustav-Adolf Kuntzen, allerdings durch den gerade zum Chef des Stabes und Stellvertreter des Oberbefehlshabers der Alliierten Luftstreitkräfte Europa Mitte ernannten Generalleutnant Johannes Steinhoff ersetzen[729].

---

[727] SPD/Pressemitteilungen und Informationen, Mitteilung für die Presse: Schriftliche Unterlage für die Pressekonferenz des Mitglieds der Sozialdemokratischen Regierungsmannschaft Senator Helmut Schmidt am 13.9.1965 in Bonn zum Thema: »Erste Maßnahmen des Verteidigungsministers einer sozialdemokratischen Bundesregierung«, AdsD, 1/HSA A007989.

[728] Ebd.

[729] Kurzprotokoll Besprechung zwischen Helmut Schmidt, Karl Wienand, Willi Berkhan, Hellmuth Roth und Hartmut Soell am 10.6.1965 im Haus Hamburg, AdsD, 1/HSA A001/HSA A007989.

Die »Generalskrise« als Chance

Auch ohne an einen Regierungswechsel zu denken, sah de Maizière Trettners Stellung bereits Anfang März 1965 »als schwach« an, wie er seinem Tagebuch anvertraute. »Manche« würden nicht an sein Bleiben bis 1967 glauben. In diesem Zusammenhang spreche man erstmals von ihm selbst als zukünftigem Generalinspekteur[730]. Er befürchtete, zusammen mit dem Inspekteur der Luftwaffe, Generalleutnant Werner Panitzki, der ebenfalls als Kandidat gehandelt wurde, von der Presse, insbesondere der FAZ, gegen den Generalinspekteur ausgespielt zu werden[731]. In Wirklichkeit versuchten beide Inspekteure Trettner von einem Rücktritt abzuhalten. Ihrer Meinung nach verfügte er gegenüber der Öffentlichkeit über keine überzeugenden Gründe für einen solchen Schritt und würde damit letzten Endes die Institution des Generalinspekteurs schwächen[732].

Allerdings geriet Panitzki bald selbst in die mediale Schusslinie, als sich die Probleme um den Starfighter in der zweiten Jahreshälfte 1965 zu einer veritablen Krise auswuchsen[733]. Die von Anfang an umstrittene Einführung dieser Maschine hatte nicht nur die Organisation der Luftwaffe überfordert, sondern auch deren Führungspersonal. Vor allem Panitzki als Inspekteur machte dabei keine glückliche Figur. Aus verschiedenen und nicht nur von ihm zu verantwortenden Gründen bekam er die Probleme nicht in den Griff, wodurch der Minister unter zunehmenden öffentlichen wie politischen Druck geriet[734]. Im Februar 1966 meinte auch de Maizière, die Situation gefährde allmählich die Stellung des Ministers und absorbiere dessen gesamte Aufmerksamkeit[735]. Obwohl – oder gerade weil – in der Presse offen von Hassels Rücktritt gefordert wurde, sprach dieser nach einem Gespräch mit Panitzki am 12. Februar 1966 seinem Luftwaffen-Inspekteur demonstrativ sein volles Vertrauen aus[736]. Aus der Starfighter-Krise zog de Maizière insofern Konsequenzen, als er als Inspekteur des

---

[730] Ulrich de Maizière, Dienstliche Tagebuchaufzeichnungen 18.1.1965–1.9.1965, Eintrag vom 1.3.1965, BArch, N 673/33. Im Mai 1965 notierte er, Trettner trage sich offenbar tatsächlich »mit Rücktrittsgedanken«. Siehe ebd., Eintrag vom 20.5.1965.

[731] Ebd., Eintrag vom 30.8.1965.

[732] Ulrich de Maizière, Dienstliche Tagebuchaufzeichnungen 1.9.1965–11.4.1966, Eintrag vom 8.9.1965, BArch, N 673/34.

[733] Zur Starfighter-Krise insgesamt siehe Lemke, Konzeption, S. 321–379.

[734] Lemke, Konzeption, S. 366–372. Auch Franz Josef Strauß, unter dem als Minister der Starfighter beschafft worden war, bestätigte zwischen den Zeilen Panitzkis Überforderung. Siehe Fernschreiben Strauß an Bundesminister der Verteidigung von Hassel, nachrichtlich Gen. Panitzki, 23.8.1966, BArch, Bw 1/181190.

[735] Ulrich de Maizière, Dienstliche Tagebuchaufzeichnungen 1.9.1965–11.4.1966, Einträge vom 2. und 12.2.1966, BArch, N 673/34. Wie recht er damit hatte, belegen die laufenden Einträge im Tagebuch BMVg Kai-Uwe von Hassel, Bd 4 (20.9.–31.12.1965), Bd 5 (1.1.–31.3.1966), und Bd 6 (1.4.–31.5.1966) für BW-Innenpolitik, BArch, N 609/4, /5, /6.

[736] Bei diesem Gespräch hatte Panitzki allerdings auf den Minister »einen sehr bedrückten Eindruck« gemacht: »[P]hysisch scheint er unter Überarbeitung und dem Zustand seiner Schulter sehr zu leiden.« Panitzki hatte wohl dem Minister auch sein Leid geklagt, vor allem hinsichtlich seines Stellvertreters, Generalmajor Schlichting: »Er sei menschlich ein ganz ausgezeichneter Offizier, aber er träfe keine Entscheidung, diese überließe er immer ihm.« Siehe Vermerk Minister, Gespräch mit GL Panitzki (am 12.2.1966), 14.2.1966, BArch, Bw 1/181190.

Heeres bei der Einführung des M 109 und des Hubschraubers Bell UH-1D dazu mahnte, »bei der Übernahme von Waffen von anderen Nationen nicht allzu viele Extrawünsche zu fordern, damit wir nicht in ähnlich schwierige Situationen kommen, wie die Luftwaffe mit ihrem Starfighter jetzt durchzustehen hat«[737].

Währenddessen intensivierte der Inspekteur des Heeres seine Truppenbesuche. Selbst seinen vorhergegangenen Sommerurlaub im Bayrischen Wald hatte er mit einem Besuch der dort dislozierten Bayerwald-Brigade verbunden[738]. Deren vorgesetzte 4. Panzergrenadierdivision besorgte umgehend Ferienunterkunft und Programm über ihre Panzergrenadierbrigade 11[739]. Schon damals brachte ein solcher Besuch die Truppe ordentlich auf Trab. Der Brigadekommandeur, Oberst Rudolf Wich, sandte de Maizière am 22. Februar 1965 eine Mappe, in der er Informationen zu drei Optionen zusammengestellt hatte, die bereits militärisch korrekt priorisiert waren. Er freute sich freilich sehr, »den Herrn Inspekteur des Heeres in dem schönen Grenzland begrüßen« zu dürfen[740], klärte die Einzelheiten und stellte ihm »vorsorglich« einen jungen Offizier als Adjutant aus dem nächstgelegenen Standort Regen vom Panzergrenadierbataillon 112 zur Seite[741]. Tatsächlich verlebte das Ehepaar de Maizière »einen schönen Urlaub im Bayerischen Wald«[742]. Seine Truppenbesuche in Amberg und Weiden verliefen außerdem »sehr zufriedenstellend«; vor allem be-

---

737 De Maizière an GM Thilo, Kdr 1. GebDiv, 7.2.1966, BArch, N 673/52b.

738 Die vier Wochen Sommerferien im Bayrischen Wald in der Gemeinde Lohberg, 30 km südostwärts Furth im Wald, wenige Kilometer von der deutsch-tschechischen Grenze entfernt, verbrachte de Maizière vom 26.7.-18.8.1965 zusammen mit seiner Frau. Siehe de Maizière an von Plato, 27.8.1965, sowie an Prager, 14.7.1965, beide BArch, N 673/49a, und an Eva-Luise Schoen, 21.5.1965, BArch, N 673/51b, sowie Buchungsbestätigung Kapitän i.R. Goltz für Eva de Maizière, 27.3.1965, BArch, N 673/41b.

739 GM Härtel, Kdr 4. PzGrenDiv, an de Maizière, 22.2.1965, BArch, N 673/43a: »Ich darf hierbei noch einmal meiner Freude darüber Ausdruck geben, dass Sie den diesjährigen Sommerurlaub in unserem schönen Bayerischen Wald zu verbringen beabsichtigen. Die Erhebungen hierfür sind abgeschlossen. Das Ergebnis mit einer entsprechenden Auswahl für eine ›echte Sommerfrische‹ geht Ihnen mit gleicher Post durch die von mir beauftragte PzGrenBrig 11 zu. Persönlich kann ich Ihnen den Vorschlag 1 (Hotel-Pension Goltz) empfehlen.«

740 Kdr PzGrenBrig 11, O Wich, an de Maizière, 22.2.1965, BArch, N 673/54b. De Maizière bedankte sich bei ihm, »dass Sie sich dieser ungewöhnlichen Aufgabe unterziehen« und freute sich auf den Urlaub. Siehe de Maizière an O Wich, 24.3.1965, ebd.

741 Wich an de Maizière, 30.3.1965. Der junge Offizier stand auch für eine »Einweisung in die örtlichen und Grenzverhältnisse« zur Verfügung. Dies fand de Maizière »besonders nett« und machte »am 27. Juli morgens gegen 10,- [sic!] Uhr« davon Gebrauch. Siehe de Maizière an Wich, 7.4.1965, beide ebd. Nach seiner Rückkehr bedankte er sich ausdrücklich bei diesem persönlich dafür, dass er sich »in der Betreuung meiner Frau und meiner selbst viel Arbeit und Mühe gemacht« und ihm damit seinen Urlaub »sehr erleichtert« habe. Siehe de Maizière an OL Nekolla, 30.8.1965, BArch, N 673/48a.

742 De Maizière an O i.G. Dr. Heinrich Bucksch, Militärattaché an der Deutschen Botschaft in Paris, 30.9.1965, BArch, N 673/38.

eindruckte ihn, mit welch »großem Eifer« die Offiziere bei der Sache seien[743]. Jetzt, im Februar 1966, gönnte er sich hingegen die alljährliche Kur, einmal mehr für vier Wochen im Sanatorium Hohenfreudenstadt, »um mal wieder etwas Luft zu schnappen und Reserven anzusammeln«[744]. Während seine Familie derweil in den neuen Bungalow in Bad Godesberg-Heiderhof umzog, blieb auch de Maizière nicht untätig. Anfang März trug er vor dem RC Freudenstadt zum Thema »Tradition« vor[745]. Anschließend stürzte er sich »erfrischt und erholt« wieder »munter in die Arbeit«[746].

Die frische Kraft benötigte er auch, denn inzwischen hatte Trettner seinem Minister in einem Gespräch Mitte März 1966 vorgeworfen, die Meinung der jungen Offiziere über die Führung der Bundeswehr sei deswegen »miserabel«, weil »die Führung offenbar nicht in der Lage sei, entsprechend aufzutreten«. Er selbst dringe mit seinen Auffassungen und Vorstellungen innerhalb des Ministeriums nicht durch, die Einstufungen der Offiziere bis hin zur Anzahl der »4-Sterne-Generäle« seien nirgendwo so schlecht – »ausgenommen Griechenland« – wie in der Bundeswehr; in dieser Hinsicht sei man »sogar schlechter als die Portugiesen und die Türken«. Außerdem forderte er erneut, der Generalinspekteur müsse der dritte Mann innerhalb der Hierarchie und auf die Staatssekretärsebene gebracht werden. Überhaupt sei schon »der Beginn der Bundeswehr« deshalb »miserabel« gewesen, weil »Männer vom Bundeskanzleramt [...] in das Amt Blank gesetzt worden [seien], um die Soldaten klein zu halten«[747]. Das mochte Trettners Stimmungsbild widergespiegelt haben, kam aber einem politischen Selbstmord gleich. Der Minister bedauerte entsprechend, dass er erneut »mit den alten Geschichten« anfinge, empfand es als »eine traurige Situation«, dass »der eine immer die Schuld auf die anderen schiebt«, und blieb bei seinen Entscheidungen hinsichtlich seiner Vertretung und der Stellung des Generalinspekteurs. Trettner schloss das Gespräch mit einer kaum verhohlenen Rücktrittsdrohung: Da es ihm um eine prinzipielle Entscheidung gehe, würde er sich seine Haltung noch einmal durch den Kopf gehen lassen. Stattdessen suchte er direkt im Anschluss den Persönlichen Referenten des Ministers, Ministerialrat Dr. Siebe, auf, um dort durchblicken zu lassen, dass er über seinen Abschied nachdachte[748]. Dass dies gezielt in der Absicht geschah, den Gesprächsinhalt

---

[743] De Maizière an GM Härtel, Kdr 4. PzGrenDiv, 30.8.1965, BArch, N 673/43a. Im Rahmen der Truppenbesuche nahm de Maizière auch am »Pichlsteiner Fest« teil. Siehe O Wich an de Maizière, 5.8.1965, BArch, N 673/54b.

[744] Ab dem 17.2.1966. Siehe de Maizière an Kielmansegg, 14.2.1966, BArch, N 673/44b, und an OAR Teske, 11.1.1966, BArch, N 673/52b, sowie Martin Lutschewitz an de Maizière, 22.2.1966, BArch, N 673/46a.

[745] O Schönnenbeck an de Maizière, 23.2.1966, BArch, N 673/51b, und de Maizière an O Heuer, 31.1.1966, BArch, N 673/42, sowie an Fritz Waltermann, 24.5.1966, BArch, N 673/54a. In der frei gehaltenen Rede orientierte sich de Maizière an den Grundgedanken der Ansprache, die er am Volkstrauertag 1965 beim Treffen der Abordnungen der Panzer- und Panzergrenadierdivisionen der Wehrmacht in Munster-Lager gehalten hatte.

[746] De Maizière an Heuer, 29.3.1966, BArch, N 673/42.

[747] Vermerk Minister, Besprechung mit GenInsp am 10.3.1966, 14.3.1966, BArch, Bw 1/181190.

[748] Ebd.

umgehend an den Minister weiterzuleiten, gab Trettner im Nachhinein zu. Ihm sei es damals nicht gelungen, dem Minister den Ernst der Lage zu verdeutlichen, deswegen habe er Siebe darum gebeten[749]. Eine Woche nach dem Gespräch mit dem Minister wiederholte Trettner seine Rücktrittserwägung gegenüber de Maizière. Dieser stimmt ihm zwar hinsichtlich der Stellung des Generalinspekteurs als dritter Mann im Ministerium zu, schlug aber wegen der Vertretung des Ministers als Inhaber der Befehls- und Kommandogewalt ein »taktisches Vorgehen (Ausweichen auf Geschäftsordnung der BuReg)« vor. Dabei war er sich sicher, dass Gumbel sich von Trettner trennen wollte[750].

Für von Hassel waren spätestens jetzt die Würfel gefallen. Schon am 28. März 1966 schickte er den Leiter der Personalabteilung, Generalleutnant Haag, zu de Maizière, um ihn ganz offen zu fragen, ob er als Nachfolger bereitstehe. Panitzki sei zwar der Kandidat des Ministers, aber durch die Starfighter-Debatte schwer angeschlagen und außerdem »gesundheitlich nicht intakt«. De Maizière sagte unter der Maßgabe zu, dass Trettners Rücktritt in einer Form geschehe, die einem Nachfolger die Übernahme nicht unmöglich mache, und der Generalinspekteur die »3. Stelle im Ministerium nach StaatsSekr« erhalte. Haag bestätigte ihm, dass die Mehrheit der Generale zustimmen werde[751]. Ganz unvorbereitet war de Maizière auf dieses Gespräch nicht gewesen. Schon am 24. März war es für ihn nicht mehr die Frage, ob Trettner frühzeitig gehe, sondern nur mehr, ob er zurücktreten oder »weggeschickt« werde. In seinem Tagebuch fragte er sich dabei selbst, unter welchen Bedingungen ein Nachfolger das Amt annehmen könne und ob er selbst eine Chance habe[752]. Wenige Tage später, am 31. März 1966, informierte de Maizière seine drei Kommandierenden Generale mündlich über die »Spannungen« zwischen Trettner, Gumbel und von Hassel. Beim Mittagessen führte er anschließend ein vertrauliches Gespräch mit Meyer-Detring, der ihm zuredete, die Nachfolge Trettner anzutreten[753]. Kielmansegg, den er Anfang April anlässlich dessen 40-jährigen Dienstjubiläums in Fontainebleau besuchte, schloss sich diesem Votum an. Er hielt die dritte Stelle im Ministerium für den Generalinspekteur für »unerlässlich«, riet ihm aber, die Frage der Vertretung des Ministers als Inhaber der Befehls- und Kommandogewalt offen zu lassen[754].

Derweil geriet von Hassel, der aus gesundheitlichen Gründen beinahe zwei Monate außer Gefecht gesetzt war, unter immer stärkeren Druck. Ende Mai 1966 spekulierte man in der Presse ganz offen über den Rücktritt des Generalinspekteurs und seinen Nachfolger. So vermutete der »›Wehrdienst‹ des Herrn Griephan« beispielsweise am 31. Mai 1966 einen baldigen Rücktritt Trettners

---

[749] Gen. a.D. Trettner an Vorsitzenden des Verteidigungsausschusses, Dr. Zimmermann, 12.10.1966, BArch, Bw 1/181190.
[750] Ulrich de Maizière, Dienstliche Tagebuchaufzeichnungen 1.9.1965–11.4.1966, Eintrag vom 21.3.1966, BArch, N 673/34.
[751] Ebd., Eintrag vom 28.3.1966.
[752] Ebd., Eintrag vom 24.3.1966.
[753] Ebd., Eintrag vom 31.3.1966.
[754] Ebd., Eintrag vom 8.4.1966.

und die Nachbesetzung durch de Maizière ebenso wie die »Bild-Zeitung« am 2. Juni 1966[755]. Genau zwischen diesen beiden Tagen hatte Trettner de Maizière zu sich gebeten und ihm eröffnet, der letzte Entwurf des Organisationsgesetzes entspreche noch immer nicht seinen Forderungen. Er verlangte weiterhin die Vertretung des Ministers als Inhaber der Befehls- und Kommandogewalt durch einen anderen Ressortchef und für den Generalinspekteur die Stellung als dritten Mann im Ministerium. De Maizière riet ihm erneut, auf die erste Forderung zu verzichten; ansonsten komme jeder potenzielle Nachfolger »in schwierigste Situation«. Von Hassels Position in der CDU-Fraktion sei ohnehin derzeit schwächer als die Gumbels. Trettner reagierte »etwas enttäuscht«, dass de Maizière ihm »nicht ganz folge«, erklärte aber zugleich, der Minister denke an ihn als Nachfolger. Dadurch fühlte sich de Maizière »in schwieriger Lage« und holte sich anschließend bei seinem Stellvertreter Moll Rat, der ihn wiederum in seiner Auffassung bestärkte[756].

In Wirklichkeit hatte von Hassel längst, nämlich bereits am 20. April 1966, Erler über eine geplante Ablösung Trettners zum 1. Oktober 1966 informiert. Als Gründe nannte er die Auseinandersetzung »um die Struktur der Spitze des Verteidigungsministeriums und Trettners mangelnde Kooperationswilligkeit mit dem zivilen Personal«; als Nachfolger sei de Maizière in Aussicht genommen. Dessen Nachfolge sollte Bennecke antreten, der zu diesem Zeitpunkt noch Kommandeur der Führungsakademie war[757]. Erler hielt diese Lösung »für ausgezeichnet«. Auch in der Frage des Staatssekretärs stimmte er zu; er sei zwar für mehrere Staatssekretäre, aber alle in zivil. »Civil control« bedeute für die SPD nicht die Kontrolle der Soldaten durch Zivilisten, sondern die Kontrolle aller Angehörigen der Streitkräfte durch den politisch verantwortlichen Minister[758].

Die Ablösung Trettners war also bereits beschlossene Sache, als sich der MFR am 2. Juni 1966 zu einer Sitzung traf. Zu de Maizières Überraschung erklärten sich dort die Inspekteure von Luftwaffe und Marine dazu bereit, sich mit der derzeitigen Fassung des Organisationsgesetzes »abzufinden« und rieten dem Generalinspekteur, im Amt zu bleiben. Der behielt sich zwar eine Entscheidung vor, doch schon am selben Tag forderte man in der Presse de Maizière als seinen Nachfolger[759]. Zeitgleich lehnte der Minister im Gespräch mit Trettner den Vorschlag, einen militärischen Staatssekretär einzuführen, endgültig ab. Auch an der vollständigen Vertretung des Ministers durch den Staatssekretär hielt er fest, sagte aber immerhin ein Gutachten über die Frage der Vertretung in der Befehls- und Kommandogewalt zu. Trettner seinerseits er-

---

755 Vermerk Minister, 7.6.1966, BArch, Bw 1/181190.
756 Ulrich de Maizière, Dienstliche Tagebuchaufzeichnungen 12.4.1966–26.8.1966, Eintrag vom 1.6.1966, BArch, N 673/35.
757 Notiz Erler, Besprechung mit von Hassel am 20.4.1966, AdsD, NL Erler, Box 136.
758 Siehe Tagebuch BMVg Kai-Uwe von Hassel, Bd 6 (1.4.–31.5.1966) für BW-Innenpolitik, Eintrag vom 21.4.1966, BArch, N 609/6.
759 Ulrich de Maizière, Dienstliche Tagebuchaufzeichnungen 12.4.1966–26.8.1966, Eintrag vom 2.6.1966, BArch, N 673/35.

klärte, das Organisationsgesetz sei zwar nicht »ganz nach seiner Mütze«, die Entscheidung des Ministers aber »gleiche einem Befehl«[760]. De Maizière notierte daraufhin in sein Tagebuch: »Bis dahin Burgfrieden mit Trettner. Trotzdem spekuliert Presse mit Rücktritt Trettner weiter[761].«

Von Hassel nutzte daraufhin die Routinepressekonferenz des Staatssekretärs am 3. Juni 1966, um unter anderem dazu Stellung zu beziehen. Unmissverständlich machte er klar, dass es keinen militärischen Staatssekretär geben werde und der Staatssekretär in allen Fragen der Vertreter des Ministers sei. Auf die Spekulationen um einen Rücktritt Trettners reagierte der hingegen abweisend; er habe »keinen Anlass anzunehmen, dass der Generalinspekteur mit dieser Lösung nicht einverstanden sei«, daher bliebe er in seinem Amt[762]. Wie von Hassel erfuhr, hat sich Trettner den Wortlaut der Pressekonferenz geben lassen, genau studiert und sei mit den Ausführungen des Ministers »zufrieden« gewesen[763]. Wie hoch inzwischen de Maizières Wertschätzung im politischen Raum gewesen ist, belegt die Tatsache, dass er am 8. Juni 1966 als erster General ohne politische Begleitung überhaupt beim Bundespräsidenten zu Panzerabwehrwaffen vortragen durfte. Bei dieser Gelegenheit erfuhr er von Oberst Trentzsch, der Generalinspekteur sei fest entschlossen, bald zurückzutreten[764].

Drei Tage später tauchten außerdem neue Gerüchte auf. Nun sollte Wessel Generalinspekteur werden, Schnez Inspekteur des Heeres und de Maizière die Nachfolge Kielmanseggs antreten, was de Maizière in seinem Tagebuch »für möglich, aber nicht wahrscheinlich« hielt. Trettner wollte jetzt »offensichtlich bis Herbst gehen. On verra[765].« Und wirklich schienen sich die Wogen zu glätten: Ende Juni 1966 machte Trettner auf de Maizière plötzlich wieder einen »ruhigeren und ausgeglichenen Eindruck«; ein Rücktritt sei »in nächster Zeit nicht zu erwarten«[766]. Dabei teilte ihm Gumbel noch am selben Tag mit, der Minister »mache keine Versprechungen«, sehe ihn aber »über kurz oder lang auf [dem] Stuhl [des] Gen[eral]Insp[ekteurs]«. Beide diskutieren sogar bereits die daraus resultierenden personellen Folgen: Büchs sollte Stellvertreter des Generalinspekteurs werden, Bennecke oder Schnez Inspekteur des Heeres. De Maizière wollte auf jeden Fall Karst nicht mehr haben; dieser leiste »keine solide Stabsarbeit«, sei »in Fragen Menschenführung zu nahe an Winfried Martini«

[760] Siehe Tagebuch BMVg Kai-Uwe von Hassel, Bd 7 (1.6.–31.7.1964) für BW-Innenpolitik, Eintrag vom 2.6.1966, BArch, N 609/7, sowie Vermerk Minister, 7.6.1966, BArch, Bw 1/181190.
[761] Ulrich de Maizière, Dienstliche Tagebuchaufzeichnungen 12.4.1966–26.8.1966, Eintrag vom 3.6.1966, BArch, N 673/35.
[762] Vermerk Minister, 7.6.1966, BArch, Bw 1/181190.
[763] Siehe Tagebuch BMVg Kai-Uwe von Hassel, Bd 7 (1.6.–31.7.1964) für BW-Innenpolitik, Eintrag vom 3.6.1966, BArch, N 609/7.
[764] Ulrich de Maizière, Dienstliche Tagebuchaufzeichnungen 12.4.1966–26.8.1966, Eintrag vom 8.6.1966, BArch, N 673/35: »Mil. Vorstellungen des Präsidenten veraltet, denkt aber wohlwollend über Soldaten.«
[765] Ebd., Eintrag vom 11.6.1966. Über Wessel als möglichen Nachfolger Trettners wurde in der Presse zuerst am 4.6.1966 spekuliert. Siehe ebd., Eintrag vom 4.6.1966.
[766] Ebd., Eintrag vom 30.6.1966.

und würde den »nationalistischen Trend der jg. Offz. verstärken«. Für de Maizière war es ein »[s]ehr offenes u. gutes Gespräch«[767]. So vorbereitet verabschiedete er sich am 6. August 1966 in den vierwöchigen Sommerurlaub nach Braunlage im Harz[768].

In dieser Zeit überschlugen sich die Ereignisse. Am 12. August 1966 stellte Panitzki ein Rücktrittsgesuch an den Minister[769]. Weil von Hassel gerade vor dem Abflug zu einer Dienstreise nach Kanada stand, bat er diesen, seine Rückkehr abzuwarten und bis dahin »seinen Dienst vorläufig nicht auszuüben«[770]. Kurz darauf traf jedoch ein Schreiben des Kommandierenden Generals der Luftwaffengruppe Süd, Generalleutnant Johannes Trautloft, in seiner Eigenschaft als dienstältester KG ein, in dem dieser »in tiefer Sorge um die derzeitige Situation der Luftwaffe« den Minister »um eine grundlegende Aussprache« mit ihm, den anderen Kommandierenden Generalen, deren Stellvertretern, dem Amtschef des Luftwaffenamtes und den sieben Divisionskommandeuren bat, zu der auch der Inspekteur des Heeres hinzugebeten werden sollte[771]. Ehe von Hassel noch reagieren konnte, veröffentlichte die »Rhein-Ruhr-Zeitung« am 20. August 1966, am Tag seiner Rückkehr aus Kanada, ein dem Minister nicht bekanntes Interview mit Panitzki. Darin beklagte dieser die seiner Meinung nach mangelnde Unterstützung der politischen Leitung bei der Überwindung der Starfighter-Krise und erhob schwere Vorwürfe gegen seinen Amtsvorgänger Kammhuber sowie den ehemaligen Verteidigungsminister Strauß. Kammhuber habe bei der Aufstellung der Luftwaffe Nachschub, Technik, Ausbildung, Vorschriften, Dokumentation und vieles mehr vernachlässigt, Strauß mit der Beschaffung des Starfighter »eine politische Entscheidung« getroffen[772].

Von Hassel war jedoch bereits vor seiner Abreise nach Kanada zu Konsequenzen entschlossen gewesen. Sein »früher ganz ausgezeichnet[es]« Verhältnis zu Panitzki hatte im Zuge der Starfighter-Krise erheblich gelitten. Über einen längeren Zeitraum hinweg wollte er zu der Ansicht gelangt sein, »dass in der Person des Inspekteurs der Luftwaffe Mängel vorliegen, die eine einwandfreie Führung und Beaufsichtigung der Luftwaffenverbände nicht zulassen«[773]. Möglicherweise wollte Panitzki dem Minister also nur zuvorkommen. Für eine Verbindung spricht auch die Übereinstimmung zwischen Abschiedsgesuch und Interview in den wesentlichen Aussagen. Nach diesen »Entgleisungen« war

---

[767] Ebd., Eintrag vom 5.7.1966.
[768] De Maizière an OSA Dr. Rudo Timper, 5.8.1966, BArch, N 673/52b.
[769] InspL, GL Panitzki, an Bundesminister der Verteidigung, Kai-Uwe von Hassel, 12.8.1966, BArch, Bw 1/181190.
[770] Bundesminister der Verteidigung an Bundeskanzler Erhard, 23.8.1966, BArch, 136/6835. Eine Abschrift findet sich auch in BArch, Bw 1/181190, sowie in ACDP, NL Gumbel, I-142-007/1. Siehe auch Tagebuch BMVg Kai-Uwe von Hassel, Bd 8 (1.8.–30.9.1966) für BW-Innenpolitik, Eintrag vom 12.8.1966, BArch, N 609/8.
[771] GL Johannes Trautloft, KG Luftwaffengruppe Süd, an Bundesminister der Verteidigung, 19.8.1966, BArch, Bw 1/181190.
[772] Bundesminister der Verteidigung an Bundeskanzler Erhard, 23.8.1966, BArch, 136/6835.
[773] Ebd.

Panitzki für den Minister endgültig nicht mehr tragbar[774]. Zwei Tage später beurlaubte er Panitzki. Erst in diesem Kontext wurde bekannt, dass Panitzki schon am 12. August sein Rücktrittsgesuch eingereicht hatte[775]. Sogar die Opposition empfand »die sensationelle Kritik des Chefs der Luftwaffe« als »ungewöhnlich und gegenüber dem Bundesminister der Verteidigung undiszipliniert«. Sie warf ihm vor, seine Vorwürfe nicht schon längst formuliert zu haben, wenigstens gegenüber dem Verteidigungsausschuss. Der stellvertretende Vorsitzende der SPD-Bundestagsfraktion, Helmut Schmidt, schloss daraus, Panitzkis Interview habe »deutlich werden lassen, was scharfe Beobachter seit Langem wissen: Der Starfighter-Krise liegt letztlich eine Krise der gesamten politischen, zivilen und militärischen Spitze des Bundesverteidigungsministeriums zugrunde«[776].

Wie zum Beweis erklärte am 23. August, also nur einen Tag später, auch der Generalinspekteur seinen Rücktritt im Zusammenhang mit dem sogenannten ÖTV-Erlass[777]. Trettner sandte dem Minister am 24. August 1966 ein Telegramm, in dem er das vorzeitige Bekanntwerden seines Rücktrittsgesuchs bedauerte, jedoch um eine Klarstellung bat, »dass nicht so sehr der Inhalt des Erlasses Ö.T.V., sondern vor allem die Ausschaltung der militärischen Führung bei dieser Grundsatzfrage mein Rücktrittsgesuch veranlasst hat«[778]. Dies war wenigstens vom Zeitpunkt her überraschend, denn der Minister hatte den »Erlass über die gewerkschaftliche Betätigung«[779] am 1. August 1966 in Kraft gesetzt und tags darauf fernschriftlich bis zu den Kompanien verteilen lassen[780]. Den Hintergrund bildete das seit dem Sommer 1965 verstärkte Begehren der Gewerkschaft Öffentliche Dienste, Transport und Verkehr (ÖTV), wie bereits der Deutsche Bundeswehrverband freien Zugang zu den Kasernen zu erlangen. Minister von Hassel hatte zwar schon auf der Tagung der Bataillonskommandeure im Juli 1965 öffentlich erklärt, das »verfassungsverbriefte Recht des Soldaten auf Koalitionsfreiheit« sei unbestritten, jeder Soldat könne daher Mitglied einer Gewerkschaft sein. Allerdings bestehe für ihn »ein fundamentaler Unterschied« darin, »ob ein Verband *für* den Soldaten *von* Soldaten geführt wird,

---

[774] Ebd.

[775] Ulrich de Maizière, Dienstliche Tagebuchaufzeichnungen 12.4.1966–26.8.1966, Eintrag vom 23.8.1966, BArch, N 673/35.

[776] SPD-Fraktion, Erklärung stellvertretender Vorsitzender Sozialdemokratische Bundestagsfraktion Helmut Schmidt, Betr.: Interview des Generalleutnants Panitzki, 22.8.1966, AdsD, 1/HSA A008063.

[777] Ulrich de Maizière, Dienstliche Tagebuchaufzeichnungen 12.4.1966–26.8.1966, Eintrag vom 23.8.1966, BArch, N 673/35.

[778] Telegramm Trettner an von Hassel, 24.8.1966, ACDP, I-142-007/1.

[779] Bundesminister der Verteidigung/VR IV, Az. 01-52-02, Betr.: Koalitionsrecht der Soldaten, hier: Gewerkschaftliche Betätigung, 1.8.1966, BArch, N 673/97. Im selben Bestand finden sich auch die folgenden Ausführungsbestimmungen dazu.

[780] VR IV, Az. 01-52-02, an Abteilungsleiter S und P sowie die Inspekteure, 2.8.1966, ebd.

oder ob eine Gewerkschaft in der Kaserne wirbt und in der Kaserne ihre Veranstaltungen durchführt«[781].

Diese Ansicht teilte auch de Maizière. Auf der MFR-Sitzung am 20. Juli 1965 plädierte er dafür, ÖTV und Deutschen Bundeswehrverband unterschiedlich zu behandeln[782]. Nach einem entsprechenden Rechtsgutachten hatte der Minister nun jedoch anders entschieden[783]. Weil daran angeblich kein Soldat beteiligt, der Entwurf stattdessen von Gumbel direkt dem Minister zur Entscheidung vorgelegt worden sei, hatte der Generalinspekteur aus seiner Kur in Bad Orb heraus in einem »harten Brief« bei von Hassel protestiert und seine Versetzung in den Ruhestand angeboten. Er bewerte den Vorgang als eine öffentliche Brüskierung, die das ohnehin seit Langem gestörte Vertrauensverhältnis zwischen ihm und seinem Minister endgültig zerstört habe[784]. Wie von Hassel Bundeskanzler Erhard am 23. August mitteilte, sei Trettner bereits vor seiner Amtsübernahme designierter Generalinspekteur gewesen, mit dem er sich habe »nie richtig befreunden können« und dem keiner »auch nur eine nennenswerte Wertschätzung entgegenbringt«. Nach von Hassel liege dies vor allem daran, dass er sich als Generalinspekteur zum Exponenten »militärische[r] Kreise für eine Ausdehnung des militärischen Einflusses innerhalb des Ministeriums und vor allem für eine Stärkung und Verbesserung der Stellung des Generalinspekteurs« gemacht habe. In diesem Zusammenhang sei Trettner nicht nur zum Affront bereit gewesen, indem er die Vertretungsbefugnisse des Staatssekretärs in Fragen der Befehls- und Kommandogewalt nicht anerkennen wollte. Er habe auch des Ministers unmittelbaren Einfluss auf die Truppe zu unterbinden versucht; mündlich und schriftlich habe er ihm erklärt, er halte seine »häufigen Besuche bei der Truppe für unerwünscht«. Dass Trettner zudem keinen Versuch machte, eine Aussprache mit dem Minister herbeizuführen und stattdessen sein Abschiedsgesuch einreichte, empfand von Hassel »als eine Herausforderung«. Auf insgesamt elf Seiten unterrichtete er den Bundeskanzler ausführlich und benannte darin als Nachfolger für Panitzki Generalleutnant Johannes Steinhoff und als neuen Generalinspekteur de Maizière; beide seien »hervorragende Fachleute und genießen national wie international ein ungewöhnlich hohes Ansehen«. Im Endeffekt kam von Hassel damit gewissermaßen den Pressestimmen, die »eine jüngere und modernere Luftwaffenführung« gefordert hatten, gleich auch für die Armeespitze nach[785].

---

[781] Rede Bundesminister der Verteidigung Kai-Uwe von Hassel auf der 1. Tagung der Bataillonskommandeure in Bad Godesberg am 6.7.1965, ACDP, I-142-006/2 (Hervorhebungen im Original).

[782] Ulrich de Maizière, Dienstliche Tagebuchaufzeichnungen 18.1.1965–1.9.1965, Eintrag vom 20.7.1965, BArch, N 673/33.

[783] Siehe zum Gesamtvorgang um den Erlass die Überlieferung in ACDP, NL Gumbel, I-142-006/2.

[784] Ulrich de Maizière, Dienstliche Tagebuchaufzeichnungen 12.4.1966–26.8.1966, Eintrag vom 24.8.1966, BArch, N 673/35, sowie Gen. Trettner an Bundesminister von Hassel, 13.8.1966, BArch, Bw 1/181190.

[785] Bundesminister der Verteidigung an den Bundeskanzler, 23.8.1966, BArch, 136/6835.

Am 24. August brach de Maizière auf Weisung des Ministers seinen Urlaub ab, fuhr nach Bonn und wurde dort von Moll über die Vorfälle aus erster Hand informiert[786]. Demnach hätten junge Luftwaffen-Generale von Panitzki dessen Rücktritt und eine »klare Sprache gefordert«. Der »Fall Trettner« sei »klar« vom »Fall Panitzki« abzugrenzen. Gumbel habe am 22. August bereits den Bundesverteidigungsrat orientiert, der Minister selbst den Bundespräsidenten aufgesucht[787]. Tatsächlich holte von Hassel am Abend des 24. August de Maizière zu sich, schilderte ihm die Vorgänge aus seiner Sicht und eröffnete ihm, dass er ihn zum Generalinspekteur ernennen wolle. Daraufhin bat de Maizière seinen Tagebucheintragungen nach um folgende »Voraussetzungen«: Er wolle »jederzeit« die Möglichkeit zum offenen Vortrag beim Minister haben, keine die Soldaten betreffende wichtige Entscheidung dürfe künftig ohne Beteiligung des Generalinspekteurs erfolgen und Vorlagen an den Minister müssten diesen in angemessener Zeit erreichen. Dafür akzeptiere er die »organisatorisch/pol[itische] Einordnung des Generalinspekteurs nach dem Minister und dessen politischem Vertreter. Wer dieser Vertreter sein werde, sei eine politische Entscheidung. Die Stellung des Generalinspekteurs wollte de Maizière allerdings als eine »sui generis« sehen, nämlich »als ranghöchster Soldat der Bundeswehr und durch die Erfüllung internationaler militärischer Aufgaben in den entsprechenden militärischen Gremien im Rahmen des Bundesministeriums der Verteidigung«. Abschließend bat er den Minister darum, die Verabschiedung Trettners und ihre Bekanntgabe in einer Form durchzuführen, die »der ehrenvollen Gesinnung des General Trettner« Rechnung trage und es seinem Nachfolger gegenüber den Streitkräften und der Öffentlichkeit ermögliche, das Amt überhaupt zu übernehmen. Von Hassel stimmte allem zu und bat um eine schriftliche Festlegung in einem Brief. Persönlich empfand de Maizière den Minister als »sehr liebenswürdig, fast warm«[788].

Tags darauf übersandte de Maizière von Hassel wie gewünscht die vorgetragenen Gedanken und suchte noch am selben Tag das Gespräch mit Trettner[789]. Dieser schien ihm »gelöst«, wollte nach seiner Entlassung »offen sprechen« und stimmte der Amtsübernahme ebenso zu wie den von de Maizière gestellten Bedingungen. Letzterer nahm umgehend Kontakt mit Kielmansegg, Baudissin, Zenker, Übelhack, Bennecke, Meyer-Detring, Schnez, Hepp und Panitzki auf, um sich auch deren Unterstützung zu sichern. Dabei war ihm wichtig darauf hinzuweisen, dass er »nicht bedingungslos« angenommen habe. Am Abend des 25. August erhielten Trettner und Panitzki ihre Entlassungsur-

---

[786] De Maizière an Hans Pleyl, 22.5.1967, BArch, N 673/49a.

[787] Ulrich de Maizière, Dienstliche Tagebuchaufzeichnungen 12.4.1966–26.8.1966, Eintrag vom 24.8.1966, BArch, N 673/35.

[788] GL de Maizière, InspH, an Bundesminister der Verteidigung von Hassel, 25.8.1966, BArch, Bw 1/181190, und in ACDP, I-142-005/3, sowie Ulrich de Maizière, Dienstliche Tagebuchaufzeichnungen 12.4.1966–26.8.1966, Eintrag vom 24.8.1966, BArch, N 673/35. Dort trug er allerdings ein, die Entlassung Trettners müsste so geregelt werden, dass seinem Nachfolger die Übernahme »nicht unnötig erschwert wird«.

[789] InspH an Bundesminister der Verteidigung von Hassel, 25.8.1966, ACDP, I-142-005/3.

kunden, de Maizière und Moll, der ihm als Inspekteur des Heeres nachfolgte, wurden eine Stunde später vor laufenden Fernsehkameras ernannt und befördert[790]. Tags darauf erreichte de Maizière auch die schriftliche Bestätigung seiner Forderungen durch den Minister[791]. In den folgenden Tagen kommunizierte er die Umstände seiner Ernennung im weiteren Kameradenkreis, wie beispielsweise gegenüber Zerbel[792] und Wessel[793]. Dass de Maizière seine Forderungen lange zuvor abgestimmt hatte, zahlte sich also für ihn aus. Sie waren dosiert genug, um ihn als neuen Generalinspekteur einerseits zu stärken, andererseits blieben sie im Rahmen dessen, was der Minister bereit war zuzugestehen. Auf diese Weise konnten alle Beteiligten ihr Gesicht wahren und unbeschädigt die Arbeit fortsetzen beziehungsweise beginnen. Damit hatten die militärischen Akteure unter Beweis gestellt, politische Spielräume nutzen zu können. Insbesondere de Maizière legte dabei ein feines Gespür für das augen-

---

[790] Ulrich de Maizière, Dienstliche Tagebuchaufzeichnungen 12.4.1966-26.8.1966, Eintrag vom 25.8.1966, BArch, N 673/35.

[791] Von Hassel an Gen. de Maizière, GenInsp, 26.8.1966, BArch, Bw 1/181190 und ACDP, I-142-005/3: »Ihre Berufung zum Generalinspekteur bitte ich Sie als einen Ausdruck meines absoluten Vertrauens zu werten. Hierzu gehört, dass Sie nicht nur das Recht haben, sondern ich es erwarte, dass Sie mir jederzeit offen und ungeschminkt Ihre Meinung zu allen militärischen Fragen vortragen. Ebenso gehört dazu, dass ich bei meinen Entscheidungen, die die Soldaten berühren, mich Ihres Rates bediene […] Mit Ihnen achte ich die ehrenvolle Gesinnung Ihres Herrn Amtsvorgängers. Ich beabsichtige, den Dank der Bundeswehr und meinen persönlichen Dank Herrn General a.D. Trettner gegenüber sichtbar zum Ausdruck zu bringen.«

[792] De Maizière an GL a.D. Alfred Zerbel, 31.8.1966. Auch in einem Brief an Zerbel teilte de Maizière diesem mit, es sei ihm »eine besondere Freude und Genugtuung« gewesen, »dass ich bei Übernahme meines Amtes Gelegenheit hatte, mich mit General Trettner auszusprechen und auch von seiner Seite Billigung und kameradschaftliche Unterstützung der Gedanken und Wünsche fand, die ich bei Amtsübernahme dem Minister vorgetragen habe und bestätigt erhielt«. Siehe auch de Maizière an Zerbel, 7.9.1966, beide BArch, N 673/85: »Die entscheidenden Tage wurden mir dadurch erleichtert, dass ich mit General Trettner in einem engen Kontakt stand und er mich selbst zu der Amtsübernahme ermutigt hat. Natürlich habe ich mir vom Minister einige Voraussetzungen erbeten, um wirksam arbeiten zu können. Ob es mir darüber hinaus gelingt, Änderungen, die wir alle seit Langem erhofften, durchzusetzen, bleibt abzuwarten. Sicherlich weht uns zur Zeit der Wind in den Rücken.«

[793] De Maizière an GL Wessel, Deutscher Militärischer Bevollmächtigter im MC/NATO, 31.8.1966: Er informierte Wessel darüber, »dass ich bei meiner Amtsübernahme ausführlich mit General Trettner sprechen und meine Beweggründe für die Annahme seiner Amtsnachfolge darlegen konnte. Ich bin glücklich, dass dieses Gespräch fruchtbar war, in einer freundschaftlichen Atmosphäre stattfand und ich in wesentlichen Wünschen – deren Erfüllung ich durch den Herrn Minister vor meiner Amtsübernahme erbeten hatte – die Billigung General Trettners fand. Ich brauche Ihnen nicht zu sagen, dass das gute Einvernehmen mit General Trettner mir meine Aufgabe wesentlich erleichtert. Wie ich Ihnen schon am Telefon sagte, kann man von einer Revolte der Generale nicht reden. Die Gründe für die Entlassungsgesuche von General Trettner und Generalleutnant Panitzki haben verschiedene Ursachen […] Meines Vertrauens und meiner Zusicherung einer engen dienstlichen wie persönlichen Verbindung mit Ihnen, lieber Herr Wessel, dürfen Sie sicher sein. Unsere lange persönliche und kameradschaftliche Bekanntschaft ist dafür Gewähr.« Wessel hatte de Maizière zuvor gratuliert, aber auch um genauere Informationen gebeten. Siehe Wessel an de Maizière, 25.8.1966, beide BArch, N 673/85.

blicklich Durchsetzbare an den Tag, das ihn bisher schon ausgezeichnet hatte. Jetzt stand er als höchster Soldat an der Spitze der Bundeswehr und als erster militärischer Berater an der Seite des Verteidigungsministers.

Die höheren Kommandeure der Bundeswehr und die Abteilungsleiter des Ministeriums wurden vom Minister in einer eigens einberufenen Versammlung am Nachmittag des 29. August 1966 persönlich über die Rücktritte Trettners und Panitzkis sowie über deren Hintergründe informiert. Generalmajor Baer sowie die Generalleutnante Meyer-Detring und Graf Kielmansegg übten gleichwohl Kritik daran, »dass der Gewerkschaftserlass nicht über die Hierarchie an die Truppe geleitet worden war«, nicht jedoch an dessen Inhalt. Dem Minister fiel es also leicht, deren Darlegungen »uneingeschränkt« beizupflichten[794]. Indem sich de Maizière von diesem ermächtigen ließ, beim Zusammensein am selben Abend anlässlich des Zapfenstreichs in Wahn in dessen Namen richtigzustellen, dass von Hassels frühere Äußerungen »keine allgemeine Kritik an der Luftwaffenführung« gewesen seien, gelang es ihm geschickt, auch die Luftwaffe für sich einzunehmen. Die Wogen konnten so insgesamt wieder geglättet und Panitzki auf dem Fliegerhorst Wahn mit einem Großen Zapfenstreich und einem vorhergehenden Essen der Luftwaffengenerale verabschiedet werden[795].

Zu diesem Zeitpunkt gab es für ihn allerdings noch keinen Nachfolger. Generalleutnant Johannes Steinhoff hatte sich am 23. August Bedenkzeit ausgebeten. Er wollte zunächst Vorschläge erarbeiten, »die mir unabdingbar dafür scheinen, die Lage der Luftwaffe in absehbarer Zeit zu verbessern«. Als er diese am 1. September 1966 vorlegte, machte er darin das »Missverhältnis zwischen den angewandten Führungs- und Verwaltungsmethoden einerseits und den Erfordernissen moderner Waffensysteme andererseits« als wesentliche Ursache für die Schwierigkeiten aus. Ganz grundsätzlich seien daher »umfassende Änderungen auf vielen Gebieten vorzunehmen«[796]. Neben der Einführung eines »Projektstabes F-104 G« forderte er ein »Systems Management« für alle neu einzuführenden Waffen- und Gerätesysteme[797]. Vor allem sollte die Luftwaffen-

---

[794] Lediglich Meyer-Detring hätte außerdem gerne den Brigadekommandeur statt des Einheitsführers als Entscheidenden gesehen, »ob eine Gewerkschaftszeitung ausgelegt werde«. Siehe Persönlicher Referent des Ministers, Dr. Siebe, Vermerk über die Unterrichtung der höheren Kommandeure der Bundeswehr in Gegenwart der Abteilungsleiter des Ministeriums am 29.8.1966 durch den Minister, 29.8.1966, BArch, Bw 1/181190. Dabei befindet sich auch eine Teilnehmerliste.

[795] BG Gentsch an de Maizière, 26.8.1966, sowie Siebe, Vermerk über die Besprechung des Ministers mit Kommandierenden Generalen, Amtschef Luftwaffenamt und Divisionskommandeuren der Luftwaffe, 29.8.1966, BArch, Bw 1/181190. Dabei befindet sich auch eine Teilnehmerliste.

[796] GL Johannes Steinhoff an von Hassel, 1.9.1966, ebd. Steinhoff hatte eigentlich um Bedenkzeit bis zum 24.8.1966, 12.00 Uhr, gebeten. Sie wurde dann noch einmal um zehn Tage verlängert.

[797] Siehe dazu die Erinnerung Panitzkis daran in InspL, GL Panitzki, an Bundesminister der Verteidigung von Hassel, 12.8.1966, sowie die Antwort des Persönlichen Referenten des Ministers auf diese und weitere Behauptungen Panitzkis in Vermerk Siebe, Betr.: Schreiben InspL an Minister vom 12.8.1966, 20.8.1966, beide ebd. Die Einführung des »System-

führungsstruktur in Anlehnung an »die bei westlichen Luftwaffen übliche Command-Struktur« neu gegliedert werden, mit entsprechend erweiterten Befugnissen für den Inspekteur in allen Bereichen. Nur wenn diese Vorstellungen und Vorschläge verwirklicht würden, sähe er sich zu einer Amtsübernahme in der Lage[798]. Von Hassel stimmte nach einem Gespräch mit Steinhoff dessen Vorschlägen sofort »vollinhaltlich zu«; Steinhoff sollte »alle nur denkbaren Vollmachten« erhalten. Beide einigten sich auf die offizielle Amtseinführung für den folgenden Tag[799]. Im Gegensatz zu Steinhoff, der selbst ausdrücklich personelle Umbesetzungen verlangte, hatte sein Vorgänger Panitzki die Aufforderung des Ministers, ihm fünf oder sechs Generale zu nennen, die in den Ruhestand versetzt werden sollten, noch abgelehnt[800]. Doch damit war das Problem nicht ausgestanden. Nach einer Aussprache vor dem Verteidigungsausschuss am 13. September 1966 sah sich Steinhoff hinsichtlich der Zusagen des Ministers enttäuscht. Erst mittels weiterer Gespräche mit von Hassel und dessen Persönlichem Referenten konnte ein Konsens gefunden werden[801]. Hinterher verkündete Steinhoff sogar, »allgemein [...] beginne ihm die Sache Spaß zu machen«[802].

In der Zwischenzeit war das gespannte Verhältnis zwischen Panitzki und dem Minister eskaliert. Der vormalige Inspekteur hatte schon am 25. August 1966 vom Minister verlangt, vor dem Verteidigungsausschuss seine Sicht der Dinge vortragen zu dürfen. Von Hassel hatte dem zugestimmt, obwohl Panitzki ihm nicht mitteilen wollte, worum es ihm dabei ging[803]. Trotzdem ihn der ehemalige Verteidigungsminister Strauß schon am 23. August daran erinnert hatte,

---

Management« war auch schon von Panitzki gefordert, jedoch nicht nachdrücklich verfolgt worden. Ende 1968 beklagte Steinhoff, dass »nur für das Waffensystem Starfighter ein mit den erforderlichen Befugnissen ausgestattetes ›System-Management‹ eingerichtet werden konnte«, wodurch immerhin »die Flugsicherheitssituation in den Starfighterverbänden entscheidend verbessert« worden sei. Siehe Steinhoff, InspL, an Minister, 16.11.1968, ACDP, NL Schröder, I-483-108/1.

798 Steinhoff an von Hassel, 1.9.1966, BArch, Bw 1/181190.
799 Vermerk Bundesminister der Verteidigung von Hassel, 1.9.1966, ebd. Siehe dazu auch die offizielle schriftliche Amtsübergabe vom 2.9.1966 im selben Bestand. In einem Zwischenbericht Ende des Jahres 1968 sah Steinhoff seine Forderungen als noch immer nicht umgesetzt an und kam zu dem Schluss, »dass nunmehr schnelle Entscheidungen erforderlich sind, um zu verhindern, dass die Einsatzbereitschaft der Luftwaffe in einem nicht zu verantwortenden Maße absinkt«. Siehe Steinhoff, InspL, an Minister, 16.11.1968, ACDP, NL Schröder, I-483-108/1. In der Anlage stellte er die Lage aus seiner Sicht detailliert dar.
800 InspL, GL Panitzki, an Bundesminister der Verteidigung von Hassel, 12.8.1966, BArch, Bw 1/181190, sowie Tagebuch BMVg Kai-Uwe von Hassel, Bd 8 (1.8.–30.9.1966) für BW-Innenpolitik, Eintrag vom 12.8.1966, BArch, N 609/8.
801 Das Telefongespräch hat wohl bereits am 14.9.1966 stattgefunden. Daran schloss sich ein Briefwechsel an: GL Steinhoff, InspL, an Bundesminister der Verteidigung von Hassel, 21.9.1966, sowie dessen Antwort, 22.9.1966, und Vermerke Dr. Siebe über die Gespräche mit Steinhoff am 22. und 29.9.1966, 22.9.1966, alle BArch, Bw 1/181190.
802 So zit. in Vermerk Persönlicher Referent des Ministers über ein Gespräch des Ministers mit Steinhoff am 29.9.1966, ebd.
803 Vermerk Dr. Siebe, 25.8.1966, ebd. Demnach habe Panitzki erklärt, er werde, was er zu sagen habe, »dem Minister nicht sagen [...], sondern nur einem neutralen Gremium«. Als neutrales Gremium betrachte er den Verteidigungsausschuss.

dass die seinerzeitige Wahl des Starfighters »keine politische Entscheidung«, sondern »der nach 2-jähriger Prüfung von der Luftwaffe und der Technik gefasste Entschluss« gewesen sei[804], blieb Panitzki bei seiner Darstellung. Aus Sicht des Ministeriums stilisierte er sich vor dem Verteidigungsausschuss Anfang September 1966 zum »Opfer einer falschen Lagebeurteilung«[805]. Ob er dies zu Unrecht so bewertete, muss fraglich bleiben. Auch Helmut Schmidt hatte seinerzeit in einer öffentlichen Erklärung für die SPD-Fraktion zunächst Strauß beigepflichtet[806]. Erst nach der Veröffentlichung des Berichtes des Bundesrechnungshofes im Jahre 1969 beschlichen ihn Zweifel[807]. Als Verteidigungsminister erfuhr er dann von einem Vermerk des Referates W I 6 vom 2. September 1961, nach dem Strauß »gegen Bedenken der Generale persönlich F 104 ausgesucht« habe. Er ordnete umgehend an, diesen beim Staatssekretär aufzubewahren und mochte »[z]unächst nichts veröffentlichen«; vorher wollte er sich »vertraulich weitere Unterlagen dazu« vorlegen lassen[808]. Staatssekretär Mommsen teilte ihm vier Wochen später seine Erkenntnisse mit: »Korruption F 104: Abs soll Gelder der Bestechung angenommen haben. Sehr vage Behauptung. St W steht bei Anfrage zu jeder Auskunft zur Verfügung. Wir decken aber nicht von uns aus auf[809].«

Auch Trettner trat am 3. September 1966 vor den Verteidigungsausschuss. Obwohl der Dissens zwischen ihm und von Hassel im Zuge des sogenannten ÖTV-Erlasses bestenfalls der berühmte letzte Tropfen gewesen war, gab der vormalige Generalinspekteur sein so empfundenes Übergehen beim »Gewerkschaftserlass« als Grund für seine Demission an[810]. Die Untersuchung des Verteidigungsausschusses bestätigte dies indes nicht[811]. Trettner musste nicht nur

---

804 Fernschreiben Strauß an Bundesminister der Verteidigung von Hassel, nachrichtlich Gen. Panitzki, 23.8.1966, ebd.

805 BMVg/Referat III A/6, Dem Bundeskanzler vorzulegender Bericht betr. Generale Trettner und Panitzki vor dem Verteidigungsausschuss, 3.9.1966, BArch, 136/6835.

806 SPD-Fraktion, Erklärung stellvertretender Vorsitzender Sozialdemokratische Bundestagsfraktion Helmut Schmidt, Betr.: Interview des Generalleutnants Panitzki, 22.8.1966, AdsD, 1/HSA A008063: »Die Bemerkung des Generals, die Anschaffung des Starfighters sei seinerzeit eine ›politische Entscheidung‹ gewesen, ist ihrem Zweck nach fragwürdig. Panitzki's [sic!] Vorgänger, General Kammhuber, ist es gewesen, der vor acht Jahren mit rein militärischen Argumenten dem zögernden Verteidigungsausschuss die Zustimmung zur Starfighter-Beschaffung abgerungen hat […] Diejenigen Abgeordneten, die damals gleichwohl der Beschaffung zugestimmt haben, taten dies jedoch nur aufgrund der militärischen Vorträge der Luftwaffenführung. Die Luftwaffenführung kann sich von der Mitverantwortung nicht freizeichnen.«

807 Bundesrechnungshof IV 6 an Bundesminister der Verteidigung und Bundesamt für Wehrtechnik und Beschaffung, 26.6.1969, AdsD, 1/HSA A008142. Siehe dazu den Schriftwechsel zwischen Helmut Schmidt und dem Verteidigungsminister vom 4. bzw. 22.9.1969 im selben Bestand.

808 Kollegium im BMVg, Eintrag 20.10.1971, PAHS, Privat PZ, Kollegium im BMVg, Bd 3.

809 Ebd., Eintrag 20.11.1971.

810 BMVg/Referat III A/6, Dem Bundeskanzler vorzulegender Bericht betr. Generale Trettner und Panitzki vor dem Verteidigungsausschuss, 3.9.1966, BArch, 136/6835.

811 Bundeswehr und Gewerkschaft. Der »ÖTV-Erlass«, Stenografische Protokolle des Verteidigungsausschusses vom 1.9.1966, S. 1–14, 45–46, 5.9.1966; S. 32–39, 103–167, 7.9.1966, BArch, Bw 1/181190, sowie in ACDP, I-142-006/3.

einräumen, den genauen Wortlaut des Erlasses zum Zeitpunkt seines Rücktrittsgesuches gar nicht gekannt zu haben, er gab auch zu, dass es ihm sehr wohl auch um den Inhalt an sich gegangen sei. Weiterhin stellte der Ausschuss fest, Trettner habe noch weitere »Behauptungen aufgestellt, die entweder er widerrufen musste oder die von anderer Seite widerlegt worden sind«[812]; insbesondere musste er seine Aussage revidieren, er habe »niemals den militärischen Staatssekretär gefordert«[813]. Dennoch teilte er dem Ausschussvorsitzenden, Dr. Friedrich Zimmermann (CSU), noch nach dem endgültigen Abschluss der Untersuchung mit der Ausschusssitzung vom 6. Oktober 1966 unbeeindruckt mit, er bestreite die Angaben des Herrn Ministers »nach wie vor«, und verweigerte seine Zustimmung zum entsprechenden Protokoll[814]. Die Erklärung, die von Hassel an Bundeskanzler Erhard am 6. September 1996 abgab, um ihm »in wenigen Worten zwei Hintergründe darzulegen, die mir der Kernpunkt für das Ausscheiden Trettners zu sein scheinen«, trafen die Sachlage eher: »In Wirklichkeit« sei es diesem »um eine reine Frage der Verstärkung seines Einflusses« gegangen. Zwar wolle er nicht so weit gehen, bei ihm von einem »Machtkomplex« zu sprechen. Aber die Nachordnung des Generalinspekteurs nach dem Minister und seinem Staatssekretär sei von Trettner »mit großer Intensität bekämpft« worden. Von Hassels Ansicht nach würde es von der militärischen Seite »geradezu als ein Trauma empfunden, dass die Verwaltung außerhalb des militärischen Kommandostranges steht«. Allerdings habe er den Eindruck, bei der Truppe sei die Zusammenarbeit zwischen beiden »hervorragend«. Tatsächliche Rivalitäten existierten im Wesentlichen auf der ministeriellen Ebene. Dort seien sie unter dem bisherigen Generalinspekteur »mit aller Schärfe ausgebrochen«, lägen jedoch »sehr stark im menschlich-persönlichen Bereich«. Er sei allerdings überzeugt, dass der neue Generalinspekteur alle Voraussetzungen mitbringe, die Zusammenarbeit wieder zu gewährleisten[815].

812 Zu diesen Behauptungen im Einzelnen siehe ebd.
813 Tagebuch BMVg Kai-Uwe von Hassel, Bd 8 (1.8.–30.9.1966) für BW-Innenpolitik, Eintrag vom 5.9.1966, BArch, N 609/8.
814 Gen. a.D. Heinz Trettner an Vorsitzenden des Verteidigungsausschusses, MdB Dr. Zimmermann, 12.10.1966, BArch, Bw 1/181190. Zum Ablauf der Ereignisse zwischen dem 1. und 11.8.1966 siehe die Nachforschungen innerhalb des Ministeriums durch Oberstleutnant Theodor Schulz, BMVg/S VII 1, Betr.: Neuer Erlass über gewerkschaftliche Betätigung vom 1.8.1966, 20.9.1966 und 10.11.1966, sowie OTL Hülsmann, BMVg/S VII 1, Betr.: Neuer Erlass über gewerkschaftliche Betätigung vom 1.8.1966, 30.8.1966, alle BArch, Bw 2/3012. Noch 1988, von de Maizière anlässlich der Abfassung seiner Memoiren vorab um eine Stellungnahme zu den Passagen gebeten, die ihn betrafen, schrieb Trettner zurück: »Die Gründe für meinen Rücktritt sähe ich gern etwas schärfer gefasst.« Dann wiederholte er seine bekannte Argumentation und bat darum: »Vielleicht können Sie da die Akzente etwas anders setzen.« Er bedankte sich aber »für die freundliche Behandlung, die Sie mir zuteilwerden lassen«. De Maizière notierte handschr. am Rand des Briefes: »ist korrigiert 14.6.88«. Siehe Trettner an de Maizière, 9.6.1988, sowie die Anfrage de Maizières, 6.6.1988, beide BArch, N 673/177.
815 Bundesminister der Verteidigung von Hassel an Bundeskanzler Erhard, 6.9.1966, BArch, B 136/6834.

Außenseiter im Ministerium wie der Vertraute Erlers, Oberstleutnant Helmut Hülsmann, bewerteten die Vorgänge deutlich pessimistischer. Für ihn habe es sich um keine »Krise« gehandelt, sondern »einwandfrei« um den »Griff Trettners nach der politischen Macht«. Offiziere, die sich in dieser Auseinandersetzung zwischen Minister und Generalinspekteur auf die Seite des Ministers stellten, hätten sich offenbar rasch »getreu der Nibelungentreue der Soldaten, ihrem Generalinspekteur (alt) die Treue zu halten, [...] im Führungsstab allein auf weiter Flur« befunden. Er befürchtete sogar, seine Kameraden würden ihm »diese Einstellung nie verzeihen«. Überrascht sei er davon allerdings nicht. Schon in seiner vorherigen Verwendung als Lehrgruppenkommandeur an der Heeres-Unteroffizierschule II in Aachen habe er die Erfahrung gemacht, dass »die geistige Einstellung von Offizieren und Unteroffizieren der Bundeswehr [...], vor allen Dingen bei jüngeren Offizieren, [...] teilweise erschreckend« seien. Hülsmann umschrieb sie als »NPD-freundlich, Antisemitisch [sic!], nicht böswillig in Form einer politischen Zielsetzung, sondern mehr im Emotionalen ruhend«. Im Ergebnis zeichnete sich eine »starke Tendenz zur Reichswehrlösung« ab. Akut bestehe zwar »kein Anlass zur Dramatisierung, aber den Anfängen sollte gewehrt werden«. Allerdings wüsste er nicht »von wem«. Denn »die wenigen, mit einem politischen Fundament ausgerüsteten Offiziere kämpfen doch vereinzelt, in aussichtslosen Positionen«. Diese Einschätzung wollte Hülsmann auch Staatssekretär Gumbel bei dessen Besuch mitgegeben haben. Der sei aber nicht überrascht gewesen. Stattdessen habe ihm Gumbel erklärt, er habe mit allen Generalen Personalgespräche geführt und »alle hätten ihm dabei gesagt, wie fest sie in der Demokratie ständen, und wie ehrlich sie es mit der Staatsform meinten«. Rückblickend sei er jedoch »erschüttert, wie die meisten sich entwickelt hätten«. Derart desillusioniert schloss Hülsmann, auch die neue militärische Führungsspitze werde »nicht die Kraft nach ›Innen‹ entwickeln können, um das Leitbild des Staatsbürgers in Uniform weiter voranzutreiben«. Stattdessen überließe man die Truppe sich selbst und »der ›Nur-Soldat‹ setzt sich weiterhin stärker durch«[816]. So düster diese Sichtweise war, so deutlich zeigte sie die Dimensionen der Aufgabe, die de Maizière als Generalinspekteur übernommen hatte.

Auch aus der Truppe erreichten de Maizière durchaus indifferente Momentaufnahmen zur Stimmungslage. Der Kommandeur des gerade auf dem französischen Übungsplatz La Courtine, etwa 60 Kilometer ostwärts von Limoges, trainierenden Panzergrenadierbataillons 82 (SPz), Oberstleutnant Jürgens, berichtete seinem neuen Generalinspekteur:

»In der Abgeschiedenheit dieses französischen Übungsplatzes haben wir in aller Ruhe und ohne Einfluss von Presse, Rundfunk und Fernsehen die Entwicklung der letzten 14 Tage beobachten können. Es war nicht immer leicht, den Soldaten bei einer gerechten Urteilsfindung behilflich zu sein. Die Reak-

---

[816] Hülsmann an Erler, 18.12.1966, AdsD, NL Erler, Box 144.

tion war überall korrekt und sachlich, bei den älteren Soldaten, insbesondere im OffzKorps, nicht immer objektiv. Aber das ist wohl natürlich[817].« Dessen Vorgesetzter kam offenbar zu einer anderen Einschätzung: »Mein Offizierkorps ist offensichtlich froh und erleichtert, dass Führung und Verantwortung in der Spitze geregelt sind; es fühlt sich wieder geborgen. Reaktion und Werturteile der Öffentlichkeit – insbesondere das einstimmige Vertrauensvotum – haben fern von zu Haus erheblichen Einfluss auf die Meinungsbildung gehabt[818].« Demgegenüber meinte der ebenfalls den »ÖTV-Erlass« zum Anlass für seine Bitte um Versetzung in den einstweiligen Ruhestand nehmende Befehlshaber im Wehrbereich III, Generalmajor Pape, den Vorgang sogar mit denen in der katholischen Kirche vergleichen zu müssen: »Johannes der [sic!] XXIII. brachte eine Reform der katholischen Kirche in Gang und starb dann bald. Paul der VI. und sicher noch seine Nachfolger müssen nun Grenzen setzen, um die die Grundsubstanz zu retten. Mir scheint in der Bundeswehr und ihrer Führung sind gewisse Parallelen.« Papes »ganze Hoffnung« ruhte auf de Maizière: »Der erste Angriff steht ohne Zweifel 1:0 für die Gegenseite. Aber das rüttelt vielleicht wach[819].«

Der Minister vertrat seine Entscheidung letztendlich in einer Erklärung der Bundesregierung in der Sitzung des Deutschen Bundestages am 21. September 1966. Noch einmal fasste er dort die wesentlichen Gesichtspunkte der Entscheidungsfindung und Hintergründe zusammen[820]: Die Tatsache, dass drei Generale der Bundeswehr um ihre Versetzung in den einstweiligen Ruhestand gebeten hatten, habe, obwohl die Entlassungsgesuche des Generalinspekteurs und des Inspekteurs der Luftwaffe in keinem Sachzusammenhang stünden, eine öffentliche Reaktion mit Schlagworten wie »Aufstand der Generale«, »Die Generale proben den Aufstand« und »Führungskrise in der Bundeswehr« ausgelöst. Hingegen sei zu keinem Augenblick »von irgendjemandem am Primat der Politik gerüttelt« worden; von einem »Machtstreben der Generale« könne also keine Rede sein. Vielmehr stelle der gesamte Vorgang ein Beispiel für »die immer noch vorhandene Skepsis gegenüber der Bundeswehr« dar. Diese »aus unserem nationalen Schicksal verständliche, aber überholte Skepsis« müsse abgebaut werden; die Bundeswehr habe Anspruch darauf, »dass nach elf Jahren endlich die Hypothek gelöscht wird«. Dabei verhehlte er nicht, dass es Probleme innerhalb der Streitkräfte gebe, vor allem hinsichtlich einer modernen Menschenführung. Aber mit dem Leitbild der Inneren Führung, dem ›Staatsbürger in Uniform‹, werde dem bereits Rechnung getragen.

---

[817] Kdr PzGrenBtl 82 (SPz), OTL Jürgens, an de Maizière, 31.8.1966, BArch, N 673/84.

[818] GM Reidel, Kdr 7. PzGrenDiv, an de Maizière, 30.8.1966, ebd.

[819] GM a.D. Pape an de Maizière, 17.11.1966, BArch, N 673/97. Pape hatte am 21.10.1966 vom Verteidigungsminister die Urkunde über seine Versetzung in den einstweiligen Ruhestand erhalten.

[820] Redemanuskript und -entwurf finden sich in ACDP, I-142-007/1, sowie Bundesminister der Verteidigung, Erklärung der Bundesregierung in der Sitzung des Deutschen Bundestages am 21.9.1966, BArch, N 673/97.

Zu den fortdauernden Dissonanzen zwischen militärischer und ziviler Säule der Streitkräfte erklärte er erneut, die Kontrolle über die Bundeswehr bleibe neben dem Parlament allein dem Minister »als der politisch verantwortlichen Spitze« vorbehalten. Dieser habe sie gegenüber den Beamten in gleichem Maße auszuüben wie gegenüber den Soldaten. Die Bundeswehrverwaltung habe nicht nur »keinen Selbstzweck«, sondern müsse »sich ihrer dienenden Funktion bewusst sein«. Für die Bundeswehr insgesamt legte der Minister abschließend fest: »Grundsatz ist: Mit geringstem finanziellen Aufwand den optimalen Effekt zu erzielen. Ziel ist: Bis 1970 den Gesamtaufbau der Bundeswehr zu vollenden.« Zum Erreichen dieses Zieles bedürfe es zweier Voraussetzungen, nämlich »Beibehaltung der Wehrpflicht« und »kein Nachlassen der Verteidigungsanstrengungen«. Wohl habe die Bundeswehr ihren Aufbau noch nicht vollendet, aber in den vergangenen Jahren Fortschritte gemacht, zahlreiche Lücken geschlossen und sich innerlich festigen können. Damit habe sie »die Skepsis des Anfangs widerlegt« und erwarte nun, dass dies anerkannt werde[821]. Damit skizzierte von Hassel auch den Aufgabenbereich des neuen Generalinspekteurs de Maizière. Während dieser sich in sein neues Wirkungsfeld einarbeitete, resümierte er in einem Schreiben an Weinstein, er glaube für sich in Anspruch nehmen zu können, das Heer in den knapp zwei Jahren seiner Amtszeit »gut ›über die Runden‹ gebracht« und außerdem »sich erst in der Zukunft auswirkende Entwicklungen« in Gang gesetzt zu haben[822]. Intern war er deutlich bescheidener: Zerbel gegenüber gestand er, es sei ihm »auch schmerzlich«, das Heer so rasch wieder abgeben zu müssen. Diese Zeit sei viel zu kurz gewesen, »als dass man mit gutem Gewissen sagen könnte, man habe sich in irgend einer Weise ausgewirkt«[823].

Mit Panitzki und vor allem Trettner blieb de Maizière auch künftig in Kontakt[824]. Er selbst lobte seinen Vorgänger ein Jahr später noch auf einer Informationstagung ehemaliger Bundeswehr-Generale: »Das meiste ist mir in den Schoß gefallen, durch Entscheidung General Trettner, durch neue Leitung des Hauses. Ich brauchte die Chance nur entschlossen zu ergreifen[825].« Der Wehrbe-

---

[821] Bundesminister der Verteidigung, Erklärung der Bundesregierung in der Sitzung des Deutschen Bundestages am 21.9.1966, ebd.

[822] De Maizière an Weinstein, 29.8.1966, BArch, N 673/85.

[823] De Maizière an GL a.D. Zerbel, 7.9.1966, ebd.

[824] Siehe dazu den Briefwechsel zwischen de Maizière und GL a.D. Panitzki in BArch, N 673/48c. Erst als Panitzki Anfang der 1970er-Jahre ins Visier Helmut Schmidts geriet, kühlte die Verbindung etwas ab. Siehe Kollegium im BMVg vom 18.1.-29.6.1972, Eintrag 2.3.1972, PAHS, Privat PZ, Kollegium im BMVg: »Vortrag Sts Mo: GenLt a.D. Panitzki macht sich zum Lobbyisten in sehr aufdringlicher Weise. Sts [Staatssekretär] Mo [Mommsen] wird ein Gespräch mit ihm führen, da sich dies für einen ehemaligen Inspekteur der Luftwaffe nicht gehöre.«

[825] Ulrich de Maizière, Ansprache bei der Tagung verabschiedeter Bundeswehr-Generale am 25.10.1967. Schon bei einer seiner ersten öffentlichen Amtshandlungen, der Einweihung des Fallschirmjäger-Ehrenmals in Schongau noch im September 1966, nannte de Maizière Trettner seinen »verehrten Amtsvorgänger, General Trettner, mit dem mich aus gemeinsamer Arbeit viel verbindet«. Siehe Ulrich de Maizière, Entwurf für Rede GenInsp anläss-

auftragte des Deutschen Bundestages, Fritz-Rudolf Schultz, schloss sich dieser Bewertung an. Die Rücktritte Trettners und Panitzkis hätten nicht nur die Stellung der Soldaten in der Bundesrepublik gestärkt, sondern auch die »Basis für ein sachgerechtes Arbeiten« verbreitert[826]. Darin stimmte ihm de Maizière durchaus zu: »Auch ich glaube, dass der Rücktritt der Generale Trettner und Panitzki Problemkreise zur Diskussion gestellt hat, die der Lösung bedürfen. Wir Soldaten sind dabei für jede Unterstützung dankbar[827].«

b)   Generalinspekteur der Bundeswehr (1966 – 1972)

An der Schnittstelle zwischen militärischer und politischer Führung

Wie schon bei seiner Ernennung zum Inspekteur des Heeres erhielt de Maizières Berufung zum Generalinspekteur breite Zustimmung – von der Politik[828] über die Kirchen[829] bis zu den alten Wehrmachts-[830] und Jahrgangs-[831], ja bis zu

---

lich der Einweihung des Fallschirmjäger-Ehrenmals in Schongau/ Altenstadt, 9.9.1966, beide BArch, N 673/59.

[826] Fritz-Rudolf Schultz, MdB, an de Maizière, 22.9.1966, BArch, N 673/51b.

[827] De Maizière an Schultz, 29.9.1966, ebd.

[828] Karl Carstens an de Maizière, 27.8.1966, und Dr. Ewald Bucher, Bundesminister für Wohnungswesen und Städtebau, an de Maizière, 30.8.1966, beide BArch, N 673/84. Bucher war ehemaliges NSDAP- und SA-Mitglied, promovierter Jurist und ab 1941 Weltkriegsteilnehmer, zuletzt als Batteriechef. Nach dem Krieg arbeitete er zunächst als Rechtsanwalt, trat 1950 der FDP/DVP bei, war zeitweise in deren Bundesvorstand und von 1953 – 1969 Mitglied des Deutschen Bundestages. In den Kabinetten Adenauer und Erhard war er bereits seit 1962 Bundesminister für Justiz, trat aber aus Protest gegen die Verlängerung der Verjährungsfrist für während der NS-Zeit begangenen Morde von diesem Amt zurück. Nach der Bundestagswahl 1965 übernahm er das Ministerium für Wohnungswesen und Städtebau, von dem er ein Jahr später zusammen mit den anderen FDP-Ministern zurücktrat. 1972 trat er wegen der Ostverträge der Bundesregierung aus der Partei aus und wurde 1984 Mitglied der CDU. Bucher bekleidete von 1967 bis zu seinem Tod am 31.10.1991 in Mutlangen leitende Tätigkeiten in Verbänden des Städtebaus und der Wohnungswirtschaft. Siehe dazu in der Deutschen Nationalbibliothek, URL: <http://d-nb.info/gnd/ 11866428X> (17.12.2010).

[829] Dr. Franz Hengsbach, an de Maizière, 30.8.1966; dessen Antwort, 8.9.1966, sowie de Maizière an den Militärgeneralvikar im Katholischen Militärbischofsamt, Dr. Martin Gritz, 26.9.1966, alle BArch, N 673/84.

[830] Hier reichten die Gratulanten von »der alten Org.-Crew«, siehe Dr. Hans Ahrenkiel an de Maizière, 14.9.1966, über ehemalige Rekruten bis zum Generalfeldmarschall a.D. Siehe August Bauer an de Maizière, 26.8.1966. Bauer, inzwischen Polizeimeister in Aschaffenburg, hatte seinerzeit in der 10., dann 12. Kompanie des IR 20 unter de Maizière gedient. Siehe Jakob Baumer an de Maizière, 5.9.1966. Baumer war dort seinerzeit »als Ihr 1. Schreiber tätig«. Siehe auch O a.D. Alexander von Bentheim an de Maizière, 26.8.1966; GL a.D. Hans von Donat an de Maizière, 30.8.1966; GL a.D. Gerhard Engel an de Maizière, 29.8.1966, oder GFM a.D. Erich von Manstein an de Maizière, 10.9.1966. Allerdings mochte de Maizière nicht allen antworten: Unter das Telegramm Dr. Buhl an de Maizière, 26.8.1966, der ihm »in Erinnerung an unsere gemeinsam verbrachte Zeit beim II. IR 5 Neuruppin IR 50 Landsberg/Warthe« gratulierte, schrieb er handschr.: »*Keine* Antwort« (Hervorhebung im Original). Alle Schreiben finden sich in BArch, N 673/84.

[831] GM Jürgen Bennecke an de Maizière, 26.8.1966, ebd.

den ehemaligen Kameraden von de Maizières Vater[832]. Aus den Streitkräften kamen die Glückwünsche aus allen Bereichen, den Ämtern[833] ebenso wie der Wehrverwaltung[834] und von Reservisten[835], vor allem aber aus der Truppe[836]. Die Erwartungen an ihn waren inzwischen noch gestiegen. Zwar seien Umstände und der Zeitpunkt, unter dem de Maizière sein Amt antrete, »nicht sehr beneidenswert«, doch nun biete sich »die große Gelegenheit, etwas Gutes und Aufbauendes herauszuholen«[837]. Die Bundeswehr brauche jetzt »eine Persönlichkeit mit Ausstrahlungskraft an der Spitze, die den Geist der Truppe formt und ihr hilft, den ihr angemessenen Platz in einer industriellen, demokratischen Gesellschaft zu finden«[838], ihr »endlich die Stellung im Staate zu verschaffen, welche sie verdient«[839]. Dafür sei er »der rechte Mann am richtigen Fleck«[840], dafür spreche sein »angeborene[s] Taktgefühl«[841], seine »Klugheit [...] und ausgleichendes Wesen«[842] sowie, dass mit ihm ein Mann an die Spitze der Bundeswehr getreten sei, »der die in der deutschen Militärgeschichte nicht so häufig vorkommende geistig gebildete Tradition des Offiziers verkörpert«[843]. Er habe nunmehr die Gelegenheit, »an verantwortlichster Stelle im Sinne der Grundsätze der Inneren Führung zu wirken«[844], »eine gute Zusammenarbeit zwischen Kommandobereich und Bundeswehrverwaltung herbeizuführen«[845] und »sowohl die politischen als auch die militärischen Belange, die in Ihrem Amte zusammenlaufen, erfolgreich und harmonisch zu koordinieren«[846]. Man hoffe, »dass die Führung der Bundeswehr an Klarheit gewinnen wird und sich ein Klima gegenseitigen Vertrauens auf vielen Ebenen wird erreichen lassen«[847], damit vor allem »in den Spitzen ein Stil vertrauensvoller Zusammenarbeit«

---

[832] ORR a.D. Gunther Demuth, Kgl.Pr. Hauptmann a.D. des InfRegts Großherzog Friedrich Franz II. von Mecklenburg-Schwerin (4. Brand.) Nr. 24, an de Maizière, 25.8.1966, ebd.

[833] Siehe z.B. BG Berger an de Maizière, 26.8.1966, ebd.

[834] Siehe z.B. Präsident der Wehrverwaltung VI, Engel, an de Maizière, 30.8.1966; Oberamtmann Kriebel, Leiter der Standortverwaltung Hamburg, an de Maizière, 12.9.1966; sowie Ministerialdirigent Werner Kroener an de Maizière, 26.8.1966, alle ebd.

[835] Siehe z.B. Klaus Jürgen Kortmann an de Maizière, 31.8.1966, ebd.

[836] Siehe die umfangreiche Sammlung in BArch, N 673/84 und 85.

[837] Konrad Benze an de Maizière, 26.8.1966, BArch, N 673/84.

[838] Prof. Dr. Wilhelm E. Krelle an de Maizière, 28.8.1966, ebd.

[839] General der Infanterie a.D. Theodor Busse an de Maizière, 30.8.1966, ebd.

[840] Siehe dazu die Schreiben an de Maizière von Gen. a.D. Gareis, 30.8.1966, BArch, N 673/41a; Pastor Werner Dicke, 5.9.1966, BArch, N 673/82; Günter Giesen, 1. Vorsitzender der Bundesvereinigung Katholischer Männergemeinschaften und Männerwerke, 17.9.1966; K.-H. von Barsewisch, 26.8.1966; Karl Ibach, 26.8.1966; Gero von Schulze-Gaevernitz, 26.8.1966, und Prof. Dr. Wilhelm E. Krelle, 28.8.1966, alle BArch, N 673/84.

[841] Gen. a.D. Gareis an de Maizière, 30.8.1966, BArch, N 673/41a.

[842] General der Panzertruppe a.D. Wenck an de Maizière, 9.9.1966, BArch, N 673/85.

[843] Dr. Lothar Bossle an de Maizière, 5.9.1966, BArch, N 673/84.

[844] Manfred H. Däuwel, Mitglied Hauptausschuss Europa-Union Deutschland, an de Maizière, 25.8.1966, ebd.

[845] Dr. Albert Klas an de Maizière, 19.9.1966, ebd.

[846] Dr. Heinrich Polke, Vorstandmitglied Commerzbank AG, an de Maizière, 26.8.1966, BArch, N 673/85.

[847] Militärgeneralvikar Dr. Martin Gritz an de Maizière, 5.10.1966, BArch, N 673/41b.

entstehe, »von dem alles Weitere abhängt«[848]. Erneut mischten sich auch solche Gratulanten darunter wie Oberst a.D. Dr. Kurt Hesse, inzwischen Honorarprofessor an der Philipps-Universität Marburg und der Akademie für Welthandel in Frankfurt am Main, der es wie »[v]iele alte Soldaten« begrüßte, »wenn dazu noch ein Stück vaterländischen Geistes und freudiger Bejahung des Soldatendienstes käme«[849]. De Maizières ehemaligem Rekruten aus der Reichswehrzeit, Hans Laaß, mittlerweile Polizeiobermeister, gab dessen Ernennung in diesem Sinne »ein wenig Hoffnung, dass das, was uns früher am Soldatentum sinnvoll erschien, doch nicht verloren gegangen sei«[850]. Der evangelische Militärbischof Kunst meinte dagegen, es habe wohl der Vorgänge der vergangenen Wochen bedurft, um Regierung, Parlament und der breiten Öffentlichkeit deutlich zu machen, »dass einige neue Schritte mit Entschiedenheit getan werden müssen«. De Maizière werde »bei noch so großer Tüchtigkeit und Anstrengung ein Reiter auf einem hölzernen Pferde sein, wenn nach dem Urteil der Truppe nur einige Arabesken einen neuen Stil bekämen, im Übrigen aber ›alles beim alten‹ bliebe«[851].

Die Voraussetzungen für Neuerungen schienen günstig. Sowohl der Vorsitzende der CDU/CSU-Bundestagsfraktion, Rainer Barzel, hatte de Maizière wissen lassen, seine Tür stehe für ihn immer offen[852], als auch Oberst a.D. von Gaertner, dass er zudem bei der Opposition, wie er aus Gesprächen mit Helmut Schmidt habe erkennen können, »mit voller Unterstützung rechnen« dürfe[853]. Der Wehrbeauftragte, Matthias Hoogen, zeigte Gesprächsbereitschaft[854], und aus den USA wie Frankreich erreichten ihn zustimmende Signale[855], vor allem jedoch aus der Truppe. Seine Ernennung ließ dort viele Offiziere neue Hoffnung schöpfen: »Sie dürfen und sollen es wissen, dass Sie für einen großen Teil der Offiziere, die sich dem Neuaufbau bewaffneter Streitkräfte in unserem Staat zur Verfügung gestellt haben, nun zum personifizierten Inbegriff dessen ge-

---

[848] Prof. Dr. Werner Conze an de Maizière, 11.9.1966, BArch, N 673/84.

[849] O a.D. Dr. Kurt Hesse an de Maizière, 27.8.1966, ebd.

[850] Polizeiobermeister Hans Laaß an de Maizière, 27.2.1972, BArch, N 673/45b. De Maizière ging darauf nicht ein.

[851] Der Evangelische Militärbischof Kunst an de Maizière, 24.9.1966, BArch, N 673/85. »[D]ass dieses eine Gesundkrise sein möge«, wünschte auch K.-H. von Barsewisch de Maizière, 26.8.1966, BArch, N 673/84.

[852] Dr. Rainer Barzel an de Maizière, 26.8.1966, ebd.

[853] O a.D. von Gaertner, Offizierverein des ehemals Kgl. Pr. 4. Garde-Regiments zu Fuß, an de Maizière, 28.8.1966, ebd.

[854] Dr. Matthias Hoogen an de Maizière, 26.8.1966, sowie dessen Antwort, 9.9.1966, beide ebd.

[855] Der 1966 gerade neu ernannte US-Botschafter in der Bundesrepublik, John W. Tuthill, soll gegenüber dem bundesdeutschen Botschafter in Brasilien, Ehrenfried von Holleben, geäußert haben, »wie sehr man es in den USA begrüße, dass gerade Sie mit dieser Aufgabe betraut worden seien. Tuthill war vor einigen Jahren als Wirtschaftsgesandter an der amerikanischen Botschaft in Bonn und kennt Sie aus dieser Zeit anscheinend recht gut.« Siehe Ehrenfried von Holleben an de Maizière, 9.9.1966. »Sehr interessant und zugleich erfreulich« war offenbar auch die Reaktion der französischen Presse und Bevölkerung auf de Maizières Ernennung, berichtete der Kdr PzGrenBtl 82 (SPz), OTL Jürgens, an de Maizière. Siehe Jürgens an de Maizière, 31.8.1966, beide ebd. Jürgens befand sich mit seinem Bataillon auf dem französischen Übungsplatzes La Courtine.

worden sind, was wir ersehnten und wofür wir uns eingesetzt haben[856].« Anderswo im Offizierkorps empfand man »Genugtuung«[857], sah sich »überraschend ein[en] Wunsch erfüllt, den viele Offiziere der Bundeswehr seit Langem hegen«[858] und war sich sicher, »dass unter Ihrer Führung alles Erreichbare zum Wohle unserer Bundeswehr und unseres Volkes getan wird«[859]. Zwar war dabei noch nicht allen schon die korrekte Schreibweise des Namens des neuen Generalinspekteurs geläufig[860]; aber man hoffte auf allerhand, nämlich »auf eine gute Verbindung alter Ideale mit neuen Ideen, auf möglichst gerechte Förderung der Begabten, auf die allmähliche Ablösung unzureichender Führungskräfte, die allein durch Beziehungen Spitzenstellen erwarben«[861], und »manchen organisatorischen Wandel«[862].

Allerdings lag der Kommandeur der 4. Panzergrenadierdivision, Generalmajor Hellmut Grashey, falsch, als er meinte, es dürfte im Heer »wohl kaum einen General geben, der Ihnen und der Bundeswehr diese Verwendung nicht gewünscht hätte«[863]. Der eine oder andere musste doch erst gewonnen werden, wie der Kommandeur der 11. Panzergrenadierdivision, immerhin de Maizières Jahrgangskamerad Otto Uechtritz. Der hatte sich nach einem ausführlichen Gespräch mit Generalleutnant Moll unter vier Augen davon überzeugen lassen, de Maizière habe die neue Stellung ausschließlich aus Pflichtbewusstsein so rasch übernommen. Uechtritz versicherte gleichzeitig, alle Kommandeure seiner Division sähen es als ihre erzieherische Aufgabe an, im Offizierkorps »das Vertrauen zur militärischen Führung bewusst zu stärken«. Er selbst habe sich auch dann danach gerichtet, wenn er »in wesentlichen Fragen anderer Auffassung« gewesen sei[864]. De Maizière antwortete wie immer verbindlich und mit Verständnis für Uechtritz' anfängliches Zögern. Die »äußere Optik« habe in der Tat die Gefahr in sich geborgen, seine Amtsübernahme »in einem falschen Licht zu sehen«. Umso mehr freue er sich, dass der Jahrgangskamerad »die Information Deines neuen Inspekteurs akzeptiert« habe, und hoffe, dass es gelinge, »durch das Opfer von Trettner zu wirklichen Fortschritten zu kommen«[865]. Der Vorwurf, Trettner aus Ehrgeiz gefolgt zu sein, stand im Raum. Auch deswegen äußerten sich einige kritisch wie die Generale a.D. Erich Dethleffsen[866] und Gerhard Matzky. Letzterem erschien es nämlich »höchst zweifelhaft«, ob es »den

---

[856] M Paul Dose an de Maizière, 28.8.1966, BArch, N 673/39a.
[857] OTL Hans Condné an de Maizière, 29.8.1966, BArch, N 673/38.
[858] FA Herwig Collmann, Kommandeur Schule für Innere Führung, an de Maizière, 26.8.1966, BArch, N 673/84.
[859] OTL i.G. B. Klemz an de Maizière, 1.9.1966, ebd.
[860] OTL H. Möllenhoff an de Maizière, 26.8.1966, BArch, N 673/85.
[861] Troomschläger an de Maizière, 7.9.1966, BArch, N 673/52b.
[862] GM Niepold, Kdr 6. PzGrenDiv, an de Maizière, 30.8.1966, BArch, N 673/85.
[863] GM Grashey, Kdr 4. PzGrenDiv, an de Maizière, 28.8.1966, BArch, N 673/84.
[864] GM Uechtritz, Kdr 11. PzGrenDiv, an de Maizière, 6.9.1966, BArch, N 673/85.
[865] De Maizière an Uechtritz, 8.9.1966, ebd. Auch andere versichern de Maizière, »dass Sie nicht aus Ehrgeiz an die Stelle von Trettner getreten sind, sondern aus Pflichtbewusstsein in dieser so schwierigen Situation«. Siehe z.B. von Barsewisch an de Maizière, 26.8.1966, BArch, N 673/84.
[866] Gen a.D. Erich Dethleffsen an de Maizière, 3.10.1966, ebd.

sogenannten Politikern, die jetzt mit ihrem ›Weltkriegsgefreiten-Sachverstand‹ an den unerfreulichen Symptomen herumzukurieren versuchen, gelingen wird, daraus eine ›Genesungskrise‹ zu machen«. Nicht ohne Seitenhieb auch auf de Maizière fuhr er fort, diese seien »zumeist doch wohl partei-ideologisch zu sehr verstrickt«, als »dass sie sich freimütig zu den grundlegenden Fehldiagnosen von einst bekennen könnten, an deren allzu bereitwilliger Hinnahme die Soldaten freilich auch nicht ganz schuldlos waren«[867].

Die große Mehrheit jedoch vertraute auf de Maizières »abwägendes und diplomatisches Geschick« und darauf, dass »die notwendigen soldatischen Forderungen« nachdrücklich dann vertreten würden, wenn die Zeit dafür gekommen sei[868]. Hierfür erhielt er zusammen mit dessen Glückwünschen gleich noch eine Handlungsanweisung Heusingers:

»Ihre Aufgabe wird nicht leicht sein. Ich sehe sie in Folgendem: Einmal muss das Vertrauen zwischen den Soldaten und den Politikern gefestigt werden, damit endlich die ewigen Vergleiche mit der Reichswehr, das verzerrte Bild von Seeckt, der immer wieder auftretende Zweifel an der Generalität und das Geschwätz vom ›Staat im Staate‹ aufhören. Zum anderen muss die Zusammenarbeit und das Vertrauen zwischen Minister, Staatssekretär und Generalinspekteur wieder hergestellt werden. Ich sehe in diesem Zusammenspiel die entscheidende Voraussetzung für eine reibungslose Arbeit des Ministeriums. Zum dritten sollte das Verhältnis zwischen Ministerium und Truppe verbessert werden. – Das sind für Sie schwere Aufgaben. Sie werden sie mit Ihrer behutsamen Art schrittweise lösen. Aber Sie werden hierbei auch hart sein müssen, wenn es gilt, die Stellung der Soldaten im Staate und gegenüber der Verwaltung ins richtige Licht zu rücken[869].«

Doch so groß der Respekt vor Person wie Rat des Vorbildes und so deckungsgleich auch die Ansichten beider in diesem Zusammenhang waren, de Maizière ließ sich doch mehr als zwei Wochen Zeit für die Antwort – wohl auch um seine Unabhängigkeit zu demonstrieren. In seiner Begründung wird die Abgrenzung deutlich: Er sei in den vergangenen zwei Wochen »recht angespannt« gewesen, weil es zunächst darauf angekommen sei, »den Kurs zu bestimmen und ihn nach oben (vor allem) und nach unten zur Kenntnis zu bringen«. Das sei nun »mit gutem Erfolg« geschehen. So hoffe er abschließend versöhnlich, dass sich bald die Gelegenheit zu einem Gedankenaustausch biete[870].

Während er sich in seinen neuen Amtsbereich einarbeitete, verschob de Maizière tatsächlich sämtliche Vorträge für die nächsten sechs Monate, stellte alle »bisher liebgewonnenen privatdienstlichen Anliegen und Kontakte« zurück und selbst sein Engagement als »Cornelius« ein[871]. Aus seiner Sicht musste er

---

[867] Gen a.D. Gerhard Matzky an de Maizière, 2.9.1966, BArch, N 673/85.
[868] GM a.D. Laegeler an de Maizière, 6.11.1966, BArch, N 673/45b.
[869] Heusinger an de Maizière, 26.8.1966, BArch, N 673/84.
[870] De Maizière an Heusinger, 12.9.1966, ebd.
[871] De Maizière an Heinen, 2.9.1966. Siehe dazu auch Dr. Friedrich Bechtle an de Maizière, 1.9.1966, und dessen Antwort, 2.9.1966. Auch einen bereits im Sommer 1966 für den 4.10.1966 anberaumten Vortrag mit dem Thema »Die Konzeption des Heeres« vor dem Westfälischen Industrieklub in Dortmund verschob de Maizière kurzerhand auf unbe-

rasch sowohl brauchbare Arbeitsmöglichkeiten in der Führung wie eine Beruhigung und zunehmendes Vertrauen in der Truppe schaffen[872]. Sein Hauptaugenmerk galt in den ersten Wochen deswegen zunächst der Innenpolitik und der Stimmungslage in der Truppe[873]. Der großen Hoffnungen, die man dort hegte, war er sich freilich bewusst. Er hoffte, »dass alle Kameraden so geduldig sein werden, eine Entwicklung abzuwarten und nicht von heute auf morgen Wunder erwarten«[874]. In Geduld üben mussten sich auch die Medien. Ehe er dem Verteidigungsausschuss des Bundestages vorgestellt worden sei und dort gesprochen habe, mochte er »aus politischen Überlegungen« kein Interview geben[875]. Am 13. September 1966 gab er vor diesem Gremium schließlich seine quasi-Regierungserklärung ab[876]. Weil man von ihm nach so kurzer Zeit noch keinen umfassenden Vortrag über die Bundeswehr erwarten dürfe, mochte er »nur zwei Problemkreise herausgreifen: I. Wie sieht es z.Z. in der Bundeswehr aus?, II. Welches sind die Arbeitsschwerpunkte für mich in der nächsten Zeit?«. Zur Bundeswehr stellte er fest, sie lebe noch in der Konsolidierungsphase. Bislang seien deutliche Verbesserungen in der Personalstruktur erreicht, eine Entspannung der Situation bezüglich Unterbringung und Infrastruktur sowie eine Schwerpunktverlagerung hin zu verstärkter Ausbildung in der Einheit und im Bataillon anstatt diverser Großübungen. Überhaupt seien eine bessere Unteroffizierausbildung in Angriff genommen und neue Wege der Ausbildung zum Offizier und Weiterbildung der Offiziere beschritten worden. Dennoch existierten in den letztgenannten Bereichen noch »fühlbare Lücken«, wobei die größte Sorge die Entwicklung der Offizierlage sei. Als weitere vordringliche Aufgaben für die nächsten Jahre definierte er die »Vervollständigung der Streitkräfte« im materiellen Bereich. So habe man im Heer vornehmlich die Aufstellungslücken zu schließen, in der Luftwaffe die Probleme mit den modernen Waffensystemen zu überwinden und die Marine durch die Indienststellung weiterer Schiffe zu modernisieren. Beim Heer stehe bis 1970 außerdem die Erweiterung der »Schützenpanzerfamilie«, die Ausrüstung mit MILAN, HOT, Feldraketenwerfern und das Hubschrauber-Programm im Fokus, bei der Luftwaffe die Erweiterung und Modernisierung des Lufttransport-Volumens und bei der Marine die Modernisierung mit Raketen sowie ein Schiffsbauprogramm. In diesem Zusammenhang bat er den Verteidigungsausschuss um Unterstützung, »vor allem bei der Bewilligung der Geldmittel«.

Was seine eigenen »Arbeitsschwerpunkte« betraf, legte er sich auf die Einarbeitung in die militärpolitischen Fragen und das strategische Konzept, die mit-

---

stimmte Zeit. Siehe dazu den Schriftwechsel zwischen de Maizière und Dr. Johann Daniel Gerstein zwischen Juni und September 1966. Alle Dokumente finden sich in BArch, ebd.

[872] De Maizière an Heinen, 2.9.1966, ebd.

[873] De Maizière an Baudissin, 8.9.1966, ebd.

[874] De Maizière an O i.G. Hornig, 1.9.1966, ebd.

[875] So de Maizières Antwort an Fritz Hirschner, Rhein-Zeitung, 9.9.1966, auf dessen Anfrage, 1.9.1966, beide ebd. Dabei blieb de Maizière, obwohl es sich bei Hirschner um einen rotarischen Freund aus Koblenz handelte.

[876] Ulrich de Maizière, Stichworte für den Vortrag vor dem Verteidigungsausschuss am 13.9.1966, undat., BArch, Bw 1/181190, sowie BArch, N 673/69.

tel- und langfristige Planung sowie die »Überwindung des inneren Unbehagens in der Bundeswehr« fest. Die dazu von ihm in der Folge ausgeführten Argumente sollten in der Tat seine Leitlinien in der gesamten Amtszeit als Generalinspekteur werden: Hinsichtlich der militärpolitischen Fragen und des strategischen Konzepts betonte er die Dynamik der strategischen Planung[877]. Hier handelte es sich seiner Meinung nach um einen »Prozess in ständiger Entwicklung«. Weder gebe es eine »neue Strategie von einem zum anderen Tag« noch eine nationale Strategie, wohl aber »einen Beitrag zur Bündnisstrategie auf der Grundlage einer nationalen Konzeption«. In diesem Zusammenhang wies er darauf hin, es gebe kein einzelnes Waffensystem, das den Erfolg allein begründete, sondern immer nur »eine wohl abgewogene in sich ausgeglichene Mischung von Waffen mit wechselnden Schwerpunktwaffen«. Bezüglich der mittel- und langfristigen Planung der Bundeswehr machte er vor allem die personelle Entwicklung der Streitkräfte und ihre Finanzlage als Hauptproblembereiche aus. Die Offizierlage sei »ernst«, die Unteroffizierlage immer noch »leicht angespannt«, während die erfolgversprechende dritte Laufbahn, also die des Fachdienstoffiziers, erst angelaufen sei. Finanziell erhoffte er sich feste Zusagen für einen längeren Zeitraum. Da die Haushalte 1966/67 bereits unter den Planungsgrundlagen lägen, könne bei entsprechender Weiterentwicklung in dieser Richtung die bisherige Planung kaum erfüllt werden. Mit dem Personalwechsel in der Bundeswehrführung sei zwar die Voraussetzung für die Fortsetzung der Arbeit geschaffen, nicht jedoch »das innere Unbehagen« überwunden worden. Die Integration der Streitkräfte in die Ordnung des Staates sei »im Wesentlichen als geglückt anzusehen«, dennoch müsse mehr getan werden. Darunter verstand er insbesondere den »Abbau des ›Vorbehalts des Vertrauens‹«, wie er es nannte. Man möge doch davon ausgehen, dass militärische Bitten, Anträge und Wünsche nicht aus Prestige- und Machtstreben erwüchsen, sondern aus dem Gefühl der Verantwortung um die Sache. Die zu findenden Lösungen müssten auf die Besonderheiten des militärischen Auftrages und die Konsequenzen, die sich aus dem technischen Fortschritt ergäben, ausgerichtet sein. Grenzen bestünden gleichwohl durch die »Grundlagen der Verfassung, rechtsstaatliches Denken [und] gesellschaftliche Gegebenheiten in unserem Volk«. Abschließend wünschte er sich das »Durchziehen« der »hierarchischen Ordnung bis zum Minister«, denn Streitkräfte lebten nunmal in »hierarchischer Ordnung«, sowie etwas kryptisch die Angleichung der »Anordnungsbefugnis bzw. [des] Mitspracherecht[s]« an die Verantwortung. Sein Fazit lautete:
»Natürlich ist die Bundeswehr ein Mittel in der Hand der politischen Führung. Sie dient primär der Abschreckung, aber nur dann, wenn die Bundeswehr ein jederzeit kampfbereites Instrument mit moderner Ausrüstung ist

---

[877] »Planung« wurde Mitte der 1960er-Jahre insgesamt zum großen Thema in der Führerausbildung der Bundeswehr, auch und gerade an der Führungsakademie. Siehe dazu Ulrich de Maizière, Planung. Vortrag GenInsp, gehalten an der FüAkBw am 21.9.1967, und de Maizière, Merkmale militärischer Planung und aktuelle Probleme der Bundeswehr-Führung. Vortrag vor der Deutschen Atlantischen Gesellschaft in Stuttgart am 5.7.1967, beide BArch, N 673/59.

und wenn die politische Führung klar zu erkennen gibt, dass sie entschlossen ist, dieses Instrument zu benutzen, falls ein Aggressor uns einen Abwehrkampf aufzwingen sollte. Solange daran Zweifel bestehen, wird die Truppe kein wirksames Instrument sein können[878].«
Damit machte er früh klar, dass es ihm um die kontinuierliche Fortsetzung des eingeschlagenen Weges ging. Kein Programmpunkt war neu, die Probleme altbekannt bis hin zu der vorsichtig gewählten Formulierung in Bezug auf die Stellung des Generalinspekteurs. Viele sahen in diesem Dienstposten bis dahin »mehr einen Inspektor ohne großen Einfluss«, obwohl »die Truppe eine archaische Sehnsucht nach einem Befehlshaber hatte, der auch gegenüber der Politik ab und zu mit der Faust auf den Tisch haute«, wie es de Maizières späterer Luftwaffenadjutant Bahnemann in der Rückschau ausdrückte. Sein Generalinspekteur habe diesen Konflikt um seine Stellung und Person »in aller Klarheit erkannt« und wiederholt erklärt: »Die Leute wollen immer einen Rommel, einen der dynamisch handelt, und ich kann diese Erwartung weder persönlich noch hinsichtlich meiner Stellung und meiner Verfassungsinterpretation erfüllen[879].« Immerhin hatte de Maizière bereits bei seiner Amtsübernahme erreicht, dass der Minister per Erlass den Generalinspekteur zum ranghöchsten Hauptabteilungsleiter erklärte[880]. Dagegen warnte der Hauptabteilungsleiter III, Ernst Wirmer, erneut davor, es gehe im Kern darum, den Generalinspekteur auf die Staatssekretärsebene anzuheben[881]; mithin eine Frage, die bis heute diskutiert wird[882].
Mitte September 1966 hatte Professor Dr. Ernst-Wolfgang Böckenförde, damals Lehrstuhlinhaber für Öffentliches Recht, Verfassungs- und Rechtsgeschichte sowie Rechtsphilosophie an der Ruprecht-Karls-Universität Heidelberg (1964–1969) und später Richter am Bundesverfassungsgericht (1983–1996), eine neue Variante ins Spiel gebracht und an Herbert Wehner geschickt[883]. In letzter

---

[878] Ulrich de Maizière, Stichworte für den Vortrag vor dem Verteidigungsausschuss am 13.9.1966, undat., BArch, Bw 1/181190.

[879] Bahnemann, Parlamentsarmee?, S. 92 f.

[880] Bundesminister der Verteidigung von Hassel an Vorsitzenden Verteidigungsausschuss des Deutschen Bundestages, Dr. Friedrich Zimmermann, 10.11.1966, ACDP, I-142-005/3: »Dieser Regelung entspricht die 3. Besoldungsnovelle, in der vorgesehen ist, dass der Generalinspekteur nach B 11a besoldet wird, während die anderen Hauptabteilungsleiter [wie] nach B 10 besoldet werden.«

[881] HAL III an Minister über Staatssekretär, Betr.: Die Vertretung des Bundesministers der Verteidigung unter Darstellung der Diskussion vom Oktober/November 1960, 14.9.1966, ACDP, NL Gumbel, I-142-005/4. Im Nachlass Gumbel findet sich auch eine seinerzeit dazu erstellte ausführliche Übersicht über die Entwicklung der Organisation des BMVg von 1955–1966. Siehe BMVg/Org, Az. 10-02-05-00, an Staatssekretär, Betr.: Entwicklung der Organisation des BMVg von 1955–1966, 30.8.1966, ACDP, NL Gumbel, I-142-005/3.

[882] Lothar Rühl, Ein militärischer Staatssekretär? Anmerkungen zur Debatte über die Strukturreform der Bundeswehr, FAZ, 23.7.2010, S. 10.

[883] Böckenförde hatte den Vortrag bereits am 23.7.1966 bei einer Veranstaltung der Hochschule für Politische Wissenschaften in München unter dem Titel »Die Eingliederung der Streitkräfte in die demokratisch-parlamentarische Verfassungsordnung und die Vertretung des Bundesverteidigungsministers in der militärischen Befehlsgewalt (Befehls- und Kommandogewalt)« gehalten. Die FAZ hatte daraufhin, offenbar ohne seine Zustimmung

Konsequenz schlug Böckenförde die Einführung eines Staatsministers als »einen politischen Gehilfen des Ministers« nach britischem Vorbild vor[884]. Schon Ende August 1966 hatte Meyer-Detring mit Böckenförde gesprochen, um Wege zu finden, »wie man Herrn Böckenförde in die Diskussion hineinbringen könnte«[885]. Doch für de Maizière schien diese Diskussion spätestens nach dem Ministerwechsel Ende des Jahres 1966 abgeschlossen. Er konnte sich »nicht mehr vorstellen, dass eine Vertretung des Verteidigungsministers in der Befehls- und Kommandogewalt anders geregelt wird, als durch die Vertretung durch einen Politiker«[886]. Ihm war wichtiger, dem Generalinspekteur das Weisungsrecht in Fragen der Gesamtstreitkräfte gegenüber den Inspekteuren zu sichern. Darüber war er schon nach wenigen Wochen im Amt mit Staatssekretär Gumbel aneinandergeraten. Als er diesen am 11. Oktober 1966 über die jährliche Reise der Generalstabschefs unterrichtete, lehnte er es ab, dem Staatssekretär »künftig die Protokolle der Führungsratssitzungen zur Einsichtnahme zuzuleiten«[887]. Darüber entstand eine Diskussion, in der de Maizière erklärte, welche Position er für den Generalinspekteur anstrebte: »1. die Möglichkeit ›im Auftrag‹ Befehle auf den Gebieten der Aufstellung, Organisation, Erziehung und Ausbildung, Führung und Logistik der Streitkräfte zu geben, 2. dass alle Befehle und Anordnungen (dagegen nicht Informationen und Unterrichtungen) an die Truppe *durch die Hand* des Generalinspekteur [sic!] (der Inspekteure) gegeben würden, 3. Disziplinarbefugnis für den Generalinspekteur und die Inspekteure.« Einig waren sich beide darin, dass die Erfüllung dieser Wünsche keine truppendienstlichen Befugnisse gegenüber den Streitkräften bedingen würde. Vor allem im letzten Punkt plagten den Staatssekretär allerdings Bauchschmerzen. Dies sei »ein alter Wunsch der Inspekteure«; folgte man ihm, müsste der Text des Organisationsgesetzentwurfes geändert werden. Offen bliebe, »ob dem Generalinspekteur und den Inspekteuren Disziplinargewalt verliehen werden kann, ohne dass sie die Befugnis erhalten, Befehle in eigenem Namen zu geben«. De Maizière selbst würde keine Befehlsbefugnis im eigenen Namen anstreben, er betrachte sich »als ›Generalstabschef‹«; die Dienstpostenbezeichnungen Generalinspekteur und Inspekteur seien 1957, »d.h. zu einer Zeit eingeführt worden, als ›der Generalstab‹ noch verpönt war«.

»etliche Auszüge aus der unkorrigierten stenographischen Niederschrift« veröffentlicht. Siehe Böckenförde an Herbert Wehner, MdB, 13.9.1966, AdsD, 1/HSA A008012, sowie »Wehrgewalt und Ministervertretung«, FAZ, 6.9.1966, S. 6 f. Das 22-seitige Referat findet sich in der Anlage zu Böckenförde an Wehner, 13.9.1966, AdsD, 1/HSA A008012.

[884] Böckenförde an Wehner, 13.9.1966, AdsD, 1/HSA A008012. Das angesprochene, 22-seitige Referat findet sich als Anlage.

[885] Aktennotiz über die Unterredung mit den Professoren Ernst-Wolfgang Böckenförde und Ulrich Scupin am 28.8.1966 im Rechtswissenschaftlichen Institut der Universität Münster, 26.8.1966, BArch, N 673/47a. De Maizière hat das Dokument am 29.8.1966 als gesehen abgezeichnet.

[886] De Maizière an Prof. von der Heydte, 27.1.1967, BArch, N 673/42.

[887] Aufzeichnung Staatssekretär, 17.10.1966, ACDP, I-142-005/3. Auch zum Folgenden (Hervorhebungen im Original).

Vor allem der gerade ernannte Luftwaffeninspekteur, Generalleutnant Johannes Steinhoff, plädierte nämlich im Gegenteil für die Einführung des US-amerikanischen Systems der Joint Chiefs of Staff. De Maizière unterstellte Steinhoff in diesem Zusammenhang einen »Ehrgeiz«, der »zweifellos« auf das Amt des Generalinspekteurs ziele; hierzu würden »nicht immer ganz faire Mittel angewendet«; vor allem betreibe Steinhoff »eine intensive, auf seine Person abgestellte Pressearbeit«[888]. Der sich seit dem 1. Dezember 1966 im Amt befindliche Verteidigungsminister Dr. Gerhard Schröder prüfte daraufhin die Alternativen, entschied sich im Mai 1968 für die Beibehaltung des Weisungsrechtes und stärkte die Position des Generalinspekteurs im September 1968, indem er ihm die Gesamtverantwortung für die Bundeswehrplanung als »Pilotaufgabe« übertrug[889]. Geklärt war damit indes nur die Situation, das Problem jedoch nicht. Es schwelte weiter und wurde letzten Endes erst durch den »Blankeneser Erlass« vom 21. März 1970 gelöst. Mit ihm definierte Bundesverteidigungsminister Helmut Schmidt zum ersten Mal Stellung und Befugnisse des Generalinspekteurs der Bundeswehr als »Gesamtverantwortlichen der Bundeswehrplanung im Verteidigungsministerium« eindeutig[890]. Aus der Rückschau von fast 40 Jahren erklärte Schmidt, er habe bei seiner Amtsübernahme 1969 nicht nur »das sture Prinzip von Befehl und Gehorsam« auf der Hardthöhe als »problematisch« empfunden, sondern »besonders auch den Primat der Beamten«. Diesen habe das Recht zugestanden, »bis in die Kompanien hinein Erlasse zu diktieren, sie hatten im Prinzip mehr zu sagen als die militärischen Vorgesetzten«. Solchen »Unfug« habe er umgehend »abgeschafft«[891].

Tatsächlich hatte sich Schmidt seinerzeit rasch entschieden, die Spitzenorganisation im Frühjahr 1970 zu verändern. Wie schon in den Jahren zuvor, griff er dabei auf die Expertise Kielmanseggs zurück. Mit ihm war er sich einig, dass die Führungsstäbe der Teilstreitkräfte im Ministerium verbleiben müssten. Unschlüssig war er sich allerdings hinsichtlich der Stellung und Aufgabendefinition des Führungsstabes der Bundeswehr, weil dieser »einerseits Weisungen gegenüber den Teilstreitkräften geben können muss (und insofern ein militärischer Führungsstab zu sein hat und keine Ministerialabteilung), [...] aber andererseits gegenüber anderen Ministerien ›zur Seite‹, d.h. nach den Prinzipien der GGO weiterhin zu arbeiten haben wird«. Außerdem hielt er es für »nicht nur unzweckmäßig, sondern auch verfassungsrechtlich unzulässig«, dem Generalinspekteur die volle Befehls- und Kommandogewalt zu delegieren[892].

---

888 GenInsp, Zusammenstellung wichtiger Vorgänge von August 1966-März 1972, 2. Amtsjahr, BArch, N 673/64.

889 Minister/Org 2, Az. 10-02-01, Betr.: Bundeswehrplanung im BMVg, 19.9.1968, BArch, N 673/90.

890 De Maizière, In der Pflicht, S. 294 f. Siehe dazu de Maizières Erläuterungen bei Ulrich de Maizière, Stellung und Aufgaben des Generalinspekteurs der Bundeswehr, Vortrag bei der Wehrpolitischen Tagung der SPD am 24.10.1970 in Hamburg, BArch, N 673/61a. Der Erlass findet sich nebst den ausführlichen Anlagen in BArch, N 673/90.

891 Schmidt, Außer Dienst, S. 46 f.

892 Helmut Schmidt an Kielmansegg, 27.11.1969, AdsD, 1/HSA A005311.

Eine Beratergruppe um Kielmansegg sollte Klarheit in die Sache bringen. Der alte Weggefährte sicherte de Maizière schon vorab zu, er brauche sich wegen seiner Haltung in der Frage der Stellung des Führungsstabes und des Generalinspekteurs nicht zu sorgen. Hier gehe er »eher noch weiter« als de Maizière und würde seinen Standpunkt deutlich vertreten[893]. Sogar Heusinger meldete sich, in diesem Falle ungefragt, beim Minister. Er begrüßte zwar die angedachte Ausstattung der Inspekteure mit »echten Kommandobefugnissen«, hatte jedoch »Bedenken, die *Stellung des Generalinspekteurs* damit zu schwächen«. Der Generalinspekteur sollte seiner Ansicht nach »doch etwas mehr als nur ›primus inter pares‹ bleiben«[894]. Letzten Endes stimmten die Gutachter darin überein, dass er »nicht Wanderer zwischen zwei Welten sein« und der Minister »nicht auf die Rolle eines Schiedsrichters degradiert werden« dürfe[895]. Den einfachsten Weg, dies zu erreichen, erkannte man in der konsequenten Durchführung der von Schmidt früher selbst erhobenen[896] Forderung eines durchgehenden Kommandostrangs und wollte dem Generalinspekteur volle truppendienstliche Befugnisse über die gesamten Streitkräfte zugestehen[897]. Allen Beteiligten war dabei bewusst, dass eine wesentlich andere Lösung den amtierenden Generalinspekteur »mit Sicherheit zum Gehen zwingen würde«[898].

Am 23. März 1970 wurden die wesentlichen Elemente der Umgliederung des militärischen Bereiches im Verteidigungsministerim schließlich der Presse mitgeteilt: Danach erhielten die Inspekteure der Teilstreitkräfte truppendienstliche Befugnisse und Disziplinargewalt, »um die von ihnen unmittelbar gegenüber dem Minister zu verantwortende Einsatzbereitschaft ihrer Teilstreitkraft besser gewährleisten zu können«. Ihr Einfluss auf die Bearbeitung der Personalangelegenheiten ihrer Offiziere wurde insoweit gestärkt, dass gegen den Widerspruch eines Inspekteurs ohne Entscheidung des Ministers kein Bataillonskommandeur mehr eingesetzt werden durfte; gleichzeitig konnte künftig grundsätzlich kein Offizier mehr zum Brigadegeneral befördert werden, der nicht wenigstens einmal außerhalb seiner Teilstreitkraft verwendet worden war. Demgegenüber war der Generalinspekteur »als entscheidendes zentrales Element dem Minister verantwortlich für Entwicklung einer Gesamtkonzeption der militärischen Verteidigung«. In diesem Kontext erhielt er »klare Weisungsbefugnisse als ministerielle Instanz gegenüber den Inspekteuren«. Durch die

---

[893] Kielmansegg an de Maizière, 22.2.1970, BArch, N 673/44b.

[894] Gen a.D. Heusinger an Bundesminister der Verteidigung, 5.3.1970, BArch, N 673/90 (Hervorhebung im Original).

[895] Gen a.D. Graf Kielmansegg, Ergebnis Gutachtergruppe »Spitzengliederung« vom 13.3.1970, AdsD, 1/HSA, A007989.

[896] Zu diesem Vorschlag siehe Fraktion der SPD im Bundestag/Arbeitskreis Sicherheitsfragen, Notizen über Neuorganisation des Verteidigungsministeriums, 10.10.1969, AdsD, 1/HSA, A007989. Die dort ebenfalls formulierte Einführung eines »Fünf-Sterne-Generals« übernahm Schmidt dagegen nicht.

[897] Gen a.D. Graf Kielmansegg, Ergebnis Gutachtergruppe »Spitzengliederung« vom 13.3.1970, AdsD, 1/HSA, A007989.

[898] BMVg, Kurze kritische Bewertung der Stellungnahmen des Hauses zum Kommissionsbericht der Gutachtergruppe »Spitzengliederung«, 10.3.1970, AdsD, 1/HSA, A007989.

Einsetzung eines dem Generalinspekteur unmittelbar unterstehenden »Generals für Aufgaben der Erziehung und Bildung in den Gesamtstreitkräften« sollte zudem »die Bedeutung der Inneren Führung als zentral wahrzunehmende Aufgabe nachdrücklich unterstrichen« werden. Darüber hinaus wurde der Militärische Führungsrat »aus einem bloßen Beratungsorgan des Generalinspekteurs« zu einem »auf dem Team-Gedanken« beruhenden Instrument »zur gemeinsamen militärischen Willensbildung des Generalinspekteurs und der Inspekteure als Grundlage für Entscheidungen des Generalinspekteurs«[899].

Das war am Ende nicht die erhoffte Stärkung der Befugnisse des Generalinspekteurs und zeigte, wie groß der Widerstand innerhalb des Ministeriums gegen eine solche Lösung gewesen ist[900]. Kielmansegg wunderte sich selbst, ihm schienen doch »einige wichtige Punkte der Gutachtergruppe [...] verloren gegangen zu sein«. Abgesehen davon, dass er »gern wüsste, wo und warum das geschehen ist«, interessierte ihn vor allem de Maizières Einschätzung, »denn von den ›Verlusten‹ ist nur Ihre Stellung betroffen«[901]. Dieser beruhigte ihn umgehend. Wohl müsse er die Bereiche Öffentlichkeitsarbeit und Werbung an das IPZ abgeben und tatsächlich sei die Mitverantwortung der Inspekteure für die gemeinsame militärische Willensbildung gegen seinen Wunsch im Erlass geblieben. Dafür habe er sich aber damit durchgesetzt, dass die Militärpolitik ganz in seiner Hand verbleibe. Maßgeblich sei für ihn gewesen, »dass der Generalinspekteur im MFR *entscheiden* kann«[902]. Die eigentliche Problematik liege darin, dass der Minister entschlossen gewesen sei, den Inspekteuren truppendienstliche Befugnisse und Disziplinargewalt zu verleihen, sie dem Generalinspekteur aus verfassungspolitischen Gründen aber versagte. In diesem Punkt hätten auch die Vertreter der drei Bundestagsfraktionen dem Minister ihre Zustimmung signalisiert. Insgesamt war er deswegen der Ansicht, das Ergebnis sei »das Beste [...], was zur Zeit zu erzielen war, und mit dem zu arbeiten ich bereit bin«[903]. Trotzdem war sich de Maizière darüber im Klaren, mit dieser neuen Struktur nur arbeiten zu können, solange man kooperationswillige Kameraden habe[904]. Innerhalb des Schmidtschen Kollegiums gab er am 16. September 1970 außerdem »die Optik der Öffentlichkeit zu bedenken, die sieht, dass de Maizière vieles aufgibt«. Er stelle »nicht in Abrede, dass er faktisch bei H.S. mehr Ein-

---

[899] BMVg/Informations- und Pressezentrum, Mitteilungen an die Presse, 23.3.1970, BArch, N 673/90.

[900] BMVg, Ergebnisniederschrift, Betr.: Neugliederung der militärischen Führungsspitze im BMVg, hier: Abteilungsleiterbesprechung am 18.3.1970, 19.3.1970, AdsD, 1/HSA, A007989.

[901] Kielmansegg an de Maizière, 9.5.1970, BArch, N 673/90.

[902] De Maizière an Kielmansegg, 15.5.1970, ebd. (Hervorhebung im Original).

[903] Deswegen übersandte er von Hase persönlich »ein Exemplar der Organisationsweisung des Herrn Ministers für die Umgliederung des militärischen Bereichs im Bundesministerium der Verteidigung« im Original. Siehe de Maizière an Botschafter Karl-Günther von Hase, 25.3.1970. Hase teilte de Maizières Einschätzung. Siehe dazu von Hase an de Maizière, 1.4.1970. »Der Gleichklang der Auffassungen ermutigt die eigene Arbeit«, schrieb de Maizière an von Hase nach einem Treffen im November 1971 in London. Siehe de Maizière an von Hase, 10.12.1971, alle BArch, N 673/43a.

[904] De Maizière an Helmut Tewaag, 26.3.1970, BArch, N 673/52b.

fluss besitzt, aber institutionell eingeschränkter als unter Schröder« sei. Es müsse aber seine Absicht sein, seinen Einfluss zu institutionalisieren und nicht auf seine Person abzustellen. Tatsächlich bestätigte ihm Schmidt, dass seine Führung auf de Maizière zugeschnitten sei und er »bei Jeschonnek, Steinhoff od. Schnez ganz anderes verlangen müsste«[905].

Schmidt hatte als Verteidigungsminister umgehend ein Beratungsteam installiert, das er das »Kleeblatt« nannte, weil außer ihm selbst die drei Staatssekretäre Willi Berkhan, Hans Birckholtz und Ernst-Wolf Mommsen dazugehörten. Wurde der Generalinspekteur hinzugebeten, was wohl regelmäßig einmal in der Woche der Fall gewesen ist, dann sprach man etwas formeller von »Kollegium«[906]. Hier war de Maizière insofern erfolgreich, als es in der letztlichen Pressemitteilung hieß, mit der Entscheidung sollte »der politische Wille des Ministers, die gemeinsamen Aufgaben der Bundeswehr und die koordinierende Funktion des Generalinspekteurs zu unterstreichen, verdeutlicht« werden[907]. Zum 1. November 1970 wurde der Erlass wirksam. Mit seiner Neugliederung und Straffung des Führungsstabes (FüS) wies er dem Generalinspekteur ein Führungsinstrument zu, mit dem dieser die ihm jetzt zugewiesenen Aufgaben »wirkungsvoll erfüllen« können sollte. FüS gliederte sich fortan in sieben Stabsabteilungen, lehnte sich damit eng an die in NATO-Stäben übliche Organisation an und wollte das Beispiel für eine Umorganisation der Führungsstäbe des Heeres, der Luftwaffe und Marine bilden, die »unverzüglich« folgen sollten[908].

In der politischen Öffentlichkeit stand de Maizière loyal hinter beiden Erlassen. Hier bemängelte er an der bis dato geltenden Regelung vor allem »die ursprüngliche Vorstellung«, mit den üblichen ministeriellen Methoden könne »der ›Dienstleistungsbetrieb Bundeswehr‹ geführt werden«. Dadurch habe der Generalinspekteur lediglich als Hauptabteilungsleiter firmiert, während die »Eigentümlichkeiten des militärischen Bereichs« – wie die Praxis bald gezeigt habe – »nicht in genügendem Maße berücksichtigt« worden seien. Als »zwangsläufige Folge« seien »Unklarheiten gerade hinsichtlich der Position des Generalinspekteurs« entstanden. Seine Rolle als Generalinspekteur nach dem »Blankeneser Erlass« interpretierte er eindeutig: Sie könne »nur im engsten Zusammenwirken mit der politischen Leitung unter präziser und eindeutiger Darstellung der militärischen Gesichtspunkte erfüllt werden«. Ein etwaiges »demonstratives Auftreten des Generalinspekteurs, so wie es von manchen

---

[905] Kollegium im BMVg, Eintrag 16.9.1970, PAHS, Privat PZ, Kollegium im BMVg, Bd 2.
[906] Schmidt, Außer Dienst, S. 48, sowie Schmidt, Weggefährten, S. 465.
[907] BMVg/Informations- und Pressezentrum, Mitteilungen an die Presse, 22.10.1970, BArch, N 673/90.
[908] Ebd. Der dieser Pressemitteilung zugrunde liegende Erlass Minister/Org 1, Az. 10-02-05-35, Betr.: Umgliederung des Führungsstabes der Streitkräfte, 20.10.1970, nebst einer schematischen Organisationsübersicht findet sich im selben Bestand. De Maizière hatte dazu einen Vorschlag eingereicht, in dem er die Zahl der Referate im FüS um 26 %, nämlich von 64 auf 47, und die der Dienstposten um 15 %, nämlich von 615 auf »etwa 530« kürzte. Weitere Kürzungen glaubte er nicht verantworten zu können, meinte aber mit gutem Beispiel vorangegangen zu sein. Siehe GenInsp an Minister, Betr.: Neugliederung des FüS, 31.8.1970, BArch, N 673/90.

erwartet wird«, scheide also aus. Er gehöre zwar so oft wie möglich in die Truppe, doch die Ausübung der Dienstaufsicht innerhalb der Teilstreitkräfte sei »primär Aufgabe der Herren Inspekteure«. Der Schwerpunkt seiner Tätigkeit liege »nun einmal zwangsläufig im Ministerium oder in den NATO-Gremien«, womit er »das Schicksal der Generalstabschefs der verbündeten Armeen« teile[909].

Diese Regelung hatte im Großen und Ganzen bis Anfang der 1980er-Jahre Bestand[910]. 1981 schienen dann Verteidigungsminister Hans Apel (SPD) die Entscheidungs- und Weisungsbefugnisse des Generalinspekteurs nach diesem Erlass »nicht klar und eindeutig genug.« Zwar weitete er sie deswegen aus, aber auch er folgte seinem damaligen Generalinspekteur Harald Wust nicht in letzter Konsequenz[911]. Die Tatsache, dass auch beinahe ein Jahrzehnt nach de Maizière kaum mehr für die Stellung des Generalinspekteurs politisch durchsetzbar gewesen ist, dürfte hinreichend belegen, wie gut dieser daran tat, in der ohnehin aufgeladenen Situation Ende der 1960er-Jahre nicht mehr zu verlangen. Von Anfang seiner Amtszeit an hatte er sein Handeln dem angepasst, was er für politisch durchsetzbar hielt. Regelmäßig wandte er sich mit schriftlichen Grundsatzerlassen und Informationsbriefen an die Truppenkommandeure, in denen er den strategisch-operativen Rahmen und die Schwerpunkte für die Ausbildung festlegte, manchmal gar verbindliche Grundsätze für Einzelfragen. Darüber hinaus führte er die von seinen Vorgängern implementierten jährlichen Kommandeurtagungen fort und lud mehrmals im Jahr die Kommandierenden Generale, Amtschefs und Territorialbefehlshaber, gerne auch die Divisions-

---

[909] Ulrich de Maizière, Stellung und Aufgaben des Generalinspekteurs der Bundeswehr, Vortrag auf der Wehrpolitischen Tagung der SPD am 24.10.1970 in Hamburg, BArch, N 673/61a.

[910] Zwischenzeitliche Änderungen wie der Wegfall der Hauptabteilungsleiterebene hatten keinen Einfluss auf die Struktur der militärischen Führungsspitze im BMVg. Siehe dazu Bundesminister der Verteidigung, Betr.: Organisation des BMVg, 21.6.1975, BArch, N 673/90.

[911] Bundesminister der Verteidigung, Betr.: Weisungsrecht des Generalinspekteurs der Bundeswehr, 6.3.1981, ebd. Im September 1982 schickte Wust dem neuen Verteidigungsminister die von diesem »erbetene knappe Notiz über Voraussetzungen zur Verbesserung der Planung auf der Grundlage der Planungsverantwortung in der Hand des Generalinspekteurs«. Siehe Gen. a.D. Harald Wust an Dr. Manfred Wörner, Bundesminister der Verteidigung, 6.9.1982, BArch, N 673/177. In der Anlage übersandte Wust die »Notiz für Herrn Bundesminister der Verteidigung zu Fragen der Bundeswehrplanung«. »Überlegungen zur Verbesserung der Bundeswehrplanung und zur Stärkung der Stellung des Generalinspekteurs als Planungsverantwortlichem haben zu berücksichtigen, dass heute festzustellende Mängel der Planung ihre Ursache weniger im vorhandenen Planungssystem als vielmehr in der Handhabung des Systems haben.« Hauptvorwurf Wusts war, dass unter Leber, vor allem aber Apel versucht worden sei, die militärische Führung zu eliminieren, sowie dass die Politik mehr unter tagespolitischen denn sachlichen militärpolitischen Erwägungen Entscheidungen getroffen habe. Wust formulierte anschließend »grundsätzliche Voraussetzungen für das Funktionieren eines Planungssystems im BMVg«. Diese laufen im Kern auf einen militärischen Oberkommandierenden unter einem Minister hinaus, in ungefähr also die ehemalige Staatssekretär-Lösung. Das gesamte Schreiben sandte Wust de Maizière anlässlich der Korrekturdurchsicht für dessen Memoiren unaufgefordert zu.

kommandeure und Wehrbereichsbefehlshaber, zum Informations- und Gedankenaustausch ein, um persönlich auf sie einwirken zu können[912].

Wie schon als Inspekteur des Heeres legte de Maizière auf schnelle und umfassende Information besonderen Wert, auch um seine Absichten und Ansichten zu transportieren. Hatte ihm in seiner Schul- und Reichswehrzeit ein fortschrittlicher Ausbildungs- und Führungsstil imponiert, schien er sich daran auch jetzt zu halten. Zeitgenossen sprachen jedenfalls von einem »kameradschaftlichen und unendlich angenehmen Führungsstil«, der »Leistungsforderung und Leistungsvermögen stets in Relation [...] zu den gegebenen Mitteln« bewertete[913]. Offenbar vermochte er dabei die richtige Mischung zwischen deutlicher Ansage und Zuspruch zu finden[914]. Er galt jedoch ebenso als besonders nüchtern, was auch seiner Redeweise entsprach: »Jedes Wort musste sitzen und möglichst auch noch übermorgen gültig sein, jede Blumigkeit der Sprache, Bildhaftigkeit im Ausdruck oder Akzentuierung durch leichte Übertreibung blieben weg.« Manche Zuhörer seien »von derartiger Dichtigkeit überfordert« worden, wie sein späterer Adjutant Bahnemann berichtete[915]. Um wichtige persönliche Gespräche zu führen oder Gedanken auszutauschen, ging der bekennende Blumen- und Naturliebhaber de Maizière dazu gerne spazieren[916].

Ein Bild von diesem Führungsstil zeichnete fast vier Jahrzehnte später einer seiner Adjutanten. De Maizière war der erste Generalinspekteur, der sich explizit einen Luftwaffenadjutanten holte, nämlich im Frühjahr 1967 den damaligen Major i.G. Jörg A. Bahnemann, vorher Referent im Führungsstab der Luftwaffe (FüL VI 1)[917]. Seiner Schilderung nach wurde de Maizière

---

912 De Maizière, In der Pflicht, S. 304 f., und de Maizière an GM Robert A. Hewitt, 7.6.1967, BArch, N 673/42.
913 OTL Bruno von Knobelsdorff an de Maizière, 2.10.1966, BArch, N 673/44b, und GL a.D. Panitzki an de Maizière, 28.6.1971, BArch, N 673/48c.
914 GM Pöschl, Kdr 1. LuftlandeDiv, an de Maizière, 17.2.1970, BArch, N 673/49a.
915 Bahnemann, Parlamentsarmee?, S. 94, berichtet an dieser Stelle, de Maizière habe ihm gegenüber noch 2005 »nicht ohne Stolz« bemerkt, »dass Helmut Schmidt ihm einmal gesagt habe, dass seine Vortragsweise schriftlich wie mündlich unheimlich ›dicht‹ sei« – und er fügte hinzu: »Da hatte der Kanzler recht gehabt.«
916 Siehe z.B. de Maizière an O a.D. Kaulbach, 7.9.1967, BArch, N 673/44a; de Maizière an Helmut Tewaag, 7.1.1970, BArch, N 673/52b; Monshausen an de Maizière, 1.10.1964, und Kdr 1. PzGrenDiv, GM von Plato, an de Maizière, 6.7.1964, beide BArch, N 673/83; sowie Bahnemann, Parlamentsarmee?, S. 99, 149.
917 Bahnemann, Parlamentsarmee?, S. 91. Er war de Maizière offenbar durch BG Karl Hermann Friedrich empfohlen worden und hatte ihn nach einem persönlichen Telefonat angefordert, ebd. S. 90. Nachfolger von Bahnemann wurde zum 1.10.1969 Major, später Oberstleutnant i.G. Glitsch. Siehe ebd., S. 122. An Glitsch gefiel de Maizière besonders dessen »hilfsbereite und dabei so unauffällige Arbeit«. Siehe de Maizière an Glitsch, 21.6.1971, BArch, N 673/41a. Bahnemann kommentierte seine Anschlussverwendung als Luftkriegslehrer bei Heer und Marine an der Führungsakademie in Hamburg nur drei Jahre nach Abschluss seines eigenes Lehrganges an der FüAk, dies bewiese, »dass die Bw zukünftige Führungsgehilfen und Führungsoffiziere mit einem System generierte, das man mit ›Weitersagen durch gehobene Laienbrüder‹ bezeichnen konnte«. Bahnemann, Parlamentsarmee?, S. 123, und M i.G. Bahnemann an Kdr GebJgBrig 22, O Dr. Fritz, 17.9.1969, BArch, N 673/42.

»nicht müde, einem jungen, kritisch fragenden Major immer wieder zu erklären, warum etwas so und nicht anders war, und wie es dazu gekommen sei. Es gehörte zu seinem Rollenverständnis, sich um den Offizier zu ›kümmern‹, dessen Dienste als Adjutant er in Anspruch nahm. Dazu erlebte ich täglich den Gedankenaustausch des obersten Soldaten mit Persönlichkeiten aus dem gesamten Spektrum der politischen und militärischen Welt; und die Reflexion über Probleme, die es zu lösen galt, weil er wenn irgend möglich seine Adjutanten daran teilhaben ließ. Wir konnten einschätzen, wie der General zu dieser oder jener Frage stehen würde, ob er sie für wichtig oder weniger bedeutend hielt, und konnten entsprechend reagieren.«
Allerdings forderte er sein direktes Umfeld auch auf gleiche Weise. Bahnemann will die Zeit aus der Retrospektive gar als eine zweite Generalstabsausbildung empfunden haben. Demnach begann sein »Adjutantenalltag« stets mit den Vorbereitungen zur Morgenbesprechung, in welcher der Chef des Stabes die Ereignisse aus der täglichen Lagebesprechung mit den Stabsabteilungsleitern vortrug. Und er endete mit der Abschlussbesprechung des Generalinspekteurs mit seinen Adjutanten. De Maizière habe dabei »alles, was sich ereignet hatte, und alles, was zu tun war, in großer Offenheit« mit ihnen besprochen. Ihre eigenen Vorträge mussten knapp sein und »durften nur für ihn Wichtiges enthalten«. Anschließend diktierte de Maizière noch Aufzeichnungen vom Tagesgeschehen; meist »gegen acht Uhr oder später«[918].

Mit seinen Adjutanten schien de Maizière ein besonderes Vertrauensverhältnis über deren Adjutantenzeit hinaus zu verbinden[919]. So schickte ihm beispielsweise sein ehemaliger Marineadjutant Andreas Wiese 1970 seinen Beitrag für die Arbeitsgruppe Personalstruktur bei FüS I privatim, umgehend, druckfrisch »und von dessen unmittelbarer Übersendung an Sie, sehr geehrter Herr General, die Marine nichts weiß«, aus dem »die Absichten der Marine über die zukünftige Gestalt der Offizierausbildung deutlich [...] hervor«ging[920]. Und

---

[918] Bahnemann, Parlamentsarmee?, S. 92. Marineadjutant war 1966/67 FK Andreas Wiese, ihm folgten 1968/70 Bahnemans Hamburger Generalstabslehrgangskamerad FK Helmut Kampe und anschließend FK Karl Welz. Weil Welz im Herbst 1971 Kommandant der »Deutschland« wurde, avancierte FK Klaus-Peter Niemann zum Marineadjutanten des Generalinspekteurs. Siehe FK Niemann, Marineadjutant GenInsp, an Horst Kapp, 17.2.1972. Heeresadjutant und »Stabsoffizier beim Generalinspekteur« war zunächst O i.G. Hans-Otto Göricke, dann O Dr. Gottfried Greiner, ab 1.4.1970 schließlich O i.G. Gerd-Helmut Komossa. Siehe de Maizière an K z.S. Helmut Kampe, Kommodore Marinefliegergeschwader 3 »Graf Zeppelin«, 14.3.1971, alle BArch, N 673/44a, sowie GenInsp, Zusammenstellung wichtiger Vorgänge von August 1966 – März 1972, 5. Amtsjahr, BArch, N 673/64.

[919] Sein ehemaliger Adjutant FK Niemann wollte es sich noch 1979 »nicht nehmen lassen«, de Maizière anlässlich dessen Besuchs im Rahmen der »De Maizière-Kommission« bei der Flottille der Minenstreitkräfte in Wilhelmshaven selbst in Empfang zu nehmen. Siehe K z.S. Brost, Kdr Flottille Mienenstreitkräfte, 22.3.1979, beide BArch, N 673/109.

[920] Wiese an de Maizière, 22.2.1970. Wiese war nach seiner Adjutantenzeit als Kapitän zur See Marineattaché an der Deutschen Botschaft in Washington. Siehe de Maizière an Marineattaché bei der Botschaft der Bundesrepublik Deutschland, Washington, K z.S. Andreas Wiese, 15.3.1972. Wiese unterstützte de Maizière auch bei kleinen Einkäufen vor Ort. Siehe de Maizière an Wiese, 7.10. und 3.11.1971; Wiese an de Maizière, 22.10.1971 und undat. (Oktober 1971) sowie die Kopie des Kassenbeleges, 25.9.1971, alle BArch, N 673/54b.

auch umgekehrt kümmerte sich de Maizière weiterhin um seine ehemaligen Adjutanten, mitunter selbst abseits der Dienstwege[921]. Dabei wirkte der Führungsstil des Generalinspekteurs offenbar vorbildhaft[922]. Aber nicht nur seine direkten militärischen Untergebenen beeindruckte de Maizière. Eva-Luise Schoen, seine Vorzimmerdame aus der Zeit an der Führungsakademie, schrieb ihm zu seinem 60. Geburtstag, es sei

> »wirklich keine Schmeichelei, wenn ich Ihnen als kleines Geburtstagsgeschenk sagen darf, dass ich wohl für jeden Kommandeur – jedenfalls bisher – gern gearbeitet habe, aber immer wieder auf häufige diesbezügliche Fragen hier im Vorzimmer ganz offen betonte, dass ich mir Sie, Herr General, ausgesucht hätte, wenn ich einen Kommandeur der Führungsakademie mir für meine ganze Berufszeit hätte wählen dürfen«[923].

Doch so groß die Hoffnungen gewesen sind, die viele an de Maizières Ernennung für den internen Bereich der Bundeswehr knüpften, noch höher schienen die Erwartungen an ihn »im internationalen und deutschen politischen Bereich«[924]. Ohne sich tiefgründig in die strategischen Konzeptionen und die Militärpolitik einarbeiten zu können, musste de Maizière bereits Anfang Oktober 1966 an einer einwöchigen Reise des NATO-Militärausschusses (Military Committee = MC) teilnehmen[925]. Weil der Bundesrepublik erstmals die jährlich wechselnde Ehrenpräsidentschaft zugefallen war, durfte er zudem »ganz plötzlich den Präsidenten spielen«, was ihm mit Hilfe von Generalmajor Ernst Ferber, dem Deutschen Militärischen Vertreter im MC, und Generalleutnant Gerhard Wessel, dem Direktor des Internationalen Planungsstabes (IPS), ansprechend gelang[926]. Schon wenige Monate später waren die deutschen Generalstabsoffiziere im NATO-Hauptquartier Europa-Mitte voll des Lobes für ihren Generalinspekteur, »der mit diplomatischem Geschick und Klugheit für unsere Sache ein elegantes Florett ficht« – eine Einschätzung, die angeblich »die amerikanischen Kameraden hier« teilten, »die Sie mit uns hoch achten und verehren«[927].

---

[921] Siehe z.B. Bahnemann, Parlamentsarmee?, S. 127. Dabei ging es um fehlende Haushaltsmittel für »die große Informationsreise des 11. Lehrganges (H)« – ein Problem, das de Maizière für ihn löste.

[922] Siehe z.B. die Schreiben an de Maizière von O Dr. Gottfried Greiner, 26.3.1972, GM Jenett, 19.3.1972, und GM Hans Heinrich Klein, Kdr 11. PzGrenDiv, 10.3.1972, alle BArch, N 673/87, sowie GM a.D. Günter Proll, 13.10.1971, BArch, N 673/49a.

[923] Eva-Luise Schoen an de Maizière, 22.2.1972, BArch, N 673/88. Siehe dazu auch Eva-Luise Schoen an de Maizière, 20.2.1970 und 23.2.1971, beide BArch, N 673/51b, sowie 29.8.1966, ebd.

[924] GM Thilo, Kdr 1. GebDiv, an de Maizière, 23.2.1967, BArch, N 673/52b.

[925] De Maizière an Baudissin, 8.9.1966, BArch, N 673/84.

[926] So die Erkenntnis de Maizières, als er anlässlich seiner letzten MC-Reise im September 1971 seiner ersten 1966 gedachte. Siehe de Maizière an GL Ernst Ferber, Stellv. InspH, 20.9.1971, BArch, N 673/40. Schon auf Ferbers Glückwünsche zu seiner Ernennung hin hatte ihm de Maizière für dessen Angebot, ihn bei der Vorbereitung der nächsten MC-Sitzung zu unterstützen, bedankt. Siehe Ferber an de Maizière, 27.8.1966, sowie dessen Antwort, 1.9.1966, beide BArch, N 673/84.

[927] BG Peter Karpinski, Office of the Chief of Staff, Headquarters Central Army Group (NATO), an de Maizière, 22.2.1967, BArch, N 673/44a.

Entgegen seinen eigenen Erwartungen musste sich de Maizière in der ersten Hälfte seiner Amtszeit tatsächlich sehr viel mehr mit den internationalen Bedingungen auseinandersetzen als mit den innenpolitischen. Die NATO befand sich im Umbruch, der sich im Rückzug der französischen Truppen aus der militärischen Organisation des Nordatlantikpaktes 1966 und in der Umstellung von der »Massive Retaliation« zur »Flexible Response« 1967 manifestierte. Nicht wenige Zeitgenossen sprachen gar von einer »Erosion des Bündnisses sowohl im militärischen wie im politischen Bereich«, die sogar ein Auseinanderbrechen nicht mehr ausgeschlossen erscheinen ließe[928]. Der Deutsche Militärische Vertreter im MC, Generalleutnant Wessel, machte dafür hauptsächlich »die trotz der Nahost-Ereignisse unbekümmert fortgesetzte ›Entspannungseuphorie‹« seitens der Politik verantwortlich, die seiner Ansicht nach auf »einer völligen Fehlbeurteilung der sowjetischen Politik« basierte. Seine Eindrücke von der MC-Sitzung vom 29. Juni 1967 und einem anschließenden Gespräch mit Admiral Nigel S. Henderson fasste er dramatisierend zusammen: »Ich kann nur mit Adenauer sagen: Die Lage war noch nie so ernst! Der Anfang vom Ende der militärischen Allianz zeichnet sich ab, wobei sich das ›Ende‹ über einige Jahre hinziehen mag.« Als Folge daraus meinte er nach »neuen Wegen« suchen zu müssen und wies darauf hin, dass starke nationale Streitkräfte dabei »ein Trumpf« sein könnten[929]. Schon vorher hatte er bei de Maizière für die Einsicht geworben, letztlich sei nur auf die eigene Stärke Verlass, weil er die Handlungsbereitschaft der Politik bezweifelte[930]. Wessel hielt de Maizière über die Vorgänge innerhalb des MC ebenso wie über die Gesprächsinhalte mit Besuchern gerne mit langen und direkten Briefen auf dem Laufenden[931]. In diesem Kontext berichtete er beispielsweise über ein dreistündiges Gespräch mit Helmut Schmidt am Pfingstsonntag 1967. Hinsichtlich der NATO-Entwicklung befürchtete auch Schmidt demnach, dass die NATO »nicht über 1970 hinaus in einer der gegenwärtigen vergleichbaren Form und Wirkung bestehen« bliebe. Daher sei es notwendig, »auf bi- oder multilaterale Abkommen auszuweichen und die nationalen Einrichtungen zu stärken«[932].

So sehr de Maizière Wessel schätzte und es daher auch begrüßte, als dieser 1966 in Washington verlängert wurde, so wenig teilte er dessen düstere Prognosen[933]. Er hatte bereits 1965 Bedenken hinsichtlich der »Gefahr« geäußert, der Schwerpunkt Europa könnte »allzusehr [sic!] unter eine französische Hegemo-

---

[928] So Wessels Wiedergabe der Einschätzung des französischen Generals de Cumont, Vorsitzender MC/NATO, im Sommer 1967. Siehe GL Wessel, Deutscher Militärischer Vertreter im MC/NATO, an de Maizière, 29.6.1967, BArch, N 673/54b. Wessel teilte diesen Eindruck.
[929] Wessel an de Maizière, 29.6.1967, ebd.
[930] Wessel an de Maizière, 8.6.1967, ebd.
[931] Siehe dazu den Schriftwechsel zwischen de Maizière und Wessel in BArch, N 673/54a und b.
[932] Wessel an de Maizière, 16.5.1967, BArch, N 673/54b.
[933] De Maizière an GL Wessel, 2.8.1966. Wessel selbst will von seiner Verlängerung überrascht gewesen sein. Siehe Wessel an de Maizière, 29.7.1966, beide ebd.

nie« geraten[934]. Nachdem ihm auf seiner USA-Reise im selben Jahr bewusst geworden war, wie sehr man sich dort auf Vietnam konzentrierte, mag sich diese Sorge angesichts der politischen Bewertungen in der Bundesrepublik nur verstärkt haben. Ihm dürfte nicht entgangen sein, dass sich die CDU/CSU-Position Mitte 1966 »allgemein unverkennbar« an einer Hinwendung zu Frankreich orientierte, wie sie von Rainer Barzel formuliert worden ist: »So viel NATO wie möglich und so viel mit Frankreich wie möglich[935].« Insofern war es nur folgerichtig, dass seine ersten Auslandsreisen den neuen Generalinspekteur zu SHAPE und nach Paris führten. Beide Besuche brachten aus seiner Sicht zwar »nichts besonders Neues«, verliefen aber erfolgreich[936]. Wie wichtig de Maizière der Aufenthalt gerade in der französischen Hauptstadt gewesen ist, lässt sich an der Tatsache ablesen, dass er dorthin abreiste, obwohl ihn unmittelbar zuvor die Nachricht »von dem nun doch überraschenden Tode meiner sehr verehrten und geliebten Mutter« erreichte. Erst nach seiner Rückkehr fuhr de Maizière nach Hannover »zur Beisetzung und zur Regelung anderer persönlicher Dinge«[937]. Sie war mit 85 Jahren »ganz still im Sessel sitzend eingeschlafen«[938]. Obwohl sich de Maizière damit tröstete, »dankbar« zu sein, »dass wir meine Mutter so lange bei uns haben durften und dass sie sich nicht hat zu quälen brauchen«[939], machte ihm ihr Ableben doch schwer zu schaffen[940]; für die nächsten Monate sagte er alle Einladungen zu geselligen Anlässen ab[941].

Die Beziehungen zu Frankreich zu verbessern, hatte de Maizière bereits Anfang des Jahres 1966 und noch als Inspekteur des Heeres versucht. Als Nutzen

---

[934] De Maizière an Gerhard Merzyn, Direktor des Instituts für Wirtschafts- und Sozialpolitik Hamburg, 29.6.1965, BArch, N 673/47a.

[935] Herrn Minister zur Information – Persönlich!, Vertraulicher Bericht über die Sitzung des Arbeitskreises 5 der CDU/CSU am 3.5.66, 3.5.1966, ACDP, NL von Hassel, I-157-011/1.

[936] De Maizière an Baudissin, 2.12.1966, BArch, N 673/37, und an O i.G. Dr. Bucksch, Militärattaché an der Deutschen Botschaft in Paris, 30.11.1966, BArch, N 673/38, sowie FK Wiese, Marineadjutant GenInsp, an Deutschen Militärischen Vertreter bei SHAPE, FA Thomsen, 9.12.1966, BArch, N 673/52b.

[937] De Maizière an Baudissin, 2.12.1966, BArch, N 673/37. Die Nachricht erreichte de Maizière während eines offiziellen Abendessens beim belgischen Botschafter. Siehe de Maizière an Gen a.D. Dr. Speidel, 30.11.1966, BArch, N 673/50b.

[938] De Maizière an Regierungsvizepräsidenten a.D. L. von Kusserow, 16.3.1967, BArch, N 673/45a.

[939] De Maizière an O Heuer, 2.1.1967, BArch, N 673/42.

[940] BG Theodor Poretschkin hat er später mit den Worten kondoliert: »Wenn Sie auch voll Dankbarkeit darüber sein dürfen, dass Sie Ihre Mutter solange haben behalten können, ist doch der Schmerz sehr groß, wenn man von seiner eigenen Mutter Abschied nehmen muss. Ich habe das selbst sehr stark empfunden, als ich vor 1½ Jahren meine Mutter verlor.« Siehe de Maizière an Poretschkin, 18.3.1968. Poretschkin hatte Anfang des Jahres bereits seine Tochter Karin verloren. Siehe de Maizière an Poretschkin, 5.2.1968, beide BArch, N 673/49a. In fast identischer Formulierung kondolierte er 1968 zwei anderen Kameraden zum Tod ihrer Mütter. Siehe de Maizière an GL Cord von Hobe, 8.2.1968, BArch, N 673/43e, und an K z.S. Wiese, 16.10.1968, BArch, N 673/54b.

[941] De Maizière an Speidel, 30.11.1966, BArch, N 673/50b, und an Amtschef Truppenamt, GM Mäder, 20.12.1966, BArch, N 673/46b. Im ersten Fall handelte es sich um eine Einladung zu einer Weinprobe »im Hause Baden-Württemberg«, im zweiten um die Bälle des Truppenamtes bzw. der Luftwaffe im Januar 1967.

dieser Besuche erwartete er weniger »konkrete Ergebnisse«, sondern eine Intensivierung der »personellen Kontakte«[942]. Insbesondere Baudissin bestärkte ihn darin; solche würden »immer wichtiger, je weiter die berüchtigte Erosion des Bündnisses fortschreitet«[943]. Gerade das deutsch-französische Verhältnis war auch 20 Jahre nach Ende des Zweiten Weltkrieges alles andere als unproblematisch[944].

In der Folge gelang de Maizière dies recht gut und nicht alleine gegenüber den französischen militärischen Verantwortlichen; mit fast allen militärischen Counterparts der wichtigsten Verbündeten schuf und unterhielt er über die Jahre enge und teilweise sogar freundschaftliche Verbindungen. Sie reichten oft über die jeweilige Dienstzeit hinaus und bezogen meist die Familien mit ein[945]. Wie familiär der Umgang untereinander zwischenzeitlich geworden war, belegt eine Episode zu Beginn des Jahres 1971: Wie jedes Jahr nahm sich de Maizière über die Zeit seines Geburtstages frei und fuhr zusammen mit seiner Tochter Barbara für vier Wochen zur Kur nach Freudenstadt im Schwarzwald[946]. Seine Älteste hatte kurz vor Weihnachten 1970 ihr Soziologie-Studium abgeschlossen und ihr Vater wollte sie nun, »bevor ich sie in ihren Beruf entlasse, noch einmal fit machen«[947]. Für diesen Zeitraum hatte er sich zudem für einen Besuch beim Oberbefehlshaber der französischen Streitkräfte in Deutschland, Général de

---

[942] De Maizière an O i.G. Dr. Bucksch, Militärattaché an der Deutschen Botschaft in Paris, 14.1.1966, BArch, N 673/38.

[943] Baudissin an de Maizière, 3.12.1966, BArch, N 673/37.

[944] Wiederholt kam es zu einzelnen Vorfällen, wie im Zusammenhang mit den französischen Feierlichkeiten zu »100 Jahre Sedan«, die deutscherseits zu klärenden Befehlen führten, auf die der deutsche Militärattachéstab Paris immer wieder hinwies. Demnach galt nur bei gemeinsamen Übungen das Tragen der Uniform »als geregelt«. Beim Erscheinen von Einzelpersonen sei dagegen grundsätzlich das französische Verteidigungsministerium um Genehmigung zu bitten, auch bei Dienstreisen, bei privaten Anlässen, sei das Tragen der Uniform etwa sieben Wochen im Voraus zu beantragen. Zu offiziellen französischen Feierlichkeiten würde der Militärattachéstab nur dann einen Vertreter entsenden, wenn eine französische Einladung vorliege, da »[n]icht alle Erinnerungsfeiern [...] ausschließlich der deutsch-französischen Freundschaft, sondern gelegentlich einer manchmal etwas einseitigen Glorifizierung französischer militärischer Tüchtigkeit unter sehr großzügiger Gestaltung der historischen Wahrheit [dienen]«. Siehe Deutsche Botschaft/Der Verteidigungs- und Heeresattaché, BG Koch-Erpach, Az. 02-95-03, an den Bundesminister der Verteidigung/FüS II 8, 11.8.1970, BArch, N 673/40.

[945] Siehe GenInsp, Zusammenstellung wichtiger Vorgänge von August 1966-März 1972, BArch, N 673/64, sowie z.B. die Briefwechsel zwischen de Maizière und Général Emmanuel Hublot, Oberbefehlshaber der Premiere Armée, BArch, N 673/43d; Général d'Armée Aérienne Michel M.L. Fourquet, Chef d'Etat des Armées, BArch, N 673/40; General Earle G. Wheeler, Chairman of the Joint Chiefs of Staff, BArch, N 673/54b; dessen Nachfolger Admiral Thomas H. Moorer, BArch, N 673/47b; General A. J. Goodpaster, Supreme Allied Commander Europe, BArch, N 673/41b, oder dem Marshal of the Royal Air Force, Sir Charles Elworthy, Chief of the Defence Staff, BArch, N 673/39b.

[946] Die Kur in Hohenfreudenstadt fand vom 7.2.-7.3.1971 statt. Tochter Barbara blieb nur zwei Wochen. Siehe de Maizière an GL a.D. Müller-Hillebrand, 22.12.1970, BArch, N 673/47b, und an Heusinger, 26.2.1971, BArch, N 673/42.

[947] De Maizière an O Heuer, 19.11.1970, BArch, N 673/42.

corps d'armée Gérard Lecointe, angemeldet[948]. Der Deutsche Beauftragte dort, Generalmajor Peter Karpinski, hatte seinen Generalinspekteur vorab darüber informiert, Lecointe habe sich in der französischen Armee den Beinamen »L'empereur« oder auch »Napoleon V.« erworben. Auch sonst sei er sehr interessant, wenn auch mitunter schwierig. Seine »typische geistige Haltung« drücke er mit »Surmonter les difficultés avec élégance et dans la bonne humeur« aus. Er sei in verschiedenen Verwendungen bereits fast neun Jahre in Deutschland gewesen, würde um »die Probleme unseres Landes« also wissen und sei von der Notwendigkeit der NATO und der gemeinsamen Verteidigung im Bündnis überzeugt. Lecointe spreche »alle Dinge sehr direkt an und erwähnt auch, dass ihm seine offene Meinung zu militärpolitischen Problemen bereits ›einige Schwierigkeit‹ eingebracht habe«[949]. Der Besuch verlief insgesamt erfolgreich und in so entspannter Atmosphäre, dass Zeit und Gelegenheit für ein Streitgespräch zwischen dem französischen Generalleutnant und der 25-jährigen Barbara de Maizière blieb. Karpinski schrieb hernach an ihren Vater, Lecointe habe den Besuch »sehr geschätzt« und ihm ausdrücklich gesagt, wie »liebenswürdig« er gewesen sei. »Mit Mademoiselle Barbara hätte er wohl gerne noch ein feines Florett gefochten«, fügte Karpinski hinzu, »[d]as wäre ihm aber sicher schlecht ausgegangen. Seine Maßstäbe für junge Damen orientieren sich an seinen Töchtern. Einer so selbstsicheren jungen Dame, wie Ihrer Tochter, ist er bisher noch nicht begegnet[950].«

Die zwischenzeitlich starke Position de Maizières zeigte sich bald darin, dass er, nachdem Frankreich aus der militärischen Integration der NATO ausgetreten war, zum Mittler zwischen Paris und Washington im MC avancierte[951]. Das bedeutete ganz konkret, dass der deutsche Generalinspekteur »im gegenseitigen Einvernehmen wechselseitig den amerikanischen und den französischen Generalstabschef über die Position des jeweils anderen unterrichtete«[952]. Auch die bilateralen Gespräche zwischen dem französischen Generalstabschef und dem Generalinspekteur der Bundeswehr wurden in de Maizières Amtszeit »zu einer Selbstverständlichkeit«, von der nicht nur die Streitkräfte, sondern die Beziehungen beider Länder überhaupt profitierten[953]. Ähnlich erfolgreich agierte er gegenüber Großbritannien und vor allem den USA[954]. Von Anfang an war

---

[948] GM Peter Karpinski, Deutscher Beauftragter beim Oberbefehlshaber der französischen Streitkräfte in Deutschland, an de Maizière, 22.2.1971, BArch, N 673/44a.

[949] Karpinski an de Maizière, 18.6.1970, BArch, N 673/45b.

[950] Karpinski an de Maizière, 22.2.1971, BArch, N 673/44a.

[951] Siehe GenInsp, Zusammenstellung wichtiger Vorgänge von August 1966-März 1972, BArch, N 673/64, passim. Weiterführend siehe Soutou, La décision française.

[952] Bahnemann, Parlamentsarmee?, S. 101, sowie zu einem Beispiel O i.G. Dr. Greiner, Stabsoffizier beim GenInsp, an Leiter Militärattachéstab Washington, FA Trebesch, 28.6.1969, BArch, N 673/52b.

[953] Siehe z.B. de Maizière an Général d'Armée Aérienne Michel M.L. Fourquet, Chef d'Etat des Armées, 2.6.1971, BArch, N 673/40, oder an Prof. Dr. Kurt Hansen, Farbenfabriken Bayer AG, 3.7.1969, BArch, N 673/43a, sowie O i.G. Dr. Greiner, Stabsoffizier beim Gen Insp, an Leiter Militärattachéstab Washington, FA Trebesch, 11.12.1969, BArch, N 673/52b.

[954] Siehe z.B. de Maizière an FA Trebesch, 2.5.1969, und FK Kampe, Marineadjutant GenInsp, an Leiter Militärattachéstab Trebesch, 3.1.1969, beide BArch, N 673/52b.

er dabei überzeugt, dass insbesondere »die engen Beziehungen zu den Amerikanern eine der Grundlagen für unsere Sicherheit sind«[955]. Dennoch setzte er auf eine gewisse Balance zwischen den Nordamerikanern und Europäern. Bei der Besetzung des Vorsitzenden des MC bevorzugte de Maizière beispielsweise grundsätzlich einen Kontinentaleuropäer, der zuvor Generalstabschef gewesen war[956]. Insgesamt wurde die Position des westdeutschen Generalinspekteurs innerhalb des Militärausschusses damit immens gestärkt, was de Maizière wiederum zu nutzen verstand[957]. Über die Jahre dehnte er so seine Mittlerrolle zwischen den Amerikanern und den Franzosen auf eine zwischen den angloamerikanischen Atommächten und den kleineren nicht-atomaren NATO-Staaten aus[958]. Angesichts der Feststellung von Oberst i.G. Hans Condné Ende 1968 nach dessen Versetzung zu SHAPE kann diese Entwicklung gar nicht überschätzt werden. Sein Jahrgangskamerad hatte ihm geschrieben, gegenüber 1960/61, als er zuletzt SHAPE angehörte, sei der deutsche Einfluss »nicht größer geworden«, weil die inzwischen von den Franzosen geräumten Posten, »soweit es sich um ›Eck‹-Posten handelt«, gar nicht oder nur in unerheblichem Maße von eigenen Offizieren besetzt worden seien[959]. Trotzdem hatten nicht zuletzt die Anstrengungen der Bundesrepublik auf der internationalen Bühne mit dafür gesorgt, dass sich die NATO-Strategie im Zuge der 1960er-Jahre von der »Massive Retaliation« zur »Flexible Response« wandelte. Von nun an wurde das NATO-Gebiet bereits an der innerdeutschen Grenze verteidigt, nicht mehr am Rhein wie noch in den ersten Strategiepapieren. Auf jede Aggression konnte abgestuft reagiert werden, ohne die Option der Eskalation, falls erforderlich bis zum nuklearen Krieg, aus der Hand zu geben. Insofern handelte es sich um den

---

[955] De Maizière an Rudolf A. Werner, 9.5.1967, BArch, N 673/54a. Werner war Rotarier und hatte mit drei weiteren Rotariern gerade die Steuben-Schurz-Gesellschaft in Hannover neu begründet.

[956] Siehe z.B. GL Wessel, Deutscher Militärischer Vertreter im MC/NATO, an de Maizière, 29.6.1967, BArch, N 673/54b. Dabei ging es ganz konkret um die Nachfolge des französischen Generals de Cumont. Nach Absagen von Hull, Zielstra (Niederlande) und Johannesson (Norwegen) wurde schließlich der britische Admiral Henderson akzeptiert.

[957] GenInsp, Zusammenstellung wichtiger Vorgänge von August 1966 - März 1972, 2. Amtsjahr, BArch, N 673/64.

[958] Siehe z.B. die zunehmend freundschaftlicheren Briefwechsel zwischen de Maizière und Admiral Folke Hauger Johannessen, Chef des norwegischen Verteidigungsstabes, BArch, N 673/43b; dem Chief of Defence Denmark, General Kurt Ramberg, BArch, N 673/49b; dem Generalstabschef des italienischen Heeres, General Enzo Marchesi, BArch, N 673/61a, oder Luitenant-General Hendrik P. Zielstra, Vorzitter van de Verenigte Chefs van Staven, Ministerie van Defensie, BArch, N 673/54c. Darüber hinaus reiste de Maizière bereits als Inspekteur des Heeres das erste Mal in die Türkei und hat sich seither für eine engere Verbindung zwischen beiden Armeen eingesetzt. Siehe z.B. de Maizière an Abteilungsleiter P und Unterabteilungsleiter S II, 19.11.1965, BArch, N 673/54c, sowie Kollegium im BMVg, Einträge 12. und 17.1. sowie 4.9.1970, PAHS, Privat PZ, Kollegium im BMVg, Bd 1 und 2.

[959] O i.G. Hans Condné an de Maizière, 22.12.1968, BArch, N 673/38.

größtmöglichen Kompromiss im westlichen Bündnis zwischen nordamerikanischen und europäischen Interessen[960].

De Maizière bewertete dies damals ebenso[961]. Für ihn handelte es sich zwar »wie immer bei solchen Beschlüssen um einen Kompromiss«, jedoch um »den bestmöglichen, der erreichbar war«. Er habe »den großen Atomkrieg weniger wahrscheinlich gemacht, ohne ihn allerdings gänzlich auszuschließen«. Längst seien begrenzte Kriege »die wahrscheinlichere Form bewaffneter Auseinandersetzungen geworden, wobei der Begriff begrenzter Krieg weit auslegbar ist«. Darin sah er gleichwohl die Gefahr: »Ein Angriff bis an den Rhein mag, wenn man in Washington wohnt, noch ein begrenzter Krieg sein, für uns ist er eine Lebensfrage[962].« Deswegen beeilte er sich, in öffentlichen Vorträgen darauf hinzuweisen, er hätte »statt flexible response lieber eine andere Formulierung [ge]sehen, die den Namen appropriate response hat«; denn dies sei »das, was dieses Dokument meint: eine dem jeweiligen Angriff angemessene Antwort«[963]. Nichtsdestoweniger hielt er die Verabschiedung der neuen Militärstrategie MC 14/3 für »einen bemerkenswerten Meilenstein in der Geschichte der NATO«. Immerhin hätten sich 14 souveräne Staaten nach vielen Jahren der Unsicherheit wieder auf eine gemeinsame Strategie geeinigt[964]. Dass bei diesem Kompromiss der starke US-amerikanische Einfluss unbestreitbar war, gestand er allerdings nur intern ein[965]. Der Hauptkritik an der MC 14/3, nämlich die verstärkte Hinwendung zu einer nicht-atomaren Kriegführung in Zeiten, in denen die Bündnispartner ihre Truppen in Mitteleuropa reduzierten, sprach er durchaus eine gewisse Berechtigung zu: Dieses »Dilemma« sei »offensichtlich«. Dennoch war für ihn die Flexible Response die aktuell »einzige glaubwürdige Reaktion«. Die Massive Retaliation sei dagegen schon deswegen unglaubwürdig, weil weder jemand den USA vorzuschreiben vermochte, wann sie ihre A-Waffen einsetzten, noch erwarten dürfe, dass sie für einen örtlich begrenzten Krieg den großen A-Krieg auslösten[966]. Die neue Strategie sei daher »eine Frucht« des ständigen

---

[960] Siehe im Überblick Heuser, Die Strategie der NATO, sowie grundlegend bis zu diesem Gablik, Strategische Planungen.

[961] Ulrich de Maizière, Aktuelle Probleme der Verteidigung Mitteleuropas sowie der Bundeswehr, Vortrag GenInsp vor 3. Fortbildungslehrgang der GenSt/AdmStOffz Bw am 22.3.1968 an der FüAkBw, BArch, N 673/59.

[962] Ulrich de Maizière, Probleme der militärischen Planung und die Rolle der Bundeswehr bei der Verteidigung Europas, Vortragsveranstaltung beim Industrie-Club e.V., Düsseldorf am 14.5.1968, ebd.

[963] Ebd.

[964] Ebd. Hierzu wie auch zum Folgenden siehe die inhaltlich im Wesentlichen deckungsgleiche Aussagen bei Ulrich de Maizière, Ansprache bei der Tagung verabschiedeter Bundeswehr-Generale am 25.10.1967, ebd.

[965] Ulrich de Maizière, Aktuelle Probleme der Verteidigung Mitteleuropas sowie der Bundeswehr, Vortrag GenInsp vor 3. Fortbildungslehrgang der GenSt/AdmStOffz Bw am 22.3.1968 an der FüAkBw, BArch, N 673/59.

[966] Ebd.

Ringens um »eine Harmonisierung der nationalen Strategie des stärksten Verbündeten mit den Sicherheitsvorstellungen der Europäer«[967].

Trotzdem bestanden weiterhin wesentliche Differenzen zwischen den deutschen und angelsächsischen Auffassungen gerade in der Frage um die Auslö-
sung der kriegerischen, insbesondere der atomaren Maßnahmen: Während die
angelsächsischen Staaten von einer entsprechenden Vorwarnzeit ausgingen, um
nicht zu früh zu eskalieren, war für die deutsche Seite das Festhalten an der
Vorneverteidigung »eine Forderung, von der wir nicht abgehen können«. Für
de Maizière galt die Bundesrepublik nach wie vor als der am stärksten gefähr-
dete Teil Westeuropas mit einer »hohen Verwundbarkeit«[968]. Die Herausforderung sah er infolgedessen darin, dass eine Synthese gefunden werden müsse
zwischen ausreichenden präsenten Kräften, die Überraschungsangriffen begeg-
neten und »faits accomplis« verhinderten, sowie der Befähigung, die präsenten
Kräfte schnell zu verstärken und durch rasch mobilisierbare Reserven die
Kampfkraft zu erhöhen[969]. Auf jeden Fall sollte ein nuklearer Waffeneinsatz,
wenn er schon nicht gänzlich zu verhindern sei, wenigstens so lange als irgend
möglich hinausgezögert werden und auch dann nur so begrenzt wie unbedingt
nötig geführt werden. Darauf hatte er sich schon 1967 festgelegt und warb dafür
sowohl in den Streitkräften als auch in der Öffentlichkeit[970].

Den Schlüsselbegriff fand er in der »Flexibilität«, an der die neue Strategie
ein »hohes Maß« verlangte. Darunter wollte er nicht alleine »die Erhöhung der
Mobilität der Streitkräfte« verstanden wissen, sondern »natürlich auch die geistige Beweglichkeit aller Planenden und Führenden«. Entschieden wehrte er sich
»gegen jede Form von statischen Lösungen«. Stattdessen komme es darauf an,
eine Aggression so früh wie möglich zum Stehen zu bringen und die Integrität
des eigenen Territoriums umgehend wiederherzustellen. In der Konsequenz
handelte es sich bei der Vorneverteidigung in seiner Lesart nicht um eine »Verteidigung nach vorn«, vielmehr um eine »von vorn«. Deswegen forderte er eine
militärische Operationsführung, »bei der der Abwehrkampf so weit vorne wie
möglich *beginnt*«[971]. Weil eine solche wiederum entscheidend von der Stärke der
zur Verfügung stehenden Kräfte abhängig war, stufte er es als bedenklich ein,
als 1968 rund 50 000 der in der Bundesrepublik stationierten alliierten Truppen

---

[967] Ulrich de Maizière, Die Bundeswehr. Ein Rückblick – Folgerungen für die Zukunft. Aus
der Ansprache des GenInsp zum Abschluss der 17. Kommandeurtagung in Bad Nenndorf, 10.11.1971, BArch, N 673/62.

[968] Ulrich de Maizière, Aktuelle Probleme der Verteidigung Mitteleuropas sowie der Bundeswehr, Vortrag GenInsp vor 3. Fortbildungslehrgang der GenSt/AdmStOffz Bw am
22.3.1968 an der FüAkBw, sowie die im Wesentlichen identische Argumentation bei de
Maizière, Der Beitrag der Bundeswehr zur Sicherung des Friedens, Beitrag des GenInsp
zur WDR-Sendung am 4.11.1967, beide BArch, N 673/59.

[969] Ulrich de Maizière, Aktuelle Probleme der Verteidigung Mitteleuropas sowie der Bundeswehr, Vortrag GenInsp vor 3. Fortbildungslehrgang der GenSt/AdmStOffz Bw am
22.3.1968 an der FüAkBw, BArch, N 673/59.

[970] Siehe weiterführend Gablik, »Eine Strategie kann nicht zeitlos sein«.

[971] Ulrich de Maizière, Aktuelle Probleme der Verteidigung Mitteleuropas sowie der Bundeswehr, Vortrag GenInsp vor 3. Fortbildungslehrgang der GenSt/AdmStOffz Bw am
22.3.1968 an der FüAkBw, BArch, N 673/59 (Hervorhebung im Original).

abgezogen werden sollten. Persönlich wollte er zwar »nicht an der Bereitschaft der Amerikaner, Europa zu verteidigen«, zweifeln, doch dort nicht präsente Streitkräfte seien eben »weniger wirksam«[972]. Nur intern äußerte er seine Befürchtung, die Truppenabzüge würden sich in den nächsten Jahren »in einem gewissen Umfang« fortsetzen[973]. In der Konsequenz könnte dadurch der »Abwehrkampf« zwar noch vorne aufgenommen, jeder stärkere Angriffe aber »nicht mehr vorne zum Stehen gebracht werden«[974].

In dieser allgemeinen Bewertung der strategischen Lage unterschied sich de Maizière von seinem Vorgänger im Amte, Trettner, nur in der Vehemenz von Auftritt und Wortwahl. Letzterer lehnte in einem ZDF-Interview im Oktober 1966 die Idee eines »begrenzten Atom-Krieges« als »für uns in Europa einfach nicht akzeptabel« ab. Seiner Meinung nach drehte es sich ausschließlich um die Frage, »konventionell zu fechten oder den allgemeinen Krieg zu führen«[975]. Ähnlich nuanciert fielen auch beider Aussagen zum US-amerikanischen Vorhaben aus, die abzuziehenden Truppen gegebenenfalls im Lufttransport, dem »big lift«, einem europäischen Kriegsschauplatz wieder zuzuführen. Nach Ansicht de Maizières verringerte jede weitere Schwächung durch den Abzug alliierter Divisionen die Aussicht auf den Erfolg oder stellte ihn überhaupt infrage. Die neue US-Strategie des »big-lift« produziere zwar einen Verteidigungs-, aber »keinen ausreichenden Abschreckungswert«[976]. Währenddessen bezweifelte Trettner grundsätzlich, ob es jemals möglich sein würde, mittels Lufttransport »mit den ungeheuren Aufmarschmöglichkeiten der Sowjets« zu konkurrieren[977]. Hinter den Kulissen versuchte de Maizière weiterhin im persönlichen Kontakt mit den jeweiligen militärischen Verantwortlichen andere Lösungen oder doch wenigstens Konsultationen herbeizuführen[978]. Dabei war ihm allerdings vollkommen klar, dass »[n]ur wenn wir unseren Teil erfüllen, werden die Freunde uns helfen«[979].

In der Frage der atomaren Bewaffnung stand de Maizière eindeutig auf dem Standpunkt, keine deutsche Regierung dürfe je nach einer Verfügungsgewalt

---

[972]   Ulrich de Maizière, Probleme der militärischen Planung und die Rolle der Bundeswehr bei der Verteidigung Europas, Vortragsveranstaltung beim Industrie-Club e.V., Düsseldorf am 14.5.1968, ebd.

[973]   Ulrich de Maizière, Aktuelle Probleme der Verteidigung Mitteleuropas sowie der Bundeswehr, Vortrag GenInsp vor 3. Fortbildungslehrgang der GenSt/AdmStOffz Bw am 22.3.1968 an der FüAkBw, ebd.

[974]   GenInsp, Zusammenstellung wichtiger Vorgänge von August 1966–März 1972, 1. Amtsjahr, BArch, N 673/64.

[975]   BPA/Abt. Nachrichten/Rundfunkaufnahme Deutsche Gruppe, ZDF/21.10.1966/21.50/Zü – Blickpunkt –, Interview mit General a.D. Heinz Trettner, BArch, Bw 1/181190.

[976]   Ulrich de Maizière, Stichworte für den Vortrag vor dem Verteidigungsausschuss am 13.9.1966, undat., ebd.

[977]   BPA/Abt. Nachrichten/Rundfunkaufnahme Deutsche Gruppe, ZDF/21.10.1966/21.50/Zü – Blickpunkt –, Interview mit General a.D. Heinz Trettner, ebd.

[978]   Siehe z.B. GL Wessel, Deutscher Militärischer Vertreter im MC/NATO, an de Maizière, 16.5.1967, sowie dessen Antwort, 26.5.1967, beide BArch, N 673/54b.

[979]   Ulrich de Maizière, Der Beitrag der Bundeswehr zur Sicherung des Friedens, Beitrag GenInsp zur WDR-Sendung am 4.11.1967, BArch, N 673/59.

über Atomwaffen streben, die Bundeswehr müsse aber gleichwohl mit atomaren Trägersystemen ausgerüstet sein. Letzteres leitete er aus einem politischen wie einem praktischen Hintergrund ab. Politisch würde die Bundesregierung ansonsten weder einen Anspruch auf Information noch einen auf Mitplanung im atomaren Geschehen besitzen. Praktisch sollte die Bundeswehr »nicht schlechter ausgestattet sein als die Streitkräfte anderer Nationen, die im gleichen Raum mit dem gleichen Auftrag operieren«[980]. Das Heer benötige demnach »nukleare Waffenträger als taktische Gefechtsfeldwaffen«[981], vorzugsweise mit dual capability, also der Fähigkeit, sowohl mit konventionellen als auch mit nuklearen Sprengköpfen bestückt werden zu können[982]. Die Luftwaffe sei hingegen die einzige Teilstreitkraft, »die sich am *Strike* beteiligt, und zwar mit fliegenden und Flugkörper-Verbänden«[983]. Die Drohung mit der Eskalation bildete für de Maizière »das eigentliche strategische Mittel des Verteidigers«. In diesem Sinne hatte er selbst für die Auffassung im MC gestritten, dass »innerhalb der ›direct defence‹« auch »der selektive Einsatz nuklearer Waffen denkbar« bliebe. Entscheidend war für ihn alleine, dass »[d]ie Art der Antwort [...] von der Qualität der Aggression bestimmt« werde[984]. Jeder selektive Einsatz von A-Waffen müsse also restriktiv und kontrolliert angesetzt werden, jedes einzelne Ziel sei genau zu prüfen und der »gewünschte taktische Erfolg« habe »im richtigen Verhältnis zu den eingesetzten Mitteln« zu stehen. Im Endeffekt diene seiner Ansicht nach »unseren nationalen Interessen die Strategie am besten [...], die einen erforderlich werdenden A-Waffeneinsatz nicht zu spät, jedoch in einer zahlenmäßig begrenzten Weise vorsieht«[985].

Wie konsequent de Maizière persönlich in der Frage des Atomwaffeneinsatzes war, belegte der Umgang mit dem quer durch Deutschland verlaufenden Atomminengürtel (Atomic Demolition Munition, ADM). Einem Artikel in der FAZ vom 16. Dezember 1964 («Atom-Minen entlang der Zonengrenze? Ein neuer deutscher Vorschlag für die Vorwärtsstrategie/Zustimmung bei den Amerikanern«), in dem Weinstein diesen Gürtel anprangerte, widersprach Ver-

---

980 Ulrich de Maizière, Probleme der militärischen Planung und die Rolle der Bundeswehr bei der Verteidigung Europas, Vortragsveranstaltung beim Industrie-Club e.V., Düsseldorf am 14.5.1968, ebd.

981 Ulrich de Maizière, Aktuelle Probleme der Verteidigung Mitteleuropas sowie der Bundeswehr, Vortrag GenInsp vor 3. Fortbildungslehrgang der GenSt/AdmStOffz Bw am 22.3.1968, ebd.

982 Ulrich de Maizière, Ansprache bei der Tagung verabschiedeter Bundeswehr-Generale am 25.10.1967, ebd.

983 Ulrich de Maizière, Aktuelle Probleme der Verteidigung Mitteleuropas sowie der Bundeswehr, Vortrag GenInsp vor 3. Fortbildungslehrgang der GenSt/AdmStOffz Bw am 22.3.1968 an der FüAkBw, ebd. Für die nächsten Jahre waren demnach »hierzu 6 F-104 Staffeln in einer *Strike*-Erstrolle vorgesehen. Die Pershing soll in den 70er-Jahren durch die Pershing Ia ersetzt werden. Geplant werden hierbei 2 Gruppen«. Als *Strike* bezeichnete man den massiven Einsatz von Atomwaffen.

984 Ulrich de Maizière, Aktuelle Probleme der Verteidigung Mitteleuropas sowie der Bundeswehr, Vortrag GenInsp vor 3. Fortbildungslehrgang der GenSt/AdmStOffz Bw am 22.3.1968 an der FüAkBw, ebd.

985 Ebd.

teidigungsminister von Hassel sowohl in einer Presseerklärung vom 17. Dezember 1964 als auch in einer Rede vor dem Deutschen Bundestag am 20. Januar 1965[986]. Demgegenüber fand Helmut Schmidt, als er Ende 1969 das Verteidigungsressort übernahm, sehr wohl Pläne für entsprechende Vorbereitungen; sogar die Löcher seien schon gebohrt gewesen. Seiner Meinung nach habe »das Militär eine politische Kontrolle seiner potenziellen atomaren Verteidigung verhindern« wollen und die Pläne deswegen vor dem Bundestag geheim gehalten. Auch Journalisen hätten davon gehört, aber ebenso geschwiegen wie darüber, dass Schmidt später zusammen mit seinem US-amerikanischen Amtskollegen Melvin Laird »die Einsatzvorbereitungen ganz leise beendet und annulliert« habe – »zum Entsetzen der militärischen Führung (mit Ausnahme des Generalinspekteurs Ulrich de Maizière)«, wie Schmidt betonte[987]. Dass de Maizière von sich aus etwas gegen diese Planungen unternommen hätte, ist indes nicht bekannt. Für ihn war vor allem die Nukleare Planungsgruppe der NATO (Nuclear Planning Group – NPG) in diesem Kontext relevant und deswegen »eine der wichtigsten Institutionen der Allianz«[988]. Ihre seit 1967 laufende Arbeit bewertete er gerade wegen der Konsultationen beim A-Waffeneinsatz zwischen den Nuklearmächten des Bündnisses und den Partnern, die wie die Bundesrepublik nicht über Nuklearwaffen verfügten, sowie der Verabschiedung von »politischen Richtlinien für den defensiven taktischen Ersteinsatz von Nuklearwaffen durch die NATO« als immens[989].

Deutlich weniger erfolgreich als in der internationalen Militärpolitik war de Maizière bei der Vermittlung der Verteidigungsaufgaben gegenüber der politischen Leitung[990]. Ihm war schon bei seiner Amtsübernahme völlig klar, dass die Bundeswehr durch die erstmalige Verminderung der Verteidigungsausgaben im Haushalt 1967 »sehr schweren Zeiten« entgegen gehen würde. Weil er befürchtete, die Auswirkungen auf den Umfang und die Struktur der Streitkräfte würden »weit größer sein, als wir bisher glauben«, lag ihm umso mehr daran, die Bundeswehr »als ein hochbewegliches und modern ausgerüstetes Instrument zu erhalten«[991].

Zumindest seinen neuen Minister konnte er überzeugen. Am 1. Dezember 1966 hatte Gerhard Schröder (CDU) das Verteidigungsressort von seinem Par-

---

[986] BMVg/Pressereferat, Betr.: Erklärung zur Atomminen-Frage, 29.1.1965, BArch, B 136/6892.
[987] Schmidt, Außer Dienst, S. 30 f. Siehe dazu ausführlich Bald, Politik.
[988] Vortrag GenInsp, General de Maizière, bei der internationalen Tagung für Presseoffiziere am 2./3.10.1970 in München (gehalten am 3.10.1970), BArch, N 673/61a.
[989] Ansprache GenInsp, General de Maizière, anlässlich der Verabschiedung von Lehrgangsteilnehmern der FüAkBw am 22.9.1970 in Hamburg, sowie BMVg/GenInsp, TgbNr. FüS 2391/70, Rede GenInsp zum Abschluss der 16. Kommandeurtagung der Bundeswehr am 2.7.1970, 29.7.1970, beide ebd.
[990] De Maizière, In der Pflicht, S. 288–292, 296 f. Siehe hierzu auch Forderungen nach einer militärstrategischen Arbeitsgruppe für den Generalinspekteur aus der medialen Öffentlichkeit, bspw. Hermann Renner, Neues NATO-Konzept – was nun?, Die Welt, 10.5.1967, Abdruck BArch, Bw 2/1034.
[991] De Maizière an GL a.D. Gaedcke, 11.1.1967, BArch, N 673/41a.

teikollegen Kai-Uwe von Hassel übernommen[992]. Seit 1949 für die CDU im Bundestag, erwarb er sich als Innenpolitiker einen Ruf als Law-and-Order-Mann. Er setzte als Innenminister (1953 – 1961) das KPD-Verbot durch, scheiterte aber mit einem ersten Entwurf zur »Notstandsgesetzgebung«. Im 4. Kabinett Adenauers von 1961 bis 1966 Außenminister, erwies er sich als »Atlantiker«, hatte jedoch mit dem Wechsel ins Verteidigungsressort den Zenit seiner politischen Karriere bereits überschritten[993]. Viel deutlicher als de Maizière stand Schröder »zwischen älterem preußisch geprägten (Obrigkeits-)Staatsdenken und der neueren Parteiendemokratie«[994]. Als Person galt er, hier de Maizière nicht unähnlich, als distanziert mit einem Hang zu »etwas schulmeisterlichen Formen«[995]. Dass es dem Minister »schwer[fiel], die Wärme und Anteilnahme, die er für die Menschen und ihre Aufgaben empfand, nach außen hin zu zeigen«, bedauerte de Maizière besonders, weil ihn die Truppe »so [...] nicht als einen engagierten Oberbefehlshaber erkennen [konnte]«[996]. Gerade Letzteres gestand er ihm aber absolut zu. Vor allem der Schröder zugeschriebene nüchterne, unauffällige, gleichwohl penible und konsequente Arbeitsstil dürfte de Maizière gefallen haben. Das war wohl der hauptsächliche Grund, weshalb der Minister seinem Generalinspekteur »sein volles Vertrauen schenkte« und jener ihn aus der Rückschau »in die Reihe der erfolgreichen Verteidigungsminister unserer Republik« einordnete[997]. Schon anlässlich seiner Verabschiedung aus dem Amt beim Regierungswechsel 1969 hatte de Maizière Schröder besonders gelobt, weil er denen, die »unter Ihrer Leitung gearbeitet haben, stets das Gefühl gegeben [habe], mit Ihnen gemeinsam unserem Land und Volk zu dienen. Sie haben loyale Mitarbeit erwartet, sind dann aber stets für Ihre Mitarbeiter eingetreten, auch dann, wenn es unbequem war«[998]. Seinerzeit hatte er vor allem eine »straffe politische Leitung« sowie eine »weniger unmittelbare« militärfachliche Einflussnahme als durch von Hassel als Ergebnisse des Ministerwechsels ausgemacht[999].

Das positive Verhältnis zwischen beiden zeichnete sich bald ab. Bereits wenige Monate nach Schröders Amtsübernahme schrieb de Maizière beruhigt an Panitzki, die Zusammenarbeit lasse sich »erfreulich gut« an[1000]. Dazu rechnete

---

[992] Am 5.12.1966 nahm Schröder seine Arbeit auf. Siehe de Maizière an Baudissin, 2.12.1966, BArch, N 673/37.

[993] 1969 schied Schröder aus der Bundesregierung aus, unterlag im selben Jahr bei der Bundespräsidentenwahl Gustav Heinemann, blieb aber bis 1980 Mitglied des Deutschen Bundestages und Vorsitzender des Auswärtigen Ausschusses. Siehe hierzu Opelland, Gerhard Schröder, sowie ergänzend Eibl, Politik der Bewegung.

[994] Opelland, Gerhard Schröder, S. 16.

[995] Ebd., S. 248.

[996] De Maizière, In der Pflicht, S. 311.

[997] Ebd.

[998] Ulrich de Maizière, Ansprache GenInsp anlässlich der Verabschiedung Bundesminister der Verteidigung Dr. Gerhard Schröder, des Staatssekretärs Karl-Günther von Hase und des Parlamentarischen Staatssekretärs Eduard Adorno am 23.10.1969, BArch, N 673/60.

[999] GenInsp, Zusammenstellung wichtiger Vorgänge von August 1966 – März 1972, 1. Amtsjahr, BArch, N 673/64.

[1000] De Maizière an GL a.D. Panitzki, 2.3.1967, BArch, N 673/48c.

der Generalinspekteur vor allem, dass sein Minister sich mehrfach öffentlich mit Finanzminister Strauß angelegt hatte. Den Kabinettsbeschluss, den Verteidigungshaushalt 1967 um 1,2 Milliarden DM zu kürzen, konterte Schröder mit der Feststellung, dies würde eine Verringerung des Personalbestandes der Bundeswehr um 13 Prozent bedingen. Dagegen bezog Strauß öffentlich Stellung und kritisierte wiederholt solche aus seiner Sicht dramatisierenden Auswirkungen der Sparmaßnahmen auf die Streitkräfte. Die Streitereien innerhalb des Kabinetts wurden dabei gerade in den USA aufmerksam verfolgt, wie de Maizière von Wessel erfuhr; vor allem »alle Schwächezeichen in Deutschland«, wozu er insbesondere die Diskussion um die Dauer der Wehrpflicht, die Personalstärke der Bundeswehr und die Höhe des Wehretats zählte, würden registriert. Besorgt erinnerte er in diesem Kontext daran, die Bundesrepublik sei für Washington nur dann interessant, »wenn wir stark sind – politisch, wirtschaftlich, militärisch und nicht zuletzt ethisch/sittlich«[1001]. Tatsächlich sah sich Bundeskanzler Kurt Georg Kiesinger gezwungen, in die Debatte einzugreifen und zunächst den amerikanischen Präsidenten Lyndon B. Johnson zu beruhigen: Zwar sei die Bundesregierung angesichts der schwierigen Haushaltslage gezwungen, auch den Verteidigungshaushalt in die Einsparüberlegungen mit einzubeziehen, doch jede Maßnahme würde »selbstverständlich vorher« mit den Verbündeten besprochen werden. Ohnehin sei für die Jahre ab 1969 wieder eine zunehmende Steigerung der Aufwendungen für die Bundeswehr vorgesehen[1002]. Eine Kopie dieses Schreibens schickte Kiesinger an Schröder und rüffelte ihn gleichzeitig dafür, durch seine Aussagen in der Öffentlichkeit den Eindruck erweckt zu haben, die von ihm genannten Kürzungen des Personals seien »bereits eine endgültig festgelegte Konsequenz der mittelfristigen Finanzplanung«. Stattdessen beauftragte er ihn damit, zu den Kürzungsüberlegungen Alternativen erarbeiten zu lassen[1003].

In Wirklichkeit hatte Schröder zuvor mehrmals erfolglos versucht, mit Kanzler und Finanzminister »*vor* der entscheidenden Kabinettssitzung« ins Gespräch zu kommen. Immerhin konnte Schröder Kiesinger jetzt schriftlich die Folgen der Kürzung darlegen, die aus seiner Sicht auf zwei Alternativen hinausliefen: »entweder eine Reduzierung der präsenten Stärke der Bundeswehr, verbunden mit der Umstrukturierung, oder einen Verzicht auf die laufende Modernisierung der Bundeswehr«. Dabei betonte er, die von ihm angekündigten Vorschläge deckten sich mit der Auffassung des Generalinspekteurs[1004]. Noch am selben Tag legte Schröder dem Kanzleramt dann seine »Vorschläge für die Bundes-

---

[1001] Deutscher Militärischer Vertreter im MC/NATO, GL Wessel, an de Maizière, 8.6.1967, BArch, N 673/54b.

[1002] Bundeskanzler Kurt Georg Kiesinger an Präsident Lyndon B. Johnson, 11.7.1967, ACDP, NL Schröder, I-483-287/4.

[1003] Bundeskanzler an Bundesminister der Verteidigung, 11.7.1967, ACDP, I-483-287/4.

[1004] Schröder an Kiesinger, 14.7.1967, ACDP, NL Schröder, I-483-287/4 (Hervorhebung im Original).

wehrplanung« en détail vor[1005]. Dort sah man sich von den angebotenen Lösungen wenig überzeugt und bemängelte besonders das Fehlen von Alternativen[1006]. Kiesinger holte sich derweil bei Heusinger, Kielmansegg und Baudissin Rat. Heusinger wiederum informierte de Maizière darüber und bat ihn, Kiesinger über diesen Brief zu informieren[1007]. Dadurch schuf er ihm die Möglichkeit, sich gleichfalls über den Minister an den Kanzler zu wenden und dabei die »Gedanken des General Heusinger« zu unterstützen, weil »seine Überlegungen im Wesentlichen unserem Konzept entsprechen, wenn man sie mit den Realitäten der uns zur Verfügung gestellten Finanzmittel konfrontiert«[1008]. Tatsächlich hatte Heusinger in seinen »Überlegungen zu der Kürzung des Verteidigungshaushaltes« zwar eine Reihe von Einsparungsmöglichkeiten in genereller wie in Hinsicht auf die Teilstreitkräfte vorgeschlagen, gleichzeitig jedoch darauf verwiesen, dass – falls »trotz intensivster Bemühungen« eine Verminderung der Schlagkraft der Bundeswehr nicht zu umgehen sein würde – dann »trotz aller Bedenken militärischer und politischer Art« auch deren Auftrag zu modifizieren sei[1009]. Kiesinger entschied daraufhin, alle Alternativen noch einmal gemeinsam durchzurechnen, die möglichen Lösungen im Bundesverteidigungsrat zu beraten und danach die NATO zu konsultieren, um so sicherzustellen, dass überstürzte Entscheidungen vermieden würden[1010]. Gleichzeitig forderte er Baudissin und Kielmansegg auf, »in ihren Bereichen beruhigend zu wirken und zu interpretieren, dass die Bundeswehr nicht unter 455 000 Mann gekürzt werde«[1011]. Zeitgleich bat de Maizière Baudissin hingegen darum, in seinen Gesprächen gerade keine Zahlen zu nennen. Er wusste, dass dieser schon lange der Ansicht war, die Bundeswehr müsste zugunsten einer Modernisierung dringend reduziert werden[1012]. Persönlich will er sich bewusst gewesen sein, »dass die jetzt zu treffenden Vorschläge und Entscheidungen, vielleicht die schwerwiegendsten sind, die ich bisher in meinem Leben zu bearbeiten hatte«[1013].

Nach verschiedenen Fachgesprächen ließ sich der Bundeskanzler am 21. Juli 1967 von Schröder, anschließend vom Generalinspekteur und den Inspekteuren

---

[1005] Bundesminister der Verteidigung/Tgb.Nr. 1632/67 Geheim, an Bundeskanzler Kiesinger, 14.7.1967, ACDP, NL Schröder, I-483-287/4.

[1006] Siehe dazu die Kiesinger vorgelegten Prüfergebnisse in BArch, B 136/6832.

[1007] Heusinger an de Maizière, 18.7.1967, BArch, N 673/42.

[1008] De Maizière an Minister, 18.7.1967, ebd.

[1009] Gen. a.D. Adolf Heusinger, »Überlegungen zu der Kürzung des Verteidigungshaushaltes«, Anlage zu Heusinger an de Maizière, 18.7.1967. Dort finden sich die Kürzungsvorschläge im Detail. De Maizière dankte Heusinger umgehend für die Offenheit und teilte ihm mit, er habe es »als eine starke Hilfe empfunden, dass Sie mich haben wissen lassen, was Sie dem Kanzler gesagt haben«. Siehe de Maizière an Heusinger, 19.7.1967, beide BArch, N 673/42.

[1010] De Maizière an Heusinger, 19.7.1967, ebd.

[1011] Adjutant, Vermerk für Minister, Betr.: Verteidigungsplanung, hier: Gespräch General von Baudissin bei Bundeskanzler, 19.7.1967, ACDP, I-483-287/4.

[1012] Ebd.

[1013] De Maizière an Heusinger, 19.7.1967, BArch, N 673/42.

der Teilstreitkräfte vortragen[1014]. Am Ende rang sich Kiesinger zu der Einsicht
durch, man werde »wahrscheinlich irgendwie nicht um Umfangskürzungen der
Bundeswehr herumkommen«[1015]. Nach de Maizières Einschätzung wollte der
Bundeskanzler »in jedem Falle einen Konsolidierungsprozess für die Bundeswehr durchsetzen und zugleich den politischen Willen zur Aufrechterhaltung
der Verteidigungsbereitschaft bekunden«. Er erläuterte Kiesinger daraufhin
erneut das Prinzip der abgestuften Präsenz und die Vorteile der damit verbundenen Flexibilität, ließ jedoch »keinen Zweifel daran, dass – welche Lösung
man auch wähle – der vom Kabinett beschlossene Finanzplan für die Verteidigung in jedem Falle eine Minderung der Abwehrkraft mit sich bringe, und dass
es nunmehr das Ziel sein müsse, daraus eine für die Bundeswehr bestmögliche
langfristige Lösung zu finden«[1016]. In den Medien interpretierte man die Entscheidung des Kanzlers tags darauf als eine politische Niederlage Schröders[1017].
Dort herrschte Einigkeit darüber, dass die Bundesregierung den Verteidigungshaushalt von den allgemeinen Sparmaßnahmen nicht habe ausklammern können; allerdings kritisierte man die Vorgehensweise. Hier standen aber vor allem
die Minister Schröder und Strauß in der Schusslinie[1018].

Derweil orientierte de Maizière den Stellvertretenden Chef des Stabes des
militärischen Nachrichtenwesens in Fontainebleau, Brigadegeneral Achim Oster, über Kiesingers Entscheidung und ermächtigte ihn, von diesen Informationen Gebrauch zu machen: Der Bundeskanzler habe inzwischen eingesehen, dass
die Bundeswehr mit weniger Geld ihre Abwehrkraft nicht in gleichem Umfang
aufrecht erhalten könne. Dies wäre nur möglich, wenn stattdessen auf eine laufende schrittweise Modernisierung des Materials verzichtet oder diese erheblich
eingeschränkt würde. Das wiederum glaubte Kiesinger nicht verantworten zu
können, und so sei eine Reduzierung »unvermeidlich«; lediglich die Form
müsste zuvor mit der NATO eingehend besprochen werden. De Maizière bestätigte Oster, der Kanzler habe sich »zunächst ›von der Peripherie her‹ unterrichten lassen« und versucht, den Inspekteur des Heeres unmittelbar zum Vortrag
zu beordern, ehe er den Generalinspekteur gehört hatte und ohne den Minister
zu informieren. Allein weil Generalleutnant Moll darauf »sehr loyal reagiert«

[1014] GenInsp de Maizière, Aufzeichnung über das Gespräch mit dem Bundeskanzler am
21.7.1967; InspH, GL Moll, an Minister, Betr.: Kurzbericht über die Besprechung beim
Bundeskanzler am 21.7.1967; InspL, GL Steinhoff, an Minister: Notiz über die Besprechung beim Bundeskanzler am 21.7.1967; und InspM, VA Karl-Adolf Zenker, an Minister:
Kurzbericht über Besprechung beim Bundeskanzler, 27.7.1967, alle ACDP, NL Schröder,
I-483-287/4. Zu den Vorgesprächen siehe z.B. Stellv GenInsp, GL Herbert Büchs, Niederschrift über ein Gespräch mit Staatssekretär Dr. Knieper und Ministerialdirektor Dr. Krüger, Bundeskanzleramt, am 19.7.1967, 20.7.1967, im selben Bestand.

[1015] InspH, GL Moll, an Minister, Betr.: Kurzbericht über die Besprechung beim Bundeskanzler am 21.7.1967, ACDP, NL Schröder, I-483-287/4.

[1016] GenInsp de Maizière, Aufzeichnung über das Gespräch mit dem Bundeskanzler am
21.7.1967, ACDP, NL Schröder, I-483-287/4.

[1017] IPZ, Schlagzeilen Morgenpresse, 22.7.1967, ACDP, NL Schröder, I-483-287/4.

[1018] Siehe dazu Presse- und Informationsdienst der Bundesregierung III/8, Die Kritik der
Massenmedien an der Verteidigungsplanung der Bundesregierung als Folge der Be-
schlüsse der Bundesregierung zur mehrjährigen Finanzplanung, 3.8.1967, BArch, B 136/6835.

habe, und auf den massiven Einspruch des Ministers hin, der am 20. Juli 1967 sogar mit Rücktritt gedroht habe[1019], habe man Kiesinger überzeugt, zunächst den Minister und den Generalinspekteur zu hören und danach die Inspekteure der Teilstreitkräfte mit Zustimmung des Ministers zu empfangen. Damit sei diese Angelegenheit »in befriedigender Weise erledigt« worden. Inzwischen habe Schröder die Kommandierenden Generale und die Befehlshaber der Wehrbereiche über die Lage unterrichtet[1020]. Und nach dem USA-Besuch Kiesingers meldete Wessel de Maizière auch von dort Entwarnung: Es sei eine erfolgreiche Kontaktaufnahme gewesen, die zwar keine greifbaren Ergebnisse erbracht habe, dafür aber die »Klarstellung, dass das deutsch-amerikanische Verhältnis mehr als bisher ein solches zwischen gleichberechtigten Partnern sein müsse«[1021].

Nach seiner Rückkehr aus dem Sommerurlaub konnte sich de Maizière »mit Hochdruck« an die neuen Bundeswehrplanungen und die Vorbereitung der entsprechenden Parlamentsdebatte im Oktober machen[1022]. Anschließend stellte er ausdrücklich fest, die Tatsache, dass sich die Bundeswehr künftig im bescheidenen Rahmen zurechtfinden müsse, sei keiner veränderten Beurteilung der militärischen Bedrohung, sondern ausschließlich der Finanzlage geschuldet. Minister und militärische Führung hätten der Regierung das damit verbundene wachsende militärische Risiko »in klarer Formulierung aufgezeigt«. Nun müsse die Politik dem Rechnung tragen und Verantwortung übernehmen[1023].

Da er weiterhin mit drastischen Reduzierungen rechnete, ermahnte der Generalinspekteur die Teilstreitkräfte zur Mäßigung ihrer Wunschvorstellungen und wollte vor allem alternative Streitkräftemodelle untersuchen lassen[1024]. Dabei dürften allerdings nicht die Investitionskosten so gesenkt werden, dass die Bundeswehr nicht mehr mit ausreichend modernen taktischen Waffen ausgestattet werden könnten[1025]. Stattdessen müsse »Grundsätzliches« geschehen[1026]. Darunter schwebte ihm ein »Prinzip der abgestuften Präsenz« vor, also der Abstützung von Teilen der Streitkräfte auf Mobilmachungsverbände und die Fusion des Heeres mit der Territorialen Verteidigung[1027]. Beides betraf vor allem das Heer, das zudem eine Möglichkeit finden sollte, um das Reservistenpotenzial »in vernünftiger Weise« zu nutzen. Von der schrittweisen Fusion

---

[1019] Gerhard Schröder, Notiz, Betr.: Rücktrittsangebot am 20.7.1967, ACDP, I-483-287/4.

[1020] De Maizière an BG Achim Oster, 25.7.1967, BArch, N 673/48b.

[1021] GL Wessel, Deutscher Militärischer Vertreter im MC/NATO, an de Maizière, 18.8.1967, BArch, N 673/54a.

[1022] De Maizière an GL a.D. Thomale, 5.9.1967, BArch, N 673/52b.

[1023] Ulrich de Maizière, Ansprache bei der Tagung verabschiedeter Bundeswehr-Generale am 25.10.1967, BArch, N 673/59.

[1024] Siehe z.B. die Schlussbemerkungen des GenInsp de Maizière zum Bundeswehr-Planspiel 1967 (Marine) am 3.11.1967, BArch, BM 1/110a.

[1025] Ulrich de Maizière, Ansprache GenInsp vor Attaché-Korps am 8.12.1967, BArch, N 673/59.

[1026] Ulrich de Maizière, Ansprache bei der Tagung verabschiedeter Bundeswehr-Generale am 25.10.1967, ebd.

[1027] Ulrich de Maizière, Probleme der militärischen Planung und die Rolle der Bundeswehr bei der Verteidigung Europas, Vortragsveranstaltung beim Industrie-Club e.V., Düsseldorf am 14.5.1968, ebd.

versprach er sich vor allem eine größere »Effektivität und Flexibilität im Bereich der Landstreitkräfte«[1028]. Über deren endgültige Struktur war Anfang 1968 noch nicht entschieden, und als sie schließlich zum 1. Februar 1969 anlief, schuf sie viel böses Blut und war noch 1970 mehrmals Thema in Schmidts Kollegium. Am Ende verschob man das Thema dort auf die »beiderseitige[n] Amtsnachfolger« von Schmidt und de Maizière[1029]. Für die Luftwaffe kam es für de Maizière hingegen darauf an, deren konventionelle Kampfkraft zu verstärken, eine »begrenzte Strike-Befähigung« bestehen zu lassen, ihre Aufklärungskapazität zu verbessern und das System der integrierten Landesverteidigung zu erhalten. Demgegenüber hatte die Marine keine wesentliche Veränderung zu erwarten. Im Vordergrund deren Überlegungen müsse weiterhin die Erfüllung der Aufgaben in der Ostsee und ihren Zugängen stehen[1030].

Trotz aller Probleme war de Maizière in dieser Zeit immens bemüht, in der Öffentlichkeit ein positives Bild von der Bundeswehr zu zeichnen: Der Ausbildungsstand der Streitkräfte sei »zufriedenstellend« und die innere Struktur der Truppe »gesund«. Insgesamt werde sie innerhalb der NATO als eine schlagkräftige und zuverlässige Streitmacht bewertet und sei damit zu einem wichtigen politischen Faktor für die Bundesrepublik Deutschland geworden. Nun gelte es, das Erreichte zu erhalten und zu festigen. Streitkräfte seien »ein lebender Organismus, in dem man nicht plötzlich eingreifen soll«, ihre Entwicklung »immer evolutionär zu steuern«[1031]. Der Gesamtumfang der Bundeswehr von 455 000 Mann werde mit Sicherheit nicht mehr größer werden, »es sei denn, die Lage ändert sich grundsätzlich«[1032].

Genau das tat sie aber, als die Sowjetunion durch Truppen des Warschauer Paktes am 21. August 1968 den sogenannten Prager Frühling niederschlagen ließ. De Maizière nahm die Krise, die dorthin führte, sehr ernst. Er wollte deswegen zuvor schon seinen Sommerurlaub stornieren, um in Bonn zu bleiben.

[1028] Ulrich de Maizière, Aktuelle Probleme der Verteidigung Mitteleuropas sowie der Bundeswehr, Vortrag GenInsp vor 3. Fortbildungslehrgang der GenSt/AdmStOffz Bw am 22.3.1968 an der FüAkBw, ebd.

[1029] Kollegium im BMVg, Eintrag 10.3.1970, PAHS, Privat PZ, Kollegium im BMVg, Bd 1. Siehe dazu auch Amtsübergabe BMVg an H. Schmidt, Fusion Heer/TV-Basis Inland, ACDP, I-483-249/5, sowie zur Kritik daran GL Friedrich Übelhack, Befehlshaber der Territorialen Verteidigung, an de Maizière, 25. und 29.3.1968, sowie de Maizière an Übelhack, 26.3. und 3.4.1968, alle BArch, N 673/181, sowie Schriftwechsel zwischen de Maizière und von Plato zwischen November 1969 und Februar 1970, BArch, N 673/49a.

[1030] Ulrich de Maizière, Aktuelle Probleme der Verteidigung Mitteleuropas sowie der Bundeswehr, Vortrag GenInsp vor 3. Fortbildungslehrgang der GenSt/AdmStOffz Bw am 22.3.1968 an der FüAkBw, und beinahe identisch in Ulrich de Maizière, Probleme der militärischen Planung und die Rolle der Bundeswehr bei der Verteidigung Europas, Vortragsveranstaltung beim Industrie-Club e.V., Düsseldorf am 14.5.1968, beide BArch, N 673/59.

[1031] Ulrich de Maizière, Der Beitrag der Bundeswehr zur Sicherung des Friedens, Beitrag des GenInsp zur WDR-Sendung am 4.11.1967, ebd.

[1032] Ulrich de Maizière, Aktuelle Probleme der Verteidigung Mitteleuropas sowie der Bundeswehr, Vortrag GenInsp vor 3. Fortbildungslehrgang der GenSt/AdmStOffz Bw am 22.3.1968 an FüAkBw sowie Ulrich de Maizière, Der Beitrag der Bundeswehr zur Sicherung des Friedens, Beitrag des GenInsp zur WDR-Sendung am 4.11.1967, beide ebd.

Erst nachdem ihn Staatssekretär von Hase beruhigt hatte, fuhr er im Juli 1968 zusammen mit seiner Frau für vier Wochen in den Schwarzwald, einmal mehr ins Sanatorium Hohenfreudenstadt[1033]. Wegen seiner anhaltenden Bedenken ließ er sich allerdings von seinem Adjutanten Bahnemann telefonisch ständig auf dem Laufenden halten, um gegebenenfalls sofort zurückzukehren. Nach seiner Rückkehr in die Bundeshauptstadt leitete er dann eine tägliche Lagebesprechung im Bereitschaftszentrum, an der manchmal auch der Minister teilnahm. Die größte Sorge bestand darin, dass Truppen der ČSSR auf das Territorium der Bundesrepublik fliehen und sowjetische Truppen nachsetzen könnten[1034]. Gleichwohl erkannte de Maizière in diesem Vorgang aber auch eine Chance.

Nur wenige Tage, nachdem Verteidigungsminister Schröder im Kabinett erklärt hatte, die vorgenommenen Einsparungen müssten umgehend zurückgenommen werden, weil sich aus der sowjetischen Besetzung der ČSSR »Änderungen bestimmter Beurteilungs- und Planungsgrundlagen (Bedrohung, Kräfteverhältnis, Vorwarnzeit, Konzept, Einsatzbereitschaftsnormen, Fähigkeit, Absicht u.a.)« ergäben, setzte der Generalinspekteur nach[1035]. Mit der militärischen Intervention, so de Maizière, sei aller Welt deutlich geworden, dass die Spannungen in Europa noch nicht gemindert seien. Vielmehr habe sie die Richtigkeit der bundesrepublikanischen Bündnispolitik bestätigt und die Bundeswehr während der Krise bewiesen, dass man auf sie vertrauen könne. Die westdeutschen Streitkräfte brauchten diese »Zustimmung des Volkes«, um ihre Aufgabe erfüllen zu können. Er schloss mit einem Appell: »Wir bitten um Zustimmung. Wir versprechen unsererseits, dass wir uns bemühen werden, unseren Auftrag, den Frieden zu schützen, ohne große Worte erfüllen, gelassen, zuverlässig und unserer Sache sicher[1036].«

Wie grundsätzlich sich binnen weniger Wochen die verteidigungspolitischen Befindlichkeiten in der Bonner Regierung gewandelt hatten, davon berichtete auch der neue Inspekteur des Heeres, Generalleutnant Albert Schnez, nach seinem Antrittsbesuch bei Bundeskanzler Kiesinger im Oktober 1968. Sei-

---

[1033] De Maizière an Helmut Tewaag, 10.6.1968, BArch, N 673/52b, sowie an Kdr FüAkBw, GM Hinrichs, 12.8.1968, und Hinrichs an de Maizière, 31.7.1968, beide BArch, N 673/43e.

[1034] Bahnemann, Parlamentsarmee?, S. 107. Die »substanziellsten und aktuellsten Nachrichten aus dem Grenzgebiet« erhielt die militärische Führung demnach vom BGS, sie wurden durch Major im BGS Ulrich Wegener vorgetragen, der seinerzeit im Innenministerium Dienst tat und später als »Held von Mogadischu« berühmt werden sollte. Bahnemann behauptet hier, de Maizière habe dafür seinen Urlaub auch tatsächlich abgebrochen. Auf eine seinerzeitige Anfrage hin teilte Bahnemann als Adjutant aber selbst mit, der Generalinspekteur sei bereits »Mitte August aus dem Urlaub zurück«. Siehe Luftwaffenadjutant GenInsp, M i.G. Bahnemann, an Dr. Fritz Drabert, 31.7.1968. Da de Maizière Drabert bereits am 19.8.1968 zurückschrieb, er habe seinen »Urlaub wiederum in Freudenstadt verbracht, wo wir uns vor 3½ Jahren bei Herrn Professor Kohlrausch kennengelernt haben«, war er zum Zeitpunkt des Einmarsches also schon wieder in Bonn. Siehe de Maizière an Drabert, 19.8.1968, alle BArch, N 673/39a.

[1035] Erklärung Bundesminister der Verteidigung im Kabinett am 3.9.1968, ACDP, I-483-287/4.

[1036] Ansprache GenInsp de Maizière am 8.9.1968 anlässlich des 10. Sportfestes der Offizierschulen der Bundeswehr in München, Dante-Stadion, BArch, N 673/59.

nem Minister teilte er anschließend mit, der Kanzler betrachte »die Lage als ernst, jedoch ohne Nervosität«. Er glaube nicht, dass die Sowjetunion die Bundesrepublik Deutschland militärisch angreifen werde, sehe aber mit Sorge die Umklammerungsbewegungen der Sowjets gegenüber Mitteleuropa über das Mittelmeer und im Norden und nehme die Interventionsdrohungen und »die Härte der Sowjets gegenüber der Bundesrepublik« nicht auf die leichte Schulter. Weil ein irrationales Verhalten der sowjetischen Führung nicht außerhalb aller Möglichkeiten stehe, habe Kiesinger betont, »dass für die Bundeswehr nach den Ereignissen in der CSR [sic!] etwas geschehen müsse, auch wenn das Geld koste«; falls notwendig, würde er auch eine beschränkte zahlenmäßige Verstärkung der Streitkräfte unterstützen. Der Bundeskanzler vertrete die Meinung, man müsse »die Gunst der Stunde nutzen, denn man wisse nicht, wie lange die Gunst des Augenblicks anhalte«. Entgegen bisheriger Einschätzungen, nach denen »das deutsche Volk überwiegend die Verteidigungsausgaben für zu hoch halte«, sei die Presse momentan der Auffassung, dass für die Verteidigung mehr geschehen müsse. Und auch »im Volk sei heute dafür Verständnis vorhanden«[1037].

Intern erkannte de Maizière den Vorteil vor allem darin, dass »uns die Krise in der CSR [sic!] die Aussicht auf einen höheren Verteidigungsetat und damit auf höhere Umfangszahlen eröffnet hat«[1038]. In seinem Vortrag an der Führungsakademie am 21. März 1969 stellte er fest, sie habe sowohl innerhalb des Bündnisses als auch im nationalen Rahmen zu einer deutlich spürbaren Tendenzwende geführt. Der Bundestag sei nun bereit, mehr Geld zur Verfügung zu stellen als beabsichtigt. Und im internationalen Kontext habe die Intervention der Erosion des Bündnisses nicht nur einen Riegel vorgeschoben, sondern sogar Entschlüsse zu einer maßvollen Erhöhung der Verteidigungsanstrengungen ermöglicht[1039]. Darüber hinaus versuchte er die Maßnahmen der Streitkräfteführung seit der Kürzungsdebatte als durchdacht vorzustellen: Damals sei das System der abgestuften Präsenz eingeführt und ständig modifiziert worden. Mit ihm habe man die Absicht verfolgt, »unter Beibehaltung des erreichten organisatorischen Rahmens, was nicht gewisse Einzeländerungen ausschließt, die Präsenz abzustufen, um für den Fall, dass man mal wieder Geld bekommt oder die politische Lage sich ändert, man diesen Rahmen rascher wieder auffüllen könnte«. Nun habe sich die politische Lage geändert, die Bedrohung wieder verstärkt, Regierung und Parlament daher beschlossen, für die nächsten Jahre wieder mehr Geld zur Verfügung zu stellen. So sei es konsequent und logisch, die Präsenz wieder hinaufzustufen. Er betone dies deswegen, weil er »gelegentlich höre und das auch mal so in den Zeitungen gestanden hat, nicht wahr, das Verteidigungsministerium hätte seine Absichten des Jahres 1967 total über den Haufen geworfen«, die »Entschlüsse des Jahres 67 wären also ein grandioser

---

[1037] GL Schnez, InspH, Aktennotiz über meinen Antrittsbesuch beim Herrn Bundeskanzler am 9.10.1968, 10.10.1968, ACDP, NL Schröder, I-483-108/1.

[1038] De Maizière an GL a.D. Moll, 3.1.1969, BArch, N 673/47b.

[1039] Vortrag GenInsp vor der FüAkBw (Fortbildungs-Lehrgang) am 21.3.1969, 23.3.1969 (Tonbandniederschrift), ACDP, NL Schröder, I-483-109/2.

Irrtum gewesen, wenn nicht noch stärkere Worte gefallen« seien. Nun zeige die Entwicklung, dass »eine gewisse Logik« in diesen Maßnahmen bestehe[1040].

Gegenüber seinem Amtsvorgänger Trettner brachte de Maizière Ende des Jahres 1968 freilich sehr viel offener zum Ausdruck, dass die Entwicklung seit dem 21. August »doch einiges in Bewegung bringen wird, so wie das bei den früheren ›Schocks‹ auch geschehen ist«[1041]. Auch in einem Brief an Heuer schrieb er zum Jahresbeginn 1969, die Krise um die ČSSR habe dabei geholfen, dass es mit der Bundeswehr, nachdem sie »die tiefste Talsohle erreicht hat«, nun allmählich wieder aufwärts gehe[1042]. Nach innen vertrat er dabei die Meinung, die Probleme in und um die Streitkräfte würden künftig »eher größer als kleiner«, dafür sei aber nicht die Bundeswehr verantwortlich, sondern größtenteils »die veränderte innenpolitische Lage«[1043]. »Hauptprobleme« seien die Vermehrung der Zahl der Längerdienenden und »das Fertigwerden mit dem Problem der Kriegsdienstverweigerer in der Truppe«[1044]. Nach außen kommunizierte er durchaus vorsichtiger, im kommenden Jahr den Schwerpunkt seiner Überlegungen und Arbeit »stärker noch als bisher auf die Probleme der inneren Struktur der Bundeswehr« richten zu müssen[1045].

In diesem Sinne begann er das Jahr 1969 mit einer Kommandeurtagung, während der er viel Zeit für die Aussprache zur Verfügung stellen ließ. Dort wurden fast ausschließlich innerdienstliche Fragen thematisiert, solche zum Material und der operativen Aufträge seien dagegen »vorerst ganz zurückgetreten«[1046]. Obwohl er die Zusammenkunft als erfolgreich empfand, und darin auch bestätigt worden ist, beklagte er sich bereits Anfang Februar 1969, er sei inzwischen in einem Arbeitszustand, in dem er von einer Besprechung zur anderen eile und selbst seine wichtigsten Akten nicht mehr schaffe[1047]. Schon ein Jahr zuvor hatte er vermerkt, es bleibe nicht nur »für private Vergnügungen« kaum Zeit, sondern auch seine Kinder seien manchmal unzufrieden, dass er sich zu wenig um sie kümmere. Damals meinte er, man müsse eben »auch für ein hohes Amt einen Preis bezahlen«[1048]. Nach der ČSSR-Krise fühlte er sich

---

[1040] Ebd.

[1041] De Maizière an Trettner, 17.9.1968, BArch, N 673/52b.

[1042] De Maizière an Heuer, 7.1.1969, BArch, N 673/42. Auch gegenüber Panitzki äußerte de Maizière die Ansicht, »dass wir die Talsohle der Schwierigkeiten hinter uns haben«. Siehe de Maizière an Panitzki, 3.1.1969, BArch, N 673/48c.

[1043] De Maizière an Johann Condné, 8.1.1969, BArch, N 673/38.

[1044] De Maizière an GL a.D. Müller-Hillebrand, 23.12.1968, BArch, N 673/47b.

[1045] De Maizière an Generaldekan von Mutius, 23.12.1968, ebd.

[1046] De Maizière an GL Büchs, 27.1.1969, BArch, N 673/38.

[1047] De Maizière an Helmut Tewaag, 4.2.1969, BArch, N 673/52b. Gegenüber Ilsemann äußerte de Maizière die Ansicht, »die positiven Stimmen [seien] in diesem Jahr durchaus zahlreich« gewesen. Siehe de Maizière an O Gero von Ilsemann, Kdr PzGrenBrig 1, 6.6.1969. Dieser hatte ihm »eine Manöverkritik« zukommen lassen, die in das Fazit mündete, die Tagung sei »sehr viel besser als die in Kassel« gelungen. Siehe von Ilsemann an de Maizière, 27.5.1969, beide BArch, N 673/43c.

[1048] De Maizière an Rolf Stölting, 9.1.1968, BArch, N 673/52a.

jedoch in einem noch stärkeren Maße beansprucht als zuvor[1049], was ihn zunehmend »bis an die Grenzen meiner körperlichen und nervlichen Leistungsfähigkeit« beanspruchte[1050]. Trotzdem machte er sich Vorwürfe, wegen seines übervollen Terminkalenders seine Besuche in der Truppe zu vernachlässigen[1051].

Der innere Zustand der Bundeswehr

Wie sehr ihn das laufende Jahr noch fordern sollte, war zu diesem Zeitpunkt freilich noch nicht absehbar. Zunächst beantwortete er in einer seiner wohl zentralsten Rede überhaupt vor der Staatspolitischen Gesellschaft in Hamburg am 10. März 1969 zum Thema »Die Bundeswehr heute und in den 70er-Jahren«[1052] die beiden Kernfragen für die Bundeswehr im Kalten Krieg: »1. »Kann die Bundeswehr die Bundesrepublik Deutschland verteidigen?« und »2. Wie lange kann die Bundesrepublik Deutschland gegen einen Angreifer verteidigt werden?« Zur ersten Frage verwies er auf die integrierte Verteidigung, weswegen es nur um den entsprechenden Anteil der Bundeswehr gehen könne. »Die Frage aber«, so de Maizière, »ob dieser unser Beitrag richtig konzipiert ist, können wir mit gutem Gewissen mit Ja beantworten.« Bei der zweiten Frage schickte er voraus, dass dazu die Abschreckung bereits versagt haben müsste. In diesem Fall stieße der Aggressor auf die Bereitschaft des ganzen Bündnisses, die jeweils erforderlichen Mittel anzuwenden, um diesem die Initiative zu entreißen. Diese Entschlossenheit stütze sich auch auf die Fähigkeit, dem Gegner einen Schaden zuzufügen, der in keinem Verhältnis mehr zu einem erhofften Gewinn stehen würde[1053].

[1049] De Maizière an O a.D. Walther Schroeder, 6.11.1968, BArch, N 673/51b, und an O Konrad Lyhme, Kdr VBK 11, 17.9.1968, BArch, N 673/46b.

[1050] De Maizière an O a.D. Schroeder, 26.3.1969, sowie zuvor bereits an Schroeder, 6.11.1968, beide BArch, N 673/51b, und an O Lyhme, 17.9.1968, BArch, N 673/46b. Auch seine Frau meinte, »dass ich immer gerade an der Grenze meiner körperlichen Leistungsfähigkeit ›entlangjongliere‹«, wie er an seinen ehemaligen Vorgesetzten Schmidt schrieb. Siehe de Maizière an GL a.D. Schmidt, 10.12.1969, BArch, N 673/51a. Dieses »Kompliment« gab de Maizière seiner Frau gleichwohl zurück, auch sie sei ständig überstrapaziert. Siehe de Maizière an O Lyhme, 17.9.1968, BArch, N 673/46b, und an M Christoph Graeßner, 15.12.1970, BArch, N 673/41b.

[1051] De Maizière an O a.D. Schroeder, 26.3.1969, BArch, N 673/51b. Die Truppe öfter zu besuchen, nahm sich de Maizière indes am Ende eines jeden Amtsjahres vor. Siehe GenInsp, Zusammenstellung wichtiger Vorgänge von August 1966–März 1972, BArch, N 673/64.

[1052] BMVg/Informations- und Pressezentrum, Rede GenInsp de Maizière vor der »Staatspolitischen Gesellschaft« zum Thema »Die Bundeswehr heute und in den 70er-Jahren« in Hamburg am 10.3.1969, BArch, N 673/60. Sie wurde auch als Anlage von GenInsp/FüS I 6, Az. 35-20-17-02, 30.3.1969, Information für die Kommandeure Nr. 1/69, BArch, Bw 1/160924, an die Truppe verteilt. Der Vortrag erschien auch in der »Wehrkunde« 4 (April 1969), ein Sonderdruck findet sich in BArch, N 673/60. 150 Sonderdrucke wurden der Geschäftsstelle der Staatspolitischen Gesellschaft zur Verfügung gestellt. Siehe MdB Carl Damm an de Maizière, 20.3.1969, sowie dessen Antwort, 14.4.1969. Damm hatte den Kontakt für den Vortrag hergestellt. Siehe Damm an de Maizière, 16.10.1967 und 28.6.1968, sowie dessen Antworten, 6.11.1967 und 4.7.1968, alle BArch, N 673/39a.

[1053] BMVg/Informations- und Pressezentrum, Rede GenInsp de Maizière vor der »Staatspolitischen Gesellschaft« zum Thema »Die Bundeswehr heute und in den 70er-Jahren« in Hamburg am 10.3.1969, BArch, N 673/60.

Probleme sah er indes innerhalb der Bundeswehr. Weniger allerdings bei der Inneren Führung an sich als vielmehr bei den aus seiner Sicht negativen Einflüssen aus der Gesellschaft auf die Streitkräfte. Aus der »Synthese zwischen unveränderlichen, bewährten soldatischen Pflichten und Tugenden mit den politischen, gesellschaftlichen und technischen Forderungen der Gegenwart« ergebe sich nämlich eine Dynamik hinsichtlich der inneren Ordnung, die in einer ständigen Prüfung und gegebenenfalls der Anpassung bestehe. Da »heute sehr aktive, dynamische, radikale Gruppen« existierten, sehe sich die Bundeswehr Angriffen von rechts wie links ausgesetzt. Vor diesem Hintergrund müssten insbesondere die Fragen der Kriegsdienstverweigerung, beziehungsweise allgemein der Wehrgerechtigkeit beantwortet werden. Ganz grundsätzlich verdiene die Entscheidung junger Männer, aus Gewissensgründen den Kriegsdienst zu verweigern »Respekt«, und entspreche ohnehin dem Willen des Gesetzgebers. Dieser wiederum habe aber nicht diejenigen schützen wollen, die ihren Antrag »lediglich mit einer bestimmten politischen oder persönlichen Einzelsituation« begründeten. Hier sei die Politik gefragt, die Zahl der Plätze im Ersatzdienst so zu erhöhen, dass der anerkannte Antragsteller unverzüglich dorthin überführt werden könne. Auch bezüglich der Wehrgerechtigkeit insgesamt stehe der Gesetzgeber in der Verantwortung. Für ihn war sie »ein Kind der Wehrpflicht«. Vollständige Gleichheit der Behandlung der Wehrpflichtigen« sei prinzipiell nicht herzustellen. Stattdessen müsse nach Wegen gesucht werden, »die empfundenen und auch tatsächlich vorhandenen Nachteile« zu mildern, beispielsweise durch die Begünstigung dessen, der gedient habe[1054]. Tatsächlich verwirklichte man in der Folge eine ganze Reihe von Maßnahmen zum Wehrdienstausgleich: Das Entlassungsgeld wurde verdoppelt, der Wehrsold erhöht, die wirtschaftliche Sicherstellung des Wehrübenden verbessert und bevorzugte Darlehen an Gediente gewährt. Gegen die Einführung einer besonderen Abgabe für Nichtgediente existierten zwar erhebliche Bedenken, Steuererleichterungen und Weihnachtsgeld für Gediente standen aber ebenso auf der Agenda, wie die Modifizierung der Tauglichkeitskriterien oder der Verwendungsmöglichkeiten eingeschränkt tauglicher Wehrpflichtiger[1055]. Die Bundeswehr konnte seinerzeit etwa die Hälfte aus jedem Jahrgang Wehrpflichtiger als Rekruten gewinnen und benötigte diese auch[1056]. Daher musste die militärische Führung durch die Vervierfachung der KDV-Anträge allein 1968 gegenüber dem Vorjahr alarmiert sein[1057].

Dabei ging es de Maizière tatsächlich nicht um das verfassungsmäßig verbriefte Recht auf Kriegsdienstverweigerung. Schon als Inspekteur des Heeres

---

[1054] Ebd.

[1055] Amtsübergabe BMVg an H. Schmidt, Wehrgerechtigkeit/Wehrdienstausgleich, ACDP, I-483-249/5. Federführend war seinerzeit FüS I 2.

[1056] Ulrich de Maizière, Probleme der militärischen Planung und die Rolle der Bundeswehr bei der Verteidigung Europas, Vortragsveranstaltung beim Industrie-Club e.V., Düsseldorf am 14.5.1968, BArch, N 673/59.

[1057] Amtsübergabe BMVg an H. Schmidt, Wehrdienstverweigerung/Ersatzdienst, ACDP, I-483-249/5. Demnach wurden bis dato 81,7 % der Antragsteller anerkannt.

hatte er im Zusammenhang mit der Anerkennung eines aktiven Leutnants als Kriegsdienstverweigerer »Achtung vor dieser Gewissensentscheidung« gefordert, »auch wenn wir anderer Meinung sind«[1058]. Den Amtschef im Heeresamt, Generalmajor Hellmut Maeder, bat er sogar, eine Einleitungsverfügung zu einem Disziplinarverfahren gegen diesen Leutnant wieder zurückzuziehen[1059]. Nun aber hatten sich die Zahlen dramatisch erhöht und de Maizière gab sich redlich Mühe, sie in der Öffentlichkeit zu relativieren. Den seit 1955/56 fast vier Millionen als tauglich gemusterten jungen Männern stellte er die im selben Zeitraum entstandene Zahl von ungefähr 40 000 Kriegsdienstverweigerern gegenüber. Das Hauptproblem erkannte er indes darin, dass »von interessierter Seite mit politischer Agitation und politischer Zielsetzung ein verfassungsmäßig verbrieftes Grundrecht in Misskredit gebracht« werde. Aber erst wenn derartige Aktivitäten »die Fähigkeit der Bundeswehr, ihren Auftrag auszuführen, einengen«, müssten gesetzgeberische Maßnahmen gegen den Missbrauch des Rechts auf Kriegsdienstverweigerung erwogen werden. Bis dahin empfahl er, mehr von der überwiegenden Zahl der jungen Wehrpflichtigen zu sprechen, die »treu in der Bundeswehr dient«, anstatt von jenen, die »mit unlauteren Mitteln Gesetz und Recht infrage stellen und unserem Staat Abbruch tun« wollten[1060].

Schwerwiegend waren allerdings nicht die steigenden Antragszahlen allein, das Fehlen entsprechender Ersatzdienststellen erschwerte die Situation zusätzlich. Vor allem, wenn die Anträge erst nach der Einberufung der Rekruten in der Truppe gestellt wurden, brachten sie Unruhe in die Einheiten[1061]. Öffentlich plädierte de Maizière deswegen dafür, alle anerkannten Kriegsdienstverweigerer »verzugslos in einem – als Ausgleich für Wehrübungen der Soldaten – verlängerten Ersatzdienst unterzubringen«; erst dann würde eine Entspannung in dieser Frage eintreten[1062]. Intern verwies er auf die Zuständigkeit des Arbeitsministers. Dieser gebe sich zwar »große Mühe« und habe dafür auch mehr Geld im Haushalt bekommen. Trotzdem existierten erhebliche Schwierigkeiten bei der Realisierung[1063]. Gegen Ende seiner Dienstzeit musste er eingestehen, dass »gegen den Missbrauch des verfassungsrechtlich garantierten Rechtes auf Kriegsdienstverweigerung [...] noch keine wirksame Abhilfe gefunden« worden sei[1064]. Sein eigener Standpunkt blieb dabei stets unverändert. Noch 1989 schrieb

---

[1058] Ulrich de Maizière, Dienstliche Tagebuchaufzeichnungen 8.6.1964–16.1.1965, Eintrag vom 3.12.1964, BArch, N 673/32.

[1059] Ebd., Eintrag vom 4.12.1964.

[1060] WAZ-Artikel »Zum Problem der Kriegsdienstverweigerung in der Bundeswehr« von General Ulrich de Maizière, Generalinspekteur der Bundeswehr, 8.9.1969, BArch, N 673/60.

[1061] Ulrich de Maizière, Ansprache GenInsp am 24.9.1969 bei FüAkBw, BArch, N 673/60.

[1062] Interview GenInsp mit »Westfalen-Blatt«, undat. (Juli/August 1969), BArch, N 673/59.

[1063] De Maizière an O i.G. Dr. Eberhard Wagemann, Kdr PzGrenBrig 4, 9.4.1969, BArch, N 673/54a.

[1064] Ulrich de Maizière, Die Bundeswehr. Ein Rückblick – Folgerungen für die Zukunft. Aus der Ansprache des GenInsp zum Abschluss der 17. Kommandeurtagung in Bad Nenndorf, 10.11.1971, BArch, N 673/62. Siehe hierzu auch Kollegium im BMVg, Eintrag 13.3.1972, PAHS, Privat PZ, Kollegium im BMVg, Bd 4, Hier trug Helmut Schmidt vor: »Entwicklung bei den Wehrdienstverweigerern soll ins Kabinett. Kabinett soll via ver-

er, es sei »ein Unrecht«, den Dienst der Wehrdienstleistenden moralisch hinter den Zivildienst der Kriegsdienstverweigerer einzuordnen. Das Gegenteil sei richtig: »Ihr Dienst schützt die Freiheit, die anderen eine abweichende Gewissensentscheidung erst ermöglicht«[1065].

Im Kontext der Diskussionen um die Wehrgerechtigkeit kam seit der Aufstellung der Bundeswehr wiederholt die Frage auf, ob die Wehrpflichtarmee nicht besser durch Streitkräfte aus Zeit- und Berufssoldaten zu ersetzen sei. War es bereits für Blank 1956 »ausgeschlossen, dass wir in Deutschland 500 000 Freiwillige haben könnten«, hatte sich daran zehn Jahre später kaum etwas verändert. Schon damals war de Maizière dessen Meinung gefolgt, selbst eine Annäherung an diese Zahl sei nur möglich, falls der Steuerzahler bereit sei, dafür »etwas tiefer in die Tasche« zu greifen[1066]. Dieser Einschätzung blieb er bis zum Ende seiner aktiven Dienstzeit treu. In einem Interview mit Günter Gaus gab er zu, »niemals ernsthaft« eine Berufsarmee in Betracht gezogen zu haben. Sie sei nur wesentlich kleiner zu bekommen, dennoch teurer und würde in der Konsequenz dem Sicherheitsbedürfnis des Staates nicht gerecht werden. In Zeiten des Kalten Krieges müsse außerdem überlegt werden, dass man kaum von den Verbündeten verlangen dürfe, starke Streitkräfte auf westdeutschem Boden zu stationieren, wenn man gleichzeitig den eigenen Verteidigungsbeitrag verringere. Darüber hinaus befürchtete er, die Einführung einer Berufsarmee würde eine Änderung des Konzepts des Staatsbürgers in Uniform bedeuten. Sie sei »immer in der Gefahr, eine isolierte Institution des öffentlichen Bereiches zu werden, die ein Eigenleben entwickelt«, schon deswegen sei er dagegen[1067]. Beinahe wortgleich hatte er bereits 1968 argumentiert. Sein Fazit dazu war: »Berufsheer heißt mehr Geld an Betriebskosten und verkleinerter Umfang, vielleicht vergrößerte Wirksamkeit[1068].« Dem Zugewinn von »manchen fachlichen, beruflichen Vorteilen« stellte er auch dort »die Gefahr der Isolierung der Streitkräfte vom Leben des Volkes« gegenüber[1069].

---

traulicher Vorlage Kenntnisnahme von zahlenmäßigem Umfang sowie der Tatsache, dass der bisherige Zuwachs […] trotz aller Bemühungen nicht [hat] einschränken lassen.«

[1065] De Maizière, Wehrdienst mit gutem Gewissen, S. 217.

[1066] Rede Bundesminister für Verteidigung Blank am 22.3.1956 auf der Vertreter-Versammlung des VDS, BArch, Bw 2/20173. Inhaltlich identisch dazu Theodor Blank, Stichworte für Rede Minister vor dem VdS-Landesverband Schleswig-Holstein in Flensburg am 11.7.1956, BArch, Bw 2/20173. Zur Übereinstimmung siehe »Die strategische Lage in der Bundesrepublik«. Vortrag O de Maizière auf der ADK-Tagung im Stegerwald-Haus in Königswinter, 24.3.1956, BArch, N 673/55.

[1067] Sendung DFS »Zu Protokoll«, Gespräch Günter Gaus mit Gen. a.D. de Maizière (Tonbandabschrift), 9.4.1972, AdsD, 1/HSA A005947.

[1068] Ulrich de Maizière, Probleme der militärischen Planung und die Rolle der Bundeswehr bei der Verteidigung Europas, Vortragsveranstaltung beim Industrie-Club e.V., Düsseldorf am 14.5.1968, BArch, N 673/59.

[1069] Ebd. Auch 1991 hatte sich seine Bewertung nicht verändert. Siehe de Maizière, Plädoyer für die Wehrpflicht, S. 277-279: Im Ergebnis sei eine Freiwilligenarmee von den Personalkosten her teurer, brauche außerdem eine eigene Werbeorganisation und nicht zuletzt stelle das Risiko schwankender Bewerberzahlen ein Sicherheitsproblem dar. Die Wehrpflicht habe darüber hinaus durch »die enge Verbindung mit dem Denken und Fühlen der Gesellschaft« eine innen- wie staatspolitische Legitimation.

Aus seiner Sicht war stattdessen die Frage nach der richtigen Personalstruktur der Bundeswehr zu lösen. Sie müsse »*leistungsorientiert* sein, wenn der Soldat in seinem Beruf ausgefüllt und zufrieden sein soll«, und »*durchlässig* [...], um dem Tüchtigen eine seiner Leistung entsprechenden Aufstiegschance zu geben«. Für die Bundeswehr komme es also darauf an, dass Führer und Unterführer eine solide fachliche Ausbildung erhielten, zugleich aber auf den gemeinsamen Auftrag der Streitkräfte ausgerichtet und durch berufsbezogene Bildung auf ihre Verwendung wie Führungsaufgaben vorbereitet würden. Gerade eine berufsbezogene Bildung sei in diesem Kontext eine wichtige und unerlässliche Ergänzung, insbesondere für die Führungspositionen. Trotz aller Anerkennung der großen Bedeutung des Materials und der Technik für moderne Streitkräfte dürfe nie außer Acht gelassen werden, »auch vom Menschen her den Wert der Bundeswehr zu steigern«. Die Personalstruktur habe also sowohl den technischen wie auch den soldatischen Aufgaben in der Bundeswehr gerecht zu werden[1070]. Eine gute Ausrüstung für eine Armee sei wichtig, »aber sie bedeutet wenig, wenn der Mensch, der sie zu bedienen hat, nicht in Ordnung ist«[1071].

Folgerichtig ließ de Maizière den FüS ab dem Herbst 1968 Untersuchungen zum Konzept einer neuen Personalstruktur für die Streitkräfte durchführen. Zur Beschleunigung der Arbeiten wurde im August 1969 dort eine eigene Arbeitsgruppe unter Leitung von FüS I 2 eingesetzt, an der die Abteilungen Verwaltung und Recht (VR) und Personal (P) maßgeblich beteiligt waren. Neben sie trat im Oktober 1969 eine Konzeptgruppe unter dem Unterabteilungsleiter FüS I, der zudem den Generalinspekteur laufend zu unterrichten hatte[1072]. Aus Sicht de Maizières bestand die größte Schwierigkeit darin, »die legitimerweise unterschiedlichen Forderungen und Interessen der drei Teilstreitkräfte auf einen gemeinsamen Nenner zu bringen«[1073]. Wie sehr die Zeit indes drängte, erfuhr er durch alarmierende Meldungen aus der Truppe. Beispielsweise berichtete ihm sein vormaliger Heeresadjutant Hans-Otto Göricke, nachdem er im April 1969 seine Brigade übernommen hatte, von seinem ersten Eindruck. Insgesamt seien Stimmung und Klima in der Brigade nach wie vor besser als erwartet, dennoch »eine ›pessimistische Grundtendenz‹ [...] vorhanden und spürbar«. Besonders die Unteroffiziere sähen im Allgemeinen keine positiven Aspekte, während die Offiziere sich vielfach überfordert fühlten, »im Stich gelassen und nicht ›gedeckt‹«. Die Unteroffiziere stünden einerseits an der Grenze ihrer Leistungsfähigkeit und hätten andererseits »in vielfacher Hinsicht Minderwertigkeitsgefühle«. Göricke subsumierte sie unter den Stichworten »Himmelstoß-Komplex oder -legende, mangelnde Anerkennung *innerhalb* und au-

---

[1070] Ulrich de Maizière, Probleme der militärischen Planung und die Rolle der Bundeswehr bei der Verteidigung Europas, Vortragsveranstaltung beim Industrie-Club e.V., Düsseldorf am 14.5.1968, BArch, N 673/59 (Hervorhebungen im Original).
[1071] Ulrich de Maizière, Ansprache GenInsp zur Eröffnung des Soldatenheimes Füssen am 1.2.1968, ebd.
[1072] Amtsübergabe BMVg an H. Schmidt, Konzept einer neuen Personalstruktur für die Streitkräfte, ACDP, I-483-249/5.
[1073] De Maizière an O i.G. Dr. Wagemann, Kdr PzGrenBrig 4, 9.4.1969, BArch, N 673/54a.

ßerhalb der Bw, Unterlegenheitsgefühl, unzureichende Bezahlung etc.«. Hierin vermutete er vor allen Dingen die Ursachen »für einen gewissen Rechtsdrall der Uffz zur NPD«. Zwar sah er insbesondere die Offiziere in der Pflicht zur Abhilfe, meinte aber, es würde »nicht ohne Hilfe von oben gehen, die ich in einer sachlichen, konkreten Darstellung der Lage und Laufbahn sehe«[1074]. Ein halbes Jahr später und nach genauer Prüfung war er sich sicher, dass es sich sowohl bei den Unteroffizieren als auch den Offizieren »grundsätzlich um eine Überforderung in Führung und Ausbildung« handelte. Als Lösung komme nur infrage, statt dauernder Übungen und Ausbildungsvorhaben das unbedingt notwendige Grundwissen und die funktionale Disziplin zu verbessern. Unsicher war er sich allerdings, »ob meine höheren Vorgesetzten bis zum FüH meine Auffassung teilen«[1075]. De Maizière immerhin war sich mit ihm insofern »einig, dass das Problem des Unteroffiziernachwuchses für die Truppe das Problem Nr. 1 ist und noch länger bleiben wird«[1076].

Zum Jahresbeginn 1970 wurde daraufhin ein ganzes Maßnahmenbündel im Bereich der Unteroffiziere verabschiedet: Bei ihrer Besoldung wurde wenigstens strukturell nachgebessert, ihre Laufbahnerwartungen und Beförderungsbedingungen übersichtlicher, die Laufbahnen durchlässiger gestaltet und zusätzlich in Heer und Luftwaffe die Möglichkeit geschaffen, bereits ab dem 13. Monat Beförderungen zum Unteroffizier auszusprechen. Davon erwartete man sich eine spürbare Motivation der jungen Unteroffiziere hinsichtlich Erst- und Weiterverpflichtung[1077]. In Wirklichkeit meldete Göricke im März 1970 nämlich noch immer eine katastrophale Unteroffizierlage: Trotz einer Steigerung von drei Prozent im Jahr 1969 fehlten seiner Brigade noch immer fast 30 Prozent der Unterführer. Größere Erfolge versprach er sich nur dann, »wenn das Berufsbild des Unteroffiziers noch klarer und besser dargestellt werden kann«[1078]. Die Armee stand mit diesen Problemen indes nicht alleine da. Der zum 1. Juni 1968 neu ernannte Inspekteur des Bundesgrenzschutzes, Brigadegeneral im BGS Detlev von Platen (1968–1971), verfolgte zum Beispiel besonders interessiert alle Anstrengungen in den Streitkräften »bezüglich einer qualitativen und quantitativen Aufwertung der Unteroffiziere«[1079].

Währenddessen schaute de Maizière »mit noch größerer Sorge« auf die rapide abnehmende Zahl von Offizieranwärtern. Aus seiner Sicht lag dies daran, dass »ein sehr großer Anteil der intellektuellen Jugend nicht verteidigungswillig ist oder diesen unseren Staat nicht für verteidigungswert erachtet«[1080]. Fi-

---

[1074] O Hans-Otto Göricke, Kdr PzBrig 36, an de Maizière, 16.5.1969, BArch, N 673/41b (Hervorhebung im Original).

[1075] Göricke an de Maizière, 17.11.1969, ebd.

[1076] De Maizière an Göricke, 28.11.1969, ebd.

[1077] BMVg/GenInsp, TgbNr. FüS 2391/70, Rede GenInsp zum Abschluss der 16. Kommandeurtagung der Bundeswehr am 2.7.1970, 29.7.1970, BArch, N 673/61a.

[1078] O Göricke, Kdr PzBrig 36, an de Maizière, 17.3.1970, BArch, N 673/41b. Mit Stichtag 7.1.1970 fehlten genau 28,6 %.

[1079] BMI/Inspekteur BGS, BG i. BGS von Platen an GenInsp de Maizière, 15.7.1968, BArch, N 673/49a.

[1080] De Maizière an O Dr. Wagemann, Kdr PzGrenBrig 4, 9.4.1969, BArch, N 673/54a.

nanziell sei deswegen nichts zu machen, es bedürfte »anderer und natürlich
längerdauernder Maßnahmen«[1081]. Welche dies sein könnten, darauf wusste er
selbst keinen Rat[1082]. Die Lage war so desolat, dass in vielen Kompanien neben
deren Chef kein weiterer Offizier zur Verfügung stand[1083]. Seine Hoffnungen
setzte er auf »die in den letzten Monaten verabschiedeten bzw. noch zur Verabschiedung heranstehenden Gesetze«[1084]. Wie er derweil selbst versuchte, auf die
»intellektuelle Jugend« einzuwirken und was es für ihn persönlich bedeutete,
»im freien Teil unseres Vaterlandes Staatsbürger zu sein«, das hatte er beispielsweise in seiner »Elternrede« bei der Abiturientenentlassungsfeier in Bad
Godesberg am 7. November 1966 erklärt[1085]. Zentral dafür waren für ihn dabei
die Begriffe »Freiheit« und »Pflichterfüllung«. Freiheit meinte in diesem Kontext nicht nur einen »Anspruch auf die Freiheit der eigenen Person, sondern
ebenso die Anerkennung der Freiheit des anderen«. Die Achtung vor »dem
›anders sein‹ eines Mitmenschen, die Toleranz also«, sei »ein integrierender
Bestandteil des Begriffs Freiheit«. Solche Freiheit gebe es jedoch nicht von alleine, man müsse sich für sie einsetzen und sie schützen. In der Wirklichkeit sehe
es aber »leider so aus, dass ein sehr großer Teil der Deutschen in der Bundesrepublik den unlösbaren Zusammenhang zwischen Freiheit und Bindung nicht
erkennt«. Im Gegenteil würde der materielle Erfolg oft höher bewertet als die
Übernahme der Verantwortung für das Gemeinwohl. Hinzu komme »ein schon
modehafter [sic!] Zwang zur Kritik um jeden Preis bis hin zur Staatsverdros-
senheit«. Dem setzte er entgegen, dass »wenn in der Demokratie jeder Staatsbürger ein Souverän ist«, gleichfalls »jeder Staatsbürger zugleich ein Diener
sein« müsse. Daher gab er den Abiturienten rund um seine Tochter abschließend mit auf den Weg: »Leben Sie sich nicht selbst, sondern leben Sie bewusst
mitten in der Gemeinschaft unseres Volkes, nicht nur dem Studium, dem Beruf
und der Familie, sondern auch der res publica in Freiheit und Bindung verhaftet.« Als de Maizière diese Rede auf dessen Bitte hin an den bayrischen Staatsminister für Bildungsangelegenheiten, Dr. Franz Heubl, schickte, fügte er erläu-
ternd hinzu, er bilde sich nicht ein, etwas Neues gesagt zu haben. Heubl möge
daraus jedoch ersehen, »wie ich den Versuch mache, junge Menschen auf ihre
staatsbürgerliche Mitverantwortung anzusprechen«[1086]. An anderer Stelle zitier-

---

[1081] De Maizière an O Göricke, Kdr PzBrig 36, 28.11.1969, BArch, N 673/41b.
[1082] De Maizière an O von Ilsemann, Kdr PzGrenBrig 1, 6.6.1969, BArch, N 673/43c. Er wisse
        »[b]ei dem derzeitigen Zustand auf den Oberschulen und der Stimmung unter den Abitu-
        rienten zur Zeit noch keinen überzeugenden Weg, wie wir die Zahl des Offiziernach-
        wuchses verbessern sollen«.
[1083] O von Ilsemann, Kdr PzGrenBrig 1, an de Maizière, 27.5.1969, BArch, N 673/43c.
[1084] De Maizière an O Dr. Wagemann, Kdr PzGrenBrig 4, 9.4.1969, BArch, N 673/54a.
[1085] Ansprache, »Elternrede« General de Maizière bei der Abiturientenentlassungsfeier 1966
        des Nicolaus-Cusanus-Gymnasiums Bad Godesberg am 7.11.1966, BArch, N 673/59. Auch
        zum Folgenden.
[1086] De Maizière an Dr. Franz Heubl, Staatsminister für Bildungsangelegenheiten, 30.11.1966.
        Heubl antwortete ihm daraufhin: »Sie haben, glaube ich, den jungen Menschen in sehr
        anschaulicher wie prägnanter Weise deutlich gemacht, woran unsere Demokratie noch
        krankt und wie sehr sie in ihrer Lebensfähigkeit von der tätigen Mitverantwortung ihrer
        Bürger abhängig ist. Ich bin mit Ihnen der Überzeugung, dass es eine große Erziehungs-

te er für den Begriff der Freiheit den französischen Rechts- und Staatsphiloso-
phen Charles de Montesquieu sowohl auf französisch wie in der deutschen
Übersetzung: »Die politische Freiheit besteht nicht darin, zu machen, was man
will. In einem Staate, d.h. in einer Gesellschaft, in der es Gesetze gibt, kann die
Freiheit nur darin bestehen, dass man tun kann, was man wollen muss, um
nicht gezwungen zu sein, zu tun, was man nicht wollen darf[1087].«

So nimmt es nicht wunder, dass de Maizière die gesellschaftlichen Entwicklungen Mitte der 1960er-Jahre beunruhigten. Vor allen Dingen die innenpolitische Situation, insbesondere »die von den linksradikalen Studenten ausgehenden Unruhen«, betrachtete er »mit großer Sorge«. Er hoffte, es gelänge, »die
Dinge einzufangen und in einem vernünftigen Rahmen zu halten«[1088]. Gerade
die erste Nachkriegsgeneration, also das Rekrutenpotenzial der Bundeswehr,
entwickelte sich dabei zur Trägergruppe eines Wertewandels auf der Grundlage eines schleichenden Individualisierungsprozesses; treibende Kraft war eine
von den Universitäten ausgehende Protestwelle, aus der schließlich die sogenannte 68er-Bewegung hervorgehen sollte[1089]. Im Frühjahr 1968 befürchtete de
Maizière, die Bundeswehr gehe schwierigen Zeiten entgegen, weil die Möglichkeit bestehe, dass »die zum Linksradikalismus neigende Unruhe der deutschen
gebildeten Jugend« über die Wehrpflichtigen auch in die Bundeswehr Eingang
fände. Erste Anzeichen dafür wollte er schon erkannt haben[1090]. Insbesondere
»das gleichgültige Nebeneinander und die zunehmende Isolierung des Einzelnen in unserer Gesellschaftsordnung« erfüllten ihn »mit Sorgen vor allem für
die meiner Verantwortung anvertrauten Soldaten«. Wenn der einzelne Soldat
nicht erfahre, »dass dieser Dienst von der Gesamtheit gefordert und zugleich
anerkannt wird«, würde er »zur Selbstbemitleidung oder aber zur Selbstüber-
schätzung mit all ihren gefährlichen Tendenzen« neigen[1091].

In einer Art Zwischenbilanz bewertete de Maizière die Situation im Frühjahr
1968 kritisch. Seit seiner Amtsübernahme sei die strategisch-operative Lage in
Mitteleuropa und die Situation der Bundeswehr nicht leichter, sondern im Gegenteil komplizierter geworden. Dafür machte er hauptsächlich den Wandel im
strategischen Denken der NATO, die Verminderung der Präsenz alliierter

---

aufgabe von uns allen ist, insbesondere der jungen Generation diesen Zusammenhang
voll bewusst zu machen.« Siehe Heubl an de Maizière, 15.12.1966, beide BArch, N 673/42.

[1087] Rede InspH, GL de Maizière, zum 20. Juli 1966 anlässlich der Veranstaltung des Zentralverbandes deutscher Widerstandskämpfer und Verfolgtenorganisationen in der Beethovenhalle zu Bonn, BArch, N 673/59. Zum Zitat siehe Montesquieu, De l'esprit des loix, (dt.
Vom Geist der Gesetze), Buch 11, Kapitel 3: »La liberté politique ne consiste point à faire
de que l'en veut. Dans un Etat, c'est-à-dire dans une société où il y a des lois, la liberté ne
peut consister qu'à pouvoir faire de que l'on doit vouloir, et à n'etre point constraint de
faire ce que l'on ne pas vouloir.«

[1088] De Maizière an Rolf Stölting, 16.4.1968, BArch, N 673/52a.

[1089] Wiesendahl, Jugend und Bundeswehr, S. 139. Siehe zum Gesamtkontext 1968 in Europe.

[1090] De Maizière an Karl Heinrich Fricke, 13.3.1968, BArch, N 673/40. Alarmiert hatten ihn die
»Zunahme der Kriegsdienstverweigerer, Verweigerung des feierlichen Gelöbnisses,
u.a.m.«

[1091] Ulrich de Maizière, Ansprache GenInsp zur Eröffnung des Soldatenheimes Füssen am
1.2.1968, BArch, N 673/59.

Truppen in Mitteleuropa, die Höhe der für die Verteidigung zur Verfügung gestellten finanziellen Mittel und die sich daraus ergebenden Konsequenzen für die Struktur der Bundeswehr sowie »die geistig/politische Unruhe in großen Teilen der deutschen Öffentlichkeit, insbesondere der intellektuellen Jugend, und ihre Auswirkung auf die Bw« verantwortlich[1092]. Die westdeutschen Streitkräfte sah er dabei durchaus von links und rechts gefährdet. Während die einen um die Osterfeiertage herum vor mehr als 30 Kasernen demonstriert hätten und aktive Soldaten sich »als Flugblattverteiler betätigen«[1093], machte von der rechten Seite, so schrieb er an Baudissin, vor allem das Wahlergebnis der Nationaldemokratischen Partei Deutschlands (NPD) in Baden-Württemberg »die Dinge nicht leichter«[1094]. Auch der Graf sah sich im Wahlergebnis selbst in seinen ohnehin pessimistischen Einschätzungen »beträchtlich« übertroffen. »Wie die Dinge liegen«, antwortete er de Maizière, »scheint sich das traditionelle Übergewicht der heute besonders gefährlichen – nennen wir sie freundlich – Nicht-Progressiven für absehbare Zeit fest zu etablieren«. Das bedeutete für ihn, »dass Ordnung immer größer, Freiheit immer kleiner geschrieben wird, unsere dringend notwendigen Reformen endgültig stecken bleiben und die progressiv-freiheitlichen Kräfte radikalisieren bzw. emigrieren«. Vor allem befürchtete der Graf einen »Wettlauf« der anderen Parteien »um die NPD-Anfälligen« mithilfe irrationaler Töne und antiquierter Programme. Die steigenden Zahlen der Kriegsdienstverweigerer »unter den ›Intellektuellen‹« waren für ihn bereits ein erstes Anzeichen für »die Abwendung der ›Demokraten‹ von unserem Staate«[1095].

Tatsächlich hatte sich die politische Rechte der Bundesrepublik unter dem Dach der NPD neu gesammelt. Nach ihrer Gründung 1964 verzeichnete sie einen rasanten Mitgliederzuwachs auf 38 000 im Jahr 1967. Im November 1966 zog sie mit 7,4 und 7,9 Prozent in die Landtage von Bayern und Hessen ein, im Jahr darauf sogar mit 9,8 Prozent in den Baden-Württembergs[1096]. Vor den sich daraus ergebenden Konsequenzen für die Bundeswehr hatte der Beirat Innere Führung schon 1965 gewarnt. Im Zusammenhang mit dem ausstehenden Traditionserlass drängte er 1965 angesichts des »zunehmend aufkommenden Nationalismus in der Bundesrepublik, der auch vor den Toren der Kasernen nicht haltmache«, auf eine rasche Herausgabe[1097]. Doch Warnzeichen hatte es schon lange vorher gegeben. Der wehrpolitische Referent der SPD-Bundestagsfraktion, Wolfgang Schult, berichtete nach einem Gespräch mit dem Leiter der Unterabteilung IV (Offiziere) der Personalabteilung des BMVg, Brigadegeneral Moll, im Frühjahr 1962:

[1092] Ulrich de Maizière, Aktuelle Probleme der Verteidigung Mitteleuropas sowie der Bundeswehr, Vortrag GenInsp vor 3. Fortbildungslehrgang der GenSt/AdmStOffz Bw am 22.3.1968 an der FüAkBw, BArch, N 673/59.

[1093] De Maizière an O von Ilsemann, 24.4.1968, BArch, N 673/43c.

[1094] De Maizière an Baudissin, 6.5.1968, BArch, N 673/37.

[1095] Baudissin an de Maizière, 8.5.1968, ebd.

[1096] Stöver, Die Bundesrepublik Deutschland, S. 79 f.

[1097] BMVg/FüB/FüB I 4, Az. 35-08-07, TgbNr. 46/65, an Minister, 26.4.1965, BArch, Bw 1/181185. Zu den Auseinandersetzungen um den »Traditionserlass« und die heftigen Anfeindungen gegen ihn siehe BArch, Bw 1/181185 insgesamt.

»Brigadegeneral Moll stimmte darin mit mir überein, dass bei den jungen Nachwuchsoffizieren im Allgemeinen eine Geisteshaltung zu erkennen sei, die keineswegs mit den Grundsätzen der Inneren Führung übereinstimme. In Einzelfällen überträfen diese Nachwuchsoffiziere in ihrer Geisteshaltung den Grad des reaktionären Denkens der alten Offiziere, die den Geist des Kaiserreiches noch nicht abgelegt hätten. Wir waren uns darin einig, dass weniger die Ausbildung, als das persönliche Erlebnis und vermehrte zivile politische Kontakte von außen hier Abhilfe schaffen können[1098].«

Doch Konsequenzen wurden daraus nicht gezogen. De Maizière spürte 1965 »nationalistische Tendenzen« in der Truppe, was ihm der darauf angesprochene Kommandeur des Panzerbataillons 364, Oberstleutnant Hans Condné, allerdings nicht grundsätzlich bestätigen mochte. Allein hinsichtlich seines Unteroffizierkorps machte er sich entsprechende Sorgen. Seine Unteroffiziere seien allesamt aus dem aufgelösten Panzerbataillon 273 der 1. Luftlandedivision zu ihm versetzt worden. »In ihnen herrscht der ›Para-Geist‹«, meldete Condné, »und am liebsten wären sie in einem Freikorps, sie würden vielleicht sogar in einer Fremdenlegion Dienst tun«. Solche Denkweise habe »ihre Heimat und ihren ständigen Lebensquell in der 1. Luftlandedivision«, weswegen Condné empfahl, die Division personell zu zerschlagen. Zwar erscheine diese Forderung »etwas hart«, er glaube jedoch, auf andere Weise würde man »auf die Dauer mit dieser Geschichte nicht fertig« werden[1099].

Ein gutes Jahr später sollte ausgerechnet die Einweihung des Fallschirmjäger-Ehrenmals im oberbayrischen Schongau am 9. September 1966 der erste öffentliche Auftritt des neuen Generalinspekteurs de Maizière werden. Dabei lobte er das »so angemessen gestaltete Ehrenmal«, weil es »gleichsam die Brücke von der ehemaligen deutschen Fallschirmtruppe zur Luftlandetruppe der Bundeswehr« schlage. »Aufgeschlossen und in soldatisch-kameradschaftlicher Verbundenheit«, so de Maizière weiter, »stehen wir heute in Dankbarkeit und Anerkennung vor den Opfern aus dem Krieg der eigenen Brüder wie vor denen der ehemaligen Gegner, die heute unsere Verbündeten sind«. Allerdings mahnte er, jede Überlieferung als gültiges Erbe der Vergangenheit würde nur dann »fruchtbar sein, wenn sie sich nach den Gegebenheiten, in denen [sic!] wir heute leben, auszurichten versteht«. Geschehe das nicht, würde aus Tradition »Stillstand oder gar Rückschritt«. Tatsächlich bleibe »uns aber reichlich genug für die Nutzanwendung in der Bundeswehr«. Ausdrücklich nannte er hierzu »die Verpflichtung, die Einsatzbereitschaft, den Mannesmut, den Korpsgeist und die in Frieden und Krieg bewährte Kameradschaft der alten Fallschirmjäger«. Auf dieser Grundlage sei eine Luftlandetruppe auf- und weiterzubauen, die den Forderungen der Zeit entspreche und »sich zugleich in Können und Kampfgeist

---

[1098] Wolfgang Schult, Fraktion der SPD im Bundestag/Arbeitskreis VIII, Sicherheitsfragen, Vermerk, Betr.: Personalfragen in der Bundeswehr, 2.3.1962, AdsD, NL Erler, Mappe 139 A. Nahezu Wortgleiches berichtete Beermann ein knappes halbes Jahr später, ebenfalls nach einem Gespräch mit Moll. Siehe Vermerk Beermann für Erler, Merten, Wienand und Berkhan, 2.8.1962, AdsD, NL Erler, Box 139.
[1099] OTL Hans Condné, Kdr PzBtl 364, an de Maizière, 22.6.1965, BArch, N 673/38.

würdig den Leistungen der alten Fallschirmtruppe anschließt«. Abschließend
hoffe er, es möge, »der Tradition entsprechend, der Stolz der Luftlandetruppe
bleiben, durch besondere Leistungen hervorzutreten«, Leistungen aber, »die aus
der überzeugten Anerkennung unserer politischen und rechtlichen Ordnung
erwachsen«[1100].

Eine solche, auch sprachliche Gratwanderung blieb weiterhin typisch für de
Maizière. Als er 1971 auf dessen Bitte hin das Manuskript für den Vortrag von
Brigadegeneral Günther M. Schönnenbeck anlässlich des 15-jährigen Bestehens
der Schule für Innere Führung durchgesehen hatte, monierte er daran beispielsweise »eine sehr deutlich ausgedrückte Kritik an der Vergangenheit«. Er
selbst habe diese »immer wieder vermieden, um gerade diejenigen Kameraden,
denen der Zugang zur Inneren Führung schwerfällt, nicht erneut vor den Kopf
zu stoßen, indem man ihnen bescheinigt, dass sie früher alles schlecht gemacht
haben«. Stattdessen habe er sich »lieber der Argumentation bedient, dass unter
veränderten Verhältnissen neue Lösungen notwendig sind, ohne dabei eine
Bewertung der Vergangenheit auszudrücken«[1101]. In seiner eigenen Praxis, beispielsweise als Kommandeur der Führungsakademie, empfahl er dem Generalstabsnachwuchs nicht nur, »aus dem Erfahrungsschatz in der Praxis der Älteren« zu lernen[1102]. Er erklärte auch warum: Nach 1945 seien »alle soldatischen
Tugenden und Werte unterbewertet, ja oft als ›verbrecherisch‹ diffamiert« worden. »Vieles Alte« sei aber nach einer Prüfung auf Anpassung »gültig geblieben«[1103]. Stellt man diese Sichtweise zum Beispiel derjenigen Fritz Erlers gegenüber, wird deutlich, wie problematisch de Maizière argumentierte. Für Erler
bestand schon 1958 »kein Zweifel, dass die Wehrmacht im dritten Reich [sic!]
den Nationalsozialismus mit getragen hat und sich von jener Staatsführung zu
Aufgaben missbrauchen ließ, die in verhängnisvoller Weise zur Unterjochung
der Nachbarvölker und schließlich zur eigenen staatlichen Katastrophe geführt
haben«. Zwar ist auch er bereit gewesen anzuerkennen, »dass – unbeschadet
dieser Tatsache – die deutschen Soldaten im Kriege gutgläubig – und das
scheint mir der entscheidende Gesichtspunkt zu sein – ihre Mission erfüllt haben«. Trotzdem dürfe solche Gutgläubigkeit »sicherlich nicht dazu führen, dass
heute militärische Leistungen abstrahiert von dem System, dem sie gedient

---

[1100] Ulrich de Maizière, Entwurf für Rede GenInsp anlässlich der Einweihung des Fallschirmjäger-Ehrenmals in Schongau/Altenstadt, 9.9.1966, BArch, N 673/59. Als er vom Amtschef
des MGFA 1970 die Arbeit des langjährigen Kommandeurs der französischen Luftlande-
schule Merglen, Geschichte und Zukunft der Luftlandetruppen, übersandt bekam, schrieb
de Maizière zurück: »Ich halte es für verdienstvoll, dass das Forschungsamt nunmehr
dem deutschsprachigen Interessenten eine Würdigung dieser Truppengattung zugänglich
macht.« Siehe de Maizière an Amtschef MGFA, O i.G. Dr. Herbert Schottelius, 10.12.1970,
BArch, N 673/51b.

[1101] De Maizière an BG Schönnenbeck, Kdr Schule für Innere Führung, 6.9.1971, BArch,
N 673/51b. Schönnenbeck hatte sich mit diesem Anliegen an die Privatanschrift von de
Maizière gewandt. Siehe Schönnenbeck an de Maizière, 26.8.1971, ebd.

[1102] GM de Maizière, Kdr FüAkBw, Stichworte für Verabschiedung 4. Generalstabslehrgang
Heer und 3. Admiralstabslehrgang, 26.9.1963, BArch, N 673/57a.

[1103] Geistige Grundlagen der Verteidigung, Vortrag Kdr FüAkBw, GM de Maizière, vor der
3. Einweisung Landesverteidigung und Gästen am 11.5.1963, ebd.

haben, betrachtet werden«. Weil eine derartige Betrachtungsweise »nämlich in Wirklichkeit gar nicht möglich« sei, bilde sie »nur den Mantel, um sich der Auseinandersetzung mit der eigenen politischen Vergangenheit zu entziehen«[1104]. Diese Bewertung entspricht im Großen und Ganzen dem heutigen Forschungsstand der Geschichtswissenschaft zur Wehrmacht. Dass es hierfür Jahrzehnte brauchte, ist nicht zuletzt auf die Art und Weise der Erinnerungskultur mit ihrer vermeintlichen Vergangenheitsbewältigung in Deutschland zurückzuführen[1105]. Derart deutlich ist de Maizière nie geworden. Vielleicht war es ihm als unmittelbar beteiligtem Zeitgenossen nicht möglich, sich intensiver mit der Vergangenheit auseinanderzusetzen als er es getan hat. Zweifellos hat er sich gründlicher damit beschäftigt als die Mehrheit. Und dennoch ist sein Umgang damit ein mitunter problematischer geblieben.

Ein plastisches Beispiel dafür war sein Verhältnis zu Generalfeldmarschall a.D. Erich von Manstein. Zu dessen 80. Geburtstag am 24. November 1967 war es de Maizière »eine große Freude«, ihm persönlich »die Glückwünsche der Bundeswehr« zu überbringen: »Dankbarkeit und Verehrung« wären »die Hauptempfindungen, mit denen alte und junge Soldaten heute an Ihrem Ehrentag Ihnen gegenübertreten oder an Sie denken«. Manstein gehörte einer Generation an, »die noch in einer scheinbar glänzenden, festgefügten Ordnung aufgewachsen ist, dann aber in die wechselvollen Ereignisse des Ersten Weltkrieges gerissen wurde und den Zusammenbruch des deutschen Kaiserreichs schmerzlich erlebte«. Auch seine Loyalität habe nie ausgeschlossen, »dass Sie da, wo Ihr Sachverstand oder Ihr Gewissen es geboten, mutig und deutlich Ihre Stimme erhoben«. Außerdem – und hier verwies de Maizière darauf, man dürfe sich dem »unbefangenen ausländischen Urteil eines Liddell Hart[1106] [...] getrost anschließen« – sei er »der fähigste deutsche Heerführer im Zweiten Weltkrieg« gewesen. Nach Kriegsende habe Manstein »stellvertretend für viele Soldaten vor einem Siegergericht« stehen müssen, jedoch »ungebrochen alle Enttäuschungen und Unrecht [überstanden]«. De Maizière schloss mit der Versicherung: »Sie, Herr Feldmarschall, sind eine Gestalt von geschichtlicher Bedeutung.« Zwar sei auch er deswegen der Kritik durch nachfolgende Generationen unterworfen, doch die »Größe Ihrer militärhistorischen Leistung wird dadurch nicht beeinträchtigt«[1107]. Im Unterschied zur differenzierten Bewertung Erlers

---

[1104] Erler an Carl Theodor Hardtmann, 10.7.1958, AdsD, NL Erler, Box 144.

[1105] Siehe hierzu im Überblick Lexikon der »Vergangenheitsbewältigung«, sowie zuletzt Jureit/Schneider, Gefühlte Opfer.

[1106] Zur Problematik um Liddell Hart siehe zuletzt Searle, A Very Special Relationship.

[1107] Ulrich de Maizière, Ansprache GenInsp anlässlich des 80. Geburtstages von Generalfeldmarschall von Manstein, undat. Dokument (November 1967), BArch, N 673/59. Als Mansteins große militärhistorische Leistungen bewertete de Maizière insbesondere den »Plan für den ›Sichelschnitt‹ des Frankreichfeldzuges« und »vor allem« seine »Führung vor Sewastopol, bei der Stabilisierung der südlichen Ostfront nach Stalingrad und beim Sieg vor Charkow im März 1943«. Manstein hat sich anschließend für die »als Geschenk der Soldaten der Bundeswehr überreichte Sammlung der Platten mit Armeemärschen« bei de Maizière schriftlich bedankt, »zumal darin auch mein Regimentsmarsch enthalten ist, ebenso wie der Parademarsch in Regimentskolonne, nach dem wir so oft bei den Herbstparaden

trennte de Maizière hier durchaus den Soldaten Manstein vom Menschen. Für ihn schien es keine entscheidende Rolle zu spielen, für welches System der ehemalige Generalfeldmarschall seine Fähgkeiten eingesetzt hatte. Das ist schon deswegen bemerkenswert, weil gerade de Maizière stets dafür eingetreten ist, dass der Soldat der Bundeswehr eben nicht nur Soldat sein dürfe, sondern immer auch Staatsbürger, der Werteordnung des Grundgesetzes unterworfen und verpflichtet. Will man dies mit seinen eigenen Erfahrungen in der Diktatur erklären, drängt sich die Frage auf, weswegen er einen willfährigen Gehilfen Hitlers nicht nach gleichen Maßstäben beurteilte.

Die erstaunlich unkritische Wahrnehmung zeigte sich bei de Maizière auch im weiteren Verhalten gegenüber der Person Mansteins. Weil Moll als Inspekteur des Heeres diesen beispielsweise beim jährlichen »Panzertreffen« ehemaliger Wehrmachtverbände im Rahmen des Volkstrauertages in Munsterlager zum Zapfenstreich neben sich auf das Podium gebeten hatte, regte sich Protest. De Maizière geriet daraufhin nicht nur mit dem befreundeten Achim Oster aneinander[1108]. Auch Alexander Stahlberg kritisierte ihn. Er sei mit Oster der Ansicht, dass die Bundeswehr »der Figur des Feldmarschalls« unmöglich »den Rang eines Persönlichkeitsvorbildes« geben könne. Stahlberg, der selbst ab November 1942 Persönlicher Ordonnanzoffizier, dann Adjutant bei Manstein gewesen war, bestritt zwar nicht dessen außerordentliche militärische Fähigkeiten, war aber »bereit, Ihnen persönlich, wann immer Sie es wünschen sollten, aus der Zeit von 1942 bis 1945 Tatsachen mitzuteilen, die m.E. jede Erwägung, Manstein als Leitbild für die Bundeswehr herauszustellen, zwangsläufig ausschließen«[1109]. De Maizière antwortete darauf, Oster und er gingen »von nicht ganz zutreffenden Voraussetzungen« bei der Beurteilung des Verhaltens der Bundeswehr anlässlich des 80. Geburtstages von Mansteins aus. Weder habe die Bundeswehr einen Zapfenstreich veranstaltet noch hat die Bundeswehrführung ihn der Truppe »als ›Leitbild‹ herausgestellt«. Manstein habe »lediglich als Gast« an einem großen Zapfenstreich teilgenommen, der wie jedes Jahr dem dienstältesten Offizier der Bundeswehr gemeldet worden sei. Dieser wiederum habe den dienstältesten anwesenden Wehrmachtoffizier zur Ehrung der alten Panzer- und Panzergrenadierdivision neben sich gestellt, ebenso wie er selbst dies zwei Jahre zuvor »in gleicher Weise mit dem Generalobersten Hoth gemacht« habe. Über diese Erklärung des Geschehenen hinaus wollte de Maizière aber »nicht verhehlen, dass ich es für selbstverständlich halte, dass die Bundeswehr die militärische Leistung eines Mannes, der nach allgemeiner Ansicht des In- und Auslandes die größte operative Begabung der alten Wehrmacht während des 2. Weltkrieges gewesen ist, anlässlich seines 80. Geburtstages ehrt«. Dies sei auch der Grund, weswegen er Manstein persönlich seine Glückwün-

---

des Gardekorps marschiert sind«. Siehe von Manstein an de Maizière, 29.11.1967. Zu den Ehrungen der Bundeswehr zu Mansteins 80. Geburtstag insgesamt siehe FüS VII 1, Vermerk, Betr.: Besuch bei Generalfeldmarschall v. Manstein am 28.10.1967, 28.10.1967, beide BArch, N 673/46b.

[1108] Siehe hierzu ausführlich Wrochem, Erich von Manstein, S. 341–344.
[1109] Alexander Stahlberg an de Maizière, 25.11.1967, BArch, N 673/52a.

◀ Abb. 54:
Der Generalinspekteur beim Military Committee der NATO: Empfang mit militärischen Ehren im Hauptquartier von Admiral Thomas H. Moorer, Supreme Allied Commander Atlantic, in Norfolk, VA, am 7. Oktober 1966
BArch, N 673

▶ Abb. 55:
Erster öffentlicher Auftritt Ulrich de Maizières als Generalinspekteur bei der Einweihung des Fallschirmjäger-Ehrenmals in Schongau am 9. September 1966
BArch, N 673

◀ Abb. 56:
Bundeskanzler Willy Brandt (3.v.r.) empfängt Bundesverteidigungsminister Helmut Schmidt (2.v.l.), General Ulrich de Maizière (2.v.r.), Generalleutnant Johannes Steinhoff (l.) und Generalleutnant Albert Schnez (r.), 8. Dezember 1969
Bundesregierung, Schaack

▶ Abb. 57:
Geburtstagsglückwünsche für Generalfeldmarschall a.D. Erich von Manstein zu dessen 80. Geburtstag, 24. November 1967
picture alliance/dpa

sche überbracht habe, und »weswegen wir anlässlich dieses Geburtstages ein Buch mit verschiedenen Aufsätzen herausgegeben haben«. Das Angebot Stahlbergs, Näheres über Mansteins tatsächliches Verhalten in den Kriegsjahren zu erfahren, ignorierte de Maizière. Stattdessen wies er darauf hin – obwohl davon gar nicht die Rede war –, man sollte die früheren Soldaten nicht nur nach dem Maßstab messen, ob sie aktiv am 20. Juli teilgenommen hätten oder nicht. »Täten wir das«, so de Maizière wortwörtlich aus seinen Reden zum 20. Juli weiter, »so würden wir keinen gemeinsamen Weg in die Zukunft weisen«[1110].

Beide Gedankengänge de Maizières zeigen also in anschaulicher Weise, wie er selbst – und nicht erst seitdem – mit der deutschen Vergangenheit umzugehen bereit war: Hinweise auf verbrecherisches Verhalten wurden relativiert, um die Kriegsgenerationen zu integrieren, und von den Vorgängen aus der Zeit nur das tradiert, was der Zukunft dienlich schien, weil es konsensfähig war. In Wirklichkeit war sich de Maizière freilich der Wirkung und des Einflusses der Person Mansteins bewusst. Im Jahr zuvor hatte dieser ihm selbst geschrieben, er betrachte all die Geburtstagswünsche über die Jahre als »Zeichen der Verbundenheit der Bundeswehr mit uns alten Soldaten«[1111]. Mitte Oktober 1967 ist es dann de Maizière gewesen, der Manstein vorgeschlagen hatte, ihm »gerne selbst die Grüße der Soldaten der Bundeswehr [zu] überbringen und dies mit einem einfachen militärischen Zeremoniell [zu] verbinden«[1112]. Und im Jahr davor hatte er ihm versichert, »dass Ihre Leistungen im Frieden und vor allem im Kriege in der Bundeswehr nicht vergessen werden«[1113]. Stahlberg und Oster lagen mit ihren Vermutungen also bei Weitem nicht so falsch, wie de Maizière es darzustellen versuchte. Letzterer blieb von ihrer Kritik allerdings völlig unbeeindruckt. Anlässlich des Dankes für Mansteins Widmung in dessen Geburtstagsfestschrift wolle er »gerne wiederholen, dass es für die Bundeswehr eine besondere Freude und Ehre war, Ihres 80. Geburtstages in besonderer Weise zu gedenken«[1114].

Ähnlich ambivalent war auch die politische Leitlinie dieser Zeit. Verteidigungsminister von Hassel hat 1965 im Zusammenhang mit dem Traditionserlass die Meinung vertreten, die Bundeswehr lehne »eine kollektive Verurteilung der Angehörigen der Waffen-SS ebenso ab wie die kollektive Gleichsetzung mit den Angehörigen der Wehrmacht«. Wer als ehemaliger Angehöriger der Waffen-SS die Pflege soldatischer Tradition suche, sei »als ehemaliger Soldat bei der

---

[1110] De Maizière an Alexander Stahlberg, 8.12.1967, ebd. Tatsächlich legte ihm de Maizière den Vortrag bei, »den ich in Bonn am 20.7.1966 anlässlich der offiziellen Feierstunde zum 20. Juli gehalten habe«. Siehe zu Verhältnis und Verbindung zwischen Manstein und der Bundeswehr hingegen Wrochem, Erich von Manstein, S. 325-347, sowie zu den Differenzen zwischen Oster und de Maizière deswegen, ebd., S. 341-344.

[1111] Von Manstein an de Maizière, 5.12.1966, BArch, N 673/46b.

[1112] De Maizière an von Manstein, 13.10.1967, ebd.

[1113] De Maizière an von Manstein, 22.11.1966, ebd.

[1114] De Maizière an von Manstein, 12.1.1968. Manstein schickte de Maizière daraufhin »in dankbarer Erinnerung an die Ehre, die Sie mir durch Ihr persönliches Kommen zu meinem 80. Geburtstag erwiesen haben« zwei Fotos. Siehe von Manstein an de Maizière, 23.3.1968, beide ebd.

Bundeswehr im Sinne meines Erlasses willkommen«. Allein wem es »um die Pflege der Erinnerung an SS-Verbände und deren Tradition geht, der sollte begreifen, dass die Pflege dieser Erinnerung mit dem Auftrag der Bundeswehr nicht vereinbar ist«[1115]. Erst Helmut Schmidt zog als Verteidigungsminister klarere, aber auch keine eindeutigen Grenzen: Offizielle Glückwünsche zum 80. Geburtstag von Generaloberst a.D. Kurt Student lehnte er ab, ließ aber freiwillige Gratulationen einzelner zu[1116]. Bei Dönitz und anderen war er bereit, sogar – allerdings nicht näher bezeichnete – Konsequenzen zu ziehen, wenn offizielle Vertreter an der Beerdigung teilnähmen, bei Mansteins Tod wiederum hatte Schmidt nichts gegen ein Ehrengeleit einzuwenden, sofern die Angehörigen dies wünschten[1117]. Und über ein Ehrengeleit bei Sterbefällen von Ritterkreuzträgern durfte grundsätzlich nicht ohne den Generalinspekteur entschieden werden[1118]. So erhielt Generalleutnant a.D. Artur Schmitt, zwischenzeitlich Landtagsabgeordneter für die NPD, eine Abordnung, de Maizière versuchte aber Einfluss auf die Auswahl der Teilnehmenden am Begräbnis zu nehmen[1119].

Angesichts solcher Melange ist weniger verwunderlich, wenn viele Vorkommnisse im Zusammenhang mit der NPD anfangs innerhalb der Streitkräfte nicht nachhaltig verfolgt worden sind. Als im September 1965 beispielsweise entsprechende Propagandaflugblätter im Bereich der Heeresoffizierschule (HOS) II in München auftauchten, versuchte man das Problem dort intern zu lösen[1120]. De Maizière zeigte sich zwar erleichtert, als sich »keine Weiterungen« ergaben, gleichzeitig aber auch »einverstanden«, dass der örtliche Kommandeur überhaupt keine »langdauernden Untersuchungen« angestellt hatte. Trotzdem teilte er in diesem Zusammenhang die Ansicht des Verteidigungsministers mit, der sich »sehr scharf« gegen die NPD ausgesprochen und sie »als NSDAP ohne

---

[1115] Bundesminister für Verteidigung von Hassel an MdB Albrecht Schlee, 5.8.1965, BArch, Bw 1/181185.

[1116] Kollegium im BMVg, Eintrag 10.3.1970, PAHS, Privat PZ, Kollegium im BMVg, Bd 1. In diesem Fall ging es um GM Pöschl.

[1117] Dasselbe galt für Halders Beerdigung. Bei Schoerners Tod sollte ebenso wenig geschehen wie bei Milch, bei Letzterem sollte de Maizière versuchen, die Familie »zum Antragsverzicht zu bewegen«. Siehe Kollegium im BMVg, Eintrag 18.1.1972, PAHS, Privat PZ, Kollegium im BMVg, Bd 4. Auch zum 70. Geburtstag von Paul Hausser, ehemaliger General der Waffen-SS, war die Weisung eindeutig: »Keine offizielle Ehrung, keinen Zapfenstreich.« Siehe Einträge 10.3. und 16.9.1970, ebd., Bde 1 und 2.

[1118] Kollegium im BMVg, Eintrag 26.6.1970, PAHS, Privat PZ, Kollegium im BMVg, Bd 1.

[1119] Kollegium im BMVg, Eintrag 18.1.1972, PAHS, Privat PZ, Kollegium im BMVg, Bd 4. Schmitt war am 15.1.1972 in München verstorben.

[1120] Siehe dazu BG Heinz-Georg Lemm, Kdr HOS III, an de Maizière, 22.9.1965, BArch, N 673/45b. Lemm bedankte sich, »dass Sie mir in einer Augenblickssituation, welche zweifelsohne Zündstoff für nachhaltig unerfreuliche Auseinandersetzungen in der Öffentlichkeit in sich barg, kameradschaftlich mit Ihrem Rat und dienstlich mit der Kraft Ihres Amtes zur Seite standen«. Lemm hatte einen »kleinen Personenkreis« überprüft («Schriftvergleiche, Anwesenheit am fraglichen Abend im neben dem Treppenhaus gelegenen Fernsehraum usw.«) und mit diesen Soldaten dezidiert keine Vernehmungen durchgeführt, sondern ein »›Erzieherisches Gespräch‹ mit dem Ziel, gegebenenfalls natürlich Hinweise zu erhalten, vor allem aber die Schulangehörigen selbst auf ihre Verantwortung im kameradschaftlichen Sinne hinzuweisen«.

SA« bezeichnet habe. De Maizière fügte aus eigener Sicht hinzu, jedes Eintreten für die NPD sei »mit unserem Auftrag nicht vereinbar«[1121].

Zwischenzeitlich hatte die Heye-Affäre nämlich eine Diskussion außer- wie auch innerhalb der Streitkräfte angestoßen, auf die das Verteidigungsministerium reagieren musste. Unter anderem beauftragte von Hassel das Forschungs- und Beratungsinstitut für Angewandte Sozialwissenschaft des Diplom-Psychologen Rudolf Warnke damit, einige Aspekte der Inneren Führung in der Truppenpraxis empirisch zu untersuchen. Dabei heraus kam aus »praktische[n] als auch verfahrenstechnische[n] Gründe[n]« letzten Endes eine empirische Untersuchung zur inneren Situation der Bundeswehr – so jedenfalls der Untertitel der vierbändigen Studie »Die Bundeswehr im Selbstverständnis«, die im April 1966 abgeschlossen worden ist[1122]. Sie sollte »ein erster Schritt auf dem Wege sein, die innere Situation der deutschen Streitkräfte mit den Mitteln der Sozialwissenschaft zu beschreiben, zu analysieren und zu deuten«, und belegte, dass die Meinung der Soldaten über ihre Wahrnehmung durch die Öffentlichkeit deutlich schlechter war als sie in Wirklichkeit gewesen ist[1123]. Demnach könnte »nicht völlig ausgeschlossen werden«, dass der Soldat in seiner Beurteilung des Verhältnisses zwischen Bundeswehr und Öffentlichkeit »ähnlich empfindlich reagiert, wie das von anderen Minderheiten (Juristen, Lehrer etc.) auch bekannt ist«[1124]. Insgesamt dominierte jedenfalls die Stereotype, »die Bevölkerung habe etwas gegen das Militär«[1125]. Diese wiederum führte der Bericht in erheblichem Maße auf den Einfluss des vorherrschenden Traditionsverständnisses zurück. Da die Innere Führung als »zeitgemäße Menschenführung« offeriert werde, fühlten sich »Soldaten mit einer ganz bestimmten Einstellung zur Tradition, ja insbesondere solche, die sich als echte Mittler einer Tradition empfanden, desavouiert«[1126]. Dafür spreche zumindest der Anteil der »›traditionalistisch‹ orientierten Soldaten«, der mit 34 Prozent im Unteroffizierkorps am größten war, dicht gefolgt vom Offizierkorps (29 Prozent) und den Mannschaften (24 Prozent). Demgegenüber zeigten die befragten Reservisten in allen Dienstgradgruppen eine gemäßigtere Einstellung. Nach Dienstgradgruppen sortiert wichen die Einstellungen zwischen den Teilstreitkräften indes ebenso unwesentlich ab wie hinsichtlich der »Einstellungsstruktur der kriegsgedienten und nicht kriegsgedienten Berufsunteroffiziere«, während sich die kriegsgedienten Hauptleute wiederum als »traditionalistischer orientiert« erwiesen. Beide Gruppen bewerteten demnach »das Erbe der Vergangenheit trotz ge-

---

[1121] De Maizière an Lemm, 29.9.1965, ebd.
[1122] Forschungs- und Beratungsinstitut für Angewandte Sozialwissenschaft (FBAS), Die Bundeswehr im Selbstverständnis. Eine empirische Untersuchung zur inneren Situation der Bundeswehr, durchgeführt im Rahmen der wehrsoziologischen Forschung und Beratung im Auftrage des Bundesministers der Verteidigung, 4 Bde, Bd 1: Kommentar, April 1966, BArch, Bw 2/20126; Bd 2: Tabellenteil, Oktober1965, BArch, Bw 2/2017; Bd 3: infratest, Juni 1965, BArch, Bw 2/20128; und Bd 4: infratest, Juni 1965, BArch, Bw 2/20129.
[1123] Ebd., Bd 1, S. 2, dort auch zur angewendeten Methodik, S. 5–11.
[1124] Ebd., S. 13.
[1125] Ebd., Bd 3, S. 69.
[1126] Ebd., Bd 1, S. 43.

meinsamer Erprobung im Kriege sehr unterschiedlich«. Immerhin 77 Prozent der befragten Soldaten meinten, die Bundeswehr habe »die ›Tradition deutschen Soldatentums‹ ›mit Einschränkungen‹« fortgeführt. Keine Traditionspflege betrieben zu haben, unterstellten der Bundeswehr hingegen 42 Prozent der aktiven Unteroffiziere und 33 Prozent der aktiven Offiziere[1127]. Im Ergebnis hatte also die übergroße Mehrheit der Mannschaftsdienstgrade die Bundeswehr als eine quasi-Fortsetzung der Wehrmacht mit anderen Mitteln empfunden, wohingegen diejenigen, die sie ausbildeten – die diesen Eindruck also vermittelt haben mussten – diesbezüglich eher skeptisch waren.

Entsprechend alarmiert gab sich jedenfalls die politische und militärische Führung der Bundeswehr. Zwei Tage vor der 12. Kommandeurtagung Ende Juni 1966 in Saarbrücken besprach sich de Maizière, noch als Inspekteur des Heeres, mit seinen Kommandierenden Generalen, Divisionskommandeuren und deren Stellvertretern. Sein »[s]ehr ernster Hinweis« bezog sich dabei auf »Mängel in der Menschenführung«, die er selbst in den Zusammenhang mit seinen »Sorgen vor nationalistischer Einstellung der jg. Offiziere« stellte[1128]. Beim Planspiel der logistischen Generalstabsreserve des Heeres warnte Verteidigungsminister Schröder wenig später ausdrücklich vor Rechtsradikalismus und unterschwellig vor der NPD[1129]. De Maizière lagen inzwischen dezidierte Informationen vor, dass es »nicht nur einzelne jüngere Offiziere sind, die einen Trend zu einem falsch verstandenen Nationalismus haben, sondern dass hier eine größere Anzahl betroffen ist«. Dem gerade in den Ruhestand versetzten Generalleutnant Heinrich Gaedcke schrieb er, solchen Entwicklungen könne alleine durch persönliche Gespräche und individuelles Vorbild wirksam entgegengetreten werden[1130]. Gaedcke, bis 1965 mehr als vier Jahre Kommandeur des III. Korps, schien von dieser Erkenntnis ebenso überrascht wie überfordert. Er antwortete de Maizière, dessen Aussagen »über die nationalistischen Erscheinungen in den Reihen der jungen Offiziere« hätten ihn »einigermaßen betroffen gemacht«. Schnez habe ihm gegenüber unlängst bereits ähnliches geäußert. Die Ursache dafür sah er hauptsächlich darin, dass die Kompaniechefs nicht mehr wüssten, »wie sich ganz ähnliches vor der Machtübernahme Hitlers abgespielt hat und wie eine junge Generation damals auf nahezu dieselben Rattenfängermelodien hereingefallen« sei. Die Propaganda der NPD sei vor allen Dingen deswegen so gefährlich, weil sie sich »an Erscheinungen aufhängt, die mindestens in den ersten Jahren der Bundeswehr auch zu unserem Kummer nicht ganz in Ordnung waren (›Uniform nur ein gewöhnliches Arbeitskleid‹ usw.)«. Daher komme es »ganz wesentlich« darauf an, dass »diejenigen, die ›es noch wissen‹, also die älteren Btl-Kommandeure und Brigadekommandeure, mit den jungen Offizieren *sprechen*«[1131].

[1127] Ebd., S. 44 f., und Bd 3, S. 63.
[1128] Ulrich de Maizière, Dienstliche Tagebuchaufzeichnungen 12.4.1966–26.8.1966, Eintrag vom 27.6.1966, BArch, N 673/35.
[1129] Ebd., Eintrag vom 6.7.1966.
[1130] De Maizière an GL a.D. Gaedcke, 5.7.1966, BArch, N 673/41a.
[1131] Gaedcke an de Maizière, 13.7.1966, ebd. (Hervorhebung im Original).

Wie eng die Entwicklung in der Bundeswehr mit gesellschaftlichen Tendenzen verknüpft war, zeigte der publizistische Erfolg des 1967 erschienenen Buches von Hans-Georg Studnitz »Rettet die Bundeswehr«[1132]. Der rechtspopulistische Journalist erklärte darin die Innere Führung als untauglich für die Bundeswehr und löste damit nicht nur öffentlich, sondern auch innerhalb der Streitkräfte eine emotional geführte Diskussion aus[1133]. De Maizière bezog daraufhin eindeutig und rasch Stellung. In seiner Ansprache bei der Tagung verabschiedeter Bundeswehr-Generale am 25. Oktober 1967 erklärte er, Studnitz' Buch sei »eine einzige flammende Anklage«, die alle Mängel der Bundeswehr im Konzept der Inneren Führung begründet sehe. Wohl enthalte es »manche berechtigte Kritik«, sei insgesamt aber »unseriös«[1134]. Studnitz beziehe sein Menschenbild »aus der Zeit vor 60 Jahren, und er sieht die Streitkräfte so, wie sie vor 60 Jahren waren«. Dabei vergesse er, »dass moderne Streitkräfte unseres Staates bestimmt werden von den Grundlagen unserer Verfassung, nämlich einer freiheitlich rechtsstaatlichen demokratischen Ordnung, von der Einordnung in das Bündnis und von den Forderungen der Technik«[1135]. Seinen Kommandierenden Generalen gab der Generalinspekteur deswegen »als Stichwort« mit: »Studnitz vergisst die Verfassung, das Bündnis und die Technik[1136].«

Wie groß die »Angst vor den ›reaktionären Kräften‹ unter den alten und jungen Offizieren« in der militärischen Führung gewesen ist, darüber informierte von Ilsemann de Maizière. Man wollte dort die G1/A1-Tagung im Februar abwarten, um ein Bild über die Stimmungslage im Offizierkorps zum »Studnitzbuch« zu gewinnen. Er selbst hatte bereits Ende 1967 eine Gegenrede zu dem Autor veröffentlicht. »Schließlich«, so der damalige Kommandeur der Panzergrenadierbrigade 1, »haben wir es doch noch nicht nötig, uns als Verfechter der Inneren Führung ins Mausloch zu verkriechen«[1137]. Anders als de Maizière vermochte von Ilsemann die Dinge weniger nüchtern zu sehen. Selbstkritisch gestand er ein, seine Aussage sei »temperamentvoll gehalten« und könnte »ebenso polemisch aufgefasst werden, wie das Buch selbst«; das wäre »sicher ein Nachteil«. Aber bei dem Gedanken »an die vielen Herren Kameraden«, die »das Studnitz-Buch an einigen Stellen mit Wohlgefallen wider-

---

[1132] Studnitz, Rettet die Bundeswehr! Studnitz gehörte während des »Dritten Reiches« zum Führungspersonal der Presseabteilung des Auswärtigen Amtes, die von Paul Karl Schmidt geleitet wurde. Nach dem Zweiten Weltkrieg arbeitete er u.a. für »Die Zeit«, war Chefredakteur von »Christ und Welt« sowie zwischenzeitlich Pressesprecher der Lufthansa. Siehe dazu Longerich, Propagandisten im Krieg, sowie Asmussen, Hans-Georg von Studnitz.

[1133] Siehe z.B. Abschied vom Bürger in Uniform. Hans-Georg Studnitz rettet die Bundeswehr, Der Spiegel, 38 (1967), 11.9.1967.

[1134] Ulrich de Maizière, Ansprache bei der Tagung verabschiedeter Bundeswehr-Generale am 25.10.1967, BArch, N 673/59.

[1135] Ulrich de Maizière, Probleme der militärischen Planung und die Rolle der Bundeswehr bei der Verteidigung Europas, Vortragsveranstaltung beim Industrie-Club e.V., Düsseldorf am 14.5.1968. Darauf verweist de Maizière auch in Ulrich de Maizière, Ansprache bei der Tagung verabschiedeter Bundeswehr-Generale am 25.10.1967, beide ebd.

[1136] De Maizière an O von Ilsemann, Kdr PzGrenBrig 1, 22.12.1967, BArch, N 673/43c.

[1137] Von Ilsemann an de Maizière, 9.1.1968, ebd.

käuen«, habe ihm die Geduld gefehlt, »den unverschämten Kerl kühl-sachlich-distanziert abzuführen«[1138]. De Maizière hatte von Ilsemanns Replik zuvor »[m]it Schmunzeln« gelesen, stimmte ihr aber inhaltlich absolut zu[1139]. Jetzt, Anfang 1968, klängen die Diskussionen um Studnitz nach seinen Informationen allerdings bereits wieder ab. Außerdem wünsche der Minister keine »vom Haus herausgegebene und direkt auf das Buch bezogene Entgegnung«. Er selbst werde jedoch demnächst in »Christ und Welt« dazu »etwas veröffentlichen«[1140]. Tatsächlich erreichten ihn auch aus der Truppe beruhigende Meldungen. Generalmajor Franz Pöschl, Kommandeur der 1. Luftlandedivision, berichtete ihm, junge Offiziere seiner Fallschirmjägerbrigade 25 hätten bei zwei Veranstaltungen der Gesellschaft für Wehrkunde in Stuttgart und Tübingen den anwesenden von Studnitz »so in die Enge getrieben, dass er als geschlagener Mann das Feld verlassen musste«[1141].

Nach Schätzungen des BMVg waren im Frühjahr 1969 dann rund 0,5 Prozent der Berufs- und Zeitsoldaten Mitglieder der NPD. Dies sei zwar ein geringerer Prozentsatz als in der Bevölkerung insgesamt, aber die NPD stellte, so mutmaßte man dort, einen im Vergleich mit den im Bundestag vertretenen Parteien unverhältnismäßig hohen Prozentsatz an Soldaten als Direktkandidaten auf, um stärker in der Bundeswehr Fuß zu fassen[1142]. Mit ihrem Aktionsprogramm zur Wehrpolitik vom 22./23. März 1969 käme sie außerdem »den Vorstellungen vieler längerdienenden Soldaten geschickt entgegen«[1143]. Tatsächlich schaffte die NPD bei der Bundestagswahl im September 1969 den Einzug in den Bundestag nicht. Anschließend zersplitterte sie sich in Flügelkämpfen und wurde spätestens jetzt innerhalb der Bundeswehr endgültig zur Randerscheinung. Ihre

---

[1138] Von Ilsemann an de Maizière, 7.12.1967, ebd.

[1139] De Maizière an von Ilsemann, 22.12.1967, ebd.

[1140] De Maizière an von Ilsemann, 23.1.1968, ebd.

[1141] GM Pöschl, Kdr 1. LuftlandeDiv, an de Maizière, 29.3.1968, BArch, N 673/49a.

[1142] BMVg/Referat II/3 an Staatsekretär, Betr.: Kandidatur von Soldaten zum Deutschen Bundestag, hier: Fernschreiben Nr. 260 vom 9.4.1969 aus Tel Aviv, 15.4.1969, BArch, B 136/6848. Demnach handelte es sich um acht Soldaten (sechs Offiziere, zwei Unteroffiziere), die dem Ministerium als Direktkandidaten der NPD bekannt waren – in Schleswig-Holstein, Rheinland-Pfalz und Hessen je einer, in Bayern fünf. Außerdem konnte »die Behauptung, dass weitere 50 Offiziere und Unteroffiziere den Wahlkampf unterstützen, [...] als richtig unterstellt werden«.

[1143] BMVg/Referat II/3 an Staatsekretär, Betr.: NPD-Wehrpolitik, 18.4.1969, BArch, B 136/6848. Eine Kopie der »NPD – Neufassung des Aktionsprogrammes ›Wehrpolitik‹. Zusammengestellt auf der Arbeitstagung des Ausschusses für Wehrpolitik – Hirschhorn, den 22./23. März 1969« findet sich mit Eingangsdatum vom 16.4.1969 im selben Bestand. Hierzu hatte die NPD-Führung eigens die »Problemkreise Wehrgerechtigkeit, Kriegsdienstverweigerung und Verstärkung der zivilen Landesverteidigung« neu aufgenommen. Altbekannte Programmpunkte waren indes die »Beendigung der Diffamierung der Väter«, »Schaffung einer allgemeinen Wehr- und Dienstpflicht«, »Schaffung eines durchgehenden militärischen Befehlsstranges mit einem Soldaten im Kabinettsrang«, »Änderung der Richtlinien der Inneren Führung«, »Erlass eines Soldatenbesoldungsgesetzes«, »Neuregelung des Rüstungswesens« sowie die »Unterstützung aller Bemühungen zur Verstärkung der Verteidigungsanstrengungen der europäischen Staaten«. Siehe BMVg/ Referat II/3 an Staatsekretär, Betr.: Kandidatur von Soldaten zum Deutschen Bundestag, hier: Fernschreiben Nr. 260 vom 9.4.1969 aus Tel Aviv, 15.4.1969, BArch, B 136/6848.

eigentliche Gefahr hatte de Maizière bereits in der Abteilungsleitersitzung des Verteidigungsministeriums am 10. Januar 1967 angesprochen. Dort meinte er nämlich, »dass eine national-konservative, ›schwarz-weiß-rote‹ Welle auf die Bundeswehr vermutlich größere Auswirkungen gehabt hätte als die sich jetzt in der NPD abzeichnende radikale Entwicklung«[1144]. Wie zutreffend er die Lage einschätzte, belegten in der Folge die Vorgänge ab dem Frühjahr 1969, als es innerhalb der Streitkräfte zum Generalangriff auf die Innere Führung kam.

Was die extreme Linke angeht, so wurde sie erst Ende der 1960er-Jahre für die Bundeswehr relevant, erreichte in ihren Zahlen jedoch kaum Bedeutung. Anfang 1972 identifizierte man 18 Zeitsoldaten und 75 Wehrpflichtige als Angehörige der Sozialistischen Deutschen Arbeiterjugend (SDAJ) oder der Deutschen Kommunistischen Partei (DKP); letztere zählte selbst offenbar »700 zu ihren Leuten«[1145]. Schmidt erinnerte in diesem Zusammenhang daran, dass alle »Maßnahmen gegen links« auch für die NPD gelten würden. In jedem Fall müsse bei Soldaten auf Zeit eine Verlängerung ihrer Verpflichtungszeit vermieden werden[1146]. Kurz vor seinem Ausscheiden aus dem Dienst trug de Maizière Mitte Januar 1972 noch ein letztes Mal dazu im Kollegium vor. Demnach werde gegen erkannte DKP-Mitglieder disziplinarisch ermittelt, drei Soldaten würden entlassen. Schmidt gab demgegenüber zu bedenken, es dürfe einerseits kein Anreiz zur Entlassung geschaffen, andererseits müsse aber den Rädelsführern ihre Aktionsbasis entzogen werden[1147]. Auf dem sogenannten kleinen Dienstweg wurde daraufhin durchgesetzt, erkannte SDAJ-Mitglieder nicht mehr einzuziehen – »[d]as wird einfach so gehandhabt« – und bereits eingezogene Mitglieder so zu verwenden, dass dadurch kein Sicherheitsrisiko entstand. Nur als solche ausgemachte »Rädelsführer« wurden tatsächlich entlassen. Der einzig entdeckte länger dienende (Z12)-Soldat gehörte dazu nicht. Schmidt war der Meinung, es sollte keine Ablösung erfolgen, »nur weil er Kommunist ist«[1148].

Der Generalangriff auf die Innere Führung

Entgegen aller Befürchtungen kam der eigentliche Angriff auf die Bundeswehr aber nicht von außen, sondern von innen. Eine Anti-Reform-Bewegung vor allem innerhalb der Heeresführung um Brigadegeneral Heinz Karst, ausgerechnet für das Erziehungs- und Ausbildungswesens im Heer zuständig, versuchte die Situation, in der das demokratische System der Bundesrepublik scheinbar von rechts und links bedroht war, zu nutzen, um den ungeliebten Reformen Baudissins und seiner Inneren Führung den Garaus zu machen[1149]. Die dahinter

---

[1144] Protokoll der Abteilungsleitersitzung im BMVg, 10.1.1967, BArch, BM 1/1403d.
[1145] Kollegium im BMVg, Eintrag 9.2.1972, PAHS, Privat PZ, Kollegium im BMVg, Bd 4.
[1146] Ebd.
[1147] Ebd., Eintrag 18.1.1972.
[1148] Ebd., Eintrag 17.2.1972.
[1149] De Maizières damaliger Luftwaffenadjutant Bahnemann behauptet, es hätten seinerzeit »mehr Persönlichkeiten hinter den Forderungen Grasheys [gestanden] als öffentlich zugegeben wurde«. Mit im Verdacht, »den Entwurf des Vortrages mitgestaltet zu haben«, stand Grasheys persönlicher Generalstabsoffizier, OTL i.G. Franz Uhle-Wettler, als »Grundsatzdenker im Hintergrund« vermutete man außerdem Brigadegeneral Karst. Sie-

stehende Sprengwirkung zeigte sich in einer Rede des Stellvertretenden Inspekteurs des Heeres, Generalmajor Hellmut Grashey, am 19. März 1969 im Moltke-Saal der Führungsakademie vor den ersten beiden Generalstabsjahrgängen[1150]. Grashey konstatierte dort einen besorgniserregenden Zustand der Bundeswehr und präsentierte dafür drei Gründe: erstens die aufgeblasene Bundeswehrverwaltung, zweitens die Rolle des Wehrbeauftragten und drittens eben das Konzept der Inneren Führung. Dabei forderte er, »doch endlich die Maske vom Gesicht [zu] nehmen«, die man sich bei der Aufstellung der Bundeswehr habe aufsetzen müssen. Der anwesende Oberst Dr. Eberhard Wagemann, Kommandeur der Panzergrenadierbrigade 4, widersprach ihm zwar sofort vor versammelter Zuhörerschaft, wurde dafür aber von Grashey abgekanzelt[1151]. Letzterer galt intern »als besonders gewandter und konzilianter General [...] mit umfangreicher Truppen- und Generalstabserfahrung«[1152]. Umso mehr war de Maizière alarmiert, ließ sich den Abdruck der Rede besorgen und entschied sich, an gleichem Ort selbst eine Rede zu halten[1153]. Allerdings suchte er nicht die öffentliche Konfrontation und ging am 21. März 1969 auf die Rede Grasheys direkt gar nicht ein. Stattdessen legte er seine Sichtweise der Inneren Führung dar, um damit ein Gegenvotum zu präsentieren[1154]. In den grundlegenden Gedanken folgte de Maizière seiner Rede vor der Staatspolitischen Gesellschaft in Hamburg einige Wochen zuvor[1155]. Besonders wichtig war ihm, dass bei der Aufstellung der Bundeswehr »keine Armee demokratisiert worden« sei, sondern eine Demokratie sich eine Armee geschaffen habe, die den verfassungsmäßigen

---

he Bahnemann, Parlamentsarmee?, S. 105 f. Siehe zu den Zusammenhängen weiterführend Zimmermann, Vom Umgang mit der Vergangenheit.

[1150] Der gesamte Fall Grashey ist umfassend dokumentiert im Nachlass Schröder in ACDP, I-483-109/2. Dort findet sich eine umfangreiche entsprechende Presseausschnittsammlung. Siehe dazu auch den »Vorgang Grashey« im NL de Maizière, BArch, N 673/70. Einen kurzen Überblick über Hintergrund und Verlauf der Grashey-Affäre bietet Bahnemann, Parlamentsarmee?, S. 103-107. Zu Recht wundert sich Bahnemann darüber, »dass Clemens Range ›Die geduldete Armee. 50 Jahre Bundeswehr‹ die gesamte Affäre [...] mit keinem Wort erwähnt, hingegen widmet er dem Anschlag von Lebach, den Unnaer Hauptleuten und den Leutnanten von Hamburg ausführliche Passagen!«. Ebd., S. 107. Siehe dazu Range, Die geduldete Armee, im Übrigen nur einer von vielen an dieser Stelle nicht zu vertiefenden Mängel dieses Buches.

[1151] Abenheim, Bundeswehr und Tradition, S. 176-178.

[1152] InspH, GL Moll, an Minister, 17.7.1968, ACDP, NL Schröder, I-483-108/1.

[1153] Bahnemann, Parlamentsarmee?, S. 105 f. Demnach musste zunächst eine Tonbandabschrift gefertigt werden, um den genauen Wortlaut zu erhalten, weil Grashey frei vorgetragen hatte.

[1154] Persönlich bezeichnete er die Rede gleichwohl als »Anti-Grashey-Rede«. Siehe GenInsp, Zusammenstellung wichtiger Vorgänge von August 1966-März 1972, 3. Amtsjahr, BArch, N 673/64.

[1155] De Maizière an O Dr. Eberhard Wagemann, Kdr PzGrenBrig 4, 9.4.1969, BArch, N 673/54a. Zur Rede selbst: Informations- und Pressezentrum, Rede GenInsp de Maizière vor der »Staatspolitischen Gesellschaft« zum Thema »Die Bundeswehr heute und in den 70er-Jahren« in Hamburg am 10. März 1969, BArch, N 673/60. Sie wurde auch als Anlage von GenInsp FüS I 6, Az. 35-20-17-02, 30.3.1969, Information für die Kommandeure Nr. 1/69, BArch, Bw 1/160924, an die Truppe verteilt. Der Vortrag erschien auch in der »Wehrkunde«, 4 (April 1969), ein Sonderdruck findet sich in BArch, N 673/60.

Grundlagen dieser Demokratie entsprechen sollte und zugleich ihre soldatische Aufgaben erfüllen konnte[1156].

Dass er damit nicht so reagiert hatte, wie es sich mancher von seinem Generalinspekteur erwartet hatte, wusste er. Gegenüber Wagemann erklärte er, es sei ihm um »eine klare, sachliche Richtigstellung der Ausführungen von Generalmajor Grashey« gegangen, um dadurch die Zuhörer von der Richtigkeit der Auffassung zu überzeugen. Ihn selbst, so gestand er ein, habe der Vorfall allerdings »außerordentlich bewegt«; seine eigene Rede hielt er deshalb für »die schwierigste« seiner bisherigen Amtszeit als Generalinspekteur[1157]. Persönlich nahm sich de Maizière Grashey deswegen vor und war hinterher der Meinung, diesem »den Kopf gewaschen zu haben«[1158]. In einem Vermerk für den Minister kritisierte er am 24. März »die simple, saloppe und ›ungeneralitätsmäßige‹ Form des Vortrages«. Obwohl er ihm »im sachlichen Bereich (Organisation, Struktur u.ä.) [...] einige gute Gedanken« zubilligte, sei »das völlige Unverständnis« gegenüber dem Konzept des Staatsbürgers in Uniform dagegen als »[e]rnst« zu bewerten. Grasheys »Kritik an den 3 Vert.Ministern vor einem so großen Zuhörerkreis« empfand er darüber hinaus als »illoyal und undiszipliniert«. Damit konfrontiert, habe sich der Stellvertretende Inspekteur des Heeres immerhin »einsichtig« gezeigt[1159]. Tags zuvor hatte bereits Minister Schröder mit Grashey ein Gespräch geführt, über dessen Inhalt jedoch nichts bekannt ist[1160].

Allerdings nahm Grashey gegenüber dem Minister am 27. März schriftlich Stellung. Dass sein Vortrag bei den Zuhörern ein »unterschiedliches Echo« gefunden und »Anlass zur Kritik« gegeben habe, schob er darin »auf Zeitmangel bei der Vorbereitung des Vortrages«. Er habe seine Ausführungen nicht im Wortlaut konzipieren können, sondern sich auf Stichworte beschränken müssen. Sein Leitgedanke sei sein »Bedauern über das ständige Zurückbleiben unserer Verteidigungsplanungen, u.a. auch des Verteidigungshaushalts, hinter den Mindestansätzen, die im Interesse unserer nationalen Sicherheit zu einer bescheidenen, aber noch vertretbaren Erfüllung der NATO-Forderungen nötig wären«, gewesen. Er entschuldigte sich dafür, seine Gedanken »in eine Form

---

[1156] Vortrag GenInsp vor der FüAkBw (Fortbildungs-Lehrgang) am 21.3.1969, 23.3.1969 (Tonbandniederschrift), ACDP, NL Schröder, I-483-109/2.

[1157] De Maizière an O Dr. Wagemann, Kdr PzGrenBrig 4, 9.4.1969, BArch, N 673/54a. De Maizière vermutete dabei: »Ich weiß, dass Sie bei meinen Ausführungen, die ich am Freitagvormittag, d.h. knapp 1½ Tage nach dem Vortrag von Generalmajor Grashey, gehalten habe, nicht ganz zufrieden waren. Sie werden vermisst haben, dass ich den Namen Grashey selbst genannt habe. Sie werden auch vermisst haben, dass ich bereits eine deutliche, disziplinare Maßnahme gegenüber General Grashey bekanntgegeben habe.«

[1158] So die Aussage von Bahnemann, Parlamentsarmee?, S. 14.

[1159] Vermerk Generalinspekteur für Minister, 24.3.1969, ACDP, NL Schröder, I-483-109/2. In der Anlage findet sich die Ansprache Grasheys.

[1160] Persönlicher Referent des Staatssekretärs, Vermerk, Betr.: Rede von GenMaj Grashey am 19.3.1969, 21.4.1969. De Maizière hatte Schröder zuvor mit beiden Redemanuskripten und den notwenigen Informationen versorgt. Siehe Vermerk GenInsp für den Minister, 23.3.1969, beide ebd. In der Anlage findet sich die Tonbandniederschrift der nämlichen Ansprache de Maizières.

gekleidet zu haben, deren Unrichtigkeit ich sehr schnell erkannte«. Auch habe er weder die bisherigen Minister kränken noch »die Väter der Inneren Führung einer vorsätzlichen Täuschung« beschuldigen wollen. Hingegen erschiene ihm »die Behauptung, das Konzept der Inneren Führung sei etwas völlig Neues«, als »eine zu ungerechte, verallgemeinernde Verdammung der Menschenführung früherer Art«. Deswegen glaube er noch immer, hier sollten »die Akzente um der Ehrlichkeit willen zurechtgerückt werden«. Seiner Meinung nach habe er die Innere Führung bereits in der Wehrmacht praktizieren gelernt, in der Bundeswehr seien lediglich die Pflichten und Rechte des Soldaten »deutlicher« geworden. Den Komplex Befehl und Gehorsam kritisierten ohnehin stets »junge Akademiker«, und würden damit den »einfachen jungen Soldaten« verunsichern, der diesen Problemkreis gar »nicht voll verstehen« könne. Sein Vortrag habe insgesamt »ein konstruktives Ziel« verfolgt, indem er »die Qualität des Führerkorps vorab würdigte, dann die vorhandenen Schwächen und Mängel aufzeigte und schließlich an das Selbstvertrauen des Führerkorps zu ihrer Überwindung appellierte«. Immerhin sei »die Innere Lage [sic!]« der Bundeswehr so »alarmierend wie noch nie zuvor«[1161].

Die Antwort des Ministers erfolgte umgehend, war knapp und konziliant: Er habe sich inzwischen davon überzeugt, dass Grashey sich »pflichtgemäß« vom Grundgesetz und den für die Streitkräfte gültigen Gesetzen leiten lasse. Damit sehe er den Vorgang als abgeschlossen und versicherte Grashey seines Vertrauens[1162]. Für Schröders rasches Einlenken war möglicherweise sein Persönlicher Referent verantwortlich, der auf dem Entwurf des Antwortschreibens darauf hingewiesen hatte, Grashey würde sich in seinem Brief »nach Inhalt und Formulierung« eng am Bericht des Inspekteur des Heeres über den Zustand seiner Teilstreitkraft 1968 orientieren[1163]. Dass der Referent hinzufügte, er halte »die in dem Gesamturteil getroffenen Feststellungen und Forderungen – jedenfalls in dieser Form – nicht für gerechtfertigt«, übernahm Schröder also wohl aus gutem Grund nicht, denn einige Kritikpunkte Grasheys bewertete man bei der militärischen Führung offensichtlich kaum anders[1164]. Nicht zuletzt deswegen sollte es um die sogenannte Schnez-Studie nur wenige Monate später zum Eklat kommen.

[1161] GM Grashey, Stellv InspH, an Dr. Gerhard Schröder, Bundesminister der Verteidigung, 27.3.1969, ACDP, NL Schröder, I-483-109/2.

[1162] Bundesminister der Verteidigung an GM Grashey, Stellv InspH und Chef des Stabes FüH, 27.3.1969, ebd. Entweder bei Grashey oder dem Minister lag eine Datumsverwechselung vor: Während Grashey seinen Brief auf den 27.3. datierte, sprach ihn der Minister in seiner Antwort als vom 26.3. an.

[1163] Persönlicher Referent des Ministers an Minister, 27.3.1969, ebd.

[1164] Siehe z.B. Ulrich de Maizière, Begrüßungsworte für 4. Einweisung Landesverteidigung, 2.4.1964; Ulrich de Maizière, Vortrag GenInsp aus Anlass des Besuches des 1. Lehrganges an der Stabsakademie der Bundeswehr am 17.10.1967; oder Ulrich de Maizière, Der Beitrag der Bundeswehr zur Sicherung des Friedens, Beitrag des GenInsp zur WDR-Sendung am 4.11.1967. In einem Interview mit dem »Westfalen-Blatt« meinte de Maizière: »Etwas mehr Verständnis für die auf die Erhaltung des Friedens gerichtete Aufgabe der Bundeswehr in einer breiteren Öffentlichkeit wäre schon zu wünschen. Es ist nicht allein damit getan, dass das Parlament dankenswerterweise der Bundeswehr von Zeit zu Zeit das Ver-

Zunächst aber schien der Fall Grashey abgearbeitet. Am 9. April 1969 gab das Ministerium eine Pressemitteilung heraus, nach der es in der Ansprache Grasheys »zu einigen missverständlichen und nicht richtigen Äußerungen« gekommen sei, die vom Generalinspekteur als ranghöchstem Soldat »vor dem gleichen Lehrgang und Teilnehmerkreis« jedoch ausgeräumt worden seien[1165]. Auch de Maizière meinte, man sollte diese Angelegenheit nun als abgeschlossen betrachten[1166]. Für die Brisanz der Grasheyschen Argumentation spricht indes, dass der eigentliche Sturm der Entrüstung jetzt erst losbrach. In öffentlichen Zuschriften wurde de Maizière sogar zum Rücktritt aufgefordert – von den einen, weil er sich nicht dezidiert genug gegen Grashey ausgesprochen, von anderen, weil er sich nicht vor ihn gestellt, und von einer dritten Position aus, weil er weder das eine noch das andere getan habe[1167]. In der Truppe waren die Relationen offenbar ähnlich verteilt, wobei sich die Unteroffiziere insgesamt »etwas stärker für Grashey« aussprachen, was man bezeichnenderweise mit deren »Trend nach rechts« begründete[1168]. Dafür erhielten Generalinspekteur und Minister aus der Politik parteiübergreifende Zustimmung. Schon vor der ersten Presseveröffentlichung hatte Schröder den Bundes- und seinen Vizekanzler, die Fraktionsvorsitzenden, die Angehörigen des Verteidigungsausschusses sowie den Wehrbeauftragten persönlich sowohl über die Rede als auch ihre dienstliche Behandlung unterrichtet[1169].

---

trauen ausspricht.« Siehe Interview GenInsp mit »Westfalen-Blatt«, undat. (Juli/August 1969), alle BArch, N 673/59.

[1165] BMVg/Informations- und Pressezentrum, Mitteilung an die Presse, 9.4.1969, ACDP, NL Schröder, I-483-109/2.

[1166] De Maizière an O Wagemann, Kommandeur Panzergrenadierbrigade 4, 9.4.1969, BArch, N 673/54a.

[1167] Siehe zu entsprechenden Beispielen für die jeweiligen Positionen K.K. an de Maizière, 12.4.1969, BArch, N 673/41b, sowie Otto H. Kreier an GenInsp, 28.4.1969, oder Heinz Kranefuss an de Maizière, Betr.: Ihre Stellungnahme zu den Ausführungen von General H. Grashey, 17.6.1969, beide BArch, N 673/45a.

[1168] O Göricke, Kdr PzBrig 36, an de Maizière, 16.5.1969, BArch, N 673/41b.

[1169] Persönlicher Referent des Staatssekretärs, Vermerk, Betr.: Rede von GenMaj Grashey am 19.3.1969, 21.4.1969, ACDP, I-483-109/2. Namentlich aufgeführt wurden in diesem Zusammenhang Barzel, Zimmermann, H. Schmidt, Mischnik, Rommerskirchen, Berkhan und Schultz. Gleichwohl wollte man innerhalb des Ministeriums die Causa Grashey wohl eher dilatorisch behandeln, jedenfalls prüfte die Abteilung VR im April 1969, ob man den Tonbandmitschnitt der Rede dem Verteidigungsausschuss überhaupt überlassen müsse. Siehe dazu Abteilungsleiter VR an Unterabteilungsleiter VR II, Betr.: Äußerungen des Generals Grashey vor der Führungsakademie in Hamburg, 11.4.1969, sowie schriftlicher Vortrag VR/VR II, Az. 39-05-02-25, beim Herrn Staatssekretär, 21.4.1969, Betr.: Äußerungen des Generals Grashey vor der Führungsakademie in Hamburg. Der Vorgang findet sich in BArch, Bw 1/160924. Intern fasste der Persönliche Referent des Staatssekretärs die Meinungsfindung in dem Fazit zusammen, »Forderungen nach Versetzung General Grasheys in den Ruhestand oder nach anderen disziplinaren Maßnahmen, wie sie zum Teil in der öffentlichen Diskussion erhoben wurden, wären aufgrund der Sachlage nicht gerechtfertigt gewesen«. Siehe Persönlicher Referent des Staatssekretärs, Vermerk, Betr.: Rede von GenMaj Grashey am 19.3.1969, 21.4.1969, ACDP, I-483-109/2.

Sogar die Opposition lobte das Vorgehen des Ministers ausdrücklich. Helmut Schmidt wollte auf dem Außerordentlichen SPD-Parteitag in Saarbrücken am 17. April 1969

»doch sagen, dass der Verteidigungsminister nach meinem Gefühl, wenn er einen Entschuldigungsbrief dieses Generals angenommen hat, unabhängig von dem, was dem General innerdienstlich gesagt worden ist, versucht hat, nach dem an sich sehr gesunden Prinzip zu handeln, dass Vorgesetzte ihren Untergebenen hinter verschlossenen Türen zur Ordnung rufen und sich nach außen hin, wenn es irgend geht, vor ihre Leute stellen«.

Grashey habe zwar einen »erstaunlichen Vortrag« gehalten, aber er glaube, so Schmidt weiter, es gebe nur ganz wenige Generale, die das Gesagte billigten. Im Gegenteil seien sehr viele Soldaten, gerade unter den älteren Offizieren und Generalen, »über diese Geschichte sehr bitter«. Denen wolle er versichern:

»Wir Sozialdemokraten werden diesen Soldaten, diesen Offizieren und diesen Generalen ganz sicher mit all dem Nachdruck, den wir im Parlament üben können, helfen, dass ihre Vorstellung von Innerer Führung sich durchsetzt und nicht das, was ein Einzelner da gesprochen hat. Wir wollen das Grundprinzip der Inneren Führung in unserer Armee nicht nur festhalten, wir wollen es zu immer stärkerer Wirksamkeit bringen. Das ist nämlich nötig[1170].«

Auch bei der CDU/CSU war der Fall Grashey ein Thema. Für die Sitzung der Arbeitsgruppe Verteidigung der Bundestagsfraktion unter dem Vorsitz des Bundestagsabgeordneten Josef Rommerskirchen stand er an der Spitze der Tagesordnung. Rommerskirchen gab einleitend bekannt, dass er schon am Tag nach der Ansprache in zwei Gesprächen mit dem Staatssekretär von Hase und dem Generalinspekteur klargestellt habe, er vertraue darauf, »dass geschehe, was geschehen müsse«; auf keinen Fall dürfe jedoch »in der Behandlung des Falles ein General besser gestellt werden als ein Oberstleutnant oder Major«. Die Rede selbst hielt Rommerskirchen für »unter Niveau, provozierend, überheblich«. Dagegen hielt sie Dr. Friedrich Zimmermann für »durchaus nicht für unter Niveau«. Sie sei »gut« und hätte »zur geistigen Auseinandersetzung« aufgefordert[1171]. Die abschließende Resolution des Verteidigungsausschusses verwischte die Konturen dann vollends, als sie nach ausführlichen Diskussionen zwar »einige« Ausführungen Grasheys, »aber auch die unvollständige Berichterstattung zu diesen Äußerungen [bedauerte]«[1172]. Trotzdem wurde der Fall damit politisch abgeschlossen. Grashey selbst bedankte sich letzten Endes beim Minister in einem handgeschriebenen Brief. Er wisse, »dass das gute Ende vor allem durch den Schutz erreicht wurde, den Sie mir von Anfang an angedeihen ließen«; dies werde er ihm »nie vergessen«. Wie wenig geläutert Grashey in Wirklichkeit gewesen ist, mag sein Schlusssatz verdeutlichen: »Noch höher aber als den Schutz meiner Person werte ich Ihr Verdienst, dadurch den

---

[1170] Auszug aus dem Protokoll des Außerordentlichen SPD-Parteitages vom 16.-19.4.1969 in Saarbrücken, Helmut Schmidt, 17.4.1969, ACDP, NL Schröder, I-483-109/2.

[1171] CDU/CSU-Bundestagsfraktion/Parlament- und Kabinettreferat, Betr.: Sitzung der Arbeitsgruppe Verteidigung der CDU/CSU-Fraktion am 22.4.1969, ebd.

[1172] Resolution des Verteidigungsausschusses des Deutschen Bundestages vom 24.4.1969, ebd.

Weg zur Modernisierung des Konzeptes der Inneren Führung freigemacht zu haben[1173].« So überrascht es kaum, dass Helmut Schmidt später nach seiner Übernahme des Verteidigungsressorts Grashey nur außerhalb des Ministeriums und nicht über den 31. März des Folgejahres hinaus verwendet wissen wollte. Dieser lehnte allerdings ab und bat stattdessen um seine Verabschiedung[1174] – nicht ohne dabei seine Bereitschaft anzukündigen, »nach einer Veränderung der Verhältnisse in den aktiven Dienst zurückzukehren«[1175]. Dass er daraufhin nicht vom Minister, sondern dessen Staatssekretär Birckholtz am 23. Dezember 1969 in den einstweiligen Ruhestand versetzt worden ist, war die logische Folge[1176]. Dabei hatten sowohl Verteidigungsminister Schröder als auch der Inspekteur des Heeres Schnez noch versucht, das Verhältnis zwischen Grashey und der SPD-Führung zu bessern. Schröder hatte den Brief Grasheys am 28. April 1969 an den SPD-Vorsitzenden Brandt weitergeleitet, um die Wogen zu glätten[1177]. Schnez seinerseits hatte am Rande einer Vorführung des neuen Schützenpanzerwagens den sozialdemokratischen Verteidigungsexperten Berkhan auf den Vorgang angesprochen[1178].

Derweil hatte de Maizière öffentlich klargestellt, wo die Grenzen bei der Diskussion um die Innere Führung verliefen. Dem Konzept des Staatsbürgers in Uniform sei eine »Dynamik im Prinzip« immanent, weil immer dort, wo sich »die Forderungen der Gegenwart« änderten, auch eine Anpassung notwendig wäre. Dabei handelte es sich jedoch um Angleichungen von Einzelregelungen und damit nicht um eine Änderung der Prinzipien, sondern im Gegenteil um eine Bestätigung derselben. Er gestand jedoch ein, in Zukunft müsse »noch mehr Mühe« darauf verwendet werden, diese theoretischen Grundlagen »etwas konkreter, fasslicher und verständlicher darzustellen«. In für ihn ungewohnter Direktheit beantwortete er dafür die Frage, ob »man also annehmen« könnte, »dass General Grashey die Prinzipien der Inneren Führung nicht verstanden hat?«, mit: »Das ist wohl richtig[1179].« Ebenso aufschlussreich war in diesem Interview seine Reaktion auf die Frage: »Manche Ihrer Kameraden haben das

---

[1173] GM Grashey an den Bundesminister der Verteidigung, Dr. Schröder, 26.4.1969, ebd.

[1174] De Maizière, In der Pflicht, S. 308.

[1175] Grashey an Leiter Personalabteilung, 14.11.1969, zit. nach Soell, Helmut Schmidt. 1969 bis heute, S. 29. Dass er als Verteidigungsminister »einmal einen Zwei-Sterne-General vorzeitig in den Ruhestand schicken [musste]«, war für Schmidt der einzige personelle Eingriff »aus politischer Notwendigkeit«. Ansonsten »haben politische Neigungen und Verbindungen von Beamten und Soldaten bei Beförderungen und Ehrungen für mich keine Rolle gespielt.« Siehe Schmidt, Außer Dienst, S. 44.

[1176] Bei de Maizière meldete sich Grashey nur schriftlich ab. Siehe Grashey an de Maizière, 31.12.1969, BArch, N 673/41b.

[1177] Schröder an Willy Brandt, 28.4.1969, ACDP, NL Schröder, I-483-109/2.

[1178] Persönlicher Referent an Minister, Betr.: Unterhaltung des Inspekteurs Heer mit MdB Berkhan, 12.5.1969, ebd. Schnez hatte ein Treffen vorgeschlagen, bei dem sich Berkhan persönlich davon überzeugen könnte, dass es sich bei Grashey um einen »guten Offizier« handelte. Warum es zu diesem Treffen nicht kam, ist unbekannt.

[1179] Luftwaffenadjutant beim GenInsp, Vermerk über Interview GenInsp mit dem ZDF am 29.4.1969, 30.4.1969, ebd. Diesem Vermerk zufolge hatte de Maizière seine Antworten »nach Stichworten frei formuliert«.

Prinzip des Bürgers in Uniform angegriffen. Werden da nicht Auffassungen formuliert, die in der Bundeswehr weit verbreitet sind?« Im Entwurf antwortete er darauf: »Ich muss feststellen, dass die Menschenführung nach den bestehenden Gesetzen und Vorschriften im Großen und Ganzen ordentlich praktiziert wird.« In der endgültigen Fassung ersetzte er dann »ordentlich« durch »gut«[1180]. Und wie um unmissverständlich zu verdeutlichen, dass sich nun endlich auch die Zögerlichen mit der Inneren Führung zu beschäftigen hätten, unterstrich er in einem Zeitschriftenartikel wenige Monate später: »Sowohl die konsequente Eingliederung der bewaffneten Macht in die Exekutive wie auch die auf die persönliche Freiheit hin orientierte Regelung des militärischen Lebens in Gesetzen sind für unser Land neu. Der Vorwurf, es handele sich bei der Inneren Führung um ›alte Gedanken in neuer Verpackung‹ entkräftet sich damit von selbst[1181].«

In die Arbeit um die angekündigte »fasslichere« Darstellung der Inneren Führung band der Generalinspekteur daraufhin während der Kommandeurtagung im Mai 1969 in Oldenburg seine führenden Offiziere mit ein. In Arbeitsgruppen eingeteilt, sollten sie Beiträge zum Thema Innere Führung erarbeiten und im Plenum vorstellen. De Maizières Luftwaffenadjutant gewann dabei den Eindruck, die Generale seien mit der Inneren Führung nicht viel weitergekommen[1182]. De Maizière selbst versuchte seinerseits die aus der Gegenrede zu Grashey und vor der Staatspolitischen Gesellschaft in Hamburg exzerpierte Auffassung zu vermitteln[1183]. Bereits im Vorfeld der Tagung hatte er ausdrücklich dazu animiert, von seinen inzwischen einschlägigen Gedanken »viel Gebrauch [zu] machen«[1184]. Der damals anwesende von Ilsemann war hinterher skeptisch, ob diese wirklich verstanden worden waren. Er hatte eher das Gefühl, eine ganze Reihe von Kameraden fasste die Aufforderung zum Gehorsam in Bezug auf die Innere Führung doch mehr »als eine Zwischenlösung bis zum Inkrafttreten der mehrfach in letzter Zeit angekündigten ›Anpassung‹ und ›Veränderung‹ auf dem Gebiet der Inneren Führung« auf[1185]. Während de Mai-

[1180] Luftwaffenadjutant beim GenInsp, Vermerk über Interview GenInsp mit dem ZDF am 29.4.1969, 30.4.1969, BArch, N 673/60.

[1181] Luftwaffenadjutant beim GenInsp, Beitrag GenInsp für Beilage Innere Führung zum ersten Juniheft der Zeitschrift »Publik«, 2.6.1969, ebd.

[1182] Bahnemann, Parlamentsarmee?, S. 117. Die 14. Kommandeurtagung in Oldenburg fand vom 19.–22.5.1969 statt. Siehe GenInsp, Zusammenstellung wichtiger Vorgänge von August 1966–März 1972, 3. Amtsjahr, BArch, N 673/64.

[1183] Siehe hierzu beispielhaft GenInsp FüS I 6, Az. 35-20-17-02, 30.3.1969, Information für die Kommandeure Nr. 1/69, BArch, Bw 1/160924. In der Anlage wurde eine Rede de Maizières vor der Staatspolitischen Gesellschaft in Hamburg am 10. März 1969 zum Thema »Die Bundeswehr heute und in den 70er-Jahren« mit versendet, die sich in BArch, N 673/60 findet. Der Vortrag erschien auch in der »Wehrkunde«, 4 (April 1969), ein Sonderdruck findet sich in BArch, N 673/60.

[1184] Siehe z.B. de Maizière an O Lyhme, Kdr VBK 11, 2.5.1969, BArch, N 673/46b.

[1185] O von Ilsemann, Kdr PzGrenBrig 1, an de Maizière, 27.5.1969, BArch, N 673/43c. Ilsemann konnte daran fortan intensiver mitarbeiten, am 28.11.1969 trat er – auf Vorschlag de Maizières – seinen Dienst als Leiter IPZ an, den er am 1.1.1970 offiziell übernahm. Siehe de Maizière an O Göricke, Kdr PzBrig 36, 28.11.1969, BArch, N 673/41b; GenInsp, Zu-

zière also auf Mitarbeit setzte, wollten seine Kommandeure von ihrem Generalinspekteur geführt werden. Auf diese Weise war dessen Ansatz »um eine Anpassung ›nach vorn‹ und nicht ›nach hinten‹« wieder in Gefahr[1186]; dass nicht
»alle Kommandeure und Offiziere über das nötige Volumen verfügen«, die
Innere Führung adäquat zu vermitteln, wurde damals selbst in deren eigenen
Reihen befürchtet[1187].

Solche Eindrücke wurden de Maizière auch durch den Brief eines jungen
Fähnrichs bestätigt, der ihm durch von Ilsemann zugespielt wurde, um ihm
»Aufschluss über die Stimmung bei einem, wie ich meine, qualifizierten Teil
des Offiziernachwuchses« zu geben. »Unter hervorragenden jungen Offizieren,
die seit Jahren wirklich positiv zur Inneren Führung gestanden haben, herrscht
einige Ratlosigkeit und Verzweiflung«, so von Ilsemann. Würden »bestimmte
Tendenzen in der Bundeswehr Oberwasser erhalten«, könnte »[s]ehr viel guter
Wille [...] vertan werden«[1188]. In der beigelegten »Auszugsweisen Abschrift«
dieses Briefes bemängelte der anonyme Fähnrich, dass man in der »Causa
Grashey« die Truppe nicht eingehender informiert habe. »Entweder haben wir
eine Armee in einer Demokratie und wir bejahen das als Soldaten«, so der
Fähnrich, »oder wir nehmen unseren Hut und ziehen uns auf die Güter oder
sonstwas zurück«. Was sollte man davon halten, wenn solche Äußerungen eines Generals »zum Sperrgebiet erklärt« würden. In diesem Umgang müsse er
einmal mehr erkennen, »dass unsere Armee in eine Art Januskopfdenken ver-
fällt: Einerseits ›Innere Führung‹, andererseits eine Ausbildung, die es nicht
versteht, die ›Innere Führung‹ durchzuführen, vorzuleben«. Dadurch würden
solche Leute »als angenehm bewertet und beurteilt«, in deren Sprachschatz das
Wort Kritik nicht existiere, und die, »objektiv betrachtet«, nicht in der Lage
seien, »nach der ›Inneren Führung‹ zeitgemäß zu führen«. Demgegenüber würden diejenigen, »die vor Idealismus und Ehrlichkeit brennen, durch ein Beurtei-
lungswesen totgemacht [...], das geeignet ist, frei zu walten und zu schalten«.
Letzten Endes bildeten also »Vorgesetzte, die aus der ›Inneren Führung‹ nicht
die logischen Konsequenzen gezogen haben, die künftige Führungsschicht in
der Bundeswehr aus«. Außerdem nähmen sie eine Auslese vor, die doch eigentlich zum Ziel habe, das innere Gefüge der Armee »endlich« so zu schaffen, wie
es die Väter dieser Reform, »die eigentlich nur eine Artikulation von Selbstver-
ständlichkeiten beinhaltet«, sich das vorgestellt hätten[1189].

Solch desolate Einschätzung eines jungen Offizieranwärters überraschte de
Maizière nicht allzu sehr. Schon Anfang des Jahres 1969 hatte er vorhergesehen,

---

sammenstellung wichtiger Vorgänge von August 1966-März 1972, 4. Amtsjahr, BArch,
N 673/64.
[1186] De Maizière an von Ilsemann, 6.6.1969, BArch, N 673/43c.
[1187] Göricke an de Maizière, 16.5.1969, BArch, N 673/41b.
[1188] Von Ilsemann an de Maizière, 27.5.1969, BArch, N 673/43c. Bei dem nicht näher genannten Fähnrich dürfte es sich um Götz von Ilsemann, den Sohn Oberst von Ilsemanns, gehandelt haben.
[1189] »Auszugsweise Abschrift« des Schreibens eines ungenannten Fähnrichs als Anlage zu
von Ilsemann an de Maizière, 27.5.1969, ebd.

sich vor allen Dingen der »Probleme um die innere Ordnung« annehmen zu müssen. Diese würden »uns manche harte Nuss zu knacken geben« und beschäftigten ihn nach eigener Aussage mehr als alle anderen aktuellen Fragen[1190]. Bereits Ende 1967 hatte er öffentlich gewarnt, man dürfe bei allem Interesse an Auftrag, Bewaffnung und Gliederung der Bundeswehr »diese Dinge nie getrennt von den Fragen der inneren Struktur der Streitkräfte« betrachten[1191]. Nachdem inzwischen mit Baudissin und Kielmansegg seine zwei Vorstreiter in den Ruhestand getreten waren, konzentrierten sich nun alle Hoffnungen hinsichtlich der Durchsetzung der Inneren Führung auf ihn alleine[1192]. Solche Erwartungen konterte er mit dem Hinweis, die Innere Führung liege nicht nur in der Verantwortung einer Person, sondern sei »als Ausdruck unserer freiheitlichen Ordnung verpflichtend für alle Soldaten«. Es gebe zwar keine demokratische Armee, wohl aber eine Armee in der Demokratie und insofern gehe es um die »Grundsatzfrage einer mündigen Gesellschaft«, nämlich nach dem Verhältnis zwischen den Rechten und Pflichten ihrer Angehörigen. Die Antwort darauf für die Bundeswehr lautete aus seiner Sicht: »Soviel Freiheit wie möglich und soviel Ordnung wie nötig.« Nur auf diese Weise könne sich die Bundeswehr in die bundesrepublikanische Gesellschaft integrieren. Diese Integration der Streitkräfte in Staat und Gesellschaft wiederum sei nichts weniger als »die Voraussetzung jeder wirksamen militärischen Verteidigung«[1193].

Seine Bemühungen wurden aber nicht alleine aus der Armee heraus torpediert. Niemand geringeres als Bundeskanzler Kurt Georg Kiesinger stellte am 18. Juni 1969 auf der Hauptversammlung des Bundeswehrverbandes in Bad Godesberg den Staatsbürger in Uniform grundsätzlich infrage[1194]. Damit fiel der Startschuss für eine weitere Episode in der anhaltenden Diskussion um die Gültigkeit der Inneren Führung. Sie reichte weit über den sich anbahnenden Regierungswechsel hinaus, weil sie sich mit einer Thematik verknüpfte, die von de Maizière offenbar gar nicht in diesem Zusammenhang betrachtet worden war. Er wollte nämlich aus Sorge um die extremen politischen Einflüsse von außen in die Streitkräfte hinein das Soldatengesetz hinsichtlich der politischen Betätigung des Soldaten außer Dienst überprüfen lassen. Damit war er im Frühjahr 1969 im Verteidigungsausschuss gescheitert[1195]. Also musste er nach anderen Wegen suchen, um »eine vernünftige Grundlage« für die politische Betätigung von Soldaten in einer Zeit zu finden, »in der es zugelassene Parteien oder

[1190] De Maizière an GL a.D. Gaedcke, 14.1.1969, BArch, N 673/41a.

[1191] Ulrich de Maizière, Der Beitrag der Bundeswehr zur Sicherung des Friedens, Beitrag des GenInsp zur WDR-Sendung am 4.11.1967, BArch, N 673/59.

[1192] Feststellung des Interviewenden gegenüber de Maizière, Interview mit dem GenInsp, Ulrich de Maizière, für »Christ und Welt«, undat. Manuskript (1968), ebd.

[1193] Ebd.

[1194] Siehe hierzu auch Kiesinger, Die Aufgaben der Bundeswehr.

[1195] Vortrag GenInsp vor der FüAkBw (Fortbildungs-Lehrgang) am 21.3.1969, 23.3.1969 (Tonbandniederschrift), ACDP, NL Schröder, I-483-109/2. Für diesen Vorstoß wurde de Maizière z.B. von Wirmer hart kritisiert. Siehe O i.G. Fischer, MGFA, an de Maizière, 3.10.1974, mit einem entsprechenden Vorwurf Wirmers an die Adresse de Maizières, BArch, N 673/100.

politische Gruppen mit einer sehr weiten Bandbreite gibt«[1196]. Dazu beauftragte er die Führungsstäbe der Teilstreitkräfte, ohne Rücksicht auf die geltende Gesetzeslage, überhaupt ohne Tabus, Verbesserungsvorschläge zur inneren Ordnung vorzulegen[1197]. Während sich die Inspekteure von Luftwaffe und Marine, Generalleutnant Johannes Steinhoff und Vizeadmiral Gert Jeschonnek, zurückhaltend äußerten, legte der Inspekteur des Heeres, Generalleutnant Albert Schnez, mit seinen als »Schnez-Studie« bekannt gewordenen »Gedanken zur Verbesserung der inneren Ordnung des Heeres« hochbrisante Überlegungen vor. Demnach sei der Einsatzwert des Heeres trotz verbesserter Bewaffnung gesunken, weil »der Kampfgeist« nachgelassen habe. Dass er dabei betonte, »[n]och« stehe das Führer- und Unterführerkorps »zu seiner Pflicht und zu diesem Staat« und »[n]och« seien die Wehrpflichtigen in der Masse einordnungs- und leistungsbereit, konnte ebenso als Warnung wie Drohung verstanden werden. Außerdem führte er aus, es zeichne sich eine zunehmende Kluft zwischen dem Führerkorps und einer Gesellschaft ab, die dem Staatswohl und der Sicherheit nicht immer den gebührenden Rang einräume, die Freiheit vorwiegend individuell verstehe und dem Wirken extremer Gruppen nicht genügend Einhalt gebiete. Diese Entwicklung lasse die Forderung nach der Integrierung der Bundeswehr in diese Gesellschaft sowie das Recht der Soldaten zur aktiven politischen Betätigung »revisionsbedürftig« erscheinen und verlange auch eine Anpassung der Konzeption der Inneren Führung »an die veränderte Lage«. Die Lösung dieser Fragen sei »eine der Voraussetzungen für die Wiederherstellung des erschütterten Vertrauens der Truppe zur politischen und militärischen Führung«[1198].

In der Konsequenz verlangte er also nichts anderes als den Soldaten sui generis. Einmal mehr sollte der Soldat der Bundeswehr in erster Linie zum Kämpfer erzogen und ausgebildet werden. Dazu forderte er gar »eine Reform an ›Haupt und Gliedern‹, an Bundeswehr und Gesellschaft, mit dem Ziel, die Übel an der Wurzel zu packen«[1199]. Solche Aussagen bargen freilich so viel politi-

---

[1196] De Maizière an O von Ilsemann, Kdr PzGrenBrig 1, 6.6.1969, BArch, N 673/43c, sowie GenInsp, Zusammenstellung wichtiger Vorgänge von August 1966-März 1972, 2. Amtsjahr, BArch, N 673/64.

[1197] De Maizière, In der Pflicht, S. 307. Dort führte er aus, er habe seine Inspekteure aufgefordert, »zu prüfen, ob und welche Änderungen von Vorschriften und bestehenden Gesetzen sie für notwendig hielten, um der veränderten politischen Lage gerecht zu werden, ohne die Grundsätze der Inneren Führung infrage zu stellen«. Der gesamte Vorgang mitsamt den Antworten der Teilstreitkräfte findet sich im NL de Maizière, BArch, N 673/71.

[1198] BMVg/FüH/FüH III 1, Az. 1-72-03, TgbNr. 210/69 Geh., 10.2.1969, ACDP, NL Schröder, I-483-109/2.

[1199] Zit. nach Abenheim, Bundeswehr und Tradition, S. 179 f. Siehe dazu auch die Materialien im Nachlass de Maizière zur »Schnez-Studie«, BArch, N 673/72. Albert Schnez war nur unwesentlich älter als de Maizière. 1911 geboren, hatte auch er seit 1930 in der Reichswehr gedient, in der Wehrmacht die Generalstabsausbildung durchlaufen, in Truppen- und anschließend in höheren Stäben gedient. Nach Ende des Krieges in einjähriger Gefangenschaft in Italien baute er sich zunächst dort eine zivile Existenz als Holzhändler auf und war nach seiner Rückkehr nach Deutschland im Import-Export-Geschäft tätig, ehe er am 1.11.1957 als Oberst in die Bundeswehr eintrat. Anfangs wie de Maizière als Unterab-

schen Sprengstoff, dass Minister Schröder sie umgehend als »Geheim« einstufen ließ, und am 26. Juni 1969 den Generalinspekteur mit der Prüfung der Inhalte beauftragte[1200]. De Maizière stellte nach einem Gespräch mit seinem Jahrgangskameraden Schnez am 7. Juli 1969 abschließend fest, er hätte wohl manches anders formuliert, es gebe aber »keine substanziellen Unterschiede«. Diese an sich schon erstaunliche Einschätzung verwirrt auch deswegen, weil de Maizière von Anfang an vermutete, Brigadegeneral Karst habe wenigstens informell an der Studie mitgearbeitet[1201]. Offiziell legte er am 21. Juli 1969 »eine Studie des FüH ›Gedanken zur Verbesserung der inneren Ordnung des Heeres‹ vom Juni 1969 mit der Bitte um Kenntnisnahme« vor. Demnach wollte er sie »als die militärische Forderung des Heeres an das in Bearbeitung befindliche und gemäß meinem Vorschlag bis Ende Oktober fertigzustellende Gesamtkonzept zur Anpassung der Inneren Führung« verstanden wissen. Sie biete »ein weitgestecktes Programm«, stelle »erwägenswerte Überlegungen« an und beinhalte »viele auch von mir vertretene Gedanken und Forderungen«. Zwar gehe die Studie von einer Analyse aus, die er »in einigen Punkten für zu pessimistisch« halte – dennoch werde sie bei der Erarbeitung des Gesamtkonzeptes einen »wichtigen Beitrag« darstellen[1202].

Andere Militärs sprachen hingegen Klartext. Generalmajor Wolfgang Köstlin schrieb de Maizière, die Studie sei so »extrem« geraten, weil »die treibenden Leute« innerhalb des Führungsstabes des Heeres – dabei nannte er außer Schnez die Namen Grashey und Schall – »sich nicht gegenseitig korrigierten, sondern sich in der Sache ›scharfmachten‹«. Den Hintergrund erkannte er darin, »dass unser Führerkorps die Grundsätze der Inneren Führung unter den Gegebenheiten gesellschaftspolitischer Voraussetzungen nicht versteht, und was General Grashey angeht, auch nie verstanden wissen wollte«. Schon in der »Grashey-Affäre« seien Aussagen gemacht und Entscheidungen getroffen worden, die unverständlich gewesen seien, »wenn wir den Respekt vor der Inneren Führung, der von den Kommandeuren der Truppe abverlangt wird, bewahren wollen«[1203]. Trotzdem blieb de Maizière dabei, die Schnez-Studie enthalte »viel [sic!] positive Vorschläge, die nicht in den Zeitungen gestanden haben, Vorschläge, die ich auch voll unterstütze«. Allerdings sei »[d]er eine entscheidende Fehler«, dass »nur eine Änderung der Gesellschaft und der Streitkräfte an Haupt und Gliedern dazu führen kann, die Kampfkraft des Heeres zu stärken«.

---

teilungsleiter, allerdings für Logistik, im Ministerium verwendet, reüssierte er dann anders als jener als Kommandeur einer Division, der 5. Panzerdivision, bzw. als Kommandierender General des III. Korps. Von dieser Position aus avancierte er am 1.10.1968 zum Inspekteur des Heeres und ersetzte dort Josef Moll, der 1966 de Maizière gefolgt war. Siehe hierzu weiterführend Marschner, Die Schnez-Studie, sowie Range, Die Generale und Admirale der Bundeswehr, S. 95.

[1200] Soell, Helmut Schmidt. 1969 bis heute, S. 26 f.

[1201] Persönlicher Referent an Minister, Betr.: Bewertung der Ausführungen des Inspekteurs des Heeres zu Fragen der Inneren Führung durch den Generalinspekteur, 7.7.1969, ACDP, NL Schröder, I-483-110/1.

[1202] De Maizière an Parlamentarischen Staatssekretär, 21.7.1969, AdsD, 1/HSA A005331.

[1203] GM Wolfgang Köstlin an de Maizière, 27.1.1970, BArch, N 673/44b.

So könne »man in einer modernen Demokratie nicht denken«. Die Bundeswehr
sei ein Teil der Gesellschaft, also »nicht dazu da, die Gesellschaft zu ändern«,
sondern müsse »im Rahmen der gegebenen gesellschaftlichen Ordnung« zu-
rechtkommen[1204]. Das »eigentlich unerfreuliche« an der Auseinandersetzung
aber war für ihn die Indiskretion, durch welche die interne Studie an die Öffentlichkeit gelangt war[1205]. Dabei meinte selbst sein Vorbild Heusinger, sie
enthalte »viel ungereimtes Zeug und überspitzte Formulierungen«[1206]. Vermutlich hat de Maizière sie tatsächlich als internes Positionspapier auffassen wollen, das man diskutieren müsste und damit auch entschärfen könnte. Dann
freilich wäre ihm dieses Mal seine Orientierung am Konsens statt an der zeitge-
rechten Konfrontation zum Verhängnis geworden. Dafür spricht jedenfalls, dass
in der im Herbst 1969 veröffentlichten Fassung einiges überarbeitet und deutlich an die Leitlinien des gerade neu ins Amt eingeführten Verteidigungsministers Schmidt angepasst gewesen ist. Vor allem den Vorschlägen, die auf Geset-
zesänderungen abzielten, verweigerte Schmidt seine Zustimmung[1207]. Insgesamt
bewertete er sie als »diskussionswürdig, aber auch diskussionsbedürftig«, und
de Maizière teilte nun diese Bewertung ausdrücklich[1208].

Schmidts vergleichsweise vorsichtiges Urteil lässt sich damit erklären, dass
sich außer Schnez, Grashey und Karst auch alle drei Kommandierenden Generale, also die Generalleutnante Otto Uechtritz, Karl Wilhelm Thilo und Gerd
Niepold, an der Studie beteiligt hatten[1209]. Dadurch sah sich der Minister dem
Risiko ausgesetzt, nach einer offenen Missbilligung womöglich mit dem demonstrativen Rücktritt der kompletten Heeresspitze konfrontiert zu werden.
Diese Gefahr war durchaus real. Als die Heeres-Generale am 8. Januar 1970 von
ihm auf die Hardthöhe befohlen wurden, legten sie ausdrücklich Wert darauf,
gemeinsam für die Studie verantwortlich zu sein. Sie beschwerten sich sogar
über die veröffentlichte Reaktion auf die Studie, insbesondere im »Spiegel«.
Über dieses Verhalten der Generale schrieb Schmidt an Brandt und Wehner
bezeichnend offen: »Bis auf den klugen de Maizière sind die 3-Sterne-Generäle
politisch sehr naiv – aber sie sind andererseits gewiss zum Verfassungsgehor-
sam fest entschlossen. Sie halten sich für inzwischen gelernte Demokraten (und

---

[1204] Ulrich de Maizière, Rede GenInsp anlässlich der Attaché-Konferenz im Bundesministerium der Verteidigung am 10.3.1970, BArch, N 673/61a.

[1205] Ebd. Das stellte de Maizière auch gegenüber dem Militärattachékorps in Bonn Ende 1969
klar: »Einer dieser Beiträge ist die in der Presse zitierte sogenannte Studie des Führungsstabes des Heeres. Es handelt sich also um einen Arbeitsbeitrag des Führungsstabes des
Heeres zu den Überlegungen, die in meinem Stab angestellt worden sind, zusammen mit
dem Führungsstab des Heeres, zusammen mit dem Führungsstab der Luftwaffe und dem
Führungsstab der Marine.« Siehe Ulrich de Maizière, Freie Ansprache GenInsp anlässlich
der Jahresabschlussveranstaltung für das in Bonn akkreditierte Militärattachékorps am
9.12.1969, BArch, N 673/60.

[1206] Gen a.D. Heusinger an Bundesminister der Verteidigung, 5.3.1970, BArch, N 673/90.

[1207] Zur Wahrnehmung der Schnez-Studie durch Helmut Schmidt siehe Soell, Helmut
Schmidt. 1969 bis heute, S. 31–39.

[1208] De Maizière an den NDR, z.Hd., Bernd C. Hesslein, 3.2.1970, BArch, N 673/42. Interessanterweise schrieb de Maizière hier von der von Schnez »unterschriebenen« Studie.

[1209] Soell, Helmut Schmidt. 1969 bis heute, S. 34.

sind als solche bestimmt nicht schlechter als viele andere Konservative), haben aber das Ertragen öffentlicher Kritik immer noch nicht gelernt[1210].« De Maizière machte sich diese Einschätzung rasch zu eigen. Zum Abschluss der 16. Kommandeurtagung 1970 meinte er: »Wir müssen es auch ertragen, wenn besonders eifrige Publizisten Werturteile über diesen oder jenen von uns öffentlich fällen, meine Person nicht ausgenommen. Unser Selbstbewusstsein – so meine ich – reicht aus, um so etwas hinzunehmen. Wir kennen uns untereinander zu gut, als dass wir unsere Urteile übereinander von außen beziehen müssten[1211].« Schmidt jedenfalls wollte – bis auf Grashey – zum 1. April 1970 keinen weiteren Personalaustausch an der Spitze durchführen und stattdessen mit den Ernennungen auf den Ebenen darunter klare Zeichen setzen[1212]. Den Hauptautoren der Schnez-Studie sollte aber der weitere Aufstieg verwehrt bleiben[1213].

Gerade Schnez war damals nicht zum ersten Mal im Zentrum des öffentlichen Interesses gestanden. Als 1967 seine Nominierung als Nachfolger von Kielmansegg bei der NATO ab dem 1. April 1968 bekannt geworden war, sah er sich umgehend Vorwürfen ausgesetzt, er sei im »Dritten Reich« überzeugter Nationalsozialist gewesen. Im Zentrum der folgenden ministeriellen Prüfung stand dabei ein Aufsatz, den der junge Wehrmacht-Oberleutnant Schnez im Band 1937/38 des »Militärischen Wochenblattes« veröffentlicht hatte. »Dieser Artikel«, so ein entsprechender Adjutantenvermerk für den Minister, »befasst sich mit der Persönlichkeit Moltke's [sic!] als militärischer Führer. Die Ausführungen enthalten Passagen mit eindeutigen Bekenntnissen zu nationalsozialistischem Gedankengut, insbesondere zu Alfred Rosenberg und zur Rassenlehre«[1214]. De Maizière, der vorab gewarnt haben will, Schnez zu nominieren, sprang jetzt seinem Jahrgangskameraden bei: Die im »Spiegel« formulierten Vorwürfe seien schon 1956/57 »eingehend geprüft und als nicht schwerwiegend und auch nicht als belastend« eingestuft worden. Außerdem sei Schnez mit Zustimmung des Bundeskanzlers nominiert worden, seine Zurückziehung käme daher einem »großen Prestigeverlust« gleich[1215]. Tatsächlich bilanzierte ein zusammenfassender Bericht Ende August 1968, die Vorwürfe erschienen, »soweit sie nicht von vorneherein unzutreffend sind, nicht geeignet [...], GenLt Schnez als Verfehlungen gegen soldatische oder humanitäre Pflichten ange-

---

[1210] Helmut Schmidt an Willy Brandt, 10.1.1970, zit. nach Soell, Helmut Schmidt. 1969 bis heute, S. 36. Berkhan und Birckholtz hatten von diesem Schreiben Kenntnis genommen.

[1211] BMVg/Generalinspekteur der Bundeswehr, TgbNr. FüS 2391/70, Rede GenInsp zum Abschluss der 16. Kommandeurtagung der Bundeswehr am 2.7.1970, 29.7.1970, BArch, N 673/61a. Die Tagung fand vom 1.-2.7.1970 in Köln statt. Siehe GenInsp, Zusammenstellung wichtiger Vorgänge von August 1966 - März 1972, 4. Amtsjahr, BArch, N 673/64.

[1212] Soell, Helmut Schmidt. 1969 bis heute, S. 34 f.

[1213] Ebd., S. 41.

[1214] Adjutantenvermerk für Minister, Betr.: General Schnez, 10.7.1967, ACDP, NL Schröder, I-483-108/1.

[1215] De Maizière an den Deutschen Militärischen Vertreter im MC/NATO, GL Wessel, 22.6.1967, BArch, N 673/54b. Zur Warnung de Maizières siehe dessen eigener Vermerk, allerdings ex post, in GenInsp, Zusammenstellung wichtiger Vorgänge von August 1966 - März 1972, 2. Amtsjahr, BArch, N 673/64.

lastet zu werden«[1216]. Hingegen hatte Kielmansegg im Juni 1967 entrüstet darauf aufmerksam gemacht, welch scharfe Proteste Schnez in der politischen und medialen Landschaft, aber auch bei der Bevölkerung in den Niederlanden hervorgerufen habe; selbst im AFCENT-Stab könne man die Entscheidung nicht nachvollziehen[1217]. Es zeuge von »völliger Unkenntnis der Verhältnisse«, dass man »bis zum bitteren Ende glaubte, Schnez den Holländern zumuten zu können«[1218]. Aber erst als Schnez selbst darum bat, ihn für diesen Dienstposten nicht mehr zu berücksichtigen, zog die Bundesregierung seine Nominierung letzten Endes doch zurück[1219].

Nach seiner Studie stand Schnez nun unter besonderer Beobachtung. Zu Vorträgen wurde er durch einen Offizier des IPZ in Zivil begleitet[1220]. Und für die feierliche Indienststellung des Zerstörers »Rommel« empfahl ihm das Schmidtsche Kollegium, besser einen Vertreter zu schicken[1221]. Von einigen seiner Jahrgangskameraden erhielt Schnez ohnehin Unterstützung; möglicherweise auch von de Maizière, denn anlässlich seiner Pensionierung bedankte sich Schnez bei jenem »für all Dein Verständnis und Deine Kameradschaft während meiner ganzen Dienstzeit und vor allem während der letzten 3 Jahre«[1222]. Umgekehrt stimmte sich de Maizière bei der Abfassung seiner Memoiren mit Schnez ab, wo es um die Darstellung der Studie ging[1223].

Der einzige, der selbst persönliche Konsequenzen zog, war Karst. Weil er seine Wirkungsmöglichkeiten als erschöpft ansah, wie es de Maizière in Schmidts Kollegium formulierte, wollte er sich zum 30. Mai 1970 in den Ruhestand versetzen lassen. Während der Leiter der Personalabteilung, Generalleutnant Dr. Konrad Stangl, »zu 53 % Annahme, zu 47 % Ablehnung« empfahl, »weil Karst eine große Sympathie unter jüngeren Offizieren verfügt [sic!]«, votierte de Maizière für die Ablösung. Schmidt folgte daraufhin seinem Generalinspekteur. Er wollte Karst auch empfangen, falls diesem daran gelegen sei[1224]. Bekanntlich waren Karst und de Maizière längst zu Antipoden in der Auseinandersetzung um die inhaltliche Ausformung der Inneren Führung avanciert.

[1216] Bundesminister Verteidigung/Abteilungsleiter P, Zusammenfassender Bericht, 29.8.1968, ACDP, NL Schröder, I-483-108/1.

[1217] Oberbefehlshaber der Verbündeten Streitkräfte Europa-Mitte, Gen Graf Kielmansegg, an de Maizière, 29.6.1967, BArch, N 673/44b

[1218] Kielmansegg an de Maizière, 15.1.1968, ebd. Die Nominierung von Schnez trieb auch die SPD-Opposition um, siehe hierzu den Bestand AdsD, 1/HSA A005331.

[1219] Parlamentarischer Staatssekretär des Bundesministers des Auswärtigen, Jahn, an Vorsitzenden der SPD-Bundestagsfraktion, Helmut Schmidt, 2.11.1967, AdsD, 1/HSA A005331, sowie Soell, Helmut Schmidt. 1969 bis heute, S. 30 f.

[1220] Kollegiums-Treffen, Eintrag 14.1.1970, PAHS, Privat PZ, Kollegium im BMVg, Bd 1. Bei dieser Sitzung war de Maizière anwesend.

[1221] Ebd., Eintrag 4.3.1970.

[1222] InspH, GL Schnez, an de Maizière, 30.9.1971, BArch, N 673/51a. Zur weiteren Unterstützung aus dem Jahrgang siehe z.B. GL a.D. Thilo an de Maizière, 21.2.1970, BArch, N 673/52b.

[1223] De Maizière an GL a.D. Schnez, 22.9.1988, BArch, N 673/177.

[1224] Kollegiums-Treffen, Eintrag 15.4.1970, PAHS, Privat PZ, Kollegium im BMVg, Bd 1. Allerdings wurde Karst erst mit Wirkung zum 1.10.1970 in den Ruhestand versetzt.

Kaum war er zum Generalinspekteur ernannt worden, hatte sich de Maizière Gedanken um eine weitere Verwendung von Karst gemacht, der seinerzeit Kommandeur der Panzergrenadierbrigade 32 war. Damals verwendete sich der Jahrgangskamerad Uechtritz, als Generalmajor Kommandeur der 11. Panzer-grenadierdivision, bei ihm für Karst; interessanterweise jedoch »nicht aus der Fürsorgepflicht des Vorgesetzten heraus«, sondern »allein aus der Sorge um die Sache.« Der Teil des Offizier- und Unteroffizierkorps, der »Ausbildung und Erziehung *unmittelbar am Mann* durchführt«, sei nämlich durch das »geltende Menschenbild« verunsichert. Das Leitbild des Staatsbürgers in Uniform sei zwar »unter Berücksichtigung aller Faktoren [...] das allein Mögliche«, aber das diesem Konzept zugrunde liegende Menschenbild beruhe »auf übertriebenen Voraussetzungen, die der Wirklichkeit nicht standhalten«. Freilich musste Uechtritz klar gewesen sein, wie wenig Anklang er damit bei de Maizière fin-den konnte. Daher appellierte er an dessen Sachlichkeit: Es gebe »kein einheitli-ches Denken in allen Fragen unseres soldatischen Bereichs, nur ein einheitliches Handeln«. Weil vieles auf dem Gebiet der Inneren Führung in einer Entwick-lung sei, gelte es aktuell, im Interesse der Truppe Fehler und Reibungspunkte herauszufinden. Dafür sei Karst der richtige Mann. Als »Truppenführer erfah-ren und bewährt«, besitze dieser in der ganzen Bundeswehr viele Anhänger im jungen Offizierkorps, sei wissenschaftlich geschult und »von scharfem, klarem Verstand«. Wohl wäre er »etwas eitel, und er redet ein bischen [sic!] viel«, sei aber »ein aufrechter, gerader Charakter« und »[z]u loyaler Mitarbeit« jedenfalls »sicher zu gewinnen«. In der Zusammenarbeit zwischen Karst und de Maizière liege »die große Chance« zum Abbau der »bestehenden Spannungen zwischen dem Leitbild und der Wirklichkeit des Menschenbildes«[1225]. De Maizière verstand das Argument, wollte aber vor einer Entscheidung das Gespräch mit Karst abwarten[1226]. Tatsächlich ließ sich der Generalinspekteur daraufhin von einer Ernennung Karsts ausgerechnet zum General des Erziehungs- und Aus-bildungswesens im Heer überzeugen. Womöglich wollte er damit den Kritikern der Inneren Führung Baudissinschen Zuschnitts entgegenkommen. In Wirk-lichkeit sollte sich die Entscheidung jedoch als Bumerang erweisen. Karst trug nicht unerheblich zur Spaltung gerade im jungen Offizierkorps des Heeres bei, die sich im Kontext von Grashey und Schnez nun auch öffentlich bemerkbar machte.

Gerade als die »Schnez-Studie« an die Öffentlichkeit gekommen war, berei-teten sich nämlich acht Leutnante der HOS II in Hamburg auf eine Diskussion mit Baudissin am 18. Dezember 1969 vor. Der Graf war nach seinem Ausschei-den aus dem aktiven Dienst 1968 der SPD beigetreten und hatte sich von Schmidt zur Mitarbeit im sicherheitspolitischen Ausschuss des sozialdemokra-tischen Parteivorstandes gewinnen lassen[1227]. Die jungen Offiziere fassten ihre

---

[1225] GM Uechtritz, Kdr 11. PzGrenDiv, an de Maizière, 6.9.1966, BArch, N 673/85. Unter »P.S.« fügte Uechtritz hinzu: »Karst weiß von diesem Schreiben nichts.«

[1226] De Maizière an Uechtritz, 8.9.1966, ebd.

[1227] Helmut Schmidt an de Maizière, 3.5.1968, AdsD, 1/HSA A005364.

eigenen Ansichten zum Soldatenberuf in Thesen unter dem Titel »Der Leutnant 70« zusammen. Darin widersprachen sie vor allem der Tendenz, besondere soldatische Werte zu definieren, die ungeachtet derjenigen der Gesellschaft existieren dürften[1228]. Wieder war es eine Indiskretion, die den Vorgang in die Medien trug. Erst daraufhin stellten sich fünf der Leutnante am 25. Januar 1970 einer Pressekonferenz an der HOS II, die von deren Kommandeur, Brigadegeneral Dr. Hermann Wulf[1229], einberufen worden war. De Maizière warf tags darauf in einem Telefoninterview mit dem Südwestfunk den Verfassern der Thesen vor, sie hätten sich in spektakulärer Form an die Öffentlichkeit gewendet[1230]. Erst in der Reaktion darauf wurde er von dem ihm bekannten NDR-Mitarbeiter Bernd C. Hesslein über die wahren Hintergründe aufgeklärt. Demnach habe Verteidigungsminister Schmidt bei seiner Tagung mit Leutnanten in Köln-Wahn Kenntnis von den Thesen der Leutnante erhalten. Danach habe er zugestimmt, dass vier der Leutnante am 20. Januar an der Kampftruppenschule Munsterlager von Redakteuren des Politmagazins »Panorama« interviewt werden durften. Kein Mitglied dieser Gruppe sei von sich aus an die Redaktion herangetreten, vielmehr habe diese Kontakt aufgenommen. Hesslein erwartete deswegen von de Maizière, die von ihm erhobenen Vorwürfe gegenüber den Leutnanten öffentlich richtigzustellen. Am Rand des Schreibens musste de Maizière daraufhin zugeben: »In der Tat bin ich hier zu weit gegangen. Die Indiskretion passierte in Wahn, wo keiner der Verfasser anwesend war.« Dieser Hinweis war für Brigadegeneral Friedrich gedacht, der einen Antwortvorschlag vorlegen sollte[1231]. Darin gestand der Generalinspekteur ein, dass seine Äußerung über die Verfasser der Leutnants-Thesen zu einem Zeitpunkt gefallen sei, als ihm der eigentliche Sachverhalt noch nicht bekannt gewesen war. Er habe indes »schon vor Eingang Ihres Briefes veranlasst, dass die Verfasser der Thesen in diesem Sinne unterrichtet werden«[1232].

Die für de Maizière eher untypische ruppige Reaktion ist vermutlich mit seiner zunehmenden Verärgerung über den wiederholten Gang mancher Offiziere in die Medien zu erklären. Schon Ende 1967 hatte er moniert, es »gelegentlich« mit höheren Offizieren zu tun zu haben, die meinten, sie müssten »ihre mehr oder weniger berechtigten Sorgen und Kümmernisse« in der Öffentlichkeit austragen[1233]. Das hatte für ihn viel mit Illoyalität und wenig mit Zivilcou-

---

[1228] Die Thesen der Leutnante wurden zum ersten Mal publiziert in Ilsemann, Die Bundeswehr, S. 328, die zwölf bejahenden Thesen ebd., S. 328 f. Siehe dazu auch die Materialien im Nachlass de Maizière zu »Leutnante 70«, »Schnez-Studie«, BArch, N 673/71.

[1229] Wulf wurde von de Maizière im Oktober 1971 mit einem für seine Verhältnisse neutralen Schreiben aus der Bundeswehr verabschiedet. Siehe de Maizière an BG a.D. Dr. Hermann Wulf, 7.10.1971, BArch, N 673/54b. De Maizière hatte Wulf wegen einer Dienstreise in die USA und Kanada nicht persönlich verabschieden können.

[1230] GM Wolfgang Köstlin an de Maizière, 27.1.1970, BArch, N 673/44b. Siehe GenInsp, Zusammenstellung wichtiger Vorgänge von August 1966-März 1972, 4. Amtsjahr, BArch, N 673/64.

[1231] Bernd C. Hesslein an de Maizière, 27.1.1970, BArch, N 673/42.

[1232] De Maizière an Hesslein, 3.2.1970, ebd.

[1233] De Maizière an O von Ilsemann, Kdr PzGrenBrig 1, 22.12.1967, BArch, N 673/43c.

rage zu tun. Letztere definierte er ohnehin damit, »seine Meinung, die man für richtig hält, nach oben zu vertreten, und Entscheidungen, die getroffen sind, nach unten durchzusetzen«[1234]. Anfang 1968 mahnte er daraufhin, interne Meinungsverschiedenheiten auch innerhalb der eigenen Reihen zu diskutieren. Als Motto gab er dazu aus: »Je weniger kontrovers über die Bw in der Öffentlichkeit berichtet wird, umso besser[1235].« Öffentlich behauptete er allerdings, wie in einem Interview für die Zeitschrift »Christ und Welt« im selben Jahr, auch »unbequeme Äußerungen in der Öffentlichkeit über die Innere Führung« dürften nicht als unerwünschte Kritik angesehen werden; sie seien vielmehr ernsthaft zu prüfen und für die ständige Weiterentwicklung des Konzepts zu nutzen[1236]. Trotzdem lehnte er jetzt das Angebot Speidels zu einer Intervention in den Medien ab. Es würde »sowieso schon viel zu viel über Generalleutnant Schnez und seine sogenannte Studie in der Presse veröffentlicht«, meinte er dazu, »[w]ir haben eher ein Interesse daran, dass die öffentliche Diskussion verstummt«. Vielmehr würde er es begrüßen, wenn ihm Speidel dabei helfen könnte, eine seiner Reden zur gegenwärtigen Problematik der Bundeswehr »einmal in die FAZ zu bringen«[1237].

Applaus ernteten die Leutnante folglich kaum. Die Kommunikation mit ihnen lief ausschließlich über den Amtschef des Truppenamtes, der seinen Generalinspekteur über jeden seiner Schritte jedoch auf dem Laufenden hielt[1238]. Für de Maizière handelte es sich bei ihnen um »einige junge unreife Leutnante [...] noch ohne Erfahrung als Offizier im praktischen Truppendienst [...] auf der Suche nach gesellschaftlichem Neuland«. Die »›progressive‹ Tendenz« ihrer Thesen war seiner Meinung nach »mit den gesetzlich festgelegten Pflichten des Soldaten kaum mehr vereinbar«[1239]. Persönlich dürfte ihn gestört haben, dass die jungen Offiziere ihren Beruf nicht länger als Berufung betrachten wollten, sondern als einen wie andere auch. Auf die Passage: »Ich lebe, um zu genießen. Ich arbeite, um leben zu können, um genießen und Freude haben zu können«, reagierte er in seinem Memoiren mit: »Die Fürsorgepflicht des Vorgesetzten,

---

[1234] Vortrag GenInsp vor der FüAkBw (Fortbildungs-Lehrgang) am 21.3.1969, 23.3.1969 (Tonbandniederschrift), ACDP, NL Schröder, I-483-109/2.

[1235] Ulrich de Maizière, Aktuelle Probleme der Verteidigung Mitteleuropas sowie der Bundeswehr, Vortrag GenInsp vor 3. Fortbildungslehrgang der GenSt/AdmStOffz Bw am 22.3.1968 an der FüAkBw, BArch, N 673/59.

[1236] Interview mit dem GenInsp de Maizière, für »Christ und Welt«, undat. Manuskript (1968), ebd.

[1237] De Maizière an Speidel, 11.2.1970, BArch, N 673/50b. Speidel hatte ihn zuvor auf seine Verbindung zum Mitherausgeber der FAZ, Prof. Dr. Erich Welter, hingewiesen und gegebenenfalls »irgendeine Intervention oder ähnliches« angeboten. Siehe Speidel an de Maizière, 29.1.1970, ebd.

[1238] Die Schriftwechsel befinden sich im NL de Maizière in BArch, N 673/72.

[1239] De Maizière, In der Pflicht, S. 326. In dieser Einschätzung wurde er von Kielmansegg unterstützt, vor allem hinsichtlich der »mir besonders gefährlich erscheinenden Leutnantsthese 6«. Nach Kielmanseggs Auffassung beinhaltete die »These 12 [...] das, was die meisten Offiziere (sofern sie überhaupt nachdenken) am ernstesten beschäftigt«. Siehe Kielmansegg an de Maizière, 22.2.1970, BArch, N 673/44b.

die bei Dienstschluss nicht endet, schienen sie vergessen zu haben[1240].« Damit vermochte der preußisch sozialisierte, der protestantischen Arbeitsethik anhängende Ulrich de Maizière kaum etwas anzufangen[1241]. Öffentlich und im Nachhinein bezeichnete er die Thesen freilich sehr viel vorsichtiger als »ungewöhnlich fortschrittliche Auffassungen«[1242]. Intern spielte er ihre Bedeutung hingegen herunter: Sie lieferten »einige brauchbare Gedanken«, würden ansonsten aber doch »viel Unreife zeigen«[1243]. Zwar seien sie »nicht alle schlecht, aber sie sind sehr abstrakt, sehr überrieben, so wie junge Menschen zur Übertreibung neigen, und sie gehen an manchen praktischen Notwendigkeiten vorbei«. Weiter mochte er sie nicht kommentieren:

> »Meine Herren, soll der oberste Soldat der Bundeswehr in der Öffentlichkeit oder innerhalb der Bundeswehr Stellung nehmen, wenn neun Leutnante in einem Seminar ein paar Sätze zusammenschreiben und diese durch eine Indiskretion an die Öffentlichkeit gelangen? Morgen schreiben vielleicht 5 Hauptleute und übermorgen 8 Oberfeldwebel und ein paar Tage später 3 OTL irgend etwas [sic!].«

Jeder Kommandeur sei wohl in der Lage, im Gespräch mit seinen Offizieren selbst über diese Thesen zu sprechen, ohne dass der Generalinspekteur dazu eine Richtlinie oder eine Weisung erließe[1244].

Der Regierungswechsel 1969 und die Reform der Bundeswehr

Stattdessen konzentrierte sich de Maizière in dieser Zeit auf die Vorgänge um die Schnez-Studie und die beginnende Zusammenarbeit mit dem neuen Verteidigungsminister Schmidt. Der CDU-Alleinregierung unter Ludwig Erhard nach der Bundestagswahl 1966 war zunächst eine Große Koalition unter Kurt Georg Kiesinger, nach deren Scheitern und den Neuwahlen 1969 ein sozialliberales Bündnis unter Willy Brandt gefolgt. Letzteres sollte sich durch eine Abwendung von einer dogmatischen Außenpolitik mit den sogenannten Ostverträgen und innenpolitisch mit der Bildungsreform ein Denkmal setzen[1245]. Die Erwartungen in den Streitkräften hinsichtlich dieses Regierungswechsels waren freilich ebenso different wie in der bundesrepublikanischen Gesellschaft allgemein[1246].

[1240] De Maizière, In der Pflicht, S. 326.

[1241] Siehe zu seinen persönlichen Überzeugungen und der entsprechenden Selbstdarstellung z.B. »Recht und Freiheit des deutschen Volkes tapfer zu verteidigen …«; ein Interview mit dem Generalinspekteur der Bundeswehr, »Hamburger Sonntagsblatt«, 23.4.1967, S. 13 f., sowie Marianne Usko, »Was ist geblieben vom Leben im ›Ersten Stand‹? Die deutsche Offiziersfrau – Zum Beispiel Eva de Maizière, »Die Zeit«, 29.9.1967. Beide Ausschnitte befinden sich in BArch, N 673/67.

[1242] Interview Ulrich de Maizière zum Problem der ›Inneren Führung‹ mit Bernd C. Hesslein und Karl H. Harenberg im NDR, 13.3.1972, Interviewniederschrift durch BPA/Abt. Nachrichten/Referat II/4, Deutsche Gruppe, 14.3.1972, BArch, N 673/62.

[1243] De Maizière an Speidel, 11.2.1970, BArch, N 673/50b.

[1244] Ulrich de Maizière, Rede GenInsp anlässlich der Attaché-Konferenz im Bundesministerium der Verteidigung am 10.3.1970, BArch, N 673/61a.

[1245] Zum Gesamtkontext Lappenküper, Die Außenpolitik der Bundesrepublik Deutschland.

[1246] Nicht nur die DDR-Propaganda hatte in Schmidt einen »Nachfolger Noskes« sehen wollen, auch der »Spiegel« bediente sich der Bezeichnung »Schmidt-Noske«. Siehe Schmidt,

Manch einer befürchtete Schlimmes, wie de Maizières Jahrgangskamerad Thilo, der bezweifelte, »ob H.S. bei aller Intelligenz so gescheit ist – als ›Oberbefehlshaber‹ aber kaum erfahren genug – die Realitäten zu sehen«. Hinsichtlich der Ostpolitik ging er sogar so weit, Schmidt mit Hitler zu vergleichen, der seinerzeit ebenso wenig von Experten gehalten habe[1247]. Die große Mehrheit erhoffte sich Kontinuität und vielleicht die eine oder andere Modifizierung[1248]. Demgegenüber behauptete Kielmansegg, Schmidt verfüge bei der Mehrzahl der Soldaten der Bundeswehr – über alle Dienstgrade hinweg und »ohne Rücksicht auf die politische Einstellung« – über einen »Vertrauenskredit«, der durch die Art und Weise, wie er »die unerfreulich gewordene Schnez-Angelegenheit« behandelt habe, noch gewachsen sei. Diesen müsse er nun nutzen, damit »die in mehr als einer Beziehung außer Tritt gekommene Bundeswehr wieder Vertrauen in einem allgemeinen Sinne« fasse[1249].

De Maizière selbst konnte sich schon im ersten informellen Gespräch mit dem designierten Minister noch am Wahlabend auf eine Zusammenarbeit verständigen[1250]. Gerade die von Schmidt angekündigte »kritische Bestandsaufnahme« bildete für ihn eine entscheidende Motivation dazu. In seinen persönlichen Unterlagen hielt de Maizière fest, dabei handele es sich »um eine legitime, fast selbstverständliche Arbeit nach einem Regierungswechsel und nach fast 15-jährigem Bestehen der Bundeswehr«[1251]. Einen Rücktritt, so de Maizière später, habe er nur für den Fall erwogen, dass der neue Minister die militärische Führung nach dem Vorbild der US-amerikanischen Joint Chiefs of Staff, also ein partnerschaftliches Gremium aller Inspekteure mit dem Generalinspekteur als Primus inter Pares, eingeführt hätte[1252].

Außer Dienst, S. 155, und Soell, Helmut Schmidt. 1969 bis heute, S. 36 f. Zur Gegenposition siehe z.B. Luise K. Jodl an Generalinspekteur der Bundeswehr, Herrn Gen.d.Inf. de Maizières [sic!], 30.1.1972, BArch, N 673/43b: »Wenn einer es schafft, der Jugend wieder Ziel und Inhalt von der Seite des Politikers her zu geben, dann ist er [Helmut Schmidt] es.«

[1247] GL a.D. Thilo an de Maizière, 21.2.1970: »Brandt scheint es auch nicht zu tun. Scheel, Bahr etc. sind nun mal Dilettanten.« Im Jahr darauf warnte er noch schärfer: »Unsere Generation hat […] 2x einen Niedergang miterlebt, von einem 3. würde sich unser Volk nicht mehr erholen. Ich bin der Meinung, dass wir sozialistische Experimente nicht sollten dulden dürfen.« Siehe Thilo an de Maizière, 20.2.1971, beide BArch, N 673/52b.

[1248] Siehe etwa BG Dr. Karl Christian Trentzsch, 18.12.1969, oder Trettner an de Maizière, 23.9.1969, beide BArch, N 673/52b. Trentzsch hoffte, »dass sich manches zum Nutzen der Truppe ändert. Umgekehrt bin ich besorgt, ob bei dieser Neuordnung nicht mancher qualifizierte Militär auf der Strecke bleibt«. Und de Maizières Vorgänger Trettner wünschte sich, »dass die Wahlen keine Umbrüche ergeben, die diese kontinuierliche Entwicklung wieder stören. Die Stellenbesetzung an der Spitze ist vorerst noch das wichtigste«.

[1249] Gen. a.D. Graf Kielmansegg an Helmut Schmidt, 15.1.1970, PAHS, Privat-Politisch, 1970, AZ, Bd 7.

[1250] Das Treffen zwischen de Maizière und Schmidt fand im Beisein von Berkhan in der von den beiden gemeinsam bewohnten Abgeordnetenwohnung statt. Vogel, Karl Wilhelm Berkhan, S. 141.

[1251] Siehe GenInsp, Zusammenstellung wichtiger Vorgänge von August 1966-März 1972, 4. Amtsjahr, BArch, N 673/64.

[1252] De Maizière, Führen im Frieden, S. 91; Rautenberg, Ulrich de Maizière, S. 207.

Bei der Amtsübergabe von Schröder an Schmidt sah er sich in seiner Entscheidung außerdem bestätigt. Für de Maizière fand sie nicht nur »in einer menschlich noblen Form statt«, sie überzeugte ihn auch davon, dass »zunächst einmal« die Kontinuität der Arbeit gewährleistet sei und »keine allzu plötzlichen Entschlüsse« gefasst würden[1253]. Weil er sich sowohl der Hoffnungen als auch der Befürchtungen rund um den Regierungswechsel bewusst war, versuchte er in jedweder Hinsicht zu beruhigen. Fast meint man jedoch bei ihm Erleichterung zu erkennen. In seiner umfassenden Korrespondenz wie in seinen Vorträgen der ersten Monate verkündete er, es werde keine »überstürzte Änderungen« geben[1254], schon gar »keine neue Sicherheits- und Verteidigungspolitik«[1255]. Im Gegenteil gehe es fürderhin um »Kontinuität mit sorgfältig überlegten Impulsen« und Änderungen, die »schrittweise« durchgeführt würden[1256].

Eine allzu große Überraschung dürfte das für ihn allerdings nicht gewesen sein. Beide standen spätestens nach Schmidts Wahl zum SPD-Fraktionsvorsitzenden 1967 bereits in engerem Gedankenaustausch[1257]. Zudem hatte Helmut Schmidt, als Verteidigungsminister im Schattenkabinett Brandts nominiert, die »Sozialdemokratische Sicherheits- und Verteidigungspolitik« im Frühjahr 1969 auf dem Wehrpolitischen Forum der SPD der Öffentlichkeit präsentiert[1258]. Dass er jetzt die Initiative ergriff und »viele neue und gute Ideen« einbrachte, imponierte de Maizière[1259]. Schmidt vermeide vorschnelle Entschlüsse, diskutiere und bespreche jede Entscheidung sorgfältig[1260]. Er führe

---

[1253] De Maizière an GL a.D. Müller-Hillebrand, 29.10.1969, BArch, N 673/47b, sowie beinahe wortgleich an Baudissin, 20.11.1969, BArch, N 673/37. Genau diesen Eindruck hatte Schmidt ganz bewusst erwecken wollen. Soell, Helmut Schmidt. 1969 bis heute, S. 20 f.

[1254] De Maizière an O Göricke, Kdr PzBrig 36, 28.11.1969, BArch, N 673/41b.

[1255] Ulrich de Maizière, Freie Ansprache GenInsp anlässlich der Jahresabschlussveranstaltung für das in Bonn akkreditierte Militärattachékorps am 9.12.1969, BArch, N 673/60. Zur angesprochenen umfangreichen Korrespondenz siehe z.B. de Maizière an O Heuer, 3.10.1969, BArch, N 673/42.

[1256] Ulrich de Maizière, Freie Ansprache GenInsp anlässlich der Jahresabschlussveranstaltung für das in Bonn akkreditierte Militärattachékorps am 9.12.1969, BArch, N 673/60.

[1257] De Maizière hatte anlässlich seiner Gratulation seine Hoffnung ausgedrückt, dadurch würde »die Möglichkeit zu gemeinsamem Gespräch und Gedankenaustausch erleichtert. Sie wissen, dass ich hierzu gerne zur Verfügung stehe.« Siehe de Maizière an Helmut Schmidt, 15.3.1967. Schmidt nahm das Angebot dankend an, »auch künftig« werde de Maizière »über die Nöte und Probleme der Bundeswehr bei mir immer ein offenes Ohr finden«. Siehe Schmidt an de Maizière, 4.4.1967, beide BArch, N 673/51a.

[1258] Informationen der Sozialdemokratischen Fraktion im Deutschen Bundestag, 26.4.1969, Wehrpolitisches Forum 1969 der SPD, Auszug aus der Rede des Vorsitzenden der sozialdemokratischen Bundestagsfraktion, Helmut Schmidt, Sozialdemokratische Sicherheits- und Verteidigungspolitik, PAHS, HS Privat PZ, Innenpolitik A–Z, Bd 2, 1970. Siehe zum Programm die SPD-Studie »Überprüfung der Verteidigungskonzeption« vom 21.10.1968, AdsD, 1/HSA A00803. Hier wurde eindeutig erklärt, die Studie stelle »ein Arbeitspapier dar, das [...] als allgemeine Grundlage für die weitere Behandlung des Themas in Parlament, Regierung und Öffentlichkeit dienen soll. Sie ist keine ›Neue Wehrkonzeption‹ der SPD noch erhebt sie Anspruch, eine Planungsgrundlage für die Reorganisation der Bundeswehr in den nächsten Jahren zu sein.«

[1259] De Maizière an Rolf Stölting, 11.3.1970, BArch, N 673/52a.

[1260] De Maizière an Helmut Tewaag, 7.1.1970, BArch, N 673/52b.

sein Amt »mit Überlegung und Herz für die Truppe« auch dann, wenn er dafür in seiner eigenen Partei Schwierigkeiten bekomme[1261]. Damit stand für ihn fest, es gebe in der neuen Koalition »keinen besser vorbereiteten Mann für dieses Amt«[1262]. Das erhöhte auch seine eigenen Erwartungen. Ein Minister »einer neuen politischen Gruppierung« könne »manche Dinge leichter in die Hand nehmen« als einer der Partei, die »all'« diese Regelungen in Gang gebracht [...] und die die Verantwortung für den Aufbau der Bundeswehr weitgehend getragen« habe. Es sei »absolut notwendig und richtig« zu prüfen, was geändert werden könne[1263]. Das neue Jahr 1970 werde einige Änderungen bringen, von denen er sich weitgehend positive Auswirkungen erhoffe[1264]. Insofern warb er um Verständnis für die neue Regierung: Verteidigungsminister zu sein sei »immer ein unpopulärer Posten«, Verteidigungsminister einer sozialdemokratischen Partei zu sein »besonders unpopulär«[1265].

Tatsächlich hatte sich Schmidt von Bundeskanzler Brandt vorab bereits seine teilweise weitreichenden Vorstellungen, vor allem eine gründliche Bestandsaufnahme des Ist-Zustandes der Armee, absegnen lassen, ehe er sich zur Übernahme des Verteidigungsressorts bereit erklärte[1266]. Gleich nach seinem Amtsantritt berief er eine Serie von Tagungen mit Unteroffizieren, Offizieren, später mit Grundwehrdienstleistenden ein, in denen er in offener Diskussion Sorgen und Nöte der Soldaten eruieren, aber auch deren Lösungsvorschläge hören wollte. Diese Konferenzen wurden von einem Team aus seinem Planungsstab begleitet, das die Ergebnisse für das Weißbuch 1970 auswertete[1267]. Gleichzeitig betonte der neue Minister auf der Ministerratssitzung des DPC in Brüssel am 3. Dezember 1969 und eine Woche später auf der WEU-Versammlung in Paris (10. Dezember 1969), es gebe nach der Regierungserklärung Brandts vom 28. Oktober 1969 keine politische Kehrtwende. Die neue Bundes-

---

[1261] De Maizière an GL a.D. Gaedcke, 14.1.1970, BArch, N 673/41a. In seinen persönlichen Unterlagen wurde de Maizière noch deutlicher: Schmidt sei »rasch, dynamisch, informell und fast unmethodisch, entscheidungsfreudig«. Er »liebt das Gespräch und die Diskussion« und suche seine Lösungen »am runden Tisch«. Siehe GenInsp, Zusammenstellung wichtiger Vorgänge von August 1966 – März 1972, 4. Amtsjahr, BArch, N 673/64.

[1262] Ulrich de Maizière, Freie Ansprache GenInsp anlässlich der Jahresabschlussveranstaltung für das in Bonn akkreditierte Militärattachékorps am 9.12.1969, BArch, N 673/60.

[1263] Ulrich de Maizière, Rede GenInsp anlässlich der Attaché-Konferenz im Bundesministerium der Verteidigung am 10.3.1970, BArch, N 673/61a. Beinahe wortgleich auch in de Maizière an Rolf Stölting, 11.3.1970, BArch, N 673/52a.

[1264] De Maizière an GL a.D. Gaedcke, 14.1.1970, BArch, N 673/41a.

[1265] Ulrich de Maizière, Rede GenInsp anlässlich der Attaché-Konferenz im Bundesministerium der Verteidigung am 10.3.1970, BArch, N 673/61a.

[1266] Soell, Helmut Schmidt. 1969 bis heute, S. 17. Dazu gehörten die Einführung eines Planungsstabes und die Einsetzung eines zweiten beamteten Staatssekretärs, der für Rüstung, Technik sowie Beschaffung zuständig sein und aus der Industrie kommen sollte. Außerdem wünschte er sich als seinen Vertreter in der Befehls- und Kommandogewalt den designierten Verkehrsminister Georg Leber. Offenbar hatte er sogar kurz darüber nachgedacht, wegen der Übernahme des Verteidigungsministeriums seinen stellvertretenden Parteivorsitz niederzulegen, »um die Bundeswehr aus den parteipolitischen Auseinandersetzungen möglichst herauszuhalten«. Ebd., S. 15.

[1267] Ebd., S. 25.

regierung werde »im Bündnis und gegenüber dem Bündnis« die bisherige Politik fortsetzen, die deutschen Verteidigungsanstrengungen weder quantitativ noch qualitativ schmälern, sondern im Gegenteil den eigenen Beitrag durch ein »Programm der Modernisierung und der Reform unserer Streitkräfte« verbessern[1268]. Schmidts Formulierung, Aufgabe der Bundeswehr sei es, »zu verhindern, dass der Bundesregierung ein fremder politischer Wille mit Gewalt aufgezwungen wird«, gefiel de Maizière dabei so sehr, dass er sie in seinen Tagesbefehl zum Jahreswechsel 1969/70 einbaute[1269]. Sogar die Ostpolitik der Bundesregierung bewertete der zuvor gerade in diesem Punkt skeptische Generalinspekteur inzwischen positiv, nämlich als den »Versuch einer Normalisierung der Beziehungen zu Staaten, mit denen wir in einem Spannungsverhältnis gelebt haben«. Freilich dürfe diese Normalisierung nur auf einer festen Einbettung der Bundesrepublik in dem Bündnis und auf der Sicherstellung der eigenen Sicherheit versucht werden[1270]. Die gleichzeitige »qualitative Verbesserung unserer Verteidigungsanstrengungen« schließe die politische Bemühung um eine Entspannung nicht aus. Entspannung und Sicherheit seien vielmehr »zwei Seiten der gleichen Medaille«[1271]. Auch hinsichtlich Atombewaffnung und

---

[1268] BMVg/Informations- und Pressezentrum, »Perspektiven der Allianz«, Vortrag Bundesminister der Verteidigung, Helmut Schmidt, vor der WEU-Versammlung am 10.12.1969 in Paris, HS Privat PZ, Innenpolitik A-Z, Bd 2, 1970. Im selben Bestand findet sich auch die deutsche Übersetzung der in englischer Sprache frei gehaltenen Rede Helmut Schmidts auf der NATO-Tagung in Brüssel am 3.12.1969.

[1269] Ulrich de Maizière, Tagesbefehl GenInsp zum Jahreswechsel 1969/1970, o.D., und de Maizière, Freie Ansprache GenInsp anlässlich der Jahresabschlussveranstaltung für das in Bonn akkreditierte Militärattachékorps am 9.12.1969, beide BArch, N 673/60. In seinem ersten Tagesbefehl an die Bundeswehr hatte Schmidt geschrieben: »Unsere eigenen Verteidigungsanstrengungen sind und bleiben ein wesentlicher Teil der Sicherheitspolitik unseres Staates. Sie muss verhindern, dass uns von außen ein fremder politischer Wille aufgezwungen werden kann.« Tagesbefehl Bundesminister der Verteidigung, Helmut Schmidt, 23.10.1969, ACDP, I-483-110/2. De Maizière benutzte die Redewendung auch fürderhin gerne. Siehe z.B. Kein Widerspruch zwischen Friedenssicherung und Kampfbereitschaft, Interview des Parlamentarisch-Politischen Pressedienstes (PPP) mit dem aus dem Amt scheidenden Generalinspekteur der Bundeswehr, Ulrich de Maizière, 16.3.1972, BArch, N 673/62.

[1270] Interview Ulrich de Maizière, Generalinspekteur, zum Problem der ›Inneren Führung‹ mit Bernd C. Hesslein und Karl H. Harenberg im NDR vom 13.3.1972, Interviewniederschrift durch BPA/Abt. Nachrichten/Referat II/4, Deutsche Gruppe, 14.3.1972, BArch, N 673/62. Zur Haltung der seinerzeitigen Opposition siehe zuletzt Wettig, Alois Mertes, sowie im Überblick insgesamt Wolfrum, Die geglückte Demokratie, S. 283–315; Görtemaker, Geschichte der Bundesrepublik Deutschland, S. 525–563, sowie zum internationalen Kontext Stöver, Der Kalte Krieg, S. 386–395.

[1271] Ulrich de Maizière, Freie Ansprache GenInsp anlässlich der Jahresabschlussveranstaltung für das in Bonn akkreditierte Militärattachékorps am 9.12.1969, BArch, N 673/60. Für das Aprilheft 1971 der Zeitschrift »Wehrtechnik« verfasste de Maizière einen Beitrag, in dem er im Kontext der Vereinbarungen der Verteidigungsminister der NATO-Mitgliedstaaten die Kontinuität der bundesdeutschen Sicherheitspolitik trotz oder gerade wegen der »Neuen Ostpolitik« der Bundesregierung betonte. Siehe GenInsp, Aufgaben der Wehrtechnik in den siebziger Jahren, Anlage zu Adjutant des GenInsp, FK Welz, an Dr.-Ing. Werner Magirius, Deutsche Gesellschaft für Wehrtechnik, 25.2.19671, BArch, N 673/46b.

Atomwaffeneinsatz stimmten Generalinspekteur und Minister in ihren Zielsetzungen im Großen und Ganzen überein[1272]. Von Anfang an zeichnete sich ein offener und vertrauensvoller Umgang ab, der sich in den kommenden Jahren bestätigte und sich sogar in ein freundschaftliches Verhältnis über de Maizières Dienstzeit hinaus wandelte. De Maizière schätzte an Schmidt dessen hohe Intelligenz, rasche Auffassungsgabe und disziplinierte Arbeitsauffassung[1273]. Zwar veränderte dieser den kompletten Arbeitsstil des Ministeriums und brachte ein eigenes Führungsteam mit, bezog jedoch seinen Generalinspekteur eng mit ein. Das verschaffte diesem gegenüber dem Militärischen Führungsrat einen Informationsvorsprung und damit auch ein gesteigertes Gewicht[1274]. Die nachhaltige Organisationsänderung unter Schmidt, die Einrichtung des Planungsstabes, der dem Minister von der Tagesroutine befreit direkt zuarbeitete und sich dafür auf ausgesuchte Mitarbeiter und uneingeschränktes Informationsrecht stützen konnte, stellte für de Maizière kein Problem dar. Auch weil der Planungsstab organisatorisch wie inhaltlich durch einen Ministererlass vom 16. Dezember 1969 vom Führungsstab deutlich abgegrenzt worden ist[1275], erlebte er ihn unter dessen erstem Leiter, dem »Zeit«-Journalisten Theo Sommer, »als erfrischendes Element im Haus«[1276]. Schon nach kurzer Zeit lobte de Maizière, die neue politische Leitung habe »nach einer gewissen Zeit der Einarbeitung und eines Abtastens ihren Führungsstil nunmehr entwickelt«. Dieser Stil sei »stark kollegial betont« und er selbst habe »die Freude und die Auszeichnung«, an dieser Arbeitsweise häufig beteiligt zu sein[1277]. Umgekehrt informierte Weinstein de Maizière nach einem Gespräch mit

---

[1272] An Schmidt als Minister kritisierte de Maizière zwar ex post, dieser habe im Herbst 1969 »geglaubt, über Nuklearpolitik bereits genügend informiert zu sein. Bei der ersten Sitzung der NPG habe er dann aber erkennen müssen, dass die Problematik im Detail doch viel komplizierter sei, als es ihm bewusst gewesen sei«. Siehe Ulrich de Maizière, Vermerk über ein Gespräch mit dem Bundestagsabgeordneten Dr. Manfred Wörner am 27.9.1982 im Bundeshaus, 11.11.1982, BArch, N 673/89. Öffentlich jedoch attestierte er ihm »einen sehr überzeugenden Eindruck bereits im November bei der NPG in den USA«. Siehe Ulrich de Maizière, Rede GenInsp anlässlich der Attaché-Konferenz im Bundesministerium der Verteidigung am 10.3.1970, BArch, N 673/61a. Zu Schmidts Position siehe im Überblick Soell, Helmut Schmidt. 1969 bis heute, S. 83–88.

[1273] De Maizière, In der Pflicht, S. 312, 315 f.

[1274] Ebd., S. 314–316.

[1275] Minister, Betr.: Planungsstab, 16.12.1969, sowie BMVg/Org, Vermerk über eine Besprechung beim Minister am 16.9.1970, beide BArch, N 673/90.

[1276] De Maizière, In der Pflicht, S. 318 f. Seiner Ansicht nach hatte sich der Planungsstab auch unter Sommers Nachfolger Dr. Hans-Georg Wieck, vormals Persönlicher Referent Gerhard Schröders, als Denkapparat und Beratungsorgan des Ministers bewährt. Umgekehrt bewertete Sommer nach sechs Monaten anlässlich seines Ausscheidens den Planungsstab als nützliche und notwendige aber ausbaufähige Institution. Siehe Theo Sommer an Minister, Betr.: Planungsstab, hier: Erfahrungsbericht und Programmvorschläge, 16.7.1970, BArch, N 673/90. Sommer galt Ende der 1960er-Jahre als einer der »Buben der Gräfin« Dönhoff und war seit 1968 stellvertretender Chefredakteur der »Zeit«. Dönhoff lieh Sommer auf Bitten Schmidts »für eine begrenzte Zeit« aus. Siehe Soell, Helmut Schmidt. 1969 bis heute, S. 47 f., hier S. 47.

[1277] Ulrich de Maizière, Rede GenInsp anlässlich der Attaché-Konferenz im Bundesministerium der Verteidigung am 10.3.1970, BArch, N 673/61a.

dem neuen Verteidigungsminister, »wie sehr Schmidt Sie schätzt«. Unter anderem habe er gesagt, »Sie als Generalinspekteur überragten, sobald es zu einer Diskussion komme oder wenn es um fachliche Probleme ginge, jeden anderen General ›um zwei Köpfe‹«[1278].

So entwickelte sich eine erfolgreiche Zusammenarbeit, auf deren Basis der Zustand der Bundeswehr mittels der diversen Konferenzen zur »kritischen Bestandsaufnahme« grundlegend überprüft werden konnte[1279]. De Maizière war darin von Beginn an zentral eingebunden[1280]. Es kämen jetzt »viele Dinge in Bewegung«, schrieb er im Mai 1970 an seinen alten Weggefährten Kurt Fett, »was vielleicht auch nach fast 15-jährigem Bestehen der Bundeswehr ganz gut ist«[1281]. Die Ergebnisse dieser Bestandsaufnahme mündeten im Mai 1970 in ein umfassendes Verteidigungs-Weißbuch, das zur Arbeitsgrundlage für die laufende Legislaturperiode wurde[1282]. Dessen Schwerpunkt lag auf der Personalstruktur, der Neuordnung der Ausbildung und der Anpassung der sozialen Lage der Soldaten an den gestiegenen Lebens- und Bildungsstandard der bundesrepublikanischen Gesellschaft zu Lasten der Interventionsausgaben[1283]; durchweg Aufgaben also, denen sich de Maizière bereits seit geraumer Zeit widmete[1284].

[1278] Weinstein an de Maizière, 23.2.1970, BArch, N 673/40. In Schmidt, Weggefährten, S. 433, schrieb der ehemalige Verteidigungsminister, an de Maizière habe ihm dessen »fachliche Urteilskraft, […] Courage und […] Verschwiegenheit« besonders gefallen.

[1279] Der Auftaktveranstaltung, einer Klausurtagung aller militärischen und zivilen Spitzen des Ministeriums, im Dezember 1969 folgten um den Jahreswechsel 1969/70 acht weitere Tagungen. Fünf von ihnen galten den rund 1000 Regiments- und Bataillonskommandeuren, weitere drei den Unteroffizieren, Leutnanten und Hauptleuten. Die Teilnehmer leiteten die jeweiligen Tagungen ebenso selbst wie sie die Vorträge inhaltlich selbstverantwortlich vertraten und die anschließende Pressekonferenz veranstalteten. Siehe Soell, Helmut Schmidt. 1969 bis heute, S. 48 f.

[1280] De Maizière an Chief of Defence Denmark, General Kurt Ramberg, 19.2.1970, BArch, N 673/49b.

[1281] De Maizière an Fett, 4.5.1970. Fett war zwar hinsichtlich der möglichen Ergebnisse skeptisch, meinte aber, es sei bereits »ein wesentlicher Fortschritt […], dass die Dinge überhaupt einmal angefasst und wenigstens zum Teil beim Namen genannt werden«. Siehe Fett an de Maizière, 29.5.1970, beide BArch, N 673/40.

[1282] Seinen Kommandeuren verkündete de Maizière, über die Maßnahme der Bestandsaufnahme sei die Truppe in ihren verschiedenen Ebenen direkt oder indirekt am Weißbuch beteiligt gewesen. Das ganze Ministerium habe an der Zusammenstellung des Materials mitgearbeitet. Die Formulierungsvorschläge des Planungsstabes seien dann in vier großen Redaktionssitzungen von je etwa 10 Stunden Dauer unter Leitung des Ministers und in Anwesenheit aller leitenden Herren des Hauses Seite für Seite durchgesprochen und überarbeitet worden. Siehe BMVg/GenInsp, TgbNr. FüS 2391/70, Rede GenInsp zum Abschluss der 16. Kommandeurtagung der Bundeswehr am 2.7.1970, 29.7.1970, BArch, N 673/61a.

[1283] Siehe GenInsp, Zusammenstellung wichtiger Vorgänge von August 1966–März 1972, 4. Amtsjahr, BArch, N 673/64. Die dafür notwendige Umschichtung im Verteidigungshaushalt hatte immerhin ein Volumen von 500 Millionen DM.

[1284] In vielen seiner öffentlichen Reden als Inspekteur des Heeres und Generalinspekteur hat de Maizière diese Themen immer wieder aufgegriffen. Siehe z.B. die Rede de Maizières vor der Staatspolitischen Gesellschaft in Hamburg am 10.3.1969 zum Thema »Die Bundeswehr heute und in den 70er-Jahren«, BArch, Bw 1/160924, oder die beim Gästeabend

Intern stimmte er zwar »nicht jeder einzelnen Formulierung« zu, insgesamt war er indes zufrieden[1285]. Entscheidend war für ihn, dass das Weißbuch die Grundlinie des Ministers bestätigte, bei aller gebotenen Kontinuität »notwendige Veränderungen nach eingehender Prüfung und Erörterung und zur rechten Zeit einzuleiten«. »Weiße Flecken« erkannte er vor allem in den ausstehenden Entscheidungen über einige Rüstungsprojekte inklusive der noch nicht abgeschlossenen Überlegungen zur Organisation des Rüstungsbereiches im Ministerium, für den Bereich der Bildung und Ausbildung sowie hinsichtlich der künftigen Personalstruktur[1286].

In den folgenden acht Monaten gelang es, von den angekündigten 124 Einzelmaßnahmen immerhin 65 – nämlich solche, die in der Kompetenz des Ministers oder der Bundesregierung lagen – zu realisieren. Weitere 18 wurden in das Gesetzgebungsverfahren eingebracht, die restlichen 41 annähernd alle bis zum Sommer 1971 umgesetzt. Bei den angekündigten Kürzungen und Streichungen von Rüstungsprojekten traf der Minister hingegen auf den hartnäckigen Widerstand durch »eine breite Phalanx aktiver und ehemaliger Militärs, Vertretern von Rüstungsfirmen, Journalisten und Parlamentariern«[1287]. De Maizière stellte sich dabei eindeutig auf die Seite seines Ministers. »Material ohne Menschen« war für ihn »sinnlos«[1288]. Die Entscheidung Schmidts, den Schwerpunkt innerhalb des Verteidigungshaushaltes auf Fürsorge- und Personalausgaben zu legen, konnte er deswegen »nur voll unterstützen«[1289]. Ohne die entsprechenden Finanz- und Bildungsvoraussetzungen zu schaffen, war seiner Ansicht nach das »Personalproblem« nicht zu lösen. Noch im Jahr darauf blieb es für ihn das »Zentralproblem«, sowohl hinsichtlich der Quantität wie der Qualität als auch angesichts »der nachlassenden Bereitschaft der jungen Leute zum Dienst an der Gemeinschaft«[1290].

des Wehrbereichskommandos III, Düsseldorf, am 16.4.1970, »Die Bundeswehr nach fünfzehn Jahren«, BArch, Bw 1/25376.

[1285] De Maizière an O a.D. Kaulbach, 1.6.1970, BArch, N 673/44a.

[1286] BMVg/GenInsp, TgbNr. FüS 2391/70, Rede GenInsp zum Abschluss der 16. Kommandeurtagung der Bundeswehr am 2.7.1970, 29.7.1970, BArch, N 673/61a.

[1287] Soell, Helmut Schmidt. 1969 bis heute, S. 52.

[1288] BMVg/GenInsp, TgbNr. FüS 2391/70, Rede GenInsp zum Abschluss der 16. Kommandeurtagung der Bundeswehr am 2.7.1970, 29.7.1970, BArch, N 673/61a.

[1289] Ulrich de Maizière, Rede GenInsp anlässlich der Attaché-Konferenz im Bundesministerium der Verteidigung am 10.3.1970, BArch, N 673/61a.

[1290] De Maizière an Fett, 3.5.1971, BArch, N 673/40. Zum Problem an sich siehe auch Die Personalstruktur der Streitkräfte. Bericht der Personalstrukturkommission des Bundesministers der Verteidigung, Bonn 1971. Auch innerhalb der Armee warb er unermüdlich dafür. Siehe z.B. Ulrich de Maizière, Die Bundeswehr. Ein Rückblick – Folgerungen für die Zukunft. Aus der Ansprache des GenInsp zum Abschluss der 17. Kommandeurtagung in Bad Nenndorf, 10.11.1971, BArch, N 673/62.

Für alle noch offenen Fragen setzte der Minister zu der schon arbeitenden Personalstrukturkommission drei weitere Kommissionen ein[1291]. In der Wehrstrukturkommission unter Leitung des früheren Bundestagspräsidenten Karl Mommer (SPD) wirkten auch die Generale im Ruhestand Kielmansegg und Meyer-Detring mit. Sie sollte Vorschläge zur Wehrgerechtigkeit und zur zukünftigen Wehrstruktur bis zum Ende der 1970er-Jahre vorlegen[1292]. Eine Bildungskommission unter Professor Dr. Thomas Ellwein war für die Konzeptionierung der Bildung und Ausbildung für längerdienende Soldaten verantwortlich, die sich am neuen Bildungsplan der Bundesregierung orientieren musste[1293]. Die dritte »Kommission zur Überprüfung der Organisation und Arbeitsweise des Rüstungsbereiches des Verteidigungsressorts« schließlich stand unter der Leitung von Dr. Siegfried Mann, der seinerseits dem neu geschaffenen Rüstungsstaatssekretär Ernst Wolf Mommsen unterstellt war[1294].

Bereits die Zwischenergebnisse der Wehrstrukturkommission halfen Schmidt im neuerlichen Streit ums Geld mit Finanz- und Wirtschaftsminister Karl Schiller. Nachdem schon der Verteidigungshaushalt 1970 um eine Milliarde DM gekürzt und auch im laufenden Jahr Gelder abgezogen worden waren, hatte dieser massive Einsparungen von 300 Millionen DM für den Verteidigungshaushalt 1972 gefordert[1295]. Schmidt wies, wie schon sein Vorgänger im Amte, darauf hin, dies wäre nicht ohne eine deutliche Reduzierung des Umfangs der Bundeswehr möglich – mit all den sicherheitspolitischen Konsequenzen einer solchen Entscheidung[1296]. Am Ende erreichte er damit sogar eine pro-

---

[1291] De Maizière, In der Pflicht, S. 320-322, und GenInsp, Zusammenstellung wichtiger Vorgänge von August 1966-März 1972, 4. Amtsjahr, BArch, N 673/64, wie auch zum Folgenden.

[1292] Insbes. die Wehrstrukturkommission hielt de Maizière »für eine sehr qualifizierte Gruppe«. Siehe de Maizière an Gen. Steinhoff, 28.1.1972, BArch, N 673/52a.

[1293] Zu de Maizières durchaus nicht unkritischer persönlicher Einstellung gegenüber Ellwein und der nach ihm benannten Kommission siehe de Maizière an O Poeppel, 7.12.1970, BArch, N 673/49a.

[1294] Der 1910 geborene Mommsen war der Enkel von Theodor Mommsen und der Neffe von Max und Alfred Weber. Er hatte gerade als Vorstandsvorsitzender der Thyssen-Röhrenwerke mit den Mannesmann-Röhrenwerken fusioniert und bezog sein Gehalt auch weiterhin aus seiner wirtschaftlichen Verwendung. Zudem war nicht unproblematisch, dass er als junger Mann zum Kreis der jungen Technokraten im Ministerium Speer gehört hatte, dessen persönlicher Referent er zeitweise sogar gewesen war. Auch nach dem Krieg hatte er dem Netzwerk angehört, dass die Familie Speers während dessen Haft unterstützte, sich dort wohl aber nicht so intensiv eingebracht wie andere. Siehe dazu im Überblick Soell, Helmut Schmidt. 1969 bis heute, S. 45 f.

[1295] Kollegiums-Treffen, Eintrag 3.11.1971, PAHS, Privat PZ, Kollegium im BMVg, Bd 3, sowie GenInsp, Zusammenstellung wichtiger Vorgänge von August 1966-März 1972, 4. Amtsjahr, BArch, N 673/64.

[1296] Nach Schmidts Berechnungen waren weder eine Berufsarmee noch die von ihm ursprünglich für das Ende der 1970er-Jahre angestrebte Mischform – halb Berufsarmee, halb Milizverbände mit kurzzeitig dienenden Wehrpflichtigen – finanzierbar, sofern der bisherige Umfang der Bundeswehr beibehalten würde. Demnach hätte selbst eine radikal verkleinerte Berufsarmee den laufenden Haushalt allein an Personal- und Betriebskosten verschlungen. Siehe Soell, Helmut Schmidt. 1969 bis heute, S. 60-63, bes. S. 61. Einsparungen wollte Schmidt noch am ehesten bei FüS vornehmen, da Heer, Luftwaffe und

zentuale Steigerung des Verteidigungshaushalts, die über derjenigen des Gesamthaushaltes lag[1297]. Hauptsächlich wollte sich Schmidt den finanziellen Spielraum zur Schaffung der Bundeswehrhochschulen erhalten, die er intern zu seinem wichtigsten Ziel erklärte[1298]. Mehrmals wiederholte er, es werde mit ihm »überhaupt kein Nachgeben in Bildungsfragen« geben. In seinem Auftrag musste de Maizière noch Anfang 1972 eine »20-Seiten-Skizze« anfertigen lassen, welche die Entwicklung des Bildungswesens beim Offizier und die jahrelangen Bemühungen darum zusammenfasste[1299]. Dabei kam der Widerstand nicht alleine aus der Politik, sondern auch aus der bundesrepublikanischen Bildungslandschaft, von der Rektorenkonferenz bis zur organisierten Studentenschaft[1300]. Obwohl beide Kommissionen ihre Tätigkeit erst nach seiner Verabschiedung abschlossen, hatte de Maizière noch seinen Anteil an der Umsetzung ihrer Ergebnisse, weil er auch nach seiner Dienstzeit in vielen Fällen als Berater hinzugezogen worden ist[1301].

Was die Arbeiten der Kommissionen und deren Kritiker anging, bezog er allerdings bereits am Ende seiner aktiven Zeit eindeutig Position. Die Aufgabenbereiche breit zu durchleuchten und die Ergebnisse der Untersuchungen jedermann zur Diskussion anzubieten, sei ebenso richtig wie nützlich. Der Forderung, es müsse nun endlich Ruhe eintreten, erteilte er dabei eine klare Absage: »Ruhe« gebe es »in Streitkräften nicht oder sie veralten rasch«. Die Erfolgsformel lautete für ihn stattdessen: »Kontinuität in der Sache und Zielsetzung, neue Wege und Methoden im Modus«. Streitkräfte, die wie die Bundeswehr neben der Ausbildung »einen politischen Auftrag der Abschreckung durch Präsenz, d.h. durch Einsatzbereitschaft zu erfüllen haben«, könnten und dürften »nur evolutionär weiterentwickelt werden«[1302]. Schon bei der Installierung der Kommissionen hatte er gemahnt, darauf zu achten, »dass Realisierungsuntersuchungen sehr gründlich gemacht werden, dass die Entwicklung schrittweise verläuft, und dass die Koordinierung stets gewahrt bleibt«[1303]. Wie

---

Marine bereits 1970 entsprechend überprüft worden seien. Siehe Kollegiums-Treffen, Eintrag 16.12.1971, PAHS, Privat PZ, Kollegium im BMVg, Bd 3.

[1297] GenInsp, Zusammenstellung wichtiger Vorgänge von August 1966–März 1972, 6. Amtsjahr, BArch, N 673/64.

[1298] Soell, Helmut Schmidt. 1969 bis heute, S. 63. Zur Bildungskommission, deren Arbeit und die letztliche Umsetzung unter Schmidt und Leber siehe ebd., S. 63–68 sowie S. 73–76.

[1299] Siehe z.B. Kollegiums-Treffen, Eintrag 3.11.1971, PAHS, Privat PZ, Kollegium im BMVg, Bd 3, sowie Kollegium im BMVg, Eintrag 16.2.1972, PAHS, Privat PZ, Kollegium im BMVg, Bd 4.

[1300] De Maizière an Dr. Hans L. Merkle, 13.12.1971, BArch, N 673/47a. Merkle selbst plädierte nachdrücklich für die bundeswehreigenen Hochschulen.

[1301] Siehe hierzu das Schlusskapitel seiner Memoiren mit der bezeichnenden Überschrift »Im tätigen Ruhestand«. De Maizière, In der Pflicht, S. 334–356. Siehe außerdem im Überblick Bald, Die Militärreform. Die Kommissionsberichte finden sich im NL Gumbel in ACDP, I-142-004/3.

[1302] Ansprache GenInsp de Maizière zur Verabschiedung der Lehrgänge an der FüAkBw am 23.9.1971, BArch, N 673/61b.

[1303] Sprechzettel für die Unterrichtung DtA SHAPE durch GenInsp de Maizière am 6.5.1971, ebd.

sinnvoll es in diesem Zusammenhang gewesen ist, von Anfang der »kritischen Bestandsaufnahme« an auch die unteren Führungsebenen der Streitkräfte einzubeziehen, verdeutlichte die Einschätzung des seinerzeit wehrübenden Bundestagsabgeordneten Erwin Horn (SPD): Von Teilnehmern aller drei Tagungen zur Bestandsaufnahme seien die Unteroffiziers- und die Cheftagung »als sachlicher, ergebnisreicher und im Niveau höher« beurteilt worden als die Kommandeurtagung. In »truppenfernen Offizierskreisen« werde nämlich »zu viel über periphere Dinge diskutiert, zu viel Haarschnittideologie betrieben und die konkrete Situation des Soldaten fehleingeschätzt«[1304].

Worum es zumindest manchen jungen Truppenoffizieren ging, machten 30 Hauptleute der 7. Panzerdivision in einer von ihnen verfassten Denkschrift im November 1970 deutlich. Vielleicht fühlten sie sich durch die »Schnez-Studie« ermuntert – laut »Spiegel« immerhin »der bis dahin massivste Angriff auf den ›Staatsbürger in Uniform‹«[1305]. Jedenfalls befahl der Kommandeur der 7. Panzerdivision, Generalmajor Eike Middeldorf, im November 1970 aus seinen Einheiten und Verbänden je einen bewährten Kompaniechef nach Unna, dem Sitz der Division. Am 16. November 1970 sollten die so versammelten 30 Hauptleute all ihre Sorgen und Gedanken zum Zustand der Bundeswehr ungeschminkt zu Papier bringen[1306]. In der Niederschrift der Tagungsergebnisse behaupteten sie ganz im Tenor der »Schnez-Studie«, alle Mängel in Ausbildung, Erziehung und Ausrüstung seien darauf zurückzuführen, dass »die Integration in die Gesellschaft [...] höher veranschlagt [wird] als der Kampfwert des Soldaten«[1307]. Im Gegensatz dazu beharrten sie auf einer Sonderstellung der Streitkräfte und kehrten damit einen der Kerngedanken der Inneren Führung um, nämlich dass die militärische Effektivität der Armee mit dem Grad ihrer gesellschaftlichen Integration zunehme. Dadurch entwerteten sie diejenigen Passagen der Denkschrift selbst, die sich mit tatsächlich vorhandenen Schwierigkeiten bezüglich der Disziplin, dem Missbrauch des Beschwerderechts, den mangelhaften materiellen und personellen Bedingungen oder einer überbordenden Bürokratie auseinandersetzten. Dass die Gruppe außerdem Kontakt zu dem gerade in den Ruhestand versetzten Karst hatte und einige der CDU-Opposition nahestanden, verkomplizierte die Sachlage darüber hinaus.

Kurz vor Weihnachten 1970 wurde dem Inspekteur des Heeres der Abschluss der Arbeit gemeldet und am 12. Januar 1971 diskutierte der Generalinspekteur mit den Hauptleuten. Er widersprach den politisierenden Vorwürfen

---

[1304] Erwin Horn, MdB, an Verlag und Verlagsgesellschaft »Die Reserve loyal«, z.Hd. Joachim Latka, Oktober 1970, Sehen, wo den Soldaten der Schuh drückt, BArch, N 673/43d. Dieses Schreiben war auch an de Maizière gegangen, der es zur Kenntnis genommen hat.

[1305] »Bundeswehr/Hauptleute: Rechtsum und kehrt«, »Der Spiegel«, 5.4.1971.

[1306] Soell, Helmut Schmidt. 1969 bis heute, S. 68 f.

[1307] »Die Niederschrift der Ergebnisse einer Arbeitstagung von Hauptleuten (KpChefs) 7. PzGrenDiv im Dezember 1970« findet sich als Anlage zu GenInsp/FüS I 5, Az. 35-20-17-02, Information für Kommandeure Nr. 3/71, Betr.: Stellungnahme zur Niederschrift einer Gruppe von Kompaniechefs der 7. PzGrenDiv zur Kenntnis, 6.4.1971, BArch, N 673/61b. Eine Abschrift findet sich auch in AdsD, 1/HSA A008080. Siehe dazu auch die Materialien im NL Ulrich de Maizière zu »Hauptleute von Unna 1971«, BArch, N 673/73.

und wies bei den sachlich begründeten auf die gerade begonnene Reformierung hin. Dennoch sagte er zu, den Verteidigungsminister um ein Gespräch mit den Verfassern zu bitten, sofern diese bis dahin keine weiteren Schritte unternäh-men[1308]. Für die »zum Teil berechtigten Beanstandungen« vermochte de Maiziè-re nämlich noch Verständnis aufzubringen, weil sie »erfüllt von der Sorge um die Disziplin und getragen von dem Wunsch zu helfen« formuliert worden seien. Was ihn aber immens störte, war die »zuweilen unqualifizierte Kritik an der politischen und militärischen Führung« und die Form, die »Zurückhaltung, Disziplin und militärischen Takt vermissen ließ«. Persönlich will diese Bespre-chung für ihn »die wohl schwierigste« in seiner Amtszeit als Generalinspekteur gewesen sein, »weil sie zuweilen die Grenzen des noch Hinnehmbaren streif-te«[1309].

Allerdings hielten sich die Hauptleute nicht an die Absprache. Anfang März 1971 gaben sie die Niederschrift an die Presse und schickten sie neben Brigade-general a.D. Karst auch Verteidigungsminister Schmidt persönlich[1310]. Als ihr Divisionskommandeur davon erfuhr, befahl er seinen Hauptleuten zwar, die von ihnen Informierten zu bitten, zunächst von einer Veröffentlichung abzuse-hen, doch darauf ließen sich nicht alle Journalisten ein. Rasch gab der IP-Stab die bereits feststehenden Termine für die Arbeitstagungen mit den Hauptleuten im Rahmen der »kritischen Bestandsaufnahme« bekannt, um gegebenenfalls darauf hinweisen zu können, dass bei diesen Arbeitstagungen ausreichend Ge-legenheit bestehen werde, etwaige Wünsche und Anregungen der Kompanie-chefs mit dem Minister zu diskutieren[1311]. Ende März berichtete dann sogar der konservative britische »Daily Telegraph« unter der Überschrift »Vertrauenskri-se in Deutschlands Armee« von einer »Revolte der Hauptleute«, deren Kritik »im Kern besagt [...], dass die gesamte politische und militärische Führung ver-sagt habe.« Diese Entwicklung sei »vielleicht ernster [...] als die ›Revolte der Generale‹ vor viereinhalb Jahren, weil die Generale in den Ruhestand versetzt [werden] und der Vergessenheit anheimfallen konnten«[1312].

De Maizière hatte jedoch bereits reagiert. Zusammen mit dem Inspekteur des Heeres verschickte er am 21. März 1971 ein Fernschreiben an die Truppe und im Anschluss an die diesbezüglichen Ausführungen des Verteidigungsmi-

---

[1308] Soell, Helmut Schmidt. 1969 bis heute, S. 69-71.

[1309] De Maizière, In der Pflicht, S. 327.

[1310] Siehe dazu H Helge Schulenburg, KpChef PzJgKp 210, Augustdorf, an Bundesminister der Verteidigung, Helmut Schmidt, 6.3.1971, AdsD, 1/HSA A007989. Dort findet sich auch eine namentliche Auflistung der 25 unterzeichnenden Offiziere sowie ein Exemplar der »Niederschrift der Ergebnisse einer Arbeitstagung von Hauptleuten (KpChefs) der 7. PzGrenDiv im Dezember 1970«.

[1311] Am 17.3.1971 wurde Verteidigungsminister Schmidt darüber informiert, dass »einige an der Herstellung der Studie ›Hauptleute 1970‹ beteiligte Herren« die Redaktionen der »Zeit«, der »FAZ« und des »Handelsblatt« auf ihre Ausarbeitung hingewiesen hätten so-wie BG a.D. Karst und Martini. Siehe BMVg/Informations- und Pressestab, Vorlage an den Minister, 17.3.1971, AdsD, 1/HSA A007989.

[1312] BMVg/Informations- und Pressestab/Auslands-Lektorat Nr. 10/71, 31.3.1971, AdsD, 1/HSA A007989.

nisters am 26. März im Bulletin der Bundesregierung sowie am 29. März bei der Kommandeurbesprechung zusätzlich eine »Information für Kommandeure« bis zu den selbstständigen Einheiten und entsprechenden Dienststellen hinunter per Post. Darin stellte er fest, das Soldatengesetz setze eindeutige Grenzen für die Möglichkeit, dem eigenen Vorbringen Nachdruck und Geltung zu verschaffen. Politische und militärische Führung böten in hohem Maße legale Möglichkeiten, Anliegen und Anregungen vorzutragen. Jeder, der dies nicht anerkennen und stattdessen versuchen würde, den Weg in die Öffentlichkeit zu gehen, handele illoyal und schädige das Vertrauen in die Streitkräfte[1313]. Inhaltlich bezog er in zehn Punkten Position zu den Vorwürfen der Denkschrift[1314]. Dabei gestand er zu, die Verfasser hätten zwar »mit großem Engagement und aus Sorge um die Erfüllung ihres dienstlichen Auftrags ihre Sorgen und Forderungen schriftlich formuliert«. Allerdings seien gerade die berechtigten Klagen bereits hinlänglich bekannt. Eine gegenseitige Unterstellung von mangelndem Verantwortungsgefühl oder Illoyalität aber müsse »jedes Vertrauensverhältnis zerstören«. Die Hauptleute könnten gar nicht in der Lage sein, über die Arbeit der politischen und militärischen Führung »ein auf Kenntnis gegründetes Urteil abzugeben«. Ihre Behauptung, die derzeitigen Zustände in der Armee seien »›unerträglich‹ geworden und nicht mehr zu verantworten«, sei infolgedessen eine »unsachliche und unzulässige Übertreibung«. Derartige Überspitzungen führten »zu einer Minderung der Glaubwürdigkeit berechtigter Sorgen« und übernähmen, »soweit sich die Niederschrift dem Ton von Drohungen nähert, [...] Äußerungsformen aus Teilen der Gesellschaft, die in der Truppe nichts zu suchen haben«. Im Endeffekt habe die Niederschrift »die Disziplin geschädigt«, wofür de Maizière die Kommandeure in die Pflicht nahm. Diese hätten »zu einer realistischen Beurteilung« der Lage und Aufgabe der Streitkräfte beizutragen. Urteilen, »die Böswilligkeit unterstellen, wo man nicht mehr verstehen zu können glaubt«, müssten sie umgehend entgegentreten[1315].

Der Minister ging hier mit gutem Beispiel voran. Auf der ersten Tagung der Kompaniechefs in Koblenz traf Schmidt auch mit den Unnaer Hauptleuten zusammen. Nachdem er sie dort erst ausdrücklich auffordern musste, ehe sich wenigstens einige zu äußern getrauten, und diese dann noch teilweise von ihren Vorwürfen abrückten, war die Diskussion darüber in der Truppe weitestgehend erledigt[1316].

Derweil berichtete sogar die »London Sunday Times« am 18. April 1971 über ihren Bonner Korrespondenten Antony Terry von einer »officers' rebellion, which has caused a crisis of confidence in the front line of the NATO sys-

---

[1313] GenInsp/FüS I 5, Az. 35-20-17-02, Information für Kommandeure Nr. 3/71, Betr.: Stellungnahme zur Niederschrift einer Gruppe von Kompaniechefs der 7. PzGrenDiv zur Kenntnis, 6.4.1971, AdsD, 1/HSA A007989, sowie BArch, N 673/61b.
[1314] Ebd.
[1315] Ebd.
[1316] Soell, Helmut Schmidt. 1969 bis heute, S. 71 f., und Sprechzettel für die Unterrichtung DtA SHAPE durch den GenInsp de Maizière, 6.5.1971, BArch, N 673/61b.

tem«[1317]. Terry machte diese Einschätzung an einem Gespräch de Maizières mit den Hauptleuten fest: »The officers ordered him [de Maizière] not to take notes, sent away his army public relations photographer [...], refused to give him a copy of their critical memorandum before it had been sent to the Defence Minister and, as he left the room, shouted derisively: ›You've forgotten your violin case‹[1318].« In einem Brief, den de Maizière an seinen Freund Heinz Salomon schrieb, der ihm den Artikel zugesandt hatte, bezeichnete er den gesamten Artikel als »weit übertrieben«[1319]. Tatsächlich war die öffentliche Wahrnehmung der Vorgänge um die »Hauptleute von Unna« trotz der großen Publizität in der Bundesrepublik begrenzt. Nach einer im Auftrag des Bundespresseamtes (BPA) durchgeführten EMNID-Untersuchung hatten zwar 27 Prozent der Befragten immerhin »Kenntnis genommen, dass eine Anzahl von Hauptmännern der Bundeswehr eine Denkschrift verfasst hat«, aber 73 Prozent hatten sich dafür entweder »nicht interessiert« (64 %) oder ließen die Frage unbeantwortet (9 %). Von den angeblich informierten 27 Prozent wiederum stimmten 12 Prozent dem Inhalt ganz (3 %) oder teilweise (9 %) zu, drei Prozent nahmen eine ablehnende Haltung ein, während acht Prozent kein Urteil abgaben oder gar nicht antworteten[1320].

Anfang Mai 1971 stellte de Maizière bei einer Ansprache vor dem deutschen Anteil bei SHAPE noch einmal klar, dass er »nicht oder nur zu einem geringen Teil« den Inhalt der Niederschrift an sich tadelte, »sondern vor allem die Art der Veröffentlichung«. Man könne »nicht Disziplin verlangen und gleichzeitig selbst undiszipliniert handeln«. Die sachliche Kritik der Hauptleute sei einschlägig, bislang existierten indes nur Aus-, aber noch keine Abhilfe«. Gegen Generalmajor Middeldorf, so teilte er ebenfalls mit, werde hingegen disziplinar ermittelt, über eine beantragte Versetzung in den Ruhestand freilich erst nach Abschluss der Untersuchung entschieden[1321]. Mit Generalleutnant a.D. Haag, dem ehemaligen Leiter der Personalabteilung, hatte er vier Wochen zuvor bereits Klartext gesprochen: »Seit gestern nachmittag beschäftigen wir uns mit Herrn Middeldorf, der nach meinem Urteil die charakterliche Beurteilung, die wir schon immer über ihn hatten, in vollem Maße bestätigt hat. Ich hoffe sehr auf eine klare Entscheidung durch den Minister[1322].« In Wirklichkeit hatte Middeldorf das Kommando schon am 7. April 1971 an Generalmajor Hermann Büschleb abgegeben, der wiederum nach knapp zwei Monaten den Stab an

---

[1317] »German officers rebel against hippy army« by Antony Terry, Bonn, »London Sunday Times«, 18.4.1971, Kopie in BArch, N 673/50b.
[1318] Ebd.
[1319] De Maizière an Heinz Salomon, 5.5.1971, ebd.
[1320] Presse- und Informationsdienst der Bundesregierung, emnid 4/5 im Auftrag des BPA, »Das Bild der politischen Meinung in der Bundesrepublik Deutschland«, 5. Teil der in dem Befragungszeitraum 7.4.–5.5.1971 erzielten Ergebnisse des EMNID-Instituts in Bielefeld zum Thema: »Die Denkschrift der 30 Hauptleute«, an Bundeskanzler, 15.6.1971, AdsD, 1/HSA A007989. Dort auch zu den Details der Befragung/Untersuchung.
[1321] Sprechzettel für die Unterrichtung DtA SHAPE durch GenInsp de Maizière, am 6.5.1971, BArch, N 673/61b.
[1322] De Maizière an GL a.D. Haag, 7.4.1971, BArch, N 673/43a.

Generalmajor Dr. Eberhard Wagemann übergab. Dieser führte die Division dann bis zum 30. Juni 1974, obwohl die »Personalangelegenheit Middeldorf« endgültig erst im März 1972 entschieden wurde[1323].

Derweil war die Bundeswehr nicht zur Ruhe gekommen und stritt weiter um Anredeform, Grußordnung und vor allem die Haar- und Barttracht. Nach einem Urteil des Wehrdisziplinarsenats des Bundesverwaltungsgerichts vom 25. März 1970 in einem entsprechenden Beschwerdeverfahren war nämlich die in der ZDv 10/4 reglementierte Anrede in den Streitkräften rechtswidrig, weil sie gegen den Gleichheitsgrundsatz im Grundgesetz verstieße. Von den sich aus dem Urteil ergebenden drei Alternativen musste der Minister nun eine auswählen. De Maizière neigte dabei in Übereinstimmung mit den Inspekteuren von Heer und Luftwaffe im dienstlichen Bereich der Anrede mit Dienstgrad ohne »Herr« in beiden Richtungen zu[1324]. Der Deutsche Bundeswehrverband hatte währenddessen eine »Umfrage bei allen Truppen- und Standortkameradschaften des Verbandes« durchgeführt, wo man sich »mit großer Mehrheit« für eine andere Lösung aussprach. Demnach wollte man bei der Anrede von unten nach oben »Herr« und Dienstgrad und von oben nach unten »Herr« und Dienstgrad oder Namen verwendet sehen. Dem Verband galt dies nicht nur als eine Frage der äußeren Form oder der Höflichkeit, sondern war für ihn »mit Ausdruck des gesellschaftlichen Selbstverständnisses der Bundeswehr«[1325]. Sowohl de Maizière als auch der Verbandsvorsitzende, Oberstleutnant Heinz Volland, trugen ihre Ansichten dem Beirat Innere Führung vor[1326]. Nach über einjähriger Diskussion entschied sich der Minister am Ende gegen die Meinung de Maizières, der die Anredeform von Anfang an zusammen mit der Grußordnung regeln wollte[1327].

Auch in der Frage der Haar- und Barttracht folgte der Minister dem Vorschlag seines Generalinspekteurs nicht. Schmidts Biograf Hartmut Soell sah später in den Geschehnissen um die »German Hair Force«, wie die Bundeswehr deswegen bald verballhornt werden sollte, die einzige Niederlage Schmidts in seiner Zeit als Verteidigungsminister[1328]. Seiner Meinung nach habe er diese Diskussion unterschätzt, weil er persönlich »ein funktionales Verständnis von Disziplin, das die Individualität des Soldaten so weit wie möglich respektierte, [favorisierte]«[1329]. Ausgelöst im Herbst 1970 durch einen Truppenbesuch des Ministers und einem dabei vorgefundenen Bataillonsbefehl, demzufolge »äußere Disziplin und Erscheinungsbild des Soldaten [...] einen wesentlichen Faktor

---

[1323] Kollegium im BMVg, Eintrag 21.3.1972, PAHS, Privat PZ, Kollegium im BMVg, Bd 4.
[1324] BMVg/GenInsp, TgbNr. FüS 2391/70, Rede GenInsp zum Abschluss der 16. Kommandeurtagung der Bundeswehr am 2.7.1970, 29.7.1970, BArch, N 673/61a.
[1325] OTL Heinz Volland, Bundesvorsitzender des Deutschen Bundeswehr-Verbandes e.V., an de Maizière, 9.6.1970, BArch, N 673/53.
[1326] Ein weiteres Gespräch, das ihm der Vorsitzende des Bundeswehrverbandes anbot, sah de Maizière für »nicht mehr erforderlich« an. Siehe de Maizière an Volland, 15.6.1970, ebd.
[1327] De Maizière, In der Pflicht, S. 329; GenInsp, Zusammenstellung wichtiger Vorgänge von August 1966-März 1972, 4. Amtsjahr, BArch, N 673/64, und Kollegiums-Treffen, Eintrag 30.1.1970, PAHS, Privat PZ, Kollegium im BMVg, Bd 1.
[1328] Soell, Helmut Schmidt. 1969 bis heute, S. 76-81.
[1329] Ebd., S. 76.

der Abschreckung dar[stellen]«, hatte de Maizière Schmidt jedenfalls zwei Befehlsentwürfe zur Haar- und Barttracht vorlegen müssen. Daraufhin schlug der Generalinspekteur Mitte Januar 1971 entweder die Freigabe der Haarlänge bis zum Hemdkragen oder die komplette Freigabe vor[1330]. Er selbst tendierte zur ersten Variante, Schmidt entschied sich am 5. Februar 1971 indes für die zweite[1331]. Angefeindet wurde de Maizière dafür trotzdem. Der Bundestagsabgeordnete Peter Petersen (CDU) machte beispielsweise gleich die gesamte Generalität – »und damit sind Sie natürlich in erster Linie angesprochen, ob Sie persönlich dafür verantwortlich sind oder nicht« – haftbar. Sie habe »seinerzeit im Zusammenhang mit der Diskussion des Schnez-Papieres akzeptiert (bzw. nicht protestiert), dass der Soldatenberuf kein Beruf ›sui generis‹ sei«. Also würde nun »zwangsläufig« jede militärische Einheit so behandelt »wie irgendeine andere Einrichtung des Öffentlichen Dienstes«. Die Folge sei, dass Soldaten mit schulterlangen Haaren herumliefen und »wir uns zum Gespött früherer und alliierter Soldaten Haarnetze zulegen müssen«[1332]. In seinen Antworten gab de Maizière zu, er persönlich schätze das Bild des langhaarigen Soldaten keineswegs, doch sei man in der Entscheidungsfreiheit durch gerichtliche Entscheidungen auf Beschwerden von Soldaten eingeengt worden[1333].

Beschwerden hatte es in der Tat zuhauf gegeben und der Bundestagsabgeordnete Erwin Horn (SPD), der für seine Partei im Verteidigungsausschuss saß, fasste ihren Hintergrund oberflächlich, aber plastisch zusammen:»Die Soldaten können den Widerspruch einfach nicht verstehen, dass sich Kommandeure ihre Zimmer mit Bildern von alten Generalen tapezieren, deren Haar- und Bartwuchs bis an Schultern und Brust reicht, und sie, die Soldaten, am liebsten zur Kahlschur schicken würden[1334].« Entsprechende Beispiele, in denen Soldaten es als einen Eingriff in ihre »persönliche Entfaltungsfreiheit« empfanden, »wenn der Friseurbefehl gegeben wurde«, erreichten de Maizière wirklich[1335]. In der Regel ließ er sie durch seine Adjutanten beantworten[1336]. Die hofften dann auch gerne mal »für Sie und Ihren Haarwuchs, dass inzwischen alle Schwierigkeiten aus dem Wege geräumt sind und Sie keinen Anlass zu Klagen haben«[1337]. Seinem alten Kameraden Heinz Salomon schrieb de Maizière dazu, die Bundeswehr sei keine »hippy army«; sie habe lediglich »gewisse interne Schwierigkeiten, wie im Übrigen jede Wehrpflichtarmee in den westlichen Demokratien«. Es wäre doch auch »erstaunlich, wenn die Probleme der Jugend in unserer Gesell-

---

[1330] De Maizière an Helmut Schmidt, 14.1.1971, AdsD, 1/HSA A005720.
[1331] Soell, Helmut Schmidt. 1969 bis heute, S. 77 f.
[1332] Peter Petersen, MdB, an de Maizière, 3.11.1971, BArch, N 673/48c.
[1333] De Maizière an Generaldirektor a.D. Dr. h.c. F.E. Nord, 17.2.1972, BArch, N 673/48a.
[1334] Erwin Horn, MdB, an Verlag und Verlagsgesellschaft »Die Reserve loyal«, z.Hd. Joachim Latka, Oktober 1970, Sehen, wo den Soldaten der Schuh drückt, BArch, N 673/43d. Dieses Schreiben war auch an de Maizière gegangen, der es zur Kenntnis genommen hat.
[1335] Siehe z.B. Gefreiter Harald Lampacher, PzBtl 294, an de Maizière, 4.2.1971, BArch, N 673/45b.
[1336] Siehe z.B. Antwort des Luftwaffenadjutanten des GenInsp, OTL i.G. Glitsch, an Dr. Dirk Dyckerhoff, 9.3.1971, auf dessen Anfrage, 10.2.1971, beide BArch, N 673/39a.
[1337] Glitsch an Lampacher, 18.2.1971, BArch, N 673/45b.

schaft und ihr gestörtes Verhältnis nicht nur gegenüber den Eltern, sondern auch gegenüber jeder staatlichen Ordnung in den Streitkräften, die mit Wehrpflichtigen zu tun haben, spurlos vorübergehen würden«[1338].

De Maizière konnte in diesem Zusammenhang inzwischen aus eigenen Erfahrungen schöpfen. Vor allem mit den Töchtern Barbara und Cornelia, die beide in der zweiten Hälfte der 1960er-Jahre studierten, war offenbar »die Politik ein nie endendes Diskussionsthema«[1339]. Zudem hatte sein ältester Sohn Andreas am 1. Juli 1970 seinen Grundwehrdienst bei den Panzergrenadieren in Koblenz angetreten[1340]. Auch der Jüngste der Familie, Thomas, zeigte sich in dieser Zeit politisch interessiert und »saugt jede Anregung wie ein Schwamm auf«; er machte aber »kein Theater, sondern es läuft mehr oder weniger selbstverständlich«[1341]. Allerdings werde der zunächst wohl vergleichsweise introvertierte Thomas jedoch »immer pfiffiger und überrascht uns fast täglich mit durchaus passenden und witzigen Bemerkungen«[1342]. Nach seinem Abitur 1972 ging er für zwei Jahre zur Bundeswehr[1343]. Beide Söhne erlebten also noch die »German Hair Force« persönlich, über die wahrscheinlich die ganze Familie diskutierte.

Immerhin erreichte de Maizière bei seinem Minister über die folgenden Monate hinweg eine teilweise Umkehr auf dem kurzfristig eingeschlagenen Weg[1344]. Genau ein Jahr später gab Schmidt schließlich ein »Gutachten zu den Folgen der langen Haar- und Barttracht für die Hygiene der Bundeswehr« in Auftrag. Dieses sollte einen neuen Erlass ermöglichen, wobei »die Begründung auf die Argumente von InSan zu legen (seien), nämlich hygienische Gründe nach 12 Monaten Erfahrung«[1345]. Mit den gewünschten Ergebnissen dieses bestellten Gutachtens wurde der Erlass letztlich revidiert: künftig durften die Haare nicht über die Augen, Ohren und den Kragen reichen[1346]. In einem anschließenden Interview mit dem gerade in den Ruhestand versetzten de Maizière bedauerte dieser, dass man das »Haarproblem« zu einem »Grundsatzprob-

---

[1338] De Maizière an Heinz Salomon, 5.5.1971, BArch, N 673/50b. Siehe in diesem Kontext auch Jarausch, Jugendkulturen und Generationskonflikte.

[1339] De Maizière an O von Ilsemann, 24.4.1968, BArch, N 673/43c. Siehe dazu auch z.B. de Maizière an BG a.D. Heinz Müller-Lankow, 30.12.1968, BArch, N 673/47b; O Heuer, 7.1.1969, BArch, N 673/42; oder GM von Ilsemann, Kdr 2. JgDiv, 17.1.1972, BArch, N 673/43c.

[1340] De Maizière an O a.D. Kaulbach, 1.6.1970, BArch, N 673/44a, und an GL a.D. Schmidt, 22.6.1970, BArch, N 673/51a.

[1341] De Maizière an O Heuer, 19.11.1970, BArch, N 673/42.

[1342] De Maizière an Heuer, 2.1.1967, ebd.

[1343] De Maizière an Heuer, 15.11.1971, ebd.

[1344] De Maizière, In der Pflicht, S. 328–330.

[1345] Kollegium im BMVg, Einträge 29.3. und 19.4.1972, beide PAHS, Privat PZ, Kollegium im BMVg, Bd 4. Im Vorlauf zu den Olympischen Spielen 1972 in München verschob man eine endgültige Regelung zwar auf den Juli 1972, erwog aber die Lösung, »einen vernünftigen Haarschnitt auf freiwilliger Basis als Voraussetzung für den Einsatz in München« zu fordern. Siehe ebd., Eintrag 18.1.1972.

[1346] Soell, Helmut Schmidt. 1969 bis heute, S. 78 f. Zu den vermeintlich hygienischen Folgen der ungezügelten Mähne siehe dort S. 81.

◄ Abb. 58:
Besuch beim dänischen
Chief of Defence, General
Kurt Ramberg (r.), vom 24.
bis 26. November 1969
BArch, N 673

▼ Abb. 59:
Die Folgen des sogenannten
Haarerlasses vom Februar
1971   *SKA/IMZBw, Krämer*

▲ Abb. 60:
Das Ehepaar de Maizière vor dem Rückflug von
einem USA-Besuch (16.-27. April 1969)   *BArch, N 673*

▸ Abb. 61:
Ulrich de Maizière vor seiner Verabschiedung in
Hannover am 23. März 1972   *BArch, N 673*

De Maiziere geht - Zimmermann kommt

Admiral vor schwerem Törn

Man nennt ihn den „Überschallflieger"

Von unserem Korrespondenten Rudolf Kilgus

Bonn, 22. März (Eigenber.)
Wenn am Donnerstag-
abend im Bundesverteidi-
gungsministerium auf der
Bonner Hardthöhe der Große
Zapfenstreich zur Verab-
schiedung von General-
inspekteur Ulrich de Maizière
erklingt, wird zum erstenmal
mit einem alten Brauch gebrochen und dafür ein altes
Versprechen erfüllt: De Maizières Nachfolger und ranghöchster Soldat der Bundeswehr wird ein Vertreter der
kleinsten Teilstreitkräfte: der
55jährige Admiral Armin

inspekteure vor ihm - Heusinger, Förtsch, Trettner und
de Maizière - wurden von
der größten Teilstreitkraft,
dem Heer, gestellt; des Ad-
mirals Nachfolger, so weiß
man schon jetzt, wird mit
hoher Wahrscheinlichkeit ein
Luftwaffengeneral sein.
Der neue Generalinspek-
teur ist in der Bundeswehr
noch weithin unbekannt. Er
wurde 1917 in Brasilien geboren, trat 1937 als Offiziersanwärter in die deutsche
Kriegsmarine ein, komman-
dierte im Krieg Minensuch-

◄ Abb. 62:
Artikel der »Neuen
Osnabrücker Zeitung«
vom 23. März 1972

ABSCHIED VON DER TRUPPE nahm der Generalinspekteur der Bundeswehr, Gene
Ulrich de Maizière (60), gestern (Bild). Die Bundeswehr ehrte ihn auf dem Fliegerh
Wunstorf bei Hannover mit einer einstündigen Feld- und Luftparade, bei der fast
Ketten- und Radfahrzeuge sowie 80 Flugzeuge vorgeführt wurden. Zum erstenmal in ei
Parade fuhr ein neues gepanzertes Fahrzeug mit, ein achträdriger Spähwagen, mit c
die Panzeraufklärungsbataillone ausgerüstet werden sollen.   Funkfoto: upi/

lem« hatte werden lassen. Er machte dabei keinen Hehl daraus, dem Minister eine andere Empfehlung gegeben zu haben, nämlich die Freigabe der Haartracht bis zum Kragenrand, aber nicht darüber hinaus, »dann hätte es auch der Haarnetze nicht bedurft«. So aber habe die Freigabe der Haare bei manchen Vorgesetzten den Eindruck erweckt, man wolle gar kein ordentliches äußeres Erscheinungsbild, und damit dazu geführt, »dass der Elan, die Bereitschaft, nun auch für einen anständigen Anzug zu sorgen oder für eine den Vorschriften entsprechende sonstige äußere Haltung, dass diese Bereitschaft nachgelassen hat«[1347]. Als Generalinspekteur hatte er hier im Sommer 1971 eingegriffen und einen Erlass zur Anzugsordnung herausgegeben, den er ausdrücklich »als eine Ermutigung der Vorgesetzten« verstanden haben wollte, das äußere Erscheinungsbild des Soldaten »nicht noch weiter absinken zu lassen«[1348]. Ob es Nostalgie war oder weil der Verkauf für 2,- DM einer nicht näher genannten »guten Sache« diente, jedenfalls bestellte de Maizière Anfang 1972 über sein Vorzimmer die vom Unteroffizierkorps Köln e.V. nachgedruckte HDv 4711 »Ausbildungsvorschrift für das Rasieren im Reichsheer«[1349]. Er selbst begründete den Kauf damit, dass ihm diese Vorschrift schon seit seiner Kadettenzeit »in lebhafter Erinnerung« sei, und er sich sehr freue, sie nun selbst wieder besitzen zu können[1350].

Wirklich nicht mitgetragen hat de Maizière nur eine einzige politische Entscheidung während seiner gesamten Dienstzeit. Dabei handelte es sich um den 1966 aufgeschobenen Beschluss hinsichtlich der gewerkschaftlichen Betätigung innerhalb der Bundeswehr. Die ÖTV forderte weiterhin ihre Gleichbehandlung gegenüber dem DBwV ein, was die militärische Führung, allen voran de Maizière, mit den seit 1966 unveränderten Argumenten verhindern wollte. Die Auseinandersetzung zog sich hin bis 1971. Schmidt berücksichtigte in seinem Erlassentwurf zwar die militärischen Vorbehalte, leitete ihn aber an den Verteidigungsausschuss weiter. Dort konnte zwar auch der Generalinspekteur seine Sicht der Dinge vortragen, drang aber nicht durch. CDU/CSU wie SPD empfahlen letztlich, beide Interessenvertetungen innerhalb der Kasernen zuzulassen. De Maizière dachte daraufhin an Rücktritt, ließ sich aber nach Rücksprache mit den Inspekteuren und den Kommandierenden Generalen zum Bleiben überreden. Den am 20. November 1971 folgenden »Gewerkschaftserlass« zeichnete er

---

[1347] Sendung DFS »Zu Protokoll«, Gespräch Günter Gaus mit General a.D. de Maizière (Tonbandabschrift), 9.4.1972, AdsD, 1/HSA A005947.
[1348] De Maizière an Befehlshaber im WB IV, GM Achim Oster, 2.8.1971, BArch, N 673/48b.
[1349] OF Buschbeck, Schatzmeister des Unteroffizierkorps Köln e.V., an de Maizière, 21.2.1972, BArch, N 673/43d.
[1350] De Maizière an Buschbeck, 24.2.1972, ebd.

jedoch nicht mit[1351]. Seine eigene Mitgliedschaft im DBwV kündigte er außerdem bald nach dem Ausscheiden aus dem aktiven Dienst[1352].

Doch nicht mittels diverser öffentlicher Auftritte und interner Aussprachen allein gelang es de Maizière und Schmidt, die Wogen wieder zu glätten und die Verhältnisse zu relativieren[1353]. Vor allem waren dafür eine ganze Reihe von Verbesserungen in Organisation, Personalwesen und Ausbildung verantwortlich. Mit ihnen vollzog sich zu Beginn der 1970er-Jahre ein Wandel, innerhalb dessen sich die allmähliche Akzeptanz der Inneren Führung in der Bundeswehr durchsetzte[1354]. Die allgemeine Bildungsreform in der Gesellschaft hielt auch in der Armee Einzug – am signifikantesten mit der Gründung der Bundeswehrhochschulen[1355]. Für die Truppe wurden die grundlegenden Regeln und Aussagen der Inneren Führung in Form einer Zentralen Dienstvorschrift, der ZDv 10/1 »Hilfen für die Innere Führung«, unter der Leitung de Maizières und des Parlamentarischen Staatssekretärs Karl-Wilhelm Berkhan zum ersten Mal verbindlich fixiert[1356]; beides Themen, für die sich de Maizière schon seit Langem engagiert hatte.

Gerade das Hochschulstudium als Teil der Offizierausbildung war jahrelang ein höchst umstrittenes Projekt. Viele ältere Offiziere befürchteten »eine Akademisierung des Offizierkorps zulasten des praktischen Könnens«[1357]. Dagegen mahnte de Maizière bereits 1964 als Kommandeur der Führungsakademie, fachliches Wissen sei zwar »eine unerlässliche Grundlage«, reiche aber allein nicht aus: »Bildung und Charakter gehören dazu.« Mit der »Verbesserung der geistigen Breite der Offiziere und Unteroffiziere« gebe es »mehr Einsicht und Sicherheit und damit eine bessere Lösung der gestellten Aufgabe«[1358]. Nach dem Re-

---

[1351] Rautenberg, Ulrich de Maizière, S. 210 f. Siehe dazu de Maizières Begründung seiner Nicht-Mitzeichnung im Schreiben an den Bundesminister der Verteidigung, 19.11.1971, AdsD, 1/HSA A005666, sowie in BArch, N 673/97.

[1352] Zu seinem Austritt aus dem DBwV siehe den Schriftwechsel zwischen de Maizière und dem Bundesvorsitzenden des DBwV, OTL Heinz Volland, ab dem 25.4.1972, der sich bis zum 2.10.1972 hinzog, ebd.

[1353] Siehe hierzu z.B. die Rede de Maizières vor der Staatspolitischen Gesellschaft in Hamburg am 10.3.1969 zum Thema »Die Bundeswehr heute und in den 70er-Jahren«, BArch, Bw 1/160924, oder sein Grußwort anlässlich der Feierstunde zum 20-jährigen Bestehen des VDS am 29.5.1970 in Bonn-Bad Godesberg, BArch, Bw 1/25376. Schmidt musste sich demgegenüber u.a. der Fragestunde des Deutschen Bundestages vom 15.1.1970 stellen, BArch, N 673/71.

[1354] Bald, Die Militärreform.

[1355] Krause, Das Konzept der Inneren Führung.

[1356] De Maizière an BG Punzmann, 3.12.1971, BArch, N 673/49a. De Maizière hatte mit dem Parlamentarischen Staatssekretär Berkhan »ein außerordentlich nützliches und sehr erfreuliches, langes Gespräch über die Leitsätze«, indem sich beide darauf einigten, »sie [...] nicht als ›Leitsätze‹ [...], sondern als ›Handlungsanweisungen‹ für den Vorgesetzten und insbesondere den KpChef« zu bezeichnen. Zur Person Berkhan siehe Vogel, Karl Wilhelm Berkhan.

[1357] Bahnemann, Parlamentsarmee?, S. 131.

[1358] Ulrich de Maizière, Ansprache Kommandeur FüAkBw am 15.7.1964 vor allen Stammoffizieren, Beamten, Hörern und Uffz (Tonbandaufnahme, redigiert), sowie zum Abgleich das Redemanuskript de Maizières, Ansprache vor der FüAkBw und dem Brigadekommandeur-Lehrgang vor der Sommerpause 1964, 15.7.1964, beide BArch, N 673/58.

gierungswechsel besaß er mit Schmidt nun einen Minister, der diese Sichtweise voll unterstützte und ihre Umsetzung ganz oben auf seine Agenda schrieb.

Dabei handelte es sich allerdings nicht alleine um eine Bildungsoffensive innerhalb der Streitkräfte. Gleichzeitig sollte damit auch die Attraktivität des Soldatenberufes gesteigert werden. Seit Jahren gingen die Bewerberzahlen dramatisch zurück, sodass zur Frage der Qualität zunehmend die der Quantität trat[1359]. Bildung und Ausbildung des Offiziers und Unteroffiziers, so der Generalinspekteur im Dezember 1970, müssten nun so gestaltet werden, dass eine in der Bundeswehr erreichte Stufe der Bildung und Ausbildung zugleich auch außerhalb der Bundeswehr anerkannt und verwertet würde[1360]. Die in den 1950er-Jahren entwickelte Ausbildung des Offiziernachwuchses entspreche längst nicht mehr den sich wandelnden und wachsenden Anforderungen an den Offizierberuf. Eine kontinuierliche stufenweise Aus- und Weiterbildung mit dem Studium als zentraler Neuerung sei daher eine notwendige Anpassung. Im Ergebnis sollte »die Effektivität des Offizierberufes gesteigert, aber auch seine Attraktivität erhöht werden«[1361]. Mehrsprachigkeit war für ihn beispielsweise »eine wichtige Voraussetzung für eine Verwendung im höheren Bereich der Führung«[1362], gleichwohl müssten ganz grundsätzlich »die Nützlichkeit und der Reichtum der Bildung, zu der auch die Ausbildung gehört, wiederentdeckt worden«[1363]. Nur wenige Jahre später und nach seinem Ausscheiden aus dem aktiven Dienst warnte er indes, wissenschaftliche Bildung sei für den Offizier richtig und wichtig, das Pendel könne aber »allzuweit ausschlagen«. Der militärische Dienst werde nach wie vor bestimmt »durch den Umgang mit Waffensystemen und den Umgang mit Menschen«. Militärische Führung sei »immer konkret und personal, nicht aber abstrakt und anonym«[1364].

Auf der 16. Kommandeurtagung im Juli 1970 in Köln forderte er hingegen, die militärischen Berufsbilder so zu gestalten, dass sie zivilen Berufsbildern vergleichbar würden. Selbstverständlich müssten »bestimmte Besonderheiten« erhalten bleiben, trotzdem müsse es das Ziel sein, eine »Ebenengleichheit« gegenüber zivilen Werdegängen herzustellen. In diesem Zusammenhang würde die Bundeswehr nun folgerichtig in den Gesamtbildungsplan der Bundesregierung eingebettet. Dessen Ziel sei die »Erziehung eines kritischen und urteilsfähigen Bürgers [...], der imstande ist, durch einen permanenten Lernprozess die

---

[1359] Siehe hierzu grundlegend Loch, Das Gesicht der Bundeswehr.

[1360] Ulrich de Maizière, Ansprache GenInsp vor dem ausländischen Militärattachékorps am 15.12.1970, BArch, N 673/61a.

[1361] Kein Widerspruch zwischen Friedenssicherung und Kampfbereitschaft. Interview des Parlamentarisch-Politischen Pressedienstes (PPP) mit dem aus dem Amt scheidenden Generalinspekteur der Bundeswehr, Ulrich de Maizière, 16.3.1972, BArch, N 673/62.

[1362] BMVg/Informations- und Pressezentrum, Rede GenInsp de Maizière beim Gästeabend des WBK III, Düsseldorf, am 16.4.1970, BArch, N 673/61a.

[1363] Ansprache GenInsp de Maizière, anlässlich der Verabschiedung von Lehrgangsteilnehmern der FüAkBw am 22.9.1970 in Hamburg, ebd.

[1364] De Maizière, Das Bild des Offiziers, S. 281. Siehe in ähnlichem Tenor auch das Interview mit Gen. a.D. de Maizière am 18.4.1978, Studentenzeitung der Hochschule der Bundeswehr München, 1 (1978), S. 8–14.

Bedingungen seiner sozialen Existenz zu erkennen und sich entsprechend zu verhalten«. Mithin handelte es sich hierbei um eine zentrale Forderung der Inneren Führung von Anfang an, woran de Maizière auch umgehend erinnerte: Der Streit um die Notwendigkeit der Bildung für militärische Vorgesetzte sei inzwischen »so alt, dass er zuweilen schon anekdotische Formen« annehme. Dem noch immer vorzufindenden Glauben, dass »die Beherrschung des Waffenhandwerks allein die Qualifikation des militärischen Vorgesetzten ausmache, dass der militärische Beruf ein ausschließlich praktischer Beruf sei und dass zu viel Wissen und zu viel geistige Schulung den militärischen Führer zum Entschluss und zum Handeln unfähig machen«, erteilte er eine klare Absage: »Heute verlangt auch das sogenannte Handwerkliche, Fachliche und Technische eine wissenschaftliche Durchdringung.« Daraus folgerte er eine unmissverständliche Konsequenz: Es könne »keine Diskussion darüber geben, dass in einer sehr komplexen Umwelt, die sich zum Beispiel überall neue Autoritätsbegriffe schafft, militärische Führungskräfte einer wissenschaftlichen Fortbildung bedürfen«[1365].

Damit hatte der Generalinspekteur den Kurs vorgegeben und verdeutlicht, dass nicht nur die politische, sondern auch die militärische Führung gewillt war, diesen Weg zu gehen. Als sichtbares Zeichen dafür setzte er zum 1. August 1970 einen »Beauftragten für Erziehung und Bildung beim Generalinspekteur der Bundeswehr« ein[1366]. Seine Ansprache auf der Kommandeurtagung wurde darüber hinaus in der Bundeswehr weit gestreut. In weiten Teilen identisch hatte er sie bereits am 16. April 1970 in Düsseldorf auch öffentlich gehalten. Dort war sie »fast ausnahmslos mit Aufmerksamkeit und Zustimmung zur Kenntnis genommen worden«[1367]. Sie sollte die programmatischen »Grundsätze und Grundlinien« verkünden, »an denen sich die Bundeswehr nach 15 Jahren orientiert«[1368].

Demnach stellte die Landesverteidigung »ein Erfordernis jeder staatlichen Existenz« dar, als »eines der Mittel jeder politischen Führung, die eine friedliche Entwicklung und ein Leben in Freiheit und Rechtsstaatlichkeit für den einzelnen Bürger sichern will«. Sich daran zu erinnern, dass die Bundeswehr bereits länger bestehe als Reichswehr oder Wehrmacht sei hilfreich, um »sich von allzu direkten Vergleichen mit Streitkräften freizumachen, die unter anderen Vorzeichen und unter anderen Bedingungen geschaffen wurden und lebten«. Er

---

[1365] BMVg/GenInsp, TgbNr. FüS 2391/70, Rede GenInsp zum Abschluss der 16. Kommandeurtagung der Bundeswehr am 2.7.1970, 29.7.1970, BArch, N 673/61a.

[1366] Dessen Aufgabe war es, die innere Ordnung in den Streitkräften zu beobachten und den Generalinspekteur in allen Fragen der Erziehung und Ausbildung zu beraten. Siehe Gen Insp, Zusammenstellung wichtiger Vorgänge von August 1966–März 1972, 4. Amtsjahr, BArch, N 673/64.

[1367] De Maizière an Staatssekretär a.D. Prof. Dr. Karl Carstens, 4.5.1970, BArch, N 673/38.

[1368] BMVg/GenInsp, TgbNr. FüS 2391/70, Rede GenInsp zum Abschluss der 16. Kommandeurtagung der Bundeswehr am 2.7.1970, 29.7.1970, BArch, N 673/61a. De Maizières Düsseldorfer Rede wurde auch über das Informations- und Pressezentrum des BMVg verteilt. BMVg/Informations- und Pressezentrum, Rede GenInsp de Maizière beim Gästeabend des WBK III, Düsseldorf, am 16.4.1970, BArch, N 673/61a.

forderte dazu auf, zwar »mit dem Blick auf Übermorgen« zu planen, aber »dabei im Auge zu behalten, was wir morgen tun müssen und können«, grundsätzlich flexibel zu bleiben und grundlegende wirtschaftliche Faktoren zu berücksichtigen. Zwar gelte es auf der hohen politischen Ebene »neue Formen des strategischen Gleichgewichts« zu finden, wie beispielsweise mit den SALT-Gesprächen, grundsätzlich müsse die Verteidigungsplanung jedoch auch weiterhin »über konventionelle und nukleare Mittel verfügen«[1369].

De Maizière blieb also seiner Linie weiterhin treu und versuchte die Bundeswehr aus der kritischen Situation, in die sie sich größtenteils selbst manövriert hatte, mit klarer Zielsetzung, aber Augenmaß herauszuführen. Persönlich glaubte er am Jahresende 1970 »eine Pause nötig« zu haben. Auf einer neuerlichen vierwöchigen Kur im Schwarzwald wollte er sich für sein letztes Amtsjahr noch einmal »fit« machen[1370]. Dass dieses letzte Jahr »noch viel Abwechslung und Arbeit bringen« würde, sah er bereits voraus[1371]. In jedem Fall wollte er seinem Nachfolger »ein weitgehend ›geordnetes Haus‹ übergeben und damit auch für eine möglichst kontinuierliche Fortführung der Arbeit sorgen«[1372].

Schon im August 1971 hatte er sich für seine letzten acht Monate noch ein umfangreiches Arbeitsprogramm zusammengestellt. Allzu viele Dinge seien in Bewegung geraten, die es »nunmehr richtig zu steuern« gelte[1373]. Dazu gehörten hauptsächlich die Verkürzung des Grundwehrdienstes auf 16 Monate sowie die Neuordnungen der Personalstruktur und der Ausbildung und Bildung. Dem Minister trug de Maizière »sehr eindringlich« vor, alle drei Projekte griffen tief in die bisherige Ordnung ein und müssten daher sorgfältig koordiniert und vorher auf ihre Realisierbarkeit überprüft werden. Darin erkannte er den Schwerpunkt der ihm noch verbleibenden Zeit[1374]. Außerdem war ihm die Herausgabe der neugestalteten ZDv 10/1 ›Hilfen für die Innere Führung‹ offenbar eine Herzensangelegenheit. Anfang Februar 1972 bat er den Minister darum, persönlich und deswegen noch innerhalb seiner Amtszeit das Vorwort zu dieser Vorschrift unterschreiben zu können[1375]. Dafür opferte er »Kur und Resturlaub«, beides sei »nicht so wichtig«[1376]. Die ZDv 10/1 war für ihn als »eine kon-

---

[1369] BMVg/Informations- und Pressezentrum, Rede GenInsp de Maizière beim Gästeabend des WBK III, Düsseldorf, am 16.4.1970, BArch, N 673/61a.

[1370] De Maizière an O Lyhme, Kdr VBK 11, 23.12.1970, BArch, N 673/46b.

[1371] De Maizière an O a.D. Kaulbach, 14.4.1971, BArch, N 673/44a, und an BG Göricke, Chef des Stabes II. Korps, 11.12.1971, BArch, N 673/41b.

[1372] De Maizière an GM Dr. Wagemann, Kdr 7. PzDiv, 20.12.1971, BArch, N 673/54a.

[1373] De Maizière an GM a.D. Eberhard Henrici, 15.8.1971, BArch, N 673/42.

[1374] De Maizière an Heusinger, 26.2. und 2.8.1971, sowie an Heuer, 6.1.1971, alle ebd.

[1375] Kollegium im BMVg, Eintrag 2.2.1972, PAHS, Privat PZ, Kollegium im BMVg, Bd 4. Dazu sollte Dr. Eckhard Opitz umgehend einen Entwurf erstellen. Wegen Verzögerungen im Verteidigungsausschuss gelang die Unterzeichnung vor dem 31.3.1972 nicht mehr. Siehe GenInsp, Zusammenstellung wichtiger Vorgänge von August 1966-März 1972, 6. Amtsjahr, BArch, N 673/64.

[1376] De Maizière an GM von Ilsemann, Kdr 2. JgDiv, 17.1.1972, BArch, N 673/43c. Außerdem wollte er noch »einen Befehl für den staatsbürgerlichen Unterricht in der Truppe unter Außerkraftsetzen der ZDv 12/1, einige wichtige Entscheidungen zum Rüstungsplan und einige Wegweiser für die Untersuchungen für eine zukünftige Struktur der Bundeswehr«

krete Hilfe für die untere Truppenführung gedacht«[1377]. Bis in seine letzten Arbeitstage hinein feilte er an ihren Details[1378]. Mit ihr eröffnete sich seiner Meinung nach die Möglichkeit, vor allem »das untere Offizierkorps zu aktivieren«, zumal er der Ansicht war, »dass die Vorgesetzten nicht willens sind, sich durchzusetzen, weil sie kein Vertrauen darin haben, dass dies von der Leitung gewünscht wird«[1379]. Nachdem sie endlich an die Truppe herausgegeben werden konnte, lobte er sie immerhin als »recht brauchbar.« Sie sei »eine Konkretisierung und vernünftige Weiterentwicklung, und damit eine wirkliche Hilfe für die Handhabung der Inneren Führung in der Praxis«[1380].

Es ist vielleicht das größte Verdienst Ulrich de Maizières um die Bundeswehr, in der Stunde des offensichtlichen Generalangriffes auf das Konzept der Inneren Führung standhaft geblieben zu sein. Freilich hätte er bei jeder anderen Positionierung unter einem sozialdemokratischen Minister Helmut Schmidt auch seinen Rücktritt anbieten müssen. Dass er seit seinem Eintritt in das Amt Blank unentwegt für die Innere Führung gestritten hat, macht sein Verhalten jedoch glaubwürdig. In einem Interview mit Günter Gaus unmittelbar nach seinem Ausscheiden aus dem Dienst stellte de Maizière dies noch einmal unmissverständlich fest. Auf die Frage, ob er »ganz ausräumen« wolle, »dass seinerzeit, als es in den 50er-Jahren um die Bewaffnung der Bundesrepublik ging, Leute wie Sie den Gedanken an eine neue Armee vor sich selber und vielleicht durchaus unbewusst und gegenüber anderen überhaupt nur so formulieren konnten, dass eine Armee konzipiert wurde, die möglichst wenig Armee sein sollte?«, antwortete er: »Nein. Das ist ein Irrtum, und ich kann hier für meine Freunde Baudissin und Kielmansegg in gleicher Weise sprechen. Unsere Vorstellung ist gewesen, eine Armee, die funktioniert, die ihren Auftrag erfüllen kann, die aber zur Erfüllung dieses Auftrages hineingestellt ist in unsere staatliche, rechtliche und soziale Ordnung[1381].« In einem kurz zuvor an Baudissin verfassten Brief hatte de Maizière allerdings auf den feinen Unterschied zwi-

---

in Gang setzen. Seinem Minister empfahl er allerdings, an seine Gesundheit zu denken: »Wir, d.h. die Soldaten innerhalb und außerhalb des Ministeriums, beobachten mit Sorge, dass das Tempo der Arbeit und das Maß an Bürde, die Sie sich ständig aufladen, auf die Dauer physisch nicht ohne Schaden bewältigen werden können. [sic!]« Siehe de Maizière an Helmut Schmidt, 22.12.1971, AdsD, 1/HSA A005720.

[1377] Ulrich de Maizière, Die Bundeswehr. Ein Rückblick – Folgerungen für die Zukunft. Aus der Ansprache des GenInsp zum Abschluss der 17. Kommandeurtagung in Bad Nenndorf, 10.11.1971. Siehe dazu auch das 20-minütige Interview Ulrich de Maizières, Gen Insp, zum Problem der ›Inneren Führung‹ mit Bernd C. Hesslein und Karl H. Harenberg im NDR vom 13.3.1972, Interviewniederschrift durch BPA/Abt. Nachrichten/Referat II/4, Deutsche Gruppe, 14.3.1972, beide BArch, N 673/62.

[1378] In der Kollegiumssitzung am 17.2.1972 empfahl de Maizière die Aufnahme der Begriffe »Verschwiegenheit« und »Wahrheitsliebe« in die Einleitung zur ZDv 10/1. Schmidt erklärte dazu, sie seien nicht absichtlich herausgelassen worden. Siehe Kollegium im BMVg, Eintrag 17.2.1972, PAHS, Privat PZ, Kollegium im BMVg, Bd 4.

[1379] Ebd., Eintrag 21.3.1972.

[1380] De Maizière an Helmut Schmidt, 4.7.1972, AdsD, 1/HSA A005947.

[1381] Sendung DFS »Zu Protokoll«, Gespräch Günter Gaus mit General a.D. de Maizière (Tonbandabschrift), 9.4.1972, AdsD, 1/HSA A005947.

schen ihnen beiden selbst aufmerksam gemacht. Er schrieb ihm nämlich, »natürlich« würde von manchen versucht, alle Schwierigkeiten in der Bundeswehr auf ein »Versagen« der Inneren Führung zurückzuführen. Sie beide wüssten jedoch, »dass die Schwierigkeiten mit Sicherheit viel größer wären, wenn wir nicht rechtzeitig einen neueren Weg versucht hätten«[1382]. Während Baudissin einen neuen Weg hatte gehen wollen, und damit nicht reüssieren konnte, war de Maizière persönlich mit dem neueren erfolgreich – nicht zuletzt, weil er sich flexibler zeigte, konzilianter, nicht dogmatisch; alles Eigenschaften, die man ebenso mit diplomatisch wie pragmatisch, vielleicht sogar mit opportunistisch zusammenfassen könnte. Bezeichnend dafür ist seine Einschätzung am Ende seines vierten Amtsjahres, also nach der Grashey-Affäre, der Schnez-Studie und den »Leutnanten 70«. Damals meinte er, all die Auseinandersetzungen um die Innere Führung hätten zwar zur »Klärung und Abgrenzung« beigetragen, nun aber müsse aufgepasst werden, dass der »gesellschaftspolitische« Trend nicht zu »progressiv« würde und »die unerlässlichen soldatischen Besonderheiten bzw. Eigenständigkeiten« beachtet blieben[1383]. Dennoch steht am Ende die Abwehr des Generalangriffs, dem noch viele kleinere Attacken bis in die Gegenwart folgen sollten. Dass in den 1970er-Jahren etliche der Mängel im Truppenalltag abgestellt werden konnten und gleichzeitig die Aufbaugenerationen in den Ruhestand traten, unterstützte diese Entwicklung freilich nachhaltig[1384]. Wie insgesamt in der bundesrepublikanischen Gesellschaft beruhigte sich auf diese Weise die Situation auch in der Bundeswehr. Die teilweise begonnenen, teilweise angestoßenen Reformen, die strukturellen und organisatorischen Änderungen, die Verbesserungen in diversen Bereichen waren allesamt Schritte, »von denen man sich einiges erhoffte«[1385].

Auch de Maizière selbst zog in seinen letzten Vorträgen vor den zuständigen politischen Gremien im März 1972 alles in allem eine überwiegend positive Bilanz, verschwieg allerdings nicht – auch hier noch immer ganz der abwägende, das Für und Wider darstellende Generalstabsoffizier – seine Sorgen um die Personallage, vor allem aber um »Disziplin und innere Kampfkraft«[1386]. So ging

---

[1382] De Maizière an Baudissin, 29.3.1972, BArch, N 673/87.

[1383] GenInsp, Zusammenstellung wichtiger Vorgänge von August 1966 – März 1972, 4. Amtsjahr, BArch, N 673/64.

[1384] De Maizière vertrat dazu nachdrücklich die Ansicht, die Notwendigkeit zu einer »drastischen Verjüngung des Offizierkorps« sei für jeden, der sich eingehend mit der Personallage beschäftige, offensichtlich, sodass bereits »in zunehmendem Maße mit der Verabschiedung von Generalen bis zum Geburtsjahrgang 1915« begonnen worden ist. Siehe de Maizière an O Johann Condné, 26.8.1970, BArch, N 673/38. »Politische Überlegungen« hätten dabei – mit Ausnahme von Karst – »keine Rolle gespielt«. Siehe GenInsp, Zusammenstellung wichtiger Vorgänge von August 1966 – März 1972, 4. Amtsjahr, BArch, N 673/64, zur namentlichen Auflistung ebd., 5. Amtsjahr. Manch Betroffener war hierzu durchaus anderer Meinung wie de Maizières Jahrgangskamerad Thilo. Siehe GL a.D. Thilo an de Maizière, 21.2.1972, BArch, N 673/88. Sie wurden von Gumbel unterstützt, der unterstellte, man wolle nun »die Offiziere loswerden, die nach Baudissin'schem Maßstab als nicht zeitgemäß gelten«. Siehe Gumbel an Thilo, 9.7.1970, ACDP, I-142-005/4.

[1385] Bahnemann, Parlamentsarmee?, S. 131 f.

[1386] De Maizière, In der Pflicht, S. 330 – 332, hier S. 332.

er »mit dem vollen Bewusstsein«, genug getan zu haben; es sei nun durchaus an der Zeit, die Verantwortung in jüngere Hände zu legen[1387]. Seine Generation dürfe »mit gutem Gewissen sagen«, in der Bundeswehr trotz mancher Schwierigkeiten etwas geschafft zu haben. Wenigstens habe »es keine Auseinandersetzung mit Waffen mehr gegeben«[1388]. Insofern hatten einzelne Stimmen keine Chance, die frühzeitig versuchten, ihn zum Weitermachen zu bewegen[1389]. Er freute sich schon »auf die Zeit, wo ich vieles nachholen kann, was in den vergangenen Jahren zurückgestellt werden musste«[1390].

An der Diskussion um seine Nachfolge, die schon ein Jahr zuvor eingesetzt hatte, beteiligte sich de Maizière öffentlich nicht[1391]. Er war sich jedoch sicher, es würde »keine parteipolitisch bestimmte Entscheidung« geben[1392]. Darauf hoffte auch sein ehemaliger Marineadjutant Kampe: »Für die Bundeswehr wäre es gut, wenn diese Spitzenpersonalentscheidung nicht wieder den Kampf zwischen ›Traditionalisten‹ und ›Reformern‹ ausbrechen ließe und all denen der Wind aus den Segeln genommen würde, die heute nach der Parole durch das Land ziehen: In der Bundeswehr kann man nur noch als SPD-Mann oder als Reformer etwas werden[1393].« Die Marine wünschte sich verständlicherweise den Befehlshaber der Flotte, Vizeadmiral Armin Zimmermann, obwohl man dort die Gefahr sah, »dass er als Feigenblatt für eine mögliche Reduzierung von Marineprogrammen herhalten muss«[1394]. Dieser war bei Helmut Schmidt neben den Generalleutnanten Karl Schnell, Helmut Schönefeld und Ernst Ferber in der engeren Auswahl[1395].

Die Entscheidung fiel tatsächlich für Zimmermann. Ab Mitte Januar wurde er von der unmittelbaren Verantwortung für die Flotte entbunden, um sich auf sein neues Amt vorbereiten zu können[1396]. Auf der Klausurtagung des Schmidtschen Kollegiums am 25. Januar 1972 war er bereits »als Gast« dabei[1397]. Dort gab ihm de Maizière einen kurzen Gesamtüberblick, stellte anschließend »gewisse Projekte« heraus und »Alternativen für künftige Strukturen der Bw« dar[1398]. Persönlich war er davon überzeugt, der Admiral würde »die in den ver-

---

[1387] De Maizière an Kdr PzGrenBrig 2, BG Lothar Domröse, 30.12.1971, BArch, N 673/39a, und ähnlich an Heuer, 15.11.1971, BArch, N 673/42, sowie GL a.D. Meyer-Detring, Gesellschaft für Wehrkunde in München, 7.5.1971, BArch, N 673/47a.

[1388] Diese Ansicht hatte de Maizière so bereits schon am Ende seiner Dienstzeit vertreten. Siehe de Maizière an GL Uechtritz, 8.9.1971, BArch, N 673/181.

[1389] GL Hubert Sonneck an de Maizière, 24.2.1971, BArch, N 673/50b. Er wünschte sich seinerzeit, »dass Sie ohne Rücksicht auf Altersgrenzen noch recht lange am Steuer bleiben mögen«.

[1390] De Maizière an O a.D. Friedrich Doepner, 13.12.1971, BArch, N 673/39a.

[1391] De Maizière an O a.D. Kaulbach, 14.4.1971, BArch, N 673/44a.

[1392] De Maizière an K z.S. Helmut Kampe, Kommodore Marinefliegergeschwader 3 »Graf Zeppelin«, 14.3.1971, ebd.

[1393] Kampe an de Maizière, 23.2.1971, ebd.

[1394] Ebd.

[1395] Kollegiums-Treffen, Eintrag 2.9.1970, PAHS, Privat PZ, Kollegium im BMVg, Bd 1.

[1396] De Maizière an GM Dr. Wagemann, Kdr 7. PzDiv, 20.12.1971, BArch, N 673/54a.

[1397] Kollegiums-Treffen, Eintrag 24.11.1971, PAHS, Privat PZ, Kollegium im BMVg, Bd 3.

[1398] Ebd., Eintrag 14.12.1971.

gangenen Jahren eingehaltene Linie voll weiterführen«[1399]. Dass es in der Folge jedoch kaum Kontakt und entsprechend wenig Austausch zwischen dem neuen Generalinspekteur und seinem Vorgänger gab, führte de Maizières ehemaliger Adjutant Bahnemann auf die gestörte »Chemie« zwischen beiden zurück[1400].

Zu diesem Zeitpunkt befanden sich die Vorarbeiten zu seiner Verabschiedung hinter den Kulissen freilich schon in vollem Gange. Bereits Anfang September 1971 war de Maizière von Göricke gefragt worden, »in welcher Form der Generalinspekteur der Bundeswehr zum Abschluss seiner Laufbahn den i-Punkt oder das Ausrufungszeichen setzt«[1401]. Über den endgültigen Termin des Abschiedsempfangs informierte ihn dann sein Stellvertreter Freytag von Loringhoven am 11. Januar 1972[1402]. Am 23. März 1972 wurde er auf der Hardthöhe mit einem Empfang und dem üblichen Großen Zapfenstreich verabschiedet, am 30. März folgte als besondere Ehrung ein Abschiedsessen mit den Angehörigen des Verteidigungsausschusses. Bemerkenswert war jedoch die Feldparade eine Woche zuvor, die größte seit Bestehen der Bundeswehr auf dem Fliegerhorst Wunstorf, inklusive Spielmannszug und Überflug sämtlicher Luftfahrzeugmuster der Streitkräfte[1403]. Im Anschluss bedankte sich de Maizière beim Inspekteur der Luftwaffe, Generalleutnant Günther Rall, »für die eindrucksvolle Feldparade«. Sie sei nicht nur für ihn persönlich »sehr bewegend« gewesen, sondern habe auch »der oft so kritischen Öffentlichkeit« gezeigt, dass die Bundeswehr funktionsfähig und diszipliniert sei. Das wiederum sei »gerade im gegenwärtigen Augenblick von besonderer politischer Bedeutung«[1404].

Bis zu seiner eigenen Verabschiedung ist de Maizière indes alles andere als ein Paradenfreund gewesen. Schon in seiner Zeit im Amt Blank opponierte er

---

[1399] De Maizière an Chief of Defence Denmark, Gen. Kurt Ramberg, 15.3.1972, BArch, N 673/49b. Zimmermann wurde auch von Heusinger favorisiert. Siehe Heusinger an de Maizière, 31.8.1971, BArch, N 673/176.

[1400] Bahnemann, Parlamentsarmee?, S. 165.

[1401] Göricke, Chef des Stabes II. Korps, an de Maizière, 1.9.1971, BArch, N 673/176.

[1402] GL Freytag von Loringhoven, Stellvertreter des GenInsp, an de Maizière, 11.1.1972, BArch, N 673/40, und de Maizière an GM von Ilsemann, Kdr 2. JgDiv, 17.1.1972, BArch, N 673/43c.

[1403] Die gesamte Befehlsgebung zu Vor- und Nachbereitung sowie zur Durchführung der Parade samt der dazugehörigen Presseauswertung findet sich in BArch, BH 28-2/557. Bei der Verabschiedung Baudissins, der sich statt Feierlichkeiten ein gemeinsames Essen mit Freunden und Weggefährten gewünscht hatte, hatte er in seiner Ansprache dieses Ansinnen noch gelobt: »Ein solcher Wunsch ist typisch für Männer, die eine weite öffentliche Verantwortung wahrzunehmen hatten, und für Kämpfer, die sich bereitwillig der öffentlichen Kritik stellen. Beide suchen in der Stunde des Abschieds den Freund und Kampfgefährten.« Die gesamte Ansprache des GenInsp anlässlich der Verabschiedung GL Wolf Graf von Baudissin am 19.12.1967 an der Schule für Innere Führung in Koblenz nebst Antwort Baudissins findet sich in BArch, N 717/458.

[1404] De Maizière an InspL, GL Günther Rall, 24.3.1972, BArch, N 673/49b. Identische Schreiben gingen an die InspH und InspM. Siehe de Maizière an GL Ernst Ferber, 24.3.1972, BArch, N 673/40, und an VA Heinz Kühnle, 24.3.1972, BArch, N 673/45a. Zwischen de Maizière und Rall hatte sich schnell ein gutes Einvernehmen hergestellt. Anfang 1971 dankte ihm de Maizière jedenfalls »für das vertrauensvolle Verhältnis, das sich so rasch zwischen uns entwickelt hat« und freute sich, »dass Sie Ihr hohes Amt so rasch und überzeugend in die Hand genommen haben«. Siehe de Maizière an Rall, 26.2.1971, BArch, N 673/49b.

gegen die Aufstellung eines Ehrenzuges für beispielsweise Diplomatenempfänge[1405]. Und als ihm 1967 der scheidende Inspekteur der Marine, Vizeadmiral Karl-Adolf Zenker, mitteilte, er habe interveniert, als er von Planungen für einen Vorbeimarsch der Flotte in der Kieler Bucht erfuhr, weil er Vorwürfe aus der Öffentlichkeit vermeiden wollte, für einen solchen »zeremoniellen Vorgang« erhebliche Kosten zu verschwenden, schrieb de Maizière handschriftlich an den Rand »gut«[1406]. Außerdem wusste er sehr wohl, wie wenig die Truppe solche Aufgaben schätzte. Erwin Horn, sozialdemokratisches Mitglied des Bundestages und Verteidigungsausschusses, hatte nach einer vierwöchigen Wehrübung Ende 1970 unter anderem angemerkt, die Soldaten wollten »keine Paradearmee darstellen und sich auch nicht als Statisten für irgendeine Großveranstaltung missbrauchen lassen«. Eine solche Parade möge »den Höhepunkt im Leben eines höheren Offiziers darstellen«, aber »für unsere Soldaten, die vor ihrer Dienstzeit im Wirtschaftsprozess unseres Staates waren und nach ihrer Dienstzeit dahin auch wieder zurückgehen, bedeutet dies nichts anderes als die öffentliche Demonstration des Unproduktiven«[1407]. Wenige Tage nach seiner eigenen Parade meinte de Maizière im Gespräch mit Günter Gaus in dessen DFS-Sendung »Zu Protokoll«:

> »Die Bundeswehr hat Ende März in Wunsdorf in einer Feldparade sich der Öffentlichkeit präsentiert, auch wenn viele Zeitungen schreiben, wir hätten uns auf dem Übungsplatz versteckt, es waren immerhin 10 000 Zuschauer da an einem Werktagsnachmittag [sic!]. Und das, was die Bundeswehr dort an feldmäßigem Können in der Präsentation ihrer Waffen, in der Ausbildung in der gefechtsmäßigen Vorführung ihrer Fahrzeuge gezeigt hat, fand ich sehr ermutigend[1408].«

Baudissin, der de Maizière brieflich an seine »weise Beschränkung« hinsichtlich seiner eigenen Verabschiedung erinnert hatte, schrieb de Maizière:

> »Sie erinnern in Ihrem Brief an die ›weise Beschränkung‹, die Ihnen anlässlich Ihres Ausscheidens vergönnt war, und Sie haben recht, dass ich mich doch einer größeren Zahl von Veranstaltungen zur Verabschiedung unterziehen musste. Hierbei war es besonders eindrucksvoll, dass mich die Kollegen aus London, Washington und Paris ausdrücklich zu einem persönlichen Abschiedsbesuch eingeladen haben, was – wie Sie wissen – ja bei der Verabschiedung eines *nationalen* Chefs bisher keineswegs üblich war. Ich habe gerade diese Reisen sehr gern unternommen, weil ich glaubte, damit der *internationalen* Stellung der Bundeswehr dienen zu können[1409].«

[1405] In seinem Tagebuch notierte er »große Diskussionen«: »Wir sind dagegen (Paradedrill!) Entscheidung noch offen.« Siehe Ulrich de Maizière, Dienstliche Tagebuchaufzeichnungen 24.10.1955–30.6.1956, Eintrag vom 29.11.1955, BArch, N 673/21.

[1406] InspM, VA Klaus-Adolf Zenker, an de Maizière, 24.8.1967, BArch, N 673/54c.

[1407] Erwin Horn, MdB, an Verlag und Verlagsgesellschaft »Die Reserve loyal«, z.Hd. Joachim Latka, Oktober 1970, Sehen, wo den Soldaten der Schuh drückt, BArch, N 673/43d. Dieses Schreiben war auch an de Maizière gegangen, der es auch zur Kenntnis genommen hat.

[1408] Sendung DFS »Zu Protokoll«, Gespräch Günter Gaus mit General a.D. de Maizière (Tonbandabschrift), 9.4.1972, AdsD, 1/HSA A005947.

[1409] De Maizière an Baudissin, 29.3.1972, sowie zuvor Baudissin an de Maizière, 23.3.1972, beide BArch, N 673/87 (Hervorhebungen im Original).

Überhaupt waren »Dienen« und »Pflicht« die beiden großen Begriffe auch seiner letzten Rede auf dem Abschiedsempfang. Dort zog er Bilanz und bedankte sich allgemein für Vertrauen und Zusammenarbeit. Nachdem er in Medienberichten zu seinem Abschied als »ein politischer General« bezeichnet worden war, griff er auch dieses Thema ein letztes Mal auf: »Vielleicht kann man das so sehen. Aber es trifft nicht den Kern meines Denkens und Handelns. Ich habe mich zu allererst immer als Soldat verstanden und zum Soldaten bekannt. Ich würde daher lieber formuliert sehen ›Soldat mit Blick zur Politik‹. Soldat sein und zugleich beurteilen, was die Politik will und was die Politik kann, das ist meine Vorstellung[1410].« Er schloss sie mit den Worten: »Ich danke der Bundeswehr, dass ich ihr so lange habe dienen dürfen. Ich danke diesem Staat, dass ich ihm so lange habe dienen dürfen.« In seinen Memoiren berichtete er davon, dass Schmidt diese Sätze Bundeskanzler Willy Brandt übermittelt habe, der erst zum Großen Zapfenstreich eintraf. Dieser überraschte den scheidenden Generalinspekteur damit, dass er ihn darauf ansprach: »Das, was Sie da vorhin in Ihrer Rede gesagt haben, Herr General, ist im besten Sinne des Wortes preußisch.« Und de Maizière schloss mit der bezeichnenden Bemerkung dazu seine Memoiren: »Genauso hatte ich meine Worte gemeint.«

[1410] BMVg/Informations- und Pressestab, Rede GenInsp de Maizière anlässlich des Abschlussempfangs am 23.3.1972, BArch, N 673/62.

VII. Ruheloser Ruhestand (1972 – 1994)

1. Im pensionierten Dienst

Seine Verabschiedung aus dem aktiven Dienst empfand de Maizière seinen Memoiren nach als »Entlastung von schwerer Verantwortung« und »zunächst als große Erleichterung«. Vor allem freute er sich darauf, endlich mehr Zeit für die Familie zu haben und wieder regelmäßig an seinem Flügel sitzen zu können«[1]. In seinem letzten Interview als Generalinspekteur hatte er behauptet, für seine Pensionszeit noch keine festen Pläne zu besitzen. Zunächst mochte er seine persönlichen Dinge ordnen, reisen, lesen und musizieren; dann würde man sehen[2]. Ähnlich äußerte er sich im Freundes- und Bekanntenkreis, er wollte »eine angemessene Zeit frei und faul sein«[3]. Dafür standen die Zeichen recht gut, denn der Familienhaushalt war infolge der Heirat beider Töchter kleiner geworden. Cornelia hatte am 8. Februar 1971 den ältesten Sohn des Generalmajors Carl-Gero von Ilsemann geheiratet und lebte in Hamburg[4], Barbara am 28. August 1971 den Sohn Professor Dr. Josef Piepers, mit dem sie in München wohnte[5]. Auch die Beziehungen zu den Schwiegereltern seiner Töchter wollte er jetzt, so nahm sich de Maizière vor, »etwas intensiver« pflegen[6]. Sich zu langweilen befürchtete er jedenfalls nicht[7]. Zum einen mochte er zusammen mit seiner Frau »endlich einmal Reisen machen, in denen wir das Programm festlegen und uns aussuchen können, wo wir hinfahren und was wir uns ansehen«. Zum anderen war er überzeugt, dass »die eine oder andere kleine Aufgabe dann von allein auf mich zukommen wird, auch wenn sich zur Zeit nichts in

---

[1] De Maizière, In der Pflicht, S. 334.
[2] Kein Widerspruch zwischen Friedenssicherung und Kampfbereitschaft. Interview des Parlamentarisch-Politischen Pressedienstes (PPP) mit dem aus dem Amt scheidenden Generalinspekteur der Bundeswehr, Ulrich de Maizière, 16.3.1972, BArch, N 673/62.
[3] De Maizière an Baudissin, 29.3.1972, BArch, N 673/87, und an GM von Ilsemann, Kdr 2. JgDiv, 17.1.1972, BArch, N 673/43c.
[4] De Maizière an O a.D. Kaulbach, 14.4.1971, BArch, N 673/44a.
[5] De Maizière an Kdr Schweres Fernmelde-Betriebsbataillon 91, OTL Göhring, 30.8.1971, BArch, N 673/41a.
[6] De Maizière an GM von Ilsemann, 17.1.1972, BArch, N 673/43c. Trotz – oder gerade wegen – der dienstlichen Beziehung zu von Ilsemann war das Verhältnis bis dahin wohl eher distanziert. Wie de Maizière selbst schrieb, galt das »in gleicher Weise auch für unsere Gegenschwiegereltern Pieper in Münster, die wir ja noch sehr viel weniger kennen als Sie beide«.
[7] De Maizière an Baudissin, 29.3.1972, BArch, N 673/87.

dieser Richtung tut, worüber ich sehr glücklich bin«[8]. Öffentlich in Erscheinung treten wollte er ohnehin nicht allzu rasch, schon aus Rücksicht auf seinen Nachfolger; entsprechenden Einladungen erteilte er eine Absage[9].

Vielen Beobachtern schien indes klar, dass de Maizière weiter »für Staat und Bundeswehr« tätig sein[10] oder doch zumindest »nicht die Hände in den Schoß legen« würde[11]. Und auch er selbst war seinerzeit nicht so unwissend, wie er sich gab. Denn bereits am 8. März 1972 hatte Brigadegeneral Friedrich Verteidigungsminister Schmidt »auf die ungeschwächte Aktivität« de Maizières angesprochen. Nach einem Gespräch vom Vortag machte er sich offenbar Sorgen, weil dieser »praktisch so weiterarbeitet, als ob es kein unmittelbar bevorstehendes Ende seiner Dienstzeit gäbe«. Er empfahl deswegen zu überdenken, »ob es nicht aus menschlichen wie aus sachlichen Gesichtspunkten zweckmäßig wäre, Herrn General de Maizière schon in Kürze mit einer Aufgabe zu betrauen«; persönlich würde er sich beispielsweise die Mitarbeit in einer Kommission vorstellen[12]. Zwei Tage später trug Schmidt in seinem Kollegium bereits vier Ideen für die weitere Beschäftigung de Maizières vor: Entweder sollte er die Stellungnahme des Hauses zur Praktikabilität des Vorschlages der Wehrstrukturkommission erarbeiten, »Gründungsrektor der UniBw«, militärischer Verantwortlicher für die Fragen der Hochschulen oder Leiter einer Kommission zur Bearbeitung der Geschichte der Bundeswehr werden. Letzteres wurde präferiert und alle zeitgeschichtlichen Zuständigkeiten an den Parlamentarischen Staatssekretär Berkhan delegiert. Die Möglichkeiten dazu sollte ein Gespräch im Mai eruieren, zu dem außer de Maizière der Amtschef des MGFA, Heusinger, Speidel, Oberst Dr. Hermann für FüS sowie die Professoren Dr. Hans-Adolf Jacobsen und Dr. Karl-Dietrich Bracher von der Universität Bonn geladen wurden[13]. In der Kollegiumssitzung vom 21. März 1972 machte Schmidt seinen Generalinspekteur »mit dem Wunsch vertraut«, die Leitung einer Kommission »Geschichtsschreibung der Bundeswehr« zu übernehmen, mit der »Aktivität nach Freiburg gebracht werden« könne. De Maizière hatte umgehend einen »Stufenplan« parat: »1. Zusammenstellung des Materials 1 bis 2 Jahre. 2. Erst danach Formulierung.« Zur weiteren Zusammensetzung der Kommission durfte de Maizière »die Vorschläge machen – das Haus wird für Stellen und Apparat sorgen«[14].

---

[8]   De Maizière an von Ilsemann, 17.1.1972, BArch, N 673/43c.
[9]   So z.B. zum Jahresball des Wehrbereichskommandos III 1972 oder zur 17. Gesamtkonferenz der Militärpfarrer in Heiligenhafen/Ostsee. Siehe de Maizière an GM Dr. Walter Roos, Befehlshaber WBK III, 28.3.1972, BArch, N 673/50a, und an Generaldekan von Mutius vom Evangelischen Kirchenamt für die Bundeswehr, 9.3.1972, BArch, N 673/47b.
[10] So z.B. Prof. Dr.-Ing. S. Balke an de Maizière, 16.3.1972, BArch, N 673/87. In ähnlichem Tenor auch O Hans Condné, Kdr PzBrig 8, an de Maizière, 29.3.1972, im selben Bestand.
[11] Waldemar Reuter, 21.3.1972, und ähnlich Dr. Helmut Wolf, Vorstandsvorsitzender der Krauss-Maffei AG, 27.3.1972, sowie Ministerialdirigent Dr. Hans Siebe an de Maizière, 18.3.1972, alle BArch, N 673/87.
[12] BG Friedrich an Bundesminister der Verteidigung, 13.3.1972, AdsD, 1/HSA A005666.
[13] Kollegium im BMVg, Eintrag 15.3.1972, PAHS, Privat PZ, Kollegium im BMVg, Bd 4.
[14] Ebd., Eintrag 21.3.1972.

Dass er so rasch darauf reagieren konnte, kam nicht von ungefähr. Abgesehen davon, dass sich de Maizière zeitlebens für Militärgeschichte, insbesondere in ihrer zeithistorischen Ausprägung, interessierte – nicht zuletzt seinem Einfluss war die Aufstellung des MGFA 1957 zu verdanken gewesen –, hatte er diesen Auftrag beinahe selbst geschaffen. Der Anstoß dazu entstand eher zufällig durch eine Aussage gegenüber seinem Kriegskameraden und späteren ersten Amtschef der Militärgeschichtlichen Forschungsstelle (1957-1964), Oberst i.G. Dr. Hans Meier-Welcker[15]. Im März 1966 schrieb er ihm, es sei »ein Jammer«, dass man erst dann Zeit dazu finde, sich ernsthaft mit den Lehren aus der Vergangenheit zu beschäftigen, wenn man nicht mehr die Möglichkeit besitze, die daraus gezogenen Schlüsse umzusetzen; so würde es ihm »mit Bestimmtheit« auch einmal ergehen[16]. Daraus ergab sich ein Briefwechsel mit dem Oberst i.G. a.D. und pensionierten Oberarchivrat Herman Teske. In einem dieser Schreiben markierte sich de Maizière den entscheidenden Vorschlag Teskes, den geschichtlichen Vorgängen mehr Beachtung zu schenken – und zwar »nicht in ihrer wissenschaftlichen *Kunst*form, sondern als *angewandte* Forschung«. Am besten sollte man dazu das Forschungsamt mit dem Archiv vereinigen und beide Institutionen in die Nähe des militärischen Führungsapparates verlegen. Damit würde man – »wie im Auswärtigen Amt« – für diesen stets die Möglichkeit der sofortigen dokumentarischen Orientierung schaffen und die »stiefmütterliche Behandlung der militärischen Geschichte« überwinden[17].

So weit mochte de Maizière zwar nicht gehen, wies aber im Herbst 1970 eine Materialsammlung zur Entstehungsgeschichte der Bundeswehr und dabei eine gezielte Befragung von Persönlichkeiten an, die in den Jahren 1950 bis 1956 in Westdeutschland wesentlichen Anteil an den Verhandlungen, Vorbereitungen und Entscheidungsprozessen hatten, die zur »Wiederbewaffnung Deutschlands« geführt haben[18]. Im Jahr darauf schob er das Projekt weiter an, indem er infrage kommende Persönlichkeiten benannte und weitere Unterstützung an-

---

[15] Meier-Welcker war de Maizière bereits durch Krieg und anschließender Gefangenschaft bekannt. Er holte ihn ins Amt Blank, wo er ab April 1952 als Oberstleutnant i.G. Leiter des Referates »Militärwissenschaft«, zeitweilig auch »Zeitgeschichte und Wehrwissenschaft«, bis 1958 gewesen ist. 1957 übernahm er zunächst zusätzlich die Leitung der Militärgeschichtlichen Forschungsstelle in Langenau bei Ulm, 1958 wurde er dann Amtschef des umbenannten MGFA in Freiburg im Breisgau bis zu seiner Versetzung in den Ruhestand zum 30.9.1964. Siehe dazu ausführlich 50 Jahre Militärgeschichtliches Forschungsamt, bes. S. 15-18.

[16] De Maizière an O a.D. Dr. Hans Meier-Welcker, 29.3.1966, BArch, N 673/47a.

[17] O i.G. a.D. und OAR i.R. Hermann Teske an de Maizière, 9.9.1966, BArch, N 673/85 (Hervorhebungen im Original).

[18] MGFA/Projektgruppe II, Betr.: Befragungs- und 2. Archivreise in die USA (1.-14.9.1976), hier: Reisebericht, 26.11.1976, BArch, N 673/100. Hier findet sich der Hinweis auf die Weisung des Generalinspekteurs vom 25.10.1970, FüS VII 2 – Az. 50-31-00. Siehe dazu auch GenInsp, Zusammenstellung wichtiger Vorgänge von August 1966-März 1972, 5. Amtsjahr, BArch, N 673/64. Bereits 1966 hatte er gegenüber dem damaligen Amtschef des MGFA, O i.G. Dr. Wolfgang von Groote, angeregt, sich einer entsprechenden Materialsammlung rechtzeitig anzunehmen. Siehe de Maizière an Fett, 4.5.1966, BArch, N 673/40.

bot[19]. Ende März 1972 konnte er dem Amtschef des MGFA, Oberst i.G. Dr. Herbert Schottelius, nunmehr mitteilen, der Minister erwäge ihn zu bitten, »in Zukunft ein bisschen meine schützende Hand über die Arbeit hinsichtlich einer Entstehungsgeschichte der Bundeswehr zu halten«[20]. Vier Monate später wurde de Maizière dann vom neuen Verteidigungsminister Georg Leber offiziell der Vorsitz einer Kommission zur Beratung und Unterstützung des MGFA bei der Sammlung von Materialien und der Konzeption einer wissenschaftlichen Publikation zur Entstehungsgeschichte der Bundeswehr angeboten. Ferner sollte sie das Manuskript einer »kurzgefassten ›Geschichte der Bundeswehr‹« mitprüfen[21].

In der Zwischenzeit hatte nämlich Generalinspekteur Zimmermann das MGFA am 21. Juni 1972 angewiesen, eine »Kurzgefasste Geschichte der Bundeswehr (Arbeitstitel)« zu erarbeiten und bis zum 1. Dezember 1972 ein entsprechendes Manuskript vorzulegen. Es sollte den Zeitraum von 1950 bis 1970 umfassen, als Handbuch für Einheitsführer und Unterführer dienen, 200 Seiten nicht überschreiten und primär aus der vorhandenen Literatur erarbeitet sein[22]. Zimmermann entsprach damit auch dem Auftrag des Parlamentarischen Staatssekretärs Berkhan, der sich in diesem Zusammenhang eine Arbeit wünschte, die »spannend wie ein Krimi geschrieben« sein und vor allem bei Kompaniechefs und Unterführern »Interesse und Verständnis für die Bedingungen der Aufstellung und Entwicklung der Streitkräfte unseres Staates wecken« sollte[23]. Demgegenüber präzisierte Leber seinen Auftrag im Oktober 1972 und wies das MGFA an, eine wissenschaftliche Bearbeitung der Entstehungsgeschichte der Bundeswehr zu konzipieren und zu schreiben[24]. Fortan konkurrierten beide Aufträge miteinander, was das MGFA in erhebliche Schwierigkeiten brachte. Der noch stellvertretende, aber bereits designierte Amtschef, Kapitän zur See Dr. Friedrich Forstmeier, wandte ein, dass der Auftrag des Generalinspekteurs eine vollständige Unterbrechung der übrigen Arbeiten bedeuten würde; auch an der »Entstehungsgeschichte« könnte erst ab Januar 1973 weitergearbeitet werden[25].

---

19 OTL i.G. Fischer an de Maizière, 3.12.1971 und 11.1.1972, beide BArch, N 673/40.
20 De Maizière an Amtschef MGFA, O i.G. Dr. Schottelius, 27.3.1972, BArch, N 673/51b.
21 Bundesminister der Verteidigung an de Maizière, 26.7.1972. Zur offiziellen Annahme de Maizières siehe de Maizière an Minister Leber, 28.7.1972, und dessen Antwort, 3.8.1972, alle BArch, N 673/99.
22 GenInsp Admiral Armin Zimmermann an Amtschef MGFA, 21.6.1972, ebd. Der Amtschef MGFA war bereits am 8.6.1972 durch FüS I 6 telefonisch orientiert worden. Demnach habe der Beirat für Innere Führung das Fehlen eines solchen Werkes auf seiner Sitzung am 5.5.1972 angemahnt.
23 Zit. nach de Maizière, In der Pflicht, S. 335. In einer Replik auf die Memoiren bestätigte ihm Berkhan diese Aussage später selbst. Siehe Berkhan an de Maizière, 15.4.1989, BArch, N 673/180.
24 De Maizière an Dr. Knieper, 5.10.1972, BArch, N 673/99.
25 Stellv. Amtschef MGFA, K z.S. Dr. Forstmeier, an de Maizière, 2.8.1972, BArch, N 673/103. Der Vorlagetermin verschob sich in der Folge bereits innerhalb des MGFA auf den 15.2.1973. Siehe de Maizière an Amtschef MGFA, 5.12.1972, sowie die folgenden Schreiben Amtschef MGFA an de Maizière, 12.12.1972 und 17.1.1973, BArch, N 673/99. Der Amtschef MGFA hatte dazu den Generalinspekteur um eine Fristverlängerung bis zum

De Maizière zeigte dafür volles Verständnis, hielt aber daran fest, im Herbst 1972 die Kommissionsarbeit aufzunehmen[26]. Am 3. Oktober 1972 konnte er dem Amtschef des MGFA dann vermelden, die Kommission sei beinahe zusammengestellt. Die Zusagen von Botschafter a.D. Herbert Blankenhorn[27] und Professor Dr. Hans-Adolf Jacobsen lägen bereits vor, nur sei er noch auf der Suche nach einem Juristen, der etwas von der Wehrgesetzgebung der 1950er-Jahre verstehe[28]. Ihn fand er schließlich in Staatssekretär a.D. Dr. Werner Knieper[29].

Die erste Sitzung, bei der sich die Kommission auch formal konstituierte, fand am 7. November 1972 statt[30]. Aus de Maizières Sicht musste es bei ihrer Arbeit darauf ankommen – was ihm »für die Öffentlichkeit wie für die Streitkräfte selbst« wichtig schien –, dass in den nächsten Jahren »ein historisch sauberes Bild« entstünde, unter welchen politischen und fachlichen Bedingungen die Bundeswehr konzipiert und aufgebaut worden sei. Dazu müsste allerdings das MGFA zunächst einmal die Quellen sammeln und sichten, ehe man sich an eine Konzeption der Darstellung wagen könne[31]. Die Kommission tagte in der Regel zweimal im Jahr in Bonn oder Freiburg und sah ihre Aufgabe in der Herstellung von Kontakten zu Zeitzeugen, Archiven und Dokumentensammlungen, vor allem aber in Hinweisen auf Vorgänge und Zusammenhänge, die aus den archivierten Akten und Dokumenten nicht sogleich erkennbar waren[32]. Dass dieser ersten Sitzung sage und schreibe 29 weitere in den nächsten 16 Jahren folgen sollten, belegt die völlige Unterschätzung des Projektes von Anfang an. Am Ende entstand das vierbändige Konvolut »Anfänge westdeutscher Si-

---

1.3.1973 gebeten und dessen Zustimmung erhalten. Siehe dazu Amtschef MGFA, K z.S. Dr. Forstmeier an de Maizière, 5.12.1972, BArch, N 673/103. Letztlich konnte der Amtschef das Manuskript Ende Februar 1973 an die Kommissionsmitglieder versenden. Siehe Forstmeier an die Kommissionsmitglieder, 27.2.1973, BArch, N 673/99.

26 De Maizière an Forstmeier, 14.8.1972, BArch, N 673/103.
27 Siehe Ramscheid, Herbert Blankenhorn.
28 De Maizière an Forstmeier, 3.10.1972, BArch, N 673/103.
29 Mit Knieper stand de Maizière auch nach dessen Ausscheiden aus dem Staatsdienst zum Jahresende 1967, bei dem er ihn vor allem als Rüstungschef im BMVg und dann als Staatssekretär im Bundeskanzleramt kennengelernt hatte, in Verbindung. Siehe dazu den Schriftwechsel in BArch, N 673/44b. Dass Leber der Berufung Kniepers zustimmte, erfuhr de Maizière vor der offiziellen Mitteilung am 8.11.1972 durch den Adjutanten des Ministers. Siehe de Maizière an Dr. Knieper, 25.10.1972, beide BArch, N 673/99. Dadurch war es möglich, dass Knieper bereits an der ersten Sitzung am 7.11.1972 in Freiburg teilnehmen konnte. Knieper verstarb 1977 und wurde zunächst durch Staatssekretär a.D. Herbert Frahm ersetzt. Diesem folgte 1985 Ministerialdirigent a.D. Dr. Joachim Hinz. Blankenhorn schied 1982 aus gesundheitlichen Gründen aus der Kommission aus, ihn ersetzte fortan Botschafter a.D. Dr. Rolf Pauls. Zu einer Kurzbiografie Kniepers siehe Kollmer, Rüstungsgüterbeschaffung, S. 285 f.
30 Einladungsschreiben de Maizière, 11.10.1972. Die Terminierung der ersten Sitzung hatte wohl damit zu tun, dass de Maizière tags zuvor in der Freiburger Montagsgesellschaft im Hotel »Viktoria« schon einen Vortrag halten sollte. Dazu hatte er Prof. Dr. Messerschmidt und den Amtschef MGFA vom Veranstalter einladen lassen. Siehe Forstmeier an de Maizière, 26.10.1972, beide BArch, N 673/99.
31 De Maizière an Dr. Knieper, 5.10.1972, ebd.
32 De Maizière, In der Pflicht, S. 336.

cherheitspolitik«, das bis heute als Standardwerk gilt[33]. Sein erster Band erschien 1982, der letzte 1997, also genau 25 Jahre nach der Minister-Weisung dazu. Die Gründe dafür müssen vor allem im anfänglichen Fehlen aller entsprechenden Voraussetzungen gesucht werden. Weder war der erforderliche Quellenzugang im nationalen wie im internationalen Bereich gegeben noch wurden die notwendigen Mittel zeitgerecht zur Verfügung gestellt. Über Jahre hinweg mussten Kommission und MGFA immer wieder aufs Neue bürokratische und finanzielle Hürden aus dem Weg räumen, um zu Ergebnissen zu kommen. Das fehlende Verständnis für die kreative Arbeit historisch Schaffender und mangelndes Interesse an einer höheren Priorisierung des Projektes im ministeriellen Bereich behinderten die Forschungen kontinuierlich. Dazu trug nicht unwesentlich bei, dass sich beteiligte Wissenschaftler wiederholt den Unmut der vorgesetzten Dienststellen, mitunter auch der Kommission zuzogen, weil sie sich weigerten, sich in ihrer wissenschaftlichen Freiheit einschränken zu lassen. Über manches Manuskript wurde so monatelang gestritten, vieles verworfen, etliches überarbeitet. In der Summe geriet das Projekt zum Paradebeispiel der Probleme im Rahmen einer Ressortforschungsarbeit[34].

Immerhin war man mit der »Kurzgefassten Geschichte« zunächst erfolgreicher. Sie entstand letztlich auf 502 Seiten unter dem Titel »Verteidigung im Bündnis« 1975[35]. Schon als er hierzu die Endfassung der Kommissionsempfehlung an den Minister abgab, hatte de Maizière eingestehen müssen, die Aufgabe sei »nach unseren bisherigen Erfahrungen schwieriger [...] als ich es mir zunächst vorgestellt habe«[36]. Dass ihm Leber für den Kommissionsvorsitz zwar ein Arbeitszimmer und eine Halbtagsschreibkraft genehmigte, beides zunächst aber für gerade mal ein halbes Jahr, dürfte die Unbedarftheit unterstreichen, mit der an dieses Projekt herangegangen wurde[37]. In Wirklichkeit stand ihm das Dienstzimmer dann viele Jahre zur Verfügung und ermöglichte ihm mannigfache Arbeiten[38].

---

[33]   Ebd., S. 336 f., gibt diese Unterschätzung selbst zu.

[34]   Siehe dazu die umfangreiche Überlieferung von Protokollen, Stellungnahmen, Brief- und Schriftwechsel u.a.m. in den Beständen BArch, N 673/98-103, 141-144 und 149-155.

[35]   Verteidigung im Bündnis. De Maizière hatte als Titel »Streitkräfte im Bündnis« vorgeschlagen und wurde darin zunächst vom Parlamentarischen Staatssekretär Berkhan unterstützt. Siehe Berkhan an de Maizière, 7.8.1974. De Maizière war seinerseits dem Vorschlag Prof. Jacobsens gefolgt. Siehe de Maizière an Berkhan, 16.7.1974. Seitens des MGFA war demgegenüber bereits früher der dann tatsächliche Titel (»Verteidigung«) vorgeschlagen worden. Siehe Dr. Forstmeier an de Maizière, 13.12.1973, alle BArch, N 673/99.

[36]   De Maizière an Amtschef MGFA, 17.12.1975, BArch, N 673/103.

[37]   Bundesminister der Verteidigung an de Maizière, 26.7.1972. Das »Arbeitszimmer mit Vorzimmer« wurde ihm vom Amtschef Bundeswehramt in den Räumen 201/202 in der Friesdorfer Straße 26/28, Bonn-Bad Godesberg eingerichtet und stand ab August 1972 mit Schreibkraft zur Verfügung. Siehe Amtschef Bundeswehramt an de Maizière, 1. und 4.8.1972. Es war von Montag bis Donnerstag, 8.30 Uhr bis 12.30 Uhr, Freitags bis 11.00 Uhr besetzt, er selbst allerdings »werktags jeweils zwischen 10.00 und 12.00 Uhr« zu erreichen. Siehe de Maizière an Jacobsen, 15.8.1972, und an Dr. Knieper, 5.10.1972, alle BArch, N 673/99.

[38]   Anfang 1976 erhielt er ein neues Büro am Theaterplatz 18 in Bonn-Bad Godesberg. Siehe de Maizière an Amtschef MGFA, K z.S. Dr. Forstmeier, 18.2.1976, BArch, N 673/100. Um

Vor allen Dingen im ersten Jahrzehnt nach seinem Ausscheiden aus dem aktiven Dienst gönnte sich de Maizière nämlich alles andere als den berühmten wohlverdienten Ruhestand. National wie international war er ein gefragter Militärexperte, seine Meinung wurde geschätzt, er selbst hoch geachtet. So sollte die »Entstehungsgeschichte« sein bei Weitem langwierigstes Projekt in der Folge werden, aber beileibe nicht das einzige. Auch als Buchautor trat er dabei bald wieder in Erscheinung. Aus dem 1972 beabsichtigten Ordnen und Aufräumen dessen, »was in den letzten 10 oder 20 Jahren angefallen ist«, entstand eine Art Auswertung seiner Dienstzeit in der Bundeswehr, die 1974 unter dem Titel »Führen im Frieden« erschienen ist[39]. Obwohl es Schmidt gewesen sein soll, auf dessen »Anregung, ja [...] ausdrücklichen Appell« hin de Maizière »den Mut gefunden« haben will zu schreiben, erwartete er nicht, dass der inzwischen zum Bundeskanzler avancierte Schmidt allen seinen Gedanken zustimmen würde. Er war sich lediglich »sicher«, dass er »der Grundtendenz der niedergelegten Erfahrungen über die Führung von Streitkräften im Frieden folgen« könne[40]. Dass er nahezu wortgleiche Schreiben an Schmidts Vorgänger und Nachfolger als Verteidigungsminister von Hassel, Schröder und Leber schickte, verdeutlicht, dass es doch größere Unterschiede zwischen der militärischen und politischen Führung der Bundeswehr gegeben hatte, als de Maizière während seiner Amtszeit zuzugeben bereit gewesen war[41]. Den damaligen Vizepräsidenten des Deutschen Bundestages und langjährigen CDU-Verteidigungsexperten Dr. Richard Jaeger konnte de Maizière demgegenüber darauf hinweisen, ihn »einige Male zitiert« zu haben[42].

Persönlich beabsichtigte er mit seinem Buch, »der Bundeswehr zu helfen«, wie er seinem Nachfolger, Admiral Armin Zimmermann, und dem Parlamenta-

---

wie viel mehr er in den folgenden Jahren eingespannt wurde, lässt sich auch daran ablesen, dass er dort 1976 zunächst täglich »in der Regel zwischen 9.30 und 12.30 Uhr«, 1979 dann »werktags zwischen 9.30 und 12.30 sowie 14.30 bis 16.00 Uhr« zu erreichen war. Siehe de Maizière an Amtschef MGFA, O i.G. Dr. Othmar Hackl, 11.10.1976, BArch, N 673/100, und an Prof. Dr. Klaus Ritter, 4.12.1979, BArch, N 673/107.

[39] De Maizière an GM von Ilsemann, Kdr 2. JgDiv, 17.1.1972, BArch, N 673/43c. Seinen Memoiren zufolge hatte er schon bei seinem Ausscheiden vor, das Buch zu schreiben. De Maizière, In der Pflicht, S. 334 f. Siehe de Maizière, Führen im Frieden.

[40] De Maizière an Bundeskanzler Helmut Schmidt, Oktober 1974, BArch, N 673/179.

[41] De Maizière an Vizepräsidenten des Deutschen Bundestages, Kai-Uwe von Hassel, den Vorsitzenden des Auswärtigen Ausschusses des Deutschen Bundestages, Minister a.D. Dr. Gerhard Schröder sowie den Bundesminister der Verteidigung, Georg Leber, alle undat. (Oktober 1974). Alle drei gingen darauf nicht ein. Leber empfand es sogar als »wichtig, dass jemand wie Sie, der so engagiert am Aufbau der Bundeswehr gearbeitet hat und einen Überblick über die vielen Felder besitzt, die das Thema umschließt, sein Wissen und seine Erfahrungen niedergeschrieben hat. Ich denke, es wird für viele eine wertvolle und lehrreiche Lektüre sein.« Siehe Bundesminister der Verteidigung, Georg Leber, an de Maizière, 12.11.1974, sowie Dr. Gerhard Schröder an de Maizière, 5.12.1974, alle BArch, N 673/179.

[42] De Maizière an Vizepräsidenten des Deutschen Bundestages, Dr. Richard Jaeger, Oktober 1974, ebd.

rischen Staatssekretär Berkhan dazu schrieb[43]. In diesem Sinne streute er selbst
die Exemplare unter der militärpolitischen Nomenklatura[44]. Von dort erhielt er
viel Lob ob »der Klarheit der Darstellung und der abgewogenen Beurteilung
schwieriger Sachverhalte«[45], »seiner umfassenden Darstellung aller Probleme«
und »seiner kritischen Haltung«[46]. Er habe eine »Geschichtsquelle von bleiben-
dem Wert« geschaffen[47], ja er folge gar »der großen – auch literarischen – Tradition des preußischen und deutschen Generalstabs«[48]. Kritisiert wurde er nur
von wenigen: Zum einen von Steinhoff, den de Maizière allerdings »gewissermaßen vorgewarnt« hatte[49], zum anderen von Heusinger, der zunächst von
Themenstellung, Gliederung und Aufmachung »sehr beeindruckt« gewesen
war[50]. Als er das Buch dann tatsächlich gelesen hatte, fiel ihm doch de Maizières
»allzu große Zurückhaltung in manchen Situationen« auf, um sofort hinzuzufügen, das entspräche jedoch seinem Wesen[51]. Ähnlich beurteilte es Baudissin,
den de Maizière neben Heusinger ausdrücklich um Kritik gebeten hatte. Dabei
gratulierte ihm der Graf »zu der gelungenen Kombination von Problemstellung,
Schilderung des historischen Hintergrundes und Wiedergabe persönlicher Erfahrungen wie Positionen«. Gerade weil er selbst rückblickenden Darlegungen
ehemals Hauptbeteiligter »reserviert« gegenüberstehe, wolle er »neidlos anerkennen, dass das Buch in der Klarheit der Aussagen, aber auch durch das überall durchscheinende Engagement des Autors jedem wichtige Hinweise bietet,
der sich mit sicherheitspolitischen Problemen beschäftigt«. Bei der Wiedergabe
der Fakten stimmte er noch mit de Maizière überein, »bei wertenden und deu-
tenden Feststellungen« fiele ihm das jedoch dort schwerer, »wo unsere ›Tempe-
ramente‹ zu etwas anderen Schlüssen raten«. So mochte er die von de Maizière
konzedierte »militärische Verantwortung« Speidels für die Realisierung der
Inneren Führung »bestenfalls als rein formal« anerkennen, persönlich sei diesem das Konzept nämlich »in höchstem Maße verdächtig« gewesen. Ebenso

---

[43] De Maizière an GenInsp, Admiral Armin Zimmermann, und an Willi Berkhan, Parlamen-
      tarischer Staatssekretär des Bundesministers der Verteidigung, beide undat. (Oktober
      1974), beide ebd.
[44] Siehe z.B. de Maizière an Dr. Siegfried Mann, Staatssekretär im Bundesministerium der
      Verteidigung, Oktober 1974, sowie die entsprechenden Dankschreiben an de Maizière
      von Dr. Dankmar Seibt, 12.11.1974; Gen. Ernst Ferber, Oberbefehlshaber der Verbündeten
      Streitkräfte Europa Mitte, 15.11.1974; GM Harald Wust, 22.11.1974; Herbert Blankenhorn,
      10.12.1974; Gen. A.J. Goodpaster, Supreme Allied Commander, 13.12.1974; Karl-Günther
      von Hase, Botschafter der Bundesrepublik Deutschland in London, 13.11.1974; sowie Gen.
      a.D. Dr. Speidel und Gen. Jürgen Bennecke, handschr. Notiz de Maizières, (undat.), alle
      ebd.
[45] Karl Carstens an de Maizière, 6.1.1975, ebd.
[46] Herbert Blankenhorn an de Maizière, 25.1.1975, ebd.
[47] GL a.D. Freiherr Freytag von Loringhoven an de Maizière, 11.11.1974, ebd.
[48] Karl Carstens an de Maizière, 6.1.1975, ebd.
[49] Steinhoff an de Maizière, 2.12.1974, ebd. Steinhoff monierte »einige Aspekte in der Dar-
      stellung«, nannte sie aber in seinem Schreiben nicht. Darüber wollte er mit de Maizière
      persönlich sprechen; er sehe »keinen Grund zur lauten Äußerung von Meinungsverschie-
      denheiten«.
[50] Heusinger an de Maizière, 11.11.1974, ebd.
[51] Heusinger an de Maizière, 4.12.1974, ebd.

wenig wollte er »die Zustimmung der Offiziere zu Staatsform und Verfassung« mit derselben Eindeutigkeit vertreten wie der Autor. Freilich habe kaum jemand bewusst und ausdrücklich ein neues »Drittes Reich« oder »sonstige Alternativen« gewollt, doch offenbarten »eigentlich die meisten Einwände gegen wichtige Regelungen des Inneren Gefüges [...] eine bemerkenswerte Distanz zu demokratischen Grundwerten und Usancen«. Die »Schnez-Studie« und andere Vorfälle zeigten, »[w]ie dünn der demokratische Lack« gewesen sei. Der weit überwiegende Teil der Offiziere habe sich geweigert, sich mit dem Konzept auseinanderzusetzen. Stattdessen seien die Diskussionen »larmoyant in eine unhistorische Vergoldung der Vergangenheit« zurückgefallen »als Rechtfertigung unreflektierten Weiterwurschtelns à la Bundesgrenzschutz« oder drehten sich um Details wie Handhaltung und Grußpflicht. Dafür wies Baudissin die Verantwortung eindeutig zu: »Ohne Zweifel hat hier die politische wie militärische Führung versagt; auch Sie sahen das Problem nicht deutlich genug bzw. wollten nicht wehetun [sic!] – was noch schlimmer war.« Freilich habe der ambitionierte Versuch eines Neuaufbaus der Bundeswehr »im gewissen Gegensatz zu der begnügsamen Gesamttendenz des allgemeinen Wiederaufbaus« gestanden. Für ihn sei die »demokratische Bundeswehr« daher in erster Linie ein politisches Postulat gewesen. Da ihre Offiziere »noch dazu aus der konservativen Ecke der Gesellschaft kamen und – gut konservativ – von der Unwandelbarkeit des ›Soldatischen‹ überzeugt« gewesen seien, seien ihnen »neue Denkansätze und Regelungen wie eine Zumutung« erschienen. Dass aber ausgerechnet Verfechter des unbedingten Gehorsams häufig – und »leider risikolos« – ungehorsam gegenüber der Inneren Führung sein durften, habe der Auseinandersetzung geschadet. Trotz aller Widrigkeiten so viel erreicht zu haben, spreche indes »für die zwingende Logik und Funktionalität der Konzeption und gegen das Zaudern der Führung, sich mit ihr zu identifizieren und durchzusetzen«[52].

Damit legte Baudissin den Finger in die noch immer offene Wunde der Bundeswehr. De Maizière antwortete ausweichend und hatte Verständnis dafür, dass der alte Weggefährte »das Nicht-Erreichte« deutlicher sehe als »das Erreichte«. Vor allen Dingen aber sei er »beruhigt«, dass Baudissin keinen faktischen Fehler ausgemacht habe. Auf die Kritik ging er im Wesentlichen nicht ein, denn Schlussfolgerungen und Bewertungen blieben »natürlich immer subjektiv«. Persönlich habe er jedoch die Erfahrung gemacht, Widerstand leichter zu überwinden, »wenn man weniger davon sprach, was früher falsch war, sondern von dem, was die heutigen politischen, technischen und fachlichen Gegebenheiten erfordern«[53].

In der Konsequenz rechtfertigte er also seine stets verfolgte Linie, eher den Kompromiss zu suchen anstatt die Konfrontation zu riskieren. Insofern tauschte er mit Baudissin hier altbekannte Argumente aus; sie sollten die Bundeswehr freilich nicht zum letzten Mal beschäftigt haben. Generalmajor a.D. Artur Weber schrieb de Maizière seinerzeit über das Amt des Generalinspekteurs: »Nach

---

[52] Baudissin an de Maizière, 25.3.1975, ebd.
[53] De Maizière an Baudissin, 9.4.1975, ebd.

wie vor möchten die meisten eine Figur mit den großen Eigenschaften des Gr. Kurfürsten + Moltke + Seeckt; dieser Supermann müsste dann monatlich 1-2x zurücktreten[54].«

In den bundeswehreigenen Zeitschriften ist de Maizière zudem beinahe zeitgleich gerade für diejenigen Eigenschaften gelobt worden, die Baudissin kritisierte. Anlass war damals der Abschiedsband für den scheidenden Generalinspekteur, der ihm am 20. Dezember 1972 in einer mittäglichen Feierstunde durch den neuen Verteidigungsminister Georg Leber nachträglich überreicht worden ist[55]. Den Band »Im Dienste der Friedenssicherung« hatten de Maizières vormaliger Stellvertreter Generalleutnant Bernd Freiherr Freytag von Loringhoven und Hans-Adolf Jacobsen zusammengestellt und herausgegeben[56]. Eine zeitgerechte Fertigstellung des Buches hatte sich zwar nicht realisieren lassen, dafür versammelten sich nun der Wehrbeauftragte Fritz-Karl Schultz, Angehörige des Militärattachékorps, Staatssekretär Mommsen und einige ehemalige Vorgesetzte, Mitarbeiter und Freunde de Maizières sowie die gesamte Führungsspitze von Ministerium und Bundeswehr um die Autoren des Sammelbandes; insgesamt zählte die Gästeliste 133 Personen[57]. In seiner Ansprache erinnerte de Maizière die Anwesenden daran, dass ihn seine 42-jährige Karriere »– um den französischen Schriftsteller Alfred de Vigny zu zitieren – durch ›Glanz und Elend des Militärs‹ geführt« habe. Seiner Generation sei die seltene Chance geboten worden,

> »in einem verhältnismäßig jungen Alter, noch auf der Höhe der körperlichen und geistigen Kräfte, und doch schon mit einem guten Maß an Erfahrung, nach einem totalen Zusammenbruch und einer konsequenten Demilitarisierung, unter geänderten politischen, gesellschaftlichen und technischen Bedingungen mithelfen zu dürfen, Streitkräfte neu aufzubauen, Weichen für die Zukunft zu stellen, Bewährtes auszuwählen und fortzuführen, aber auch anzupassen oder ganz neu zu gestalten, was der Änderung bedurfte«.

Daher kennzeichne der Titel des Buches das Ziel und die Rechtfertigung seiner Arbeit als Staatsdiener, »nämlich ›im Dienste der Friedenssicherung‹«[58]. Den Initiator des Werkes, Freytag von Loringhoven, lobte er besonders für dessen eigenen Beitrag, in dem er »in zutreffender Form meine Gedanken über Sicherheitspolitik, Strategie und Führung« widergebe. Das war ihm deswegen beson-

---

54 GM a.D. Artur Weber an de Maizière, 22.12.1974, ebd.
55 Ansprache Minister anlässlich der Überreichung des Buches »Im Dienste der Friedenssicherung« an General a.D. de Maizière am 20.12.1972, 12.00 Uhr, im Kasino Hardthöhe, BArch, N 673/147. Eine Kopie des Programms findet sich ebenfalls in diesem Bestand.
56 Im Dienste der Friedenssicherung. Außer dem Vorwort durch den ehemaligen Bundesverteidigungsministers Helmut Schmidt finden sich darin Beiträge von Gen. Goodpaster, Gen. a.D. Dr. Speidel, GL a.D. Müller-Hillebrand, GL Freiherr Freytag von Loringhoven, O Dr. Greiner, Dr. Theo Sommer, Prof. Dr. Adolf Jacobsen sowie Botschafter von Hase.
57 Bundesminister der Verteidigung, Georg Leber, an de Maizière, 15.12.1972, BArch, N 673/147. Eine Kopie der Gästeliste zum Festakt findet sich ebd. Von den Autoren fehlten nur Sommer und von Hase.
58 Ulrich de Maizière, Dankworte anlässlich der Überreichung der Festschrift »Im Dienste der Friedenssicherung« am 20.12.1972 im Bundesministerium der Verteidigung, Hardthöhe, BArch, N 673/147.

ders wichtig, weil dadurch ein ihn »immer besonders interessierender und bewegender Teil« seiner Arbeit dargestellt werde, der »in der Öffentlichkeit, ja selbst der Bundeswehr« nur wenig bekannt sei. Auf diese Weise rücke er »das allgemeine Klischee des ›klavierspielenden Mannes der Inneren Führung‹ wieder zurecht« und lenke die Sicht auch auf jene wichtigen Arbeitsgebiete des Generalinspekteurs, die in ihren wesentlichen Teilen noch der Geheimhaltung unterlägen[59].

Tatsächlich bemühten sich die bundeswehreigenen Zeitschriften in ihrer Rezeption des Bandes genau um dieses Bild. Die »Truppenpraxis« zitierte Helmut Schmidt aus dessen Vorwort zum Band, wonach de Maizière zu jenen hervorragenden Soldaten gehöre, »die militärischen Sachverstand mit klugem Gespür für das politisch Notwendige und das für das Mögliche verbinden«[60]. Er habe für die Truppe mehr durch Verhandlungsgeschick, Sachkunde und Überzeugungskraft getan als er »mit einer von seinen Kritikern häufig geforderten Konfrontation, verbunden mit der Kabinettsfrage«, hätte erreichen können. Insbesondere auf dem internationalen Parkett sei »dem strategischen Denker – dem Gelehrten – seine ungewöhnliche diplomatische Begabung zugutegekommen«. Darüber hinaus habe ihm die »richtig verstandene Durchsetzung« der Inneren Führung »immer am Herzen« gelegen. Indem er »den Begriff auf die Grundelemente ›Eingliederung der bewaffneten Macht in die staatlich-verfassungsmäßige Ordnung und die Einbettung in die Gesellschaft unter Regelung der Rechte und Pflichten des Soldaten‹« reduzierte, sei es ihm gelungen, sie allen verständlich zu machen[61]. Für die »Information für die Truppe« verkörperte de Maizière vor allem in den Jahren als Generalinspekteur nichts weniger als »den modernen militärischen Führer beispielhaft«. Er werde auch vor dem kritischen historisch-politischen Urteil einer späteren Zeit bestehen, »weil er durch charakterliche Integrität, staatsbürgerliche Gesinnung, militärisches Können und Verfassungstreue verbindliche Maßstäbe in der Bundesrepublik Deutschland und auch in der NATO gesetzt« habe[62].

Mit solchen Superlativen stand man indes nicht allein. Theo Sommer, vormals Leiter des Planungsstabes im Verteidigungsministerium, inzwischen Chefredakteur der »Zeit«, schrieb de Maizière zu, »ein großer Erzieher, ein soldatischer Führer von Format und ein politischer General im positiven Verständnis des Begriffs« gewesen zu sein[63]. De Maizière dankte ihm denn auch für seinen Beitrag, weil er sich »selten in dem, was jemand über mich schreibt, so gut

---

[59] De Maizière an Stellv GenInsp, GL Bernd Freiherr Freytag von Loringhoven, 4.1.1973, BArch, N 673/146.

[60] Dieses Zitat wird auch von Jürgen Schmädeke in seiner Buchbesprechung hervorgehoben. Siehe Kopie der von Schmädeke im Berliner »Tagesspiegel«, 27.3.1973, S. 912, veröffentlichten Besprechung, ebd.

[61] Kopie der unter dem Autoren-Kürzel »Kz« in der »Truppenpraxis«, 12 (1973), S. 976, erschienenen Besprechung, ebd.

[62] Kopie der Besprechung in der »Information für die Truppe«, 4 (1973), S. 96, ebd.

[63] Feature des »Deutschlandfunk« am Sonntag, 2.12.1973, Redaktion: Dr. Fiedler, unter der Rubrik »Politische Bücher«. Siehe Kopie des Manuskripts zum Sendungsverlauf, ebd.

selbst wiedergefunden [habe] mit den Stärken und Grenzen, die jeder hat«[64]. Nur ganze wenige Presseberichte fanden dagegen Anlass zur Kritik[65]. Persönlich räumte er nach der Feierstunde in Bonn gegenüber Karl-Günther von Hase ein, spätere Zeiten würden »vielleicht etwas kritischer gegenüber dem Ergebnis sein als diejenigen, die mir durch Zusammenarbeit und Freundschaft verbunden sind, und die daher bereit sind, das Positive etwas stärker herauszustellen«[66].

Freunde, Bekannte und internationale Kontakte halfen de Maizière auch bei der Realisierung seines Wunsches, im Ruhestand viel zu reisen. Teils privat, teils offiziös besuchte er in den ersten zehn Jahren alleine zweimal Israel (1972 und 1976), Südafrika und Äthiopien (1973), die Sowjetunion und die USA (1976)[67], China (1978), Italien (1979)[68], Österreich (1975 und 1980) sowie die Elfenbeinküste (1982)[69]. Hinzu kamen mehrere Reisen nach Großbritannien und Frankreich wie überhaupt in die Metropolen der europäischen NATO-Mitgliedstaaten. Insbesondere von Israel zeigte er sich dabei so fasziniert, dass noch wenigstens drei Aufenthalte folgen sollten, nämlich zweimal 1983 und 1987. Weil der erste Besuch dort nur als Stippvisite im Rahmen einer Kreuzfahrt im östlichen Mittelmeer im September 1972 stattfand, nahm sich das Ehepaar de Maizière schon damals vor wiederzukommen[70]. Als Teilnehmer einer Studienreise kehrten sie 1976 tatsächlich zurück und fanden ihre ersten Eindrücke be-

---

[64]   De Maizière an Sommer, 21.12.1972. Zu weiteren positiven Pressestimmen siehe Kopie der unter dem Autorenkürzel »GRD« in der Literaturbeilage der »Stuttgarter Zeitung« vom 14.4.1973 erschienenen Besprechung, sowie Kopie der Besprechung in der Zeitschrift »Zivilverteidigung«, 1 (1973) (Bad Honnef), alle ebd. Letztere behauptete, man brauche inzwischen den Bürger in Uniform »nicht zuletzt dank de Maizière nicht mehr in Anführungszeichen zu setzen«.

[65]   Siehe z.B. Kopie der Besprechung im EKZ-Informationsdienst Reutlingen Nr. 20, 12.6.1973, ebd.: »Insgesamt dominieren die qualitativ schwachen Aufsätze und lassen die Anschaffung dieses Buches problematisch erscheinen. – Nur wegen des dokumentarischen Anhangs ausgebauten Beständen empfohlen.«

[66]   De Maizière an Botschafter Karl-Günter von Hase, 21.12.1972, ebd.

[67]   Ulrich de Maizière, Bericht über eine Reise in die Vereinigten Staaten von Amerika vom 1.-14. September 1976, 20.9.1976, BArch, N 673/89. Dabei handelte es sich um eine Dienstreise in seiner Eigenschaft als Vorsitzender der Kommission »Entstehungsgeschichte der Bundeswehr« zusammen mit OTL Dr. Roland G. Foerster und M Dr. Norbert Wiggershaus vom MGFA.

[68]   De Maizière an Amtschef Heeresamt, GL Horst Wenner, 24.3.1980, BArch, N 673/109.

[69]   Dabei handelte es sich eigentlich um einen privaten Aufenthalt in Abidjan. Durch Vermittlung der deutschen Botschaft und in Begleitung von Botschaftsrat Holderbaum fand allerdings ein Gespräch mit dem Generalstabschef der ivorischen Streitkräfte, General Zézé Baroan, statt, das »ganz im Stil eines Höflichkeitsbesuches« gehalten gewesen sein soll. Erst am Ende des Gesprächs habe der General Interesse an einer militärischen Zusammenarbeit mit der Bundesrepublik bekundet, vor allem hinsichtlich der Marine. De Maizière erinnerte daran, dass er als Tourist und ohne offiziellen Auftrag im Lande sei, versprach allerdings dem Verteidigungsminister zu informieren. Außerdem besuchte er auf Einladung die französischen Streitkräfte in Fort Bouet. Siehe Ulrich de Maizière, Bericht über inoffizielle Besuche in Abidjan/Elfenbeinküste, o.D., BArch, N 673/89.

[70]   De Maizière an Blankenhorn, 29.8.1972, BArch, N 673/99, sowie de Maizière, In der Pflicht, S. 350 f.

stätigt[71]. Sie erlebten Israel als »ein dynamisches Land mit dem Willen zum Aufbau«, als »ein demokratisches Land mit einem hohen Maß an politischen Rechten und Freiheiten für den Einzelnen«, nicht ohne erhebliche Probleme bei der Integration der verschiedenen Bevölkerungsgruppen allerdings. Besonders angetan war de Maizière davon, dass »in Israel das Bewusstsein noch lebendig [ist], dass jeder Staatsbürger neben seinen Rechten und Freiheiten auch *Pflichten gegenüber dem Gemeinwohl* zu erfüllen hat« – ganz »[i]m Gegensatz zum weitverbreiteten Wohlstandsdenken in Europa«. Gleichwohl stellte er fest, die »aus den Anfängen herrührende, bewusste sozialistische Komponente« scheine »bei einem Teil der jungen, im Land geborenen Generation an Anziehungskraft zu verlieren«. Darüber hinaus beeindruckte ihn freilich der enorme finanzielle und personelle Aufwand für die Armee. Zwar existiere auch dort ein finanzieller Druck, aber es werde nicht daran gespart, »Menschenleben zu erhalten«. 1983 meinte er auch ein verändertes Verhältnis zu den Deutschen zu erkennen. Es sei »entkrampfter als vor sieben oder gar elf Jahren«; inzwischen könne man beispielsweise überall die deutsche Sprache gebrauchen ohne aufzufallen. Dabei blieb er sich bewusst, dass »die Vernichtung von Millionen von Juden durch das Dritte Reich« weiterhin »unvergessen« sei. Der zeitliche Abstand mildere zwar die daraus erwachsene Distanz zu den Deutschen, doch jeder »Versuch, die deutsche Schuld an den Vorgängen zu mindern, würde auf Unverständnis, ja totale Ablehnung stoßen«[72]. Bezeichnend ist in diesem Kontext die Einordnung des Holocaust als eine deutsche Schuld, während er das Verbrechen institutionell dem »Dritten Reich« zuordnete.

Während seine Israel-Reisen privaten Charakter hatten, war der Besuch Südafrikas 1973 von offiziöser Natur[73]. Dabei folgte er eigentlich einer persönlichen Einladung der »South African Foundation« (SAF) zu einem zweiwöchigen Aufenthalt, die von seinem alten Schulfreund Hans Henning von Christen angeregt worden war. Von Christen war als deutscher Geschäftsmann schon jahrelang am Kap aktiv und dort Mitglied des Deutschen Komitees der SAF, die es sich zur Aufgabe gemacht hatte, im Ausland ein Bild von Südafrika zu schaffen, das »auf wahren Tatsachen begründet« sei[74]. In ihrer Einladung konnte die Stiftung auf vorhergehende bundesrepublikanische Besucher wie Franz Josef Strauß, Walter Scheel und Gerhard Schröder verweisen[75]. De Maizière zeigte sich von der Idee angetan. Er habe sich stets für Südafrika interessiert und kannte den südafrikanischen Generalstabschef, General Rudolph C. Hiemstra, von einigen Treffen in der Bonner Zeit auch persönlich. Besonders gelegen sei ihm an den

---

[71] Siehe Ulrich de Maizière, Bericht über eine Studienreise nach Israel vom 21.2.-7.3.1976, BArch, N 673/89. Das Ehepaar de Maizière nahm auf Einladung der Bundeszentrale für Politische Bildung teil.

[72] Der Besuch fand vom 13.-20.3.1983 im Rahmen einer Gruppe von Rotariern zusammen mit ihren Ehefrauen statt. Siehe Ulrich de Maizière, Kurzbericht über Eindrücke während einer Reise nach Israel im März 1983, März 1983, ebd. (Hervorhebung im Original).

[73] Zu dieser Reise siehe die Unterlagen im NL de Maizière, BArch, N 673/112.

[74] Hans Henning von Christen an de Maizière, 9.2.1973, ebd.

[75] L.B. Gerber, Director General SAF, an de Maizière, 18.5.1973, ebd.

militärpolitischen und strategischen Fragen mit ihren Auswirkungen auf den Atlantik und Europa, er sei aber »für alle politischen, kulturellen und wirtschaftlichen Fragen« offen[76]. Nach der offiziellen Einladung am 18. Mai folgte das endgültige Programm am 16. Oktober 1973[77].

Der Besuch eines hohen, wenn auch pensionierten westdeutschen Militärs in Südafrika ist seinerzeit alles andere als unproblematisch gewesen. Der Staat war wegen seiner strikten Rassentrennungspolitik international geächtet und hatte 1961 deswegen beispielsweise das britische Commonwealth verlassen müssen. Wirtschaftlich begründete die Ausbeutung der nicht-weißen Bevölkerung gleichzeitig einen erheblichen Aufstieg des Landes, von dem freilich einzig die kaum zehn Prozent umfassende weiße Minderheit profitierte. Allerdings spielte die strategische Lage des Landes am Kap der Guten Hoffnung mit Küsten sowohl am Atlantischen als auch am Indischen Ozean eine ganz erhebliche Rolle, zumal in Zeiten des Kalten Krieges. Da man in den westlichen Staaten meinte, weder die wirtschaftlichen noch die strategischen Vorteile ignorieren zu können, bestand die Politik gegenüber Südafrika in einem steten Spagat zwischen Umwerbung und Brandmarken der Apartheid-Politik[78]. Vielleicht aus dieser Überlegung heraus, möglicherweise aber auch, weil sein alter Kamerad Oberstleutnant i.G. Horst-Achim Pinnow – er hatte in Hannover unter ihm in der Brigade gedient – in Addis Abeba Verteidigungsattaché war, plante de Maizière von Anfang an, auf der Rückreise die äthiopische Hauptstadt zu besuchen[79]. Außerdem unterstützte sein ehemaliger Rotary-Club Hamburg-Altona das Deutsche Kulturinstitut und die Deutsche Schule dort mittels Patenschaften und Spenden[80]. Während er der SAF jedenfalls den anschließenden Besuch dort damit erklärte, zu seiner »großen Freude eine Einladung eines guten Bekannten« erhalten zu haben, hatte er zuvor an Pinnow geschrieben, er würde gerne die Gelegenheit nutzen, »noch andere Plätze dieses großen Kontinents kennenzulernen«, und daher »für eine kurze Zeit (1–2 Tage)« dort Station machen[81]. Der Angeschriebene zeigte sich sogleich begeistert, bot sein Heim als Unterkunft und einen deutlich längeren Besuch mit einem ausgefeilten Besuchsprogramm an[82]. Darauf ging de Maizière indes erst ein, als Ministerialdirigent Dr. Müller, Unterabteilungsleiter im Auswärtigen Amt, dem er seine Reiseabsich-

---

[76] De Maizière an Hans Henning von Christen, 23.2.1973. Diese Aussage wiederholte er bei der Annahme der Einladung. Siehe de Maizière an L.B. Gerber, Director General SAF, 28.5.1973, beide ebd.

[77] L.B. Gerber, Director General SAF, an de Maizière, 18.5.1973, und J.J. Sadie, Visitors Manager SAF, an de Maizière, 16.10.1973, beide ebd.

[78] Siehe zum Gesamtkomplex im Überblick Wegweiser zur Geschichte. Horn von Afrika, sowie grundsätzlich noch immer Fisch, Geschichte Südafrikas.

[79] De Maizière an Staatssekretär a.D. Dr. Knieper, 18.10.1973, BArch, N 673/99.

[80] Gertrud Hartmann, Commerzbank AG Hamburg, an de Maizière, 22.10.1965, BArch, N 673/43a.

[81] De Maizière an Dr. Rudolf F.J. Gruber, 29.8.1973, und den Verteidigungsattaché an der Botschaft der Bundesrepublik Deutschland in Äthiopien, OTL i.G. Horst-Achim Pinnow, 12.7.1973, beide BArch, N 673/112.

[82] Pinnow an de Maizière, 26.7.1973 und 10.9.1973, beide ebd.

ten zuvor angezeigt hatte, diesen Abstecher gerade wegen des als nicht unproblematisch eingeschätzten Besuchs in Südafrika ausdrücklich begrüßte. Zwar wollte de Maizière daraufhin von sich aus »keine Initiative ergreifen oder Wünsche äußern«, gleichwohl tun, »was man politisch für zweckmäßig und sinnvoll hält«[83]. Das Auswärtige Amt versorgte ihn umgehend mit Infomaterial zur deutschen Afrikapolitik[84]. Gegenüber der Öffentlichkeit sollte sich der ehemalige Generalinspekteur zurückhalten und tatsächlich wurde über den Besuch in den Medien nicht berichtet[85].

Letztlich flog er am 20. Oktober 1973 nach Südafrika ab, besuchte in den zwei folgenden Wochen Johannesburg, Pretoria, Kapstadt sowie diverse Industrieanlagen und führte Gespräche mit Politikern aller Parteien, Vertretern der nicht-weißen Bevölkerungsgruppen, hochrangigen Militärs und Polizeioffizieren[86]. Darüber hinaus verbrachte er jeweils einen Tag »in der nur von Schwarzen bewohnten Stadt Soweto vor den Toren Johannesburgs und in der Familie eines ›coloured‹ Geschäftsmannes in Kapstadt«. In seinen Memoiren gab er an, es sei »für europäische Augen nur schwer erträglich« gewesen, die Auswirkungen der Politik der Rassentrennung zu beobachten, »die damals noch tiefer und entwürdigender in das persönliche Leben jedes Farbigen eingriff als heute«[87]. Seinerzeit hörte sich dies allerdings anders an: Wieder in Bonn, zeigte er sich seinen vorherigen Gastgebern gegenüber »von der Schwierigkeit der Problematik, von der Kraft des Landes und dem Willen zu evolutionären Lösungen stark beeindruckt«. Er versicherte ihnen, dass er versuchen werde, »das Verständnis für die besondere Lage Südafrikas in meinem Lande zu fördern«[88]; er sei »mit einem viel größeren Verständnis der Bedeutung [Südafrikas] zurückgekehrt«[89]. Insbesondere die Einsicht, »wie stark das deutsche Element in diesem Lande lebendig ist«, habe ihn »fast überrascht« und zur Ansicht veranlasst, dass Süd-

---

[83] De Maizière an Pinnow, 3.10.1973. De Maizière selbst hatte Müller die Besuche in Südafrika und Äthiopien angezeigt und angeboten, »jederzeit zur Verfügung [zu stehen], wenn der Wunsch besteht, mir vor meiner Abreise noch irgendwelche Hinweise, Anregungen oder Wünsche zu übermitteln«. Siehe de Maizière an Ministerialdirigent Dr. Müller, 29.8.1973. Auch dem Botschafter der Bundesrepublik in Südafrika, Erich Strätling, kündigte er seinen Besuch an. Siehe de Maizière an Strätling, 29.8.1973, alle ebd.

[84] Auswärtiges Amt/Referat 302, Leitgedanken zur deutschen Afrikapolitik – Afrikapolitik als untrennbarer Teil der deutschen Gesamtpolitik, 15.8.1973, sowie BMVg/Referent FüS II 4, K z.S. Kurt Seizinger, an de Maizière, 20.6.1973, beide ebd.

[85] »Aufzeichnung über eine Reise in die Republik Südafrika vom 21.10.–3.11.1973«, Anlage zu de Maizière an den GenInsp, Admiral Zimmermann, 29.11.1973, ebd.

[86] De Maizière, In der Pflicht, S. 344, sowie Visit to Republic of SA during period 17.10.–10.11.1973 by General Ulrich de Maizière AD, undat. Programm, ebd. Demnach sprach er mit dem Chief of Staff der South African Navy, Vice Admiral Johnson, und mit Rear Admiral Biermann in Simonstown, ließ sich von General Dillon von der südafrikanischen Polizei in Pretoria über die »terrorist situation« ebenso briefen wie vom Chief of Bureau of State Security, General van den Berg, und traf sich mit dem inzwischen pensionierten Commandant-General of the SADF (South African Defence Force), General Rudolph C. Hiemstra.

[87] De Maizière, In der Pflicht, S. 344.

[88] De Maizière an L.B. Gerber, Director General SAF, 20.11.1973, BArch, N 673/112.

[89] De Maizière an Dr. P. Etienne Rousseau, President SAF, 19.11.1973, ebd.

afrika ein Land mit Zukunft sei, »wenn man ihm die Zeit lässt, seine inneren Probleme in einer evolutionären Weise zu lösen«[90]. In diesen privaten Schreiben schloss er sich im Großen und Ganzen der Argumentation der südafrikanischen Apartheidspolitik an, die er damit nicht grundsätzlich infrage stellte. Der Besuch am Kap blieb für ihn im Ergebnis »eine schöne und eindrucksvolle Reise«, die er nicht vergessen würde[91].

In seinem Bericht an den Generalinspekteur der Bundeswehr, Admiral Armin Zimmermann, den er gleichfalls an das Auswärtige Amt und den bundesdeutschen Botschafter in Südafrika, Erich Strätling, sandte, befasste er sich fast ausschließlich mit der strategischen und sicherheitspolitischen Lage Südafrikas[92]. In seiner Beurteilung gestand er zu, dessen strategische Bedeutung sei unbestritten:»Fiele Südafrika unter kommunistische Kontrolle«, so de Maizière, bedeutete dies »einen entscheidenden und irreparablen Rückschlag für den Westen«. Er empfahl daher eine verstärkte maritime Präsenz im Südatlantik und im südlichen Indischen Ozean. Eine darüber hinaus gehende »Erweiterung des maritimen Operationsraumes über den Wendekreis des Krebses nach Süden hinaus – wie von SACLANT immer wieder gefordert –« sei zwar militärisch logisch, aber politisch nicht durchsetzbar. Aus seiner Sicht sei jedoch offensichtlich, dass »die hier nicht zu erörternde Behandlung der inneren Probleme durch die südafrikanische Regierung« einer solchen Zusammenarbeit Grenzen setze. Im weiteren Text nahm er nur insoweit zu diesen inneren Problemen Stellung, als er feststellte, »alle weißen politischen Gruppen« stimmten in der Zielsetzung überein, schrittweise mehr Gleichheit zwischen den verschiedenen Bevölkerungsgruppen herzustellen, dabei aber »das zu erhalten, was geschaffen worden ist«. Unterschiede bestünden hingegen in Methode und Tempo, mit dem dieses Ziel erreicht werden sollte. Als steter Verfechter evolutionärer statt revolutionärer Lösungen mochte ihm das Vorgehen persönlich einleuchten. Dass er den Passus, »die Würde des Menschen zu stärken«, sei gleichwohl Ziel aller Parteien, aus dem Entwurf wieder herausstrich, belegt, wie bewusst ihm das Kernproblem Südafrikas gewesen sein muss. Immerhin schlussfolgerte er, die evolutionäre Entwicklung müsse »beschleunigt werden« und als ersten Schrittes dazu bedürfe es »eines raschen Abbaus der entwürdigenden sog. ›Petty Apartheid‹«[93]. Sein eurozentrisches Überlegenheitsgefühl konnte de Maizière dennoch nicht verleugnen. Dass ihm gerade »das deutsche Element« in Südafrika als Garant für die Zukunft erschien, ist ein erster Hinweis, andere folgten auf weiteren Reisen, insbesondere in sogenannte Dritte-Welt-Staaten wie später die Elfenbeinküste, Brasilien, Sierra Leone oder eben nach Äthiopien[94].

---

[90]   De Maizière an Dr. E.G. Blohm, Chairman of German Committee SAF, 19.11.1973, ebd.

[91]   De Maizière an Blohm, 19.11.1973, ebd.

[92]   De Maizière an Erich Strätling, 29.11.1973, und an GenInsp Zimmermann 29.11.1973, mit der Anlage »Aufzeichnung über eine Reise in die Republik Südafrika vom 21.10.-3.11.1973«, beide ebd.

[93]   »Aufzeichnung über eine Reise in der Republik Südafrika vom 21.10.-3.11.1973«, Anlage zu de Maizière an GenInsp Zimmermann 29.11.1973, ebd.

[94]   Zu dieser Reise siehe die Unterlagen im NL de Maizière in ebd.

Aus letzterer war am Ende ein zehntägiger Aufenthalt geworden. Auf Anregung des Auswärtigen Amtes brachte ihn der bundesdeutsche Botschafter
dort, Herbert Freiherr von Stackelberg, mit den führenden Militärs des Landes
zusammen. So traf er sich mit dem äthiopischen Verteidigungsminister, Generalleutnant Kebede Guebre, ebenso wie mit dem Enkel des äthiopischen Kaisers
Haile Selassie, Konteradmiral Eksander Desta, allerdings in dessen Eigenschaft
als stellvertretender Befehlshaber der Marine. Beide kannte er bereits von deren
offiziellen Besuchen in der Bundesrepublik. Als besondere Ehrung wurde er
zur 14. Graduierung der Kadetten der Military Academy in Harrar im Beisein
des Kaisers eingeladen. Obwohl der Besuch offiziell privater Natur war, sprach
de Maizière wesentliche bilaterale Themen an, von der weltpolitischen Situation bis zur westdeutschen Militärhilfe[95]. Rückblickend will er in diesen Gesprächen den Eindruck gewonnen haben, dass »die tiefen Gegensätze in diesem uns
so fremden Land [...] in absehbarer Zeit zu einer gewaltsamen Entladung führen
[mussten]«, was dann auch tatsächlich einige Monate nach seinem Aufenthalt
geschehen ist. Keiner der Generale, mit denen er gesprochen hatte, überlebte
den Umsturz[96]. Ob er seinerzeit allerdings die Lage ebenso kritisch gesehen
hatte, scheint wenigstens fraglich. Das Auswärtige Amt hätte bei einer ähnlichen Einschätzung eine solche Reise dann wohl kaum angeregt.

Nach seiner Rückkehr hatte de Maizière solche Eindrücke jedenfalls nicht
einmal angedeutet. Im Gegenteil war er damals von der Reise derart tief beeindruckt, dass er anschließend »viel mehr über Äthiopien als über Südafrika erzählt habe«, wie er an Pinnow schrieb[97]. Bezeichnend waren ein weiteres Mal
seine Aussagen zu den Verhältnissen im Land: Innerlich bewegt hatten ihn
nämlich vor allem die Besuche »bei der von deutschem Personal geleiteten 200-
Betten-Lepra-Station Bisidimo nahe Harrar, bei der von der UNO betriebenen
landwirtschaftlichen Versuchsanstalt Mekaware im Osten des Landes und dem
von deutschen Ärzten geführten Krankenhaus in Bahar Dar am Tana-See«. Der
Einsatz der in dieser Einrichtung »unter schwierigsten Bedingungen arbeitenden Europäer«, die »eine so segensreiche Arbeit tun«, könne gar »nicht hoch
genug gewürdigt werden«[98]. Für die dort arbeitende und lebende indigene Bevölkerung fand er demgegenüber kaum Worte.

---

[95] Ulrich de Maizière, Aufzeichnung über einen Besuch in Äthiopien vom 5.-15.11.1973,
      ebd. Ein Abdruck findet sich außerdem in BArch, N 673/89. Zu diesen Themen gehörten
      insbesondere die »militärische Konsequenzen aus dem Nahost-Krieg«, die »Weiterent-
      wicklung des Panzers ›Leopard‹« und die »Probleme der europäischen Einigung«.

[96] De Maizière, In der Pflicht, S. 345.

[97] De Maizière an OTL i.G. Pinnow. De Maizière lobte Pinnows Arbeit in seinem dem Ver-
      teidigungsministerium und dem Auswärtigen Amt zur Verfügung gestellten mehrseiti-
      gen Reisebericht ganz besonders. Siehe Ulrich de Maizière, Aufzeichnung über einen Be-
      such in Äthiopien vom 5.-15.11.1973, beide BArch, N 673/112.

[98] De Maizière an Dr. Schulze vom Lepra-Krankenhaus Bisidimo, 20.11.1973, und de Mai-
      zière, In der Pflicht, S. 344 f., Zitate S. 345. Als Grundlage der Memoiren diente hier nahe-
      zu wörtlich Ulrich de Maizière, Aufzeichnung über einen Besuch in Äthiopien vom
      5.-15.11.1973, ebd.

Ähnlich verhielt es sich, als de Maizière seine Frau auf einer fünfwöchigen, drei Kontinente berührenden Passage auf dem gerade in Dienst gestellten Hamburger Kreuzfahrtschiff »Astor« begleitete. Sie führte das Ehepaar von Südamerika über Westafrika, die Kanarischen Inseln, Marokko, durch die Straße von Gibraltar an die spanische Mittelmeerküste und schließlich nach Genua. Eva de Maizière war durch Vermittlung des nicht unumstrittenen Hamburger Schriftstellers und Völkerkundlers Rolf Italiaander »als Mallehrerin für interessierte Passagiere« engagiert worden. Das Ehepaar sah und erlebte dabei mehr als die Mitreisenden, weil sie die deutschen Botschafter in den verschiedenen Ländern »freundschaftlich betreuten« und außerdem die persönlichen Beziehungen Italiaanders zu afrikanischen Politikern, Schriftstellern und Künstlern »aufschlussreiche Gespräche mit führenden einheimischen Persönlichkeiten« ermöglichten[99]. Auch auf dieser Reise beindruckten ihn »Beispiele hingebungsvoller menschlicher Hilfsbereitschaft«, wie beim Besuch einer abgelegenen Lepra-Station in Sierra Leone, die »Teil einer das ganze Land umfassenden, von der Bundesrepublik Deutschland unterhaltenen, stationären und mobilen Lepra-Fürsorge« gewesen ist. Dort betreute ein »junger deutscher Arzt, der mit seiner schwangeren Frau und einem zweijährigen Kind eine schlichte Hütte ohne jeden Komfort bewohnte«, nur unterstützt »von einer in Deutschland ausgebildeten schwarzen Laborantin«, ein 40-Betten-Krankenhaus. In einem anderen Fall hatte das Ehepaar »in einer der übelsten Favelas (Slums) am Rande von Sao Paulo in Brasilien zwei deutschstämmige Frauen aufgesucht, die in unbezahlter Arbeit eine [...] Kinderkrippe und einen Kindergarten unterhielten, unterstützt von zwei jungen Mädchen aus der Bundesrepublik Deutschland, die im halbjährlichen Austausch freiwillig zur Linderung des Elends beitrugen«. Anschließend seien sie »mit hohem Respekt vor so viel praktiziertem Idealismus und auch mit etwas schlechtem Gewissen« auf ihr komfortabel ausgestattetes Schiff zurückgekehrt[100]. Trotz aller zugestandenen persönlichen Betroffenheit offenbarte de Maizière in diesen Schilderungen einen dezidiert deutschtümelnden Blick auf das Fremde.

Bei den Besuchen in der UdSSR und in China kamen dazu noch antikommunistische Grundüberzeugungen zum Tragen, die – wenngleich zeittypisch – deutlich über die politisch-ideologische Auseinandersetzung der Zeit hinausreichten. 1976 erfüllte sich de Maizière nämlich den lange gehegten Wunsch einer Reise in die Sowjetunion. Als Teil einer Reisegruppe besichtigte er im Hochsommer zusammen mit seiner Frau je drei Tage »die russisch geprägte Hauptstadt Moskau und die von westeuropäischer Kultur beeinflusste, weniger bedrückend wirkende frühere Hauptstadt Leningrad«. Dort wurde das Ehepaar de Maizière von Dr. Alfred Blumenfeld – seit dem 1. November 1972 erster bundesdeutscher Generalkonsul in der Sowjetunion – und dessen Gattin

---

[99]   De Maizière, In der Pflicht, S. 349. Italiaander erinnerte sich noch 1989 gerne »an die
        gemeinsame harmonische Reise«. Siehe Rolf Italiaander an de Maizière, 10.3.1989, BArch,
        N 673/180.
[100] De Maizière, In der Pflicht, S. 349 f.

»freundschaftlich betreut«[101]. Aus seiner Reise zog er insgesamt die Lehre, dass »ein System, das dem Einzelnen keinen persönlichen Nutzen aus Eigeninitiative und Mehrarbeit zubilligt«, die marktwirtschaftlich organisierten Länder nicht würde einholen können. Obwohl man die UdSSR nicht unterschätzen dürfe, sei seine »Überzeugung von der Überlegenheit unseres Systems, trotz mancher Schwächen, [...] bei dieser Reise nur gewachsen«[102]. Interessanter noch als dieses Fazit, sind jedoch die einzelnen Beschreibungen der Reisestationen. So fand er Leningrad »europäisch geprägt« und im Straßenbild »auffallend sauber«. Hier schien ihm »der Menschenschlag um eine Nuance ›feiner‹« als in Moskau. »Die Russen« beschrieb er als »relativ klein, breite Gesichter, kurze Beine, außerordentlich stämmig; die Frauen mit breiten Hüften und kräftigen Beinen, überwiegend dick, reichlich robust, ohne jeden Charme«. Ihre Gesichter seien »ernst, unfroh, oft mürrisch«. Außerdem echauffierte er sich über die Einkaufsmöglichkeiten: »[S]chlechte Luft, nach Qualität und Quantität ungewöhnlich bescheidene Auswahl, billige Textilien [...], spießige Muster, nichts Attraktives [...], Bedienung miserabel, lustlos«, es mache »keinen Spaß, ja, es ist eine Strafe, zu kaufen«. Überhaupt empfand er die Bevölkerung »bei der Arbeit ausgesprochen langsam und lustlos«. Man sehe »keinerlei Eigeninitiative«. Zudem fiel ihm auf, dass »fast alle Frauen [...] mitarbeiten und mitverdienen [müssen]«. Nur vom kulturellen Leben gewann er »einen sehr guten Eindruck«, vor allem die vielen Theater, der Staatszirkus und das Ballett gefielen ihm. Bei den »auffallend vielen Denkmälern«, die ihn besonders ansprachen, hatte ihn immerhin nachdenklich gestimmt, »dass die großen russischen militärischen Siege durch die Zurückschlagung von eingefallenen Mächten ausgelöst worden sind«[103]. Politisch betrachtete er die UdSSR grundsätzlich als »dynamisch und expansiv«[104]. Ihr Ziel sei es, »Weltherrschaft zu erringen«; sie sei allerdings »nicht risikofreudig« und führe Krieg nur, wenn sie sicher sei, dass sie ihn gewinne[105].

Hinsichtlich der Sowjetunion hat sich sein Weltbild nie verändert. Menschen und Lebensverhältnisse hätte er während seiner Zeit im Zweiten Weltkrieg kaum anders beschrieben und »der militante Kommunismus« war gleichfalls in seiner Bundeswehrzeit stets »der einzig denkbare Gegner«. Eine Gefahr war die UdSSR für ihn nicht nur wegen ihrer konventionellen Überlegenheit, sondern wegen der Besonderheit ihrer Führung, auch im militärischen Bereich; diese sei

---

[101] Ebd., S. 345.
[102] Ebd., S. 346, sowie Ulrich de Maizière, Als Tourist in Moskau und Leningrad 21.-28.7.1976, August 1976, BArch, N 673/89.
[103] Ulrich de Maizière, Als Tourist in Moskau und Leningrad 21.-28.7.1976, August 1976, BArch, N 673/89.
[104] Niederschrift über Gespräch mit Hsü Hsiang-chien, stellvertretender Ministerpräsident und Verteidigungsminister, mit Gen. a.D. de Maizière am 3.5.1978, aufgezeichnet von O i.G. Schoffer, BArch, N 673/114.
[105] Niederschrift über Gespräch Hao Te-ching, Präsident der Gesellschaft des chinesischen Volkes für Auswärtige Beziehungen, mit Gen. a.D. de Maizière, GL a.D. Vogel und VA a.D. Meentzen am 29.4.1978, aufgezeichnet von O i.G. Schoffer, ebd.

vor allem »charakterisiert durch Rücksichtslosigkeit im Einsatz ihrer Menschenmassen«[106].

Solche Sichtweise war dabei nicht allein seiner Sozialisierung geschuldet.
Tatsächlich las de Maizière vergleichsweise viel über die Sowjetunion, wie im
Übrigen auch zur DDR, doch in der Regel äußerst einseitige Literatur. Obwohl
er in den meisten Büchern nach eigener Aussage nur blätterte, wollten sie »sowohl dienstlich als auch privat« für ihn von Nutzen gewesen sein[107], um »Fakten und Meinungen auf diesem wichtigen Gebiet zu vertiefen«[108]. Außerdem
ließ er sich durch die Reiseberichte seines rotarischen Freundes Gerhard Merzyn, Direktor des Institutes für Politik und Wirtschaft in Hamburg, informieren[109]. De Maizières Meinung dürfte ebenfalls sein stramm anti-sowjetischer
Schwager Dr. Christian Vasterling mitgeprägt haben, der die DDR und die
Sowjetunion öfter bereiste und als Russland-Spätheimkehrer von eindeutigen
Ressentiments bestimmt war[110].

Der Unterschied zwischen der antikommunistischen Sozialisierung gegenüber der Sowjetunion, die deswegen treffender als antisowjetisch, wenn nicht
gar als antibolschewistisch zu bezeichnen wäre, und einer politisch-
ideologischen Gegnerschaft wird beim Vergleich mit seinen Eindrücken von
der anderen kommunistischen Großmacht, China, deutlich. Im Frühjahr 1978
folgte de Maizière nämlich einer Einladung des »Instituts des chinesischen Volkes für Auswärtige Beziehungen« an eine kleine Gruppe pensionierter Bundeswehroffiziere nebst Ehefrauen[111]. Außer ihm selbst nahmen an der Reise
Generalleutnant a.D. Uwe Vogel als Luftwaffenvertreter und Vizeadmiral a.D.

---

[106] Ulrich de Maizière, Begrüßung Informationstagung Wehrstrafgerichtsbarkeit an der Fü-
AkBw, 11.12.1962, sowie identisch damit Kurzvortrag Kdr FüAkBw, GM de Maizière, anlässlich des Besuches S.E. des Präsidenten der französischen Republik, General de Gaulle,
an der FüAkBw in Hamburg-Blankenese, 7.9.1962, beide BArch, N 673/57b. Für weitere
Beispiele im selben Tenor siehe GM de Maizière, Kdr FüAkBw, Aufgabe und Gliederung
der Bundeswehr, Abschluss-Vortrag beim Generalstabs-Kurzlehrgang (Ausländer) Heer,
29.6.1963; Geistige Grundlagen der Verteidigung – Vortrag Kdr FüAkBw, GM de Maiziere, vor der 3. Einweisung Landesverteidigung und Gästen am 11.5.1963, beide BArch,
N 673/57a; oder Ulrich de Maizière, Probleme der militärischen Planung und die Rolle
der Bundeswehr bei der Verteidigung Europas, Vortragsveranstaltung beim Industrie-
Club e.V. Düsseldorf am 14.5.1968, BArch, N 673/59.
[107] De Maizière an Helmut Baus, Verlag Herder KG, 12.6.1970, und Baus an de Maizière,
2.6.1970, beide BArch, N 673/42.
[108] De Maizière an Prof. Dr. Boris Meissner, 28.12.1966, 24.1.1969, 23.9.1970 und 5.10.1971,
alle BArch, N 673/47a. Dieser hatte ihm seine Bücher resp. Sonderdrucke »Sowjetsystem
und demokratische Gesellschaft«, »Entspannung, Sicherheit, Frieden«, »Wehrverfassung
und Wehrrecht der DDR« sowie »Die Außenpolitik auf dem Parteitag der KPdSU« übersandt.
[109] Siehe die Korrespondenz zwischen beiden von 1965 und 1971 in BArch, N 673/47a. Merzyn war seit Mitte der 1960er-Jahre Präsident des RC Hamburg-Altona. Siehe Gertrud
Hartmann, Commerzbank AG Hamburg, an de Maizière, 22.10.1965, BArch, N 673/43a.
[110] Siehe die Korrespondenz zwischen Pastor Dr. Christian Vasterling und de Maizière in
BArch, N 673/53.
[111] Siehe dazu wie auch zum Folgenden Ulrich de Maizière, Bericht über die Reise in die VR
China vom 28.4.-13.5.1978, Juni 1978, BArch, N 673/114. Der Bericht findet sich auch in
BArch, N 673/89.

Wilhelm Meentzen für die Marine mit Gattinnen teil. Sie besuchten Peking, Nanking, Yanshou, Wushi, Soochow, Shanghai sowie Kanton. Neben einem umfangreichen touristischen Programm bot man Besichtigungen der 179. Infanteriedivision in Nanking und der Flottenstation in Shanghai[112]. Darüber hinaus standen außen- und sicherheitspolitische Gespräche mit dem Präsidenten des »Instituts des chinesischen Volkes für Auswärtige Beziehungen«, Hao Te-ching, dem stellvertretenden Generalstabschef Wu Hsiu-chüan, und dem stellvertretenden Ministerpräsidenten, Hsü Hsiang-chien, der zugleich auch Verteidigungsminister war, an[113]. Der deutsche Verteidigungsattaché, Oberst i.G. Ulrich Schoffer[114], begleitete die Delegation während der militärpolitischen Anteile, während sie in Peking von Botschafter Dr. Erwin Wickert und seiner Frau empfangen worden ist. So gewann man insgesamt »einen Eindruck von den wirtschaftlichen Problemen und dem kulturellen Leben im dicht besiedelten [...] Ost- und Südostteil des Landes«[115]. Den Hintergrund der Einladung vermutete de Maizière in dem Versuch, die gegenseitigen Beziehungen verbessern, Verständnis »für innerchinesische Probleme« wecken und einen weiteren Schritt hin zur Einladung hoher aktiver Offiziere der Bundeswehr gehen zu wollen. Weder habe man dort Rat noch Urteil gesucht, allenfalls eine Beurteilung über die politische und militärische Zielsetzung der Sowjetunion. Damit verbunden sei der wiederholte Appell zu einer aktiveren Politik gegenüber der Sowjetunion gewesen. Aus chinesischer Perspektive sei die UdSSR die stärkste Bedrohung. Demgegenüber würden die USA zwar »als imperialistische Supermacht« gelten, erschienen nach ihrem weitgehenden Rückzug vom asiatischen Kontinent als für China jedoch »weniger bedrohlich« und seien zur Abdeckung der pazifischen Flanke Chinas »ebenso nützlich wie zur Eindämmung sowjetischer Expansionsgelüste«. In diesem Kontext sei das chinesische Interesse an der Bundesrepublik einzuordnen, weil sie die stärkste konventionelle Macht in Europa darstelle und der sowjetischen Bedrohung unmittelbar ausgesetzt sei. Dieses Interesse sei gleichwohl wirtschaftlich und technologisch begründet und müsse nicht von Bestand sein[116].

---

[112] Über den Besuch dieser Division verfasste de Maizière eigens einen detaillierten vierseitigen, für die Marinestation sogar einen fünfseitigen Bericht. Siehe Ulrich de Maizière, Einzelbericht über einen Besuch bei der 179. Infanteriedivision der chinesischen Volksbefreiungsarmee am Sonnabend, den 6.5.1978, in Nanking, Juni 1978, und Ulrich de Maizière, Bericht über einen Besuch in der Marinebasis Shanghai am 11.5.1978, Juni 1978, beide BArch, N 673/89. Demnach machten die Vorgesetzten »bis hinauf zur Divisionsführung [...] durchweg einen schlichten Eindruck«, die Disziplin sei »hart und straff«, die »Motivation wahrscheinlich gut«, vor allem aber spielten »Menschenleben [...] eine untergeordnete Rolle«.

[113] Niederschrift über Gespräch mit Hsü Hsiang-chien, stellvertretender Ministerpräsident und Verteidigungsminister, mit Gen. a.D. de Maizière am 3.5.1978, aufgezeichnet von Oberst i.G. Schoffer, BArch, N 673/114.

[114] In seinen Memoiren führt de Maizière ihn fälschlich als »Schopper«. De Maizière, In der Pflicht, S. 347.

[115] Ebd.

[116] Ulrich de Maizière, Bericht über die Reise in die VR China vom 28.4.-13.5.1978, Juni 1978, BArch, N 673/114.

Von den einfachen Menschen, die er während seines Aufenthaltes erlebte, zeigte er sich indes beeindruckt: Sie seien »freundlich und bescheiden, ohne Unterwürfigkeit, dem Fremden gegenüber von zurückhaltender Neugier«. Im Vergleich zur Sowjetunion habe man »mehr lachende Gesichter« gesehen, die Familie spiele »nach wie vor eine große Rolle« und »Kleinkinder, die bunte Kleider tragen dürfen«, würden »liebevoll behandelt«. Im Straßenbild falle außerdem auf, »mit welcher Achtung und Fürsorge alte Menschen betreut werden«. Insgesamt kam er zu dem Fazit, der »chinesische Kommunismus« habe China »– wenn auch unter erheblichen Opfern – ein großes Stück vorwärts gebracht«. Dass dieser Fortschritt mit dem Verzicht auf individuelle Entfaltung und Entwicklungsmöglichkeit bezahlt werden würde, galt ihm allerdings als »ein erneuter Beweis dafür, dass Sozialismus im kommunistischen Sinne und individuelle Freiheit in unserem Sinne nicht miteinander vereinbar sind«[117].

Auch auf dem diplomatischen Parkett in Bonn war de Maizière Mitte der 1970er- bis 1980er-Jahre öfter Gesprächspartner chinesischer Politiker und Militärs. Dort bestätigten und verdichteten sich die auf seiner Reise gewonnenen Einsichten und Erkenntnisse[118]. An Themen kamen dabei nur zwischenzeitliche politische Ereignisse hinzu, wie 1980 die sowjetische Invasion in Afghanistan im Jahr zuvor. Hier interessierte sich die bundesdeutsche Seite in besonderer Weise für die chinesischen Erkenntnisse über die Rote Armee. Die Chinesen vertraten nämlich die Auffassung, die sowjetischen Truppen würden »erhebliche Schwierigkeiten« haben, »mit den afghanischen ›Rebellen‹ auf die Dauer fertigzuwerden«[119].

Ebenfalls als militärpolitischer Botschafter betätigte sich de Maizière in dieser Zeit in Österreich. Dies ergab sich aus der Bekanntschaft mit Professor Dr. Herbert Schambeck, eines österreichischen Rechtswissenschaftlers, der für die Österreichische Volkspartei (ÖVP) stellvertretender Vorsitzender des Österreichischen Bundesrates und außerdem Präsident der Österreichisch-Deutschen Kulturgesellschaft gewesen ist. Ihn hatten die de Maizières im Sommer 1974 im Gästehaus der F.V.S.-Stiftung in der Lüneburger Heide kennengelernt, wo sie für einige Tage Gäste des Hamburger Kaufmanns und Mäzens Alfred C. Toepfer waren. Auf Einladung der Österreichisch-Deutschen Kulturgesellschaft und der Landesverteidigungsakademie (LaVAk) des österreichischen Bundesheeres

---

[117] Ebd.

[118] Ulrich de Maizière, Aufzeichnung über ein Gespräch mit dem Militärattaché der Volksrepublik China und seinem Stellvertreter am 7.12.1976, 8.12.1976. Seinen Gesprächsbericht übergab er Generalinspekteur Harald Wust. Siehe Ulrich de Maizière, Aufzeichnung über ein Gespräch mit dem GenInsp, Gen. Wust, am 6.1.1977, (undat.). Zu weiteren Treffen siehe Ulrich de Maizière, Informationen aus dem Gespräch mit dem chinesischen Verteidigungsattaché Lin am 5.9.1979 (undat.), dessen Weiterleitung mit de Maizière an den Stabsabteilungsleiter FüS II, Flottillenadmiral Arendt, 5.9.1979, und Ulrich de Maizière, Aufzeichnung über ein Gespräch mit dem Verteidigungsattaché der Volksrepublik China, Yu Gang, am 10.1.1985, Januar 1985, alle BArch, N 673/89.

[119] Ulrich de Maizière, Notizen aus einem Gespräch mit dem chinesischen Verteidigungsattaché Lin-Chien, 31.1.1980. Auch diese Erkenntnisse leitete de Maizière umgehend an FüS II weiter. Siehe de Maizière an FüS II 5, K z.S. Herche, 31.1.1980, beide ebd.

hielt de Maizière im Februar 1975 je einen Vortrag vor der Kulturgesellschaft zum Thema »Sicherheit und Entspannung – Gedanken zur europäischen Sicherheitspolitik« und an der LaVAk zum Thema »Das Bild des Offiziers in den 70er- und 80er-Jahren«. Als de Maizière vorab Verteidigungsminister Georg Leber darüber informierte, bat dieser ihn um Gespräche mit einigen ihm nahestehenden österreichischen Politikern. Ohne Beisein eines Vertreters der deutschen Botschaft traf er sich im Folgenden mit Bundeskanzler Bruno Kreisky und Bundespräsident Rudolf Kirchenschläger in deren Amtssitzen ebenso wie mit Verteidigungsminister Karl Lütgendorf zu privaten Gesprächen[120]. Außerdem besuchte er mit der Theresianischen Militärakademie in Wiener Neustadt sowie der LaVAk in Wien die Kaderschmieden der österreichischen Offiziere. Die sich hieraus entwickelnde Freundschaft mit Schambeck ermöglichte den de Maizières auch die Teilnahme am Opernball und später an den Eröffnungsveranstaltungen der Salzburger Festspiele[121]. Im Oktober 1980 wurde de Maizière erneut zu Vorträgen nach Wien eingeladen[122].

Weil er von all diesen Reisen in seinen Memoiren berichtete, schrieb ihm sein Jahrgangskamerad Thilo anerkennend: »Man hat Dir die große Welt geboten und Du sie offensichtlich genossen. Dein Wirken im obersten Amt der BW hat hierbei besonderen Lohn gefunden[123].« Dabei hat de Maizière die Lust am Reisen offenbar an seiner Kinder weitergegeben. Beide Töchter lebten mehrere Monate in Kanada beziehungsweise den USA, bevor sie mit ihrem Studium begannen, Cornelia fuhr darüber hinaus mit einer Studentengruppe im Sommer 1969 nach Kolumbien[124]. Andreas besuchte Rom, London und Bangkok[125]. In den Schulferien reisten die Kinder meist selbstständig, und auch an Schüleraustauschen nahm die Familie gelegentlich teil[126]. Dabei profitierten alle von den weitläufigen Verbindungen des Vaters, die ihm selbst gerade in den ersten Jahren seines eigentlichen Ruhestandes etliche zusätzliche Aufgaben eintrugen. Regelmäßig wurde de Maizière zu Vorträgen und zur Teilnahme an sicher-

---

[120] De Maizière, In der Pflicht, S. 351–353, Zitate S. 351 f. Zu den Inhalten der Gespräche siehe Ulrich de Maizière, Bericht über einen Aufenthalt in Wien vom 5.–11.2.1975, 4.3.1975, BArch, N 673/89.

[121] De Maizière, In der Pflicht, S. 351–353.

[122] Ebd., S. 353.

[123] Thilo an de Maizière, 25.6.1989, BArch, N 673/180.

[124] De Maizière an Heuer, 7.4.1965, BArch, N 673/42; an »Ohm« Kreusler, 14.9.1967, BArch, N 673/45a; an Helmut Tewaag, 7.1.1970, BArch, N 673/52b; sowie Ernst Ostermann von Roth, Botschafter der Bundesrepublik Deutschland, an de Maizière, 22.4.1969, BArch, N 673/48b.

[125] De Maizière an Luftwaffenattaché an der deutschen Botschaft Rom, OTL i.G. Hubert-Ernst Theissen, 26.5.1967, BArch, N 673/52b; an Kapitän z.S. Mantey, Deutsche Botschaft London, 14.9.1967, BArch, N 673/46b; sowie den deutschen Militärattaché in Bangkok, OTL i.G. K.J. von Schütz, 29.6.1971, BArch, N 673/51b.

[126] Siehe z.B. de Maizière an BG Hinrichs, 14.7.1966, BArch, N 673/43e; an M Kattengell, Bundeswehr-Sozialwerk, 12.4.1966, BArch, N 673/44a; an Heuer, 7.4.1965 und 2.1.1967, beide BArch, N 673/42; und an O i.G. Dr. Bucksch, Militärattaché an der Deutschen Botschaft Paris, 21.7.1966, BArch, N 673/38.

heitspolitischen Konferenzen und Seminaren an namhafte Forschungsinstitute in Frankreich, Großbritannien und den USA eingeladen[127].

Bereits im Frühjahr und Sommer 1974 bereiste er deswegen beispielsweise alle Hauptstädte, deren Länder ständig Streitkräfte im NATO-Abschnitt Europa-Mitte unterhielten, und ließ sich dort von höchsten Stellen auf den neuesten Stand bringen. Im Auftrag des Parlaments der WEU sollte er »in einer Studie ›Rational Deployment of Forces in the Central Front‹ die Friedensstationierung der zwischen Elbe und Alpen stationierten alliierten Truppen im Verhältnis zu ihren Einsatzräumen in der Vorneverteidigung kritisch [...] untersuchen und, soweit nötig, bessere Lösungen für Dislozierung und operative Planung vorschlagen«[128]. Dabei war de Maizière offenbar stolz, dass das Parlament den Auftrag zu dieser Studie gegen die Konkurrenz des ehemaligen französischen Général d'Armée André Beaufre »dem deutschen Experten« übertragen hatte[129]. Entgegen der offenbar vielerorts gehegten Hoffnung schlug de Maizière die Beibehaltung der Friedensdislozierung vor und ergänzte sie in Zusammenarbeit mit Generalmajor a.D. Heinz-Helmuth von Hinkeldey, Brigadegeneral a.D. Otto Selle und Konteradmiral a.D. Günter Poser um »politisch realisierbare und finanziell tragbare Verbesserungsvorschläge«[130]. Die Studie wurde am 31. Oktober 1974 der WEU übergeben und von dieser zunächst den Verteidigungsministerien der Stationierungsländer zur Verfügung gestellt. Nach einer entsprechenden Überarbeitung war sie im Mai 1975 Gegenstand der Beratungen, zu denen die WEU-Versammlung anlässlich ihres 20-jährigen Bestehens in Bonn zusammengetreten war. Im Juni 1975 erschien sie unter dem Titel »Verteidigung in Europa Mitte«[131]. An Baudissin schrieb de Maizière dazu, er habe keine grundlegend neuen Konzepte entwickelt, weil er »gerade vom Standpunkt der Abschreckung aus« die gültige Verteidigungsplanung in Mitteleuropa »immer noch für die am wenigsten schlechte« halte. Vielmehr müssten mehr Anstrengungen auf Rationalisierung und Standardisierung verwendet werden[132].

---

[127] De Maizière, In der Pflicht, S. 345. So z.B. im Frühjahr 1973 zum Kolloquium des Stanford Research Institute nach Südfrankreich oder im März 1977 zu einem Symposium des WEU-Parlamentes in Paris zum Thema PGM (Precise Guided Munition). Zu Beispielen einschlägiger Studien siehe de Maizière, Armed Forces in the NATO Alliance, oder seinen Beitrag für das vom britischen Royal United Services Institute for Strategic Studies herauszugebende Verteidigungsjahrbuch 1977. Siehe Ulrich de Maizière, Aufzeichnung über ein Gespräch mit dem GenInsp, Gen. Wust, am 6.1.1977, (undat.), BArch, N 673/89.

[128] Der Auftrag wurde im Dezember 1973 vom Verteidigungsausschuss der WEU-Versammlung bestätigt. Dabei reiste er in Begleitung des niederländischen Abgeordneten Pieter Dankert, nur die NATO-Dienststellen besuchte er alleine. Siehe de Maizière, In der Pflicht, S. 337 f.

[129] De Maizière an Helmut Schmidt, 19.12.1973, AdsD, 1/HSA A006113.

[130] De Maizière, In der Pflicht, S. 338 f., Zitat S. 339.

[131] Ebd., S. 339. Die WEU-Studie schickte er auch seinem Nachfolger Zimmermann. Siehe GenInsp, Admiral Zimmermann, an de Maizière, 11.11.1974, BArch, N 673/179. Zu den Arbeiten um die Studie insgesamt siehe die umfangreiche Überlieferung in den Beständen BArch, N 673/77-79.

[132] De Maizière an Baudissin, 9.4.1975, BArch, N 673/179.

Aber nicht nur international, auch national war er äußerst geschätzt und konnte sich auf vielerlei Weise in die militärpolitischen Diskussionen der Zeit einbringen. Ein sichtbares Zeichen dieser Wertschätzung erfuhr de Maizière 1976, als er als erster Soldat überhaupt, die Gedenkrede bei der zentralen Feierstunde zum Volkstrauertag im Plenarsaal des Bundeshauses hielt[133]. So intensivierte er seine Mitarbeit in der Deutschen Gesellschaft für Auswärtige Politik, für deren Veranstaltungen er in seiner aktiven Zeit meist keine Muße gefunden hatte[134]. Darüber hinaus ist er ab November 1979 Mitglied im Stiftungsrat der Stiftung Wissenschaft und Politik (SWP) gewesen[135]. Sie berät bis heute Bundestag und Bundesregierung in Fragen der Außen- und Sicherheitspolitik. Ihr Stiftungsrat sichert die Unabhängigkeit, bestellt die Leitung des »Deutschen Instituts für Internationale Politik und Sicherheit« und beaufsichtigt dessen Forschungsarbeit. Er setzt sich aus Vertretern der Bundestagsfraktionen sowie aus Persönlichkeiten aus allen Bereichen des öffentlichen Lebens zusammen, die für das Gremium kooptiert werden müssen[136]. Seinerzeit war de Maizière von Professor Dr. h.c. Hans L. Merkle, von 1963 bis 1984 Vorsitzender der Geschäftsführung der Robert Bosch GmbH und seit 1973 wie er selbst Träger des Freiherr-vom-Stein-Preises, zum Mitglied des Stiftungsrates vorgeschlagen worden; der Chef des Bundeskanzleramtes, Manfred Schüler (SPD), hatte diesen Vorschlag mitgetragen[137]. Merkle hatte zum Jahresbeginn 1979 das Amt des Präsidenten des Stiftungsrates der SWP übernommen und gewann de Maizière anstelle des ausgeschiedenen Generals a.D. Dr. Hans Speidel, was er »als eine große Auszeichnung« empfand[138]. Mit ihm im Stiftungsrat saß übrigens Dr. Richard Freiherr von Weizsäcker, der für den beruflichen Werdegang von de Maizières Sohn Thomas noch eine wichtige Rolle spielen sollte[139]. 1992 stellte de Maizière seinen Platz im Stiftungsrat umso lieber einem Jüngeren zur Verfügung, als es wieder ein ehemaliger Soldat sein sollte[140].

Um jüngere Kameraden ging es ihm auch bei zwei weiteren Mitgliedschaften, nämlich derjenigen in der Gesellschaft der Freunde und Förderer der Universität der Bundeswehr e.V. (GFFU)[141] und der Clausewitz-Gesellschaft (CG). Der Förderverein der Universität der Bundeswehr wurde 1978 gegründet und als gemeinnützig anerkannt. Die Zahl der Mitglieder belief sich im Sommer

---

[133] De Maizière, Mahnung zum Frieden.
[134] De Maizière an Dr. Günther Henle, 18.1.1972, BArch, N 673/42.
[135] Ein Abdruck der damals gültigen Geschäftsordnung der SWP vom 23.11.1971 findet sich in BArch, N 673/107. Siehe dazu insgesamt die Bestände BArch, N 673/106 und 107.
[136] Zunker, Stiftung Wissenschaft und Politik.
[137] Prof. Dr. Hans L. Merkle an de Maizière, 5.11.1979, BArch, N 673/107. Merkle war seit dem 5.11.1976 bereits Mitglied des Gremiums.
[138] De Maizière an Merkle, 7.11.1979, ebd.
[139] 15. Sachbericht der SWP für die Zeit vom 1.1.-31.12.1979, sowie SWP, Der Stiftungsrat der SWP 1964-1984, (undat.). Weizsäcker, damals Bundestagsabgeordneter für die CDU/CSU-Fraktion, gehörte dem Gremium von 1964 bis zu seinem Amtsantritt als Bundespräsident an. Siehe SWP an die Mitglieder des Stiftungsrats, 25.9.1984, BArch, N 673/107. An seiner Stelle wurde Georg Leber kooptiert.
[140] De Maizière an Merkle, 12.3.1992, ebd.
[141] Siehe hierzu die Bestände BArch, N 673/104 und 105.

1981 auf 60, davon 18 Firmen und Verbände. Der sechsköpfige Vorstand bestand aus je drei Hochschul- und drei Firmen- und Verbandsangehörigen. Ab 1981 unterstützte ein Kuratorium aus 15 Mitgliedern den Vorstand bei seiner Arbeit. Als Geschäftsführer fungierte der Präsident der Hochschule der Bundeswehr – die Umbenennung in »Universität« erfolgte erst zum 1. April 1985[142]. Auf der konstituierenden Sitzung des Kuratoriums am 15. Juni 1981 in der Offizierheimgesellschaft (OHG) der Hochschule der Bundeswehr wurde de Maizière einstimmig zum Vorsitzenden gewählt[143]. Mit in diesem Gremium saß eine ganze Reihe einflussreicher Persönlichkeiten, nicht nur aus Hamburg. Dazu gehörten Staatssekretär a.D. Hans Birckholtz, Alfred de Chapeaurouge, von 1953 bis 1986 CDU-Mitglied der Hamburger Bürgerschaft, der langjährige Vorsitzende der CDU-Fraktion in der Hamburger Bürgerschaft, Major a.D. Hartmut Perschau, der CDU-Bundestagsabgeordnete (1976–2002) Peter-Kurt Würzbach, 1982 bis 1988 Parlamentarischer Staatssekretär im Verteidigungsministerium, sowie ab 1985 Bundeskanzler a.D. Helmut Schmidt[144].

Für de Maizière, der mit anderen zusammen so lange für die akademische Ausbildung der Bundeswehroffiziere gestritten hatte, war die Übernahme dieses Amtes folgerichtig. Die zivile Hochschulausbildung der jungen Offiziere/Offizieranwärter stellte für ihn »eine viel stärkere gesellschaftliche Kontrolle der Offizierausbildung und eine viel stärkere Integration in die Gesellschaft dar [...] als jemals zuvor, als die Offizierausbildung ausschließlich interne Angelegenheit der bewaffneten Macht gewesen sei«[145]. Das Gremium tagte ein-, höchstens zweimal im Jahr und war de Maizières Ansicht nach vor allem eine Hilfe für den Vorstand des Vereins und die Universität, weil man auf ein Kuratorium mit bekannten Namen hinweisen konnte. Für ihn persönlich hatte es »den Reiz«, regelmäßig über die Entwicklung der Bundeswehr-Universität unterrichtet zu werden. Nach seiner zweiten Amtsperiode glaubte er im Alter von 78 Jahren, es sei an der Zeit, »den Vorsitz in jüngere Hände weiterzugeben«. 1991 bat er deswegen um Entlastung und konnte als seinen Nachfolger General a.D. Wolfgang Altenburg gewinnen, dessen Kommandeur er seinerzeit an der Führungsakademie gewesen war[146].

An die Ausbildung des Generalstabsnachwuchses knüpfte auch die Mitgliedschaft in der CG an. Diese war im Sommer 1961 auf Anregung von Major i.G. a.D. Friedrich Wilhelm Klemm durch eine kleine Gruppe ehemaliger Generalstabsoffiziere, die nach dem Krieg in leitenden Positionen von Wirtschaft und Industrie gelangt waren, als Gesellschaft ehemaliger und aktiver General-

---

[142] GFFU/Der Geschäftsführer, Kurzinformation für Zwecke der Werbung, 1.8.1981. 1985 waren es dann 114, 1990 569 Mitglieder. Siehe GFFU, Mitgliederliste, Stand 16.7.1985, beide BArch, N 673/105.

[143] GFFU/Kuratorium/Der Vorsitzende, Vermerk zur Konstituierenden Sitzung am 15.6.1981 im Offizierheim der Hochschule der Bundeswehr Hamburg, 13.7.1981, ebd.

[144] Siehe dazu sowie zu weiteren Mitgliedern die Niederschriften des Kuratoriums der GFFU von 1982 bis 1990 im Bestand BArch, N 673/105.

[145] GFFU an die Mitglieder des Kuratoriums, Niederschrift über die 2. Kuratoriumssitzung am 18.2.1982, 15.3.1982, BArch, N 673/105.

[146] De Maizière an Gen. a.D. Wolfgang Altenburg, 7.11.1990, ebd.

stabs- und Admiralstabsoffiziere gegründet worden. Zum ersten Präsidenten wählten sie den früheren Kommandeur der Kriegsakademie, Generalleutnant a.D. Kurt Weckmann. Ihr selbstgestellter Auftrag war es, »das Gedankengut des deutschen Generalstabes zu erhalten, Kriegserfahrungen an die nächste Generation weiterzugeben und den gegenseitigen Austausch militärischer und ziviler Erfahrungen zu erleichtern«[147]. Anfang der 1960er-Jahre nahm die Führungsspitze der Bundeswehr gegenüber der CG jedoch zunächst eine abwartende Haltung ein. Nur wenige aktive Offiziere traten der Vereinigung bei. Erst ein Gespräch zwischen Generalinspekteur General Heinz Trettner und der Gesellschaftsführung am 19. Juni 1964 machte offenbar den Weg frei. Daraufhin fragte deren Geschäftsführer, Generalleutnant a.D. Oldwig Otto von Natzmer, auch bei de Maizière um Beitritt an[148]. Dieser erklärte sich grundsätzlich dazu bereit, wollte aber noch bis zum nächsten Frühjahr warten, um zu verhindern, dass sein Eintritt im zeitlichen Zusammenhang mit seiner Ernennung zum Inspekteur des Heeres »als eine Art ›Demonstration‹ angesehen werden könnte«[149]. Zuvor hatte sich de Maizière freilich den Schriftwechsel zwischen dem BMVg und der CG zusenden lassen, da er sich der »Gedankengänge des Herrn Generalinspekteurs hinsichtlich der Clausewitz-Gesellschaft« erst gewiss werden wollte[150]. Weil Steinhoff die Einladung zur Mitgliedschaft wiederholt ablehnte, blieben zunächst auch viele andere Offiziere der Luftwaffe fern, was zu einer starken Heereslastigkeit führte[151]. Mit der Information, Generalinspekteur Trettner habe seinem Vorgänger im August 1964 nicht nur seine Unterstützung zugesagt, sondern ausdrücklich festgestellt, »dass keine Bedenken dagegen bestünden, wenn aktive Offiziere der Bundeswehr [...] der Clausewitz-Gesellschaft als ordentliches Mitglied beitreten«, klopfte der neue Geschäftsführer der Gesellschaft, Oberst a.D. Günter von Below, Ende April 1965 erneut bei de Maizière an[152]. Daraufhin trat er tatsächlich bei, hielt sich aber größtenteils im Hintergrund[153].

1967 brachte er allerdings den Vorschlag zu einer Satzungsänderung ein, die es ermöglichen sollte, auch nicht-Generalstabsoffiziere Mitglied werden zu lassen. Da er selbst an der entscheidenden Sitzung nicht teilnehmen konnte, beauftragte er in Absprache mit dem Präsidenten der CG, Generalleutnant a.D.

---

[147]   De Maizière, In der Pflicht, S. 341 f., Zitat S. 342.
[148]   GL a.D. Oldwig Otto von Natzmer an de Maizière, 7.9.1964, BArch, N 673/48a.
[149]   De Maizière an von Natzmer, 19.10.1964, ebd.
[150]   De Maizière an O i.G. Dr. Trentzsch, 14.9.1964, sowie die Übersendung durch O i.G. Dr. Trentzsch im BMVg an de Maizière, 25.9.1964, alle ebd.
[151]   Bahnemann, Parlamentsarmee?, S. 116.
[152]   O a.D. Günther von Below, Geschäftsführung der CG, an de Maizière, 30.4.1965. In der Anlage findet sich die Aussage Trettners in CG/Der Präsident, Informationsschreiben, im März 1965, beide BArch, N 673/38.
[153]   Interessanterweise schenkte Maria Hartl »als einzige Frau der Welt, die über Clausewitz ein Buch geschrieben hat«, de Maizière im August 1966 ihr Werk Hartl, Carl von Clausewitz. Er versprach, es »mit großem Interesse« zu lesen, »zumal ich wirklich gespannt bin, wie Sie als Frau das Thema über Clausewitz angepackt haben«. Siehe Maria Hartl an de Maizière, 26.8.1966, sowie dessen Antwort, 5.9.1966, beide BArch, N 673/43a.

Weckmann, Oberst i.G. Pilster aus seinem Stab, den Antrag einzubringen[154]. Demnach sei der »Herr Generalinspekteur« der Auffassung, dass »auch solchen Offizieren die Mitgliedschaft ermöglichst [sic!] werden sollte, die bestimmte Grundforderungen erfüllen«, nämlich: »der Offizier ist (oder war) Kommandeur bzw. Chef eines Verbandes oder einer Dienststelle solchen Umfangs und solcher Bedeutung, dass zu seinem unterstellten Bereich Offiziere des Generalstabsdienstes und Spezial-Stabsoffiziere mit akademischen Qualifikationen gehören«, oder »der Offizier besitzt eine dem Generalstabsoffizier vergleichbare Ausbildung, das ist in der Regel eine abgeschlossene akademische Ausbildung, aufgrund dieser Voraussetzung ist oder war er beauftragt mit wichtigen Führungs- oder Leitfunktionen«. Besonderen Wert legte de Maizière dabei »auf die Feststellung, dass nach seiner Auffassung nicht der Dienstgrad eines Generals das Kriterium für die Mitgliedschaft ist, sondern die qualifizierende Ausbildung [oder] die Wichtigkeit der eingenommenen Stellung und damit der geistige Rang des Betreffenden«[155]. Der Antrag wurde nach einer »Kampfabstimmung« angenommen[156].

Anschließend trat de Maizière erst nach seinem Ausscheiden aus dem aktiven Dienst wieder in Erscheinung – und auch dies eher ungewollt. Als die Gesellschaft 1975 einen neuen Präsidenten suchte und ihn als idealen Kandidaten ausgemacht hatte, zeigte er zunächst keine Bereitschaft dazu, wie sein vormaliger Adjutant Bahnemann zu berichten wusste, weil er »wegen der negativen Stimmung bei der SPD gegen alles, was mit Generalstab und FüAk zusammenhing«, seinen »fachlichen Einfluss in der Politik nicht unnötig einengen« mochte. Erst nach einem persönlichen Vorschlag durch seinen Nachfolger Zimmermann und einer ausdrücklichen Ermunterung durch den Minister habe er sich letztes Endes doch zur Verfügung gestellt[157]. Im Januar 1976 übernahm er die Präsidentschaft der zwischenzeitlich an die Hamburger Führungsakademie übergesiedelten Gesellschaft. Zum Jahreswechsel 1982/83 gab er sie dann auf eigenen Wunsch an Generalleutnant a.D. Lothar Domröse ab. Daraufhin wurde er zum Ehrenpräsidenten gewählt, weil er sich »wie kein anderer in Wort und Schrift« für die CG und ihr Anliegen, »am geistigen Leben unserer freiheitlichen, demokratischen Gesellschaft mitgestaltend teilzunehmen und den Wehrgedanken zu fördern«, verdient gemacht habe[158]. Er blieb weiterhin ein äußerst aktives Mitglied – so aktiv, dass er für die Veranstaltungen der CG sogar Sit-

---

[154] De Maizière an den Präsidenten der CG, GL a.D. Weckmann, 12.4.1967, sowie dessen vorhergehendes Schreiben an de Maizière, 4.4.1967, beide BArch, N 673/38.

[155] O i.G. Pilster, FüS II 2, Vortragsnotiz (undat.), ebd.

[156] O i.G. Pilster, FüS II 2, Bericht über die Mitgliederversammlung der CG am 29.4.1967 in München, 3.5.1967. Zu diesem Zeitpunkt hatte die CG 243 Mitglieder, davon 38 Offiziere der Bundeswehr. Anfang des Jahres 1972 hatte die Mitgliederzahl bereits die 400 überschritten, davon 101 aktive Bundeswehrangehörige. Siehe Geschäftsführung der CG, Rundschreiben Nr. 60, 17.1.1972, beide ebd.

[157] Bahnemann, Parlamentsarmee?, S. 165 f., Zitat S. 165.

[158] Lothar Domröse, Präsident CG, an de Maizière, 19.8.1983, PA AdM, Akte Persönliche Unterlagen. Siehe dazu auch de Maizière, In der Pflicht, S. 342 f.

zungen seines geliebten Musikgremiums absagte, dem er ebenfalls im Ruhestand beigetreten war[159].

Die Liebe zur Musik war sicher die größte Leidenschaft von Ulrich de Maizière. Wann immer er konnte, widmete er sich ihr. So lud er gerne zu Hausmusikabenden in seine Wohnung ein[160]. Dabei handelte es sich in der Regel um eine »Gruppe von 30 bis 40 Gästen, denen wir verpflichtet sind, [...] meistens um Botschafter, Staatssekretäre u.ä. [...], [a]llerdings aus diesem Kreis nur solche, deren musikalischen Verständnisses wir sicher sind«[161]. Dazu gehörten beispielsweise der Oberbefehlshaber der französischen Streitkräfte in Deutschland, Général de Corps d'Armée Jean-Louis du Temple de Rougement[162], der Ständige Vertreter der Bundesrepublik Deutschland im Nordatlantikrat, Franz Krapf[163], oder der Generalsekretär der CDU, Dr. Konrad Kraske[164]. De Maizières Adjutant Bahnemann meinte im Nachhinein, die Szenerie habe »etwas von einem Salon aus den guten alten Zeiten« gehabt[165]. Seltener spielte er hingegen bei eigenen Besuchen selbst auf[166]. Als er bei einem Besuch in Dänemark um Vorschläge zum Begleitprogramm gebeten wurde, ließ er seinen Marineadjutanten, Fregattenkapitän Hellmuth Kampe, dem Militärattaché bei der Deutschen Botschaft in Kopenhagen, Kapitän zur See August Hoepner, mitteilen, ihn würde »der Besuch eines Ballettabends oder bei guter Besetzung auch eine Opernaufführung mehr interessieren« als eine von Oberst Larsen angebotene abendliche Stadtrundfahrt durch die dänische Hauptstadt[167].

Auf Anregung von Oberstabsarzt Dr. Rudo Timper, damals Truppenarzt der Luftwaffenschule in Hamburg-Osdorf und ausgebildeter Tenor, nahm de Maizière zusammen mit diesem sogar eine Platte auf. Die Aufnahme im Studio der Firma Telefunken am 8. August 1964 beinhaltete je eine Liedergruppe von

---

[159] Sogar seine letzte Sitzung in diesem Gremium sagte er ab. Siehe de Maizière an den Vorsitzenden des Gremiums Musik im Kulturkreis der Deutschen Wirtschaft, Dr. Albrecht Schmidt, 26.3.1997, BArch, N 673/174. Zu seiner Mitgliedschaft im Kulturkreis insgesamt siehe BArch, N 673/172, 173 und 174.

[160] Siehe z.B. GenInsp, Zusammenstellung wichtiger Vorgänge von August 1966-März 1972, 3., 4. und 6. Amtsjahr, BArch, N 673/64.

[161] De Maizière an Franz Kelch, 23.10.1967. Liederabende mit Kelch fanden am 20.1.1968 und am 18.1.1970 statt. Siehe de Maizière an Kelch, 30.1.1968 und 14.6.1969, sowie Kelch an de Maizière, 10.12.1969, alle BArch, N 673/44a. Am 20.1.1969 war Dr. Rudo Timper der »Stargast«. Siehe de Maizière an Timper, 17.9.1968, sowie das entsprechende Angebot durch Timper an de Maizière, o.D. (Weihnachten 1966), beide BArch, N 673/52b.

[162] Du Temple de Rougement an de Maizière, 31.12.1969, BArch, N 673/50a.

[163] Franz Krapf an de Maizière, 20.12.1971, BArch, N 673/45a.

[164] Konrad Kraske an de Maizière, 21.10.1971, ebd.

[165] Bahnemann, Parlamentsarmee?, S. 113.

[166] So z.B. auf einem Gästeabend bei James H. Polk oder mit dem Botschafter des Königreichs Griechenland in Bonn, Alexis Kyrou, sowie dem niederländischen Botschafter, Baron G.E. van Ittersum. Siehe de Maizière an General James H. Polk, Commander-in-Chief U.S. Army Europe, 5.9.1968, BArch, N 673/49a; den Briefwechsel zwischen de Maizière und Alexis Kyrou, 24.4. und 27.4.1967, BArch, N 673/45a; und de Maizière an den niederländischen Botschafter, Baron van Ittersum, 20.12.1966, BArch, N 673/43c.

[167] FK Kampe, Marineadjutant des GenInsp, an Militärattaché bei der Botschaft der Bundesrepublik Deutschland, K z.S. August Hoepner, 6.11.1969, BArch, N 673/43e.

Schubert, Schumann und Brahms sowie die »Kinderszenen« von Schumann. Sie wurde für den öffentlichen Verkauf nie freigegeben[168]. De Maizière behielt sich vor, »sie nur solchen Menschen zu geben, denen ich mich besonders verbunden fühle«[169]. Tatsächlich hatte sich die Existenz dieser Platte derart rasch herumgesprochen, dass bei der Firma etliche Anfragen eingingen[170]. Bei einem Truppenbesuch am 25. Juni 1965 in Ulm sprach selbst Bundeskanzler Erhard de Maizière auf die Aufnahme an[171]. Timper wiederum erfuhr ein positives Echo auf die Platte im Kontext einer ausführlicheren Würdigung seiner künstlerischen Arbeit in den »Ärztlichen Mitteilungen/Deutsches Ärzteblatt«[172]. Schon im September 1965 musste er sich auf Bitten de Maizières bei Telefunken um die Bedingungen für einen Nachdruck erkundigen und letztendlich bestellte jeder 100 Stück. De Maizière, der eigentlich nur 50 Stück hatte haben wollen, konnte fortan etwas großzügiger verschenken[173]. Davon machte er auch regen Gebrauch[174].

---

[168] Timper an de Maizière, 1.7.1964, BArch, N 673/83. Timpers Fachgebiet war die Dermatologie. Siehe Timper an de Maizière, 21.7.1966, BArch, N 673/52b.

[169] De Maizière an GL a.D. August Schmidt, 1.11.1967, BArch, N 673/51a.

[170] Timper und de Maizière blieben aber dabei, »dass es sich um eine Eigenproduktion handelt, die praktisch vergriffen ist und nur als Geschenkausgabe existierte«. Siehe Timper an de Maizière, 3.7.1967, sowie dessen Antwort, 19.7.1967, beide BArch, N 673/52b. Tatsächlich ließ de Maizière wiederholt Anfragen ablehnen. Siehe z.B. M i.G. Bahnemann, Luftwaffenadjutant GenInsp, an Wolfgang Cremerius, 18.3.1969, BArch, N 673/38, oder FK Kampe, Marineadjutant GenInsp, an Leutnant d.R. Heinz Kopp, 12.11.1969, BArch, N 673/44b.

[171] De Maizière an Timper, 9.7.1965, BArch, N 673/52b. Demnach war Erhard, selbst passionierter Klavierspieler, durch von Hassel »angestoßen« worden. Siehe de Maizière an Bundeskanzler Erhard, 30.6.1965, BArch, N 673/39b. Er erhielt auch eine Platte und fand es anschließend »bewundernswert, dass Sie trotz Ihrer starken dienstlichen Inanspruchnahme so konzertreif Ihren musikalischen Interessen nachgehen«. Siehe Erhard an de Maizière, 7.7.1965, PA AdM, Akte Persönliche Unterlagen, sowie de Maizière an Erhard, 30.6.1965, BArch, N 673/39b.

[172] Timper an de Maizière, 27.8.1965, BArch, N 673/52b.

[173] Timper an de Maizière, 23.9.1965. Ende November 1965 wurden die Platten dann ausgeliefert. Siehe Timper an de Maizière, 3.11. und 26.11.1965 sowie dessen Dank, 8.12.1965, alle ebd.

[174] So erhielten zum Beispiel Platten: General Polk als »ganz besonderer Dank« für einen »bezaubernden Abend in Ihrem Heim«. Siehe de Maizière an General James H. Polk, Commander-in-Chief U.S. Army Europe, 5.9.1968, BArch, N 673/49a. Oberst Dennhardt, als »Zeichen meines Dankes [...] für die Mühe, die Sie sich um meinen Besuch in der Türkei gemacht haben«. Siehe de Maizière an Kdr PzGrenBrig 16, O Oskar-Hubert Dennhardt, 23.11.1965, BArch, N 673/39a. Eva-Luise Schoen, zum Abschied de Maizières. Siehe Eva-Luise Schoen an de Maizière, 29.8.1966, BArch, N 673/51b. Frants Hvass zu seinem Geburtstag. Siehe de Maizière an den Königlich-Dänischen Botschafter in Bonn, Frants Hvass, 28.3.1966, BArch, N 673/43d. Gerhard Schröder nach dessen Ausscheiden als Minister als »eine bescheidene Abschiedsgabe aus dem privaten Bereich«. Siehe de Maizière an Schröder, 24.10.1969, BArch, N 673/51b, und Meyer-Detring zu seinem Geburtstag. Siehe Meyer-Detring an de Maizière, 15.7.1965, BArch, N 673/47a. Mit bei den ersten dürfte wohl Heuer gewesen sein, der sie zu Weihnachten 1964 erhielt. Siehe de Maizière an Heuer, 7.4.1965, BArch, N 673/42. Gleichwohl schickte er sie auch an Fachleute wie z.B. an den Chef des Stabsmusikkorps der Bundeswehr, M Scholz, 29.3.1965, BArch, N 673/51b, oder den Musikinspizienten der Bundeswehr, O Wilhelm Stephan, 29.4.1965, BArch, N 673/52a.

In seiner Zeit als Inspekteur und Generalinspekteur hatte de Maizière bedauert, kaum mehr Zeit zum Musizieren zu haben[175]. Für ein bisschen Kammermusik zuhause mit seiner Frau, die er als »recht gute Cellistin« bezeichnete[176], Sohn Thomas, der »ganz nett« Klavier spielte[177], und Tochter Cornelia reichte sie manchmal. Darüber hinaus besuchte das Ehepaar Konzerte und nutzte dafür auch gezielt Urlaubsreisen[178]. Beide genossen beispielsweise eine Woche in Ansbach Bachmusik oder waren »tief beeindruckt« von der ersten Aufführung, die sie in Bayreuth erleben durften[179]. Auch in der Truppe fanden hin und wieder musikalische Veranstaltungen statt[180]. Nicht zufällig wurde gerade unter Schmidt, selbst ein hervorragender Pianist, und de Maizière am 29. März 1971 die Big Band der Bundeswehr geschaffen.

Schon als Inspekteur des Heeres setzte sich de Maizière für junge Musiker ein, damit ihre Karriere nicht etwa durch den Grundwehrdienst negativ beeinflusst würde. Falls »eine entsprechend qualifizierte Stelle wirklich bescheinigen sollte, dass es sich bei diesem jungen Mann um eine Zukunftshoffnung von internationalem Rang handelt«, war er dazu praktisch immer bereit[181]. Er hatte »viel Verständnis für einen begabten Musiker, dessen Zukunft u. Beruf in der Sensibilität seiner Hände u. Finger liegt«; schließlich half die Bundeswehr »auch bei guten Spitzensportlern«[182]. In der Regel verschob man in solchen Fällen die Ableistung des Grundwehrdienstes bis nach dem Abschluss der musikalischen Ausbildung oder versetzte die Rekruten nach der Grundausbildung zu den Musikkorps der jeweiligen Teilstreitkraft[183]. Bei so viel Begeisterung und

---

[175] De Maizière an Timper, 9.7.1965 und 5.8.1966, beide BArch, N 673/52b, oder an O a.D. Dr. Meier-Welcker, 7.11.1967, BArch, N 673/47a.

[176] De Maizière an Hilde Falley, 5.7.1968, BArch, N 673/40.

[177] De Maizière an Heuer, 19.11.1970 und 17.3.1967, beide BArch, N 673/42.

[178] Siehe z.B. Timper an de Maizière, 2.4.1965, BArch, N 673/52b, oder an den niederländischen Botschafter, Baron van Ittersum, 1.3.1967, BArch, N 673/43c.

[179] Siehe de Maizière an Ursula Vasterling, 22.6.1989, BArch, N 673/180, und an Wolf-Siegfried Wagner, 31.7.1967, BArch, N 673/54a. In Bayreuth begeisterte sie der »Tannhäuser«.

[180] Siehe z.B. de Maizière an O Wilhelm Renner, Kdr PzBrig 21, 28.3.1967, BArch, N 673/49b. De Maizière musste dessen Einladung zu einem Kammermusikabend allerdings aus terminlichen Gründen ablehnen.

[181] De Maizière an MinDir Kroener, Abteilungsleiter VR, 19.1.1968, BArch, N 673/45a, und beinahe wörtlich in de Maizière an Dr. Bernhard Sprengel, 6.3.1967, BArch, N 673/50b, sowie an Prof. Ernst-Lothar von Knorr, 12.2.1968, BArch, N 673/51b. Zu weiteren Fällen siehe die Korrespondenz zwischen von Knorr und de Maizière in BArch, N 673/44b, 51b und 84, sowie grundsätzlich de Maizière an MinDir Wichmann, Abteilungsleiter VR, 27.4.1966, BArch, N 673/54b. Dort finden sich auch die Namen der Musiker.

[182] GenInsp, handschr. Notiz für BMVg/FüS/Pers, 17.2.1970, BArch, N 673/46a.

[183] MinDir Wichmann an de Maizière, 26.9.1966, BArch, N 673/45a. Siehe zu weiteren Beispielen Prof. Stein, Geschäftsführendes Präsidialmitglied im BDI, an de Maizière, 12.1.1968, sowie dessen Antwort am 12.2.1968, und die entsprechende Notiz Abteilungsleiter VR an GenInsp, 8.2.1968, alle BArch, N 673/51b, sowie Dr. Bernhard Sprengel an de Maizière, 16.2.1967 und 22.3.1967, beide BArch, N 673/50b; Martin Lutschewitz an de Maizière, 16.2.1970, BMVg/FüS/Pers, Vermerk für GenInsp, Betr.: Zurückstellung des Musikstudenten Bernhard Hartog vom Wehrdienst, 12.3.1970, sowie Bundesminister der Verteidigung/VR III 7, Az. 24-05-04, an Staatliche Hochschule für Musik und Theater,

Engagement für die Musik zögerte de Maizière nicht, als ihn am 28. April 1978 der Vorsitzende des Musikgremiums des Kulturkreises im Bundesverband der Deutschen Industrie (BDI) e.V., Dr. Raban Freiherr von Spiegel, fragte, ob er Mitglied dieses relativ exklusiven Zirkels werden wollte. Der Vorschlag kam von Professor Stein, dessen Schülern er unter anderem zehn Jahre zuvor geholfen hatte[184]. De Maizière fand dieses Angebot »sehr ehrenhaft und verlockend« und stellte sich gern zur Verfügung[185]. Fortan nahm er an den Sitzungen und den jeweiligen Auswahlverfahren des Gremiums teil[186]. Erst nach fast 20-jähriger Zugehörigkeit entschloss er sich im März 1997, die Mitarbeit zu beenden[187]. Ob der Auslöser für de Maizières Rückzug aus dem Gremium der Tatsache geschuldet gewesen ist, dass Raban von Spiegel zuvor selbst ausgeschieden war, ist ungewiss. Im Laufe der Jahre hatte sich zwischen beiden eine freundschaftliche Verbindung entwickelt[188]. Offiziell begründete er seinen Rückzug mit der Vollendung seines 85. Lebensjahres. Damit meinte er sei es an der Zeit, »Platz für jüngere Kräfte zu machen«[189].

Schon seinen 75. Geburtstag hatte er in einen »persönlichen, privaten Rahmen« – in der Landesvertretung Baden-Württembergs in Bonn – unter den Gedanken »Soldaten musizieren« gestellt[190]. Dabei spielte er zum letzten Mal vor Publikum außerhalb des eigenen Heimes und war besonders stolz darauf, dass sein ältester Enkel als Notenumblätterer an seiner Seite saß. In der Begründung für diesen Rahmen und dem Schlusssatz seiner Autobiografie unterstrich de Maizière, wie er sich selbst bewertet sehen mochte: »Noch einmal wollte ich in vertrautem Kreise deutlich werden lassen, was meinen Lebensweg geprägt und begleitet hatte: Familie, soldatischer Dienst und Musik[191].« Diese Reihenfolge entsprach wohl mehr der persönlichen Wahrnehmung denn der Realität, alleine schon in zeitlicher Hinsicht. 1989 jedenfalls, als diese Memoiren veröffentlicht worden sind, beklagte er sich, seine Finger seien »inzwischen so krumm und steif«, dass ihm das Klavierspielen keinen Spaß mehr machte[192]. Als er drei Jah-

---

5.3.1970, GenInsp/Adjutant an Martin Lutschewitz, 17.3.1970, alle BArch, N 673/46a, oder Wilhelm Kaiser an de Maizière, 4.10.1970, und dessen Antwort am 12.10.1970, beide BArch, N 673/44a.

[184] Dr. Raban Freiherr von Spiegel, Vorsitzender Musikgremium des Kulturkreises im BDI, an de Maizière, 28.4.1978, BArch, N 673/172. Spiegel hatte den Vorsitz des Musikgremiums nach der Ermordung von Jürgen Ponto (30.7.1977) übernommen.

[185] De Maizière an von Spiegel, 19.5.1978, sowie Bestätigung durch von Spiegel, 26.5.1978, beide BArch, N 673/172.

[186] Siehe hierzu insgesamt BArch, N 673/174.

[187] De Maizière an von Spiegel, 26.3.1997, ebd.

[188] Ebd.

[189] De Maizière an Vorsitzenden Gremium Musik im Kulturkreis der Deutschen Wirtschaft, Dr. Albrecht Schmidt, 26.3.1997, ebd. Schon fünf Jahre zuvor hatte de Maizière seinen Platz angeboten, als er angesichts seines 80. Geburtstages darum bat »mir einen Wink zu geben, wenn Sie meinen Platz brauchen, um das Gremium zu verjüngen«. Siehe Bericht über die Sitzung des Musikgremiums am 9.3.1984, BArch, N 673/172.

[190] De Maizière, In der Pflicht, S. 355.

[191] Ebd., S. 356.

[192] De Maizière an Kelch, 16.11.1989, BArch, N 673/180.

re später zu seinem 80. Geburtstag dennoch »das Experiment« wagte, sich »vor Gästen doch noch einmal an den Flügel zu setzen«, bezeichnete er es hinterher selbst als »einigermaßen gelungen«[193].

In der Tat scheint de Maizière um seinen 80. Geburtstag herum die Entscheidung gefällt zu haben, sich aus fast jedem noch verbliebenen Ehrenamt zurückzuziehen. Allein dem Musikgremium blieb er noch wenige Jahre treu, darüber hinaus nur mehr dem Verbund der Jahrgangskameraden. Schon Anfang der 1980er-Jahre hatte seine Präsenz in den militärpolitischen Kreisen spürbar nachgelassen, nachdem er seine letzte große Aufgabe, die Übernahme des Vorsitzes der bald nach ihm benannten »De-Maizière-Kommission«, abgeschlossen hatte.

2. Die letzte große Aufgabe: Die »De-Maizière-Kommission«

Im Februar 1978 war der gegen den Willen von Bundeskanzler Schmidt zurückgetretene Verteidigungsminister Georg Leber durch Hans Apel (SPD) ersetzt worden. Der neue Minister stellte in den ersten Monaten seiner Amtszeit fest, dass sich nach gut 20 Jahren ihres Bestehens in der Bundeswehr ein Grad der Bürokratisierung ausgebildet hatte, der für öffentliche Verwaltungen nicht untypisch war, für eine Armee allerdings enorme Hindernisse aufbaute. Dem wollte er einen Riegel vorschieben und setzte dazu eine Kommission ein. Offiziell erhielt sie zwar die Bezeichnung »Kommission zur Stärkung der Führungsfähigkeit und Entscheidungsverantwortung in der Bundeswehr« (KSFE), faktisch stellte sie der Minister auf der Pressekonferenz zu Beginn ihrer Arbeit am 4. Oktober 1978 jedoch als »Kommission zur Reduzierung der Bürokratisierung unserer Streitkräfte«, ja »Zur Bekämpfung der Bürokratisierung« vor[194]. Und als »Arbeitstitel« gab er ihr dort gleich den Namen »De-Maizière-Kommission«, weil er diesen zuvor als Vorsitzenden hatte gewinnen können. Dass die Wahl nicht zufällig auf ihn gefallen war, klärte Apel in seinem Auftrag an die Kommission gleich mit. Er habe nach seiner Amtsübernahme den Eindruck gewonnen, dass diejenigen, die vor Ort entscheiden müssten, »von einer Vielzahl von Verordnungen, Anweisungen, Direktiven überzogen werden, die sich oft sogar manchmal widersprechen«. Dabei störte ihn am meisten – »und das war mit einer der Auslöser für die Bitte an Herrn de Maizière, diese Kommission zu übernehmen« –, dass auf diese Weise »ein ganz bestimmter Typ von Offizier reüssiert innerhalb der Bundeswehr«, nämlich »derjenige, der sich streng an

---

[193] De Maizière an von Spiegel, 10.3.1992, BArch, N 673/173.
[194] Hans Apel, Unkorrigierte Tonbandabschrift, Auszüge aus der Bundespressekonferenz Nr. 110/78 vom 4.10.1978, BM Dr. Apel/Gen a.D. de Maizière, BArch, N 673/108. Hieraus auch das Folgende.

Vorschriften hält, der deswegen möglichst wenig Fehler macht, [...] [d]eswegen eine passable Beurteilung erfährt und deswegen auch in höchste Führungspositionen aufsteigt«. Er als Minister wollte hingegen »einen Führungstyp in der Bundeswehr kreieren, der nicht nur der Auftragstaktik und der Inneren Führung entspricht, [...] sondern der lernt selbst zu entscheiden auf die Gefahr hin, dass er auch einmal falsch entscheidet«. Es sei doch »merkwürdig«, die Offiziere »mehr oder weniger akademisch aus[zu]bilden, um sie dann anschließend in ganz enge Korsetts der Verordnungen und Vorgaben zu zwingen«.

Anschließend stellte de Maizière sowohl die Kommission als auch ihre Aufgabe vor. Dabei legte er sich auf vier Arbeitsgebiete fest: den Bereich der »Ausbildung im weitesten Sinne«, die Personalführung und Innere Führung, den »gesamten Bereich der materiellen Versorgung« und schließlich alle »Einflüsse, die von der Bundeswehrverwaltung, also außerhalb des militärischen Kommandostranges in die Truppe hineinliefen [sic!]«. Hinsichtlich der Durchführung gedachte er vor allen Dingen von der Erfahrung der Kommissionsmitglieder zu profitieren und die Erkenntnisse durch Truppenbesuche zu evaluieren. Die Wurzeln allen Übels wollte er in drei »Trends« erkannt haben, die man in der Führung in allen gesellschaftlichen und industriellen Bereichen feststellen könne: die Trends »zur Zentralisierung«, »zur Spezialisierung« sowie »zur Intellektualisierung und der Theoretisierung«. In der Summe neigten dadurch alle »modernen Führungsorganisationen generell [...] zur Anonymität und zur Abstraktion«. Gerade die militärische Führung benötigte aber das genaue Gegenteil. Die hier auftretenden Probleme seien indes Ergebnis einer sich seit längerem abzeichnenden Entwicklung, die mit »der Rationalisierung und damit der Zentralisierung« ab 1963/64 begonnen habe, »als die Mittel nämlich knapp wurden und man ein vernünftiges Verhältnis zwischen Betriebskosten einerseits und investiven Ausgaben andererseits schaffen musste«[195]. Im Kern drehte es sich also um altbekannte Mängel, die auch de Maizière in seiner aktiven Zeit nicht hatte lösen können. Deswegen durfte die Kommission im Rahmen ihres Auftrages über Ansatz und Durchführung ihrer Untersuchungen frei entscheiden. Alle Führungsstäbe und Abteilungen des BMVg hatten ihr Ansprechpartner zu nennen[196]. Unruhe erzeugte die Einsetzung der Kommission folglich vor allem innerhalb des Ministeriums, wie Apel zu berichten wusste[197].

Unter diesen Prämissen ging die 21-köpfige Kommission umgehend an die Arbeit[198]. Ihre Mitglieder gehörten mehrheitlich, nämlich 17, dem Verantwortungsbereich des BMVg an, zwei, Gerhard Kirchhoff aus der IBM-Haupt-

---

[195]   Ulrich de Maizière, Unkorrigierte Tonbandabschrift, ebd.
[196]   Bundesminister der Verteidigung, Innenverteiler, 5.10.1978, BArch, N 673/108.
[197]   Hans Apel, Unkorrigierte Tonbandabschrift, Auszüge aus der Bundespressekonferenz Nr. 110/78 vom 4.10.1978, BM Dr. Apel/Gen a.D. de Maizière, BArch, N 673/108. Die anwesenden Pressevertreter interessierten sich dagegen sehr viel mehr für den gerade akuten »Verratsfall Lutze/Wiegel«. Von den 22 Seiten der Tonbandabschrift dieser Pressekonferenz bezogen sich nur knapp neun auf die De-Maizière-Kommission.
[198]   BMVg/IP-Stab, Mitteilungen an die Presse, 13.9.1978, sowie BMVg/IP-Stab/Pressereferat, Material für die Presse, 4.10.1978, beide BArch, N 673/108.

verwaltung und Heinz Mucheyer, Direktor bei Daimler-Benz, stammten aus der Wirtschaft, einer, Professor Dr. Franz Pöggeler, von der Pädagogischen Hochschule Rheinland in Aachen, gleichzeitig Mitglied im Beirat Innere Führung, aus der Wissenschaft[199] und ein weiterer, Heinz Groteguth[200] vom Bundesvorstand der DAG, aus der Gewerkschaft. Innerhalb des Verantwortungsbereiches des BMVg waren mit Professor Dr. Bernd Becker von der Hochschule der Bundeswehr in Neubiberg, Christoph Wirsching, dem Präsidenten der Wehrbereichsverwaltung VI in München (1973-1983), und Regierungsamtsrat Paul Mitscher, dem Leiter der Truppenverwaltung des Nachschubbataillons 310 aus Diez an der Lahn, lediglich drei Zivilisten berufen worden. Diesen standen 14 Soldaten gegenüber, wobei der Schwerpunkt in den höheren und höchsten Rängen lag[201]. Zum stellvertretenden Vorsitzenden wurde zudem entsprechend militärischer Gepflogenheiten mit Generalmajor a.D. Günter Vollmer der älteste Militär bestimmt[202]. Nicht alle Vorgesetzten der Kommissionsmitglieder waren jedenfalls von deren Arbeit und dem zeitlichen Aufwand, den sie dafür betreiben mussten, angetan[203]. Als ständiger Mitarbeiter stand de Maizière mit Oberstleutnant i.G. Gerhard Beenders außerdem ein erfahrener Generalstabsof-

---

[199] De Maizière hatte im Jahr zuvor einen Beitrag zu Pöggelers Sammelband »Soldat im Bündnis« verfasst. Siehe dazu den Schriftwechsel zwischen beiden 1971/72 in BArch, N 673/49a.

[200] Groteguth schied »auf eigenen Antrag wegen arbeitsmäßiger Überlastung« aus der Kommission aus, als neues Mitglied für ihn berief der Minister Anfang März 1979 Walter Holle, Vertreter des Bundesvorstandes der DAG am Sitz der Bundesregierung. Siehe KSFE, Ergebnisprotokoll 3. Sitzung am 1./2.3.1979, 22.3.1979, BArch, N 673/108; Heinz Groteguth an de Maizière, 31.1.1979; de Maizière an Dr. Hans Apel, 5.2.1979; sowie Bundesvorstand DAG, Heinz Groteguth, 20.2.1979, alle BArch, N 673/109.

[201] Genau genommen kamen von den Soldaten vier Mitglieder direkt aus dem BMVg, vier weitere von höheren Kommandobehörden und nur vier aus der Truppe, bis auf einen Batteriechef der Luftwaffe allerdings alle aus Stäben oder waren Kommandeure. Neben de Maizière als General waren dies GM a.D. Günter Vollmer, die GM Dr. Günter Kießling, stellv. Abteilungsleiter P, und Horst Wenner, Kdr 5. PzDiv, drei Oberste (i.G.), nämlich Wolfgang Tebbe, Kdr PzGrenBrig 19, Siegfried Pacholke, A 3 II im Luftflottenkommando, und Carlheinz Wiefel, P II 3 im BMVg und Mitglied der ÖTV, K z. S. Dieter Braun, Referent FüM I 1, OTL i.G. Werner Lottermoser, Hilfsreferent FüS III 1, OTL Dietrich Hinz, Kdr PzBtl 213, M Claus Cleve, Batteriechef 1./Flugabwehrraketengeschwader 38, KK Helmut Ertl, A 3-Stabsoffizier der Zerstörerflottille, H Rudolf Schmidt, S 1 der PzGrenBrig 1, und HF Norbert Dittmar von der 5./PzGrenBtl 12. Die Mitgliederliste der Kommission findet sich in BArch, N 673/108, eine genaue Auflistung der Personen und ihrer Tätigkeiten zum Zeitpunkt der Kommissionsarbeit in der Anlage 1 des Schlussberichtes der Kommission in BArch, N 673/110.

[202] Eine Abschrift der Geschäftsordnung der KSFE, 10.11.1978, findet sich in BArch, N 673/108.

[203] So musste sich de Maizière im Falle des HF Norbert Dittmar an dessen Brigadekommandeur wenden, weil sein Bataillonskommandeur ihm nicht die entsprechenden Mittel genehmigen wollte. Siehe de Maizière an Kdr PzGrenBrig 1, O Ahrens, 12.6.1979, und dessen Antwort, 20.6.1979, beide BArch, N 673/109. Karriereschädlich scheint die Mitarbeit insgesamt allerdings nicht gewesen zu sein. Sowohl Ertl (zum Fregattenkapitän) als auch Lottermoser (zum Oberst i.G.) und Wenner (zum Generalleutnant) wurden währenddessen befördert, Letzterer dabei ab dem 1.10.1979 zum Amtschef des Heeresamtes ernannt. Siehe KSFE, Ergebnisprotokoll 4. Sitzung (Klausurtagung) vom 25.-28.4.1979, 7.5.1979, BArch, N 673/108.

fizier und vormaliger Bataillonskommandeur zur Seite[204]. Daneben unterstützte ein zunächst von Oberst i.G. Dr. Laß, nach dessen Pensionierung ab Anfang März 1979 von Regierungsdirektor Quiske geleitetes Sekretariat die Kommissionsarbeit[205].

Die konstituierende Sitzung fand am 10. November 1978 in Bonn statt[206]. Der Vorsitzende hatte die Zügel fest in der Hand[207]. Er berief zu den Sitzungen ein, leitete diese und legte die Tagesordnung fest. Nur er sprach mit Presse, Minister und Generalinspekteur, er allein genehmigte die Befragung von Personen außerhalb der Bundeswehr[208]. Und er machte klar, dass es die Aufgabe der Kommission sei, »den Bereich der Streitkräfte zu untersuchen«, nicht die Bundeswehrverwaltung, die Struktur der Bundeswehr oder gar »den Schriftverkehr im Einzelnen zu vereinfachen«. Die Ergebnisse sollten bis Ende Juni 1979 »im Kern feststehen und inhaltlich grob skizziert sein«. Methodisch sollte zunächst eine Bestandsaufnahme erfolgen, »wo die Sorgen und das Unbehagen der Soldaten liegen und wo die Ursachen hierfür zu suchen sind«. Mittels einer Befragungsaktion wollte man eine »Mängelanalyse« erstellen und anschließend Lösungsmöglichkeiten entwickeln. Nach Abschluss der Auswertung sollte ein Redaktionsausschuss den Bericht ausarbeiten. Zur Effektivierung teilte sich die Kommission in zwei Arbeitsgruppen (AG). Die AG 1 beschäftigte sich mit den Sachgebieten Personal und Ausbildung, die AG 2 mit der Materialerhaltung/-bewirtschaftung und Verwaltung. Insgesamt sieben weitere Sitzungstermine wurden anberaumt, darin eingerechnet die Abschlussveranstaltung am 30./31. Oktober 1979 mit der Übergabe des Berichtes an den Minister und einer Klausurtagung etwa zur Halbzeit, vom 25. bis 28. April 1979[209]. Letzten Endes sollten es jedoch zwölf Sitzungen werden[210].

Der Aufruf des Generalinspekteurs, General Harald Wust, an die Truppe, Verbesserungsvorschläge einzureichen, erfolgte am 15. November 1978. In der »bundeswehr-aktuell«-Ausgabe tags darauf wurde dazu eigens ein Musterfor-

---

[204] Ulrich de Maizière, Beurteilungsbeitrag für OTL i.G. Gerhard Beenders, 5.12.1979, BArch, N 673/109. Siehe dazu auch de Maizière, In der Pflicht, S. 339; BMVg/IP-Stab, Mitteilungen an die Presse, 13.9.1978; sowie Geschäftsordnung der KSFE, 10.11.1978, BArch, N 673/108.

[205] Bundesminister der Verteidigung, Innenverteiler, 5.10.1978, und Bundesminister der Verteidigung an die Kommissionsmitglieder, o.D., sowie Geschäftsordnung der KSFE, 10.11.1978. Der Vertreter von Laß war OTL Groß, der von Quiske ORR Dahlmanns. Siehe KSFE, Ergebnisprotokoll 12. Sitzung am 20.11.1979 in Sonthofen, 22.11.1979, alle ebd.

[206] KSFE, Ergebnisprotokoll über die konstituierende Sitzung am 10.11.1978, 23.11.1978, ebd.

[207] Geschäftsordnung der KSFE, 10.11.1978, ebd.

[208] KSFE, Ergebnisprotokoll über die konstituierende Sitzung am 10.11.1978, 23.11.1978, ebd. Der Minister wollte vom Vorsitzenden alle zwei bis drei Monate über den Arbeitsstand informiert werden.

[209] Ebd. Der AG 1 gehörten Wenner (Vorsitz), Braun, Cleve, Dittmar, Hinz, Kießling, Kirchhoff, Lottermoser, Pöggeler und Schmidt an, der AG 2 Vollmer (Vorsitz), Becker, Ertl, Groteguth, Mitscher, Mucheyer, Pacholke, Tebbe, Wiefel und Wirsching.

[210] Vgl. KSFE, Ergebnisprotokoll 12. Sitzung am 20.11.1979 in Sonthofen, 22.11.1979, BArch, N 673/108.

mular abgedruckt[211]. Die Ausgabe vom 16. November 1978 machte außerdem unter der Schlagzeile »Kampf dem Bürokratismus! Generalinspekteur fordert zur Mitarbeit auf« mit einem kurzen Bericht inklusive Foto auf die Kommission aufmerksam[212]. Tatsächlich war die bis zum 1. Dezember 1978 begrenzte Aktion ein Flop. Insgesamt gingen 651 Verbesserungsvorschläge ein. Davon stammten nur zwei von Mannschaftssoldaten, 48 von Zivilisten, 117 von Unteroffizieren und der Löwenanteil (484) von Offizieren. Fast ein Drittel bezog sich auf die materielle Versorgung (31 %), es folgten Personalwesen (23 %) sowie Ausbildung und Versorgung (je 13 %) auf den Plätzen, 20 Prozent beschäftigten sich mit allgemeinen Punkten. Als positiv vermerkte das auswertende Sekretariat der Kommission den »demonstrativen und psychologischen Charakter« der Aktion; die Kommission sei bekannt geworden und offenbar deren »Ventilfunktion nicht so dringend wie angenommen«. Negativ stieß auf, dass anscheinend Auftrag und Ziel der Kommission weitgehend nicht verstanden worden seien, denn von den ohnehin wenigen eingegangenen Vorschlägen lagen nur ungefähr 30 Prozent innerhalb des Aufgabenspektrums der Kommission und davon wiederum lediglich die Hälfte war »brauchbar«[213]. Der Truppe verkaufte man die Aktion jedoch als Erfolg. In einem Interview mit »bundeswehr aktuell« erklärte de Maizière, der Aufruf des Generalinspekteurs habe »ein erfreulich starkes Echo« gefunden. Aus den 651 Zuschriften machte er »fast 700 Zuschriften«, noch dazu »von Mannschaftsdienstgraden bis zum General«. Davon, dass es nur zwei Zuschriften von Mannschaften gewesen waren, sprach er wohlweislich nicht[214]. Es folgten noch weitere Berichte in der »bundeswehr aktuell«, doch genutzt haben die Bemühungen kaum[215]. Bis Juni 1979 hatten sich die Zuschriften lediglich auf »über 800« erhöht[216]. Ohnehin war die diesbezügliche Pressearbeit miserabel. So wies ein Artikel darauf hin, die Kommission werde am 21. Februar 1979 die Kampftruppenschule 2 und Fachschule des Heeres für Erziehung in Munster besuchen, wo »Teilnehmer der Uffz- und Feldwebellehr-

---

211 Die Vorschläge sollten direkt an die De-Maizière-Kommission, Postadresse, gerichtet werden. Fernschreiben Generalinspekteur, 15.11.1978, ebd. Ein Abdruck des Formulars findet sich ebd.

212 Eine Kopie des Titelblattes der »bundeswehr-aktuell« Nr. 220 vom 16.11.1978 findet sich in BArch, N 673/108. Hingegen beschloss die Kommission bei ihrer 2. Sitzung, »das Wort ›Bürokratie‹ sollte vor Ort möglichst wenig verwendet werden«. Siehe KSFE, Ergebnisprotokoll 2. Sitzung am 13./14.12.1978, 21.12.1978, ebd.

213 KSFE/Sekretariat, Erste Auswertung der Fragebogenaktion, 11.12.1978. Die nicht im Zusammenhang mit dem Kommissionsauftrag stehenden Zuschriften wurden nach der Klausurtagung Ende April 1979 »den zuständigen Führungsstäben/Abteilungen im Ministerium« zugeleitet. Siehe KSFE, Ergebnisprotokoll 3. Sitzung am 1./2.3.1979, 22.3.1979, beide ebd.

214 General a.D. de Maizière, Mehr Raum für Eigeninitiative, Interview in der »bundeswehr-aktuell«, Kopie ebd.

215 Siehe »bundeswehr-aktuell« Nr. 8 vom 11.1.1979 oder Nr. 42 vom 1.3.1979. Teilweise taten sich die Redakteure dort allerdings mit der Schreibweise des Namens schwer: So war in der Ausgabe »bundeswehr-aktuell« Nr. 28 vom 8.2.1979 in der Überschrift nicht nur von der »de Maisiére-Kommission« zu lesen, sondern im Text dann noch zusätzlich von der »de Maiziére-Kommission«. Alle Ausgaben sind in Kopie ebd.

216 Pressemitteilung der Luftwaffenunterstützungsgruppe Süd, o.D. (Juni 1979), ebd.

gänge den Kommissionsmitgliedern Rede und Antwort stehen« würden[217]; und manches dazu abgedruckte Foto von solchen Befragungen entsprach diesem wenig kommunikativen Eindruck durchaus[218]. Tatsächlich besuchte die Kommission diverse Truppenteile vor Ort. Dazu hatte man sich auf der 2. Sitzung auf Stichworte für die Befragung geeinigt, die sich eng an die festgelegten Aufgaben anlehnten und damit bereits die spätere Struktur des Berichtes vorwegnahmen[219]. Die beiden Arbeitsgruppen machten sich dabei getrennt voneinander auf den Weg[220]. Zusätzlich zur Informationsgewinnung erhielten die Kommissionsmitglieder bei ihren Truppenbesuchen immer wieder Vorführungen über die Leistungsfähigkeit von Truppe und Gerät[221]. De Maizière, der als Vorsitzender keiner AG angehörte, reiste selbstständig[222]. Dazu nutzte er Vortragseinladungen, um gleichzeitig Befragungen durchzuführen[223]. Umgekehrt wurde er auch zu Vorträgen eingeladen, wenn er wegen der Kommissionsarbeit seinen Besuch angekündigt hatte[224]. Während seiner Visiten unterhielt er sich stets mit den jeweiligen Kommandeuren, ausgewählten Offizieren sowie einem Angehörigen der Truppenverwaltung. Über Gespräche mit Unteroffizieren und Mannschaften finden sich bis auf die Teilnahme zweier Kompaniefeldwebel in Mittenwald keine Hinweise[225].

---

[217] »De Maisiére-Kommission« befragte Einheitsführer, Kommandeure und künftige Offiziere im Generalstabsdienst, »bundeswehr-aktuell« Nr. 28, 8.2.1979, Kopie ebd.

[218] Siehe z.B. das Foto aus Munster zum Bericht Die »de-Maizière-Kommission« hörte Unteroffiziere, »bundeswehr-aktuell« Nr. 42, 1.3.1979, Kopie ebd. Dort saßen die Kommissionsmitglieder an einem langen Tisch den Lehrgangsteilnehmern gegenüber, die in der Formation dreigliedriger Stuhlreihe angetreten waren.

[219] KSFE, Anregungen für die Mitglieder der Kommission, 4.1.1979, ebd.

[220] Von beiden Arbeitsgruppen wurden, getrennt voneinander, besucht: die FüAkBw, die Schule für Innere Führung Koblenz, die Offizierschule der Luftwaffe Fürstenfeldbruck, die Kampftruppenschule 2 und die Fachschule des Heeres für Erziehung Munster. Die AG 1 besuchte zusätzlich die Standorte Flensburg und Aurich, die AG 2 Neumünster, Husum und Kiel, teilweise auch mittels Zusammenziehung von Vertretern umliegender Einheiten und Verbänden. Eine Auflistung der Termine findet sich bei KSFE/Org 4 – Kommissionssekretariat, 19.12.1978, ebd., sowie die Maizière an Chef des Stabes FüS, Konteradmiral Kampe, 21.12.1978, BArch, N 673/109.

[221] So z.B. bei den Besuchen der Heeresflugabwehrschule in Rendsburg eine Vorführung des Flugabwehrkanonenpanzers »Gepard« oder der Flottille der Minenstreitkräfte in Wilhelmshaven eine Präsentationsfahrt auf dem neuen Minenjagdboot »Göttingen«. Siehe Kdr Heeresflugabwehrschule, O Boller, 18.1.1979, und Kdr Flottille der Mienenstreitkräfte, K z.S. Brost, an de Maizière, 22.3.1979, beide BArch, N 673/109.

[222] Darüber berichtete er zu Beginn jeder Sitzung ausführlich. Siehe dazu ab der 3. Sitzung KSFE, Ergebnisprotokoll 3. Sitzung am 1./2.3.1979, 22.3.1979, BArch, N 673/108.

[223] Siehe z.B. de Maizière an O Boller, 9.1.1979; an Kdr Heimatschutzkommando 13, O Tornau, 9.1.1979; Kdr Flugabwehrraketenregiment 1, O Dr. Schnell, 23.2.1979; oder Kdr GebJgBrig 22, BG Schneider, 20.2.1979, alle BArch, N 673/109.

[224] Siehe z.B. 11. PzGrenDiv/G1, Az. 35-08-09, Betr.: Gespräch mit dem Leiter der KSFE, General a.D. de Maizière, 13.3.1979; de Maizière an Kdr 11. PzGrenDiv, GM Meinhard Glanz, 10.4.1979; Kdr Flottille der Minenstreitkräfte, K z.S. Brost, 19.3.1979; Kdr Luftwaffen-Versorgungsregiment 2, O Kraft, 22.3.1979; oder Kdr leichtes Heeresflieger-Transportregiment 10, O Brinkmeyer, 23.3.1979, alle BArch, N 673/109.

[225] Siehe die entsprechenden Ergebnisprotokolle sowie Aufzeichnungen über Truppenbesuche in BArch, N 673/108. Allein de Maizière besuchte auf diese Weise 1979 Wunstorf

Ergänzt wurden die Truppenbesuche durch Gespräche mit Verantwortlichen respektive deren Vorträge vor der Kommission[226] sowie frühere Untersuchungen[227]. Während der Deutsche Bundeswehrverband immerhin angehört worden ist[228], wollten sich der evangelische Militärdekan und der katholische Militärgeneralvikar von sich aus nicht beteiligen. Beide glaubten, keine wesentlichen Beiträge und Anregungen für die Arbeit der Kommission liefern zu können. Darüber hinaus nutzte man die Mitgliedschaft eines IBM- und Daimler-Benz-Vorstandes, um Einblicke in die Personaladministration und materielle Versorgung privatwirtschaftlicher Unternehmen zu erhalten. Die Kommissionsmitglieder Kirchhoff und Mucheyer organisierten dafür offenbar vielversprechende Werksbesuche[229].

Am 12. März 1979 erstattete de Maizière Apel einen ersten Bericht[230]. Seinem persönlichen Eindruck nach hatte der Minister die Problematik »voll erkannt«. Am 4. April 1979 informierte er außerdem den Generalinspekteur[231]. Da von beiden keine wesentlichen Anmerkungen kamen, wurde die Klausurtagung auf Schloss Oranienstein in Diez an der Lahn vom 25. bis 28. April 1979 wie geplant zum Dreh- und Angelpunkt der Kommissionsarbeit. Vertreter von FüS, FüH, FüL und FüM sowie die Abteilungsleiter P, H. Rüstung, VR und S trugen jeweils zu ihren Sachbereichen ergänzend zu den bis dahin gewonnenen Eindrücken vor[232].

Ab der folgenden 5. Sitzung Anfang Juni in Bonn begann die Kommission ihren Abschlussbericht zu verfassen[233]. Im Oktober 1979 war de Maizière schließlich zufrieden, der Text sei »jetzt präsentabel« und enthalte »einige sehr

---

(12.1.), Göttingen (23.1.), Eutin (24.1.), Rendsburg (25.1.), Freising (13.3.), Mittenwald (14.3.), Oldenburg (4.4.), Wilhelmshaven (5.4.), Bremen (5.4.) und Diepholz (6.4.).

[226] Dabei handelte es sich durchgängig um Personen aus dem Verantwortungsbereich des BMVg. Siehe dazu die jeweiligen Ergebnisprotokolle der Sitzungen der KSFE in BArch, N 673/108.

[227] So z.B. die von Prof. Dr. Franz Pöggeler 1978 für FüS I 4 erstellte Studie »Menschenführung in der Bundeswehr« sowie die gleichfalls 1978 vom Sozialwissenschaftlichen Institut der Bundeswehr gefertigte »Einheitsführerstudie, eine empirische Analyse der Tätigkeiten von Kompaniechefs im Feldheer der Bundeswehr«. Siehe KSFE, Ergebnisprotokoll 2. Sitzung am 13./14.12.1978, 21.12.1978, ebd.

[228] KSFE, Ergebnisprotokoll 4. Sitzung vom 25.-28.4.1979 in Diez/Lahn, 7.5.1979, ebd.

[229] KSFE, Ergebnisprotokoll 2. Sitzung am 13./14.12.1978, 21.12.1978, ebd. Die Besuche, die bei IBM in Stuttgart am 27. und Daimler-Benz in Wörth beziehungsweise Gaggenau am 28.6.1979 stattfanden, übertrafen im Ergebnis offenbar die Erwartungen. De Maizière stellte jedenfalls fest, die dort gewonnenen Erkenntnisse hätten dazu ermutigt, »die bisher verfolgte Tendenz einzuhalten und auf dem eingeschlagenen Weg weiterzugehen«. Ergebnisprotokoll 6. Sitzung am 29./30.6.1979 in Karlsruhe, 13.7.1979. Siehe ebd.

[230] KSFE, Ergebnisprotokoll 3. Sitzung am 1./2.3.1979, 22.3.1979, ebd., sowie de Maizière an Dr. Hans Apel, 5.2.1979, BArch, N 673/109. Dem Minister trug de Maizière außerdem am 10.7. und 11.10.1979 vor, dem Bundeskanzler am 14.12.1979. Nach Abschluss der Stellungnahme des BMVg kam es noch einmal zu einem Gespräch mit dem Minister am 11.2.1981. Siehe undat. handschr. Notiz de Maizières in BArch, N 673/108.

[231] KSFE, Ergebnisprotokoll 4. Sitzung vom 25.-28.4.1979, 7.5.1979, ebd.

[232] KSFE/Vorsitzender an die Chefs des Stabes FüS, H, L und M sowie die Abteilungsleiter P, H, Rüstung, VR und S, 26.3.1979, ebd.

[233] KSFE, Ergebnisprotokoll 5. Sitzung am 5./6.6.1979 in Bonn, 20.6.1979, ebd.

wesentliche Aussagen, die möglicherweise auch in der politische Diskussion eine Rolle spielen« würden[234]. Die Kommission hat in ihm 127 Empfehlungen formuliert, die sich um drei Schwerpunkte rankten: Zum einen »[d]ie Rückgabe von Entscheidungskompetenzen an die mittlere und untere Führung, um Verantwortung und Befugnisse wieder zusammenzuführen, wo sie auseinandergelaufen waren«, zum anderen die »Betonung der Menschenführung in Erziehung und Ausbildung der Führer aller Grade, verbunden mit größerer personaler Kontinuität in den Einheiten«, sowie schließlich und »[v]or allem aber eine laufende Überprüfung der Diskrepanz zwischen Auftrag und Mitteln«[235].

Im Rahmen der Abschlusssitzung am 30. Oktober 1979 auf der Hardthöhe fand bei einem feierlichen Abendessen die Übergabe des Berichtes statt[236]. In seiner Ansprache hob de Maizière hervor, dieser sei auftragsgemäß »ein *Mängelbericht*, kein *Zustandsbericht*«. Abgesehen davon habe die Kommission allerdings den Eindruck gewonnen, »dass die Truppe trotz aller Einschränkungen und Belastungen *funktioniert*, ihre Aufgabe *noch* bewältigt, wenn auch auf Kosten der Menschen, und häufig auch auf Kosten der Qualität«.

Sein Fazit lautete:

»Manche mögen nun meinen, der Bericht sei nicht sensationell genug. Wir wollten auch *keine Sensationen*. Es sind auch *nicht* alles *neue Erkenntnisse*, die wir zusammengetragen haben. Neu ist allerdings der Versuch einer *Gesamtschau* unter dem Aspekt der Stärkung von Eigeninitiative, Führungsverantwortung, Ermessensspielraum, Dezentralisation, Menschenführung[237].«

Auf der Pressekonferenz am selben Tag sagte Minister Apel zu, er werde sich »mit Nachdruck für die Verwirklichung der Vorsätze einsetzen, die sich nach unserer Prüfung umsetzen lassen, auch wenn es dem Ministerium oder manchen Stäben schwerfallen sollte«. Der dafür anzulegende Maßstab war für ihn eindeutig: Es müsse alles getan werden, die persönliche Verantwortung des militärischen Vorgesetzten zu stärken und ihm die Mittel dazu in die Hand zu geben. Dazu sei die bürokratische Hierarchie und ständige Reglementierung wieder »auf den erforderlichen gesetzlichen Rahmen« abzubauen, »um den Soldaten wieder voll in seine Pflichten und Rechte zu stellen und ihn nicht zu einer bürokratischen Nummer zu degradieren«. Erste Ergebnisse wolle er ab dem Frühjahr 1980 realisieren[238]. In einem Schreiben an alle Kommandeure und Einheitsführer forderte der Minister außerdem jeden einzelnen auf, in seinem

---

[234] De Maizière an Christoph Wirsching, 22.10.1979, BArch, N 673/109.

[235] De Maizière, In der Pflicht, S. 341.

[236] KSFE/Vorsitzender, Einladung zur 11. Sitzung am 30.10.1979 in Bonn, 24.10.1979, BArch, N 673/108. Ein Abdruck des veröffentlichten 167 Seiten starken Kommissionsberichtes vom 31.10.1979 findet sich in BArch, N 673/110.

[237] Ansprache des Vorsitzenden der de-Maizière-Kommission an Bundesminister der Verteidigung anlässlich der Übergabe des Berichtes, 30.10.1979, maschinenschr. Kopie in BArch, N 673/108 (alle Hervorhebungen im Original).

[238] Pressekonferenz des Bundesministers der Verteidigung, Dr. Apel, anlässlich der Vorstellung des Berichtes der de-Maizière-Kommission, 31.10.1979, maschinenschr. Notiz, ebd.

jeweiligen Bereich die angesprochenen Mängel im Sinne der Auftragstaktik abzubauen[239].

De Maizière seinerseits bewertete dies etwas anders. In einem Interview mit der »bundeswehr-aktuell«-Redaktion am 5. Dezember 1979 legte er den Schwerpunkt des Berichtes auf das Spannungsverhältnis zwischen Aufgaben und Mitteln. Dies sei kein neues Problem, habe aber seit Mitte der 1960er-Jahre zunehmendes Gewicht erhalten. Zunächst habe man noch durch stärkere Rationalisierung helfen können, doch auch dies sei »oft auf Kosten der Qualität oder zulasten der Menschen« gegangen. Nun sei es an der Zeit zu prüfen, ob nicht die Fülle der Einzelaufträge, welche die Truppenteile zu bewältigen hätten, eingeschränkt werden könnten. Die Kommission habe dabei an eine Konzentration auf diejenigen Aufgaben gedacht, die in einem Verteidigungsfall zu erfüllen seien. Alle Ausbildungspläne der Truppe und Schulen sollten auf Notwendigkeit, Zeitaufwand und Inhalt überprüft, Kontrollen, Inspektionen und Meldungen reduziert werden. Deswegen nahm er den Kommandeuren und Einheitsführern auch wieder den Schwarzen Peter und schob ihn dem Ministerium zu: »Die ersten grundlegenden Entscheidungen müssen von der politischen und militärischen Führung im Bundesministerium der Verteidigung getroffen werden[240].«

Nachdem der Bericht ab dem 6. Dezember 1979 bis auf die Kompanieebene verteilt worden war, reagierten Truppe und Presse überaus positiv[241]. Schon für den 18. Dezember 1979 wurde außerdem im BMVg eine erste Arbeitssitzung der Abteilungsleiterkonferenz zum Kommissionsbericht anberaumt[242]. Der Minister wollte nach eigenem Bekunden unbedingt verhindern, dass die Behandlung der insgesamt 127 Empfehlungen, an der nahezu alle Bereiche des Ministeriums beteiligt seien, »unkoordiniert und unkontrolliert zerfließt«. Deswegen beauftragte er den Generalinspekteur, mit seinem Stab alle Arbeiten zu koordinieren, die zur Prüfung, Entscheidungsvorbereitung und Realisierung des Berichts im Ministerium erforderlich seien[243]. Bis zum Februar 1980 waren tatsächlich zehn Empfehlungen »entschieden oder im Entscheidungsgang befindlich«, bis zum 30. Juni 1980 sollten etwa 37 Empfehlungen, bis zum 31. Dezember 1980 weitere 44 »entscheidungsreif« sein. Über die verbleibenden 36 Empfehlungen

---

[239] Bundesminister der Verteidigung an die Kommandeure und Einheitsführer, im November 1979, BArch, N 673/109. Tatsächlich ordnete Staatssekretär Dr. Hiehle am 12.11.1979 eine Auswertung des Berichtes für das BMVg an. Siehe Staatssekretär Dr. Hiehle an Gen Insp, Stv GenInsp, InspH, InspL, InspM, InspSan, AL P, H, R, VR, ULB, Ltr Sozialabteilung, Ltr Planungsstab, 12.11.1979, BArch, N 673/108.

[240] Text des Interviews »bundeswehr-aktuell« mit General a.D. de Maizière, 5.12.1979, BArch, N 673/109.

[241] Siehe z.B. GL Lothar Domröse, Deputy Chief of Staff, Plans and Operations Supreme Headquarters Allied Expeditionary Forces (SHAEF), an de Maizière, 6.11.1979, oder Christoph Wirsching, Präsident WBV VI, an Bundesminister der Verteidigung, Dr. Apel, 8.11.1979, beide ebd. Eine Presseausschnittsammlung dazu findet sich in BArch, N 673/110.

[242] KSFE, Ergebnisprotokoll 12. Sitzung am 20.11.1979 in Sonthofen, 22.11.1979, BArch, N 673/108.

[243] Apel an de Maizière, 26.2.1980, BArch, N 673/109.

könnte, »da sie besonders zeitaufwendiger Untersuchungen bedürfen«, erst »nach 1980« befunden werden[244]. Im Juli 1980 präzisierte der Minister seine Aussage, indem er de Maizière mitteilte, bis dato sei zu mehr als 53 Empfehlungen inzwischen »eine grundsätzliche Entscheidung« getroffen worden[245]. Ein Jahr später schloss Apel die Auswertung des Kommissionsberichts ab und kündigte an, Truppe und Öffentlichkeit Anfang September eine Bilanz der Auswertungsergebnisse vorzulegen[246]. De Maizière zeigte sich daraufhin zufrieden damit, dass das »Problembewusstsein« gewachsen, außerdem der »Trend in die falsche Richtung« angehalten und »Schritte in eine neue Richtung« eingeleitet worden seien. Er mahnte allerdings, es sei entscheidend, diese Entwicklung über einen langen Zeitraum hinweg in Gang zu halten. Erst dadurch würden die von der Kommission angeregten Impulse zur vollen Wirkung kommen[247].

Im Zuge des Regierungswechsels 1982/83 gerieten jedoch etliche der noch offenen Empfehlungen in den Hintergrund und der lange Atem, den de Maizière gefordert hatte, ging aus. Der neue Verteidigungsminister Dr. Manfred Wörner (CDU) teilte dem ehemaligen Kommissionsvorsitzenden in einem Brief am 9. Januar 1984 mit, in den vergangenen Jahren habe man von den insgesamt 127 Empfehlungen der Kommission »mehr als die Hälfte« realisieren können. Für ihn war dies der Beweis, dass die Bundeswehr den Bericht »sehr ernst genommen« habe. Gleichzeitig wollte er »die formale Aufarbeitung der Empfehlungen als abgeschlossen ansehen«, versicherte de Maizière allerdings: »Ihre Anliegen werden jedoch weiter als ständiger Appell ihr Gewicht behalten. Das Stichwort ›de-Maizière-Kommission‹ ist zu einem Synonym für erkannte und abzustellende Mängel im Alltagsleben der Streitkräfte geworden[248].« Versprochen haben dürfte sich der Angeschriebene mehr; zumal Wörner bereits bei seinem ersten Auftritt als Verteidigungsminister auf der Kommandeurtagung im Oktober 1982 verkündet hatte: »Wer wissen will, woran die Bundeswehr leidet, soll sich den de-Maizière-Bericht durchlesen. Da steht alles drin, und fast alles richtig[249].« Im Herbst 1984 war de Maizière mit seinem vormaligen Kommissionsmitglied Gerd Kirchhoff letztlich einer Meinung, dies sei »wohl das Optimum« dessen, »was wir als Ergebnis unserer Arbeit realistischerweise erwarten durften«[250].

Dabei hatte Wörner zunächst großen Wert auf de Maizières Meinung gelegt. Schon als Verteidigungsminister designiert, bat er diesen am 27. September 1982 zu einem Treffen ins Bonner Bundeshaus. Dort sprach sich der ehemalige Generalinspekteur gegen das Vorhaben aus, im BMVg ein Controlling für die Streitkräfte- und Rüstungsplanungen einzuführen. Derartige Planungen dürften seiner Ansicht nach »nicht nur betriebswirtschaftlichen Gesichtspunkten folgen«, denn nicht alles, »was kosteneffektiv sei, nütze auch der Führungsfähig-

---

244 Ebd.
245 Apel an de Maizière, 16.7.1980, BArch, N 673/109.
246 Apel an de Maizière, 29.7.1981, ebd.
247 De Maizière an Apel, 19.8.1981, ebd.
248 Dr. Manfred Wörner an de Maizière, 9.1.1984, ebd.
249 Zit. nach de Maizière an die Mitglieder der KSFE, 25.1.1984, ebd.
250 Gerd Kirchhoff an de Maizière, 16.2.1984, ebd.

keit«. Dass er dazu noch den amtierenden Generalinspekteur, General Jürgen Brandt, in Schutz nahm, dem Wörner vorwarf, »manchen Entscheidungen des Bundesministers Dr. Apel nicht genügend Widerstand entgegengebracht« zu haben, dürfte diesem gleichfalls nicht gefallen haben. De Maizière erinnerte in diesem Zusammenhang daran, die Loyalität eines Staatsdieners lasse es nicht zu, »seine jeweiligen Ratschläge an den Minister publik zu machen«. Zudem würde er Brandt »seit Jahren als einen Mann mit ausgesprochener Zivilcourage« kennen.

Trotzdem fragte Wörner ihn nach den Namen von Offizieren, die seiner Meinung nach »für Spitzenstellungen infrage kämen«. De Maizière nannte ihm Wolfgang Altenburg, Eberhard Eimler, Leopold Chalupa, Hans-Henning von Sandrart und Dieter Wellershoff. Vor allem aber riet er Wörner, er möge seine Rolle als »Oberbefehlshaber« der Truppe gegenüber deutlich machen, dies habe der bisherige Minister vernachlässigt[251]. Tatsächlich erreichten alle von de Maizière Genannten in den nächsten Jahren den Rang eines Vier-Sterne-Generals beziehungsweise -Admirals[252]. Gleichwohl schien de Maizières Einfluss mit Wörners Amtszeit zu schwinden. Zwar wurde er als einer von drei ehemaligen Generalen, neben ihm General a.D. Franz-Josef Schulze und Generalleutnant a.D. Heinz, zu einem Ministergespräch am 20. Dezember 1982 zum Thema »Probleme der Aufbau- und Ablauforganisation des BMVg« mit allen Inspekteuren sowie den Leitern des Planungs- und des Organisationsstabes geladen. Sein erneuter Vorstoß, dem Generalinspekteur truppendienstliche Befugnisse zu übertragen, wurde allerdings nicht einmal mehr diskutiert[253]. Weitere Gespräche fanden später wohl eher zufällig statt[254]. Hier und da trat de Maizière immerhin noch mit Vorträgen und Veranstaltungen in Erscheinung, insbesondere im Rahmen der Feierlichkeiten zum 30-jährigen Bestehen der Bundeswehr im November 1985[255].

---

[251] Ulrich de Maizière, Vermerk über ein Gespräch mit dem Bundestagsabgeordneten Dr. Wörner am 27.9.1982 im Bundeshaus, 11.11.1982, BArch, N 673/89.

[252] GL Wolfgang Altenburg, seinerzeit KG III. Korps, wurde 1983 nächster Generalinspekteur und 1986 Vorsitzender des MC NATO. Als Generalinspekteur folgte ihm 1991 Admiral Dieter Wellershoff, damals Konteradmiral und erster Marineoffizier als Kdr FüAkBw; seit 1986 war er zuvor Inspekteur der Marine gewesen. GL Eberhard Eimler, Stellvertretender Befehlshaber der Alliierten Luftstreitkräfte in Mitteleuropa (AAFCE), wurde 1983 nächster Inspekteur der Luftwaffe und 1987 Stellvertreter des Oberbefehlshabers der NATO-Streitkräfte in Europa. GL Leopold Chalupa, KG II. Korps, avancierte 1983 zum Commander in Chief Allied Forces Central Europe, wo ihm Hans-Henning von Sandrart, 1982 GM und Kdr 11. PzGrenDiv, nachfolgte, der von 1984 bis 1987 der zehnte Inspekteur des Heeres gewesen ist.

[253] Ergebnisprotokoll Ministergespräch vom 20.12.1982, Betr.: Probleme der Aufbau- und Ablauforganisation des BMVg, 20.12.1982. Dabei findet sich auch die vollständige namentliche Auflistung der Teilnehmer. De Maizière erhielt das Protokoll mit BMVg/Org 1 am 6.1.1983, alle BArch, N 673/89.

[254] Ulrich de Maizière, Aufzeichnung über ein Gespräch mit dem Bundesverteidigungsminister Dr. Wörner am 28.11.1984, 29.11.1984, ebd.

[255] Zu den Veranstaltungen zum 30. Geburtstag der Bundeswehr siehe de Maizière an Dr. Franz Willnauer, Kulturabteilung Bayer Leverkusen, 23.10.1985, BArch, N 673/172. Zu weiteren Beispielen siehe de Maizière an Dr. Raban Freiherr von Spiegel, Mitglied des

Dafür konnte er sich nun intensiver der Familie widmen. Seine Frau Eva hatte sich schon bei seiner Verabschiedung gefreut, nun gleichfalls von vielseitigen offiziellen Verpflichtungen entlastet zu sein[256]. Sie hatte sich damals bereits lange mit Malen und Modellieren beschäftigt und gab auch entsprechende Kurse[257]. Eines ihrer ersten Werke, »Große Sonnenblume in Pastell«, schenkte sie ihrem Mann, der es sich in seinem Generalinspekteur-Büro über das Besuchersofa hängte[258]. Ihr Mann lobte sie für ihre »guten Arbeiten« und »dass sie mit Riesensprüngen eine stilistische Entwicklung von, sagen wir, der Mitte der zwanziger Jahre bis in die Gegenwart durchgemacht hat«[259]. Von ihr geschaffene Kunstwerke verwendete er ab und an gerne als Geschenk[260]. Binnen weniger Jahre avancierte Eva de Maizière zu einer angesehenen Bildhauerin mit eigenen Ausstellungen im In- und Ausland[261]. 1975 stellte sie beispielsweise im Rahmen des Jahresempfangs des deutschen Botschafters in Wien, Maximilian Graf von Podewils-Dürnitz, anlässlich des Verfassungstages der Bundesrepublik Deutschland Bronzeskulpturen und Aquarelle aus. Bei der Vernissage in der Botschaft erhielt sie sogar das vom österreichischen Bundespräsidenten verliehene Ehrenkreuz für Wissenschaft und Kunst; gleichzeitig berief sie die Österreichisch-Deutsche Kulturgesellschaft als ständiges Mitglied in ihr Ehrenpräsidium[262]. Es folgten noch viele Ausstellungen, zu denen sie oft von ihrem Mann begleitet worden ist[263]. Darüber hinaus lud sie einmal jährlich zur Besichtigung ihrer Arbeiten ins eigene Heim ein. De Maizières ehemaliger Adjutant Bahnemann wusste zu berichten, dass sich »der General« dabei ganz »in den Dienst der Gattin« stellte, »war mit der Preisliste zur Hand und klebte kleine rote Punkte auf verkaufte Stücke«. Bis heute ziert eine ihrer Bronzeskulpturen den

---

Vorstandes der Commerzbank AG, 20.4.1988, BArch, N 673/173, und an Ursula Vasterling, 22.6.1989, BArch, N 673/180.

[256] De Maizière war sich bewusst, dass wie in kaum einem anderen Beruf »die Soldatenfrau den Beruf ihres Mannes mittragen« muss. Siehe Ansprache GenInsp, General Ulrich de Maizière, anlässlich der Verabschiedung des Befehlshabers der Flotte, VA Hetz, und seines Stellvertreters, KA Birnbacher, am 25.9.1970, und ähnlich bei der Ansprache GenInsp, General de Maizière, anlässlich der Verabschiedung der KG I. Korps, GL Uechtritz, und Luftwaffengruppe Nord, GL Mahlke, am 24.9.1970 in Münster, beide BArch, N 673/61a.

[257] De Maizière an von Plato, 20.8.1968, BArch, N 673/49a.

[258] Bahnemann, Parlamentsarmee?, S. 112.

[259] De Maizière an Baudissin, 29.3.1972, BArch, N 673/87.

[260] Glückwunschschreiben de Maizières an Olaf von Wrangel, Programmdirektor Hörfunk NDR, anlässlich dessen 60. Geburtstag, 20.7.1988, BArch, N 673/105. Als Gabe erhielt von Wrangel das »Bläserduo, Bronze, 33 cm« von Eva de Maizière (1986). OTL i.G. Horst-Achim Pinnow an de Maizière, 18.12.1973, BArch, N 673/112, freute sich ebenso über ein handgemaltes Gemälde wie Karl Carstens zu seinem 60. und Maria Maternus zu ihrem 85. Geburtstag. Siehe Carstens an de Maizière, 6.1.1975, BArch, N 673/179, und KK Bonn Jg. 30/Albert Schnez, Rundbrief, Dezember 1999, PA AdM, Akte Jahrgang 1930. Dr. Raban Freiherr von Spiegel an de Maizière, 8.4.1997, BArch, N 673/174, bedankte sich für einen »kleinen Sternensinger Ihrer verehrten Frau Gemahlin«.

[261] De Maizière, In der Pflicht, S. 334.

[262] Ebd., S. 353.

[263] Siehe z.B. FK Hans-Jürgen Heibei an de Maizière, 23.12.1984, BArch, N 673/154; de Maizière an Dr. Dietrich Runge, 13.6.1989, BArch, N 673/180, und an Dr. Brigitte Conzen, 13.8.1987, BArch, N 673/172.

◄ Abb. 63: Das Ehepaar Eva und Ulrich de Maizière, 1984 *PA AdM*

▲ Abb. 64: Spurensuche vor der Greifswalder Kaserne, April 1991 *PA AdM*

▲ Abb. 65:
Helmut Schmidt mit Ulrich de Maizière und dessen Sohn Thomas bei einem Empfang anlässlich des 80. Geburtstages des Generals a.D. *PA AdM*

▶ Abb. 66:
Generalinspekteur Wolfgang Schneiderhan im Gespräch mit Ulrich de Maizière und Hartmut Bagger beim Tag der offenen Tür im Bendlerblock, 27. August 2005 *SKA/IMZBw, Eisner*

▼ Abb. 67:
Trauerfeier mit anschließendem militärischen Abschiedszeremoniell für General a.D Ulrich de Maizière in der Kreuzkirche zu Bonn, 1. September 2006 *SKA/IMZBw, Elbern*

Theaterplatz in Bad Godesberg[264]. Sie hatte sich rasch daran gewöhnen müssen, dass ihr Mann auch im Ruhestand noch umtriebig war und verbrachte selbst viel Zeit in ihrem Atelier[265]. Beide freuten sich, wie de Maizière an den ehemaligen Kommilitonen seiner Frau, Dietrich Runge, schrieb, an jedem Tag, den sie »gesund miteinander verbringen« durften[266].

Mitte der 1980er-Jahre begann de Maizière mit den Arbeiten zu seinen Memoiren. Nach Abschluss der Kommission zur »Entstehungsgeschichte der Bundeswehr« 1988 sagte er alle Vorträge ab, um sich ganz auf seinen Lebensbericht zu konzentrieren. Auch dieses Projekt entpuppte sich als sehr viel mühsamer, als er sich das vorgestellt hatte[267]; letzten Endes schrieb er »reichlich drei Jahre« daran[268]. Mit dem Buch selbst wollte er in erster Linie seine »Kameraden aus der Bundeswehr« erreichen, hoffte aber, »dass auch die politisch und zeitgeschichtlich interessierte Öffentlichkeit darin Anregungen findet, die nun schon seit 33 Jahren bestehenden Streitkräfte [...] besser zu verstehen«[269]. Es sei »schon eines Buches wert, zu schildern, welch abwechslungsreiches Leben das Schicksal unserer Generation auferlegt hat«, schrieb er an Ursula Vasterling[270]. An sich selbst stellte er dabei »keinen literarischen Anspruch«, der Text sollte aber dennoch »auch für den gebildeten Leser lesbar sein«[271]. Seine »Zielgruppe« waren indes die aktiven Offiziere der Bundeswehr, insbesondere »die jüngeren Stabsoffiziere«[272].

Beinahe alle von ihm namentlich erwähnten Personen bat er vorab um Stellungnahmen zu den sie betreffenden Passagen[273]. Gerade die Kritik der ihm nahestehenden Kameraden wollte ihm dabei nach eigener Aussage »wichtiger« gewesen sein »als manche Zeitungs-Rezensionen«[274]. Hilfreich zur Hand ging ihm besonders Oberst a.D. Reinhard Hauschild, selbst jahrelang als Autor tätig und in der Bundeswehr zuletzt bis 1980 Kommandeur der Schule für Psychologische Verteidigung. Er beriet ihn auch bei der Auswahl des Titels, schlug allerdings »Ulrich de Maizière – Ein Lebensbericht« vor, weil er die Formulierung wegen der »Zurücknahme seiner Person durch den Autor in dem gesam-

---

[264] Bahnemann, Parlamentsarmee?, S. 112 f.
[265] De Maizière an GM a.D. Beelitz, 30.5.1989, BArch, N 673/180, und General a.D. de Maizière, Mehr Raum für Eigeninitiative, Interview in der »bundeswehr aktuell«, Kopie in BArch, N 673/108.
[266] De Maizière an Dr. Dietrich Runge, 13.6.1989, BArch, N 673/180.
[267] De Maizière an BG a.D. Karst, 11.3.1988, BArch, N 673/177.
[268] De Maizière an GL a.D. Thilo, 3.7.1989, BArch, N 673/180.
[269] Ulrich de Maizière, Danksagung anlässlich der Buchpräsentation am 1.3.1989, BArch, N 673/145.
[270] De Maizière an Ursula Vasterling, 22.6.1989, BArch, N 673/180.
[271] De Maizière an GM a.D. Göricke, 28.4.1988, BArch, N 673/177.
[272] De Maizière an GL Thilo, 3.7.1989, und an den Chef des Stabes FüS, GM Peter Haarhaus, 11.7.1987 und 2.10.1989, alle BArch, N 673/180.
[273] Laut einer handschr. Notiz de Maizières, (undat.), in BArch, N 673/177. Siehe dazu de Maizière an GM a.D. Göricke, 26.2.1988; BG a.D. Karst, 11.3.1988; GL a.D. Thilo, 29.4.1988; Gen. a.D. Trettner, 6.6.1988; GL a.D. Schnez, 22.9.1988; Bundesminister a.D. Dr. Schröder, 22.9.1988; sowie Gen. a.D. Harald Wust, 29.9.1988, alle ebd.
[274] De Maizière an Thilo, 3.7.1989, BArch, N 673/180.

ten Text« und »durch das Unprätentiöse an und in ihr« für »besonders geeignet« hielt[275]. Warum de Maizière letzten Endes doch einen anderen Titel wählte, erklärte er während der Präsentation seines Buches am 1. März 1989 in der Landesvertretung Baden-Württembergs beim Bund in Bonn: Die soldatischen Pflichten, die im Soldatengesetz der Bundesrepublik ihren Niederschlag fänden, gipfelten in der Forderung zum »treuen Dienst«, zum »Schutz des Staates und seinem Bürger gegen Gefahren von außen«, also »in der Pflicht zum Dienst am Gemeinwohl«. Dabei war ihm das Nebulöse des Pflicht-Begriffes wohl bewusst: »Pflichterfüllung – wir haben es erlebt und ich habe es nicht verschwiegen – kann auch missbraucht werden.« Sie müsse daher »mit klaren Wertbegriffen verbunden bleiben«. Diese fänden sich im Grundgesetz, und die daraus abgeleiteten Wehrgesetze hätten die Pflichten des Soldaten »gesetzlich fest verknüpft mit den Begriffen ›Recht‹, ›Freiheit‹ und ›Verteidigung‹«, erführen allein darin ihre Legitimation und zugleich auch ihre Grenzen. Auch dies sei eine Erfahrung »aus den unseligen zwölf Jahren nationalsozialistischer Herrschaft«, die für die heutigen Streitkräfte in »eine neue politische Realität umgesetzt« worden seien[276]. Aus seinem Redeentwurf hatte er allerdings eine Passage gestrichen, die sich gerade darauf bezog. Hier stand zu lesen, die Soldaten seiner Generation hätten »Höhen und Tiefen, Hoffnungen und Enttäuschungen, Leistungen und Versagen, Aufbau, Anfangserfolge, Niederlage, Auflösung und Neubeginn erfahren«. Sie hätten »den Missbrauch einer Armee für einen Angriffskrieg durch ein zu spät als verbrecherisch erkanntes Regime und die Aufstellung neuer, dem Frieden und der Verteidigung verpflichteten Streitkräfte in einer freiheitlichen parlamentarischen Demokratie erlebt«[277]. Möglicherweise sind ihm diese Sätze seinerzeit zu deutlich gewesen, vielleicht auch nur zu pathetisch.

Der damalige Verteidigungsminister Dr. Rupert Scholz sprach hingegen direkt an, dass de Maizière »sich in der Wehrmacht bewährt« habe. Vor allen Dingen aber stellte er dessen Leistung bei der Aufstellung der Bundeswehr heraus und ihn einmal mehr in eine Reihe mit Baudissin und Kielmansegg. Mit ihnen zusammen habe er »das noch heute gültige und verbindliche Konzept der Inneren Führung entwickelt« und damit »den geistigen Standort der neuen deutschen Streitkräfte entscheidend mitbestimmt«. Nach der Würdigung von de Maizières Laufbahn bezog er auch zum Titel seiner Memoiren Stellung. Das »Gefühl, in der Pflicht zu sein«, so Scholz, »hat den Soldaten de Maizière zeit seines Lebens bestimmt und getragen«. Dabei sei Pflicht hier allerdings »nicht

---

[275] O a.D. Reinhard Hauschild, 2. Stellungnahme zum Manuskript Gen. a.D. de Maizières, persönlich übergeben am 15.6.1988, und Reinhard Hauschild, Bemerkungen zum ersten Teil des Manuskripts, persönlich übergeben am 17.8.1987. Besonders wichtig war ihm der Passus »ein Lebensbericht«, »weil er das ganze Buch in eine Gruppe ähnlicher Arbeiten rangiert«. Siehe Hauschild, Bemerkungen zum ersten Teil des Manuskripts, persönlich übergeben am 17.8.1987, alle BArch, N 673/177.

[276] Ulrich de Maizière, Danksagung anlässlich der Buchpräsentation am 1.3.1989, BArch, N 673/145.

[277] Ulrich de Maizière, Danksagung anlässlich der Buchpräsentation am 1.3.1989 (Entwurf), ebd.

der Zwang, dem man sich unterwirft, sondern der freiwillige Entschluss, sich in die Verantwortung für das als richtig Erkannte zu stellen und dazu zu stehen, sei es gelegen oder ungelegen«[278]. Damit formulierte der Minister beinahe schon das Lob vorab, das sich nach der Veröffentlichung umgehend und allgemein einstellte. Was seinen Lebenslauf anging, war de Maizière nun auch in der Rückschau auf sein militärisches Leben im Endeffekt stets »der richtige Mann am rechten Ort« gewesen; seine Lebensleistung stehe »singulär unter den Soldaten der ersten Stunde«[279]. Wie schon bei früheren Gelegenheiten konzentrierten sich die lobenden Äußerungen erneut auf die »Klarheit des Stils, Wahrhaftigkeit der Aussage, Verzicht auf Allüren und schneidiges Posieren« oder die plastische Schilderung[280]. Und wie seine Veröffentlichungen zuvor wurde der Band als »zeitgeschichtliches Dokument von besonderem Wert« eingeordnet[281]. Der seinerzeitige Kommandeur des Zentrums Innere Führung der Bundeswehr versprach de Maizière beispielsweise, es werde in der historisch-politischen Bildung der Bundeswehr von »hervorragender Bedeutung« sein[282]. Nicht nur ein Fähnrich wollte durch die Lektüre »neue Einblicke in geschichtliche Zusammenhänge« sowie »Anregung und Hilfestellung für den täglichen Dienst« gewonnen haben[283]. Auch führende Militärs wie Generalmajor Peter Haarhaus, Stellvertretender Stabsabteilungsleiter Militärpolitik bei SHAPE, betonte, daraus aktuelle Handlungsanleitungen gewinnen zu wollen. Seiner Ansicht nach habe das Buch »einen unverzichtbaren und wegweisenden Beitrag zur Streitkräftediskussion« geleistet. Für ihn waren besonders Darstellung und Sicht der Probleme der Bundeswehrführung eine »überaus willkommene und zusätzliche Vorbereitung« auf seine neue Verwendung als Chef des Stabes FüS[284]. Dabei hatte de Maizière selbst daran erinnert, es handele sich um keine objektive Geschichte der Bundeswehr, sondern es sei vielmehr »ein ganz persönlicher, ein subjektiver Beitrag zur Zeitgeschichte«[285].

---

[278] Grußwort Bundesminister der Verteidigung, Prof. Dr. Rupert Scholz, bei der Vorstellung des Buches von General a.D. Ulrich de Maizière »In der Pflicht« am 1.3.1989 in Bonn, BArch, N 673/145.

[279] Franz Kelch an de Maizière, 25.6.1989, BArch, N 673/180.

[280] PD Dr. Manfred Funke, Seminar für Politische Wissenschaft der Universität Bonn, 26.4.1989; Rüdiger Moniac, 7.2.1989; GM Peter Haarhaus, Stellv. Stabsabteilungsleiter Militärpolitik bei SHAPE, 6.7.1989; und Gerhard Beenders an de Maizière, 19.2.1989, alle ebd.

[281] Dr. Dietrich Rauch, 2.5.1989, und ähnlich Adolf Wicht, 8.5.1989; Gerhard Beenders, 11.6.1989; Dietrich Beelitz, 20.5.1989; und Dr. Dietrich Runge an de Maizière, 31.5.1989, alle ebd.

[282] FA Ulrich A. Hundt, Kdr Zentrum Innere Führung, an de Maizière, 11.5.1989, ebd.

[283] Siehe z.B. FR z.S. Bernd Ballay an de Maizière, 25.1.1990, ebd. Ballay hatte sich de Maizières »In der Pflicht« als Bestpreis an der Fachschule der Luftwaffe für Maschinentechnik in Fassberg ausgesucht.

[284] GM Haarhaus, Stellv. Stabsabteilungsleiter Militärpolitik bei SHAPE, an de Maizière, 6.7.1989, ebd.

[285] Ulrich de Maizière, Danksagung anlässlich der Buchpräsentation am 1.3.1989, BArch, N 673/145.

Trotzdem freute er sich über so viel Zustimmung, insbesondere darüber, dass sich die Leser »nicht nur unter aktiven und alten Soldaten, sondern durchaus auch in politisch interessierten Kreisen« fänden[286]. Zur Freude dürfte der wirtschaftliche Erfolg des Bandes seinen Teil beigetragen haben: Bereits nach drei Monaten war die erste Auflage von 5000 Stück verkauft[287]. De Maizière sorgte selbst für eine gewisse Verbreitung, indem er das Buch wie gewöhnlich in seinem Bekannten- und Verwandtenkreis weitläufig verschickte[288]. »[A]usführliche und sogleich so wohlwollende Rezensionen« von Professor Dr. Reiner Pommerin, Universitätsprofessor an der Universität Erlangen und Reserveoffizier, im »Rheinischen Merkur«, des Generalinspekteurs Admiral Dieter Wellershoff in der »Welt am Sonntag« und von Dr. Theo Sommer, Chefredakteur der »Zeit«, dürften dabei zudem hilfreich gewesen sein[289]. Freilich war sich de Maizière gewiss, »dass man die negativen Urteile seltener erfährt als die positiven«[290]. Erstere gab es jedoch auch. Ein typischerweise anonymes Schreiben warf de Maizière vor, »ein Angeber und Schreibtischtäter geworden« zu sein, der »mit den hochmütigen und feigen Genossen des Widerstandes« befreundet gewesen sei. Die Bilanz seiner Tätigkeit bestehe vor allem darin, die Kameradschaft in den Streitkräften zusammen mit dem »Gewerkschaftler und Etappenkrieger Baudissin [...] zur impotenten ›Inneren Führung‹« gemacht zu haben[291]!

Allerdings erreichte de Maizière auch sachliche Kritik. Während einige »vielfach zwischen den Zeilen« zu erkennen glaubten, »was der Autor in manchen Fällen taktvoll verschweigt«[292], war es einmal mehr Baudissin, der de Maizière die Leviten las. Obwohl er sich »für die faire Weise, mit der Sie meine Blank-Situation schildern«, bedankte, warf er de Maizière vor, damals »etwas allein« mit seiner Überzeugung dagestanden zu haben, »dass Deutschland in den Jahren 1933-1945 nicht nur seine tiefste moralische, politische und militärische Katastrophe erfahren habe, sondern dass sich auch die ›sittlichen Werte‹ des Soldatischen als nicht genügend resistent gegen die Versuchungen und Drohungen des Totalitären erwiesen hätten«. Ihm sei schon seinerzeit »nicht sehr an verharmlosenden Ehrenrettungen gelegen [gewesen], und ich meine auch heute noch, dass wir auf diejenigen, die sie verlangten, hätten verzichten

---

[286] De Maizière an Friedl Rehm, 22.6.1989, BArch, N 673/180.
[287] De Maizière an Dr. Dietrich Runge, 13.6.1989, ebd., und an Prof. Dr. Reiner Pommerin, 5.4.1989, BArch, N 673/178, sowie Dr. Raban Freiherr von Spiegel an de Maizière, 8.4.1997, BArch, N 673/174. In der Ansprache von Gerhard Bollmann, Verleger im Hause E.S. Mittler & Sohn, aus Anlass der Präsentation des Buches »In der Pflicht« von Ulrich de Maizière am 1.3.1989, BArch, N 673/145, bezeichnete dieser das Buch als »eine der wichtigsten Veröffentlichungen unseres Hauses in den letzten Jahrzehnten«.
[288] Siehe dazu besonders den Bestand BArch, N 673/180.
[289] De Maizière an Pommerin, 5.4.1989. Siehe auch de Maizières Dank an Admiral Dieter Wellershoff, 12.4.1989, und an Dr. Theo Sommer, 17.7.1989. Sommer wiederum gab zu, er habe es als »sehr schmeichelhaft« empfunden, »was Sie über den hereingeschmeckten Außenseiter Theo Sommer berichtet haben«. Siehe Sommer an de Maizière, 24.8.1989, alle BArch, N 673/178.
[290] De Maizière an Friedl Rehm, 22.6.1989, BArch, N 673/180.
[291] Anonymes Schreiben an de Maizière, 2.3.1989, ebd.
[292] O a.D. Klaus Gollnick an de Maizière, 8.5.1989, ebd.

sollen«. Gerade sie seien es nämlich gewesen, »die später ihre Loyalitätspflicht gegenüber der neuen Demokratie und dem SG [Soldatengesetz] dann auch recht großzügig auslegten«. Seiner Meinung nach hätte man »mit einem kleineren, aber sorgfältiger ausgesuchten und ausgebildeten Kader« beginnen müssen, denn »Erfahrungen und Bewährung im Rußland-Feldzug« sei eben »noch kein überzeugender Hinweis auf ihre Eignung [gewesen], unter den heutigen ungleich komplizierten Bedingungen Soldaten überzeugend zu führen«. Selbstkritisch gestand er ein, auf die »Hymnen auf die Vergangenheit« und »die sich ständig wiederholende Reformfeindlichkeit [...] gelegentlich harsch reagiert« zu haben – »harsch« wurde von de Maizière unterstrichen. Jedoch habe er die Vergangenheit, abgesehen vom Thema Nationalsozialismus, niemals angegriffen, freilich aber versucht, ihre Vorbildlichkeit infrage zu stellen[293]. De Maizière ging auf diese ihm nicht unbekannte Kritik ein weiteres Mal nicht ein und freute sich stattdessen, »dass Sie das Gemeinsame, das ich zum Ausdruck bringen wollte, anerkannt und gewürdigt haben«[294]. Mit Kielmansegg wusste er sich außerdem einig, der ihm versicherte, er stimme mit seinen Aussagen »ganz, auch mit Ihren Wertungen überein«[295].

---

[293] Baudissin an de Maizière, 1.3.1989, BArch, N 673/180.
[294] De Maizière an Baudissin, 5.5.1989, ebd.
[295] Kielmansegg an de Maizière, 2.6.1988, BArch, N 673/177.

VIII. Epilog – Die letzten Lebensjahre

Vielleicht war de Maizière in den folgenden Jahren der Meinung, wer seine Memoiren geschrieben hat, sollte sich tatsächlich zurückziehen, jedenfalls könnte man sein Handeln so umschreiben. Seinem ehemaligen »Fähnrichsvater« Dietrich Beelitz erklärte er, seine Vorträge und Publikationen nach dem Erscheinen seines Buches schrittweise reduzieren zu wollen. Dies erweise sich allerdings schwieriger, als er erwartet hatte[1]. Zu seinem 80. Geburtstag ehrte ihn die Bundeswehr noch einmal besonders. Verteidigungsminister Dr. Gerhard Stoltenberg lud am 26. Februar 1992 zu einem Abendessen in das Gästekasino des BMVg. Dort überreichte er ihm das offizielle Geburtstagsgeschenk: vier silberne Becher mit den eingravierten Unterschriften der drei früheren Minister und des Gastgebers[2]. In seiner Ansprache würdigte der Minister den Jubilar als »einen der bedeutendsten und hervorragendsten Soldaten der Bundeswehr [...], einen Mann von großer und nobler Gesinnung«[3]. Ansonsten ähnelte die weitere Beschreibung seines Lebensweges auffallend der Rede von Stoltenbergs Vorgänger Scholz anlässlich der Präsentation von de Maizières Memoiren drei Jahre zuvor. Anders als dort avancierte de Maizière nun ausdrücklich zu dem Mann der Inneren Führung. Wirmer hatte hierzu schon 1973 kritisch angemerkt, dass de Maizière zunehmend »als der eigentliche Schöpfer« genannt würde, was er jedoch »allenfalls zusammen mit weiteren Soldaten« gewesen sei[4]. Für Stoltenberg ohnehin wichtiger aber war de Maizières Wirken als Generalinspekteur. »Als glänzender Soldat und dabei homo politicus im wahrsten Sinne dieses Wortes« habe er es verstanden, »das damals sehr komplexe Beziehungsgefüge zwischen der Stellung des ersten Soldaten der Bundeswehr, der Führung der Teilstreitkräfte und der politischen Leitung mit sicherer Hand umzugestalten«. Erst er habe diesem schwierigen Amt an der Nahtstelle zwi-

---

1   De Maizière an GM a.D. Beelitz, 30.5.1989, BArch, N 673/180.
2   Mit am Tisch saßen die ehemaligen Verteidigungsminister Kai-Uwe von Hassel und Helmut Schmidt sowie die Ehefrau des ehemaligen Ministers Schröder. Außerdem begrüßte Stoltenberg »Ihre Familie sowie Freunde und Weggefährten Ihres Lebens auch politische und militärische Repräsentanten unseres Landes«. Siehe Ansprache Bundesminister der Verteidigung, Dr. Gerhard Stoltenberg, anlässlich des 80. Geburtstags des ehemaligen GenInsp der Bundeswehr, Gen. a.D. Ulrich de Maizière, am 26.2.1992 in Bonn, BArch, N 673/158.
3   Ebd.
4   Kopie der Besprechung durch Ministerialdirigent Ernst Wirmer in »Bundeswehrverwaltung«, 9 (1973), BArch, N 673/146.

schen Streitkräften und Politik Kontur und Profil verliehen[5]. Der so Gelobte nutzte anschließend »die verlockende Chance«, vor dem ausgesuchten Kreise diese Vorlage aufzunehmen. Gerade weil vor allem der Generalinspekteur auf der Grenzlinie zwischen Militär und Politik stehe, obliege ihm »die schwierige und zugleich undankbare Aufgabe, die Stimme zu erheben, wenn der von der Politik gestellte Auftrag mit den zur Verfügung gestellten Mitteln nicht mehr in Übereinstimmung stehen sollte«. Dann müsse er die Forderung stellen, »die Mittel anzupassen oder den Auftrag neu zu formulieren«. Dabei ging er jedoch nicht auf die sich daraus logisch ergebende Frage ein, wie der Generalinspekteur denn handeln müsste, wenn seine Mahnungen nicht gehört werden. Dieser Problematik war er sich freilich bewusst. Am Ende seiner Ansprache verwies er auf den Umstand, dass »seit etwa 1960«, also seit dem Programmwechsel der SPD, zwischen den drei im Bundestag vertretenen Parteien ein weitgehender Konsens in den Grundlagen der Sicherheits- und Bündnispolitik bestehe. Dadurch seien »auch die Generale nicht in grundsätzliche Gewissensnot« geraten[6].

Sehr viel intensiver als zuvor nahm de Maizière nach seinem Ausscheiden aus dem aktiven Dienst wieder an der Verbindung zwischen den ehemaligen Jahrgangskameraden teil. Schon Anfang der 1980er-Jahre mochte er zumindest bei den großen Zusammenkünften ungern fehlen, wisse man doch im Alter nie, ob und wann man sich noch einmal gesund wiedersehe[7]. Als deren inzwischen ranghöchster Angehöriger fiel ihm es zu, die informelle Präsidentschaft zu übernehmen, was unter anderem bedeutete, dass er die Festansprachen zu halten hatte[8]. Bekanntlich war es aber Richard Monshausen, der den Jahrgang zusammenhielt, und nach seinem Tod 1994 trat Albert Schnez an dessen Stelle. Zusammen mit Luise Nettekoven, die sich quasi als Sekretärin des Jahrgangs etablierte, organisierte er die Treffen, kümmerte sich um die Jahrgangskasse und verfasste die halbjährlichen Rundbriefe. Darüber hinaus gab es zwei regionale Gruppen des Jahrgangs in Bonn und Hamburg. »Scharnier« zwischen beiden Gruppen war bis zu seinem Tod Heinz Cramer[9]. Jahrgangstreffen fanden

---

5   Ansprache Bundesminister der Verteidigung, Dr. Gerhard Stoltenberg, anlässlich des 80. Geburtstags des ehemaligen GenInsp der Bundeswehr, Gen. a.D. Ulrich de Maizière, am 26.2.1992 in Bonn, BArch, N 673/158.
6   Dankrede de Maizière anlässlich des Abendessens zu seinem 80. Geburtstag am 26.2.1992 im BMVg/Gästekasino, ebd.
7   De Maizière an Dr. Bernhard Freiherr von Loeffelholz, Kulturkreis im BDI, 20.8.1982, BArch, N 673/172.
8   Ulrich de Maizière, Ansprache anlässlich des Treffens des »Jahrgang 30« in Bonn, Hotel »President«, am 29.5.1994; Ansprache anlässlich des Treffens des »Jahrgangs 30« im Park-Saal der Stadthalle Bad Godesberg am 7.10.1995, sowie Ansprache anlässlich des festlichen Abendessens zum 70-jährigen Dienstjubiläum des »Jahrgang 30« im Restaurant »Maternus« in Bad Godesberg am 5.4.2000. Auch die Jahrgangstreffen 1993 und 1995 eröffnete er. Siehe dazu KK Bonn Jg. 30/Albert Schnez, Rundbrief, Dezember 1993, sowie vom 4.3.1995, alle PA AdM, Akte Jahrgang 1930.
9   Ulrich de Maizière, Ansprache anlässlich des festlichen Abendessens zum 70-jährigen Dienstjubiläum des »Jahrgang 30« im Restaurant »Maternus« in Bad Godesberg, 5.4.2000, PA AdM, Akte Jahrgang 1930.

1980[10], 1990[11], 1992[12], 1994[13] und 1995[14] statt, und de Maizière fehlte bei keinem. Eigentlich hatte man sich 1993 zum letzten Mal treffen wollen, doch die Mehrheit entschied sich für eine Fortsetzung[15]. Im Jahr darauf plädierte de Maizière dafür, im Frühjahr 1996 noch einmal zusammenzukommen, dies sollte »dann aber wirklich das letzte Treffen sein«[16]. Von den 88 Kameraden, die sich 1955 wiederfanden, lebten 1988 noch 56 neben 32 Witwen von Jahrgangsangehörigen. 1997 war der Kreis bereits auf 29 Angehörige und 14 Witwen zusammengeschmolzen[17]. De Maizière nahm so oft er konnte am Bonner Kreis teil. Man traf sich bei »Ria«, dem »Weinhaus Maternus«, einer Bonner Institution. Als die Inhaberin, Maria Maternus, am 24. November 2001 verstarb, würdigte sie der ehemalige Bundesminister Norbert Blüm in der FAZ als »Beichtmutter der Bonner Republik«, welche »die Großen dieser Erde« bewirtet habe[18]. Damals bestand der Kreis nur mehr aus de Maizière, Schnez und Althaus. So fand das traditionelle Weihnachtsessen 2000 erstmalig mit den Ehefrauen statt[19]. Trotzdem hielt man an den Treffen fest und verschickte weiterhin die halbjährlichen Rundbriefe[20].

In seinen Ansprachen bei den Jahrgangstreffen in den 1990er-Jahren vertrat de Maizière bis zuletzt sein Verständnis vom Soldatsein und von seiner Sicht auf die Lebensleistung seiner Generation. Das Ende des Kalten Krieges galt ihm als Konsequenz auch des eigenen Wirkens der letzten Jahrzehnte. Allerdings mahnte er 1991, die von der Sowjetunion ausgehende Bedrohung habe sich

---

[10] Das Treffen zum 50-jährigen Dienstjubiläum fand 1980 im Hotel »Königshof« in Bonn mit 80 Teilnehmern statt. Siehe Ulrich de Maizière, Ansprache anlässlich des festlichen Abendessens zum 70-jährigen Dienstjubiläum des »Jahrgang 30« im Restaurant »Maternus« in Bad Godesberg, 5.4.2000, PA AdM, Akte Jahrgang 1930.

[11] Das Treffen zum 60-jährigen Dienstjubiläum fand 1990 im Hotel »Königshof« in Bonn mit 90 Teilnehmern statt. Siehe ebd.

[12] Das Treffen, an dem 29 Jahrgangsangehörige, insgesamt 62 Personen teilnahmen, fand vom 3.-5.10.1992 im Bonner Hotel »Consul« statt. Siehe dazu Richard Monshausen, Rundbrief an die Jahrgangskameraden, 21.4.1992, PA AdM, Akte Jahrgang 1930. In der Anlage findet sich eine namentliche Teilnehmerliste.

[13] Das Treffen, an dem insgesamt 52 Personen teilnahmen, fand vom 28.-30.5.1994 im Bonner Hotel »President« statt. Siehe KK Bonn Jg. 30/Albert Schnez, Rundbrief, 3.3.1994, PA AdM, Akte Jahrgang 1930. In der Anlage findet sich eine namentliche Teilnehmerliste.

[14] Das Treffen, an dem insgesamt 48 Personen teilnahmen, fand vom 7.-9.10.1995 im »Park-Hotel« Bad Godesberg statt. Siehe KK Bonn Jg. 30/Albert Schnez, Rundbrief, 28.6.1995, PA AdM, Akte Jahrgang 1930. In der Anlage findet sich eine namentliche Teilnehmerliste.

[15] KK Bonn Jg. 30/Albert Schnez, Rundbrief, Dezember 1993, PA AdM, Akte Jahrgang 1930. Für das Treffen in Bonn vom 28.-30.5.1993 organisierte de Maizière eine Besichtigung des Bonner »Haus der Geschichte«.

[16] So die handschr. Ergänzung Ulrich de Maizières auf dem entsprechenden Fragebogen des Jahrgangs, 16.12.1994, PA AdM, Akte Jahrgang 1930.

[17] Namentliche Liste der noch lebenden Angehörigen des Jahrgangs 30 bzw. der Witwen bereits verstorbener Angehöriger, März 1988 und Januar 1997, beide PA AdM, Akte Jahrgang 1930.

[18] Zit. nach KK Bonn Jg. 30/Albert Schnez, Rundbrief, Dezember 2001, PA AdM, Akte Jahrgang 1930.

[19] KK Bonn Jg. 30/Albert Schnez, Rundbrief, Dezember 2000, PA AdM, Akte Jahrgang 1930.

[20] KK Bonn Jg. 30/Albert Schnez, Rundbrief, Dezember 2002, PA AdM, Akte Jahrgang 1930.

zwar verringert, aber sie würde auch in Zukunft in der Lage bleiben, auf das übrige Europa einen dominierenden Einfluss auszuüben. Die Bindung der USA an Europa als »militärisches Gegengewicht« sei daher weiterhin »zwingend«[21]. Drei Jahre später nahm er dann mit Genugtuung zur Kenntnis, dass »die letzten russischen Soldaten deutschen Boden [verlassen] – nach einem halben Jahrhundert ›Besatzungszeit‹«. Damit sei Deutschland nun nicht mehr Frontstaat und künftig gehe es nicht mehr darum, »den Frieden *in* Deutschland zu erhalten, sondern darum, bestehende oder mögliche Konflikte von deutschem Boden fernzuhalten, d.h. Frieden *für* Deutschland sicherzustellen«. Dass es dafür »eine neue Bundeswehr mit neuen Aufgaben und neuen Strukturen« brauche, erkannte er auch als Chance, das vorherrschende Bild des Soldaten zu verändern. Nun würden manche »der immer gültigen, aber vielleicht vorübergehend ein wenig in den Schatten getretenen soldatischen Tugenden [...] wieder ins hellere Licht [treten]«. Zu dieser Einschätzung hatte ihn vor allem die damalige Werbekampagne der Bundeswehr unter den Schlagworten »Ja, dienen«, »Ja, Gemeinschaft« oder »Ja, Tapferkeit« veranlasst. Selbstverständlich griff er sich das Wort ›dienen‹ heraus und entwickelte einmal mehr seine bekannte Definition des Soldaten:

»›Dienen‹ ist Wesensinhalt soldatischen Handelns. [...] Die Armee ist keine Institution von Arbeitnehmern. Sie besteht aus Soldaten. Der Staat nimmt die Soldaten in die Pflicht. Diese Inpflichtnahme ist intensiv und geht bis zum Einsatz von Gesundheit und Leben. Das Bild des Soldaten wird daher gekennzeichnet durch die Zuwendung zum Staat. Seine Leistungen dienen dem Gemeinwohl. Der Dienst gilt keinen wirtschaftlichen Interessen oder materiellem Gewinn. Der Gewinn ist politischer Art. Er heißt Erhaltung oder Wiederherstellung eines Friedens in Freiheit. Zu dienen ist zugleich ein Bekenntnis zu ideellen Werten. Eigene Ansprüche treten zurück. Der militärische Dienst verlangt besondere Belastungen vom Soldaten. Disziplin und Bescheidenheit sind wichtige Elemente des Einstehens für das Gemeinwohl.«

Dabei vergaß er nicht hinzuzufügen, dass »die Bundeswehr« seit ihrem Bestehen nach diesen Grundsätzen »gelebt« habe. Er wünsche sich, die Öffentlichkeit würde dies stärker in ihr Bewusstsein aufnehmen und anerkennen. Dass er damit nicht zuletzt die Anwesenden meinte, machte er im Folgenden klar:

»Vor 64 Jahren haben wir unseren Dienst als Soldaten begonnen. [...] Aber aus der Rückschau dürfen wir mit großer Dankbarkeit feststellen, dass das Positive überwogen hat. Ob innerhalb oder außerhalb der Bundeswehr, jeder von uns hat daran mitgewirkt, dass wir ein halbes Jahrhundert des Friedens in Mitteleuropa erleben durften. Wenn die Politik keinen schwerwiegenden Fehler macht, bin ich mir sicher, dass auch unsere Kinder und Enkel weiter in Frieden leben werden. Aber dazu müssen alle wieder lernen, bei der Wahrnehmung der persönlichen Interessen das Gemeinwohl nicht zu ver-

---

[21]   De Maizière, Plädoyer für die Wehrpflicht, S. 282.

gessen. Mit anderen Worten: das Dienen höher zu achten als das Verdienen[22].«

Ein Jahr später, anlässlich des 65. Jahrestages des Dienstantritts des Jahrgangs,
zog er bei diesem eigentlich als letztes Treffen geplanten gewissermaßen Bilanz.
Dabei war seine Herleitung des Zweiten Weltkrieges bezeichnend: »Vor 60
Jahren – 1935 – warf das Deutsche Reich die letzte Fessel des Versailler Vertrages ab und erlangte durch Einführung der allgemeinen Wehrpflicht seine
Wehrhoheit zurück. Der Diktator missbrauchte die nun entstandene Wehrmacht und führte das Reich in fast sechs Jahren Krieg in die Katastrophe.« Hier
zeigte sich die typische Argumentation der Kriegsgenerationen: Das »Reich«
schüttelte die Fesseln ab, »Hitler« war schuld, die Wehrmacht »missbraucht«.
Dieser argumentativen Linie blieb er auch im Weiteren treu: »Vor 50 Jahren [...]
endete der Krieg in einer totalen Niederlage, der eine vollständige Auflösung
aller militärischen Einrichtungen und eine Herabsetzung aller soldatischen
Werte folgte.« Klang hier noch deutlich die angebliche Diffamierung der deutschen Soldaten nach dem Kriegsende heraus, ließ de Maizière mit der Wieder-
erlangung der Souveränität für die Bundesrepublik Deutschland – »in ihren
damaligen Grenzen« freilich – eine Erfolgsgeschichte beginnen, nämlich »ein
halbes Jahrhundert des Friedens und eines kontinuierlichen politischen und
wirtschaftlichen Aufstieges«. Der Preis dafür sei allerdings »das oft so bedrückende Gleichgewicht der atomaren Abschreckung« und die jahrzehntelange
Teilung »unseres Vaterlandes« gewesen. Dennoch sah er sich in der Rückschau
bestätigt. Die konsequente Politik des Bündnisses und damit der westdeutschen
Regierungen habe letzten Endes zum Zusammenbruch des »kommunistischen
Imperiums« geführt, wodurch schließlich die getrennten Teile Deutschlands
»zur Einheit zurück[fanden]«. Doch auch dafür habe man einen »Preis« entrich-
ten müssen: »die endgültige Anerkennung der Oder-Neiße-Linie als Deutschlands Ostgrenze«. Nicht die Menschen, die Bevölkerung, sondern Institutionen
vollbrachten also seiner Ansicht nach den Wandel. Das passte gut zu seinem
Credo des »Dienens«: Der Mensch hatte zu dienen, sich zurückzunehmen und
am Ende richteten die Institutionen die Dinge nach dem Motto, alles hat letztlich seinen »Preis«.

In der seinerzeit erneut aufflammenden Diskussion um die Rolle der Wehrmacht im »Dritten Reich« wollte der inzwischen 83-Jährige eine »Kampagne«
erkennen, mit dem Ziel, »die Bundeswehr selbst und die Wehrbereitschaft unseres Volkes zu treffen – und das zu einem Zeitpunkt, in dem zum ersten Mal
Soldaten der Bundeswehr durch Entscheidung der Bundesregierung und des
Deutschen Bundestages mit Kampfaufgaben im internationalen Rahmen in
Bosnien eingesetzt werden«. Bedeutsam war sein Vorwurf, diese Auseinandersetzung um »die Rolle der Wehrmacht im Nationalsozialistischen Reich [sic!]«
sei »[v]on interessierter Seite planmäßig gesteuert«. Die Wehrmacht werde als

---

[22] Ulrich de Maizière, Ansprache anlässlich des Treffens des »Jahrgang 30« in Bonn, Hotel
      »President«, am Sonntag, den 29.5.1994, PA AdM, Akte Jahrgang 1930 (Hervorhebungen
      im Original).

eine verbrecherische Organisation diffamiert, »Deserteure dagegen als angebliche Zeugen des Widerstandes durch Denkmäler geehrt«. Obwohl er selbst alle Deserteure gerade über einen Kamm geschoren hatte, forderte er dazu auf, sich »gegen Pauschalurteile [zu] wehren«. Denn Hitler sei die völlige Gleichschaltung des Deutschen Heeres nie geglückt. Deswegen dürfe man die damaligen Soldaten ebenso wenig »zu Verbrechern stempeln« wie sie »auch nicht alle Helden waren«. Aber die weit überwiegende Mehrzahl von ihnen sei aus ihrer begrenzten Kenntnis der Zusammenhänge heraus überzeugt gewesen, »für ihr Vaterland ihre soldatische Pflicht zu tun und dafür auch ihr Leben einzusetzen«. Das gelte in erster Linie für die große Zahl der Frontdivisionen. »Bei allen Unterschieden« wurzele darin auch die soldatische Tradition der Bundeswehr. Sein Fazit war dementsprechend: »Wir brauchen uns unserer Lebensleistung nicht zu schämen. Sicher haben wir Fehler gemacht, aber auf vieles können wir auch stolz sein. Wir können uns mit Gelassenheit der Kritik der Geschichte stellen[23].« Die Rede fand so großen Anklang, dass Schnez sie »auf vielfachen Wunsch« mit dem nächsten Rundbrief an den gesamten Jahrgang verschickte[24].

Bekanntlich war es dann doch nicht das letzte Jahrgangstreffen gewesen, aber das 70. Jubiläum feierte nur mehr ein kleiner Kreis von elf Personen im alten Stammlokal der Bonner Gruppe, dem »Weinhaus Maternus«, am 5. April 2000 mit einem festlichen Abendessen[25]. Wieder hielt de Maizière »eine bemerkenswerte Rede« in ähnlichem Tenor, die Schnez erneut an alle versandte[26]. Über vier Jahre später, am 9. Dezember 2004, beschlossen de Maizière und Schnez dann beim Mittagessen im Beisein von Luise Nettekoven, die Arbeit für den Jahrgang für beendet zu erklären[27]. Den Restbetrag in der Jahrgangskasse von 240,- Euro schenkte man Frau Nettekoven, weil sie sich seit Jahrzehnten als »Sekretärin des Jahrgangs« und als sorgfältige Kassenverwalterin verdient gemacht hatte[28]. Außer den beiden Genannten lebten zu diesem Zeitpunkt nur noch vier der einstmals 184 Angehörigen des Jahrgangs, und so wurde zu Weihnachten 2004 der letzte Rundbrief versendet[29].

Ulrich de Maizière starb am 26. August 2006 in Bad Godesberg. Auf den Tag genau acht Monate später folgte ihm Albert Schnez und auf den Tag genau drei Monate zuvor war ihm sein Freund und Weggefährte, sein alter ego Johann Adolf Graf von Kielmansegg vorausgegangen.

---

[23]   Ulrich de Maizière, Ansprache anlässlich des Treffens des »Jahrgangs 30« im Park-Saal der Stadthalle Bad Godesberg am Sonntag, den 7.10.1995, ebd.
[24]   KK Bonn Jg. 30/Albert Schnez, Rundbrief, 24.10.1995, ebd.
[25]   KK Bonn Jg. 30/Albert Schnez, Rundbrief, Januar 2000, ebd.
[26]   KK Bonn Jg. 30/Albert Schnez, Rundbrief, Mai 2000, ebd.
[27]   Handschr. Notiz de Maizière, 9.12.2004, ebd.
[28]   KK Bonn Jg. 30/Albert Schnez, Rundbrief, Dezember 2004, ebd. Luise Nettekoven bedankte sich bei de Maizière stellvertretend für den Jahrgang. Siehe Luise Nettekoven an de Maizière, 13.12.2004, ebd.
[29]   KK Bonn Jg. 30/Albert Schnez, Rundbrief, Dezember 2004, ebd.

IX. Schlussbetrachtung

Als Ulrich de Maizière Ende April 1969 in einem ZDF-Interview gefragt wurde, »Herr General, Sie tragen Uniform. Fühlen Sie sich als Bürger?«, antwortete er zunächst, er fühle sich »als Soldat und damit als Staatsbürger«. In der überarbeiteten Fassung ersetzte er dann den Staatsbürger durch den »Staatsdiener«, erst einige Sätze später bezeichnete er sich schließlich als »Staatsbürger in Uniform«[1]. Diese begriffliche Reihenfolge belegt das Selbstverständnis de Maizières und spiegelt zudem seine persönliche Entwicklung wider. Hineingeboren in das preußisch-wilhelminische Kaiserreich des ausgehenden fin de siècle, prägte ihn in Kindheit und Jugend eine konservative, deutschnationale Erziehung. Gleich zahlloser Kinder seiner Generation hatte er den im Ersten Weltkrieg gefallenen Vater nie gekannt und wuchs in einem Frauenhaushalt zusammen mit drei Geschwistern, seiner Mutter und später der Großmutter auf. Der Lebensstil war bescheiden bürgerlich und wohl nur durch die Unterstützung von Verwandten und Freunden, die wiederum alle demselben Milieu angehörten, überhaupt in dieser Weise möglich. Dieser Umstand schloss die Lebenswelt der Familie gleichsam in einem begrenzten geistigen Umfeld ein. Wie nicht nur, aber besonders für das nationalkonservative Bürgertum und den Adel typisch, arrangierte man sich mit der Republik, sah in ihr jedoch eine Art Übergangsphase, in der man sich die kaiserliche Gesinnung und die Ordnungsvorstellungen des Obrigkeitsstaates erhielt. Um Ordnung, Disziplin und Pflichterfüllung rankte sich ein Wertekanon, um Bescheidenheit, Fleiß und Zurückhaltung ein Tugendkatalog, von denen auch de Maizière nachhaltig geprägt worden ist. Repräsentiert wurde dem Sohn dies durch das Bild des Vaters in der »guten Stube«. Dessen Offiziersuniform und die Tatsache, in dieser »für das Vaterland« gefallen zu sein, symbolisierten die Erziehungsmaxime im traditionellen preußisch-protestantischen Beamtenhaushalt der de Maizières. Vater, Onkel, die bereits verstorbenen Großväter – sie alle hatten ihr Auskommen im Staatsdienst gefunden und damit eine Linie vorgezeichnet, die auch Ulrich de Maizière fortsetzte, indem er Soldat wurde. Dem Staate, in dem er lebte, zu dienen, war bis zuletzt eine Leitlinie seines Lebens.

Dass diese Lebensweise gesellschaftliche Realitäten ausblendete, nahm der junge de Maizière nicht wahr. Neugier darauf sucht man bei ihm vergebens. Hingegen begeisterte sich der Schüler für die Künste – Literatur, Theater und

---

[1] Luftwaffenadjutant beim GenInsp, Vermerk über Interview GenInsp mit dem ZDF am 29.4.1969, 30.4.1969, BArch, N 673/60.

vor allen Dingen die Musik. Während der Schulzeit gehörte er stets zur Spitzengruppe seiner Klasse und legte ein gutes Abitur ab. Von einer einzigen Besonderheit in diesem Lebensabschnitt berichtete er später: Als leistungsschwächere Mitschüler von der Reifeprüfung ausgeschlossen wurden, damit sie den Notendurchschnitt nicht senkten, begehrte der Pennäler auf. Dass er dabei die Erfahrung machen musste, mit Rigorosität am Ende nichts zu erreichen, hat ihn möglicherweise auch darin bestärkt, künftig den Kompromiss zu bevorzugen. Ein einzelnes Erlebnis dürfte diese charakteristische Herangehensweise an Probleme zwar kaum bewirkt haben, doch nüchternes Abwägen und ein gewisser Pragmatismus bezeichneten bereits seine Berufswahl. Wohl merkt man seinen Schilderungen über die ersten Kontakte mit dem Militärischen in der Garnisonsstadt Hannover eine gewisse Begeisterung für diesen Bereich an, aber diese reichte kaum über die zeit- und geschlechtstypische Affinität hinaus. Das Vorbild des Vaters vor allem und die Familientradition dürften sich hier entscheidender ausgewirkt haben. So wurde er schließlich Soldat, weil ihm dies naheliegend schien und sich gleichzeitig keine Alternative auftat. Sein musikalisches Talent erachtete er als nicht ausreichend und folglich orientierte er sich dorthin, wozu ihm geraten worden ist. In Zeiten der Weltwirtschaftskrise mag die Entscheidung für den sicheren Staatsdienst vernünftig gewesen sein, überzeugt von ihrer Richtigkeit war er erst dann, als er reüssierte. Das Prinzip des Machbaren, das er in seinem weiteren Leben so oft beschwören sollte, hatte sich gegenüber der materiell unsicheren Alternative einer musikalischen Berufsausbildung durchgesetzt. Viele seiner Bezugspersonen – vom familiären Umfeld über die Freunde des Vaters auf den ostelbischen Gütern bis hin zum kriegsversehrten Lehrer »Pise« Meyer – verfügten zudem über einen Bezug zum Soldatenberuf.

Wie wenig er selbst dem vorherrschenden Bild des Soldaten äußerlich entsprach, war ihm bewusst. Sein Fähnrichsvater Dietrich Beelitz ist ihm nicht nur damals eine Stütze gewesen, sondern später zum Vorbild geworden, wenn es um den Umgang mit deutlich jüngeren Kameraden ging. Erst das persönliche Beispiel dieses Offiziers gab dem Kadetten den notwendigen Halt. Der Erfolg schon in den ersten Laufbahnlehrgängen tat sein Übriges, um den Grundstock für den überzeugten Soldaten zu bilden, der er zeit seines Lebens geblieben ist. Hilfreich war ihm dabei, dass er mit den Tugenden überzeugte, die ihn geprägt hatten. Der Beruf kam seiner Sozialisierung entgegen und ließ ihn seinen Platz rasch finden. Spätestens mit seinem Dienst in der Truppe wurde dann eine Lebenslust spürbar, die auch Ausdruck dieser Berufszufriedenheit gewesen sein dürfte. Der in beengten wie bescheidenen Verhältnissen aufgewachsene junge erfolgreiche Offizier hatte nun seine erste Wohnung für sich allein, schaffte sich ein Klavier an und sogar einen Wagen; er reiste und unternahm viel mit den gleichaltrigen Kameraden, war gesellschaftlich eingebunden und allgemein akzeptiert. Am politischen Geschehen nahm er dagegen kaum Anteil. Allein der Tod des greisen Reichspräsidenten Hindenburg, den er schon als Kind in Hannover manchmal aus der Ferne bewundert hatte, schien ihn beeindruckt zu haben. Weder die Machtübernahme durch die Nationalsozialisten noch deren

Umbau der Republik zur Diktatur, nicht einmal die Selbstunterwerfung der Reichswehr, dann Wehrmacht unter das NS-Regime hinterließen sichtbare Spuren bei ihm. Angesichts seiner Prägung, Erziehung und Ausbildung mag er sich in die Abermillionen Deutsche eingereiht haben, die sich mit der nationalsozialistischen Herrschaft arrangierten und vielen ihrer Leitlinien durchaus zustimmten. Die Wiederherstellung der Wehrhoheit, das Abschütteln der sogenannten Fesseln von Versailles, die Annexionen Österreichs und des Sudetenlandes beispielsweise verfolgte auch er mit Wohlwollen. Wie viele andere nahm er die Verbrechen gegenüber den jüdischen Deutschen und allen anderen zu Gegnern der scheinbaren Volksgemeinschaft stilisierten Gruppen der Gesellschaft hin. Sie gesehen und doch nicht dagegen gehandelt zu haben, erkannte er erst spät als besondere Unverantwortlichkeit der Zeitgenossen einschließlich seiner selbst. Auch die eigene Mitverantwortung akzeptierte er nur aufgrund des Respekts, den ihm die nachmaligen Verschwörer des 20. Juli 1944 um Mertz von Quirnheim und vor allen Dingen Stauffenberg abgenötigt hatten. Sie waren ihm als Vorgesetzte und Kameraden beispielhaft in ihrer Dienstauffassung erschienen und wurden hierdurch für ihn glaubwürdig. Dennoch wollte er nicht mittun, wie so viele, die um Attentat und Putschversuch wussten. Seine erwünschte Versetzung an die Front war auch bei ihm eine Flucht vor der Entscheidung, sich möglicherweise gegen die Widerständler zu stellen. Damals wie in der Rückschau argumentierte er mit einem anders ausgelegten Pflichtverständnis. Er wollte seinem Vaterland dienen, indem er sich auf seinen Beruf, das soldatische Handwerk, konzentrierte. Alles Weitere lag, so seine Überzeugung, außerhalb des von ihm zu verantwortenden Bereiches. Bei der Erfüllung seiner Aufgaben jedoch kannte er keine Grenzen; hierfür setzte er sich mit seinem Leben ein und dies bis zum Ende des Krieges.

Dass er damit des »Führers« Krieg focht, war ihm bewusst. Die aggressive Außenpolitik des »Dritten Reiches« ab der Mitte der 1930er-Jahre bewertete er als riskant, die Methoden teilweise als wider den guten Stil, mit den Zielen zeigte er sich trotzdem einverstanden. Dem potenziellen großen Krieg gegenüber verhielt er sich zwiespältig. Sicher forderte er ihn ebenso wenig, wie er ihn fürchtete. Gerade mit den Kriegen im Osten hatte er keine Probleme. Polen die ehemaligen deutschen Ostgebiete wieder zu entringen, erschien ihm legitim, der Feldzug gegen die Sowjetunion unvernünftig, aber machbar. Mit der Tatsache, dass es sich bei beiden Angriffen um völkerrechtswidrige Überfälle gehandelt hat, setzte er sich offenbar nicht auseinander. Den Menschen und Gesellschaften im Osten Europas empfand er sich zeit- und milieutypisch als überlegen. Es ist nicht überliefert, dass ihn die Not der überfallenen Bevölkerung in irgendeiner Weise beschäftigt hätte. Auch die verbrecherische Kriegführung der Wehrmacht blendete er vollständig aus, obwohl er aufgrund seiner herausgehobenen Positionen, der Bekanntschaft mit Widerständlern und mit seiner Beteiligung an der Partisanenbekämpfung in der Sowjetunion persönlich damit konfrontiert worden war. Stattdessen gab er sich seiner Profession hin, führte seine Aufträge gewissenhaft und mit Eifer aus. Eine darüber hinaus gehende Auseinandersetzung mit dem eigenen Handeln ist nicht festzustellen.

Sein in der Rückschau wiederholt vorgetragenes Argument, der deutsche Wehrmachtssoldat müsse aus der Warte dessen beurteilt werden, was er mit Bestimmtheit gewusst haben konnte, diente der Selbstrechtfertigung. Bis in seine Ansprachen vor den Jahrgangskameraden im hohen Alter hinein endete die selbstkritische Überprüfung des eigenen Handelns im Nationalsozialismus mit der Feststellung, man habe den wahren Kern des Regimes nicht rechtzeitig erkannt und sei der Faszination des Erfolgs, nicht zuletzt aufgrund einer ominösen persönlichen Ausstrahlung Hitlers, erlegen. Damit verhielt er sich schon in der Zeit prototypisch gemäß der selbstentschuldenden Argumentation der Kriegsgenerationen, wie sie in der Erinnerungsliteratur der ehemaligen Soldaten vorherrschend gewesen ist: Das »Nicht-wissen-Wollen« ersetzte die Wahrnehmung der Realität, rein auf das militärische Handwerk fokussierte Pflichterfüllung die Notwendigkeit, daraus Konsequenzen ziehen zu müssen[2].

Die selbstbeschränkte Sicht auf die Dinge, die bei de Maizière wie bei vielen seiner Generation bereits in der Friedens- und Garnisonszeit in der Reichswehr/ Wehrmacht zu konstatieren war, setzte sich in der Kriegszeit fort. Von den anfänglichen raschen Siegen zeigte er sich beeindruckt und war nicht wenig stolz auf den eigenen Anteil daran. Seine Auswahl für den Generalstabslehrgang begriff er als Chance zur Weiterqualifizierung. Damit zeigte die Karrierekurve zwar aufwärts, allerdings nicht allzu steil. Die anschließenden Verwendungen bestätigten ihn in der Spitzengruppe seiner Jahrgangskameraden, die Beförderungen erfolgten planmäßig entsprechend seiner durchweg sehr guten, jedoch nicht herausragenden Beurteilungen. Dass er sich gegen Kriegsende selbst für förderliche Verwendungen anbot, anstatt auf einem vergleichsweise sicheren Stabsdienstposten die auch von ihm als unausweichlich erkannte Niederlage zu erwarten, überrascht deswegen umso mehr. Bis dahin wusste er zwar die ihm gebotenen Möglichkeiten zu nutzen, durch besonders ehrgeiziges Engagement war er indes nicht aufgefallen. Ausgerechnet in dieser Phase des Krieges, in der bereits Kinder und Greise zum letzten Aufgebot im Volkssturm aufgerufen worden waren, in der Stadt um Stadt im Bombenkrieg zerstört wurde, die letzte – gerade aus Sicht des Generalstabsoffiziers – völlig irrsinnige Offensivoperation in den Ardennen gescheitert war, strebte er nach einer höherwertigen Verwendung. Persönlich begründete er dieses Verhalten einmal mehr mit seinem Verständnis der Pflichterfüllung.

Seine Anpassungsfähigkeit erleichterte de Maizière auch das Leben in der anschließenden Kriegsgefangenschaft. Er haderte nicht mit seinem Schicksal, sondern fand sich rasch in der neuen Lage zurecht. Das beeindruckte offenbar seine Mitgefangenen, brachte ihm Respekt und Sympathien, die sich bis weit in die Zukunft auswirken sollten. Lebenslange Freundschaften und seine Einbindung in ein besonderes Netzwerk zeugen davon. Nüchtern bewertete er die Situation und nutzte die Möglichkeiten so gut er konnte, um sich fortzubilden und sich auf diese Weise auf das Leben nach der Freilassung vorzubereiten. Wie sachlich er damals abwägte, belegt seine Entscheidung, sich neben seinen

---

[2]   Siehe hierzu zuletzt die Beispiele in Horn, Die militärischen Aufbaugenerationen.

englischen und französischen auch dem Erwerb russischer Sprachkenntnisse zu widmen. Mit sich selbst scheint er sich im Reinen befunden zu haben, setzte sich aber vergleichsweise tiefgründig mit der jüngsten Vergangenheit auseinander. Trotz seines persönlichen Kontaktes mit Widerständlern wie Stauffenberg, Mertz von Quirnheim oder von Hase und seiner eigenen Erfahrungen im Ostkrieg, zumal mit den Kenntnissen eines Divisions-Ia, beharrte er zeit seines Lebens darauf, nicht alles über die deutschen Verbrechen gewusst zu haben. Ob de Maizière allerdings persönliche Schuld empfunden hat, lässt sich nicht feststellen. Hier wie in anderen Fragen und Zusammenhängen könnte alleine ein erweiterter biografischer Ansatz zu Ergebnissen führen. Festzustellen ist jedoch, dass er in der selbstkritischen Rückschau eine Mitverantwortung an dem Geschehen insgesamt erkannt hatte. Inwieweit er sie für sich angenommen hatte, muss offen bleiben. In der Schilderung dieser und anderer sensiblen Stationen seiner Lebensgeschichte zog sich de Maizière später gerne auf das verallgemeinernde »man« zurück.

Nach seiner Entlassung aus der zweijährigen Kriegsgefangenschaft gelang ihm der Übergang zu einer zivilen Existenz. Mit großem Engagement und Eifer brachte er sich in den neuen Beruf ein, gestaltete sein Tätigkeitsfeld eigenverantwortlich und optimierte es. Die Gesellenprüfungen absolvierte er problemlos, seinen Arbeitgeber überzeugte er so, dass dieser ihm sogar frühzeitig das Gehalt aufbesserte und ihn am Ende nur ungern ziehen ließ. Für de Maizière war es kein Risiko, auf Kielmanseggs Anfrage, ob er in die Dienststelle Blank eintreten wolle, einzugehen, hatte er doch mit der Buchhandlung zuvor eine Rückkehrmöglichkeit vereinbart. Obwohl er dort im fortgeschrittenen Alter als Lehrling eingestiegen war, konnte er sich ein lebenslanges Dasein als Angestellter nicht vorstellen. Es spricht für einen gewissen Ehrgeiz, dass er sich damals mit dem Gedanken an eine Selbstständigkeit trug. Insofern mag nicht allein der Reiz, am Neuaufbau einer Armee aktiv teilzunehmen, sondern auch die Chance auf eine weitere militärische Karriere dafür ausschlaggebend gewesen sein, sich in Bonn vorzustellen. Die in Aussicht stehenden planerischen und konzeptionellen Aufgaben entsprachen seinen Fähigkeiten wie Vorlieben, im dort versammelten Personenkreis kannte man sich zudem größtenteils aus der Wehrmachtzeit. Dass man an ihn gedacht hatte, lag wie bei fast allen der sogenannten Männer der ersten Stunde an alten Netzwerken, vor allem aus dem Generalstab des Heeres. Unter den besonderen politischen Bedingungen übertrug man ihm rasch brisante Aufträge, die er überzeugend ausführte. Bei den Verhandlungen um den Aufbau einer Europaarmee in Paris bewies er besonderes Gespür für die Möglichkeiten und Grenzen, die sich einem ehemaligen deutschen Offizier damals boten. Er reüssierte mit einer Mischung aus bescheidener Zurückhaltung im Auftreten, beharrlicher Argumentation in der Sache und dem entsprechenden Gefühl für die Befindlichkeiten der Siegermächte, welche den gerade niedergerungenen Gegner nolens volens, aber wenigstens offiziell gleichberechtigt mit an den Tisch nehmen mussten. Sachlichkeit und Kompetenz, Freundlichkeit und Glaubwürdigkeit bildeten die Pfeiler, auf deren Basis nun auch auf internationalem Parkett Verbindungen und Beziehungen entstanden, von denen er sein gesamtes Leben profitierte. Viele der damals Verantwortlichen traf er in späteren Verwendungen wieder, wo er den erworbenen guten Ruf zu untermauern vermochte.

Dies bildete die Grundlage für seinen kontinuierlichen Aufstieg innerhalb der Dienststelle Blank und letztlich auch in der Bundeswehr. Wie in den internationalen Verhandlungen zeigte er sich als kompetenter, fleißiger und absolut loyaler Mitarbeiter. Den teilweise hochemotionalen Auseinandersetzungen der Zeit entzog er sich durch betonte Nüchternheit. Sich selbst sah er zuvorderst als Ratgeber seiner Vorgesetzten und behielt den übergeordneten Rahmen stets im Blick. Konsequent ordnete er sich den neuen politischen Leitlinien unter, vertrat sie nach außen wie nach innen, doch nie aufgeregt, sondern immer auf der Suche nach konsensuellen Lösungen. Selbst sich grundsätzlich ändernde Lagen wie beispielsweise das letztliche Scheitern des EVG-Vertrages, in den er viele Monate Arbeit investiert hatte, konnten ihn deswegen kaum enttäuschen. Sofort suchte er nach den Vorteilen im alternativen NATO-Beitritt der Bundesrepublik, für den er sich anschließend umfassend einsetzte. Gerade die Fähigkeiten, sich flexibel und rasch auf neue Situationen einstellen zu können, sie mit teilweise brillanter Genauigkeit zu analysieren sowie daraus Entscheidungsvorschläge folgernd zu formulieren, erwiesen sich in seiner gesamten Laufbahn als Garanten seines beruflichen Erfolges. Dass er zudem in der Lage war, neben sachlichen Argumenten auch emotionale Befindlichkeiten in seine Überlegungen einzubeziehen, stärkte seine Position zusätzlich. Nie griff er Kontrahenten persönlich an, kaum einmal ließ er sich überhaupt auf eine Konfrontation ein. In Konflikten versuchte er mit argumentativer Logik zu überzeugen, aber nicht die andere Seite offensichtlich auszumanövrieren. Seine ausgesuchte Freundlichkeit gegenüber jedermann verlieh diesem Vorgehen Glaubwürdigkeit und schützte ihn wiederum vor persönlichen Feindschaften. Auch mit Zeitgenossen, die anderer Auffassung waren als de Maizière, hielt sich so zumindest die kommunikative Verbindung, ganz gleich, ob es sich dabei um Jahrgangskameraden handelte, Vorgesetzte oder Untergebene.

Dabei half eine gewisse Distanz, die bei de Maizière gegenüber fast allen Menschen seiner Umgebung spürbar war, selbst solchen, die er als seine Freunde bezeichnete. Weder in seiner privaten oder dienstlichen Korrespondenz noch in Vorträgen, Zeitungsartikeln oder sonstigen Veröffentlichungen sind größere Unterschiede in Sprachduktus oder -verhalten auszumachen. Vertraulichkeiten bildeten ebenso Ausnahmen wie rhetorische Spitzen, Zynismus oder Ironie. Schrift und Rede waren gleichermaßen prägnant, schnörkellos, äußerst strukturiert und zielführend formuliert, dabei verbindlich bis liebenswürdig. Er setzte auf eine knappe, einfache Sprache, deren Konstruktionen jedermann zu folgen vermochte. Nicht ohne Grund war er – ob nun inkognito oder nicht – über ein Jahrzehnt mit seinen »Cornelius«-Artikeln ein verständlicher Mittler der verteidigungs- und sicherheitspolitischen Vorgänge in Bonn. Sein nicht unbedeutender Erfolg als Autor ist ebenso darauf zurückzuführen wie seine überzeugenden späteren Auftritte im noch jungen Massenmedium Fernsehen. Als Persönlichkeit war er glaubwürdig. Vor allen Dingen darauf gründete sich das

Ansehen, das er sich bald überall zu erwerben verstand – vom einfachen Zeitunglesenden oder Fernsehkonsumenten über die militärische Hierarchie bis hinein in den politischen Raum, national wie international. Über die weiteren Lebensjahre ist in diesem Fähigkeits- und Verhaltensprofil keine einschneidende Veränderung zu erkennen, zunehmende Erfahrung und Routine verfeinerten es vielmehr.

Wie es im Innern de Maizières aussah, welche Inhalte er aus persönlicher Überzeugung heraus mittrug, ist dadurch umso schwieriger festzustellen. Betrachtet man die Schwerpunkte seines Wirkens innerhalb des bundesdeutschen Verteidigungsressorts, wird dies besonders deutlich. Sein von Anfang an dezidiertes Bekenntnis zum Konzept der Inneren Führung ist dafür ein gutes Beispiel. Freilich entsprachen das darin enthaltene Menschenbild und das sich daraus ergebende Postulat des Staatsbürgers in Uniform grundsätzlich seiner Sozialisierung. Sehr wahrscheinlich dürften ihn auch seine Erfahrungen mit Diktatur und Krieg, die Konfrontation mit den Verbrechen und das erlebte Versagen moralischer Maßstäbe von der Richtigkeit des neuen Weges zusätzlich überzeugt haben. Bezeichnend ist dabei, dass für ihn, ähnlich wie für viele andere auch, gerade die militärische Effektivität, die das Konzept durch seinen gesellschaftlich integrativen Charakter versprach, ausschlaggebend für seine persönliche Positionierung gewesen ist. Letzten Endes beurteilte er die Grundidee der Inneren Führung zuvorderst aus der Perspektive des militärisch Verantwortlichen.

Aus dieser Anerkennung wiederum leiteten sich die weiteren Schwerpunkte seines Schaffens ab. Damit der Soldat dieser Staatsbürger sein oder werden konnte, bedurfte es gleichzeitig entsprechender Bildungsvoraussetzungen. Weil diese innerhalb des Rekrutenpotenzials, zumal im Bereich der Unteroffiziere und Offiziere, in der jungen Bundeswehr nicht grundsätzlich gegeben waren, mussten sich die Streitkräfte nach de Maizières Ansicht in dieser Hinsicht engagieren. Dabei verstand er Bildung in einem allgemeinen Sinne gemäß der humanistischen Tradition, in der er selbst aufgewachsen war und in der akademische Studien eine wesentliche Rolle spielten. Der so gebildete militärische Führer galt ihm als der bessere. Im Gegensatz zu vielen anderen seiner Kameraden hatte er nämlich bald erkannt, dass moderne Kriege – zumal unter atomaren Bedingungen – nicht mehr durch etwaiges »Feldherrngenie« zu gewinnen waren. Kämpfen können, um nicht kämpfen zu müssen, wurde auch zu de Maizières grundsätzlicher Einsicht, in der er sich erneut flexibel zeigte. Als es im Laufe der 1960er-Jahre gelang, die starre NATO-Doktrin der Massiven Vergeltung in die variablere Flexible Response zu wandeln, bezog er das »Kämpfen können« nicht mehr allein auf den ominösen Großen Krieg, sondern zunehmend auf militärische Konflikte unterhalb der atomaren Schwelle in Argumentation und praktische Ausbildung mit ein. Dass er damit zeitgenössischen Diskursen von beiden Seiten der politischen Extreme ein gewichtiges Argument entzog, nämlich dass Militär im Atomzeitalter keine Daseinsberechtigung mehr habe, war dabei nicht nur Nebeneffekt. Im gleichen Zeitraum, da die Kriegsgenerationen zunehmend in den Ruhestand traten und durch die Kriegskindergeneration ersetzt wurden, die auch im Zeichen des freiheitlicheren Wertewandels aufgewachsen war, modifizierte er außerdem den Begriff des Kämpfens. Nicht mehr das »Kämpfen gegen« stand für ihn im argumentativen Mittelpunkt, sondern das »Kämpfen für«. Mit anderen Worten: Er ersetzte den für die Kriegsgenerationen bedeutenden Konsens der Verteidigung vor der vermeintlichen sowjetischen Gefahr durch die Verteidigung der freiheitlichen demokratischen Grundordnung. Und als der erste sozialdemokratische Verteidigungsminister Helmut Schmidt ihm dazu die Vorlage geliefert hatte, erweiterte er diese Definition um die Bedrohung mit fremdem politischem Willen.

Ausbildung und Bildung des Soldaten standen für de Maizière also in direktem Zusammenhang mit der Inneren Führung, ohne die wiederum für ihn keine effektiven Streitkräfte in der Demokratie denkbar waren. Folglich war für ihn die Durchsetzung der Inneren Führung innerhalb der Bundeswehr alternativlos, wollte sie sich zu einer schlagkräftigen Truppe entwickeln. Dazu gehörte der integrative Charakter des Konzeptes. Nur auf diese Weise waren die Streitkräfte in die bundesrepublikanische Gesellschaft einzubetten, nur dadurch wiederum die notwendige Massenbasis für die Wehrpflichtarmee zu gewährleisten. Aufgrund dieser Überzeugung verteidigte de Maizière das Konzept auch in der Stunde des Generalangriffs auf die Innere Führung, an dessen Spitze sich immerhin fast die gesamte Heeresführung versammelt hatte. Dass er zusammen mit Verteidigungsminister Schmidt die Attacke abwehrte und im Anschluss dessen Reformkonzept militärisch verantwortete, bleibt ein dauerhafter, vielleicht der nachhaltigste Verdienst Ulrich de Maizières um die Bundeswehr. Nur auf dieser Grundlage konnten sich die westdeutschen Streitkräfte innerhalb der Gesellschaft weiterentwickeln und tatsächlich konsolidieren. Die von Minister von Hassel 1963 offiziell eingeläutete Phase der Konsolidierung der Bundeswehr erweist sich im Nachhinein nämlich als eine Zeitspanne, in der die Bundeswehr noch eine ganz andere Richtung hätte einschlagen können. Sowohl die »Schnez-Studie« als auch die Grashey-Rede sind herausragende Beispiele für diese Gefahr. Plötzlich schien ein Sonderweg des westdeutschen Militärs wieder möglich, sollten soldatische Tugenden die kritische Jugend rund um die 68er-Bewegung zur Räson bringen. Unter der Regie von Schmidt und de Maizière scheiterte dieser Wunsch nicht weniger inner- wie außerhalb der Streitkräfte.

Dass es überhaupt so weit kommen konnte, hatte entscheidend damit zu tun, dass nicht nur die Bundesrepublik ein Kompromissprodukt gewesen ist, sondern auch deren Bundeswehr. In einer Mischung aus dem Glauben, die ehemaligen Soldaten anders nicht ausreichend einbinden zu können, und der Überzeugung, selbst in der Wehrmacht im Großen und Ganzen korrekt gehandelt zu haben, wurde in die neuen Streitkräfte allzu viel von dem übernommen, was die alten ausgemacht hatte. Wie viele andere war auch de Maizière letztlich der Ansicht, vereinfacht gesprochen, Wehrmacht abzüglich nationalsozialistischer Beeinflussung und modifiziert um die Innere Führung genügten, um neue Schlagkraft und Effektivität zu entwickeln. Dem Credo der unverarbeiteten Vergangenheit, die Masse der deutschen Soldaten habe im Nationalsozialismus nach bestem Wissen und Gewissen ihre Pflicht erfüllt, schloss auch er sich an. Wie andernorts setzte er auf Einbindung statt Ausgrenzung, stellte die Gemeinsamkeiten in den Vordergrund und versuchte einen tragfähigen Konsens zu erreichen; wenn nicht für die junge Bundeswehr, dann sollten die Veteranen wenigstens nicht gegen sie agieren.

Solches Verhalten, das mit Ausnahme Baudissins und vielleicht weniger anderer die Leitlinie in der Planungs- und Aufbauphase der westdeutschen Streitkräfte gewesen ist, war einerseits zielorientiert, andererseits schuf es den Nährboden für manche falsche Annahme in Bezug auf dieses Ziel. Die späteren Äußerungen von Schnez und Grashey über die Maske, die man sich nun vom Gesicht nehmen müsse, oder den Vorbildcharakter des Soldaten, an dessen Tugenden sich die Gesellschaft ausrichten sollte, unterstreichen dies. Gerade die Mängel in der Menschenführung, die Auseinandersetzung um die Tradition, das Ringen um die Anerkennung der Männer und Frauen des Widerstandes als Vorbilder und nicht zuletzt die Konflikte um die Innere Führung sind darauf zurückzuführen. Im Rückblick wird die Problematik deutlich, dass die Männer der letzten zu den Männern der ersten Stunde avancierten und so die nächste Führergeneration in ihrem Sinne zu prägen vermochten. Die »Hauptleute von Unna« und die mehrheitlich unter den jüngeren Unterführern zu findende Gefolgschaft von Karst oder Martini belegen diese Entwicklung. De Maizière selbst hatte die Konsequenzen nicht erst zu spüren bekommen, als er im Amt des Generalinspekteurs mit dem Kampf um die innere Ausgestaltung der Bundeswehr konfrontiert wurde. Das belegt sein Karriereknick nach der ersten Truppenverwendung. Ähnlich wie bei Kielmansegg, Baudissin oder anderen Verfechtern der Inneren Führung stockte sein Avancement unter Verteidigungsminister Strauß. Statt der erhofften Division erhielt er das Kommando über die Schule für Innere Führung. Dass er dann aber dort reüssierte und die Tage von Strauß gezählt waren, öffnete ihm die förderliche Verwendung als Kommandeur der Führungsakademie. Nicht unerheblich dazu beigetragen haben dürften das Ansehen, das er sich auch öffentlich erworben hatte, und die Einbindung in einschlägige Netzwerke, wie das seines Kameradenkreises aus dem Jahrgang 1930 und der ehemaligen Angehörigen der Operationsabteilung des Generalstabes des Heeres.

Allgemein galt er über Parteigrenzen hinweg als in der Demokratie verankerter, loyaler und fähiger General. Viele sahen in ihm zwar nicht unbedingt einen Macher, dafür aber einen entschiedenen Verfechter der Inneren Führung. Sowohl der Schule für Innere Führung als auch der Führungsakademie hat er seinen Stempel aufgedrückt und sich nicht zuletzt dadurch für höhere Weihen empfohlen. In den politisch wie gesellschaftlich zunehmend unruhigeren 1960er-Jahren mag man in ihm gerade wegen seiner auf Konsens ausgerichteten Art und seines kommunikativen Führungsstils den Kandidaten gesehen haben, mit dem sich alle zu arrangieren vermochten. So war seine Auswahl zum Inspekteur des Heeres und hernach zum Generalinspekteur der Bundeswehr weniger überraschend als sie angesichts seines vergleichsweise niedrigen Rangdienstalters auf den ersten Blick erscheinen mag. Tatsächlich hat er sich in diesen Verwendungen in keinem einzigen Fall öffentlich gegen die politische Führung und deren Entscheidungen gestellt. In seiner Zeit wie auch rückblickend stellt er sich als der berühmte richtige Mann zur rechten Zeit am rechten Platz dar. National wie international gelang es ihm sogar, die westdeutschen militärpolitischen Interessen zu vertreten und seinen ohnehin schon ausgezeichneten Ruf noch zu steigern. Über die Dienstzeit hinaus blieb er ein gefragter Fachmann, der bis in die 1980er-Jahre hinein von Verteidigungsministern unterschiedlicher politischer Couleurs wie von internationalen Gremien zu Rate gezogen wurde.

Dabei hatte de Maizière gerade in der Bilanz seiner Generalinspekteurzeit keinesfalls nur Erfolge zu verbuchen. In der Frage des sogenannten Gewerkschaftserlasses, in dessen Zusammenhang sein Vorgänger Trettner noch zurückgetreten war, setzte auch er sich nicht durch; es ist der einzige bekannte Fall geblieben, in dem er einem Erlass seines Ministers die Mitzeichnung verweigerte. Die Stellung des Generalinspekteurs innerhalb des Ministeriums, ein Streitpunkt so alt wie die Bundeswehr selbst, konnte er beileibe nicht so weit stärken wie beabsichtigt. Zwar setzte er erstmals eine schriftliche Fixierung der entsprechenden Rechte- und Aufgabenverteilung mit dem Blankeneser Erlass bei Schmidt durch. Funktion und Möglichkeiten eines klassischen Generalstabschefs blieben ihm jedoch verwehrt. Hinsichtlich der Anredeform sowie des Haar- und Barttrachterlasses folgte der Minister seinem Generalinspekteur ebenso wenig wie in puncto Neufestlegung der Dauer des Grundwehrdienstes. Als zumindest nicht glücklich mag man außerdem manche Personalentscheidung bewerten, die de Maizière selbst getroffen oder ihr wenigstens nicht ausreichend widersprochen hat. Die weitere Förderung Karsts gegen eigene Einsicht beispielsweise zuzulassen oder die Unterstützung seines Jahrgangskameraden Schnez wären hier anzuführen. Denkt man darüber hinaus an die, gemessen am Anspruch, eher mindere politische Umsetzung seiner verdienstvollen Arbeit in der nach ihm benannten »De-Maizière-Kommission« bleibt neben vielem Licht auch Schatten.

Theo Sommer hat in diesem Kontext bereits 1972 festgestellt, dass auch ein Generalinspekteur nicht unabhängig sei von dem politischen Umfeld, in dem er wirkt, und so bewertete es de Maizière im Rückblick selbst. Sein Verständnis, zuvorderst Soldat zu sein, aber mit Blick zur Politik, war nicht anders gemeint. Er empfand sich bis zuletzt als militärischer Berater, in dessen Benehmen es nicht lag, ob die politischen Entscheidungsträger seinem Ratschlag folgten. Seinen Auftrag sah er dann als erfüllt an, wenn er nach sachlicher Auswertung einer Aufgabe einen begründeten Vorschlag vorgelegt hatte. Die getroffene Entscheidung mitzutragen und zu verantworten, war für ihn dann eine Frage der Loyalität. Insofern ist er tatsächlich immer der Soldat geblieben, als der er sich selbst definierte. Auch ein General hatte seiner Auffassung nach in erster Linie gehorsam zu sein. In diesem Zusammenhang bildete de Maizière tatsächlich den von Helmut Schmidt formulierten modernen Typ des Soldaten als Partner des Politikers ab und darin kann man in ihm durchaus ein stilprägendes Vorbild erkennen: Intellektuell gewandt, musisch begabt, mehrsprachig, persönlich bescheiden, unprätentiös im Auftritt, zurückhaltend in der Öffentlichkeit, ein konzessionsbereiter und kompromissorientierter, militärisch hochprofessioneller Fachmann und nicht zuletzt ein fleißiger Arbeiter von absoluter Loyalität gegenüber seinen Vorgesetzten wie der politischen Leitung – das sind bis heute Idealvorstellungen vom Staatsbürger in Uniform, und insbesondere Ansprüche an den (Generalstabs)Offizier. Selbst im Aussehen war de Maizière stilbildend, wenn man so will, denn sein vergleichsweise eher unmilitärisches Auftreten hat zwischenzeitlich Schule gemacht. Der Staatsbürger in Uniform unterscheidet sich von seinem zivilen Pendant bis auf wenige Besonderheiten kaum mehr und hat sich so innerlich wie äußerlich in die ihn umgebende Gesellschaft integriert. In diesem Zusammenhang kann man de Maizière quasi als Prototyp des bundesrepublikanischen Generalstabsoffiziers bezeichnen, wie er sich seit Anfang der 1970er-Jahre ausprägen sollte. Als Generalinspekteur personalisierte er damit nahezu perfekt die Schnittstelle zwischen der zivilen und militärischen Führung der Streitkräfte. Er erwies sich als ein wesentlicher Stützpfeiler der Reformierung der Bundeswehr im Gesamtreformkonzept der sozialdemokratischen Regierung an der vielleicht entscheidenden Scharnierstelle der Geschichte der Bundesrepublik bis zum Ende der deutschen Teilung.

Gleichwohl bleibt es schwierig, eine wissenschaftlich belastbare Aussage hinsichtlich seiner persönlichen Überzeugungen zu treffen. Hier könnte nur eine vertiefende biografische Untersuchung weiterhelfen. Abseits dieser persönlichen Ebene mag man mit einiger Berechtigung de Maizière als den richtigen Mann am rechten Platz betrachten. So wie sich die Gesellschaft scheinbar partnerschaftlich entwickelte, so musste sich auch ihre Armee verändern, ihre Strukturen und Mechanismen entsprechend modifizieren. Für den Beginn dieser Entwicklung brachte de Maizière die dafür notwendigen Eigenschaften mit. Allerdings darf dabei nicht außer Acht bleiben, dass es nicht die Streitkräfte waren, gleich gar nicht deren damalige Führungspersönlichkeiten, die diese Modernisierung angeschoben hatten. Der Antrieb kam wesentlich von außen, mitten aus der Gesellschaft. Es waren die heute gerne gescholtenen, verkürzend sogenannten 68er, deren Aufbegehren in jeder Hinsicht nach Veränderungen verlangte. Wenn auch in ihren extremen Auswüchsen nicht unumstritten, veränderten sie die politische Landschaft Westdeutschlands grundlegend, weil sie einer Reformpolitik den Weg bahnten, der sich auch die Bundeswehr nicht verschließen konnte – und mindestens ebenso wenig verschließen durfte, zieht man die sinkenden Bewerberzahlen, die nicht ansteigen wollende gesellschaftliche Akzeptanz und die daraus unweigerlich folgenden militärischen Beschränkungen in Betracht. Aus dieser teleologischen Perspektive heraus wird de Maizière zweifellos zu einer der herausragenden Persönlichkeiten in der Geschichte der Bundeswehr.

Kritisch zu hinterfragen bleiben trotz alledem das Verständnis de Maizières und das seiner Generation von Pflichterfüllung und Dienen. Dies mag ein Satz illustrieren, den er dem Grafen Baudissin zu dessen Verabschiedung 1967 in Koblenz mitgegeben hat: »Aber es ist nicht Stil des Soldaten, die ihm gestellte

Aufgabe zu kritisieren, sondern sie nach Kräften zu erfüllen[3].« Ulrich de Mai-zière war eben weder ein Visionär noch ein Dogmatiker wie Baudissin, aber auch kein kantiger Macher wie Kielmansegg. Sein Talent lag mehr im Wahr-nehmen und Zusammenführen auch konträrer Strömungen. Er war der nüch-tern denkende, bescheiden und fleißig, oft auch im Hintergrund arbeitende Pragmatiker. Sein auf Sittlichkeit gestütztes Weltbild ist ihm dabei hilfreich gewesen, weil es auf den Grundregeln protestantischer Ethik beruhte. Das er-klärt möglicherweise, wie ein Soldat letzten Endes drei völlig verschiedenen Herrschafts- und Gesellschaftssystemen dienen konnte. Für deren Grundlagen fühlte er sich wenigstens in den ersten beiden politischen Systemen nicht zu-ständig; aus seinem Verständnis heraus gaben ihm diese die politisch Verant-wortlichen vor. Allerdings setzte er sie um, weil er dies für seine Pflicht hielt. Das System in dem er lebte infrage zu stellen, fiel ihm nicht ein. Er zog dennoch für sich aus den Erfahrungen der NS-Zeit grundlegende Konsequenzen. In der generationsbedingten Spannung zwischen dem Bewusstsein um das eigene Versagen vor 1945, der Orientierung an dem rein militärischen Handeln und dem Setzen auf eine neue Zukunft mit Streitkräften in der Demokratie war er durchaus nicht unkritisch, aber eben nur im Rahmen seines eigenen Aufgaben-gebietes. Spätestens in diesem Kontext wird auch eine pragmatische Orientie-rung am Machbaren zweifelhaft. Jeder, der bereit ist, von außen vorgegebene Grenzen hinzunehmen und darin die Begrenzung des eigenen Handelns aner-kennt, setzt sich der Gefahr der Willfährigkeit aus. Der Staatsbürger in Uniform hat indes die ihm gestellte Aufgabe zu hinterfragen und gegebenenfalls Konse-quenzen zu ziehen. Letzten Endes besteht eben darin der Unterschied zwischen dem Staatsdiener und dem Staatsbürger.

Viele Probleme, denen sich bereits de Maizière gegenüber sah, beschäftigten die Bundeswehr jedenfalls noch weitere Jahrzehnte, etliche bis in unsere Tage. Meist fehlte es – der Umgang mit den Ergebnissen der »De-Maizière-Kommis-sion« belegt das – am notwendigen politischen Willen sie zu lösen. Sachliche Überzeugungen alleine vermögen mitunter also recht wenig zu bewirken in einer von vielen Überlegungen beeinflussten, zunehmend auf die mediale Ef-fektivität bedachten Entscheidungsfindung im politischen Raum. Umso bedeut-samer wird gerade dadurch der Staatsbürger, der seine Rechte und Pflichten aktiv wahrnimmt. Wie schwierig es für den Soldaten sein kann, die Balance zu halten zwischen Dienen und der rechten Erfüllung der Pflicht, das zeigt der Lebensweg Ulrich de Maizières stellvertretend für viele seiner Generation bei-spielhaft. Nicht ohne Grund hat er selbst in seinen verschiedenen Verantwor-tungsbereichen in der Bundeswehr stets auf die unauflösbare Bindung des (west)deutschen Soldaten an die Werteordnung des Grundgesetzes verwiesen. Die eigenen Erfahrungen mit physischer, aber auch politischer Gewalt dürften diese Einsicht ganz wesentlich befördert haben.

---

[3]   Ansprache GenInsp de Maizière anlässlich der Verabschiedung GL Wolf Graf von Bau-dissin am 19.12.1967 an der Schule für Innere Führung der Bundeswehr in Koblenz, BArch, N 717/458.

Abkürzungen

AAFCE	Allied Air Force Central Europe	Brand.	Brandenburgisches
Abt. P	Abteilung Personal	Brig	Brigade
ACDP	Archiv für Christlich-Demokratische Politik	Btl	Bataillon
		BuReg	Bundesregierung
a.D.	außer Dienst	BVN	Bund der Verfolgten des Naziregimes
ADK	Arbeitsgemeinschaft Demokratischer Kreise	BW/Bw	Bundeswehr
ADM	Atomic Demolition Munition	CAT.	Category
AdsD	Archiv der sozialen Demokratie	CG	Clausewitz-Gesellschaft
		CIA	Central Intelligence Agency
AFCENT	Allied Forces Central Europe	CINCENT	Commander-in-Chief Allied Forces Central Europe
AG	Arbeitsgruppe	CPX	Command Post Exercise
AK	Armeekorps	ČSSR	Československá socialistická republika
AKM	Arbeitskreis Militärgeschichte e.V.	CVJM	Christlicher Verein Junger Männer
AL	Abteilungsleiter	d.R.	der Reserve
AOK	Armeeoberkommando	DAG	Deutsche Angestelltengewerkschaft
APuZ	Aus Politik und Zeitgeschichte	DBwV	Deutscher Bundeswehr Verband
BArch	Bundesarchiv (Militärarchiv)		
BBC	British Broadcasting Corporation	DGB	Deutscher Gewerkschaftsbund
BDI	Bundesverband der Deutschen Industrie	DHI	Deutsches Historisches Institut
BG	Brigadegeneral	Dipl.Ing.	Diplom-Ingenieur
BGS	Bundesgrenzschutz	Div	Division
BM	Bundesminister	DKP	Deutsche Kommunistische Partei
BMI	Bundesminister(ium) des Innern	DPC	Defence Planning Committee
BMVg/ BMVtdg	Bundesminister(ium) der Verteidigung	DSACEUR	Deputy Supreme Allied Commander Europe
BND	Bundesnachrichtendienst		
BPA	Bundespresseamt		

DtA   Deutscher Anteil
DVP   Deutsche Volkspartei
EDV   Elektronische Datenverar-
           beitung
EGKS   Europäische Gemeinschaft
           für Kohle und Stahl
EKZ   Einkaufzentrum für öffent-
           liche Bibliotheken
ETH   Eidgenössische Technische
           Hochschule Zürich
EVG   Europäische Verteidigungs-
           gemeinschaft
FA   Flottillenadmiral
FAZ   Frankfurter Allgemeine
           Zeitung
FBAS   Forschungs- und Beratungs-
           institut für Angewandte
           Sozialwissenschaft
FDP   Freie Demokratische Partei
FEST   Forschungsstätte der
           Evangelischen Studien-
           gemeinschaft
FILDIR   Fédération internationale
           libre des Déportés et Inter-
           nés de la Résistance
FK   Fregattenkapitän
FR   Fähnrich
FU   Freie Universität Berlin
FüAkBw   Führungsakademie der
           Bundeswehr
FüB   Führungsstab der Bundes-
           wehr
FüH   Führungsstab des Heeres
FüL   Führungsstab der Luftwaffe
FüS   Führungsstab der Streitkräfte
FüS Pers   Führungsstab der Streitkräfte
           Personal
F.V.S.   Freiherr vom Stein Stiftung
GebDiv   Gebirgsdivision
Gen.   General
Gen.d.Inf.
           General der Infanterie
GenInsp   Generalinspekteur
GenLt/
GL   Generalleutnant

GenKdo   Generalkommando
GenMaj/GM
           Generalmajor
GenSt/AdmStOffz
           Generalstabs-/
           Admiralstabsoffizier(e)
GenStdH   Generalstab des Heeres
Gestapo   Geheime Staatspolizei
GFFU   Gesellschaft der Freunde
           und Förderer der Universi-
           tät der Bundeswehr e.V.
GFM   Generalfeldmarschall
GG   Grundgesetz
GGO   Gemeinsame Geschäftsord-
           nung
gKdos.   geheime Kommandosache
GO   Generaloberst
H   Hauptmann
HAL   Hauptabteilungsleiter
HDv   Heeresdienstvorschrift
H.Gr./
HGr   Heeresgruppe
HF   Hauptfeldwebel
HJ   Hitlerjugend
HOS   Heeresoffizierschule
HOT   Haut subsonique Optique-
           ment Téléquidé
HPA   Heerespersonalamt
HQ   Headquarters
I.F.   Innere Führung
i.G.   im Generalstab(sdienst)
IM   Informeller Mitarbeiter
           (der DDR-Staatssicherheit)
InSan   Inspekteur des Sanitäts- und
           Gesundheitswesens
InspH   Inspekteur des Heeres
InspL   Inspekteur der Luftwaffe
InspM   Inspekteur der Marine
InspSan   Inspekteur des Sanitäts- und
           Gesundheitswesens
IPS   Internationaler Planungsstab
IP-Stab   Informations- und Pressestab
IPZ   Informations- und Presse-
           zentrum
IR   Infanterieregiment

Jg.	Jahrgang	mot.	motorisiert
JgBrig	Jägerbrigade	NATO	North Atlantic Treaty
KA	Konteradmiral		Organization
Kdr	Kommandeur	N.F.	Neue Folge
KDV	Kriegsdienstverweigerer,	NL	Nachlass
	Kriegsdienstverweigerung	NPD	Nationaldemokratische
KG	Kommandierender		Partei Deutschlands
	General	NPG	Nuclear Planning Group
Kgl.Pr.	Königlich-Preußisch	NS	Nationalsozialist/-ismus
KK	Korvettenkapitän	O	Oberst
KK Bonn	Kameradenkreis Bonn	OAR	Oberamtsrat
KL/		OB	Oberbefehlshaber
KptLt	Kapitänleutnant	OBü	Oberbürgermeister
Kominform		ÖTV	Gewerkschaft Öffentliche
	Kommunistisches Informa-		Dienste, Transport und
	tionsbüro		Verkehr
KpChef	Kompaniechef	ÖVP	Österreichische Volkspartei
KPD	Kommunistische Partei	OHG	Offizierheimgesellschaft
	Deutschlands	OKH	Oberkommando des Heeres
KSFE	Kommission zur Stärkung	OKW	Oberkommando der Wehr-
	der Führungsfähigkeit und		macht
	Entscheidungsverantwor-	OpAbt	Operationsabteilung
	tung in der Bundeswehr	Org	Organisation
KTB	Kriegstagebuch	OrgAbt	Organisationsabteilung
KWEA	Kreiswehrersatzamt	ORR	Oberregierungsrat
K z.S.	Kapitän zur See	OSA	Oberstabsarzt
LaVAk	Landesverteidigungsaka-	OTL	Oberstleutnant
	demie	OVGR	Oberverwaltungsgerichtsrat
Lkw	Lastkraftwagen	P	Abteilung Personal
LOVR	Landesoberverwaltungsrat	PA AdM	Privatarchiv Andreas de
Ltr	Leiter		Maizière
LV	Lehr- und Versuchsübung	PAHS	Privatarchiv Helmut
M	Marine		Schmidt
MAD	Militärischer Abschirmdienst	Pak	Panzerabwehrkanone
MC	Military Committee	PD	Privatdozent
MC/		PGA	Personalgutachterausschuss
NATO	Military Committee/NATO	PGM	Precise Guided Munition
MdB	Mitglied des Bundestages	POW	Prisoner of War
MFR	Militärischer Führungsrat	PPP	Parlamentarisch-Politischer
MGFA	Militärgeschichtliches		Pressedienst
	Forschungsamt	PV	Parteivorstand
MGV	Männergesangsverein	Pz	Panzer
MILAN	Missile d'Infanterie léger	PzGren	Panzergrenadier(e)
	antichar	RA	Regierungsamtmann
MinDir	Ministerialdirektor	RC	Rotary-Club

RegAss	Regierungsassistent/assessor	UdSSR	Union der Sozialistischen Sowjetrepubliken
Res.Laz.	Reservelazarett	Uffz	Unteroffizier
RI	Regierungsinspektor	ULB	Abteilung Unterbringung und Liegenschaften
ROI	Regierungsoberinspektor		
SA	Sturmabteilung	UNO	United Nations Organization
SACEUR	Supreme Allied Commander Europe	VA	Vizeadmiral
		VBK	Verteidigungsbezirkskommando
SACLANT	Supreme Allied Commander Atlantic	VdRBw	Verband der Reservisten der Deutschen Bundeswehr
		VDS/	
SADF	South African Defence Force	VdS	Verband Deutscher Soldaten
SAF	South African Foundation	VfZ	Vierteljahrshefte für Zeitgeschichte
SALT	Strategic Arms Limitation Talks	VKK	Verteidigungskreiskommando
SBZ	Sowjetisch Besetzte Zone		
SDAJ	Sozialistische Deutsche Arbeiterjugend	VR	Abteilung Verwaltung und Recht
SED	Sozialistische Einheitspartei Deutschlands	WAZ	Westdeutsche Allgemeine Zeitung
SG	Soldatengesetz	WB	Wehrbereich
SHAEF	Supreme Headquarters Allied Expeditionary Forces	WBK	Wehrbereichskommando
		WBV	Wehrbereichsverwaltung
SHAPE	Supreme Headquarters Allied Powers Europe	WEU	Westeuropäische Union
		WFSt	Wehrmachtführungsstab
SPW	Schützenpanzerwagen	WOR	Wissenschaftlicher Oberrat
SPz	Schützenpanzer	YMCA	Young Men's Christian Association
SRP	Sozialistische Reichspartei		
SS	Schutzstaffel	z.b.V.	zur besonderen Verwendung
Sts	Staatssekretär		
Stv	Stellvertreter, Stellvertretender	ZDF	Zweites Deutsches Fernsehen
		ZDv	Zentrale Dienstvorschrift
SWP	Stiftung Wissenschaft und Politik	ZDWV	Zentralverband Demokratischer Widerstandskämpfer und Verfolgten-Organisation
TV	Territorialverteidigung		

Quellen und Literatur

Quellen

Archiv für Christlich-Demokratische Politik (ACDP), Bonn

I-157: Nachlass Kai-Uwe von Hassel
I-157-011/1, -012/2
I-483: Nachlass Dr. Gerhard Schröder
I-483-108/1, -109/2, -110/1, -110/2, -249/5, -287/4
01-292: Nachlass Ernst Wirmer
01-292-001/3
I-142: Nachlass Karl Gumbel
I-142-004/3, -005/1, -005/2, -005/3, -005/4, -006/1, -006/2, -006/3, -007/1, -010/4, -016/6
I-589: Nachlass Hellmuth Heye
I-589-003/1

Archiv der sozialen Demokratie (AdsD), Bonn

1/HSA: Depositum Helmut Schmidt
1/HSA A 005147, 005158, 005311, 005331, 005364, 005666, 005720, 005846, 005849, 005947, 005997, 006113, 006152, 006390, 007989, 008003, 008010, 008012, 008013, 008063, 008073, 008080, 008142, 009666, 009667, 009671, 009680
Nachlass Fritz Erler
87A, 87B, 105A, 105B, 120A, 120B, 135A, 135B, 135C, 136, 138A, 138B, 139A, 139B, 140, 143A, 143B, 144A, 144B, 144C, 145A, 145B, 175A, 175B, 221A, 221B, 230A, 230B, 234A, 234B, 236A, 236B

Bundesarchiv-Militärarchiv (BArch), Freiburg i.Br.

BArch, N 560: Nachlass Ernst Wirmer
BArch, N 673: Nachlass Ulrich de Maizière

BArch, N 717: Nachlass Wolf Graf von Baudissin
BArch, N 782: Nachlass Dietrich Beelitz
BArch, Pers 1/27800: Personalakte Ulrich de Maizière
Splitterbestände BArch:
>   RH 2/348 bis RH 2/355, RH 2/356K, RH 2/769, RH 2/773, RH 2/850F,
>   RH 2/921 b, RH 2/922F, RH 2/1473, RH 2/1909, RH 2/1914, RH 2/1930,
>   RH 2/1972, RH 2/2118, RH 2/2130, RH 2/2160, RH 2/2428F, RH 2/2561,
>   RH 2/2608, RH 2/2715F
>   RH 19 X/84, RH 26-79/98
>   RHD 5/92
>   RW 44I/33
>   BM 13/6, BM 1/110 a, BM 1/8143, BW 1/160924
>   BW 1/22107, BW 1/25262, BW 1/25376, BW 1/87025, BW 2/10304, BW 1/
>   114670, BH 9-2/16, BH 28-2/557

Privatarchiv Helmut Schmidt (PAHS), Hamburg

Privat PZ, Kollegium im BMVg, 4 Bde, Aufzeichnungen von Herbert Laabs
Privat PZ, Innenpolitik A–Z, Bd 2
Privat-Politisch, 1970 A–Z, Bd 7

Privatarchiv Andreas de Maizière (PA AdM), Bad Homburg

Kartons
>   1940–1951
>   Ratsgymnasium, Neuruppin, Landsberg/Warthe, Sudetenland
>   Polen 1939
>   Frankreich 1940
Akten
>   Buchhändlergehilfen-Prüfung Herbst 1949
>   Entnazifizierung/Einstufung
>   Jahrgang 1930
>   »Kriegsbriefe an meine Mutter Juli 1939–Ende 1940«
>   »Kriegsbriefe an meine Mutter 1941«
>   Persönliche Unterlagen

Literatur

Abelshauser, Werner, Wirtschaft und Rüstung in den fünfziger Jahren. In: Anfänge westdeutscher Sicherheitspolitik, Bd 4, S. 1-185

Abenheim, Donald, Bundeswehr und Tradition. Die Suche nach dem gültigen Erbe des deutschen Soldaten, München 1989 (= Beiträge zur Militärgeschichte, 27)

Albrecht von Kessel. Gegen Hitler und für ein anderes Deutschland. Als Diplomat in Krieg und Nachkrieg. Lebenserinnerungen. Hrsg. von Ulrich Schlie unter Mitarb. von Stephanie Salzmann, mit einem Vorw. von Richard von Weizsäcker, Wien [u.a.] 2008

Alfred Toepfer. Stifter und Kaufmann. Bausteine einer Biographie – Kritische Bestandsaufnahme. Hrsg. von Georg Kreis, Gerd Krumeich, Hans Mommsen und Arnold Sywottek, Hamburg 2000

Allbritton, William T., und Samuel W. Mitcham Jr., SS-Oberstgruppenführer und Generaloberst der Waffen-SS Joseph (Sepp) Dietrich. In: Hitlers militärische Elite, Bd 2, S. 37-44

Alternativen zur Wiederbewaffnung. Friedenskonzeptionen in Westdeutschland 1945-1955. Hrsg. von Detlef Bald und Wolfram Wette, Essen 2008 (= Frieden und Krieg. Beiträge zur Historischen Friedensforschung, 11)

Andersen, Ulf, 250 Jahre Christianeum. In: 250 Jahre Christianeum, S. 13-25

Anfänge und Auswirkungen der Montanunion auf Europa. Die Stahlindustrie in Politik und Wirtschaft. Hrsg. von Manfred Rasch und Kurt Düwell, Essen 2007

Anfänge westdeutscher Sicherheitspolitik 1945-1956, 4 Bde. Hrsg. vom Militärgeschichtlichen Forschungsamt, München 1982-1997
    Bd 1: Roland G. Foerster, Christian Greiner, Georg Meyer, Hans-Jürgen Rautenberg und Norbert Wiggershaus, Von der Kapitulation bis zum Pleven-Plan, 1982
    Bd 2: Lutz Köllner, Klaus A. Maier, Wilhelm Meier-Dörnberg und Hans-Erich Volkmann, Die EVG-Phase, 1990
    Bd 3: Hans Ehlert, Christian Greiner, Georg Meyer und Bruno Thoß, Die NATO-Option, 1993
    Bd 4: Werner Abelshauser und Walter Schwengler, Wirtschaft und Rüstung, Souveränität und Sicherheit, 1997

Armonat, Richard, Personalplanung der Bundeswehr. In: Handbuch zur Ökonomie, S. 681-689

Asmussen, Nils, Hans-Georg von Studnitz. Ein konservativer Journalist im Dritten Reich und in der Bundesrepublik. In: VfZ, 1 (1997), S. 75-119

Bahnemann, Jörg A., Parlamentsarmee? Bundeswehr braucht Führung, Aachen 2010

Bald, Detlef, Alte Kameraden. Offizierskader der Bundeswehr. In: Willensmenschen, S. 50-64

Bald, Detlef, Die Bundeswehr. Eine kritische Geschichte 1955-2005, München 2005

Bald, Detlef, Die Militärreform in der »Ära Brandt« – zur Integration von Militär und Gesellschaft. In: Entschieden für Frieden, S. 341-353

Bald, Detlef, Politik der Verantwortung. Das Beispiel Helmut Schmidt. Der Primat des Politischen über das Militärische 1965-1975, Berlin 2008

Bald, Detlef, Johannes Klotz und Wolfram Wette, Mythos Wehrmacht. Nachkriegsdebatten und Traditionspflege, Berlin 2001

Bandhauer-Schöffmann, Irene, und Ela Hornung, Trümmerfrauen – ein kurzes Heldinnenleben? Nachkriegsgesellschaft als Frauengesellschaft. In: Zur Politik des Weiblichen, S. 93-120

Baring, Arnulf, Außenpolitik in Adenauers Kanzlerdemokratie. Bonns Beitrag zur Europäischen Verteidigungsgemeinschaft, München, Wien 1969 (= Schriften des Forschungsinstituts der Deutschen Gesellschaft für Auswärtige Politik, 28)

Barth, Gerhard, Wie steht die Bundeswehr zur deutschen soldatischen Tradition? In: Information für die Truppe 2 (1958), S. 49-51

Baudissin, Wolf Graf von, Nie wieder Sieg. Programmatische Schriften 1951-1981. Hrsg. von Cornelia Bührle und Claus von Rosen, München 1982

Baudissin, Wolf Graf von, Situation und Leitbild. In: Handbuch Innere Führung (1957), S. 15-46

Baur, Werner, Deutsche Generale. Die militärischen Führungsgruppen in der Bundesrepublik. In: Beiträge zur Analyse der deutschen Oberschicht, S. 114-135

Beiträge zur Analyse der deutschen Oberschicht. Bearb. und hrsg. von Wolfgang Zapf, 2. Aufl., München 1965 (= Studien zur Soziologie, 3)

Berger Waldenegg, Georg Christoph, Hitler, Göring, Mussolini und der »Anschluß« Österreichs an das Deutsche Reich. In: VfZ, 61 (2003), S. 147-182

Bessel, Richard, Germany 1945. From War to Peace, New York 2009

Bewahren ohne Bekennen? Die hannoversche Landeskirche im Nationalsozialismus. Hrsg. von Heinrich W. Grosse, Hans Otte und Joachim Perels, Hannover 1996

Biehl, Heiko, Thomas Bulmahn und Nina Leonhard, Die Bundeswehr als Armee der Einheit: Eine ambivalente Bilanz. In: Soldat – Militär – Politik – Gesellschaft, S. 199-228

Biographie und soziale Wirklichkeit. Neue Beiträge und Forschungsperspektiven. Hrsg. von Martin Kohli und Günther Robert, Stuttgart 1984

Blankenhorn, Herbert, Verständnis und Verständigung. Blätter eines politischen Tagebuchs 1949-1979, Frankfurt a.M., Berlin, Wien 1980

Böhler, Jochen, Auftakt zum Vernichtungskrieg. Die Wehrmacht in Polen 1939. Eine Publikation des DHI Warschau, Frankfurt a.M. 2006

Böhler, Jochen, Der Überfall. Deutschlands Krieg gegen Polen, Frankfurt a.M. 2009

Bremm, Klaus-Jürgen, Wehrhaft wider Willen? Die Debatte um die Bewaffnung Westdeutschlands in den fünfziger Jahren. In: Entschieden für Frieden, S. 283-298

Brill, Heinz, Das Problem einer wehrpolitischen Alternative für Deutschland. Die Auseinandersetzungen um die wehrpolitischen Alternativvorschläge des Obersten Bogislaw von Bonin, Diss. Göttingen 1977

Brochhagen, Ulrich, Nach Nürnberg. Vergangenheitsbewältigung und West-integration in der Ära Adenauer, Hamburg 1994 (= Schriftenreihe des Hamburger Instituts für Sozialforschung)

Der Bundestagsausschuss für Verteidigung. Der Ausschuss für Fragen der europäischen Sicherheit Januar 1953 bis Juli 1954. Im Auftrag des Militärgeschichtlichen Forschungsamtes hrsg. und bearb. von Bruno Thoß unter Mitarb. von Cynthia Flohr [u.a.], Düsseldorf 2010 (= Der Bundestagsausschuss für Verteidigung und seine Vorläufer, 2)

Die Bundeswehr 1955 bis 2005. Rückblende – Einsichten – Perspektiven. Im Auftrag des Militärgeschichtlichen Forschungsamtes hrsg. von Frank Nägler, München 2007 (= Sicherheitspolitik und Streitkräfte der Bundesrepublik Deutschland, 7)

Bungay, Stephen, The Most Dangerous Enemy. A History of the Battle of Britain, London 2001

Burdick, Charles B., Vom Schwert zur Feder. In: MGM, 2/71, S. 69-80

Choltitz, Dietrich von, Soldat unter Soldaten, Zürich 1951

Chrobok, Reiner, Das System der Bundeswehrplanung, Baden-Baden 1985

Das Deutsche Heer 1939-1945. Hrsg. von Wolf Keilig, Bad Nauheim 1956

Das Deutsche Reich und der Zweite Weltkrieg, 10 Bde. Hrsg. vom Militärgeschichtlichen Forschungsamt, München 1979-2008
    Bd 4: Horst Boog, Jürgen Förster, Joachim Hoffmann, Ernst Klink, Rolf-Dieter Müller und Gerd R. Ueberschär, Der Angriff auf die Sowjetunion, 2. Aufl., Stuttgart 1987
    Bd 5: Bernhard R. Kroener, Rolf-Dieter Müller und Hans Umbreit, Organisation und Mobilisierung des deutschen Machtbereichs. Halbbd 1: Kriegsverwaltung, Wirtschaft und personelle Ressourcen 1939 bis 1941, Stuttgart 1988
    Bd 8: Karl-Heinz Frieser, Klaus Schmieder, Klaus Schönherr [u.a.], Die Ostfront 1943/44. Der Krieg im Osten und an den Nebenfronten. Im Auftrag des Militärgeschichtlichen Forschungsamtes hrsg. von Karl-Heinz Frieser, München 2007
    Bd 9: Die deutsche Kriegsgesellschaft 1939 bis 1945. Im Auftrag des Militärgeschichtlichen Forschungsamtes hrsg. von Jörg Echternkamp, Halbbd 1: Alf Blank, Jörg Echternkamp, Karola Fings [u.a.], Politisierung, Vernichtung, Überleben, München 2004. Halbbd 2: Bernhard Chiari, Jeffrey Herf, Ela Hornung [u.a.], Ausbeutung, Deutungen, Ausgrenzung, München 2005
    Bd 10: Der Zusammenbruch des Deutschen Reiches 1945. Im Auftrag des Militärgeschichtlichen Forschungsamtes hrsg. von Rolf-Dieter Müller, Halbbd 1: Horst Boog, Richard Lakowski, Werner Rahn [u.a.], Die militärische Niederwerfung der Wehrmacht, München 2008. Halbbd 2: Jörg

Echternkamp, Andreas Kunz, Wilfried Loth [u.a.], Die Folgen des Zweiten Weltkrieges, München 2008

Deutschland kontrovers. Debatten 1945 bis 2005. Hrsg. von Eberhard Rathgeb, Bonn 2005 (= Schriftenreihe der Bundeszentrale für Politische Bildung, 494)

Diedrich, Torsten, Paulus. Das Trauma von Stalingrad. Eine Biographie, Paderborn [u.a.] 2008

Diehl, James M., The Thanks of the Fatherland. German Veterans after the Second World War, Chapel Hill, NC, London 1993

Doepner, Friedrich, Der Jahrgang 30 – 10. Offizier-Ergänzungslehrgang des Reichsheeres, Privatdruck [o.O.] 1980

Dörfler-Dierken, Angelika, Baudissins Konzeption Innere Führung und lutherische Ethik. In: Wolf Graf von Baudissin, S. 55-68

Dörfler-Dierken, Angelika, Ethische Fundamente der Inneren Führung. Hrsg. vom Sozialwissenschaftlichen Institut der Bundeswehr, Strausberg 2005

Dörr, Margarete, Durchkommen und Überleben. Frauenerfahrungen in der Kriegs- und Nachkriegszeit, Augsburg 2000

Döscher, Hans-Jürgen, »Reichskristallnacht« – Die Novemberpogrome 1938, München 2000

Döscher, Hans-Jürgen, Verschworene Gesellschaft. Das Auswärtige Amt unter Adenauer zwischen Neubeginn und Kontinuität, Berlin 1995

Dudek, Peter, und Hans-Gerd Jaschke, Entstehung und Entwicklung des Rechtsextremismus in der Bundesrepublik. Zur Tradition einer besonderen politischen Kultur, 2 Bde, Opladen 1984

Düsterberg, Rolf, Soldat und Kriegserlebnis. Deutsche militärische Erinnerungs-literatur (1945-1961) zum Zweiten Weltkrieg. Motive, Begriffe, Wertungen, Tübingen 2000 (= Studien und Texte zur Sozialgeschichte der Literatur, 78)

Echternkamp, Jörg, Im Schlagschatten des Krieges. Von den Folgen militä-rischer Gewalt und nationalsozialistischer Herrschaft in der frühen Nachkriegszeit. In: Das Deutsche Reich und der Zweite Weltkrieg, Bd 10/2, S. 657-697

Echternkamp, Jörg, Nach dem Krieg. Alltagsnot, Neuorientierung und die Last der Vergangenheit 1945-1949, Zürich 2003

Echternkamp, Jörg, Von Opfern, Helden und Verbrechern. Anmerkungen zur Bedeutung des Zweiten Weltkriegs in den Erinnerungskulturen der Deutschen 1945-1955. In: Kriegsende 1945 in Deutschland, S. 301-316

Ehrhardt, Hans-Georg, Innere Führung und der Wandel des Kriegsbildes. In: APuZ, 48 (2009), S. 23-29

Eibl, Franz, Politik der Bewegung. Gerhard Schröder als Außenminister 1961-1966, München 2001 (= Studien zur Zeitgeschichte, 60)

Engelmann, Joachim, Die 18. Infanterie- und Panzergrenadier-Division 1934-1945 (Bildband), Friedberg 1984

Entmilitarisierung und Aufrüstung in Mitteleuropa 1945-1956. Mit Beiträgen von Alexander Fischer [u.a.]. Hrsg. vom Militärgeschichtlichen Forschungs-amt, Bonn 1983 (= Vorträge zur Militärgeschichte, 4)

Entscheidung 1866. Der Krieg zwischen Österreich und Preußen. Hrsg. vom Millitärgeschichtlichen Forschungsamt durch Wolfgang von Groote und Ursula von Gersdorff, Stuttgart 1966

Entscheidung 1870. Der Deutsch-Französische Krieg. Hrsg. von Wolfgang von Groote und Ursula von Gersdorff, Stuttgart 1970

Entschieden für Frieden. 50 Jahre Bundeswehr 1955 bis 2005. Im Auftrag des Militärgeschichtlichen Forschungsamtes hrsg. von Klaus-Jürgen Bremm, Hans-Hubertus Mack und Martin Rink, Freiburg i.Br., Berlin 2005

Enzyklopädie des Nationalsozialismus. Hrsg. von Wolfgang Benz [u.a.], Stuttgart 1998

Erinnerungskulturen. Deutschland, Italien und Japan seit 1945. Hrsg. von Christoph Cornelißen, 2. Aufl., Frankfurt a.M. 2004

Europa von der Spaltung zur Einigung. Darstellung und Dokumentation 1945-2000. Hrsg. von Curt Gasteyger, Bonn 2001

Falkenberg, Oliver, und Linda Sundmaeker, Hannover – Ein Porträt, Bremen 2008

Falois, Immo von, Kalkül und Illusionen. Der Machtkampf zwischen Reichswehr und SA während der Röhm-Krise 1934, Berlin 1994

Feldmeyer, Karl, und Georg Meyer, Johann Adolf Graf von Kielmansegg 1906 bis 2006. Deutscher Patriot, Europäer, Atlantiker. Mit einer Bild- und Dokumentenauswahl von Helmut R. Hammerich hrsg. vom Militärgeschichtlichen Forschungsamt, Hamburg, Berlin, Bonn 2007

Festschrift Alf Pflüger zum 65. Geburtstag. Hrsg. von Hans Hain und J. Stern, Hannover 1977

Fisch, Jörg, Geschichte Südafrikas, München 1990

Fix, Stefan, Zum Bild der Wehrmacht in der Literatur der Bundesrepublik in den fünfziger Jahren. Unveröff. Jahrgangsarbeit an der Führungsakademie der Bundeswehr, Hamburg 1999

Förster, Jürgen, und Gerd R. Ueberschär, Freiwillige für den »Kreuzzug Europas gegen den Bolschewismus«. In: Das Deutsche Reich und der Zweite Weltkrieg, Bd 4, S. 908-935

Förster, Jürgen, Geistige Kriegführung in Deutschland 1919 bis 1945. In: Das Deutsche Reich und der Zweite Weltkrieg, Bd 9/1, S. 469-640

Förster, Jürgen, Das Unternehmen »Barbarossa« als Eroberungs- und Vernichtungskrieg. In: Das Deutsche Reich und der Zweite Weltkrieg, Bd 4, S. 413-447

Förster, Jürgen, Die Wehrmacht im NS-Staat. Eine strukturgeschichtliche Analyse, München 2007 (= Beiträge zur Militärgeschichte. Militärgeschichte kompakt, 2)

Förster, Jürgen, Wehrmacht, Krieg und Holocaust. In: Die Wehrmacht. Mythos und Realität, S. 948-963

Förster, Jürgen, Wolf Graf von Baudissin in Akademia, Reichswehr und Wehrmacht. In: Wolf Graf von Baudissin, S. 17-35

Foerster, Roland G., Innenpolitische Aspekte der Sicherheit Westdeutschlands 1947-1950. In: Anfänge westdeutscher Sicherheitspolitik, Bd 1, S. 403-575

Frei, Norbert, Erinnerungskampf. Zur Legitimationsproblematik des 20. Juli 1944 im Nachkriegsdeutschland. In: Gewerkschaftliche Monatshefte, 11/1995, S. 664-676

Frei, Norbert, Karrieren im Zwielicht. Hitlers Eliten nach 1945, Frankfurt a.M. 2001

Frei, Norbert, 1945 und wir. Das Dritte Reich im Bewußtsein der Deutschen, München 2005

Frei, Norbert, Vergangenheitspolitik. Die Anfänge der Bundesrepublik und die NS-Vergangenheit, München 1996 (= Veröffentlichungen des Instituts für Zeitgeschichte)

Freyberg, Jutta von [u.a.], Geschichte der deutschen Sozialdemokratie, 2., verb. Aufl., Köln 1977

Frieden ohne Macht? Sicherheitspolitik und Streitkräfte im Wandel. Hrsg. von Dieter Wellershof, Bonn 1991

Frieden ohne Rüstung? Hrsg. von der Clausewitz-Gesellschaft, zusammengest. von Eberhard Wagemann, Herford, Bonn 1989

Friedensinitiativen in der Frühzeit des Kalten Krieges 1945-1955. Hrsg. von Detlef Bald und Wolfram Wette, Essen 2010 (= Frieden und Krieg. Beiträge zur Historischen Friedensforschung, 17)

Frieser, Karl-Heinz, Blitzkrieg-Legende. Der Westfeldzug 1940, 2. Aufl., München 1996 (= Operationen des Zweiten Weltkrieges, 2)

Frieser, Karl-Heinz, Die Rückzugsoperationen der Heeresgruppe Süd in der Ukraine. In: Das Deutsche Reich und der Zweite Weltkrieg, Bd 8, S. 394-450

Frieser, Karl-Heinz, Die Schlacht am Kursker Bogen. In: Das Deutsche Reich und der Zweite Weltkrieg, Bd 8, S. 83-208

Fuchs-Heinritz, Werner, Biographische Forschung. Eine Einführung in Praxis und Methoden, 3. Aufl., Wiesbaden 2005

50 Jahre Militärgeschichtliches Forschungsamt. Eine Chronik. Hrsg. vom Militärgeschichtlichen Forschungsamt, bearb. von Martin Rink, Potsdam 2007

Gablik, Axel F., »Eine Strategie kann nicht zeitlos sein«. Flexible Response und WINTEX. In: Die Bundeswehr 1955 bis 2005, S. 313-328

Gablik, Axel F., Strategische Planungen in der Bundesrepublik Deutschland 1955-1967: Politische Kontrolle oder militärische Notwendigkeit?, Baden-Baden 1996 (= Internationale Politik und Sicherheit, 30/5)

Gebel, Ralph, »Heim ins Reich!« Konrad Henlein und der Reichsgau Sudetenland (1938-1945), 2. Aufl., München 2000

Gellately, Robert, Hingeschaut und weggesehen. Hitler und sein Volk, Stuttgart, München 2002

Gersdorff, Rudolf-Christoph Freiherr von, Soldat im Untergang, Frankfurt a.M. [u.a.] 1977

Geschichte der Stadt Hannover, 2 Bde. Hrsg. von Klaus Mlynek und Waldemar R. Röhrbein, Hannover 1992-1994

Geschichte der Stadt Koblenz, 2 Bde. Hrsg. von der Energieversorgung Mittelrhein GmbH, Gesamtred. durch Ingrid Bátori in Verb. mit Dieter Kerber und Hans Josef Schmidt, Stuttgart 1992-1993

Gezeitenwechsel im Zweiten Weltkrieg? Die Schlachten von Char'kov und Kursk im Frühjahr und Sommer 1943 in operativer Anlage, Verlauf und politischer Bedeutung. Im Auftrag des Militärgeschichtlichen Forschungsamtes hrsg. von Roland G. Foerster, Hamburg 1996 (= Vorträge zur Militärgeschichte, 15)

Görtemaker, Manfred, Geschichte der Bundesrepublik Deutschland. Von der Gründung bis zur Gegenwart, München 1999

Graf von Baudissin. Als Mensch hinter Waffen. Hrsg. und kommentiert von Angelika Dörfler-Dierken, Göttingen 2006

Graml, Hermann, Massenmord und Militäropposition. Zur jüngsten Diskussion über den Widerstand im Stab der Heeresgruppe Mitte (Mass Murder and Military Opposition. Some Remarks on the Resistance within Heeresgruppe Mitte). In: VfZ, 54 (2006), 1, S. 1-24

Greiner, Christian, Die militärische Eingliederung der Bundesrepublik Deutschland in die WEU und die NATO 1954 bis 1957. In: Anfänge westdeutscher Sicherheitspolitik, Bd 3, S. 561-850

Greschat, Martin, Die evangelische Christenheit und die deutsche Geschichte nach 1945. Weichenstellungen in der Nachkriegszeit, Stuttgart 2002

Greschat, Martin, Protestantismus im Kalten Krieg. Kirche, Politik und Gesellschaft im geteilten Deutschland 1945-1963, Paderborn [u.a.] 2010

Grosse, Heinrich, »Niemand kann zwei Herren dienen«. Zur Geschichte der evangelischen Kirche im Nationalsozialismus und in der Nachkriegszeit, 2. Aufl., Hannover 2010

Guderian, Heinz, Erinnerungen eines Soldaten, 4. Aufl., Heidelberg 1951

Hackl, Othmar, Generalstab, Generalstabsdienst und Generalstabsausbildung in der Reichswehr und Wehrmacht 1919-1945. Studien deutscher Generale und Generalstabsoffiziere in der Historical Division der U.S. Army in Europa 1946-1961, Osnabrück 1999

Hagemann, Karen, Heimat – Front. Militär, Gewalt und Geschlechterverhältnisse im Zeitalter der Weltkriege. In: Heimat – Front, S. 13-52

Hammerich, Helmut R., Dieter H. Kollmer, Martin Rink und Rudolf Schlaffer, Das Heer 1950 bis 1970. Konzeption, Organisation und Aufstellung. Unter Mitarb. von Michael Poppe, München 2006 (= Sicherheitspolitik und Streitkräfte der Bundesrepublik Deutschland, 3)

Hammerich, Helmut R., Kommiss kommt von Kompromiss. Das Heer der Bundeswehr zwischen Wehrmacht und U.S. Army (1950 bis 1970). In: Hammerich/Kollmer/Rink/Schlaffer, Das Heer, S. 17-351

Handbuch Innere Führung. Hilfen zur Klärung der Begriffe. Hrsg. vom Bundesministerium für Verteidigung, Führungsstab der Bundeswehr – B, [o.O.] September 1957 (= Schriftenreihe Innere Führung)

Handbuch zur Ökonomie der Verteidigungspolitik. Hrsg. von Günter Kirchhoff, Regensburg 1986

Hartl, Maria, Carl von Clausewitz. Persönlichkeit und Stil, Emden 1956

Hartmann, Christian, Halder. Generalstabschef Hitlers 1938-1942, 2., erw. und aktual. Aufl., Paderborn [u.a.] 2010

Hassell, Ulrich von, Die Hassell-Tagebücher 1938-1944. Aufzeichnungen vom anderen Deutschland. Nach der Handschrift revidierte und erw. Ausgabe. Hrsg. von Friedrich Freiherr Hiller von Gaertringen, Berlin 1988

Heer, Hannes, Vom Verschwinden der Täter. Der Vernichtungskrieg fand statt, aber keiner war dabei, Berlin 2004

Heimat – Front. Militär- und Geschlechterverhältnisse im Zeitalter der Weltkriege. Hrsg. von Karen Hagemann und Stefanie Schüler-Springorum, Frankfurt a.M. [u.a.] 2002 (= Geschichte und Geschlechter, 35)

Heiße Kriege im Kalten Krieg. Hrsg. von Bernd Greiner, Christian Th. Müller und Dierk Walter, Hamburg 2006 (= Studien zum Kalten Krieg, 1)

Herbert, Ulrich, Best. Biographische Studien über Radikalismus, Weltanschauung und Vernunft, 1903-1989, Bonn 1996

Heuser, Beatrice, Die Strategie der NATO während des Kalten Krieges. In: Entschieden für Frieden, S. 51-62

Heusinger, Adolf, Befehl im Widerstreit. Schicksalsstunden der deutschen Armee 1923-1945, Tübingen 1950

Hildebrand, Karl Friedrich, Die Generale der deutschen Luftwaffe 1935-1945. Mit einer Einführung in die Entwicklung und Organisation der Luftwaffe, 3 Bde, Osnabrück 1990-1992 (= Deutschlands Generale und Admirale, 2)

Hitlers militärische Elite, Bd 1: Von den Anfängen des Regimes bis Kriegsbeginn. Hrsg. von Gerd R. Ueberschär, Darmstadt 1998

Hitlers militärische Elite, Bd 2: Vom Kriegsbeginn bis zum Weltkriegsende. Hrsg. von Gerd R. Ueberschär, Darmstadt 1998

Hobsbawm, Eric J., Das Zeitalter der Extreme. Weltgeschichte des 20. Jahrhunderts, München 1995, 4. Aufl., München 2000

Horn, Elke, Die militärischen Aufbaugenerationen der Bundeswehr. In: Militärische Aufbaugenerationen, S. 439-468

Hühne, Werner, Thadden-Trieglaff – Ein Leben unter uns, Stuttgart 1959

Hürter, Johannes, Hitlers Heerführer. Die deutschen Oberbefehlshaber im Krieg gegen die Sowjetunion 1941/1942, München 2006

Humburg, Martin, Feldpostbriefe aus dem Zweiten Weltkrieg. Werkstattbericht zu einer Inhaltsanalyse, Berlin 1998

Ilsemann, Carl-Gero von, Die Bundeswehr in der Demokratie. Zeit der Inneren Führung, Hamburg 1971 (= Soldatische Menschenführung in der Deutschen Militärgeschichte, 17)

Im Dienste der Friedenssicherung. General Ulrich de Maizière. Beiträge zu seiner Verabschiedung als Generalinspekteur der Bundeswehr (1966-1972). Hrsg. von Bernd Freiherr von Loringhoven und Hans-Adolf Jacobsen, Frankfurt a.M. 1972

Im Dienste für die Freiheit. Kai-Uwe von Hassel zum 70. Geburtstag. Hrsg. von Uwe Barschel, bearb. von Walter Bernhardt, Neumünster 1983

Innere Führung. Zum Gedenken an Wolf Graf von Baudissin. Hrsg. von Hilmar Linnenkamp und Dieter S. Lutz, Baden-Baden 1995 (= Demokratie, Sicherheit, Frieden, 94)

Interview mit General a.D. Ulrich de Maizière am 18.4.1978. In: Studentenzeitung der Hochschule der Bundeswehr München, 1978, 1, S. 8-14

Jacobsen, Hans-Adolf, Vom Leitbild des »Staatsbürgers in Uniform«. In: Im Dienste der Friedenssicherung, S. 99-119

Jahn, Hans Edgar, An Adenauers Seite. Sein Berater erinnert sich, München, Wien 1987

Das Jahr 1933. Die nationalsozialistische Machteroberung und die deutsche Gesellschaft. Hrsg. von Andreas Wirsching, Göttingen 2009 (= Dachauer Symposien zur Zeitgeschichte, 9)

Janßen, Karl-Heinz, Politische und militärische Zielvorstellungen der Wehrmachtführung. In: Die Wehrmacht. Mythos und Realität, S. 75-84

Janßen, Karl-Heinz, und Fritz Tobias, Der Sturz der Generäle. Hitler und die Blomberg-Fritsch-Krise 1938, München 1994

Jarausch, Konrad H., Jugendkulturen und Generationskonflikte 1945 bis 1990. Zugänge zu einer deutsch-deutschen Nachkriegsgeschichte. In: Teilung und Integration, S. 216-231

Jenke, Manfred, Verschwörung von rechts? Ein Bericht über den Rechtsradikalismus in Deutschland nach 1945, Berlin 1961

Judt, Tony, Die Geschichte Europas seit dem Zweiten Weltkrieg. Aus dem Engl. von Matthias Fienbork und Hainer Kober, Bonn 2006 (= Schriften der Bundeszentrale für Politische Bildung, 548)

Jureit, Ulrike, und Christian Schneider, Gefühlte Opfer: Illusionen der Vergangenheitsbewältigung, Stuttgart 2010

Keim, Wolfgang, Erziehung unter der Nazi-Diktatur, 2 Bde, Darmstadt 1997

Kennan, George F., Bismarcks europäisches System in der Auflösung. Die französisch-russische Annäherung, 1875-1890, Frankfurt a.M. 1981

Kershaw, Ian, Hitler 1889-1936, 2 Bde, Bd 2, Stuttgart 2000

Kesselring, Albert, Soldat bis zum letzten Tag, Bonn 1953

Kielmansegg, Johann Adolf Graf von, »Die Verteidigungskonzeption der NATO«. Rede gehalten an der Heeresakademie in Bad Ems, 6.7.1957. In: Feldmeyer/Meyer, Johann Adolf Graf von Kielmansegg, S. 199-208

Kiesinger, Kurt-Georg, Die Aufgaben der Bundeswehr in unserem demokratischen Staat. In: Die Bundeswehr, 7/1969, S. 296-301

Kilian, Katrin A., Kriegsstimmungen. Emotionen einfacher Soldaten in Feldpostbriefen. In: Das Deutsche Reich und der Zweite Weltkrieg, Bd 9/2, S. 251-288

Kirst, Hans-Hellmut, 08/15 bis zum Ende. Der gefährliche Endsieg des Soldaten Asch, Wien [u.a.] 1955 (= 08/15, 3)

Kirst, Hans-Hellmut, 08/15 im Krieg, Wien [u.a.] 1954 (= 08/15, 2)

Kirst, Hans-Hellmut, 08/15 in der Kaserne. Die abenteuerliche Revolte des Gefreiten Asch, Wien [u.a.] 1954 (= 08/15, 1)

Kissel, Hans, Vom Dnjepr zum Dnjestr. Rückzugskämpfe des Grenadierregiments 683 (im Rahmen der 335. Infanteriedivision). 9. März bis 12. April 1944, Freiburg i.Br. 1970 (= Einzelschriften zur militärischen Geschichte des Zweiten Weltkrieges, 6)

Klee, Ernst, Das Personenlexikon zum Dritten Reich. Wer war was vor und nach 1945, 2., aktual. Aufl., Frankfurt a.M. 2005

Klein, Peter, Die Erlaubnis zum grenzenlosen Massenmord – Das Schicksal der Berliner Juden und die Rollen der Einsatzgruppen bei dem Versuch, Juden als Partisanen »auszurotten«. In: Die Wehrmacht. Mythos und Realität, S. 923-947

Klinkhammer, Lutz, Der Partisanenkrieg der Wehrmacht 1941-1944. In: Die Wehrmacht. Mythos und Realität, S. 815-836

Knittel, Horst, Der Roman in der deutschen Illustrierten, Berlin 1967

Kogon, Eugen, Recht und Gewissen (1946). In: Deutschland kontrovers, S. 35-39

Kogon, Eugen, Der SS-Staat. Das System der deutschen Konzentrationslager (1946), 5. Aufl., München 1993

Kollmer, Dieter H., »Klotzen, nicht kleckern!« Die materielle Aufrüstung des Heeres von den Anfängen bis Ende der sechziger Jahre. In: Hammerich/ Kollmer/Rink/Schlaffer, Das Heer, S. 485-614

Kollmer, Dieter H., Rüstungsgüterbeschaffung in der Aufbauphase der Bundeswehr. Der Schützenpanzer HS 30 als Fallbeispiel (1953-1961), Stuttgart 2002 (= Beiträge zur Wirtschafts- und Sozialgeschichte, 93)

Koop, Volker, Kai-Uwe von Hassel. Eine politische Biographie, Köln, Weimar, Wien 2007

Kopp, Roland, Paul von Hase. Von der Alexanderkaserne nach Plötzensee. Eine deutsche Soldatenbiographie 1885-1944, Münster 2001 (= Geschichte, 30)

Krause, H. Fred, Das Konzept der Inneren Führung und die Hochschulen der Bundeswehr. Realisierung einer Prämisse, konsistente Weiterentwicklung oder Diskontinuität, Bochum 1979

Der Krieg in der Nachkriegszeit. Der Zweite Weltkrieg in Politik und Gesellschaft der Bundesrepublik. Hrsg. von Michael T. Greven und Oliver von Wrochem, Opladen 2000

Kriegsende 1945 in Deutschland. Im Auftrag des Militärgeschichtlichen Forschungsamtes hrsg. von Jörg Hillmann und John Zimmermann, München 2002 (= Beiträge zur Militärgeschichte, 55)

Kriegsgliederung und Stellenbesetzung des Feldheeres am 1.9.1939. In: Das Deutsche Heer, S. 32

Kriegstagebuch des Oberkommandos der Wehrmacht (Wehrmachtführungsstab) 1940-1945, Bd 3. Geführt von Helmuth Greiner und Percy Ernst Schramm. Im Auftrag des Arbeitskreises für Wehrforschung hrsg. von Percy Ernst Schramm, Frankfurt a.M. 1963

Krüger, Dieter, Das Amt Blank. Die schwierige Gründung des Bundesministeriums für Verteidigung, Freiburg i.Br. 1993 (= Einzelschriften zur Militärgeschichte, 38)

Krüger, Dieter, Sicherheit durch Integration? Die wirtschaftliche und politische Zusammenarbeit Westeuropas 1947 bis 1957/58, München 2003 (= Entstehung und Probleme des Atlantischen Bündnisses bis 1956, 6)

Krüger, Dieter, Der Strategiewechsel der Nordatlantischen Allianz und die Luftwaffe. In: Lemke [u.a.], Die Luftwaffe, S. 41-69

Kühne, Thomas, Kameradschaft – »das Beste im Leben des Mannes«. Die deutschen Soldaten des Zweiten Weltkrieges in erfahrungs- und geschlechtergeschichtlicher Perspektive. In: GG, 22 (1996), S. 504-529

Kühne, Thomas, Die Viktimisierungsfalle. Wehrmachtsverbrechen, Geschichtswissenschaft und symbolische Ordnung des Militärs. In: Der Krieg in der Nachkriegszeit, S. 183-196

Kühne, Thomas, Zwischen Vernichtungskrieg und Freizeitgesellschaft. Die Veteranenkultur der Bundesrepublik (1945-1995). In: Nachkrieg in Deutschland, S. 90-113

Kunczik, Michael, Verdeckte Öffentlichkeitsarbeit unter Adenauer. Die Arbeitsgemeinschaft Demokratischer Kreise. In: Massenmedien und Zeitgeschichte, S. 381-394

Kundrus, Birthe, Nur die halbe Geschichte. Frauen im Umfeld der Wehrmacht. In: Die Wehrmacht. Mythos und Realität, S. 719-735

Kundrus, Birthe, Widerstreitende Geschichte. Ein Literaturbericht zur Geschlechtergeschichte des Nationalsozialismus. In: NPL, 45 (2000), S. 67-92

Kutz, Martin, Die verspätete Armee. Entstehungsbedingungen, Gefährdungen und Defizite der Bundeswehr. In: Die Bundeswehr 1955 bis 2005, S. 63-79

Lapp, Peter Joachim, General bei Hitler und Ulbricht. Vincenz Müller – Eine deutsche Karriere, Berlin 2003

Lappenküper, Ulrich, Die Außenpolitik der Bundesrepublik Deutschland 1949 bis 1990, München 2008 (= Enzyklopädie deutscher Geschichte, 83)

Larres, Klaus, Sicherheit mit und vor Deutschland. Der Einfluss der Bundesrepublik auf die USA und das westliche Bündnis in den 50er- und 60er-Jahren. In: Die Bundeswehr 1955 bis 2005, S. 39-61

Lemke, Bernd, Konzeption und Aufbau der Luftwaffe. In: Lemke [u.a.], Die Luftwaffe, S. 71-484

Lemke, Bernd, Dieter Krüger, Heinz Rebhan und Wolfgang Schmidt, Die Luftwaffe 1950 bis 1970. Konzeption, Aufbau und Integration einer Teilstreitkraft der Bundeswehr, München 2006 (= Sicherheitspolitik und Streitkräfte der Bundesrepublik Deutschland, 2)

Lemke, Bernd, Vorwärtsverteidigung, Integration, Nuklearisierung. Die gesamtstrategische Entwicklung bis 1959. In: Lemke [u.a.], Die Luftwaffe, S. 17-40

Lesch, Manfred, Die Rolle der Offiziere in der deutschen Wirtschaft nach dem Ende des Zweiten Weltkrieges, Berlin 1970

Das letzte halbe Jahr. Stimmungsberichte der Wehrmachtpropaganda 1944/45. Hrsg. von Ricarda Bremer, Detlef Vogel und Wolfram Wette, Essen 2001 (= Schriften der Bibliothek für Zeitgeschichte, N.F., 13)

Lexikon der »Vergangenheitsbewältigung« in Deutschland: Debatten- und Diskursgeschichte des Nationalsozialismus nach 1945. Hrsg. von Torben Fischer, Bielefeld 2009

Libero, Loretana de, Tradition in Zeiten der Transformation. Zum Traditions-verständnis der Bundeswehr im frühen 21. Jahrhundert, Paderborn [u.a.] 2006

Lingen, Kerstin von, Kesselrings letzte Schlacht. Kriegsverbrecherprozesse, Ver-gangenheitspolitik und Wiederbewaffnung: Der Fall Kesselring, Paderborn [u.a.] 2004 (= Krieg in der Geschichte, 20)

Lingen, Kerstin von, SS und Secret Service. »Verschwörung des Schweigens«: Die Akte Karl Wolff, Paderborn [u.a.] 2010

Lipp, Johannes, Kommerzienrat Johannes Girmes (1854-1912). In: Heimatbuch des Kreises Viersen, 30 (1979), S. 201-208

Loch, Thorsten, Das Gesicht der Bundeswehr. Kommunikationsstrategien in der Freiwilligenwerbung der Bundeswehr, München 2008 (= Sicherheitspolitik und Streitkräfte der Bundesrepublik Deutschland, 8)

Lockenour, Jay, Soldiers as Citizens. Former German Officers in the Federal Republic of Germany, 1945-1955, Diss. University of Pennsylvania 1995

Lohalm, Uwe, Völkischer Radikalismus: Die Geschichte des Deutschvölkischen Schutz- und Trutz-Bundes. 1919-1923, Hamburg 1970

Longerich, Peter, »Davon haben wir nichts gewußt!« Die Deutschen und die Judenverfolgung 1933-1945, München 2006

Longerich, Peter, Propagandisten im Krieg. Die Presseabteilung des Auswär-tigen Amtes unter Ribbentrop, München 1987

Lorenz, Robert, Die »Göttinger Erklärung« von 1957. Gelehrtenprotest in der Ära Adenauer. In: Manifeste, S. 199-227

Loth, Wilfried, Die deutsche Frage und der Wandel des internationalen Sys-tems. In: Das Deutsche Reich und der Zweite Weltkrieg, Bd 10/2, S. 201-378

Loth, Wilfried, Die Teilung der Welt. Geschichte des Kalten Krieges 1941-1955, 10. Aufl., München 2002

Loth, Wilfried, Walter Hallstein – Der vergessene Europäer, Bonn 1995 (= Euro-päische Schriften des Instituts für Europäische Politik, 73)

Loth, Wilfried, Der Weg nach Europa. Geschichte der europäischen Integration 1939-1957, 3. Aufl., Göttingen 1996

Lotz, Kurt, Lebenserinnerungen, Düsseldorf, Wien 1978

Mager, Inge, August Marahrens (1875-1950), der erste hannoversche Bischof. In: Bewahren ohne Bekennen?, S. 135-151

Maier, Klaus A., Die politische Kontrolle über die amerikanischen Atomwaffen als Bündnisproblem der NATO unter der Doktrin der massiven Vergeltung. In: Von Truman bis Harmel, S. 39-53

Maizière, Lothar de, Ich will, dass meine Kinder nicht mehr lügen müssen. Meine Geschichte der deutschen Einheit. Unter Mitarb. von Volker Resing, 2. Aufl., Freiburg i.Br. [u.a.] 2010

Maizière, Ulrich de, Armed Forces in the NATO Alliance. Ed. by Center for Strategic Studies, Georgetown University, Washington, DC 1976 (= Mono-graph)

Maizière, Ulrich de, Bekenntnis zum Soldaten. Militärische Führung in unserer Zeit – Reden, Vorträge, Ansprachen (erw. Aufl. von »Soldatische Führung heute«), 3. Aufl., Hamburg 1972 (= Truppe und Verwaltung, 12)

Maizière, Ulrich de, Das Bild des Offiziers in den siebziger und achtziger Jahren. In: ÖMZ, 4/1975, S. 277-282

Maizière, Ulrich de, Die Bundeswehr – Neuschöpfung oder Fortsetzung der Wehrmacht? In: Die Wehrmacht. Mythos und Realität, S. 1171-1183

Maizière, Ulrich de, Erinnerungen eines Zeitzeugen. Der steile und steinige Weg in das Nordatlantische Bündnis. In: Europäische Wehrkunde, 11 (1985), S. 599-605

Maizière, Ulrich de, Führen im Frieden. 20 Jahre Dienst für Bundeswehr und Staat, München 1974

Maizière, Ulrich de, In der Pflicht. Lebensbericht eines deutschen Soldaten im 20. Jahrhundert, Herford, Bonn 1989

Maizière, Ulrich de, Mahnung zum Frieden. Gedenkrede aus Anlass des Volkstrauertages 1976 im Plenarsaal des Bundeshauses. In: Europäische Wehrkunde, 11 (1976), S. 597-600

Maizière, Ulrich de, Plädoyer für die Wehrpflicht. In: Frieden ohne Macht?, S. 274-283

Maizière, Ulrich de, und Herbert Trebesch, Sicherheit und Bundeswehr 1963-1966. Konsolidierung und Bündnispolitik. In: Im Dienste für die Freiheit, S. 39-57

Maizière, Ulrich de, Soldatische Führung – heute. Vorträge und Reden zur Aufgabe und Situation der Bundeswehr, Hamburg 1966 (= Truppe und Verwaltung, 12)

Maizière, Ulrich de, Wehrdienst mit gutem Gewissen. Eine Aufgabe von Staat und Gesellschaft. In: Frieden ohne Rüstung?, S. 211-217

Maizière, Ulrich de, Zur Planung und Vorbereitung eines westdeutschen Verteidigungsbeitrages. Ein Beitrag aus der Sicht eines Mitarbeiters der Dienststelle Blank. In: Entmilitarisierung und Aufrüstung, S. 80-92

Manifeste. Geschichte und Gegenwart des politischen Appells. Hrsg. von Johanna Klatt und Robert Lorenz, Bielefeld 2011

Manig, Bert-Oliver, Die Politik der Ehre. Die Rehabilitierung der Berufssoldaten in der frühen Bundesrepublik, Göttingen 2004 (= Veröffentlichung des Zeitgeschichtlichen Arbeitskreises Niedersachsen, 22)

Manstein, Erich von, Verlorene Siege, Bonn 1955

Marschner, Thomas, Die Schnez-Studie. Eine Momentaufnahme zur inneren Lage der Bundeswehr um 1969. In: Mitteilungen aus dem Bundesarchiv, 2 (2008), S. 63-68

Martin, Bernd, Die deutsche Kapitulation. Versuch einer Bilanz des Zweiten Weltkrieges. In: Freiburger Universitätsblätter, 34 (1995), 130, S. 45-70

Das »Massaker von Malmedy«. Täter, Opfer, Forschungsperspektiven. Hrsg. von Peter M. Quadflieg und René Rohrkamp, Aachen 2010

Massenmedien und Zeitgeschichte. Hrsg. von Jürgen Wilke, Konstanz 1999

Mastny, Vojtech, und Gustav Schmidt, Konfrontationsmuster des Kalten Krieges 1946 bis 1956. Im Auftrag des Militärgeschichtlichen Forschungsamtes hrsg. von Norbert Wiggershaus und Dieter Krüger, München 2003 (= Entstehung und Probleme des Atlantischen Bündnisses bis 1956, 3)

Mastny, Vojtech, NATO from the Soviet and East European Perspectives, 1949-1968. In: Von Truman bis Harmel, S. 55-74

Megargee, Geoffrey P., Hitler und die Generäle. Das Ringen um die Führung der Wehrmacht 1933-1945, Paderborn [u.a.] 2006

Megargee, Geoffrey P., Inside Hitler's High Command, Lawrence, KS 2000

Meier-Welcker, Hans, Seeckt, Frankfurt a.M. 1967

Mergel, Thomas, Propaganda nach Hitler. Eine Kulturgeschichte des Wahlkampfs in der Bundesrepublik 1949-1990, Göttingen 2010

Merglen, Albert, Geschichte und Zukunft der Luftlandetruppen, Freiburg i.Br. 1970 (= Einzelschriften zur militärischen Geschichte des Zweiten Weltkrieges, 5)

Messerschmidt, Manfred, Die Wehrmacht im NS-Staat. Zeit der Indoktrination, Hamburg 1969 (= Truppe und Verwaltung, 16)

Meyer, Bernhard, Kurt Neubauer – Stadtältester von Berlin. In: Berliner Lese-Zeichen, 3/1994, S. 28-33

Meyer, Georg, Adolf Heusinger. Dienst eines deutschen Soldaten 1915 bis 1964. Hrsg. mit Unterstützung der Clausewitz-Gesellschaft und des Militärgeschichtlichen Forschungsamtes, Hamburg 2001

Meyer, Georg, Zur inneren Entwicklung der Bundeswehr bis 1960/61. In: Anfänge westdeutscher Sicherheitspolitik, Bd 3, S. 851-1162

Meyer, Georg, Zur Situation der deutschen militärischen Führungsschicht im Vorfeld des westdeutschen Verteidigungsbeitrages 1945-1950/51. In: Anfänge westdeutscher Sicherheitspolitik, Bd 1, S. 577-735

Meyer-Detring, Wilhelm, Als Deutscher bei der NATO, Frankfurt a.M. 1960

Die Militärelite des Dritten Reiches. 27 biographische Skizzen. Hrsg. von Ronald Smelser und Enrico Syring, Berlin, 2. Aufl., Frankfurt a.M. 1998

Militärische Aufbaugenerationen der Bundeswehr 1955 bis 1970. Ausgewählte Biografien. Im Auftrag des Militärgeschichtlichen Forschungsamtes hrsg. von Helmut R. Hammerich und Rudolf J. Schlaffer, München 2011 (= Sicherheitspolitik und Streitkräfte der Bundesrepublik Deutschland, 10)

Molt, Matthias, Von der Wehrmacht zur Bundeswehr. Personelle Kontinuität und Diskontinuität beim Aufbau der Deutschen Streitkräfte 1955 bis 1966, Diss. Heidelberg 2007

Moltmann, Rainer, Reinhold Heinen (1894-1969). Ein christlicher Politiker, Journalist und Verleger, Düsseldorf 2005 (= Forschungen und Quellen zur Zeitgeschichte, 48)

Monnet, Jean, Erinnerungen eines Europäers, München 1978

Montesquieu, Charles de, De l'esprit des loix (1748) [Vom Geist der Gesetze], Stuttgart 1994

Morsey, Rudolf, Die Bundesrepublik Deutschland. Entstehung und Entwicklung bis 1969, 3., überarb. und erw. Aufl., München 1995 (= Oldenbourg Grundriss der Geschichte, 19)

Mühleisen, Horst, Generaloberst Werner Freiherr von Fritsch. In: Hitlers militärische Elite, Bd 1, S. 61-70

Müller, Klaus-Jürgen, Das Heer und Hitler. Armee und nationalsozialistisches Regime 1933 bis 1940, Stuttgart 1969 (= Beiträge zur Militär- und Kriegsgeschichte, 10)

Müller, Rolf-Dieter, Der Zusammenbruch des Wirtschaftslebens und die Anfänge des Wiederaufbaus. In: Das Deutsche Reich und der Zweite Weltkrieg, Bd 10/2, S. 55-198

Müller, Rolf-Dieter, Der Zweite Weltkrieg: 1939-1945, 10., neu bearb. Aufl., Stuttgart 2004 (= Handbuch der Deutschen Geschichte, 21)

Müller, Vincenz, Ich fand das wahre Vaterland. Erinnerungen. Hrsg. von Klaus Mammach, Berlin (Ost) 1963

Müller-Hillebrand, Burkhart, Das Heer 1933-1945. Entwicklung des organisatorischen Aufbaus, Bd 1: Das Heer bis zum Kriegsbeginn; Bd 2: Die Blitzfeldzüge 1939-1941. Das Heer im Kriege bis zum Beginn des Feldzuges gegen die Sowjetunion im Juni 1941; Bd 3: Der Zweifrontenkrieg. Das Heer vom Beginn des Feldzuges gegen die Sowjetunion bis zum Kriegsende, Darmstadt, Frankfurt a.M. 1954-1969

Musial, Bogdan, Sowjetische Partisanen 1941-1944. Mythos und Wirklichkeit, Paderborn [u.a.] 2009

Nachkrieg in Deutschland. Hrsg. von Klaus Naumann, Hamburg 2001

Nägler, Frank, Der gewollte Soldat und sein Wandel. Personelle Rüstung und Innere Führung in den Aufbaujahren der Bundeswehr 1956 bis 1964/65, München 2010 (= Sicherheitspolitik und Streitkräfte der Bundesrepublik Deutschland, 9)

Nägler, Frank, Zur Ambivalenz der Atomwaffe im Blick auf Baudissins frühe Konzeption der Inneren Führung. In: Wolf Graf von Baudissin, S. 151-164

Der Nationalsozialismus vor Gericht. Die alliierten Prozesse gegen Kriegsverbrecher und Soldaten 1943-1952. Hrsg. von Gerd R. Ueberschär, Frankfurt a.M. 1999

Naumann, Klaus, Der Beginn einer wunderbaren Freundschaft: Beobachtungen aus der Frühzeit der deutsch-amerikanischen Militärbeziehungen. In: Westbindungen, S. 138-180

Naumann, Klaus, Generale in der Demokratie. Generationsgeschichtliche Studien zur Bundeswehrelite, Hamburg 2007

Naumann, Klaus, Integration und Eigensinn – Die Sicherheitseliten der frühen Bundesrepublik zwischen Kriegs- und Friedenskultur. In: Von der Kriegskultur zur Friedenskultur?, S. 202-218

Naumann, Klaus, Ein staatsbürgerlicher Aristokrat. Wolf Graf von Baudissin als Exponent der militärischen Elite. In: Wolf Graf von Baudissin, S. 37-54

Neue Deutsche Biographie, Bd 2: Behaim-Bürkel, Berlin 1955

Neumann, Erich Peter, und Elisabeth Noelle, Antworten. Politik im Kraftfeld der öffentlichen Meinung, Allensbach 1954

Nieden, Susanne zur, Erotische Fraternisierung. Der Mythos von der schnellen Kapitulation der deutschen Frauen im Mai 1945. In: Heimat – Front, S. 313-325

Nieden, Susanne zur, »Ich muß des Soldaten würdig sein.« Frauentagebücher aus dem zerstörten Deutschland. In: METIS. Zeitschrift für historische Frauenforschung und feministische Praxis, 2 (1993), S. 81-96

Niggemann, Ulrich, Immigrationspolitik zwischen Konflikt und Konsens. Die Hugenottenansiedlung in Deutschland und England (1681-1697), Köln [u.a.] 2008

1968 in Europe. A History of Protest and Activism, 1956-1977. Ed. by Martin Klimke and Joachim Scharloth, Basingstoke 2008

Opelland, Torsten, Gerhard Schröder (1910-1989). Politik zwischen Staat, Partei und Konfession, Düsseldorf 2002

Opitz, Eckardt, »Kämpfer« oder »Denker«? Der lange und kontroverse Weg zum Studium für angehende Offiziere in Deutschland. In: Die Bundeswehr 1955 bis 2005, S. 105-113

Otte, Hans, Ein Bischof im Zwielicht. August Marahrens (1875-1950). In: Bewahren ohne Bekennen?, S. 179-221

Overbeck, Egon, Mut zur Verantwortung. Vom Generalstabsoffizier zum Generaldirektor, Düsseldorf 1995

Overmans, Rüdiger, Deutsche militärische Verluste im Zweiten Weltkrieg, München 1999 (= Beiträge zur Militärgeschichte, 46)

Overmans, Rüdiger, Das Schicksal der deutschen Kriegsgefangenen des Zweiten Weltkrieges. In: Das Deutsche Reich und der Zweite Weltkrieg, Bd 10/2, S. 379-507

Pauli, Frank, Wehrmachtsoffiziere in der Bundeswehr. Das kriegsgediente Offizierkorps der Bundeswehr und die Innere Führung 1955-1970, Paderborn [u.a.] 2010

Picht, Georg, Die deutsche Bildungskatastrophe. Analyse und Dokumentation, Freiburg i.Br. 1964

Politischer Wandel, organisierte Gewalt und nationale Sicherheit. Beiträge zur neueren Geschichte Deutschlands und Frankreichs. Festschrift für Klaus-Jürgen Müller. Im Auftrag des Militärgeschichtlichen Forschungsamtes hrsg. von Ernst Willi Hansen, Gerhard Schreiber und Bernd Wegner, München 1995 (= Beiträge zur Militärgeschichte, 50)

Quadflieg, Peter M., und Katharina Hoppe, Die militärhistorische Biographie: Vom »Bastard der Geschichtswissenschaften« zur methodischen Chance. In: AKM-Newsletter, 1/2010, S. 5-10

Ramscheid, Birgit, Herbert Blankenhorn (1904-1991). Adenauers außenpolitischer Berater, Düsseldorf 2006

Range, Clemens, Die geduldete Armee. 50 Jahre Bundeswehr, Berlin 2005

Range, Clemens, Die Generale und Admirale der Bundeswehr, Herford, Bonn 1990

Range, Clemens, Weggefährten. Erinnerungen und Reflexionen, München 1998

Rass, Christoph, René Rohrkamp und Peter M. Quadflieg, General Graf von Schwerin und das Kriegsende in Aachen. Ereignis, Mythos, Analyse, Aachen 2007

Rautenberg, Hans-Jürgen, Aspekte zur Entwicklung der Traditionsfrage in der Aufbauphase der Bundeswehr. In: Tradition als Last?, S. 133-151

Rautenberg, Hans-Jürgen, und Norbert Wiggershaus, Die »Himmeroder Denkschrift« vom Oktober 1950, 2. Aufl., Sonderdr., Karlsruhe 1985

Rautenberg, Hans-Jürgen, Streitkräfte und Spitzengliederung – zum Verhältnis von ziviler und bewaffneter Macht bis 1990. In: Entschieden für Frieden, S. 107-122

Rautenberg, Hans-Jürgen, Ulrich de Maizière. Stationen aus einem Soldatenleben. In: Ulrich de Maizière, S. 125-222

Rautenberg, Hans-Jürgen, Zur Standortbestimmung für künftige deutsche Streitkräfte. In: Anfänge westdeutscher Sicherheitspolitik, Bd 1, S. 737-879

Recker, Marie-Luise, Geschichte der Bundesrepublik Deutschland, München 2002

Reform – Reorganisation – Transformation. Zum Wandel in deutschen Streitkräften von den preußischen Heeresreformen bis zur Transformation der Bundeswehr. Im Auftrag des Militärgeschichtlichen Forschungsamtes hrsg. von Karl-Heinz Lutz, Martin Rink und Marcus von Salisch, München 2010

Regionale Eliten zwischen Diktatur und Demokratie. Baden und Württemberg 1930-1952. Hrsg. von Cornelia Rauh-Kühne und Michael Ruck, München 1993

Reitmayer, Morten, Elite. Sozialgeschichte einer politisch-gesellschaftlichen Idee in der frühen Bundesrepublik, München 2009

Reuth, Ralf Georg, Erwin Rommel. Das Ende einer Legende, München 2005

Richter, Timm C., »Herrenmensch« und »Bandit«. Deutsche Kriegsführung und Besatzungspolitik als Kontext des sowjetischen Partisanenkrieges (1941-1944), Münster 1998

Richter, Timm C., Die Wehrmacht und der Partisanenkrieg in den besetzten Gebieten der Sowjetunion. In: Die Wehrmacht. Mythos und Realität, S. 837-857

Rink, Martin, »Strukturen brausen um die Wette«. Zur Organisation des deutschen Heeres. In: Hammerich/Kollmer/Rink/Schlaffer, Das Heer, S. 353-483

Röhricht, Edgar, Pflicht und Gewissen. Erinnerungen eines deutschen Generals 1932 bis 1944, Stuttgart 1965

Römer, Felix, »Im alten Deutschland wäre solcher Befehl nicht möglich gewesen.« Rezeption, Adaption und Umsetzung des Kriegsgerichtsbarkeitserlasses im Ostheer 1941/1942. In: VfZ, 56 (2008), S. 53-99

Römer, Felix, Der Kommissarbefehl – Wehrmacht und NS-Verbrechen an der Ostfront 1941/42, Paderborn [u.a.] 2008

Rommel, Erwin, Infanterie greift an, Potsdam 1937

Rommel, Erwin, Krieg ohne Hass. Hrsg. von Lucie-Maria Rommel und Generalleutnant Fritz Bayerlein, ehem. Chef des Stabes der Panzerarmee Afrika, 2. Aufl., Heidenheim/Brenz 1950

Rosen, Claus von, Wolf Graf von Baudissin zum 75. Geburtstag. In: Baudissin, Nie wieder Sieg, S. 7-39

Rosenthal, Gabriele, Erlebte und erzählte Lebensgeschichte. Gestalt und Struktur biographischer Selbstbeschreibung, Frankfurt a.M. 1995

Roth, François, L'invention de l'Europe. De l'Europe de Jean Monnet à l'Union européenne, Paris 2005

Ruck, Michael, Korpsgeist und Staatsbewußtsein. Beamte im Deutschen Südwesten 1928 bis 1972, München 1996

Rupp, Hans Karl, Außerparlamentarische Opposition in der Ära Adenauer. Der Kampf gegen die Atombewaffnung in den fünfziger Jahren, Köln 1980

Sabrow, Martin, Die NS-Vergangenheit in der geteilten deutschen Geschichtskultur. In: Teilung und Integration, S. 132-151

Sander-Nagashima, Johannes Berthold, Die Bundesmarine 1955 bis 1972. Konzeption und Aufbau. Mit Beitr. von Rudolf Arendt, Sigurd Hess, Hans Joachim Mann und Klaus-Jürgen Steindorff, München 2006 (= Sicherheitspolitik und Streitkräfte der Bundesrepublik Deutschland, 4)

Sandfuchs, Uwe, Universitäre Lehrerausbildung in der Weimarer Republik und im Dritten Reich, Bad Heilbrunn 1978

Schäfer, Kirstin A., Werner von Blomberg. Hitlers erster Feldmarschall. Eine Biographie, Paderborn [u.a.] 2006

Scherzer, Veit, Formationsgeschichte des Heeres und des Ersatzheeres 1939-1945, Ranis 2007

Scherzer, Veit, Die Ritterkreuzträger 1939-1945, Jena 2007

Schlaffer, Rudolf J., Der Aufbau der Bundeswehr: Reform oder Reformierung? In: Reform – Reorganisation – Transformation, S. 331-344

Schlaffer, Rudolf J., Die Innere Führung. Wolf Graf von Baudissins Anspruch und Wahrnehmung der Wirklichkeit. In: Wolf Graf von Baudissin, S. 138-150

Schlaffer, Rudolf J., Der Wehrbeauftragte 1951 bis 1985. Aus Sorge um den Soldaten, München 2006 (= Sicherheitspolitik und Streitkräfte der Bundesrepublik Deutschland, 5)

Schlaffer, Rudolf J., »Schleifer« a.D.? Zur Menschenführung im Heer in der Aufbauphase. In: Hammerich/Kollmer/Rink/Schlaffer, Das Heer, S. 615-698

Schmidt, August, Geschichte der 10. Division. 10. Infanterie-Division (mot), 10. Panzer-Grenadier-Division. 1933-1945, Bad Nauheim 1963

Schmidt, Helmut, Außer Dienst. Eine Bilanz, 14. Aufl., München 2008

Schmidt, Helmut, Verteidigung oder Vergeltung. Ein deutscher Beitrag zum strategischen Problem der NATO, Stuttgart 1961

Schmidt, Helmut, Weggefährten. Erinnerungen und Reflexionen, Berlin 1998

Schmidt, Wolfgang, Integration und Wandel. Die Infrastruktur der Streitkräfte als Faktor sozioökonomischer Modernisierung in der Bundesrepublik 1955 bis 1975, München 2006 (= Sicherheitspolitik und Streitkräfte der Bundesrepublik Deutschland, 6)

Schönherr, Klaus, Ferdinand Schörner – Der idealtypische Nazi-General. In: Die Militärelite des Dritten Reiches, S. 497-509

Schönherr, Klaus, Die Rückzugskämpfe in Rumänien und Siebenbürgen im Sommer/Herbst 1944. In: Das Deutsche Reich und der Zweite Weltkrieg, Bd 8, S. 731-848

Schoeps, Hans-Joachim, Blanckenburg, Henning Karl Moritz von. In: Neue Deutsche Biographie, Bd 2, Berlin 1955, S. 285 f.

Schopen, Carl, Ernst Wirmer – pflichtbewusst und loyal. Zum Tode eines der Väter des Grundgesetzes. In: Das Parlament, Nr. 37, 12.9.1981

Schornstheimer, Michael, Bombenstimmung und Katzenjammer – Vergangenheitsbewältigung: Quick und Stern in den fünfziger Jahren, Köln 1989

Schornstheimer, Michael, »Harmlose Idealisten und draufgängerische Soldaten«. Militär und Krieg in den Illustriertenromanen der fünfziger Jahre. In: Vernichtungskrieg, S. 634-650

Schröter-Wittke, Harald, Thadden-Trieglaff, Reinold von. In: Theologische Realenzyklopädie, 33 (2002), S. 18-172

Schuld und Sühne? Kriegserlebnis und Kriegsdeutung in deutschen Medien der Nachkriegszeit (1945-1961). Internationale Konferenz vom 1.-4.9.1999 in Berlin, 2 Bde. Hrsg. von Ursula Heukenkamp, Amsterdam, Atlanta, GA 2001 (= Amsterdamer Beiträge zur neueren Germanistik, 50)

Die Schuldfrage. Untersuchungen zur geistigen Situation der Nachkriegszeit. Hrsg. von Carsten Dutt, Heidelberg 2010

Schwendemann, Heinrich, »Deutsche Menschen vor der Vernichtung durch den Bolschewismus zu retten«. Das Programm der Regierung Dönitz und der Beginn einer Legendenbildung. In: Kriegsende 1945 in Deutschland, S. 9-33

Schwengler, Walter, Der doppelte Anspruch: Souveränität und Sicherheit. Zur Entwicklung des völkerrechtlichen Status der Bundesrepublik Deutschland 1949 bis 1955. In: Anfänge westdeutscher Sicherheitspolitik, Bd 4, S. 187-566

Searle, Alaric, A Very Special Relationship: Basil Liddell Hart, Wehrmacht Generals and the Debate on West German Rearmament, 1945-1953. In: War in History, 5 (1998), 3, S. 327-357

Searle, Alaric, Wehrmacht Generals, West German Society, and the Debate on Rearmament, 1949-1959, Westport, CT [u.a.] 2003

Seeckt, Hans von, Gedanken eines Soldaten, Berlin 1929

Segesser, Daniel Marc, Recht statt Rache oder Rache durch Recht? Die Ahndung von Kriegsverbrechen in der internationalen wissenschaftlichen Debatte 1872-1945, Paderborn [u.a.] 2010

Siegerin in Trümmern. Die Rolle der katholischen Kirche in der deutschen Nachkriegsgesellschaft. Hrsg. von Joachim Köhler und Damien van Melis, Stuttgart 1998

Siemons, Hans, Zwischen den Schlagbäumen. Wilhelm Rombach – ein Leben für das Grenzland, Aachen 1996

Soell, Hartmut, Fritz Erler – Eine politische Biographie, 2 Bde, Berlin, Bonn 1976

Soell, Hartmut, Helmut Schmidt. 1918-1969. Vernunft und Leidenschaft, München 2003

Soell, Hartmut, Helmut Schmidt. 1969 bis heute. Macht und Verantwortung, München 2008

Soldat – Militär – Politik – Gesellschaft. Facetten militärbezogener sozialwissenschaftlicher Forschung. Liber amicorum für Paul Klein. Hrsg. von Gerhard Kümmel und Sabine Collmer, Baden-Baden 2003

Soutou, Georges-Henri, La décision française de quitter le commandement intégré de l'OTAN (1966). In: Von Truman bis Harmel, S. 185-208

Soziologie des Lebenslaufs. Hrsg. von Martin Kohli, Darmstadt 1978

Speich, Mark, Kai-Uwe von Hassel. Eine politische Biographie, Diss. phil. Bonn 2001

Speidel, Hans, Begegnungen mit Ulrich de Maizière im Kriege und beim Aufbau der Bundeswehr. In: Im Dienste der Friedenssicherung, S. 32-37

Stahl, Friedrich-Christian, Generalfeldmarschall Wilhelm List. In: Hitlers militärische Elite, Bd 2, S. 116-122

Steiner, André, Zwischen Wirtschaftswundern, Rezession und Stagnation. Deutsch-Deutsche Wirtschaftsgeschichte 1945-1989. In: Teilung und Integration, S. 177-191

Steininger, Rolf, Der Kalte Krieg, Frankfurt a.M. 2003

Steinkamp, Peter, Generalfeldmarschall Ferdinand Schörner. In: Hitlers militärische Elite, Bd 2, S. 236-244

Stiglat, Klaus, Bauingenieure und ihr Werk, Berlin 2004

Stöver, Bernd, Die Bundesrepublik Deutschland, Darmstadt 2002 (= Kontroversen um die Geschichte)

Stöver, Bernd, Deutschland im frühen Kalten Krieg. Handlungsspielräume der Politik 1945-1955. In: Friedensinitiativen, S. 21-32

Stöver, Bernd, Der Kalte Krieg, München 2003

Stöver, Bernd, Der Kalte Krieg. Geschichte eines radikalen Zeitalters 1947-1991, München 2007

Streit, Christian, General der Infanterie Hermann Reinecke. In: Hitlers militärische Elite, Bd 1, S. 203-209

Streit, Christian, Keine Kameraden. Die Wehrmacht und die sowjetischen Kriegsgefangenen 1941-1945, Stuttgart 1978 (= Studien zur Zeitgeschichte, 13)

Strenge, Irene, Kurt von Schleicher. Politik im Reichswehrministerium am Ende der Weimarer Republik, Berlin 2006

Stuby, Gerhard, Die SPD während der Phase des Kalten Krieges bis zum Godesberger Parteitag (1949-1959). In: Freyberg [u.a.], Geschichte der deutschen Sozialdemokratie, S. 307-363

Studien zur politischen und gesellschaftlichen Situation der Bundeswehr, Bd 1. Hrsg. von Georg Picht, Witten 1965 (= Forschungen und Berichte der Evangelischen Studiengemeinschaft, 21/1)

Studnitz, Hans-Georg von, Rettet die Bundeswehr!, Stuttgart 1967

Stumpf, Reinhard, Die Wiederverwendung von Generalen und die Neubildung militärischer Eliten in Deutschland und Österreich nach 1945. In: Entschieden für Frieden, S. 73-96

Tauber, Kurt P., Beyond Eagle and Swastika. German Nationalism since 1945, 2 vols., Middletown 1967

Taylor, Frederick, Die Mauer. 13. August 1961 bis 9. November 1989, Berlin 2009

Teilung und Integration. Die doppelte deutsche Nachkriegsgeschichte als wissenschaftliches und didaktisches Problem. Hrsg. von Christoph Kleßmann und Peter Lautzas, Bonn 2005 (= Schriften der Bundeszentrale für Politische Bildung, 482)

Tessin, Georg, Verbände und Truppen der deutschen Wehrmacht und Waffen-SS im Zweiten Weltkrieg 1939-1945, Bd 2, 2. Aufl., Bissendorf 1973; und Bd 5, 2. Aufl., Osnabrück 1977

Thoß, Bruno, NATO-Strategie und nationale Verteidigungsplanung. Planung und Aufbau der Bundeswehr unter den Bedingungen einer massiven atomaren Vergeltungsstrategie 1952 bis 1960, München 2006 (= Sicherheitspolitik und Streitkräfte der Bundesrepublik Deutschland, 1)

Tönsgerlemann, Markus, Generalleutnant Josef Moll – Vierter Inspekteur des Heeres 1966-1968. In: Mars – Jahrbuch für Wehrpolitik und Militärwesen, 6 (2000), S. 86-90

Tönsgerlemann, Markus, Gerhard Matzky (1894-1983), General der Infanterie und Generalleutnant (Bw). In: Mars – Jahrbuch für Wehrpolitik und Militärwesen, 3/4 (1997/98), S. 402-424

Tradition als Last? Legitimationsprobleme der Bundeswehr. Hrsg. von Klaus-Michael Kodalle, Köln 1981

Tradition und Reform in den Aufbaujahren der Bundeswehr. Im Auftrag des Militärgeschichtlichen Forschungsamtes hrsg. von Hans-Joachim Harder und Norbert Wiggershaus, Herford, Bonn 1985 (= Entwicklung deutscher militärischer Tradition, 2)

Ueberschär, Gerd R., und Winfried Vogel, Dienen und Verdienen. Hitlers Geschenke an seine Eliten, durchgeseh. Ausg., Frankfurt a.M. 2000

Ueberschär, Gerd R., Stauffenberg. Der 20. Juli 1944, 2. Aufl., Frankfurt a.M. 2004

Ulich, Max, Untergebene, Vorgesetzte, Kameraden. Ein Streifzug durch 24 Dienstjahre eines Soldaten, Berlin 1939

Ulrich de Maizière. Stationen eines Soldatenlebens. Hrsg. von Lothar Domröse, Herford, Bonn 1982

Umbreit, Hans, Auf dem Weg zur Kontinentalherrschaft. In: Das Deutsche Reich und der Zweite Weltkrieg, Bd 5/1, S. 3-345

Vanke, Jeffrey, Europeanism and European Union. Interests, Emotions, and Systemic Integration in The Early European Economic Community, Bethesda, MD [et al.] 2010

Vernichtungskrieg. Verbrechen der Wehrmacht 1941-1944. Hrsg. von Hannes Heer und Klaus Naumann, Hamburg 1996

Verteidigung im Bündnis. Planung, Aufbau und Bewährung der Bundeswehr 1950 bis 1972. Hrsg. vom Militärgeschichtlichen Forschungsamt, 2. Aufl., München 1975

Vocke, Harald, Albrecht von Kessel. Als Diplomat für Versöhnung mit Osteuropa, Freiburg i.Br. 2001

Vogel, Winfried, Karl Wilhelm Berkhan. Ein Pionier deutscher Sicherheitspolitik nach 1945, Bremen 2003

Ein Volk von Opfern? Die neue Debatte um den Bombenkrieg 1940-1945. Hrsg. von Lothar Kettenacker, Berlin 2003

Volkmann, Hans-Erich, Von Blomberg zu Keitel – Die Wehrmachtführung und die Demontage des Rechtsstaates. In: Die Wehrmacht. Mythos und Realität, S. 47-65

Volkmann, Hans-Erich, Zur Verantwortlichkeit der Wehrmacht. In: Die Wehrmacht. Mythos und Realität, S. 1195-1222

Vollnhals, Clemens, Evangelische Kirche und Entnazifizierung 1945 bis 1949. Die Last der nationalsozialistischen Vergangenheit, München 1989 (= Studien zur Zeitgeschichte, 36)

Von der Kriegskultur zur Friedenskultur? Zum Mentalitätenwandel in Deutschland seit 1945. Hrsg. von Thomas Kühne, Hamburg 2000 (= Jahrbuch für Historische Friedensforschung, 9)

Von Truman bis Harmel. Die Bundesrepublik Deutschland im Spannungsfeld von NATO und europäischer Integration. Im Auftrag des Militärgeschichtlichen Forschungsamtes hrsg. von Hans-Joachim Harder, München 2000 (= Militärgeschichte seit 1945, 11)

Wagner, Patrick, Bauern, Junker und Beamte. Der Wandel lokaler Herrschaft und Partizipation im Ostelbien des 19. Jahrhunderts, Göttingen 2005

Was ist Militärgeschichte? In Verbindung mit dem Arbeitskreis Militärgeschichte e.V. hrsg. von Thomas Kühne und Benjamin Ziemann, Paderborn [u.a.] 2000 (= Krieg in der Geschichte, 6)

Wegner, Bernd, Die Aporie des Krieges. In: Das Deutsche Reich und der Zweite Weltkrieg, Bd 8, S. 211-274

Wegner, Bernd, Erschriebene Siege. Franz Halder, die »Historical Division« und die Rekonstruktion des Zweiten Weltkrieges im Geiste des deutschen Generalstabes. In: Politischer Wandel, S. 287-302

Wegner, Bernd, Von Stalingrad nach Kursk. In: Das Deutsche Reich und der Zweite Weltkrieg, Bd 8, S. 3-79

Wegweiser zur Geschichte. Horn von Afrika. Im Auftrag des Militärgeschichtlichen Forschungsamtes hrsg. von Dieter H. Kollmer und Andreas Mückusch, Paderborn [u.a.] 2007

Die Wehrmacht. Mythos und Realität. Im Auftrag des Militärgeschichtlichen Forschungsamtes hrsg. von Rolf-Dieter Müller und Hans-Erich Volkmann, München 1999

Weinberg, Gerhard L., Rollen- und Selbstverständnis des Offizierkorps der Wehrmacht im NS-Staat. In: Die Wehrmacht. Mythos und Realität, S. 66-74

Weinke, Annette, Die Nürnberger Prozesse, München 2006

Weinstein, Adelbert, Armee ohne Pathos. Die deutsche Wiederbewaffnung im Urteil ehemaliger Soldaten, Bonn 1951

Weinstein, Adelbert, Das ist de Gaulle. Anspruch und Wirklichkeit, Düsseldorf, Köln 1963

Wengeler, Martin, Die Sprache der Aufrüstung. Zur Geschichte der Rüstungsdiskussion nach 1945, Wiesbaden 1992

Wenzke, Rüdiger, Das unliebsame Erbe der Wehrmacht und der Aufbau der DDR-Volksarmee. In: Die Wehrmacht. Mythos und Realität, S. 1113-1138

»Wer die Zeit nicht miterlebt hat ...« Frauenerfahrungen im Zweiten Weltkrieg und in den Jahren danach, 3 Bde. Hrsg. von Margarete Dörr, Frankfurt a.M. 1998-2000

Werner, Michael, Die »Ohne mich«-Bewegung. Die bundesdeutsche Friedensbewegung im deutsch-deutschen Kalten Krieg (1949-1955), Münster 2006

Westbindungen: Amerika in der Bundesrepublik. Hrsg. von Heinz Bude und Bernd Greiner, Hamburg 1999

Wette, Wolfram, Zwischen Untergangspathos und Überlebenswillen. Die Deutschen im letzten halben Kriegsjahr 1944/45. In: Das letzte halbe Jahr, S. 9-37

Wettig, Gerhard, Alois Mertes und die Haltung der CDU/CSU zu den Ostverträgen der sozialliberalen Bundesregierung. In: Historisch-Politische Mitteilungen, 16 (2009), S. 199-216

Wiesendahl, Elmar, Jugend und Bundeswehr. Eine jugendsoziologische Epochenanalyse. In: Die Bundeswehr 1955 bis 2005, S. 131-146

Wiggershaus, Norbert, Von Potsdam zum Pleven-Plan. Deutschland in der internationalen Konfrontation 1945-1950. In: Anfänge westdeutscher Sicherheitspolitik, Bd 1, S. 1-118

Wiggershaus, Norbert, Zur Debatte um die Tradition künftiger Streitkräfte 1950-1955/56. In: Tradition und Reform, S. 7-96

Wildenmann, Rudolf, Bürger in Uniform? In: Innere Führung, S. 6-15

Willensmenschen. Über deutsche Offiziere. Hrsg. von Ursula Breymayer, Bernd Ulrich und Karin Wieland, Frankfurt a.M. 1999

Winkler, Heinrich August, Der lange Weg nach Westen, 2 Bde, Bonn 2004 (= Schriftenreihe der Bundeszentrale für Politische Bildung, 463)

Winkler, Heinrich August, Der lange Weg nach Westen, Bd 2: Deutsche Geschichte vom »Dritten Reich« bis zur Wiedervereinigung, 3. Aufl., München 2000

Wirmer, Ernst, Die Bundeswehrverwaltung. In: Bundeswehrverwaltung, 1 (1957)

Witte, Franz-Werner, Die rechtliche Stellung der Bundeswehrverwaltung, Hamburg 1963 (= Truppe und Verwaltung, 3)

Wolf Graf von Baudissin 1907-1993. Modernisierer zwischen totalitärer Herrschaft und freiheitlicher Ordnung. Im Auftrag des Militärgeschichtlichen Forschungsamtes hrsg. von Rudolf J. Schlaffer und Wolfgang Schmidt, München 2007

Wolfrum, Edgar, Die geglückte Demokratie. Geschichte der Bundesrepublik Deutschland von ihren Anfängen bis zur Gegenwart, Bonn 2007 (= Schriftenreihe der Bundeszentrale für Politische Bildung, 641)

Wolfrum, Edgar, Geschichtspolitik in der Bundesrepublik Deutschland. Der Weg zur bundesrepublikanischen Erinnerung 1948-1990, Darmstadt 1999

Wolfrum, Edgar, Die Mauer. Geschichte einer Teilung, München 2009

Wrochem, Oliver von, Erich von Manstein: Vernichtungskrieg und Geschichtspolitik, Paderborn [u.a.] 2006 (= Krieg in der Geschichte, 27)

10. Offizier-Ergänzungsjahrgang des Reichsheeres (»Der Jahrgang 30«). In: Doepner, Der Jahrgang 30, S. 110-129

Zeidler, Manfred, Die Rote Armee auf deutschem Boden. In: Das Deutsche Reich und der Zweite Weltkrieg, Bd 10/1, S. 681-775

Die Zeit nach 1945 als Thema der kirchlichen Zeitgeschichte. Hrsg. von Victor Conzenius, Martin Greschat und Hermann Kochen, Göttingen 1988

Zimmermann, Jan, Alfred Toepfer, Hamburg 2008

Zimmermann, John, Die deutsche militärische Kriegführung im Westen 1944/45. In: Das Deutsche Reich und der Zweite Weltkrieg, Bd 10/1, S. 277-489

Zimmermann, John, Pflicht zum Untergang. Die deutsche Kriegführung im Westen des Reiches 1944/45, Paderborn [u.a.] 2009

Zimmermann, John, Der Prototyp: General Ulrich de Maizière. In: Militärische Aufbaugenerationen, S. 409-436

Zimmermann, John, Vom Umgang mit der Vergangenheit – Zur historischen Bildung und Traditionspflege in der Bundeswehr. In: Die Bundeswehr 1955 bis 2005, S. 115-129

Zunker, Albrecht, Stiftung Wissenschaft und Politik (SWP). Entwicklungsgeschichte einer Institution politikbezogener Forschung, Berlin 2007

Zur Politik des Weiblichen. Frauen, Macht und Ohnmacht. Hrsg. von Andrea Graf, Wien 1990

Zurückgestutzt, sinnentleert, unverstanden. Die Innere Führung der Bundeswehr. Hrsg. von Detlef Bald, Baden-Baden 2008 (= Demokratie, Sicherheit, Frieden, 187)

250 Jahre Christianeum 1738-1988. Festschrift. Hrsg. von Ulf Andersen im Namen des Vereins der Freunde des Christianeums, Hamburg 1988

Personenregister

Abs, Hermann Josef 321
Adenauer, Konrad 7, 113, 131 f.,
    140 f., 143 f., 146 f., 154, 156, 159,
    161, 168 f., 180, 183, 189, 200, 241,
    295, 343, 353
Alexander, Harold 234
Altenburg, Wolfgang 220, 454, 471
Althaus 481
Apel, Hans 8, 339, 461 f., 464,
    467–471
Bachmann 152
Bader, Fritz W. 34
Baer, Generalmajor 319
Bahnemann, Jörg A. 153, 165 f., 181,
    252, 333, 340 f., 359, 426, 456 f., 472
Barth, Eberhard 266
Barzel, Rainer 268, 300, 328, 344
Baudissin, Wolf Graf von 5, 37, 40,
    42, 113, 116, 138, 148, 158, 161,
    164 f., 168 f., 174, 180, 187, 192, 204,
    214 f., 222, 228, 230, 241–246, 254,
    260, 264 f., 281, 286, 288, 291–293,
    301 f., 317, 345, 355, 370, 382, 391,
    397, 423 f., 427, 436–438, 452, 475,
    477, 493, 495 f.
Beaufre, André 452
Bebel, August 223
Beck, Ludwig 76 f., 176, 223 f.
Becker, Bernd 463
Bedell-Smith, Walter 97
Beelitz, Dietrich 22, 26, 36, 50,
    479, 486
Beenders, Gerhard 9, 463
Beermann, Friedrich 157, 177, 187,
    189, 214, 223, 242, 265, 268
Below, Günter von 455

Bennecke, Jürgen 28, 42, 112, 180,
    248, 257, 312 f., 317
Benze, Konrad 106, 198
Bergengruen, Hellmut 169
Berger, Alfred-Oskar 71
Berg-Schönfeld, Kurd Graf von 11
Berkhan, Karl-Wilhelm [Willi] 304,
    307, 338, 388, 419, 430, 432, 436
Bethge, Ansgar 220
Beumelburg, Walter 22, 227
Bezymenskij, Lev A. 97
Birckholtz, Hans 338, 388, 454
Blank, Theodor 119, 132 f., 135 f.,
    140–144, 146 f., 151, 155, 157–159,
    167–171, 177, 226, 365
Blankenhorn, Herbert 433
Blomberg, Werner von 34, 43 f., 46
Blüm, Norbert 481
Blumenfeld, Alfred 446
Bock, Fedor von 53
Böckenförde, Ernst-Wolfgang 333 f.
Bohm 50
Bollmann, Gerhard 134
Bossle, Lothar 215
Both, Kuno-Hans von 66
Bracher, Karl-Dietrich 430
Brandt, Jürgen 220, 467, 469, 471
Brandt, Willy 141, 190 f., 388, 394,
    400, 402 f., 428
Brauchitsch, Walther von 70, 76 f.
Braun, Josef 194
Brennecke, Kurt 61
Brentano, Heinrich von 155, 295
Büchs, Walter 251 f., 313
Bülow, Arthur 303
Büscher, Carl-Heinrich 73

Büschleb, Hermann 413
Butler, Peter von 100, 106, 112
Byrnes, James F. 105
Canaris, Wilhelm 37
Carganico, Walter 283
Casper, Wilhelm 239
Chalupa, Leopold 220, 471
Chapeaurouge, Alfred de 454
Christen, Hans Henning von 441
Churchill, Winston S. 105
Clausewitz, Carl von 223
Clößner, Heinrich 80 f.
Coing, Helmut 16, 18
Condné, Hans 347, 371
Cramer, Heinz 178, 480
Cranz, Friedrich-Carl 63
Dahlgrün, Reimar 21
Dawidoff, Professor 85
Desta, Eksander 445
Dethleffsen, Erich 94, 329
Dietrich, Josef 79
Dingwort, Carl-Wolfgang 257
Doepner, Friedrich 178 f.
Domröse, Lothar 456
Dönitz, Karl 1, 30, 96 f., 205, 377
Drews, Werner 154 f., 216 f., 244, 280,
    283, 292
Dücker, Johann Heinrich Hubert 15
Eimler, Eberhard 220, 471
Eisenhower, Dwight D. 97, 144, 156
Ellwein, Thomas 408
Enke, Gustav 40
Erdmannsdorff, Werner von 68
Erhard, Ludwig 170, 263, 302 f., 316,
    322, 400, 458
Erler, Fritz 6, 186, 188, 194 f., 214,
    234, 241–243, 245, 247 f., 260, 265,
    268, 271, 295, 302, 312, 323, 372 f.
Falckenstein, Sigismund Freiherr
    von 220
Falkenhayn, Erich von 176
Falley, Hildegard 36
Ferber, Ernst 79, 268, 342, 425
Fett, Kurt 145, 169–171, 406
Fingerle, Hans Klaus 212

Fischer, Johannes 159
Fischer, Torben 177
Foertsch, Friedrich 96, 216, 218, 225,
    242–244, 284, 297
Forstmeier, Friedrich 432
Franke 67
Freeman, Paul L. 234
Fricke, Karl Heinrich 90
Friedrich, Brigadegeneral 6, 398, 430
Fritsch, Werner Freiherr von 43 f., 268
Gaedcke, Heinz 247, 261 f., 379
Gaertner, von 245, 328
Gareis, Martin 22 f.
Gaulle, Charles de 225, 234
Gehlen, Reinhard 137 f., 156, 196 f.,
    244 f.
Gerlach, Heinrich 220, 237
Gerstenmaier, Eugen 157, 260, 262 f.,
    272
Girmes, Agnes 20
Girmes, Johannes 20
Glanz, Meinhard 220
Globke, Hans 147
Gneisenau, August Neidhardt von
    223, 228
Goodpaster, Andrew J. 252
Göricke, Hans-Otto 366 f., 426
Göring, Hermann 30, 43, 62
Grashey, Hellmut 329, 383–390,
    393–395, 397, 424, 492 f.
Grillparzers, Franz 25
Grimpe, Wolfgang 134
Gritz, Martin 119, 215
Grolman, Helmuth von 111, 192
Groscurth, Helmuth 77
Groteguth, Heinz 463
Gruenther, Alfred 144
Gruhn, Erna 43
Grynszpan, Herschel 45
Guderian, Heinz 176, 224, 232
Guebre, Kebede 445
Gumbel, Karl 6, 240 f., 245–247, 258,
    266, 296 f., 301, 311–313, 316 f.,
    323, 334
Gumbert, E.P. 34

Haag, Werner 199, 303–305, 311, 413
Haarhaus, Peter 476
Hahn, Otto 208
Halder, Franz 7, 56, 71, 74, 76 f.,
    136 f., 176, 252, 268, 299 f.
Hallstein, Walter 133, 140 f.
Hammerstein-Equord, Günther
    Freiherr von 50
Hansen, Kurt 304
Hao Te-ching 449
Harkort, Günther 144
Harpe, Josef 81, 283
Hase, Alexander von 38
Hase, Karl-Günther von
    38, 359, 387, 440
Hase, Paul von 37 f., 41, 45, 49, 489
Hassel, Kai-Uwe von 6, 189, 214 f.,
    241–243, 245, 258–262, 265,
    270–273, 276, 278, 288, 297, 300–302,
    304, 308, 310–317, 319–322, 324 f.,
    333, 352 f., 376, 378, 435, 492
Hassell, Ulrich von 77
Hauschild, Reinhard 474
Heinen, Reinhold 146–150, 152 f.,
    169, 171, 180, 202 f., 258
Heinrich IV., König von Frankreich 11
Heinz, Generalleutnant a.D. 457
Heisenberg, Werner 208
Hell, Ernst-Eberhard 83
Hellermann, Vollrath von 207
Henderson, Nigel S. 343
Hengsbach, Franz 118 f.
Hentig, Hartmut von 290
Hepp, Leo 261, 317
Hermann, Carl Hans 416
Herrlein, Friedrich 64, 68
Herrmann, Paul 60, 107
Hesse, Kurt 328
Hesslein, Bernd C. 398
Heubl, Franz 368
Heuer, Franz 202, 361
Heusinger, Adolf 49, 72, 76, 113,
    132 f., 137 f., 144, 148, 150, 152,
    156–158, 162, 167 f., 171–173, 177,
    200, 203, 215, 226, 229, 242, 246,

252, 254, 276 f., 280 f., 294, 330, 336,
    355, 394, 430, 436
Heuss, Theodor 138, 157
Heye, Hellmuth 111, 257–266, 271,
    302, 378
Hiemstra, Rudolph C. 441
Hilpert, Carl 96
Hindenburg, Paul von 30, 35, 176,
    223, 225, 486
Hinkelbein 215, 258
Hinkeldey, Heinz-Helmuth von 452
Hinrichs, Hans 249
Hirschfeld, Oswald 242
Hitler, Adolf 3, 29 f., 32 f., 35, 37, 43 f.,
    46, 52–54, 61, 68, 70, 72, 76 f., 79,
    90, 92 f., 95, 97, 99, 130, 156, 161,
    300, 374, 379, 401, 484, 488
Hobe, Cord von 180
Höcherl, Heinrich 303
Hoepner, August 457
Höhn 21
Holtz, Wolfgang 168
Holzamer, Karl 289
Honig, Edmund 41 f.
Honig, Eve 41 f.
Hoogen, Matthias 288, 328
Hopf, Volkmar 199
Horn, Erwin 165, 410, 415, 427
Hornig 248
Horthy, Miklós 42
Hoth, Hermann 81, 283 f., 374
Hoth, Lola 284
Hsü Hsiang-chien 449
Huhn, Otto von 116
Hülsmann, Helmut 242, 323
Humboldt, Hubertus Freiherr von
    106
Ilsemann, Carl-Gero von 8, 212, 380,
    389 f., 429
Italiaander, Rolf 446
Jacobi, Ewald-Felix 297 f.
Jacobsen, Hans-Adolf 8, 214, 247,
    430, 433, 438
Jaeger, Richard 215, 234, 259, 302 f.,
    435

Jahn, Hans Edgar   168, 288
Jenett, Rudolf   255
Jeschonnek, Gert   338, 392
Jesse, Gerhard   50
Jodl, Alfred   96
Johannes XXIII., Papst   324
Johannesson, Rolf   205
John, Otto   232
Johnson, Lyndon B.   354
Jordan   283
Jünger, Ernst   22, 227
Juergens   239, 298
Jürgens, Rolf   323
Kamm, Karl-Heinz   201
Kammhuber, Josef   314
Kampe, Hellmuth   192, 425, 457
Karbe   211
Karpinski, Peter   129, 346
Karst, Heinz   168, 216 f., 242, 245, 283,
    313, 382, 393 f., 396 f., 410 f., 493 f.
Kast, Major   87
Kaulbach, Eberhard   169, 174, 222
Keerl, Carl-Albert   87
Kehrl, Günther   12
Keitel, Wilhelm   30, 43, 61, 81
Kelch, Franz   109 f.
Kempe, Martin   192
Kersten, Otto   190 f.
Kessel, Albrecht »Teddy« von   141
Kesselring, Albert   105, 127, 158, 225
Kielmansegg, Johann Adolf Graf von
    5, 35, 39, 48, 70, 72, 113, 132, 138,
    143, 145, 147, 157–159, 174 f., 195,
    199, 206 f., 230, 235, 237, 239, 243,
    281, 286, 288, 290 f., 298 f., 302, 306,
    311, 313, 317, 319, 335–337, 355,
    391, 395 f., 401, 408, 423, 475, 478,
    484, 489, 493, 496
Kiesinger, Kurt Georg   354–357,
    359 f., 391, 400
Kießling, Günther   220
Kirchenschläger, Rudolf   451
Kirchhoff, Gerhard   462, 467, 470
Kirst, Hans Hellmut   25
Klein, Hans-Heinrich   290

Klemm, Friedrich Wilhelm   454
Kluge, Günther von   53, 81
Knieper, Werner   245, 433
Knobelsdorff, Bruno von   51
Knobelsdorff, Otto von   82
Köhler, Horst   4
Köhler, Max   230
Köstlin, Wolfgang   393
Köstring, Ernst-August   66
Kogon, Eugen   126
Korte, Hans   155
Krantz   283
Krapf, Franz   457
Kraske, Konrad   457
Kreisky, Bruno   451
Kretschmer, Theodor   49, 54
Küster, Fritz   111
Kunst, Hermann   291, 328
Kuntzen, Gustav-Adolf   307
Laaß, Hans   38, 328
Laegeler, Hellmuth   220
Laird, Melvin   352
Larsen   457
Laß   464
Laternser, Hans   107
Leber, Georg   8, 160, 432, 434 f., 438,
    451, 456, 461
Leber, Julius   223
Lecointe, Gérard   346
Leeb, Wilhelm Ritter von   60, 68, 127
Lemelsen, Joachim   80 f.
Lemnitzer, Lyman L.   148
Lichel, Walter   53
Liebmann, Curt   23, 51
List, Wilhelm   28
Loringhoven, Bernd Freytag Freiherr
    von   201, 251, 426, 438
Ludendorff, Erich   176
Lübke, Heinrich   165, 241, 313, 317
Lüdicke, Gottfried   15, 132, 181
Lüdicke, Maria   86
Lüdke, Hermann   196
Lüpke, Hermann von   121
Lütge, Friedrich   225
Lütgendorf, Karl   451

Lüttwitz, Freiherr von 283
Luther, Martin 117, 132
Lyhme, Konrad 51
Mack, Hans Joachim 220
Macke, Willi Werner 204
Mackensen, Eberhard von 175, 213
Maeder, Hellmut 364
Maizière, Andreas de [Sohn] 416, 451
Maizière, Barbara de [Tochter] 106,
    123, 257, 345 f., 368, 416, 429
Maizière, Clemens Sebastian de
    [Bruder] 15, 22, 41, 194
Maizière, Cornelia de [Tochter]
    8, 126, 416, 429, 451, 459
Maizière, Elsbeth de [Mutter] 12, 15,
    36, 42, 53–57, 62, 65–67, 69, 74, 86,
    181, 344, 485
Maizière, Eva de [Ehefrau] 21, 123,
    199, 257, 446, 472
Maizière, Helmut de [Onkel] 14
Maizière, Irene de [Schwester]
    15, 42, 181
Maizière, Karl Ernst de [Großvater]
    11, 36
Maizière, Suzanne de [Schwester]
    15, 22, 41, 196
Maizière, Thomas de [Sohn] 15, 257,
    416, 453, 459
Maizière, Walter de [Vater] 11, 20,
    27, 36, 327, 485 f.
Mann, Siegfried 408
Manstein, Erich von 6, 42, 51, 66, 81,
    105, 127, 158, 176, 223 f., 232, 373 f.,
    376 f.
Manteuffel, Hasso von 228
Marahrens, August 120
Martini, Winfried 313, 493
Maternus, Maria 481
Matzky, Gerhard 107, 110 f., 136, 168,
    227 f., 329
Maus, Karl-Heinz 158
McGhee, George C. 234
Mecklenburg-Schwerin, Großherzog
    von 14
Meentzen, Wilhelm 449

Meier-Welcker, Hans 280, 431
Meister, Rudolf 114
Mende, Erich 212, 300
Merk, Ernst 96
Merkatz, Hans-Joachim von 190
Merkle, Hans L. 453
Mertz von Quirnheim, Albrecht Ritter
    50, 71, 74, 487, 489
Merzyn, Gerhard 448
Meyer, Karl 16 f., 20, 472
Meyer-Detring, Wilhelm 94, 246 f.,
    283, 305, 311, 317, 319, 334, 408
Michaelis, Karl 42
Michaels, Heinz 204, 471
Middeldorf, Eike 410, 413 f.
Miltzow, Hermann 179
Mitscher, Paul 463
Möbus, Gerhard 214 f., 280
Moll, Josef 201, 266 f., 312, 317 f., 329,
    356, 370 f., 374
Moltke, Helmuth Graf von 7, 174,
    176 f., 224, 395, 438
Mommer, Karl 408
Mommsen, Ernst-Wolf 321, 338,
    408, 438
Monshausen, Richard 28, 177, 179, 480
Montesquieu, Charles de 369
Mosebach, Heinz 142
Mucheyer, Heinz 463, 467
Müller, Ministerialdirigent 428
Müller, Vincenz 61
Müller-Hillebrand, Burkhart 71, 183,
    193, 283, 442
Müller-Lankow, Heinz Joachim
    242, 280
Mulack, Leutnant 55
Muños Grandes, Augustín 66
Murray, W.K.R. 126
Mutius, von 117
Napoleon I. 65
Natzmer, Oldwig Otto von 455
Nehring, Walter 81, 283
Nettekoven, Luise 480, 484
Neubauer, Kurt 194 f.
Nicklaus, Heinz 39

Niepold, Gerd 291, 394
Niggemann, Ulrich 11
Noack, Paul 177
Normann, Philipp von 18
Noske, Gustav 223
Oertzen, Oberst i.G. 115
Ollenhauer, Erich 188
Ophuysens, Olga van 50
Oppen, Georg von 118
Oster, Achim 37, 231 f., 356, 374, 376
Oster, Hans 231 f.
Panitzki, Werner 172, 203, 242, 244, 308,
    311, 314–317, 319–321, 325 f., 353
Pape, Günther 282 f., 298 f., 324
Paul VI., Papst 324
Paul, Ernst 158 f.
Paul, Prinz von Jugoslawien 42
Perschau, Hartmut 454
Pesch, Edmund 148, 152, 189, 199
Petersen, Peter 415
Pflüger, Alf 16
Picht, Georg 289–294
Piepers, Josef 429
Piese-Meyer 22, 486
Pilster 456
Pinnow, Horst-Achim 442, 445
Platen, Detlev von 367
Plato, Anton Detlev von 28, 283, 285
Pleven, René 140
Podewils-Dürnitz, Maximilian Graf
    von 472
Pöggeler, Franz 463
Pöschl, Franz 191, 381
Pommerin, Reiner 477
Poser, Günter 452
Prager, Ernst 28, 33, 120 f.
Quiske 464
Raeder, Erich 205, 268
Rahr 194
Rall, Günther 426
Rath, Ernst vom 45
Reichel 283
Reinecke, Hermann 127
Reinold 18
Remarque, Erich Maria 22

Remer, Ernst Otto 157
Richards, Frank 234
Röttiger, Hans 194
Rombach, Wilhelm 171
Rommel, Erwin 29 f., 76, 174, 333
Rommerskirchen, Josef 387
Rose, Erich 33
Rosenberg, Alfred 395
Roth, Hellmuth 248, 307
Ruge, Friedrich 114
Rundstedt, Gerd von 88
Runge, Dietrich 21, 474
Rust, Bernhard 17
Sachsen, Herzog Johann von 117
Salmuth, Hans von 110
Salomon, Heinz 34, 413, 415
Sandrart, Hans-Henning von 471
Sauer, Johann Georg 83
Schaeder, Christian 181
Schäffer, Fritz 170
Schall, Wolfgang 242, 393
Schambeck, Herbert 450 f.
Scharnhorst, Gerhard von 221, 223,
    225, 228 f.
Scheel, Walter 441
Scheffel, Oberst 87
Scheibel, Wilhelm 67
Scheidemann, Karl Friedrich 257
Schiffers, Hansgeorg 171
Schiller, Karl 408
Schlabrendorff, Fabian von 157
Schleicher, Kurt von 28, 37
Schlieffen, Alfred Graf von 176,
    222–224, 252
Schmeling, Klaus von 33
Schmidt, August 24, 79 f., 84, 87, 213
Schmidt, Helmut 1, 6, 8 f., 62, 122,
    152, 191, 195, 215, 219, 239, 245,
    255, 304, 306 f., 315, 321, 328, 335 f.,
    338, 343, 352, 358, 377, 382, 387 f.,
    394–398, 400–409, 411 f., 414–416,
    418–420, 422 f., 425, 428, 430, 435,
    439, 454, 459, 461, 492, 494
Schmidt, Max 50
Schmidt, Rudolf 66

Schmidt-Dahlenburg 270
Schmidt-Wittmack, Karlfranz 158
Schmitt, Artur 377
Schmitz, Leutnant 87, 112
Schmorl, Franz 126
Schmorl, Fritz 122, 133
Schmückle, Gerd 216, 242, 291, 295
Schneider, Erich 300
Schneider, Karl-Heinz 188
Schneiderhan, Wolfgang 2, 5
Schnell, Karl 425
Schnez, Albert 28 f., 33, 40, 179, 244,
    265, 280, 283, 290 f., 313, 317, 338,
    359, 379, 385, 388, 392 – 397, 399 f.,
    410 f., 424, 480 f., 484, 492 – 494
Schobert, Eugen Ritter von 65
Schoen, Eva-Luise 342
Schönefeld, Helmut 425
Schönnenbeck, Günther M. 372
Schörner, Ferdinand 29 f., 174
Schoffer, Ulrich 449
Scholl, Geschwister 74
Scholz, Rupert 24, 460, 475, 479
Schottelius, Herbert 430, 432
Schröder, Gerhard 6, 170, 295, 335,
    338, 352 – 357, 359 f., 379, 384 – 386,
    388, 393, 402, 435, 441
Schubert, Franz 21
Schuch, Herbert 202
Schüler, Manfred 453
Schult, Wolfgang 211, 214, 370
Schultz, Fritz-Karl 438
Schultz, Fritz-Rudolf
    34, 234, 300, 326
Schulze, Franz-Josef 471
Schwartz, Ferdinand von 18
Schwerin, Gerhard Graf von
    132, 156, 213
Seeckt, Hans von 30, 174 – 176, 223 f.,
    252, 330, 438
Seeler, Werner von 111, 114
Seghers, Anna 126
Selassie, Haile 445
Selle, Otto 452
Sendker, Adalbert 16

Seydlitz, Walther von 232
Siebe, Hans 261, 310 f.
Soell, Hartmut 307
Sommer, Theo 405, 439, 477, 494
Sorge, Siegfried 288
Speidel, Hans 72, 82, 113, 133, 137 f.,
    143 f., 156, 167 f., 171 – 173, 203,
    226, 242, 254, 281, 399, 430, 436,
    453
Spiegel, Raban Freiherr von 460
Stackelberg, Herbert Freiherr
    von 445
Stahl, Julius 116
Stahlberg, Alexander 200, 374, 376
Stahlberg, Hans Conrad 41, 51
Stalin, Josef 143
Stangl, Konrad 396
Stauffenberg, Claus Schenk Graf
    von 72 – 74, 228 f., 487, 489
Stauffenberg, Nina Gräfin von 73
Stehlin, Paul 234
Stein, Professor 460
Steiner, André 92
Steinhoff, Johannes 138, 307, 316,
    319 f., 335, 338, 392, 436, 455
Stephan, Hauptmann 86
Stieff, Oberst i.G. 78
Stockmann, Oberleutnant 85
Stölting, Rolf 51
Stoltenberg, Gerhard 1, 25, 479
Strätling, Erich 444
Strauß, Adolf 53, 354
Strauß, Franz Josef 155, 165, 170 f.,
    176 f., 187, 194, 199, 204, 223, 241,
    270 f., 280, 295 – 298, 314, 320 f.,
    354, 356, 441, 493
Student, Kurt 377
Studnitz, Hans-Georg von 117, 380 f.
Stumpff, Horst 90
Tempelhoff, von 283
Temple de Rougement, Jean-Louis du
    457
Terry, Antony 412 f.
Teske, Hermann 175, 291, 430 f.
Thadden, Adolf von 17

Thadden, Elisabeth von 18
Thadden, Reinold von 20
Thilo, Karl Wilhelm 28, 40, 93, 179, 290, 394, 401, 451
Thomale 283
Timper, Rudo 457 f.
Toepfer, Alfred C. 450
Trautloft, Johannes 314
Trentzsch, Karl Christian 313
Trettner, Heinz 237, 243, 274, 276, 293, 297, 299, 304, 307 f., 310–313, 315–317, 319, 321–323, 325 f., 329, 350, 361, 455, 494
Trotha, von 283
Truman, Harry S. 105
Übelhack, Friedrich 317, 358
Uechtritz, Otto 28, 179, 290, 329, 394, 397
Ulbricht, Walter 218
Ulich, Klaus 27
Ulich, Max 26 f., 36, 50
Unger, Hans-Joachim 231
Vasterling, Christian 448
Vasterling, Ursula 474
Vetten, Horst 190
Vietinghoff-Scheel, Heinrich von 95
Vigny, Alfred de 438
Vogel, Hans-Jochen 231
Vogel, Uwe 448
Volland, Heinz 414
Vollmer, Günter 463
Vormann, Nikolaus von 82
Wagemann, Eberhard 383 f., 414
Warnke, Rudolf 378
Weber, Artur 205, 258 f., 303, 437
Weckmann, Kurt 455 f.
Wehner, Herbert 192, 211, 333, 394
Weinstein, Adelbert 112, 115, 239, 243, 246 f., 291, 325, 351, 405
Weiss, Erna 134
Weizsäcker, Carl-Friedrich von 208
Weizsäcker, Richard von 453
Wellershoff, Dieter 471, 477
Wenck, Walther 267, 283, 285

Werner, Eva 21, 79, 86
Werner, Hermann 21
Werner, Klaus 17, 21
Wessel, Gerhard 197 f., 313, 318, 342 f., 354, 357
Westphal, Siegfried 283–285
Westrick, Ludger 263
Wich, Rudolf 309
Wicht, Adolf 198, 297
Wickert, Erwin 449
Wienand, Karl 307
Wiese, Andreas 341
Wietersheim, von 283
Wilcke 191
Wilhelm II., deutscher Kaiser 1
Willemer, Wilhelm 220
Winckelmann, Georg 198
Wirmer, Ernst 6, 133, 159, 175, 296, 299, 306, 333, 479
Wirmer, Josef 159
Wirsching, Christoph 463
Witte, Franz-Werner 298 f.
Willgen 134
Witzleben, Erwin von 37
Witzleben, Hermann von 59
Wörner, Manfred 8, 470 f.
Wolff, Karl 95 f.
Worgitzky, Hans-Heinrich 198
Wündrich, Hermann 115
Würzbach, Peter-Kurt 454
Wu Hsiu-chüan 449
Wulf, Hermann 398
Wust, Harald 220, 339, 464
Ydén, Karl Edward 109
Ždanovs, Andrej 105
Zeitzler, Kurt 76 f., 82
Zenker, Karl-Adolf 172, 317, 427
Zerbel, Alfred 244 f., 302, 318, 325
Zimmermann, Armin 432, 435, 444, 456
Zimmermann, Friedrich 322, 387
Zinn, Georg August 60
Zinn, Wilhelm 42
Zuckmayer, Carl 126